AS PALAVRAS E AS OBRAS DE JESUS

AS PALAVRAS E AS OBRAS DE JESUS

J. DWIGHT PENTECOST

UM ESTUDO ABRANGENTE
E SISTEMÁTICO
SOBRE A VIDA DE CRISTO

Copyright © 1981 por Zondervan
Título original: *The Words and Works of Jesus Christ*. Publicado por acordo com The Zondervan Corporation L.L.C, uma divisão da HarperCollins Christian Publishing, Inc.

1ª edição: julho de 2022

Tradução
Wilson Almeida

Revisão
Luiz Werneck Maia
Francine Torres

Capa
Julio Carvalho

Diagramação
Letras Reformadas

Editor
Aldo Menezes

Coordenador de produção
Mauro Terrengui

Impressão e acabamento
Imprensa da Fé

Crédito do mapa da p. 24, "A Palestina no tempo de Jesus". Copyright © André Daniel Reinke. Usado com permissão.

As opiniões, as interpretações e os conceitos emitidos nesta obra são de responsabilidade do autor e não refletem necessariamente o ponto de vista da Editora Hagnos.

Todos os direitos desta edição reservados à
Editora Hagnos Ltda.
Av. Jacinto Júlio, 27
04815-160 — São Paulo, SP
Tel.: (11) 5668-5668
E-mail: hagnos@hagnos.com.br
Home page: www.hagnos.com.br

Editora associada à:

Dados Internacionais de Catalogação na Publicação (CIP)
Angélica Ilacqua CRB-8/7057

Pentecost, J. Dwight, 1915-2014
As palavras e as obras de Jesus: um estudo abrangente e sistemático sobre a vida de Cristo / J. Dwight Pentecost; [tradução: Wilson Almeida]. — São Paulo: Hagnos, 2022.

Bibliografia
ISBN 978-85-7742-356-9

Título original: The Words and Works of Jesus Christ

1. Jesus Cristo – Biografia 2. Jesus Cristo - História I. Título II. Almeida, Wilson

22-2930   CDD 232.901

Índices para catálogo sistemático:
1. Jesus Cristo - Biografia

"Àquele que nos ama e, pelo seu sangue, nos libertou dos nossos pecados, e nos constituiu reino, sacerdotes para o seu Deus e Pai, a ele a glória e o domínio para todo o sempre. Amém!"
(Ap 1:5-6, NAA)

e

à minha esposa — "muito mais valiosa que os rubis" *(Pv 31:10)*

Sumário

Prefácio 9
Esboço completo dos acontecimentos da vida de Cristo 11
Mapa: A Palestina no tempo de Jesus 24
Introdução 25

    I. Apresentação do Rei 39
    II. Confirmação do Rei 159
    III. Controvérsia acerca do Rei 285
    IV. Instrução do Rei aos Doze 333
    V. Oposição ao Rei 397
    VI. Preparação dos discípulos pelo Rei 469
    VII. Apresentação oficial do Rei 531
    VIII. Preparação para a morte do Rei 571
    IX. Rejeição do Rei 653
    X. Ressurreição do Rei 711

Apêndice: Contexto do tempo de Cristo 737
    A. Geografia 737
    B. Contexto histórico 758
    C. Condições morais 769
    D. Antecedentes religiosos 770
    E. Ambiente social 810
    F. Cronologia 823
Bibliografia 835

Prefácio

Tem sido um inestimável privilégio para mim, ao longo de cerca de 30 anos, ministrar um curso sobre a vida de Cristo, primeiro no Philadelphia College of Bible e agora, durante 25 anos, no Dallas Theological Seminary. Essa tem sido uma experiência de vida transformadora, pois ninguém é capaz de estudar extensivamente os evangelhos sem ser mudado pela Pessoa que eles apresentam. Aqueles que se entregam às palavras e obras de Jesus Cristo não podem deixar de se sentir atraídos por Ele. Este autor é profundamente grato pelo privilégio de realizar este estudo, bem como por ter a oportunidade de apresentar os frutos desse trabalho para um grande número de estudantes, cuja resposta me encorajou a acatar a insistência deles de que o material fosse disponibilizado por escrito.

Nos meus primeiros anos como professor segui a abordagem geográfica tradicional do estudo da vida de Cristo. Tornou-se evidente que tal procedimento ofuscava o tema essencial dos evangelhos — Jesus Cristo veio à nação de Israel para se apresentar como o Messias prometido e para oferecer a ela o reino da aliança, sobre o qual Ele governaria como Soberano-Salvador com paz e justiça. Uma divisão geográfica da sua vida não poderia desenvolver este tema.

Fica evidente para quem se aproxima das Escrituras inerrantes, a partir de um método literal de interpretação, que Jesus Cristo foi apresentado à nação de Israel como o seu Messias. Por meio de suas palavras e de suas obras, Ele autenticou sua implementação e ofereceu a Israel o seu reino prometido por intermédio de aliança. A nação avaliou a oferta e, por causa da oposição dos líderes, a rejeitou. Cristo anunciou o julgamento sobre esse povo e trocou seu ministério público pela missão de preparar homens escolhidos, com o objetivo de continuarem sua missão após sua morte e ressurreição. A rejeição pela nação resultou na sua morte, por meio da qual a salvação foi providenciada aos homens pecadores; porém, a veracidade da sua oferta foi autenticada por sua ressurreição. É esse o tema que será desenvolvido ao longo deste trabalho. Embora existam muitos estudos disponíveis sobre a vida de Cristo — mais do que se pode examinar ao longo de toda uma vida —, nenhum deles traça o desenvolvimento deste tema, o que justifica outro trabalho em uma área na qual já existe uma abundância de material disponível.

Ao se levar em conta o registro dos evangelhos, não há qualquer intenção de se apresentar uma exposição de cada evento versículo por versículo. Em vez disso, será feito um esforço para traçar o desenvolvimento e a apresentação da Pessoa e obra do Senhor Jesus Cristo, bem como para mostrar a contribuição que cada episódio individual traz para o desenvolvimento como um todo.

Cabe aqui expressar um profundo agradecimento ao Dallas Theological Seminary pela licença concedida para dar sequência a este trabalho, aos muitos alunos que encorajaram a realização do projeto, à Srta. Nancy Miller por transcrever as fitas do material gravado e à equipe de secretaria do corpo docente pelo trabalho de digitação do manuscrito. O autor agradece as contribuições de estudiosos anteriores, cujas muitas visões ele menciona. Salvo indicação em contrário, todas as citações das Escrituras são da Nova Versão Internacional.

Este livro é destinado àqueles que desejam estudar as palavras e as obras de Jesus Cristo. É apresentado juntamente com uma oração para que o estudo conduza o leitor a um conhecimento mais profundo daquele de quem falam as Escrituras e a uma caminhada mais íntima com aquele cujo amor é revelado em todas as suas palavras e obras.

J. Dwight Pentecost
Dallas, Texas

Esboço completo dos acontecimentos da vida de Cristo

	Seção	Página
INTRODUÇÃO	1-2	25
A. A FONTE DO CONHECIMENTO (Lc 1:1-4)	1	27
B. A PREEXISTÊNCIA DE CRISTO (Jo 1:1-18)	2	33
I. APRESENTAÇÃO DO REI	3-27	39
A. A CHEGADA DO REI	3-19	39
1. Sua genealogia (Mt 1:1-17; Lc 2:23b-38)	3	39
2. Seu advento	4-11	49
a. O anúncio do nascimento de João a Zacarias (Lc 1:5-25)	4	49
b. O anúncio do nascimento de Jesus a Maria (Lc 1:26-38)	5	54
c. A chegada de Maria à Judeia (Lc 1:39-45)	6	59
d. O cântico de Maria (Lc 1:46-56)	7	60
e. O nascimento de João (Lc 1:57-80)	8	64
f. O anúncio do nascimento de Cristo a José (Mt 1:18-25)	9	69
g. O nascimento de Jesus (Lc 2:1-7)	10	72
h. O anúncio aos pastores (Lc 2:8-20)	11	80
3. Sua infância e adolescência	12-19	83
a. Sua circuncisão (Lc 2:21)	12	83
b. Sua apresentação (Lc 2:22-38)	13	85
c. Sua infância	14-16	88
(1) Em Belém (Mt 2:1-12)	14	88
(2) No Egito (Mt 2:13-18)	15	94
(3) Em Nazaré (Mt 2:19-23; Lc 2:39)	16	96
d. Sua adolescência	17-19	101

	Seção	Página

 (1) Seu crescimento (Lc 2:40) 17 101
 (2) Sua visita a Jerusalém (Lc 2:41-50) 18 103
 (3) Seu desenvolvimento (Lc 2:51-52) 19 106
B. O MENSAGEIRO DO REI 20-23 107
 1. A mensagem para João (Mc 1:1; Lc 3:1-2) 20 107
 2. A mensagem de João (Mt 3:1-6; Mc 1:2-6;
  Lc 3:3-6) 21 113
 3. A explicação de João (Mt 3:7-10; Lc 3:7-14) .. 22 122
 4. A promessa de João (Mt 3:11-12; Mc 1:7-8;
  Lc 3:15-18) 23 126
C. A APROVAÇÃO DO REI 24-27 129
 1. Em seu batismo (Mt 3:13-17; Mc 1:9-11;
  Lc 3:21-23a) 24-27 129
 2. Por meio de sua tentação (Mt 4:1-11;
  Mc 1:12-13; Lc 4:1-13) 25 134
 3. Por meio de seu arauto (Jo 1:19-28) 26-27 152
  a. Testemunho de João perante os líderes
   (Jo 1:19-28) 26 152
  b. Testemunho de João acerca de Cristo
   (Jo 1:29-34) 27 155

II. CONFIRMAÇÃO DO REI 28-59 159
A. A ACEITAÇÃO DE SUA PESSOA 28-36 159
 1. Os primeiros discípulos que creram
  (Jo 1:35-51) 28 159
 2. A crença por meio do primeiro milagre
  (Jo 2:1-11) 29 162
 3. A permanência em Cafarnaum (Jo 2:12) 30 171
 4. A tomada de posse do Templo (Jo 2:13-22) 31 172
 5. A aceitação na Judeia (Jo 2:23—3:21) 32 175
 6. O testemunho de João (Jo 3:22-36) 33 184
 7. A saída da Judeia (Mt 4:12; Mc 1:14;
  Lc 3:19-20; 4:14; Jo 4:1-4) 34 188
 8. Aceitação em Samaria (Jo 4:5-42) 35 189
 9. Aceitação na Galileia (Jo 4:43-45) 36 194

	Seção	Página
B. A AUTORIDADE DO REI	37-59	195
1. Autoridade de Cristo para ensinar (Mt 4:17; Mc 1:15; Lc 4:14-15)	37	195
2. Autoridade de Cristo sobre as doenças (Jo 4:46-54)	38	198
3. Rejeição em Nazaré (Lc 4:16-30)	39	199
4. Permanência em Cafarnaum (Mt 4:13-16)	40	202
5. Autoridade de Cristo sobre a natureza (Mt 4:18-22; Mc 1:16-20; Lc 5:1-11)	41	204
6. Autoridade de Cristo sobre os demônios (Mc 1:21-28; Lc 4:31-37)	42	206
7. Autoridade de Cristo sobre as enfermidades (Mt 8:14-17; Mc 1:29-34; Lc 4:38-41)	43	209
8. Autoridade de Cristo para pregar (Mt 4:23-25; Mc 1:35-39; Lc 4:42-44)	44	210
9. Autoridade de Cristo sobre a lepra (Mt 8:2-4; Mc 1:40-45; Lc 5:12-16)	45	212
10. Autoridade de Cristo para perdoar pecados (Mt 9:1-8; Mc 2:1-12; Lc 5:17-26)	46	217
11. Autoridade de Cristo sobre os homens (Mt 9:9-13; Mc 2:13-17; Lc 5:27-32)	47	221
12. Autoridade de Cristo sobre a tradição (Mt 9:14-17; Mc 2:18-22; Lc 5:33-39)	48	225
13. Autoridade de Cristo sobre o sábado	49-51	227
a. Demonstrada na cura do paralítico (Jo 5:1-47)	49	227
b. Demonstrada na controvérsia sobre a colheita de espigas (Mt 12:1-8; Mc 2:23-28; Lc 6:1-5)	50	237
c. Demonstrada pela cura do homem co a mão atrofiada (Mt 12:9-14; Mc 3:1-6; Lc 6:6-11)	51	242
14. Autoridade de Cristo para curar (Mt 12:15-21; Mc 3:7-12)	52	244

	Seção	Página

15. Comissionamento dos Doze
(Mt 12:13-19; Lc 6:12-16) 53 245
16. Autoridade de Cristo para interpretar a lei
(Mt 5:1—7:29; Lc 6:17-42) 54-56 247
   a. Os propósitos do reino 54 247
      (1) Introdução (Mt 5:1-2; Lc 6:17-19)
      (2) Os propósitos (Mt 5:3-16; Lc 6:20-26)
         (a) Seu caráter (Mt 5:3-12; Lc 6:20-26)
         (b) Sua influência (Mt 5:13-16)
   b. A relação do reino com a lei
      (Mt 5:17—7:6; Lc 6:27-42) 55 254
      (1) Cumpriu a lei (Mt 5:17-20)
      (2) Rejeitou a interpretação tradicional da
         lei (Mt 5:21-48)
         (a) Homicídio (Mt 5:21-26)
         (b) Adultério (Mt 5:27-30)
         (c) Divórcio (Mt 5:31-32)
         (d) Juramentos (Mt 5:33-37)
         (e) Vingança (Mt 5:38-42)
         (f) Amor (Mt 5:43-48;
            Lc 6:27-30, 32-36)
      (3) Rejeitou as práticas farisaicas da lei
         (Mt 6:1—7:6; Lc 6:37-42)
         (a) Esmolas (Mt 6:1-4)
         (b) Oração (Mt 6:5-15)
         (c) Jejum (Mt 6:16-18)
         (d) Atitude em relação a riquezas
            (Mt 6:19-24)
         (e) Falta de fé (Mt 6:25-34)
         (f) Julgamento (Mt 7:7; Lc 6:37-42)
   c. Instrução para aqueles que vão entrar no
      reino (Mt 7:7-29) 56 268
      (1) Oração (Mt 7:7-11)
      (2) Justiça verdadeira (Mt 7:12;
         Lc 6:31, 43-45)

	Seção	Página

 (3) O caminho de acesso (Mt 7:13-14)
 (4) Advertência contra os falsos mestres (Mt 7:15-23)
 (5) Os dois fundamentos (Mt 7:24—8:1; Lc 6:46-49)
17. Autoridade de Cristo reconhecida em Cafarnaum (Mt 8:5-13; Lc 7:1-10) 57 273
18. Autoridade de Cristo reconhecida em Naim (Lc 7:11-17) 58 276
19. O testemunho dos Doze (Mt 9:35-11:1; Mc 6:6b-13; Lc 9:1-6) 59 277

III. CONTROVÉRSIA ACERCA DO REI 60-73 285
 A. Rejeição do arauto (Mt 11:2-19; Lc 7:18-35) 60 285
 B. A maldição sobre as cidades da Galileia (Mt 11:20-30) 61 289
  1. Condenação por incredulidade (Mt 11:20-24)
  2. Explicação da incredulidade (Mt 11:25-27)
  3. Convite à confiança (Mt 11:28-30)
 C. Ungido por uma pecadora (Lc 7:36-50) 62 292
 D. Testemunho do Rei (Lc 8:1-3) 63 296
 E. Rejeição do Rei e de sua oferta pelos líderes (Mt 12:22-37; Mc 3:20-30) 64 296
 F. Os líderes pedem um sinal (Mt 12:38-45) 65 302
 G. Cristo rejeitado pela nação (Mt 12:46-50; Mc 3:31-35; Lc 8:19-21) 66 304
 H. Revelação em face da rejeição 67-71 305
  1. A maldição do reino na presente geração (Mt 13:1-53; Mc 4:1-34; Lc 8:4-18) 67 305
  2. Poder sobre a natureza (Mt 8:18, 23-27; Mc 4:35-41; Lc 8:22-25) 68 317
  3. Poder sobre os demônios (Mt 8:28-34; Mc 5:1-20; Lc 8:26-39) 69 319
  4. Poder sobre as doenças e a morte (Mt 9:18-26; Mc 5:21-43; Lc 8:40-56) 70 322

	Seção	Página
5. Poder sobre a cegueira (Mt 9:27-34)	71	326
I. Rejeição em Nazaré (Mt 13:54-58; Mc 6:1-6a)	72	327
J. A morte do arauto (Mt 14:1-12; Mc 6:14-29; Lc 9:7-9)	73	328

IV. INSTRUÇÃO DO REI AOS DOZE 74-97 333

A. Alimentando os cinco mil (Mt 14:13-21; Mc 6:30-44; Lc 9:10-17; Jo 6:1-13)	74	333
B. Rejeição da proposta de tornar Cristo Rei (Mt 14:22-23; Mc 6:45-46; Jo 6:14-15)	75	336
C. Ensino por meio da tempestade (Mt 14:24-33; Mc 6:47-52; Jo 6:16-21)	76	337
D. Recepção em Genezaré (Mt 14:34-36; Mc 6:53-56)	77	339
E. Ensino com respeito ao Pão da Vida (Jo 6:22-71)	78	339
F. Instruções sobre contaminação (Mt 15:1-20; Mc 7:1-23; Jo 7:1)	79	345
G. Recepção em Tiro e Sidom (Mt 15:21-28; Mc 7:24-30)	80	351
H. Recepção em Decápolis (Mt 15:29-38; Mc 7:31—8:9a)	81	353
I. Rejeição em Magadã (Mt 15:39—16:4; Mc 8:9b-12)	82	356
J. Advertência contra a rejeição (Mt 16:5-12; Mc 8:13-26)	83	357
K. A confissão de Pedro (Mt 16:13-20; Mc 8:27-30; Lc 9:18-21)	84	359
L. Ensino com respeito à sua morte (Mt 16:21-23; Mc 8:31-33; Lc 9:22)	85	366
M. Ensino com respeito ao discipulado (Mt 16:24-28; Mc 8:34—9:1; Lc 9:23-27)	86	367

	Seção	Página

N. Revelação acerca do reino (Mt 17:1-8;
Mc 9:2-8; Lc 9:28-36) 87 369
O. Ensino sobre Elias (Mt 17:9-13;
Mc 9:9-13) 88 373
P. Ensino sobre a dependência
(Mt 17:14-21; Mc 9:14-29; Lc 9:37-43a) 89 375
Q. Instruções adicionais sobre sua morte
(Mt 17:22-23; Mc 9:30-32; Lc 9:43b-45) 90 377
R. Ensino sobre a filiação (Mt 17:24-27) 91 378
S. Ensino sobre a humildade
(Mt 18:1-5; Mc 9:33-37; Lc 9:46-48) 92 381
T. Ensino sobre o orgulho
(Mt 18:6-14; Mc 9:38-50; Lc 9:49-50) 93 382
U. Ensino sobre o perdão (Mt 18:15-35) 94 386
V. Ensino sobre o discipulado
(Mt 8:19-22; Lc 9:57-62) 95 389
W. Confrontado por seus irmãos (Jo 7:2-9) 96 393
X. Jornada para Jerusalém (Lc 9:51-56;
Jo 7:10) 97 395

V. OPOSIÇÃO AO REI 98-119 397
A. Conflito na Festa dos Tabernáculos
(Jo 7:11-52) 98 397
 1. A autoridade de Cristo é questionada
  (Jo 7:11-15)
 2. A resposta de Cristo (Jo 7:16-24)
 3. A pessoa de Cristo é questionada (Jo 7:25-27)
 4. A explicação de Cristo (Jo 7:28-30)
 5. A resposta (Jo 7:31-36)
 6. O convite de Cristo (Jo 7:37-52)
B. Conflito sobre a lei (Jo 7:53—8:11) 99 407
C. Conflito sobre a luz (Jo 8:12-20) 100 409
D. Conflito sobre sua pessoa (Jo 8:21-59) 101 412

	Seção	Página

E. Conflito sobre a cura do cego de
nascença (Jo 9:1-41) 102 416
F. Conflitos sobre o Pastor e seu rebanho
(Jo 10:1-21) 103 422
G. Testemunho dos 72 (Lc 10:1-24) 104 427
H. Conflito sobre a vida eterna (Lc 10:25-37) 105 430
I. Um exemplo de discipulado (Lc 10:38-42) 106 434
J. Instrução sobre a oração (Lc 11:1-13) 107 438
K. Conflito sobre a cura do homem mudo
(Lc 11:14-36) 108 440
L. Conflito sobre o ritualismo farisaico
(Lc 11:37-54) 109 443
M. Instruções para os discípulos 110-118 451
  1. Hipocrisia (Lc 12:1-12) 110 451
  2. Cobiça (Lc 12:13-34) 111 453
  3. Vigilância (Lc 12:35-41) 112 456
  4. Fidelidade (Lc 12:42-48) 113 457
  5. Os efeitos de sua vinda (Lc 12:49-53) 114 458
  6. Os sinais dos tempos (Lc 12:54-59) 115 459
  7. Sobre o arrependimento (Lc 13:1-9) 116 460
  8. Satisfazendo as necessidades de Israel
     (Lc 13:10-17) 117 462
  9. Sobre os propósitos do Reino
     (Lc 13:18-21) 118 463
N. Conflito durante a Festa da Dedicação
(Jo 10:22-39) 119 464

VI. PREPARAÇÃO DOS DISCÍPULOS PELO
REI 120-136 469
A. A saída da Judeia (Jo10:40-42) 120 469
B. Instruções sobre a entrada no reino
(Lc 13:22-35) 121 470
C. Lições na casa de um fariseu (Lc 14:1-24) 122 474
D. Instruções quanto ao discipulado
(Lc 14:25-35) 123 478

Esboço completo dos acontecimentos da vida de Cristo 19

                                                          Seção   Página

E. Instruções quanto às atitudes de Deus em
    relação ao pecador (Lc 15:1-32) 124 479
F. Instruções quanto às riquezas (Lc 16:1-31) . 125 487
G. Instruções quanto ao perdão (Lc 17:1-6) 126 492
H. Instruções quanto ao serviço (Lc 7:7-10) 127 493
I. A ressurreição de Lázaro (Jo 11:1-54) 128 494
    1. O milagre da ressurreição (Jo 11:1-44)
    2. Conflito sobre o milagre (Jo 11:45-54)
J. Instruções sobre a gratidão (Lc 17:11-19) 129 499
K. Instruções sobre a sua vinda (Lc 17:20-37) .. 130 502
L. Instruções sobre a oração (Lc 18:1-14) 131 505
M. Instruções sobre o divórcio (Mt 19:1-12;
    Mc 10:1-12) 132 510
N. Instruções sobre a entrada no reino
    (Mt 19:13-15; Mc 10:13-16; Lc 18:15-17) 133 517
O. Instruções sobre a vida eterna
    (Mt 19:16—20:16; Mc 10:17-31; Lc 18:18-30) . 134 518
P. Instruções sobre sua morte
    (Mt 20:17-28; Mc 10:32-45; Lc 18:31-34) 135 523
Q. Instruções relativas às necessidades de Israel
    (Mt 20:29-34; Mc 10:46-52; Lc 18:35-43) 136 524
R. Instruções sobre o propósito do reino
    (Lc 19:1-28) 137 526
    1. Uma lição de fé pessoal (Lc 19:1-10)
    2. Instruções sobre o reino adiado (Lc 19:11-28)

VII. APRESENTAÇÃO OFICIAL DO REI 138-149 531
    A. Chegada a Betânia (Jo 11:55—12:1, 9-11) ... 138 531
    B. A entrada triunfal (Mt 21:1-11, 14-17;
       Mc 11: 1-11; Lc 19: 29-44; Jo 12:12-19) 139 534
    C. A autoridade do Rei (Mt 21:12-13, 18-19;
       Mc 11:12-18; Lc 19:45-48) 140 543
    D. Os convites do Rei (Jo 12:20-50) 141 546
    E. Provas da autoridade do Rei (Mt 21:20-22;
       Mc 11:19-25; Lc 21:37-38) 142 549

	Seção	Página

F. CONTESTAÇÃO DA AUTORIDADE DO REI 143-146 550
   1. Pelos chefes dos sacerdotes e líderes religiosos
     (Mt 21:23—22:14; Mc 11:27—12:12;
     Lc 20:1-19) 143 550
   2. Pelos fariseus e herodianos (Mt 22:15-22;
     Mc 12:13-17; Lc 20:20-26) 144 556
   3. Pelos saduceus (Mt 22:23-33; Mc 12:18-27;
     Lc 20:27-40) 145 559
   4. Pelos fariseus (Mt 22:34-40; Mc 12:28-34) 146 562
G. O DESAFIO DO REI (Mt 22:41-46;
   Mc 12:35-37; Lc 20:41-44) 147 563
H. JULGAMENTO PELO REI (Mt 23:1-39;
   Mc 12:38-40; Lc 20:45-47) 148 564
I. LIÇÕES JUNTO À CAIXA DE OFERTAS (Mc 12:41;
   Lc 21:1-4) 149 568

VIII. PREPARAÇÃO PARA A MORTE DO REI 150-167 .. 571
  A. PREDIÇÕES FEITAS POR CRISTO 150 571
    1. A pergunta (Mt 24:1-3)
    2. A tribulação (Mt 24:4-26)
      a. A primeira metade (Mt 24:4-8)
      b. A segunda metade (Mt 24:9-14)
      c. Repetição e explicação (Mt 24:15-26)
    3. O segundo advento (Mt 24:27-30)
    4. O reagrupamento de Israel (Mt 24:31)
    5. Exortações parentéticas (Mt 24:32-51)
      a. A figueira (Mt 24:32-44)
      b. O servo fiel (Mt 24:45-51)
    6. Julgamento sobre Israel (Mt 25:1-30)
      a. As dez virgens (Mt 25:1-13)
      b. Talentos (Mt 25:14-30)
    7. Julgamento dos gentios (Mt 25:31-46)
  B. PREPARAÇÃO PARA A MORTE DE CRISTO 151-160 589
    1. A predição de sua morte (Mt 26:1-2;
     Mc 14:1a; Lc 22:1) 151 589

	Seção	Página

2. O plano dos chefes dos sacerdotes e dos líderes religiosos (Mt 26:3-5; Mc 14:lb-2; Lc 22:2) ... 152 589
3. Jesus é ungido (Mt 26:6-13; Mc 14:3-9; Jo 12:2-8) 153 590
4. A conspiração para a traição (Mt 26:14-16; Mc 14:10-11; Lc 22:3-6) 154 593
5. A preparação da Páscoa (Mt 26:17-19; Mc 14:12-16; Lc 22:7-13) 155 595
6. A observância da Páscoa (Mt 26:20; Mc 14:17; Lc 22:14-16; 24-30) 156 610
7. A provisão de um exemplo (Jo 13:1-20) 157 613
8. A traição de Judas é predita (Mt 26:21-25; Mc 14:18- 21; Lc 22:21-23; Jo 13:21-30) 158 618
9. A negação de Pedro é predita (Mt 26:31-35; Mc 14:27-31; Lc 22:31-38; Jo 13:37-38) 159 620
10. A provisão de um memorial (Mt 26:26-30; Mc 14:22-26; Lc 22:17-20) 160 621

C. PRECEITOS DE CRISTO (Jo 13:31—16:33) 161-165 622
  1. Prólogo (Jo 13:31-35) 161 622
  2. Problemas (Jo 13:36, 14:1-24) 162 624
  3. Promessas (Jo 14:25-31) 163 630
  4. Instruções sobre a experiência deles no presente (Jo 15:1—16:4) 164 631
     a. Produção de frutos (Jo 15:1-17)
     b. Perseguição aos discípulos (Jo 15:18—16:4)
  5. Instruções com relação ao futuro 165 636
     a. O ministério do Espírito Santo (Jo 16:5-33)
     b. A alegria da ressurreição (Jo 16:16-29)
     c. Conclusão (Jo 16:29-33)

D. ORAÇÃO DE CRISTO PELOS CRENTES (Jo 17:1-16) 166 641
  1. Sua oração por si mesmo (Jo 17:1-5)
  2. Sua oração por seus discípulos (Jo 17:6-19)
  3. Sua oração pelos que viriam a crer (Jo 17:20-26)

E. ORAÇÃO NO JARDIM (Mt 26:36-46; Mc 14:32-42; Lc 22:39-46; Jo 18:1) 167 646

	Seção	Página

IX. REJEIÇÃO DO REI 168-183 653
   A. A prisão (Mt 26:47-56; Mc 14:43-52;
      Lc 22:47-53; Jo 18:2-12a) 168 653
   B. O julgamento religioso 169-173 655
      1. Interrogatório perante Anás
        (Jo 18:1 2b-14, 19-23) 169 655
      2. Interrogatório perante Caifás
        (Mt 26:57, 59-68; Mc 14:53, 55-65;
        Lc 22:54a; Jo 18:24) 170 660
      3. Pedro nega a Jesus (Mt 26:58, 69-75;
        Mc 14:54; 66-72; Lc 22:54b-62;
        Jo 18:15-18, 25-27) 171 663
      4. Condenação pelo Sinédrio (Mt 27:1;
        Mc 15:1a; Lc 22:66-71) 172 663
      5. A morte de Judas (Mt 27:3-10) 173 666
   C. O julgamento civil 174-177 667
      1. Julgamento perante Pilatos (Mt 27:2, 11-14;
        Mc 15:1b-5; Lc 23:1-5; Jo 18:28-38) 174 667
      2. Julgamento perante Herodes (Lc 23:6-12) 175 676
      3. Julgamento perante Pilatos (Mt 27:15-26;
        Mc 15:6-15; Lc 23:13-25;
        Jo 18:39-19:1, 4-16a) 176 677
      4. Zombaria (Mt 27:27-30; Mc 15:16-19;
        Jo 19:2-3) 177 682
   D. Cortejo até o Calvário (Mt 27:31-34;
      Mc 15:20-23; Lc 23:26-33; Jo 19:16b-17) 178 684
   E. A crucificação 179-181 689
      1. As primeiras três horas (Mt 27:35-44;
        Mc 15:24-32; Lc 23:34-43; Jo 19:18-27) 179 689
      2. As três horas seguintes (Mt 27:45-50;
        Mc 15:33-37; Lc 23:44, 46; Jo 19:28-30) 180 696
      3. Sinais que se seguiram (Mt 27:51-56;
        Mc 15:38-41; Lc 23:45, 47-49) 181 699

Esboço completo dos acontecimentos da vida de Cristo 23

                                                                       Seção   Página

F. O SEPULTAMENTO DE CRISTO (Mt 27:57-61;
   Mc 15:42-47; Lc 23:50-56;
   Jo 19:31-42) 182 701
G. O SELAMENTO DO SEPULCRO (Mt 27:62-66) 183 707

X. RESSURREIÇÃO DO REI 184-198 711
   A. A PREPARAÇÃO DAS MULHERES
      (Mt 28:1; Mc 16:1) 184 711
   B. A ABERTURA DO SEPULCRO (Mt 28:2-4) 185 715
   C. A VISITA DAS MULHERES (Mt 28:5-8;
      Mc 16:2-8; Lc 24:1-8; Jo 20:1) 186 716
   D. O RELATÓRIO DOS DISCÍPULOS (Lc 24:9-12;
      Jo 20:2-10) 187 717
   E. O APARECIMENTO A MARIA (Mc 16:9-11;
      Jo 20:11-18) 188 718
   F. O APARECIMENTO ÀS MULHERES (Mt 28:9-10) ... 189 720
   G. O RELATÓRIO DOS SOLDADOS (Mt 28:11-15) 190 720
   H. O APARECIMENTO A DOIS HOMENS NO CAMINHO
      DE EMAÚS (Mc 16:12-13; Lc 24:13-32) 191 721
   I. O RELATÓRIO DE DOIS DOS DISCÍPULOS
      (Lc 24:33-35) 192 723
   J. O APARECIMENTO AOS DEZ (Mc 16:14;
      Lc 24:36-43; Jo 20:19-25) 193 724
   K. O APARECIMENTO AOS ONZE (Jo 20:26-31) 194 725
   L. O APARECIMENTO A SETE DISCÍPULOS
      (Jo 21:1-25) 195 726
   M. A COMISSÃO AOS DISCÍPULOS (Mt 28:16-20;
      Mc 16:15-18) 196 730
   N. A COMISSÃO FINAL (Lc 24:44-49) 197 732
   O. A ASCENSÃO DE CRISTO (Mc 16:19-20;
      Lc 24:50-5) 198 735

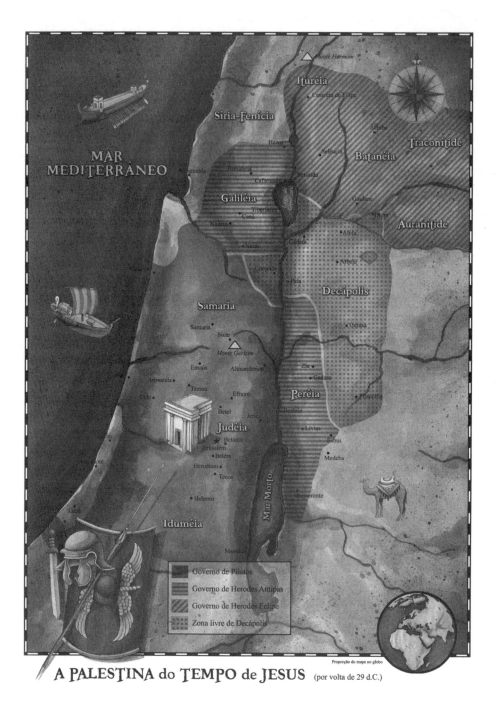

©André Daniel Reinke. Usado com permissão.

Introdução
Seções 1-2

O apóstolo João, tendo registrado uma parte das palavras e obras de Jesus Cristo, concluiu o seu evangelho dizendo: "Jesus fez também muitas outras coisas. Se cada uma delas fosse escrita, penso que nem mesmo no mundo inteiro haveria espaço suficiente para os livros que seriam escritos" (Jo 21:25). João ficou impressionado com a enormidade da tarefa que estava diante dele à medida que procurava selecionar o material existente a fim de apresentar as verdades pertinentes que serviam ao seu propósito de conduzir as pessoas à fé em Cristo. Quanto mais alguém pode se sentir impressionado hoje, ao escrever a partir da perspectiva atual, e ver a extensão da tarefa que está diante de si ao procurar traçar o tema da vida de Cristo conforme apresentado nos evangelhos!

As prateleiras das nossas bibliotecas estão cheias de dezenas de milhares de volumes escritos tanto sobre as palavras quanto sobre as obras de Jesus Cristo. Aprofundar-se em todo esse material seria impossível mesmo ao longo de uma vida. Os evangelhos têm sido estudados a partir de muitos pontos de vista: histórico, geográfico, analítico, expositivo, crítico, devocional, doutrinário e prático. Mesmo com tudo isto, causa surpresa que pouca atenção tem sido prestada à Pessoa de Cristo tal como revelada nos evangelhos ou no projeto em que Cristo esteve envolvido durante a sua permanência na Terra. Shepard observa:

> O cristianismo é uma religião histórica porque Cristo, seu fundador, foi um personagem histórico. No início da era cristã, entrou em cena aquele que mudou o curso da história de uma trajetória descendente para uma ascendente. Ele nasceu em Belém e foi criado em Nazaré, uma pequena cidade da Galileia, fazendo parte de uma humilde família de judeus, os quais, na época, estavam submetidos ao domínio de Roma.
> Ele obteve sua educação básica na escola de uma sinagoga, na qual uma criança judia estudava dos seis aos doze anos de idade. Embora o povo da Galileia desfrutasse de mais liberalidade religiosa que os judeus que viviam na Judeia, a religião judaica, em todos os lugares,

estava sob um jugo duro e autoritário em razão de uma liderança rabínica tacanha, cuja liderança estava sediada em Jerusalém. O menino Jesus não possuía uma educação altamente letrada, mas tornou-se bem fundamentado em aramaico e no conhecimento da língua hebraica, bem como das Escrituras Sagradas dos judeus. Ele dominava também o grego, para o qual as Escrituras haviam sido traduzidas séculos antes de sua época. Enquanto como carpinteiro sustentava a família do falecido José, ele "traçou seu caminho" no domínio da tradição rabínica e dos profetas hebreus, tornando-se profundamente instruído na verdadeira religião de Israel. Aos 30 anos de idade, Ele apareceu no Jordão, pedindo o batismo de João, e logo depois iniciou seu ministério, o qual se tornou um movimento religioso, que hoje tem alcançado os confins do mundo.

Jesus, diferentemente de qualquer outro mestre na história, chamou a atenção mais para sua pessoa do que para sua doutrina. A religião do Cristo dos evangelhos é uma relação vivenciada entre Ele e seus discípulos-seguidores. Sua personalidade era única, atraindo vastas multidões para Ele.[1]

Qualquer abordagem adequada à vida de Cristo, portanto, deve dirigir a atenção principalmente para a sua Pessoa, bem como para o projeto no qual Ele se envolveu no decurso de seu ministério terrestre. Um estudo da vida de Cristo também deve deixar claro que o que Cristo fez e disse está fundamentado em sua pessoa como o Filho eterno de Deus e o Salvador do mundo.

Deve-se notar que os escritores dos evangelhos não fazem nenhuma tentativa de mostrar a vida de Cristo do ponto de vista histórico ou cronológico. Eles não fazem nenhum empenho para nos apresentar uma biografia de Cristo. Os escritores, usando o mesmo material existente, selecionaram e organizam tudo de acordo com sua ênfase individual e interpretação daquilo que apresentava o perfil específico de Cristo que eles desejavam transmitir. Os evangelhos apresentam a vida de Cristo de modo temático e, portanto, devem ser vistos como complementares e suplementares ao invés de contraditórios. Neste volume foi feita uma tentativa de harmonizar o material registrado nos evangelhos de tal forma

---

[1] W. Shepard, The Christ of the Gospels (Grand Rapids: Eerdmans, 1946), p. 1.

que possamos traçar de forma cronológica o desenvolvimento da vida de Cristo. Isto nos permitirá ver o desdobramento da Pessoa de Cristo, bem como o desenvolvimento e o progresso do tema principal de sua vida, sendo esse tema a apresentação do propósito do reino da aliança a Israel, o povo da aliança. O autor está comprometido com a doutrina da inspiração verbal e plenária que resulta na visão de que a Escritura é inerrante e autoritativa. Tal visão requer que as Escrituras sejam interpretadas pelo método histórico-gramatical. Isso significa que as Escrituras devem ser interpretadas literalmente à luz do contexto histórico em que os eventos ocorreram.

A. A fonte do conhecimento

Seção 1

Lucas 1:1-4

Lucas, como historiador, escreveu a Teófilo, nome que geralmente é atribuído a um determinado indivíduo. No entanto, "Teófilo" pode se referir a uma classe de pessoas, pois a palavra significa "aquele que ama a Deus". Lucas está escrevendo "para que tenhas a certeza das coisas que te foram ensinadas" (Lc 1:4).

O conhecimento dos acontecimentos da vida de Cristo, suas palavras e suas obras, foi amplamente difundido. Àqueles que criam haviam sido ensinadas as importantes verdades do que aconteceu durante os anos da jornada terrena de nosso Senhor. Lucas sentiu a necessidade de escrever a fim de dar garantias a respeito da verdade que já era amplamente difundida e na qual se acreditava. Ele não estava escrevendo para informar, e sim para convencer. Eventos que haviam ocorrido "foram transmitidos ... por aqueles que desde o início foram testemunhas oculares" (Lc 1:2). Esse conhecimento foi transmitido pela tradição oral, seguindo a prática judaica comum.

> Nosso Senhor Jesus Cristo era um judeu segundo a carne, e a história de sua vida e seus ensinamentos foram preservados de acordo com o método judaico. Esse método envolvia a transmissão oral e sua eficiência é atestada pelo fato espantoso de que não foi senão no século V de

nossa era que a literatura rabínica começou a ser escrita. A *Halacá* e a *Hagadá* surgiram pelo menos um século antes do nascimento de Jesus e, durante aqueles séculos em que a literatura volumosa e sempre crescente era guardada na memória dos rabinos e de seus discípulos, tendo sido transmitida oralmente de geração em geração [...] O empenho dos rabinos era focado na transmissão imaculada da Lei Oral. "Suscitar muitos discípulos" era o lema deles, e seus discípulos eram ensinados nos multitudinários preceitos daquela tradição interminável até que eles os soubessem de cor. A lição era repetida muitas vezes até ficar gravada na memória deles, e por isso o termo para a instrução rabínica era Mishná, "repetição".[2]

Consequentemente, os eventos na vida de Cristo, bem como as palavras que Ele proferiu, foram amplamente difundidos ao seguir essa forma judaica de transmitir conhecimento. Lucas também chama nossa atenção para esse fato, quando afirma: "Muitos já se dedicaram a elaborar um relato dos fatos que se cumpriram entre nós" (Lc 1:1). "[que] se cumpriram" pode ser traduzido como "seguramente confiáveis" ou "sobre os quais há plena convicção". Novamente observamos que Lucas está tratando de assuntos que eram amplamente aceitos pela comunidade cristã. O autor nos assegura que, diante de tanta verdade transmitida oralmente, e em face de tantos registros escritos, ele se sentiu seguro, após cuidadosa investigação, em escrever para dar aos cristãos uma garantia acerca do que eles tinham ouvido. A tradição oral pode transmitir com precisão a verdade, mas por si mesma ela não é autoritativa. Os registros podem indicar com precisão a verdade, mas não são autoritativos separados à parte da inspiração. Lucas pretende apresentar aos cristãos um registro confiável que certamente poderia ter credibilidade em relação a tudo o que Jesus "começou a fazer e a ensinar" (At 1:1).

Sem dúvida, os cristãos tinham sido instruídos por catequistas. David Smith diz:

> Antes de a história ser escrita, havia uma classe de professores na igreja primitiva cuja função era instruir os crentes na tradição oral e fixá-la

---

[2] Alfred Edersheim, *The Life and Times of Jesus the Messiah*, vol. 2 (Nova York: Longmans, Green, 1912), p. 55.

Introdução

em suas mentes, segundo o costume das escolas rabínicas. Eram chamados catequistas [...] e seus alunos, os catecúmenos [...] — uma designação expressiva, uma vez que [...] a raiz da palavra significava *"falar alguma coisa aos ouvidos de uma pessoa por meio de uma repetição incessante"*. Foi uma assistência mais necessária em uma época em que nada havia sido escrito, razão pela qual os cristãos dependiam de instrução oral para conhecerem a história do evangelho.[3]

Agora o propósito de Lucas era reunir essa instrução catequética e entregá-la de forma autoritativa a Teófilo. Lucas está escrevendo aproximadamente uma geração após a morte de Cristo, aos cristãos que haviam sido instruídos por mestres itinerantes que ensinaram com base em registros escritos e na tradição oral, m0as sem um evangelho autoritativo para citar.

Os evangelhos sinóticos foram escritos em resposta à necessidade dos primeiros cristãos. De acordo com o livro de Atos, durante uma década a igreja era composta exclusivamente por judeus ou por prosélitos do judaísmo. A primeira necessidade de um registro autoritativo das palavras e obras de Jesus surgiu, portanto, entre os judeus. Mateus, sendo ele mesmo um apóstolo, supriu essa necessidade ao escrever seu evangelho dirigido aos crentes judeus para instruí-los a respeito de Jesus, o Messias de Israel. Ele escreveu com o objetivo de registrar a oferta que Cristo fez de si mesmo para aquela nação como seu Messias, sendo ao mesmo tempo Salvador e Soberano. Ele registrou a confirmação da oferta do reino, o debate de Israel sobre o reino e a rejeição da nação ao Messias, bem como a retirada de sua oferta do reino. Mateus escreveu não tanto para convencer a nação descrente de que Jesus era o Messias, mas para explicar aos crentes por que o reino, que havia sido genuinamente oferecido, não foi instituído e, à luz da rejeição de Israel, explicar o propósito do reino.

A segunda necessidade de se ter um evangelho surgiu entre os romanos, pois Paulo, em sua jornada missionária aos gentios, chegou à província romana da Ásia e levou o evangelho para o mundo romano. Marcos,

---

[3] David Smith, *The Days of His Flesh* (Nova York: Hodder and Stoughton, 1911) p. xvii.

seu companheiro, em resposta a essa necessidade, escreveu o evangelho que leva seu nome. Nele ele apresentou Jesus, o Servo do Senhor. "Servo" (do Senhor) era um título do Antigo Testamento para o Messias que devia redimir e reinar (Is 42:1, 49:3, 5-7; 52:13). Marcos, assim como Mateus que o precedeu, apresentou para nós a oferta do Messias, a sua rejeição, o ministério do Servo a favor do povo de Deus, e a obediência do Servo a seu Pai que está nos céus.

A necessidade de um evangelho também surgiu entre os gregos, pois Paulo, em sua segunda viagem missionária, havia entrado no mundo grego. Consequentemente, havia a necessidade de instruir os gregos a respeito da vida e do ministério do Senhor Jesus. Essa necessidade foi suprida por Lucas, companheiro de Paulo em suas viagens missionárias pelo mundo grego, ao escrever o evangelho de Lucas. Este apresentou Jesus como o Filho do Homem, que, novamente, era um título messiânico do Antigo Testamento. Lucas traçou os acontecimentos na apresentação do Filho do Homem — o debate sobre sua Pessoa, sua rejeição e, por fim, sua morte e ressurreição.

Na introdução de seu evangelho, Lucas fez certas indicações a respeito dos materiais que usou em sua cuidadosa pesquisa histórica. Em primeiro lugar, ele utilizou o material que veio diretamente dos apóstolos, os quais foram testemunhas oculares e servos da Palavra. Os apóstolos foram comissionados a testemunharem em todo o mundo e a pregar o evangelho (Mt 28:19-20). A esses apóstolos foi dito que eles levariam o testemunho de Jesus Cristo vivido por eles (Jo 15:26-27). Essa comissão profética foi repetida em Atos 1:8. Os apóstolos comunicaram a verdade daquilo que eles haviam visto e ouvido. Essa verdade sobre Jesus Cristo foi formalizada na tradição oral e passada pelos apóstolos para a geração seguinte (cf. Hb 2:3). Lucas certamente usaria essa fonte oficial.

Em segundo lugar, Lucas nos revela que ele tinha avaliado muitos registros escritos das tradições orais que vieram originalmente dos apóstolos. Como Mateus e Marcos foram escritos antes de Lucas, surge a questão se Lucas teria usado esses escritos em suas pesquisas. Lucas parece afirmar que ele não o fez, pois como aponta Arndt:

> Imediatamente surge a questão se Lucas teria incluído Mateus e Marcos entre os "muitos" escritores aos quais ele se refere em 1:1. A resposta,

assim me parece, deve ser um categórico não. Aquilo que os nossos dois primeiros evangelistas apresentaram teria sido considerado por Lucas como parte do testemunho apostólico, o testemunho oferecido por aqueles que desde o início foram testemunhas oculares e servos da Palavra, e não como o produto dos numerosos autores que tentaram reproduzir os relatos dos apóstolos. O próprio Mateus era um apóstolo, e Marcos, em seu evangelho, de acordo com o relato unânime da Antiguidade, escreveu o que outro apóstolo, Pedro, havia pregado. Portanto, considerando que Lucas estabelece claramente uma diferença entre o testemunho dos apóstolos e a produção literária de outros com base na narrativa apostólica, não podemos considerar Mateus e Marcos como pertencentes ao grupo dos "muitos" de 1:1.[4]

Assim, concluímos que os evangelhos de Mateus e Marcos, de cujo material dispunha, são vistos por Lucas como textos distintos dos escritos de muitos.

Há uma terceira fonte que Lucas tinha à sua disposição: aqueles que ainda estavam vivos, os quais eram testemunhas oculares do que Jesus fez e que tinham ouvido o que Ele disse, ou pelo menos aqueles que tiveram contato pessoal com os próprios apóstolos.

Segundo Arndt:

> Que oportunidades quase inigualáveis ele... possuía para obter uma informação autêntica sobre a Vida das vidas!... Lucas, o companheiro de Paulo, mencionado em Cl 4:14 e Fm 24, é o autor das menções que se referem a "nós" em Atos e do livro de Atos em geral, e também o autor de nosso evangelho... vemos de imediato que ele estava vantajosamente situado para obter informações sobre a obra e o ensino de Jesus. Não só esteve com Paulo, que viu o Cristo ressuscitado, teve contatos frequentes com os apóstolos originais e outros primeiros cristãos, mas foi ele mesmo quem conheceu pelo menos um desses apóstolos originais, Tiago, o Menor (At 21:18), e com toda probabilidade vários outros. Em seguida, pensamos em sua companhia junto a Marcos (cf. Cl 4:10-14; Fm 23ss), que se precipitou para Jerusalém; com Barnabé, que tinha sido um membro da primeira congregação cristã em seus estágios iniciais (At 4:36); com Silas, que foi profeta

---

[4] William F. Arndt, St. Luke (St. Louis: Concordia, 1956), p. 9.

da igreja de Jerusalém antes de se aliar a Paulo (At 15:22, 27, 32); com Filipe, o evangelista (At 21:8); com Ágabo, o profeta (At 21:10); com Mnason, "um dos primeiros discípulos" (At 21:15). Testemunhas originais da vida de Jesus, e pessoas que haviam tido uma estreita ligação com testemunhas originais, estavam entre as pessoas que Lucas poderia chamar de seus amigos e companheiros. Assim, ele estava em uma posição extraordinariamente vantajosa para obter informações sobre Jesus.[5]

Certamente os detalhes mais particulares relativos à concepção e ao nascimento de Cristo, que eram pormenores não amplamente divulgados porque Maria "guardava todas essas coisas... em seu coração" (Lc 2:19), devem ter sido colhidos com a própria Maria. Da mesma forma, os detalhes relativos ao nascimento de João devem ter sido obtidos com Isabel. Vemos então que Lucas tinha uma grande variedade de material a partir do qual ele podia fazer suas pesquisas a fim de compilar os eventos revelados no evangelho que levaria seu nome.

O que parece ser procedente do prólogo de Lucas pode ser resumido nas palavras de Arndt:

> Uma pequena análise dessas palavras resulta nos seguintes pontos para nosso propósito atual: (1) Os primeiros seguidores de Jesus não haviam permanecido em silêncio sobre a obra de seu Mestre, mas haviam transmitido aos outros o bem-aventurado conhecimento que eles próprios possuíam. (2) Várias pessoas haviam se esforçado para registrar por escrito o que as primeiras testemunhas anunciaram. (3) Lucas resolveu compor uma obra sobre as obras e os ensinamentos de Jesus. (4) Ele a escreveu somente após as mais cuidadosas e minuciosas pesquisas, tendo investigado tudo desde o início. (5) Ele decidiu apresentar seu material na devida ordem. (6) Seu trabalho tinha a intenção de fazer com que Teófilo pudesse ter a certeza de que a instrução cristã que havia recebido era verdadeira.[6]

---

[5] Ibid., p. 7.
[6] Ibid., p. 7-9.

B. A preexistência de Cristo

Seção 2

João 1:1-18

A vida do Senhor Jesus não teve seu início no momento do nascimento, assim como a vida de todas as outras pessoas. Ele veio ao mundo proveniente de um estado preexistente para cumprir uma missão específica. Essa é a grande verdade à qual somos apresentados no prólogo de João ao seu evangelho. João mencionou alguns fatos relativos a Jesus Cristo em sua breve introdução: em primeiro lugar, a preexistência do Filho antes de sua vinda ao mundo. Isso ele o fez com a seguinte declaração: "No princípio era aquele que é a Palavra". Em segundo lugar, ele declarou que o Filho era uma Pessoa distinta do Pai: "Ele estava com Deus e era Deus". A preposição "com" enfatiza uma relação pessoal existente entre duas pessoas. E, terceiro, a divindade do Filho é afirmada nas palavras "Ele... era Deus". A eternidade do Filho está nas palavras "Ele estava com Deus no princípio". Essa é a mesma verdade que Paulo enfatizou em Filipenses 2:5-9. A grande verdade da encarnação foi resumida quando João declarou: "Aquele que é a Palavra tornou-se carne e viveu entre nós" (Jo 1:14). João estava apresentando, então, aquele que é o eterno Filho do Deus eterno e que tomou para si a verdadeira humanidade, a fim de que pudesse desempenhar o ministério especial para o qual Ele foi enviado ao mundo pelo Pai.

Em sua introdução, João menciona primeiramente a relação do Filho com o Pai. O Filho é referido por João como "a Palavra". Esse é um nome muito revelador para o Filho. Tal conceito não se originou com João. Era um entendimento muito antigo. Ele tinha suas raízes no Antigo Testamento. Por causa da lei que proibia um judeu de tomar o nome do Senhor seu Deus em vão, era costume substituir com outra palavra o nome Yahweh. Quando Deus, no Antigo Testamento, parecia revelar a si mesmo ou revelar a verdade aos homens, o Revelador era mencionado como "Memra", que é o termo hebraico para "palavra". A memra, ou palavra, destacava aquilo que era comunicado por Deus, e não uma referência ao próprio Deus que fazia a revelação. Esse conceito da palavra foi desenvolvido por Filo, um filósofo judeu que adotou um dualismo por meio do qual ele ensinava que Deus é santo e a matéria é má. Um Deus santo não poderia criar a matéria má. Assim, ele ensinava que a matéria é tão eterna quanto Deus. Um Deus santo não poderia ter contato com aquilo que era mau; dessa forma, ele via Deus como inteiramente separado e afastado da criação. No entanto, Filo assegurava que deveria haver um princípio mediador pelo qual Deus alcança a criação, e esse princípio mediador impessoal ele chamava de "logos", que é "razão" ou "mente". Entretanto, João não adota nem o conceito do Antigo Testamento muito menos a definição filosófica de Filo sobre a palavra. Como diz Shepard:

> João nos leva de volta antes do início da criação (Gn 1:1) e considera a Palavra em contínuo estado de existência, em comunhão íntima e situação de igualdade com Deus, em essência o próprio Deus. Sua ideia do Logos não era a de Marco Aurélio, o princípio gerador na natureza, nem a de Filo, a razão e expressão divina, tampouco meramente o significado da memra hebraica, a manifestação de Deus como Anjo de Jeová ou a Sabedoria de Deus; ao contrário, ele empregou a ideia religiosa da Palavra Divina, criando, revelando, redimindo. João apreendeu a terminologia do pensamento grego de seu tempo e a preencheu com um novo conteúdo. Seu Logos não é o logos semipessoal de Filo, mas um Logos pessoal; não um logos cósmico, mas um agente espiritual. Ele reproduz com um novo conteúdo várias fases da concepção platônica; a existência eterna da Palavra, sua relação com Deus e para com Ele embora distinta, sua atividade criadora, seu papel para conceder iluminação e libertação dos homens. A concepção de Filo hesitou entre a personificação e a personalidade; o entendimento de João enche o Logos com personalidade.[7]

Vemos, portanto, que para João a Palavra é uma Pessoa que veio ao mundo para revelar a pessoa do Pai aos homens. Em contraste com o pensamento judaico que colocava ênfase na revelação, João enfatizou o Revelador e aquele que Ele veio para revelar.

Depois de nos mostrar a relação da Palavra com o Pai, João prosseguiu no versículo 3 para mostrar a relação da Palavra com a criação, pois a Palavra é o Criador. Ele declarou de modo positivo: "Todas as coisas

---

[7] Shepard, The Christ, p. i.

Introdução

foram feitas por intermédio dele" e depois de forma negativa: "sem ele, nada do que existe teria sido feito". Esse aspecto da criação é afirmado por Paulo em Colossenses 1:16 e também pelo autor da epístola aos Hebreus (1:2). O Pai é o projetista, enquanto o Filho é o agente intermediário na criação. A ênfase é colocada em seu *ofício*, assim como em sua *pessoa*. Como o Filho é o Criador, Ele tem autoridade legítima sobre toda a criação. De acordo com Salmos 19:1 e Romanos 1:20, a criação foi projetada pelo Criador para ser uma revelação de sua existência e poder. Embora limitada em seu alcance, a criação como uma revelação divina é uma palavra que vem de Deus acerca de si mesmo.

João mostrou a seguir o relacionamento da Palavra com os homens. Ele afirma, no versículo 4, que Jesus Cristo, que é vida, também é a fonte de tudo o que tem vida; a vida que toda criatura recebe provém da vida do Criador. Além disso, a Palavra é o Revelador: "A luz brilha nas trevas" (v. 5). A luz, no conceito de João, é equiparada ao conhecimento de Deus. A escuridão, como a ausência de conhecimento, é a ignorância sobre Deus. Aqueles que tinham recebido a luz pela criação estavam na escuridão. Em Romanos 1:18-23 Paulo traçou cuidadosamente a progressão da ignorância enquanto o homem se movia da luz para as trevas. A rejeição voluntária da luz da revelação por meio da criação trouxe escuridão progressiva até que os homens ignorassem a Deus. Jesus Cristo veio para dissipar essa ignorância. Ele que é Deus veio em carne para que os homens pudessem ver essa revelação e sair da ignorância para o conhecimento.

O advento de Cristo foi precedido pela vinda de João Batista. Como precursor de Cristo, João cumpriu a profecia de Malaquias 3:1. O ministério de João consistia em preparar a nação de Israel para a vinda daquele que revelaria Deus a ela. João não era a revelação de Deus; ao contrário, ele apresentou aquele que revelaria Deus aos homens. João disse, na realidade, que as trevas logo seriam eliminadas, e que as pessoas que vivam na ignorância teriam luz para que pudessem conhecer a Deus. Essa luz viria quando os homens acreditassem na revelação que o Filho apresentou sobre o Pai, assim como sobre si mesmo. O apóstolo João queria que compreendêssemos o ministério de João Batista, pois ele tinha um papel significativo nos evangelhos. O apóstolo disse que João Batista não era a luz; portanto, todos que haviam se voltado para João como sendo uma autoridade final colocaram sua confiança na pessoa errada. O apóstolo enfatizou que João veio como testemunha da luz. Ele então nos dirigiu à fonte do conhecimento de Deus, isto é, ao próprio Jesus Cristo, dizendo que Aquele que é a verdadeira luz e dá luz a todo homem estava chegando ao mundo (v. 9).

Nos versículos 10-12 João traçou para nós uma visão geral da vida de Jesus Cristo. Ele assegurou, primeiramente, a verdade da preexistência de Jesus Cristo. Ele era o Criador, pois "todas as coisas foram feitas por intermédio dele". Em segundo lugar, ele reafirmou o evento da encarnação: "estava no mundo". Em seguida, João declarou o propósito pelo qual o Filho se encarnou, dizendo: "veio para o que era seu". O que está em vista nas palavras "seu" pode ser determinado a partir de uma passagem como Salmos 2:6-9, que registra a promessa do Pai ao Filho, de que Ele será entronizado com autoridade sobre todos os povos e nações da Terra. Da mesma forma entendemos 2Samuel 7:16 como sendo uma profecia de que Jesus Cristo deveria nascer da linhagem de Davi e assentar-se no trono de Davi, governando a casa de Davi. De fato, Jesus Cristo veio ao mundo para governar.

Mas agora João continua a apontar a resposta que seu próprio povo deu à oferta de Cristo como Messias, ou seja, como seu Salvador e Soberano. Primeiro ele disse: "os seus não o receberam" (Jo 1:10). Quando Ele se ofereceu como o Filho de Deus, eles o consideraram como um impostor blasfemo, digno de morte. Além disso, ele mesmo disse que seu próprio povo não o recebeu. As pessoas para as quais Ele veio a fim de revelar o Pai e se oferecer como Rei o rejeitaram e o condenaram à morte. Os evangelhos registram para nós, de acordo com esse esboço, a encarnação de Cristo, a revelação da pessoa de Cristo, e o debate sobre a pessoa de Cristo. Os evangelhos também registram a rejeição tanto da oferta de Cristo de si mesmo quanto do reino prometido. Essa rejeição da nação de Israel para a qual Ele foi enviado culminou em sua crucifixão. João o evangelista afirmou, mesmo diante da incredulidade dos homens: "Contudo, aos que o receberam, aos que creram em seu nome, deu-lhes o direito de se tornarem filhos de Deus" (Jo 1:12). "Filhos de Deus" era uma expressão usada pelos judeus para se referirem à filiação ao povo da aliança. Os judeus consideravam "filhos de Deus" todos aqueles que faziam parte do reino de Deus. Eles se consideravam aceitáveis diante de Deus. O fato do nascimento físico já seria suficiente para garantir a qualquer judeu, segundo o conceito judaico, o direito ao reino do Messias, pois Deus havia firmado uma aliança com a nação judaica. Em contraste com esse pensamento, João afirmou que os únicos que têm o direito de se tornarem filhos de Deus são aqueles que colocam sua fé na pessoa de Jesus Cristo. Pelo fato de serem descendentes naturais de Abraão, os judeus se consideravam filhos de Deus, mas João disse que eles não se tornam filhos por descendência natural nem o nascimento humano garantiria sua entrada no reino do Messias; ao contrário, eles precisavam ser nascidos de Deus. Esse novo nascimento é o resultado da fé na Pessoa da Palavra que veio para revelar o Pai aos homens.

João, nos versículos 14-18, descreveu a natureza da revelação feita pela Palavra. A revelação depende da encarnação. João definiu esse conceito ao afirmar: "a Palavra tornou-se carne e viveu entre nós". Deus revelou a verdade no Antigo Testamento de várias formas, como falando aos homens diretamente por meio de visões e sonhos e trazendo mensagens por meio dos profetas; mas na vinda de Cristo temos a revelação feita por intermédio de uma pessoa. Para revelar Deus aos homens, a Palavra tornou-se carne. Aqueles que conviveram com Ele durante os anos de sua encarnação puderam testemunhar o fato de terem visto a glória de Deus revelada no Filho. A mesma glória que Moisés viu no tabernáculo em Êxodo 40:34-38, e que os sacerdotes viram no templo em 1Reis 8:10-11, foi revelada na pessoa de Jesus Cristo no Monte da Transfiguração. Pedro testificou sobre essa glória em 2Pedro 1:16-18. A graça que o Senhor Jesus manifestou na sua vida diária foi a graça do Pai, e a verdade que Jesus Cristo revelou em sua vida e por meio de seus lábios foi a verdade do Pai. Paulo afirmou em Colossenses 2:9: "Pois em Cristo habita corporalmente toda a plenitude da divindade, e, por estarem nele, que é o Cabeça de todo poder e autoridade, vocês receberam a plenitude". A plenitude aqui é uma referência a tudo o que está no Pai e que foi revelado no Filho, e João pôde dizer: "Todos recebemos da sua plenitude" (Jo 1:16).

João encerrou seu prólogo destacando a singularidade da revelação do Pai por intermédio do Filho. Deus havia feito uma revelação de si mesmo no Antigo Testamento, mas como João diz no versículo 18: "Ninguém jamais viu a Deus". E isso ainda é verdade, mas João acrescentou que "o Deus Unigênito, que está junto do Pai, o tornou conhecido". Por meio dessa revelação, as pessoas podem conhecer o Pai. A ênfase está em quem Ele é. João, nessa introdução, apresentou uma pessoa que vem para revelar e redimir. Ele é capaz de realizar essa obra por causa de quem Ele é e do que é: o Filho eterno do Deus eterno que é um com o Pai, todavia uma pessoa distinta do Pai, que criou todas as coisas, e que por causa de seu relacionamento com o Pai pode revelar o Pai. A encarnação foi necessária para revelar e para redimir. E, apesar da rejeição dos homens, aqueles que o aceitam e confiam em sua revelação tornam-se filhos de Deus.

I
Apresentação do Rei
Seções 3-27

A. A chegada do Rei
Seções 3-19

1. Sua genealogia
Seção 3

Mateus 1:1-17; Lucas 3:23b-38

Como os registros evangélicos dizem respeito a uma pessoa, é da maior importância que saibamos quem é essa pessoa e de onde ela vem. Assim, tanto Mateus quanto Lucas incluem genealogias em seus registros. Mateus começou seu evangelho com estas palavras: "Registro da genealogia de Jesus Cristo, filho de Davi, filho de Abraão" (Mt 1:1). É relevante que Mateus mencione os nomes de Abraão e Davi em sua introdução. Esses eram dois líderes com quem Deus havia feito alianças incondicionais e eternas que definiram o curso da história da nação de Israel. Em Gênesis 12:2-3, 7, e novamente em 13:14-17, Deus havia feito promessas a Abraão a respeito de uma terra que seria propriedade de seus descendentes físicos, para os quais Deus enviaria alguém que os abençoaria. Em Gênesis 15:18, o que havia sido dado a Abraão como uma promessa foi ratificado por uma aliança de sangue, na qual Deus se comprometeu a conceder aos descendentes físicos de Abraão uma terra que seria sua possessão para sempre. Essa aliança foi reafirmada a Abraão em Gênesis 17:6-8, e em outras ocasiões, no livro de Gênesis, foi confirmada a Isaque e a Jacó, descendentes de Abraão. Em 2Samuel 7:16, Deus fez uma aliança com Davi, prometendo que sua casa, seu reino e seu trono seriam estabelecidos para sempre. Essa aliança foi reafirmada em Salmos 89:1-4. De acordo com essa aliança, um dos filhos de Davi deveria assentar-se no trono de Davi e governar eternamente sobre a casa de Davi, ou seja, sobre o povo ou reino de Davi. Mateus, portanto, estava chamando nossa atenção para o fato de que Jesus Cristo veio para cumprir a aliança que Deus havia feito com os antepassados da nação.

Toussaint escreveu:

> Uma das principais perguntas que um judeu faria a alguém que reivindicasse o título de Messias seria: "Ele é um filho de Abraão e da casa de Davi?"... Pelo fato de essa pergunta a respeito do Rei de Israel ser tão importante, e porque forma um ponto de partida lógico para um documento que se prepara para provar a messianidade de Cristo, Mateus apresenta primeiramente a genealogia de Jesus (1:1-17).[1]

Só depois de ter completado sua narrativa de nascimento e estar pronto para registrar o ministério de Jesus é que Lucas incluiu sua genealogia. Enquanto Mateus apresentou Jesus como o Messias de Israel, Lucas o apresentou como o Filho do Homem. Desde os dias de Daniel, o título *Filho do Homem* era considerado pelos judeus como um título messiânico. Lucas, não menos que Mateus, apresentou Jesus como o Messias, mas, enquanto Mateus estava preocupado com o Messias relacionado com Israel, Lucas se preocupava com o Messias em relação a toda a raça humana. De acordo com o Antigo Testamento, o Messias não teria um papel apenas sobre Israel, mas sobre todas as nações. Ele seria o Messias para o mundo, assim como para Israel. De acordo com seu tema, então, Lucas traçou a genealogia de Jesus até Adão, o cabeça da raça humana.

Fairbaim, comparando os dois registros, afirma:

> Mateus traça a descendência de Jesus Cristo como "o filho de Davi, filho de Abraão"; mas Lucas vai além, fazendo de Jesus "o filho de Adão, que era o filho de Deus". A diferença é significativa. Mateus, um hebreu, dirigindo-se aos hebreus, apresentou Jesus como o Messias, cumprindo as condições necessárias ao messianismo para que Ele pudesse ser qualificado para cumprir as esperanças messiânicas. Porém, Lucas, um grego, dirigindo-se aos gregos, apresenta Jesus em sua irmandade humana comum e em sua filiação divina inerente . O primeiro

---

[1] Stanley D. Toussaint, *Behold the King* (Portland: Multnomah, 1980), p. 10-15.

representa Cristo como um redentor proveniente de Abraão, um rei de descendência davídica, satisfazendo o cumprimento das aspirações do povo ancestral e realizando o ideal teocrático; mas o segundo o apresenta mediante sua descendência a partir de Adão em uma relação de sangue, por assim dizer, de cada ser humano, mostrando que Ele pode criar em cada homem uma relação espiritual e íntima com Deus não menos real. E assim, enquanto Jesus é para Mateus o Messias, Ele é para Lucas o Segundo Adão, o Criador e Cabeça da nova humanidade, sustentando as relações universais e realizando uma obra universal.[2]

Shepard contrasta as duas genealogias da seguinte forma:

A genealogia de Mateus está no início de seu evangelho para estabelecer o fato da origem hebraica real de Jesus antes que quaisquer outros fatos sobre sua vida sejam introduzidos; a genealogia de Lucas é apresentada como um interlúdio após o relato do nascimento e infância de Jesus e do ministério de João para introduzir o ministério de salvação do Senhor.[3]

Scroggie, em seu estudo detalhado das duas genealogias, faz as seguintes observações:

(i) A genealogia de Mateus tem 41 nomes, incluindo Jesus.
(ii) A genealogia de Lucas tem 74 nomes, incluindo Jesus.
(iii) Mateus e Lucas têm 19 nomes em comum, se Matã e Matate forem a mesma pessoa; e 18 se não forem.
(iv) Além dos nomes comuns aos dois evangelistas, Mateus tem 22 (23), e Lucas 55 (56) nomes.
(v) Lucas apresenta 19 nomes que precedem o início do registro de Mateus.
(vi) Mateus apresenta 14 nomes entre Davi e Salatiel, e Lucas, 20.
(vii) Mateus apresenta 8 nomes entre Zorobabel e José (incluindo Matã), e Lucas apresenta 16 (incluindo Matã).

---

[2] A. M. Fairbaim, *Studies in the Life of Christ* (London: Hodder and Stoughton, 1891), p. 10-15.
[3] Shepard, *The Christ*, p. 18.

(viii) Ressa, entre os nomes 55 e 56 na lista de Lucas, não é um nome próprio, mas um título caldeu que significa "príncipe". Alguns copistas judeus não entenderam isso, e assim escreveram "Zorobabel gerou Ressa", enquanto deveria ser " Zorobabel Ressa", isto é, Zorobabel, o príncipe.

(ix) Mateus divide sua genealogia em três grupos de 14 gerações cada um (1:17), mas para fazer isso, no segundo grupo ele omite três nomes, e no terceiro grupo ele deixa de fora outros três nomes, e ele conta duas vezes tanto Davi quanto Jeconias.

(x) A genealogia de Lucas não tem arranjo artificial como a de Mateus e ele apresenta 33 nomes que Mateus não registra.

(xi) Em Mateus a genealogia descende de Abraão, o pai dos hebreus, mas em Lucas a genealogia prossegue até Adão, o pai da raça humana. Cada uma dessas linhagens está de acordo com o objetivo e os leitores que os escritores tinham em vista: um, judeu, e o outro, gentio.

(xii) Mateus emprega a palavra "gerou" em toda a sua genealogia, mas Lucas diz "o filho de".

(xiii) A linhagem de Mateus é traçada desde Davi até Salomão, mas a de Lucas é traçada desde Davi até Natã. Ambos eram filhos de Davi.

(xiv) *Cainã*, entre os números 12 e 13 na lista de Lucas, é sem dúvida uma interpolação ocorrida em certas cópias da Septuaginta (LXX) por volta do final do século IV a.C. "As evidências que não favorecem sua existência são, na medida do possível, claras, completas e positivas, e não são passíveis de qualquer erro ou corrupção. Enquanto, ao contrário, as evidências de sua real existência são inferenciais, obscuras ou abertas à suspeita de falsificação" — (Lord A. Hervey).

(xv) Na linhagem de Mateus é mencionado que Salatiel (Seatiel) é o filho de Jeconias (Jeoiaquim), mas em Lucas, ele é filho de Neri. Nenhum erro pode ser confirmado aqui, pois há uma explicação possível.

Em Jeremias 22:24-30 há uma profecia de que Jeoiaquim não teria filhos, portanto ele não poderia ter sido o pai de Salatiel, mas é possível e provável que ele tenha adotado os sete filhos de Neri, o vigésimo sucessor de Davi na linhagem de Natã. Isso parece estar indicado em Zacarias 12:12, a família de Davi

à parte da família de Natã. Se assim fosse, Salatiel seria descendente de Jeconias por uma adoção na linhagem de Natã.
(xvi) Na genealogia de Mateus, é dito que José é o filho de Jacó, mas em Lucas, ele é filho de Eli. Tentativas de explicar esse desencontro podem ser consideradas insatisfatórias (veja nota posterior), mas tudo poderia ser mais claro se tivéssemos alguma informação que estariam faltando. Enquanto essa e outras discrepâncias aparentes nas duas genealogias forem capazes de se harmonizarem de forma natural e provável, por inferências razoáveis, não devemos concluir que elas sejam contraditórias e não confiáveis.[4]

A divisão da genealogia de Mateus em três grupos, cada um com 14 nomes, pode ter relevância. De forma sutil, Mateus concentra a atenção na descendência davídica de Jesus. Em hebraico não há vogais escritas, então o nome de Davi seria escrito como DVD. Cada letra tinha um significado numérico, considerando que os hebreus usavam o alfabeto na contagem. Por exemplo, em seu sistema, D= 4, V= 6. Assim, as letras no nome de Davi somam 14. Assim, Mateus lista 14 nomes em cada um dos três grupos, lembrando a qualquer pessoa, familiarizada com a numerologia hebraica, que Jesus é de descendência davídica, como ele afirma em Mateus 1:1.

Shepard acrescenta a seguinte observação:

Na genealogia de Mateus os nomes são divididos por conveniência em três grupos de 14 cada um, correspondendo aos três períodos da história nacional, hierarquicamente: da teocracia de Abraão a Davi, da monarquia davídica ao exílio na Babilônia, e do exílio ao tempo de Cristo. Tal divisão estava totalmente de acordo com o costume judaico.

Existem certas discrepâncias entre as listas. Apenas 41 nomes aparecem na lista de Mateus, enquanto era costume os judeus estabelecer em três divisões de 14 cada uma. Porém, Mateus menciona Davi em duas listas. Ele omite vários nomes na genealogia, pois ele estava apenas procurando mostrar a descendência direta. Ele dá os nomes de quatro mulheres na genealogia, contrariamente ao costume judaico.

---

[4] Graham Scroggie, *A Guide to the Gospels* (London: Pickering & Inglis, 1948), p. 505-509.

Três delas também eram acusadas de pecados graves e duas eram estrangeiras. Mateus não apenas copiou os registros, mas selecionou os nomes com um propósito determinado. Os nomes dessas mulheres identificam Cristo com as divisões sexuais e nacionais de raça e com a humanidade pecadora, da qual ele é Salvador. Alguns dos homens da genealogia também eram pecadores notórios. Por isso, a ancestralidade de Jesus é um vínculo de esperança para a raça pecadora... Mateus fere o orgulho de seus irmãos judeus, inserindo os nomes que eles, em sua hipócrita presunção, teriam repudiado, alguns alusivos à vergonha, outros à apostasia e quebra de alianças. Esses orgulhosos irmãos farisaicos haviam recentemente rejeitado Jesus reputando-o indigno e merecedor da morte. Mas Ele era superior aos melhores dentre os seus antepassados, mesmo da linhagem real.[5]

Scroggie descreve as três principais visões sobre as genealogias da seguinte forma:

> Três pontos de vista são expostos:
> (1) Que ambas as genealogias dão a ascendência de José; Mateus traz a ascendência *real* e Lucas apresenta a ascendência *legal*.
> (2) Que Mateus mostra a ascendência legal de José como sucessor ao trono de Davi, e que Lucas oferece sua ascendência real.
> (3) Que Mateus dá a ascendência real de José, e Lucas, a ascendência real de Maria.
>
> A discussão dessas opiniões não deve ser separada do fato do nascimento virginal. Se ambas as genealogias fossem inteiramente ligadas a José, não haveria nelas nenhuma prova de que Maria era de ascendência davídica, e tal prova seria necessária visto que José não era o pai natural de Jesus, embora depois de seu casamento ele se tornou seu pai legal.[6]

Deve-se notar que as duas primeiras visões fazem com que ambas as genealogias sejam a de José, enquanto a terceira visão faz com que a genealogia de Mateus seja a de José e a de Lucas seja a de Maria.

---
[5] Shepard, *The Christ*, p. 18-19.
[6] Scroggie, *Guide*, p. 509.

Várias explicações foram dadas para fazer ambas as genealogias de José. Uma é a de Scroggie.

Se Matã, nº 38 na genealogia de Mateus, e Matate, o nº 71 na de Lucas, eram a mesma pessoa, podemos concluir que Jacó e Eli eram irmãos. Lucas nos conta que José era filho de Eli, e conjectura-se com muita probabilidade que Maria fosse filha de Jacó. Se presumirmos que Jacó, sem filhos, adotou José como seu sobrinho e herdeiro, vemos que Maria se casou com um parente, e que ela, assim como José, eram descendente de Davi, José na linha de Salomão e Maria na linha de Natã.[7]

Uma variação dessa visão é a de Clelland, que sustenta que ambas as genealogias eram de José, que o pai de José registrado em Mateus 1 se casou com a viúva de Eli por causa da obrigação do levirato e criou o descendente para perpetuar o nome de seu irmão, e esse descendente era José. Assim, uma genealogia apresentava a descendência real de José e a outra sua descendência legal. Mediante o casamento por meio do levirato, José poderia ter tido dois pais, o que é explicado a seguir:

> Matã (avô de José, na linhagem de Salomão) e Melqui (seu avô, na linhagem de Natã) casaram-se, sucessivamente, com uma mulher chamada Esta, por meio da qual o primeiro teve Jacó e o segundo, Eli, que eram irmãos legítimos. Eli se casou e morreu sem filhos, Jacó casou com sua viúva e teve José, que era naturalmente filho de Jacó pela linhagem de Salomão, mas pela lei do levirato foi considerado o filho de Eli pela linhagem de Natã.[8]

Apesar da complexidade e das conjecturas necessárias para tornar a genealogia de Lucas a de José, esse ponto de vista tem sido defendido por muitos na história da igreja devido à visão de que os direitos de herança só poderiam passar de um pai para seu filho e não poderiam ser transmitidos por meio da mãe. No entanto, esse entendimento não parece sustentável à luz de Números 27. Quando Israel entrou em Canaã, a terra foi distribuída entre as tribos e as famílias igualmente. As filhas de

---

[7] Ibid. p. 510.
[8] George M. Clelland, "The Genealogy of Christ", *Bibliotheca Sacra,* 70 (abril de 1861):428-429.

Zelofeade ficaram sem uma herança porque seu pai não tinha tido um filho. Em resposta ao pedido delas, foi decidido que a herança de um pai poderia ser transmitida a uma filha que depois a transmitiria para seu filho, com o comprometimento de que ela se casaria dentro da sua própria linhagem de sangue. Se ela se casasse fora de sua própria tribo, a herança não poderia ser transmitida a seus descendentes (Nm 36:6-7).

Assim, a partir do Antigo Testamento, vemos que uma mãe poderia transmitir herança ao filho. Parece, então, que em Lucas a genealogia foi traçada a partir de Adão, passando por Abraão, Davi, Natã, um filho mais novo de Davi, até Eli, que morreu deixando apenas uma filha, Maria. Pela lei de sucessão promulgada em Números 27:8, os direitos de herança podiam ser transmitidos por meio de Maria a seu Filho, Jesus. Maria, portanto, assim como José, era da tribo de Judá e, consequentemente, as linhagens tanto de José quanto de Maria convergem em Jesus Cristo. Como não era de acordo com o costume judaico — embora permitido — nomear mulheres em linha hereditária direta, o nome do marido de Maria, José, foi substituído pelo dela. Mas o direito de Jesus ao trono de Davi se deu claramente por meio de sua mãe, de acordo com a genealogia de Lucas, bem como por meio de seu pai, José.

O fato de Jesus ter direito ao trono por meio de sua linhagem paterna e materna tornaria sua afirmação de ser o Messias muito forte. Parece evidente que uma razão para a inclusão de uma genealogia por meio de Natã e Maria, em contraste com sua descendência de Davi por meio de José, diz respeito à inclusão de Jeconias na genealogia de Mateus no versículo 11. Uma maldição foi pronunciada sobre Jeconias em Jeremias 22:30: "Registrem esse homem como homem sem filhos. Ele não prosperará em toda a sua vida; nenhum dos seus descendentes prosperará nem se assentará no trono de Davi nem governará em Judá". Embora o trono tenha sido prometido a Davi perpetuamente, Deus disse que não seria um dos descendentes de Jeconias que cumpriria essa promessa. Isso parece que tornaria Jesus Cristo inelegível para sentar-se no trono de Davi porque Ele seria descendente de Davi por meio de Jeconias. No entanto, a genealogia de Lucas, traçando a descendência de Davi por meio de sua mãe, valida essa possibilidade, porque ultrapassa a maldição; portanto, um argumento não poderia ser levantado contra seus direitos ao trono com base na maldição contra Jeconias.

Poderíamos observar que Mateus, em sua genealogia, usa o termo "gerou" (foi pai de), enquanto Lucas emprega "filho de". Duas explicações para a construção de Mateus são possíveis. A primeira é que ele pode estar se referindo à descendência física de fato, estabelecendo uma relação de pai e filho. A dificuldade com essa visão é que Mateus admitidamente omite alguns dos nomes que estão incluídos na genealogia de Lucas e essas omissões tornam impossível que o termo "gerou" implique paternidade efetiva. Uma visão alternativa, em harmonia com o uso judeu, é que o termo se refira à transmissão de uma herança dentro da linhagem de sangue. Assim, uma pessoa transmitia, de acordo com as leis levíticas de herança, o direito de herança que havia recebido de seu pai para outra geração. Mateus, então, parece estar enfatizando os direitos legais de Cristo ao trono.

Por outro lado, Lucas usa a expressão "filho de". Na língua grega não havia uma palavra própria para genro. O genro era chamado de "filho de". Lucas parece estar traçando uma descendência física em vez de uma descendência legal. Isto apoiaria a opinião de que Lucas está registrando a genealogia de Maria.

Mesmo que José não fosse o pai físico de Jesus, o fato de ter se casado com a mãe de Jesus conferiria ao Filho de Maria os direitos de herança que Ele havia recebido pela linhagem davídica.

Devemos observar, como Shepard destaca:

> O nascimento virginal de Jesus é salvaguardado nas genealogias. A palavra *gerar* é usada nas sucessivas etapas genealógicas até José (Mt 1:16), mas aí a afirmação é alterada. "E Jacó gerou José, marido de Maria, da qual nasceu Jesus, que é chamado Cristo". Isso está em harmonia com a declaração de Lucas em 3:23: "Jesus tinha cerca de trinta anos de idade quando começou seu ministério. Ele era considerado filho de José". O povo acreditava que Jesus era filho de José por descendência física. Mas Ele era geneticamente o filho de Deus, gerado pelo Espírito Santo.[9]

---

[9] Shepard, *The Christ*, p. 19. Cunningham Geikie, *The Life and Words of Christ,* vol. 1 (Nova York: Appleton, 1893), p. 86-87.

Scroggie acrescenta:

A descendência davídica de Jesus nunca foi questionada; sua afirmação de ser o Messias nunca foi contestada com base no fundamento de que sua ascendência de Davi pudesse ser duvidosa (Mt 12:23; 15:22; 20:30, 31; 21:9, 15). Aqueles que não aceitassem o nascimento por meio da Virgem saberiam que o título de Jesus era determinado pela linhagem de José, e aqueles que aceitassem o nascimento por meio da Virgem devem ter tido alguma razão para acreditar que Maria era descendente de Davi.[10]

Quanto à razão de nenhuma genealogia estar incluída em Marcos e João, Shepard esclarece:

Marcos não atribuiu grande importância à árvore genealógica. Ele estava preocupado especialmente com o resultado prático da vida de Jesus. Os leitores romanos não achariam isso importante. As grandes obras de Jesus o mostram como o Filho de Deus, e essa era a questão principal. Mateus define seu lugar na linhagem hebraica e na esperança messiânica mais ampla. João lida com o mundo filosófico e acha necessário definir o lugar de Jesus no plano cósmico. Assim, ele recua à eternidade e o relaciona com Deus, com o universo físico criado e com todo o mundo da Inteligência. Da humanidade, em particular, Ele foi o seu Criador e Redentor. Lucas o liga a toda a raça humana sem levar em conta a divisão racial, nacional, sexual ou social.[11]

Assim, os evangelhos provam o direito legal e físico de Jesus de sentar-se como Messias no trono de Davi para cumprir a aliança que Deus fez com Abraão.[12]

---

[10] Scroggie, Guide, p. 509.
[11] Shepard, The Christ, p. 19.
[12] Para um estudo extensivo da visão de que ambas as genealogias provêm de José, veja J. Gresham Machen, *The Virgin Birth of Christ* (Nova York: Harper& Row, 1930), p. 188-237. Para um estudo extensivo da visão de que ambas as genealogias que são oferecidas por Lucas, veja G. Godet, *Commentary on the Gospel of St. Luke,* vol. 1 (Edinburgh: T. & T. Clark, e. 1870), p. 195-207.

É interessante notar que os judeus tiveram o cuidado de manter registros genealógicos, que foram preservados no templo até sua destruição em 70 d.C. Os escritores dos evangelhos tinham acesso a esses registros do templo e podiam rastrear com precisão a genealogia de Jesus a partir deles. Além disso, havia registros genealógicos registrados no Antigo Testamento, e Lucas os usou, além dos registros do templo na compilação de sua genealogia. É importante notar que, quando Jesus se ofereceu a Israel como o Messias, sua reivindicação à ascendência davídica nunca foi contestada. Os judeus devem ter consultado os registros para ver se aquele que havia feito tais reivindicações para si mesmo teria o direito de fazê-lo. Se tivessem encontrado alguma falha em sua genealogia, eles o teriam rejeitado rapidamente como um impostor. Embora a nação o tivesse rejeitado, não o fez porque Ele não pertencesse à linhagem davídica e, portanto, era inapto para reivindicar o trono davídico. Apesar de todos os problemas que as duas genealogias apresentam, não devemos perder de vista o fato de que elas apresentam provas incontestáveis de que Jesus é o Filho de Abraão, o Filho de Davi, aquele por meio de quem Deus cumprirá as grandes alianças que fez com Israel. Ele é aquele que tem o direito de redimir e reinar.

2. Seu advento

Seções 4-11

a. O anúncio do nascimento de João a Zacarias

Seção 4

Lucas 1:5-25

Ao apresentar Jesus como o Filho do Homem, Lucas mostra os registros de nascimento a partir de Maria. Isso contrasta com a apresentação de Mateus, que apresenta o registro a partir de José. Mateus apresenta o registro público enquanto Lucas registra os detalhes pessoais e particulares do nascimento de Cristo. Como historiador, Lucas relaciona o nascimento de Cristo segundo o curso da história e nos conta que esses eventos começaram nos dias de Herodes. Esse era Herodes, o Grande, que morreu em 4 d.C. Malaquias, em sua profecia, havia revelado que o Messias seria antecedido por um precursor que o apresentaria à nação de

Israel. Lucas começa seu registro com os acontecimentos em torno do nascimento miraculoso desse antecessor prometido por profecia. Somos apresentados primeiramente aos pais de João, Zacarias e Isabel. Esses nomes em si podem ter um significado importante, pois Zacarias significa "o Senhor se lembra". Isabel significa "o SENHOR se lembra de sua aliança". O caráter pessoal dos pais de João chama a nossa atenção, pois Lucas registra: "Ambos eram justos aos olhos de Deus, obedecendo de modo irrepreensível a todos os mandamentos e preceitos do Senhor" (Lc 1:6). No meio de uma nação oprimida e rodeada pelas práticas religiosas mais degradadas, havia duas pessoas que serviam fielmente a Deus, obedeciam à sua palavra e, assim como outros, cuja vida fez parte do registro de nascimento, esperavam a consolação de Israel. Deus não havia abençoado esse casal com filhos e, uma vez que o povo judeu dava grande importância aos filhos, essa condição deve ter sido um grande fardo para eles. Vemos pelo relato que, apesar de Isabel ser estéril e os dois já estarem em idade avançada, eles não tinham deixado de orar para que Deus ainda lhes desse um filho. Isso pode ser inferido da declaração do anjo: "Sua oração foi ouvida" (Lc 1:13). Sua oração contínua, apesar dos obstáculos, demonstrou sua grande fé em Deus.

Diz ainda o relato que Zacarias era um sacerdote que pertencia ao grupo sacerdotal de Abias. Isso estabelece o fato de que Zacarias era um descendente direto de Arão, da tribo de Levi.

Geikie afirma:

> Os sacerdotes entre os judeus estavam divididos em grupos, desde a época de Davi, ou seja, havia cerca de mil anos, em 24 turmas conhecidas também como "casas" e "famílias". Entre os grupos originais, entretanto, apenas quatro, cada um com cerca de mil membros, haviam retornado da Babilônia, após o cativeiro; mas destes, os antigos 24 grupos foram reconstituídos, com os mesmos nomes de antes, para que a organização original pudesse ser perpetuada na medida do possível.[13]

Shepard explica:

---

[13] Cunningham Geikie, *The Life and Words of Christ*, vol. 1 (Nova York: Appleton, 1893), p. 86-87.

Apresentação do Rei

Duas vezes por ano Zacarias subia de sua casa na região montanhosa da Judeia, provavelmente perto de Hebrom, para participar, durante uma semana, das tarefas sagradas do serviço no Templo. O sacerdócio havia sido bem organizado após o retorno da Babilônia. Nessa época havia 20 mil sacerdotes, divididos em 24 turnos. Zacarias pertencia ao grupo de Abias, que era o oitavo. Cada turno cumpria seu dever durante oito dias, todos se juntando no sábado. Cerca de 50 oficiavam todos os dias, sendo o dever de cada um determinado pelo "sorteio" da pedra branca, para que não houvesse contendas na casa do Senhor. A oferta de incenso era considerada o maior dever e só podia ser exercida uma vez na vida. A sorte havia caído finalmente sobre Zacarias para essa elevada tarefa.[14]

Nessa ocasião a sorte havia caído sobre Zacarias para presidir a oferta de incenso. Shepard observa:

Era a hora do sacrifício matinal (9 da manhã). As pesadas portas do Templo se abriram e três trombetas de prata dos sacerdotes convocaram o povo da cidade para entrar em espírito de adoração. Os sacerdotes no pináculo do Templo deram o sinal para o início dos cultos do dia. Um dos assistentes de Zacarias limpou reverentemente o altar e se retirou. Um segundo, ao colocar com reverência as brasas vivas retiradas do holocausto no altar, adorando, retirou-se. As trombetas soaram através do Templo. Zacarias entrou no Santo dos Santos, iluminado pelo brilho do candelabro de sete hastes à sua direita, levando na mão o incensário dourado. À sua esquerda, estava a mesa dos pães da Proposição. Na sua frente, além do altar, estava a cortina espessa que separava o Santo dos Santos. As pessoas do lado de fora estavam prostradas em adoração silenciosa. Zacarias, sozinho no Santo dos Santos, aguardava a queima do incenso no altar, enquanto ele também se curvava em adoração para, em seguida, retirar-se em reverência.[15]

No decorrer do ofício de Zacarias no altar do incenso, o anjo Gabriel lhe apareceu. Segundo a tradição judaica, o lado direito do altar era reservado para Deus e o lado esquerdo, para o anjo Gabriel. O anjo não

---

[14] Shepard, *The Christ*, p. 20-21.
[15] Ibid., p. 21.

apareceu onde a tradição judaica o teria colocado, no lado esquerdo do altar — e sim no lado direito, o lugar reservado para o próprio Deus. Não é de se surpreender que Zacarias tenha sido dominado pelo medo. Deus havia dito a Moisés que nenhum homem poderia ver a Deus e viver, assim uma expectativa temerosa da morte deve ter caído sobre Zacarias. Mas o anjo acalmou seu temor com uma mensagem alegre, dizendo: "Não tenha medo, Zacarias; sua oração foi ouvida. Isabel, sua mulher, dará a você um filho, e você lhe dará o nome de João" (Lc 1:13).

Embora Zacarias e Isabel tivessem orado durante muito tempo por um filho, naquela ocasião pode-se concluir que Zacarias estivesse orando sobre outros assuntos. Geikie observa:

> Não precisamos discutir qual deve ter sido o peso dessa oração, para alguém que, como ele, "esperava a redenção de Israel" e "buscava a salvação". Sua prece deveria ser, sem dúvida, para que os pecados da nação, seus próprios pecados, e os pecados de sua casa, pudessem ser perdoados; esperava que Jeová aceitasse naquele momento a expiação do cordeiro a ser queimado no grande altar em seu lugar; e que a tão aguardada Esperança de Israel, o Messias predito pelos profetas, pudesse aparecer em breve.[16]

Gabriel fez uma série de promessas a Zacarias. A primeira dizia respeito ao nascimento de um filho para aquele casal solitário. A ele seria dado o nome de João. João significa "a graça de Deus", e o precursor seria enviado a Israel porque Deus é gracioso. Ao futuro pai foi prometida a alegria e o deleite que este filho traria. Isso viria não apenas por embalar o bebê nos seus braços, porém mais por causa do que seu filho significaria para a nação de Israel. Ele teria o maior privilégio possível para qualquer profeta do Antigo Testamento — o de ser o arauto do Messias para Israel. Como esse era um peso para o coração de Zacarias enquanto ele orava, encontraria alegria e deleite no que o seu filho teria o privilégio de fazer.

Gabriel indicou a alegria que viria a muitos na nação de Israel por causa do advento de João. Havia outros como Zacarias e Isabel que buscavam a redenção de Israel e oravam pelo cumprimento das promessas

---

[16] Geikie, *Life and Words,* p. 100.

de Deus. Como Isabel e Zacarias, eles encontrariam alegria por causa do nascimento de João.

O anjo falou a seguir sobre a posição de João: "será grande aos olhos do Senhor" (Lc 1:15). Isso foi seguido por uma indicação de que João deveria ser consagrado como um nazireu desde o seu nascimento. Os nazireus no Antigo Testamento eram aqueles consagrados por outros ou que se separavam para algum serviço especial para Deus. Eles não deveriam beber nenhum tipo de vinho ou bebida forte enquanto estivessem separados para Deus. Como sinal dessa dedicação, eles não cortavam seus cabelos. João deveria ser separado para o serviço de Deus desde o nascimento.

Gabriel, então, fez uma declaração muito surpreendente sobre João: "será cheio do Espírito Santo desde antes do seu nascimento". O ministério confiado a João foi de tal importância que um dom especial do Espírito Santo deveria ser concedido a ele para que tivesse grande poder no seu ministério. Esse empoderamento divino explica por que João foi capaz de rapidamente apontar pessoas para o Messias que ele havia apresentado. Ele não atuaria pelo poder natural, mas por meio de uma força sobrenatural. Gabriel indicou que o seu ministério seria eficaz: "Fará retornar muitos dentre o povo de Israel ao Senhor, o seu Deus". Ficou muito claro pela indicação de Deuteronômio 28 que uma nação desobediente seria disciplinada ao ser entregue ao domínio dos gentios, e Israel havia orado pela libertação do domínio romano. Deuteronômio 30 tinha deixado claro que não poderia haver libertação até que a nação desobediente confessasse seu pecado, se voltasse para Deus e recebesse o seu perdão. O arrependimento era exigido de um povo desobediente. Gabriel indicou que, como João chamaria um povo para Deus, muitos responderiam; assim Deus poderia cumprir sua promessa e trazer a bênção para a nação.

João deveria ter um ministério muito semelhante ao de Elias, que foi enviado por Deus a uma geração desobediente para chamá-la ao arrependimento e adverti-la de um julgamento iminente. A mensagem de João seria como a mensagem de Elias. Como Elias havia chamado um remanescente da apostasia para Deus, assim João traria muitos de sua descrença para o arrependimento. A mensagem de João quebrou o silêncio de Deus, que durou cerca de 400 anos, e deu nova esperança à nação de Israel.

É possível imaginar que Zacarias não poderia compreender a enormidade da mensagem que lhe foi entregue. Ele não podia entender como poderia ter um filho, muito menos de que forma Deus poderia abençoar Israel enviando o Messias. Então ele perguntou ao anjo: "Como posso ter certeza disso?" (Lc 1:18). Humanamente, era impossível para ele ter um filho, e se as bênçãos de Deus fossem precedidas pelo nascimento de um filho, como as bênçãos de Deus poderiam chegar? O anjo deu um sinal a Zacarias de que Deus lhe enviaria um filho e também enviaria o Messias. O sinal foi o de que Zacarias não poderia falar até o nascimento da criança.

Os adoradores que estavam do lado de fora do templo perceberam que Zacarias estava demorando excessivamente. Mesmo que o coração de Zacarias estivesse repleto de alegria para comunicar àquele povo a gloriosa mensagem de que o Messias estava a caminho, ele não podia falar porque o seu poder de expressão vocal lhe havia sido tirado. Zacarias não deveria ser o arauto, aquele que traria boas notícias a Israel. Era João aquele que haveria de apresentar o Messias à nação.

Zacarias e Isabel logo tiveram uma segunda confirmação de que Deus estava se movendo para cumprir o que havia sido prometido, pois Isabel ficou grávida. Reconhecendo que isso não era natural, mas algo sobrenatural, ela confessou: "Isto é obra do Senhor!" (Lc 1:25). O nascimento de João foi miraculoso. Não foi, porém, um nascimento virginal, ao contrário, exigiu uma obra miraculosa de Deus para remover a esterilidade de Isabel e superar os obstáculos da idade, tanto para Zacarias quanto para Isabel, com o fim de lhes dar a alegre expectativa de receber o filho que Deus lhes havia prometido.

b. O anúncio do nascimento de Jesus a Maria

Seção 5

Lucas 1:26-38

Seis meses depois de enviar o anjo Gabriel com sua mensagem a Zacarias sobre o nascimento de João, Deus enviou Gabriel a Maria com uma mensagem sobre o nascimento de Jesus. Maria vivia em Nazaré, uma cidade da Galileia (veja o Apêndice, p. 738-746, para maiores informações sobre Galileia e Nazaré). Os galileus eram vistos pelos judeus de Jerusalém como um povo inferior. Só ocasionalmente eles podiam assistir aos cultos e às cerimônias do templo, de modo que eram considerados cidadãos de segunda classe. Os judeus tinham um ditado que expressava seu sentimento: "Se um homem fosse rico, deveria ir para a Galileia; se fosse sábio, deveria ir para Jerusalém". Desde que o Sinédrio se assentou em Jerusalém, a cidade era considerada a fonte de todo conhecimento. Aqueles que não viviam lá não poderiam se expor à sabedoria dos mestres. A Galileia fornecia grãos e peixes, que eram os principais produtos da alimentação judaica. Era possível se tornar rico saindo de Jerusalém e indo para a Galileia. Aqueles que se estabeleceram ali eram considerados materialistas e tinham perdido privilégios espirituais para obter ganhos materiais.

A cidade de Nazaré era especialmente um lugar de devassidão, pois perto dali os romanos haviam estabelecido a sede de uma guarnição que policiava o território. Nazaré havia se tornado uma cidade de acampamento militar associado a todo tipo de pecado e corrupção. Os nazarenos eram particularmente desprezados pelo restante dos judeus, mas foi nesse vilarejo que Gabriel apareceu a uma virgem prometida em casamento a um homem chamado José.

Edersheim declara:

> É necessário reiterar aqui nossa impressão geral do rabinismo: de um lado, sua concepção de Deus, do bem mais elevado e objeto supremo de todas as coisas, como concentrado no estudo erudito, que era buscado nas academias; de outro lado, seu desprezo absoluto com que estavam acostumados a falar da Galileia e dos galileus, cujo próprio *dialeto* era ofensivo; sua repulsa total pelo povo iletrado do país. Isso é o suficiente para entender como um lar como o de José e Maria seria considerado pelos líderes de Israel.[17]

Maria era noiva de José, prometida em casamento, no momento da aparição do anjo. Edersheim descreve assim o noivado:

> [...] no momento de seu noivado, tanto José quanto Maria eram extremamente pobres, como parece; não pelo fato de ele ser carpinteiro, pois um ofício era considerado quase como um dever religioso, mas

---

[17] Edersheim, *Life and Times,* vol. 1, p. 144-145.

em razão da oferta deles na apresentação de Jesus no templo. Assim, o noivado deles deve ter sido dos mais simples, e o dote seria o menor possível. Qualquer que tenha sido um dos dois modos de noivado que pode ter sido adotado — na presença de testemunhas, seja por uma palavra solene, na devida formalidade prescrita, com a promessa adicional de uma quantia de dinheiro, por menor que fosse, ou do valor do dinheiro correspondente; ou então por escrito (o chamado *Shitre Erusin*) — não haveria uma festa suntuosa em seguida; e a cerimônia terminaria com alguma bênção como a que era geralmente usada: "Bendito és tu, ó Senhor nosso Deus, Rei do Mundo, que nos santificaste com teus Mandamentos e nos proibiste de ter incesto, e proibiste os noivos, mas nos permitiste o casamento por meio da *Chupá* (*baldaquino* para a realização do casamento) e o noivado. Abençoado és tu, que santificaste Israel por meio da Chupá e do noivado" — o que talvez tenha sido concluído por uma bênção sobre uma imprescindível taça de vinho, que era saboreado pelo noivo. Desde aquele momento Maria se tornou a esposa prometida de José; sua relação era sagrada, como se já estivessem casados. Qualquer violação desse compromisso seria tratada como adultério; nem o vínculo poderia ser dissolvido, exceto, depois do casamento, por meio de um divórcio regular. No entanto, meses poderiam decorrer entre o noivado e o casamento.[18]

O anjo veio anunciar a bênção especial que Deus havia conferido a Maria. Ele disse: "Alegre-se, agraciada! O Senhor está com você!" (Lc 1:28).

Isso não foi nenhum reconhecimento de impecabilidade em Maria muito menos uma promessa de recompensa por suas próprias perfeições, mas sim um anúncio de que ela estava recebendo uma graça especial do Senhor.

Shepard observa:

A saudação de Gabriel, "Alegre-se, agraciada! O Senhor está com você!" tem se tornado a base da uma incorreta interpretação pagã, constituindo Maria como uma fonte de graça a ser oferecida por ela aos outros. "Salve, Maria! Cheia de graça." Ela foi muito favorecida acima de todas as mulheres por ser escolhida para ser a mãe do Senhor e Salvador.

---

[18] Ibid., p. 148-150.

Mas as narrativas evangélicas não lhe atribuem nenhum dos títulos especiais que lhe foram conferidos mais tarde pelo chamado cristianismo. O *culto* a Maria não se justifica pela simples saudação do anjo aqui registrada. A "Ave-Maria", que é a oração diária de milhões de pessoas, não tem base nos evangelhos. Por mais que admiremos e honremos a Virgem-Mãe, não podemos oferecer nenhuma oração a ela ou adorá-la de forma alguma. A mariolatria é apenas mais uma forma de idolatria. A mãe merece toda honra, mas seu Filho, nossa adoração.[19]

Maria nada sabia acerca do anúncio anterior de Gabriel a Zacarias e, portanto, não tinha conhecimento de que João haveria de anunciar a vinda do Messias. Maria ficou muito perturbada com a saudação do anjo. O medo dominou seu coração, mas Gabriel pronunciou palavras reconfortantes de paz: "Não tenha medo, Maria; você foi agraciada por Deus!" (Lc 1:29). Novamente observamos que a posição especial de Maria foi um presente gracioso de Deus. Gabriel anunciou primeiro que Maria ficaria grávida e daria à luz um Filho (v. 31) e que esse Filho se chamaria Jesus. O nome Jesus significa "o Senhor salva". Esse nome é o correspondente para "Josué", do Antigo Testamento, o qual conduziu Israel para fora das vivências do deserto, para uma nova terra e uma nova vida.

O anjo disse a respeito do Filho de Maria: "Ele será grande e será chamado Filho do Altíssimo" (v. 32). Este, o Filho eterno do Deus eterno, receberia um corpo de carne no ventre de Maria.

A respeito de sua obra, o anjo disse: "Deus, o Senhor, lhe dará o trono de Davi, seu pai. Ele reinará para sempre sobre a casa de Jacó, e o seu reinado não terá fim" (Lc 1:32-33, NAA). É importante observar que o anjo usa as três palavras significativas — "trono", "casa" (dinastia) e "reinado" — encontradas na promessa a Davi em 2Samuel 7:16. Esse foi um anúncio tão claro quanto possível, para que o Filho de Maria viesse a este mundo a fim de cumprir a promessa dada a Davi, segundo a qual um de seus filhos se sentaria em seu trono e governaria seu reino. Jesus viria não apenas para ser o Salvador, mas para ser também o Soberano.

Maria reagiu a esse anúncio com uma pergunta: "Como acontecerá isso se sou virgem?" (v. 34). Uma relação física com José era inconcebível

---

[19] Shepard, *The Christ,* p. 23.

porque a declaração final do casamento ainda estava algum tempo à frente. Maria não considerou esse Filho como uma consequência natural de seu futuro casamento com José; assim, ela pediu uma explicação. Essa não foi uma atitude de descrença, como a de Zacarias, que assim se comportou diante do anúncio do anjo. Foi, antes, um pedido de explicação sobre como esse nascimento poderia ocorrer. O anjo deu esta explicação: "O Espírito Santo virá sobre você, e o poder do Altíssimo a cobrirá com a sua sombra" (v. 35). Jesus Cristo seria concebido pelo Espírito Santo. Ele não teria um pai natural. Um pai natural transmite a natureza que ele recebeu de Adão. Ninguém que tivesse recebido tal natureza de Adão poderia se tornar o Redentor da humanidade caída. Como Cristo deveria ser o Salvador, Ele teria de estar isento de pecado. A única maneira pela qual Ele poderia nascer como um ser humano sem pecado seria sendo concebido por Deus, que é sem pecado. Assim, a concepção de Jesus Cristo no ventre de Maria não deveria ocorrer por meios naturais, mas sobrenaturais. "O poder criador do Altíssimo a cobriria como uma sombra, pois a nuvem de glória da Shekiná havia pousado sobre o Tabernáculo de Israel, no deserto".[20]

Como resultado da concepção pelo Espírito Santo, "assim, aquele que há de nascer será chamado Santo, Filho de Deus" (v. 35). Por meio do milagre do nascimento virginal, o Filho eterno do Deus eterno chegou e tomou para si uma humanidade verdadeira e completa, sem diminuir sua divindade essencial. Ele uniu a divindade e a humanidade inseparáveis e eternas em uma só Pessoa.

Um sinal de confirmação foi dado a Maria, mesmo que ela não o tivesse pedido. O anjo lhe disse que Isabel, a despeito de sua esterilidade e idade avançada, havia concebido uma criança e agora estava grávida de seis meses. Maria sabia que esse era um acontecimento sobrenatural. Maria não havia pedido provas, mas elas lhe foram dadas para fundamentar sua fé.

O privilégio e a responsabilidade de carregar o Messias não foi imposto a Maria independentemente de sua vontade, mas o que Deus pretendia fazer foi apresentado a ela para buscar sua submissão voluntária;

---

[20] Ibid., p. 24.

e isso Maria ofereceu. Ela disse: "Sou serva do Senhor; que aconteça comigo conforme a tua palavra" (Lc 1:38). Shepard observa:

> Com uma fé simples e bela, além de submissão, ela se apresentou ao Senhor como sua serva para que fizesse com ela segundo sua vontade, sem se importar com a vergonha, calúnia, má fama, ou mesmo a morte. A infidelidade para com o noivo era punida com a horrível morte por apedrejamento. Mas ela estava disposta a desistir de José e até mesmo a sofrer uma morte terrível, se necessário. Tal fé era do tipo mais raro.[21]

c. A chegada de Maria à Judeia
Seção 6
Lucas 1:39-45

Imediatamente após o anúncio do anjo, Maria deixou a Galileia e se dirigiu apressadamente até a Judeia para visitar Isabel. Ela pode ter hesitado em enfrentar imediatamente José, para anunciar-lhe que estava grávida. Talvez tenha desejado conversar com Isabel para confirmar o que o anjo lhe havia dito com respeito à sua gravidez. Ela pode ter sentido alguma preocupação por causa da idade avançada de sua parente que agora estava grávida. Qualquer que tenha sido a causa, Maria se dirigiu rapidamente para a casa de Zacarias e Isabel. Quando alguém chegava inesperadamente e batia à porta de uma casa, os que estavam dentro perguntavam sobre a identidade de quem estava do lado de fora. Quando Maria se identificou, Lucas registrou: "Isabel ficou cheia do Espírito Santo" (Lc 1:41). Ela se tornou, então, numa profetisa que, sob o domínio do Espírito Santo, fez uma declaração profética. Ela gritou: "Bendita é você entre as mulheres, e bendito é o filho que você dará à luz! (v. 42). Ela reconheceu o privilégio conferido a Maria por Deus. Ela também distinguiu a posição do Filho ao qual Maria haveria de dar à luz. Ela se referiu ao Filho chamando-o de "meu Senhor", que era um título messiânico do Antigo Testamento usado por Davi para se referir ao Messias em Salmos 110:1. Assim, Isabel proclamou que Maria seria a mãe do Messias. Essa profecia veio a Isabel como resultado de uma revelação especial, pois Maria não lhe havia comunicado os fatos revelados a ela por Gabriel. Isabel então explicou o

---
[21] Ibid., p. 25.

que autenticava a revelação dada a ela: "Logo que a sua saudação chegou aos meus ouvidos, o bebê que está em meu ventre agitou-se de alegria" (v. 44). Essa agitação não foi um movimento espontâneo pré-natal, mas foi a resposta de João em reconhecimento da missão para a qual Maria havia sido separada por Deus. Isabel elogiou Maria, não por causa de sua impecabilidade, mas por causa de sua fé quando disse: "Feliz é aquela que creu que se cumprirá aquilo que o Senhor lhe disse!" (v. 45).

Esse encontro trouxe uma confirmação a Zacarias e a Isabel de que Deus estava realmente envolvido em cumprir o que Ele havia prometido a Zacarias no templo. Essa ocasião também confirmou a Maria que Deus iria cumprir o que Gabriel lhe havia anunciado a respeito da vinda do Salvador e Soberano de Israel.

d. O cântico de Maria
Seção 7

Lucas 1:45-56

Maria respondeu ao anúncio profético de Isabel dirigido pelo Espírito com palavras de louvor e adoração a Deus. Esse cântico não engrandece a pessoa de Maria, mas engrandece o Senhor. Ele revela Deus em ação para cumprir suas promessas da aliança com Israel, para conceder-lhes libertação de seus inimigos, e salvação de seus pecados; por tudo isso, Ele é digno de ser louvado. Um louvor de ação de graças e uma atitude de adoração espontânea foram oferecidos a Ele por Maria nesse cântico, que é frequentemente chamado de *Magnificat*, a partir das primeiras palavras, como aparecem na Vulgata Latina.

> Há três grandes aspectos que o cântico de Maria enfatiza. (1) Ela agradece a Deus por tê-la favorecido, uma humilde serva em Israel, de forma tão extraordinária (46-50). (2) Ela louva a Deus por resistir aos altivos, aos orgulhosos e aos que a si mesmo se julgam puros, e por ajudar os pobres, os humildes, isto é, os humildes pecadores (51-53). (3) Ela exalta o nome de Deus porque o Senhor cumpre as promessas que Ele fez aos pais nas profecias messiânicas (54ss).[22]

---

[22] Arndt, *Luke*, p. 60.

Maria reconhece que Deus é seu Salvador (Lc 1:47). Todavia não há nenhuma indicação nesse cântico de que Maria tivesse suposto que tal privilégio lhe fora dado por causa de sua vida sem pecado. Ao contrário, ela sabia que não era isenta de pecado; estava corretamente relacionada com Deus porque confiava nele para a salvação.

> Em primeiro lugar, Maria declara que interiormente ela está cheia de alegria e de louvor a Deus. Os termos Senhor e Salvador (v. 46ss) se referem a Deus de modo geral. Ela admite que é uma humilde jovem. Ela não tem proeminência na sociedade, e o homem de quem ela está noiva é um humilde carpinteiro. A descendência davídica naquele período não estava necessariamente ligada à alta posição social e à riqueza. Para essa opinião, cf. Sl 113:7. Sobretudo, ela é movida pelo favor de Deus, que lhe deu a mais alta honra que seria concedida a qualquer mulher, uma honra que será lembrada para sempre. Mas não há sequer a sombra de uma atitude de justiça própria em suas palavras, nenhum indício de que ela acreditava ter merecido essa alta distinção que lhe foi concedida. Toda glória é oferecida a Deus, cujo nome é santo, ou seja, aquele que é santo, perfeito, e cujo nome, portanto, deve ser tratado com reverente admiração. Cf. Sl 111:9. Ela deseja declarar o grande Deus que é o Senhor; por isso acrescenta outra qualidade que Ele possui, sua misericórdia, manifestando-se para todos aqueles que o temem, que são verdadeiramente seus. Cf. Sl 103:17.[23]

O Antigo Testamento havia prometido o Salvador, o Messias que viria para redimir seu povo de seus pecados. Como muitos outros que se apegavam à promessa do nascimento de Cristo, Maria procurava "a consolação de Israel" (Lc 2:25), ou seja, esperava o Salvador. Assim, ela confessou sua fé em Deus naquela ocasião. Sabemos que Maria reconheceu o privilégio único que estava sendo concedido a ela para ser a mãe do Messias, pois ela disse que todas as gerações a honrariam (v. 48). Seria amplamente reconhecido que ela foi privilegiada por Deus para cumprir esse papel único. Mais uma vez, ela reconheceu que tal milagre não ocorreu por causa de seus méritos, mas sim por se tratar de uma ação divina. A concepção miraculosa de Jesus Cristo e seu consequente nascimento de

---

[23] Ibid.

uma virgem manifestava claramente a obra do Poderoso de Israel (v. 49). Israel não merecia essa bênção de Deus. Israel havia virado as costas para Deus. Em Deuteronômio 28, Ele havia advertido que se o povo de Israel caísse em desobediência, seria disciplinado. Ficou claro que a disciplina máxima seria a subjugação de Israel ao poder gentio. Israel havia desobedecido e durante gerações havia vivido sob o domínio gentio. Mas Deus havia prometido em Deuteronômio 30 que quando o povo se voltasse para Ele e confessasse seus pecados, Ele tornaria a abençoá-los. O fato de Deus não ter cortado Israel da bênção prevista, mesmo depois de inúmeras gerações de descrença, é uma prova de sua paciência e misericórdia. Maria reconheceu esse favor divino (v. 50). Ela disse que Deus é poderoso e dispersa os orgulhosos. Ele retira os governantes de seus tronos e exalta aqueles que confiam nele. Ele alimenta os famintos e tira as riquezas dos ímpios. Deus ajuda a Israel, seu servo.

> Na segunda parte do cântico, Maria se detém sobre o trabalho que seu Filho haverá de fazer. É verdade que ela fala no tempo pretérito; mas suas expressões seguem a fórmula usada pelos profetas do AT, que muitas vezes usavam o pretérito para retratar eventos futuros, declarando assim que aquilo que está previsto é tão certo como se já estivesse cumprido. Por meio do Messias, Deus irá destronar todos os inimigos. O poder e ira dos inimigos não mais terão valor, um novo reino será estabelecido, no qual os humildes serão exaltados e os famintos e os sofredores serão supridos com tudo de que eles precisam. As passagens do AT cujas frases aparecem aqui são, por exemplo, de Salmos 141:6; 107:9; 34:10. Maria usa linguagem figurativa. Na fraseologia que retrata literalmente as condições pertencentes a essa esfera mundana, são referidas coisas que pertencem ao reino do espírito, ao mundo invisível. Os orgulhosos, os poderosos que são lançados por terra, são todos os inimigos de Cristo, as pessoas presunçosas, os servos da injustiça; os pobres, os famintos, são aqueles considerados espiritualmente humildes e submissos, que colocam toda a sua confiança em Deus e em seu Messias. Cf. as Bem-aventuranças, Mt 5:3-12; Rm 14:17; Jo 18:36; 2Co 8:9; 1Co 1:4-7.[24]

---

[24] Ibid. p. 60-61.

Embora Deus pudesse ter removido Israel de um lugar de bênção por causa da desobediência e apostasia, Ele permaneceu fiel à sua aliança. Maria disse: "Ajudou a seu servo Israel, lembrando-se da sua misericórdia para com Abraão e seus descendentes para sempre, como dissera aos nossos antepassados" (Lc 1:54-55). Ela referiu-se à aliança escatológica de fundação de Israel que Deus confirmou com Abraão (Gn 12:1-3, 7; 13:14-17). Deus havia prometido descendentes físicos a Abraão. Ele dera a Abraão e a seus descendentes uma terra para que tomassem posse dela. Deus havia feito uma promessa de que Aquele que os abençoaria haveria de vir para Israel. Por meio de Israel, Ele abençoaria as nações da terra. O que Deus havia prometido a Abraão, Ele ratificou por intermédio de uma aliança de sangue (Gn 15). Essa aliança firmada com Abraão foi reiterada a Isaque, a Jacó, e às gerações seguintes em Israel. Nessa aliança, Deus havia se comprometido consigo mesmo a abençoar os descendentes físicos de Abraão em sua própria terra sob o domínio de seu próprio Messias. Essa era a base da esperança de Israel. Era o fundamento da expectativa de Maria sobre a vinda de um Messias. Maria cria na fidelidade de Deus à sua promessa. Ela reconheceu que o Filho que nasceria de seu ventre seria aquele em quem e por meio de quem todas as bênçãos que Deus havia prometido a Abraão e aos seus descendentes viriam sobre esse povo.

> A terceira parte do cântico liga o bendito mistério que se realizou em Maria com as profecias do AT e estabelece que as antigas promessas de Deus feitas a seu povo seriam agora cumpridas. Deus começou essa obra; Maria a vê como se ela já estivesse concluída (v. 54). Israel, representado por Jacó, recebe aqui um nome usado para todos os descendentes de Jacó. Temos razões para entender essas promessas como referindo-se não somente aos descendentes crentes de Jacó, mas também aos crentes de todas as nações, que juntos constituem o Israel espiritual (1Pd 2:9; Rm 4:11ss). Maria não indica aqui que as promessas deveriam ter um alcance mais amplo para além dos filhos de Israel, o povo para o qual se cumpriam. Ela se move na esfera da fraseologia do AT e emprega os termos que ali ocorrem. As palavras "como dissera aos nossos antepassados" são mais bem entendidas como uma declaração parentética.[25]

---

[25] Ibid., p. 61

Maria então adorou e louvou a Deus porque ela reconheceu o milagre do nascimento de Cristo como o cumprimento da aliança, a atuação do grande poder de Deus.

e. O nascimento de João
Seção 8

Lucas 1:57-80

De maneira simples, Lucas registrou o nascimento de João. Ele chamou a atenção para o efeito que o seu nascimento produziu sobre a comunidade na qual seus pais viviam. Seus vizinhos e parentes ouviram que o Senhor havia demonstrado grande graça, e compartilharam a alegria do casal (v. 57). As circunstâncias da esterilidade de Isabel eram amplamente conhecidas; assim, o nascimento de João foi reconhecido como sobrenatural — como uma grande graça do Senhor. Os amigos e parentes vieram para se regozijar com esse casal que anteriormente não tinha filhos e para compartilhar sua alegria.

De acordo com a lei judaica, a criança deveria ser circuncidada no oitavo dia. A circuncisão foi ordenada em Gênesis 17 para os descendentes consanguíneos de Abraão. Era imposta ou recebida como um sinal de fé na perpetuidade da aliança que Deus havia feito com Abraão. Esse sinal identificava uma pessoa com o povo da aliança e a tornava elegível para as bênçãos da aliança. João foi circuncidado para relacioná-lo com as promessas da aliança de Deus. Era também um costume judaico nomear oficialmente uma criança nessa ocasião. Como Deus havia abençoado Zacarias de modo tão singular ao dar-lhe um filho, os amigos e parentes esperavam que Zacarias honrasse a Deus dando à criança o seu próprio nome em reconhecimento à bondade de Deus para com ele. No entanto, isso não ocorreu. Quando Isabel foi questionada, ela disse que a criança deveria se chamar João. Os participantes da cerimônia da circuncisão não queriam aceitar a decisão da mãe e se comunicaram com Zacarias a respeito do nome. O fato de terem que fazer sinais ao seu pai (Lc 1:62) sugere que Zacarias estivesse surdo e mudo desde que lhe fora feita a revelação do anjo Gabriel. Ele pediu uma tábua para escrever. Provavelmente lhe foi entregue um pedaço de madeira que tinha sido escavado e preenchido com cera. Zacarias escreveu na cera as palavras:

"O nome dele é João" (v. 63). A declaração sugere que uma decisão havia sido tomada e que o nome já estava determinado para a criança. Tal era, de fato, o caso, pois em Lucas 1:13 o anjo havia indicado o nome que a criança deveria ter.

Geldenhuys observa o significado desse nome:

> Seria natural, portanto, que quando a Nova Dispensação estivesse prestes a começar, os personagens principais deveriam ser chamados por nomes significativamente especiais. Assim temos Zacarias — Deus se lembra de sua aliança; Isabel — Deus é absolutamente fiel; João — Deus é misericordioso, ou o dom da misericórdia de Deus; e finalmente Jesus — Deus salva, ou o divino Salvador.[26]

Naquele momento, a língua de Zacarias foi solta. Agora, com condições de falar, ele primeiramente proferiu palavras de adoração e louvor a Deus. Em segundo lugar, apresentou uma mensagem de Deus para o povo naquela cerimônia.

A declaração de Zacarias produziu naquelas pessoas grande admiração e um sentimento de temor, pois ele evidentemente repetiu o que o anjo lhe havia prometido — que Deus estava enviando para eles o Salvador e o Messias. Eles se tornaram evangelistas que proclamaram em toda a região rural da Judeia a verdade que Zacarias lhes havia declarado. As circunstâncias da concepção e do nascimento de João, assim como a revelação por intermédio de Zacarias sobre o lugar que João ocuparia no propósito de Deus, fizeram o povo reconhecer que João seria um personagem único. Por isso perguntaram: "O que vai ser este menino?" (Lc 1:66).

Como ocorreu com Isabel uns três meses antes, Zacarias foi agora preenchido com o Espírito Santo. Sob a direção e controle do Espírito de Deus, ele proclamou uma mensagem que era tão autoritativa quanto uma mensagem de qualquer dos profetas de Israel que o precederam. A declaração profética de Zacarias é apresentada nos versículos 68-79. Ela se divide em duas partes: primeiro, ele proferiu uma mensagem

---

[26] Norval Geldenhuys, *Commentary on the Gospel of Luke* (Grand Rapids: Eerdmans, 1951), p. 90-91.

exaltando o propósito e o caráter de Deus (v. 68-75). O nascimento de João indicou o início da promessa feita por Deus de redimir seu povo. Essa redenção é mencionada no versículo 69 como a salvação. O termo salvação ou redenção no Antigo Testamento pode estar relacionado com a salvação individual do pecado, ou pode se referir coletivamente à redenção ou libertação da nação escravizada pelos gentios. Parece que Zacarias estava falando desse segundo aspecto do plano de Deus, porque no versículo 71 ele disse que Deus estava "salvando-nos dos nossos inimigos e da mão de todos os que nos odeiam". A nação de Israel, naquela época, encolhia-se sob a opressão de Roma e ansiava pela libertação. A respeito daquela libertação prometida, Zacarias disse que assim como Deus ouviu o grito de um povo oprimido quando era explorado pela escravidão no Egito e enviou um libertador que o fez passar da escravidão à liberdade, assim Deus ouviu o clamor desse povo e estava providenciando alguém que os livraria de seus inimigos. Zacarias observou que tal Libertador viria da casa de Davi (v. 69). Isso estava de acordo com a promessa feita por Deus a Davi de que um Filho seu se assentaria no trono de Davi e governaria a casa de Davi para sempre (2Sm 7:16). Esse plano pelo qual Deus estava sendo adorado era o cumprimento de sua promessa e de sua aliança com a nação de Israel. Ele observou que o cumprimento dessa promessa seria devido à misericórdia de Deus estendida em resposta à angústia (Lc 1:72). A nação não merecia um Redentor ou a redenção e, no entanto, Deus é misericordioso. Ele é fiel à sua aliança.

Zacarias disse ainda que Deus estava lembrando a aliança, ou seja, "o juramento que fez ao nosso pai Abraão" (Lc 1:73). Aqui Zacarias se referiu à aliança inicial registrada em Gênesis 12—13, 15, 17 que foi a base do plano de Deus para Israel e o fundamento da esperança de Israel para a vinda do Messias. Zacarias disse que quando o Messias viesse, em cumprimento às alianças feitas com Abraão e Davi, Deus os resgataria da mão de seus inimigos (v. 74). Essa era a promessa de libertação da escravidão dos gentios. Mas, além disso, Deus também capacitaria "para o servirmos sem medo, em santidade e justiça, diante dele todos os nossos dias" (v. 74-75). Era uma referência ao que foi prometido e compactuado em Jeremias 31:31-34, em que Deus assegurou a Israel que Ele perdoaria seus pecados, os purificaria, lhes daria um novo coração e os capacitaria a servi-lo em justiça. Esse fato é frequentemente referido como a nova aliança. Ezequiel 36:24-27 amplia a aliança que foi apresentada em Jeremias 31. Zacarias estava antecipando o cumprimento dessa nova aliança, na qual um povo redimido, reinstalado em sua própria terra, serviria a Deus com um coração puro como seu povo separado. Observemos que Zacarias lembrou as promessas de Deus encontradas nas Escrituras do Antigo Testamento. Ele dirigiu nossa atenção para as alianças que Deus fez por meio de Abraão, Davi e Jeremias para libertar Israel de seus inimigos e da escravidão ao pecado para que eles pudessem servi-lo.

Zacarias falou agora profeticamente a respeito da posição de seu filho (Lc 1:76-77). João Batista deveria ser um "profeta do Altíssimo" (v. 76). O profeta era o mensageiro de Deus com a mensagem que Ele enviava ao seu povo. Essa era a função que João cumpriria. Como os profetas do Antigo Testamento, João veio com a mensagem de Deus para sua geração. Mas João deveria ter um privilégio que nenhum profeta do Antigo Testamento teve. Enquanto eles vaticinaram a vinda do Messias, João teve o privilégio de apresentá-lo pessoalmente à nação. O próprio Senhor explicou o ministério de João em Lucas 7:26-28: "Afinal, o que foram ver? Um profeta? Sim, eu digo a vocês, mais que profeta. Este é aquele a respeito de quem está escrito: 'Enviarei o meu mensageiro à tua frente; ele preparará o teu caminho diante de ti'. Eu digo que entre os que nasceram de mulher não há ninguém maior do que João; todavia, o menor no Reino de Deus é maior do que ele". Assim, vemos que João deveria cumprir a grande profecia de Malaquias 3:1 em seu ministério.

João proclamaria uma mensagem de salvação ao povo de Deus. Essa mensagem não apenas traria libertação da escravidão dos gentios, mas também libertação da maior escravidão, a do pecado. Isso porque o ministério de João era "para dar ao seu povo o conhecimento da salvação, mediante o perdão dos seus pecados" (v. 77). João não era o Salvador e sua mensagem não podia salvar. Seu ministério era apresentar o Salvador que proporcionaria a redenção para o povo de Deus. As palavras "por causa das ternas misericórdias de nosso Deus, pelas quais do alto nos visitará o sol nascente" (v. 78) referem-se a Malaquias 4:2, onde o profeta previu: "Mas, para vocês que reverenciam o meu nome, o sol da justiça se levantará trazendo cura em suas asas". O "sol da justiça" era um título do Messias, pois como o sol traz luz às trevas, assim o Sol da justiça trará a luz para as trevas espirituais. João apresentou Jesus como a luz no prólogo de seu evangelho. Zacarias disse que Deus em sua misericórdia traria luz às trevas em que o povo se encontrava e que a luz haveria de "brilhar sobre aqueles que estão vivendo nas trevas e na sombra da morte" (v. 79). Quando essa luz vier, o Sol da justiça haverá de "guiar nossos pés no caminho da paz". "Em Isaías 9:6 o Messias é chamado de "Príncipe da Paz", e um de seus ministérios era falar de paz à nação. Algum dia Ele trará uma nação perturbada para a paz de seu reinado. Zacarias vaticinou assim a libertação nacional do domínio gentio e a libertação individual da escravidão ao pecado por meio da vinda do Messias, de quem João foi o precursor.

Ao final desta seção temos um registro do desenvolvimento de João tanto física quanto espiritualmente (Lc 1:80). Fisicamente ele cresceu como qualquer criança cresceria, mas ele foi marcado por um desenvolvimento espiritual incomum. Lucas disse que ele era "forte em espírito". O anjo havia profetizado a Zacarias: "[João] será cheio do Espírito Santo desde antes do seu nascimento" (Lc 1:15). Esse fato logo se tornou evidente, pois ele foi marcado por força espiritual. Outro aspecto observado acerca da infância de João foi que "ele viveu no deserto até aparecer publicamente para Israel". Como João nasceu na família de um sacerdote, seria lógico esperar que ele aprendesse a ser um sacerdote. No tempo de João não se aprendia a ser sacerdote frequentando uma escola, mas sim da mesma forma como se aprendia qualquer ofício em Israel — por meio da instrução de seu pai. Portanto, era possível se esperar que, quando Zacarias fizesse suas peregrinações regulares a Jerusalém para cumprir seu papel como sacerdote, João o tivesse acompanhado e pudesse ter sido educado na tradição sacerdotal. Entretanto, Lucas observou que, em vez de ser educado nos arredores do templo de Jerusalém para ser sacerdote, João foi separado do templo e do treinamento que teria com seu pai. João foi educado no deserto. Embora teoricamente elegível para ser um sacerdote, João não se preparou para atuar como sacerdote. Em vez disso, ele foi separado no nascimento para cumprir outro ministério — aquele para o qual Deus o havia chamado e para o qual o Espírito o havia consagrado desde o nascimento.

f. O anúncio do nascimento de Cristo a José
Seção 9
Mateus 1:18-25

Lucas, com sua ênfase em Jesus como o Filho do Homem, registrou os eventos de seu nascimento envolvendo Maria. Mateus com seu foco nos direitos reais de Jesus apresentou o nascimento com ênfase em José. Geikie disse, com respeito a José:

> Enquanto Zacarias e Isabel se regozijavam com a bênção prometida, em sua pacata casa no sul, na aldeia de Nazaré ou Nazara, vivia, a mais de 160 km ao norte deles, um judeu por nome José e uma jovem solteira chamada Maria, que estava noiva de José, prometida como sua futura esposa. Embora bastante humilde em sua posição social — pois ele tinha por ofício ser carpinteiro —, na realidade José carregava em seu corpo o sangue mais nobre de seu povo, pois ele poderia reivindicar seu direito ao reino, por causa de sua ascendência dos antigos reis de sua nação, e era um herdeiro legal do trono de Davi e Salomão.[27]

Mateus declarou também que Maria estava noiva ou prometida a José. Referindo-se a essa relação, Geikie declarou:

> [...] Maria [...] ficou noiva de José. A relação assim instituída era [...] equivalente a um contrato civil de casamento, a ser devidamente seguido pelo rito religioso. Entre os judeus da época de Maria, era ainda mais significativo do que um noivado propriamente dito. O noivado foi realizado formalmente, com regozijo, na casa da noiva, sob uma tenda ou um dossel leve levantado para esse fim. Era chamado de "lugar sagrado", pois a noiva, a partir daí, era consagrada a seu marido, no sentido mais estrito. Para torná-lo legal, o noivo entregava à noiva uma quantia, ou o próprio valor da moeda, diante das testemunhas, com as palavras: "Veja, você é agora a minha noiva", ou por meio de um documento formal, no qual palavras semelhantes, e o nome da noiva, eram postos, e da mesma forma, esse documento era entregue a ela diante das testemunhas. Os noivados eram comumente arranjados pelos pais, ou no caso de estarem mortos, pelas mães, ou tutores, e era

---
[27] Geikie, *Life and Words*, p. 104.

também necessário o consentimento de quaisquer irmãos que a moça pudesse ter. Inicialmente, os acordos verbais, às vezes confirmados por juramento, diante das testemunhas, eram mais utilizados, mas após o retorno do cativeiro, os documentos formais se tornaram a regra.

Embora o noivado fosse praticamente um casamento, e só pudesse ser rompido por uma "carta de divórcio" formal, a noiva não ia imediatamente para a casa de seu marido. Para lhe dar tempo com a finalidade de se preparar e amenizar a dor da separação de seus amigos, ou, talvez, em parte, para deixar que ela obtivesse um benefício maior de seus serviços domésticos, havia um intervalo a ser cumprido antes da cerimônia final; poderia ser tanto de diversas semanas, quanto de meses, ou eventualmente até um ano inteiro.[28]

Quando Maria voltou de sua visita à Judeia, a sua gravidez já não podia ser encoberta de José, e ela evidentemente lhe comunicou que estava grávida. Como José era um homem justo, seria inconcebível para ele se casar com alguém que carregava em seu ventre alguém que ele presumia ser o filho de outro homem. A única explicação que lhe veio à mente foi que sua noiva havia sido infiel a ele durante sua visita a seus parentes e teria demonstrado que era uma mulher imoral. José dispunha de duas opções. Ele podia acusá-la publicamente de imoralidade e mandar apedrejá-la (Dt 22:13-21). A morte dela teria, então, rompido o contrato de casamento. Uma segunda alternativa seria divorciar-se dela. Devido à gravidez de Maria, havia motivos suficientes para buscar a anulação do contrato de casamento e romper a relação existente entre eles. Mas José "não querendo expô-la à desonra pública, pretendia anular o casamento secretamente" (Mt 1:19). José não tomou sua decisão apressadamente. Enquanto ele pensava no curso de ação que iria seguir, um anjo do Senhor apareceu-lhe num sonho e lhe deu uma revelação a respeito das circunstâncias da gravidez de Maria. Foi revelado a José que "o que nela foi gerado procede do Espírito Santo" (v. 20). Isto significava que José não precisava ter medo de aceitar Maria como sua esposa, pois ela ainda era virgem. Não apenas o fato da concepção pelo Espírito Santo foi revelado a José, mas, em antecipação à obediência de José à ordem de tomar Maria como esposa, o anjo anunciou que Maria teria um filho.

---

[28] Ibid., p; 105.

O anjo ordenou a José: "você deverá dar-lhe o nome de Jesus" (v. 21). O nome que havia sido revelado a Maria foi agora repetido a José. Este nome deveria ser dado "porque ele salvará seu povo de seus pecados" (v. 21). A frase "seu povo" deve se referir à nação Israel à qual Deus havia prometido em Jeremias 31:31-34 que o Messias viria para conceder o perdão dos pecados. Mateus chamou nossa atenção para o fato de que esse milagre que lhe havia sido anunciado fora prometido a Israel em Isaías 7:14, a grande profecia do nascimento virginal. No contexto dessa passagem, o reino de Judá estava sendo ameaçado por uma coalizão entre o reino de Israel e a Síria. Deus enviou Isaías para levar ao rei Acaz, de Judá, uma mensagem de conforto. Isaías prometeu que essa coalizão fracassaria e que Judá sobreviveria. A mensagem era tão importante que Deus se ofereceu para confirmar tal promessa a Acaz. Isaías disse a Acaz que escolhesse um sinal de que Deus iria cumprir sua promessa. No entanto, Acaz recusou-se a permitir que Deus lhe desse um sinal. Isso não aconteceu porque Acaz confiava em Deus, mas porque ele se recusou a permitir que Deus demonstrasse sua autoridade e poder. Acaz não queria ser obrigado a se submeter a Deus, pois ele havia se rebelado contra Ele. Apesar disso, Isaías deu um sinal a Acaz. Era o sinal do nascimento por meio de uma virgem. Essa profecia tinha uma dupla referência. A palavra "virgem" em Isaías 7:14 é um termo amplo que se refere a qualquer mulher jovem em idade de se casar. A profecia pretendia transmitir a Acaz a promessa de que antes que uma jovem mulher em idade matrimonial pudesse se casar, conceber, ter um filho e desmamar essa criança, Judá se livraria de seus inimigos. Assim, dentro de cerca de três anos, Acaz veria o cumprimento da promessa de Deus dada a ele de que os poderes aliados contra Judá fracassariam. Mas a profecia foi muito além da referência imediata relacionada a Acaz, pois era uma profecia relativa ao nascimento virginal de Cristo. Quando o Novo Testamento se referiu a essa profecia, foi selecionado o sentido da palavra restrito para uma virgem em vez de interpretá-la em um sentido mais amplo que significasse simplesmente uma jovem mulher. Ao escrever e interpretar a profecia, Mateus nos disse que Isaías tinha em mente a concepção miraculosa de Jesus no ventre de Maria pelo poder do Espírito Santo. O artigo definido "a" usado com a virgem mostra que Isaías tinha uma virgem em mente — a própria Maria. O anjo prometeu que Maria teria um filho e que, uma vez que seu nome seria Jesus, "porque ele salvará seu povo de seus pecados" (Mt 1:21), Ele seria chamado de Emanuel, que significa "Deus conosco" (v. 23). Assim Mateus indicou a pessoa que nasceria de Maria. O Filho eterno do Deus eterno existira sendo um com o Pai desde toda a eternidade. Aquele que por seu poder havia criado o universo viria a se manifestar em carne humana através do ventre de Maria. Jesus Cristo, o eterno, alcançou por meio de seu nascimento, e tomou para si, uma humanidade verdadeira e completa. Ele uniu a verdadeira humanidade e a verdadeira divindade em uma só pessoa para sempre. Tal foi a revelação dada a José. A resposta de José foi uma resposta de fé e obediência implícitas. Ele não pediu confirmação. Ele não pediu explicações. Ele aceitou o fato de que a profecia de Isaías a respeito do nascimento virginal era a verdadeira explicação da gravidez de Maria, ele obedeceu ao comando do anjo e "recebeu Maria como sua esposa" (Mt 1:24). José demonstrou um notável comedimento, pois "não teve relações com ela enquanto ela não deu à luz um filho" (v. 25). Assim, Cristo nasceu verdadeiramente de uma virgem. Shepard observa bem:

> Nenhuma evidência convincente contra o nascimento virginal de Jesus aqui tratado pode ser encontrada no Novo Testamento. A dificuldade de explicar sua vida em qualquer outra área é maior do que a dificuldade de aceitar o nascimento virginal como um fato. Não somos obrigados, ao aceitá-lo, a acreditar na imaculada conceição ou na virgindade perpétua de Maria. Pela interpretação mais natural da expressão "primogênito", Maria teve outros filhos, que nasceram do matrimônio com José. As narrativas evangélicas falam de quatro desses irmãos mais novos e de pelo menos duas irmãs.[29]

g. O nascimento de Jesus

Seção 10

Lucas 2:1-7

Lucas registra para nós agora o evento para o qual todas as revelações angélicas precedentes e as profecias dirigidas pelo Espírito apontaram — o nascimento de Jesus Cristo.

---
[29] Shepard, *The Christ*, p. 32.

Lucas desejou apresentar um relato mais completo da vida de Cristo e assim acrescentou a bela narrativa de sua linhagem, seu nascimento e o anúncio aos humildes pastores da Judeia. Mateus, querendo ligar a pessoa do Messias com a antiga profecia, deu seu próprio relato independente. Lucas narra com simplicidade e brevidade, com perfeita arte, as circunstâncias do nascimento, e acrescenta o depoimento de várias testemunhas divinamente escolhidas, que dão a interpretação e o significado a nível mundial do evento. Mateus acrescenta a esse testemunho de interesse universal a introdução da narrativa dos Reis Magos, a providencial fuga para o Egito, e o retorno a Nazaré em cumprimento do plano de Deus revelado em profecia.[30]

Sendo um historiador cuidadoso, Lucas registrou a época do nascimento de Cristo. Há muitas dificuldades associadas à datação do nascimento de Cristo. Hoehner escreve a respeito da época do nascimento de Cristo:

> Em 525 d.C. o Papa João I pediu a Dionísio, um monge cita, que preparasse um calendário padrão para a Igreja Ocidental [...]. O início da era cristã caiu em 1º de janeiro de 754 A.U.C. (*anno urbis conditae* = desde a fundação da cidade [de Roma]) e pensou-se que o nascimento de Cristo teria sido em 25 de dezembro imediatamente anterior a esse ano. Assim, 754 A.U.C. tornou-se o ano 1 d.C. no calendário de Dionísio.
>
> Em termos muito abrangentes Lucas 2:1 afirma que Cristo nasceu no reinado de César Augusto (que reinou de 15 de março de 44 a.C. a 19 de agosto de 14 d.C.). Como se trata de um período que é tão amplo, será preciso estreitar os limites. Na tentativa de chegar a uma data mais específica, é essencial estabelecer dois limites concretos, o *termini a quo* (o ponto limite mais antigo no tempo) e *ad quem* (o ponto limite final no tempo). Com relação a isto, o *terminus ad quem* é a morte de Herodes, o Grande, e o *terminus a quo* é o censo de Quirino (Cirênio).
>
> De acordo com Mateus 2:1 e Lucas 1:5, o nascimento de Cristo precedeu a morte de Herodes. Este foi proclamado rei dos judeus pelo Senado Romano no final de 40 a.C. por nomeação de Antônio e

---

[30] Ibid., p. 29.

Otávio e com a ajuda do exército romano ele conquistou o controle de seu reino em 37 a.C. Ele reinou por 37 anos a partir do momento em que foi feito rei, ou teria governado 34 anos contando-se do ano em que tomou posse da terra.

Segundo Josefo, um eclipse lunar ocorreu pouco antes da morte de Herodes. É o único eclipse mencionado por Josefo e isso ocorreu entre 12/13 de março de 4 a.C. Após sua morte houve a celebração da Páscoa, cujo primeiro dia teria ocorrido em algum momento entre 12 de março e 11 de abril. Como o trigésimo quarto ano de seu reinado teria começado em 1º de Nissan de 4 d.C. (29 de março de 4 a.C.), sua morte teria corrido entre 29 de março e abril de 4 a.C., Portanto, por essas razões, Cristo não teria nascido depois de março/abril de 4 a.C.

De acordo com Lucas 2:1-5, um censo foi feito pouco antes do nascimento de Cristo. Assim, Ele não poderia ter nascido antes do censo. O objetivo de um censo era fornecer dados estatísticos para a cobrança de impostos nas províncias [...]. Esse censo foi realizado antes de Quirino se tornar governador da Síria. Lucas não está fazendo distinção entre um censo anterior e o outro, durante o governo de Quirino, mas está simplesmente afirmando que o censo na época da natividade ocorreu algum tempo antes de Quirino ocupar o cargo. Isso oferece uma boa compreensão à passagem em questão. Como foi dito anteriormente, Quirino foi governador da Síria em 6-7 d.C. e possivelmente também, como Sherwin-White argumentou, em 3-2 a.C. Se isso faz referência ao seu governo em 6-7 d.C., então o referido censo estaria situado antes de seu governo quando ele conduziu o conhecido censo mencionado por Josefo e Lucas. Por outro lado, isto também se encaixa bem se ele foi governador em 3-2 a.C.; pois Lucas está então afirmando que pouco antes de Quirino ser governador na Síria em 3-2 a.C. houve um censo nos domínios de Herodes.

A data exata do censo não pode ser determinada com precisão. Entretanto, é razoável pensar que o censo teria sido após Herodes ter caído em desprestígio para com Augusto em 8/7 a.C. Mais especificamente, provavelmente foi após Herodes ordenar a execução de seus filhos Alexandre e Aristóbulo em 7 a.C., quando houve uma intensa luta pelo trono por seus outros filhos, o que resultou na mudança do testamento de Herodes três vezes antes de sua morte na primavera de 4 a.C. Em 7 a.C. Herodes nomeou Antípatro como único herdeiro, e então em 5 a.C. foi elaborado um novo testamento, fazendo de Antipas seu herdeiro. Finalmente, cinco dias antes da morte de Herodes,

Antípatro foi executado e um testamento final foi redigido, nomeando Arquelau como rei sobre todo o reino. Além disso, não só havia as intrigas dentro da família, mas a doença de Herodes se tornou mais intensa. Sua morte era iminente. Com tal instabilidade e tão péssimo estado de saúde, teria sido um momento oportuno para que Augusto tivesse feito um censo a fim de avaliar a situação antes da morte de Herodes. Deve-se notar também que Augusto estava bem ciente da situação na Palestina, pois cada vez que Herodes mudava sua vontade e cada vez que queria se livrar de algum de seus filhos ele tinha que pedir a permissão do imperador. Portanto, um censo dentro dos dois últimos anos do reinado de Herodes teria sido razoável e, na verdade, muito provável.

O ano correto em que ocorreu esse censo, que marcaria *o terminus a quo* do nascimento de Cristo, é difícil de ser identificado, mas provavelmente aconteceu entre 6 e 4 a.C., de preferência na última parte desse período de tempo. Isso se encaixa bem tanto na cronologia de Mateus quanto na de Lucas, que parecem indicar que o censo e o nascimento de Cristo ocorreram pouco antes da morte de Herodes [...].

Conclusão. Considerando-se algumas dessas notas cronológicas, parece que as evidências levariam a concluir que o nascimento de Cristo ocorreu em algum momento no final do ano 5 a.C. ou no início do ano 4 a.C.

Tem havido longas discussões sobre o dia do nascimento de Cristo. A data tradicional para o nascimento de Cristo desde Hipólito (c. 165-235 d.C.) foi estabelecida em 25 de dezembro. Na Igreja Oriental, 6 de janeiro foi a data não só do nascimento de Cristo, mas também da chegada dos Magos no segundo aniversário de Cristo [...]. Crisóstomo (345-407 d.C.) declarou em 386 que 25 de dezembro deveria ser a data correta e, portanto, tornou-se a data oficial para o nascimento de Cristo na Igreja do Oriente.

Embora a data exata não possa ser definida, parece que existe "uma tradição relativamente antiga de seu nascimento no meio do inverno, portanto uma data em dezembro ou janeiro não é, por si só, improvável".

A única objeção levantada para a data ter ocorrido no inverno é o fato de que os pastores apascentavam seus rebanhos durante a noite (Lc 2:8). Normalmente, era costume as ovelhas serem levadas para apriscos de novembro a março e não estariam nos campos à noite. No entanto, isto não é uma prova conclusiva contra o fato de que dezembro possa ter sido a época do nascimento de Cristo, pelas seguintes razões. Em primeiro lugar, poderia ter sido um inverno ameno e, portanto, os pastores poderiam estar ao ar livre com suas ovelhas. Em segundo lugar, não há nenhuma certeza de que as ovelhas tenham sido abrigadas durante os meses de inverno. Terceiro, é verdade que durante os meses de inverno as ovelhas eram trazidas do deserto. A narrativa de Lucas afirma que os pastores estavam próximos de Belém (e não no deserto), indicando assim que a natividade pode ter ocorrido nos meses de inverno. Finalmente, o Mishná dá a entender que as ovelhas ao redor de Belém ficavam ao ar livre o ano todo, e aquelas que eram aceitáveis para serem oferecidas em sacrifício na Páscoa estavam nos campos 30 dias antes da festa — o que já poderia ser em fevereiro, um dos meses mais frios e chuvosos do ano. Portanto, uma data para a natividade em dezembro é aceitável.

Para concluir, é difícil de se saber a data exata do nascimento de Cristo com precisão. No entanto, uma data em pleno inverno é mais provável.

É claro que Cristo nasceu antes da morte de Herodes, o Grande, e depois do censo. Ao olhar as narrativas do nascimento de Mateus e Lucas, seria necessário concluir que Cristo nasceu dentro de um ano ou dois após a morte de Herodes. Ao olhar para algumas das outras notas cronológicas do evangelho, as evidências levariam à conclusão de que Cristo nasceu no inverno de 5/4 a.C. Embora a data exata do nascimento de Cristo não seja conhecida, é mais razoável que ela possa ter ocorrido em dezembro do ano 5 a.C. ou em janeiro de 4 a.C.[31]

Jesus Cristo nasceu durante o reinado de César Augusto. Farrar observa a consideração que foi atribuída ao sentimento judaico em relação à tributação ordenada por Quirino:

> Em deferência aos preconceitos judaicos, cuja violação era o sinal certo para tumultos violentos e insurreições, não foi realizada da maneira romana comum, no lugar de residência de cada pessoa, mas de acordo com o costume judeu, na cidade à qual sua família pertencia originalmente. Os judeus ainda se agarravam às suas genealogias e à memória

---

[31] Harold Hoehner, *Chronological Aspects of the Life of Christ* (Grand Rapids: Zondervan, 1977), p. 11-13, 22-23, 25-27. Esta obra é bastante recomendada para estudo meticuloso.

Apresentação do Rei

das relações tribais extintas; e embora a viagem fosse cansativa e de desagradável, a mente de José pode muito bem ter sido consolada pela lembrança daquela descendência heroica que agora seria autoritativamente reconhecida, e pelo brilho daquelas esperanças messiânicas às quais as circunstâncias maravilhosas em que ele era quase o único depositário, dariam uma intensidade dez vezes maior.[32]

Herodes mostrou considerável sabedoria ao selecionar o modo de inscrição para tributação futura.

O método judaico de cobrança de impostos é ilustrado no incidente registrado em Mateus 17:24, onde lemos: "Quando Jesus e seus discípulos chegaram a Cafarnaum, os coletores do imposto de duas dracmas vieram a Pedro e perguntaram: 'O mestre de vocês não paga o imposto do templo?'" O imposto judaico era um imposto sobre cada pessoa, e de todo indivíduo era cobrado uma quantia igual. Esse imposto era cobrado pelos cobradores de impostos no local de residência. Em contraste, Stauffer resume assim a lei do censo romano:

A lei do censo romano determinava: "Quem tiver bens em outra cidade deve entregar sua declaração de impostos nessa cidade. No caso dos impostos sobre a terra, eles devem ser pagos à comunidade em cujo território a terra está situada". Essa disposição necessariamente conferia um caráter particular aos procedimentos do censo na Palestina, pois naquele país a posse de propriedades fora da comunidade não era incomum. Os romanos estavam constantemente encontrando a propriedade familiar das 'casas patriarcais', cujos direitos de posse eram extremamente difíceis de desembaraçar.

Os coproprietários que deviam impostos certamente não eram fáceis de serem localizados. Nesses casos, o único recurso dos romanos era pesquisar a propriedade existente, avaliar seu valor e depois convocar para o registro todos aqueles que desejavam reivindicar direitos totais ou parciais daquela propriedade. Quem aparecesse nos registros teria que responder às perguntas prescritas. Em seguida, seus direitos de propriedade eram examinados, sua participação no imóvel era esclarecida e seu valor estimado e, finalmente, seu imposto territorial era

---

[32] Frederick Farrar, *Life of Christ,* vol. 1 (Nova York: Dutton, 1877), p. 4-5.

fixado de acordo com o tamanho e o valor de sua participação. Esse era o procedimento que os romanos seguiram na Palestina.[33]

Na escolha do método romano de fazer o censo, vemos Deus agindo providencialmente para levar José e Maria ao lugar em que Miqueias tinha previsto para o nascimento do Messias.

Como José era descendente de Davi, a herança legal de José estava na cidade de Davi, e como Maria, da mesma forma, descendia de Davi, sua herança legal também permanecia em Belém. Isso exigiu uma difícil viagem de Nazaré a Belém. Mas em obediência ao decreto romano, eles viajaram juntos para Belém. Era uma clara indicação de que José e Maria eram ambos da casa e linhagem de Davi, pois podemos ter certeza de que os romanos teriam verificado cuidadosamente suas credenciais para se certificarem que eles eram os proprietários legais da propriedade que deveria ser avaliada para tributação. Somente depois de terem demonstrado seu direito à herança de Davi é que eles teriam sido inscritos. Quando José e Maria chegaram a Belém, eles encontraram a vila lotada de outros viajantes que tinham ido para lá afim de se inscreverem no censo romano. Eles procuraram algum lugar para ficar, pois era óbvio que teriam que permanecer em Belém por algum tempo. Farrar descreve a pousada:

> O khan (ou hospedaria) de uma aldeia síria, naqueles dias, era provavelmente idêntico, em sua aparência e acomodação, aos que ainda existem na Palestina moderna. Um khan é um tipo de abrigo de teto baixo, feito com pedras brutas, e geralmente possui apenas um único pavimento em sua estrutura. Consiste em sua maior parte de um recinto quadrado, no qual os animais podem ser presos em segurança durante a noite, e um recanto arqueado para a acomodação dos viajantes. O *leewan*, ou piso pavimentado do recanto, fica uns 35 ou 60 cm acima do pátio. Um grande khan — como, por exemplo, aquele cujas ruínas ainda podem ser vistas em Khan Minyeh, na margem do mar da Galileia — pode conter uma série de tais recantos, que são, de fato, pequenos quartos baixos sem parede frontal para eles. Eles não tinham, é claro, nenhuma privacidade; tudo o que acontecia neles era visível a cada pessoa hospedada no khan. Eram também totalmente desprovidos até mesmo

---

[33] Ethelbert Stauffer, *Jesus and His Story* (Nova York: Knopf, 1960), p. 30-31.

dos móveis mais comuns. O viajante poderia trazer seu próprio tapete se quisesse, poderia sentar-se sobre ele de pernas cruzadas para suas refeições, e deitar-se sobre ele à noite. Como regra, ele também deveria trazer sua própria comida, cuidar de seus próprios animais, além de tirar a própria água da nascente contígua. Ele não deveria esperar nem poderia exigir qualquer assistência, e pagaria apenas um valor bem pequeno pela vantagem de ter um abrigo, segurança e um piso sobre o qual se deitar. Mas se ele chegasse atrasado, e os *leewans* estivessem todos ocupados por hóspedes já acomodados, ele não teria outra escolha a não ser contentar-se com as acomodações que poderia encontrar no pátio abaixo, e assegurar para si e sua família uma situação de bem pouca limpeza e de decência compatíveis com um canto desocupado na área imunda, que precisaria ser compartilhada com cavalos, mulas e camelos. O feno, a proximidade, o cheiro desagradável dos animais agrupados, a indesejável intrusão dos cães vadios, a inevitável convivência com os piores parasitas da hospedaria, eram coadjuvantes de tal situação que só poderia ser vivida por algum viajante no oriente que tivesse sido colocado em circunstâncias similares.

Na Palestina, não raro acontece que todo o khan, ou a parte dele em que os animais estejam alojados, seja uma dessas inúmeras cavernas que abundam nas rochas calcárias de suas colinas centrais. Tal parece ter sido o caso da pequena cidade de Belém de Efrata, na terra de Judá.[34]

Foi em lugar como o descrito que José encontrou um refúgio para a esposa que logo daria à luz. Com simplicidade, Lucas registrou a circunstância do nascimento de Cristo: "Enquanto estavam lá, chegou o tempo de nascer o bebê, e ela deu à luz o seu primogênito" (Lc 2:6-7).

Apenas a mais simples provisão pôde ser dada ao bebê. Ela o envolveu em tiras de pano. Essas tiras de pano, ou faixas, foram assim descritas:

"Enfaixar" e "envolver em panos" são realmente a mesma expressão, ambas as formas remontam a uma forma de *envolvimento em faixas*, "uma bandagem", mas "enfaixar" tornou-se o termo técnico para o envolvimento de uma criança no Oriente ou em qualquer outro lugar. As faixas orientais consistiam de um quadrado de pano e de duas ou

---

[34] Farrar, *Life of Christ,* vol. 1, p. 4-5.

mais ligaduras. A criança era colocada sobre o pano na diagonal e os cantos eram dobrados sobre os pés e o corpo e sob a cabeça, sendo, então, as bandagens atadas a fim de manter o pano fixo. Esse tipo de envoltório seria a roupa de uma criança até cerca de um ano de idade, e a ausência dessas faixas (Ez 16:4) seria um sinal de que a criança havia sido abandonada. A menção sobre a criação do mar "quando o vesti de nuvens e em densas trevas o envolvi" (Jó 38:9) é apenas uma forma poética de dizer que o mar, em sua criação, estava coberto de nuvens e escuridão, porém encontrar qualquer ideia de contenção envolvida aqui é fantasiosa.[35]

Uma segunda interpretação é possível. Estas tiras podem ter sido faixas estreitas de tecido que seriam enroladas ao redor da criança, assim como uma múmia era enrolada para o enterro. Tal parece ter sido um costume entre os judeus naquela ocasião. Isso era feito para endireitar o corpo de sua posição fetal. Não havia vestimentas de realeza, nem vestes púrpuras, nem sinais de riqueza ou de posição, ainda que a criança tivesse nascido para ser Rei dos reis e Senhor dos senhores. Uma manjedoura tornou-se seu berço e o Rei da glória condescendeu em ser embalado na manjedoura que devia conter alimento para o gado. Aquele que havia vindo para fornecer o pão do céu desceu a uma manjedoura.

h. O anúncio aos pastores

Seção 11

Lucas 2:8-20

Um anúncio da proximidade do nascimento de Jesus Cristo havia sido feito por anjos a Zacarias, bem como a Maria e a José. Agora o nascimento de Cristo foi anunciado pelos anjos aos pastores. Eles eram os destinatários mais improváveis de tal revelação, pois os pastores eram desprezados como uma classe inferior porque não podiam cumprir as costumeiras leis de purificação cerimonial. Por essa razão, eram considerados impuros. Eles não haviam sido instruídos na Lei e, portanto, eram

---

[35] Burton Scott Easton, "Swaddle," *International Standard Bible Encyclopedia* (daqui em diante, nestas notas: ISBE), vol. 5, ed. James Orr (Grand Rapids: Eerdmans, 1939), p. 2874.

tidos por ignorantes. Portanto, nessa condição poderiam ser testemunhas imparciais do nascimento de Cristo. Lucas declarou que os pastores "estavam nos campos próximos e durante a noite tomavam conta dos seus rebanhos" (Lc 2:8). Veja as páginas 56ss. para um estudo sobre a época do ano em que esta revelação ocorreu.

O trabalho de cuidar do rebanho à noite era dividido em turnos pelos pastores; enquanto os que estavam de plantão vigiavam, os demais pastores dormiam. A escuridão da noite foi repentinamente dissipada! "E aconteceu que um anjo do Senhor apareceu-lhes e a glória do Senhor resplandeceu ao redor deles" (Lc 2:9). Essa foi a glória que apareceu a Abraão, enquanto ele habitava em Ur (At 7:2), a mesma glória que apareceu no tabernáculo (Êx 40:34-35), e a glória que apareceu no templo (1Rs 8:11). Essa foi a glória que Ezequiel viu partir do templo (Ez 10:4, 18-19; 11:22-23). Por mais de quinhentos anos a nação de Israel esteve sem aquele sinal visível da presença de Deus entre seu povo, e agora a glória pela qual Israel havia esperado fora revelada aos pastores no campo, não aos sacerdotes no templo.

Os pastores evidentemente lembraram a palavra de Deus a Moisés: "[...] ninguém poderá ver-me e continuar vivo" (Êx 33:20), de modo que estavam aterrorizados com a revelação da glória de Deus. Então a quietude da noite foi dissipada pelo anúncio angélico: "Não tenham medo" (Lc 2:10). O anjo não tinha vindo como ministro da morte, mas como alguém que estava anunciando a vida para todas as pessoas. Ele veio para trazer boas notícias de grande alegria. Lucas observou que essa mensagem alegre não era dirigida somente aos pastores e à nação de Israel, mas "a todo o povo". Deus havia dito a Abraão: "por meio de você todos os povos da terra serão abençoados" (Gn 12:3). Lucas registrou a universalidade da mensagem, de acordo com o aspecto universal das promessas do reino feitas a Abraão. O anúncio angélico em Mateus 1:21 dizia respeito ao "seu povo", ou seja, a nação de Israel. Mas agora o anúncio estava sendo feito sem restrições, era universal — "para todo o povo" (Lc 2:10). A boa notícia se referia ao nascimento de uma pessoa.

O anjo identificou o lugar do nascimento como a cidade de Davi. Isto estava em conformidade com a promessa de 2Samuel 7:16.

O anjo também falou a respeito da pessoa que havia nascido. O anjo o chamou de "Salvador" (Lc 2:11). Como Salvador, ele libertaria as pessoas da escravidão e do pecado. Esse Salvador não era outro senão "Cristo, o Senhor". Ele veio como o Messias, o Ungido. "Senhor" é um título do Antigo Testamento para o Messias (Sl 110:1) e enfatiza sua autoridade, seu direito de governar. O Messias veio tanto como Salvador quanto como Soberano.

Um evento tão importante exigia um sinal, e um sinal foi dado pelo anjo: "encontrarão o bebê envolto em panos e deitado numa manjedoura" (Lc 2:12). Tanto o traje do bebê quanto o lugar onde ele poderia ser encontrado seriam sinais para os pastores. Poderia parecer lógico esperar encontrar um bebê de ascendência real em um palácio. Tal bebê normalmente é envolto em trajes luxuosos e cercado por todo conforto e conveniência. Sinais de riqueza e alto nível social são evidentes em todos os lugares. Mas não era o caso daquele bebê. Ele estava em uma manjedoura. Nenhuma peça de vestuário real cobria seu corpo; ao contrário, ele estava envolto em tiras de pano. Esse bebê tinha a aparência de alguém que estava sendo preparado para ser enterrado. Quão apropriado era que ele fosse visto assim já em seu nascimento, uma vez que ele tinha sido realmente designado para morrer! O louvor do céu pela obra do Salvador irrompeu nas palavras da hoste celestial: "Glória a Deus nas alturas, e paz na terra aos homens aos quais ele concede o seu favor" (v. 14). O nascimento de Cristo foi concebido principalmente para glorificar a Deus, e como resultado de sua vinda, a terra um dia encontrará a paz. Deus foi glorificado através do nascimento de seu Filho, e a terra aguarda sua coroação. Então ela entrará no descanso que Ele providenciou.

Um anúncio tão importante compeliu os pastores a deixar seus rebanhos e ir até Belém para ver o que havia acontecido. Não foi necessário identificar mais a cidade de Davi. Esses homens sabiam que Belém era o lugar, e foram lá para verificar o anúncio que o anjo havia feito. Quando chegaram, encontraram o bebê "deitado na manjedoura" (v. 16). Essa foi a única confirmação de que precisavam, e partiram, tornando-se os primeiros evangelistas. Lucas registrou: "Depois de o verem, contaram a todos o que lhes fora dito a respeito daquele menino" (v. 17). É importante notar que eles não divulgaram o fato da glória que lhes havia sido revelada nem as palavras que o anjo lhes havia falado. Eles não estavam preocupados primeiramente com suas experiências, mas sim com a mensagem que o anjo lhes havia trazido. Eles falaram sobre essa Criança. O resultado de sua proclamação foi que "todos os que ouviram o que os pastores diziam ficaram admirados" (v. 18). As implicações do anúncio deles era que o Messias tinha vindo, o Redentor havia chegado, aquele que iria governar Israel tinha vindo. O povo podia agora celebrar o reino do Príncipe da Paz.

3. Sua infância e adolescência
Seções 12-19

a. Sua circuncisão
Seção 12

Lucas 2:21

Deus estabeleceu com Abraão uma aliança por meio da qual prometeu aos descendentes físicos do patriarca uma terra para sua possessão eterna. Deus assegurou abençoá-los por meio do Messias. Em Gênesis 17:11 Deus instituiu a circuncisão como um sinal da aliança. A aliança seria eterna e incondicional, no entanto, mesmo uma aliança como essa tem poder para especificar aqueles que poderão receber as bênçãos. Estas viriam sobre os obedientes. No início, Israel não sabia o que Deus exigia deles para que lhe agradassem e fossem aptos para receber suas bênçãos. Como revelação de suas santas exigências, Deus deu a Israel a lei no Sinai; ela controlava todos os aspectos da vida dos israelitas. Receber a circuncisão ou impô-la a uma criança significava que o receptor estava assumindo as obrigações da lei e esperando os privilégios da aliança que viriam sobre aqueles que obedecessem à lei.

A lei não complementou a aliança abraâmica. Paulo declarou o propósito da lei em Gálatas 3:19: "Qual era então o propósito da Lei? Foi acrescentada por causa das transgressões, até que viesse o Descendente a quem se referia a promessa". Em Romanos 5:20, a palavra grega para "introduzida" significa que a lei era uma "questão secundária" e não tinha lugar primário no plano divino. A lei não se sobrepunha à aliança abraâmica, mas ela explicitava, iluminava e estabelecia em detalhes a obediência que Deus exigia como uma condição para a bênção sob a aliança.

Em Gênesis 17:14 Deus disse que o indivíduo incircunciso deveria ser separado de seu povo porque "quebrou minha aliança". Uma vez que as bênçãos da aliança se destinavam para a nação, aquele que mostrasse sua descrença por rejeitar o sinal da aliança deveria ser removido do lugar da bênção. Por lei, a circuncisão deveria ser aplicada no oitavo dia de vida de um menino (Lv 12:3). De acordo com as exigências da lei, os pais de Jesus o apresentaram para os ritos da circuncisão no dia prescrito. Naquele tempo, Jesus, que nasceu por meio da linhagem de Abraão, foi considerado um dos descendentes de Abraão. Esse rito de circuncisão, assim como a linhagem física de Jesus, deu-lhe direitos para o cumprimento das promessas que Deus havia feito a Abraão. Paulo se referiu a isto em Gálatas 3:16 quando disse: "Assim também as promessas foram feitas a Abraão e ao seu descendente. A Escritura não diz: 'E aos seus descendentes', como se falasse de muitos, mas: 'Ao seu descendente', dando a entender que se trata de um só, isto é, Cristo". A circuncisão daquele que Mateus apresentou como Descendente de Abraão (Mt 1:1) foi registrada por Lucas porque ele desejava relacioná-lo com Abraão, o pai da circuncisão em Israel (Lc 2:21).

Por ocasião da circuncisão, era dado um nome ao menino judeu. Foi em obediência à ordem do anjo a ambos os pais que Jesus recebeu seu nome (Mt 1:21; Lc 2:31). Aquele que nasceu Salvador (Lc 2:11) recebeu agora o nome que o designava como aquele que cumpriu essa função (Mt 1:21).

> A lei de Moisés foi zelosamente honrada e escrupulosamente observada na vida do menino Jesus (Mt 3:15). Quando se passaram oito dias Ele foi circuncidado de acordo com a aliança (Gn 17:12; Lv 12:3). Naquele tempo, segundo o costume vigente, Ele foi nomeado, tornando-se depois "um filho da lei" (Gl 4:4). Assim, cada criança do sexo masculino entre os judeus era inserida nas condições, nas obrigações e nos privilégios da aliança entre Deus e Abraão e suas exigências, inscrevendo seu nome no registro da nação com seu próprio sangue. Os pais geralmente escolhiam os nomes de seus filhos, mas Deus, por meio de Gabriel, nomeou Jesus (Jeová-Salvador).[36]

---

[36] Shepard, *The Christ*, p. 33-34.

b. Sua apresentação
Seção 13
Lucas 2:22-38

Como advertência perpétua de que todos os homens nascem em pecado, como Davi declarou (Sl 51:5), uma mãe era considerada cerimonialmente impura pelo nascimento de uma criança. No caso de ter um filho, a mãe ficava contaminada por sete dias até sua circuncisão; ela continuava, então, a ser cerimonialmente impura por mais 33 dias, ou por um total de 40 dias. No caso de uma filha, ela permanecia cerimonialmente impura por 62 dias, ou duas vezes a duração da impureza no caso de um filho. Em Levítico 12:1-8 Deus providenciou a remoção da imundícia cerimonial e a restauração da mãe para a plena comunhão em sua família e em sua comunidade. Somente o sangue poderia remover a imundícia, e assim Deus exigia uma oferta queimada e uma oferta pelo pecado para tornar a mãe cerimonialmente limpa.

Em Êxodo 13:2 Deus disse: "Consagre a mim todos os primogênitos. O primeiro filho israelita me pertence, não somente entre os homens, mas também entre os animais". Assim Deus reivindicou o filho primogênito em cada família como sua propriedade. Esse filho viria a se tornar um sacerdote. Mas depois da instituição do sacerdócio levítico na família de Aarão, Deus ordenou a seu povo que redimisse seu primogênito. Lemos em Números 18:15-16 (ARA):

> Todo o que abrir a madre, de todo ser vivente, que trouxerem ao SENHOR, tanto de homens como de animais, será teu; porém os primogênitos dos homens resgatarás; também os primogênitos dos animais imundos resgatarás. O resgate, pois (desde a idade de um mês os resgatarás), será segundo a tua avaliação, por cinco siclos de dinheiro, segundo o siclo do santuário, que é de vinte geras.

Por isso, quando Lucas fez menção à purificação de acordo com a lei de Moisés (Lc 2:22), ele estava se referindo a esses rituais de purificação da mãe e de redenção do filho. Shepard observa:

> A apresentação no Templo tinha o duplo propósito de purificar os pais da impureza legal e cerimonial e de redimir o filho primogênito

do serviço sacerdotal. Para o primeiro, um cordeiro era trazido para o sacrifício, pelos ricos, e duas pombas ou dois pombinhos, se os pais fossem pobres. A oferta de Maria indicava suas humildes condições. O filho primogênito de todo israelita deveria ser consagrado para o serviço especial do sacerdócio (Êx 13:2). Mas após a separação da tribo de Levi (Nm 8), o primeiro filho nascido em outras tribos foi resgatado desta obrigação por meio do pagamento de cinco ciclos (cerca de 4 dólares).[37]

Farrar diz:

> No quadragésimo dia após o nascimento — até o qual ela não poderia sair de casa —, a Virgem se apresentou com seu bebê para sua purificação no Templo de Jerusalém. "Assim, pois", diz São Boaventura, "levam o Senhor do Templo ao Templo do Senhor". A oferta adequada em tais ocasiões era um cordeiro de um ano para uma oferta queimada, e um pombo jovem ou uma rolinha para uma oferta pelo pecado; mas devido a uma graciosa ternura, que é uma característica tão marcante da legislação mosaica, aqueles que eram muito pobres para apresentar uma oferta relativamente cara eram autorizados a levar em seu lugar duas rolinhas ou dois pombos jovens. Com essa humilde oferenda Maria se apresentou ao sacerdote. Ao mesmo tempo, Jesus, como sendo um filho primogênito, foi apresentado a Deus, e de acordo com a lei, foi resgatado da necessidade do serviço do Templo pelo pagamento comum de cinco siclos do santuário (Nm 18:15, 16).[38]

O que estava envolvido nisso foi descrito por Shepard:

> Oferecia-se duas ofertas para a purificação da mãe: a oferta pela purificação levítica ligada ao início da vida e a oferta queimada para a restauração da comunhão com Deus. O preço das duas pombas ou rolinhas caía na terceira das treze caixas de coleta em forma de trombeta no pátio das mulheres. Os animais oferecidos em sacrifícios eram fornecidos pelos vendedores do Templo. Os ministrantes preparavam as mulheres que se apresentavam no local designado ao lado do portão

---

[37] Ibid., p. 34.
[38] Farrar, *Life of Christ,* vol. 1, p. 21.

Apresentação do Rei

de Nicanor, onde estariam mais próximas do Santuário e do pátio de Israel, podendo acompanhar os atos de sacrifício e ver a nuvem de incenso — símbolo que, de modo especial, representava suas orações — erguer-se do altar dourado.[39]

Agora que o ritual havia sido concluído, Maria foi considerada pura, e assim, restaurada à comunhão com sua família e sua comunidade. Imediatamente ela podia participar da cerimônia de resgate de seu filho ao sacerdócio. O mesmo autor escreve:

> Somente após o término da cerimônia de purificação Maria foi considerada pura pela lei levítica, podendo participar da cerimônia de resgate de seu filho. Essa cerimônia singela consistia primeiro na simples apresentação da criança ao sacerdote em reconhecimento à propriedade de Deus, e segundo, no pagamento dos cinco ciclos. O sacerdote ao receber a criança pronunciou duas bênçãos: uma em ação de graças pela lei do resgate e outra pelo dom do primeiro filho nascido. Assim, os piedosos pais de Jesus observaram ao máximo todos os requisitos da Lei.[40]

Para essa cerimônia, José e Maria buscaram Simeão, que era um homem justo e devoto. Ele havia recebido uma revelação especial do Espírito Santo de que "ele não morreria antes de ver o Cristo do Senhor" (Lc 2:26). O menino lhe foi apresentado para a cerimônia de resgate do sacerdócio. Como Zacarias e Isabel antes dele, Simeão foi movido pelo Espírito Santo para fazer uma proclamação profética a respeito de Jesus Cristo (v. 27). Ele declarou: "os meus olhos já viram a tua salvação" (v. 30). O Salvador que foi anunciado aos pastores era agora revelado a Simeão. Esse Salvador foi apresentado publicamente ao mundo, pois Ele foi preparado "à vista de todos os povos" (v. 31). Citando Isaías 42:6 e 49:6, Simeão declarou que Jesus Cristo era "luz para revelação aos gentios" (Lc 2:32). Os gentios que estavam andando na escuridão veriam uma grande luz. Aqueles que ignoravam a Deus teriam uma revelação de Deus para eles. A nação de Israel também deveria receber uma revelação da glória

---

[39] Shepard, *The Christ*, p. 34.
[40] Ibid.

de Deus, pois Ele veio não somente como um Mensageiro para os gentios, mas "para glória de Israel". Continuando suas afirmações proféticas, Simeão declarou que o destino de Israel estava ligado a essa pessoa. Jesus estava "destinado a causar a queda e o soerguimento de muitos em Israel" (Lc 2:34). Aqueles que o recebessem se levantariam com ele, mas aqueles que o rejeitassem, cairiam sob sua maldição. Simeão indicou ainda que a nação para a qual Ele vinha o rejeitaria, pois Ele seria "um sinal de contradição". Ele revelaria os pensamentos e intenções do coração para que os homens estivessem sob um julgamento justo. Simeão finalmente revelou o sofrimento que Maria experimentaria ao testemunhar a rejeição, o sofrimento, e finalmente a morte de seu Filho. Simeão lhe disse: "Uma espada atravessará a sua alma" (v. 35).

A profecia de Simeão foi ouvida pela profetisa Ana. Essa idosa santa de Deus ficara viúva após sete anos de casamento. Ela havia se entregado à adoração, ao jejum e à oração no templo continuamente por 84 anos. Ela estava esperando a vinda do Messias. Quando ouviu Simeão falar, seu espírito se alegrou porque aquele pelo qual ela tanto esperava havia chegado. Por isso "ela deu graças a Deus" (Lc 2:38). Por Deus ter ouvido sua oração para que o Messias viesse para abençoar Seu povo, ela proclamou publicamente as boas novas a todos os santos que "esperavam a redenção de Jerusalém". Pela boca dessas duas testemunhas, a nação de Israel ouviu sobre a chegada do Messias.

c. Sua infância

Seções 14-16

(1) Em Belém

Seção 14

Mateus 2:1-12

Ao retratar Jesus como o Rei, Mateus incluiu a visita dos magos do Oriente. Essa visita ocorreu durante o reinado de Herodes. Para entender melhor a influência dessa dinastia na vida judaica, veja Apêndice, p. 763-769, onde a família herodiana é esboçada.

Apresentação do Rei

Um evento com algum significado havia acontecido, o que levou os magos a acreditar que o Libertador esperado havia nascido, e eles foram a Ele com o propósito declarado de adorá-lo (Mt 2:2).

Muitas tentativas têm sido feitas para identificar os magos. Shepard afirma:

> Os magos eram sábios sacerdotes, estudantes de ciência, especialmente de astrologia e religião, mas também de filosofia e ciência médica. Suas pesquisas, misteriosas e em sua maioria desconhecidas para nós, abrangiam um conhecimento profundo não isento de alguma superstição. Eles vinham do Oriente, provavelmente da Pérsia, Arábia ou Babilônia. Naquela época havia uma casta sacerdotal dos medos e persas espalhada pelo Oriente, e também muitos judeus da dispersão por meio dos quais os sábios sacerdotes poderiam ter recebido algum conhecimento acerca da Esperança de Israel. Talvez eles tenham recebido informações por meio das profecias de Balaão sobre a promessa de um rei que se levantaria na Judeia, que haveria de reinar universalmente.[41]

Shepard observa:

> Há uma diferença de opinião quanto ao caráter da estrela. A atmosfera da astrologia oriental se prestaria ao apoio de uma interpretação naturalista. Certos fatos da história astronômica, juntamente com expressões dos Reis Magos, tenderiam também a confirmar essa opinião. O grande astrônomo Kepler observou em 1603 d.C. uma incomum conjunção de estrelas, e encontrou, por meio de diligente busca, que em 747 A.U.C. (ou 7 a.C.) houve uma conjunção semelhante, por três vezes, de Júpiter e Saturno em Peixes. Em 748 A.U.C. (ou 6 a.C.) Marte juntou-se à conjunção. Consequentemente Kepler colocou a Natividade em 748 A.U.C. Além disso, confiáveis tabelas astronômicas dos chineses testemunharam o aparecimento de uma estrela evanescente, provavelmente um cometa, em fevereiro de 750 A.U.C. Isso estaria de acordo com a data aproximada do nascimento. Os Magos provavelmente colocaram a data da ascensão da estrela dois anos antes de sua aparição em Jerusalém. Esse fato concordaria aproximadamente com a época da conjunção de Júpiter e Saturno. A razão de eles terem

---
[41] Ibid., p. 37.

se regozijado com o reaparecimento da estrela quando deixaram Jerusalém poderia sincronizar-se com o aparecimento do cometa ou estrela evanescente.

Em oposição a esses fatos e argumentos e a favor do evento miraculoso, está a expressão "sua estrela" e a declaração adicional de que a estrela "foi adiante deles, até que finalmente parou sobre o lugar onde estava o menino". A palavra grega para estrela também não era a mesma que seria usada de um grupo de estrelas. Toda a atmosfera sobrenatural do nascimento de Cristo favoreceria a opinião de que a estrela era miraculosa e de acordo com a missão significativa dos Magos. Seria chamada de "sua estrela" por causa da profecia que predizia a vinda do Messias. Em geral, as evidências parecem apontar para uma orientação sobrenatural especial, pelo menos de Jerusalém para a casa de José em Belém. A tradição os direcionaria para Jerusalém.[42]

Havia uma expectativa messiânica em outros países nesta época. Farrar assinala:

> Temos sido informados por Tácito, por Suetônio e por Josefo que naquela época prevalecia em todo o oriente uma intensa convicção, derivada de antigas profecias, de que em pouco tempo surgiria um poderoso monarca na Judeia, e conquistaria o domínio sobre o mundo. De fato, presume-se que os historiadores romanos poderiam estar simplesmente ecoando uma afirmação, para a qual Josefo era na realidade sua única autoridade; mas mesmo que aceitemos essa suposição incerta, ainda há amplas provas, tanto em escritos judaicos como em escritos pagãos, de que um mundo culpado e cansado esperava vagamente o advento de seu Libertador.[43]

Embora pareça haver apoio astronômico adequado para o aparecimento de uma luz celestial de proporções tais que indicasse a esses investigadores o nascimento do Rei dos Judeus, dificilmente essa parece ser uma interpretação adequada. Não foi um fenômeno natural, e sim um fenômeno sobrenatural. Se aqueles homens fossem astrônomos, eles estariam familiarizados com tal fenômeno e o teriam explicado como um

---

[42] Ibid., p. 39-40.
[43] Farrar, *Life of Christ*, vol. 1, p. 28.

acontecimento natural. Teria sido necessário mais do que um fenômeno comum para enviá-los em tal viagem. A estrela é mais bem explicada como uma manifestação da glória radiante de Deus que Ele revela àqueles que são destinatários da sua revelação. Parece haver um paralelo com o caso de Abraão, um homem sábio e poderoso do Oriente ao qual Deus apareceu e revelou sua glória (At 7:2). Essa revelação da glória de Deus moveu Abraão a sair de sua terra e de perto de seus pais. Separado de sua parentela, ele seguiu o Deus que havia se revelado em glória. Da mesma forma, a estrela evidentemente era o brilho da glória divina; por ela Deus revelou soberanamente àqueles homens que um Rei havia nascido em Israel. Como Abraão, eles deixaram sua terra natal em busca daquele cuja vinda lhes havia sido revelada. Tendo aparecido aos *reis magos*, a estrela não foi adiante deles em sua longa jornada. Esse fato indica que eles viajaram pela fé na revelação que lhes havia sido dada antes de começarem a viajar. É por isso que, tendo chegado a Jerusalém, eles tiveram de perguntar onde poderiam encontrar o Rei.

> Eles tinham vindo a Jerusalém para homenageá-lo, provavelmente não porque imaginavam que Ele deveria nascer na capital judaica, mas porque lá naturalmente esperavam obter informações autênticas sobre "onde" Ele poderia ser encontrado. Em sua simplicidade de coração, os Magos se dirigiram primeiramente ao chefe oficial da nação. O rumor de tal indagação, e de quem eram as pessoas que a fizeram, se espalharia rapidamente por toda a cidade. Mas produziu no rei Herodes, e na capital, uma impressão muito diferente do sentimento experimentado pelos Reis Magos.[44]

Shepard diz:

> Na próxima cena do espantoso drama aparece o rosto selvagem e assassino do monstro Herodes. Ele ficou muito perturbado e cheio de preocupações quando ouviu o relato dos Reis Magos. A cidade inteira ficou perturbada junto com ele. A razão para essa agitação do povo não era difícil de ser entendida. Pouco tempo antes disso, cheio de ira por causa das rivalidades familiares e com ciúmes de qualquer um que o

---

[44] Edersheim, *Life and Times,* vol. 1, p. 204.

pudesse suplantar no trono da Palestina, o qual um idumeu usurpara, ele havia assegurado o assassinato de sua própria bela princesa, de linhagem asmoniana, e de seus dois filhos preferidos, Alexandre e Aristóbulo. Embora tivesse procurado por todos os meios assegurar o favor do imperador romano, Augusto, naquela época, tinha dito que preferia ser um javali (*hus*) de Herodes do que ser seu filho (*huios*), pois assim teria mais chances de viver. A cidade temia agora a vingança desse rei cruel e astuto, que no início de seu reinado tinha destruído o Sinédrio, e agora, nos últimos anos de seu sangrento reinado, poderia tornar e executar os chefes judeus.[45]

Em seu temor frenético, Herodes convocou os chefes dos sacerdotes e os mestres da lei para investigar onde o Messias deveria nascer. Herodes não tinha a resposta, mas ele supunha que os líderes religiosos e intelectuais de Israel pudessem lhe dar a informação correta. A resposta foi encontrada na profecia de Miqueias 5:1-2, a qual os estudiosos leram para Herodes. Em seguida ele convocou os Reis Magos para uma sessão secreta num esforço para descobrir o momento exato em que a estrela apareceu.

Sem escrúpulos, como Herodes sempre havia demonstrado ser, mesmo ante à mais leve suspeita de perigo ao seu governo — a mera possibilidade da chegada de Alguém que reivindicasse a lealdade de Israel, e Daquele que, se reconhecido, evocaria o movimento mais intenso por parte da nação —, o terror deve ter invadido seu coração. Ao mesmo tempo, ele teve o cuidado de investigar diligentemente o momento preciso acerca de quando a aparição sideral havia atraído a atenção dos Reis Magos. Isso lhe permitiria julgar até que ponto ele teria que fazer suas próprias indagações, uma vez que o nascimento do pretendente poderia ter ocorrido de forma a se sincronizar com a primeira aparição do fenômeno estelar. Enquanto qualquer criança vivesse, alguma que tivesse nascido em Belém entre a primeira aparição da "estrela" e o momento da chegada dos Magos, Herodes não estaria seguro. A conduta posterior de Herodes mostra que os Magos devem ter dito a ele que

---

[45] Shepard, *The Christ,* p. 38.

sua primeira observação do fenômeno sideral havia ocorrido dois anos antes da chegada deles a Jerusalém.[46]

A partir do relatório dos Magos, Herodes rapidamente concluiu que o Rei não deveria ter mais de dois anos de idade. Ele os enviou para procurar a criança e ordenou que lhe informassem sua localização. Herodes havia eliminado muitos concorrentes ao seu trono, e agora ele tentaria remover também este. Dispensados da corte de Herodes com sua ordem de prosseguir a busca, os Magos começaram sua viagem a Belém. Nesse momento, "a estrela que tinham visto no oriente foi adiante deles" (Mt 2:9). Mateus indica que a estrela que originalmente havia aparecido, e estava ligada à revelação, reaparecera. Deus estava confirmando que a busca logo seria recompensada. A estrela sobrenatural conduziu os Magos até a casa em que Jesus vivia com seus pais. Teria sido impossível que uma confluência de estrelas tivesse destacado uma moradia individual na aldeia de Belém. Somente se a luz fosse semelhante à coluna de fogo que conduziu Israel no deserto, a casa poderia ser identificada positivamente. Ao entrar na casa "viram o menino" (v. 11). Suas ações foram de fato expressivas quando se aproximaram daquele cuja vinda lhes havia sido revelada. Primeiro, em reconhecimento à sua Pessoa, eles se curvaram e o adoraram. Essa homenagem era prestada somente a alguém que nascesse para ser rei e que tivesse o direito de governar. Evidentemente, a revelação de Deus para eles em seu país de origem havia indicado o destino daquela Pessoa. Em segundo lugar, eles lhe ofereceram tesouros como convém a um Rei. Quando Jacó enviou seus filhos ao representante pessoal do Faraó, ele também enviou presentes dignos do alto cargo daquele governante (Gênesis 43:11-12). E entre esses presentes oferecidos a José estavam alguns dos mesmos presentes que os Reis Magos trouxeram para aquele que estava destinado a ser o Rei de Israel. O ouro, o incenso e a mirra foram o tributo das nações a um Rei nascido e um reconhecimento das prerrogativas para as quais Ele havia sido escolhido pelo próprio Deus.

Depois de oferecer adoração e presentes, os Magos foram avisados por Deus em um sonho de que não deveriam comunicar a Herodes o lugar onde o Rei estava vivendo. Os Magos não hesitaram em acreditar

---

[46] Edersheim, *Life and Times,* vol. 1, p. 204-205.

em Deus. Ele havia se revelado a eles anteriormente, e eles comprovaram sua revelação por meio da visita que fizeram a Belém. Deus era verdadeiramente digno de confiança; e assim esses homens partiram sem se reportarem a Herodes, apesar de sua ordem para que o fizessem.

Nesse versículo, portanto, Mateus apresentou aquele que um dia irá governar como Rei dos reis e Senhor dos senhores. Ele será reconhecido como Soberano pelas nações da terra, assim como foi reconhecido pelos Magos, após seu nascimento, como aquele que tem o direito de governar. Em ocasiões anteriores no Novo Testamento, José, Maria, Isabel, Zacarias, Simeão, Anna e os pastores haviam recebido uma mensagem diretamente de Deus, na qual acreditavam e sobre a qual agiram. Agora, pela primeira vez no Novo Testamento, os gentios, tendo recebido uma mensagem de Deus, a aceitaram e responderam a ela com fé.

(2) No Egito
Seção 15

Mateus 2:13-18

A investigação dos Reis Magos havia lançado a cidade de Jerusalém em um estado de perplexidade (Mt 2:3). Sem dúvida, o trajeto dos Magos até Belém foi seguido por muitos indivíduos curiosos, cujo entusiasmo ou interesse tinha sido despertado pela vinda deles. Logo chegou um relatório a Herodes sobre onde Jesus estava morando. O rei imediatamente tomou medidas para remover tal concorrente. Isso estava de acordo com o caráter de Herodes. Veja Apêndice, p. 764-765, sobre a vida de Herodes, o Grande.

Embora Deus pudesse ter protegido seu Filho em Belém da ira de Herodes, um anjo do Senhor apareceu a José e ordenou-lhe que fugisse para o Egito. Se José tivesse permanecido na terra de seu povo é claro que ele estaria sob a influência de Herodes.

José imediatamente obedeceu à ordem de Deus de ir para o Egito, onde ele permaneceu até a morte de Herodes. José não tinha recursos financeiros disponíveis para isso, mas Deus graciosamente providenciou o sustento dessa família por meio das dádivas dos Magos, as quais eles ofereceram como prova de sua estima. Com esses presentes, sem dúvida

José conseguiu pagar todas as despesas da viagem ao Egito, assim como as do retorno à Palestina.

Mateus disse que este incidente foi predito em uma profecia do Antigo Testamento. Deus disse em Oséias 11:1: "do Egito chamei meu filho". Um exame da profecia de Oséias revela que essa foi uma referência à libertação histórica de Israel para sair do Egito sob Moisés, e não especificamente uma profecia do retorno de Jesus do Egito. Como então Mateus poderia dizer que esse retorno "cumpriu o que o Senhor tinha dito pelo profeta" (Mt 2:14)? Mateus via a história de Israel como um tipo de como Deus lidaria com seu povo no futuro. Um tipo, no Antigo Testamento, é uma profecia, e Mateus usou o incidente histórico como um tipo profético do que Deus faria ao devolver seu Filho exilado à Terra da Promessa.

A desobediência dos Magos despertou a ira do rei Herodes. Então ele deu ordens para que todos os meninos de Belém e de seus arredores, que tivessem dois anos ou menos, fossem mortos. Ele havia sido informado pelos sábios que a estrela havia aparecido dois anos antes. Herodes concluiu que, ao matar crianças de dois anos para baixo, certamente removeria esse Rival ao o seu trono. Mateus também viu esse incidente como um cumprimento profético, mais especificamente Jeremias 31:15. Ao introduzir a citação do Antigo Testamento, Mateus disse: "Então, se cumpriu o que fora dito por intermédio do profeta Jeremias" (Mt 2:17). Um exame da profecia de Jeremias indica que ele estava escrevendo sobre a dor e o sofrimento infligidos a Judá por meio das desolações trazidas por Nabucodonosor quando ele conquistou aquela terra; o profeta não se referiu ao massacre de Herodes. No entanto, Mateus viu essa passagem como uma profecia com uma dupla referência. Nabucodonosor foi apenas o primeiro déspota a arruinar Jerusalém e a desolar o povo, trazendo tristeza e sofrimento à nação. Isso ocorreria muitas vezes ao longo da história de Judá. O que Herodes fez naquela ocasião foi incluído na profecia de Jeremias, e, portanto, Mateus chamou nossa atenção para esse acontecimento. Mateus estava observando que cada incidente ocorrido na vida de Cristo estava de acordo com as Escrituras proféticas do Antigo Testamento. Isso é verdadeiro se o incidente cumprisse uma profecia direta, como o lugar de seu nascimento, se cumprisse um tipo profético, ou se cumprisse uma profecia de acordo com o princípio da dupla referência. Tudo ocorreu de acordo com o programa revelado de Deus.

Foram feitos esforços para calcular o número de mortos por Herodes naquela ocasião, e as estimativas vão de 20 a até 14 mil bebês. Josefo, em seu registro, não se referiu a esta tragédia. Como Belém era uma pequena aldeia, o número de mortos foi provavelmente pequeno e causou pouco impacto na nação de Israel.

> Herodes morreu de uma doença repugnante no ano 4 a.C., pouco tempo após a ocorrência deste terrível crime. Ele havia buscado alívio por algum tempo nos banhos minerais de Calírroe. Lá ele tentou o suicídio, o que foi evitado. Ao mesmo tempo, ele ordenou que milhares dos judeus mais proeminentes fossem presos no anfiteatro de Jericó, para serem executados na hora de sua morte, a fim de que não houvesse nenhuma interrupção do sentimento de lamentação na nação. Mas Salomé, a quem ele confiou a ordem sangrenta, libertou os prisioneiros quando a morte do rei foi anunciada.[47]

(3) Em Nazaré

Seção 16

Mateus 2:19-23; Lucas 2:39

Em uma terceira ocasião, José foi visitado por um anjo que lhe comunicou a mensagem de Deus. Como José fora instruído a deixar Belém e buscar refúgio no Egito, agora ele foi orientado a sair do Egito e voltar com sua família para a terra de Israel. Jesus poderia viver lá em segurança, pois Herodes, o Grande, havia morrido.

> José obedeceu imediatamente, mas no caminho de volta à sua terra natal soube que Arquelau, o pior dos filhos de Herodes, reinava na Judeia, local que a família procurou evitar.
>
> Em suas últimas horas, Herodes mudou seu testamento e nomeou Arquelau, em vez de Antipas, o filho mais velho, para governar a Judeia, a Idumeia e a Samaria, com o título de rei [...] Arquelau possuía todos os vícios e fraquezas de seu pai e nenhuma de suas qualidades.

---

[47] Shepard, *The Christ*, p. 42.

Augusto não lhe permitiu ostentar o título de rei, mas o de etnarca. Ele não era apreciado pelos judeus, e imediatamente após sua ascensão matou 3 mil judeus no Templo, durante a Páscoa.[48]

Edersheim declara:

> Deve ter sido logo após a ascensão de Arquelau, mas antes que a notícia tivesse chegado a José no Egito, que a Sagrada Família voltou para a Palestina. A primeira intenção de José parece ter sido se estabelecer em Belém, onde viveu depois que Jesus nasceu. Razões óbvias o inclinariam a escolher aquele local e, se possível, a evitar Nazaré como o lugar de sua residência. Seu ofício, ainda que José fosse desconhecido em Belém, teria facilmente suprido as modestas necessidades de sua casa. Mas quando, ao chegar à Palestina, soube quem era o sucessor de Herodes e também, claro, a maneira pela qual havia inaugurado seu reinado, a prudência comum teria orientado a retirada do Infante-Salvador dos domínios de Arquelau. Mas foi necessária a direção divina para determinar seu retorno a Nazaré.[49]

A razão pela qual José hesitou em se estabelecer na Judeia é evidente pela descrição que nos foi dada do caráter de Arquelau. José, em condições normais, teria sido atraído para Belém, onde ele e sua família haviam residido por, talvez, dois anos. Entretanto, ele foi orientado por Deus em outro sonho para se retirar para a Galileia; e, em obediência, José se estabeleceu em uma cidade chamada Nazaré. Para uma descrição da Galileia e de Nazaré, veja o Apêndice, p. 738-746.

Shepard escreve a respeito da família de Jesus:

> Jesus cresceu em um lar excepcional. Seu pai adotivo, José, era conhecido por sua santidade de caráter e integridade de conduta (Mt 7:11). Ele pertencia à classe operária média, sendo um arquiteto-construtor e marceneiro. Ele planejava e construía casas e fabricava móveis domésticos e instrumentos agrícolas. Em Nazaré ele parece alcançado por seu caráter e diligência um lugar especial de estima e proficuidade, e foi chamado pelo título "o carpinteiro", que incluía todas estas fases

---
[48] Ibid.
[49] Edersheim, *Life and Times,* vol. 1, p. 221.

de atividade. Ele parece não ter vivido muito tempo (Marcos 3:32), e quando morreu acabou deixado uma numerosa família aos cuidados de Jesus — o filho mais velho — e sob sua responsabilidade.

Maria, sua mãe, é conhecida por nós como a mais favorecida de todas as mulheres. Ela era uma mulher de uma bela humildade, pura, santa, de caráter e temperamento amorosos, uma estudante inteligente das Escrituras, dotada de idealismo fervoroso, poético e patriótico; profundamente religiosa e leal em suas convicções; uma esposa hábil, bem como uma mãe carinhosa e cuidadosa. Sem dúvida Jesus aprendeu dos lábios de sua maravilhosa jovem mãe muitas palavras carinhosas na língua aramaica, como *Talita*, "minha ovelhinha", que Ele usou na cabeceira da pequena filha de Jairo enquanto a tomava pela mão e a ressuscitava para uma nova vida (Mc 5:41).

Na família de José havia quatro meios-irmãos mais novos que Jesus e pelo menos duas meias-irmãs. Os nomes dos irmãos eram Tiago, José, Judas e Simeão (Mc 6:3), dois dos quais conhecemos nas epístolas de Tiago e Judas. Eles não se tornaram discípulos de Jesus durante seu ministério, mas somente depois de sua ressurreição. Eles não se mostravam solidários com seu trabalho. Certa vez, quando Ele havia conquistado grande popularidade na Galileia e estava trabalhando com tal intensidade que quase não tinha tempo para comer, eles persuadiram sua mãe a ir com eles e levá-lo para casa, dizendo que Ele havia enlouquecido. Em outra ocasião, mais tarde, eles lançaram em seu rosto a acusação sarcástica de que Ele era um "messias secreto", porque Ele não se manifestara em Jerusalém. A partir da imagem que assim juntamos, podemos razoavelmente concluir que eles foram bastante severos e pouco simpáticos com Jesus. Sem dúvida, há algum motivo para dizer que sua comovente expressão "Não há profeta sem honra, senão na sua terra, entre os seus parentes e na sua casa." teve sua base, em parte, em experiências que Ele sofreu por muitos anos antes do início de seu ministério público.[50]

Para uma descrição da vida judaica, e para ajudar a entender um pouco acerca da vida doméstica de Jesus durante sua infância, veja o Apêndice, p. 807ss.

---

[50] Shepard, *The Christ,* p. 48-49.

Apresentação do Rei

Mais uma vez Mateus chamou nossa atenção para o fato de que o retorno a Nazaré tinha um significado, pois ele disse: "Assim cumpriu-se o que foi dito através dos profetas: 'Ele será chamado de nazareno'" (Mt 2:23). Como não há uma profecia específica do Antigo Testamento a qual possamos recorrer que prediga o estabelecimento de Jesus em Nazaré, foi levantada a questão sobre como Mateus usou a Escritura. Muitos relacionaram a palavra Nazaré com *nēṣer*, a palavra hebraica para "ramo" (Is 11:1; Jr 23:5; 33:15; Zc 6:2).

> O próprio uso abrangente [...] [através dos profetas] deveria nos preparar para esperar, o que achamos ser o caso, que isso não seja uma citação de nenhum profeta em particular, mas exprime as declarações de vários deles [...] Parecemos então encontrar justificativa para atribuir à palavra [...] [Nazareno] todos os significados que lhe pertencem legitimamente, por derivação ou não, e que coincidem com as declarações dos profetas em referência a nosso Senhor. Podemos, desse modo, tanto quanto os primeiros cristãos hebreus (veja Jerônimo) e aparentemente toda a Igreja Ocidental, traçar esta declaração profética (a) principal e primariamente, em todas as passagens que se referem ao Messias designando-o como renovo [...] da raiz de Jessé (Isaías 11:1, comp. Jr 23:5, 33:15, Zc 5:12).[51]
>
> (b) nas alusões às circunstâncias de humildade e obscuridade sob as quais esse crescimento deveria ocorrer (comp. Isaías 53:2).[52]

A terceira alternativa sugerida por esse autor parece ser preferível. Ele afirma:

> (c) nas advertências proféticas de desprezo e rejeição (Isaías 53:3), tais como parece ter sido comum e, como poderia ser vista em muitos aspectos, parece se aplicar a uma porção dos habitantes da rude e mal falada Nazaré.[53]

---

[51] C. J. Ellicott, *Historical Lectures on the Life of Our Lord Jesus Christ* (Londres: Longmans, Green, 1896), p. 81, nota de rodapé.
[52] Ibid., p. 82.
[53] Ibid.

Mateus evidentemente viu uma conexão entre os galileus, que foram desprezados e rejeitados pelos judeus, e aquele que é mencionado em Isaías 53:3: "Ele foi desprezado e rejeitado pelos homens". Observamos que Mateus 2:23 não diz que o cumprimento foi através de um "profeta" [singular], mas sim através de "profetas" [plural]. Mateus parece ter resumido o ensinamento do Antigo Testamento sobre Aquele que é desprezado e rejeitado. Era significativo que Ele habitasse em um lugar desprezado e rejeitado.

A atitude dos judeus na Judeia em relação aos galileus foi observada por Smith:

> [...] os galileus eram desprezados pelos orgulhosos judeus. A Judeia era o lar da ortodoxia, o santuário das instituições sagradas de Israel. Ali estavam Jerusalém, o Templo, o Sinédrio, os grandes Mestres; e ela se orgulhava dessas distinções e desprezava o povo rude da Galileia, cuja ignorância era proverbial e, quando os galileus visitavam Jerusalém nos festivais, seus modos de ser, suas vestimentas e seu sotaque eram motivo de zombaria dos cidadãos da Judeia. Como eles pronunciavam o "r" bem fortemente, no instante em que abriam a boca para falar, logo sua origem era descoberta, e por causa da confusão que faziam com os sons guturais, isso às vezes resultava em frases com sentidos absurdos. Se, por exemplo, uma mulher galileia dissesse à sua vizinha: "Venha, e eu lhe darei manteiga para comer", isso poderia soar como se estivesse dizendo: "Que um leão devore você!" Os judeus zombavam dos galileus, mas seu desprezo provavelmente era misturado com ciúmes. O contraste entre sua própria terra árida e a bela e frutífera Galileia despertava inveja. Eles costumavam citar um ditado: "Da Galileia não surgiu nenhum profeta", mesmo sabendo que vários dos maiores profetas de Israel tinham sido galileus. Embora Tisbe, em Gileade, fosse o lugar de nascimento de Elias, a Galileia se tornou o local de seu ministério, sendo que foi também o cenário de seu sucessor, Eliseu de Abel-Meolá. Jonas, e provavelmente Naum, era da Galileia. Mais recentemente, para não citar a profetisa Ana, embora Paulo tenha nascido em Tarso, na Cilícia, seus pais, segundo Jerônimo, eram da cidade galileia de Giscala, e a abandonaram quando foi capturada pelos romanos.[54]

---

[54] Smith, *The Days*, p. 16-17.

Geikie acrescenta:

Os judeus do sul, envoltos em sua presunção, por viverem na cidade sagrada ou perto dela, em meio às escolas dos rabinos, à sombra do templo, cheios de orgulho religioso por seu suposto conhecimento superior da Lei, e sua maior pureza como membros de uma comunidade quase totalmente judaica, olhavam com desprezo seus irmãos galileus. O próprio terreno em que eles pisavam era mais sagrado do que o solo da Galileia, e a relutância do povo do norte em adotar as prescrições dos rabinos era, por si só, um motivo de desavença e arrogância. Eles não podiam acreditar que o Messias pudesse vir de uma parte tão inferior, pois "a Lei devia sair de Sião, e a palavra do Senhor, de Jerusalém". Jesus encontrou ouvintes dispostos e muitos discípulos nas cidades e vilas da Galileia, mas Ele não causou muito boa impressão na Judeia.[55]

Edersheim diz:

Havia um ditado comum: "Se uma pessoa deseja ser rica, mande-a para o norte; se ela quiser ser sábia, que venha para o sul" — e, consequentemente, os que desejavam se tornar "instruídos na Lei" afluíam para a Judeia e deixavam para trás o arado e a oficina.[56]

Bem observou Smith: "A Galileia deu ao Messias um lar. A Judeia lhe deu uma cruz".[57]

d. Sua adolescência
Seções 17-19

(1) Seu crescimento

Seção 17

Lucas 2:40

Lucas registrou brevemente os únicos fatos que conhecemos sobre a infância de Jesus.

---

[55] Geikie, *Life and Words,* p. 313.
[56] Edersheim, *Life and Times,* vol. l, p. 223.
[57] Smith, *The Days,* p. 17.

Dos muitos anos passados em Nazaré, durante os quais Jesus passou da infância à adolescência, da adolescência à juventude, da juventude à idade adulta, a narrativa evangélica nos deixou apenas um breve relato. De sua *infância* escreveu: "O menino crescia e se fortalecia, enchendo-se de sabedoria; e a graça de Deus estava sobre ele"; acerca de sua *adolescência*, além do relato de seu questionamento aos rabinos no Templo, no ano anterior ao que alcançaria a maioridade judaica, nos é dito que "era-lhes submisso [a seus pais]", e que "crescia Jesus em sabedoria, estatura e graça, diante de Deus e diante dos homens.".[58]

Em contraste com os evangelhos não canônicos que estão cheios de lendas sobre sua infância, Lucas registrou muito simplesmente que "o menino crescia e se fortalecia". Isso era uma referência ao seu desenvolvimento físico. Em seguida ele observou: "enchendo-se de sabedoria", referindo-se a suas conquistas intelectuais.

Farrar observa a perspicácia intelectual do Senhor Jesus através de seu uso da linguagem.

> Seu conhecimento dos escritos sagrados era profundo e extenso — que, de fato, Ele quase deve tê-los conhecido de cor — é claro, não apenas por suas citações diretas, mas também pelas numerosas alusões que Ele fez à Lei e à Hagiografia, bem como a Isaías, Jeremias, Daniel, Joel, Oseias, Miqueias, Zacarias, Malaquias e, acima de tudo, ao Livro dos Salmos. É provável, embora não com certeza, que Ele conhecesse os livros judaicos não canônicos. Esse profundo e imediato conhecimento das Escrituras deu mais razão à pergunta feita com certa indignação, tantas vezes repetida: "*Vocês nunca leram isto nas Escrituras?*" (iii.) A língua que nosso Senhor falava comumente era o aramaico; naquele período o hebraico era uma língua completamente morta, conhecida apenas pelos mais instruídos, e somente poderia ser aprendida com muito estudo; no entanto, é claro que Jesus a conhecia, pois algumas de suas citações das Escrituras se referem diretamente ao original hebraico. Ele também deveria ter conhecido bem o grego, pois era falado naquela época em cidades bem próximas de sua casa, como Séforis, Cesareia e Tiberíades [...] O grego era, de fato, o meio comum de se manter relações interpessoais, e sem ele, Jesus não poderia ter mantido

---

[58] Edersheim, *Life and Times,* vol. 1, p. 221.

nenhuma conversa com estranhos — com o centurião, por exemplo, cujo servo Ele curou, ou com Pilatos, ou com os gregos que desejavam uma audiência com Ele na última semana de sua vida. Também algumas de suas citações das Escrituras, se pudermos nos aventurar a assumir uma reprodução da *ipsissima verba*, são tiradas diretamente da versão grega da Septuaginta.[59]

Lucas registrou ainda seu desenvolvimento espiritual quando disse: "A graça de Deus estava sobre ele". É evidente que Jesus Cristo conhecia o Antigo Testamento. Ele sem dúvida o havia memorizado, quando menino, na sinagoga e em sua casa. Ele foi educado nas Escrituras por seus pais piedosos desde seus primeiros anos de vida. Nossa curiosidade natural gostaria de saber mais sobre seu desenvolvimento. A Escritura guarda silêncio. Ela simplesmente nos diz que Ele passou pelas etapas normais de crescimento e desenvolvimento.

(2) Sua visita a Jerusalém
Seção 18

Lucas 2:41-50

Era costume dos pais de Jesus viajar para Jerusalém todos os anos a fim de participar da Festa da Páscoa. Essa era uma das três festas que os israelitas deveriam observar no santuário central. Como judeus piedosos e tementes a Deus, José e Maria faziam anualmente a viagem a Jerusalém para participar dessas festividades. Aquela Páscoa em particular teve grande significado para essa família, como Arndt observa:

> Quando um menino judeu completava doze anos de idade (o Talmude diz, "na idade da puberdade"), por meio de uma cerimônia especial [...] ele era reconhecido como um "filho da Lei". Nessa idade, ele já deveria ter aprendido o bastante para ser suficientemente maduro a fim de seguir as obrigações da Lei de Deus. Daí em diante, esperava-se que ele participasse dos festivais em Jerusalém, cuja frequência a Lei prescrevia.[60]

---

[59] Farrar, *Life of Christ,* vol. 1, p. 90-91.
[60] Arndt, *Luke,* p. 100.

Nessa ocasião, Jesus tornou-se um "filho da Lei" e passou a ser responsável perante a lei por si mesmo, enquanto anteriormente as provisões necessárias eram feitas por seu pai. Não sabemos quanto tempo eles permaneceram em Jerusalém. Lucas observou que depois do fim da festa, enquanto seus pais voltavam para casa, "o menino Jesus ficou em Jerusalém" (Lc 2:43). Era necessário que os judeus observassem a Páscoa em Jerusalém. Esperava-se que eles, além disso, permanecessem ali para a Festa dos Pães sem fermento durante os sete dias seguintes. Embora fosse costume ficar na cidade, isso não era necessário. Lucas parece inferir, no entanto, que eles haviam passado os oito dias de festa em Jerusalém.

Os costumes adotados nessas viagens são relatados por Arndt:

> As viagens de ida e volta para as grandes festas em Jerusalém eram feitas em grupos ou caravanas por aqueles que viviam longe. Vizinhos, amigos e parentes formavam grupos cujos membros podiam prestar assistência uns aos outros em casos de doença ou ataques de bandidos nas estradas. Naturalmente, não era necessário que eles viajassem como se estivessem em uma formação militar. Alguns membros do grupo caminhavam mais tranquilamente do que outros. Nesse caso, os pais de Jesus, provavelmente com alguns amigos especiais, viajavam sozinhos, sabendo que no local de encontro combinado como ponto de descanso para a noite eles encontrariam seus companheiros. A narrativa mostra que eles tinham conhecimento da ausência de Jesus e estavam ansiosos para vê-lo à noite.[61]

Além disso, os homens geralmente viajavam em um grupo e as mulheres em outro. Assim, é fácil notar como cada um dos pais poderia ter pensado que Jesus estava com o outro. José via Jesus ainda como sendo uma criança, viajando com as mulheres; e Maria assumiu que Jesus, como um "filho da Lei", havia deixado o grupo de mulheres e crianças pequenas e seguia com os homens. Quando chegaram ao local de encontro designado para a noite, descobriram que Jesus não se encontrava na caravana. Tendo viajado em direção à Galileia por um dia, Maria e José pernoitaram ali mesmo onde estavam. Passaram o dia seguinte, ou o segundo dia, retornando a Jerusalém, onde ficaram durante a noite. Gastaram um

---

[61] Ibid., p. 100-101.

terceiro dia procurando por Jesus, mas não o encontraram. No entanto, como observou Lucas, "depois de três dias o encontraram no templo" (Lc 2:46). Ele estava "sentado entre os mestres, ouvindo-os e fazendo-lhes perguntas. Ali a Midrash ou Academia de Jerusalém realizava sessões populares em dias de festa e sábados, permitindo que todas as classes de judeus se assentassem como alunos e propusessem perguntas".[62]

Jesus foi um participante ativo nas discussões que estavam sendo realizadas no pátio do templo. Ele não se encontrava lá apenas como ouvinte porque Ele estava "ouvindo-os e fazendo-lhes perguntas" (v. 46).

> Não seria estranho que Jesus fizesse perguntas; mas era surpreendente que suas perguntas mostrassem tal discernimento de modo que atraíssem a atenção especial dos instruídos doutores; e também que Ele manifestasse tal facilidade ao responder as perguntas que lhe eram feitas. O empenho pelo conhecimento era forte em Jesus. Ele havia feito bom uso dos anos de sua infância e armazenou muito conhecimento do Antigo Testamento em uma memória retentiva.[63]

As perguntas que Ele fez revelaram sua compreensão de Deus e das Escrituras. Lucas notou isto, dizendo: "Todos os que o ouviam ficavam maravilhados com o seu entendimento e com as suas respostas" (v. 47). Os eruditos doutores da Lei pareciam incapazes de responder as suas perguntas. No entanto, quando o questionaram, Ele foi capaz de respondê-las. Não apenas sua compreensão foi observada, mas também suas respostas.

Os pais de Jesus o encontraram, então Maria lhe direcionou uma palavra de repreensão: "Filho, por que você nos fez isto? Seu pai e eu estávamos aflitos, à sua procura" (Lc 2:48). Sua inexplicável ausência havia causado ansiedade e preocupação no coração de seus pais. Esse gesto é uma evidência de que eles haviam sido fiéis no cumprimento de suas responsabilidades de paternidade para com seu filho. Sua resposta foi muito significativa: "Não sabiam que eu devia estar na casa de meu Pai?" (v. 49).

---

[62] Shepard, *The Christ,* p. 53.
[63] Ibid.

Uma leitura alternativa seria: "Vocês não sabiam que eu devia estar tratando sobre os negócios de meu Pai?".

Os teólogos têm especulado sobre quando Jesus tomou consciência do fato de que Ele era filho de Deus em um sentido peculiar, bem como sobre sua missão messiânica. Nós tomamos essas palavras como a única autorrevelação clara de Jesus em seus anos de infância. Nelas encontramos seu sentimento de uma clara decepção pelo fato de seus pais não o entenderem corretamente. Ele revelou nessas palavras a consciência de uma relação única com seu Pai. Ele expressou um claro senso de suas tarefas prioritárias para com Deus, as quais naquele momento haviam absorvido sua atenção de tal forma que quase perdeu de vista o tempo e suas relações humanas como filho.[64]

A resposta de Jesus à repreensão de seus pais mostra que, naquele momento, Ele estava plenamente consciente de sua pessoa, de seu relacionamento com seu Pai, e de sua missão. Nunca houve um tempo em que Jesus não soubesse quem Ele era, quem era seu Pai, e por que Ele havia vindo ao mundo.

(3) Seu desenvolvimento

Seção 19

Lucas 2:51-52

Jesus voltou a Nazaré com seus pais e Lucas notou que Ele "era-lhes submisso" (v. 51). A obediência caracterizou a vida de Jesus desde sua primeira infância. Ele era obediente a seus pais. Ele era obediente à Lei. Ele era obediente ao governo. Ele era obediente a seu Pai, mesmo até a morte. A obediência de Cristo era uma confirmação de sua pessoa.

Lucas observou, com respeito aos 18 anos passados em silêncio, que Jesus se desenvolveu intelectualmente ("crescia Jesus em sabedoria"), fisicamente ("[em] estatura"), espiritualmente ("e graça"), e socialmente ("diante [...] dos homens"). Arndt diz:

---

[64] Ibid.

Ao dizer que Jesus crescia em graça diante de Deus e dos homens, Lucas fala da deferência que Deus e os homens tinham para com essa Criança. O progresso pode ser explicado como se referindo a novas evidências apresentadas diariamente de que Ele era uma pessoa verdadeiramente piedosa, cumprindo fielmente a vontade de Deus. Deus estava perfeitamente satisfeito com Ele, e os homens também não deixavam de aprovar sua admirável conduta.[65]

A declaração de Lucas nos lembra que Jesus cresceu como ser humano (v. 52). Sua humanidade era tão perfeita e completa quanto a sua divindade.

B. O mensageiro do Rei
Seções 20-23

1. A mensagem para João
Seção 20
Marcos 1:1; Lucas 3:1-2

Havia mais de 400 anos que nenhuma mensagem de Deus havia sido entregue a Israel por meio de um profeta. Deus estava agora pronto para quebrar o silêncio enviando o último dos profetas do Antigo Testamento a Israel. Lucas teve muito cuidado ao apresentar o momento exato em que esse profeta apareceu. Shepard descreve a condição do Império Romano:

> Os tempos eram propícios. A crise havia se instalado na história do Império Romano, o qual detinha o domínio absoluto sobre todo o mundo conhecido. Roma havia alcançado o auge de seu desenvolvimento sob Augusto — e agora estava em declínio. Duas filosofias, o epicurismo e o estoicismo, lutavam pela supremacia; mas a primeira conduziu à sensualidade, a segunda, ao orgulho, e ambas, ao desespero; e por fim, o ateísmo prevaleceu mais fortemente entre os filósofos. Todas as religiões dos povos subordinados eram toleradas por Roma, mas

---
[65] Arndt, *Luke*, p. 102.

nenhuma satisfazia às necessidades profundamente sentidas naqueles tempos. A escravidão se alastrava, e uma crueldade indescritível em todos os lugares marcava o tratamento dado aos escravos. A sacralidade do casamento havia desaparecido e um sem número de abominações tomaram o seu espaço. As religiões orientais com seus ritos mais vis ocuparam o lugar da antiga religião de Roma. O culto aos imperadores levou à deificação promíscua, acompanhada das mais nefastas luxúrias. O direito foi substituído pelo poder e a justiça desapareceu da terra. Os gostos degenerados do povo se voltavam para as diversões públicas ilegais, nas quais o imperador poderia matar milhares de pessoas na arena só para criar um feriado romano. A caridade desapareceu e o trabalho manual honesto era visto com desprezo. As filosofias vigentes não ofereciam alívio, apenas levavam a uma degeneração mais profunda.[66]

Não só o mundo romano precisava desesperadamente de uma mensagem de Deus, mas a nação de Israel também precisava de sua revelação.

As condições nas províncias eram um pouco mais favoráveis, mas foi a política de Roma para absorver e helenizar todas as nacionalidades a ela sujeitas. Todavia os judeus puderam manter sua religião monoteísta e o exclusivismo de seu povo em uma medida considerável. Eles haviam sido submetidos a tantas provações no exílio que haviam sido curados das tendências para seguir as idolatrias vizinhas. Porém, eles estavam sob o poderoso domínio de Roma. A Judeia, assim como a Samaria e a Idumeia, estava sujeita ao procurador Pôncio Pilatos, que era subordinado ao governador da província romana da Síria; Herodes Antipas era tetrarca da Galileia e Pereia; Filipe, outro filho de Herodes, era tetrarca da Itureia e Traconites; e Lisânias, segundo o relato de Lucas, confirmado pelas escavações modernas, era tetrarca de Abilene. Soldados romanos guarneciam Jerusalém, as bandeiras romanas tremulavam sobre as fortalezas e oficiais romanos recebiam os impostos.

A severidade caracterizava a administração da Palestina no reinado de Tibério. Em Roma, os judeus sofreram severas perseguições. Os procuradores na Judeia acabaram mudando o sumo sacerdote quatro vezes, embora fosse considerado um cargo vitalício; até que instituíram e nomearam Caifás, que estava disposto a ser um fantoche da tirania

---

[66] Shepard, *The Christ*, p. 58-59.

romana. Violência, roubo, insultos, vingança, assassinatos sem julgamento e crueldade estavam entre as graves acusações contra a administração de Pôncio Pilatos. Anás foi deposto do cargo de sumo sacerdote após nove anos, e vários sucessores foram testados, até que Caifás, seu genro, o sucedeu ao cargo. Anás, por meio de sua astúcia e influência política, permaneceu ainda dominando o poder por trás do trono, e continuou a presidir o Sinédrio (Atos 4:6).

As condições religiosas na Palestina eram bem precárias. Havia muita religiosidade, mas pouca religião sincera. As aparências se multiplicaram e o espírito se apagou. Os fariseus enfatizavam a separação, mas não a verdadeira santidade. Eles se encheram de presunção, confiando em seus laços hereditários com Abraão, perdendo de vista a necessidade do caráter pessoal. Os escribas professavam uma grande devoção às Escrituras, mas acentuavam o tradicionalismo e buscavam o engrandecimento egoísta. Eles multiplicaram as regras para cada detalhe da vida, até que elas se tornaram um fardo pesado demais para ser suportado. O ritual cerimonial foi elevado ao mesmo nível da lei moral, com o resultado de que esta última foi logo perdida de vista.

Os saduceus ridicularizavam a separação e o escrúpulo farisaicos, mas eles eram indiferentes e incrédulos em relação à vida futura. Elogiavam a moralidade, no entanto preferiam uma vida de conforto e de comodismo. Eles eram favorecidos pelas autoridades romanas e em troca se submetiam à sua tirania sem objeção.[67]

Lucas, o historiador, teve o cuidado de identificar o momento específico em que João iniciou seu ministério profético.

Hoehner escreve extensivamente sobre os problemas cronológicos relacionados com o ministério de Cristo. Sobre o período de Tibério, que é crucial para determinar a datação de todos os eventos da vida de Cristo, ele relata:

> Lucas 3:1-3 menciona que foi no décimo quinto ano do reinado de Tibério que a Palavra de Deus veio a João Batista no deserto e que ele percorreu toda a região ao redor do Jordão pregando o batismo de arrependimento para o perdão dos pecados. Na época em que João batizava o povo, Jesus também foi batizado, o que marcou o início de

---

[67] Ibid., p. 59-60.

seu ministério. Assim, o ministério de Jesus teve início após o início do ministério de João. Como Lucas data o início da atividade de João com notas cronológicas da história secular (o que ele não faz para o início do ministério de Cristo), é necessário determinar quando João começou seu ministério. Isso poderá estabelecer o *terminus a quo* (o momento limite mais remoto no tempo) para o ministério de Cristo.

Em Lucas 3:1-2, seis apontamentos cronológicos são listados. Cinco deles dão apenas as datas com os maiores limites possíveis: (1) Pilatos foi governador da Judeia de 26 d.C. até o final de 36 ou início de 37; (2) Herodes Antipas foi deposto em 39 d.C.; (3) Filipe morreu em 34 d.C.; (4) Lisânias, tetrarca de Abilene, não pode ser datado; e (5) Caifás foi sumo sacerdote a partir de 18 d.C. até, no máximo, a Páscoa de 37 d.C. Assim, os maiores limites possíveis para o início do ministério de João são 26 d.C. e a Páscoa de 37 d.C. A única data precisa é o décimo quinto ano de Tibério, e isso pode ser interpretado de cinco maneiras diferentes.

O primeiro método de cálculo a ser considerado é que Lucas estava contando a partir do decreto pelo qual Tibério se tornou corregente com Augusto. Com base em Velleius Paterculus ii.121, Mommsen data o decreto no final de 11 d.C., o que faria de 25/26 d.C. o décimo quinto ano de Tibério...

O segundo método é que Lucas contou a partir de 1º de Nissan. Isso faria com que o primeiro ano de Tibério durasse de 19 de agosto de 14 d.C. a 1º de Nissan de 15 d.C., e seu décimo quinto ano de 1º de Nissan de 28 a 1º de Nissan de 29, ou 15 de abril de 28 a 4 de abril de 29...

O terceiro método é o que era utilizado pela Síria desde a época de Augusto até Nerva. De acordo com esse método, os anos de reinado dos imperadores romanos eram contados a partir de 1º de Tishri, assim como os dos antigos sírio-selêucidas. Portanto, o primeiro ano de Tibério teria se estendido de 19 de agosto de 14 d.C. a 1º de Tishri de 14, e seu décimo quinto ano de 1º de Tishri de 27 a 1º de Tishri de 28; ou seja, de 21 de setembro de 27 a 8 de outubro de 28.

A quarta opinião é que Lucas usou o calendário Juliano. Se calcularmos considerando o método que desconsidera o ano de ascensão ao reino, então o primeiro ano de Tibério foi de 19 de agosto a 21 de dezembro de 14, e seu décimo quinto ano foi de 1º de janeiro a 31 de dezembro de 28. Entretanto, se contarmos de acordo com o sistema do ano de ascensão, 19 de agosto a 31 de dezembro de 14 é considerado o ano de ascensão e o 1° de janeiro a 31 de dezembro de 15 é considerado o primeiro ano de reinado de Tibério. Assim, seu décimo quinto ano teria sido de 1º de janeiro a 31 de dezembro de 29.

A quinta opinião é que Lucas tenha usado o método romano comum de cálculo, segundo o qual o décimo quinto ano de Tibério teria decorrido a partir de 19 de agosto de 28 a 18 de agosto de 29. Lewin afirma: "O reinado de Tibério, a partir de 19 de agosto de 14 d.C., era uma data tão conhecida no tempo de Lucas quanto o reinado da rainha Vitória em nossos dias, e que em nenhum caso sequer foi ou poderia ser entendido que os anos de Tibério tenham sido contados de outra forma".

Em conclusão, dos cinco métodos, o primeiro é inaceitável e o segundo é improvável. Se um deles aceitasse 30 d.C. como data da crucifixão, então o terceiro método seria o mais provável. Isso significaria que o início do ministério de João Batista teria ocorrido entre 21 de setembro de 27 e 8 de outubro de 28. Isto permite que o ministério de Jesus tenha durado um pouco mais do que dois anos. Entretanto, pensando que Jesus foi crucificado em 33 d.C., então qualquer um dos dois últimos métodos seria mais provável, e colocaria o início do ministério de João entre 19 de agosto de 28 e 31 de dezembro de 29. O presente autor pensa que o ministério de Cristo teve pelo menos três anos de duração e que a crucificação de Cristo aconteceu em 33 d.C. Portanto, qualquer um dos dois últimos métodos satisfaz os requisitos das narrativas bíblicas e ambos os métodos foram usados para a contagem naqueles dias. Portanto, isso significa que o ministério de João Batista começou em algum momento em 29 d.C.

Pelos evangelhos, tem-se a impressão de que foi pouco tempo depois do início do ministério de João Batista que Jesus foi batizado e começou seu ministério. Se aceitarmos a conclusão de que o ministério de João começou em algum momento do ano 29 d.C., é razoável supor que o ministério de Jesus também tenha começado naquele mesmo ano ou pouco depois.[68]

Lucas não apenas identificou as autoridades romanas que estavam no poder naquela região, mas também os sumos sacerdotes que governavam no âmbito religioso. Em Lucas 3:2, são mencionados tanto Anás quanto

---

[68] Hoehner, *Chronological Aspects,* p. 30-37.

Caifás. Anás foi o sacerdote que por hereditariedade assumiu o ofício de sumo sacerdote e era reconhecido por Israel como seu legítimo sacerdote. Anás foi destituído do cargo pelas autoridades romanas. Ele foi sucedido por seus dois filhos, e depois finalmente por Caifás, seu genro. Enquanto os romanos reconheceram Caifás como sumo sacerdote, Anás continuou a ser reconhecido pelo povo judeu. Ele era o poder governante por trás do cargo.

Lucas nos relata: "veio a palavra do Senhor a João" (Lc 3:2). Uma afirmação semelhante é encontrada na introdução da profecia de Ageu (1:1), da profecia de Zacarias (1:1) e da profecia de Malaquias (1:1). Essa frase era a fórmula para uma mensagem profética de Deus a ser entregue à nação de Israel. Assim, João manteve a mesma relação com Israel que os três grandes profetas pós-exílicos ocuparam. Ele veio como o mensageiro de Deus com a mensagem de Deus para o povo de Deus.

Em vez de surgir na corte do rei ou na cidade de Jerusalém como os profetas pós-exílicos, João se apresentou no deserto. Seu próprio estilo de vida sugeria que ele estava fora da ordem religiosa estabelecida de sua época. Ele não veio para transformar a religião estabelecida, mas para separar um povo dela para o Senhor. Fairbaim assim descreve João:

> O crescimento de Jesus não foi apressado e forçado, mas lento e natural. Por mais de 30 anos Ele permaneceu em Nazaré, esperando até que suas forças tivessem amadurecido e sua virilidade estivesse completa. Então sua hora chegou em tons audíveis para si mesmo e para seu povo. O anúncio que o revelou veio das margens do Jordão e dos lugares desertos junto ao mar Morto. Lá apareceu um novo profeta, antigo em seus modos e no seu espírito, moderno na sua fala e no seu propósito. Ele não era nenhum escriba elegante, nenhum sacerdote pomposo ou algum cortesão vestido com roupas finas; mas um filho do deserto, vestido com grosseiras vestes de pelos de camelos, presas em torno dele por um cinto de couro, procurando seu alimento na rocha onde a abelha selvagem deixava seu mel, e o gafanhoto se abrigava — um homem cheio do espírito austero da solidão e dos pensamentos que Deus fala à alma que pode ousar estar só. Ele chamava a si mesmo como uma Voz, mas não era como a voz ainda suave que o Profeta tinha ouvido em sua caverna na montanha; ele era mais como o vento e o fogo que despedaçavam as rochas, anunciava como se partissem da

voz suave e doce que devia sair do silêncio em que se mostrava. Pessoas nas margens do Jordão se aglomeravam para ouvi-lo. Sua fama chegou a Jerusalém; saduceus e fariseus, escribas e sacerdotes, publicanos e pecadores saíram para ouvi-lo e ficaram maravilhados com uma reverência e fé passageiras. Pelo oeste e leste, sul e norte a notícia se espalhou e chegou à remota Nazaré, tendo despertado grandes emoções na casa do Carpinteiro que morava ali. Aquele que assumira o ofício, uma vez que José não mais vivia, o cabeça e o provedor da pequena família, sabia que sua hora estava chegando, e partiu, o filho de José, para retornar como o Messias de Deus.[69]

2. A mensagem de João

Seção 21

Mateus 3:1-6; Marcos 1:2-6; Lucas 3:3-6

Antes de nos apresentar ao ministério de Jesus Cristo, os sinóticos nos apresentaram ao seu precursor, João Batista, e identificaram o lugar do seu ministério. Mateus disse que João Batista começou a pregar no "deserto da Judeia" (Mt 3:1). Lucas nos disse que "ele percorreu toda a região próxima ao Jordão" (Lc 3:3). Como filho de um sacerdote, João poderia ter sucedido seu pai em um ministério sacerdotal no templo. Deus, entretanto, o chamou para um ministério único que começou fora do centro religioso da nação. João ministrou fora do sistema religioso estabelecido, tanto geograficamente como do ponto de vista daquilo que ele pregava.

Os três evangelistas sinóticos tiveram o cuidado de relacionar João com o programa profético revelado no Antigo Testamento. Todos citaram Isaías 40:3-5 ao explicar o ministério de João. Em Isaías 40, o profeta apresentou uma mensagem reconfortante a um povo angustiado e oprimido. O reino do norte já havia sido levado para o cativeiro. O reino do sul era ameaçado com um exílio semelhante. Não havia esperança visível para a nação. No entanto, Deus enviou seu profeta para prometer que a opressão dos gentios teria fim e que a guerra contra a nação cessaria. Deus perdoaria todos os pecados do povo. O profeta prometeu a vinda de um

---

[69] Fairbairn, *Life of Christ,* p. 65.

Messias que traria a redenção do pecado e a libertação dos opressores gentios.

O profeta prosseguiu, dizendo que o Messias seria precedido por um precursor que faria um anúncio no deserto a respeito de sua vinda. A sua voz, disse o profeta, não seria ouvida no templo ou em Jerusalém, mas fora da cidade, no deserto. Isso realmente tem um significado, pois quando o templo foi originalmente construído, Deus o ocupou como seu lugar de habitação (2Crônicas 5:13-14). Entretanto, em razão da iniquidade, Deus deixou de habitá-lo. Em Ezequiel 10—11 o profeta descreveu a partida da glória de Deus do templo e da nação. Tendo-se afastado por causa dos pecados de seu povo, Deus julgou a nação. O julgamento incluiu a invasão de Nabucodonosor, a destruição de Jerusalém e a deportação do povo.

Quando Deus voltou para o seu povo, falava com eles fora de Jerusalém e do templo. O plano de Deus desdobrou-se quando João apareceu como o mensageiro do Messias. João não chegou com vestes sacerdotais que ele poderia usar por direito de nascimento, mas sim com o traje de um profeta. Mateus registrou: "As roupas de João eram feitas de pelos de camelo, e ele usava um cinto de couro na cintura" (Mt 3:4). A veste de pelo de camelo era o equivalente ao pano de saco que os profetas do Antigo Testamento usavam quando se vestiam de luto por trazerem uma mensagem de julgamento. João não veio com o esplêndido colete sacerdotal (Êxodo 28:8), mas sim com um simples cinto de couro ao redor de sua cintura. A comida de João não era a de um sacerdote. Os sacerdotes comiam a carne dos sacrifícios. João vivia do que o deserto fornecia — gafanhotos e mel silvestre. Plummer afirma:

> João tomou conscientemente Elias como seu modelo (2Reis 1:8). A mesma vida rude e ascética, o mesmo isolamento da sociedade e destemor para com ela, a mesma prontidão para repreender tanto reis como o povo. Herodes e Herodias foram para ele como Acabe e Jezabel para seu predecessor. A vida dos dois profetas são um protesto contra as corrupções da sociedade contemporânea. Porém, menos pessimista do que Elias, João não é um pessimista aflito: sua mensagem é cheia de esperança. E nesse evangelho, como em Marcos e João, ele entra em cena com a mesma súbita surpresa com que Elias entra (1Rs 17:1). "João salta, por assim dizer, para dentro da arena, cheio de maturidade e

armado". Mas seu ascetismo não era mera representação; era a expressão de seu caráter e o instrumento de sua obra. Para o autoindulgente, a abnegação é impressionante.[70]

Embora João tenha surgido no papel de profeta, ele não foi apresentado como tal, mas sim como João Batista. A nação à qual João veio com sua mensagem estava extremamente familiarizada com o uso ritualístico da água no batismo. A palavra grega *baptizō* vem da raiz *baptō*, que literalmente significa *mergulhar* ou *tingir*. Era uma palavra comum entre os que se dedicavam ao comércio de tecidos. O tecido era preparado para o uso, primeiro mergulhando-o em um alvejante e depois em tintura. A ênfase na palavra, entretanto, não está no procedimento de imersão, mas sim no resultado do procedimento. O tecido de lã de ovelha não processado era embotado e precisava ser limpo. A aparência do tecido era mudada colocando-o pano em alvejante e depois em tintura. Quando emergia do alvejante, estava limpo e branco; e quando era retirado do corante, sua aparência era ainda mais viva. Tal era o conceito literal da palavra. Como em qualquer língua, uma palavra pode ter um uso literal e metafórico; e muitas vezes o uso metafórico ofusca o literal. Podemos nos referir ao ferro, literalmente, como um metal; ou podemos usá-lo metaforicamente ilustrando o caráter de uma pessoa, dizendo que ela tem uma vontade de ferro ou que ele governa com uma mão de ferro. Assim é com a palavra *baptizō*. A palavra metaforicamente significa mudar a identidade, mudar a aparência, ou mesmo mudar as relações.

Para a mente judaica, *baptizō* carregava em si tanto a ideia de purificação quanto a consagração a uma nova identidade ou a um novo relacionamento. A água era amplamente utilizada no Antigo Testamento em conexão com a limpeza cerimonial. Encontramos a aspersão referida em Levítico 14:7. A pessoa impura tinha de se lavar com água para remover sua impureza, em Levítico 15:8, antes de ser restaurada à comunhão. Em Levítico 16:4, antes que o sumo sacerdote pudesse desempenhar as funções do Dia da Expiação, ele tinha que se lavar com água. Essa lavagem não só assinalava que o sumo sacerdote havia sido purificado da impureza

---

[70] Alfred Plummer, *An Exegetical Commentary on the Gospel According to Matthew* (Londres: Robert Scott, 1928), p. 27.

cerimonial, mas também que ele havia sido consagrado a Deus para desempenhar um ato específico e uma função em nome da nação de Israel. Assim, o uso ritualístico da água significava tanto a purificação quanto a consagração. O pensamento de separar, ou assumir uma nova identidade, é ilustrado na exigência de que um prosélito do judaísmo teria de se submeter a um batismo. Edersheim explica:

> [...] a Lei ordenava isso, que aqueles que haviam contraído uma impureza levítica deviam se imergir antes de oferecer sacrifício. Novamente, estava prescrito que os gentios que se tornavam "prosélitos da retidão", ou "prosélitos da Aliança" (*Gerey hatstsedeq* ou *Gerey habberith*), deveriam ser admitidos à plena participação nos privilégios de Israel pelos três ritos de circuncisão, batismo e sacrifício — sendo a imersão, por assim dizer, o reconhecimento e a remoção simbólica da impureza moral, correspondente à impureza levítica.[71]

Um prosélito, por meio de seu batismo, indicava que ele estava colocando fim ao seu relacionamento com sua antiga sociedade, incluindo sua lealdade aos seus velhos deuses. Agora estava se unindo à comunidade de Israel e se submetendo ao Deus de Israel. No Antigo Testamento, a água poderia ser aplicada, de acordo com Levítico 14:7-8 e Números 19:18-19, aspergindo-a sobre o que era impuro. De acordo com Levítico 11:32 ou 2Reis 5:14, o que era impuro podia ser mergulhado na água. Em 2Reis 3:11, a água podia ser derramada sobre o que estava impuro. No Antigo Testamento, o importante não era a forma, e sim o significado da água. Nos tempos do Novo Testamento, os judeus continuavam a dar muita ênfase à limpeza cerimonial (cf. Mc 7:4-8).

Embora os judeus estivessem familiarizados com o conceito de batismo e João batizasse, havia diversas razões importantes para concluir que ele não estava apenas realizando o ritual de purificação do Antigo Testamento. O texto não nos diz que ele estava atuando como sacerdote, utilizando água para a limpeza, como previsto pela lei. Ao contrário, é declarado especificamente que João pregava "um batismo de arrependimento" (Lc 3:3). Assim, a Escritura distingue o seu batismo de um

---

[71] Edersheim, *Life and Times*, vol. 1, p. 273.

batismo para a limpeza cerimonial. Quatro fatos sobre o batismo de João são registrados: (1) O batismo de João tinha em vista a chegada do Messias (Mt 3:2). (2) Visava à impureza do povo (Mc 1:5). (3) Era baseado na confissão e arrependimento (Mc 1:4). (4) Seu objetivo era receber o perdão dos pecados (Mc 1:4).

A pregação de João começou com a palavra "arrepender-se" (Mt 3:1). A palavra "arrepender-se" traz para nós uma importante verdade do Antigo Testamento. Em Deuteronômio 28 Deus havia revelado claramente o princípio segundo o qual Ele lidaria com seu povo da aliança. A obediência traria bênçãos; a desobediência resultaria em disciplina. A disciplina máxima seria a entrega da nação ao cativeiro gentio. Em Deuteronômio 30 Deus revelou que a disciplina não poderia e não seria levantada até que a nação se voltasse para Deus, arrependendo-se de seus pecados e obedecesse às ordens (v. 2). O arrependimento era apenas um retorno a Deus. A fidelidade a Deus seria provada por sua obediência à sua Palavra. Sua obediência faria com que Deus retornasse para eles com sua bênção, os reunisse das nações para onde haviam sido dispersos e os restituísse à sua terra. Deus circuncidaria o coração deles, ou seja, removeria a impureza deles. Esse princípio se repete em todo o Antigo Testamento. Profeta após profeta veio à nação para avisá-la do julgamento e para exortar o povo a voltar para Deus de modo a impedir o julgamento vindouro. Entretanto, o julgamento chegou e o reino do norte de Israel foi levado em cativeiro para a Assíria. Então outros profetas exortaram Judá a voltar para Deus, evitando que um julgamento semelhante caísse sobre o povo. A promessa de Deus era de tal modo fiel que ainda que o julgamento viesse a cair por causa da desobediência, e o povo retornasse para Ele, Deus enviaria o Messias para abençoá-los. João, então, ao chamar a nação para o arrependimento, estava atuando como um profeta do Antigo Testamento. Seu ministério estava de acordo com o princípio de Deuteronômio 28 e 30. Antes que as bênçãos do Messias pudessem vir, o povo deveria abandonar seus pecados e voltar para Deus. Eles deveriam buscar seu perdão.

Deus havia dito a Salomão: "Se o meu povo, que se chama pelo meu nome, se humilhar e orar, buscar a minha face e se afastar dos seus maus caminhos, dos céus o ouvirei, perdoarei o seu pecado e curarei a sua terra" (2Cr 7:14). Como porta-voz de Deus, João também requeria mudança de vida quando chamou o povo para se arrepender. Ele pediu que eles fossem além da confissão de seus pecados. Pediu-lhes que abandonassem seus pecados e que se entregassem a Deus com fé e que andassem em obediência diante dele.

Marcos registrou que João estava "pregando um batismo de arrependimento para o perdão dos pecados" (Mc 1:4).

> Tem sido discutido se "o batismo *de arrependimento* para o perdão dos pecados" significa que o perdão tem seu efeito imediato ao batismo, ou se é um resultado final para o qual o rito foi preparatório. Era um símbolo de que a pessoa batizada era então e naquele momento perdoada, ou uma promessa de que ela seria perdoada? Este último conceito parece estar correto (veja Swete em Mc 1:4). Cirilo de Jerusalém, ao comparar o batismo de João com o rito cristão, diz que o primeiro "concedia *apenas* a remissão dos pecados" (C*atech*. xx. 6; comp. iii. 7). Mas não há nada na Escritura que demonstre que o batismo tinha esse significado. Tertuliano aponta que "o batismo *para* a remissão dos pecados" se refere à remissão *futura*, que deveria seguir em Cristo (*De Bapt*. x.). A expressão de Ambrósio, que um é o "batismo para o arrependimento", o outro o "batismo da graça", deixa em aberto a questão do perdão. Mas, se João tivesse afirmado que podia perdoar pecados, isso não teria sido um desafio, como no caso de nosso Senhor (ix. 3; Mc 2:7; Lc v. 21, 7:49)? E, se tivesse sido de modo geral entendido que o batismo de João era uma purificação dos pecados, nosso Senhor teria se submetido a ele? Seu aspecto principal era uma preparação para o Reino, e como tal se encaixava bem na abertura do ministério do Messias. Para todos os demais, essa preparação era um ato de arrependimento. O Messias, que não precisava de arrependimento, ainda podia aceitar a preparação. O rito de João consagrou o povo para receber a salvação; consagrou o Messias para concedê-la.[72]

Shepard afirma:

> [...] a mensagem de João foi o batismo de arrependimento. Esse era um batismo diferente de qualquer outro que os judeus pudessem ter conhecido. A ideia de um batismo não era nova, pois Jeová havia dito

---
[72] Plummer, *Matthew*, p. 22.

através de seu profeta Isaías: "Lave-se, faça-se limpo". Além disso, os judeus usavam a lavagem para remover vários tipos de impureza cerimonial (Êx 19:10; Lv 15). Os prosélitos eram iniciados na comunhão judaica através de um batismo.

[...] o batismo simbolizava uma completa limpeza moral. Era uma confissão pública do pecado e da necessidade de um Salvador-Messias. Aquele que participava desse rito tinha primeiro que dar provas de arrependimento genuíno, demonstrar uma tristeza pelo pecado e demonstrar uma determinação de se afastar dele. Era também uma declaração de lealdade ao Messias vindouro, quando Ele chegasse. O novo rito de João não era um meio de assegurar a remissão dos pecados. Era um batismo com base no arrependimento e na confissão de pecado que acompanhava o rito, sendo assim relacionado à remissão dos pecados (Mc 1:4; Lc 3:3). Era humilhante para um judeu ser considerado um pagão e se submeter publicamente a esse rito, confessando desse modo os seus pecados. Foi a isso que Nicodemos se opôs.[73]

Fairbairn observa:

O rito pode ter afinidades formais com as purificações dos essênios ou as abluções dos prosélitos, mas tem um significado material próprio. João o colocou em uma relação com a confissão de pecado e arrependimento que o tornou símbolo de certas realidades espirituais — diabólicas reconhecidas e repudiadas, bem percebidas e determinadas. Nesse contexto, seu uso pode ter sido sugerido por palavras como: "Lave-se, limpe-se"; ou: "Naquele dia haverá uma fonte aberta para a casa de Davi e para os habitantes de Jerusalém para remover o pecado e a impureza".[74]

Assim, vemos que João não era aquele que perdoaria o pecado, mas sim alguém que os identificava com Aquele a quem ele estava apresentando, aquele que perdoaria o pecado. Havia uma mensagem de urgência na pregação de João, bem como uma explicação da razão pela qual eles deveriam se arrepender, pois ele disse: "O Reino dos céus está próximo"

---

[73] Shepard, *The Christ*, p. 63.
[74] Fairbairn, *Life of Christ*, p. 74.

(Mt 3:2). Estar "próximo" significava que a única coisa que impedia a instituição do Reino anunciado por João era o arrependimento da nação. Com relação ao termo "Reino dos céus", Edersheim afirma:

> De acordo com a visão rabínica da época, os termos "Reino", "Reino do céu" e "Reino de Deus" (no Targum sobre Miqueias 4:7 "Reino de Jeová"), eram equivalentes. De fato, a palavra "céu" era muito usada no lugar de "Deus", de modo a evitar a familiarização indevida do ouvido com o Sagrado Nome. Isso, provavelmente, explica o uso exclusivo da expressão "Reino dos Céus" no evangelho escrito por São Mateus. E o termo implicava um contraste com a terra, como a expressão "o Reino de Deus" fazia com este mundo...
> Uma revisão de muitas passagens sobre o assunto mostra que, na mente judaica, a expressão "Reino dos Céus" se referia, não tanto a qualquer período em particular, mas em geral ao *Reinado de Deus* — como reconhecido, manifestado e finalmente aperfeiçoado.[75]

O mesmo autor acrescenta:

> Uma análise de 119 passagens do Novo Testamento onde ocorre a expressão "Reino", mostra que ela significa o *reinado de Deus* [34 vezes]; que se *manifestou em e através de Cristo* [17 vezes]; é *aparente...* [11 vezes]; *desenvolve-se gradualmente em meio a obstáculos* [24 vezes]; é *triunfante na segunda vinda de Cristo* [12 vezes] ("o fim"); e, finalmente, *aperfeiçoado no mundo vindouro* [31 vezes]. Visto dessa forma, o anúncio de João acerca do próximo advento desse Reino tinha um significado mais profundo, embora, como tantas vezes no caso dos profetas, as etapas que se interpõem entre o advento do Cristo e o triunfo desse Reino parecem ter sido ocultadas para o pregador. Ele veio para chamar Israel a se submeter ao Reino de Deus, prestes a se manifestar em Cristo. Assim, por um lado, ele os chamou ao arrependimento — uma "mudança de vida" — com tudo o que isso implicava; e, por outro, apontou para eles o Cristo, na exaltação de sua Pessoa e de seu Ofício. Ou melhor, os dois juntos podem ser resumidos no chamado para uma "mudança de vida" — arrepender-se, o que implica, não apenas uma virada do passado, mas uma virada para

---

[75] Edersheim, *Life and Times*, vol. I, p. 266-267.

o Cristo em novidade de espírito. E assim a ação simbólica pela qual essa pregação foi acompanhada, poderia ser designada "o batismo de arrependimento".[76]

O Antigo Testamento reconhece que Deus é soberano em um reino eterno e universal (1Cr 29:12; Sl 145:13; 103:19). No entanto, por causa da aliança de Deus com Abraão, e mais particularmente, de sua aliança com Davi (2Sm 7:16), os judeus esperavam que Deus enviasse a este mundo um Messias que haveria de submeter todas as coisas à autoridade de Deus. Os judeus procuravam um reino literal aqui na terra sobre o qual o Messias governaria a partir do trono de Davi, e assim o mundo experimentaria a justiça e a paz. Os profetas ensinavam que o governo eterno de Deus seria manifestado aqui na Terra através do reinado de Cristo (Zc 14:9; Am 9:11; Mq 5:2; Is 9:6). Enquanto os judeus poderiam ter pensado em um Messias político para libertá-los da escravidão romana, João, como profeta do Antigo Testamento, proclamou o reino dos profetas. Ele anunciou um reino literal sobre a terra sob o governo pessoal do Messias prometido por Deus. O estabelecimento desse reino cumpriria a aliança que Deus havia feito com Davi, prometendo que um dos seus filhos se assentaria no trono de Davi e governaria sobre a casa de Davi. João disse que esse reino estava próximo. Uma promessa tão gloriosa foi um grande impulso para levar a nação ao arrependimento. O anúncio de João gerou grande interesse. Marcos registrou: "A ele vinha toda a região da Judeia e todo o povo de Jerusalém" (Mc 1:5). Eles se submeteram de bom grado ao batismo de João.

> O [batismo de João] era um símbolo de outro fato não menos significativo; os batizados não eram simplesmente os penitentes, mas os esperançosos, homens devotados a uma grande promessa. Eles formavam uma comunidade que havia renunciado aos seus pecados do antigo judaísmo, com seu reinado civil bem como o Messias político, e permaneciam na expectativa, aguardando a vinda daquele que os batizaria com o Espírito Santo e com fogo. Sob esse aspecto, seu batismo tinha afinidades com acontecimentos e costumes bem caros aos hebreus. Quando Moisés desceu do monte para santificar o povo, ele

---

[76] Ibid., p. 270.

os fez "lavar suas roupas". Quando um gentio se tornava judeu, ele era purificado pela água. O que para nós é um símbolo, era para ele uma forma translúcida de uma verdade eterna.[77]

João estava assim reunindo em torno de sua promessa um grupo que acreditava em sua palavra e estava antecipando a vinda do Messias. O Messias lhes proporcionaria o perdão dos pecados e instituiria um reino de paz e justiça, no qual desfrutariam dos benefícios de seu reinado.

3. A explicação de João

Seção 22

Mateus 3:7-10; Lucas 3:7-14

O ministério de João parece ter ganhado seguidores imediatos, pois Lucas registrou que multidões saíam para ser batizadas por ele.

> O Grande Profeta não profetizou em vão. Ele agitou Israel como Israel não fora agitado havia séculos. Novas esperanças, novos medos, foram despertados na Judeia. O povo se tornou consciente do pecado, consciente de seu fracasso em ser o povo de Deus. A voz das margens do Jordão assombrou o coração de Jerusalém, e provocou os conflitos de sacerdotes e escribas. Por um momento esplêndido, a nação despertou para o significado de sua fé singular e sublime, esqueceu suas lutas contra as águias e as estátuas de César em sua consciência do reino e da justiça de Deus. Multidões das cidades e aldeias, da Judeia e da Galileia, da Pereia e da terra ao leste do Jordão, fariseus e saduceus, sacerdotes e levitas, escribas e anciãos do povo, publicanos e prosélitos, guerreiros dos exércitos romanos e herodianos, vieram ouvir o profeta, confessar seus antigos pecados e ser batizados para uma nova vida.[78]

A multidão parecia estar dividida em duas partes. Por um lado, havia os líderes religiosos daquele tempo. Os fariseus e saduceus estavam indo

---

[77] Fairbairn, *Life of Christ*, p. 74.
[78] Fairbairn, *Life of Christ*, p. 76.

Apresentação do Rei

ao lugar onde João estava batizando (Mt 3:7). Esses líderes religiosos, em sua justiça própria, consideravam-se aceitáveis a Deus. Eles negavam ter pecados que precisassem ser confessados ou iniquidades que devessem ser perdoadas. Em virtude de seu nascimento por linhagem física, eles se viam como filhos de Abraão, como aceitáveis a Deus, e já como membros de seu reino. Edersheim escreve:

> O relato feito por Lucas, ao que parece, é um resumo, não só preferencialmente das pregações de João, mas de todas as pregações dele. A própria presença de seus ouvintes nesse chamado ao arrependimento e ao batismo de arrependimento deu razão às suas palavras. Será que aqueles que, apesar de seus pecados, viviam em tal segurança, descuidados e com sentimento de justiça própria teriam realmente compreendido e haviam temido as consequências finais da rejeição ao "Reino" vindouro? Em caso afirmativo, o arrependimento deles não deveria ser apenas uma declaração solene, mas de coração e mente, de maneira tal que produzisse frutos, tão bons quanto visíveis. Ou será que eles imaginavam que, de acordo com a noção comum da época, as taças da ira seriam derramadas somente sobre os gentios, enquanto eles, como filhos de Abraão, estavam certos que escapariam — nas palavras do Talmude, que "a noite" (Is xxi. 12) era "somente para as nações do mundo, mas a manhã para Israel"?
>
> Nenhum princípio estava mais plenamente estabelecido na convicção popular do que aquele de que todo o Israel tinha parte no mundo vindouro (Sanh. x. 1), e isso, especificamente, por causa de sua relação com Abraão. Isso aparece não apenas no Novo Testamento, em Filo e em Josefo, mas também em muitas passagens rabínicas. "Os méritos dos Patriarcas" é uma das frases mais comuns na boca dos rabinos. Abraão foi representado sentado no portão da Geena, a fim de libertar qualquer israelita que, porventura, pudesse ter sido condenado aos seus terrores. Na verdade, por sua descendência direta de Abraão, todos os filhos de Israel eram considerados íntegros, infinitamente mais elevados do que quaisquer prosélitos.[79]

João reconheceu a rejeição de sua mensagem e os chamou de "raça de víboras" (Mt 3:7). De acordo com a lei, uma víbora era um ser impuro

---

[79] Edersheim, *Life and Times,* vol. 1, p. 270-271.

e inaceitável para Deus e contaminaria qualquer coisa que tocasse. Ao chamá-los de víboras, João disse que eles eram impuros e espalhavam contaminação para todos aqueles que tocavam. Ele repudiou o ensino de que o parentesco de alguém com Abraão era o pressuposto para a entrada no reino. Ele os lembrou de que Deus seria capaz até de dar vida às pedras para torná-las descendentes de Abraão.

> Apontando para uma pedra na margem do rio e possivelmente para aquelas que poderiam ter siso utilizadas por Josué para fazer um monumento, na terra onde Israel encontrou descanso, depois de atravessar miraculosamente o Jordão, declarou-lhes solenemente que Deus poderia suscitar filhos a Abraão até mesmo daquelas pedras sem vida. Dos gentios de coração de pedra, ele gerou filhos espirituais de Israel para o reino messiânico. Eles deveriam aprender que alguém somente é um filho de Abraão quando tem o mesmo espírito daquele grande servo no seu coração. A mera relação de carne e osso não tem valor no reino do Messias. Ele avisa-os de que o machado de julgamento do Messias já está posto na raiz da árvore, seja ela uma representação individual ou nacional, e a planta improdutiva seria cortada e lançada no fogo. Assim, a sua indignação moral flamejou em imagens violentas e vívidas, agitando aquela população oriental quase ao ponto da histeria.[80]

João reivindicou o arrependimento dos líderes religiosos. Pedindo-lhes que demonstrassem a genuinidade do seu arrependimento, exortou: "Produzi fruto próprio de arrependimento." (Mt 3:8). Uma vez mais vemos uma nota de urgência na mensagem de João, pois quando ele apelou ao arrependimento, disse-lhes que o julgamento estava próximo. Ele advertiu: "O machado já está posto à raiz das árvores, e toda árvore que não der bom fruto será cortada e lançada ao fogo" (v. 10). Isso estava de acordo com a revelação do Antigo Testamento de que o Messias viria como Juiz e removeria os pecadores do seu reino. Davi, em Salmos 24:3, perguntou retoricamente: "Quem subirá ao monte do SENHOR, ou quem poderá permanecer no seu santo lugar?" Davi estaria questionando quem será aceito no reino do Messias quando Ele vier? A resposta é então dada:

---

[80] Shepard, *The Christ*, p. 64.

"Aquele que é limpo de mãos e puro de coração; que não entrega sua vida à mentira, nem jura com engano." (v. 4). Ezequiel 20:34-38 descreve esse juízo em detalhes.

À luz, então, do julgamento que seria feito à nação no advento do Messias, João exortou os líderes religiosos a escapar deste julgamento mediante a demonstração de vidas que fossem fruto de um verdadeiro arrependimento.

Observamos um segundo grupo que ouviu a ministração de João. Como Shepard declara:

> Em sua audiência havia muitos publicanos e pecadores, juntamente com gentios, samaritanos, soldados, militares e pessoas de todas as classes. Sua mensagem era democrática e profunda; os corações de muitos eram convencidos por meio daquela pregação sincera, resultando em multidões que indagavam com seriedade e repetidamente: "O que então devemos fazer?"
>
> Enquanto as multidões buscavam a confissão e o batismo, João, em contrapartida, colocava o dedo no pecado de cada um, além de estabelecer certos princípios gerais de uma conduta renovada. Aqueles que tinham condições de ajudar, deveriam ser caridosos de maneira definitiva, compartilhando roupas e alimentos imprescindíveis com aqueles que padeciam necessidade. João havia apontado o pecado da classe farisaica como sendo o de uma arrogante confiança em seus privilégios hereditários e de classe. Os fariseus não haviam sequer perguntado o que deveriam fazer. Aos publicanos (cobradores de impostos), uma classe desprezada composta por aqueles que compravam das autoridades romanas o privilégio de cobrar os impostos e depois faziam uso de extorsão, sobretaxando grandemente as tarifas estabelecidas, João deu a seguinte instrução: "Não cobreis mais do que o prescrito". Os soldados, provavelmente samaritanos, também perguntaram o que deveriam fazer. "Vocês agiram com intimidação e modos grosseiros, extorquindo dinheiro junto com os publicanos por intimidação, falsas acusações e calúnias", João teria dito. E prosseguiu exortando: "De ninguém tomeis nada à força, nem façais denúncia falsa; e contentai-vos com o vosso salário". Assim, para cada indivíduo e para cada classe ele deu instruções quanto à reforma dos comportamentos e à correção dos abusos de conduta, o que revelaria um arrependimento genuíno. A profecia

do anjo da anunciação estava agora sendo cumprida no reavivamento religioso e na reforma moral.[81]

Os rejeitados eram tão aceitáveis para João como aqueles que já se consideravam filhos do reino. Esse grupo não ofereceu resistência para com a mensagem de Deus, como o fizeram os líderes religiosos. Em vez disso, perguntaram: "O que devemos fazer?" (Lc 3:10). João exigiu destes o mesmo que havia cobrado dos líderes religiosos; especificamente, os frutos ou provas de um arrependimento genuíno. Usando Isaías 58:6-7 como exemplo de evidências de um verdadeiro arrependimento que pode nos levar a uma relação correta com Deus, João fez exigências a tais segmentos dessa multidão. De acordo com Lucas 3:11, a preocupação com os necessitados era uma prova de arrependimento genuíno.

Nos versículos 12-13 ele disse que os cobradores de impostos podiam provar a genuinidade do seu arrependimento não cobrando impostos superiores aos valores que os romanos exigiam. Os soldados podiam demonstrar arrependimento genuíno, não abusando da sua autoridade (v. 14). Não deveriam ser violentos nem acusar alguém injustamente. Deveriam ficar satisfeitos com o seu pagamento. O arrependimento, então, era o requisito para a aceitação no reino do Messias, quer se tratasse de um líder religioso presunçoso, quer de um proscrito dentro da comunidade judaica.

4. A promessa de João

Seção 23

Mateus 3:11-12; Marcos 1:7-8; Lucas 3:15-18

A mensagem de João não apenas incluía uma denúncia contundente do pecado e exortações urgentes ao arrependimento, mas também uma mensagem de esperança e promessa. Os sinóticos registraram para nós, nesta seção, um resumo da promessa que João fez a seus ouvintes. Observamos em Lucas que "o povo [estava] em expectativa" (Lc 3:15). Eles sabiam

---

[81] Ibid., p. 64-65.

que a mensagem de João era messiânica. A questão surgiu na mente deles sobre se João poderia ou não ser o Messias.

Pelo relato, sabemos que João procurou desviar o foco dos homens de si mesmo, direcionando a todos para o Senhor Jesus Cristo. João se apresentou como o servo do Messias. Na verdade, ele se considerava indigno até mesmo de prestar-lhe algum serviço como servo. Ele declarou que era indigno até mesmo de se abaixar para desatar as sandálias daquele a quem ele iria apresentar (Mc 1:7).

João foi amplamente reconhecido por causa de seu batismo. O batismo estava tão associado ao ministério de João que se tornou seu sinal de identificação. Isso fez com que ele fosse conhecido como João Batista. Mas esse sinal era externo. Israel, no decorrer de sua história, já havia recebido sinais identificadores peculiares. A circuncisão era o sinal externo de que alguém se relacionava corretamente com Abraão e com sua aliança. A observância do sábado era o sinal de que alguém se relacionava corretamente com Moisés e com sua lei. Agora o sinal de que alguém estava corretamente relacionado com João e com sua mensagem era a submissão ao rito exterior do batismo nas águas. Todos esses sinais externos foram dados à nação de Israel.

A chegada do Messias traria um novo sinal para identificar o povo de Deus. Havia sido prometido em Joel 2:28 e Ezequiel 36:25-27 que Deus daria seu Espírito Santo como um dom concedido a todos aqueles que participassem do reino do Messias. João prometeu que quando o Messias viesse, Ele os batizaria "com o Espírito Santo" (Lc 3:16). Aquele que daria o Espírito como sinal identificador de relacionamento seria o verdadeiro Messias — não aquele que apresentaria o sinal preparatório externo. O batismo do Messias não seria externo, mas interno. Uma vez que qualquer sinal externo poderia ser reproduzido pelos homens, o trabalho que o Messias faria ao dar o Espírito Santo aos crentes não poderia ser reproduzido por nenhum ser humano. Tal batismo identificaria o verdadeiro Messias e também seria uma verdadeira identificação daqueles que pertencem a Ele.

João indicou um segundo componente da obra batismal do Messias quando disse: "Ele vos batizará com o Espírito Santo e com fogo" (Lc 3:16). O fogo estava associado ao julgamento, assim como a pá de Mateus 3:12 era um sinal de julgamento. Quando o Messias vier a governar, Ele removerá tudo o que é inútil, sem proveito e sem vida; Ele aceitará em seu reino somente o que tem vida — a vida que os homens receberam dele. É expressivo que João, ao negar que ele próprio fosse o Messias e ao apresentar o verdadeiro Messias, tenha apelado para as Escrituras do Antigo Testamento. O conceito do Messias estava bem estabelecido no judaísmo da época de João; por isso, era quase desnecessário que João o explicasse. Edersheim diz:

> De acordo com tudo isso, a antiga Sinagoga encontrou referências ao Messias em muito mais passagens do Antigo Testamento do que naquelas profecias orais, às quais geralmente recorremos; e este último formou (como no Novo Testamento) um elemento proporcionalmente pequeno, e secundário, na concepção da Era Messiânica. Isso procede inteiramente de uma análise detalhada das passagens do Antigo Testamento às quais a antiga Sinagoga se referia como messiânicas. O número de referências chega a 456 (75 do Pentateuco, 243 dos Profetas e 138 do Hagiógrafo), e sua aplicação messiânica é apoiada por mais de 558 referências aos escritos rabínicos mais antigos [...].
>
> Ainda assim, como as ideias rabínicas eram, ao menos baseadas no Antigo Testamento, não precisamos nos perguntar se elas também incorporavam as principais características da história messiânica. Desse modo, uma leitura atenta de suas citações das Escrituras mostra que os principais postulados do Novo Testamento a respeito do Messias são totalmente apoiados por declarações rabínicas. Assim, doutrinas como a *preexistência* do Messias; sua *exaltação* acima de Moisés, e mesmo acima dos anjos; seu caráter *substitutivo*; os cruéis *sofrimentos* e *zombarias* que sofreria; sua *morte violenta*, e isso *em favor de seu povo*; sua *obra* em favor dos vivos e dos que já haviam morrido; sua *redenção* e restauração de Israel; a *oposição* por parte dos gentios; o julgamento *parcial* e *conversão* deles; a *prevalência* de sua *Lei*; as *bênçãos universais* dos últimos dias; e seu *Reino* podem ser claramente deduzidas de passagens incontestáveis de antigos escritos rabínicos.[82]

João poderia basear-se neste conceito messiânico ao apresentar Jesus como o Messias para o povo.

---

[82] Edersheim, *Life and Times*, vol. 1, p. 163-265.

C. A aprovação do Rei
Seções 24-27

1. Em seu batismo
Seção 24
Mateus 3:13-17; Marcos 1:9-11; Lucas 3:21-23a

O relato sobre a visita anterior feita por Jesus a Jerusalém foi para cumprir a observância da Páscoa. Agora, uns 18 anos depois, Ele fez uma viagem semelhante para ser batizado por João. O propósito específico dessa visita foi declarado por Mateus: "Então Jesus foi da Galileia para o Jordão para ser batizado por João" (Mt 3:13). Jesus tinha "tinha cerca de trinta anos" (Lc 3:23). Hoehner escreve:

> Lucas (3.23) menciona que no início de seu ministério, "Jesus tinha cerca de trinta anos" [...] Jesus nasceu por volta de dezembro de 5 a.C./janeiro de 4 a.C. [...] Se [...] o batismo de Jesus [foi] pouco antes da Páscoa de 28 d.C. então Ele teria apenas 30 ou 31 anos de idade quando começou seu ministério [...] e é possível que João tenha batizado Cristo no início de 29 d.C. [...] e que o ministério de Cristo tenha começado pouco antes da Páscoa de 29 d.C. Isso poderia indicar que Cristo teria cerca de 31 ou 32 anos de idade no início de seu ministério. Entretanto, parece mais plausível [...] João ter batizado Jesus em algum momento em 29 d.C. e ter o início do ministério de Cristo algum tempo antes da Páscoa de 30 d.C., o que significa que Cristo teria por volta de 32 ou 33 anos. Essa visão é mais aceitável pelas três razões a seguir. Primeiro, não requer uma sucessão rápida de eventos em tão curto espaço de tempo no ministério de João. Em segundo lugar, permite que o ministério de Cristo tenha pelo menos três anos de duração. Terceiro, o fato de Lucas ter usado o termo "cerca" (ὡσεὶ) indica que Jesus não tinha exatamente 30 anos de idade quando Ele começou seu ministério.[83]

---
[83] Hoehner, *Chronological Aspects,* p. 37-38.

Quando Jesus veio a João para o batismo, João imediatamente tentou detê-lo. João reconheceu a impecabilidade daquele que estava se apresentando para o batismo. Devemos lembrar que João, desde seu nascimento, havia sido preenchido, ou controlado pelo Espírito Santo (Lc 1:15). Por causa do ministério do Espírito, João reconheceu a pessoa que se apresentava para o batismo e sabia que Ele não era candidato comum ao batismo. Ficou muito claro que o batismo de João era um sinal de confissão e arrependimento com vistas ao perdão dos pecados. Jesus Cristo não tinha pecado e, portanto, não tinha necessidade de arrependimento ou confissão. Desse modo, a natureza do batismo de João excluía Jesus como um candidato apto para tal batismo. Isso é uma indicação muito clara de que o batismo de Jesus por João não foi um tipo do batismo de João. Aquele que batizava era o mesmo, mas o batismo não foi com a mesma finalidade. O uso da água era o mesmo, mas o significado não era o mesmo. O batismo de Jesus por João foi um tipo especial e único de batismo. Era distinto tanto do batismo de João como do batismo cristão, assim como o batismo de João era distinto do batismo de um cristão hoje (cf. At 19:3-5).

João sabia que Jesus não precisava de seu batismo. João também reconheceu que era indigno de batizá-lo, mas entendeu que ele mesmo precisava do batismo que os profetas haviam prometido que o Messias realizaria quando viesse. João havia falado desse batismo em Lucas 3:16, e assim ele estava confessando que aguardava o batismo pelo Espírito Santo que o Messias proveria em cumprimento das profecias de Joel 2 e Ezequiel 36. Jesus não negou a verdade da afirmação de João de que Ele não tinha pecado e não precisava daquele batismo. Em resposta à atitude relutante de João, Jesus disse: "Deixa por enquanto; porque assim nos convém cumprir toda a justiça" (Mt 3:15). Se Jesus era o Messias, então João que predizia a vinda do Messias era obrigado a submeter-se à sua autoridade. Foi esta submissão em reconhecimento de sua pessoa que Jesus exigiu de João. Em obediência ao pedido de Jesus, João o batizou.

Por que, então, Jesus foi batizado por João? Já observamos que não foi porque Jesus tivesse algum pecado e esse precisasse ser confessado, necessitando, assim, de perdão. Se Jesus precisasse do batismo de João, isso poderia significar que Ele também estava esperando a vinda do Salvador que perdoaria o pecado. Alguns têm considerado que Jesus foi batizado por João para ser investido em seu ofício sacerdotal. Eles têm apontado que Jesus tinha aproximadamente 30 e poucos anos de idade naquela época, a idade em que os sacerdotes do Antigo Testamento eram empossados em um ritual que incluía uma lavagem cerimonial com água. É verdade que Jesus foi escolhido por seu Pai para ser um Sacerdote. No entanto, Ele não deveria ser um sacerdote segundo a ordem de Arão, mas um Sacerdote segundo a ordem de Melquisedeque (Sl 110:4). Desde a época da instituição da lei levítica, Deus limitou o sacerdócio aos membros da tribo de Levi e da família de Arão. Como Jesus Cristo não era da tribo ou da família indicada, Ele era inapto para servir como sacerdote levítico. Portanto, não haveria sentido tentar conduzi-lo a um cargo para o qual Ele não era apto. A nomeação de Jesus Cristo como sacerdote, segundo a ordem de Melquisedeque, aguardava sua ressurreição. Somente então Ele poderia ser admitido no cargo de sacerdote por seu Pai. Desse modo, Cristo não foi batizado para ser empossado no sacerdócio levítico.

A Escritura oferece várias razões para o batismo de Cristo. A primeira razão era "para cumprir toda a justiça" (Mt 3:15). Shepard esclarece:

> Desde os tempos mais remotos sempre se questionou por que Jesus foi batizado. Houve muitas explicações quanto à razão de Ele ter tomado seu lugar entre os penitentes e ter se submetido ao rito que simbolizava a purificação do pecado. A verdadeira razão está na resposta de Jesus: "Deixa por enquanto; porque assim nos convém cumprir toda a justiça (vicariamente)". Jesus nasceu sob a Lei, e em sua infância foi circuncidado e resgatado. Aos doze anos de idade Ele se tornou um filho da Lei. Mais tarde ele pagou o imposto do templo, embora, como o Filho de Deus, Ele devesse ter sido isento. Era conveniente que Ele preenchesse todas as ordenanças da aliança abraâmica até o final. Por causa de uma declaração posterior, sabemos que Ele não veio para revogar a Lei Mosaica, mas para cumpri-la, dando-lhe um significado mais profundo (Mateus 5.17). Ao longo de sua vida, Ele cumpriu a Lei para poder redimir os que estavam sob a Lei (Gálatas 4:4-5).[84]

---

[84] Shepard, *The Christ*, p. 71.

A lei dizia que um sacerdote era consagrado ao ofício por meio da lavagem com água (Levítico 16.4); assim, a lei exigia que quem passasse a exercer um ofício passasse por um ritual de purificação. Jesus Cristo foi empossado no ofício de Messias, não no de um sacerdote. Mas para cumprir as exigências da lei, Cristo foi batizado, significando que Ele foi consagrado a Deus e aceitável a Ele para o serviço.

Uma segunda razão para o batismo de Cristo é dada em João 1:33-34: "Eu não o conhecia; mas aquele que me enviou para batizar com água disse-me: 'Aquele sobre quem vires descer e permanecer o Espírito, este é o que batiza com o Espírito Santo.'" João reconheceu Jesus como o Messias quando Ele se apresentou para o batismo, mas João não teve permissão de revelar a Israel o que ele entendeu pelo Espírito. Foi somente depois que o Espírito desceu que João pôde fazer um anúncio público de que aquele que ele havia prometido havia chegado e começado seu ministério. O batismo, então, era para liberar João para fazer um anúncio público a respeito da vinda de Cristo.

Jesus foi batizado para que Ele pudesse se identificar com o remanescente fiel em Israel. O ministério de João tinha levado os homens à fé em sua palavra e na promessa de Deus. Esse remanescente fiel estava unido pelo sinal do batismo de João. Quando Jesus Cristo veio, Ele não se batizou para se identificar com os fariseus, os saduceus, os herodianos e os zelotes, antes foi batizado para se identificar com aquele remanescente fiel que esperava o cumprimento das promessas de Deus.

Além disso, Jesus foi batizado para identificar-se com os pecadores. Estes vinham a João para confessar seus pecados, para declarar sua necessidade de um Salvador, e para demonstrar um sinal externo de sua fé de que o Salvador viria e os redimiria dos pecados. Jesus Cristo veio para identificar-se com os pecadores, para que por meio dessa identificação Ele pudesse se tornar o substituto deles. Paulo declarou isto em 2Coríntios 5:21: "Daquele que não tinha pecado Deus fez um sacrifício pelo pecado em nosso favor, para que nele fôssemos feitos justiça de Deus". Assim como era necessário que Israel fosse identificado com o bode expiatório e este fosse identificado com Israel por meio da imposição de mãos, também Jesus Cristo se identificou com os pecadores para que eles pudessem ser identificados com Ele quando se oferecesse como um substituto para purificar seus pecados.

Apresentação do Rei

Além disso, em seu batismo, Jesus Cristo foi ungido pelo Espírito Santo de Deus para cumprir as funções do ofício messiânico. Lucas declarou: "Deus ungiu Jesus de Nazaré com o Espírito Santo e com poder" (Atos 10:38, ARA). Essa unção para a obra messiânica teve lugar no batismo de Jesus. Edersheim observa bem:

> Ali, naquelas águas, estava o Reino, no qual Jesus havia entrado em cumprimento de toda a justiça; e delas Ele emergiu como seu Rei designado pelo Céu, qualificado pelo Céu e proclamado como Rei Celestial. Como tal, Ele havia recebido a plenitude do Espírito para sua Obra Messiânica — uma plenitude que permanecia nele —, que dele podíamos receber, e graça sobre graça. Assim também a voz do Céu proclamou, para Ele e para João: "Tu és (este é) o meu Filho amado; em ti me agrado". A ratificação da grande promessa davídica, o anúncio do cumprimento de sua importância profética no salmo 2 foi a declaração solene de Deus a respeito de Jesus como o Messias, sua proclamação pública e o início da obra messiânica de Jesus. E assim o Batista o entendeu, quando ele "testificou claramente" que Ele era "o Filho de Deus".[85]

Jesus estava orando no momento de seu batismo. O conteúdo dessa oração não é revelado, mas provavelmente foi uma oração em que Jesus estava se separando para cumprir a vontade do Pai e para a obra que Ele deveria realizar como Messias. Naquele momento Deus confirmou a João e a outros presentes que testemunharam esse batismo que Jesus era aquele a quem João havia apresentado como o Messias, o Salvador, o Rei. "O Espírito Santo desceu sobre ele em forma corpórea, como pomba" (Lc 3:22). Todos os presentes puderam ver esse sinal visível. Além disso, havia um sinal audível, pois, uma voz do céu dizia: "Tu és o meu Filho amado; em ti me agrado".

Deus confirmou verbalmente a apresentação de Jesus por João. No batismo, Jesus, o Filho, foi oficialmente reconhecido por Deus Pai como o Rei de Israel. Jesus foi ungido pelo Espírito para a obra que Ele tinha vindo realizar. O Pai deu testemunho do relacionamento entre o Filho e Ele mesmo, dizendo: "Tu és meu Filho amado". Havia um testemunho

---

[85] Edersheim, *Life and Times*, vol. 1, p. 284-285

do Pai sobre a vida do Filho: "em ti me agrado". Na oração, vemos um relacionamento de Cristo com o Pai. Cristo estava se dedicando à vontade e à obra do Pai. Vemos uma relação de Cristo com o Espírito Santo: o Espírito desceu sobre ele para fortalecê-lo na obra que Ele devia realizar.

João havia preparado o povo para esse importante acontecimento. O Pai confirmara a nomeação do Filho para a obra messiânica. Agora o Filho era oficialmente apresentado pelo precursor designado à nação de Israel com a total aprovação de Deus para sua pessoa e obra.

2. Por meio de sua tentação

Seção 25
Mateus 4:1-11; Marcos 1:12-13; Lucas 4:1-13

No batismo, Jesus foi ungido com o Espírito para o ministério messiânico que lhe foi confiado (At 10:38); agora, assim testemunham os três evangelhos sinóticos, Jesus foi conduzido pelo Espírito ao deserto para que seu direito moral de ser Rei pudesse ser demonstrado. Marcos, como convém à descrição de um servo, disse que "o Espírito o impeliu para o deserto" (Mc 1:12). Mateus, como convém a um Rei, disse que Jesus "foi levado pelo Espírito ao deserto" (Mt 4:1). Lucas simplesmente observou que Jesus estava "cheio do Espírito Santo" (Lc 4:1). Shepard escreve:

> O lugar das tentações era no deserto. O primeiro Adão enfrentou sua tentação no jardim da beleza e da abundância; o último Adão, no deserto estéril, sem flores, com a escassez, a fome e os animais selvagens. A tradição situa as tentações em Quarantania, uma montanha que se ergue da planície da Judeia, a 457 metros acima do vale do Jordão. Está a dez ou treze quilômetros do local tradicional do batismo, ao oeste do Jordão e Jericó, concordando com a expressão de Lucas, "retornado do Jordão". A montanha é árida, escavada com numerosas cavernas artificiais feitas por monges do período das Cruzadas e de outros tempos [...]. A estrada íngreme que liga Jericó a Jerusalém era chamada de Subida de Sangue, porque estava infestada de ladrões. Ao longo dessa estrada Jesus viajava para alcançar a montanha, cujas alturas descortinavam uma vasta perspectiva, chegando a Jerusalém no oeste, ao vale do Jordão e às planícies de Moabe, no leste, e a Hermon,

no norte. As estradas também eram visíveis, levando a "todos os reinos do mundo".[86]

Jesus permaneceu no deserto por 40 dias. Quanto ao número 40, Farrar explica:

> O número ocorre repetidamente nas Escrituras, e sempre em conexão com fatos relacionados à tentação ou à retribuição. É claramente um número sagrado e representativo, e independentemente de outras associações, foi durante 40 dias que Moisés permaneceu no Sinai, e Elias, no deserto.[87]

Marcos observa que enquanto Jesus estava no deserto, Ele estava com animais selvagens. Farrar observa:

> Jesus, segundo aquele toque gráfico e comovente do segundo evangelista, "estava com os animais selvagens". Eles não lhe fizeram mal. "Você pisará o leão e a cobra; pisoteará o leão forte e a serpente." Assim falou a voz da antiga promessa; e em Cristo, como em tantos de seus filhos, a promessa foi cumprida.[88]

Enquanto esteve no deserto Ele foi sustentado pelos anjos (Mc 1:13). Isto estava de acordo com a promessa de Deus (Sl 91:11). Jesus jejuou durante os quarenta dias, mas durante o jejum Ele parece não ter sentido fome, pois Mateus notou que depois dos 40 dias "tinha fome" (Mt 4:2). O fato de que Ele não sentiu fome evidencia a intensidade do conflito no qual Ele estava aqui empenhado. Farrar diz:

> Em momentos de intensa inquietação e pensamento avassalador, as necessidades comuns do corpo parecem ser modificadas, e mesmo até por um tempo considerável.[89]

G. Campbell Morgan explica:

---

[86] Shepard, *The Christ,* p. 73.
[87] Farrar, *Life of Christ,* p. 121
[88] Ibid.
[89] Ibid.

Note cuidadosamente que foi só após o intervalo dos 40 dias que Jesus sentiu fome. Parece que durante sua permanência no deserto Ele estava inconsciente de suas necessidades físicas. Seus pensamentos tinham consistido de coisas no âmbito espiritual, e as exigências do físico tinham sido ignoradas. Ao final de 40 dias, a sensação de necessidade se apoderou dele. Ele estava com fome. Essa sensação de fome era perfeitamente isenta de qualquer pecado. Satisfazê-la é a ação natural de um Homem perfeito. A fome é uma necessidade criada por Deus. Alimentar-se para satisfazê-la corresponde ao propósito divino.[90]

Como Cristo estava sob o pleno controle do Espírito, e como o propósito da tentação era demonstrar sua impecabilidade e assim provar seu direito moral de ser o Soberano Salvador, devemos reconhecer que Jesus foi o Provocador da tentação. Ele forçou Satanás a colocá-lo à prova para que seu verdadeiro caráter pudesse ser revelado. (Isso explica por que Ele passou 40 dias no deserto antes que as tentações começassem. Satanás procurou escapar do confronto). Caso houvesse um atraso maior, teria sido uma admissão de que Jesus era alguém Sem Pecado.

Walvoord discute a questão para saber se os ataques de Satanás constituíam uma tentação genuína. Ele afirma:

> Os teólogos ortodoxos geralmente concordam que Jesus Cristo nunca cometeu nenhum pecado. Isso parece ser um corolário natural para sua divindade e um pré-requisito absoluto para sua obra vicária na cruz. Qualquer afirmação de fracasso moral por parte de Cristo requer uma doutrina de sua pessoa que negaria em algum sentido sua divindade absoluta.
>
> Entretanto, uma questão levantada pelos teólogos ortodoxos foi se a impecabilidade de Cristo teria sido a mesma de Adão antes da queda ou se Ele possuía um caráter peculiar devido à presença da natureza divina. Em uma palavra, poderia o Filho de Deus ser tentado como Adão foi tentado e poderia Ele ter pecado como Adão pecou?...
>
> O ponto de vista de que Cristo poderia pecar é designado pelo termo "pecabilidade", e a doutrina de que Cristo não poderia pecar é referida como a impecabilidade de Cristo. Adeptos de ambos os pontos

---

[90] G. Campbell Morgan, *The Crises of the Christ* (Nova York: Revell, 1936), p. 165.

de vista concordam que Cristo não pecou, mas aqueles que afirmam a pecabilidade sustentam que Ele poderia ter pecado, enquanto aqueles que declaram a impecabilidade de Cristo acreditam que Ele não poderia pecar devido à presença da natureza divina.

A doutrina da impecabilidade tem sido questionada especialmente a respeito de se uma pessoa impecável pode ser verdadeiramente tentada em qualquer sentido. Se Cristo tinha uma natureza humana que estava sujeita à tentação, não seria isso, por si só, prova de que Ele poderia ter pecado?... A fim de resolver o problema sobre se Cristo era sujeito à pecabilidade, é necessário, em primeiro lugar, examinar o caráter da própria tentação para verificar se a pecabilidade está inevitavelmente envolvida em qualquer tentação real e, em segundo lugar, determinar o fator único em Cristo, isto é, que Ele tinha duas naturezas, uma natureza divina e, a outra, uma natureza humana sem pecado.

Pode uma pessoa impecável ser tentada? É geralmente aceito por aqueles que sustentam que Cristo não cometeu pecado, que Ele não tinha natureza pecaminosa. Qualquer tentação que lhe pudesse ser direcionada, então, poderia vir de fora e não de dentro. Quaisquer que tenham sido os impulsos naturais de uma natureza sem pecado que poderiam ter levado ao pecado se não fossem mantidos sob controle, não havia natureza de pecado para sugerir pecado a partir de dentro e formar uma base favorável para a tentação...

Não só há concordância sobre o fato de que Cristo não tinha natureza pecaminosa, mas também se concorda, por outro lado, que, quanto à sua pessoa, Ele foi tentado. Isso é dito claramente em Hebreus 4.15...

A solução final do problema da impecabilidade de Cristo repousa na relação da natureza divina e humana. É geralmente consenso que cada uma das naturezas, a divina e a humana, tinha sua própria vontade no sentido do desejo. A decisão final da pessoa, no entanto, no sentido da vontade soberana estava sempre em harmonia com a decisão da natureza divina. A relação disto com o problema da impecabilidade é óbvia. A natureza humana, por ser suscetível à tentação, pode desejar fazer aquilo que é contrário à vontade de Deus. Na pessoa de Cristo, porém, a vontade humana sempre foi subserviente à vontade divina e jamais poderia agir de forma independente. Considerando que todos concordam que a vontade divina de Deus não poderia pecar, essa qualidade então se torna a qualidade da pessoa e Cristo se torna impecável.

Do mesmo modo se torna claro que essa tentação chegou a Cristo em virtude do fato de que Ele possuía uma natureza humana, como afirma Tiago: "Quando alguém for tentado, jamais deverá dizer: 'Estou sendo tentado por Deus'. Pois Deus não pode ser tentado pelo mal e a ninguém tenta" (1.13). Por um lado, Cristo foi tentado em todos os pontos, exceto através de uma natureza pecadora e, por outro lado, sua natureza divina não podia ser tentada porque Deus não pode ser tentado. Embora sua natureza humana fosse passível de ser tentada, sua natureza divina não é tentada. Sobre tais pontos, todos podem concordar. A questão é, então, se uma pessoa como Cristo pode ser tentada, possuindo tanto a natureza humana quanto a divina, uma vez que Ele é impecável.

A resposta deve ser afirmativa. A pergunta é simplesmente: É possível tentar o impossível? Quanto a tudo isso todos concordariam. É possível para um remador atacar um navio de guerra, mesmo que seja concebivelmente impossível para o remador conquistar o navio de guerra. A ideia de que a tentação implica em suscetibilidade é insensata. Embora a tentação possa ser real, pode haver um poder infinito para resistir a essa tentação e se esse poder for infinito, a pessoa é impecável....

Como aponta William G. T. Shedd, a tentação depende de uma suscetibilidade constitucional ao pecado, enquanto a impecabilidade depende de uma vontade onipotente de não pecar. Shedd escreve:

> A doutrina da impecabilidade de Cristo é contestada por ser inconsistente com sua tentação. Uma pessoa que não pode pecar, dizem, não pode ser tentada a pecar. Isso não é correto; assim como não seria correto dizer que, porque um exército não pode ser conquistado, não pode ser atacado. A tentação depende da *suscetibilidade* inerente, enquanto a impecabilidade depende da *vontade*. No que diz respeito à sua suscetibilidade natural, tanto física como mental, Jesus Cristo estava sujeito a todas as formas de tentação humana, exceto àquelas que brotam da luxúria, ou da corrupção da natureza. Mas sua pecabilidade, ou a possibilidade de ser vencido por essas tentações, dependeria do quanto de resistência voluntária Ele seria capaz de empregar contra elas. Essas tentações eram

muito fortes, mas se a autodeterminação de sua santa vontade fosse mais forte do que elas, então não poderiam induzi-lo ao pecado, e Ele seria impecável. E, no entanto, ele seria claramente tentado.

As tentações de Cristo eram reais? Se a tentação de uma pessoa impecável fosse considerada possível, pode-se dizer de Cristo que suas tentações eram reais? Se não houvesse uma natureza interior para responder ao pecado, seria verdade que a tentação é real?

Essas perguntas também devem ser respondidas afirmativamente [...]. Uma doutrina apropriada da impecabilidade de Cristo confirma, portanto, a realidade das tentações de Cristo devido ao fato de que Ele tinha uma natureza humana passível de ser tentada. Como no caso de Adão, a natureza humana, sem a presença da natureza divina, pode ser maculada. Entretanto, a possibilidade de que a natureza humana de Cristo poderia ter pecado é completamente eliminada pela presença da natureza divina.

A onipotência de Cristo torna impossível que Ele peque. A pecabilidade implica sempre fraqueza por parte de quem é tentado; uma vez que a pessoa tentada pode pecar, ela é fraca. No que se refere a Cristo, isto está claramente fora de questão. Enquanto a natureza humana de Cristo, se deixada por si mesma, teria sido ao mesmo tempo capaz de pecar e suscetível à tentação, porque estava unida à natureza divina onipotente, a pessoa de Cristo foi assim tornada impecável. Deve ser feita uma distinção cuidadosa entre onipotência, que tem uma qualidade de infinito e, portanto, sustentaria a impecabilidade, e o conceito de poder ou graça suficiente. A impecabilidade é definida como incapacidade de pecar, enquanto um conceito de poder suficiente seria meramente capaz de não pecar. Uma criatura moral de Deus sustentada pela graça divina pode alcançar a experiência moral de ser capaz de não pecar, como é ilustrado em cada vitória sobre a tentação na vida cristã. Todos concordam que Cristo foi capaz de não pecar, mesmo aqueles que afirmam sua pecabilidade. O contraste, porém, está entre a ideia de poder suficiente e onipotência. A qualidade infinita da onipotência justifica a afirmação de que Cristo é impecável.

É uma especulação insensata tentar decidir o que a natureza humana de Cristo teria feito se não se unisse à natureza divina. O fato é que a natureza humana estava unida à natureza divina e, embora seu domínio fosse inteiramente humano, não podia implicar a pessoa de

Cristo no pecado. Em razão da onipotência, então, pode-se concluir que Cristo não podia pecar porque tinha um poder infinito para resistir à tentação.[91]

Com relação à natureza daquele que está sendo tentado, Edersheim esclarece apropriadamente:

> Com uma natureza humana impecável Ele era impecável; não porque obedecesse, mas sendo impecável Ele obedeceu, porque sua natureza humana estava inseparavelmente conectada com sua natureza divina. Desconsiderar a união das duas Naturezas seria nestorianismo. Para resumir: O Segundo Adão, moralmente inabalável, embora voluntariamente sujeito a todas as condições de nossa natureza, era, com uma natureza humana pecável, absolutamente impecável, uma vez que era também o Filho de Deus — uma natureza pecável, mas uma pessoa impecável: O Deus-Homem, "tentado em relação a tudo (todas as coisas) da mesma maneira (como nós), sem (exceto) pecado".[92]

Fairbaim levanta a seguinte questão:

> O que é tentação? Sedução para o mal, aliciamento para o mal. Distingue-se, assim, da provação: provações experimentais, procuram descobrir as qualidades morais ou o caráter do homem; mas a tentação persuade ao mal, ilude, pode arruinar. Uma significa desiludir, a outra, iludir. Uma visa ao bem do homem, tornando-o consciente de seu verdadeiro eu moral; mas a outra visa a seu mal, conduzindo-o, mais ou menos inconscientemente, ao pecado. Deus prova; Satanás tenta.[93]

Em seguida, ele examina as formas de tentação:

> Um homem pode ser tentado por meio dos sentidos, da imaginação, ou da razão. Se for por meio dos sentidos, então a tentação apela para a ganância, para o apetite, para a luxúria, ou para qualquer uma das paixões que bestializam o homem e provocam nossas misérias e crimes

---

[91] John F. Walvoord, *Jesus Christ Our Lord* (Chicago: Moody, 1969), p. 148-152.
[92] Edersheim, *Life and Times,* vol. 1, p. 298-299.
[93] Fairbairn, *Life of Christ,* p. 83-84.

mais grosseiros. Se for por meio da imaginação, então é fascinante trair, e isso vem em forma de orgulho, ambição ou em qualquer uma das formas graciosas e galantes que podem ocultar o egoísmo vanglorioso e multifacetado. Se for pela razão, então surge como dúvida da verdade, suspeita do bem, ou em qualquer das muitas formas em que o intelecto protesta contra os limites que tanto deseja e, no entanto, é tão pouco capaz de transcender. A tentação pode, portanto, assumir formas semelhantes às mais elevadas e às mais baixas no homem, mas as formas mais distintas frequentemente se encontram e se fundem. Talvez nunca seja tão poderoso como quando suas forças se aproximam da mente juntas e de uma vez por meio dos sentidos, da imaginação e da razão.[94]

Ele então prossegue para se referir às fontes da tentação.

Ela pode proceder tanto (1) de si mesmo quanto (2) de fora de si mesmo. No primeiro caso, a natureza deve ser má, no segundo, pode ser inocente, mas pode ser capaz de pecar e ser induzida, ou atraída, a um determinado pecado. Se, porém, a tentação vem de fora, três coisas são possíveis — pode-se falar ou (1) de desejos malignos ainda fluidos, que poderão se converter em ação maligna; ou (2) de inocência, e transformá-la em culpa; ou ainda (3) de uma oportunidade de crescer em santidade.[95]

Fairbairn conclui apresentando uma reflexão sobre a tentação de Cristo. Ele diz:

Agora consideraremos a tentação de Cristo em relação à sua inocência. A tentação implica (1) na possibilidade de a pessoa tentada pecar ou não pecar... (2) em o mal ser apresentado de uma maneira disfarçada, plausível, atraente. Foi assim com Jesus. Quando Ele teve fome, a tentação assumiu uma forma sensorial; quando Ele esteve no pináculo do Templo, quer em corpo, quer em visão, não importava, ela foi imaginativa; quando os reinos do mundo lhe foram oferecidos se Ele adorasse a Satanás, ela foi racional. Cada tentação apelava para um desejo ou

---

[94] Ibid., p. 84-85
[95] Ibid., p. 85-86.

necessidade subjetivo. (3) Em o tentador ser perverso e o tentado poder ser inocente. E Cristo foi o tentado. A tentação lhe sobreveio, não procedeu dele, mas desempenhou uma alta e necessária função em sua disciplina pessoal e pública. Se o inocente se torna justo ou culpado, santo ou depravado, só a tentação pode revelar.[96]

Os escritores do evangelho destacam o agente na tentação.

Mateus diz: "para ser tentado pelo Diabo"; Marcos, "sendo tentado por Satanás"; Lucas, "foi tentado pelo Diabo". A ênfase aqui está no fato de que no deserto Jesus se encontra face a face com o príncipe do poder do ar, com o deus deste mundo, com Lúcifer, filho da manhã, caído de seu alto estado de primeiro escalão do céu, e agora líder das hostes das trevas.[97]

Satanás aproximou-se de Cristo com a declaração: "Se tu és o Filho de Deus" (Mt 4:3). Com essa abordagem ele reconheceu o fato da divindade de Cristo. Sua declaração poderia ser traduzida deste modo: "Como tu és o Filho de Deus".

Satanás pediu a Cristo que lhe desse prova de sua identidade, de acordo com a revelação dada em seu batismo. Satanás queria uma prova do que o próprio Cristo reivindicaria durante todo o seu ministério. A prova deveria vir seguindo a sugestão de Satanás: "Diga a esta pedra que se torne pão" (Lc 4:3). O convite de Satanás foi baseado na filiação que o Pai havia reconhecido no batismo de Jesus. A filiação de Cristo trazia consigo a implicação de que o Filho tinha certos direitos e não havia razão para que Ele não pudesse exercer esses direitos para saciar seu apetite e satisfazer-se. Isso sugere que o maior bem do homem vem da satisfação de seus desejos e a felicidade provém da satisfação de seus apetites carnais. A implicação é que o homem é um ser físico com apetites físicos que devem ser satisfeitos; assim, o homem vive apenas de pão.

---

[96] Ibid., p. 87-88.
[97] Morgan, *Crises,* p. 157

A tentação [...] praticamente pode ser apresentada desta forma: "Você tem fome, segundo o arranjo divino, mas no arranjo divino desse momento não há provisão para a satisfação de sua fome. É da sua competência agora agir por sua própria iniciativa, por isso 'manda esta pedra transformar-se em pão'" [...] Assim, a avaliação do Diabo sobre a vida humana e que a única razão da lealdade do homem a Deus é que Ele atenda a todas as exigências de sua necessidade à medida que elas surgem; e, além disso, que a felicidade do homem consiste na satisfação de sua natureza material.[98]

Fairbairn afirma:

A tentação era [...] razoável, também. Israel tinha sido divinamente alimentado enquanto era divinamente conduzido. O que teria sido certo para o povo, não precisava ser errado para o Filho de Deus.[99]

Edersheim escreve:

O propósito moral — o grande propósito moral em tudo o que era de Deus — era a submissão absoluta à vontade divina. Seu Espírito o havia levado àquele deserto. Suas circunstâncias foram indicadas por Deus; ... E Jesus submeteu-se absolutamente a essa vontade de Deus, permanecendo em suas circunstâncias naquele momento.[100]

Essa tentação foi uma tentativa de desviar Jesus Cristo da perfeita obediência à vontade de Deus. Ele estava no deserto pela vontade de Deus e, portanto, tudo o que Ele suportou enquanto esteve no deserto fazia parte da vontade de Deus para Ele. Para satisfazer seus próprios desejos Ele teria de abandonar a vontade de Deus e substituí-la por sua própria vontade, considerando que a satisfação de seu apetite era mais importante do que a obediência à vontade de Deus.

Então, o que torna isso uma tentação? Onde reside o seu mal? Suponhamos que Cristo ordenasse que as pedras se tornassem em pães,

---
[98] Ibid., p. 166-167.
[99] Fairbairn, *Life of Christ,* p. 93.
[100] Edersheim, *Life and Times,* vol. 1, p. 303.

o que aconteceria? Para Cristo, considerando a obra que Ele tinha de fazer, duas coisas eram necessárias. Ele tinha de viver sua vida pessoal (1) dentro dos limites comuns ao homem, e (2) em perfeita dependência de Deus. Se Ele tivesse transgredido qualquer uma dessas condições, Ele deixaria de ser o Irmão ideal do homem ou o Filho ideal de Deus. O homem não pode criar; ele vive em obediência à natureza. Ele tem que arar, semear, colher, joeirar, esmagar e assar seu grão para que possa comer e viver. Agora, se Cristo, por um milagre direto, tivesse se alimentado, Ele teria de se elevar para fora do círculo e do sistema da humanidade, teria anulado os próprios termos da natureza que o tornavam um com o homem. Embora o poder sobrenatural fosse seu, não era usado para si mesmo, mas para nós. No momento em que Ele se inclinasse para salvar a si mesmo, Ele se tornaria desqualificado para salvar os homens. A vida humana ideal deve ser perfeita em sua dependência de Deus, absoluta em sua obediência. O Filho ideal não poderia agir como se não tivesse um Pai. E assim sua escolha não foi ser seu próprio provedor, mas entregar-se à providência divina. Ele venceu pela fé, e sua primeira vitória foi semelhante à última.[101]

Cristo respondeu a essa tentação citando Deuteronômio, um livro do Antigo Testamento que orienta a caminhada do povo de Deus. Ele disse: "Nem só de pão viverá o homem" (Mt 4:4; cf. Dt 8:3). Cristo mostrou sua obediência à vontade de Deus, e para ele essa vontade estava revelada na Palavra de Deus. A submissão à Palavra de Deus é essencial para a obediência à vontade de Deus. Ele reconheceu que o bem mais elevado não é satisfazer-se ou gratificar-se, mas obedecer. Nesta tentação Ele demonstrou obediência absoluta à vontade de Deus e dependência absoluta de Deus para apoiá-lo em sua obediência.

A posição mais louvável que um homem toma é aquela em que ele declara que prova sua hombridade pela reivindicação de seus direitos; mas esse Homem perfeito declara que a força de sua hombridade reside na entrega absoluta de sua vontade à vontade de Deus, sendo esse o único direito que Ele possui.[102]

---
[101] Fairbairn, *Life of Christ,* p. 93-94.
[102] Morgan, *Crises,* p. 171.

A palavra "então" em Mateus 4:5 indica a ordem das tentações. Cristo foi agora levado ao ponto mais alto do templo. Edersheim descreve a cena:

> Jesus está no posto de vigia que o sacerdote de roupagem branca acaba de deixar. Rapidamente a luz cor-de-rosa da manhã, aprofundando-se no carmesim, e derramando a cor dourada, espalha-se sobre a terra. No pátio do Sacerdote abaixo dele, o sacrifício matinal foi oferecido. As enormes portas do Templo estão se abrindo lentamente, e o toque das trombetas de prata dos sacerdotes está convocando Israel para começar um novo dia aparecendo diante de seu Senhor. Agora, então, deixem-no descer, de sua casa do céu, para o meio dos sacerdotes e do povo. Que gritos de aclamação saudariam sua aparição! Que homenagem de adoração seria dada a Ele! O objetivo pode ser alcançado imediatamente, e isso a Ele, que é o cabeça de Israel.[103]

Na primeira tentação, Cristo tinha mostrado fé em Deus e dependência dele. Agora Ele estava sendo testado no campo dessa fé. Como Cristo em sua primeira tentação havia mostrado submissão à Palavra de Deus, essa Palavra foi agora citada como um mandado de submissão para Satanás em sua sugestão de que Ele se jogasse do pináculo do templo. Tal descida do Messias no meio dos adoradores teria levado à aclamação imediata daquele que faria uma descida tão espetacular.

Fairbairn observa:

> A primeira tentação exigia um milagre de independência; a segunda demandava uma ação de dependência. Embora isso fosse algo sensorial, poderia ser imaginativo em sua forma. Um ato de autossuficiência absoluta foi sugerido através de uma necessidade e capacidade subjetiva; um ato de fé absoluta é proposto por meio da sublimidade de uma relação objetiva e de um efeito. O que poderia conduzir melhor a um êxtase divino e destemido uma alma imaginativa, que amava a Deus bem demais para desconfiar Dele, do que o pensamento de uma confiança tão sem limites a ponto de acreditar que o ar não palpável e perfeitamente transponível seria tornado por suas mãos tão seguro quanto a terra sólida?... ou o que poderia conduzir melhor a um

---

[103] Edersheim, *Life and Times,* vol. 1, p. 304

entusiasmo destemido uma mente ansiosa por regenerar os homens presos aos sentidos do que a visão de uma descida em meio à multidão nos braços visíveis do céu, como o mensageiro sobrenatural manifesto do Deus misericordioso?... A tentação era, de um lado, poderosa para um espírito cheio de generosa confiança em Deus; e, do outro, não menos poderosa para um espírito cheio de desígnios generosos para o homem. E veio, também, vestida com o manto de um oráculo divino — "Porque a seus anjos ele dará ordens a seu respeito, para que o protejam em todos os seus caminhos; com as mãos eles o segurarão, para que você não tropece em alguma pedra".[104]

G. Campbell Morgan diz:

É uma tentativa direta de forçar Jesus a agir sobre aquele princípio de confiança, que foi ministrado pela escolha desse lugar em particular. Na cidade do grande Rei, na casa dedicada à sua adoração, em seu ponto mais inspirador, exercendo confiança nele, lançando-se dessa grande altura. Por trás de tal sugestão palpável estava um conceito inferido e indireto. Foi a sugestão de que a confiança mais perfeitamente se expressa em ousar algo inusitado, fora do comum, heroico.[105]

Uma vez que existe uma garantia bíblica para tal ação, devemos fazer a pergunta:

Então, qual seria o mal sugerido que estaria implícito nesse ato? O mal era duplo, tanto do lado de Deus quanto do lado do homem. No primeiro aspecto, significava que Deus deveria ser forçado a fazer por Ele, Cristo, o que antes se recusara a conseguir por si mesmo — fazer dele um objeto de cuidado sobrenatural, isento da obediência à lei natural, um filho do milagre, excepcional em suas próprias relações físicas para com Deus e a Natureza. No segundo aspecto, significava que Ele seria um Filho da Maravilha, revestido de maravilhas, vivendo uma vida que impressionaria os sentidos e deslumbraria as fantasias da pobre multidão vulgar.[106]

---

[104] Fairbairn, *Life of Christ,* p. 94-95.
[105] Morgan, *Crises,* p. 178-179.
[106] Fairbairn, *Life of Christ,* p. 95.

A implicação de Satanás era que Jesus, como Filho, tinha o direito de colocar seu Pai à prova. Aquele que põe outro à prova está se colocando em uma posição superior. Para Cristo, submeter Deus a uma prova seria para Ele abandonar sua dependência do Pai. Quando se testa alguém é porque não se tem confiança nele. Se você tem plena confiança, nenhuma prova é necessária. Qualquer promessa da Palavra de Deus deve ser reivindicada quando aquele que reivindica a promessa está seguido a vontade de Deus. Se alguém abandonar a vontade de Deus, não pode esperar que Deus, então, cumpra aquilo que prometeu. Para Cristo, agir em obediência a Satanás o afastaria da proteção dessa promessa de Deus.

> Jesus havia vencido na primeira tentação por meio de uma confiança simples e absoluta. Esse era o momento, e aquele era o lugar para agir sobre essa confiança, mesmo quando as próprias Escrituras para as quais Jesus havia antes apelado pudessem justificar o ato. Mas se tivesse agido assim não teria sido uma demonstração de confiança — muito menos no heroísmo da fé —, mas presunção. O objetivo poderia realmente ter sido alcançado; mas não o objetivo divino, nem no caminho de Deus — e, como tantas vezes, a própria Escritura explicou e guardou a promessa divina por um mandato divino anterior. E assim, mais uma vez, Jesus não só não é derrotado, mas Ele vence pela submissão absoluta à vontade de Deus.[107]

Cristo respondeu a essa tentação citando Deuteronômio 6:16: "Não testeis o SENHOR vosso Deus". Mais uma vez o tentado se submeteu à autoridade da Palavra de Deus, aceitando isso como a vontade de Deus ao invés de se submeter à solicitação do Maligno. A recusa de Cristo em submeter Deus à prova não se deu porque Ele temia que Deus não pudesse abonar a si mesmo. Ao contrário, a confiança de Cristo era tão irrestrita que Ele não via necessidade de colocar Deus à prova. Cristo acreditava em Deus por causa de sua Palavra, não por causa de provas que tinham sido apresentadas de que Ele era fiel. Nessa tentação, Jesus Cristo demonstrou absoluta confiança em Deus e permaneceu em perfeita obediência à sua vontade.

---

[107] Edersheim, *Life and Times,* vol. 1, p. 304.

Morgan observa:

Tivesse Ele se lançado do pináculo do templo para o abismo que se despencava à sua frente teria tido apenas o objetivo de colocar Deus à prova, e em última e definitiva análise isso teria demonstrado que não havia confiança real, mas simplesmente a falta dela. Seria semelhante ao caso de quando duvidamos de uma pessoa e a testamos para descobrir até que ponto ela pode ser confiável. Fazer provas de qualquer tipo com Deus é tornar evidente que não se confia verdadeiramente nele.[108]

Depois Satanás levou Jesus a uma montanha muito alta onde "lhe mostrou todos os reinos do mundo e seu esplendor" (Mt 4:8). Morgan descreve a cena desse modo:

Levando-o a algum pico de uma alta montanha, ele "mostrou-lhe todos os reinos do mundo e o seu esplendor" [...] Por algum estranho poder, ao comando do inimigo, passou diante da visão de Cristo uma cena linda e magnífica [...] Não apenas alguns e imperfeitos reinos da Palestina, mas todos os reinos do mundo, o grande império romano, a Grécia, Pérgamo, Bitínia, Bósforo, Síria, Ponto, Judeia, Egito e todos os reinos conhecidos daquele tempo. E ainda mais do que isso, pois a declaração não tem tal limitação como a indicada pela expressão: "os reinos do mundo". Todos os reinos do mundo, as grandes terras inexploradas com suas milhares de nações e tribos. Qualquer interpretação literal contradiz a história real. Lucas nos diz que o Diabo deu a Cristo a visão desses reinos "num relance".[109]

Depois dessa revelação, foi dada a Cristo a oportunidade de possuir esses reinos. Satanás disse: "Tudo isto te darei se te prostrares e me adorares" (Mt 4:9).

Observe aqui particularmente a reivindicação que o Diabo fez, e não se esqueça que a reivindicação foi feita na presença de Jesus. Ele assegurou ter algum direito aos reinos do mundo, e a exigência era baseada

---
[108] Morgan, *Crises*, p. 183.
[109] Ibid., p. 188.

em certos fatos inquestionáveis. Esses reinos haviam se tornado no que eram, em grande parte, sob seu controle. No momento, eles estavam submissos à sua influência, obedientes às suas leis, sendo levados cativos por ele à sua vontade. Em grande parte, todos eles estavam cegamente adormecidos nos braços do maligno. Pela própria tentação, Satanás parece reivindicar um título, que o próprio Jesus lhe deu incidentalmente em um período posterior, "o príncipe deste mundo". O fato de sua influência é indiscutível. Ele estava então como está hoje, exercendo autoridade sobre todos aqueles que estão na escuridão, e ele está pagando perpetuamente seu preço àqueles que o servem.[110]

Essa foi uma perspicaz imitação do que Deus Pai prometeu ao Filho, como declarado no salmo 2. A vontade de Deus era entregar ao Filho um trono, mas por meio da cruz. O Diabo queria dizer que Jesus poderia ter o que o Pai prometeu sem ter de ir para a cruz. Apenas uma condição foi colocada: "se te prostrares e me adorares" (Mt 4:9). Receber adoração tem sido a principal ambição de Satanás desde então, sendo motivado pelo orgulho, ele tentou destronar Deus, usurpar a autoridade de Deus e receber a adoração, a honra e a glória que somente pertence ao próprio Deus (Is 14:14; 2Ts 2:4).

Nas duas primeiras tentações, Jesus Cristo reconheceu a autoridade absoluta de Deus e havia se submetido a Ele. Isso parece ter levado Satanás a uma tentativa final de realizar sua ambição de longa data — usurpar as prerrogativas de Deus e reivindicar a adoração que pertence a Deus. Ele convidou Cristo a adorá-lo. O desejo de Satanás de receber essa adoração era tão grande que ele estava disposto a renunciar a todo o reino sobre o qual ele governava como usurpador, a fim de conseguir esse objetivo. Cristo reconheceu que só Deus tem o direito de receber adoração e, consequentemente, exige nossa obediência. A resposta de Cristo foi a citação de Deuteronômio 6:13: "Temam o SENHOR, o seu Deus e só a ele prestem culto".

A adoração e o culto eram exigidos pela lei. Em perfeita obediência à Palavra de Deus como revelação da vontade de Deus, Jesus prestou a seu Pai adoração e culto.

---

[110] Ibid., p. 189-190.

Observe aqui particularmente a ligação entre adoração e culto, e veja como isso se aplica à tentação. Na mente de Jesus, é evidente que a adoração e o culto estão estreitamente identificados e, de fato, são dois aspectos da mesma atitude. Adorar é sempre cultuar. Prestar homenagem é sempre reconhecer um dever. O inimigo não disse nada em sua tentação sobre servir [prestar culto]. Ele pediu apenas a adoração. A resposta de Cristo revela o fato de que adorá-lo seria prestar culto a ele, servi-lo. Isso o inimigo, em sua terrível sutileza, não declarou. Ele havia pedido a adoração, prometendo que os reinos deveriam então pertencer a Cristo. A resposta de Cristo declarou que essa promessa não passava de uma mentira, levando em conta que o ato de adoração seria efetivado no fato de servir, de modo que a autoridade suprema permaneceria com Satanás. Foi a tentativa deliberada do Diabo de enganar o último Adão do mesmo modo como havia enganado o primeiro, e assim impedir a criação da nova raça, como ele havia assegurado a ruína do primeiro.[111]

Tendo registrado as três tentações de Satanás a Jesus, Mateus observou: "o Diabo o deixou" (Mt 4:11). João ressaltou que existem três caminhos por meio dos quais Satanás pode atacar um indivíduo: por meio da "concupiscência da carne", por meio da "concupiscência dos olhos" e por meio da "soberba da vida" (1Jo 2:16 [ARA]). Satanás se aproximou de Cristo por esses três canais. A primeira tentação foi no campo da concupiscência da carne, e Cristo a venceu. A segunda tentação estava no campo da soberba da vida. Foi um apelo à natureza espiritual de Cristo, um apelo ao orgulho, e Cristo mostrou vitória nesse campo. A terceira tentação foi no campo da concupiscência dos olhos, quando os reinos deste mundo foram apresentados diante de Jesus Cristo, e Ele teve vitória sobre o que Ele viu. Com base nessa tríplice tentação, o escritor aos Hebreus disse que Ele, "como nós, passou por todo tipo de tentação, porém, sem pecado" (Hb 4:15).

O inimigo primeiro atacou esse segundo Homem numa tentativa de arruiná-lo apelando para uma necessidade de sua natureza física. Ele foi totalmente malsucedido, pois Jesus reconheceu que o fato essencial

---

[111] Ibid., p. 194.

da natureza humana é o espírito, e onde quer que surja o conflito entre a necessidade do material e a de natureza espiritual, a primeira, sendo subserviente, deve ministrar à segunda, o que é essencial.

Derrotado nesse ponto, o inimigo lançou então a força de sua terrível sutileza contra a natureza espiritual, tentando a ruína de todo o homem, sugerindo que ele se aventurasse injustificadamente com base em sua confiança em Deus....

Então o inimigo, expulso de sua fortificação, permaneceu em campo aberto e se manifestou em toda a ousadia diabólica de seu desejo real. Ele pediu a homenagem da perfeição. Então, em campo aberto, recebeu sua derrota final, pois o Homem perfeito e incólume escolheu apenas adorar e servir a Jeová, e na força dessa escolha, ordenou com autoridade ao inimigo que se retirasse.[112]

Morgan resume de modo claro:

Concluindo, o significado da tentação pode ser apreendido contrastando-se o conjunto dos fatos com o relato da tentação de Adão. O Diabo desafiou o primeiro homem. O segundo Homem desafiou o Diabo. O Diabo arruinou o primeiro Adão. O último Adão arruinou o Diabo. O primeiro Adão envolveu a raça em sua derrota. O último Adão incluiu a raça em sua vitória. O primeiro Adão foi posto como cabeça do gênero humano e, na sua queda, o arrastou com ele. O último Adão foi posto como o cabeça da nova raça e, sendo vitorioso, a ergueu com ele.

Essa não é uma imagem do último Adão fazendo apenas o que o primeiro Adão fez, assumindo seu lugar numa vida passiva, e depois, quando viesse a tentação, resistiria a ela. O segundo Homem não só teve de resistir por si mesmo à tentação quando ela o assaltou, mas teve de agarrar o tentador, derrotá-lo e puni-lo pelo erro que cometeu na ruína do primeiro homem.[113]

No batismo de Jesus o Pai o confirmou como seu Filho e declarou: "Este é o meu Filho amado, de quem me agrado" (Mt 3:17). A tentação demonstrou a perfeição do Filho e assim autenticou a aprovação do Pai.

---

[112] Ibid., p. 198-199.
[113] Ibid., p. 160-161.

3. Por meio de seu arauto
Seções 26-27

a. Testemunho de João perante os líderes
Seção 26
João 1:19-28

O ministério de João havia despertado grande interesse. "A ele vinha toda a região da Judeia e todo o povo de Jerusalém" (Mc 1:5).

Enquanto multidões de pessoas comuns iam ter com ele por causa de sua mensagem de esperança e salvação, os líderes religiosos também iam ao seu encontro para ouvi-lo. Foi reconhecido por todos que o ministério de João era messiânico e que ele se identificava com a esperança messiânica de Israel. Como a expectativa messiânica era tão grande em Israel naqueles dias, muitos surgiram oferecendo-se como Messias para a nação de Israel. Os líderes religiosos estavam questionando João sobre quem ele era e quem representava. João começou pela declaração negativa: "Não sou o Cristo" (Jo 1:20), ou seja, "Eu não sou o Messias". João não queria ser confundido com os muitos requerentes ao posto messiânico presentes em Israel naqueles dias. Mas o fato de que o ministério e a mensagem de João eram messiânicos estava tão firmemente fixado na mente dos líderes religiosos que eles pressionaram por uma explicação adicional. Eles perguntaram: "Então quem é você? Você é Elias?" (v. 21). O Antigo Testamento havia se encerrado com a promessa de que Deus enviaria o profeta Elias antes da vinda do grande e terrível Dia do Senhor (Ml 4:5). Os judeus entendiam que isso indicaria que Elias seria ressuscitado ou reencarnado para voltar pessoalmente como precursor do Messias. Um anjo havia prometido ao pai de João: "Ele [João] irá adiante do Senhor no espírito e poder de Elias" (Lc 1:17). Cristo depois afirmou que João era o Elias de Malaquias (Mt 11:4; 17:12; Mc 9:11-13). Quando João negou que ele era Elias, isso não foi uma negação da afirmativa de Cristo de que ele tinha vindo em cumprimento da profecia de Malaquias. Ao contrário, João negava ter cumprido a expectativa judaica de um Elias reencarnado.

Os judeus, procurando outra possível explicação da pessoa de João, pensaram na promessa messiânica encontrada em Deuteronômio 18:15: "O Senhor, o seu Deus, levantará do meio de seus próprios irmãos um profeta como eu; ouçam-no". Eles perguntaram a João se ele era "o Profeta" (Jo 1:21). João negou ser "o Profeta" apesar de ter sido chamado "um profeta" no momento de seu nascimento (Lc 1:76) e foi declarado pelo Senhor como o maior de todos os profetas do Antigo Testamento (Lc 7:26-28). Tendo procurado sem sucesso nas Escrituras do Antigo Testamento alguma explicação possível sobre a pessoa de João, os líderes lhe pediram que se declarasse abertamente. Eles perguntaram: "Quem é você?" (Jo 1:22). A pergunta deles em forma estendida foi esta: "Se você não é o próprio Messias, e se não é Elias, o precursor, ou Moisés, o precursor, quem é você?" As respostas negativas de João às perguntas deles indicavam evidentemente que, como ele não tinha nenhuma conexão com o verdadeiro Messias profetizado, ele deveria ser o precursor de um falso Messias. Agora João respondeu citando a profecia de Isaías a respeito do precursor do verdadeiro Messias. Ele se identificou com a voz do deserto que iria apresentar o verdadeiro Messias a Israel. Ele assim se identificou com o verdadeiro Messias da profecia. Entretanto, ele não focalizou sua atenção em seu ofício, mas em sua mensagem, pois disse: "Eu sou a voz" (Jo 1:23). João não tinha vindo para estabelecer um novo cargo ao qual ele presidiria ou para se popularizar. Ao contrário disso, seu ministério era anunciar a Israel a boa-nova de que o Messias prometido estava prestes a chegar.

As questões anteriores haviam sido levantadas por "sacerdotes e levitas" (Jo 1:19). Esses eram representantes dos saduceus. Eles estavam preocupados com a pessoa de João e com sua relação com a Escritura. Descobrimos agora que o questionamento foi mantido pelos fariseus, que estavam preocupados com a tradição.

> As diferenças *dogmáticas* fundamentais entre os fariseus e saduceus diziam respeito à regra de fé e de prática; ao "depois da morte"; à existência de anjos e de espíritos; e ao livre-arbítrio e à predestinação. Em relação ao primeiro desses pontos, já se afirmou que os saduceus não estabeleceram o princípio da rejeição absoluta de todas as tradições em si, mas que eles se opuseram ao tradicionalismo como representado e praticado pelos fariseus. Quando confrontados pelo peso da autoridade, eles provavelmente levariam a controvérsia ainda mais longe, e revidariam seus oponentes através de um apelo às Escrituras em oposição a suas tradições, talvez até mesmo, em última instância, por um

ataque ao tradicionalismo; mas sempre da forma como representado pelos fariseus.[114]

Esses fariseus levantaram a questão do batismo. Shepard afirma:

> Os fariseus que os haviam enviado se sentiram profundamente ofendidos com o batismo de João, que eles consideraram uma invasão de seu domínio e privilégio cerimoniais exclusivos. Para os próprios saduceus, esse batismo era pouco preocupante. Mas, para os fariseus, João não tinha o direito de batizar. Os prosélitos eram batizados pelos fariseus porque aqueles eram considerados impuros. Mas esses judeus achavam uma grande presunção por parte de João impor seu batismo de arrependimento e confissão a todo o povo de igual modo. Os fariseus não eram imundos e não precisavam de tal batismo![115]

Os fariseus encontravam, na tradição, autoridade para realizar o batismo de prosélitos. Eles queriam saber onde estava a autoridade para o batismo de João. Eles não questionavam que o precursor do verdadeiro Messias, ou o próprio Messias verdadeiro, teria o direito de batizar. Mas como João havia negado que ele era Elias, Moisés ou o Messias, eles questionaram seu direito de identificar um povo através de seu batismo. João declarou que seu batismo era com água, externo, e temporário, pois ele não era o Mestre, mas um servo. João reconheceu aquele a quem servia, pois Ele havia sido identificado em seu batismo. Entretanto, a nação de Israel ainda não conhecia aquele a quem deveria servir, porque Ele não havia sido revelado publicamente pelo seu precursor. Hendriksen esclarece:

> Foi o *batismo* e não a pregação que irritou esses sacerdotes ao questionarem o filho de um sacerdote. Os sacerdotes deveriam saber tudo sobre os ritos de purificação por meio de água. Eles certamente entendiam que não era permitido a qualquer pessoa administrar ritos de purificação. Em última análise, a purificação do povo não seria um ato nitidamente messiânico, segundo passagens como Ezequiel 36.25

---

[114] Edersheim, *Life and Times,* vol. 1, p. 314.
[115] Shepard, *The Christ,* p. 82.

e 37.23? Por que, então, João batizava se ele não era o Messias nem o tipo de precursor que eles esperavam? É claro a partir dessa questão que não tinham compreendido o significado da referência do Batista ao arauto (1.23). Eles não estavam procurando por um precursor tão profundamente espiritual.

João lhes respondeu, dizendo: "Eu batizo com água, mas entre vocês está alguém que vocês não conhecem. Ele é aquele que vem depois de mim, e não sou digno de desamarrar as correias de suas sandálias". Ao dizer "*Eu batizo com água*", João aponta que existe, afinal, uma grande diferença entre o que ele está fazendo e o que o *Messias* fará. Ali tudo o que João pode fazer é administrar o *sinal* (água); o Messias — somente Ele — *pode dar o que é significativo* (o poder purificador do Espírito Santo). (Cf. Mc 1.8.) E esse Messias realmente chegou. *Ele está bem no meio deles*; isto é, Ele pertence à sua própria geração e está a ponto de iniciar suas obras públicas como sucessor de João. Na verdade, Ele já foi batizado. No entanto, eles não o conhecem e parecem nem estar preocupados com Ele. Em sua ânsia de expor falsos Messias, eles estão ignorando o verdadeiro Messias.[116]

João registrou que o Batista estava batizando "em Betânia, do outro lado do Jordão" (Jo 1:28). A localização de Betânia tem sido muito discutida. Parece melhor concluir que Betânia estava localizada na Pereia, perto do Jordão, em um vau de fácil acesso para os judeus que vivem em Jerusalém e Judeia, bem como da Galileia.[117]

b. Testemunho de João acerca de Cristo

Seção 27

João 1:29-34

No dia seguinte à declaração de João de quem era o Messias para os saduceus e fariseus, João fez sua primeira identificação pública à nação de Israel sobre Jesus como o Messias. A mensagem de João apontava dois

---

[116] William Hendriksen, *New Testament Commentary: Exposition of the Gospel According to John,* vol. 1 (Grand Rapids: Baker, 1954), p. 96-97.

[117] Para uma discussão de diferentes pontos de vista sobre a localização de Betânia, veja Carl Laney, "Selective Geographical Problems in the Life of Christ" (dissertação de doutorado: Dallas Theological Seminary, 1977), p. 95-126.

aspectos. Um era escatológico: "O reino dos céus está próximo" (Mt 3:2). O segundo era soteriológico: "Arrependam-se" (Mt 3:2) e "Vejam! É o Cordeiro de Deus, que tira o pecado do mundo!" (Jo 1:29). O arrependimento no Antigo Testamento tinha a ver com o reconhecimento do pecado. Também estava relacionado com a oferta de um sacrifício aceitável para fornecer uma base sobre a qual o pecado poderia ser perdoado a fim de que o pecador pudesse ser restaurado à comunhão com Deus.
Edersheim observa:

> Ele sabia com quem deveria falar — o preconceito, o embotamento espiritual, os pecados da grande massa; a hipocrisia, a irrealidade, a impenitência interior de seus líderes espirituais; a perversidade de sua direção; o vazio e a ilusão de sua confiança por serem descendentes de Abraão. Ele via com muita clareza o verdadeiro caráter deles e conhecia o fim de tudo: como o machado colocado na árvore estéril e como a peneira separava completamente o joio do trigo. E ainda assim ele pregou e batizou; pois, no fundo de seu coração estava a convicção de que havia um Reino próximo e um Rei que estava vindo.[118]

Para aqueles que precisavam de perdão, Deus ofereceu um sacrifício aceitável por seus pecados e uma base para o perdão. O sacrifício que Ele ofereceu foi o Cordeiro de Deus. Isaías havia representado de modo vívido o verdadeiro sacrifício no capítulo 53; agora João apresentava aquele que Isaías havia descrito.

> João foi um grande estudante do Antigo Testamento. Seu pai era sacerdote. Ele viveu na solidão do deserto por 30 anos. A visão do batismo o levou em pensamento a alturas mais sublimes, e esse último profeta da antiga dispensação e o primeiro da nova aliança viu em Jesus o cumprimento de Isaías 53, como o servo sofredor. Ele não era dominado pela concepção messiânica vigente de um magnífico rei temporal. Sua ideia era a de alguém que leva os pecados conduzido como um cordeiro ao matadouro [...] João viu mais profundamente do que os rabinos e entendeu Jesus como o Cordeiro Pascal da profecia de Isaías. Ele vê o pecado como uma totalidade, constituindo uma barreira entre Deus

---
[118] Edersheim, *Life and Times*, vol. 1, p. 337.

e a humanidade. Jesus estava tirando o pecado coletivo do mundo da humanidade. A única maneira pela qual Ele poderia, como Cordeiro Pascal, tirar o pecado do mundo, era sendo sacrificado. João viu em Jesus o sacrifício vicário retratado em Isaías 53.[119]

Fairbairn observa a transição no ministério de João a partir de uma denúncia cáustica do pecado para uma mensagem reconfortante de esperança.

> Sua pregação tornou-se mais doce no tom, mais suave no espírito, substancialmente diferente do que havia sido. Ele agora não fala do Juiz implacável, do machado ou da pá na mão, derrubando a árvore infrutífera, queimando a palha inútil; mas do "Cordeiro de Deus", dedicado ao humilde silêncio e ao sacrifício. Ele não ameaça as multidões com um vingador do pecado, mas aponta para aquele "que carrega o pecado do mundo". Os sinóticos mostram o Batista antes de ele ter visto Cristo e quando ele o viu pela primeira vez; mas o quarto evangelho mostra-o depois que ele conheceu Cristo, transformado em um homem mais manso, doce, mais nobre, mais suave na sua fala e no espírito, com uma noção divina do Messias, um homem mais esperançoso e útil na palavra para os homens.[120]

João explicou o motivo de seu batismo. Ele disse: "A razão pela qual vim batizando com água foi para que ele fosse revelado a Israel" (Jo 1:31). O batismo de João, baseado na confissão do pecado, unia um povo que esperava o cumprimento das promessas do Antigo Testamento na vinda de um Messias que seria Salvador e Soberano. A descida da pomba em seu batismo identificou Jesus para João como o verdadeiro Messias. A pomba descida do céu também foi um sinal para a nação de Israel, identificando o Messias. Esse sinal libertou João do silêncio que lhe foi imposto para apresentar publicamente Jesus à nação como aquele que cumpriria a tão esperada esperança.

Apesar de João ter aprendido com seu pai sobre as promessas relativas à vinda e à identidade do Messias, a apresentação de João não

---

[119] Shepard, *The Christ*, p. 83-84.
[120] Fairbairn, *Life of Christ*, p. 78-79.

se baseou em tal autoridade humana. Assim, ele pôde dizer: "Eu não o conhecia" (Jo 1:32). A autoridade de João repousava na confirmação que vinha do céu mediante a descida da pomba no batismo de Jesus. João, portanto, pôde proclamar publicamente: "Este é o Filho de Deus" (v. 34). João então testificou da obra de Cristo como o Cordeiro de Deus e da pessoa de Cristo como o Filho de Deus.

II
Confirmação do Rei
Seções 28-59

A. A aceitação de sua Pessoa
Seções 28-36

1. Os primeiros discípulos que creram
Seção 28
João 1:35-51

João havia identificado publicamente Jesus como o Messias para a nação de Israel. Então, no dia seguinte, reiterou sua identidade na presença de dois de seus discípulos (Jo 1:35). Jesus havia deixado João após seu batismo. Agora Ele passou por onde estava João, e este afirmou novamente aos seus dois discípulos: "Vejam! É o Cordeiro de Deus!" (v. 36). A dupla imediatamente deixou João e seguiu Jesus. Quando Jesus os notou, perguntou-lhes: "O que vocês querem?" (v. 37). Eles se dirigiram a Ele como rabi. Esse era um título do mais alto respeito dado pelos judeus àqueles que estavam preparados para interpretar a lei para eles. Da palavra "legislador" (ARA) em Gênesis 49:10, pode-se concluir que o Messias, quando viesse, seria capaz de interpretar a lei para as nações para que pudessem entender o que Deus espera do seu povo da aliança. Os dois antigos discípulos de João desejavam se colocar sob o ministério de ensino do Messias. Quando eles perguntaram "Onde estás hospedado?" (Jo 1:38) insinuaram mais do que o desejo de receber hospitalidade por um curto período. "A resposta foi melhor do que se poderia esperar. Eles são convidados a acompanhar Jesus imediatamente."[1]

---

[1] Hendriksen, *John,* p. 104.

Aqueles dois revelaram o desejo de aprenderem daquele a quem se dirigiam como rabi. Um dos dois discípulos era André, irmão de Simão Pedro (Jo 1:40). A identidade do segundo não é fornecida. Provavelmente era João, o autor do evangelho. João frequentemente falava de si mesmo não pelo nome, mas por alguma frase como "o outro discípulo" (Jo 20:2). Visto que André e João evidentemente eram ambos de Betsaida (Lc 5:10, João 1:44), com toda a probabilidade eram amigos íntimos e estavam viajando juntos para a Judeia, onde ocorreu o primeiro contato com Cristo. Depois do dia passado com Jesus, André estava convencido, sem sombra de dúvida, de que Ele era quem João havia proclamado, o Messias. Consequentemente, André procurou seu irmão Simão e lhe disse: "Achamos o Messias" (v. 41). A palavra Simão significa "um ouvinte" ou "rápido para ouvir". Simão mostrou-se disposto a ir com André a Jesus sem hesitar. Foi saudado por aquele a quem fora encontrar com as palavras: "Você é Simão, filho de João" (v. 42a). Isso revelou a onisciência de Jesus, que conhecia seu nome e linhagem. Jesus revelou ainda: "Será chamado Cefas [que traduzido é Pedro]" (v. 42b). Tanto o nome aramaico Cefas como o nome grego Pedro significavam "rocha" ou "um esconderijo". Por natureza, Pedro era rápido em ouvir; no entanto, ele nem sempre respondia de modo conveniente ao que tinha ouvido. No entanto, ele se tornaria uma rocha, estável e imóvel; e seria habitado pelo Espírito Santo para o ministério que mais tarde lhe seria confiado. Assim, dois discípulos de João se convenceram da pessoa de Cristo e começaram a proclamar aquela mensagem para levar outros a conhecê-lo.

No dia seguinte, Jesus deixou a Judeia e viajou para a Galileia. Se Jesus tivesse permanecido na Judeia após sua identificação por João, as pessoas poderiam pensar que Ele dependeria da continuação do ministério de João. Na Galileia, o Senhor apelou às pessoas com base em sua própria pessoa e mensagem. A primeira pessoa que Jesus encontrou na Galileia foi Filipe, e lhe disse: "Siga-me" (Jo 1:43). Filipe imediatamente seguiu Jesus. Como André antes dele, Filipe voluntariou-se para testemunhar da pessoa de Cristo e disse a Natanael: "Achamos aquele sobre quem Moisés escreveu na Lei e a respeito de quem os profetas também escreveram: Jesus de Nazaré, filho de José" (v. 45). Ouvir que Jesus veio de Nazaré pareceu uma ofensa para Natanael. Ele revelou a atitude popular para com os que moravam naquela cidade, dizendo com desprezo: "Nazaré? Pode

CONFIRMAÇÃO DO REI   161

vir alguma coisa boa de lá?" (v. 46). A autoridade de Cristo não se baseava em seu local de residência, então Filipe convidou Natanael para ir e encontrar Jesus pessoalmente. Cristo conhecia o conflito que se desenvolvia dentro de Natanael e se dirigiu a ele com compaixão, dizendo: "Aí está um verdadeiro israelita, em quem não há falsidade" (v. 47). Natanael ficou surpreso, pois não havia conhecido Jesus pessoalmente e não sabia como Jesus o conhecia. Cristo revelou que conhecia detalhes íntimos sobre a vida de Natanael que Ele poderia declarar para autenticar sua Pessoa, se necessário. Natanael não pediu uma revelação do que Cristo sabia que havia acontecido sob a figueira. O fato de Ele saber era suficiente para convencer Natanael de que Ele era o Messias. Godet comenta:

> Natanael não só nota o fato de que o olho de Jesus o seguiu em um lugar onde sua visão natural não podia alcançá-lo, mas ele entende que o olho daquele estranho penetrou em seu ser interior e discerniu ali um fato moral que justifica a avaliação expressa por Jesus no versículo 48. Caso contrário, a resposta de Jesus não justificaria mais essa avaliação, e não poderíamos entender como poderia suscitar a exclamação de Natanael no versículo 50, ou ser apresentada, nos versículos 51-52, como a primeira das obras miraculosas do Senhor. O que havia acontecido em Natanael, naquele momento em que ele estava debaixo da figueira? Ele havia feito a Deus a confissão de algum pecado (Sl 22:1-2), tomado alguma resolução sagrada, feito o voto de reparar alguns erros? Seja como for, pensamentos sérios lhe enchiam o coração, de modo que, ao ouvir a palavra de Jesus, ele sentiu que foi penetrado por um olhar que faz parte da onisciência divina.[2]

Essa revelação da onisciência de Cristo levou Natanael a confirmar sua fé em sua pessoa, declarando-o "o Filho de Deus", e também a fé no seu ministério, reconhecendo-o como "o Rei de Israel" (Jo 1:49). Natanael foi movido pela onisciência de Cristo e então Ele revelou que ele teria evidências não apenas de que é onisciente, mas também de que Ele é onipotente. Ao dizer a Natanael que ele veria o céu aberto e os anjos de Deus subindo e descendo sobre o Filho do homem, Cristo se referiu à

---

[2] F. Godet, *Commentary on the Gospel of John*, vol. 1 (1886; reimpresso ed., 2 vols. em 1, Grand Rapids: Zondervan, 1969), p. 334.

experiência de Jacó. Durante sua fuga da ira de Esaú, Jacó recebeu a revelação de uma escada construída na terra cujo topo alcançava o céu, na qual os anjos de Deus estavam subindo e descendo (Gn 28:12). Essa revelação foi dada a Jacó em conexão com a reafirmação da aliança com Abraão, pois Deus disse: "Eu sou o Senhor, o Deus de seu pai Abraão e seus descendentes serão como o pó da terra, e se espalharão para o oeste e para o leste, para o norte e para o sul. Todos os povos da terra serão abençoados por meio de você e da sua descendência" (v. 13-14). Deus reafirmou a perpetuidade da aliança abraâmica, devido a qual aquele que abençoa viria e cumpriria as promessas de Deus a respeito dos descendentes físicos de Abraão em alguma data futura. Ao se referir ao cumprimento do que foi prometido a Jacó, Cristo estava dizendo que Ele é aquele a quem a profecia se refere e que veio para abençoar a descendência de Abraão ao providenciar a salvação do pecado e libertação de seus opressores (cf. Jo 1:51). Agora Ele estava esperando a mesma resposta da nação de Israel que eles lhe deram no início de seu ministério. Eles confessaram fé em sua pessoa, obra e ofício. Ele tentaria persuadir a nação de Israel de que Ele é o Messias, o Filho de Deus, o Salvador que veio para redimir.

2. A crença por meio do primeiro milagre

Seção 29

João 2:1-11

A ocasião das núpcias em Caná da Galileia deu a Jesus a oportunidade de se apresentar como o Filho de Deus, aquele que pela palavra de sua boca criou todas as coisas que existem. João registrou que a mãe de Jesus havia sido convidada para o casamento. Isso parece indicar que ela era de alguma forma aparentada com a família do noivo ou amiga próxima dela. Por causa do relacionamento de Jesus com Maria, Ele foi incluído no convite, mas a forma singular do verbo grego subjacente a "convidar" no versículo 2 parece indicar que o convite foi feito a Jesus e não diretamente aos discípulos. Era improvável que o noivo conhecesse os cinco que recentemente se haviam associado a Jesus. A festa de casamento durava entre dois e sete dias, dependendo dos recursos do noivo. De acordo com o registro do apóstolo João, o casamento ocorreu no terceiro dia após a apresentação de Jesus por João Batista. Como a viagem da Judeia para Caná demoraria três dias, Jesus deve ter chegado com os cinco discípulos no meio da festa.

Shepard descreve a festa de casamento:

> A festa de casamento entre os judeus era uma ocasião de grande alegria e comemoração, mas também de grande importância. Era precedida por jejuns em famílias piedosas. O noivado de doze meses ou menos antes do casamento era efetuado por meio de procedimentos legais e era considerado sagrado e obrigatório como a própria cerimônia de casamento. Na noite do casamento, a noiva era conduzida da casa paterna para a do marido, acompanhada por música, com distribuição de azeite e vinho para os amigos e de nozes entre as crianças, e o cortejo era conduzido pelos "amigos do noivo, que carregavam tochas e lâmpadas, ramos de murta e grinaldas de flores". A noiva, coberta por um véu em sua chegada, era conduzida ao noivo, a fórmula do casamento era pronunciada e os documentos legais eram assinados. Em seguida, lavavam-se as mãos e, finalmente, tinha início a festa de casamento, que poderia durar um dia, e, às vezes, uma semana.[3]

Durante as festividades, o abastecimento de vinho esgotou-se. Isso causou considerável embaraço ao noivo. Farrar afirma:

> Ninguém, exceto aqueles que sabem o quão sagrado no Oriente é o dever de promover uma hospitalidade generosa, pode dizer quão apaixonada é a obrigação de exercê-la ao máximo, e consegue perceber a tristeza que esse incidente teria lançado sobre a ocasião, ou a miséria e vergonha que teria causado ao casal. Eles teriam sentido que era, como no Oriente ainda seria considerado, uma desgraça amarga e permanente.[4]

Ao saber do constrangimento, Maria disse a Jesus: "Eles não têm mais vinho" (Jo 2:3). Essa pode ter sido uma repreensão gentil. Esperava-se

---

[3] Shepard, *The Christ*, p. 88-89. Para um estudo extensivo, cf. Edersheim, *Life and Times*, vol. 1, p. 354-355.
[4] Farrar, Life of Christ, p. 162-163.

que os convidados fornecessem vinhos e iguarias para serem apreciadas durante as festividades.

> É claro que a presença de Jesus e seus cinco discípulos poderia muito bem ter sido a causa dessa deficiência inesperada. O convite, como vimos, teria sido originalmente dirigido somente a Jesus, e o jovem noivo em Caná da Galileia talvez não tivesse a menor noção de que, durante os últimos quatro dias, Jesus havia conquistado a companhia de cinco discípulos. É provável que nenhuma provisão tenha sido feita para esse aumento de convidados, e que foi sua presença inesperada que teria causado a insuficiência de vinho naquela família simples. Além disso, é pouco provável que, tendo chegado de uma viagem apressada de cerca de 145 quilômetros, o pequeno grupo, ainda que seus meios permitissem, teria se adequado ao costume judaico comum de trazer consigo vinho e outras provisões, contribuindo para a alegria da festa de casamento.
> Nessas circunstâncias, portanto, havia uma razão especial pela qual a mãe de Jesus deveria dizer a Ele: "Eles não têm mais vinho". A observação foi evidentemente acertada e sua importância não poderia ser mal interpretada.[5]

A resposta de Jesus indica que Maria estava sugerindo que Ele fizesse uma manifestação pública de suas prerrogativas como Messias. Mas Jesus, que estava sujeito aos pais desde o nascimento até sua apresentação pública a Israel, repudiou a prerrogativa de Maria lhe dizer o que fazer. Cristo respondeu: "Minha hora ainda não chegou" (Jo 2:4).

> O parentesco humano deve ser subordinado agora aos relacionamentos espirituais. Ele tinha sido o zeloso filho de Maria; Ele agora deve ser o Redentor do mundo (Mt 12:46-55). A igreja romana afirma a suprema intercessão e intervenção de Maria; foi isso que Jesus negou.
> Se temos alguma ideia de aspereza nessa aparente repreensão de Jesus a sua mãe, seria removido pelo fato de que Ele negou a ela, não o pedido. Ele disse a ela que a hora de sua maior manifestação como Messias *ainda não havia chegado*. Essa foi uma confirmação de sua esperança para ele e uma promessa para o futuro.[6]

---
[5] Ibid., p. 163.
[6] Shepard, The Christ, p. 90:

Ele não negou que era o Messias e que, como Messias, proveria abundantemente para os participantes de seu reino. Ele também não negou o conceito profético de que o vinho é um sinal de alegria no reino do Messias. No entanto, Ele indicou que sua hora de conceder benefícios messiânicos à nação ainda não havia chegado. Esses benefícios não poderiam vir até que Ele fosse aceito como o Messias pela nação. Maria não foi dissuadida de sua fé na pessoa de Cristo. Ela disse aos servos que fizessem tudo que Ele lhes ordenasse fazer. Jesus voltou-se para os servos e disse-lhes: "Encham os potes com água" (Jo 2:7). João notou que na sala havia seis potes de pedra ou barro que eram usados pelos judeus para a purificação cerimonial. Esses potes continham entre 75 e 113 litros de água. Os judeus que compareciam a tais festas achavam necessário lavar as mãos com frequência para que pudessem estar cerimonialmente limpos. Esses potes, em obediência à ordem de Cristo, foram enchidos até a borda. Foi então que aconteceu um milagre, pois, quando os servos tiraram o conteúdo dos potes que haviam sido cheios de água e o levaram ao mestre da festa, ele testemunhou que havia provado o melhor vinho. Shepard diz:

> Jesus realmente fez vinho a partir da água. Mas havia uma grande diferença entre o vinho palestino daquela época e as misturas alcoólicas que hoje levam o nome de vinho. Seu vinho simples era uma mistura com três partes de água e corresponderia mais ou menos ao nosso suco de uva. Seria pior do que blasfêmia supor que, por ter feito o vinho, Jesus justifica os hábitos de beber da sociedade moderna, com seus bares, bebidas fortes e males delas resultantes.[7]

É necessário entender o uso do vinho no Novo Testamento. Stein afirma:

> Nos tempos antigos, o vinho era geralmente armazenado em grandes jarros pontiagudos chamados *ânforas*. Quando o vinho era para ser usado, ele era derramado das ânforas em grandes tigelas chamadas *crateras*, onde era misturado com água ... Dessas *crateras*, cálices ou *cílices* eram então enchidos. O que é importante notarmos é que antes de o vinho

---

[7] Ibid.

ser bebido, ele era misturado com água. Os *cálices* não eram preenchidos com o vinho das *ânforas*, mas das *crateras*...

A proporção de água para vinho variava. Homero (*Odisseia* IX, 208f.) menciona uma proporção de 20 para 1, 20 partes de água para uma parte de vinho. Plínio (*Natural History* XIV, vi, 54) menciona uma proporção de oito partes de água para uma parte de vinho ...

Em uma obra antiga de Ateneu, *O banquete dos eruditos*, escrito por volta de 200 d.C., encontramos no Livro Dez uma coleção de declarações de escritores anteriores sobre as práticas de beber. Uma citação de uma peça de Aristófanes [diz] "a proporção da água para o vinho é de 3 para 1" ...

Às vezes, a proporção baixava de 1 para 1 (ou ainda menos), mas deve-se notar que essa mistura era chamada de "vinho forte". Beber vinho sem mistura, por outro lado, era considerado um costume "cita" ou bárbaro...

É evidente que o vinho era visto na Antiguidade como bebida. No entanto, como bebida, sempre foi considerada uma bebida mista. Plutarco (*Sumposiacs* III, ix), por exemplo, afirma: "Chamamos uma mistura de 'vinho', embora a maior parte de seus componentes seja a água." A proporção de água pode variar, mas apenas os bárbaros bebiam sem mistura, e uma mistura de vinho e água em partes iguais era vista como "bebida forte" e desaprovada. O termo "vinho" ou *oinos* no mundo antigo, então, não significava vinho como o entendemos hoje, mas vinho misturado com água. Normalmente, um escritor se refere simplesmente à mistura de água e vinho como "vinho". Para indicar que a bebida não era uma mistura de água e vinho, ele dizia "vinho (*akratesteron*) não misturado".

Alguém pode se perguntar se o costume de misturar vinho com água era limitado aos antigos gregos. O ônus da prova caberia a qualquer um que argumentasse que o padrão de beber vinho na sociedade judaica era substancialmente diferente dos exemplos já mencionados. E temos exemplos na literatura judaica e cristã e talvez na Bíblia de que o vinho também era entendido como uma mistura de vinho e água. Em vários casos, no Antigo Testamento, é feita uma distinção entre "vinho" e "bebida forte". Em Levítico 10:8-9, lemos: "Depois o SENHOR disse a Arão: 'Você e seus filhos não devem beber vinho nem outra bebida fermentada antes de entrar na Tenda do Encontro...'" A respeito do voto de nazireu Números 6:3 afirma que o nazireu "terá que se abster de vinho e de outras bebidas fermentadas". Essa distinção também é encontrada em Deuteronômio 14:26; 29:6; Juízes 13:4, 7, 14; 1Samuel 1:15; Provérbios 20:1; 31:4, 6; Isaías 5:11, 22; 28:7; 29:9, 56:12; e Miqueias 2:11.

A *Jewish Encyclopedia* de 1901 (vol. 12, p. 533) afirma que, no período rabínico, pelo menos "'yayin' [ou vinho] deve ser distinguido do 'shekar' [ou bebida forte]: o primeiro é diluído com água ('mazug'); o segundo é não diluído ('yayin hai')". No Talmude, que contém as tradições orais do judaísmo de cerca de 200 a.C. a 200 d.C., há vários trechos nos quais a mistura de água e vinho é discutida. Um desses tópicos (Shabbath 77a) afirma que o vinho que não continha três partes de água de poço não é vinho. Diz-se que a mistura normal consiste de duas partes de água para uma parte de vinho. Em uma referência mais importante (Pesachim 108b) é dito que os quatro copos que cada judeu deveria beber durante o ritual de Páscoa deveriam ser misturados numa proporção de três partes de água para uma parte de vinho....

Nos tempos antigos não havia muitas bebidas que fossem seguras para beber. O perigo de beber água, por si só, levanta outro ponto. Havia várias maneiras pelas quais os antigos podiam tornar a água pura para beber. Um método era fervê-la, mas isso era cansativo e caro. Diferentes métodos de filtração foram experimentados. O método mais seguro e fácil de se obter água potável para beber era misturá-la com o vinho. O consumo de vinho (ou seja, uma mistura de água e vinho) servia, portanto, como medida de segurança, pois muitas vezes a água disponível não era potável.[8]

Os rabinos diziam que qualquer alimento não abençoado era impuro e contaminaria o que dele comia. Eles ensinaram que o vinho, a menos que misturado com água, não poderia ser abençoado. Os rabinos debatiam sobre quanta água deveria ser adicionada antes que o vinho pudesse ser abençoado. Alguns argumentaram que três partes de água e uma parte de vinho poderiam ser abençoadas. Outros exigiam que dez partes de água e uma parte de vinho fossem misturadas antes que o vinho pudesse receber a bênção. Parece, de acordo com o costume e a tradição, que a água misturada com o vinho era utilizada para que não contaminasse as pessoas presentes e fosse apta para receber a bênção. João observou que

---

[8] Robert H. Stein, "Wine-Drinking in New Testament Times", Christianity Today (20 de junho de 1975):9-11.

esse milagre, ocorrido em Caná da Galileia, foi o primeiro de uma série de sinais milagrosos que Jesus realizou.

Visto que esse foi o primeiro milagre registrado de Jesus, é interessante notar que não menos do que seis palavras gregas foram usadas no Novo Testamento com respeito a milagres.

1. *Teras*. De acordo com essa palavra, o milagre é considerado um acontecimento surpreendente, imponente e sensacional. Essa palavra nunca ocorre sozinha no Novo Testamento, pois nossa atenção não é direcionada primeiramente para o resultado do milagre ou para aquilo que o milagre produz. Compare João 4:48 e Atos 2:19 onde *teras* significa "maravilhas".

2. *Sēmeion*. Quando aplicada a um milagre, essa palavra implica que o milagre é uma indicação de algum poder ou significado por trás dele, para o qual o milagre é secundário em importância. A NVI traduz essa palavra como "sinal milagroso"; é usada 17 vezes no evangelho de João (2:11, 18, 23; 3:2; 4:48, 54; 6:2, 14, 26, 30; 7:31; 9:16; 10:41; 11:47; 12:18, 37; 20:30).

3. *Dynamis*. Essa palavra enfatiza o poder revelado na realização do milagre e implica na energia espiritual que o produziu. Compare Mateus 7:22; 11:20, onde a palavra ocorre como "milagres".

4. *Endoxos*. Esse termo enfatiza os milagres como sendo obras nas quais a glória de Deus e do Filho de Deus resplandece manifestamente. Compare Lucas 13:17, onde a palavra é apresentada como "maravilhas".

5. *Paradoxos*. Essa palavra é usada apenas em Lucas 5:26, onde é traduzida como "coisas extraordinárias". Refere-se ao que é contrário à ordem do mundo natural e ao que é estranho à corrente de pensamento usual.

6. *Thaumasios*. Essa palavra é usada para algo que provoca admiração. Ocorre apenas em Mateus 21:15, onde é traduzida como "coisas maravilhosas".

A palavra *sēmeion* é a mais usada. Não indica que os milagres foram produzidos para assustar ou criar emoção, embora tenham produzido isso. Ao contrário, o termo é usado para significar que Deus estava trabalhando por meio da pessoa de seu Filho a fim de revelar sua própria glória e a glória do Filho. O termo mostrou que esses milagres não eram naturais, mas sobrenaturais. Eles eram contrários à natureza e, portanto, os homens devem estudar o milagre para ver seu significado profundo.

Como os homens conceberam os milagres em geral, eles também idealizaram sua relação especial ou distinta com Cristo. Foram feitos para provar que Ele possuía um poder sobrenatural, podia exercê-lo diretamente, por uma palavra ou ato da vontade, sem qualquer agência intermediária ou instrumental. Ele podia antecipar a ação lenta e normal das forças e processos naturais, como na transformação da água em vinho; podia controlar o mais feroz dos elementos, como quando acalmou a tempestade; podia criar, como na multiplicação dos pães e peixes; podia desfazer os atos realizados, não apenas revogar as leis da natureza, mas cancelar eventos que tinham acontecido por sua operação universal e necessária, como na ressurreição dos mortos. Esses foram feitos para fundamentar a divindade, poder divino exercido por natureza e praticado por direito. Mas os milagres tornaram-se assim as garantias de seu verdadeiro ser, evidências de sua natureza e missão. Eram suas credenciais; ele era crido não por si mesmo ou por sua verdade, mas por suas obras.[9]

Os milagres foram especialmente concebidos por Deus para transmitir uma mensagem à nação de Israel. Paulo declarou em 1Coríntios 1:22 que enquanto os gregos eram persuadidos pela filosofia, lógica ou razão, os judeus exigiam sinais milagrosos antes de acreditarem. A primeira ocorrência de milagres no Antigo Testamento é na época do êxodo. Por meio de milagres Deus autenticou Moisés como seu mensageiro e a promessa de libertação de Moisés como sua própria mensagem. Os milagres foram dados para convencer Israel de que deveriam obedecer a Moisés, abandonar o Egito e segui-lo para o deserto. Os milagres foram feitos para convencer o Faraó de que o Senhor era o verdadeiro Deus e que ele deveria se submeter a seu comando para libertar os israelitas da escravidão.

O segundo período em que milagres ocorreram no Antigo Testamento foi nos dias de Elias e Eliseu. Esses dois profetas ministraram a uma nação apóstata que estava sendo governada por reis ímpios e tiveram por objetivo chamar o povo ao arrependimento. Suas mensagens advertiram os reis e a nação sobre o julgamento iminente, caso eles não se arrependessem de fato. Os milagres que realizaram os autenticaram

---

[9] Fairbaim, Life of Christ, p. 150-151.

como mensageiros de Deus e mostraram que suas mensagens eram de origem divina.

O terceiro período em que milagres ocorreram em conexão com o propósito de Deus para seu povo da aliança, Israel, foi durante o ministério terreno de Cristo. O Messias foi enviado como Mensageiro de Deus com a mensagem de Deus de que o Messias tinha vindo para redimir e reinar. O povo foi chamado a deixar o pecado, a se voltar pela fé para aquele que se ofereceu como Salvador e a confiar nele para a salvação. Assim, como no Antigo Testamento, os milagres foram concebidos para autenticar tanto o mensageiro de Deus como a mensagem. Fairbaim observa que os milagres do Antigo Testamento eram principalmente punitivos, mas os de Cristo eram principalmente corretivos.[10]

Os milagres de Jesus não apenas autenticaram sua pessoa e mensagem, mas revelaram os domínios sobre os quais Ele exerce autoridade. Houve milagres nos reinos da natureza, envolvendo demônios, doenças e enfermidades físicas e emocionais, e a morte. Por meio de seus milagres, Cristo demonstrou sua autoridade nos domínios em que um dia governará como Rei em seu reino.

Além disso, os milagres revelaram condições no reino sobre as quais o Messias governará. Será um reino no qual a natureza estará sujeita à sua autoridade e no qual não haverá doença, males físicos ou morte. Será um reino no qual Satanás estará preso e sua influência contida. Será um reino no qual não haverá qualquer tipo de necessidade.

Assim, ao estudar os milagres, devemos considerar o que eles revelam sobre a pessoa e autoridade de Cristo, bem como os benefícios que serão providos por meio de seu reinado para aqueles que estarão em seu reino.

Vemos, pelo relato de João, que esse primeiro milagre produziu dois resultados. Em primeiro lugar, a glória essencial que pertence a Jesus Cristo como o Filho de Deus foi revelada aos presentes na festa de casamento. O milagre "revelou sua glória" (Jo 2:11). Em segundo lugar, "os seus discípulos creram nele". Jesus confirmou a fé daqueles que lhe foram dirigidos por João Batista e de outros que lhe foram trazidos pelos seus primeiros discípulos para que confiassem nele e se dispusessem a deixar

---

[10] Ibid., p. 150:

João e segui-lo. Este a quem eles se sujeitaram era o Filho de Deus. No milagre, eles viram sua glória. Ele era digno de ser crido.

3. A permanência em Cafarnaum
Seção 30
João 2:12

Após a festa de casamento em Caná, Jesus, em companhia de sua mãe, de seus meios-irmãos e de seus discípulos, foi para Cafarnaum e se estabeleceu lá por um curto período de tempo. Cafarnaum ficava na costa noroeste do mar da Galileia, na orla da planície de Genesaré.

A julgar pelos relatos do evangelho, Cafarnaum era uma cidade de considerável importância. Era lá que Mateus se assentava na "coletoria", onde se cobrava impostos, possivelmente sobre os peixes pescados no lago, entre outras coisas (Mt 9:9). Era o lugar onde morava um alto funcionário do governo (Jo 4:46). Tratava-se de um centurião romano com seu destacamento de soldados. Sua estada ali era de longo prazo, o suficiente para que o centurião construísse uma sinagoga para a congregação judaica local. A pergunta que nosso Senhor fez a Cafarnaum — "E você, Cafarnaum, será elevada até ao céu?" — aparentemente se refere à atitude de orgulho da cidade e sua severa condenação do lugar parece ter sido cumprida no sentido mais literal, como evidenciado pela dificuldade de descobrir e identificar o local agora (Mt 11:23; Lucas 10:15).

Jesus parece ter feito em Cafarnaum seu quartel-general na Galileia depois de deixar Nazaré, possivelmente porque era um centro populacional maior, ou talvez porque vários de seus discípulos moravam lá (Mt 4:13). Foi perto desse lugar que ele chamou os pescadores (Mt 4:18; Marcos 1:16; Lucas 5:1) e o coletor de impostos (Mt 9:9ss.; Marcos 2:13ss.; Lucas 5:27ss.) para seu serviço. Muitas "obras poderosas" foram operadas em Cafarnaum, incluindo a cura do servo do centurião (Mt 8:5-13; Lucas 7:1-10), o filho de um nobre (Jo 4:46-54), a sogra de Pedro (Mt 8:14, 15; Marcos 1:29-31; Lucas 4:38, 39) e o paralítico (Mt 9:2-8; Marcos 2:1-12; Lucas 5:17-26). Foi provavelmente também em Cafarnaum que Ele curou a filha de Jairo (Mt 9:18-26;

Marcos 5:21-43; Lucas 8:40-56). Ali ele também expulsou o espírito imundo (Mc 1:21-34; Lucas 4:31-41) e usou uma criança para ensinar sobre humildade (Mt 18:1-5; Marcos 9:33-37; Lucas 9:46-50).[11]

Esse parece ter sido um período em que Jesus passou algum tempo com seus novos discípulos antes de partir rumo à Judeia para a primeira fase de seu grande ministério público.

4. A tomada de posse do templo
Seção 31
João 2:13-22

Como alguém que era obediente à lei, Jesus sem dúvida compareceu a todas as festas da Páscoa entre aquela registrada pelo evangelho, quando Ele tinha doze anos de idade, e esta, que foi a primeira visita da Páscoa durante seu ministério público. Assim, Jesus teria ido, como era seu costume, a Jerusalém para a festa da Páscoa. Smith descreve a cena que Jesus viu:

> Ao chegar, dirigiu-se ao Templo e, no átrio, no Pátio dos Gentios, uma estranha cena se descortinou aos seus olhos. Naqueles dias de degeneração, prevalecia uma prática imprópria em relação à celebração da Páscoa. Havia necessidade de animais — cordeiros para o sacrifício pascal e também para a oferta de purificação, novilhos para a oferta de gratidão e pombas para a oferta de purificação para os pobres; e os gananciosos sacerdotes encontravam nessa circunstância uma oportunidade para aumentar suas receitas. Supostamente para a conveniência dos adoradores, mas na verdade para seu próprio enriquecimento, eles instituíram um mercado de gado no pátio sagrado. Era um truque astuto, mas vergonhoso, garantindo-lhes tanto um bom preço quanto a própria recompra, uma vez que as vítimas que eles vendiam no pátio agora eram devolvidas a eles no altar. Eles instituíram também um mercado monetário sob um duplo pretexto. Visto que muitos dos

---
[11] Gleason L. Archer, "Capernaum", Zondervan Pictorial Encyclopedia of the Bible (daqui em diante, nestas notas: ZPEB), vol. 2, ed. Merrill C. Tenney. Grand Rapids: Zondervan, 1975), p. 747-748.

adoradores, judeus da dispersão, vinham de terras distantes e tinham apenas moeda estrangeira, que era considerada impura, eles precisavam, antes de poder comprar suas ofertas, trocá-la pela moeda judaica. E então os cambistas estavam lá com suas caixas de dinheiro, exigindo seu *ágio*. Eles eram empregados também em outra transação mais ofensiva. Todo israelita adulto, rico ou pobre, tinha de pagar um imposto anual de meio siclo sobre a receita do Templo. No primeiro dia do mês de Adar, ou março, era feita a intimação de que todos deveriam ter o dinheiro disponível; no dia quinze, os coletores se assentavam em cada cidade para receber o pagamento; no dia vinte e cinco, eles se acomodavam no pátio do templo, e todos os pagamentos pendentes deveriam ser feitos sob pena de penhora. Às vezes acontecia que a roupa de um homem pobre era tomada como penhor. Era uma exigência cruel, e entristecia o Senhor o fato de que os pobres de Deus fossem assim saqueados para o enriquecimento de um sacerdócio luxuoso e quase nada religioso.[12]

O templo de Jerusalém foi dedicado como um lugar de encontro entre Deus e seu povo. Por causa das perversões praticadas no templo, Cristo fez um chicote de cordas. Smith descreve a cena:

Entre o lixo espalhado pelo pátio havia pedaços de corda, amarras e cordões de bagagem; e, pegando um punhado destes e trançando-os em um açoite, Ele arrebanhou as ovelhas e os bois, conduzindo-os para fora do recinto sagrado. Então Ele atacou os cambistas, virando suas mesas e espalhando suas moedas pelo chão. As pombas em suas gaiolas não podiam ser soltas, e talvez Ele tivesse um sentimento de ternura por aquelas "ofertas dos pobres". Ele não usou de violência contra elas, mas ordenou que seus donos as levassem dali. "Parem de fazer", gritou Ele, "da casa de meu Pai um mercado!"[13]

Fica evidente pela autoridade de Cristo, bem como por causa da imoralidade das perversões, que parece não ter havido oposição às ações de Cristo.

---

[12] Smith, The Days, p. 58-59.
[13] Ibid., p. 60:

Jesus estava atacando um abuso que, embora enriquecesse o sacerdócio saduceu, deve ter sido considerado pelo povo como um gravíssimo erro. A multidão aplaudiria o ousado reformador, reconhecendo-o como seu líder contra a tirania aristocrática e a exigência sacerdotal; e, embora os governantes desprezassem a multidão, eles também temiam o povo, sabendo da excitabilidade e ferocidade de suas paixões. Além disso, na culpa consciente dos ofensores, Jesus tinha um reforço ainda mais forte. Eles mesmos sabiam que estavam errados.[14]

Para alguns, essa violência da parte de Jesus poderia estar em desacordo com seu caráter; no entanto, como ressalta Fairbaim:

> Uma índole incapaz de indignação é destituída de justiça, sem o desejo de expressar adequadamente seus julgamentos morais. Aqui havia quase a pior perversão possível das coisas mais sagradas, uma ofensa que a consciência condenaria na proporção de sua pureza. As emoções despertadas na mente de Cristo pelo conflito entre o ideal e o real não poderiam ter sido expressas com mais força e, portanto, com mais propriedade. Então, também, o ato foi finalmente inteligível para um hebreu, um ato de lealdade esplêndida a seu Deus.[15]

Os discípulos de Jesus entenderam sua resposta em relação ao mau uso da casa de Deus como uma evidência da justiça que pertencia ao Senhor, e sem dúvida se lembraram de Salmos 69:9, que descreve exatamente o zelo pela casa de Deus como Ele havia demonstrado. Os discípulos e os judeus que testemunharam aquele evento interpretaram as ações de Cristo como uma demonstração de autoridade messiânica. Os judeus responderam exigindo dele um sinal: "Que sinal milagroso o senhor pode mostrar-nos como prova da sua autoridade para fazer tudo isso?" (Jo 2:18). Ninguém questionou que o templo precisava ser purificado. Ninguém colocou em questão que o templo havia sido pervertido por seu uso indevido. Ninguém pôs em dúvida que aqueles que vinham ao templo estavam seguindo a tradição e não a lei. Ninguém discutiu que aqueles que se sentavam à mesa dos cambistas e aqueles que vendiam

---
[14] Ibid.
[15] Fairbaim, Life of Christ, p. 121.

animais eram motivados pela ganância egoísta. Os líderes judeus não o confrontaram pelo que ele acabara de fazer, mas questionaram sua autoridade para fazer o que eles reconheciam que precisava ser feito.

Como prova de sua autoridade, Jesus deu o sinal relativo à sua morte e ressurreição. O primeiro e o último sinais dados em resposta ao pedido à foram os mesmos. A ressurreição de Jesus Cristo seria a vindicação de Deus da pessoa de seu Filho.

Como muitos dos sinais de nosso Senhor, esse também não foi compreendido por seus ouvintes. Os judeus lembraram a Jesus que o grande templo, em fase de ampliação por Herodes, estava em construção havia 46 anos. Não seria concluído por outra geração. Era inconcebível para eles que Cristo pudesse erguer "este templo... em três dias" (Jo 2:19). E foi preciso que João explicasse o simbolismo. O templo não se referia ao edifício físico que Herodes estava construindo, mas sim ao seu próprio corpo. O templo era um sinal do gênio do construtor, mas a Ressurreição deveria ser um sinal da divindade e autoridade de Jesus Cristo.

Essa profecia da ressurreição de Cristo foi pouco entendida tanto por seus discípulos quanto pelos judeus de Jerusalém. Na verdade, parece ter sido apagada da mente deles até depois da ressurreição. Naquela época, o Espírito cumpriu a promessa de Cristo de que "o Conselheiro, o Espírito Santo, que o Pai enviará em meu nome, ensinará a vocês todas as coisas e fará vocês lembrarem tudo o que eu disse" (Jo 14:26). Só então, eles foram capazes de entender o significado dessa profecia.

5. Aceitação na Judeia

Seção 32

João 2:23—3:21

Quando Cristo visitou Jerusalém pela primeira vez durante a Páscoa, após o início de seu ministério, Ele aproveitou a ocasião para se apresentar publicamente à nação como o Messias. Ele realizou uma série de sinais milagrosos (Jo 2:23). Esses foram designados não tanto para criar interesse e despertar a atenção, mas para chamar o povo a uma consideração sobre o significado dos sinais. Os detalhes daqueles sinais não estão registrados nos evangelhos, mas o conhecimento deles foi difundido. A purificação do templo havia despertado a atenção dos aristocráticos saduceus e os sinais operados por Cristo chamou a atenção dos fariseus intelectuais.

Sem dúvida, os atos de Cristo de purificar o templo e de realizar sinais milagrosos foram discutidos pelo Sinédrio. A reivindicação de Cristo, acompanhada de tais sinais milagrosos, exigia um comentário do Sinédrio. Era responsabilidade daquele órgão governante investigar tais sinais e reivindicações e fazer um pronunciamento oficial para o povo quanto à sua autenticidade.

Foi a partir desse contexto que surgiu Nicodemos.

> Ele ocupava uma *posição* muito proeminente, sendo *um governante dos judeus*. Cf. também 1:10 e 7:50 que indicam que ele era um membro do Sinédrio e também um escriba: isto é, um estudante profissional, intérprete, e professor da lei.[16]

Shepard observa:

> Nicodemos procurou Jesus em segredo, à noite. Se ele teria ido como uma espécie de representante particular dos governantes que haviam falhado em sua exigência de um sinal, tal fato não é divulgado. Quando enviaram uma delegação a João para perguntar se ele era o Messias, o fato se tornou conhecido. O caráter de Nicodemos, como sabemos, não se harmonizava com a ideia de ele ser um emissário secreto dos governantes judeus. Ele era um fariseu e membro do Grande Sinédrio em Jerusalém. Como tal, ele precisaria proceder com cautela e evitar comentários desnecessárias de seus companheiros. É provável que ele tenha ido à noite, procurando saber por si mesmo o segredo dos milagres, e especialmente com a finalidade de perguntar a Jesus sobre o Reino vindouro, que constituía um dos principais temas da pregação tanto de João como de Jesus. Ele seria censurado por seus colegas do Sinédrio que haviam sido tão profundamente ofendidos por Jesus na purificação do Templo caso eles soubessem de seu encontro com Jesus. Por que não evitar isso, indo à noite? Então certamente Jesus seria mais acessível à noite, depois de a multidão que geralmente o cercava ter se dispersado.[17]

---

[16] Hendriksen, John, vol. 1, p. 131.
[17] Shepard, The Christ, p. 98.

João não sugeriu que Nicodemos tivesse vindo a Cristo como representante oficial daquele órgão. Em vez disso, a inquirição de Nicodemos parece ter sido pessoal e não oficial. Se tivesse sido um pedido de inquérito oficial, sem dúvida que teria ocorrido durante o dia.

Apesar da posição que Nicodemos ocupava, ele não se apresentou com uma atitude de superioridade, pois dirigiu-se a Jesus como "Rabi". Era um título de grande respeito que os judeus utilizavam para os seus professores religiosos. A palavra vem de uma raiz hebraica que significa "grande" e significava "o meu eminente". Originalmente o termo era usado pelos escravos quando se dirigiam a um mestre, mas passou a ser usado pelos estudantes como um título de respeito pelos seus professores. Nicodemos colocou a si próprio na posição de um aprendiz que procurava saber sobre as grandes verdades que Cristo ensinava. Nicodemos tinha sido motivado a ver Jesus e apresentar o seu questionamento por causa dos sinais milagrosos que Ele estava realizando. Quando o Sinédrio debateu aqueles sinais, pelo menos uma parte do Sinédrio tinha sido forçada a concluir que aqueles sinais eram sobrenaturais, não normais. Isso é indicado no fato de Nicodemos não ter se expressado: "Eu sei", mas ao contrário: "Sabemos que és um mestre que veio de Deus" (Jo 3:2). Desse modo, os sinais eram provas irrefutáveis e convincentes de que Jesus Cristo veio de Deus.

Nicodemos não se dirigiu a Cristo como Mestre para o depreciar ou para negar que Ele era o Messias, aquele que salvaria e libertaria o seu povo da escravidão. Em vez disso, Nicodemos usou um título que significava que Ele veio para revelar Deus e a verdade de Deus ao povo. No Antigo Testamento, Deus tinha se revelado por intermédio da lei. Os estudiosos que explicavam a lei representavam canais por meio dos quais essa revelação podia se tornar compreensível para o povo. Assim, o povo veio para honrar os seus mestres como homens que revelaram a verdade de Deus e a pessoa de Deus aos homens. Isto estava de acordo com a declaração de João em 1:18.

> Essa foi uma grande concessão que Nicodemos acabou fazendo, como fariseu. Jesus era visto com desprezo pela maioria deles. Ali estava um homem diferente de Simão ou Natanael, um erudito cercado por barreiras sociais e de costumes, buscando a verdade através do labirinto de

um sistema cerimonial. Ele foi cortês em sua abordagem, mas estava pronto para submeter cada argumento de Jesus aos seus testes legalistas. Jesus buscou o ponto de contato em sua resposta a essa pergunta indireta sobre seus milagres e sua origem messiânica. Ele compreendia os defeitos da teologia farisaica. Sabia que Nicodemos estava imerso nas concepções correntes a respeito do Messias e do Reino Messiânico. Ele também reconheceu que Nicodemos tinha ido a Ele por causa da pregação da nova doutrina do arrependimento e do reino vindouro. Muitos estavam acreditando nessa nova doutrina e a popularidade de Jesus estava crescendo rapidamente. O que Nicodemos tinha em mente era verificar de Jesus para si mesmo e para os outros de seu círculo interno de amigos se o reino temporal seria ou não estabelecido naquele tempo.[18]

Jesus aceitou o grande elogio que Nicodemos lhe fez como algo merecido e justo. Nicodemos havia reconhecido quem Ele era e o que Ele tinha vindo fazer. Jesus, a respeito de quem havia sido dito que "não precisava que ninguém lhe desse testemunho a respeito do homem, pois ele bem sabia o que havia no homem" (Jo 2:25), percebeu a pergunta que predominava na mente de Nicodemos. Este sabia que Jesus estava trazendo um reino que havia sido profetizado. Como um estudioso da lei, Nicodemos sabia que o Antigo Testamento exigia retidão como pré-requisito para a entrada no reino do Messias (Sl 24:3-4). Ele era um fariseu preocupado com assuntos da lei, e constantemente ponderava sobre como um homem poderia ser justo perante a lei. Por isso, as seguintes perguntas poderiam ter estado em sua mente desde o início: "Quão justo um homem tem de ser para entrar no reino? Como se pode entrar no reino do Messias? Como é possível satisfazer as exigências da lei?" A resposta de Cristo foi direta: "Ninguém pode ver o Reino de Deus, se não nascer de novo" (Jo 3:3). A referência a "nascer de novo" não era desconhecida de Nicodemos, pois, como fariseu, ele se preocupava com o batismo de prosélitos. Shepard afirma:

> Essa declaração deixou Nicodemos quase atordoado. Ele sabia sobre os prosélitos, que, quando batizados vindos do paganismo, eram

---

[18] Ibid., p. 99.

> considerados "como uma criança recém-nascida". Jesus estaria querendo dizer que os judeus deveriam entrar no reino por meio daquela mesma porta da humildade? Essa parecia ser a doutrina e a exigência do batismo de João. Todos os fariseus se oporiam a isso. O prosélito, por meio do batismo no judaísmo, entrava em uma nova relação com Deus e com o homem, como se ele tivesse nascido recentemente. Mas *seu segundo nascimento* era uma consequência de aceitar sua entrada no reino... Nicodemos não conseguia entender esse conceito. Ele estava familiarizado com a ideia do novo nascimento, pela cerimônia do batismo para os prosélitos; mas tal cerimônia não era destinada para os judeus, embora João a exigisse. Os filhos de Abraão nunca se submeteriam a tal exigência![19]

A resposta de Nicodemos demonstra que ele não estava entendendo que Jesus estava falando sobre o batismo de prosélitos como um meio de entrada no reino do Messias.

> Uma coisa estava clara para Nicodemos. Evidentemente, esse novo nascimento deveria levar alguém a tornar-se "como uma criança". Mas como isso poderia acontecer? Ele arriscou outra pergunta: "Como alguém pode nascer, sendo velho? É claro que não pode entrar pela segunda vez no ventre de sua mãe e renascer!" A participação no reino messiânico, para um judeu, significava estar em conformidade com um código moral e com um sistema ritual. Era seu interesse conhecer o dever para escapar da pena e garantir a recompensa. O dever era definido por um código complexo de observâncias e restrições. Não era concebido como uma disposição pessoal interior. A participação no reino era a recompensa obtida por meio da obediência. Por seus próprios méritos e reivindicações hereditárias como filhos de Abraão, os fariseus acreditavam que o reino pertencia a eles.[20]

Cristo respondeu que o homem deveria nascer "da água e do Espírito" (Jo 3:5). Essa declaração tem dado origem a muitas interpretações diferentes.

---

[19] Ibid., p. 100:
[20] Ibid.

Existem vários tipos de interpretação que têm sido oferecidos para essa afirmação de Jesus. Alguns entendem que deveria significar uma regeneração batismal, o que acaba sendo contrário aos ensinamentos gerais do Novo Testamento. Outros declararam que os dois batismos mencionados se referem a um ato — a obra de purificação do espírito. A menção ao batismo nas águas, nesse caso, poderia ser considerada redundante. Ainda outros entendem que há um contraste entre o nascimento natural e o nascimento espiritual, visto que Nicodemos acabara de indagar sobre esse ponto, se um segundo nascimento natural seria possível. Isso está mais próximo da verdade e de uma interpretação aceitável. A favor dessa interpretação está a declaração de Jesus feita logo a seguir: "O que nasce da carne é carne, mas o que nasce do Espírito é espírito. Não se surpreenda pelo fato de eu ter dito: É necessário que vocês nasçam de novo [espiritualmente]".[21]

A dificuldade em interpretar a declaração de nosso Senhor surge daí porque tendemos a ler a doutrina subsequente do Novo Testamento voltando para esta passagem. Deve ser interpretada à luz do contexto. Interpretar a água apenas como um símbolo da Palavra de Deus, uma figura frequentemente usada no Novo Testamento, seria tornar a resposta de nosso Senhor ininteligível para Nicodemos, que não teve a luz daquela revelação posterior.

Shepard observa:

> Os judeus tinham um grande zelo por Deus, mas não de acordo com o conhecimento do caminho espiritual da salvação. Para eles, o reino deveria vir como uma recompensa através da obediência meritória aos requisitos dos códigos morais e cerimoniais. Jesus dá a entender a Nicodemos que ele deve passar pela porta do batismo com o Espírito Santo, ao qual João havia se referido ao retratar o Messias vindouro. "Eu batizo com água", João havia dito, "aquele sobre quem você vir o Espírito descer e permanecer, esse é o que batiza com o Espírito Santo" ... O significado para nós no plano da salvação hoje seria "você deve se arrepender, Nicodemos, e confessar seus pecados e também experimentar o nascimento batismal do Espírito Santo".[22]

---

[21] Ibid., p. 101.
[22] Ibid.

Cristo revelou a Nicodemos a razão por que um novo nascimento era necessário nestas palavras: "O que nasce da carne é carne" (Jo 3:6). Como fariseu, Nicodemos confiava na descendência física de Abraão para entrar no reino do Messias. Cristo negou tal possibilidade. Os pais podem transmitir aos filhos apenas a natureza que eles próprios possuem. Visto que a natureza de cada pai, por causa do pecado de Adão, é pecaminosa, cada pai transmite uma natureza pecaminosa ao filho. Aquilo que é pecaminoso não pode entrar no reino de Deus (v. 5). Para entrar no reino, uma pessoa deve estar sem pecado. Isso significa que é preciso ter um pai que possa transmitir uma natureza sem pecado. Somente Deus poderia realizar um nascimento que transmitisse uma natureza sem pecado; portanto, somente Ele poderia tornar alguém apto para entrar no reino. Jesus se referiu a esse fato quando disse: "o que nasce do Espírito é espírito" (v. 6). A mesma palavra grega está na raiz de "espírito", no versículo 5, e de "vento", no versículo 8. Cristo estava fazendo uma analogia. Embora ninguém possa ver o vento, sabe-se de sua existência e poder pelas evidências de sua presença. Não se pode determinar o ponto de partida ou destino do vento, mas seu som evidencia sua existência. Cristo estava dizendo que ainda que uma pessoa não veja o Espírito, ela pode saber da existência do Espírito pelo que o Espírito faz. Uma pessoa pode saber da presença do Espírito pelo que o Espírito produz. A salvação é uma obra soberana de Deus. Mesmo que a pessoa não entenda, torna-se evidente, pelo fato da salvação, que Deus já realizou uma obra.

A resposta de Nicodemos, "Como pode ser isso?" (v. 9), mostrou sua total falta de compreensão. Ele conseguiu ouvir as palavras de Jesus, mas não foi capaz de compreender seu significado. Quando Cristo perguntou: "Você é mestre em Israel e não entende essas coisas?" (v. 10), Ele não estava inferindo que Nicodemos deveria saber essas verdades por causa de sua familiaridade com a lei. O evento do novo nascimento não foi revelado no Antigo Testamento. No entanto, Nicodemos, como mestre da lei, deveria ter a capacidade de entender a nova verdade quando Jesus a revelou a ele. Assim, a palavra de Cristo não foi uma repreensão por falta de conhecimento, mas sim por falta de capacidade de entender o que Ele estava ensinando.

Nicodemos já havia reconhecido Cristo como Mestre. Agora Cristo, no versículo 12, afirmou que Ele não estava ensinando algo especulativo ou teórico. Em vez disso, Ele estava ensinando o que sabia e pediu a Nicodemos que aceitasse sua autoridade como Mestre qualificado.

A verdade sobre Deus não se origina nas pessoas que filosofam sobre Ele. Nenhuma pessoa, por mais religiosa que seja, pode conhecer Deus sem a revelação divina. Essa era a intenção de Cristo quando disse que ninguém, a não ser Ele mesmo, foi ao céu para obter conhecimento de Deus e voltou à Terra para disseminar esse conhecimento (Jo 3;13). O único que pode revelar Deus e sua verdade é Cristo, o qual desceu do céu. A fim de enfatizar a importância da fé em sua palavra, como um Mestre de Deus, Cristo, no versículo 14, usou uma ilustração de Moisés em Números 21:8-9. O julgamento veio sobre um povo rebelde e desobediente. Deus expressou sua ira contra o pecado deles, enviando cobras venenosas que trouxeram morte dentro do acampamento. O povo apelou a Moisés, que foi buscar a Deus. Tendo recebido uma revelação do céu, Moisés comunicou essa palavra da verdade ao povo. Se eles quisessem escapar do julgamento, deveriam acreditar na palavra do mensageiro. Deus disse a Moisés que fizesse uma cobra de bronze e a colocasse em um poste onde pudesse ser vista por todo o acampamento. Ao povo foi então ordenado olhar para ela, e todos os que o fizeram foram curados. Cristo usou esse incidente para lembrar a Nicodemos que Deus derrama sua ira contra o pecado; todos os que estão em pecado são excluídos do reino. Deus enviou um Mensageiro do céu, seu próprio Filho, esperando que os homens aceitassem a mensagem que Ele lhes trouxe. Todos os que cressem em sua palavra seriam aceitos no reino (Jo 3:15). A crença no versículo 16 foi a contrapartida do ato de olhar, em Números 21:8-9. Cristo estava direcionando a atenção de Nicodemos para si mesmo e para sua palavra. Ele estava pedindo que Nicodemos acreditasse nele para ter a vida eterna. Os judeus comparavam ter vida eterna com a entrada no reino. Seu conceito de reino era o de uma existência eterna em que se haveria de desfrutar da presença de Deus.

Os intérpretes diferem na questão de Jesus ter concluído seu ensino em João 3:15, com o apóstolo João explicando o ensino do Senhor começando a partir do versículo 16. A seguinte citação contém argumentos de que os versículos 16-21 são reflexões de João.

Confirmação do Rei

O tempo pretérito dos versos que se seguem (3:16-21) indicariam que não são as palavras de Cristo, o qual deveria ter usado o tempo presente em sua fala, mas seriam reflexões do próprio João que nesses versículos faz uma recapitulação, um resumo, e comenta sobre o ensino de Cristo a Nicodemos. Essas reflexões temperadas de João na entrevista anunciariam novamente Jesus como o Filho unigênito de Deus enviado ao mundo para ser seu Mestre e Salvador.[23]

No entanto, seguindo a NVI, parece melhor, em vista do contexto, entender os versículos 16-21 como uma continuação das palavras de nosso Senhor. A palavra *para* no versículo 16 conecta a passagem com o texto precedente e introduz a explicação. O primeiro grande fato que Jesus apresentou foi que Deus amou o mundo. Isso estava em contraste com o conceito farisaico de Deus, pois eles diziam que Deus odiava os pecadores e se deleitava com sua morte. Em segundo lugar, Cristo disse que Deus demonstrou seu amor ao "dar o seu Filho unigênito" (Jo 3:16; cf. 1Jo 4:9-10; 3:16). O amor expresso apenas em palavras oferece pouco benefício para aquele que está sendo amado, mas quando o amor é traduzido em ação, o benefício é gerado para o objeto de afeição. Deus não apenas declarou seu amor, mas Ele o demonstrou oferecendo seu único Filho.

Um terceiro fato que Cristo apresentou foi que o mundo estava sob condenação. Não foi a vinda de Cristo que condenou o mundo. Ao contrário, o mundo já estava sob condenação por causa do pecado original de Adão (Gn 2:17). Cristo veio ao mundo porque este estava sob condenação. Ele declarou ainda seu propósito de vir ao mundo, observando que veio para salvá-lo. Isso foi concretizado por meio de sua morte substitutiva pelos pecadores (1João 4:10; 3:16). Agora Deus pede uma coisa a cada pecador condenado que ouviu a mensagem de que Cristo veio para salvar pecadores. Deus pede ao pecador que creia: "para que todo o que nele crer não pereça" (Jo 3:16, 18). Cristo deixou claro que as pessoas já estão perdidas. Eles não se perdem quando se recusam a acreditar nele. Eles não nascem em um estado neutro que perdem ao rejeitar deliberadamente a mensagem do evangelho. A palavra de Cristo foi que a condenação de

---

[23] Ibid., p. 104.

alguém diante de Deus só pode ser suspensa quando se aceita a mensagem do evangelho.

Cristo indicou ainda o resultado de sua proclamação da verdade de Deus. A luz veio ao mundo, mas as pessoas não responderam à luz porque amavam seus pecados. Quando a luz brilhou, em vez de atrair as pessoas para si como o faz naturalmente, as repeliu pelo fato de expor a vida delas. As pessoas procuraram se esconder da revelação que Jesus Cristo estava trazendo por meio de sua vinda porque amavam seus pecados. Por outro lado, aqueles que vêm para a luz o fazem porque responderam à verdade de que aquele que é a luz trouxe a luz. Por meio dessa palavra, Cristo desafiou Nicodemos a não se afastar da verdade que Ele, como Mestre de Deus, lhe havia apresentado. Ao contrário, Cristo queria que Nicodemos respondesse a essa verdade e viesse para a luz. Crendo em Cristo e em sua mensagem, Nicodemos entraria no reino. Assim, em resposta à pergunta no coração de Nicodemos de como uma pessoa poderia ser aceita no reino, Cristo disse que a entrada somente poderia ser feita por meio da verdade que Ele trouxe como Revelador de Deus.

6. O testemunho de João

Seção 33

João 3:22-36

Desde o momento em que Jesus começou seu ministério público, Ele atraiu a atenção generalizada (Jo 2:23). Embora o ministério de João tenha começado a declinar, ele não cessou com o início do ministério de Jesus. Ambos pregaram a mesma mensagem: "Arrependam-se, pois o Reino dos céus está próximo" (Mt 3:2; 4:17), e ambos batizaram (Jo 3:22-23). Enquanto Jesus ministrava no território da Judeia, João batizava em Enom, perto de Salim. Hendriksen escreve:

> E João também batizava em Enom, perto de Salim, porque havia muitas águas ali. Enquanto Jesus, por meio de seus discípulos, batizava na região rural da Judeia, João continuava seu ministério mais para o norte. Nós o encontramos muito perto do lugar onde o encontramos pela última vez. Ele estava em Betânia, além do Jordão (1:28). Agora ele havia cruzado o rio, de modo que estava realizando sua tarefa *desse*

lado (ou seja, a oeste) do Jordão. De acordo com muitos, Enom (termo provavelmente vindo do aramaico, que significa *fontes*), perto de Salim, estava situado a alguns quilômetros a sudoeste de Betânia. Embora sua localização exata seja duvidosa, a ideia de que seu local era próximo à junção de Samaria, Pereia e Decápolis, cerca de 13 quilômetros ao sul de Citópolis, se encaixa em todas as circunstâncias e é uma tese apoiada por Eusébio e Jerônimo. Ali há um grupo de sete fontes. Não muito longe, ao norte, fica a Galileia. Consequentemente, esse lugar tinha uma localização central, de fácil acesso para pessoas de quatro províncias e abastecido com um bom suprimento de água para o batismo.[24]

João escolheu aquele lugar porque "havia muitas águas" (v. 23). Thayer diz que a palavra traduzida como "água" se refere à água nos rios, poços, fontes ou tanques; e quando o termo é usado com o adjetivo "abundância", deve ser traduzido como "havia muitas fontes ou nascentes ali".[25] João observava escrupulosamente os requisitos do Antigo Testamento para o tipo de água usada na limpeza cerimonial. João precisava de água potável ou corrente, pois a água estagnada não purifica da contaminação como a água corrente.

O batismo de João levantou a questão na mente de alguns sobre o tema da lavagem cerimonial (Jo 3:25). Isso sugere que o batismo de João significava para os judeus um ritual de purificação do Antigo Testamento. Evidentemente, alguns judeus procuraram desacreditar João porque ele não seguia adequadamente a tradição judaica sobre a limpeza com água, e eles procuraram gerar um conflito entre João e Jesus (v. 26). Havia um reconhecimento pela nação de que ambos faziam parte de um mesmo propósito. Eles tinham a mesma mensagem. Eles fizeram o mesmo convite ao arrependimento. Eles apresentaram a mesma esperança da provisão divina para o perdão e aguardavam a vinda do Messias. Se esses movimentos permanecessem unidos, certamente atingiriam toda a nação. Foi feita uma tentativa de dividir e, desse modo reduzir a eficácia do ministério. Aqueles que, nessa ocasião, procuraram provocar divisão, evidentemente o fizeram tentando provocar um

---

[24] Hendriksen, John, vol. 1, p. 147.
[25] Joseph Henry Thayer, A Greek-English Lexicon of the New Testament (Nova York: American Book, 1889), p. 634.

sentimento de ciúmes em João e em seus discípulos. Foi possível concluir que Jesus, após ser batizado por João, havia se separado dele com o propósito de iniciar um movimento em direção oposta. As multidões estavam deixando João e seguindo a Jesus. Naturalmente era isso mesmo que João pretendia, pois não viera para atrair os homens para si, era nada mais do que um servo. Ele tinha vindo para conduzir os homens àquele a quem ele servia, para que as pessoas, como ele, pudessem se tornar seus servos. Os que tentavam produzir intrigas não entenderam isso e pensaram que poderiam provocar ciúmes em João. A resposta de João mostrou sua fidelidade a Cristo, bem como seu reconhecimento de sua relação com Cristo. A posição que ele ocupou lhe foi dada por designação divina. Ele disse: "Uma pessoa só pode receber o que lhe é dado dos céus" (Jo 3:27). João já havia afirmado que lhe tinha sido designado ser servo, e se considerava um servo indigno. Ele também havia declarado anteriormente que era uma voz ou um mensageiro com uma mensagem. João viera para informar os homens, não para atrair os homens para si. Agora, para explicar melhor a posição que lhe fora atribuída, João utilizou a figura do noivo e da noiva (v. 29). A imagem era a de um banquete de casamento em que a noiva era louvada com canções e palavras para exaltar o noivo a quem a noiva pertencia. O amigo que assiste ao noivo como seu servo no banquete se alegra pelo fato de que aquele a quem ele serve estar sendo honrado. O amigo do noivo não busca honra para si, mas para aquele a quem serve. Quando a canção é elevada em louvor à noiva para glorificar o noivo, então o amigo que acompanha o noivo se alegra. Transferindo a figura para si mesmo, João ensinou que Cristo é o Esposo, aquele que deve ser homenageado. João ficou ao seu lado para servi-lo e para o assistir, e ele se alegrou quando aquele a quem servia foi reconhecido como o Messias. João previu que aquilo que haviam observado — que Jesus estava atraindo mais discípulos do que ele — se tornaria ainda mais evidente. João disse: "É necessário que ele cresça e que eu diminua" (v. 30).

João então dá testemunho sobre a superioridade de Cristo. Embora o nascimento de João tenha sido milagroso, ainda assim foi um nascimento natural. Ele tinha uma origem terrena e, consequentemente, disse que "aquele que é da terra pertence à terra e fala como quem é da terra" (Jo 3:31). João pode ter sido informado por seu pai sobre o que o anjo lhe havia revelado sobre a pessoa e a obra de Cristo. Se, no entanto, a mensagem de João tivesse dependido das palavras do pai, teria sido uma mensagem terrena. João tinha ouvido Deus, o Pai, declarar, desde o céu, a respeito do Filho: "Este é o meu Filho amado, de quem me agrado" (Mt 3:17). Mas João não estava aqui falando da autoridade por trás de sua mensagem. Em vez disso, ele estava se referindo à autoridade que pertencia a Jesus Cristo. Nosso Senhor era superior àquele que veio da terra porque Ele veio do alto. "Quem vem de cima é acima de tudo" (Jo 3:31). João afirmou esta verdade uma segunda vez no mesmo versículo: "Aquele que vem dos céus está acima de todos". Cristo foi superior a qualquer revelador terreno porque Ele veio do céu. Seu testemunho a respeito do Pai e da verdade que revelou sobre Ele não foi indireto, mas direto, pois "Ele testifica o que tem visto e ouvido" (v. 32). João, portanto, ainda estava respondendo à tentativa de afastá-lo de Jesus, que atraía muitos seguidores. João era o servo e a voz, além de amigo do Noivo. João reconheceu que Jesus era superior a ele como um Revelador que veio do céu e podia comunicar o que sabia.

O registro indica que haveria duas respostas à revelação de Jesus. Alguns aceitariam (v. 33); e aqueles que o fizessem acreditariam na palavra de Jesus como sendo a palavra de Deus. Essa palavra era confiável porque "aquele que Deus enviou fala as palavras de Deus; a ele Deus dá o Espírito sem limites" (v. 34). Cristo, pelo Espírito, revelaria as palavras do Pai aos homens. O Filho é o objeto do amor do Pai, e toda autoridade foi colocada nas mãos do Filho (v. 35). João poderia, portanto, dizer que aquele que tem fé em tal pessoa tem a vida eterna. Alguns aceitariam o próprio testemunho de Jesus Cristo.

Por outro lado, outros rejeitariam o Filho. A rejeição seria o resultado da descrença em relação a pelo menos cinco verdades: (1) que Cristo era do céu; (2) que Ele conhecia o Pai; (3) que Ele havia sido enviado pelo Pai; (4) que Ele tinha as palavras do Pai; e (5) que Ele foi capacitado pelo Espírito Santo. O resultado de tal rejeição seria que eles nunca entrariam na vida, mas continuariam sob a ira de Deus.

Assim, João indicou que Jesus como o Messias veio para revelar o Pai para que por meio dessa revelação as pessoas pudessem conhecer o Pai e ter a vida eterna. Cristo chamou a nação perante a qual Ele se apresentou para que ela tomasse uma decisão sobre sua pessoa e suas palavras.

Aqueles que confiaram nele receberam a vida; e aqueles que o rejeitaram permaneceram sob a ira de Deus.

7. A saída da Judeia
Seção 34
Mateus 4:12; Marcos 1:14; Lucas 3:19-20; 4:14; João 4:1-4

Depois desse influente ministério inicial na Judeia, Cristo se retirou para iniciar um ministério extensivo na Galileia. Havia duas razões específicas para essa mudança de local do seu ministério. Primeiro, Cristo sabia do conflito que os fariseus estavam tentando criar entre seus discípulos e os de João. Como Jesus e João faziam parte do mesmo propósito e se engajavam no mesmo ministério, Jesus não queria que eles estivessem divididos. A fim de evitar uma divisão, Jesus se retirou para a Galileia, onde João não havia ministrado, embora sem dúvida tivesse muitos discípulos que lá viviam. A segunda razão pela qual Cristo foi para a Galileia teve como motivo a prisão de João por Herodes. Isto equivalia a rejeitá-lo, pois Ele e João pregavam mensagens idênticas. A prisão de João foi um repúdio ao chamado que ele fazia para a retidão. Foi também uma rejeição do seu anúncio de que um reino estava próximo. Assim, a rejeição de João tornou-se um motivo adequado para que Jesus deixasse o território sobre o qual Herodes governava. Parece ter havido várias razões para a prisão de João. A razão pessoal de Herodes para aprisionar João surgiu do fato de que Herodes havia se casado com Herodias, a esposa de seu irmão. João havia denunciado essa união, suscitando a ira de Herodes. O segundo motivo era político. Herodes temia que João, com tão grande influência sobre o povo, pudesse liderar uma revolta contra si mesmo e contra a autoridade de Roma. Por isso Herodes mandou prender João.

Lucas sucintamente deu um terceiro motivo para que Jesus se retirasse para a Galileia. Jesus o fez porque era controlado pelo Espírito de Deus (Lc 4:14). A referência aos fariseus, em João 4:1, pode indicar uma quarta razão pela qual Jesus foi para a Galileia. Perturbados pelo sucesso de Jesus em atrair o povo para si, os fariseus já podem ter expressado publicamente sua determinação de se livrarem dele. Como ainda não havia chegado a hora de Ele morrer, Cristo se retirou do centro de sua esfera de influência. Assim, encontramos Jesus transferindo seu ministério da Judeia para a Galileia.

8. A aceitação em Samaria
Seção 35
João 4:5-42

A respeito da viagem de Jesus da Judeia à Galileia, João afirmou que "era-lhe necessário passar por Samaria" (Jo 4:4). A palavra "necessário" implica um imperativo. Por que essa rota seria necessária quando uma rota alternativa estava disponível? Jesus poderia ter ido para o leste até Jericó e cruzado o Jordão, evitando Samaria ao viajar para o norte, em direção à Galileia. Isso teria levado Cristo através do território sobre o qual Herodes governava. Para escapar da ira de Herodes, revelada por meio da prisão de João, Ele pode ter julgado necessário viajar por Samaria. No entanto, parece que a necessidade surgiu do entendimento de Cristo sobre a vontade de Deus para Ele.

> Jesus *teve* de passar *por* Samaria. Havia várias estradas que ligavam a Judeia à Galileia: uma delas próximo ao litoral, outra pela Pereia e uma pelo centro de Samaria. Josefo nos informa, no entanto, que era costume dos galileus, quando iam à cidade sagrada para as festas, fazerem o seu trajeto pelo território dos samaritanos (*Antiguidades*, XX, vi, 1). Além disso, a distância mais curta no caminho entre Jerusalém e Jericó, onde Jesus exercia seu ministério, até Caná da Galileia, seu destino (4:46), era a estrada que passava por Samaria. É possível que a expressão *era-lhe necessário* ou *tinha de passar* (NTLH) ... se refira meramente a essa circunstância; isto é, para economizar tempo e passos desnecessários, um viajante vindo da região rural da Judeia *tinha de passar por Samaria* se desejasse chegar a Caná da Galileia. No entanto, tendo em vista que a consciência de nosso Senhor em cumprir o plano divino é constantemente enfatizada nesse evangelho (veja 2:4; 7:30; 8:20; 12:23; 13:1; 4:31) e também implicada no contexto imediato (4:1-3), é mais *provável* que o significado aqui seja: ele teve que passar por Samaria *de acordo com as ordens de seu Pai celestial*: fazer a vontade daquele que o enviou para realizar sua obra (4:34).[26]

---
[26] Hendriksen, John, vol. 1, p. 147.

Jesus e os discípulos teriam começado sua jornada ao nascer do sol. Eles haviam viajado pela manhã e ao meio-dia chegaram a Sicar. Jesus experimentou o cansaço que qualquer outro viajante sentiria; e assim Ele procurou descansar perto do poço de Jacó enquanto os discípulos foram à aldeia comprar comida. Enquanto Jesus estava descansando sozinho, uma mulher samaritana veio tirar água. Embora houvesse outro poço mais perto da aldeia, essa mulher havia percorrido um caminho mais distante, possivelmente com a finalidade de evitar ter de se encontrar com outros habitantes da aldeia que também iriam buscar água. Jesus se aproximou inicialmente dessa mulher pedindo-lhe que lhe desse de beber. O poço era fundo e Jesus não tinha nada com que tirar água do poço; então Ele pediu a ela que tirasse água em seu pote, do qual Ele pudesse beber. A mulher samaritana reconheceu imediatamente que Ele era um judeu, não um samaritano, e expressou sua admiração com esse pedido: "Como o senhor, sendo judeu, pede a mim, uma samaritana, água para beber?" (Jo 4:9). A respeito dos samaritanos, consulte o Apêndice, p. 753-755.

Como os judeus rejeitavam os samaritanos por centenas de anos, considerando-os uma raça impura, a mulher considerou ser quase impossível que Jesus fizesse tal pedido. Jesus informou a ela que Ele era "o dom de Deus" (v. 10), que viera para suprir as almas sedentas com "água viva". Ele havia se referido a si mesmo como um dom de Deus ao lidar com Nicodemos, e agora se apresentava como tal à mulher samaritana. Por maior que fosse sua necessidade de água, sua necessidade de água viva do céu era muito maior. A mulher reconheceu que era humanamente impossível alguém dar água viva; na verdade, era impossível para Jesus abastecê-la com a própria água do poço. Seria um trabalho sobrenatural alguém tirar água do poço de Jacó sem um pote. Quão mais impossível seria fornecer água viva do céu! A água que a mulher tinha vindo tirar era um presente de Jacó para seus filhos. Jesus era maior do que Jacó para poder oferecer a ela um benefício maior do que o bem provido? Cristo contrastou a água que Ele daria com a água que seria tirada do poço. Uma água de boa qualidade poderia satisfazer a sede física da mulher por apenas um curto período, mas a água que Ele estava lhe oferecendo era de uma espécie e de qualidade tão diferentes que iria matar sua sede para sempre. Ele explicou ainda que a água que Ele lhe oferecia poderia permanecer inalterada. Seria uma "fonte de água" que constantemente borbulharia dentro da alma para continuamente a nutrir e satisfazer (Jo 4:14).

Pensando no fardo diário de carregar água do poço até sua casa, a mulher clamou pela água que Cristo ofereceu. Ela viu sua oferta como uma provisão que a libertaria de um fardo físico e pediu daquela água. Cristo criou um desejo pelo dom da vida eterna no coração daquela mulher. Ela tinha visto como era desejável. Agora, a mulher deveria reconhecer sua desesperada necessidade. Então Cristo disse a ela: "Vá, chame o seu marido e volte" (v. 16). A mulher respondeu imediatamente que não tinha marido. Cristo revelou sua onisciência ao lembrar à mulher que ela tivera cinco maridos e que o homem com quem vivia não era seu marido. Embora ela pudesse negar que estivesse vivendo uma vida imoral, no esforço de esconder sua necessidade, ela não conseguia esconder sua necessidade de Cristo, que conhecia a vida que ela vivia. A mulher imediatamente reconheceu que essa não poderia ser uma percepção natural, mas sobrenatural. Jesus então revelou que aquele que lhe ofereceu água sobrenatural e vida sobrenatural era também sobrenatural. A mulher logo entendeu que Jesus tinha vindo de Deus, ao dizer: "Senhor, vejo que é profeta" (v. 19). Para ela, um profeta era um mensageiro de Deus com sua mensagem. Embora soubesse mais sobre Jesus do que no início, ela ainda não sabia realmente quem Ele era.

Se Jesus Cristo realmente tivesse vindo de Deus como um profeta, Ele deveria ser capaz de resolver a questão que havia separado os judeus dos samaritanos por gerações. Os samaritanos insistiam que Deus deveria ser adorado no templo samaritano no monte Gerizim. Os judeus afirmavam que Deus deveria ser adorado no templo em Jerusalém. Esse era um conflito não resolvido e a mulher perguntou a Cristo sobre a adoração apropriada a Deus. Ele respondeu que o conflito existia em parte por causa da falta de entendimento sobre a natureza de Deus. Se Deus fosse corpóreo, então Ele estaria confinado a um lugar; e o lugar em que Ele habita seria o único lugar aceitável de adoração. Se Deus não é corpóreo, então Deus pode ser adorado em qualquer lugar. Jesus transmitiu essa verdade à mulher quando disse: "Deus é espírito" (Jo 4:24). Como consequência, Ele deve ser adorado não por formas externas em um edifício físico, mas de coração e em conformidade com a verdade de sua pessoa.

A mulher percebeu que Jesus estava cumprindo um papel messiânico. Uma crença que havia entre os samaritanos era de que o Messias revelaria o Pai aos homens. Jesus estava fazendo o que o Messias faria ao revelar o Pai a essa mulher. A questão, portanto, foi levantada na mente da mulher se Jesus poderia ser o Messias. Ela afirmou sua fé na vinda do Messias (Jo 4:25). Jesus respondeu abertamente a essa confiança: "Eu sou o Messias! Eu, que estou falando com você" (v. 26).

Até então, vemos que Cristo fez quatro grandes revelações à mulher. Primeiro, Ele fez a revelação a respeito da nova vida. Ele declarou que veio para dar vida eterna. Em segundo lugar, Ele revelou a necessidade espiritual da mulher. Ele falou de seu relacionamento imoral com o homem com quem vivia. Isso levou a mulher a supor que Jesus era um profeta. Terceiro, Ele revelou a natureza do Pai declarando que "Deus é espírito" e, consequentemente, pode ser adorado em qualquer lugar geográfico. Finalmente, Ele se revelou a ela como o Messias.

Nesse ponto da conversa, os discípulos voltaram do mercado da aldeia. Eles ficaram surpresos ao encontrar Jesus conversando com aquela mulher. Os judeus ensinavam que os homens deveriam evitar esse tipo de contato social com uma mulher para prevenir a contaminação cerimonial. Mas os discípulos não questionaram abertamente a conduta de Jesus. Nem perguntaram por que a mulher estava falando com Ele. Os discípulos ofereceram a Jesus o alimento que haviam comprado, mas Ele rejeitou, afirmando: "Tenho algo para comer que vocês não conhecem" (Jo 4:32). Raciocinando com bastante naturalidade, eles supuseram que alguém lhe havia oferecido comida. Não achavam que Ele teria aceitado e comido o alimento, pois estavam em território samaritano. Qualquer comida preparada em uma casa de samaritano que lhe fosse oferecida seria considerada impura. Como eles tinham certeza de que Ele não havia se alimentado fisicamente em sua ausência, as palavras do Mestre os confundiram. Por que Ele não estava com fome? Cristo explicou que Ele era sustentado no corpo por meio de sua obediência à vontade de Deus (cf. Hb 5:8 e 10:5-7).

Aquele que é obediente à vontade de Deus pode recorrer à graça de Deus para apoiá-lo na obra envolvida nessa vontade. Foi da vontade de Deus que Cristo ministrasse àquela mulher samaritana e, por meio dela, àquela aldeia samaritana. Consequentemente, Ele não sentiu fome enquanto fazia a vontade e a obra de Deus. Ele direcionou esses homens para o campo de colheita. O campo de colheita naquele contexto era uma mulher, uma vila e uma região pela qual os judeus não tinham interesse. Cristo testificou que aquele campo estava maduro "para a colheita" (Jo 4:35).

Cristo lembrou a esses homens que os havia enviado para colher aquilo para o qual não haviam trabalhado (v. 38). Essa declaração poderia estar levando em consideração o ministério que esses homens teriam após sua morte e ressurreição, quando Ele os enviaria além da Judeia para Samaria e, finalmente, para "os confins da terra" (At 1:8). Ele estava semeando e eles colheriam a colheita de sua semeadura nos dias que haveriam de chegar.

Enquanto Cristo estava falando com os discípulos, descobrimos que a mulher dava total atenção à grande revelação que recebera de Jesus. Ela esqueceu o motivo original de sua visita ao poço. Deixou os potes vazios e voltou à cidade para convidar o povo a vir e ouvir aquele que ela considerava ser o Messias. O motivo pelo qual a mulher considerou que Cristo era o Messias foi a revelação que Ele havia feito sobre o Pai, sobre a forma de acesso ao Pai e sobre a forma de adorar o Pai, bem como sua promessa do dom da vida eterna. Ela convidou as pessoas a virem e a comprovarem por si mesmas, sem qualquer tentativa de impor suas próprias conclusões a elas.

Como resultado do convite da mulher, os moradores da aldeia "então saíram da cidade e foram para onde ele estava" (Jo 4:30). O versículo 39 pressupõe que Jesus falou com aqueles que vieram de Sicar. Como resultado, "muitos dos samaritanos daquela cidade creram nele" (v. 39). A fé deles baseava-se em parte no testemunho da mulher. Ela testemunhou que Jesus Cristo era onisciente e tinha um conhecimento sobrenatural que só poderia ter obtido de Deus. Ele devia, portanto, ser um Profeta. "E, por causa da sua palavra, muitos outros creram" (v. 41). Alguns foram convencidos pelo testemunho de uma fonte tão questionável quanto aquela mulher. Outros acreditaram por causa de suas próprias palavras. Cristo proclamou uma mensagem de salvação. A mulher o havia reconhecido como o Messias, e parte da obra do Messias era salvar. Ele se ofereceu à aldeia como Salvador e eles confessaram: "Agora cremos não somente por causa do que você disse, pois nós mesmos o ouvimos e sabemos que este é realmente o Salvador do mundo" (v. 42). Assim, vemos que em resposta à palavra de Cristo a respeito de si mesmo, e sua revelação da vida que Ele veio para dar, houve um círculo cada vez maior daqueles que creram nele. Nicodemos havia crido em resposta ao seu contato com Cristo na Judeia, e outros da Judeia se juntaram a Nicodemos para crer nele. Havia aqueles em Samaria que acreditaram nele em resposta à revelação de sua pessoa e da vida que Ele veio para dar. O fato de Jesus ter se oferecido como Salvador-Messias aos samaritanos e de eles terem respondido ao seu convite pode ter deixado os discípulos em completa admiração. Eles não tinham nenhum comentário a fazer sobre os eventos do dia.

9. A aceitação na Galileia

Seção 36

João 4:43-45

Jesus permaneceu em Samaria por dois dias, antes de retomar sua jornada para Galileia. Isso proporcionou uma oportunidade não só para se refazer do cansaço da jornada, mas também para instruir esses novos discípulos. Ele evidentemente permaneceu ali porque previu a recepção que iria receber na Galileia. Ele havia afirmado que "nenhum profeta tem honra em sua própria terra" (Jo 4:44). No entanto, apesar da previsão da rejeição de seu ministério que ele experimentaria lá, ele foi para a Galileia. João registrou: "os galileus deram-lhe boas-vindas" (v. 45). Os galileus pareciam surpresos de que Jesus estava vindo ao seu território. Havia sido dito que o Messias surgiria na cidade de Davi e continuaria seu ministério em Jerusalém e no templo. Jerusalém era o centro da sabedoria e da aprendizagem. Os galileus não esperavam que aquele que se apresentou como Messias fosse deixar os recintos sagrados e vir para sua terra desprezada. Mas quando Ele veio, eles o receberam de bom grado. Muitos galileus haviam viajado para as festas em Jerusalém. Enquanto lá estiveram eles "tinham visto tudo o que ele fizera" (v. 45).

Certamente muitos galileus estavam entre as multidões que "creram em seu nome" (Jo 2:23). Esses que creram, quando voltaram para casa, devem ter narrado o que tinham visto e ouvido. Assim, quando Jesus foi para a Galileia, Ele foi acolhido. Sem dúvida, os galileus esperavam ver uma repetição dos sinais em seu território que haviam sido apresentados em Jerusalém. Apesar da acolhida, a sombra da rejeição escureceu a cena. A declaração de Cristo de que "nenhum profeta tem honra em sua própria terra" (v. 44) foi uma profecia de sua rejeição não só na Galileia, mas em toda a nação (cf. Lc 4:24; Mc 6:4; Mt 13:57).

Vemos, então, duas linhas paralelas emergindo daí. Por um lado, houve uma recepção de sua mensagem, como foi evidenciado no caso de Nicodemos, da mulher samaritana, e do povo de Sicar. Por outro lado, houve a previsão da rejeição da mensagem e da pessoa do Mensageiro.

B. A autoridade do Rei
Seções 37-59

1. Autoridade de Cristo para ensinar
Seção 37
Mateus 4:17; Marcos 1:15; Lucas 4:14-15

Até então, vimos que Jesus Cristo foi apresentado à nação Israel. Essa havia sido a maior prioridade até aquele momento. Encontramos uma nova ênfase no ministério de Cristo, começando com seu ministério na Galileia. Cristo proclamou a palavra de Deus e depois autenticou sua mensagem com a operação de muitos milagres. A ênfase nessa fase seguinte do ministério foi a confirmação do Mensageiro. Os escritores do evangelho reuniram uma série de milagres que Cristo realizou. Tais milagres tiveram o propósito de autenticar o Mensageiro e sua mensagem. Um paralelo pode ser estabelecido entre o ministério de Cristo e a experiência de Moisés. Deus chamou Moisés para ser o libertador, e este se mostrou relutante em aceitar a responsabilidade. Na sarça ardente Deus revelou-se a Moisés (Êx 3:14). Ele era o Deus eterno e soberano. A revelação da presença de Deus a Moisés na chama de fogo foi um sinal a Moisés para autenticar sua nomeação. Em Êxodo 4 foram fornecidos três sinais para certificar a autoridade de Moisés e sua mensagem à nação de Israel: uma vara (v. 2), uma mão leprosa (v. 6) e a água que se tornaria sangue (v. 9). Moisés apresentou esses sinais ao Faraó no decorrer das pragas, bem como à nação egípcia e às nações vizinhas de que ele era portador da mensagem de Deus e tinha autoridade divina. Assim, na experiência de Moisés, os sinais foram usados para autenticar a mensagem e o mensageiro de Deus, primeiro a Moisés, e depois ao Faraó, aos egípcios e às nações.

Quando Cristo veio como Mensageiro de Deus com a mensagem divina para Israel, Ele operou um grande número de sinais como prova de que a nação deveria aceitar sua pessoa e receber sua mensagem. Estaremos considerando a confirmação de Cristo de si mesmo nas próximas seções.

Lucas relatou que Cristo se dirigiu à Galileia por orientação do Espírito e que Ele estava operando pelo poder do Espírito no ministério que Ele cumpriu. Aqueles galileus que mal viram seus milagres em Jerusalém e agora o receberam na Galileia se tornaram mensageiros para anunciar que aquele que dizia ser o Messias estava no meio deles. Lucas também observou que Cristo se empenhou em um ministério de ensino: "Ele ensinava nas sinagogas" (Lc 4:15). Cristo estava fazendo o trabalho de um rabino. Ele tomou as Escrituras do Antigo Testamento, leu-as, explicou-as e fez com que o povo as entendesse. Da forma como Cristo ensinou ao povo, eles entenderam a verdade que lhes havia sido ocultada anteriormente. O resultado foi a aceitação ampla de Cristo como um mestre. É interessante que Cristo não veio principalmente como um operador de milagres. Ele veio para revelar o Pai. E Ele o fez abrindo as Escrituras para que as pessoas pudessem entender o que havia sido escrito. Os milagres fundamentaram a verdade de sua palavra. Mateus e Marcos registraram o fato de que Jesus Cristo não apenas serviu como um mestre, mas como um pregador (Mt 4:17, Marcos 1:14). Como pregador, Ele foi um proclamador. O pregador era um profeta, que anunciava publicamente a mensagem de Deus. Mas Cristo não só serviu como mestre, ou rabino, na sinagoga, e sim como profeta que proclamava a mensagem de Deus. A mensagem que Jesus proclamou era idêntica em conteúdo à mensagem de João, seu precursor. Ambos disseram: "Arrependam-se, pois o Reino dos céus está próximo" (Mt 4:17; cf. 3:2).

Marcos se referiu à mensagem de Jesus como "boas-novas" (Mc 1:15). Israel esperou por muito tempo pelo cumprimento da aliança da promessa. Agora, a boa-nova que estava sendo dada a eles era que o reino pelo qual esperavam estava próximo. Cristo, assim como João, chamou o povo ao arrependimento. O arrependimento envolvia o reconhecimento do pecado e deveria resultar na restauração da comunhão com Deus de seu estado de alienação. Envolvia oferecer a Deus o sacrifício aceitável que Ele exigia. O anúncio de que o reino "está próximo" acrescentou um imperativo à mensagem. Marcos observou que os ouvintes foram convidados a "acreditar nas boas novas". A verdade da mensagem que estava sendo pregada tinha de ser aceita pela fé. Notamos que Marcos se referia ao "reino de Deus" (Mc 1:15) e Mateus ao "reino dos céus" (Mt 4:17). A diferença entre esses termos não implica que Jesus estava se referindo a dois reinos diferentes. Mateus normalmente usava o termo "reino dos céus" em vez de "reino de Deus". Isso estava de acordo com o temor judaico de tomar o nome do Senhor seu Deus em vão; Mateus substituiu a morada de Deus pelo nome de Deus.

Fairbaim observa:

> Há duas fórmulas para sua grande ideia — "O reino dos céus" e "O reino de Deus". Elas são usadas com uma ligeira diferença de significado, e cada uma é mais bem compreendida por meio de sua antítese. "O reino dos céus" se opõe aos reinos da terra, os grandes impérios mundiais que viveram e governaram pela força de seus exércitos. "O reino de Deus" tem como seu oposto o reino do mal, ou Satanás, o grande império da anarquia e das trevas, criador da miséria e da morte para o homem. Pela primeira antítese, Cristo opôs seu reino aos impérios que eram maus, tanto nos meios quanto nos fins, tanto nos princípios quanto na prática. Eles cresceram em meio a ambições cruéis, ciúmes e ódio de homens e estados; criaram a guerra, com sua decadência inevitável, derramamento de sangue, fome, pestilência, uma opressão que esmagava os fracos e a tirania que exaltava os fortes. Mas o reino do alto não é nenhum império de um estado superado, nenhum esquema ambicioso de um conquistador implacável, realizado por meios e agentes impiedosos; mas a chegada de um poder espiritual, calmo e onipresente como a luz do sol, belo, penetrante, onipresente como o ar cristalino, mudando silenciosamente do mal para o bem, do caos para a ordem, tanto o homem quanto seu mundo.
>
> Pela segunda antítese, Cristo opôs seu reino ao império do mal, o domínio do pecado no indivíduo e na raça. Do pecado veio a ruína

para a alma, tanto do ponto de vista individual quanto do coletivo. O mal fez do homem o seu próprio inimigo, um distante e temeroso filho de Deus. Mas o reino de Deus era bom, pertencia a Ele, provinha dele, existia para promover seus propósitos, para vencer o pecado e restaurar na Terra uma obediência que a tornaria feliz e harmoniosa como o céu. Portanto, embora as frases fossem hebraicas, as ideias eram cristãs. Os antigos termos foram transfigurados e tornados radiantes com um significado alto como o céu, vasto como o universo, inesgotável como a eternidade.[27]

Visto que nenhum profeta se autonomeou, o fato de Jesus ter aparecido no papel de Profeta-Mestre era em si mesmo uma evidência da autoridade divina sob a qual Ele ministrava.

2. Autoridade de Cristo sobre as doenças
Seção 38

João 4:46-54

Quando Cristo voltou para a Galileia, Ele foi para Caná. Era onde estava a casa de Natanael (Jo 21:2), que teria condições de oferecer alojamento para Jesus e seus discípulos. Além disso, sem dúvida, como resultado do milagre anterior realizado no casamento, havia discípulos em Caná, e Jesus poderia muito bem ter desejado ministrar para eles. Durante sua estada, Cristo foi abordado por um oficial real que tinha um filho em Cafarnaum à beira da morte. Ele implorou a Jesus que fosse com ele até Cafarnaum para curar seu filho. Não sabemos se o homem exercia fé na pessoa de Cristo no momento em que fez o pedido. Ele poderia ter ouvido falar do milagre de Jesus em Caná. Talvez teria recebido notícias de seus milagres realizados em Jerusalém, pois os galileus trouxeram um relato desses milagres ao voltarem para casa. O registro parece inferir que ele ainda não tinha colocado sua fé pessoal em Cristo, porque Jesus disse: "Se vocês não virem sinais e maravilhas, nunca crerão" (Jo 4:48). O homem parecia estar entre aqueles que estavam debatendo a questão da pessoa de Cristo e negando-se a crer nele até que mais evidências fossem

---
[27] Fairbaim, Life of Christ, p. 104-105.

apresentadas. No entanto, o pedido do homem era urgente: "Senhor, vem, antes que o meu filho morra!" (v. 49). Jesus respondeu ao seu apelo e despediu-o com a promessa: "Pode ir. O seu filho continuará vivo" (v. 50). João diz que o homem "confiou na palavra de Jesus" (v. 50), ou seja, ele creu na palavra de Cristo sem ter visto nenhuma evidência externa dessa verdade. No entanto, evidências foram vistas no dia seguinte, quando, voltando para casa, seus servos o receberam com a boa notícia de que seu filho estava vivo. Ao questionar os servos, ele descobriu que a febre destruidora havia deixado seu filho no mesmo momento em que Jesus lhe disse que seu filho viveria. Quando as circunstâncias da cura do menino foram relatadas aos servos, eles se juntaram a seu mestre ao crer na pessoa de Jesus Cristo. Essa, então, foi a segunda confirmação da pessoa de Jesus Cristo por meio de sinais.

3. Rejeição em Nazaré

Seção 39

Lucas 4:16-30

Até então, havia uma ampla e pronta aceitação tanto da pessoa quanto da palavra de Cristo, na Judeia assim como na Galileia. Lucas agora registra a concepção de uma resposta que acabaria por culminar mais tarde com a morte de Jesus Cristo. O incidente ocorreu na sinagoga de Nazaré que Jesus havia frequentado quando menino. Foi o local onde Ele havia se sentado para ouvir os discursos dos rabinos sobre o significado das Escrituras do Antigo Testamento. Lucas observou que Cristo tinha o hábito de frequentar a sinagoga no momento da leitura e da exposição da Palavra de Deus. Jesus identificou-se com o povo do Livro. Ver Apêndice, p. 809, para o significado da sinagoga, como indicado por Geikie.

Ellicott relata os acontecimentos ocorridos na sinagoga de Nazaré naquela ocasião:

> Parece que nosso Senhor, *ao se levantar*, indicou que, como membro da Sinagoga de Nazaré, desejava, naquela ocasião, assumir o ofício de *Maftir*, ou leitor da lição dos profetas... Embora não tivesse sido chamado pelo chefe da Sinagoga... o assentimento foi dado imediatamente, pois tanto o chefe quanto a congregação pareciam ter ouvido falar

do milagre relativamente recente em Cafarnaum (Lc 4:23) ... e como o contexto mostra (v. 20), estavam cheios de expectativas...

Parece provável que a leitura da ocasião tenha sido a de Isaías (Lightfoot), e que nosso Senhor recebeu, portanto, aquela porção da Escritura do guardador dos livros sagrados... mas que, com o privilégio que a lei oral concedia no caso da lição dos profetas... Ele passou do trecho do dia para o início do cap. 61, ou então como "Senhor do Sábado", selecionou especialmente essa porção...

Depois de ter lido um trecho da passagem, como por costume, foi considerado suficiente... nosso Senhor tomou para si o ofício de intérprete e, de acordo com o costume, *assentou-se* para explicar.[28]

Alguns intérpretes acreditam que Jesus seguiu o ciclo normal da Escritura que exigia a leitura de uma passagem de Isaías. Outros sugerem que Ele se voltou por acaso para essa passagem em Isaías. No entanto, parece melhor concluir com Ellicott:

> Ele desdobra e lê aquela passagem marcante que sua própria sabedoria e conhecimento divino o haviam levado a selecionar — aquela passagem que tanto em suas especificações de tempo quanto em suas circunstâncias estava agora sendo tão exatamente cumprida.[29]

Ele escolheu ler Isaías 61:1-2. Seguindo a tradição, ele devolveu o pergaminho ao assistente, adotou o papel de um rabino e se assentou para ensinar. Ele proclamou: "Hoje se cumpriu a Escritura que vocês acabaram de ouvir" (Lc 4:21). A exposição feita por Jesus não foi apresentada por Lucas. O discurso deve ter ocupado um período de tempo considerável para que fosse possível explicar adequadamente a intenção messiânica dessa passagem. Lucas notou a resposta à interpretação de Cristo sobre a profecia. Eles "estavam admirados com as palavras de graça que saíam de seus lábios" (v. 22). Ele havia se apresentado como aquele que cumpriu aquele grande quadro messiânico apresentado por Isaías. Isso levantou a questão da admissibilidade de Cristo para ser o Messias. Sabiam que Ele era considerado o filho de José. Como poderia um filho de José de Nazaré ser o herdeiro real? Cristo percebeu a relutância deles

---

[28] Ellicott, Lectures, p. 159, nota de rodapé.
[29] Ibid., p. 160:

em aceitar sua palavra. Ele sabia que na mente deles estavam pedindo uma prova de sua reivindicação de ser o Messias. Cristo disse que eles mencionariam um provérbio que pede àquele que afirma ter o poder de curar como médico que demonstre esse poder por meio da cura (v. 23). Eles tinham ouvido falar da cura milagrosa do filho do funcionário real de Cafarnaum. Eles estavam pedindo a ele que realizasse milagres semelhantes na presença deles para que pudessem aceitar sua palavra com respeito à sua pessoa.

A aceitação em Nazaré não foi como a que ocorreu em Jerusalém, Caná e Cafarnaum. Seus vizinhos estavam rejeitando sua palavra e exigindo mais demonstrações por meio de milagres para provar ser quem dizia. Em resposta a essa incredulidade, Cristo lembrou a seus ouvintes na sinagoga que os homens frequentemente responderam aos profetas de Deus com incredulidade. Elias apareceu a uma nação apóstata com a mensagem de Deus acerca do julgamento iminente para chamar o povo ao arrependimento. Elias demonstrou sua autoridade divina impedindo a chuva de cair por três anos e meio (v. 25). Como resultado da seca, houve uma grande fome. A única pessoa que recebeu algum benefício do ministério de Elias durante aqueles três anos e meio foi a viúva de Sarepta, na região de Sidom (v. 26). O povo de Israel não recebeu a mensagem do profeta e, portanto, não obteve nenhum proveito de seu ministério, mas essa viúva gentia creu na palavra do profeta e recebeu a bênção.

De maneira semelhante, no tempo de Eliseu, um profeta foi enviado por Deus com sua mensagem de promessa para o povo. Naquela época, havia muitos leprosos em Israel. Mas o povo não acreditou na palavra do profeta e nem lhe pediu ajuda. O único que recebeu ajuda do ministério de Eliseu foi um gentio. Tratava-se de Naamã, o Sírio (v. 27).

A lição de Jesus foi claramente compreendida pelos que estavam na sinagoga. Ele os comparou aos israelitas que responderam com descrença às mensagens de Deus por meio dos profetas do Antigo Testamento. Devido à sua incredulidade, eles não poderiam receber nenhuma bênção de Jesus. Somente aqueles que se voltaram para Ele com fé poderiam receber benefícios de seu ministério. O povo ficou furioso (v. 28), pois não gostava de ser incluído no apóstata e incrédulo Israel; eles procuraram remover o Mensageiro de seu meio. Eles o expulsaram da cidade e planejaram matá-lo, lançando-o de um penhasco e assim não se incluírem em sua condenação (v. 29). Mas Cristo caminhou no meio da multidão e seguiu seu caminho ileso (v. 30). A recepção proporcionada a Cristo na sinagoga de Nazaré mostra um vislumbre da recepção que a nação lhe daria nos dias futuros. Eles ouviriam suas palavras e então rejeitariam suas vindicações. Eles o matariam em um esforço para escapar de sua condenação.

4. A permanência em Cafarnaum
Seção 40
Mateus 4:13-16

Por causa da notória rejeição em Nazaré, Cristo deixou aquela cidade e se estabeleceu em Cafarnaum. Farrar descreve a importância de Cafarnaum:

> Não apenas por sua beleza, mas por sua posição geográfica central e por sua atividade intensa, a região era admiravelmente adaptada para aquele ministério que cumpriu a antiga profecia de Isaías, segundo a qual na "Terra de Zebulom e terra de Naftali, caminho do mar, além do Jordão, Galileia dos gentios; o povo que vivia nas trevas viu uma grande luz; sobre os que viviam na terra da sombra da morte raiou uma luz". Pois Cristo deveria ser, ainda em vida, "uma luz para iluminar os gentios", bem como "a glória de seu povo Israel". E pessoas de muitas nacionalidades habitavam nessa cercania porque era "o caminho do mar". "As cidades", diz Josefo, "ficam aqui muito densas; e as numerosas aldeias estão tão cheias de gente, por causa da fertilidade da terra... em que as menores delas têm mais de 15 mil habitantes". Ele acrescenta que as pessoas eram ativas, trabalhadoras e acostumadas à guerra desde a infância, cultivando cada pedaço de seu solo rico e belo. Nada menos que quatro estradas se comunicavam com as margens do lago. Uma descia o vale do Jordão no lado oeste; outra, cruzando uma ponte ao sul do lago, passava pela Pereia até os vaus do Jordão perto de Jericó; uma terceira conduzia, através de Séforis, à alegre e crescente capital da Galileia, ao famoso porto de Acre no mar Mediterrâneo; uma quarta corria pelas montanhas de Zebulom até Nazaré, e assim através da planície de Esdrelon para Samaria e Jerusalém. Por esse distrito passavam as grandes caravanas em sua jornada para o Egito

Confirmação do Rei

e para Damasco; os pagãos que se congregavam em Betsaida Julius e Cesareia de Filipe podiam constantemente ser vistos nas ruas de Cafarnaum. No tempo de Cristo, devido à população e às atividades, era "o distrito industrial" da Palestina, em cujas águas de seu lago singravam 4 mil navios de toda espécie, desde os navios de guerra dos romanos até os rústicos barcos de pesca de Betsaida, e de onde se viam os pináculos dourados do palácio de Herodes. Itureia, Samaria, Síria, Fenícia eram imediatamente acessíveis ao se cruzar o lago, o rio ou as colinas. A cidade de Tiberíades, que Herodes Antipas havia construído para ser a capital da Galileia e que fora batizada em homenagem ao imperador reinante, havia se erguido com uma rapidez espantosa; na época em que São João escreveu seu evangelho já se havia dado o nome ao mar da Galileia; e mesmo que Cristo nunca tenha entrado em seu anfiteatro pagão ou em suas ruas poluídas, Ele deve ter visto muitas vezes à distância suas paredes com torres, seu castelo forte e a Casa Dourada de Antipas, lançando no lago o reflexo de seus leões de mármore e de suas molduras esculpidas. A Europa, a Ásia e a África haviam contribuído para sua população, e homens de todas as nações se reuniam em seu mercado. Ao longo de toda a costa oeste de Genesaré, judeus e gentios estavam estranhamente misturados, e os árabes selvagens do deserto podiam ser vistos lado a lado com fenícios empreendedores, sírios efeminados, romanos desdenhosos e gregos submissos, astutos e corruptos.[30]

Mateus viu isso como um cumprimento da profecia de Isaías 9:1-2. Cafarnaum ficava na fronteira entre Zebulom e Naftali, ao longo do mar da Galileia. Isaías indicou que naquele lugar remoto a luz brilharia para os que estavam nas trevas. Aqueles que viviam sob ameaça de morte encontrariam um Libertador. Jesus ali se estabeleceu e, partindo dali, continuou seu extenso ministério pela Galileia. A palavra "foi viver" (Mt 4:13) significa "fixou residência" e indica que Cafarnaum se tornou o lar de Jesus durante esse período de seu ministério. Visto que Cafarnaum era mais gentia do que judia, a rejeição em Nazaré foi um prenúncio de que Ele estenderia um ministério gracioso aos gentios como resultado de ser rejeitado como Messias por Israel.

---

[30] Farrar, Life of Christ, p. 178-179.

5. Autoridade de Cristo sobre a natureza
Seção 41
Mateus 4:18-22; Marcos 1:16-20; Lucas 5:1-11

O ministério de pregação de Jesus em Cafarnaum atraiu grande atenção. Lucas disse que "uma multidão o comprimia de todos os lados para ouvir a palavra de Deus" (Lc 5:1). A maior ênfase no ministério público de Cristo era proclamar a palavra de Deus. A multidão era tão grande que não havia espaço suficiente para Cristo se dirigir ao povo. Dois pescadores tinham remado para a costa e estavam lavando suas redes. Cristo entrou em um barco. Em seguida, pediu ao dono do barco, Simão, para se afastar da margem do lago por uma curta distância a fim de que pudesse dirigir-se às pessoas que estavam aglomeradas à beira da água. Simão Pedro já tinha confessado sua fé na pessoa de Cristo em seu contato anterior com ele na Judeia. Simão havia viajado para a festa de casamento com Jesus, mas nesse ínterim ele evidentemente tinha retomado suas atividades como pescador. Ele fora levado a crer em Cristo, mas não havia sido chamado para servi-lo. Cristo agora o chamou de seu trabalho para se tornar seu servo. A primeira tarefa que Cristo pediu a Simão foi muito simples — remar o barco um pouco para fora da margem para que Ele pudesse falar para a multidão. Pedro obedeceu e o relato diz que Jesus "então sentou-se e do barco ensinava o povo" (v. 3). Novamente vemos Cristo assumindo a postura de um rabino ao abrir as Escrituras e interpretá-las para aqueles que prestavam atenção às suas palavras.

Agora Cristo estava pronto para chamar Simão para o serviço, mas primeiro Ele confirmou sua autoridade perante ele. Cristo ordenou a Pedro que fosse para as águas profundas e lançasse as redes para a pesca (v. 4). Pedro era um pescador experiente que conhecia os hábitos dos peixes. A pesca normalmente era feita à noite, pois era quando os peixes subiam das profundezas para se alimentar na superfície da água. Os peixes permaneciam na superfície enquanto estava escuro. Quando a noite terminava e o sol nascia, os peixes voltavam a mergulhar nas profundezas do lago. Quem trabalhava na pesca sabia que era inútil tentar pescar durante o dia. Assim, Pedro lembrou ao Senhor que o havia passado a noite toda pescando e não havia pescado nada (Lc 5:5). Pedro acreditava que realmente não fazia sentido para eles voltarem e esperar pescar nas águas que já haviam explorado. Mas ele obedeceu a Cristo apesar de suas objeções e expectativa de uma iniciativa infrutífera. Ele o fez, não porque acreditasse que haveria uma boa pesca, mas porque Cristo ordenou que ele obedecesse. Quando as redes foram lançadas, um grande número de peixes foi capturado. A pesca foi tão grande que Pedro e seu companheiro não conseguiram puxar a rede sozinhos. Eles fizeram sinal para outros pescadores trazerem um segundo barco e ajudá-los a puxar as redes. A pesca foi tão grande que os dois barcos começaram a afundar. Para Simão, isso não era algo natural, mas inteiramente sobrenatural. Todas as leis da natureza diziam que eles não deveriam ter pescado, mas, ao contrário do que se esperava, agora tinham uma pesca de proporções sem precedentes.

Isso trouxe convicção a Pedro sobre a pessoa que lhe havia ordenado que lançasse as redes. Sem dúvida, Pedro estava ao alcance da voz de Cristo, atento aos seus ensinamentos, de modo que ouviu suas palavras. Agora, as palavras de Cristo foram confirmadas por um milagre, e então Pedro se dirigiu a ele como Senhor. Embora em algumas formas de tratamento esse fosse simplesmente um título de respeito, às vezes no Antigo Testamento era usado para o Messias, o que pode ser visto em Lucas 5:8 como um título messiânico. Quem realizou o milagre era de fato o Criador, e um dia Ele reinará sobre a nova criação (Isaías 66:22). O reconhecimento de Pedro da pessoa de Cristo trouxe convicção dentro de si mesmo e ele confessou: "sou um homem pecador!" (v. 8). Ele se sentiu indigno por estar na presença daquele que havia demonstrado ser o Messias.

Cristo respondeu primeiro trazendo uma palavra de conforto a Simão. Disse-lhe que não precisava ter medo de estar na presença do Messias. A fé em sua pessoa qualificou Pedro para se relacionar com o Messias. Além disso, Cristo deu um comando de chamado a ele [e a seus companheiros] e disse: "Sigam-me" (Mc 1:17). Pedro rogou-lhe que se afastasse dele, mas agora Cristo o convidou a segui-lo. E Ele fez esta promessa: "Não tenha medo; de agora em diante você será pescador de homens".

Segundo o relato de Marcos, Jesus viu Tiago e João, os dois filhos de Zebedeu, que preparavam as redes para ir pescar. Jesus os chamou como fez com Simão e André. O fato de Tiago e João serem sócios do pai e possuírem vários empregados contratados, bem como muitos barcos e redes, indica que esses irmãos eram sócios num lucrativo empreendimento pesqueiro. Mas Cristo os chamou para deixarem seus barcos, redes e a lealdade aos negócios da família. Ele pediu-lhes que o seguissem. Lucas registrou que eles "deixaram tudo e o seguiram" (Lc 5:11). A autoridade demonstrada por Cristo tinha precedência sobre a autoridade do pai deles e sobre as exigências de um negócio lucrativo. Os pescadores abandonaram tudo para segui-lo.

6. Autoridade de Cristo sobre os demônios
Seção 42
Marcos 1:21-28; Lucas 4:31-37

Nessa ocasião encontramos Cristo, como era seu costume, entrando na sinagoga de Cafarnaum da qual, como veremos mais tarde, Jairo era o líder principal. Cristo assumiu o papel de rabino e começou a ensinar. O costume judaico era permitir que qualquer homem qualificado lesse e interpretasse as Escrituras na sinagoga, embora esse serviço fosse normalmente reservado aos rabinos.

Os que estavam na sinagoga de Cafarnaum ficaram surpresos por dois motivos. Em primeiro lugar, eles ficaram maravilhados com o conteúdo daquilo que Jesus ensinou. Ele foi capaz de explicar as Escrituras de uma maneira compreensível e de apresentar verdades que nenhum outro mestre havia revelado. Mas, em segundo lugar, eles ficaram maravilhados por causa da autoridade com a qual Ele ensinava. O método de ensino dos escribas era citar os antigos rabinos e comparar mestre com mestre.

> Os *escribas* eram os homens eruditos da nação judaica, os homens que lidavam com a escrita... Quase todo o documento escrito necessário na nação era feito por eles; a maior parte da leitura também. A transcrição das Escrituras fazia parte de seu encargo; e como a nação era enfaticamente eclesiástica, seus compromissos fluíam predominantemente em uma direção bíblica e religiosa. Consequentemente, a interpretação da lei e dos profetas, nas sinagogas, recairia principalmente sobre eles; e as pessoas seriam, em grande parte, dependentes de suas instruções. Eles diferiam muito, como os demais homens, em sua habilidade, caráter e qualificações; mas parece que no tempo de nosso Senhor a maioria deles era presunçosa nas coisas que eram bastante óbvias, frívolas e

> superficiais em todas as coisas que estavam além de sua capacidade. Eles eram prognosticadores admiráveis e poderosos em banalidades. Eles eram engenhosos em levantar dúvidas microscópicas e eram perfeitos adeptos de invocar a presunção para lutar contra a presunção. Eles eram habilidosos em dividir fios de cabelo ao infinito e se orgulhavam de sua habilidade de conduzir seus ouvintes pelos labirintos intermináveis da imaginação dos rabinos anteriores, imaginações que terminavam em nada ou em algo que na verdade era pior do que nada. Mas eles não tinham poder, ou quase nenhum, para mover a consciência de alguém em direção à verdadeira bondade, ou para despertar o amor do coração para com Deus e para com os homens. Eles podiam falar, de fato, com bastante positividade: mas não com força moral. Eles podiam se afirmar com autossuficiência ditatorial; mas não com a demonstração da "manifestação do Espírito" brilhando em convicção mesmo sobre almas relutantes e difíceis de vencer.[31]

(Para obter mais informações sobre os escribas, consulte o Apêndice, p. 779-787). Os escribas buscavam obter testemunhas que apoiassem suas interpretações das Escrituras. Cristo não dependeu do que outros homens disseram, mas fundamentou-se em sua própria autoridade ao ensinar. O povo rapidamente reconheceu que sua doutrina era diferente daquela ensinada pelos rabinos e que Ele não citava os rabinos anteriores como sua autoridade.

> O efeito de seu ensino foi notável. Eles estavam comovidos de modo profundo e estranho, com as emoções conflitantes de admiração, alegria, e às vezes, quase medo. Ele falava com uma independência surpreendente e com a originalidade encantadora de um mestre cujo apelo era para a verdade ou realidade espiritual. Essa foi uma nova maneira de se comunicar para eles. Eles estavam acostumados a ouvir os rabinos citarem extensivamente as opiniões de seus predecessores, alegando não ter autoridade para dizer uma palavra por si mesmos. Seus sermões eram uma reiteração cansativa das regras rabínicas tradicionais e de detalhes cerimoniais, que pendiam como um jugo pesado no pescoço do povo. A pregação de Jesus era diferente. Suas palavras fervorosas

---

[31] James Morrison, A Practical Commentary on the Gospel According to St. Mark (Londres: Hodder and Stoughton, 1892), p. 22.

mexiam com o coração deles e traziam uma grande e nova luz, bem como alívio para seu espírito cansado e oprimido. Os escribas haviam negligenciado a religião espiritual em favor da etiqueta meticulosa do cerimonialismo. Ali estava um pregador que fazia seu apelo direto às Escrituras e a Deus. Na conclusão de seu sermão, um murmúrio de comentários percorria a audiência. Tanto Marcos quanto Lucas explicam o motivo da contínua admiração que prendeu as pessoas. Durante todo o sermão, o pregador as estava ensinando como alguém que possuía a autoridade e o direito de falar as palavras necessárias ao seu coração faminto. Suas mensagens eram apresentadas evidentemente dentro da esfera de autoridade e prerrogativa divina. Tudo era apresentado em completo contraste com a monótona repetição das regras rabínicas pelos escribas.[32]

Uma questão deve ter surgido na mente dos ouvintes: se Ele tinha autoridade para ensinar dessa forma. Os fatos logo foram demonstrados.

Temos agora o primeiro caso registrado de Cristo exercendo autoridade sobre um demônio. Um homem possuído por um espírito maligno estava na sinagoga. A possessão por demônios era comum em Israel naquela época. Era um fenômeno em que um demônio tomava posse das faculdades mentais de uma pessoa. Ele controlava o pensamento, a fala, as emoções e as ações do indivíduo. Assim, a mente e a vontade do demônio estariam em evidência. Algumas pessoas em Israel eram reconhecidas como exorcistas, e por isso os judeus lhes eram gratos (cf. Mt 12:27; At 19:13). O exorcismo entre os judeus era praticado por meio de encantamento. O exorcismo era visto como um dom de Deus para um povo oprimido. Quando Jesus confrontou esse homem endemoninhado, o demônio imediatamente clamou em reconhecimento da pessoa e autoridade de Jesus Cristo. Reconheceu Jesus como "o Santo de Deus" (Mc 1:24). Ele distinguiu a autoridade de Cristo quando perguntou: "Vieste para destruir-nos?" O demônio reconheceu que Jesus Cristo era o juiz e que o mundo demoníaco estava sob o julgamento divino. O demônio sabia que antes da instituição do reino milenar tanto Satanás como aqueles que lhe serviam seriam amarrados. O Messias, portanto, reinaria sobre uma terra que fora libertada do poder e da influência de Satanás (Ap 20:1-3).

---

[32] Shepard, The Christ, p. 127.

Nessa ocasião, Jesus exerceu sua autoridade messiânica, como o fará quando instituir seu reino e reinar. Ele primeiro ordenou ao demônio que se calasse. A razão foi que Jesus Cristo não aceitou o testemunho dos demônios quanto à sua pessoa. Ele não aceitaria a palavra do demônio à nação como prova de sua autoridade. Sua autoridade repousava em sua pessoa, não no testemunho de demônios.

A violenta convulsão que o homem experimentou junto com o alto clamor que o demônio soltou sugeriu que aquele espírito maligno estava lutando ferozmente contra a ordem de Cristo. Incapaz de resistir, o demônio saiu do homem. O milagre afetou imediatamente aqueles que o testemunharam. A libertação do poder do demônio foi, primeiramente, uma confirmação do ensino de Cristo e, segundo, uma evidência de sua grande autoridade. Observamos anteriormente que os milagres foram designados para autenticar tanto o Mensageiro como sua mensagem, e encontramos aqueles que estavam na sinagoga confirmando sua fé na mensagem de Cristo. Eles reconheceram que havia "um novo ensino" (Mc 1:27). Seu comentário acrescentando a expressão "com autoridade" mostrou que eles também reconheciam a autoridade de sua pessoa. Eles foram levados a crer em Cristo e em sua palavra pelo fato de que os espíritos obedeciam quando Ele lhes dava ordens. Eles foram convencidos de que Jesus era o Messias e não podiam ficar calados sobre isso. "As notícias a seu respeito se espalharam rapidamente por toda a região da Galileia" (Mc 1:28). A multiplicação dos milagres na Galileia trouxe uma ampla disseminação da notícia de que o Messias tinha vindo e estava se apresentando como o Soberano Salvador.

7. Autoridade de Cristo sobre as enfermidades

Seção 43

Mateus 8:14-17; Marcos 1:29-34; Lucas 4:38-41

Jesus deixou a sinagoga com Tiago e João e foi para a casa de Pedro e André. A mãe da esposa de Pedro estava doente. Lucas, o médico, relatou que ela estava com febre alta, ao usar um tempo grego que enfatizava a natureza permanente e talvez crônica da enfermidade. Sua doença era grave. De acordo com seu retrato de Jesus como um Servo, Marcos disse:

"tomou-a pela mão e ajudou-a a levantar-se" (Mc 1:31). Mateus, de acordo com sua imagem de Cristo como Rei, disse que "Jesus tocou na mão dela" (Mt 8:15 NTLH). Lucas simplesmente registrou que Jesus, "estando ele em pé junto dela, inclinou-se" (Lc 4:39).

A palavra autoritativa de Cristo libertou aquela sofredora de sua doença. Lucas disse que Jesus "repreendeu a febre" (v. 39). A febre foi tão submissa à ordem de Cristo nessa ocasião quanto os demônios mencionados na seção anterior. Houve uma libertação imediata. Lucas chamou a atenção para o fenômeno médico de que não somente houve uma libertação da febre, mas também uma infusão de força. Em vez de passar por um período prolongado de recuperação como teria sido normal em circunstâncias semelhantes, "ela se levantou imediatamente e passou a servi-los" (Lc 4:39).

O relato de que Jesus havia expulsado demônios e curado doentes se espalhou rapidamente. Ao entardecer daquele dia, multidões com necessidades semelhantes se reuniram na casa de Pedro e André, buscando a cura das enfermidades e a libertação das possessões que outros haviam experimentado. Ninguém foi embora desapontado, pois Cristo curou os doentes e expulsou os demônios. Mais uma vez observamos que quando os demônios eram confrontados por Cristo, eles reconheciam sua pessoa e confessavam: "Tu és o Filho de Deus!" (Lc 4:41). Cristo pronunciou sua palavra com autoridade e a direcionou aos doentes e endemoninhados, mas Ele proibiu os demônios de proclamar o que eles sabiam a respeito de sua pessoa.

Ele não proporcionou àqueles que avaliavam as evidências de seus milagres a oportunidade de rejeitá-lo apenas porque o testemunho teria vindo de tais fontes questionáveis.

8. Autoridade de Cristo para pregar
Seção 44

Mateus 4:23-25; Marcos 1:35-39; Lucas 4:42-44

O dia anterior havia sido extenuante. Cristo havia ensinado na sinagoga e lá expulsara um demônio. Em resposta às necessidades da multidão, Ele havia curado muitos enfermos antes que o dia terminasse. Descobrimos que Cristo despertou no dia seguinte antes do amanhecer (Mc 1:35). Ele deixou Cafarnaum e foi para um lugar particular onde poderia passar algum tempo em oração. A oração é uma atitude de total dependência de Deus. A partir desse incidente descobrimos que embora Jesus Cristo tivesse autoridade em si mesmo para curar os doentes e expulsar demônios, Ele não agia com independência do Pai. A oração era absolutamente essencial em sua vida e em seu ministério. As multidões que tinham ouvido as palavras de Jesus e tinham recebido notícias sobre seus milagres se aglomeravam no lugar onde Jesus estava para ouvir e ver mais (Lc 4:42). Pedro e os outros discípulos informaram a Jesus que muitos o estavam procurando (Mc 1:36-37). Cristo decidiu então deixar Cafarnaum para poder pregar sua mensagem aos povos ainda não alcançados em outras partes da Galileia.

Jesus disse: "Vamos para outro lugar, para os povoados vizinhos, para que também lá eu pregue. Foi para isso que eu vim" (Mc 1:38). Enquanto as multidões em Cafarnaum aceitaram Jesus de bom grado, muitas outras pessoas não tinham ouvido pessoalmente sua mensagem; portanto Ele disse: "É necessário que eu pregue as boas-novas do Reino de Deus noutras cidades também, porque para isso fui enviado" (Lc 4:43). Assim, Cristo abandonou a popularidade que Ele estava recebendo em Cafarnaum e estendeu seu ministério para outras áreas da Galileia. Ele se considerava obrigado a fazê-lo, como que por necessidade. Ele disse: "É necessário que eu pregue as boas-novas do Reino de Deus noutras cidades também". Cristo reconheceu sua missão como Messias para proclamar as boas-novas de que Deus havia honrado suas promessas da aliança e enviado o Messias para a nação. O fato de Cristo ter reconhecido a necessidade de pregar era uma evidência de que Ele havia sido incumbido de pregar, e a comissão de Deus transmitia autoridade àquele que foi comissionado. Não era uma missão que Ele havia tomado para si mesmo, mas uma missão para a qual Ele havia sido nomeado; e essa nomeação lhe conferia autoridade. Assim, Cristo viajou pela Galileia ensinando e confirmando sua palavra por meio dos milagres que Ele realizava (Mt 4:23-24). Como resultado, multidões eram atraídas por Ele, não somente na Galileia, mas em Decápolis, Jerusalém, Judeia, e na região do outro lado do Jordão (v. 25). Vemos a crescente influência de Jesus como resultado de suas palavras e de seu trabalho.

9. Autoridade de Cristo sobre a lepra
Seção 45
Mateus 8:2-4; Marcos 1:40-45; Lucas 5:12-16

A abordagem de um leproso proporcionou a Jesus uma oportunidade para demonstrar sua autoridade em mais uma dimensão.

> [A lepra] é uma doença lenta e incurável.... Essa enfermidade tornava suas vítimas completamente impuras; até mesmo o contato com um leproso contaminava quem quer que tocasse nele, assim, enquanto a cura de outras doenças é chamada de restauração, a cura da hanseníase é classificada como limpeza (exceto nos casos de Miriam [Números 12:13] e do samaritano [Lc 17:15], nos quais a palavra "curar" é usada em referência à hanseníase). [...]
>
> A primeira menção no AT a essa doença foi relacionada com um sinal dado por Deus a Moisés... O segundo caso foi o de Miriam (Números 12:10), em que a doença foi descrita graficamente (EP2). Em Deuteronômio 24:8 há uma referência à tradição oral relativa ao tratamento de leprosos, sem detalhes, mas em Levítico capítulos 13 e 14 (PC) as regras para o reconhecimento da doença, os períodos preliminares de quarentena e os métodos cerimoniais de limpeza são mostrados em detalhes. É válido notar que nem aqui nem em outro lugar há qualquer menção de tratamento ou remédio; e o desespero de Jeorão implica a crença de que sua cura só poderia ser realizada por milagre (2Reis 5:7).[33]

A lepra é vista no Antigo Testamento não tanto como um tipo de pecado, mas como uma espécie de impureza e a consequente separação que o pecado produz. Edersheim apresenta a visão que os rabinos tinham para a hanseníase nos tempos do Antigo Testamento.

> No elaborado código de impurezas, a lepra não era apenas um dos "principais agentes da impureza", mas, ao lado da contaminação dos mortos, estava em primeiro lugar entre as causas da impureza. Não apenas o contato físico com o leproso, mas até mesmo a entrada dele em um recinto contaminava uma habitação e tudo que nela havia, até

---

[33] Alexander Macalister, "Leper, Leprosy," ISBE, vol. 3, p. 1867.

as vigas do telhado. Mas além disso, a severidade e o medo rabínico levaram suas normas às consequências máximas de uma lógica inflexível. É verdade, de fato, que, como especialmente nesse caso, o rabinismo em geral gostava de rastrear as doenças até suas causas morais. "Não há nenhuma morte sem que haja pecado, e nenhuma dor existe sem transgressão"; "o doente não pode ser curado até que todos os seus pecados sejam perdoados". Essas afirmações eram frequentemente repetidas; mas, quando examinadas de perto, não se mostram tão espirituais quanto parecem. Pois, em primeiro lugar, apresentam uma reação contra a doutrina do pecado original, no sentido de que não é à queda do homem, mas à própria transgressão que a doença e a morte devem ser atribuídas, de acordo com o ditado: "Não é a serpente que mata, mas o pecado". No entanto, sua verdadeira falta de espiritualidade aparece mais claramente quando nos lembramos como a especificidade das doenças era rastreada até determinados pecados. Assim, a falta de filhos e a lepra são descritas como castigos, os quais de fato requerem o perdão dos pecados do doente.[34]

O desespero da situação de um leproso nos tempos do Antigo Testamento é visto de tal modo que a lei não previa sua limpeza, mas apenas uma disposição para declarar limpo aquele sobre quem havia suspeição de ter hanseníase.

Deve-se observar aqui que a atitude da lei em relação à pessoa, vestimenta ou casa suspeita de estar contaminada por lepra é que, se a doença estivesse realmente presente, tudo isso precisaria ser declarado impuro e não haveria meios de cura, e no caso da vestimenta ou casa, tinham de ser destruídas. Se, por outro lado, não fosse comprovada a existência da doença, essa ausência da doença deveria ser confirmada por meio de uma purificação cerimonial. Na realidade, esse não seria o ritual de purificação do leproso, pois a Torá não o proporcionava, mas somente apresentava o ritual de declará-lo cerimonialmente livre da suspeita de ter a doença. Isso dá uma força peculiar e adicional às palavras "os leprosos são curados" como testemunho da missão divina de nosso Senhor.[35]

---

[34] Edersheim, Life and Times, vol. 1, p. 494.
[35] Macalister, "Leper," p. 1868.

Geikie descreve a deplorável situação de um leproso:

[...] uma doença sempre terrível, ainda agravada, na visão daqueles dias, pela crença de que se tratava de um "ataque divino" direto, como castigo por pecados específicos. Começava com pequenas manchas nas pálpebras, e nas palmas das mãos, e gradualmente se espalhava por diferentes partes do corpo, branqueando o cabelo onde quer que aparecesse, espalhando crostas nas partes afetadas como escamas brilhantes, além de causar inchaços e feridas. Começando a partir da pele, a doença destruía lentamente os tecidos, chegando aos ossos, às articulações e à medula, apodrecendo todo o corpo de modo fragmentado. Os pulmões, os órgãos da fala e da audição, bem como os olhos eram atacados por tumores, até que, finalmente, a tísica ou a hidropisia traziam uma morte bem-vinda. O pavor da infecção mantinha as pessoas afastadas do doente, e a lei o considerava impuro, acima de todos os demais homens. A doença era hereditária até a quarta geração. Ninguém assim afligido poderia permanecer em uma cidade murada, embora pudesse viver em uma vila. Havia diferentes variedades de lepra, mas todas eram temidas como a mais triste calamidade da vida. O leproso era obrigado a rasgar sua roupa exterior, a ficar com a cabeça descoberta e a tapar a boca para esconder a barba, como era feito no caso da lamentação pelos mortos. Ele tinha ainda de advertir os transeuntes que passavam longe dele com o grito de "impuro, impuro"; e isso não sem o pensamento de que o clamor poderia apelar para uma oração em favor do sofredor, e muito mais pelo medo de infecção, do que para evitar o contato com alguém assim visitado por Deus, e imundo. Ele não podia falar com ninguém, nem receber ou responder a uma saudação.[36]

O tratamento que um leproso recebia é assim descrito por Edersheim.

[...] seria de se esperar que a compaixão divina fosse estendida àqueles que carregavam um fardo tão pesado de seus pecados. Ao invés disso, suas cargas eram desnecessariamente aumentadas. Na verdade, embrulhado como se estivesse vestido com roupas de montanhista, o leproso passando com seu grito de "impuro!" buscava estimular outros a orar por ele e também que evitassem contato com ele. Ninguém o saudava;

---

[36] Geikie, Life and Words, vol. 2, p. 13.

sua cama deveria ser baixa, inclinando-se para o chão. Se ele sequer colocasse sua cabeça em algum lugar, este ficaria impuro. Não menos que quatro cúbitos (cerca de dois metros) deveriam ser mantidos à distância de um leproso; ou, se a direção do vento viesse daquela direção, uma centena não era suficiente. O rabino Meir não comeria um ovo comprado em uma rua onde houvesse um leproso. Outro rabino se gabava que sempre atirava pedras neles para mantê-los longe, enquanto outros se escondiam ou fugiam. Aos tais o rabinismo mantinha sua lógica desumana ao considerar o leproso como um miserável, a quem nem era permitido lavar seu rosto.[37]

Enquanto o leproso passava, com sua roupa esfarrapada, seu cabelo desgrenhado e a parte inferior do rosto e seu lábio superior cobertos, ele era como alguém que segue para a morte, quem precede seu próprio enterro, enquanto as lúgubres palavras "Impuro! Impuro!" que ele proferia proclamavam que sua morte representava ao mesmo tempo sua vida física e moral.[38]

Ao contrário do que a tradição judaica permitia, um leproso se aproximou corajosamente de Jesus e lhe pediu ajuda (Mt 8:2).

Agora podemos apreciar em alguma medida o contraste entre Jesus e seus contemporâneos em sua relação com o leproso. Ou, ao contrário, podemos julgar pela cura desse leproso a impressão que o Salvador causou no povo. Um leproso teria fugido de um rabino; mas este veio demonstrando a atitude mais humilde possível de súplica a Jesus....
Não havia precedentes do Antigo Testamento: nem no caso de Moisés, nem mesmo no de Eliseu, e não havia nenhuma expectativa judaica a respeito. Mas tê-lo ouvido ensinar, tê-lo visto ou conhecido curando todo tipo de doença, deve ter levado ao coração do leproso a convicção de seu poder absoluto. E assim se poderia resistir a essa humilde reverência de abordagem, esse grito que, desde então, tem sido tão frequentemente proferido por aqueles que se desesperaram com qualquer outra ajuda: "Se quiseres, podes purificar-me". Não é uma oração, mas a cor de fundo de toda a fé em seu poder, e o compromisso absoluto com Ele de nossa necessidade indefesa e sem esperança.[39]

---

[37] Edersheim, Life and Times, vol. 1, p. 495.
[38] Ibid., p. 491.
[39] Ibid., p. 495.

O homem reconheceu sua própria impureza e indignidade, pois ele se ajoelhou e desviou o olhar daquele a quem estava apresentando sua petição. O homem baixou o rosto até o chão. Em tal atitude, ele clamou: "Senhor, se quiseres, podes purificar-me". Sem dúvida, sua fé na pessoa de Cristo foi o resultado dos relatos que ele ouvira sobre os milagres de Cristo. Evidentemente não havia nenhuma notícia de que um leproso houvesse sido purificado, porém ele julgou que aquele que demonstrava tal autoridade poderia suprir suas deficiências, visto que Ele atendeu às necessidades de outros. Sabemos que ele reconheceu a autoridade de Cristo, pois ele disse: "podes purificar-me". A cura, entretanto, não dependia da vontade de Cristo em exercer a autoridade que Ele possuía sobre a lepra, e sim por meio da fé do suplicante em sua pessoa. Em resposta ao apelo do leproso que surgiu por meio da sua fé na pessoa de Cristo, Ele tocou o homem e reconheceu sua disposição de atender às suas necessidades. Cristo emitiu uma ordem com autoridade: "Seja purificado!" (Lc 5:13). A tradição judaica exigia que alguém se abstivesse de qualquer contato com um leproso, mas Cristo realmente tocou o leproso. Farrar observa:

> A mão de Jesus não se tornou impura ao tocar o corpo do leproso, mas todo o corpo do leproso se tornou limpo pelo toque daquela mão sagrada. Foi de igual forma que Ele tocou nossa natureza humana pecaminosa, e mesmo assim permaneceu sem mancha de pecado.[40]

A autoridade de Cristo foi demonstrada na medida em que imediatamente a lepra deixou o homem. Teria sido natural que o leproso limpo se tornasse um testemunho público da autoridade de Cristo e divulgasse o milagre que ele mesmo havia experimentado, mas Cristo lhe deu uma forte advertência (Mc 1:43). O homem não deveria permanecer na Galileia e sim se transformar em mais uma testemunha de Cristo. Seu testemunho ali não era preciso porque a fama do Mestre já havia se espalhado por toda a Galileia. Um testemunho adicional sobre Ele seria quase desnecessário. Por isso Cristo lhe ordenou: "Vai, mostra-te ao sacerdote e oferece os sacrifícios que Moisés ordenou para tua purificação" (Lc 5:14). A lei mosaica exigia que alguém que contraísse lepra, ou que fosse

---

[40] Farrar, Life of Christ, vol. 1, p. 275.

suspeito de tê-la, se submetesse a um elaborado ritual de purificação para ser aceito na sociedade. Se esse homem permanecesse na Galileia para ser testemunha de Cristo sem se submeter ao adequado ritual de purificação, ele teria sido considerado impuro e, portanto, o seu testemunho teria sido inútil (cf. Lv 14).

Mas havia uma razão adicional por que Cristo enviou o homem purificado ao sacerdote. O homem deveria ser um testemunho para ele (cf. Lc 5:14). Quando o homem fosse até o sacerdote e alegasse ser um leproso purificado, o sacerdote teria de investigar se o homem havia sido mesmo um leproso e então determinar sua condição atual. O sacerdote investigaria os meios pelos quais o homem havia sido purificado. Isso daria ao homem limpo uma ocasião para apresentar ao sacerdote a evidência de que aquele que se dizia ser o Messias tinha o poder de purificar os leprosos. Isso tornaria necessário que os sacerdotes investigassem a alegação, e as provas seriam então apresentadas ao Sinédrio para sua investigação e declaração final. Assim, Cristo estava trazendo provas para aqueles que estavam em posição de elevada autoridade no âmbito religioso. Ele estava gerando uma investigação de sua pessoa e de sua reivindicação. Essa ordem dada ao leproso exigia uma longa viagem da Galileia até Jerusalém, mas era importante que as autoridades religiosas enfrentassem a questão da pessoa de Cristo. Observamos que não era necessário que o leproso purificado estivesse presente na Galileia para dar testemunho sobre a pessoa de Cristo. A notícia do que havia acontecido circulou amplamente com o resultado que acrescentou multidões de pessoas para ouvir Cristo pregar e receber a cura por sua autoridade.

10. Autoridade de Cristo para perdoar pecados
Seção 46
Mateus 9:1-8; Marcos 2:1-12; Lucas 5:17-26

Cristo voltou para Cafarnaum depois de seu ministério itinerante pelas aldeias da Galileia e passou alguns dias ali ensinando ao povo. Quando correu a notícia de que Ele havia retornado a Cafarnaum, multidões se reuniram para ouvir os ensinamentos de Jesus. Naquele momento, Ele não estava em uma sinagoga, mas em uma casa.

Marcos notou o tamanho da multidão. "Então muita gente se reuniu ali, de forma que não havia lugar nem junto à porta" (Mc 2:2). Lucas observou que a multidão era composta de "fariseus e mestres da lei, procedentes de todos os povoados da Galileia, da Judeia e de Jerusalém" (Lc 5:17). Aparentemente, a evidência da presença do Messias chamou a atenção dos líderes religiosos em Jerusalém. Por causa do testemunho em razão da lepra purificada (veja a seção anterior), muitos tinham vindo de Jerusalém e da Judeia para a Galileia, com o objetivo de investigar as reivindicações de Cristo. A eles se juntaram muitos mestres da Galileia. Eles estavam ali para ouvir as palavras de Cristo e para examinar as evidências que Ele apresentou de sua pessoa, com o objetivo de avaliar suas reivindicações. Essa multidão estava disposta a ouvir, e Jesus a todos ensinou.

O incidente com o paralítico ofereceu a Cristo uma oportunidade de demonstrar a esses inquisidores que Ele era o Messias. Na ocasião, um paralítico havia sido levado de sua casa, por seus amigos, para a casa onde Jesus estava ensinando. O objetivo era de que o paralítico pudesse ser curado. Devido à presença da multidão, era impossível que os amigos levassem o homem diretamente à presença de Jesus, de uma forma comum. Entretanto, eles não se sentiram desencorajados em seu propósito, e encontraram outra maneira de entrar em sua presença. Ellicott diz:

> Como aqueles que carregavam o paralítico não puderam entrar na casa por causa da multidão (Mc 2:4), eles subiram pela escada externa que partia da rua para o telhado ... prosseguindo até chegar ao local sobre o qual julgavam que nosso Senhor deveria estar. Em seguida, retiraram as telhas ou finas lajes de pedra, por vezes utilizadas ainda hoje ... e fizeram uma abertura (Mc 2:4, Lucas 5:19), ... através da qual, talvez auxiliados pelos que estavam abaixo do telhado, fizeram com que o homem descesse para a ... grande câmara *baixa* comum no andar inferior, na qual, ou talvez, melhor, sob a varanda da qual o Senhor estava naquele momento.[41]

A estrutura das casas daquele tempo é descrita por Beebe:
Uma característica arquitetônica das casas particulares da época romana ainda é possível de se observar em alguns locais que escaparam das

---
[41] Ellicott, Lectures, p. 171.

mãos de gananciosos ladrões de pedra. Em Avdat e Shivta no Negev, em Petra e na região de Hauran, na Síria, há casas que ainda estão com paredes e telhados intactos. Por estarem situadas longe de lugares que pudessem fornecer madeira, essas casas eram cobertas por arcos que brotavam das paredes em intervalos de três metros... Lajes finas de calcário de cerca de três metros de comprimento eram colocadas nos arcos, e um tipo de cimento-calcário cobria o exterior. Os tetos e paredes eram rebocados. Essa técnica de "arco e laje" criava uma casa de teto alto, com paredes grossas, proporcionando abrigo do sol forte do verão e dos ventos impetuosos do inverno. Essas casas pareciam ser inteiramente robustas... É bem possível que as casas na Palestina tenham sido construídas com essa mesma técnica. Um relato evangélico sugere o tipo de telhado descrito aqui. Quando os quatro amigos do paralítico arrancaram o telhado da casa na qual Jesus estava ensinando (Mc 2:1-5), sua ação poderia ter significado grande destruição em uma casa com um telhado feito de vigas, arbustos e lama. Mesmo seguindo o relato de Lucas, que descreve o telhado como feito de telhas... Lucas 5:18-19, a destruição do telhado, embora não pudesse ser tão grande quanto seria em uma casa com telhas feitas de lama, ainda poderia ser extensa a ponto de causar estragos na propriedade. Se, no entanto, a história traz o relato com precisão, uma casa com um telhado tipo "arco e laje" se encaixaria nas condições descritas nos evangelhos. Lajes poderiam ser removidas e substituídas sem maiores danos à casa. Sem essa compreensão, a história se torna pura hipérbole.[42]

Ao levantar as telhas, foi possível baixar o paralítico à presença de Jesus. Cristo respondeu à fé em sua pessoa por parte daqueles que haviam estado numa festa de casamento. Uma mensagem havia sido proclamada. Essa mensagem foi recebida — e os homens responderam com fé à proclamação de que o Messias estava ali. Consequentemente, vieram a Ele, e em resposta à sua fé, Jesus disse: "Homem, os seus pecados estão perdoados" (Lc 5:20).

Os fariseus e mestres da lei acusaram Jesus de blasfêmia. Conforme observado anteriormente em relação à cura do leproso, a teologia rabínica ensinava que toda enfermidade física era um sinal de desagrado divino e

---

[42] H. Keith Beebe, "Domestic Architecture of the New Testament", The Biblical Archaeologist, p. 38 (1975): 101-104.

vinha como uma punição de Deus por um pecado específico. Visto que Deus era aquele que estaria descontente com o pecado, e aquele que, segundo os rabinos, havia punido tal paralítico por causa do pecado dele, somente Ele poderia perdoar o pecado. Cristo estaria, então, reivindicando as prerrogativas que pertencem a Deus. De acordo com Geikie:

> A Lei não conhecia tal ação como um perdão oficial de pecados, ou absolvição. O leproso poderia ser declarado limpo pelo sacerdote, e um transgressor deveria apresentar uma oferta pelo pecado no templo, e transferir sua culpa para o animal, impondo suas mãos sobre a cabeça dele, reconhecendo sua culpabilidade diante de Deus, e o sangue aspergido pelo sacerdote sobre os chifres do altar, e em direção ao Santo dos Santos, era uma expiação que "cobria" seus pecados aos olhos de Jeová, garantindo seu perdão. Mas esse perdão era o ato direto de Deus; nenhum lábio humano ousava pronunciá-lo. Era uma prerrogativa especial do Todo-Poderoso, e até mesmo se o homem mortal se aventurasse a declará-lo, ele só poderia fazê-lo em nome de Jeová, e com sua autorização direta. Mas Jesus havia falado em seu próprio nome. Ele não havia insinuado que Deus lhe havia dado poderes para agir em seu nome. Os escribas estavam muito nervosos; sussurros, acenos de cabeça ameaçadores, olhares sombrios e piedosos gestos de alarme, mostravam que eles não se sentiam à vontade. Poderiam estar pensando algo como: "Ele deveria tê-lo enviado ao sacerdote para apresentar sua oferta pelo pecado, a fim de que esta fosse aceita: é uma blasfêmia falar em perdoar pecados. Ele está se intrometendo nos direitos divinos". O blasfemador deveria ser morto por apedrejamento, seu corpo pendurado em uma árvore, e depois enterrado com vergonha. "Quem pode perdoar os pecados a não ser somente Deus?"[43]

Aquele que usurpasse as prerrogativas da divindade, de acordo com a lei levítica, deveria ser punido com a morte. Cristo revelou imediatamente que conhecia a controvérsia que enchia o coração deles. Ele lhes perguntou: "Que é mais fácil dizer: 'Os seus pecados estão perdoados', ou: 'Levante-se e ande'?" (Lc 5:23). Era mais simples dizer que os pecados de alguém foram perdoados porque essa declaração não exigiria um ato

---

[43] Geikie, Life and Words, vol. 2, p. 25-26.

explícito. Para dizer: "Levante-se e ande", era necessária uma comprovação visível. Seria, portanto, mais fácil dizer a alguém que seus pecados estavam perdoados porque isso não iria exigir evidências. Se, quando Jesus ordenou ao homem que se levantasse e andasse, o homem não o tivesse feito, Jesus teria sido considerado um impostor. Para que a multidão soubesse que Ele tinha o poder de perdoar pecados, Jesus ordenou ao homem: "Levante-se ... e vá para casa". Ellicott acrescenta:

> Ele disse ao paralítico: "Levante-se e tome sua maca", para acrescentar uma confirmação maior ao milagre, como não estando apenas na aparência; ao mesmo tempo, para mostrar que Ele não só o curou, mas infundiu poder nele para mostrar que Ele não apenas o havia curado, mas tinha derramado poder sobre ele.[44]

Cristo demonstrou por meio desse milagre de cura que Ele era Deus e que tinha autoridade para perdoar pecados. O homem, em resposta à ordem de Cristo, imediatamente se levantou de sua maca e foi para casa louvando a Deus. O milagre silenciou os fariseus e os mestres da lei que haviam resistido à afirmação de Cristo de que Ele era Deus e poderia perdoar pecados. Eles não podiam refutar o testemunho do milagre. Lucas relatou: "Todos ficaram maravilhados e louvaram a Deus" (Lc 5:26). Ficaram comovidos por temor ou respeito reverencial pela pessoa que demonstrou sua autoridade em seu meio.

11. Autoridade de Cristo sobre os homens
Seção 47
Mateus 9:9-13; Marcos 2:13-17; Lucas 5:27-32

A resposta positiva de Levi ao chamado de Cristo para deixar o posto na coletoria de impostos e segui-lo foi uma evidência notável da autoridade do Mestre. O sistema romano de tributação é assim descrito por Geikie:

---
[44] Ellicott, Lectures, p. 172, nota de rodapé.

A tributação direta e sistemática do país para Roma era, naquela época, um assunto inextinguível de ódio e contenda entre governantes e governados...

Essa antipatia exacerbada pela tributação imperial era ainda intensificada pelos males do sistema romano. Eram dois os principais impostos exigidos — um era arrecadado com base no censo nominal e o outro um imposto sobre a terra; o primeiro se tratava de uma espécie de imposto de renda para todos os que não eram abrangidos pelo imposto da terra. O imposto de renda era fixado por um censo especial e calculado na Síria e na Cilícia, e fixado em um por cento. Todas as propriedades fundiárias de particulares estavam sujeitas ao imposto territorial, enquanto as possessões da coroa judaica eram confiscadas inteiramente para o tesouro imperial. O imposto chegava a um décimo de todos os grãos; e uma quinta parte de vinho e frutas e, portanto, era muito opressivo. Ambas as imposições estavam nas mãos de "publicanos", que teriam comprado dos censores, em Roma, o direito de recolher os impostos durante cinco anos. Esses publicanos exploravam a receita do Estado, dando garantia pelo pagamento de uma quantia fixa para a província, cujo direito de impostos eles haviam comprado. Existiam, no entanto, impostos extraordinários e imposições locais, além daqueles dois mais importantes. Se faltasse milho na Itália, por exemplo, as províncias em obrigadas a fornecê-lo a preços fixos, e o procurador de Cesareia tinha o direito de exigir para ele e para seus assistentes todos os suprimentos de que necessitasse.

Os impostos alfandegários e os de consumo, além disso, cobrados para o governo imperial — e os pedágios nas pontes e estradas, os impostos de consumo (*octroi*) nas portas das cidades, bem como as casas de custódia nos limites dos distritos ou províncias, que também eram arrecadados pelos publicanos, abriam espaço adicional para uma opressão arbitrária. Todo o sistema era completamente ruim. Os cavaleiros romanos que levavam contratos para províncias, os arrendavam, por distritos, a outros, e estes novamente conseguiam subcontratados para dividir cada vez mais em menor quantidade. O pior resultado era inevitável quando o interesse próprio estava tão profundamente envolvido. Cada agricultor e arrendatário do rendimento exigia um lucro, que os desafortunados provinciais tinham, por fim, de pagar. A quantia avaliada por Roma não era, portanto, a medida da extorsão final. A ganância e a oportunidade dos cobradores, em cada grau decrescente, determinavam por eles mesmos a demanda feita ao contribuinte.

Não havia como escapar. Os publicanos eram em sua maioria cavaleiros romanos, a ordem dentre a qual os juízes eram escolhidos. Eles eram os capitalistas do império, e formavam empresas para assumir os contratos maiores, e essas empresas, como algumas até hoje, estavam mais preocupadas com o valor de seus dividendos do que com os meios de os conseguir. As reclamações só deveriam ser apresentadas diante de um funcionário que poderia, ele próprio, pretender explorar os mesmos impostos em um momento futuro, ou se tornar sócio da empresa que os explorava naquele momento. Assim, a salvo da lei, a opressão e a extorsão praticadas pelos coletores eram intoleráveis.[45]

Shepard faz a distinção entre o cobrador comum de impostos e o funcionário da alfândega:

Levi era um funcionário da alfândega. O Talmude mostra a diferença entre o *cobrador de impostos* e o *funcionário da alfândega*. Os *Gabbai* [cobradores de impostos] recolhiam os impostos regulares sobre imóveis e renda e o imposto de votação; o *Mockhes* [coletores de taxas], arrecadavam as taxas sobre importação, exportação, pedágio em estradas, pontes, porto, o imposto municipal, isso tudo além de uma grande multiplicidade de outras contribuições variáveis sobre uma quantidade ilimitada de coisas, admitindo muitos abusos e excessos. A própria palavra *Mockhes* era associada à ideia de opressão e injustiça. Os impostos na Judeia eram cobrados por publicanos, que eram judeus, e por isso ainda mais odiados por serem oficiais diretos do poder pagão romano. Levi ocupava a detestável posição de um publicano da pior espécie — um pequeno Mockhes, estando ele próprio responsável pela alfândega romana na estrada que ligava Damasco a Ptolemaida, e junto ao mar, onde todos os barcos se movimentavam entre os domínios de Antipas e Filipe. O nome "publicano", aplicado a esses oficiais, deriva da palavra latina *publicanus* — um homem que cumpria um dever público. Os judeus detestavam os publicanos não apenas por causa de seus frequentes abusos e do espírito tirânico deles, mas porque os próprios impostos que eles eram obrigados a cobrar pelo governo romano eram um sinal de servidão e uma lembrança constante de que Deus havia abandonado seu povo e sua terra, apesar da esperança messiânica, fundada em

---

[45] Geikie, *Life and Words*, vol. 1, p. 279-280:

muitas promessas dos antigos profetas. Os publicanos eram classificados pelo povo como meretrizes, usurários, jogadores, ladrões e pastores desonestos, que viviam uma vida desumana e sem lei. Eles eram apenas "ladrões licenciados" e "bestas em forma humana".

De acordo com os rabinos, não havia esperança para um homem como Levi. Ele era excluído de toda fraternidade religiosa. Seu dinheiro era considerado sujo e profanava quem o aceitasse. Ele não podia servir como testemunha. Os rabinos não tinham nenhuma palavra de ajuda para o publicano, porque esperavam que ele, em conformidade exterior com a lei, fosse condenado diante de Deus.[46]

Por causa de sua posição, Levi era considerado impuro e inapto para a comunhão na sociedade judaica. Contudo, Cristo ordenou-lhe: "Siga-me" (Lc 5:27). Levi estava sob grande obrigação financeira para com Roma; contudo ele considerou a autoridade de Cristo maior do que a de Roma, assim ele "deixou tudo e o seguiu". Levi tornou pública sua identificação com Cristo ao realizar um grande banquete em honra a Ele em sua casa. Os judeus que consideravam a si mesmos justos na comunidade religiosa não teriam aceitado um convite para ir à casa de um cobrador de impostos; assim, o banquete foi preenchido com colegas que também eram cobradores de impostos, bem como outros que se enquadravam na categoria de pecadores. Jesus não evitou se encontrar com tais pessoas. Os fariseus e os mestres da lei acharam a conduta de Jesus muito censurável e desafiaram os discípulos a explicar por que Jesus estaria se associando com os cobradores de impostos e pecadores. A conclusão deles era de que se Jesus fosse, de fato, o que Ele afirmava ser, teria procurado a companhia deles em vez de estar junto com aqueles com os quais Ele estava comendo. Embora a queixa tenha sido dirigida aos discípulos, o próprio Jesus explicou por que Ele estava disposto a se reunir com tais pessoas. Declarou que não tinha vindo para chamar os justos, mas os pecadores ao arrependimento. Por justos, Ele não se referia àqueles que eram puros aos olhos de Deus, mas àqueles que eram retos aos seus próprios olhos. Ele tinha vindo para ministrar àqueles que se reconheciam como pecadores. Os que se achavam justos não deram ouvidos ao chamado de João para o arrependimento. Em contraste, os pecadores que se reconheciam

---
[46] Shepard, The Christ, p. 142-143.

como tais vinham para confessar seus pecados e juntar-se com outros que estavam aguardando a vinda do Messias, acreditando que Ele lhes concederia o perdão pelos pecados. Então Jesus disse que seu ministério não era voltado para os que se autodeterminavam justos. Ao contrário, sua mensagem era para aqueles que reconheciam sua necessidade e se voltavam com fé para Ele a fim de ter essa necessidade atendida. Ele estava fazendo uma clara distinção entre os justos (os seguidores dos fariseus) e os pecadores (aqueles que tinham vindo para segui-lo). Jesus queria dizer que os pecadores que o seguiam por fé se tornavam justos, enquanto os religiosos que o rejeitavam continuavam pecadores.

12. Autoridade de Cristo sobre a tradição
Seção 48
Mateus 9:14-17; Marcos 2:18-22; Lucas 5:33-39

Pelo fato de terem se aproximado de Jesus com uma pergunta sobre o jejum, fica evidente que os discípulos de João continuaram sendo um grupo (Mt 9:14). João havia exigido o arrependimento aliado ao batismo, e o jejum aliado à oração era um sinal desse arrependimento. Com essa prática, os fariseus concordavam plenamente. Nem os fariseus, tampouco os discípulos de João, conseguiam entender por que os discípulos de Jesus não praticavam o jejum com oração, levando em conta que Jesus, assim como João, havia feito um chamado ao arrependimento. A pergunta dirigida a Jesus foi por que seus discípulos não aderiam à prática judaica comum nesse assunto. Cristo repudiava frequentemente a tradição farisaica, mas essa tradição bem estabelecida era praticada por João. Então, por que Cristo não teria adotado essa tradição? Cristo respondeu em linguagem figurada. Ele lembrou que uma festa de casamento era um momento de alegria. A celebração não era iniciada e os convidados não se reuniam a não ser quando o noivo estava presente para fazer a abertura da festa. Quando a festa começava era um momento de alegria para todos os presentes. Cristo disse que assim como seria impróprio esperar que os convidados em uma festa de casamento jejuassem, também não era apropriado que seus discípulos o fizessem. O reino milenar do Messias é repetidamente comparado nas Escrituras a uma festa de casamento.

O Messias é o anfitrião. Ele é descrito como tendo muitos convidados. Quando o banquete é realizado, seus convidados não se reúnem para jejuar, mas para se alegrar. Nos evangelhos, Cristo é visto apresentando-se como Messias. Ele se ofereceu para conceder a bênção milenar conferida por Deus à nação que havia sido convocada para a festa. João e Jesus proclamaram: "O reino dos céus está próximo" (Mt 3:2; 4:12). Não era apropriado que aqueles que responderam a esse convite e foram persuadidos de que Jesus era o Messias se entregassem ao jejum (cf. Mt 9:15). Cristo anunciou que chegaria o tempo em que Ele seria tirado deles. Com essa declaração, Ele antecipou sua morte e retorno para estar à direita do Pai. Assim como a saída do noivo da festa de um casamento sinalizava o término da comemoração, a partida de Cristo levaria esses discípulos a um tempo em que o jejum e a oração seriam apropriados. Assim, vemos que durante o tempo em que Cristo ministrou, o reino estava sendo oferecido. E essa oferta do reino impedia o jejum.

Para aplicar essa verdade aos discípulos de João e aos fariseus que estavam ouvindo suas palavras, Cristo apresentou duas parábolas. A intenção das parábolas é bem descrita por Edersheim:

> Em geral, as duas ilustrações utilizadas — a de um remendo tirado de uma peça de roupa ainda não usada (ou, segundo São Lucas, uma parte retirada de uma roupa nova) e costurado sobre o rasgo de uma roupa velha, e a do vinho novo colocado nos odres velhos de vinho — não devem ser muito forçadas em relação à sua linguagem. Parecem sugerir principalmente isto: você pergunta: por que jejuamos com frequência, mas seus discípulos não jejuam? Você está enganado ao supor que a roupa velha pode ser conservada, e que apenas suas partes rotas podem ser consertadas remendando-as com um pedaço de pano novo. Para não falar da incongruência, o efeito seria apenas piorar o remendo, em última análise. A peça de roupa velha não sofreria melhora com o "pano novo". A ilustração de Cristo não era de meramente uma reforma: todas as coisas devem se tornar novas. Ou, ainda, ter a outra perspectiva — como a peça velha não pode ser remendada a partir da nova, assim, por outro lado, o novo vinho do Reino não pode ser confinado nas vasilhas antigas. Ele arrebentaria esses odres de vinho. O espírito deve, portanto, ter suas formas de expressão correspondentes; mas essas formas devem ser adaptadas e corresponder a ele. Não o

velho com um pouco do novo para mantê-lo firme onde está rasgado; mas o novo, e isso não nos odres velhos de vinho, mas em uma forma que corresponda à substância. Esses são os dois princípios finais — um dirigido principalmente aos fariseus, o outro aos discípulos de João, pelo qual o ensinamento ilustrativo sobre o banquete de casamento, com sua vestimenta nupcial e vinho do banquete, é levado muito além da questão original dos discípulos de João, e recebe uma aplicação para todos os tempos.[47]

As parábolas indicam claramente que Cristo não veio para reformar um sistema antigo e ultrapassado, mas para introduzir algo novo (cf. Hb 8:13).

Para os fariseus, Ele disse que uma roupa velha não se torna aceitável sobrepondo-se algo novo nela. E aos discípulos de João disse que o que Ele estava oferecendo não era algo para sobrepor ao farisaísmo para reformá-lo. O que Ele oferecia também não poderia ser contido no sistema antigo. Em vez disso, o que Ele estava introduzindo tinha que ser totalmente separado do antigo. O incidente terminou com as palavras de Cristo de que se os homens provassem o seu vinho, isto é, se aceitassem o que Ele lhes oferecia, não iam mais querer o velho. No entanto, os fariseus, tendo provado o velho, ficaram satisfeitos com ele; eles não desejavam o que Ele lhes estava oferecendo.

13. Autoridade de Cristo sobre o sábado
Seções 49-51

a. Demonstrada na cura do paralítico

Seção 49

João 5:1-47

Jesus havia chegado ao final do primeiro ano de seu ministério público. Os primeiros seis meses foram passados em Jerusalém e na Judeia, terminando com uma situação de atrito entre os discípulos de João e seus próprios discípulos, provocada por fariseus à procura de intrigas.

---

[47] Edersheim, *Life and Times*, vol. 1, p. 665.

Os meses seguintes foram usados principalmente na primeira viagem pela Galileia, com seu pequeno grupo dos primeiros discípulos, recentemente chamados para um serviço especial. Sua fama havia crescido rapidamente na Galileia e o ciúme dos fariseus já estava completamente visível naquele momento em todas as partes do país ao norte e ao sul.

O segundo ano de seu ministério, no qual Jesus estava entrando, seria um tempo de grande popularidade. Sua atividade durante esse ano seria intensa e sua fama estava destinada a repercutir por todo o país. Quase todo esse período seria passado na Galileia, mas houve uma festa, provavelmente a festa da Páscoa em Jerusalém, à qual Ele compareceu antes de iniciar suas atividades de maior relevância na província da Galileia. Há diferenças de opinião quanto a essa festa não nomeada, mas as circunstâncias de seu ministério como um todo parecem indicar fortemente a suposição de ter sido a Páscoa.[48]

Por ocasião de uma festa judaica *não nomeada*, Jesus viajou da Galileia para Jerusalém. Robertson diz:

> Essa festa mencionada em João 5:1 foi muito provavelmente a Páscoa. Sendo assim, deveríamos entender que o ministério público de nosso Senhor durou três anos e uma fração, e que o grande ministério na Galileia durou cerca de 18 a 20 meses. Do contrário, deveríamos ter em vista apenas dois anos e uma fração para o primeiro, e de 6 a 8 meses para o segundo; João menciona claramente três Páscoas (Jo 2:13; 6:4; 12:1), e o ministério de nosso Senhor começou algum tempo antes da primeira delas. Se a festa citada em 5:1 não foi a Páscoa, é completamente impossível determinar qual outra festa teria sido essa. Embora alguém pudesse se alegrar em resolver tais questões, se fosse possível, não importando de fato em relação ao que se refere à compreensão da história e dos ensinamentos de nosso Senhor, registrados durante o grande ministério na Galileia, o único ponto de diferença é que se essa festa fosse a Páscoa (ou se houvesse uma Páscoa não mencionada) deveríamos conceber as três viagens pela Galileia como tendo ocupando um tempo mais longo, incluindo trabalhos mais extensos não registrados na pregação e no ministério de cura.[49]

---

[48] Shepard, The Christ, p. 152.
[49] A. T. Robertson, Harmony of the Gospels for Students of the Life of Christ (Nova York: Harper and Brothers, e. 1922), p. 42, nota de rodapé.

Confirmação do Rei   229

Os fariseus haviam muitas vezes revelado seu antagonismo em relação a Jesus durante seu ministério anterior na Galileia, mas esse conflito havia sido velado por causa da grande popularidade de Jesus como resultado de seus ensinamentos e milagres. Agora que Cristo estava em Jerusalém, onde sua popularidade não seria em nenhum lugar tão grande como na Galileia naquela época, a oposição irrompeu abertamente. O momento para isso foi a questão do sábado.

> Foi por ocasião daquela festa que Jesus encontrou seus inimigos, agora completamente despertos, em uma crescente hostilidade de antagonismo rude na controvérsia sobre a observância adequada do sábado. A princípio eles o haviam atacado dissimuladamente na Galileia, e depois, mais abertamente, no jantar de Mateus. Esperavam agora sua chance de renovar o ataque na festa de Jerusalém.[50]

O sábado foi divinamente instituído como um sinal da aliança entre Deus e seu povo Israel (Êx 31:13, 17). Sua observância distinguia Israel como um povo separado.

> Não havia, entre os judeus, instituição observada com mais veneração e feita de forma mais escrupulosa do que a do sábado. Era uma parte divinamente ordenada e benéfica na economia mosaica, projetada para o descanso do homem e para a adoração e culto a Deus. Seu propósito era proteger os submissos e oprimidos em uma nação afligida pela ganância. Começando com o pôr do sol na sexta-feira, anunciado por três trombetas do Templo e da sinagoga, a observância do mandamento terminava ao pôr do sol no sábado. Todos os alimentos deveriam ser preparados, todos os vasos lavados, todas as luzes acesas e todas as ferramentas postas de lado. Havia restrições estabelecidas na lei mosaica; mas os rabinos tinham elaborado a partir delas uma vasta gama de injunções e proibições, fazendo da lei do sábado um verdadeiro jugo. Moisés disse: "Nesse dia não farás trabalho algum". Os rabinos elaboraram um sistema de 39 atividades, as quais levaria o infrator à morte por apedrejamento. Provenientes dessas "atividades-principais" havia um sem número "atividades-derivadas". Uma das "atividades-principais" era a lavoura; um trabalho derivado dela era o ato de "cavar". O

---

[50] Shepard, The Christ, p. 152.

uso de dentes postiços era um "derivativo" de "carregar um fardo". Entre os derivados de "colher" estavam a "colheita de uma espiga de trigo" ou o "arrancar de um cabelo grisalho" da cabeça. Foram formuladas regras extensas sobre os tipos de nós que alguém poderia amarrar no sábado. Os nós do condutor de camelos e do marinheiro não poderiam ser atados ou desatados. Duas letras do alfabeto poderiam não ser escritas juntas. Acender ou apagar fogo era uma grande profanação, não sendo algo justificado mesmo em caso de emergência de doença. O Sábado havia se tornado um fardo pesado pelas milhares de tais restrições e regras demasiado numerosas para serem mencionadas.[51]

Smith afirma:

A promulgação da aliança mosaica já era suficientemente rigorosa; no entanto, eles a consideravam muito frouxa, de modo que a ampliaram e a definiram com uma engenhosidade de causar vergonha. "Nesse dia não farás trabalho algum", dizia o mandamento; e eles elaboraram um catálogo de 40 trabalhos, exceto um, que era proibido e que, se feito propositadamente, condenava o infrator ao apedrejamento, e, se feito inadvertidamente, deveria ser expiado com uma oferta pelo pecado. Tampouco pararam aí. Essas 39 atividades estavam em fraseologia rabínica como "mestras", e cada uma tinha sua subseção de atividades derivadas ou "descendentes". Assim, a lavoura era uma das 39, e sob ela estava classificada a escavação. Esta incluía muita coisa. Por exemplo, era proibido desenhar uma cadeira no solo para que isso não fizesse um sulco; e, embora fosse permitido cuspir em um pavimento e esfregar o cuspe com o pé, debatia-se permitir ou não realizar essa atividade na terra, considerando que o pé arranharia o solo. Outra das "atividades mestras" era carregar um fardo, e tinha uma grande ninhada de "descendentes". Era permitido andar com uma muleta ou uma perna de madeira; mas era proibido andar sobre pernas de pau, pois não eram as pernas de pau que carregavam o homem, mas o homem que as carregava. Também não era permitido o uso de dentes postiços ou de uma peça de vestuário supérflua. Um alfaiate não deveria sair de casa com sua agulha nem um escriba com sua caneta um pouco antes do pôr do sol na sexta-feira, para que o sábado não começasse antes de seu retorno e o encontrasse fora de casa com seu fardo. Outro "trabalho mestre"

---

[51] Ibid., p. 152-153.

incluía a colheita, e isso abrangia tanto arrancar uma espiga quanto usar uma espada. Uma mulher não deveria se olhar ao espelho no dia do sábado, para não descobrir um cabelo grisalho e não ser tentada a arrancá-lo. Isso seria classificado como colheita.[52]

Jesus caminhava ao lado de um tanque perto do Portão das Ovelhas. Afirma-se que o tanque tinha cinco pórticos cobertos. Hodges observa:

> A redescoberta do tanque de Betesda confirmou, certamente, o conhecimento de João sobre a topografia da antiga Jerusalém. A referência ao número um tanto estranho de "cinco pórticos" (Av = "cinco pórticos") agora é possível explicar devido ao fato de o tanque ser dividido em dois, cercado por pórticos herodianos nos quatro lados, enquanto o quinto pórtico ficava na parede divisória que separava os tanques do norte e do sul.[53]

Jesus viu um homem que estava inválido havia 38 anos. Pelas próprias palavras de Jesus, "não volte a pecar, para que algo pior não aconteça a você" (v. 14), concluiríamos que a enfermidade daquele homem era o resultado da disciplina divina por causa do pecado. Durante 38 anos, esse homem havia esperado em vão encontrar cura nas águas do tanque, mas sua esperança nunca havia sido concretizada. É preciso observar que a disciplina divina nunca pode ser removida até que o pecado que a causou seja reconhecido e a pessoa peça a Deus que perdoe esse pecado. Parece que o Deus que impôs a disciplina ao homem o impediu de encontrar sua cura nas águas do tanque. Quando Cristo perguntou ao homem se ele queria ficar são, o homem revelou que estava sem esperança, dizendo: "não tenho ninguém que me ajude a entrar no tanque" (Jo 5:7). Ele sentiu sua total impotência. Cristo respondeu à sua desesperança, ordenando-lhe que se levantasse, pegasse sua maca e andasse. Essa ordem exigia obediência, o que era impossível a não ser pela fé naquele que havia dado a ordem. A ordem de Cristo era sua capacitação, e o poder divino permitiu ao homem fazer o que ele mesmo era incapaz de fazer. Ele pegou sua

---

[52] Smith, The Days, p. 131-132.
[53] Zane Hodges, "The Angel at Bethesda-John 5:4," Bibliotheca Sacra, 541 (Jan.-Mar., 1979):37.

maca e caminhou. De acordo com a tradição farisaica, era proibido carregar qualquer fardo no dia de sábado. Esse homem foi visto publicamente violando não a lei de Moisés, mas as tradições dos fariseus. Estes, que zelavam por suas tradições, imediatamente interpelaram o homem. Eles o lembraram de que era proibido de fazer aquilo que ele estava fazendo. A autoridade do homem para violar a tradição farisaica estava na palavra daquele que o havia curado. Assim, a defesa do homem foi: "o homem que me curou me disse: 'Pegue a sua maca e ande'" (Jo 5:11). Aquele que tem o poder de curar, tem o direito de ser obedecido. Os judeus imediatamente começaram a questionar o homem curado sobre aquele que o havia autorizado a violar suas tradições. O homem não sabia quem era Jesus e não podia identificá-lo. O paralítico curado fez seu caminho até o templo, evidentemente para oferecer adoração a Deus e talvez para apresentar um sacrifício para remover o pecado que lhe havia trazido a disciplina. Enquanto ele estava no templo, Jesus aproximou-se e se revelou a ele. O homem deixou o templo e se tornou uma testemunha pública de Cristo. Ele informou aos judeus que Jesus, que ele não sabia identificar anteriormente, era quem o havia curado.

Como resultado, os judeus perseguiram Jesus (v. 16). Evidentemente, esse não foi um incidente isolado, pois João observou: "Ele estava fazendo essas coisas no sábado". Era seu costume. A defesa de Cristo diante da acusação dos judeus foi: "Meu Pai continua trabalhando até hoje, e eu também estou trabalhando" (v. 17). A declaração de Cristo foi muito forte e clara. Ele se referia a Deus como seu próprio Pai. Isso proporcionou aos judeus um motivo a mais para persegui-lo. Por mais grave que considerassem uma violação do sábado, eles acharam que a blasfêmia era ainda mais grave. Como Jesus Cristo reivindicou o fato de Deus ser seu Pai, eles o viram como culpado de blasfêmia. De acordo com a lei mosaica, a pena tanto para a blasfêmia quanto para a violação do sábado era a morte por apedrejamento. Os judeus agora tinham duas acusações contra Jesus, e "por essa razão, os judeus mais ainda queriam matá-lo" (v. 18). Primeiro, disseram que Ele havia violado o sábado; segundo, alegaram que Ele se fez igual a Deus. Para defender sua afirmação de que Ele era igual a Deus, o Senhor ofereceu duas provas. A autoridade que lhe havia sido dada era a prova de sua pessoa (v. 19). Os judeus reconheceram que Deus tinha o poder de dar vida. Ele foi reconhecido como o Criador. Ele deu vida à criação. Ele também foi reconhecido como aquele que daria vida ao justo na ressurreição (Isaías 26:19-20; Daniel 12:2). Agora Cristo afirmou que Deus Pai tinha dado poder ao Filho para ressuscitar os homens dentre os mortos (Jo 5:21). Os judeus, em segundo lugar, reconheceram que Deus Pai tinha o poder de julgar todos os homens. Cristo alegou que essa autoridade de julgar havia sido conferida pelo Pai ao Filho (v. 22). Assim, a autoridade investida pelo Pai no Filho provou a igualdade do Filho com o Pai.

Cristo afirmou que exerceria no devido tempo a autoridade com a qual o Pai havia lhe investido. No versículo 25 Ele afirmou que "os mortos ouvirão a voz do Filho de Deus, e aqueles que a ouvirem viverão". No versículo 27, declarou mais uma vez que Ele julgará os homens "porque é o Filho do Homem". Se a autoridade investida não fosse exercida, poderia ser questionada; mas como a autoridade será exercida tanto na ressurreição quanto no julgamento, não teria como ser posta em dúvida.

Deve-se notar que Cristo se referiu a si mesmo como "Filho de Deus" (Jo 5:25) e "Filho do Homem" (v. 27). Fairbairn comenta sobre as ênfases nos dois títulos:

> 1. "Filho do Homem". Esse título é utilizado no Novo Testamento de maneira significativa apenas por Cristo, com uma exceção. Esta ocorre no discurso de Estêvão (At 7:56). A posição é notável e significativa, expressa dignidade, domínio, autoridade. Essas são ideias que normalmente são associadas ao título, e que se destinava manifestamente a dar tal conotação. Assim é dito que o Pai "deu-lhe autoridade para julgar, porque Ele é o Filho do homem". Em um dos grandes discursos escatológicos lemos: "assim como o relâmpago sai do Oriente e se mostra no Ocidente, assim será a vinda do Filho do homem"; e Ele disse que as pessoas veriam "o Filho do homem vindo nas nuvens do céu com poder e grande glória". A dignidade preeminente que o título expressa é evidente no texto onde ele ocorre pela primeira vez: "As raposas têm suas tocas e as aves do céu têm seus ninhos, mas o Filho do homem não tem onde repousar a cabeça". A força da passagem reside evidentemente no contraste do direito com o fato, ou da posição ideal com a experiência real. Esses usos nos colocam na linha ao longo da qual a explicação deve ser buscada. O título pertence a quem possui autoridade, e pode executar o julgamento e aparece primeiro na literatura

profética tardia. Daniel diz: "Em minha visão à noite, vi alguém semelhante a um filho de homem, vindo com as nuvens dos céus". A visão é uma dentre um ciclo de revelações no qual a expressão simbólica foi dada aos personagens essenciais dos grandes impérios do passado e do presente. Os símbolos empregados eram animais: o primeiro, um leão com asas de águia; o segundo, um urso que tinha três costelas em seus dentes; o terceiro, um leopardo, com quatro asas e quatro cabeças; o quarto, um animal mítico, "aterrorizante, assustador e muito poderoso". Os impérios assim simbolizados são brutais, baseados em mera força feroz. Quando seu domínio cessa, aquele "como o Filho do Homem" vem nas nuvens do céu; "Ele recebeu autoridade, glória e o reino; todos os povos, nações e homens de todas as línguas o adoraram". O significado é evidente: os símbolos dos antigos impérios eram bestas feras, mas o símbolo do novo reino divino é "o Filho do homem". A característica dos antigos reinos é a humanidade, na medida em que seu caráter é desumano; eles são personificados pela força cruel e egoísta. O "Filho do homem" institui um reino que realiza os propósitos de Deus para o homem, e cumpre na humanidade seu reinado.

O título assim enfatiza a humanidade daquele que o conduz, mas uma humanidade que realiza uma obra divina, cria e controla uma sociedade que é tão claramente humana, porque é inteiramente uma realização do pensamento ou da mente de Deus quanto ao homem. Schleiermacher disse, com razão: "Cristo não teria adotado esse título se não estivesse consciente de uma participação completa na natureza humana. Mas seu uso teria sido inútil se Ele não tivesse direito ao título de um modo que outros homens não o pudessem possuir. E, consequentemente, o significado foi uma gravidez, marcando as diferenças distintivas entre ele e demais homens". Essas diferenças mostram os poderes e as prerrogativas que pertenciam ao título, e os deveres que eles envolviam. "O Filho do homem" é o vínculo entre a terra e o céu, pertence a ambos em igual grau; Ele é o meio pelo qual Deus alcança o homem e o homem alcança a Deus. Como aquele que une e unifica a terra e o céu, Ele é a Fonte da vida divina no homem, é a Luz que cria, o Pão que mantém a vida no mundo. Como Criador da nova sociedade, o Fundador do Reino Divino, Ele tem o direito de revogar tudo o que impeça seu progresso, de modificar ou adaptar a seu serviço antigas instituições como o sábado. Ele deve, também, exercer o reinado ao ver que seus cidadãos são dignos de sua cidade. Se exercer a autoridade é seu direito, obedecer é dever do homem; e a confissão os torna súditos do Rei. Mas esses poderes e prerrogativas estão enraizados no sacrifício. Sem morte, sem ressurreição, "o Filho do Homem" não pode cumprir sua missão, realizar sua obra divina. Ele sofre para poder salvar; pela morte, ele dá sua vida em resgate por muitos.

O título, utilizado tão frequentemente e desse modo enfático, nos permite ver o que Cristo concebeu para si mesmo, e onde Ele acreditava estar: Ele afirmava que possuía nossa natureza humana comum: Ele era um "Filho". Mas também afirmou sua preeminência — "o Filho do homem". Outras pessoas tinham sido, ou eram, filhos de homens individuais, membros de famílias ou nações particulares; mas Jesus, como "o Filho do homem", não era filho de nenhum homem, era filho da humanidade; não pertencia a nenhuma era, mas a todas as eras; a nenhuma família ou pessoas, mas à humanidade. Ele é, como o ideal divino planejou, universal e eterno, um indivíduo que é, em certo sentido, a humanidade.

O título é, de certa forma, traduzido e interpretado por Paulo nas frases: "o último Adão", "o segundo Homem". Adão não se tornou o que Deus quis que ele fosse, era apenas uma "alma viva", não se tornou "um espírito que dá vida". Seus filhos também foram fracassados, e a Terra, embora construída para ser o lar da humanidade, nunca vira a humanidade ser concretizada. Mas Cristo veio e a completou, apareceu como a forma vital da ideia divina, a imagem articulada do sonho divino. E assim o "último Adão" foi maior que o primeiro, "um espírito vivificador", capaz de vivificar aqueles que eram tão bons quanto se estivessem mortos. A humanidade era como um aloés colossal, crescendo lentamente ao longo de muitos séculos, lançando fora muitos botões abortados, mas florescendo longamente em "o segundo Homem", que permanece com sua flor para sempre perfumada e indestrutível.

2. O "Filho de Deus". Esse título era menos comum nos lábios de Cristo, mas era frequente entre os apóstolos, com os quais assume um significado peculiar, especialmente quando qualificado por unigênito e exclusivamente seu. Usado por Cristo, ocorre apenas no quarto evangelho, e expressa não simplesmente uma relação figurativa, mas uma relação filial e essencial com Deus. Os judeus assim o entendem, e o acusam de blasfêmia por ter a ousadia de usá-lo. Uma passagem do primeiro evangelho sinótico mostra que o uso não era uma peculiaridade do Cristo descrito por João. As ideias a que ele se refere são belamente expressas na grande confissão filial registrada por Mateus: "Ninguém conhece o Filho a não ser o Pai, e ninguém conhece o Pai

a não ser o Filho e aqueles a quem o Filho o quiser revelar". O conhecimento mútuo é absoluto: Pai e Filho se conhecem como só eles o podem fazer, que nunca o foram a não ser face a face e de coração a coração. O conhecimento que o Filho possui do Pai Ele o possui para que possam se comunicar; Ele conhece a Deus para que Ele possa torná-lo conhecido. Onde seu conhecimento é recebido, seu espírito nasce; conhecer o Pai como o Filho o conhece, é amar como o Filho o ama. Nessa confissão filial, a oração do Sumo Sacerdote é antevista; o mundo que não conhece o Pai, deve ser levado ao conhecimento dele através do Filho. E aqui podemos ver as verdades que se encontram e se misturam nos títulos. "O Filho de Deus", por meio de sua relação essencial com o Pai, é o veículo do conhecimento verdadeiro e absoluto a seu respeito; "o Filho do homem", por meio de sua relação essencial com a humanidade, é o meio de sua união viva com Deus. O primeiro título denota Cristo como mediador de Deus com o homem, o segundo o apresenta como mediador do homem com Deus.[54]

Cristo previu a objeção de seus oponentes de que Ele estava dando testemunho de si mesmo (Jo 5:31); assim Ele apresentou outras cinco testemunhas à sua pessoa. (1) *O testemunho de João Batista* (v. 33-35). João havia testemunhado a respeito de Cristo. Ele lembrou ao povo que João era o precursor profetizado e que muitos vieram por um tempo para ouvi-lo, mas agora haviam se afastado da verdade que ele apresentava. (2) *O testemunho de suas obras* (v. 36). Cristo disse: "a própria obra que o Pai me deu para concluir, e que estou realizando, testemunha que o Pai me enviou". Os milagres que Cristo realizou foram os milagres do Pai que Ele fez em nome do Pai e pelo poder do Espírito e eles deram testemunho de sua pessoa. (3) *O testemunho do Pai* (v. 37). Cristo disse: "E o Pai que me enviou, ele mesmo testemunhou a meu respeito". Cristo estava se referindo ao testemunho do Pai em seu batismo: "Tu és o meu Filho amado; de ti me agrado" (Mc 1:11). (4) *O testemunho das Escrituras* (v. 39). Jesus disse: "E são as Escrituras que testemunham a meu respeito". Cristo estava se referindo às profecias do Antigo Testamento a respeito da vinda do Messias. Os ouvintes de Cristo que pesquisassem as Escrituras, descobririam que Ele cumpriu e estava cumprindo as profecias a respeito

---

[54] Fairbairn, Life of Christ, p. 190-194.

do Messias. Assim, as Escrituras davam testemunho a respeito dele, e Ele dizia que os judeus se recusavam a aceitar esse testemunho. (5) *O testemunho de Moisés* (v. 45-47). Cristo disse: "ele escreveu a meu respeito" (v. 46). Através da promessa (Dt 18:15), bem como através de tipos que Moisés havia retratado a vinda do Messias. Assim, havia abundantes evidências para acreditar nas afirmações de Jesus de que Ele era o Filho de Deus, o Filho do Homem, coexistente com seu Pai, e aquele a quem a autoridade do Pai havia sido conferida.

b. Demonstrada na controvérsia sobre a colheita de espigas
Seção 50
Mateus 12:1-8; Marcos 2:23-28; Lucas 6:1-5

Cristo refutou tão satisfatoriamente a acusação dos judeus de culpa por blasfêmia que essa acusação sequer foi levada adiante. Agora seus oponentes estavam se concentrando na acusação de que Ele estaria violando o sábado. Eles logo observaram outro incidente que lhes deu uma base para acusá-lo abertamente. Jesus e seus discípulos passavam por um campo de trigo num sábado. Como os discípulos estavam com fome, eles pegaram algumas espigas e as comeram. Isso estava de acordo com a lei, que permitia a um homem faminto colher grãos ao longo de seu caminho para saciar sua fome. No entanto, os fariseus não consideraram esse ato legal; disseram que violava sua tradição a respeito do sábado.

Edersheim observa:

> Em qualquer dia comum, a atitude teria respaldo da lei, mas no sábado isso envolvia, de acordo com os estatutos rabínicos, pelo menos dois pecados. Conforme o Talmude, algo passava a se tornar um trabalho realmente caso fosse composto por vários atos, cada um deles proibido, equivalente a várias atividades de trabalho, todas envolvendo pecado, punição e uma oferta pelo pecado. Essa assim chamada "divisão" do trabalho aplicava-se apenas à violação do descanso sabático — não envolvia os dias festivos. Porém, nesse caso, havia pelo menos dois desses atos envolvidos: o de arrancar as espigas de trigo, que era atrelado ao pecado de colher, e o de esfregá-las, que poderia também ser feito por peneiramento com uma peneira, debulhando, joeirando a colheita, moendo ou adejando. A seguinte passagem talmúdica se refere a isso:

"No caso de uma mulher rolar um feixe de trigo para remover as cascas, isso será considerado peneiramento; se ela esfregar as espigas de trigo, será contado como descascar os grãos; se ela limpar as aderências laterais da espiga, estará joeirando; se ela machucar os grãos, estará moendo; se ela as jogar na mão, estará adejando". Um só exemplo já é suficiente para mostrar o caráter exterior de todas essas ordenanças. Se um homem desejasse mover um feixe em seu campo, o que obviamente implicava trabalho, bastava que colocasse sobre o feixe uma colher que estivesse sendo usada comumente, e quando fosse retirar a colher, também poderia remover a espiga sobre a qual a colher estava colocada! E, no entanto, era proibido tapar com um pouco de cera a boca de um barril cujo conteúdo estivesse escorrendo, ou até mesmo limpar uma ferida!

Com posições semelhantes a essas, os fariseus, que testemunharam a conduta dos discípulos, naturalmente condenariam duramente aquilo que eles consideravam uma profanação grosseira do sábado. No entanto, não era uma clara violação da lei bíblica, mas da lei rabínica.[55]

Os fariseus rapidamente inquiriram a Cristo a respeito de Ele estar permitindo seus discípulos agirem ilegalmente no sábado. Assim como na ocasião anterior, quando acusado de blasfêmias, Cristo se defendeu. Ele ofereceu uma série de provas de que Ele não era culpado por violar o sábado. A primeira prova foi baseada no desconhecimento que os fariseus tinham de suas próprias Escrituras. Cristo referiu-se a uma época em que Davi e seus companheiros estavam com fome. Davi entrou na casa de Deus e comeu o pão que, de acordo com a lei levítica, deveria ser comido somente pelos sacerdotes (1Sm 21:1-6).

Ele ironicamente repreendeu os fariseus por sua ignorância dessa passagem histórica das Escrituras.

"Você não leram", perguntou ele sarcasticamente, "o que fez Davi quando ele e seus companheiros estavam com fome? Ele entrou na casa de Deus (em Nobe), e juntamente com os seus companheiros comeu os pães da Presença, o que não lhes era permitido fazer, mas apenas aos sacerdotes." Esse era o princípio da necessidade. Talvez tenha sido num sábado o dia em que Davi cometeu a dupla ofensa de entrar como

---

[55] Edersheim, Life and Times, vol. 2, p. 56.

mero leigo na casa de Deus, e comer o pão consagrado apenas para os sacerdotes. Saul o perseguia. Davi e seus soldados estavam famintos. O sacerdote Abimeleque tinha apenas os "pães da Presença" — uma dúzia de pães colocados sobre a mesa no Santuário, que a cada final da semana eram substituídos por pães frescos, sendo os pães velhos usados pelos sacerdotes. Jesus usou sabiamente esse exemplo inicialmente, o qual se justificava nos preceitos dos rabinos, de que "o risco de vida prevalecem sobre a lei do sábado e sobre todas as outras obrigações" (cf. Lv 18:5).[56]

Edersheim acrescenta:

Na verdade, a razão pela qual Davi não se tornou culpado ao comer os pães da Presença era a mesma que tornava legítimo o trabalho sabático dos sacerdotes. A lei do sábado não era meramente um descanso, mas descanso para adoração. O culto ao Senhor era seu objetivo. Os sacerdotes trabalhavam no sábado porque o culto era a finalidade do sábado; e Davi teve permissão de comer do pão da Presença não porque houvesse perigo de morrer por fome, mas porque ele alegou que estava a serviço do Senhor e precisava dessa provisão. Os discípulos, ao seguirem o Senhor, estavam igualmente a serviço do Senhor; ministrar para Ele era mais importante do que ministrar no templo, pois Ele era maior do que o templo. Se os fariseus tivessem acreditado nisso, não teriam questionado sua conduta, nem, ao fazê-lo, eles próprios teriam infringido a lei superior que ordena misericórdia, não sacrifício.

O culto a Deus e o Serviço do templo, por concordância unânime, sobrepuseram-se à Lei do Sábado.[57]

Assim, sob a lei, o sábado poderia ser violado por obras de necessidade.

O argumento seguinte era que a própria lei permitia aos homens trabalhar quando estavam envolvidos na adoração e no culto.

O segundo argumento Jesus extraiu da própria lei (Números 28:9, 10, 18, 19). Ele, portanto, citou a lei para justificar a anulação da lei cerimonial sob certas condições.

---

[56] Shepard, *The Christ*, p. 162.
[57] Edersheim, Life and Times, vol. 2, p. 59.

"Vocês não leram na lei", disse Ele, "que, no sábado, os sacerdotes no templo profanam esse dia e, contudo, ficam sem culpa?" Os sacerdotes trabalhavam no templo durante o sábado preparando os sacrifícios e cuidando do recinto. Esse trabalho era justificado por ser o trabalho do templo e da adoração. Novamente, os rabinos haviam estabelecido o princípio de que não havia "nenhum sabatismo no templo". Eles podiam violar todo o Soperium ou regras sobre o sábado e ainda ser considerados sem culpa. A lei do sábado não apenas assegurava descanso, mas também adoração e serviço. O serviço dos sacerdotes se justificava, portanto, por ser o serviço do templo. Quanto mais seus discípulos deveriam ser justificados agora em seu serviço, que era maior do que o templo. Ele havia purificado o templo alguns meses antes. O trabalho necessário para o culto e a adoração a Deus era justificável. Esse foi o princípio ao qual Jesus apelou e, ao fazê-lo, fez uma reivindicação de sua superioridade sobre o templo e, portanto, ao sábado, uma vez que o culto no templo substituía o sábado.[58]

Depois de apelar para a lei, Cristo então se voltou para os profetas. Seu terceiro argumento foi baseado em uma interpretação de Oseias 6:6.

O terceiro ponto da defesa foi baseado nos profetas. Mateus, escrevendo especialmente para os judeus, citou os argumentos da lei e dos profetas. Esse argumento foi um impulso direto ao espírito duro e crítico dos fariseus em sua acusação contra seus discípulos. Mais uma vez, Ele os repreende por sua falta de compreensão espiritual das Escrituras. Se eles tivessem interpretado corretamente as palavras de Oseias (6:6), não teriam condenado os inocentes discípulos. Deus deseja bondade e benevolência nos homens, em vez da observância meticulosa das regras tradicionais. Foi por sua falta de misericórdia que eles exigiram severamente o cumprimento de suas regras rígidas. O espírito, e não a letra, era importante. O sábado fora destinado para as obras de misericórdia e de benevolência, e esses fariseus não estavam cumprindo o espírito dessa profecia. Eles começaram acusando os discípulos; e acabaram sendo eles mesmos condenados diante do espírito da profecia.[59]

---

[58] Shepard, The Christ, p. 162.
[59] Ibid., p. 162-163

O quarto argumento (Mc 2:27) foi um apelo ao propósito original do sábado. Shepard comenta:

> O quarto ponto da defesa foi fundamentado na ideia original de Deus ao criar o sábado e na superioridade do homem em relação àquele instituto. Deus fez o homem e adaptou o sábado para o seu uso. Trata-se de uma necessidade humana atendida pela misericórdia divina. O homem está acima de qualquer instituto, seja ele qual for. O mandamento foi feito para servir ao homem. Toda instituição da Igreja divinamente estabelecida é para o serviço adequado da humanidade. O sábado deve servir ao corpo, à mente e ao espírito do homem. Não deve ser um dia de dor, tristeza e medo intensos; mas um dia de refrigério, paz e alegria.[60]

O homem não deveria se curvar ao sábado, mas o sábado deveria adequar-se às necessidades do homem.

O argumento final (Mc 2:28) baseou-se na autoridade do próprio Messias. Todas as coisas estão sujeitas à autoridade do Messias; assim, Ele tem autoridade até mesmo sobre o sábado.

> O quinto e último argumento usado em defesa para essa ocasião foi alicerçado na autoridade de Jesus como representante da humanidade e do Messias Espiritual. "O Filho do Homem é Senhor também do Sábado", disse Ele. Nessas palavras, Jesus reivindicou não apenas a sua messianidade, mas sua autoridade final para alterar o seu sábado e livrá-lo do fardo oneroso de suas inúmeras tradições. Como representante da humanidade, Ele desejava fazer do sábado uma instituição universal, tanto para judeus como para gentios. Ele é o Senhor do sábado e deveria ser servido e adorado no sábado. Essa era uma proclamação de liberdade espiritual.[61]

Durante seu ministério, Jesus se defendeu apenas quando sua divindade foi atacada e sua autoridade questionada. Visto que a salvação de Israel dependia da fé em sua pessoa como Filho de Deus, foi somente nessas ocasiões que Ele procurou se defender de seus adversários.

---

[60] Ibid., p. 163.
[61] Ibid.

c. Demonstrada pela cura do homem com a mão atrofiada

Seção 51

Mateus 12:9-14; Marcos 3:1-6; Lucas 6:6-11

A terceira confrontação de Jesus acerca do sábado aconteceu na sinagoga, na ocasião em que Ele entrou no recinto e viu um homem com a mão atrofiada. Com a intenção de encontrar uma base para acusar Cristo, os fariseus agora lançaram a Ele este desafio: "É permitido curar no sábado?" (Mt 12:10). Havia uma ampla controvérsia entre os judeus sobre qual medicação era permitida usar no sábado.

> Todas as aplicações no exterior do corpo eram proibidas no sábado. Sendo considerados remédios internos, apenas substâncias como as que eram usadas para a saúde, mas que também tinham um efeito corretivo, podiam ser utilizadas, embora aqui também houvesse uma maneira de contornar a lei. Uma pessoa que sofresse dor de dentes não poderia enxaguar a boca com vinagre, mas poderia usar uma escova de dentes comum e mergulhá-la em vinagre. A *Guemará* acrescenta aqui que o gargarejo seria lícito se a substância fosse depois engolida. Explica ainda que os efeitos que se estendiam dos lábios, ou então da garganta para dentro, poderiam ser tratados, desde que os casos fossem considerados perigosos. Um bom número deles é elencado, mostrando que, ou os rabinos eram muito permissivos na aplicação de seu cânon no caso de doenças mortais, ou então que eles consideravam, em seu conjunto, não poucos os casos que não tomaríamos hoje como tais. Lesões externas também poderiam ser atendidas, caso elas envolvessem perigo de vida. Da mesma forma, a ajuda médica poderia ser solicitada, se uma pessoa tivesse engolido um pedaço de vidro; no entanto era permitido remover uma farpa do olho, e até mesmo um espinho do corpo.
>
> Mas embora o homem com a mão atrofiada não pudesse ser classificado como aqueles indivíduos perigosamente doentes, não teria sido difícil silenciar os rabinos em suas próprias admissões. Claramente, seu princípio implicava, durante o sábado, que era lícito fazer algo que salvasse a vida de alguém, ou impedisse a sua morte. Ensinar o contrário teria praticamente implicado assassinato.[62]

---

[62] Edersheim, Life and Times, vol. 2, p. 60:

CONFIRMAÇÃO DO REI 243

Cristo respondeu à pergunta deles referindo-se às suas próprias práticas. Se a vida de um de seus animais estivesse em perigo, eles trabalhariam para resgatá-lo.

Mateus, embora aludindo a esse desafio extraordinariamente revelador, descreve outro argumento pessoal. Parece que Cristo lançou publicamente uma provocação para eles: se algum homem pobre dentre eles, dono de uma ovelha, corresse algum risco de perdê-la por ela ter caído em uma cova, ele não a resgataria? Certamente a lei rabínica ordenava que comida e bebida deveriam ser lançadas para o animal, ou então algum outro meio deveria ser providenciado para que a ovelha pudesse ser mantida viva na cova, ou pudesse sair dela. No entanto, até o *Talmude* discute casos em que era considerado legal retirar um animal de uma cova em um dia de sábado. Não havia dúvida, de qualquer forma, que mesmo sendo a lei extremamente severa no *Talmude*, na época de Cristo, um homem teria encontrado alguma forma de poder recuperar a única ovelha que lhe pertencia. Então, a vida de um ser humano não deveria ser ainda mais importante? Certamente era lícito fazer o bem no dia de sábado! Sim — fazer o bem, e negligenciar seria praticar o mal. De acordo com o que eles mesmo admitiam, um homem não deveria, no sábado, salvar a vida? Ou deveria matar por omissão?[63]

Assim, a conclusão de Cristo indica que é lícito fazer o bem no dia de sábado. Como tal ação não era contrária à lei, e nem mesmo estava em oposição às suas práticas, Cristo ordenou ao homem: "Estenda a mão" (Mt 12:13). A fim de tornar a ordem claramente enfática, Cristo usou uma palavra que sugeria esticar o braço até seu comprimento máximo. O homem obedeceu à ordem de Cristo e esticou seu braço, demonstrando que ele havia sido completamente restaurado. Os fariseus responderam de várias maneiras.

Primeiro, ficaram furiosos com Cristo (Lc 6:11). A razão dessa ira é que Ele os havia humilhado publicamente por intermédio de seus argumentos devastadores e mostrou que toda a tradição deles era insustentável.

Segundo, eles começaram a planejar sua morte (Mt 12:14). Queriam matar aquele que rejeitava suas tradições.

---

[63] Ibid., p. 60-61.

Terceiro, fizeram uma aliança com os herodianos, que eram seus inimigos, e pediram seu apoio na sua tentativa de matar Jesus (Mc 3:6). Estavam convictos de que Ele deveria morrer.

A controvérsia sobre o sábado, então, marcou um avanço importante. A oposição dos fariseus não era mais velada, mas aberta. Estavam determinados a matá-lo e solicitavam a ajuda de outros grupos da nação para alcançar seu objetivo.

14. Autoridade de Cristo para curar
Seção 52
Mateus 12:15-21; Marcos 3:7-12

Os atos de Cristo provocaram tamanha hostilidade que Ele acabou deixando Jerusalém e voltou para a Galileia. Marcos relatou que Ele "retirou-se com seus discípulos para o lago" (Mc 3:7), indicando que Jesus buscava uma trégua do conflito. No entanto, multidões os seguiram. Pessoas vieram da Judeia, de Jerusalém, da Idumeia, de além do Jordão e de Tiro e Sidom. Essa indicação geográfica indica que não apenas a própria nação de Israel, mas todas as nações que faziam fronteira com Israel ouviram a mensagem da chegada do Messias. Multidões dessas áreas vieram para ouvir suas palavras e ver seus milagres. Podemos ver que Cristo ensinou pessoas, curou enfermos e libertou aqueles que estavam possuídos por demônios. Foi necessário que Ele entrasse em um barco e se dirigisse às multidões, a partir do barco, pois os ouvintes estavam ansiosos para ouvir sua palavra (Mc 3:9). Eles ouviram sua mensagem com atenção por causa dos milagres que Ele havia realizado.

Mateus observou que seu ministério dirigido àquelas multidões que tinham vindo de fora da terra de Israel era um cumprimento de Isaías 42:1-4. A profecia de Isaías retratou um Messias que seria o Servo escolhido de Deus a quem Ele amava e em quem se comprazia. Esse Servo seria capacitado pelo Espírito Santo de Deus e proclamaria uma mensagem aos gentios. O Messias não seria violento nem vingativo. Ele ministraria gentilmente às pessoas. Ele faria a justiça triunfar. As nações gentias se voltariam para Ele por meio da fé e colocariam sua esperança nele. Mateus relatou que esses povos vinham das nações vizinhas até Cristo. Mateus observava, enquanto Ele os ensinava, e via os milagres que Ele realizava para curá-los e libertá-los. Mateus não podia escapar da verdade de que aquele era o Messias aprovado por Deus em quem Deus se deleitava. Esse era aquele que estava fazendo a obra de Deus como o próprio Deus faria. As nações do mundo se beneficiariam do ministério compassivo, gentil e misericordioso do Messias.

15. Comissionamento dos Doze
Seção 53
Marcos 3:13-19; Lucas 6:12-16

Nessa conjuntura do ministério de nosso Senhor, é fácil discernir duas reações à sua apresentação de si mesmo como Messias. Uma delas envolveu oposição e rejeição; a outra teve a ver com fé, não apenas em Israel, mas nas nações vizinhas.

Foi nesse cenário que Cristo escolheu os Doze entre a multidão de seus discípulos para comissioná-los como apóstolos.

> A *ocasião*, exigindo a escolha dos Doze e a organização do trabalho do reino, de forma mais compacta, surgiu por causa de várias circunstâncias. Os inimigos de Jesus já estavam preparando as forças que se opunham ao seu ministério fazia algum tempo. Isso exigia uma organização definida de seus seguidores para resistir aos choques desse antagonismo cada vez maior. Mais fundamental ainda, o trabalho que aumentava no reino em crescimento exigia uma organização mais completa de suas forças, visando à sistematização e a uma obra completa. Em decorrência disso, surgiu a necessidade de prover um treinamento intenso para seus obreiros. Estes deveriam estar com Ele em todos os momentos e em todos os lugares, acompanhando-o em suas viagens, testemunhando todo o seu trabalho, estudando suas doutrinas, sendo seus companheiros de trabalho em sua escola prática de experiência para, finalmente, se tornarem na realidade aquilo que o nome recebido indicava: apóstolos comissionados de sua campanha mundial para o estabelecimento do reino. Naquela época, eles estavam aprendendo, pela convivência diária com o Mestre, o que deveriam ser, fazer, acreditar e ensinar, a fim de atuarem como suas testemunhas e embaixadores. Desse momento em diante, o treinamento deles ocuparia grande parte do tempo e da atenção de seu Mestre.[64]

---

[64] Shepard, The Christ, p. 169.

Essa nomeação não foi feita despreocupadamente, mas apenas depois de Jesus passar uma noite em oração diante do Pai. Visto que a oração é essencialmente uma atitude de dependência de Deus — de confiança no Pai —, Cristo estava dependendo dele nessa importante nomeação. A palavra grega para "discípulo" significa *aprendiz*. O termo descreve aquele que está disposto a ouvir um mestre. Não significa necessariamente que o discípulo aceite a palavra dele, apenas que a ouvirá. Dentre os que haviam sido ensinados, o Senhor nomeou agora os Doze, aos quais chamou *apóstolos*. Essa palavra significa *enviado*. Embora a ideia de autoridade não esteja na palavra discípulo, a autoridade é essencial para o conceito de apóstolo. Quando esses homens foram designados como representantes de Cristo, a autoridade que Ele possuía foi transmitida para eles.

É interessante comparar as quatro listas de apóstolos escolhidos por Jesus, fornecidas por Mateus, Marcos, Lucas e Atos.[65]

MATEUS 10:2ss	MARCOS 3:16ss	LUCAS 14ss	ATOS 1:13ss
1. Simão Pedro	1. Simão Pedro	1. Simão Pedro	1. Simão Pedro
2. André	2. Tiago, filho de Zebedeu	2. André	2. Tiago
3. Tiago, filho de Zebedeu	3. João	3. Tiago	3. João
4. João	4. André	4. João	4. André
5. Filipe	5. Filipe	5. Filipe	5. Filipe
6. Bartolomeu	6. Bartolomeu	6. Bartolomeu	6. Tomé
7. Tomé	7. Mateus	7. Mateus	7. Bartolomeu
8. Mateus	8. Tomé	8. Tomé	8. Mateus
9. Tiago, filho de Alfeu	9. Tiago, filho de Alfeu	9. Tiago, filho de Alfeu	9. Tiago, filho de Alfeu
10: Tadeu	10: Tadeu	10: Simão, o zelote	10: Simão, o zelote
11. Simão, o zelote	11. Simão, o zelote	11. Judas, filho de Tiago	11. Judas, filho de Tiago
12. Judas Iscariotes	12. Judas Iscariotes	12. Judas Iscariotes	

---

[65] Robertson, *Harmony*, p. 271.

Os primeiros quatro nomes nas quatro listas começam com Simão Pedro e incluem as mesmas pessoas, mas não na mesma ordem. Da mesma forma, na segunda lista os quatro segundos nomes que começam com Filipe aparecem também em cada uma das quatro listas, embora não estejam na mesma ordem. No terceiro grupo, cada lista começa com Tiago, o filho de Alfeu, e os três primeiros grupos terminam com Judas Iscariotes. Todos os quatro grupos têm Simão, o Zelote. Mateus e Marcos mostram Tadeu, enquanto Lucas e Atos apresentam Judas, filho de Tiago. Por eliminação, Tadeu deve ser a mesma pessoa que Judas, filho de Tiago; e assim as quatro listas estão harmonizadas.

16. Autoridade de Cristo para interpretar a lei
Seções 54-56
Mateus 5:1—7:29; Lucas 6:17-42

a. Os propósitos do reino
Seção 54

(1) Introdução
Mateus 5:1-2; Lucas 6:17-19

Nesse ponto do ministério do Senhor, Ele desfrutava de grande popularidade (cf. Mt 4:23-25; 9:8; Mc 3:7; Lc 5:15-16). Ao descer do monte onde havia designado os Doze como seus apóstolos, Ele se deparou mais uma vez com uma grande multidão. Lucas relata que aquele povo vinha tanto da Judeia e de Jerusalém quanto da costa de Tiro e de Sidom. As pessoas chegaram, em grande número, antes dele, para ouvir sua palavra e ver suas obras. Embora o registro de Mateus pareça indicar que o Senhor se retirou da multidão para ministrar aos Doze apóstolos em particular, o registro de Lucas deixa claro que Cristo encontrou um lugar plano de onde poderia se dirigir a uma grande multidão de ouvintes. Os discípulos, então, não eram apenas os Doze, mas as muitas pessoas que se reuniram para ouvi-lo ensinar. Multidões haviam ouvido a mensagem de Jesus de que o reino estava próximo. A mensagem foi confirmada pelos milagres que Ele havia realizado. Essas pessoas estavam curiosas e desejavam ver e ouvir por si mesmas as coisas sobre as quais tinham ouvido falar. Até aquele momento, elas não haviam chegado a nenhuma convicção sobre a pessoa de Cristo e sobre a verdade que Ele proclamava. Cristo as via como pessoas ainda fora do reino e ofereceu-lhes uma forma de acesso ao reino (Mt 7:13-23). Ele as advertiu contra ter confiança no ensino dos fariseus (comparado à areia) e as exortou a construir sobre sua palavra (a rocha) (Mt 7:24-29). João Batista, ao anunciar a vinda do Rei e a proximidade do reino, exigia a justiça como pré-requisito para a entrada no reino. João apresentava as mesmas exigências expostas no Antigo Testamento. Cristo, ao se oferecer como Rei, estabeleceu requisições semelhantes. Cristo disse que somente os justos poderiam entrar no reino do Messias. Esse conceito nunca foi contestado pelos fariseus, com sua ênfase nas tradições da lei; muito menos pelos saduceus, que se preocupavam com a observância das cerimônias da lei; ou ainda pelas demais pessoas. A única questão que surgiu foi acerca do tipo de justiça que era requerida para a entrada no reino do Messias. Como resultado da pregação de Cristo, a nação se deparou com dois conceitos diferentes de justiça. Uma era a justiça pregada pelo judaísmo organizado, o qual ensinava que um homem era considerado justo se comparecesse às festas, observasse os rituais de sacrifício e cumprisse as tradições dos fariseus. Por outro lado, Cristo pregou uma justiça que é fruto resultante da fé em sua própria pessoa. A justiça não pode ser conquistada pelas obras do ser humano, mas deve ser recebida como um presente de Deus. Surgiu então um conflito entre Cristo e os fariseus a respeito da justiça. As multidões que vieram ouvir Jesus ensinar não precisaram ser instruídas de que a justiça era necessária para a entrada no reino. As pessoas teriam prontamente reconhecido essa verdade, pois o judaísmo a ensinava. As perguntas na mente delas seriam: "O que é justiça?", "Que tipo de justiça a lei exige?", "A justiça farisaica nos admitiria no reino do Messias?" Cristo se referiu a essas questões enquanto falava com os curiosos que estavam questionando a respeito de sua pessoa.

O tema desse discurso encontra-se em Mateus 5:20: "Pois eu digo que, se a justiça de vocês não for muito superior à dos fariseus e mestres da lei, de modo nenhum entrarão no Reino dos céus". Nesse sermão, Cristo repudiou a justiça farisaica como base para a aceitação pelo

Messias em seu reino e se ofereceu como o único fundamento para a justiça que admitiria alguém em seu reino.

(2) Os propósitos
Mateus 5:3-16; Lucas 6:20-26

No próprio sermão, Cristo descreveu as características de um homem justo (Mt 5:3-16). Ele repudiou a interpretação farisaica da lei (5:17-48) e interpretou corretamente a lei mosaica da forma como ela mostra o que Deus requer. Em seguida, Ele rejeitou as práticas farisaicas da lei (Mt 6:1—7:6) e apontou que os fariseus, numa tentativa de se acharem justos, de fato violavam as exigências da lei. Por fim, Cristo deu instruções para aqueles que desejavam entrar no reino (Mt 7:7-29). Concluímos, então, que o Sermão da Montanha foi a exposição feita por nosso Senhor sobre a santidade de Deus. Ele expôs as exigências que um Deus santo faz àqueles que são aceitos por Ele e recebidos no reino do Messias.

> Não consideramos então esse sermão, especialmente como descrito em Mateus, como um mero agrupamento de ditos desconectados e isolados, ou uma colcha de retalhos feita de fragmentos de vários discursos esquecidos. Acreditamos que se trata de uma unidade, harmoniosa em todas as suas partes, coerente em toda a sua extensão, progredindo na sua ordem mais racional do início ao fim. Acreditamos também que foi colocado em seu devido lugar, sendo um sermão inaugural, proferido logo após o retorno à Galileia, contendo evidências da sua recente visita a Jerusalém, expressamente destinado a tornar a percepção acerca de Cristo um segredo aberto para seus discípulos, e tornar seu reino uma realidade para o intelecto e a consciência.[66]

(a) *Seu caráter* — Mateus 5:3-12; Lucas 6:20-26. João em sua pregação havia advertido ao povo que "produzisse frutos em harmonia com o arrependimento" (Mt 3:8); ele havia exigido uma nova vida por parte deles como prova da genuinidade de sua fé. Ao dirigir-se à multidão, Cristo passou a proferir, a partir desse ponto, as palavras que comumente são chamadas de as Bem-aventuranças. Elas nos apresentam as características

---
[66] Fairbairn, Life of Christ, p. 136.

de uma pessoa justa e também descrevem a base para a bênção na vida de alguém. Somente Deus é o bem-aventurado. Ele é digno de receber bem-aventurança por causa de sua absoluta e inalterável santidade. Mas a pessoa a quem Deus abençoa é realmente feliz. A palavra usada para "bem-aventurado" pode ser traduzida como "feliz". Enquanto apenas Deus é digno de ser chamado bem-aventurado por causa do que Ele é em seu caráter intrínseco, Deus concede bênçãos às pessoas. A pessoa que recebe as bênçãos de Deus é verdadeiramente feliz. A palavra grega traduzida por "abençoado" ocorre frequentemente no Novo Testamento (Jo 13:17; 20:29; 1Timóteo 1:11; Tito 2:13). Os gregos usavam essa palavra para descrever a condição de seus deuses, que eram considerados felizes porque tinham tudo o que desejavam e eram livres para desfrutar de tudo o que possuíam sem limitações. Quando nosso Senhor, no entanto, falou de felicidade, Ele a relacionou com a santidade. Felicidade e santidade estão inseparavelmente unidas em seu reino.

A primeira característica da justiça que Cristo descreve é a dos "pobres em espírito" (Mt 5:3). A palavra traduzida como "pobre" é a mesma palavra usada para "mendigo" na história do homem rico e Lázaro em Lucas 16:19-22. Significa encolher-se ou aninhar-se com medo. Os pobres em espírito, desse modo, são as pessoas que não têm nenhum mérito ou justiça próprios para se apresentar diante de Deus. Devido a essa falta de mérito, eles não podem oferecer a Deus nada de si mesmos para conquistar a entrada no reino. Eles são caracterizados por total dependência de Deus. São mencionados em Salmos 34:18 e 51:17. Nosso Senhor era a verdadeira justiça que contrastava com a justiça farisaica, pois a justiça dos fariseus os tornava extremamente orgulhosos e eles ofereciam sua justiça para Deus. Todavia, os verdadeiros justos são pessoas que reconhecem que não têm justiça e se voltam para Deus para suprir suas necessidades.

Cristo prometeu que a pessoa que tem essa característica de justiça será aceita no reino.

A próxima característica dos justos é que eles choram (Mt 5:4). O lamento, nas Escrituras, é frequentemente associado à confissão de pecado, como no caso de Davi no salmo 51 ou de Daniel em Daniel 9:3-5. Os pobres de espírito reconheceram que não têm retidão; os que choram reconhecem não ter essa justiça diante de Deus e confessam seus pecados àquele contra quem pecaram. Cristo prometeu que aqueles que reconhecerem ter pecado serão consolados. Essa foi a experiência de Davi, conforme ele mesmo testificou em Salmos 32:1-2.

O farisaísmo persuadia seus adeptos de que eles eram justos e não tinham nenhum pecado que precisassem reconhecer. Mas a justiça que Cristo exige demanda um reconhecimento espontâneo da presença do pecado no indivíduo.

A terceira característica dos justos é que eles são "humildes [mansos]" (Mt 5:5). Dois homens nas Escrituras foram caracterizados pela mansidão: Moisés (Números 12:3) e Paulo (2Coríntios 10:1). Deus usou esses dois homens como instrumentos para proclamar poderosamente sua mensagem diante de multidões e para homens em postos elevados. Humildade [mansidão] não é adotar uma visão inferior acerca de si mesmo ou desacreditar da posição e da autoridade que Deus concedeu a um indivíduo. Em vez disso, a mansidão reconhece a autoridade de Deus e se submete a todas as manifestações dela. Humildade e obediência andam de mãos dadas. A humildade é caracterizada por uma submissão inquestionável. Cristo prometeu que aqueles que se submetem à autoridade divinamente constituída herdarão a terra, ou seja, aqueles que se sujeitarem à sua autoridade serão aceitos em seu reino. Os injustos são caracterizados por um orgulho presunçoso que os leva a recusar se submeter à autoridade de Cristo. Aqueles que seguem os caminhos dos fariseus nunca farão parte do reino do Messias.

Nosso Senhor, a seguir, caracterizou os justos como aqueles que têm fome e sede de justiça (Mt 5:6). Os justos têm fome pelas coisas de Deus. Essa fome e sede caracterizaram Moisés (Êx 33:13, 18), Davi (Sl 42:1-2; 63:1-2) e o apóstolo Paulo (Fp 3:10). Esse atributo Deve ser uma característica de cada crente (1Pe 2:2). Cristo prometeu que aqueles que são marcados por esse desejo serão satisfeitos. Os fariseus não queriam a verdadeira justiça, pois estavam satisfeitos com sua experiência e, por isso, nunca buscavam a justiça que procede de Deus. Mas aqueles que são aceitáveis a Deus serão caracterizados por um desejo intenso por Ele.

Cristo disse, a seguir, que a pureza de coração é uma característica das pessoas verdadeiramente justas (Mt 5:8). Na verdade, essa foi uma resposta à pergunta que se colocava diante da multidão sobre que tipo de justiça as pessoas deveriam ter para entrar no reino, ou quão boas as pessoas deveriam ser para serem aceitas pelo Messias. Cristo afirmou que para ver a Deus as pessoas devem ser puras de coração. A pureza não é medida pelas práticas de um indivíduo, mas sim pelo caráter do próprio Deus.

Quando Deus examina uma pessoa para determinar sua aceitabilidade, Ele a mede por sua própria santidade absoluta, imutável e inalterável; e todos os que não atingem os padrões da santidade absoluta de Deus são inaceitáveis aos seus olhos. Aquele que recebe a justiça de Deus é considerado puro de coração e aceitável para Ele; Cristo prometeu que aqueles que têm uma pureza conforme a santidade divina verão a Deus. Os fariseus testavam a pureza pelo padrão de conformidade com suas tradições. Esse era um padrão humano, não um modelo divino. Em contraste com isso, Cristo exigia conformidade com a santidade de Deus como base para a entrada no reino do Messias.

A próxima característica do homem justo é ser pacificador (Mt 5:9). Os pacificadores estão em paz com Deus. Eles levam uma mensagem de paz para que as pessoas possam estar em harmonia com Deus, de quem estão alienadas. Para se tornar um pacificador, é preciso encontrar paz com Deus. Aqueles a quem Cristo apresentou essa mensagem poderiam ter experimentado essa paz se tivessem aceitado sua palavra. Todos os que tiverem paz com Deus se tornarão mensageiros das boas-novas que o próprio Cristo pregou. Os que confiam na palavra de Cristo e evidenciam sua fé na palavra por meio da proclamação da palavra serão chamados de filhos de Deus. Não é o ato da proclamação que os torna filhos de Deus, mas sua proclamação demonstra o fato de que eles se encontram nessa condição. Os fariseus ensinavam que alguém era considerado filho de Deus por ter nascido na linhagem de Abraão. Mas Cristo declarou que alguém se tornava filho de Deus pela fé em sua palavra.

A característica final dos justos é que eles estão dispostos a enfrentar perseguições por causa da retidão (Mt 5:10). Cristo, ao se apresentar como Messias, experimentou uma série de ameaças contra sua vida. Os fariseus já haviam expressado seu desejo e intenção de matá-lo. Se os seus ouvintes se identificassem com Ele, também estariam sob a ira das autoridades religiosas de sua época. Mas Ele prometeu que aqueles que se identificassem com Ele seriam recebidos em seu reino. Os fariseus declaravam que Jesus era um impostor blasfemo e deveria ser eliminado. No entanto, Cristo disse que aqueles que se identificam com Ele e aceitam as perseguições envolvidas nessa identificação têm garantido um lugar em seu reino. Se eles se identificassem com Ele, seriam insultados e perseguidos. Além disso, falsas acusações seriam feitas contra eles, mas nelas eles poderiam se regozijar porque receberiam sua recompensa no céu. Aqueles que se identificaram com a verdade de Deus como proclamada pelos profetas em dias anteriores foram perseguidos; e os que hoje se identificam com Ele devem esperar perseguição. No entanto, Cristo prometeu bênçãos para aqueles que estão dispostos a se identificar com Ele, mesmo que isso implique sofrimento.

Assim, nessas Bem-aventuranças vemos que Cristo apresentou as características de uma verdadeira justiça que era necessária para a entrada no reino do Messias. Ele prometeu bênçãos para aqueles que mostrarem as características dessa retidão. Ele contrastou a retidão que Ele exigia e oferecia com a justiça dos fariseus. O princípio tornou muito claro que a entrada nesse reino não estava baseada na justiça farisaica, pois não produzia nenhuma das características que Cristo exigia. Ao contrário, a justiça oferecida por Cristo é que os tornaria aceitáveis no reino.

Há um contraste estudado entre as características da justiça que Cristo exigia e as propriedades da suposta justiça dos fariseus. Cristo exigiu que as pessoas reconhecessem a necessidade que tinham, mas os fariseus não reconheciam nenhuma necessidade. Cristo exigiu arrependimento, e os fariseus negavam qualquer requisito de arrependimento. Cristo pediu submissão à autoridade de Deus, e os fariseus se recusavam a submeter-se àquele que demonstrou a autoridade de Deus. Cristo exigiu uma manifestação de misericórdia, e os fariseus retiveram a misericórdia àqueles que precisavam dela. Cristo esperava pureza de coração enquanto os fariseus estavam preocupados apenas com os aspectos exteriores de sua religião. Cristo apelou às pessoas para que fossem pacificadoras, mas os fariseus só agitavam a discórdia e a contenda. Cristo convidou o povo a aceitar a perseguição por causa dele, enquanto os fariseus eram os perseguidores. Assim, em cada ponto é possível ver que os fariseus e a justiça farisaica eram igualmente inaceitáveis diante de Deus.

(b) *Sua influência* — Mateus 5:13-16. Para mostrar a influência daqueles que aceitaram sua palavra e se tornaram seus verdadeiros discípulos, nosso Senhor usou duas figuras. A primeira foi a figura do sal (Mt

5:13). Embora o sal seja usado hoje como conservante, não parece ter sido tão empregado dessa forma nos tempos bíblicos. A função do sal era produzir sede para que o corpo pudesse reter a quantidade adequada de líquido a fim de manter a saúde. O sal criava uma sensação de sede que, quando satisfeita, poderia manter a vida. Os crentes estão no mundo para criar sede, tanto por intermédio de sua vida quanto por suas palavras, por aquele em quem encontram sua satisfação.

O sal que perde seu sabor não pode cumprir sua função e não é mais útil do que a areia. Naquele tempo havia abundância de areia e escassez de sal. Portanto, era indispensável que aqueles que fossem constituídos como testemunhas de Cristo tivessem o cuidado de manter um bom testemunho perante o mundo descrente.

Em segundo lugar, o Senhor usou a figura da luz. A luz atrai para si mesma e ela ao mesmo tempo revela ou expõe o que está ao alcance de seu brilho. Os que recebem a palavra de Cristo devem ser considerados como luz em meio às trevas. É impossível esconder a luz, pois ela pode penetrar as trevas mais densas. Nosso Senhor se referiu a esse fato quando disse que uma cidade estabelecida no topo de uma colina não pode ser escondida porque a luz brilhará através da noite escura. Uma lâmpada não é acesa para ser escondida, mas deve ser colocada em um lugar de destaque com o objetivo de todos poderem ser iluminados por ela. Apesar da perseguição que os crentes podem esperar, eles são ensinados a deixar sua luz brilhar para que as pessoas vejam suas boas ações e louvem seu Pai no céu. A vida que eles vivem é luz, e a vida de Deus revelada ao mundo produz louvor a seu Pai celestial.

b. A relação do rei com a lei
Seção 55
Mateus 5: 17-7: 6; Lucas 6: 27-42

Todos os que ouviam o Senhor sabiam que Ele exigia uma perfeição que estava além do alcance de todas as pessoas. Ao longo dos anos, os fariseus procuraram ajudar aqueles que buscavam a justiça por meio da lei, codificando-a em 365 proibições e 248 mandamentos. Eles impunham seu código como um jugo aos seus seguidores. Ao repudiar a justiça farisaica, Cristo teve de mostrar que a justiça deles não se conformava com as exigências da Lei e que manter sua tradição não tornava ninguém justo.

Cristo também precisou mostrar por que a observância das regras farisaicas não cumpria a lei de Deus. Cristo, então, fez isto.

(1) Cumpriu a lei
Mateus 5:17-20

No início do conflito sobre a interpretação da lei, Cristo demonstrou que Ele não era contra a lei de Deus. Não era contra os profetas que Deus enviou à nação de Israel. Ele não veio para aliviar as exigências que a lei fazia e que os profetas pregavam. Ao contrário, Ele veio para cumprir tudo o que a lei e os profetas exigiam. As exigências da lei de Deus eram inalteráveis porque se tratavam de uma revelação da santidade de Deus. As reivindicações que a santidade de Deus fez sobre aqueles que deviam caminhar em comunhão com ele permaneciam inalteradas e não eram passíveis de mudança. Deus não exige uma justiça contrária à sua própria santidade. A justiça que Deus requer não fica aquém do que a lei demanda daqueles que andam em santidade diante dele.

As posições no reino serão determinadas pela atitude de alguém para com a lei e pela prática da lei. Mas Cristo declarou categoricamente que alguém precisa de uma justiça que deve superar a dos fariseus se quiser entrar no reino dos céus. Ele reconheceu que os fariseus se preocupavam com a justiça. No entanto, eles tinham um conceito errado sobre o que a lei realmente pretendia e exigia, e esse conceito errado tornou impossível que eles recebessem a justiça que é aceitável a Deus.

(2) Rejeitou a interpretação tradicional da lei
Mateus 5:21-48

Nosso Senhor deu explicações específicas para mostrar que os fariseus não entendiam a finalidade da lei. Com isso, Ele provou que, ao guardar suas tradições, eles não cumpriam a justiça exigida pela lei. Seis vezes Ele disse: "Vocês ouviram o que foi dito aos seus antepassados... Mas eu digo a vocês" (Mt 5:21, 27, 31, 33, 38, 43).

> "Vocês ouviram o que foi dito" (21, 27, 33, 38, 43); e não: "Vocês viram o que estava escrito". Cristo estava se dirigindo a uma multidão iletrada, a maioria dos quais não sabia ler nem escrever; e por isso, o

conhecimento que tinham da lei vinha da instrução pública oferecida nas sinagogas, onde a letra da lei era lida fielmente, mas o espírito dela frequentemente era perdido ou obscurecido. Era bem claro que quem cometesse assassinato deveria ser condenado; mas eles deveriam ter sido instruídos muito além disso. O mandamento "Não matarás" é baseado no princípio: "Não procurem vingança nem guardem rancor", e ainda no fundamento: "ame cada um o seu próximo como a si mesmo" (Levítico 19:18). "Quem odeia seu irmão é assassino" (1João 3:15), e aos olhos da justiça divina é sujeito à mesma punição que o verdadeiro assassino; onde "irmão" deve ser entendido em seu sentido mais amplo como qualquer membro da família de Deus (7:3-5, 18:15, 21). Cristo considera o antigo mandamento válido, mas por sua própria autoridade Ele adiciona o que é igualmente obrigatório com o mandamento e deve ser considerado como incluído no espírito da lei.[67]

Em cada caso, o Senhor se referiu à segunda tábua da lei que rege a conduta das pessoas em relação aos outros. Se a justiça farisaica não cumprisse o que a lei exigia da conduta do povo, uns para com os outros, certamente não poderia cumprir o que Deus exige na primeira tábua em relação à responsabilidade para com Ele mesmo.

(a) *Homicídio* — Mt 5:21-26. A lei diz: "Não matarás" (Mt 5:21). Isso é algo muito claro e específico. Não era possível explicar mais, e os fariseus sabiam o que a lei exigia; eles podiam citar a lei. A regra farisaica era uma declaração ortodoxa da lei no tocante às exigências da santidade de Deus. Mas os fariseus interpretavam a lei para indicar que não se tratando de tirar a vida de alguém, a pessoa não seria culpada de violar a lei; portanto, o indivíduo era aceitável para Deus. Os fariseus estavam preocupados apenas com o ato físico do assassinato. Quando nosso Senhor disse: "Mas eu digo a vocês que qualquer que se irar contra seu irmão estará sujeito a julgamento", Ele não estava negando que a lei proibia matar. Ele estava dizendo que a lei também exigia que era preciso conter a ira. Jesus sabia que a ira, o ódio e a maldade são raízes que têm a capacidade de produzir o terrível fruto do assassinato. Ele mostrou que,

---

[67] Plummer, Matthew, p. 78.

se a raiz estivesse presente, uma pessoa já teria violado a lei mesmo que a ainda não tivesse produzido seus frutos.

Qualquer violação da lei seria punida. Plummer observa:

> Temos um clímax nas penalidades: as imposta pela corte local, pela suprema corte de Jerusalém (o Sinédrio), e pelo julgamento final de Deus. Supomos que deve haver um clímax semelhante nas ofensas, que pode ser expresso assim: o ódio não manifesto, o desprezo demonstrado e o abuso revelado. Mas não é de forma alguma certo que "tolo"... seja um termo mais forte do que "raca": pode ser uma tradução da mesma palavra. O próprio Nosso Senhor usa a palavra tolo para um construtor (Mt 7:26) e também para as virgens tolas (25:2, 3, 8), enquanto São Paulo usa seu equivalente para repreender os gálatas (3:1). A própria palavra "raca" é um enigma no que diz respeito à ortografia, derivação e uso.... Mas, assumindo que "Seu tolo!" é muito pior que "raca", não pode significar que, embora o Sinédrio pudesse impor penalidades suficientes para o primeiro caso, nada menos que o fogo da Geena seria suficiente para o outro. É duvidoso se o Sinédrio consideraria a expressão "raca" como uma ofensa; e certamente nosso Senhor não está condenando todo uso da palavra "tolo", ou todo uso de linguagem forte (12:34, 39, 16:23, 23:13-35).
>
> Possivelmente Cristo está ironicamente imitando as distinções casuísticas desenhadas pelos rabinos, e ao mesmo tempo ensina que todos os graus de ódio e desprezo, expressos ou não, são pecaminosos e passíveis de... condenação tanto pelo homem quanto por Deus, sendo que somente Ele pode julgar o sentimento e a intenção malévola no coração.[68]

Uma pessoa que tenha ofendido outra pecou contra essa pessoa por ter infringido essa lei. O ofensor é, portanto, inaceitável para Deus. A reconciliação com o crente ofendido é necessária antes que possa haver reconciliação com Deus.

> Esse ponto é reforçado por uma explicação marcante. Obedecer a lei do amor é melhor do que sacrificar; portanto, é melhor adiar o sacrifício do que adiar a reconciliação. Suponha que um homem com

---

[68] Ibid., p. 78-79.

sentimentos de inimizade em seu coração tenha chegado de fato ao altar no templo com sua oferenda. Ele não deve oferecê-la até que tenha se livrado de seus maus sentimentos e feito o melhor possível para fazer as pazes com o irmão que, com ou sem razão, está ofendido com ele. Quem odeia os filhos de Deus não será aceito como seu filho pelo Pai celestial, e são os pacificadores que têm o direito especial de ser considerados seus filhos.[69]

Assim, a interpretação farisaica da lei do assassinato não cumpre a justiça de Deus.

(b) *Adultério* — Mt 5:27-30: A segunda explicação que o Senhor escolheu trata da parte da lei destinada a proteger a instituição matrimonial. O casamento foi divinamente concedido para proporcionar a satisfação dos apetites físicos e emocionais que Deus deu às pessoas. Hebreus 13:4 afirma que o relacionamento matrimonial deve ser mantido com honra e pureza. Paulo recomendou que cada homem, a fim de satisfazer esses apetites, deve ter sua própria esposa (1Coríntios 7:2) e a seguir esboçou as responsabilidades físicas no casamento (v. 3-5).

O casamento, além disso, foi instituído para beneficiar a sociedade. Deus não fundou a sociedade com base individual, mas sobre a família. Para que não houvesse uma ruptura da sociedade, Ele protegeu o casamento.

Além disso, Deus projetou o casamento para ser uma lição objetiva do relacionamento entre Ele e o cristão. Do mesmo modo como o fiel e Cristo estão inseparavelmente unidos, assim o marido e a esposa se tornam uma só carne, retratando a união espiritual. Para realizar esses propósitos, na lei Deus proibiu o adultério. Os fariseus viam o adultério como uma união sexual ilícita. Mas abster-se do ato físico não satisfaz as exigências espirituais da lei, pois a lei exige não apenas a abstinência de um ato físico, mas do desejo lascivo que produz o ato. A lei requer pureza de pensamento, bem como abstinência do ato. Cristo advertiu que aquele que cobiça é culpado de adultério, e portanto violou a lei.

---

[69] Ibid., p. 79

Cristo lembrou seus ouvintes que deveriam remover a causa da ofensa. Ele não estava falando sobre a mutilação física, pois um homem cego ainda pode desejar e um homem sem mãos também pode ter anseios ilícitos. Cristo ensinou que se deve lidar com o pecado da luxúria porque essa era a raiz do problema do adultério. Não basta simplesmente abster-se da manifestação externa da luxúria, ou seja, do adultério.

(c) *Divórcio* — Mt 5:31-32. A lei mosaica permitia a alguém, que tivesse encontrado alguma impureza na esposa, quebrar o contrato de casamento por meio do divórcio (Deuteronômio 24:1). Usando esse texto como base, a tradição farisaica havia codificado casos envolvendo todos os tipos de excessos. A mera antipatia já seria uma razão suficiente para um homem se divorciar de sua esposa. Em contraste com a tradição farisaica, Cristo ensinou que aquele que se divorciasse de sua esposa fazia com que ela cometesse adultério por seu novo casamento; qualquer um que se casasse com uma mulher divorciada cometia adultério. Embora Cristo fale mais sobre o divórcio posteriormente (veja Seção 132), fica claro aqui que Ele estava repudiando a liberdade farisaica que permitia se divorciar da esposa e se casar novamente.

(d) *Juramentos* — Mt 5:33-37. A prática de fazer um juramento estava profundamente arraigada no farisaísmo. Um homem fazia um juramento para confirmar a verdade da palavra que ele havia proferido. O juramento envolvia uma maldição que ele colocava sobre si mesmo se sua palavra não fosse verdadeira ou se sua promessa não fosse cumprida. Isso se deu com Pedro quando ele foi confrontado no pátio do sumo sacerdote (Mt 26:69-74). Pedro poderia ter citado muitos exemplos do Antigo Testamento para apoiar o ato de prestar um juramento. Os juramentos eram permitidos pela lei (Êx 22:10-11). Abraão fez seu servo lhe fazer um juramento (Gn 24:2-3). Nos dias de nosso Senhor, os homens faziam um juramento conclamando o céu para testemunhar a veracidade de suas palavras (Mt 5:34) ou juravam pela cidade de Jerusalém conclamando o templo para testemunhar a veracidade de suas palavras (v. 35). Os fariseus tinham então uma garantia para permitir um juramento. Mas para eles a lei só dizia que aquele que fizesse o juramento não deveria ser culpado de perjúrio e não precisaria se colocar sob uma maldição ao afirmar como verdade algo que ele sabia ser falso.

Uma vez que Cristo se permitiu ser colocado sob juramento (Mt 26:63-64), concluímos que Ele não proibiu seus ouvintes de se submeterem a um juramento. Ele lhes dizia que seu caráter, sua reputação de honestidade e sua palavra deveriam ser tão verdadeiros, imaculados e sem duplicidade, que não seria necessário fazê-los sob juramento, pois ninguém suspeitaria de engano. Quando os fariseus prestavam juramento, eles afirmavam algo que podia ser compreendido de mais de uma maneira. Eles tinham reservas mentais sobre o que estavam afirmando. Cristo disse a seus ouvintes que quando fizessem uma declaração, eles deveriam permitir que seu sim fosse realmente sim e seu não deveria de fato ser não. O sim não pode significar não, e não pode o não significar sim (cf. 2Co 1:17-20). Essas palavras não estão abertas a várias interpretações. Os crentes devem afirmar apenas o que é verdade. Cristo exigiu confiabilidade na fala.

(e) *Vingança* — Mt 5:38-42. Os fariseus interpretavam a lei literalmente para dizer que ela permitia a vingança e igual retribuição. Na lei eles liam: "Olho por olho, e dente por dente" (Êx 21:24; Levítico 24:20; Deuteronômio 19:21). De acordo com a lei, eles diziam que quem sofria ferimentos ou perdas tinha o direito legal de exigir o reembolso em espécie. Mas a intenção dessa disposição da lei era a de controlar o comportamento excessivo. O limite da lei era a retaliação. No entanto, nenhuma pessoa estava obrigada pela lei a reagir da mesma maneira em relação a um infrator. Jesus ensinou que exigir o próprio direito não era uma manifestação de retidão divina. Cristo disse que retidão, piedade e santidade não exigem que se busque seus direitos. Em vez disso, é a característica da retidão e da piedade renunciar aos direitos. Cristo fez isso quando foi falsamente acusado diante de Pilatos. Assim, Ele estava dizendo que um homem justo é caracterizado por uma abnegação que não exige seus próprios direitos. Ele disse a seus ouvintes que se alguém exigisse sua túnica, eles deveriam ir além do exigido e dar à pessoa sua capa também. Os crentes devem desistir de seus direitos como uma demonstração da justiça que é aceitável para Cristo.

A Palestina estava ocupada pelos exércitos romanos. Para transportar mercadorias de um lugar para outro, um soldado romano tinha o direito de requisitar a pessoa que carregasse suas coisas. Mas para proteger os cidadãos conquistados contra a injustiça, a lei romana dizia que um soldado poderia obrigar uma pessoa a carregar seu fardo por apenas uma milha (aproximadamente mil e 600 metros). No entanto, Cristo disse que se alguém fosse convocado para carregar um fardo, a justiça o constrangeria a carregá-lo por duas milhas (Mt 5:41). O cristão não deveria cumprir os direitos legítimos e negligenciar aqueles que julga desfavoráveis. Embora não se baseie na responsabilidade legal de doar para o mendigo, Cristo ensinou que a retidão responderá à necessidade e não se afastará de tal pessoa (v. 42).

(f) *Amor* — Mt 5:43-48; Lc 6:27-30, 32-36. Os fariseus pensavam que conheciam toda a implicação da lei quando disseram: "Ame o seu próximo e odeie o seu inimigo" (Mt 5:43; cf. Lv 19:18). Entretanto, Cristo mostrou que a verdadeira justiça excede o que a lei exige, e a verdadeira justiça faz com que o cristão ame os inimigos. O amor levará o cristão a orar por seus perseguidores. Se o cristão ama somente aqueles que retribuem o amor, é egoísta e não está cumprindo as exigências da santidade de Deus. Os fariseus hospedavam a fim de receber hospitalidade em troca. Eles adoravam as saudações elaboradas na praça pública, por meio das quais um procurava superar o outro no recebimento de elogios por parte daquele que era saudado. Mas isso não cumpria as exigências da santidade requerida por Deus. Cristo mostrou que a interpretação farisaica da lei estava errada porque tratava apenas de um ato externo e não de atitudes internas. Cristo revelou que Deus está preocupado, acima de tudo, com a atitude do coração e da mente, o que, em última instância, resulta nas ações. A menos que uma pessoa seja pura de coração, não poderá entrar no reino. Cristo concluiu esta parte de sua declaração pela seguinte exigência: "Portanto, sejam perfeitos como perfeito é o Pai celestial de vocês" (Mt 5:48). A perfeição de Deus é o padrão para a entrada no reino do Messias. Os preceitos farisaicos, cuja preocupação era com os aspectos exteriores da lei, não podiam tornar o indivíduo perfeito e aceitável diante de Deus. Somente Jesus Cristo pode purificar a mente e o coração para que a vida seja transformada, tornando o indivíduo aceitável a Deus.

(3) Rejeitou as práticas farisaicas da lei
Mateus 6:1—7:6; Lucas 6:37-42

Depois de rejeitar a interpretação farisaica da lei, Cristo passou a mostrar que as práticas dos fariseus, decorrentes de sua interpretação da lei, também deveriam ser rejeitadas.

Havia certos chamados atos de justiça aos quais os fariseus atribuíam grande importância. Esses atos consistiam em dar esmolas, orar e jejuar. Jesus retratou os três pela ordem. Ele pontuou desde o início que os fariseus eram hipócritas, pois dar esmolas, orar e jejuar eram destinados a Deus, e não ao homem. Os fariseus haviam pervertido essas três ações em maneiras pelas quais poderiam ganhar uma reputação de piedade. Cristo advertiu: "Tenham cuidado" (Mt 6:1), pois se seus discípulos praticassem estas coisas de modo hipócrita, eles não teriam nenhuma recompensa.

(a) *Esmolas* — Mt 6:1-4. Cristo havia anteriormente pronunciado uma bênção sobre os misericordiosos (Mt 5:7). O propósito de dar esmolas é ser uma demonstração de misericórdia. A necessidade representava uma oportunidade; ela tornava possível para o doador demonstrar o amor de Deus, ao prover para os necessitados. Os fariseus haviam pervertido a demonstração de misericórdia ao usá-la como demonstração de sua piedade. Eles tentavam impressionar os homens com sua liberalidade. Isso era tão frequente que os mendigos procuravam se posicionar nas proximidades do templo para que pudessem receber esmolas dos fariseus quando estes entrassem.

> A esmola fazia parte do culto na sinagoga, e nela, podemos crer, nosso Senhor deu o que lhe era possível com seus escassos meios. Há uma ironia velada na declaração "eles receberam sua recompensa", e isso acrescenta a sua impressionante severidade. "Recebem seu pagamento na hora e o recebem integralmente ... Deus não lhes deve mais nada. Eles não estariam ofertando, mas *barganhando*. Queriam receber o louvor dos homens, pagavam por ele, e o recebiam. A transação estaria concluída e eles não poderiam reclamar mais nada. Mas sua perda não seria menor, porque eles não sabiam o que estavam perdendo". Em todos os três casos (2, 5, 16), esse sarcasmo é introduzido com as

expressões: "Eu garanto", "Eu asseguro", "Eu digo verdadeiramente", como algo que deve ser especialmente levado em conta...

Dos elevados e muitas vezes exagerados pontos de vista que os judeus tinham sobre a obrigação e as vantagens de *dar esmolas*, temos muitos exemplos em Tobias (4:7-11; 12:8-10; 14:9-12) e em Eclesiástico (3:14, 30; 4:3, 4; 7:10; 16:14; 24:12; 40:24). Nosso Senhor não endossa a doutrina de que a esmola poderia remover as consequências do pecado, e até mesmo purificar os homens de suas manchas; antes, insiste que a esmola deve ser feita aos olhos de Deus, sem esperar pelo louvor dos homens. A pureza do motivo era o aspecto essencial e, se isso fosse assegurado, a ideia de comprar o perdão do pecado perderia sua eficácia. Cristo tinha outras formas de ensinar de que maneira o pecado e seus efeitos poderiam ser removidos.[70]

Ao repudiar a prática dos fariseus, Cristo disse que um doador, para receber sua recompensa, deve oferecer em silêncio diante de Deus e não com trombetas para impressionar os homens. Cristo prometeu que aquele que der com a atitude certa e com um propósito correto receberá sua recompensa do Pai celestial. Cristo não condenou a doação de esmolas como um ato em si. No entanto, Ele exigiu que a perversão farisaica da sua prática fosse retirada.

(b) *Oração* — Mt 6:5-15. Assim como os fariseus faziam uma demonstração pública da esmola, eles praticavam o mesmo com a oração. Eles oravam com frequência, mas sempre em um lugar público — na sinagoga ou no comércio de rua. Eles procuravam impressionar as pessoas com sua piedade. Cristo disse que eles já haviam recebido sua recompensa — eles haviam conseguido aquilo pelo que oravam: os aplausos das pessoas (Mt 6:5).

Não precisamos supor que os fariseus saíam às ruas para fazer suas orações, mas que, quando estavam em um lugar público na hora da oração, eram ostensivos no cumprimento de suas devoções. Eles ficavam contentes por serem vistos orando, e escolhiam um lugar de destaque. Como no caso da esmola, não é o fato de ser visto, mas o

---

[70] Ibid., p. 91-92.

desejo de ser observado, e isso com o objetivo de ser admirado, o que é condenado. De todas as hipocrisias, a de fingir ter um relacionamento com Deus, e de fazer uma exibição de tal relacionamento, essa é uma das piores. Cristo, é claro, não faz uma censura ao culto público: trata-se das orações particulares feitas com publicidade desnecessária, a fim de ganhar uma reputação de santidade especial, esse é o tipo de oração denunciado.[71]

Em vez de condenar a oração por causa dessa perversão farisaica, nosso Senhor purificou sua prática. Ele ordenou a seus discípulos que, quando orassem, fossem a um lugar a sós e ali fizessem orações a seu Pai. Ele prometeu que o Pai celestial ouviria e responderia. Os fariseus eram influenciados pelas práticas de oração pagãs e acreditavam que a repetição interminável os tornava aceitáveis diante de Deus. Cristo ordenou a seus seguidores que não continuassem "sempre repetindo a mesma coisa, como fazem os pagãos" porque a resposta de Deus não depende de uma repetição interminável (Mt 6:7).

Cristo então passou a apresentar para eles um modelo de oração. Ele não estava demonstrando uma fórmula para ser praticada de modo repetitivo. Ao invés disso, Ele indicou as áreas que podem legitimamente ser apresentadas por uma pessoa em oração e falou sobre os diferentes tipos de oração.

Antes de tudo, a oração deveria envolver adoração. Ela é dirigida ao Pai de alguém que pertence à sua família espiritual. A oração deve magnificar o nome do Pai: "Pai nosso, que estás nos céus!" (Mt 6:9). A oração verdadeira envolverá a adoração: "Santificado seja o teu nome".

A seguir, a oração se ocupará do trabalho no qual Deus está empenhado: "Venha o teu Reino, seja feita a tua vontade" (v. 10). Aquele que orar verdadeiramente terá em conta o estabelecimento do reino de Deus e a realização de sua vontade na terra.

Depois, a oração tratará das necessidades diárias do indivíduo: "Dá-nos hoje o nosso pão de cada dia" (v. 11). Com essa petição, o crente manifesta sua dependência de Deus para prover os alimentos.

---

[71] Ibid., p. 93.

Além disso, a oração conterá uma confissão. O indivíduo deverá buscar o perdão para os pecados: "Perdoa as nossas dívidas" (v. 12).

E, finalmente, haverá o pedido pela proteção e libertação do maligno: "E não nos deixes cair em tentação, mas livra-nos do mal" (v. 13).

Uma vez que Deus espera que as pessoas perdoem, fica bem claro que Ele tem a capacidade de perdoar. Deus trabalha através das pessoas, e um espírito impiedoso torna impossível que Deus responda a essa oração para perdoar alguém.

Assim, Cristo procurou purificar a prática pervertida da oração dos fariseus.

(c) *Jejum* — Mt 6:16-18. O Senhor agora trata da prática farisaica do jejum. Plummer afirma:

> A terceira explicação do contraste entre a prática farisaica e o ideal cristão é o *jejum*. Como nos dois outros exemplos, a explicação é introduzida com "quando"... ou "caso"... não com um "se" ... Poderia se presumir que o homem verdadeiramente religioso jejuará, pois se entende que ele dará esmola e orará. Os fariseus estabeleciam uma sequência de jejum duas vezes por semana, segunda e quinta-feira, além do jejum anual prescrito para todos; daí o orgulho mostrado na parábola (Lc 23:12). E eles faziam saber ao mundo que estavam jejuando por causa de seu comportamento hipócrita.[72]

A respeito da prática farisaica, Smith escreve:

> A prática do jejum também era muito apropriada para os fariseus. Eles jejuavam todas as segundas e quintas-feiras; e como acontecia oportunamente que aqueles eram os dias em que a sinagoga se reunia, isso possibilitou que se exibissem para os adoradores reunidos com seu aspecto de sofrimento. O jejum deles não era apenas abstinência de carne e bebida. Eles não se lavavam nem se ungiam, andavam descalços, e espalhavam cinzas sobre a cabeça, "eles mudam a aparência do rosto a fim de que os outros vejam que eles estão jejuando". E assim, para

---

[72] Ibid., p. 104-105.

ganhar o elogio da santidade, eles se exibiam numa máscara de dor fictícia ao olhar de uma gente admirada.[73]

Cristo ensinou que o jejum aceitável a Deus era um jejum observado apenas diante do próprio Deus. A pessoa que realmente jejuava ungia-se com óleo e lavava o rosto para não impressionar os homens com sua piedade. Aquele que jejuava dessa maneira diante de Deus receberia sua recompensa.

(d) *Atitude em relação a riquezas* — Mt 6:19-24. O pensamento judaico em relação ao dinheiro era expresso nesta declaração: "A quem o Senhor ama, Ele enriquece". Em Deuteronômio 28 Deus prometeu que abençoaria materialmente o povo se andasse em obediência à palavra de Deus, e também prometeu discipliná-lo, reduzindo-o à miséria e à pobreza em caso de desobediência. Os judeus pensavam que a riqueza era um sinal seguro do agrado e da bênção de Deus. Na época de Cristo, o maior objetivo deles na vida era acumular riquezas materiais. Mas Cristo ensinou que as conquistas materiais podem ser perdidas para os ladrões. Por outro lado, é possível armazenar no céu um tesouro que é eterno e permanente. Ao se juntar tesouros existe o perigo de amar aquilo que se acumula. Certamente aquilo que é amado escravizará a pessoa que ama.

Cristo ensinou que é impossível servir a dois senhores. Se alguém serve às coisas materiais, não pode servir a Deus. E se alguém serve a Deus, não pode ser escravizado por coisas materiais. Tal ensinamento foi desenvolvido para corrigir a falsa atitude dos fariseus em relação ao dinheiro.

(e) *Falta de fé* — Mt 6:25-34. Vemos agora que Jesus enxergava o desejo de acumular riqueza como um substituto para a fé. Se alguém tem posses materiais, essa pessoa pode não ver a necessidade de confiar em Deus para as necessidades de hoje ou de amanhã. Parecia sábio para os fariseus acumular riqueza a fim de que seu futuro estivesse seguro. Mas Cristo afirmou: "Não se preocupem com sua própria vida" (Mt 6:25). Ele ofereceu uma série de razões para apoiar esse mandamento. Primeiro,

---

[73] Smith, The Days, p. 104.

uma pessoa é mais do que um ente meramente físico (v. 25). Se o físico fosse a totalidade da vida, uma pessoa faria bem em se preocupar com alimentos e roupas; mas a vida é mais do que a existência física. Em seguida, Cristo enfatizou o cuidado do Pai com todas as suas criaturas (v. 26). Aquele que cuida das aves, que não podem prover para o seu futuro, certamente cuidará de seus filhos, pois eles são mais valiosos do que as aves. Outra razão para não se preocupar é o fato de que ninguém, por intermédio de um planejamento sábio para o futuro, pode prolongar sua vida mesmo por uma única hora (v. 27). Portanto, o planejamento cuidadoso não é um substituto satisfatório para a fé.

Em seguida, Cristo referiu-se à provisão de Deus para a criação inanimada. Se Deus pode vestir o lírio com uma beleza que excede o esplendor das roupas de Salomão, certamente Ele pode vestir o indivíduo. Portanto, o crente não precisa se preocupar com a comida ou fazer provisões para sua roupa. É certo que Deus, aquele que cuida das flores do campo que existem por apenas alguns momentos, certamente cuidará de seus filhos.

Então Cristo mostrou que a preocupação dos fariseus em prover para o seu futuro surgiu de sua falta de fé. Nisso eles eram como pagãos que não tinham um Pai celestial que provesse para eles. Como antídoto para o desejo de aprovisionar segurança para si mesmo, Cristo disse: "Busquem, pois, em primeiro lugar o Reino de Deus e a sua justiça, e todas essas coisas serão acrescentadas a vocês" (Mt 6:33). Em vez de dedicar a própria vida à busca de coisas materiais com o objetivo de prover segurança para os dias futuros, Cristo ordenou que colocassem a obra de Deus e a sua justiça acima de tudo. É inútil se preocupar com o futuro quando nenhuma promessa nos é dada acerca de um futuro aqui na terra.

(f) *Julgamento* — Mt 7:1-6; Lc 6:37-42. Nosso Senhor agora se referia à prática dos fariseus de se colocarem como juízes de todos os homens e de medirem os outros por si mesmos. Ao ordenar a seus discípulos que não julgassem, Cristo não os proibiu de distinguir entre o bem e o mal. Ele não os proibiu de discernir entre verdade e erro doutrinário. Ele também não estava lidando diretamente com as ações, e sim com os motivos por trás das ações. Nenhuma pessoa pode determinar o motivo por trás da conduta de outra pessoa. No entanto, os fariseus afirmavam ser capazes de determinar os motivos por meio das ações, e julgavam os motivos das pessoas. Isso foi o que Cristo proibiu. A fim de explicar a falácia de julgar os motivos dos outros, nosso Senhor usou a ilustração de um cisco e de uma viga no olho. Um cisco e uma viga são semelhantes por natureza; diferem apenas em tamanho. Cristo disse que aquele que julga está preocupado com um pequeno cisco no olho do outro e está ignorando a grande viga em seu próprio olho. Cristo estava dizendo que aquilo que alguém julga rapidamente em outra pessoa é muitas vezes uma grande preocupação em sua própria vida. Em vez de lidar com seu problema pessoal, aquele que julga procura desviar a atenção de si mesmo para o problema que existe no outro. Uma pessoa não tem o direito de julgar a conduta ou os motivos de outra até que a própria vida dessa pessoa tenha sido purificada. A advertência sóbria de Cristo em Mateus 7:6 parece indicar que Cristo não esperava que as verdades proclamadas por Ele fossem recebidas pelos fariseus. Não tinha esperança de que eles aceitassem seus padrões de justiça como os próprios padrões deles.

Assim, Cristo justificou cuidadosamente suas razões para rejeitar tanto as interpretações farisaicas quanto as práticas da lei. Portanto, a doutrina, as tradições e as práticas deles não poderiam produzir uma condição de justiça que tornaria alguém aceitável no reino.

c. Instrução para aqueles que vão entrar no reino

Seção 56

Mateus 7:7-29

Cristo previu que alguns, apesar da rejeição pelos fariseus de sua mensagem, receberiam sua palavra. Portanto, Ele direcionou seu sermão para instruir aqueles que desejavam entrar no reino. O Mestre tocou em uma série de áreas importantes nessa parte do discurso.

(1) Oração

Mateus 7:7-11

Nosso Senhor havia rejeitado anteriormente a prática farisaica da oração. Então Ele instruiu aqueles que depositavam fé nele acerca da verdadeira natureza da oração. Também falou a respeito da perseverança na oração. Seria possível entender com estas palavras: "Peçam, e será dado;

busquem, e encontrarão; batam, e a porta será aberta" (cf. Mt 7:7). Cristo explicou que, como resultado da oração persistente, o crente receberá aquilo que busca. A razão pela qual a oração incessante será respondida surge na natureza de Deus. A responsabilidade do pai é sustentar seus filhos, e um pai fiel não zombará de seus filhos quando eles lhe apresentarem uma necessidade. A fidelidade de Deus como Pai não lhe permitirá negar os pedidos que seus filhos lhe apresentem. "O Pai de vocês, que está nos céus, dará coisas boas aos que lhe pedirem!" (v. 11).

Em vez de se envolver na repetição sem fim dos fariseus, os verdadeiros filhos de Deus perseverarão em oração até que o Pai lhes conceda o que precisam.

(2) Justiça verdadeira
Mateus 7:12; Lucas 6:31, 43-45

Tendo aniquilado a ideia de que as tradições dos fariseus proporcionavam justiça, Cristo a seguir passou a descrever o caráter da verdadeira justiça. Para ser justa, uma pessoa deveria fazer pelos outros o que ela gostaria que os outros fizessem se a situação fosse invertida. Isso era essencialmente o que a lei ordenava e a que os profetas exortavam. Se as pessoas tratassem os vizinhos como gostariam de ser tratadas, ninguém seria maltratado. Os judeus que ouviram nosso Senhor ensinar dessa forma teriam sido forçados a reconhecer que se tratava de um resumo das justas exigências da lei. Jesus disse ao jovem rico que deveria demonstrar amor desinteressado (Mt 19:21) e depois ensinou aos fariseus sobre tal espécie de amor (22:36-39). Amar o próximo como a si mesmo cumpria a segunda tábua da lei.

Assim, descobrimos que Cristo não exigiu a justiça dos fariseus, mas a justiça da lei como base para a entrada em seu reino.

(3) O caminho de acesso
Mateus 7:13-14

A multidão foi confrontada com duas interpretações diversas do que Deus exigia para aceitar alguém em sua presença. Por um lado, a explicação dos fariseus e, por outro, a exigência de Jesus. Ele então exortou essas pessoas a entrar no reino pelo caminho estreito que lhes apresentou

— ouvir sua palavra e aceitar sua pessoa. Como resultado da fé nele, elas receberiam uma espécie de justiça que as tornaria aceitáveis a Deus. A alternativa era seguir o caminho dos fariseus. Cristo comparou os ensinamentos deles a um caminho amplo que acabava levando à exclusão do reino e à destruição. As exigências de Cristo pareciam muito rígidas, mas eram de Deus. Somente aqueles que passavam através dele poderiam ser aceitos no reino que Ele estava ali oferecendo.

(4) Advertência contra os falsos mestres
Mateus 7:15-23

Cristo classificou os fariseus como falsos profetas (Mt 7:15). Eles afirmavam ser os representantes de Deus com sua mensagem para instruir a nação do seu jeito. Entretanto, não eram o que queriam demonstrar ser. Eles aparentavam ser membros do rebanho quando, na verdade, eram lobos ferozes que tinham vindo para destruir as ovelhas. O que distingue um falso profeta de um verdadeiro profeta é seu modo de viver. Os fariseus deveriam ser julgados por seus frutos. Eles não eram justos. Se o fossem, teriam revelado o fruto da justiça. O fato de estarem produzindo maus frutos mostrou que nem eles nem seu sistema eram justos.

Cristo pronunciou um julgamento sobre o falso sistema que Ele estava aqui rejeitando. Ele disse: "Toda árvore que não produz bons frutos é cortada e lançada ao fogo" (Mt 7:19). Dessa forma, Ele anunciou o julgamento do farisaísmo, e isso trouxe junto um aviso de julgamento para aqueles que o seguiam em seus caminhos. A profissão por palavras não era suficiente. Os fariseus afirmavam ser servos de Deus, mas Ele os advertiu: "Nem todo aquele que me diz: 'Senhor, Senhor', entrará no Reino dos céus" (v. 21). Os únicos que vão entrar são aqueles que fizerem a vontade de Deus. Jesus falou da vontade de Deus como sua "obra" em João 6:29 e disse o que significava "crer naquele que Ele [Deus] enviou", ou seja, Cristo. Quando o reino for instituído, como certamente será, apesar da oposição farisaica ao Rei, muitos virão e buscarão ser admitidos nele, mas somente aqueles que colocarem sua fé na pessoa de Cristo serão aceitos.

Vemos nesse incidente que Cristo estava advertindo o povo em termos extremamente fortes sobre seguir os fariseus, que eram falsos profetas.

(5) Os dois fundamentos
Mateus 7:24-8:1; Lucas 6:46-49

A verdade que Cristo apresentou nesse sermão exigia uma decisão sobre a verdade de suas palavras e de sua pessoa. Aquele que aceitou sua palavra e confiou em sua pessoa foi comparado a alguém que construiu sua casa sobre uma rocha. Quando aquela casa foi testada, permaneceu firme mesmo diante de todas as adversidades porque estava construída sobre uma fundação segura. Por outro lado, aquele que construiu uma casa sem uma fundação sólida teve sua casa arrasada quando o teste chegou. O destino daqueles que estavam ouvindo as palavras de Jesus seria determinado pela resposta deles à sua mensagem. Assim, Ele convidou novamente aquela multidão a abandonar as doutrinas, interpretações e práticas dos fariseus. Ele pediu-lhes que aceitassem sua palavra e que tivessem fé nele. Dessa forma Jesus respondeu à pergunta de quão justo se deve ser para entrar no reino. Sua resposta foi muito clara: é preciso ser tão justo quanto Deus. É preciso estar em conformidade com sua bondade e santidade conforme revelada na lei. O sistema dos fariseus não podia proporcionar essa justiça, mas Cristo se ofereceu como Salvador-Soberano e convidou o povo a colocar fé em sua pessoa e em sua palavra.

Esse ensinamento era tão diferente de tudo o que as multidões já haviam ouvido que ficaram "maravilhadas com seu ensino" (Mt 7:28). Ficaram deslumbrados com o conteúdo de suas palavras e também com a autoridade com a qual elas foram ditas. Shepard diz:

> Não admira que quando Jesus terminou de falar, as multidões expressaram sua admiração em um burburinho de espanto. Elas foram literalmente arrebatadas de seus pés. Era diferente dos sermões dos escribas que estavam acostumadas a ouvir. Modelos desses discursos no Mishná e Gemara mostram que se tratavam de coleções monótonas de comentários desarticulados sobre muitos assuntos. Seus ensinamentos eram estreitos, dogmáticos, de segunda mão, sem frescor, força ou poder para mover o coração à emoção ou à vontade de agir. Tratavam das minúcias sobre a hortelã, o endro, o cominho, o comprimento das franjas e largura dos filactérios, negligenciando assim as questões mais profundas e os assuntos vitais. O sermão de Jesus, muito ao contrário, com uma rápida percepção intuitiva, prossegue até as profundezas do

coração humano, agitando a consciência e movendo a vontade de agir. Ele conhecia a vida do ser humano, rejubilava com ele em suas alegrias e chorava com ele em suas tristezas. Tais palavras de graça saíram de seus lábios, ditas de maneira tão graciosa, que as pessoas disseram: "Nunca homem algum falou assim como este homem". Não admira que, quando Ele desceu do monte, grandes multidões o seguiram.[74]

As palavras de Cristo diferem do ensino dos "professores da lei" credenciados. Farrar escreve:

> Os escribas (*sopherim*) surgem como um grupo distinto no período de Esdras. O nome é derivado de *sepher*, ou "livro", e significa "escriturários", aqueles que explicavam e copiavam a Lei; não de *saphar*, "para contar", porque contavam todas as letras da Lei (Derenbourg, Hist. Pal. 25). Suas funções eram copiar, ler, emendar, explicar e proteger a Lei. Foi nessa última função que inventaram as "cercas" que, sob o título de *Dibheri Sopherim*, "palavras dos escribas", formavam o núcleo da "tradição dos anciãos" (Mt 25:2; Gálatas 1:14), ou Lei Oral (*Torah shebeal pi*, ou "Lei nos lábios", como distinto de *Torah Shebeketab*, ou "Lei que está por escrito"), cuja transgressão é declarada pela Mishná como mais hedionda do que uma violação das palavras da Bíblia (Sanhedrin, X. 3). Os *Sopherim* propriamente ditos só duraram de Esdras até a morte de Simão, o Justo, cerca de 300 a.C., e eles foram sucedidos pelos tanaítas, ou mestres da Lei — ... [defensores e professores da Lei] dos evangelhos, que permaneceram até 220 d.C., e fixaram as "Palavras dos Escribas" no "Halacá", ou "regras de ação", destinadas principalmente a formar um *seyag latorah*, ou "cerca em torno da lei". Os tanaítas herdaram um esplendor de reputação de seus antecessores, que ocupavam uma posição muito exaltada (Eclesiástico 39:1-11), que se refletiu neles. Mas o nome ... [escriba] ainda continuava a existir, embora com menor significado do que havia possuído anteriormente. Em segundo lugar, a dependência exclusiva do precedente e da autoridade é a característica mais notável do ensino rabínico. Muito raramente esse ensino ia além do nível de um comentário tempo tímido e fantástico. R. Eliezer realmente se vangloriava de não ter dado origem a nada; e a grande posição de Hillel, como Nasi, ou presidente

---

[74] Shepard, The Christ, p. 193.

do Sinédrio, se devia simplesmente ao fato de ter se lembrado de uma decisão de Shemaia e Abtalion.[75]

O mesmo autor comenta sobre o valor do Talmude, o fundamento do conhecimento de um "mestre da lei".

> Muito tem sido escrito ultimamente em exaltação ao Talmude. Presentemente, a literatura a que é dado o nome geral de Talmude preenche doze imensos volumes; e seria realmente estranho se dessa vasta enciclopédia da literatura de uma nação não fosse possível citar algumas passagens eloquentes, algumas belas ilustrações, e um número considerável de sentimentos morais justos que às vezes se elevam à dignidade de pensamentos nobres. Mas o que me parece absolutamente indiscutível, e o que qualquer um pode julgar por si mesmo, é que tudo o que é realmente valioso no Talmude é infinitamente pequeno comparado às centenas de inutilidades quase imensuráveis nas quais ele esse encontra imerso.[76]

Porque Cristo repudiou a tradição e a prática farisaica, uma ruptura irreconciliável se deu entre Ele e as autoridades religiosas.

17. Autoridade de Cristo reconhecida em Cafarnaum

Seção 57

Mateus 8:5-13; Lucas 7:1-10

Quando Cristo retornou a Cafarnaum depois de se dirigir às multidões, Ele foi abordado por um centurião que pediu sua ajuda.

Edersheim diz:

> O centurião pagão é um verdadeiro personagem histórico. Ele era capitão da tropa aquartelada em Cafarnaum, e estava a serviço de Herodes Antipas. Sabemos que tais tropas eram recrutadas principalmente entre samaritanos e gentios de Cesareia. Não há sequer a mínima evidência de que esse centurião seria um "prosélito da justiça". Os relatos

---

[75] Farrar, Life of Christ, p. 265-266, nota de rodapé.
[76] Ibid., p. 267, nota de rodapé.

tanto em São Mateus como em São Lucas são incompatíveis com essa ideia. Um "prosélito da justiça" não poderia ter encontrado nenhuma razão para não se aproximar diretamente de Cristo, nem teria falado de si mesmo como "indigno" de que Cristo estivesse debaixo de seu teto. Mas tal linguagem estava de acordo com as noções judaicas de um gentio, uma vez que as casas dos gentios eram consideradas impuras, assim como se tornavam impuros aqueles que nelas entravam. Por outro lado, os "prosélitos da justiça" eram em todos os aspectos iguais aos judeus, de modo que as palavras de Cristo a respeito de judeus e gentios, como relatado por São Mateus, não teriam sido aplicáveis a eles. O centurião era simplesmente alguém que tinha aprendido a amar Israel e a reverenciar o Deus de Israel; alguém que, não apenas devido a sua posição oficial, mas por amor e reverência, havia construído aquela sinagoga, da qual, estranhamente, agora depois de 18 séculos, as ruínas, em suas ricas e elaboradas esculturas de cornijas e entablamentos, de capitéis e nichos, mostram com que mão liberal ele tinha tratado suas ofertas votivas.[77]

O fato de ele ter se dirigido a Jesus como Senhor parece indicar uma grande consideração por sua pessoa. Edersheim observa:

Bastante coerente com seu caráter é a linearidade de sua expectativa, caracteristicamente ilustrada por sua experiência militar — o que Bengel designa como a sabedoria de sua fé que brilha maravilhosamente na franqueza do soldado. Quando ele aprendeu a pertencer ao Deus de Israel e a acreditar no poder absoluto e ilimitado de Jesus, nenhuma dificuldade lhe ocorreria, nem, certamente, tais obstáculos se levantariam, como na mente dos escribas, ou mesmo dos leigos judeus. Nem sequer seria preciso supor que, por causa de sua fé ilimitada em Jesus, o centurião tivesse uma apreensão distinta de sua divindade essencial. Em geral, é verdade que, ao longo da história evangélica, a crença na divindade de nosso Senhor foi o resultado da experiência de sua pessoa e obra, não a condição e postulado dela, como é o caso desde a descida pentecostal do Espírito Santo e sua presença na Igreja.

Diante desses fatos, a pergunta a ser feita ao centurião seria: Jesus seria capaz de curar seu servo, mas Ele o faria? E novamente, essa outra

---

[77] Edersheim, Life and Times, vol. 1, p. 546.

> questão mais especificamente: uma vez que, até onde ele sabia, nenhuma súplica de qualquer pessoa em Israel, fosse ela publicana ou pecadora, tinha sido fadada ao desapontamento, será que ele, como gentio, seria impedido de participar dessa bênção? Seria "indigno", ou melhor, "inadequado" para isso? Assim, essa história apresenta uma questão crucial, não apenas considerando o caráter da obra de Cristo, mas sua relação com o mundo gentio.[78]

Cristo expressou sua vontade de ir e curar o servo. A resposta do centurião revelou seu reconhecimento da autoridade de Cristo.

> Ele era um soldado e seu pensamento era forjado em um molde militar. Então ele argumentou: "Eu também sou homem sujeito à autoridade e com soldados sob o meu comando. Digo a um: Vá, e ele vai; e a outro: Venha, e ele vem. Digo a meu servo: Faça isto, e ele faz". Ele retrata uma hierarquia espiritual diante do modelo da organização militar que é tão bem conhecida. Embora fosse apenas um oficial subordinado, sujeito a seus superiores, tinha autoridade sobre seus soldados; e, se apenas emitisse seus comandos eles seriam executados, não poderia Jesus, reconhecido como o Senhor de todos os principados e poderes, fazer o mesmo e muito mais? Não havia necessidade de que Ele se aproximasse do sofredor: era necessário apenas dizer uma palavra e anjos ministradores se apressariam em cumpri-la.[79]

Como uma autoridade, o centurião sabia que não era preciso estar presente em pessoa para executar uma ordem. Quem tinha autoridade só precisava emitir as ordens para que algo fosse feito. O centurião reconheceu a autoridade na pessoa de Cristo e confessou que não era necessário que Cristo fosse à sua casa. Era preciso apenas que ele emitisse a ordem. Isso demonstrava uma fé notável na pessoa e na autoridade de Cristo.

Cristo respondeu: "Não encontrei em Israel ninguém com tamanha fé" (Mt 8:10). Fé como essa demonstrada por esse gentio seria repetida muitas vezes por outros gentios, pois Cristo acrescentou: "muitos virão do oriente e do ocidente e se sentarão à mesa [...]" (v. 11). Com isso Ele

---

[78] Ibid., vol. 2, p. 547.
[79] Smith, The Days, p. 118-119.

estava se referindo aos gentios que se juntariam a "Abraão, Isaque e Jacó no reino dos céus". Mas, à parte da fé em Cristo, nenhum dos descendentes físicos de Abraão poderia ter uma parte no reino. Aqueles que ouviram a oferta do reino e depois rejeitaram a pessoa do rei, se excluíram, dessa forma, do reino. Eles serão lançados às trevas para sempre (v. 12). Em resposta à fé do centurião, Cristo lhe deu a garantia de que seu servo seria curado. Esses versículos são um prenúncio marcante da rejeição da nação de Israel por causa da incredulidade. Elesm mostra a extensão da mensagem de salvação às multidões de gentios que acreditariam e teriam sua parte com os fiéis em Israel no reino.

18. Autoridade de Cristo reconhecida em Naim
Seção 58
Lucas 7:11-17

Depois de curar o servo do centurião, Cristo foi para um vilarejo chamado Naim, localizado cerca de 40 quilômetros a sudoeste de Cafarnaum. Cristo foi acompanhado por seus discípulos e por uma multidão muito numerosa. Não parece ter sido por acaso que Cristo fez essa viagem, pois ela lhe deu a oportunidade de apresentar outra confirmação da autoridade de sua pessoa. Ao chegar à porta da cidade, Cristo encontrou uma procissão fúnebre, seguindo no caminho para o cemitério. A viúva pode ter sido bem conhecida e muito respeitada na cidade, pois uma grande multidão de seus conterrâneos caminhava com ela no cortejo. Aquele que era o Homem de Dores e que conhecia a dor foi tocado pelo luto da mãe viúva. Ele removeu a aflição dela, não por uma palavra de consolo, mas demonstrando que Ele é a ressureição e a vida. Shepard comenta:

> "Não chore", disse Ele ternamente.
> Depois, avançando um pouco, ele tocou o caixão aberto, de vime.
> Os que carregavam o caixão pararam imediatamente. Tocar os mortos era uma impureza cerimonial da pior espécie, e foi forjada pelo rabinismo com as mais terríveis consequências. Jesus não temeu a profanação imaginada e eliminou todas essas tradições inúteis. Um temor supersticioso caiu sobre a grande multidão de pessoas.[80]

---
[80] Shepard, The Christ, p. 198 -199.

Aquele que, por estar morto, não tinha capacidade de ouvir, ouviu; e aquele que estava sem vida sentou-se, saiu do caixão e caminhou. O comando de Cristo foi o que viabilizou o ocorrido, e quando Ele ordenou: "Jovem, eu digo, levante-se" (Lc 7:14), o morto reviveu. O resultado desse milagre foi imediato.

> Um temor reverente tomou conta de todos os presentes, eles começaram a glorificar a Deus através de expressões reiteradas. A conclusão a que chegaram unanimemente e a causa atribuíram a seu regozijo foi que um grande profeta havia se levantado em seu meio. Eles se lembraram dos episódios nos ministérios de Elias e de Eliseu 900 anos antes, e chegaram à conclusão de que "Deus interveio em favor do seu povo" mais uma vez por meio de um profeta. Esse tipo de relato a respeito dele foi divulgado em toda a Judeia e em todas as nações vizinhas.[81]

Assim surgiu um testemunho adicional para a pessoa de Cristo.

19. O testemunho dos Doze
Seção 59
Mateus 9:35-11:1; Marcos 6:6b-13; Lucas 9:1-6

Cristo havia sido enviado pelo Pai com uma mensagem para proclamar à nação de Israel. Em uma ocasião anterior (Mt 4:23-25), Cristo havia circulado pela Galileia em um ministério itinerante, anunciando a boa-nova de que o reino estava próximo. Mais uma vez, encontramos Cristo viajando por muitas cidades e vilas. Ele se empenhou em um ministério de ensino e de proclamação da boa-nova do reino. Essa mensagem foi amparada pelos milagres que Ele realizou, e assim toda a região recebeu seu testemunho por meio de suas palavras e obras. Cristo continuou a atrair a atenção generalizada. Embora Ele fosse um objeto de curiosidade para as multidões, as pessoas eram um objeto de sua compaixão. Ele as via como ovelhas sem pastor. Muitos diziam ser pastores. Alegavam os fariseus: "Sigam nossas tradições e nós os conduziremos à vida." Os saduceus garantiam: "Sigam-nos e, por meio de nossas ordenanças ,vocês se tornarão

---
[81] Ibid., p. 199.

filhos do reino." As diferentes facções competiam por seguidores. Muitos se diziam pastores, mas não eram pastores de verdade. Havia uma fome espiritual generalizada, como evidenciado pelo interesse no ministério de Jesus. Ele viu a necessidade de mais obreiros. Considerava Deus como o "Senhor da colheita" (Mt 9:38), pois era Ele quem cultivava a semente que havia sido plantada. Jesus instruiu os discípulos a orar para que Deus enviasse os trabalhadores para o campo de colheita.

Em vista do amplo interesse, nosso Senhor chamou seus doze escolhidos e lhes conferiu a mesma autoridade messiânica que Ele mesmo já havia demonstrado. Como seus representantes, eles foram agraciados com sua autoridade. Nesse momento, Mateus apresentou os Doze. Isso não indicava o momento de sua nomeação como apóstolos, pois esse fato já havia acontecido anteriormente (cf. seção 53). Ao contrário, essa foi a ocasião em que os Doze foram enviados por Ele para expandir o ministério que Ele mesmo vinha realizando.

Antes que Cristo os enviasse, Ele lhes deu uma série de instruções. Primeiramente, Ele lhes revelou a quem iriam ministrar. Seu ministério deveria ser exclusivamente direcionado para as ovelhas perdidas de Israel (Mt 10:5-6).

Israel era a nação com a qual Deus havia firmado uma aliança por meio de Abraão, Davi e Jeremias, e à qual Ele havia prometido um Salvador e um Soberano que iria redimir e reinar. O Antigo Testamento previu bênçãos para os gentios (Gn 12:3; Isaías 60:3; Amós 9:12). Mas as bênçãos para os gentios deveriam vir por meio do Messias de Israel. Tais bênçãos não poderiam alcançá-los antes que o Messias governasse sobre seu povo da aliança. Na época do ministério dos Doze, uma mensagem precisava ser levada a Israel anunciando a essa nação que seu Rei havia chegado. O próprio Israel precisava chegar à fé antes que as bênçãos pudessem fluir dele para todas as nações da terra.

Em seguida, observamos a mensagem que os Doze deveriam pregar: "O Reino dos céus está próximo" (Mt 10:7). Essa era a mensagem que Israel tinha ouvido pela primeira vez de João e a mensagem que Cristo havia proclamado publicamente. Isso foi seguido pela ordem de que eles deveriam exercer a autoridade que lhes havia sido conferida como representantes do Messias — eles deveriam realizar os mesmos milagres realizados por Cristo. Precisavam reconhecer que essa autoridade lhes

Confirmação do Rei

havia sido conferida graciosamente e deveriam usá-la de forma generosa. Além disso, quando se envolvessem em seu ministério, tinham de acreditar que todo o apoio deles viria daquele que os havia enviado. Eles não teriam de prover para a viagem que estava diante deles. Não deveriam levar dinheiro ou roupas extras para suprir suas necessidades. Ao invés disso, seriam apoiados por aqueles que ouviriam suas palavras e seriam convencidos pelos milagres de que eles que eram homens de Deus. Seus ouvintes demonstrariam então sua fé na mensagem e no mensageiro, estendendo-lhes a hospitalidade.

Edersheim diz:

> ... as instruções sobre não levar bordão, sandálias, nem bolsa de dinheiro, correspondem exatamente à injunção rabínica de não entrar nos recintos do templo com bordão, sapatos (fechados, não sandálias), e nem bolsa de dinheiro. As razões simbólicas subjacentes a essa ordem seriam, em ambos os casos, provavelmente as mesmas: evitar até mesmo a aparência de estarem envolvidos em outros negócios, quando todo o ser deveria ser absorvido no serviço do Senhor.[82]

Essa falta de providência para a viagem exigiria uma dependência total do Senhor.

> O único, mas o apoio todo suficiente para essas terríveis circunstâncias era a garantia de que tal ajuda viria de cima, e eles, embora iletrados e humildes, não precisariam ter nenhum cuidado, nem fazer preparação em sua defesa, a qual lhes seria dada de cima.[83]

Plummer observa:

> O significado geral em todos os três evangelhos é o mesmo: "não façam preparações elaboradas, mas vão como estão". Eles não deveriam ser como pessoas que viajam para o comércio ou para o lazer, mas teriam de viajar com toda simplicidade. Não é que eles fossem propositalmente aumentar as dificuldades da viagem (como proibir o bastão e os

---

[82] Edersheim, Life and Times, vol. 1, p. 645.
[83] Ibid.

calçados podem parecer implicar), mas que eles não deveriam se sentir ansiosos por causa desses equipamentos. O objetivo era não ter preocupação e não no sentido do conforto. Seu cuidado seria direcionado para seu trabalho, não para seus desejos pessoais.[84]

Quando entrassem em uma vila, deveriam procurar alguém de boa reputação e solicitar hospitalidade ali. Se eles fossem recebidos na casa de uma pessoa desonrada, isso poderia prejudicar seu testemunho e embaraçar seu ministério. Uma vez que encontrassem um lar adequado, eles deveriam permanecer lá mesmo que outro lhes oferecesse maior comodidade ou conforto. Eles deveriam aceitar com gratidão a hospitalidade que lhes seria estendida. Se chegassem a um vilarejo e nenhuma hospitalidade lhe fosse oferecida, eles deveriam se mudar para outro vilarejo. O julgamento não viria por causa da falta de hospitalidade do povo em si, mas a falta de hospitalidade das pessoas mostraria sua indiferença ou rejeição da mensagem que esses estavam levando.

Cristo a partir de agora passa a prevenir seus emissários sobre o tratamento que receberiam.

Os discípulos em seu trabalho são descritos "como ovelhas no meio de lobos", uma frase que a Midrash aplica à posição de Israel em meio a um mundo hostil, acrescentando: "Como é grande aquele pastor, que as apascenta e obtém vitória contra os lobos!" Da mesma forma, a admoestação para serem "astutos como as serpentes e sem malícia como as pombas" é reproduzida no Midrash, onde Israel é descrito como inofensivo como a pomba para com Deus, e sábio como as serpentes para com as nações gentílicas hostis. Tal e ainda maior seria a inimizade que os discípulos, bem como o verdadeiro Israel, teriam ao enfrentar o Israel segundo a carne. Eles seriam entregues aos diversos sinédrios e condenados às punições que esses tribunais tinham o poder de infligir. Mais do que isso, eles seriam levados diante dos governadores e reis, principalmente os governadores romanos e os príncipes herodianos. E tão determinada seria essa perseguição, a ponto de romper os laços de parentesco mais próximos, e trazer sobre eles o ódio de todos os homens.[85]

---

[84] Plummer, Matthew, p. 150:
[85] Edersheim, Life and Times, vol. 1, p. 645.

Os Doze poderiam ter previsto que, como consequência de seu ministério, receberiam a mesma aclamação pública que Jesus estava recebendo, mas tal não deveria acontecer. Em vista de tais advertências, Cristo lhes ofereceu uma série de encorajamentos. O Espírito Santo lhes daria as palavras certas para falar diante de tais perseguições (Mt 10:19-20). Eles não teriam que depender de sua própria sabedoria. Mais uma vez, Ele os consolou dizendo: "Eu garanto que vocês não terão percorrido todas as cidades de Israel antes que venha o Filho do homem" (Mt 10:23). No Antigo Testamento, a vinda do Filho do Homem estava associada não apenas à bênção para os justos, mas ao julgamento sobre os ímpios. A autoridade para julgar foi conferida ao Filho do Homem (Jo 5:27). Cristo estava aqui anunciando que o julgamento viria sobre aquela geração. Edersheim diz:

> É da maior importância manter em mente que, em qualquer período do Ministério de Cristo, no qual essa previsão e promessa tenham sido apresentadas, e se apenas uma ou mais vezes, elas se referem exclusivamente a um estado de coisas no período judaico. As perseguições ocorrem exclusivamente no tempo dos judeus. Isso aparece no versículo 18, onde a resposta prometida para os discípulos seria "um testemunho para eles", os que os entregaram, ou seja, aqui evidentemente é uma referência aos judeus, como também contra "os gentios". E o circuito evangelístico dos discípulos em suas pregações era para ser principalmente no âmbito judaico; e não apenas assim, mas no tempo em que ainda existiam "cidades de Israel", ou seja, antes da destruição final da comunidade judaica. A referência, portanto, é a esse período de perseguição judaica e de pregação apostólica nas cidades de Israel, que é limitado pela destruição de Jerusalém. Assim, a "vinda do Filho do Homem", e "o fim" aqui mencionado, também devem ter a mesma aplicação. Foi, como vimos, de acordo com Daniel 7:13, uma vinda em julgamento. Para as autoridades judaicas perseguidoras, que haviam rejeitado o Cristo, a fim de, como eles imaginavam, salvar sua cidade e templo dos romanos, e a quem Cristo havia testemunhado de que Ele viria novamente, esse julgamento sobre sua cidade e Estado, essa destruição de sua política, foi "a vinda do Filho do Homem" em julgamento, e a única vinda que os judeus, como Estado, podiam esperar. ...
> [...] Assim observadas, as passagens, nas quais essa segunda vinda é mencionada, produzirão seu significado natural. Nem a missão

dos discípulos, nem sua jornada através das cidades de Israel, estaria terminada antes de o Filho do Homem vir. Não, estavam ali os que não provariam o gosto da morte até que tivessem visto a destruição da cidade e declarado a reivindicação da realeza de Jesus, que Israel havia rejeitado.[86]

Seria natural que os Doze se afastassem diante de tal perseguição por um sentimento de autopreservação, mas Cristo os advertiu de que não deveriam temer aqueles que os poderiam condenar à morte. Ao contrário, eles deveriam temer aquele que pode "destruir tanto a alma como o corpo no inferno" (Mt 10:28), ou seja, o próprio Deus.

Em seu ministério, eles estavam sob os cuidados de seu Pai, que conhecia todas as suas necessidades. Por causa de seu inestimável valor para Ele, eles tinham a garantia da sua proteção (v. 29-31). Cristo deu a esses homens uma promessa: "Quem, pois, me confessar diante dos homens, eu também o confessarei diante do meu Pai que está nos céus" (v. 32). Esses homens foram enviados como seus representantes para proclamar sua mensagem. Eles estavam se identificando com sua pessoa e sua palavra. Sua obediência a Ele era um sinal de fé que lhes assegurava que seriam aceitos pelo Pai. Por outro lado, aqueles que o renegassem, como os fariseus pretendiam fazer, seriam renegados perante o Pai por aquele mesmo a quem rejeitaram (Mt 10:33).

Sendo que Cristo era o Príncipe da Paz e tinha vindo para falar de paz à nação, seria possível suscitar a questão de por que as autoridades religiosas não o aceitaram. Cristo explicou isso nas palavras que se seguem. Ele disse que não tinha vindo para trazer paz, mas a espada. Ele tinha vindo para provocar divisão. Ele separaria aqueles que estavam ligados uns aos outros pelos laços mais fortes da natureza (Mt 10:35). É o próprio Jesus Cristo que divide. As pessoas estão divididas por sua atitude em relação a Ele. Cristo estava usando uma linguagem judaica quando se referiu ao amor ao pai ou à mãe (Mt 10:37). Amar envolvia mais do que emoções. Envolvia sujeição e obediência. Cristo estava exigindo submissão e obediência irrestritas daqueles que seriam aceitos em seu reino. Aquele que coloca os entes queridos à frente de Cristo e se submete a eles

---

[86] Ibid., p. 645-647.

em vez de se submeter a Cristo não é digno de Cristo ou de estar em seu reino. Cristo exigia que seus seguidores tomassem sua "cruz e o seguissem" (Mt 10:38). A cruz na vida de Jesus foi o teste de sua obediência a Deus. A cruz na vida de Cristo era o que a árvore do conhecimento do bem e do mal foi para Adão no jardim. A cruz de um indivíduo é a vontade revelada de Deus para ele. Nessa conjuntura, a vontade de Deus era que as pessoas recebessem as palavras de Cristo e acreditassem em sua pessoa. Tal foi o teste para determinar se alguém era aceitável ou inaceitável para Deus.

Aquele que enviou e o que é enviado são tão inseparavelmente identificados que aquele que recebe o enviado recebe também aquele que o envia (Mt 10:40). Cristo afirmou que suas palavras não eram dele, mas de seu Pai (Jo 14:10). Um indivíduo que se identifica com Ele de igual modo se identifica com aquele que o envia. Aquele que hospeda um profeta e acredita que seja um profeta, recebe a recompensa que Deus tem para dar a um profeta (Mt 10:41). Aquele que recebe uma pessoa justa e considera que aquele indivíduo é justo recebe a mesma recompensa que o justo recebe de Deus. Cristo estava dizendo que quando os Doze pregassem em uma comunidade, haveria aqueles que os considerariam como profetas de Deus e como justos. Essas pessoas aceitariam a mensagem como sendo de Deus e se voltariam com fé para aquele a quem os Doze estavam apresentando, e essas pessoas seriam recompensadas no reino. Nada do que é realizado em nome de Deus jamais é esquecido por Deus (Mt 10:42). O que quer que os ouvintes dos Doze fizessem em nome de Cristo, seria uma base para a recompensa. Assim, as recompensas iriam para todos os que recebessem seu ministério e, consequentemente, recebessem-nos. Com essas instruções, os Doze foram enviados para proclamar a boa-nova por toda a Galileia de que o reino estava próximo.

III
Controvérsia acerca do Rei
Seções 60-13

A seção principal anterior sobre a vida de Cristo foi caracterizada pela confirmação de sua mensagem por meio de seus milagres. Ele mostrou a autoridade que Deus lhe conferiu ao exercer essa autoridade em muitos domínios diferentes. Foram observadas duas respostas através dessa confirmação. Multidões de pessoas ouviam as palavras de Cristo com alegria e pareciam ter a intenção de recebê-lo como o Salvador-Soberano. Por outro lado, os líderes religiosos encontraram razões para rejeitá-lo e a rejeição gradualmente irrompeu na controvérsia pública sobre o Dia do Senhor. Ao passarmos para a próxima grande seção, descobrimos que ela se caracteriza pela controvérsia. Os líderes religiosos continuamente desafiavam Cristo e se opunham publicamente a Ele. A ampla aceitação que as multidões deram a Cristo foi substituída pela dúvida crescente. Isso porque o povo tinha se sujeitado a seguir aqueles que se consideravam ser seus pastores, embora Cristo lhes tivesse revelado que eram falsos pastores de ovelhas. Os escritores do evangelho traçam para nós o desenvolvimento da controvérsia sobre o Rei.

A. Rejeição do arauto
Seção 60
Mateus 11:2-19; Lucas 7:18-35

A notícia acerca dos milagres que Cristo vinha realizando havia chegado a João durante sua prisão.

> Na sua prisão em Maquero, perto da extremidade nordeste do mar Morto, João ouvira falar das obras do Messias — aquelas obras sobre as quais Mateus ofereceu exemplos impressionantes. Antipas o havia colocado na prisão, em parte por razões políticas, por causa do

entusiasmo que produzia entre o povo (Jos. Ant. XVIII. v. 2), e em parte por causa da animosidade com que Herodias o via. Mas, depois de tê-lo aprisionado, Antipas não o maltratou. Às vezes, conversava com ele, e permitia que seus discípulos o visitassem. Era fácil para João ouvir sobre o que Jesus estava fazendo.[1]

João enviou seus discípulos para perguntar a Cristo se Ele era aquele que deveria vir ou se eles deveriam esperar por outro (Mt 11:2).

Havia uma forte ênfase em "Tu", em contraste bem diferente com aquele que estava por vir, que talvez ainda deva ser esperado. "O que estava por vir"... é o Messias.[2]

Plummer levanta a seguinte questão:

Estaria Tertuliano (Marcião, iv. 18) certo ao pensar que a própria fé de João parecia falhar, porque o ministério de Jesus não parecia corresponder ao que o próprio João havia predito? Possivelmente, mas não parece provável. João tinha recebido provas muito convincentes de que Jesus era o Messias, das quais naquele momento ele dificilmente poderia duvidar. E se ainda duvidava, de que lhe serviria enviar alguém a Jesus? Um falso Messias não assumiria ser um impostor. Mais provavelmente era a paciência de João que poderia estar falhando, não sua fé. Ele desejava que Jesus se apresentasse mais publicamente, e de forma decidida, como o Messias. "Se Tu fazes estas coisas, manifesta-te ao mundo". Realizar obras messiânicas e não reivindicar a posição do Messias parecia ser uma inconsistência fútil.[3]

Levando em conta que o Messias deveria derrubar a opressão e libertar Israel dos gentios, João estava ficando impaciente enquanto esperava que, aquele que acreditava ser o Messias, fizesse o que Ele veio fazer. Toda a evidência que Jesus deu a João anteriormente havia sido mostrada à nação. Os milagres que Cristo havia realizado eram sobrenaturais, não comuns. Esses milagres estavam de acordo com o conceito do Antigo

---

[1] Plummer, *Matthew*, p. 159.
[2] Ibid.
[3] Ibid. p. 60.

Testamento sobre o cuidado e a preocupação do Messias com os necessitados. Jesus não tinha nenhuma confirmação para dar a João além da que Ele havia apresentado à nação.

Cristo então se dirigiu à multidão que o rodeava falando a respeito da pessoa e da posição de João. Ele comparou João a uma pessoa semelhante a uma árvore firmemente plantada e que não se deixaria mover pelo vento; João não era um caniço que balançava com a brisa mais suave (Mt 11:7). Era óbvio que João não buscava conforto físico, pois não trazia consigo as evidências de prosperidade material (v. 8). Jesus proclamou João como profeta, ou seja, um mensageiro de Deus com sua mensagem (v. 9-10); o próprio João foi um cumprimento da profecia de Malaquias 3:1. Jesus conferiu a João a mais alta honra, elevando-o a uma posição mais alta que qualquer indivíduo antes dele havia recebido. João era maior do que todos os profetas dentre os que haviam previsto a vinda do Messias, porque ele introduziu o Messias para Israel.

> Não era um homem fraco e vacilante, dobrando-se como uma cana agitada pelo vento, a quem seus ouvintes tinham saído para contemplar maravilhados, quando João estava pregando no deserto da Judeia. Não deviam pensar agora que o envio de mensageiros a Jesus com o seu questionamento poderia indicar qualquer fraqueza de caráter ou sugerir que ele estava se curvando diante dos ventos da adversidade na prisão de Maquero. Os caniços do vale do Jordão se dobravam diante dos ventos, mas a natureza de João era tão forte quanto o carvalho da montanha. O público não tinha saído ao deserto para ver um homem vestido com roupas luxuosas e finas, como as que os cortesãos ao redor de Herodes Antipas usavam. Ele não precisava lembrá-los da simples roupa grosseira de pelo de camelo usada por João, nem do fato de que ele vivia a vida dura de um asceta, subsistindo de gafanhotos e mel silvestre do deserto. Esse filho robusto da terra não estava abandonando, ao enviar esses mensageiros, sua lealdade anterior, nem reclinando-se perante Antipas ou o adulando em busca de sua própria liberdade pessoal.
>
> O motivo pelo qual eles tinham saído era para ver um profeta. João era popularmente considerado um profeta. Nisso o povo estava certo. Jesus sela a opinião deles com o testemunho de seu próprio

julgamento. João era "muito mais que um profeta". Ele cita a profecia de Malaquias ao substanciar essa declaração.[4]

Diante da rejeição da mensagem e do ministério de João, Cristo declarou que João havia cumprido a profecia de Malaquias. Cristo disse: "este é o Elias que havia de vir" (Mt 11:14). Um anjo havia anunciado ao pai de João: "E irá adiante do Senhor, no espírito e no poder de Elias" (Lc 1:17). Agora Cristo declarou que a profecia de Malaquias foi cumprida.

> João queria saber se Jesus era o Messias. A resposta de Jesus foi que João era o cumprimento da profecia de Malaquias, o precursor do Messias. Essa foi uma declaração explícita de sua própria messianidade; e João, como precursor, foi o último dos profetas da antiga dispensação e o profeta semelhante a Elias que deveria inaugurar a nova ordem.[5]

Cristo exortou a multidão a ouvir e receber o testemunho messiânico de João. Ele estava plenamente ciente da resposta que os líderes haviam dado à mensagem de João, bem como à sua. Reconheceu a crescente oposição a si mesmo e à sua oferta. Mateus 11:12 deve ser entendido como um ensinamento de que desde os dias de João Batista até então o reino dos céus havia sido atacado e homens violentos continuavam a atacá-lo. Esse versículo não significa a aceitação da mensagem de João como se o reino estivesse em crescimento, e sim uma declaração da oposição a João e a Jesus pelos líderes da nação.

Alguns, tendo ouvido a boa-nova sobre o reino, rejeitaram a mensagem; por conseguinte, foram excluídos do reino. Outros ouviram e receberam a mensagem, e teriam um privilégio maior do que aquele concedido a João, pois estariam no reino. A morte de João foi para impedi-lo de entrar fisicamente no reino que o Messias estava se oferecendo para estabelecer aqui na Terra.

Que Cristo estava lidando com a rejeição em Mateus 11:12 ao invés da recepção, parece claro pela analogia que o Senhor fez nos versículos

---

[4] Shepard, *The Christ*, p. 202-203.
[5] Ibid.

16-17. Ele comparou aquela geração a crianças que desejam fazer as coisas do seu próprio jeito, independentemente do que os outros façam. Assim como as crianças em uma brincadeira rejeitam as ideias dos outros e insistem em seu próprio jeito de fazer as coisas, quando João veio e praticou o jejum os judeus o rejeitaram. Quando Cristo veio e não jejuou, Ele também foi rejeitado. Em outras palavras, aquela geração encontrava falhas, não importava o que fosse feito. Mas havia aqueles, apesar da crescente rejeição, que perceberam a verdade que Cristo estava apresentando. Pela fé em sua palavra e em sua pessoa, estes se tornaram seus filhos. A verdade do que Ele ensinava era validada pela recepção de sua palavra por parte de alguns. Assim a "sabedoria [foi] comprovada por suas obras" (Mt 11:19).

B. A maldição sobre as cidades da Galileia
Seção 61
Mateus 11:20-30

1. Condenação pela incredulidade
Mateus 11:20-24

Tendo em vista a rejeição evidenciada na seção anterior, Cristo pronunciou diversos lamentos sobre as cidades onde seus milagres haviam sido realizados. Suas palavras indicavam que o coração do povo judeu era mais duro do que o coração dos gentios, pois se os milagres tivessem sido realizados em território gentio, esses povos teriam acreditado em sua mensagem e se voltado com fé para Ele. Cristo indicou claramente que o julgamento por rejeitar sua palavra era a separação deles de seu reino. Ao invés de entrar na vida, eles teriam sua parte no "abismo" (Mt 11:23), ou Hades (grego), o lugar de morte. Os graus de punição são determinados pela quantidade de luz que é recebida e posteriormente rejeitada. Como o povo tinha visto a luz das palavras e obras de Cristo, eles estavam sujeitos a maior julgamento do que os gentios que não tinham recebido esse testemunho.

2. Explicação da incredulidade
Mateus 11:25-27

Por que os judeus, que tinham sido instruídos nas Escrituras do Antigo Testamento, rejeitaram Jesus? Alguns poderiam dizer que teria sido porque Ele não cumpriu as profecias messiânicas. Outros argumentariam que Cristo não conseguiu substanciar suas afirmações. Todavia Cristo, nesta breve seção, explica a verdadeira razão da descrença de Israel. A culpa não estava nele, e sim no povo. Cristo via a nação como cega e incapaz de ver até que a cegueira tivesse sido removida. A cegueira havia caído sobre a nação de Israel em sua história passada porque seus pais haviam rejeitado deliberadamente a revelação que Deus lhes havia dado por meio da lei. Tinham se entregado à desobediência da lei e abandonado a adoração a Deus para servir aos ídolos. Assim, a nação havia se tornado cega. Cristo pontuou essa cegueira quando disse que o Pai havia escondido as verdades que Ele pregou daqueles para quem Cristo havia pregado.

Os fariseus se consideravam sábios e instruídos porque eram estudantes das Escrituras. Eles se achavam corretamente relacionados com Deus. Porém rejeitaram as palavras de Cristo dirigidas a eles. Jesus disse que o Pai havia revelado as verdades que Ele havia pregado àqueles que, como crianças pequenas, aceitaram sua palavra e depositaram sua fé nele (Mt 11:25). Nenhum homem pode conhecer o Pai a não ser através do Filho. Cristo tinha vindo para revelar o Pai (Jo 1:18). Se os homens não aceitarem sua revelação, não terão conhecimento do Pai. Assim, Jesus declarou: "Ninguém conhece o Filho a não ser o Pai, e ninguém conhece o Pai a não ser o Filho e aqueles a quem o Filho o quiser revelar" (Mt 11:27). É evidente que Jesus revelaria o Pai a qualquer um que aceitasse sua palavra.

3. Convite à confiança
Mateus 11:28-30

Mesmo em meio à incredulidade e à rejeição, Cristo fez um convite gracioso para que os ouvintes confiassem nele. Ele os convidou a receberem seu jugo.

Uma das expressões figurativas mais comuns da época era a de um "jugo" [...] para indicar a submissão a um serviço ou obrigação. Assim, encontramos não apenas o "jugo da Lei", mas o jugo dos "governos terrestres", e as "obrigações civis" comuns. Muito instrutivo para a compreensão da figura é esta paráfrase de Cântico dos Cânticos 1.10: "Quão belo é o pescoço daqueles que carregam o jugo de teu estatuto; e será sobre eles como o jugo no pescoço do boi que arando no campo, provê alimento para si e para seu senhor". Esse jugo poderia ser "descartado", como as dez tribos haviam rejeitado aquele jugo "de Deus", e por isso trouxeram sobre si mesmos o exílio. Por outro lado, "tomar sobre si o jugo" [...] significava submeter-se a Ele por livre escolha e resolução deliberada.[6]

Não só deveriam submeter-se a Ele, mas também aprender com Ele, ou seja, imitá-lo. Edersheim declara:

E a verdadeira sabedoria, que era um requisito para o Reino, era assumir seu jugo, que seria considerado fácil, e um fardo leve, não como aquele jugo insuportável das condições rabínicas; e a verdadeira compreensão a ser buscada era aprender sobre Ele. Naquela sabedoria de entrar no Reino, ao assumir seu jugo, e naquele conhecimento que vem pelo aprendizado dele, Cristo foi a verdadeira lição e o melhor Mestre para aquelas "crianças". Pois Ele é manso e humilde de coração. Ele havia praticado o que Ele mesmo ensinou, e ensinou o que Ele havia feito; e dessa forma, ao ir até Ele, seria possível encontrar o verdadeiro descanso para a alma.[7]

Em contraste com o pesado jugo dos fariseus, aqueles que tomassem o jugo de Cristo e aprendessem sobre Ele achariam que a submissão a Ele era fácil e que o fardo que Ele impunha seria leve. Isso era verdadeiro por causa da natureza daquele a quem eles se uniam e de quem estavam aprendendo, pois Ele era manso e humilde, ou submisso. E aquele que experimentou a paz ao confiar em Deus, transmitiu essa paz àqueles que confiavam nele.

---

[6] Edersheim, *Life and Times,* vol. 2, p. 143.
[7] Ibid., p. 142.

C. Ungido por uma pecadora
Seção 62
Lucas 7:36-50

Embora muitos fariseus vinham para ouvir Jesus ensinar, a maioria não o convidou para jantar em sua casa. Em ocasiões anteriores, Cristo havia comido nas casas de publicanos e pecadores (Mt 9:10). Ele agora aceitou o convite de um certo fariseu, que se considerava separado dos pecadores. Shepard retrata graficamente a cena.

> Nessa ocasião, veio uma mulher, conhecida pela má reputação e aparência de pecadora, com seu cabelo solto, o que era um sinal de sua profissão pecadora. Sem dúvida, ela tinha ouvido falar do maravilhoso profeta que ostentava a fama de ser amigo dos coletores de impostos e dos pecadores. Era bem provável que o tivesse ouvido pregar nas ruas a doce mensagem cujo fardo era: "Venham a mim, todos os que estão cansados e sobrecarregados". Não estaria ela em uma luta terrível em sua própria consciência e não era o fardo de seu passado pecaminoso que estava esmagando sua vida? Ela resolveu enfrentar o ridículo e ir até Jesus. Sabendo que Ele estava reclinado à mesa de banquete na casa do fariseu, e trazendo um vaso de alabastro com unguento — um perfume muito caro —, ela se esgueirou pela entrada cortinada, chegando atrás de Jesus, perto de seus pés, chorando. Não era costume que nenhuma mulher aparecesse, em hipótese alguma, em semelhante ocasião, muito menos sem véu como ela. Suas ações denotavam uma mulher de disposição generosa, afetuosa e impulsiva, que teria sido vítima da depravação alheia.
>
> Ela chorava por causa de sua vida perversa, olhando ainda mais para seu interior ao ouvir as graciosas palavras de Jesus. Ela também se encontrou com o olhar gelado de Simão. "O que essa mulher estaria fazendo aqui?" Envergonhada, arrependida e humilhada, ela se inclinou para ocultar sua perturbação, enquanto uma chuva de lágrimas caía sobre os pés de Jesus. Como um pedido de desculpas e por não ter um lenço ou algum tecido à mão, ela começou a enxugar as lágrimas dos pés de Jesus com as longas mexas de seus cabelos. Entre os judeus, era considerado vergonhoso a uma mulher usar seus cabelos soltos em

público, mas ela fez esse sacrifício assim como procedeu Maria de Betânia na véspera de sua morte (Jo 12:3). Em seguida, tomando o frasco de perfume aromático, ela ungiu seus pés e continuou a dar-lhes beijos em profundo arrependimento e reverência.[8]

Os evangelhos escondem a identidade da mulher. Shepard explica:

> O registro evangelístico, com sutileza, não revela o nome da mulher que foi resgatada por Jesus de uma vida de desgraça. A tradição no ramo latino do cristianismo histórico a identificou, com ou sem razão, com Maria Madalena de quem Cristo expulsou sete demônios. A outra tradição, de que ela e Maria de Betânia sejam a mesma pessoa, não é plausível. Os rabinos atribuíam a embriaguez e a luxúria como agentes imediatos dos demônios. Magdala era uma cidade rica, de reputação vergonhosa, destruída pela prostituição. Sem rasgar o véu da delicadeza que o Evangelho estendeu sobre o nome da mulher, não poderíamos reconhecer que foi o próprio Jesus que levou a desprezada, mas arrependida mulher, que havia caído em uma vida tão baixa, e elevá-la às alturas sublimes de uma vida de pureza e devoção santa voltada para Ele? Poderia ser um sinal de triunfo do evangelho expulsar os demônios da paixão de alguém que havia prostituído sua beleza e riqueza de talentos naturais, levando-a a uma vida de vergonha e desgraça, e plantar dentro dela o entusiasmo e a devoção por uma vida santa de serviço e sacrifício, como a que vemos em Maria Madalena que trouxe especiarias e unguentos para o sepulcro.[9]

O fariseu, cujo nome era Simão, não repreendeu a mulher por sua quebra de etiqueta, mas usou a ocasião como base para sua própria rejeição à pessoa de Cristo. Ele reconhecia que Cristo alegava ser um revelador da verdade de Deus. Então ele concluiu que se Jesus fosse verdadeiramente um profeta de Deus, teria conhecido o caráter e a reputação daquela mulher; Ele teria rejeitado essas provas de seu afeto. Basicamente então, Simão se perguntava por que Cristo recebia demonstrações de afeto dos pecadores.

---

[8] Shepard, *The Christ,* p. 208-209.
[9] Ibid., p. 210-211.

Quando Cristo indicou que tinha uma lição a ensinar, Simão manifestou o desejo de ouvir. Então Cristo contou uma história. Dois homens estavam endividados com um certo credor. Um lhe devia 500 moedas, representando o número de dias de trabalho, e o outro, 50 moedas. Nenhum dos dois era capaz de pagar a dívida; então o banqueiro a cancelou. Cristo perguntou a Simão: "Qual deles o amará mais?" (Lc 7:42). Simão deu a única resposta possível: "Suponho que aquele a quem foi perdoada a dívida maior" (v. 43). Edersheim explica o impacto do exemplo:

> Se houvesse muito benefício, haveria muito amor; pouco benefício produziria pouco amor. E inversamente: em tal caso, muito amor resultaria em muito benefício; pouco amor, pequeno benefício. Deixe-o então aplicar o raciocínio, sinalizando essa mulher, e contrastando sua conduta com a dele. Lavar os pés de um convidado, dar-lhe o beijo de boas-vindas e especialmente ungi-lo não eram, de fato, atenções necessárias em uma festa. Além do mais tudo isso indicava cuidados especiais, carinho e respeito. Nenhum desses sinais de profunda consideração havia marcado a recepção meramente educada feita a Ele pelo fariseu. Mas, em um clímax duplo, cuja intensidade pode ser indicada apenas, o Salvador passou a mostrar como tinha sido diferente com ela, a quem, pela primeira vez, Ele agora se voltou! Pelo próprio raciocínio de Simão, então, ele próprio deve ter recebido muito pouco, enquanto ela, muito benefício. Ou, para aplicar a ilustração anterior agora à realidade: "os muitos pecados dela lhe foram perdoados" — não por ignorância, mas tendo ela o conhecimento de que eram "muitos". Isso, pela admissão anterior de Simão, explicaria e justificaria seu muito amor, como o resultado de muito perdão. Por outro lado — embora por sua delicadeza realmente o Senhor não o tenha expressado — essa outra inferência também seria verdadeira, que o pouco amor de Simão mostrava que "pouco foi perdoado".[10]

A réplica de Simão trouxe a resposta de nosso Senhor à sua pergunta. Simão não havia reconhecido que ele era um pecador nem se entregou com fé a Cristo, com quem estava em dívida por causa de seu pecado. Em contraste, a mulher reconheceu sua culpa. Ela se voltou para Jesus e

---

[10] Edersheim, *Life and Times,* vol. 1, p. 568.

demonstrou a genuinidade de sua fé derramando seus dons de amor sobre Ele. Cristo recebeu esses dons porque eles brotaram de sua fé. Então Ele se voltou para ela e declarou: "Seus pecados estão perdoados" (v. 48).

> No que ela havia ouvido de seus lábios, no que ela conhecia a respeito dele, ela havia acreditado. Ela acreditou nas "boas-novas de paz" que Ele havia trazido, no amor de Deus, e em sua paternidade piedosa para os mais alquebrados e necessitados; em Cristo, como o Mensageiro da Reconciliação e da Paz com Deus; no Reino dos Céus que Ele havia aberto tão repentina e inesperadamente para ela, de cujos portões dourados desdobrados a luz do Céu havia caído sobre ela, as vozes do Céu chegaram até a mulher. Ela havia acreditado inteiramente: no Pai, no Filho que anuncia, no Espírito Santo que revela. E isso a salvou. Quando ela foi àquele banquete, e ficou atrás de Cristo com humilde e amoroso agradecimento e reverente adoração em seu coração, ela já estava salva. Não precisava ainda receber perdão: ela havia sido perdoada. E foi pelo fato de ter sido perdoada que ela se debruçou aos pés dele com uma chuva de verão vinda de seu coração e, enxugando rapidamente a enchente com seus cabelos, continuou beijando e ungindo os pés dele. Tudo isso foi o impulso de seu coração que, tendo vindo do fundo da alma, ainda foi até Ele, aprendeu dele, encontrando assim descanso para sua alma.[11]

A fé conduziu a mulher até Jesus, e a fé a salvou. Seus pecados foram perdoados depois que sua fé foi provada como genuína pelos dons que ela trouxe.

Os convidados da festa eram fariseus, como Simão. Quando ouviram a declaração de perdão de Cristo, sua reação foi a mesma que fizeram quando Cristo perdoou os pecados do paralítico e gritaram: "Quem é este sujeito que fala blasfêmia? Quem pode perdoar os pecados senão só Deus?" (Lc 5:21). Jesus Cristo não só tinha dito as palavras de Deus e feito os milagres de Deus, mas agora Ele até reivindicava o poder de Deus para perdoar o pecado. Agora os fariseus tinham que considerar essa evidência sobre sua pessoa.

---

[11] Ibid., p. 568-569.

D. Testemunhas do Rei

Seção 63

Lucas 8:1-3

Cristo embarcou a seguir para fazer outra visita à região da Galileia. Ele foi acompanhado pelos Doze, que ministravam a mensagem do reino junto com Ele. A eles se juntaram algumas mulheres que possuíam bens que haviam sido levadas à fé na pessoa de Cristo e que o apoiaram assim como a seus discípulos durante seu ministério itinerante. Essas mulheres não somente apoiaram Cristo materialmente, mas também puderam atuar como testemunhas. Elas podiam dar testemunho de que quando tomaram o jugo de Cristo sobre si mesmas, descobriram que seu fardo de pecado lhes havia sido tirado, pois haviam sido libertas da escravidão e trazidas para uma liberdade gloriosa.

E. Rejeição de Cristo e de sua oferta pelos líderes

Seção 64

Mateus 12:22-37; Marcos 3:20-30

Chegamos agora a um ponto crucial na relação entre os fariseus, a nação, e Cristo. Pelo relato de Marcos, observamos que mais uma vez uma multidão estava se aglomerando em torno de Cristo. Tão grandes eram as demandas sobre Ele que parecia impossível que tivesse tempo para comer. Os "familiares" de Cristo (Mc 3:21) acharam que Ele precisava ser protegido de si mesmo, e por isso tentaram tomar conta dele. A declaração "Ele está fora de si" (Mc 3:21) indica que eles pensavam que seu zelo já beirava à insanidade.

Nessa ocasião, Cristo foi confrontado por um homem, que era cego e mudo, possuído por demônios (Mt 12:22). Cristo libertou o homem da escravidão de Satanás, removendo a cegueira e a mudez que o haviam afligido. Essa foi uma validação muito clara de que Cristo podia realizar o que estava oferecendo. Ele poderia remover o fardo do farisaísmo daqueles que se encontravam em cativeiro se eles tomassem o jugo de Cristo sobre si. Ele poderia cumprir sua promessa de proporcionar descanso para a alma deles. Esse milagre fez com que a multidão se enchesse de ansiedade. Para sua pergunta: "Não será este o Filho de Davi?" (Mt 12:23), eles esperavam uma resposta negativa. Poderíamos acrescentar: "Este não poderia ser o Filho de Davi, poderia?" A pergunta surgiu não por causa de provas insuficientes, e sim porque os fariseus haviam rejeitado a Cristo. Tendo sido ensinados que eram ovelhas que deveriam seguir os pastores, eles não podiam conceber aceitar a Cristo sem a aprovação dos fariseus. Portanto, surgiu um conflito na mente deles sobre o fato que Cristo apresentou e a resposta dos fariseus a essa evidência. Eles professariam uma vontade de aceitar Cristo se os fariseus o aprovassem, mas sentiram que deveriam rejeitá-lo, considerando que os fariseus o desaprovaram. Os fariseus rapidamente apresentaram suas explicações sobre o milagre que havia convencido a multidão. Disseram: "É somente por Belzebu, o príncipe dos demônios, que Ele expulsa demônios" (Mt 12:24).

> Esse indivíduo, não autorizado e sem instrução, como ele é, expulsa demônios sob o comando de Belzebu, como seu príncipe. Eles acreditavam que o mundo dos espíritos malignos, assim como o dos anjos, formava um grande exército, com várias divisões, cada uma com seu cabeça e subordinados, seu posto e sua função; e o todo sob o comando de Satanás. Belzebu — o "deus da imundície" — era o nome dado pela astúcia e desprezo judeu a Belzebu, "o senhor da habitação (real)" — um deus dos fenícios. A ele era atribuído o controle daquela divisão que infligia doenças de todo tipo aos homens, e os judeus insinuaram que Jesus estava desempenhando um papel sob seu comando, fingindo expulsar os demônios dos doentes, a fim de que Ele pudesse ganhar a simpatia do povo para ouvir seu ensinamento falso. Eles não admitiam que o poder de Cristo era divino, e as noções da época pressupunham necessariamente o contrário.[12]

Os fariseus não tentaram negar que Jesus havia realizado um milagre. Mas para aquilo que parecia ser um milagre realizado pelo poder de Deus, os fariseus ofereciam uma explicação alternativa.

---

[12] Geikie, *Life and Words,* vol. 2, p. 141.

Para nós, um único milagre bem comprovado formaria uma prova irrefutável das reivindicações de Cristo; para eles, não. Eles poderiam acreditar nos "milagres", e mesmo assim não crer no próprio Cristo. Para eles a questão não era, como é para nós, se de fato eram milagres — mas, por meio de que poder, ou em nome de quem, eram realizados. Ele teria realizado esses atos? Do nosso ponto de vista, a oposição deles a Cristo pareceria não apenas perversa, mas racionalmente inexplicável. Porém o nosso ponto de vista não era o que eles defendiam. E aqui, novamente, percebemos que foi a inimizade para com a Pessoa e o ensinamento de Jesus que levou à negação de suas reivindicações. Sua resposta à pergunta "Por meio de que poder Jesus realizou essas obras?" foi de que teria sido por intermédio de Satanás, ou do chefe dos demônios. Consideravam Jesus, não apenas temporariamente, mas de forma permanente, como alguém possuído por um demônio, ou seja, era o veículo constante da influência satânica. E esse demônio seria, segundo eles, nada mais nada menos que Belzebu, o príncipe dos demônios. Assim, do ponto de vista deles, teria sido realmente Satanás que agia nele e através dele; e Jesus, em vez de ser reconhecido como o Filho de Deus, foi considerado como uma personificação de Satanás; em vez de ser acatado como o Messias, foi denunciado e tratado como o representante do reino das trevas. Tudo isso, porque o reino que Ele veio implantar, e que Ele pregou, era precisamente o oposto do que eles consideravam como o Reino de Deus. Assim, foi o contraste essencial do rabinismo com o evangelho de Cristo que esteve na base da conduta deles para com a pessoa de Cristo.[13]

Como o destino da nação dependia da interpretação da pessoa de Cristo, Ele ofereceu três provas para mostrar que a explicação dos fariseus era falsa. A primeira evidência foi que a divisão leva à destruição e que é necessário ter unidade para a preservação. Se Ele tivesse recebido poder de Satanás e usasse esse poder contra o próprio Satanás, então o reino de Satã iria finalmente ruir (Mt 12:25-26). O Diabo não iria conferir autoridade para ser usada para sua própria destruição.

O segundo motivo era o reconhecimento da existência de exorcistas na nação de Israel. Alguns judeus conseguiam expulsar demônios, e Israel

---

[13] Edersheim, *Life and Times*, vol. 2, p. 574-575.

os considerava como dádivas de Deus para a nação. Até mesmo os fariseus reconheciam essa manifestação de poder de Deus e lhe agradeciam pelo dom dos exorcistas. O argumento de Cristo era que, se os próprios fariseus reconheciam a capacidade de expulsar demônios como vinda de Deus, eles não deveriam acusá-lo de estar possuído por demônios quando expulsava demônios (Mt 12:37). A implicação das palavras de Cristo era que se Ele expulsasse demônios pelo poder de Satanás, não poderia estar oferecendo a eles o reino profetizado de Deus. "Mas", disse Ele, "se é pelo Espírito de Deus que eu expulso demônios, então chegou a vocês o Reino de Deus" (Mt 12:28). Como Cristo expulsou os demônios pelo poder de Deus, pode-se concluir que sua oferta do reino era genuína e Ele era seu Rei genuíno.

A terceira refutação lembrou que antes de um ladrão ter condições de entrar numa cidadela vigiada, ele deve ter poder suficiente para subjugar aquele que a guarda (Mt 12:29). A conclusão foi que se Cristo tem poder para entrar na fortaleza de Satanás e libertar as pessoas de seu controle, como Ele havia acabado de fazer, então é evidente que Ele é mais forte que Satanás. Este não poderia oferecer a Cristo um poder maior do que o que ele próprio possuía.

Com essas três provas, Cristo procurou mostrar às multidões que a explicação farisaica desse milagre era falsa.

Cristo convocou a multidão para tomar uma decisão (Mt 12:30). Ele os advertiu sobre o julgamento terrível que viria sobre aquela geração se aceitassem a explicação dos fariseus e rejeitassem sua pessoa. Ele falou aqui de blasfêmia contra o Espírito Santo, que é um pecado para o qual não há perdão. O perdão desse pecado não poderia ocorrer naquela época — isto é, no tempo em que o reino estava sendo oferecido, nem na era futura, isto é, no momento em que todas as suas esperanças messiânicas seriam realizadas.

Surge então a seguinte questão: o que é a blasfêmia contra o Espírito para a qual não há perdão? Cristo havia deixado bem claro que a entrada no reino que Ele estava oferecendo dependia da fé tanto em sua pessoa quanto em sua palavra. Havia encorajado seus ouvintes anteriormente a ouvir suas palavras e aceitá-las (Mt 7:24, 26). Portanto, era importante que eles respondessem à sua palavra.

Se a nação rejeitasse o próprio testemunho de Cristo a respeito de si mesmo, eles ainda poderiam ter fé em sua palavra por meio da palavra de seu Pai. Deus autenticava a pessoa de Cristo (Jo 14:10). As obras de Cristo eram as obras do Pai, e essas obras apoiavam a palavra do Pai apresentada no batismo de Cristo de que Ele estava bem satisfeito com a vida de seu Filho. Se alguém rejeitasse a palavra de Cristo e a palavra do Pai, ainda poderia ser levado à fé em Cristo por meio do testemunho do Espírito Santo. Os milagres eram o testemunho do Espírito acerca de Cristo. O Espírito deu o testemunho final tanto para a pessoa quanto para a palavra de Cristo. Se alguém rejeitasse esse testemunho final, não haveria mais nenhum testemunho que Deus pudesse oferecer. Embora rejeitar a palavra de Cristo fosse pecado, uma pessoa ainda podia ser levada a confessar esse pecado e a reconhecer a verdade pelo testemunho do Pai. Rejeitar o testemunho do Pai era pecado; no entanto, uma pessoa podia ser levada a ter fé em Cristo pelo testemunho do Espírito. Se, porém, rejeitasse esse testemunho final, não haveria outro testemunho para conduzi-lo a Cristo. Portanto, não poderia haver perdão ao pecado de atribuir a obra de Cristo ao Diabo quando, na verdade, a obra havia sido realizada pelo Espírito.

É claro que o pecado de blasfêmia contra o Espírito Santo só poderia ser cometido enquanto Cristo estivesse pessoalmente presente na Terra. O pecado seria consumado quando a nação recebesse evidências a respeito da pessoa de Cristo por meio dos milagres que Ele realizou mediante o poder do Espírito Santo. As circunstâncias necessárias não existem hoje e, portanto, esse mesmo pecado não pode ser cometido nos dias atuais.

Cristo estava advertindo aquela geração em Israel que se rejeitassem o testemunho do Pai e o testemunho do Espírito em relação à sua pessoa e à sua obra não haveria mais nenhuma evidência que pudesse ser oferecida. Seus pecados não seriam perdoados e isso resultaria em juízo temporal sobre aquela geração. Esse julgamento acabou chegando em 70 d.C. quando Jerusalém foi destruída. Esse pecado, então, não foi visto como o pecado de um indivíduo, e sim como o pecado da nação, e colocou toda aquela geração sob o julgamento divino.

Edersheim observou apropriadamente o significado desse incidente e o efeito que a explicação dos fariseus teria sobre o destino da nação. Ele afirma:

Nós nos aventuramos a afirmar que esse fato se tornou responsável por toda a história depois da Cruz.

Vista dessa forma, a história da oposição farisaica parece não apenas consistente, mas foi, por assim dizer, moralmente responsabilizada. Sua culpa estava em tratar como agência satânica o que era proveniente do Espírito Santo; e isso, porque pertenciam a seu pai, o Diabo, e não sabiam, não entendiam, nem ainda amavam a Luz, sendo que seus atos eram malignos. Eles não eram filhos da Luz, mas daquela escuridão que não compreendia quem era a Luz. E agora também podemos compreender o crescimento da oposição ativa em relação a Cristo. Uma vez tendo chegado à conclusão de que os milagres que Cristo realizou eram atribuídos ao poder de Satanás, e que Ele era o representante do Maligno, o caminho deles foi racional e moralmente escolhido. Considerar cada nova manifestação do poder de Cristo como apenas um desenvolvimento mais pleno do poder de Satanás, e opor-se a Ele com crescente determinação e hostilidade, até mesmo a cruz: tal foi, daí por diante, o progresso natural dessa história.[14]

Cristo exigiu de seus ouvintes o mesmo que João demandou quando disse: "Deem fruto que mostre o arrependimento!" (Mt 3:8). O fruto de uma árvore revela a verdadeira natureza dela. Os fariseus que confrontavam a Cristo afirmavam ser justos. Jesus, portanto, exigiu que eles mostrassem sua retidão produzindo bons frutos. Ele os advertiu: "os homens haverão de dar conta de toda palavra inútil que tiverem falado" (v. 36). A palavra descuidada não era uma brincadeira destituída de valor, e sim a palavra deles sobre a pessoa de Cristo. Se a multidão que ouviu a explicação farisaica repetisse essa explicação, eles ficariam sob julgamento divino.

A resposta de uma pessoa a Cristo determina seu destino eterno.

Esse incidente então marcou o grande ponto de inflexão na vida de Cristo. A partir de então e até a cruz, a nação é vista nos evangelhos como tendo rejeitado Cristo como Messias. A rejeição não oficial pelos líderes se tornaria oficial quando fosse finalizada na cruz.

---

[14] Ibid., vol. 1, p. 575.

F. Os líderes pedem um sinal
Seção 65
Mateus 12:38-45

Os fariseus e os mestres da lei sabiam bem que Jesus estava afirmando ser o Messias enviado do céu. Eles estavam familiarizados com a multidão de milagres que Ele já havia realizado para confirmar sua pessoa. Mas agora vieram desafiá-lo e pedem um sinal que lhes prove que Ele era o que afirmava ser. Cristo explicou a razão do pedido deles. Não tinha origem na fé, mas na incredulidade. Eles haviam se recusado a acreditar em suas palavras e em seus sinais, e isso indicava que eram perversos. Eles eram "uma geração perversa e adúltera" (Mt 12:39). Cristo declarou que não tinha outro sinal senão o de Jonas para oferecer à nação a fim de provar que Ele era aquele que afirmava ser. Cristo, ao citar esse profeta tão criticado, colocou seu inegável selo de autenticidade no que está registrado ali.

> Ele lhes ofereceu apenas um sinal, o de Jonas, o profeta. Ao aparecer em Nínive, ele próprio foi "um sinal para os ninivitas"; o fato de ter estado três dias e três noites no ventre de um grande peixe, e que dali ele tinha, por assim dizer, sido enviado vivo para pregar em Nínive, era para eles uma prova de que Jonas havia sido enviado de Deus. E assim seria novamente. Após três dias e três noites "no coração da terra" — que é um hebraísmo para "na terra" — sua ressurreição atestaria divinamente àquela geração sua missão. Os ninivitas não questionaram, mas receberam essa confirmação de Jonas; um relato autêntico da sabedoria de Salomão tinha sido suficiente para trazer a rainha de Sabá de tão longe; no primeiro caso, foi porque perceberam seu pecado; no outro, porque ela sentiu necessidade e desejo de obter uma sabedoria melhor do que a que possuía. Mas esses eram os próprios elementos que faltavam nos homens daquela geração; e assim tanto Nínive quanto a rainha de Sabá se levantariam, não apenas como testemunhas eloquentes contra eles, mas para condená-los. Pois, a grande realidade da qual a pregação de Jonas havia sido apenas o tipo, e para a qual a sabedoria de Salomão havia sido apenas a preparação, igualmente fora apresentada para eles em Cristo.[15]

---

[15] d., vol. 2, p. 200.

Cristo, através de uma ilustração, revelou a condição da nação de Israel naquela época como resultado de sua rejeição a Ele e à sua oferta. Cristo disse que quando um espírito mau deixa um homem ele procura descanso e não consegue encontrá-lo. Lembrando-se do corpo em que antes habitava, ele decide retornar. Ao regressar, ele encontra o homem livre de espíritos malignos e decide possuí-lo novamente, mas ao invés de ocupar esse corpo sozinho, procura sete outros espíritos mais malignos do que ele. Juntos, esses espíritos entram e ocupam esse corpo como sua morada. Assim, a condição daquele homem, após sua libertação inicial, é pior do que a anterior. Essa ilustração revelou claramente a reflexão de Cristo sobre a história recente de Israel. Quando veio, João Batista encontrou a casa de Israel ocupada por espíritos malignos; a nação estava cheia de iniquidade e pecado. Como resultado da pregação de João, que trouxe arrependimento e confissão, a nação de Israel havia sido purgada de seu mal. Multidões aguardavam a vinda do reino. Mas antes que o reino fosse estabelecido, a nação de Israel havia retornado ao pecado que havia sido removido pela pregação de João, e agora a nação estava mais longe de Deus. Ela era mais perversa — e, portanto, estava sob um julgamento mais severo — do que antes de João iniciar seu ministério. Visto que a nação que professava receber o testemunho de João havia se entregado à incredulidade em relação àquele que João apresentou, agora estava em pior estado do que antes do início do ministério de João.

> Em comparação com as outras nações do mundo, Israel era como uma casa da qual o demônio da idolatria tinha saído com todos os seus assistentes — na verdade, o "Belzebu" a quem eles temiam. E então a casa havia sido varrida de toda a imundice e sujeira da idolatria, e guarnecida com todo tipo de adornos farisaicos. Mas tudo isso acontecia enquanto a casa permanecia vazia; Deus não estava lá; o Mais Forte, que sozinho poderia ter resistido ao valente, não pôde atuar como seu governante. E assim o demônio voltou à casa, para verificar o lugar de onde havia saído, encontrando-a varrida e guarnecida — mas também vazia e indefesa. A loucura de Israel estava nisto: eles pensavam em apenas um demônio — o demônio da idolatria —, Belzebu, com toda a sua imundice. Tudo isso era muito repulsivo, e eles o haviam removido cuidadosamente. Mas eles sabiam que os demônios eram apenas manifestações do poder demoníaco, e que havia um reino do mal. Assim,

essa casa, varrida da imundice do paganismo e adornada com toda a justiça própria do farisaísmo, mas vazia de Deus, só se tornaria uma habitação mais adequada e mais segura de Satanás; porque, por causa de sua limpeza e beleza, sua presença e seu papel ali como espírito maligno não se mostraria suspeito. Assim, para continuar a linguagem ilustrativa de Cristo, o Maligno voltou "com outros sete espíritos mais perversos que ele" — orgulho, justiça própria, descrença e afins, sendo o número sete uma generalização — e, portanto, o último estado — Israel, sem a imundice da idolatria grosseira e guarnecido com todos os adornos da devoção farisaica ao estudo e à prática da lei — tornou-se realmente pior do que o primeiro, com toda a sua repulsa declarada.[16]

G. Cristo rejeitado pela nação

Seção 66

Mateus 12:46-50; Marcos 3:31-35; Lucas 8:19-21

Enquanto Jesus se dirigia à multidão, sua mãe e seus irmãos procuravam falar com Ele; mas a multidão era tão grande que eles não conseguiam se aproximar dele. Foi informado a Cristo que sua mãe e seus irmãos estavam na parte de trás da multidão, ou do lado de fora de casa, e queriam falar com Ele. Cristo deu uma resposta estranha, mas muito significativa. Ele levantou a questão: "Quem é minha mãe, e quem são meus irmãos?" (Mt 12:48). A resposta natural a essa pergunta seria: aqueles com os quais você tem uma relação de sangue. Mas ao invés de reconhecer os laços de sangue como constituindo uma verdadeira relação, Ele apontou para seus discípulos, ou seja, aqueles que pela fé haviam aceitado sua pessoa. Ele disse: "Pois quem faz a vontade de meu Pai que está nos céus, este é meu irmão, minha irmã e minha mãe" (Mt 12:50). Esse relacionamento foi instituído não por nascimento natural, mas como resultado de um nascimento sobrenatural. Esses foram relacionados a Ele pela fé em sua pessoa. A nação de Israel reivindicou um relacionamento com o Messias quando Ele viesse por causa de uma ligação comum com Abraão. Mas Cristo rejeitou os laços de sangue como constituindo uma verdadeira relação espiritual. Os únicos que Ele aceitaria como sendo espiritualmente

---

[16] Ibid., p. 201.

relacionados com Ele eram os que estavam ligados a Ele pela fé. Naquela multidão havia aqueles que reivindicavam uma ligação com Abraão como base para a entrada no reino. Cristo disse que o reino deve ser adentrado pela fé em sua pessoa, não pelo nascimento físico acidental. Nesse parágrafo, então, encontramos a conclusão da decisão dos fariseus de que Jesus Cristo era possuído por demônios. A nação que rejeitou Cristo estava em pior estado por causa dessa rejeição do que estava antes da oferta graciosa do reino. E aquele que ofereceu o reino agora rejeitou a nação que o havia rejeitado.

Esse tópico antevê claramente o abandono da nação Israel por parte de Deus. Ele prepara o caminho para a revelação de uma nova forma do propósito de Deus para o reino.

H. Revelação em face da rejeição
Seções 67-71

1. A maldição do reino na presente geração
Seção 67
Mateus 13:1-53; Marcos 4:1-34; Lucas 8:4-18

Cristo continuava naquela mesma casa quando surgiram três questões importantes. Foram as seguintes: (1) o incidente de cura do homem possuído por demônios que trouxe a acusação farisaica de que Jesus era possuído por demônios; (2) o pedido dos fariseus de um sinal milagroso para autenticar que Ele era quem afirmava ser; e (3) a rejeição de Cristo da nação de Israel. Ele então saiu da casa onde esses incidentes ocorreram e se retirou para a beira-mar.

Talvez Ele tenha buscado descanso dos árduos conflitos nos quais esteve envolvido durante tanto tempo naquele dia. Talvez o tamanho da multidão o tenha levado à decisão de retirar-se para a costa a fim de conseguir um lugar onde todos pudessem se reunir para que Ele pudesse falar com eles. Mateus registrou que multidões tão grandes se reuniram ao seu redor tornando necessário que Ele entrasse em um barco e nele se assentasse para ensinar a multidão. Quando Ele ensinou, lemos: "Jesus falou muitas coisas por parábolas" (Mt 13:3). Anteriormente Cristo havia usado parábolas com pouca frequência em seu ensino. O uso que Cristo fez delas nessa ocasião foi tão significativo que quando uma oportunidade se apresentou "os discípulos aproximaram-se dele e perguntaram: 'Por que falas ao povo por parábolas?'" (Mt 13:10).

Uma parábola é um dispositivo literário usado para ensinar por meio de comparação. A fim de tornar possível descobrir a verdade em uma área desconhecida, algo familiar é transferido do conhecido para o desconhecido. Uma simples figura de linguagem na forma de uma metáfora pode ser usada: "Eu sou a porta" (Jo 10:9). A figura pode ser uma símile, como "sejam astutos como as serpentes e sem malícia como as pombas" (Mt 10:16). A figura pode ser mais complexa, consistindo de uma parábola com uma narrativa que transmite um ponto principal de paralelismo mesmo que possa haver outros paralelismos incidentais. Às vezes há uma alegoria, que é uma narrativa na qual há muitos paralelismos intencionais. Nosso Senhor usou parábolas com frequência, mas empregou alegorias apenas em raras ocasiões (como em João 10, em que Ele usou toda a analogia da relação entre um pastor e uma ovelha). Enquanto uma alegoria pode ou não ser fiel à vida real, uma parábola é sempre comparada à vida real. A comparação em uma alegoria está nas ideias, enquanto nas parábolas a comparação é sempre por meio de uma realidade histórica. A fim de interpretar qualquer figura, o estudante bíblico deve primeiro discernir claramente o que é verdade no precedente. Tendo feito isso, ele pode então transferir a verdade do antecedente para a verdade a ser aprendida do campo desconhecido. Por exemplo, antes que se possa aprender qualquer verdade sobre Cristo, a partir de sua afirmação: "Eu sou a porta" (Jo 10:9), é preciso entender a natureza, função e o propósito de uma porta. O que uma porta representa no mundo real é o que Cristo apresentará no mundo espiritual. Fatos do mundo conhecido devem ser aprendidos antes que possam ser comparados para se adquirir conhecimento do mundo desconhecido.

Em resposta às perguntas dos discípulos sobre por que Ele falava em parábolas, Cristo respondeu que as usava primeiro para revelar a verdade a alguns homens e, segundo, para ocultar a verdade de outros (Mt 13:11-15). A resposta de Cristo seria ininteligível se não recordarmos o contexto histórico. Cristo, no decorrer de seu ministério, se ofereceu à nação como Salvador e Soberano. A nação tinha recebido essa oferta que fora autenticada diante deles pelos milagres que realizou. A nação foi chamada a responder às provas apresentadas. Os líderes já haviam indicado seu propósito de rejeitar a pessoa de Cristo e de desacreditar de seus milagres porque achavam que eram feitos pelo poder de Satanás. Cristo não tinha mais palavras para aqueles que o haviam rejeitado e desprezado e persistiam em sua incredulidade. Por outro lado, alguns haviam crido em sua palavra e aceitado sua pessoa, e estes precisavam de instruções. Cristo foi confrontado por uma multidão mista, composta de crentes e descrentes, aqueles que o haviam recebido e aqueles que o rejeitaram. Cristo não tentou separar os incrédulos dos crentes e depois instruir apenas os crentes. Ao contrário, Ele construiu seu ensinamento de tal forma que aqueles que haviam crido o compreenderiam, e os que haviam rejeitado, mesmo que tivessem ouvido, não o compreenderiam. Os crentes têm a chave do conhecimento e podem interpretar seu ensinamento. Os incrédulos não possuem essa chave e, portanto, não podem compreender sua palavra. Aquele que tem a chave do conhecimento usará esse meio para obter mais conhecimento, mas aquele que não tem essa chave perderá tal conhecimento que um dia possuiu. Essa foi a explicação que Cristo deu aos discípulos para o uso de parábolas em seus ensinamentos.

Para interpretar corretamente uma parábola, é necessário estudar o contexto histórico no qual ela foi apresentada. Jesus usou parábolas para responder perguntas na mente daqueles que o ouviam ensinar, quer as perguntas fossem especificamente declaradas ou meramente subentendida por Ele. Jesus também usou parábolas para resolver problemas relativos a certas verdades que Ele procurou transmitir, mas sobre as quais seus ouvintes estavam tendo dificuldades para entender. Na interpretação de uma parábola, era necessário considerar a questão ou problema com o qual nosso Senhor estava lidando. Em alguns casos, a questão é especificamente declarada, mas em outros, a questão, ou problema, está implícita em alguma discussão anterior. A descoberta da questão ou do problema preserva a interpretação, pois se a verdade obtida a partir da explicação não responde à questão ou problema, trata-se de uma interpretação falsa. Somente aquela interpretação que responde à questão ou problema pode ser aceita. Esse princípio dá uma prova objetiva a respeito da interpretação de qualquer parábola. O mesmo princípio também determinará em quantos pontos de uma parábola pode ser feita uma analogia. É legítimo interpretar partes de uma parábola desde que elas contribuam para a resposta da questão ou problema a ser discutido.

Ao considerar a interpretação de parábolas, é vital observar as seguintes palavras de Cristo: "A vocês foi dado o conhecimento dos mistérios do Reino dos céus" (Mt 13:11). As parábolas foram elaboradas para ensinar a verdade a respeito do propósito do reino. Repetidas vezes nosso Senhor usou a fórmula: "O Reino dos Céus é como" (v. 24 et al.). A verdade é sempre aplicável aos crentes, e ela pode ser obtida a partir do estudo das parábolas e aplicada às pessoas de hoje em dia. No entanto, deve ser observado pelas próprias palavras do Senhor que suas parábolas foram elaboradas para transmitir a verdade a respeito do propósito do reino.

Os profetas do Antigo Testamento haviam falado muito sobre o cumprimento da aliança de Deus como dada a Abraão (Gn 12:1-3, 7; 13:14-16; 15:18; 17:6-8), a Davi (2Sm 7:16; Sl 89:1-4), a Jeremias (Jr 31:31-34; Ez 36:25-30), e a Moisés (Dt 28—30). A nação de Israel aguardava a vinda de um Messias que cumpriria essas alianças eternas e incondicionais. Ele redimiria o povo de Deus de seus pecados, o libertaria da escravidão de seus opressores e instituiria um reino no qual Ele governaria em paz e retidão. Tal era a esperança de Israel que foi mantida viva pelos profetas que Deus enviou para encorajar e confortar seu povo. A mensagem de João chamou a atenção das multidões ao proclamar: "O Reino dos céus está próximo" (Mt 3:2). Para Israel isso significava que João apresentaria o Rei prometido que viria na descendência de Davi, se assentaria no trono de Davi e governaria a casa de Davi. Cristo proclamou a mesma esperança e, como João, Ele anunciou: "O Reino dos céus está próximo" (Mt 4:17).

Jesus ministrou a seus concidadãos residentes em Nazaré por ocasião de sua primeira visita. Depois de ler uma passagem messiânica de Isaías, Ele declarou: "Hoje se cumpriu a Escritura que vocês acabaram de ouvir" (Lc 4:20). A resposta do povo de Nazaré naquela ocasião prefigurava a resposta da nação, pois aqueles que o ouviram afirmar ser o Messias rejeitaram sua palavra e sua pessoa. Eles procuraram matá-lo, naquele momento. Os líderes da nação rejeitaram de forma consistente e persistente a palavra e a pessoa de Cristo. Essa rejeição culminou na resposta dos líderes ao milagre de curar o homem possuído por demônios em Mateus

12. Naquele caso, a rejeição dos líderes foi indicada por sua afirmação de que Cristo teria recebido seu poder de Satanás. Cristo então advertiu o povo contra seguir essa interpretação, observando que se a nação persistisse em sua rejeição, ela ficaria sob o julgamento temporal. Cristo pôs de lado a nação — aquela relacionada a Ele pelo sangue — e declarou que aceitaria somente aquelas pessoas ligadas a Ele pela fé (Mt 12:48-50). Na mente de Cristo, então, o destino da nação foi selado.

Cristo mais tarde anunciaria que o reino de Deus havia sido tomado de Israel e seria entregue a um povo que produzisse o fruto da justiça (Mt 21:43). Jerusalém estaria sob julgamento (24:37-39) e cairia nas mãos dos gentios (Lc 21:24). A partir desse ponto, Cristo não mais anunciou publicamente que o reino estava próximo; ao contrário, Ele indicou que o reino havia sido adiado. Ele não estava antecipando um trono, mas previu uma cruz. O que Ele tinha vindo para cumprir no propósito da aliança de Deus para Israel havia sido adiado para outra vinda. Surgem as seguintes questões: o que, então, acontece com o reino de Deus, na era atual, do qual o reino milenar davídico seria apenas uma forma terrena, enquanto o reino milenar está sendo adiado? Que forma assume o reino? Quais são as características ou aspectos essenciais do reino nessa era atual? Cristo referiu-se aos "segredos do reino" (Mt 13:11). Ele não se referiu à aliança davídica, ou ao reino milenar. Tal reino não era um segredo no Antigo Testamento. Ele revelou claramente as características ou aspectos essenciais do reino milenar. Mas o Antigo Testamento não havia revelado que haveria a interposição de um período inteiro entre a oferta do reino pelo Messias e a recepção do Rei por Israel, assim como o recebimento de todas as bênçãos do reino. A escatologia do Antigo Testamento de Israel via o tempo dividido em duas eras — a atual, que era o tempo em que a nação esperava a vinda do Messias, e depois a era que haveria de vir. Esse seria o período da bênção a ser introduzido pelo Messias em sua vinda. O Antigo Testamento não revelou que esse tempo findaria com a rejeição de Israel em vez de sua aceitação no reino. Também não indicou que seria necessário que o Rei adiasse até um futuro advento as bênçãos que resultariam de seu reinado.

O período de tempo coberto pelas parábolas em Mateus 13 se estende desde o tempo da rejeição de Israel até a futura recepção do Messias por Israel. Isso significa que esse programa começou enquanto Cristo ainda estava na terra, e se estenderá até seu retorno à terra quando Ele vier em poder e grande glória. Esse período inclui dentro dele o período desde Pentecostes, em Atos 2, até o Arrebatamento, ou seja, a era da graça (ou a era do Espírito Santo, ou a era da Igreja). Embora esse período inclua a era da Igreja, ele se estende além dele, as parábolas de Mateus 13 precedem o Pentecostes e se estendem além do Arrebatamento. Assim, essas parábolas não dizem respeito principalmente à natureza, função e influência da Igreja. Ao contrário, mostram a forma até então não revelada, em que o governo teocrático de Deus seria exercido em um período anteriormente não declarado, necessário por causa da rejeição de Cristo por parte de Israel.

Há nesse discurso nove parábolas, cada uma delas nos oferecendo uma característica essencial do reino na era presente. A primeira característica dessa época é a do plantio da semente pelos semeadores. Para essa semeadura, há respostas variadas. A cena descrita por Jesus era tão familiar e bem conhecida de seus ouvintes que Ele não achou necessário explicar a ação. Como o uso de parábolas era novo no ensinamento de Cristo, Ele interpretou cuidadosamente duas delas como um guia para o método adequado de interpretar as demais. A consideração da própria interpretação de nosso Senhor é importante, levando-se em conta que um terço do que nosso Senhor ensinou foi transmitido através de parábolas, e sem seu guia de interpretação poderíamos facilmente nos desviar. A semente, na parábola (Mt 13:3-8), representa a palavra, ou "a mensagem sobre o reino", enquanto o campo representa o "coração" de cada ouvinte (v. 19). O coração, na Escritura, muitas vezes indica a capacidade intelectual do indivíduo. Uma mensagem, então, estava sendo proclamada e foi ouvida. Mas para essa proclamação houve respostas variadas. Algumas sementes não mostraram nenhum sinal de vida (aquelas que foram semeadas ao longo do caminho). Algumas sementes germinaram rapidamente e lançaram brotos (aquelas que foram semeados em lugares rochosos). Algumas sementes prometeram dar frutos, mas acabaram não produzindo nada (aquelas que foram semeadas entre os espinhos). Depois houve aquela semente que produziu uma colheita que rendeu cem, sessenta ou trinta vezes o que foi semeado (v. 23). Em cada caso a semente foi a mesma, o semeador foi o mesmo, e o local onde a semente foi plantada foi o mesmo. O que determinou o resultado da semeadura foi o preparo do solo. Embora a parábola seja comumente chamada "A Parábola do Semeador" (cf. cabeçalho NVI), talvez fosse melhor ser intitulada como "A Parábola dos solos".

Com o uso dessa parábola Cristo fez vários comentários. De um lado, Ele explicou as diversas respostas ao seu ministério como Semeador da boa semente. Ele comentou as várias respostas em função do estado de preparação do coração de seus ouvintes. Alguns se recusaram a ouvir; outros ouviram e receberam a mensagem com alegria, mas não continuaram nela; alguns ouviram, mas a verdade foi logo esquecida por causa das preocupações da vida ou do desejo de ganho material. Porém, uma parte das sementes produziu uma colheita abundante porque o solo havia sido adequadamente preparado. Cristo não apenas explicou as diferentes respostas ao seu ministério, mas também revelou as respostas ao ministério dos discípulos enquanto ensinava essas verdades a respeito da era por vir. A resposta ao ministério deles seria a mesma que a recepção de Israel ao seu. Mas podemos ver a partir dessa parábola uma característica essencial da era atual, e é que haverá uma semeadura da palavra para a qual haverá respostas variadas.

Marcos relatou uma segunda parábola de Jesus sobre o tema da semeadura (Mc 4:26-29). Ela foi concebida para ensinar que o fruto não depende do semeador, mas da vida que está na própria semente. A ilustração foi a de um homem que semeou seu campo; então, independentemente de qualquer ação do homem, a semente germinou, brotou, cresceu, produziu grãos, e ele obteve uma colheita abundante. Como os Onze seriam encarregados de proclamar sua mensagem até os confins da terra (Mt 28:19-20), seria fácil para eles pensar que a colheita dependia de seus esforços. Cristo quis deixar claro que qualquer colheita produzida seria o resultado de semear a semente e depois permitir que a vida na semente se manifestasse pelo crescimento e pelos frutos no momento da colheita.

A terceira parábola dizia respeito ao joio semeado entre o trigo (Mt 13:24-29). Foi concebida para complementar a primeira parábola e ensinar que haveria uma sementeira falsa ao lado da sementeira da Palavra de Deus. O campo havia sido semeado com boa semente. O semeador podia então prever uma colheita para seu trabalho. Mais tarde, o semeador foi informado sobre a falsa semeadura. Ele disse que um inimigo perverso entrou e semeou o campo com a semente de joio.

De acordo com o senso comum, esse joio representa algo que é botanicamente conhecido também como a "Dama barbuda" (*Lolium temulentum*), uma erva venenosa, muito comum no Oriente, "inteiramente semelhante ao trigo até que a espiga apareça", ou então (de acordo com alguns), o "trigo rastejante" ou "grama francesa" (*Triticum repens*), cujas raízes penetra o subsolo e se entrelaçam com as do trigo. Mas a parábola ganha seu significado se tivermos em mente que, de acordo com as antigas ideias judaicas (e, de fato, também com as do oriente moderno), as sementes do joio não eram diferentes, mas apenas um tipo degenerado de trigo. Seja na lenda ou no símbolo, o rabinismo diz que até mesmo o solo tinha sido culpado de fornicação antes do julgamento do Dilúvio, de modo que quando o trigo era semeado o joio aparecia. Os ouvintes judeus de Jesus pensariam, portanto, nesse joio como uma espécie degenerada de trigo, originalmente surgido na época do Dilúvio, através da corrupção da terra, mas agora, infelizmente, era bastante comum em seus campos; era totalmente indistinguível do trigo até que o fruto aparecesse; nocivo, venenoso o joio exigia ser separado do trigo, para que este não se tornasse sem valor.[17]

Essa falsa semeadura evidentemente teria ocorrido imediatamente após o plantio da boa semente. Em seguida, ambos os tipos de sementes germinaram e brotaram. No processo de espera da colheita, ficou evidente que joio foi semeado no campo de trigo. A presença de joio iria prejudicar o crescimento dos frutos que produziam o trigo. Os servos, preocupados com os resultados de seu trabalho, sugeriram que tentassem remover o joio do campo. Entretanto, o dono do campo reconheceu que seria impossível removê-lo sem também arrancar o trigo. As raízes das duas plantas estariam tão entrelaçadas que seria impossível remover o joio sem afetar o trigo. Assim, foi ordenado aos servos que deixassem amadurecer as duas plantas. Na época da colheita do trigo seria então possível separar o bom grão do joio inútil. Este poderia ser queimado e destruído enquanto o trigo seria recolhido para o armazenamento. Cristo estava assim preparando esses homens para estarem atentos ao trabalho de Satanás de semear a falsa semente, ou falsa doutrina, enquanto eles semeavam a boa semente.

---

[17] Ibid., p. 589.

Nessa parábola, Cristo é visto como o Semeador. Ele explicou: "Aquele que semeou a boa semente é o Filho do Homem" (Mt 13:38). O campo da parábola é o mundo, pois era o propósito de Cristo que sua verdade fosse disseminada por todo o mundo. A boa semente semeada no mundo era "os filhos do reino" (v. 38). Assim, vemos que aqueles que tivessem conhecimento da verdade estariam espalhados pelo mundo para que a verdade pudesse ser disseminada por meio deles. Ao mesmo tempo, Satanás plantaria seus emissários ao redor do mundo para fazer uma semeadura oposta. A parábola antecipa um julgamento no final dos tempos para separar os não salvos dos salvos, uma vez que, como já observado, as parábolas dizem respeito ao reino. Isso prevê a colheita que será feita por meio do ministério dos filhos de Deus na qual muitos serão levados para o reino milenar terrestre do Senhor, a ser estabelecido em seu segundo advento. Mas aqueles que rejeitaram a boa palavra e seguiram a palavra de Satanás serão excluídos desse reino. Assim, o celeiro no qual o trigo é colhido é o reino milenar que foi prometido a Israel.

A quarta parábola, sobre a semente de mostarda, revela que essa nova forma do reino teria um começo quase imperceptível (Mt 13:31-32). A ênfase da parábola está no contraste entre o tamanho da semente e as plantas que essa semente produziu. "Pequena como uma semente de mostarda" era um provérbio judeu para indicar uma partícula bem minúscula. Edersheim afirma:

> [...] a expressão "pequena como uma semente de mostarda" tornou-se proverbial, e foi usada não apenas por nosso Senhor, mas com frequência pelos rabinos, para indicar a menor quantidade, como a menor gota de sangue, a menor impureza, ou o menor resquício de brilho do sol no céu.
>
> Tal crescimento da semente de mostarda também era um fato bem conhecido na época e, realmente, é ainda observado no Oriente.
>
> Esse é o primeiro e o principal ponto da Parábola. O outro, relativo às aves que são atraídas por seus galhos para vir e "fazer seus ninhos" ali — literalmente, "armar barracas" —, ou então sob a sombra dela, é um aspecto secundário. Evidentemente essa característica seria pictórica, e podemos entender mais facilmente que as aves seriam atraídas pelos galhos ou pela sombra da mostarda, quando sabemos que a mostarda era na Palestina misturada ou usada como alimento para pombos, e

presumivelmente também procurada por outras aves. O significado geral seria mais facilmente capturado, que uma árvore, cujos galhos largos permitiam alojamento para as aves do céu, era uma figura familiar do Antigo Testamento para um reino poderoso que dava abrigo a todas as nações sob o céu.[18]

Assim a Parábola, sendo tão cheia de mistério para os judeus, tão esclarecedora de mistério para os discípulos, apontaria para isto: que o reino dos Céus, plantado no campo do mundo como a menor semente, da maneira mais humilde e descompromissada, cresceria até ultrapassar de longe todas as outras plantas semelhantes, e daria abrigo a todas as nações sob o céu.[19]

A partir dessa insignificante semente, em um ano cresceria uma planta que se tornaria suficientemente grande para que os pássaros fizessem ninho nela. Daniel 4:12 e Ezequiel 31:6 usam a figura de uma árvore em expansão na qual os pássaros se alojam para indicar um grande abrigo que pode proteger muitos povos.

Impérios anteriores haviam sido todos estabelecidos pelo poderio militar. A Babilônia foi esmagada pelo poderio militar da Medo-Pérsia. A Medo-Pérsia foi destruída pela habilidade de Alexandre e seus exércitos gregos. O império grego caiu diante do poder militar de Roma. A história dos impérios, então, resultou em que um império sucedeu outro, exibindo maior poder ou força. No entanto, isso não será verdade em relação ao reino que Cristo indicou que existirá nesta era presente. A partir de um início pequeno e insignificante, ele passará por um processo de desenvolvimento até alcançar seus ramos para oferecer bênçãos a todos os que se refugiarem em sua sombra. Esse pareceria um princípio quase insignificante, e assim Cristo previu que o mundo ouviria sua mensagem a partir desse tal começo.

Desse modo, a parábola ensina que o novo formato do reino, embora tenha tido um começo insignificante, acabaria se espalhando até os confins da terra.

---

[18] Ibid., vol. 1, p. 592-593.
[19] Ibid., p. 593.

A quinta parábola foi projetada para mostrar como o programa do reino se desenvolveria e funcionaria na era presente. Alguns se referiram a essa parábola como a parábola do fermento, mas tal título coloca a ênfase no fermento ou no que representa o fermento. Na verdade, essa é a parábola do fermento escondido na farinha (Mt 13:33). Assim, a parábola enfatiza o que o fermento produz ou como o fermento age. Três medidas de farinha é a quantidade que uma dona de casa utilizaria no pão para uma família média. Quando a levedura é posta na farinha, inicia-se um processo constante, contínuo e irreversível. O processo segue até que toda a mistura seja levedada. Cristo estava, com isso, ensinando que o reino não seria estabelecido por meios externos, pois nenhuma força externa poderia causar o crescimento da massa. Ao contrário, o novo reino operaria por uma força interna que seria contínua e progressiva até que toda a mistura fosse levedada. A ênfase aqui é dada ao Espírito Santo e diz respeito a seu ministério para o mundo. Cristo falaria disso mais tarde em João 15:26 e 16:7-11. Edersheim afirma "que o Reino de Deus, quando recebido dentro de nós, pareceria como fermento escondido, mas que gradualmente penetraria, assimilaria e transformaria toda a nossa vida comum".

Juntas, a sexta e sétima parábolas revelam o que é atribuído a Deus por meio do reino nesta era presente. Na parábola do tesouro escondido no campo (Mt 13:44), Cristo revelou que uma multidão dentre a nação de Israel se tornará propriedade adquirida por Deus nesta era presente. No Antigo Testamento, Israel foi chamado de "tesouro pessoal" de Deus (Êx 19:5; Dt 14:2; Sl 135:4). Nas parábolas de Mateus 13, Cristo já havia interpretado o campo como significando o mundo (v. 38); assim essa parábola retrata Israel, o tesouro peculiar de Deus, fora de sua terra por causa da disciplina e espalhado pelo mundo. Essa condição se tornou realidade quando Tito invadiu Jerusalém e expulsou o povo da terra. Para que o homem da parábola recuperasse o tesouro do qual foi privado, era necessário que ele comprasse o campo onde o tesouro estava escondido. Isso Cristo o fez com sua morte: "Ele é a propiciação pelos nossos pecados, e não somente pelos nossos, mas também pelos pecados de todo o mundo" (1Jo 2:2). Não será senão no segundo advento que esse tesouro se tornará a posse de seu legítimo Proprietário (Mt 24:31).

Na parábola do mercador em busca de boas pérolas (Mt 13:45-46), Cristo revelou que Deus receberá como tesouro não só a nação de Israel, mas também os gentios. Isso se deduz do fato de que uma pérola sai do mar. Frequentemente nas Escrituras o mar representa nações gentílicas. Mais uma vez, vemos que um tesouro entre os gentios se torna posse divina por compra.

A oitava parábola revela que essa forma do reino terminará num julgamento que separará os justos dos injustos. A rede lançada ao mar traz consigo todos os tipos de peixes, alguns úteis e outros descartáveis (Mt 13:47-48). É necessário separar o útil do inútil. Os úteis são reunidos em cestos, mas os inúteis são jogados fora. Cristo ensinou que esta era terminará em um julgamento para determinar quem entra no futuro reino milenar e quem é excluído dele. A justiça é um pré-requisito para a entrada no reino. Os justos são admitidos no reino, mas os iníquos são excluídos dele. O destino dos ímpios não é receber a bênção do reino, mas o julgamento do fogo eterno. Essa mesma verdade sobre o julgamento anterior à instituição do reino milenar é ensinada em Mateus 25:1-30, onde Cristo previu o julgamento sobre a nação de Israel, e nos versículos 31-46, em que Ele descreveu o julgamento sobre os gentios vivos. O julgamento aqui predito não é um julgamento sobre os mortos, mas sobre os vivos. Ele ocorrerá na época do segundo advento de Cristo à terra.

A última parábola é a do dono da casa (Mt 13:52). Ela ensina que algumas características do novo modelo do reino são idênticas às qualidades reveladas anteriormente sobre o reino milenar. Ensina também que outras características são inteiramente novas e não têm correspondência com o que havia sido revelado sobre o modelo milenar do reino. Nesta parábola, o proprietário entrou em seu depósito e trouxe de lá o que atenderia às necessidades da casa como ele as conhecia. A verdade que Cristo tem proclamado é comparada ao tesouro do proprietário da casa. Ele apresentou algumas verdades previamente reveladas e que poderiam ser chamadas de antigas; apresentou ainda outras verdades não reveladas anteriormente; portanto, novas.

Ao pesquisarmos as parábolas, verificamos que, em vista da rejeição de Israel à pessoa de Cristo, Ele previu o adiamento do novo formato milenar do reino. Ele anunciou a introdução desse novo modelo do reino, aquele que abrangerá o período desde a rejeição de Cristo por Israel até a futura recepção do Israel por Cristo no segundo advento. Essa era presente com seu novo modelo do reino é caracterizada pela semeadura da palavra para a qual haverá respostas variáveis, dependendo da preparação do solo (a parábola dos solos). A colheita que resulta da semeadura é o resultado da vida que está na semente que foi plantada (o crescimento da semente por si só). Há uma falsa sementeira (a parábola do joio). O novo modelo do reino teve um começo insignificante, mas crescerá em grandes proporções (parábola da semente de mostarda). O poder do reino não é externo, mas interno (parábola do fermento escondido na farinha). Deus reunirá um tesouro peculiar para si mesmo durante a era atual (parábola do tesouro escondido e da pérola de grande valor). O modelo atual do reino terminará com um julgamento para determinar quem é justo e apto para entrar no futuro modelo milenar do reino, bem como quem é iníquo e será excluído do reino milenar que está por vir.

2. Poder sobre a natureza
Seção 68
Mateus 8:18, 23-27; Marcos 4:35-41; Lucas 8:22-25

O dia tinha sido exaustivo para o Senhor. Marcos observou que, ao cair da noite, Ele disse aos discípulos: "Vamos para o outro lado" (4:35). Shepard descreve a cena:

> Eles partiram de Cafarnaum, provavelmente esperando chegar a algum lugar nas proximidades de Betsaida-Júlia, no lado nordeste do lago. Lá eles poderiam encontrar um recanto tranquilo nas colinas, perto o suficiente da cidade para conseguir comida e passar algumas horas em completo repouso.
>
> A bordo do barco, cansado, Cristo afundou-se na saliência de couro do assento do timoneiro colocada perto da popa do barco e adormeceu. Essa é a única vez que o evangelho fala sobre Jesus dormindo. A fraqueza, o cansaço, a exaustão dominavam o físico do Jesus humano, e Ele estava imerso em um sono profundo, recebendo a brisa do lago, sendo embalado pelo suave movimento rítmico do barco. Aqui está uma descrição do Salvador humano incrivelmente realista, repousando no aconchego de um barco no belo mar da Galileia. Perto dele, seus

discípulos conversavam em tons suaves sobre os acontecimentos do dia, enquanto outros manejavam silenciosamente as velas e conduziam a embarcação deslizando sobre as águas plácidas. Os últimos lampejos do dia desvaneciam-se no horizonte ocidental e a noite espalhava o seu manto sobre esse cenário pacífico. As miríades de estrelas cintilantes pontilhavam o céu da Síria e forneciam toda a luz necessária para guiar o barco à vela agora no meio do mar calmo.

Mas esse cenário silencioso e paradisíaco mudaria em breve. De repente, a brisa do nordeste se fortaleceu ao longo do horizonte no lago, ao norte e a leste as nuvens ficaram espessa. Os céus se tornaram cada vez mais escuros e logo um vento impetuoso desceu o desfiladeiro do Jordão das alturas do Hermon, ao norte, e uma chuvarada ciclônica (*lailaps*) caiu sobre eles. Todos eles procuraram fazer rapidamente o ajuste de suas velas para buscar resistir ao vendaval. A cada momento o aguaceiro se agravava até se tornar numa grande tempestade (*seismos*) que agitava o mar como um terremoto. As ondas estavam chicoteando furiosamente e quebrando sobre as laterais do barco, de modo que este já estava se enchendo. Repetidas vezes o barco parecia se enterrar em meio à espuma das ondas que rebentavam completamente sobre suas partes mais baixas. Eles estavam em grande perigo, enquanto o Mestre permanecia deitado no banco da popa, mergulhado em profundo sono de exaustão.[20]

O agravamento da tempestade produziu grande temor naqueles homens, alguns dos quais estavam familiarizados com as tempestades na Galileia porque eram pescadores. Eles se deram conta de sua grave situação. Lucas relatou que "eles corriam grande perigo" (Lc 8:23). Com enorme pavor os discípulos expressaram seu clamor: "Senhor, salva-nos! Vamos morrer" (Mt 8:25). A primeira repreensão de Cristo foi dirigida aos discípulos. Ele disse: "Por que vocês estão com tanto medo, homens de pequena fé?" (v. 26). Depois Ele dirigiu uma repreensão ao vento e às ondas.

Jesus ainda era o Mestre, mesmo que Ele estivesse dormindo. Mas eles ainda não haviam conseguido compreender que Ele era o Senhor da natureza. Então Ele se levantou no meio da uivante tempestade,

---

[20] Shepard, *The Christ,* p. 232-233.

tranquilo e imperturbável, em sua majestade. Nem um tremor de espanto ou um sinal de confusão. "Aquiete-se", disse Ele, dirigindo-se ao vento como se fosse um ser humano. "Acalme-se", ordenou às ondas turbulentas e afoitas como se fossem animais. Instantaneamente os ventos se amainaram em placidez e as ondas baixaram calmamente. Foi um milagre! Sempre após a tempestade, as ondas costumam permanecer agitadas por algum tempo após o vento haver diminuído; mas nesse caso, o lago tornou-se imediatamente calmo.[21]

Cristo estava ali demonstrando a mesma autoridade que Ele tinha quando criou o mundo pela palavra de sua boca. A autoridade que trouxe o mundo à existência pôde controlar os elementos da natureza. Um dia, toda a natureza estará sujeita à sua autoridade e será controlada por seu poder. O Mestre estava comprovando através desse milagre que Ele é o Senhor da criação e chegará o dia em que toda a criação será sujeita a Ele. Ao fazer a pergunta: "Onde está a sua fé?" (Lc 8:25), Ele, na verdade, os conclamou à fé tanto em sua pessoa quanto em sua palavra. Antes lhes havia dito: "Vamos para o outro lado" (Mc 4:35). Essa ordem revelou a vontade de Cristo, e nenhuma força da natureza poderia impedi-lo de realizar a sua vontade. Quando aqueles homens se dirigiram a Ele como "Mestre" ou "Professor", estavam reconhecendo sua pessoa. A confiança na pessoa e na palavra de Cristo iria libertá-los do medo. Os líderes da nação poderiam rejeitar tanto sua pessoa quanto sua palavra, mas esse milagre foi de tal modo elaborado que produziu fé em ambos para que os crentes pudessem suportar quaisquer experiências que pudessem atingi-los nos dias futuros.

3. Poder sobre os demônios
Seção 69
Mateus 8:28-34; Marcos 5:1-20; Lucas 8:26-39

Na quietude que se seguiu à tempestade, Jesus e seus discípulos chegaram ao lugar que Marcos e Lucas denominam como a região dos gerasenos. Gerasa era um grande território na Pereia, no qual estava localizada

---
[21] Ibid.

Gerasa, uma das cidades de Decápolis. Mateus afirma que Ele foi para a região dos gadarenos. Gadara era uma cidade no território de Gerasa, cerca de dez quilômetros a sudeste do mar da Galileia. Portanto, não há contradição nos relatos. Um fala da localidade de modo geral e o outro de uma porção mais específica do território que eles visitaram. Farrar descreve a cena quando Cristo chegou à costa.

> Ele foi recebido por uma exibição de fúria humana, de loucura e degradação, ainda mais terrível e assustadora do que a ira do mar agitado. Ele apenas havia desembarcado quando, do meio das cavernas rochosas, surge um homem perturbado com a forma mais exagerada daquela espécie de loucura furiosa, que universalmente é atribuída à possessão demoníaca. Em toda aquela civilização orgulhosa da antiguidade não existiam hospitais, penitenciárias e asilos; e os infelizes dessa classe de mal, considerados muito perigosos e desesperados para ter relações humanas, só lhes restava a expulsão do meio de seus semelhantes e ser impedidos de fazer maldades, enquanto eram submetidos a medidas ao mesmo tempo inadequadas e cruéis. Sob tais circunstâncias, eles só poderiam, ao não serem aceitos, refugiar-se naqueles buracos ao longo das colinas rochosas que abundam na Palestina, e que eram usados pelos judeus como túmulos. Certamente, a natureza imunda e poluída de tais locais de moradia, com todas as suas associações ao terror e pânico, tenderia a agravar a natureza do mal; esse homem, que havia muito tempo permanecia atormentado, estava até mesmo além da possibilidade de controle. Tentativas haviam sido feitas para amarrá-lo, mas nos paroxismos de sua alienação, ele havia exercido aquela força aparentemente sobrenatural que é frequentemente notada em tais formas de excitação mental e sempre conseguia se livrar de seus grilhões, torcendo ou quebrando suas correntes; agora ele tinha sido abandonado às colinas desabitadas e na sua impureza e solidão que noite e dia ressoavam seus gritos enquanto vagueava entre elas, perigoso para si mesmo e para os outros, delirava e se feria com pedras.[22]

A condição do homem que resultava de sua possessão demoníaca é vista no fato de que ele ainda estava o suficiente no controle de suas faculdades para ser capaz de reconhecer o Mestre a uma grande distância.

---

[22] Farrar, *Life of Christ*, p. 334-335.

Quando o reconheceu, veio atirar-se aos pés de Jesus. O fato de que se ajoelhou diante de Cristo indica respeito por sua pessoa. Os demônios que viviam dentro dele clamaram ao reconhecer a Cristo. Como nos encontros anteriores, os demônios reconheceram a pessoa de Jesus, chamando-o "Filho do Deus Altíssimo" (Mc 5:7). Os demônios também reconheceram a autoridade que pertencia a Cristo como Juiz, pois imploraram a Ele que não os torturasse. Em resposta às perguntas de Cristo sobre sua identidade, o demônio disse: "Meu nome é legião" (v. 9). Isso indica que o homem era habitado por uma multidão de demônios. Uma legião romana era composta por seis mil guerreiros. Essa é uma pista sobre o número de demônios que viviam dentro do homem. Os demônios previram um julgamento futuro e isso pode ser visto no fato de que eles "imploravam a Jesus, com insistência, que não os mandasse sair daquela região" (v. 10). Shepard explica o significado desse pedido.

> Na concepção popular, havia três portas para o Geena: o deserto (Números 16.33), o mar (Jonas 2.2) e Jerusalém (Isaías 31.9). Com a impressão dessa ideia corrente, o endemoninhado rogou-lhe "que não os mandasse embora do país". O homem estaria pensando no deserto inóspito a leste? Os demônios imploraram por meio do homem que não fossem enviados para o abismo ou poço sem fundo, o mar profundo (Gênesis 1.2; 7.11), a morada eterna dos demônios (Apocalipse 9.1-11).[23]

Ao invés de serem confinados ao abismo, os demônios pediram permissão para entrar nos porcos que estavam se alimentando nas proximidades. Cristo lhes permitiu. Quando os demônios entraram nos porcos, o rebanho, composto por cerca de duas mil cabeças, desceu a margem íngreme do lago e todos os porcos se afogaram. Uma objeção frequentemente levantada em relação a esse incidente é fazer parecer que Cristo teria demonstrado um desrespeito irresponsável pelos bens de outros. Entretanto, deve-se lembrar que nessa altura da vida de Cristo a nação de Israel estava debatendo sua pessoa; o destino da nação dependia de sua decisão. Diante da oposição dos líderes da nação, Cristo aproveitou

---

[23] Shepard, *The Christ*, p. 237.

essa oportunidade para demonstrar que sua autoridade era suficiente para controlar a ação de uma grande companhia de demônios que poderia provocar a destruição de tantos porcos. Os líderes atribuíram o poder de Cristo a Satanás. Entretanto, Ele mostrou por apenas uma palavra falada que podia comandar os demônios, submetendo-os à sua autoridade. Assim, Ele não era controlado por Satanás, ao contrário tinha controle sobre as hostes do Diabo.

Os guardas dos porcos convocaram o povo de todo o campo para vir e testemunhar o resultado desse milagre. Quando as pessoas se reuniram e viram o que Jesus tinha feito, "ficaram com medo" (Mc 5:15). Aqueles homens temiam a presença de alguém com tal autoridade no meio deles; imploraram-lhe que deixasse sua região. Embora o homem que havia sido liberto desejasse continuar na companhia de Cristo, o Mestre lhe disse que voltasse para sua casa, onde, por meio de sua palavra falada e de sua vida transformada, ele se tornaria um testemunho de que Deus estava operando no meio deles.

4. Poder sobre as doenças e a morte
Seção 70
Mateus 9:18-26; Marcos 5:21-43; Lucas 8:40-56

Como Jesus não foi bem-vindo na Pereia, Ele retornou à região de Cafarnaum. Uma grande multidão se reuniu em torno dele quando o barco ancorou. Podemos imaginar que Jesus aproveitou a oportunidade para ensinar a multidão. Enquanto Ele estava assim tão empenhado, Jairo, um dirigente da sinagoga, veio e caiu aos pés de Jesus por causa de uma necessidade desesperadora. Sua filha estava morrendo e ele suplicou ao Mestre: "Vem, por favor, e impõe as mãos sobre ela, para que seja curada e que viva" (Mc 5:23). Jairo poderia ter sido um dos governantes que vieram a Jesus representando o centurião cujo criado estava doente. Sendo assim, ele teria visto provas anteriores de que Jesus poderia curar os doentes. Edersheim assegura:

> Tendo em vista a morte iminente de sua filha, e com o conhecimento que ele tinha conhecimento dos "poderosos feitos" comumente

relatados acerca de Jesus, e que Jairo bem poderia ter atribuído a Ele, podemos nos surpreender menos, quando nos lembramos de quantas vezes Jesus, com o consentimento e a convite desse governante, deve ter falado na sinagoga; e que impressão irresistível suas palavras haviam causado. Não é necessário supor que Jairo estava entre os anciãos dos judeus que intercederam pelo centurião; o modo como fez seu atual pedido parece bastante oposto a isso. Mas, afinal, não havia nada no que ele estava dizendo que um judeu daqueles dias não pudesse ter falado a um rabino, que era considerado do mesmo modo como Jesus deve ter sido visto por todos em Cafarnaum, os quais não acreditavam na acusação horrível que os fariseus tinham acabado de levantar. Embora não possamos apontar nenhum caso em que a imposição das mãos de um grande rabino fosse procurada para um ato de cura, combinado com a oração, isso estaria certamente de acordo com os pontos de vista judeus da época.[24]

Cristo respondeu a seu apelo e começou a se mover em direção à casa de Jairo. A petição de Jairo indicava sua fé na pessoa de Cristo, e agora essa fé foi colocada à prova. Como sua filha estava morrendo, parecia imperativo que eles se deslocassem para sua casa com a máxima urgência; mas o cortejo foi interrompido para que Jesus respondesse à necessidade de outra pessoa. Durante doze anos, uma mulher sofria de uma doença que a tornava ritualmente impura; por isso, ela foi afastada da convivência em sua comunidade. Embora ela tivesse procurado ajuda de muitos médicos e esgotado todos os seus recursos na busca de alívio, nenhuma cura havia sido encontrada. Lucas observou que sua condição era incurável (8:43). Sua fé na pessoa de Cristo a trouxe através da multidão, e assim "ela chegou por trás dele, tocou na borda de seu manto" (v. 44). A ação da mulher foi significativa. Uma pessoa costumava se ajoelhar para tocar a orla do manto de um rei a fim de mostrar lealdade e submissão à sua autoridade. Tal ação precedia a apresentação de um pedido ao rei por parte de um súdito. Dessa forma, o ato da mulher mostrou seu reconhecimento da autoridade real que pertencia a Cristo. Isso foi o que fundamentou seu pedido de ajuda. Esse foi o toque de fé, e ficou registrado que "imediatamente cessou sua hemorragia" (v. 44).

---

[24] Edersheim, *Life and Times,* vol. 1, p. 619.

Uma tradição diz que ela era uma mulher gentia, o que parece razoável, considerando que uma judia dificilmente teria se aventurado no meio da multidão, contaminando todos que ela tocava com sua impureza cerimonial.[25]

Edersheim revela:

A doença que essa mulher havia sofrido durante doze anos a tornava "impura". Não deve ter sido uma enfermidade pouco frequente na Palestina, e se provou tão intratável quanto a ciência moderna da época julgava, a contar pelo número e variedade de remédios prescritos, e por seu caráter. Em um tópico do Talmude são propostos nada menos que onze remédios diferentes, dos quais no máximo seis poderiam ser considerados adstringentes ou tônicos, enquanto os demais eram meramente o resultado de superstições, às quais se recorria na ausência de conhecimento. Mas o que pode gerar verdadeiro interesse é que, em todos os casos em que os adstringentes ou tônicos eram prescritos, ordenava-se que, enquanto a mulher tomasse o remédio, ela deveria ser abordada com as palavras: "levante-se (*Qum*) de seu fluxo". Não apenas os meios psíquicos eram aparentemente destinados a acompanhar a terapêutica nessa doença, mas a coincidência na ordem "levante-se (*Qum*)", junto com as palavras usadas por Cristo na ressureição da filha de Jairo é marcante. Mas aqui também observamos só um contraste com as curas mágicas dos rabinos. Pois Jesus não usou remédios, nem utilizou a palavra *Qum* para aquela que tinha vindo "por trás dele" para tocar "a orla de seu manto" em busca de sua cura ".[26]

Depois de tocar a orla de seu manto, a mulher desejou retirar-se sem ser notada. Jesus pediu à pessoa que o tocou que se identificasse. Os discípulos acharam que era uma atitude desproposital, mas Cristo sabia que aquele era um toque de fé e não um toque que vinha de uma multidão que se acotovelava. A mulher confessou publicamente que o havia tocado e revelou por que o havia feito (Lc 8:47). Em resposta à fé em sua pessoa, Cristo lhe disse: "Filha, a sua fé a curou" (v. 48).

---

[25] Shepard, *The Christ*, p. 241.
[26] Edersheim, *Life and Times*, vol. I, p. 620.

Talvez ela tivesse esperado receber a cura sem ser observada, mas não era para ser dessa forma. Jesus sabia em si mesmo que o poder havia saído dele. Ele se virou. Em sua pergunta sobre quem o havia tocado, seus discípulos se admiraram, e Pedro chamou a atenção para a multidão que o pressionava. Mas Ele continuou a olhar em volta com atenção para ver quem havia feito aquilo. "Quem tocou em mim?", Ele disse: "eu sei que de mim saiu poder".

Então, a mulher, com medo e tremendo, consciente do que havia acontecido com ela, sabendo que não poderia se esconder, veio e caiu diante dele e lhe contou na sua presença toda a verdade, assim como o motivo que a levou a tocá-lo, a lamentável história de anos de miséria crônica, bem como sua atual experiência feliz de cura imediata. Instantaneamente Jesus respondeu a essa franca confissão.

"Filha, tenha bom ânimo", disse Ele, "sua fé a curou! Vá em paz. Continue livre de sua doença do corpo e da alma". Ela havia encontrado cura para seu corpo e com ela compaixão e o perdão de seus pecados. Essa última cura ela não teria obtido se lhe tivesse sido permitido tocar nas vestes dele e desaparecer na multidão sem uma confissão.[27]

Durante aquele momento em que Cristo estava falando com a mulher, chegaram notícias da casa de Jairo relatando que sua filha havia morrido. Cristo fez uma afirmação para encorajar a fé de Jairo. Ele prometeu: "Não tenha medo; tão somente creia, e ela será curada" (Lc 8:50). Quando chegaram à casa, Cristo anunciou às carpideiras que a filha estava apenas dormindo. O povo sabia que ela estava morta. Para os homens, a morte física é irreversível. Mas para Deus é apenas um estado do qual cada indivíduo eventualmente despertará; portanto, pode ser chamado de sono. Cristo entrou no quarto onde o corpo da criança estava deitado e pegou sua mão. De acordo com a lei do Antigo Testamento, esse gesto significava incorrer em impureza. Mas ao invés de um cadáver morto contaminar Cristo, Ele deu vida a esse cadáver; e em resposta à sua ordem: "menina, levante-se!" (Lc 8:54), ela se colocou em pé imediatamente. Cristo mostrou seu contínuo cuidado para com as necessidades dela e pediu que lhe fosse providenciada comida para que ela pudesse comer. Assim, Cristo

---

[27] Shepard, *The Christ,* p. 241.

revelou ter autoridade sobre a morte, como recentemente havia mostrado sua autoridade sobre a natureza e sobre os demônios.

5. Poder sobre a cegueira
Seção 71
Mateus 9:27-34

Isaías descreveu as bênçãos que seriam trazidas pelo Messias: "Então os olhos dos cegos se abrirão e os ouvidos dos surdos se destaparão. Então os coxos saltarão como o cervo, e a língua do mudo cantará de alegria" (Is 35:5-6). Ao demonstrar sua autoridade messiânica, Jesus frequentemente realizava milagres nos domínios sobre as quais Isaías havia falado. Por exemplo, Ele assim o fez quando abordado por dois homens cegos. O pedido deles era muito relevante: "Filho de Davi, tem misericórdia de nós!" (Mt 9:27). Como o título "Filho de Davi" era messiânico, esses homens estavam revelando que tinham ouvido a apresentação de Cristo como Messias e estavam apelando a Ele por um milagre messiânico. Embora Cristo, ao ministrar às necessidades das pessoas, algumas vezes realizava milagres quando a fé aparentemente estava ausente (cf. Lc 22:51), ao responder a um pedido de milagre messiânico, Ele exigiu fé. Assim, Cristo lhes perguntou: "Vocês creem que eu sou capaz de fazer isso?" (v. 28), e eles confessaram: "Sim, Senhor". Novamente eles se dirigiram a Ele com o título messiânico de "Senhor" (cf. Sl 110:1). Em resposta à fé demonstrada por eles, a petição foi concedida e Cristo curou-lhes a cegueira. É bem observado:

> Nos dias de Cristo os homens aprendiam primeiro a crer em sua Pessoa, e depois em sua Palavra; na dispensação do Espírito Santo aprendemos primeiro a crer em sua Palavra, e depois em sua Pessoa.[28]

Esse milagre não foi apenas uma revelação da pessoa de Cristo, pois somente Deus poderia restaurar a visão aos olhos dos cegos, mas também indica o que o Messias veio fazer por Israel. Os judeus eram

---

[28] Edersheim, *Life and Times*, vol. 1, p. 619, nota de rodapé.

espiritualmente cegos e não conheciam a Deus. O Messias veio para revelar Deus a eles (Jo 1:18). Como não tiveram fé nele, sua cegueira não lhes foi removida (v. 5). Mesmo sendo Ele o Messias, podendo revelar o Pai à nação, sua vinda não produziria benefícios até que a nação, como fizeram esses cegos, viesse até Ele com fé. Os líderes da nação já haviam indicado sua determinação de rejeitar a Cristo; e assim Ele ordenou aos cegos: "Cuidem para que ninguém saiba disso" (Mt 9:30). O Mestre havia dito anteriormente que não haveria de apresentar mais provas para a nação além do sinal de Jonas (12:39). Assim, Cristo não tinha a intenção de que esses homens se tornassem testemunhas da nação.

Enquanto Jesus estava deixando a casa, um homem que era mudo, possuído por demônios, foi levado até Ele e Cristo lhe concedeu a cura (Mt 9:32-33). Isso indicava ainda que Ele cumpriu a profecia messiânica de Isaías 35:5-6.

Esses milagres surpreenderam a multidão. O povo tinha de reconhecer que nunca na história de Israel havia ocorrido algo assim, como eles estavam testemunhando. Sua resposta indicava uma vontade de aceitar Jesus pelo que Ele afirmava ser. No entanto outra vez os fariseus responderam, atribuindo o poder de Jesus a Satanás e não a Deus. A rejeição dos fariseus prosseguiu continuamente, apesar de tais evidências.

I. Rejeição em Nazaré
Seção 72
Mateus 13:54-58; Marcos 6:1-6a

Jesus retornou a Nazaré. Pelo registro bíblico, essa foi a última vez. Ele entrou na sinagoga como fizera anteriormente e, novamente assumindo o papel de rabino, começou a ensinar. A sinagoga era dedicada ao estudo das Escrituras, e então, não há dúvidas de que Cristo as ensinou. Em resposta a seu ensinamento, o público teve de enfrentar a questão envolvendo sua pessoa. Jesus havia crescido na casa de um carpinteiro e não tinha sido treinado em uma escola rabínica reconhecida e, portanto, a multidão não conseguia entender onde Ele tinha conseguido seu conhecimento das Escrituras. Essa atitude fica implícita em sua pergunta: "De onde lhe vêm estas coisas?" (Mc 6:2). O ensino rabínico consistia na transmissão de interpretações tradicionais, e desse modo a multidão questionava sua fonte de conhecimento. Eles estavam avaliando tanto suas palavras quanto suas obras. Confessaram que tal conhecimento não podia ser atribuído a seu pai, de quem se esperava que ensinasse a lei a seu filho (Dt 6:7). Eles sabiam que nenhum dos outros educados na mesma casa e sob a tutela do mesmo pai poderia exibir tal conhecimento ou fazer essas obras. Como Cristo não havia sido ensinado por um professor credenciado, a multidão não deu crédito a suas palavras. De fato, "ficavam escandalizados por causa dele" (Mc 6:3). Embora multidões em toda a Judeia e Galileia e até mesmo nas regiões além dali tinham aceitado a palavra de Jesus como a de um Profeta por causa das obras que Ele fazia, parece que a aldeia de Nazaré era totalmente indiferente ao seu ministério. A incredulidade do povo impossibilitou que Cristo realizasse ali qualquer grande milagre para autenticar as palavras que Ele havia acabado de lhes declarar (v. 5). A incredulidade de um pessoas finitas "estorvou a onipotência" de um Deus infinito. A resposta em Nazaré mostra quão negra era a cegueira e quão incapazes de receber a luz aqueles incrédulos realmente eram.

J. A morte do arauto
Seção 73
Mateus 14:1-12; Marcos 6:14-29; Lucas 9:7-9

A fama do nome de Jesus então se espalhou pela Galileia como nunca antes, e chegou até mesmo ao Palácio dourado de Herodes Antipas, em Tiberíades. Aquele filho perverso, astuto e voluptuoso de Herodes, o Grande, que se tornou ele mesmo o maior monstro da crueldade e do crime, havia recebido a tetrarquia da Galileia e Pereia com a morte de seu pai 32 anos antes. Ele havia se casado logo depois com a filha de Aretas, emir da Arábia; mas enquanto era um convidado na casa de seu meio-irmão Herodes Filipe, em Roma, ele se enredou nos ardis de Herodias, a esposa do parente, que não se contentava com a mera riqueza, mas ambicionava usar uma coroa. O resultado dessa paixão delituosa foi que a filha de Aretas ganhou permissão para fazer uma visita a Maquero e fugiu para o seu pai, enquanto Antipas estava se unindo em um casamento incestuoso e adúltero com Herodias, filha de Aristóbulo e sua própria sobrinha.

Essa união imprópria provou ser o início de um processo que levou à ruína final de Antipas, na perda de sua tetrarquia e, finalmente, em sua trágica morte no exílio.[29]

Tendo em vista que Jesus havia sido apresentado por João como Rei e havia se oferecido como Rei a Israel, é surpreendente que Herodes não o tivesse conhecido antes. Shepard explica:

> Parece estranho que ele não tenha ouvido falar de Jesus até então. Um palácio é sempre tardio para ouvir notícias espirituais (Bengel). O fato de ele não ter ouvido ou pelo menos não ter dado até aquele momento uma atenção mais séria à missão de Jesus pode ser explicado em razão de ter estado ausente por algum tempo em Roma, e também por causa de suas hostilidades com Aretas, seu sogro, rei da Arábia, onde sofreu derrota; ainda por sua preocupação com suas inúmeras atividades de construção; e, como Josefo descreve, em razão seu gosto pessoal pelo prazer fácil ao levar uma vida de luxúria, sem preocupação para com assuntos religiosos entre os judeus, ou quase nada de preocupação sobre assuntos públicos.[30]

Quando a notícia chegou a Herodes, ele procurou informações sobre Jesus e pediu um esclarecimento a seus conselheiros. Alguns identificaram Jesus com João Batista por causa da semelhança em suas mensagens. Outros disseram que Jesus era Elias, pois os judeus esperavam que o profeta aparecesse adiante do Messias; e os judeus sabiam que Elias tinha condenado o pecado e chamado o povo ao arrependimento em vista da proximidade do julgamento. Outros ainda eram mais genéricos. As explicações anteriores exigiam um milagre de ressurreição. Negando essa possibilidade, mas ainda reconhecendo que Jesus teria vindo como Mensageiro de Deus, esses o identificaram como um profeta semelhante aos profetas que se levantaram em Israel nos dias de seus pais. Quando Herodes ouviu as explicações, ele escolheu a primeira. Talvez agitado em sua consciência, ele aceitou a possibilidade de uma ressurreição quando identificou Jesus como sendo o João ressurreto, a quem ele já havia decapitado.

---

[29] Shepard, *The Christ*, p. 254-255.
[30] Ibid., p. 255.

O registro explica as circunstâncias que levaram à morte de João. Duas razões parecem ser dadas para a prisão de João. Hoehner afirma:

> Tanto os evangelistas quanto Josefo apresentam os motivos da prisão de João por Antipas. O relato de Josefo é breve. Ele indica que Antipas temia que João se unisse ao povo o qual ele incitaria bastante até o ponto de sedição. Assim, Antipas achou politicamente oportuno atacar a raiz da questão antes que uma revolta ocorresse. Consequentemente, João foi preso em Maquero e lá foi condenado à morte.
>
> Os evangelistas, por outro lado, dão um quadro totalmente diferente dos motivos de Antipas para aprisionar João. Segundo eles, foi porque João havia denunciado o casamento de Antipas e Herodias, considerado contrário à lei, uma vez que Herodias já havia sido casada com o meio-irmão de Antipas.[31]

Shepard descreve em forma gráfica os acontecimentos em torno da morte de João.

> É provável que a decapitação tenha ocorrido durante, talvez perto do encerramento da campanha Galileia. Swete pensa que a notícia do assassinato de João parece ter posto fim à essa expedição [de Jesus]. Mas o tempo aoristo [do grego] de Mateus indicaria que isso ocorreu pelo menos um pouco antes. Os discípulos de João foram e contaram a Jesus e quando Ele ouviu a notícia se retirou dali em um barco (Mt 14:12ss.). A decapitação ocorreu provavelmente em Maquero, onde Herodes havia aprisionado João na fortaleza situada no extremo de Pereia, nas fronteiras da Arábia, por causa da denúncia de João de seu casamento adúltero com Herodíades. Ele havia enviado forças para prender João, provavelmente em Enom no meio de suas atividades evangelísticas, e o levou acorrentado secretamente pelo lado leste do Jordão até seu palácio de verão altamente fortificado, construído em Maquero em alturas inexpugnáveis a leste e com vista para o mar Morto. Isso provavelmente havia ocorrido um ano antes da morte de João. Este foi detido na prisão provavelmente com promessas justas de

---

[31] Harold Hoehner, *Herod Antipas* (1972; reprint ed., Grand Rapids: Zondervan, 1980), p. 136-137.

libertação, pois Herodes tinha entrevistas frequentes com ele e por um longo tempo foi aparentemente muito influenciado por João.

Mas o prisioneiro foi mantido em uma masmorra "por causa de Herodias". João era um profeta destemido e denunciou o pecado tanto nas altas quanto nas baixas esferas. Alguns pensam que Herodes convidou João para estar em seu palácio por astúcia e depois o deteve na prisão. Isso estaria em perfeita sintonia com o caráter típico de "raposa" de Antipas, mas se ele procedeu assim, não deixava igualmente de ser uma prisão e o poder motivador por trás de tudo isto era a denúncia feita por João sobre o casamento incestuoso. Parece que João era convocado anteriormente por Herodes para entrevistas particulares para ver se sua atitude poderia ser alterada, mas várias vezes o austero profeta repetiu: "Não te é permitido viver com ela" (Lv 18:16). Uma denúncia tão corajosa de divórcios adúlteros é tristemente necessária em nossos próprios tempos. Marcos acrescenta enfaticamente que "Herodias se pôs contra ele". Ela literalmente "tinha isso contra ele", de acordo com o idioma grego. Ela desejava matá-lo, mas (kai adversativa) ela não podia, por enquanto. Faltava poder e não vontade (Swete). Ela ficou de olho nele, respeitando seu próprio tempo.

A única razão pela qual ela não podia realizar seu projeto malicioso era medo que Herodes tinha de João. Ele se sentia alarmado com a possibilidade de que a maldição mosaica caísse sobre ele. Sabia que João era um homem justo, santo e inocente de qualquer mal. Ele "o mantinha a salvo" das conspirações e armadilhas de Herodias. Ele o ouviu com alegria e estava praticando muitas coisas aconselhadas por João.

Porém, finalmente chegou o dia oportuno para a conspiração de Jezabel, no aniversário do reinado de Herodes ou mais provavelmente seu aniversário, quando ele fez um grande banquete no estilo de Belsazar para os líderes, capitães de milhares ou autoridades militares e chefes da Galileia da alta classe social e financeira, no palácio de Maquero. A própria Salomé, filha de Herodias, foi rebaixada por sua mãe ao baixo nível de uma dançarina cênica e quando os convidados terminaram sua glutonaria, já encharcados de vinho, essa donzela de 17 anos entrou com toda sua beleza sedutora e "executou um *pas seul* no meio daqueles foliões dissolutos e intoxicados". A dança foi mimética e licenciosa (Gould), tendo agradado a Herodes e ao grupo de piegas convidados que estavam espreitando nos divãs. Ela saltou para o meio

(Wycliff) e fez uma exibição vergonhosa de sua dança lasciva, como havia sido combinado com Herodias.

Antipas, meio bêbado, foi apanhado na armadilha da astuta Herodias. O que ela não havia conseguido com um pedido ela conseguiu com astúcia. Herodes prometeu com um juramento dar à donzela o que ela pudesse pedir para si mesma, até a metade de seu reino. A moça fez o que sua mãe esperava, correu para saber o que deveria pedir. "A cabeça de João Batista", foi a resposta. Sem dúvida, a jovem garota recuou diante de um pedido tão hediondo, pois nos foi dito por Mateus que a mãe, empurrando-a para frente imediatamente a motivou com as palavras: "Dá-me aqui, num prato, a cabeça de João Batista". Ela entrou com toda pressa e fez o pedido sangrento com uma leveza horripilante e uma urgência indecente.

O bêbado tetrarca viu que ele havia sido enganado e ficou muito triste. Ele deve ter se encolhido com repugnância em face de um assassinato tão horrível. Ele poderia muito bem ter repudiado um juramento tão insensato e poderia ter sido honrado ao quebrá-lo. Mas seu orgulho e seu medo das críticas de seus convidados bêbados prevaleceram sobre qualquer estímulo de consciência ou senso de justiça, e enviando o carrasco imediatamente para o calabouço, mandou decapitar João ... A rápida mão da retribuição logo caiu sobre Antipas e sua adúltera amante Herodias. Mesmo então as fúrias da consciência o perseguiam incansavelmente e ele tinha certeza de que Jesus deveria ser João ressuscitado dos mortos. Não demorou muito para que a ambição perversa de Herodias o levasse a Roma em busca do título de rei, concedido a Agripa, o irmão de Herodias. Mas nessa busca ele não só falhou em obter o título que buscava, mas perdeu seus domínios e foi banido para Lugdumin, na Gália, não muito longe da fronteira espanhola, onde ele e a malvada Herodias morreram mais tarde na obscuridade e desonra. Salomé foi casada com seu tio Filipe, tetrarca de Traconites e Bataneia, mas após um breve período de tempo ficou viúva e desapareceu da história. A tradição diz que ela teve uma morte precoce e hedionda.[32]

Nos evangelhos, a morte de João pode ser vista como um prenúncio da rejeição final de Jesus Cristo por aquela nação à qual Ele se apresentou como Salvador-Soberano.

---

[32] Shepard, *The Christ*, p. 254-259.

IV
Instrução do Rei aos Doze
Seções 74-97

A. Alimentando os cinco mil
Seção 74
Mateus 14:13-21; Marcos 6:30-44; Lucas 9:10-17; João 6:1-13

Esse período abrangeu seis meses, da primavera até o outono [...] apenas um ano antes da crucificação. O principal objetivo de Jesus durante os seis meses seguintes foi dar instrução e treinamento especial a seus apóstolos. Quatro retiros longe dos domínios de Herodes e nas montanhas são registrados. [...] As razões para seus retiros foram: a hostilidade dos líderes judeus, descanso e recreação nas montanhas para os trabalhadores cansados, longe do calor tropical das terras baixas, para fazer relatórios de seu trabalho, para dar instrução e treinamento especial aos Doze, para escapar da popularidade fanática que faria dele um rei temporal, e o possível ciúme e trapaça de Herodes Antipas. Nesses retiros, Jesus e o grupo dos apóstolos atravessaram o mar para as proximidades de Betsaida-Júlia, para as fronteiras de Tiro e Sidom, para a vizinhança de Decápolis a sudeste do mar, e para a região de Cesareia de Filipe. A maior parte do circuito estava dentro dos domínios da tetrarquia de Filipe, o menos perigoso dos Herodes.[1]

A acusação dos líderes de que Jesus era possuído por demônios (Mt 12:24) e a morte de João Batista (Mt 14) trouxe um ponto de virada na vida de Cristo. Ele não mais buscava um ministério público, mas se dedicava a ensinar aos Doze sobre como continuar o ministério que o Pai lhe havia confiado.

---

[1] Ibid., p. 260.

Nas circunstâncias descritas no capítulo anterior, Jesus resolveu de imediato deixar Cafarnaum; e isso talvez visasse o bem dos discípulos, que precisavam de descanso; por causa do povo, que poderia ter tentado coroá-lo após o assassinato do Batista; e temporariamente afastou a si e a seus discípulos do poder de Herodes. Para esse fim Ele escolheu um lugar, fora dos domínios de Antipas, mais próximo de Cafarnaum. Esse lugar era Betsaida ("a casa de pesca", "a cidade dos pescadores", como poderíamos chamar), na fronteira oriental da Galileia, dentro do território do tetrarca Felipe. Tendo sido originalmente uma pequena aldeia, Filipe a converteu em uma cidade, e lhe deu o nome de Júlia, em homenagem à filha de César. Estava situada na margem oriental da Jordânia, pouco antes de aquele ribeiro desaguar no lago da Galileia.[2]

A fim de descansar, Jesus deixou Cafarnaum silenciosamente em um barco. Entretanto, multidões descobriram seu destino e viajaram a pé. Chegaram antes do barco e já estavam esperando por Jesus quando Ele chegou.

Pelo fato de a Páscoa estar próxima, muitos devem ter começado sua viagem para Jerusalém, ao redor do lago e através de Pereia, e isso explica em parte a aglomeração de tais multidões. E, talvez, juntamente com o efeito que o assassinato de João produziu no povo, pode também explicar sua pronta e ávida busca por Cristo, apresentando assim mais uma confirmação da narrativa.[3]

Jesus e seus discípulos estavam procurando um descanso muito necessário. Cristo ficou comovido e teve compaixão ao ver a multidão. Como um pastor fiel cuida de seu rebanho, Jesus ministrou às ovelhas sem pastor e "começou a ensinar-lhes muitas coisas" (Mc 6:34). Isso lança uma luz interessante sobre a subsequente injunção de Pedro sobre como o pastor do rebanho de Deus cuidará das necessidades do rebanho ensinando a Palavra (1Pe 5:2).

Enquanto Cristo se envolvia com as necessidades espirituais do povo, os discípulos tinham preocupação com as necessidades físicas. Eles

---

[2] Edersheim, *Life and Times,* vol. I, p. 676.
[3] Ibid., p. 678.

reconheceram que o povo estava faminto e precisava de alimento. A solução apresentada por eles era encerrar o ensino e dispensar a multidão para que as pessoas pudessem sair e comprar comida nas aldeias vizinhas. Cristo não estava preocupado apenas com as necessidades espirituais, mas com as carências físicas. Ele ordenou aos Doze que fornecessem o que a multidão precisava. Os discípulos ficaram incrédulos quando ouviram sua ordem. Eles rapidamente calcularam que era necessário o salário de um trabalhador durante oito meses para fornecer pão à multidão (Mc 6:37). Esse dinheiro não estava disponível, e certamente essa quantidade de pão não seria encontrada em um lugar tão isolado. Cristo perguntou-lhes quanto tinham em mãos para eles mesmos.

> Quando André foi ver qual era a quantidade que o jovem pescador havia levado para eles, voltou com a notícia: "cinco pães de cevada e dois peixinhos", ao que acrescentou, em parte por descrença, em parte pela expectativa crescente da fé em uma possibilidade impossível: "Mas o que é isso para tantos?" É somente ao quarto evangelista que devemos o registro dessa observação, que instintivamente sentimos dar ao conjunto o toque de verdade e vida. É a ele também que devemos outros dois aspectos de interesse mais profundo, e de muito maior importância do que à primeira vista parece.
>
> Quando lemos que esses cinco pães eram de cevada, descobrimos, sem dúvida por livre escolha, que a classe social do Senhor e de seus seguidores era a mais pobre. De fato, o pão de cevada era, quase proverbialmente, o pior. Portanto, como diz a Mishná, enquanto todas as outras ofertas de alimento eram de trigo, aquela trazida pela mulher acusada de adultério deveria ser de cevada, porque (assim diz R. Gamaliel), "como sua ação é semelhante à dos animais, assim sua oferta é também como o alimento dos animais".[4]

A resposta deles foi uma admissão de sua incapacidade em atender às necessidades do povo e de cumprir a responsabilidade que Cristo havia colocado sobre eles (v. 37). Mas quando aquilo que eles tinham foi colocado à disposição do Senhor, o alimento foi multiplicado para que "todos comessem e ficassem fartos" (Mc 6:42). Sobrou em grande abundância.

---

[4] Ibid., p. 681-682.

Embora esse milagre tenha sido realizado para satisfazer a fome física da multidão, Jesus estava principalmente instruindo os Doze sobre a natureza do ministério para o qual eles estavam sendo preparados. Eles enfrentariam multidões que eram como ovelhas sem pastor e que estavam espiritualmente morrendo de fome. Seria responsabilidade deles dar-lhes algo para comer (v. 37). Os seguidores de Cristo não têm a capacidade de satisfazer a necessidade espiritual das pessoas, mas quando eles disponibilizam o que têm para o Senhor, Ele pode tomá-lo, multiplicá-lo e usá-lo para ministrar às multidões. O ministério pertence ao Senhor, mas é levado adiante por meio de seus discípulos como seus agentes. Não é o que os discípulos possuem que os torna bons pastores. Ao contrário, é o que eles dão de si mesmos ao Senhor que Ele pode usar para atender às necessidades das pessoas. Para desempenhar o ministério a eles confiado, os discípulos devem depender dele e colocar-se à sua disposição. Só assim podem ser pastores das ovelhas famintas.

B. Rejeição da proposta de tornar Cristo rei
Seção 75
Mateus 14:22-23; Marcos 6:45-46; João 6:14-15

Cristo enviou seus discípulos através do lago para Betsaida. Ele ficou para trás a fim de despedir a multidão. Antes de se reunir novamente com seus homens, Ele subiu para as colinas vizinhas a fim de orar. A multidão, no entanto, não se dispersou. As pessoas procuravam Jesus por causa das evidências que tinham visto no milagre da alimentação dos cinco mil. Eles o fizeram porque estavam convencidos de que Jesus era o Profeta acerca de quem Moisés havia falado (cf. Dt 18:15). Jesus sabia que a multidão que o procurava tinha a intenção de fazer dele um rei. Foi sem dúvida angustiante para as multidões saber que João, a figura de um profeta muito popular, havia sido morto. Perceberam que Herodes, por meio da morte de João, estava se opondo à entronização de Jesus como o Rei-Messias. As multidões que seguiam Jesus estavam ansiosas por um rei que as livrasse de Roma e por um reino de paz e retidão que pudesse suplantar a crueldade de Roma. Portanto, eles desejavam entronizar Cristo. Embora tivesse se oferecido como Rei, Ele se retirou ainda mais para os recessos das colinas onde não poderia ser encontrado. Como os líderes da nação o haviam rejeitado, seu reino teve que ser adiado até que a nação se voltasse em fé para Ele. O desejo do povo não poderia ser realizado, mesmo reconhecendo que Jesus estava se oferecendo como Rei.

C. Ensino por meio da tempestade
Seção 76
Mateus 14:24-33; Marcos 6:47-52; João 6:16-21

Foi por um propósito que Jesus compeliu os Doze a entrar em um barco para cruzar o mar, pois essa experiência proporcionaria a Cristo uma oportunidade não apenas para demonstrar a eles sua autoridade, mas também para lhes oferecer instruções valiosas. Eles deixaram a costa. No meio do caminho, uma tempestade impetuosa envolveu o barco e ameaçou a vida dos discípulos. Eles lutaram contra a tempestade furiosa durante as longas horas da noite. Pela "quarta vigília da noite" (Mc 6:48) — ou seja, entre 3 e 6 da manhã — só tinham conseguido remar pouco mais de cinco quilômetros (Jo 6:19). A tempestade os tinha impedido de cumprir a ordem de Cristo. Eles não recuaram ou desistiram, mesmo sendo "fustigados pelas ondas" (Mt 14:24), mas continuaram a se esforçar e "se fatigavam para remar" (Mc 6:48). É difícil imaginar o que a fadiga, o medo e o desencorajamento os possam ter dominado. Eles estavam no barco por ordem de Cristo, e estavam se esforçando até o limite. No entanto, não foram capazes de fazer nenhum avanço contra a tempestade a fim de cumprir a ordem de Cristo de ir para o outro lado. De manhã muito cedo, Jesus veio caminhando em direção a eles no lago. O mar que havia impedido seu movimento não era obstáculo para Cristo, e tudo o que eles temiam não trazia nenhum receio para Ele. Talvez por causa da ferocidade da tempestade ou da escuridão da madrugada, eles não reconheceram Jesus. Pensavam que se tratava de um fantasma. Aqueles homens que já estavam esperando a morte acharam que alguém tinha vindo do mundo dos mortos, talvez para levá-los para seu descanso. Acima da fúria da tempestade, eles ouviram uma voz familiar que lhes trouxe uma palavra de conforto. Cristo disse: "Coragem! Sou eu! Não tenham medo!" (Mc 6:50). Pedro respondeu imediatamente à voz familiar, dizendo:

"Senhor [...] se és tu manda-me ir ao teu encontro por sobre as águas" (Mt 14:28). Cristo emitiu uma simples ordem: "Venha" (v. 29). Pedro demonstrou a sua fé na pessoa de Cristo. Ele ousou acreditar que poderia fazer qualquer coisa que Cristo lhe dissesse para fazer se fosse a vontade do Mestre. Anteriormente havia sido conferida autoridade a Pedro para realizar os milagres messiânicos que Cristo havia realizado. Agora Pedro via o ato de caminhar sobre as águas como um milagre e estava pedindo que ele pudesse realizar o que o próprio Cristo estava fazendo. Pedro demonstrou fé em que Cristo poderia sustentá-lo enquanto caminhava em obediência a suas ordens, pois a tempestade não havia diminuído, os ventos não haviam se acalmado, e as ondas não haviam se amainado. De repente, algo que havia trazido tanto medo a Pedro não o aterrorizava mais. Pedro pôde enfrentar com confiança por causa da ordem de Cristo. Portanto, Pedro saiu do barco e caminhou em direção a Jesus. Não sabemos até que ponto ele caminhou antes de tomar consciência de onde estava e das circunstâncias em que sua fé o havia colocado. De repente, o medo o agarrou novamente e naquele momento começou a afundar. Pedro imediatamente gritou para Jesus: "Senhor, salva-me!" (Mt 14:30). A ênfase no versículo 30 está na palavra "começou". Assim que Pedro percebeu que estava afundando na água, sem esperar para ser engolido por ela, clamou ao Senhor por ajuda. Cristo respondeu imediatamente ao seu grito de socorro. Ele estendeu sua mão e o pegou, impedindo-o de submergir.

Cristo então explicou o motivo pelo qual Pedro começou a afundar. O discípulo havia obedecido ao comando de Cristo. Ele tinha começado a caminhada pela fé. Mas o fato de ter começado sua caminhada exercendo a fé não significava que ele pudesse parar de caminhar pela fé. Quando Pedro deixou de andar pela fé, mesmo estando na vontade de Deus e na presença de Cristo, ele começou a afundar. Cristo conduziu Pedro para o barco e foi então que "o vento cessou" (Mt 14:32). Aqueles que estavam na embarcação tinham visto Cristo caminhar sobre as águas. Eles viram Pedro caminhar sobre as águas, e testemunharam Cristo resgatar e restaurar Pedro quando ele falhou em sua caminhada pela fé. Agora sua resposta foi exclamar: "Verdadeiramente tu és o Filho de Deus" (v. 33).

Esse incidente foi concebido para revelar a esses homens que a obediência a Cristo não remove todos os obstáculos para o cumprimento de sua vontade. Quando os obstáculos surgem, mesmo que os discípulos possam fazer o máximo, eles próprios não podem superar os obstáculos. Mas Cristo conhece todas as dificuldades. Ele está presente em seus problemas. As provações devem nascer na fé. A fé que primeiro levou um discípulo à obediência deve persistir durante o curso dos acontecimentos envolvidos na obediência à vontade de Deus.

D. Recepção em Genezaré
Seção 77
Mateus 14:34-36; Marcos 6:53-56

A recepção que foi oferecida a Cristo quando o barco chegou à costa parece ser um resumo da receptividade popular apresentada a Cristo como resultado de seu ministério estendido por toda a Galileia. Os sinais eram amplamente conhecidos, os quais Jesus havia realizado em muitos lugares e em muitas ocasiões para autenticar sua apresentação de si mesmo como Salvador-Soberano. Onde quer que Jesus fosse, multidões carentes vinham a Ele em busca de ajuda. Ninguém chegava a Jesus com suas necessidades e ia embora sem ser atendido (Mc 6:56).

O que Cristo fez no reino físico foi apenas uma sombra do que Ele faria e poderia fazer no reino espiritual se os homens se voltassem para Ele com fé para ter suas necessidades espirituais atendidas.

E. Ensino com respeito ao Pão da Vida
Seção 78
João 6:22-71

Após o milagre da alimentação dos cinco mil, Jesus despediu a multidão (Mc 6:45-46). Mas ela continuou a procurá-lo. Ele teve de se esconder nas colinas até que chegou a hora de ir ter com os discípulos sobre as águas. A multidão persistiu e o buscou em várias áreas ao redor do lago (Jo 6:22-23). Por fim, concluíram que Ele deveria ter voltado para Cafarnaum e assim se reuniram ali (v. 24). Cristo sabia o que estava no coração do ser humano (2:25), e discerniu a razão pela qual as multidões o estavam procurando. Ele revelou que o desejavam não por causa dos milagres que havia realizado, mas porque tinham comido os pães e estavam satisfeitos. Cristo estava se oferecendo como Rei e, como tal, Ele concederia generosas bênçãos espirituais a seu povo. Mas não era a promessa de bênçãos espirituais de que levava essa multidão a ter fome. Ao contrário, eles queriam as bênçãos físicas e materiais que o Messias poderia conferir a eles. Queriam comer seu pão sem trabalhar por ele. Consideravam as bênçãos materiais mais benéficas do que as espirituais que Ele tinha vindo lhes oferecer. Seu desejo por mais pão revelou que julgavam a satisfação da carne o objetivo mais alto na vida. Edersheim observa:

> O que eles esperavam, era um Reino de Deus — não em justiça, alegria e paz no Espírito Santo, mas em comida e bebida — um reino com banquetes milagrosos no deserto para Israel, e triunfos miraculosos agressivos sobre os gentios. Para não falar do fabuloso banquete messiânico que um realismo sensorial esperava, ou das conquistas para as quais olhavam, uma figura que os profetas haviam revestido com o brilho daqueles dias foi primeiro tomada como literal, e depois exagerada até chegar às mais gloriosas descrições poéticas; elas se tornaram nas piores caricaturas incongruentes e repulsivas da expectativa messiânica espiritual.[5]

Cristo os advertiu a não focalizar sua atenção na comida que perece, mas na comida que permanece para a vida eterna (Jo 6:27). Eles podiam prover comida para si próprios e não precisavam de um Messias físico para fazer isso por eles. Mas somente o Filho de Deus poderia prover vida eterna, e foi isso que Ele veio oferecer às pessoas.

O discurso sobre o Pão da Vida pode ser dividido em duas partes.

> Na primeira parte de seu discurso (Jo 6:22-40), Jesus levou seus ouvintes à declaração de que Ele era o pão da vida que havia descido do céu. Também afirmou que tinha vida em si mesmo e comunicaria vida a quem nele cresse. Ainda expôs claramente acerca de sua encarnação.[6]

---

[5] Ibid., vol. 2, p. 28.
[6] Shepard, *The Christ*, p. 274.

Quando Cristo ofereceu vida eterna à multidão (Jo 6:27), a resposta foi: "O que precisamos fazer para realizar as obras que Deus requer?" (v. 28). De acordo com o conceito judaico, ter vida eterna e entrar no reino eram ideias sinônimos e intercambiáveis. De acordo com a tradição farisaica, alguém entrava no reino por meio de obras que consistiam em observar as tradições dos fariseus. A multidão que tinha ouvido Cristo lhes oferecer a vida eterna considerou isso uma oferta do reino. Eles queriam saber o que deveriam fazer para entrar no reino. Cristo respondeu que a entrada no reino não era pelas obras. Ele disse: "A obra de Deus é esta: crer naquele que Ele enviou" (v. 29). Cristo estava conclamando as pessoas a ter fé nele. No Sermão da Montanha, Cristo chamou a atenção para sua palavra ao ministrar às multidões que desejavam saber como entrar no reino. Ele os encorajou a acreditar em suas palavras. Agora os dirigia à sua pessoa e os instruía que a entrada no reino era baseada na fé nele. A multidão percebeu que Cristo havia realizado muitos sinais para autenticar que Ele era o "Filho do Homem" (v. 27), ou seja, o Messias. Agora eles pediam outro sinal. Tendo comido no dia anterior os pães e peixes que Cristo havia fornecido por meio dos apóstolos, eles pediram ao Mestre que lhes desse um sinal semelhante. Eles o lembraram de que, embora Ele lhes tivesse dado pão, era pão terreno e Moisés lhes dera pão do céu (v. 31).

> A alimentação milagrosa da multidão no "lugar deserto", na tarde anterior, e os pensamentos messiânicos que se agrupavam em torno disso, poderiam naturalmente sugerir na mente do povo a lembrança do maná. O maná, que era a comida dos anjos, destilada (como eles imaginavam) da luz superior, "o orvalho do alto" — comida milagrosa, para todos os tipos de gosto e adequada para todas as idades, de acordo com o desejo ou condição daquele que o comia, e, no entanto, seria amarga para o paladar dos gentios — eles esperavam que o Messias trouxesse o maná novamente do céu.[7]

O efeito da alimentação dos cinco mil pode ser assim observado:

---

[7] Edersheim, *Life and Times*, vol. 2, p. 29.

Por algum milagre mais notável do que a entrega do maná no deserto, o entusiasmo foi elevado ao mais alto nível, e milhares estavam determinados a desistir de sua peregrinação à Páscoa, e ali mesmo proclamar o Mestre galileu como Rei de Israel. Se ele fosse o Messias, esse deveria ser o seu título legítimo. Por que então Ele resistiu de modo tão persistente e decidido? Por causa da ignorância de seus reais pontos de vista sobre a realeza, eles naturalmente concluiriam que poderia ter sido por medo, por receio, por falta de fé em si mesmo. De qualquer forma, Ele também poderia não ser o Messias, e que não seria o rei de Israel. Um entusiasmo desse tipo, uma vez reprimido, não poderia ser despertado novamente. Daí em diante, houve contínuos mal-entendidos, dúvida e deserção entre os antigos adeptos, crescendo em oposição e ódio até a morte. Mesmo para aqueles que assumiram essa posição, Jesus, suas palavras e obras, foram doravante um mistério constante.[8]

Cristo teve que lembrá-los de que foi Deus, não Moisés, quem lhes deu o maná. Em sua mente, comparavam Cristo a Moisés, quando na verdade Cristo não era igual a Moisés. Em vez disso, Ele era e é igual a Deus. Embora o maná tivesse vindo do céu, ela apenas sustentava a vida física; não concedia vida eterna. Cristo afirmou ser Ele o Pão de Deus que vem do céu e dá vida ao mundo (Jo 6:33). A multidão clamou por esse Pão e Cristo declarou abertamente: "Eu sou o pão da vida" (v. 35). Como Ele havia dito à mulher no poço que lhe daria água para que ela nunca tivesse sede (4:13), então agora disse à multidão que lhes daria pão para que fossem satisfeitos, e eles nunca mais sentiriam fome (6:35).

Essa não era uma mensagem nova. Cristo já a havia falado sobre isso antes, mas eles a haviam rejeitado (v. 36). Cristo observou que aqueles que o Pai escolheu virão a Ele (v. 37). Aqueles que o Pai lhe deu não haverão de se perder (v. 39), mas colocarão sua fé nele e receberão o dom da vida eterna. Cristo tinha total confiança no Pai e podia dizer com autoridade que aquele que "olhar para o Filho e nele crer tenha a vida eterna" (v. 40).

Na segunda divisão do sermão (Jo 6:41-51) Ele discute sua própria personalidade como o verdadeiro pão que dá vida ao mundo, e conduz

---

[8] Ibid., p. 25.

seus ouvintes à posterior declaração de sua morte sacrificial e expiatória, como o pão a ser partido em um corpo carnal.[9]

A declaração mais ofensiva para os judeus foi que Jesus "desceu do céu" (Jo 6:41). Enquanto eles o estavam comparando a Moisés, Ele afirmou ter vindo do céu. Isso levantou a questão sobre a pessoa de Cristo. Eles o consideravam como o filho de José. Argumentaram que Ele não poderia ter vindo do céu, como afirmava, mas, em vez disso, nasceu por meio de uma geração natural.

A prova apresentada por Cristo de que veio do céu foi que Ele poderia revelar o Pai a eles (v. 46). Cristo afirmou vir como o Revelador do Pai (1:18). Somente aquele que tinha vindo do Pai poderia revelar o Pai ao povo. Isso Ele afirmou estar fazendo ao longo de sua vida. Se Ele veio do Pai, então Ele é o Pão da Vida. Como Moisés estava impregnado na mente dos judeus, Cristo lembrou que aqueles que comeram o maná no deserto não receberam a vida eterna, mas morreram (6:49). Em contraste, Ele havia oferecido a seus ouvintes a vida eterna. Aquele que comesse do que Ele estava oferecendo nunca morreria. Cristo disse especificamente: "viverá para sempre" (v. 51). Então Cristo novamente se ofereceu como o Pão da Vida, dizendo: "Este pão é a minha carne". Essa explicação só confundiu seus ouvintes, pois eles não podiam conceber comer de seu corpo físico; porém, Cristo lhes disse: "Se vocês não comerem a carne do Filho do homem e não beberem o seu sangue, não terão vida em si mesmos. Todo aquele que come a minha carne e bebe o meu sangue tem a vida eterna" (v. 53-54).

Cristo usou o processo da digestão física para ensinar uma verdade espiritual. Os alimentos ingeridos pelo corpo são digeridos e depois assimilados para que se tornem uma parte do corpo daquele que os consumiu. Da mesma forma, as pessoas devem identificar-se com Cristo e apropriar-se dele e tornar-se um com Ele pela fé, a fim de receber o dom da vida eterna. Ele declarou: "Todo aquele que come a minha carne e bebe o meu sangue permanece em mim e eu nele" (Jo 6:56). O alimento ingerido pelo corpo físico torna-se uma parte real do organismo daquele que o consumiu; assim, esse alimento permanece como uma parte do

---

[9] Shepard, *The Christ*, p. 274-275.

corpo. De igual modo é com aquele que põe sua fé em Cristo. Ele vive nessa pessoa, e a pessoa vive em Cristo. Dessa forma o Mestre direciona essa multidão para si mesmo, o único através do qual a vida eterna pode ser obtida.

Ao apresentar esse discurso, Cristo descreveu a vida que Ele veio oferecer. Primeiro, Ele se referiu a ela repetidamente como a vida eterna. A expressão vida eterna não se refere à duração da vida, mas à sua qualidade. Há dois tipos de vida: (1) A vida não criada pertence somente a Deus. É um tipo de vida eterna. (2) A vida criada é a vida que a toda criatura foi concedida pelo Criador na criação. Essa vida pode ter fim e, devido ao pecado, termina com a morte. Quando Cristo oferece a vida aos homens, Ele não está oferecendo para eles a vida criada, mas a vida não criada, que pertence a Deus. Ele compartilha sua vida com aqueles que depositam sua confiança nele; os crentes possuem a vida eterna.

Segundo, Cristo descreveu essa vida como a vida celestial (Jo 6:32). Isso fala de sua origem. É a vida que vem do Pai que está nos céus.

Terceiro, essa vida é vida satisfatória (v. 35). Aquele que possui tal vida jamais terá fome ou sede.

Quarto, essa vida é uma vida ressurreta (v. 40). A vida não pode ser ter seu fim pela morte, mas continua por causa da ressurreição.

Por fim, essa vida é encontrada em uma pessoa (v. 48). Cristo é a vida, e Cristo em você é a vida. Assim "aquele que tem o Filho tem a vida" (1Jo 5:12).

A multidão que tão alegremente recebeu o pão que Cristo havia fornecido na véspera, rejeitou o pão do céu que Ele lhes ofereceu. Lemos: "Ao ouvirem isso, muitos dos seus discípulos disseram: 'Dura é essa palavra. Quem pode suportá-la?'" (Jo 6:60). O termo "discípulos" aqui se refere a toda a multidão, não apenas aos Doze. Cristo havia dito anteriormente àqueles que não acreditavam em sua palavra que ela acabaria sendo confirmada na Ressurreição. Agora Ele exclamou a esta multidão: "Que acontecerá se vocês virem o Filho do homem subir para onde estava antes?" (v. 62). A Ressurreição e a Ascensão provaram que Jesus Cristo fez um convite genuíno quando lhes ofereceu pão do céu.

Enquanto as pessoas vêm ao mundo por geração natural, elas não podem ir a Deus a não ser por geração sobrenatural, pois "o Espírito dá vida" (v. 63). Cristo afirmou que suas palavras são do Espírito que foram projetadas para dar vida àqueles que as aceitassem. Como resultado do ensinamento de Cristo determinando que as multidões aceitassem sua palavra e colocassem fé em sua pessoa a fim de obter a vida eterna, João observou: "Daquela hora em diante, muitos dos seus discípulos [de Jesus] voltaram atrás e deixaram de segui-lo" (v. 66). Muitos que haviam chamado a si mesmos como seus discípulos acharam sua palavra muito exigente e se afastaram. Os Doze não estavam entre aqueles que abandonaram Cristo, mas Ele perguntou se eles desejavam partir como outros o estavam deixando. Pedro confessou sua fé e a dos Doze na pessoa e na palavra de Cristo quando disse: "Senhor, para quem iremos? Tu tens as palavras de vida eterna. Nós cremos e sabemos que és o Santo de Deus" (v. 68-69).

Os Doze afirmaram sua fé inquestionável na pessoa de Cristo, confirmando que Ele é o Santo de Deus. E aceitaram o dom de Cristo, o dom da vida eterna.

F. Instruções sobre contaminação
Seção 79

Mateus 15:1-20; Marcos 7:1-23; João 7:1

O interesse no que Jesus estava fazendo e dizendo permanecia elevado entre os líderes religiosos de Jerusalém. No incidente registrado aqui, descobrimos que Jesus estava sendo desafiado por muitas das altas autoridades que tinham vindo de Jerusalém para Cafarnaum. Tudo o que Jesus dizia e fazia era submetido ao seu escrutínio cuidadoso. Eles descobriram que os discípulos de Jesus não observavam as tradições farisaicas sobre os rituais de limpeza antes de comer. Esses rituais resultaram das exigências da lei para manter a separação dos pagãos e o consequente senso judaico da impureza dos gentios.

> É apenas necessário referir-se de maneira mais breve àquelas outras observâncias que o judaísmo ortodoxo tinha "recebido para obedecer". Elas se conectam com aqueles 18 decretos, destinados a manter o judeu isolado de todo o contato com os gentios. Qualquer relação com um pagão, até mesmo o ato de tocar em sua roupa poderia envolver esse tipo de contaminação, de tal modo que, quando chegava

do mercado, um judeu ortodoxo teria que se banhar em água. Apenas aqueles que conhecem os complicados arranjos sobre as contaminações dos vasos que estavam por toda parte, por menor que fossem, e ainda que estivessem vazios, como são descritos na Mishná (Tractate Kelim), podem ter uma ideia correspondente das exaustivas minúcias com que cada pequeno detalhe era tratado. Vasos de barro que tivessem contato com impurezas deveriam ser quebrados; os vasos de madeira, de chifre, vidro ou latão seriam lavados por imersão; ao passo que, se as vasilhas fossem compradas dos gregos, elas deveriam (conforme o caso) ser imersas em água fervente, purgadas com fogo ou pelo menos polidas.[10]

Shepard escreve sobre a tradição farisaica em torno da lavagem das mãos:

> Marcos refere-se ao costume tradicional dos fariseus que se generalizou entre o povo, de não comer sem lavar diligentemente as mãos. Na verdade, essas abluções haviam se tornado excessivamente numerosas e muito restritivas. Antes e depois de cada refeição e sempre que viessem do mercado ou da praça da cidade, tinham que se lavar ou tomar banho, obedecendo a certas restrições cerimoniais. Todas as xícaras, os potes e os vasos de bronze, bem como mesas de jantar e talvez divãs deveriam ser completamente limpos. Os fariseus levavam tão a sério suas abluções que obscureceram inteiramente, com seus rituais, os princípios morais fundamentais das Escrituras. Os saduceus escarneceram quando um fariseu lavou o castiçal dourado do Templo, dizendo que "logo eles achariam necessário lavar o próprio sol".
>
> Os fariseus afirmavam que uma parte dessas tradições orais havia sido transmitida por Moisés, consistiam, em parte, de decisões tomadas ocasionalmente pelos juízes, e, em parte, de explicações e opiniões de professores eminentes. O corpo dessas tradições continuou a acumular-se até depois da época de Cristo, quando foi codificado na Mishná e em seus comentários. Ritos e restrições tradicionais eram motivo de mais consideração pelos judeus do que seu apreço pelas Escrituras. Onde a Escritura e a tradição pareciam se opor, a última era tratada como a autoridade superior. Os fariseus diziam que a aliança foi estabelecida por causa da lei oral. O Talmude acrescenta: "Meu

---

[10] Edersheim, *Life and Times*, vol. 2, p. 15.

filho, preste mais atenção às palavras dos rabinos do que às palavras da lei". Essa atitude do judaísmo para com sua lei oral tornou-se um fator decisivo na alta estima que a Igreja de Roma tem à sua tradição oral, como "tendo o mesmo peso que as Escrituras".

A lavagem cerimonial das mãos era considerada de grande importância pelos rabinos. Lavar as mãos superficialmente poderia ser um crime digno de morte. "Melhor andar seis quilômetros e meio até encontrar água do que incorrer em culpa por negligenciar a lavagem das mãos." Aquele que deixava de lavar as mãos depois de comer era "tão maldito quanto um assassino". Hillel e Shammai, dois grandes mestres rivais, e herois do tradicionalismo judaico pouco antes da época de Cristo, uniram-se para elaborar 18 decretos que não poderiam ser modificados em nenhuma circunstância. Esses preceitos foram elaborados para separar os judeus de todo contato com os gentios. Tocar um gentio implicava ficar impuro. As escolas opostas de Hillel e Shammai, embora antagônicas em muitos pontos, concordavam com a ordenança da lavagem das mãos. "A tradição veio de Salomão", diziam eles, "e deve ser honrada com a mais alta dedicação. Qualquer um que vive na terra de Israel, comendo seu alimento diário em purificação, falando o hebraico e orando devidamente de manhã e à noite com os filactérios, pode ter certeza de que comerá pão no reino de Deus".

Irritava os fariseus, e especialmente os escribas, que os discípulos de Jesus se mostrarem indiferentes às tradições farisaicas, o que foi evidenciado no fato de não terem lavado as mãos de acordo com as regras prescritas antes e depois das refeições. Sem dúvida, esses críticos autoconstituídos observaram que os discípulos não se lavaram quando os cinco mil foram alimentados, e talvez em outras ocasiões.[11]

Edersheim, descreve a atenção cuidadosa atribuída à observância desse ritual:

Para eles era uma prática comum tirar água usando recipientes que se chamavam *natla*, *antila* ou *antelaya*, muitas vezes feitos de vidro, os quais deviam conter (pelo menos) um quarto de um logue — uma medida igual a uma "casca e meia de ovo" [cerca e 30 mililitros]. Isso indica que não menos do que uma quantidade assim poderia ser usada para

---

[11] Shepard, *The Christ*, p. 280-281.

uma efusão. A água era derramada em ambas as mãos, que deveriam estar livres de qualquer coisa que as cobrisse, como areia, argamassa etc. As mãos eram levantadas, para que a água corresse até o pulso, a fim de garantir que toda a mão fosse lavada e que a água poluída pela mão não escorresse novamente pelos dedos. Da mesma forma, cada mão era esfregada pela outra (a primeira), desde que a mão que havia esfregado também fosse esfregada; se não fosse assim, o atrito poderia ser feito contra a cabeça, ou mesmo contra uma parede. Mas havia um ponto no qual era colocada ênfase especial. Na "primeira efusão", tudo o que originalmente seria necessário para que as mãos não ficassem "contaminadas" *leviticamente* era a água escorrer até o pulso *(lappereq* ou *ad happereq)*. Se a água ficasse aquém do pulso *(chuts lappereq)*, as mãos não eram consideradas limpas. Assim, as palavras de Marcos só poderiam significar que os fariseus não iriam comer "a não ser que lavassem as mãos até o pulso".[12]

Quando Cristo foi abordado pelos fariseus e mestres da lei, eles não questionaram a obediência dos discípulos à lei de Moisés, e sim sua conformidade com a tradição dos anciãos.

Vamos agora tentar compreender a atitude de Cristo em relação a essas ordenanças sobre a purificação e procurar compreender a razão de sua conduta. Ao responder à acusação dos escribas contra os discípulos, Ele sequer justificou a conduta deles nem desculpou a violação das ordenanças rabínicas que eles haviam praticado, implicando pelo menos uma atitude de indiferença para com o tradicionalismo. Isso é ainda mais perceptível, visto que, como sabemos, as ordenanças dos escribas eram declaradas mais preciosas e de maior importância do que as leis da própria Escritura Sagrada.[13]

Cristo respondeu, em Mateus 15:8-9, à pergunta dos líderes remetendo-os às Escrituras. Ele citou Isaías 29:13, onde o profeta revelou que Deus não aceitaria a adoração da nação porque ela estava preocupada com as observâncias externas e não o adorava com o coração. As tradições dos fariseus não agradavam a Deus porque eram contrárias à sua lei.

---

[12] Edersheim, *Life and Times*, vol. 2, p. 11.
[13] Ibid., p. 15.

A atitude de incompatibilidade com o tradicionalismo não teria sido mais bem expressa do que por meio de sua resposta à acusação de negligência da ordenança sobre "lavar as mãos". Nesse caso específico, é preciso lembrar que se tratava de um princípio rabínico aceito, de modo que, enquanto as ordenanças da Escritura não exigiam confirmação, as leis dos escribas exigiam, e que nenhuma Halacá (lei tradicional) poderia contradizer as Escrituras. Quando Cristo, portanto, passou a mostrar que em um ponto muito importante — ou melhor, em "muitas outras coisas semelhantes" —, a Halacá se mostrou totalmente incompatível com as Escrituras, e que, de fato, eles "invalidaram a palavra de Deus" pelas tradições que haviam recebido, Ele desferiu o golpe mais pesado sobre o tradicionalismo. O rabinismo se autocondenou,, por si próprio, deveria ser rejeitado como incompatível com a Palavra de Deus.[14]

Cristo passou a mostrar o modo como os fariseus haviam usado muito habilmente suas tradições para encontrar maneiras de contornar as rígidas condições da lei. Ele citou a lei de Moisés, a qual exigia que um filho sustentasse seu pai necessitado. Isso colocava uma responsabilidade financeira sobre o filho. Os fariseus, valendo-se de sua tradição, encontraram uma maneira de contornar essa lei para se livrar dessa responsabilidade. Eles dedicaram cerimonialmente tudo o que era deles para Deus, pronunciando a palavra *corbã* sobre suas posses (Mc 7:11).
Smith explica:

> Tudo o que havia sido prometido por juramento a Deus era consagrado para o uso da religião. Corbã era uma oferta, e devia passar para as mãos dos sacerdotes. Com perversa ingenuidade essa piedosa ordenança era redirecionada para servir a fins não religiosos, muitas vezes cruéis. Suponha que um devedor recusasse o pagamento e o credor dissesse: "O que você me deve é corbã". Ele dedicava parte dessa dívida, muito ou pouco, ao Tesouro do Templo, e se o devedor ainda persistisse em reter o pagamento, ele incorreria em condenação por roubar a Deus. Parecia algo bastante inocente, mas era uma iniquidade monstruosa quando um filho pregava esse tipo de peça em seus pais necessitados, como resposta ao apelo deles, com a mesma fórmula que

---

[14] Ibid., p. 17.

nosso Senhor cita: "O que de mim poderias receber como benefício é corbã, isto é, oferta dedicada ao Senhor". Isso era feito com frequência, e os governantes encorajavam essa prática por causa do lucro que ela lhes proporcionava. A odiosidade peculiar residia menos na desumanidade em si mesma e mais na circunstância de ter sido cometida em nome de Deus.[15]

Edersheim acrescenta:

Não se deve pensar que a pronunciação da palavra votiva "Qorban", embora esta signifique "uma dádiva" ou "algo oferecido a Deus", necessariamente signifique que algo foi dedicado ao templo. O significado pode ser simplesmente, e de modo geral é, que deve ser considerado como *Qorban*, isto é, que em relação à pessoa ou pessoas nomeadas, a coisa denominada deve ser considerada como se fosse *Qorban*, depositada no altar; e colocada totalmente fora de seu alcance.[16]

A tradição dos anciãos, portanto, desobrigava o filho da responsabilidade para com seu pai e aliviava a consciência do filho da culpa pela sua falha que a lei apontava. Cristo disse categoricamente: "Dessa forma, invalidais a palavra de Deus pela vossa tradição que transmitistes" (Mc 7:13). O incidente citado não era um caso isolado, pois muitas dessas ilustrações da perversidade do farisaísmo foram citadas.

Cristo deixou de se dirigir aos fariseus para falar à multidão. Ele usou esse confronto como uma oportunidade para ensinar-lhes o que era impureza aos olhos de Deus. Os fariseus consideravam-se interiormente limpos e, desse modo, totalmente aceitáveis perante Deus. De acordo com seu pensamento, somente aquilo que os tocasse exteriormente poderia torná-los impuros e contaminados aos olhos de Deus. Cristo repudiou essa doutrina errônea e ensinou que o lugar da impureza e contaminação não é o exterior, mas o interior (Mc 7:15). Esse conceito era bastante estranho até mesmo para os Doze, de modo que quando eles ficaram sozinhos com Cristo, pediram-lhe que interpretasse essa afirmação. Cristo explicou muito claramente que não é o que toca exteriormente o homem

---

[15] Smith, *The Days*, p. 244-245.
[16] Edersheim, *Life and Times*, vol. 2, p. 19.

que contamina o que já está limpo, mas sim a impureza que vem de dentro. Cristo então catalogou as impurezas que saem do coração do homem (Mc 7:21-22). Aquele que produz tais coisas em seu interior não pode ser considerado limpo aos olhos de Deus. Esses males vêm de dentro (v. 23) e revelam que o homem é impuro. Os fariseus estavam preocupados com a contaminação exterior. Observavam escrupulosamente os rituais tradicionais para se livrarem da impureza exterior e não tratavam da imundícia que vinha de seu interior. Se um homem é justo a seus próprios olhos, ele precisa se preocupar apenas com a contaminação exterior; no entanto, se um homem se julga injusto, ele precisa ter mais do que a certeza de uma limpeza cerimonial. O conceito dos fariseus os levou a rejeitar Jesus, que lhes havia oferecido a justiça de Deus. Eles não sentiram necessidade de tal justiça e insistiram que as limpezas cerimoniais eram suficientes, crendo que eles estavam essencialmente limpos por dentro.

G. Recepção em Tiro e Sidom

Seção 80

Mateus 15:21-28; Marcos 7:24-30

A seguir Jesus retirou-se de Cafarnaum para a região de Tiro e Sidom. A hostilidade dos líderes religiosos foi tão intensa que Ele se retirou para uma área entre os gentios, para onde os líderes religiosos não o seguiram. Nesse lugar, livre da hostilidade da turba, Ele teve a oportunidade de passar algum tempo com os Doze e instruí-los.

Enquanto Ele estava naquela região, uma mulher gentia veio lhe apresentar sua necessidade. "Minha filha está endemoninhada e está sofrendo muito" (Mt 15:22). Ela clamou: "Senhor, Filho de Davi, tem compaixão de mim!" Notamos que essa mulher gentia se dirigiu a Cristo usando um título duplamente messiânico, pois tanto "Senhor" quanto "Filho de Davi" eram nomes messiânicos (veja Sl 110:1; 2Sm 7:16). Ela implorou àquele a quem reconheceu ser o Messias de Israel que lhe desse uma demonstração de misericórdia em resposta à necessidade de sua filha. De maneira atípica, Cristo ignorou o pedido da mulher. Mas ela persistiu em apresentar seu apelo, tanto que os Doze pediram a Cristo que mandasse a mulher embora porque ela os seguia e persistia em sua súplica. Cristo então voltou-se para ela e explicou os motivos pelos quais havia ignorado seu pedido: "Eu fui enviado somente às ovelhas perdidas da casa de" (Mt 15:24).

> Na Galileia Ele ministrou livremente aos gregos que assistiam à sua pregação, porém, agora tratava-se de caso diferente. Ele tinha vindo para esse país gentio. Se Ele se engajasse em ministérios extensos naquele lugar, acabaria fechando para sempre a porta a todos os esforços posteriores em favor das "ovelhas perdidas da casa de Israel". Isso seria frustrar mais tarde seu ministério para o mundo por intermédio dos judeus, que seriam seus emissários quando fossem iluminados. Pela mesma razão, nenhum outro incidente foi registrado nem qualquer outro tipo de trabalho foi realizado na Fenícia, exceto essa cura significativa.[17]

Apesar dessa rejeição, "a mulher veio, adorou-o de joelhos" (Mt 15:25). Nessa atitude de adoração, ela se derramou em seu apelo: "Senhor, socorre-me!" Cristo rejeitou novamente sua petição, dizendo que não poderia pegar o pão das crianças e jogá-lo aos cachorrinhos. Edersheim explica:

> Certamente, nenhuma expressão era mais comum na boca dos judeus do que aquela que designava os pagãos como cães. Por mais ríspido que pudesse parecer, como resultado do orgulho nacional e da autoafirmação judaica, em certo sentido era verdade que os que estavam dentro eram as crianças e os que estavam do lado de "fora" eram os "cachorrinhos". Apenas uma coisa: quem estava dentro e quem estava fora? O que tornava alguém "uma criança" a quem pertencia o pão — e quem era caracterizado como "o cachorrinho", que estava "fora"?[18]

A mulher não seria ignorada.

> Duas lições ela aprendeu com aquela rapidez instintiva que a presença pessoal de Cristo — e somente isso — parecia sempre invocar, tal como o fogo que caiu do céu consumiu o sacrifício de Elias. "Sim, Senhor", é como tu dizes: o paganismo está para o judaísmo como os cães domésticos estão para os filhos, e não era adequado tomar o pão

---

[17] Shepard, *The Christ*, p. 286-287.
[18] Edersheim, *life and Times*, vol. 2, p. 41.

dos filhos para dá-lo aos cães. Mas suas próprias palavras mostram que não seria esse o caso agora. Então os cães de casa pertencem ao Mestre e estão debaixo da sua mesa, e quando Ele parte o pão para as crianças, devem cair muitas migalhas ao redor. Assim, Mateus afirma: "Sim, Senhor, mas até os cachorrinhos comem das migalhas que caem da mesa do dono", do mesmo modo como Marcos assegura: "os cachorrinhos, debaixo da mesa, comem das migalhas dos filhos". Ambas as versões apresentam diferentes aspectos da mesma verdade. Os pagãos podem ser comparados aos cães, quando confrontados com o lugar das crianças e seus privilégios; mas Ele ainda é seu Mestre, e eles estão debaixo da mesa; Ele parte o pão e, quando há o suficiente, um pouco sobra para eles — mesmo debaixo da mesa, e eles comem das migalhas dos filhos.[19]

A mulher com seu apelo persistente demonstrou sua fé na pessoa de Cristo. Ela, uma pessoa gentia (cachorrinho), pediu o que os filhos (Israel) haviam deixado para trás. Por causa dessa fé, seu pedido foi atendido; sua filha foi curada imediatamente. Nos dias de Cristo não havia chegado o tempo para que os aspectos universais da aliança abraâmica fossem cumpridos (Gn 12:3). No entanto, se um indivíduo de qualquer raça ou religião se voltasse para Ele com fé, essa pessoa o consideraria apto para atender a todas as suas necessidades.

Essa foi uma lição importante que os Doze deveriam aprender, em vista do ministério que lhes seria confiado nos dias seguintes à morte e ressurreição de Cristo.

H. Recepção em Decápolis

Seção 81

Mateus 15:29-38; Marcos 7:31-8:9a

Jesus, em companhia dos Doze, deixou a região de Tiro e Sidom e viajou para o leste, talvez através das encostas do monte Hermon, e virou para o sul, em direção a Decápolis.

---

[19] Ibid.

Seu destino era mais ao sul, na fronteira com Decápolis, território das dez cidades livres aliadas gregas. Essa região ficava a leste do Jordão e se estendia possivelmente de Damasco, ao norte, até o rio Jaboque, que fazia fronteira com a Pereia, ao sul. As dez cidades eram ocupadas por povos pagãos, uma vez que os judeus nunca as recuperaram após o cativeiro babilônico. A recepção concedida a Ele na chegada a esse distrito praticamente pagão parece ter sido favorável.[20]

Aparentemente, Cristo estava evitando o território sobre o qual Herodes Antipas governava, porque os judeus buscavam a ajuda de Herodes para destruí-lo.

A reputação de Cristo era bem conhecida na região, e o homem surdo e praticamente mudo foi trazido a Ele para ser curado (Mc 7:32). As ações de Cristo foram sem precedentes, pois neste episódio Ele colocou os dedos nos ouvidos do homem e pôs saliva em sua língua. Swete comenta:

> Os órgãos afetados recebem sinais de poder curativo; os ouvidos ficam tapados, a língua é tocada [...] A saliva era considerada um remédio, mas o costume de aplicá-la com encantamentos parece ter levado os rabinos a denunciar seu uso [...] Possivelmente, para esse homem de Decápolis isso teve um apelo mais fortemente do que o de qualquer outro símbolo que tivesse sido empregado. A fé de um surdo precisava de todo o apoio que os sinais visíveis pudessem oferecer. O uso dos dedos e da saliva do Senhor enfatizou a verdade de que o poder de cura procedia de sua própria pessoa.[21]

Cristo então deu uma ordem que um surdo seria incapaz de ouvir. Mesmo assim, a resposta foi imediata. O homem ouviu e falou. Aqueles que testemunharam o milagre teriam alegremente divulgado o evento, mas Cristo ordenou-lhes que não falassem nada a respeito. Visto que Cristo realizou esse milagre em território gentio, as testemunhas devem ter sido gentias. Se os gregos recebessem publicamente a Cristo para

---

[20] Shepard, *The Christ*, p. 289.
[21] Henry Barclay Swete, *The Gospel According to St. Mark* (London: Macmillan, 1908), p. 160-161.

proclamar sua fé nele, isso teria fornecido aos judeus um motivo para rejeitá-lo. Nesse caso, eles poderiam ter dito que Jesus era o Messias dos gregos e não o Messias de Israel.

Enquanto estava na área de Decápolis, Cristo sem dúvida usou o tempo de modo proveitoso, ministrando aos Doze. Mas durante aqueles dias uma grande multidão veio até Jesus, talvez porque aqueles que testemunharam a cura do homem surdo e mudo não haviam atendido sua ordem de ficar em silêncio. A multidão permaneceu com Cristo na intenção de ouvir seu ensino. Eles estavam tão fascinados que permaneceram três dias com Ele sem comer. O coração de Cristo ficou cheio de compaixão pela multidão. Ele sabia que se os mandasse embora sem satisfazer sua fome física, eles desfaleceriam de fraqueza porque alguns haviam percorrido uma grande distância para ouvir suas palavras. Os Doze reconheceram a impossibilidade de conseguir alimentos naquela região para alimentar tanta gente. Evidentemente, não lhes ocorreu naquela ocasião que Cristo poderia ou iria repetir o milagre semelhante ao que já havia realizado antes, em uma situação parecida. A razão parece ser esta:

> Podemos razoavelmente conceber que a multidão em questão deveria ser quase inteiramente da região de Decápolis e, portanto, composta principalmente de gentios; no primeiro caso da multiplicação, como observamos, a multidão era aparentemente de Cafarnaum e de seus arredores, e talvez composta principalmente de judeus.[22]

Evidentemente, haviam sido feitas provisões para os discípulos e Jesus. Eles não passaram fome durante os dias em que o Senhor estava ensinando, pois tinham sete pães disponíveis. Cristo pegou os sete pães, deu graças ao Pai por eles e depois os multiplicou para alimentar os quatro mil que estavam ali. Ele também multiplicou os poucos pequenos peixes para que o povo ficasse satisfeito. Esse milagre foi realizado não apenas para atender às necessidades físicas da população, mas para reforçar aos Doze uma lição que Cristo primeiro lhes havia ensinado ao alimentar os cinco mil. Essa lição foi que, quando eles vissem uma necessidade que

---

[22] Ellicott, *lectures,* p. 223, nota de rodapé.

fossem incapazes de suprir, Cristo poderia operar por meio do que eles colocassem à sua disposição. Cristo poderia usá-los como instrumentos para atender às necessidades. O ministério não dependeria da capacidade deles, mas da disponibilidade. Cristo ministraria a multidões por meio deles.

I. Rejeição em Magadã
Seção 82
Mateus 15:39–16:4; Marcos 8:9b-12

Depois que Cristo deixou a região de Decápolis, Ele foi de barco para a região que Mateus designa como Magadã (15:39) e Marcos registra como Dalmanuta (8:10). Magadã era o nome de uma cidade, enquanto Dalmanuta, em aramaico, significava "o porto". Assim Dalmanuta era o porto da região de Magadã e estava localizado perto de Cafarnaum. Aqui Cristo foi confrontado por alguns fariseus e saduceus que desejavam testá-lo.

> Cada parte representativa das classes dominantes — os fariseus, admirados por sua influência religiosa entre o povo; os saduceus, poucos em número, mas poderosos por causa de sua riqueza e posição; os herodianos, representando a influência dos romanos e dos tetrarcas, seus representantes; os escribas e os mestres da lei, exercendo a autoridade de sua ortodoxia e erudição — estava unidas contra Ele em um forte falange de conspiração e oposição, determinada, acima de tudo, a impedir sua pregação e aliená-lo, tanto quanto possível, da afeição das pessoas entre as quais a maioria de suas obras poderosas eram realizadas.[23]

Foi pedido a Cristo um sinal do céu.

Haviam sinais suficientes nos milagres de Jesus para convencer mente aberta, mas estes foram atribuídos ao príncipe dos demônios, Belzebu. Um sinal do céu seria diferente. Se Ele fizesse um arco-íris se estender por todo o mundo; ou se, como Josué, fizesse o sol se deter; se invocasse

---
[23] Farrar, *Life of Christ,* vol. 2, p. 2.

trovões ou granizo como Samuel, ou fogo e chuva como Elias; ou se Ele fizesse com que o sol retrocedesse, como Isaías, acreditariam que o Rei-Messias havia chegado.[24]

Cristo recusou-se a dar-lhes outro sinal em resposta ao desafio deles. Muitos sinais já haviam sido dados. A razão para a rejeição dos líderes não era a falta de uma prova suficiente da pessoa de Cristo por meio de sinais miraculosos, mas porque eles não se dispunham a interpretar os sinais que já haviam sido dados. E Ele os condenou, pois aquele povo havia aprendido a interpretar os sinais do tempo nos céus, mas não conseguia interpretar os sinais que tinham vindo do céu para autenticar a pessoa de Cristo. Sua incredulidade os havia cegado, e não os sinais verdadeiros (Mt 16:4). Como Ele já havia procurado dar uma prova incontestável que os convencesse, Cristo disse que a única prova que lhes seria apresentada seria a de sua ressurreição dos mortos. Isso mostra a importância que Cristo deu à ressurreição como testemunho de sua pessoa (Rm 1:4) e explica por que os apóstolos, ao pregarem para Israel, conforme relatado no Livro de Atos, falaram sobre a ressurreição de Cristo reiteradamente.

J. Advertência contra rejeição
Seção 83
Mateus 16:5-12; Marcos 8:13-26

Por causa da oposição em Magadã Jesus partiu de barco para a região de Betesda (Mc 8:22), perto de Cafarnaum, a região descrita nos evangelhos como o local da casa de Pedro e André (1:29). Enquanto eles estavam viajando para o seu destino, Cristo lhes disse: "Estejam atentos e tenham cuidado com o fermento dos fariseus e com o fermento de Herodes" (8:14). Como os Doze haviam esquecido de levar pão para a viagem, eles interpretaram essa advertência como uma repreensão por seu esquecimento. Cristo os lembrou de que Ele não dependia deles para prover pão para suas necessidades. Cristo havia multiplicado pão e peixe para alimentar multidões de cinco mil e de quatro mil e pessoas, e visto que

---
[24] Shepard, *The Christ*, p. 294.

em cada ocasião havia sobrado em abundância, Ele certamente poderia suprir suas necessidades. Cristo os estava advertindo contra a atitude dos fariseus e de Herodes que os levou a rejeitá-lo. Swete explica o simbolismo do fermento:

> A palavra representa uma orientação que trabalha invisivelmente [...] No caso em questão, o fermento (Mt 15.12) era o ensino dos fariseus, ou o espírito de hipocrisia que o ensino deles encorajava nos ouvintes. Uma vez admitido no coração ou em uma sociedade, esse elemento se espalharia de tal maneira até fazer o serviço espiritual oferecido a Deus se tornar impossível.[25]

Herodes havia rejeitado a mensagem de João Batista e o matado; e os fariseus estavam rejeitando a mensagem de Jesus e planejando a morte dele. No caso, Jesus alertou os doze apóstolos contra a atitude que produziu a rejeição.

Quando chegaram a Betsaida, algumas pessoas trouxeram um cego até Jesus e imploraram a Ele que o tocasse. Cristo, de uma forma sem precedentes, conduziu o cego para longe da aldeia. Quando ficaram sozinhos, Ele aplicou saliva nos olhos do homem e perguntou se ele podia ver. O homem respondeu que conseguia ver pessoas que pareciam árvores. Isso revelou que a capacidade de visão havia sido restaurada, mas o homem ainda não era capaz de se concentrar para enxergar mais do que uma silhueta. Ele ainda não conseguia distinguir os detalhes. Nesse caso, a visão daquele homem era como a de qualquer bebê recém-nascido que pode ver formas, mas não é capaz de focalizar para enxergar detalhes. Cristo tocou os olhos do homem uma segunda vez, concedendo-lhe uma visão plena para que ele pudesse ver claramente. Jesus então ordenou ao homem que voltasse para sua casa sem entrar na aldeia. Não era o propósito de Cristo dar uma demonstração pública de sua pessoa; no entanto, Ele era sensível às necessidades dos indivíduos e à fé que nele depositavam.

---

[25] Swete, *Mark*, p. 169-170.

K. A confissão de Pedro
Seção 84
Mateus 16:13-20; Marcos 8:27-30; Lucas 9:18-21

Cristo deixou a cidade de Betsaida e viajou para o norte em direção ao monte Hermon até chegar à região de Cesareia de Filipe. Lá Ele perguntou aos Doze: "Quem os outros dizem que o Filho do homem é?" (Mt 16:13). Cristo havia se apresentado como Messias, e as pessoas eram responsáveis por tomar uma decisão a respeito das evidências que Ele demonstrara. Agora Ele estava questionando os Doze acerca das respostas que sua exposição havia gerado. Alguns, como Herodes, pensavam que Jesus era João Batista. Eles percebiam a semelhança da mensagem que ambos pregavam. Outros comparavam Jesus a Elias, que nos dias da apostasia havia se apresentado à nação como porta-voz de Deus para condenar o povo por causa da injustiça e chamá-lo ao arrependimento, tendo em vista o julgamento vindouro. A nação rejeitou sua mensagem. Outros comparavam Jesus com Jeremias, que às vésperas do cativeiro havia anunciado a vinda do julgamento e denunciado o povo por seus pecados. O povo rejeitou sua mensagem. Em todas as comparações mencionadas havia o reconhecimento dos mensageiros como profetas de Deus; e, portanto, essas interpretações inferiam que o povo também considerava que Jesus era um profeta de Deus. Mas Cristo rejeitou essas interpretações, embora para a maioria das pessoas seria uma honra ser classificado como um profeta de Deus. Ele perguntou aos Doze: "Quem vocês dizem que eu sou?" (Mt 16:15). Essa pergunta foi uma sondagem para ver se a percepção deles da pessoa de Cristo era mais profunda do que a do povo em geral. Pedro professou tanto a pessoa quanto a obra de Jesus Cristo. Em sua declaração: "Tu és o Cristo" (v. 16), ele afirmou sua fé na obra de Cristo. Jesus veio como o Salvador que redimiria e como o Soberano que reinaria. As palavras de Pedro "Tu és [...] o Filho do Deus vivo" constituíram-se na sua profissão de fé em Jesus Cristo. Ele pronunciou uma bênção sobre Pedro por causa dessa confissão. Pedro não chegou a essa convicção por meio de seu raciocínio natural, mas pela fé na revelação divina, pois Cristo disse a ele: "isto não foi revelado a você por carne ou sangue, mas por meu Pai que está nos céus" (Mt 16:17).

Percebemos que essa era a convicção, não apenas de Pedro, mas dos Doze. No entanto, porque Pedro foi aquele que confessou publicamente sua convicção, Jesus pronunciou uma bênção sobre ele. Cristo disse: "Eu digo que você é Pedro, e sobre esta pedra edificarei a minha igreja" (v. 18). Dessa forma, Cristo indicou pela primeira vez o propósito de edificar uma igreja. Farrar diz:

> Foi o lançamento da pedra angular da Igreja de Cristo, e a primeira ocasião em que foram proferidas aquelas palavras memoráveis, para depois serem tão intimamente mescladas com a história do mundo. Era a promessa de que aquela igreja fundada na rocha daquela confissão inspirada permaneceria invencível contra todos os poderes do inferno. Foi a atribuição a essa Igreja, na pessoa de seu representante típico, do poder de abrir e fechar, de ligar e desligar, e a promessa de que o poder fielmente exercido na terra seria finalmente ratificado no céu.[26]

A Igreja predita por Cristo era o corpo do qual Ele é a cabeça e que se desenvolveria nos tempos do Novo Testamento. A igreja, como corpo de Cristo, teve seu início no dia de Pentecostes em Atos 2. O Espírito Santo naquele dia veio para habitar em todos os crentes e unir todos eles como membros vivos do corpo do qual Cristo é a cabeça. Essa obra foi completada pelo ministério do batismo do Espírito (1Co 12:13). Essa igreja, existente entre o Pentecostes e o Arrebatamento, é composta por todos aqueles que ao longo dos tempos recebem a Cristo pela fé como seu Salvador pessoal e confiam nele para a salvação. Essa palavra foi, então, em muitos aspectos, a declaração profética mais significativa que nosso Senhor fez durante seu ministério, visto que se refere a nós hoje. Essa igreja deveria ser construída sobre "esta pedra" (Mt 16:18). Qual é a identidade da pedra? Há o reconhecimento de que Cristo estava fazendo um jogo de palavras quando se referiu a "Pedro" e "esta pedra".

> Considerando que Jesus falou a Pedro em aramaico, podemos agora entender como as palavras Petros e Petra foram propositalmente usadas por Cristo para marcar a diferença, que sua escolha sugeriria. Talvez possa ser expresso nesta paráfrase um tanto desajeitada: "Eu digo

---

[26] Farrar, *Life of Christ*, vol. 2, p. 14.

que você é Pedro (Petros) — uma pedra ou fragmento de rocha — e sobre esta Pedra — a Rocha, o Petrino — eu edificarei a minha Igreja".[27]

Shepard diz:

Aqui Ele, sem dúvida, faz um jogo de palavras com o nome de Pedro, que denotava um fragmento menor de rocha — uma pedra arrancada da pedreira para fins de construção.[28]

Muitas interpretações dessa pedra têm sido apresentadas. Alguns acham que se refere ao próprio Pedro. Essa parece ser a opinião de Shepard.

A Pedro foi dada a honra de ser *primus enter pares,* o primeiro a manifestar a grande confissão. Jesus não afirmou a supremacia e primazia de Pedro, como asseguram os romanistas. Ele expressou primeiro a Pedro seu propósito de fundar sua igreja, porque Pedro foi o primeiro a confessá-lo com certeza de que Ele era o Messias e Filho de Deus. Pedro deve ser uma das pedras fundamentais junto com os outros apóstolos, e ele tem a honra de ser o primeiro mencionado. O discípulo se tornou digno dessa alusão em primeiro lugar porque foi o primeiro a fazer uma confissão ousada, logo seguida de sua deserção, e em face das hostilidades unidas em uma vasta conspiração. Pedro era o tipo de homem que Jesus poderia usar para edificar esse grande templo espiritual, a igreja universal — uma pedra viva.[29]

Outros acham que a pedra é a confissão de Pedro a respeito da divindade de Cristo.

A grande confissão de Pedro, como o apóstolo que representava os demais, lançou os alicerces da igreja como tal. Em contraste com as opiniões variadas até mesmo daqueles mais inclinados a Cristo, ele declarou abertamente que Jesus era o próprio Cristo de Deus, o cumprimento de todas as profecias do Antigo Testamento, o herdeiro da promessa do Antigo Testamento, a realização da esperança do Novo

---

[27] Edersheim, *life and Times,* vol. 2, p. 83
[28] Shepard, *The Christ,* p. 304.
[29] Ibid.

Testamento para Israel e, em Israel, para toda a humanidade. Sem essa confissão, os cristãos poderiam ter se tornado apenas uma seita judaica, um partido religioso, uma escola de pensamento de ponta e Jesus, o Mestre, um rabino, um reformador ou líder de homens. Mas a confissão que marcou Jesus como o Cristo também constituiu seus seguidores na Igreja. Isso os destacou, assim como os distinguiu de todos os que estavam à sua volta; e isso os reuniu em Um, o próprio Cristo; e marcou o alicerce sobre o qual o edifício foi erigido sem mãos. Uma resposta nunca foi tão exata quanto esta: "sobre esta pedra" — ousada, notável, bem definida, inamovível — "Eu edificarei a minha igreja".

Sem dúvida, essa confissão também marcou o ponto alto da fé dos Apóstolos.[30]

Edersheim também relaciona a rocha à fé de Pedro.

Se, portanto, não limitarmos inteiramente a referência às palavras da confissão de Pedro, certamente as aplicaríamos àquilo que estava no Pedro Petrino, a fé dada pelo céu que se manifestou naqueles que foram incluídos na sua confissão. E podemos entender melhor, assim como os contemporâneos de Cristo podem ter considerado o mundo erigido sobre a rocha do fiel Abraão, Cristo prometeu que edificaria sua Igreja sobre a Pedra — sobre a fé demonstrada por Pedro.[31]

Bruce assim resume:

A parte restante do discurso de nosso Senhor a Simão mostra que Ele atribuiu à doutrina professada por aquele discípulo o lugar de fundamental importância na fé cristã. O objetivo dessas marcantes declarações não é afirmar a supremacia de Pedro, como os romanistas asseguram, mas declarar a natureza supremamente importante da verdade que Pedro confessou. Apesar de todas as dificuldades de interpretação, isso permanece claro e certo para nós. Quem ou o que é a "pedra" é objeto sobre o qual temos dúvidas; pode ser Pedro, ou sua confissão: é um ponto em que estudiosos igualmente sólidos na fé, e da mesma forma isentos de qualquer simpatia pelo papa, estão divididos em suas

---

[30] Edersheim, *Life and Times,* vol. 2, p. 91.
[31] Ibid. p. 83.

opiniões, e sobre o qual não nos caberia dogmatizar. Temos apenas certeza disso, que não é a pessoa de Pedro, mas a fé de Pedro, que é o assunto fundamental na mente de Cristo. Quando Ele diz àquele discípulo, "você é Pedro", Ele quer dizer "você é um homem de pedra, digno do nome que lhe dei por antecipação na primeira vez que o encontrei, porque você finalmente fundamentou o pé na rocha da verdade eterna". Ele fala da igreja que há de vir, pela primeira vez em conexão com a confissão de Simão, porque essa igreja deve consistir de homens que adotam essa confissão como sua, e o reconhecem como o Cristo, o Filho de Deus. Ele alude às chaves do reino dos céus na mesma conexão, porque ninguém, a não ser aqueles que homologam a doutrina, enunciada solenemente primeiro por Simão, serão admitidos dentro de seus portões. Ele promete a Pedro o poder das chaves, não porque devam pertencer apenas a Pedro mais do que aos outros, mas a título de menção honrosa, em recompensa pela alegria que ele deu ao seu Senhor, pela energia superior e decisão de sua fé. Cristo se mostra grato a Pedro, porque acreditou enfaticamente que Ele veio de Deus; e demonstra sua gratidão, prometendo primeiro a ele, individualmente, um poder que depois conferiu a todos aqueles discípulos escolhidos. Finalmente, se é verdade que Pedro é aqui chamado de pedra sobre a qual a igreja será construída, isso deve ser entendido da mesma forma que a promessa das chaves. Pedro é chamado de fundamento da Igreja apenas no mesmo sentido em que todos os apóstolos são chamados de fundamento pelo apóstolo Paulo, isto é, como os primeiros pregadores da verdadeira fé a respeito de Jesus como o Cristo e Filho de Deus; e se o homem que primeiro professou essa fé estiver sendo honrado por ser chamado individualmente de pedra, isso apenas mostra que a fé, e não o homem, é, afinal, o verdadeiro fundamento. Aquilo que torna Simão Pedro um homem parecido com uma pedra, em que algo pode ser edificado, é a verdadeira pedra sobre a qual a Igreja deve ser construída.[32]

Shepard também relaciona a pedra com o próprio Cristo. Isso talvez esteja mais de acordo com a distinção entre as formas masculina e feminina da palavra "pedra".

---

[32] A. B. Bruce, *The Training of the Twelve* (New York: Armstrong, 1901), p. 168-169.

Sobre a pedra do caráter messiânico e da natureza divina de Cristo, pessoalmente encarnado em uma fé viva em Pedro e nos outros, e publicamente confessado ao mundo, Jesus construiria sua casa a partir do Israel espiritual (Dt 18:26; 23:2 1Pe 1:1).[33]

Nesse ponto de vista, Cristo é a rocha da qual Pedro, uma pedra de construção, foi cortada para se tornar um alicerce para a igreja.

É possível combinar todas essas visões, cada uma das quais tem alguma validade, de modo que Cristo estava dizendo que a igreja seria construída por meio dos ministérios de homens que demonstraram fé em sua pessoa como o Filho de Deus. À medida que essa verdade fosse proclamada, outras pessoas ouviriam e acreditariam estar unidas com Ele na igreja, que é o seu corpo. Cristo edificaria a igreja, não Pedro. E a fé na pessoa de Cristo traria pessoas para a igreja. Naquele momento Cristo estava sendo rejeitado pelos líderes. A popularidade que Ele tinha com a multidão estava diminuindo. Era um fugitivo de Herodes e parecia pouco provável que seu propósito pudesse ser cumprido; ainda assim, Ele declarou categoricamente: "edificarei a minha igreja, e as portas do Hades não poderão vencê-la" (v. 18). Alguns acham que as portas do Hades se referem a Satanás. Outros acreditam que é uma figura da morte. De qualquer forma, quando Cristo parecia derrotado, Ele ainda falava triunfantemente sobre seu propósito de edificar sua igreja.

A Pedro, representando os Doze (Mt 18:19), foram confiadas as chaves do reino. O significado dessa declaração é bem observado por Farrar:

> Uma distinção [...] deve ser cuidadosamente traçada entre três coisas separadas, muitas vezes confundidas — a saber, o "Poder das Chaves", o poder de ligar e desligar, e o poder de perdoar ou de reter o perdão. 1. A primeira (visto que a entrega de uma chave constituía a ordenação de um escriba) significava o poder da "chave do conhecimento" dos oráculos divinos para trazê-los aos discípulos de Cristo (Mt 13.52; Lc 11.52; Mt 23.4). Para aqueles que ouviram, deve ter implicado o poder de ensino da Igreja. 2. O poder de ligar e desligar, posteriormente conferido a todos os discípulos (Mt 18.18), deu-lhes um poder semelhante ao exercido pelo rabino (por exemplo, a escola de Shammai, que, de

---

[33] Shepard, *The Christ,* p. 304.

acordo com o provérbio judaico, podia ligar, e o escola de Hillel, que podia desligar) — o poder, a saber, para declarar o que são preceitos imperativos e quais não são obrigatórios (Mt 23.4; Atos 10.28). Implicava, portanto, a ação legislativa da igreja. 3. O poder de perdoar pecados e de retê-los (Jo 20.22, 23) transcendia em muito os dois outros poderes citados, e foi claramente rejeitado pelos escribas. Ele pertence ao ofício profético da Igreja, e tem referência direta ao dom do Espírito Santo, e "só foi possível na medida em que o dom profético, em maior ou menor medida, foi concedido àqueles que o exerceram".[34]

A chave era um distintivo de autoridade, pois o servo que tinha a chave do celeiro de seu senhor tinha autoridade sobre todos os bens que estavam depositados ali. A autoridade no caso em questão foi conferida a Pedro e ao restante dos Doze para ministrar em seu nome, proclamar sua verdade, declarar a salvação às pessoas, e para assegurar àqueles que acreditam que eles são possuidores da vida eterna.

Não foi a declaração dos apóstolos que estabeleceu o fato. Isso fica claro por uma tradução literal das palavras de Cristo: "Tudo o que ligares na terra será o que já foi ligado nos céus, e tudo o que desligares na terra será o que já foi desligado nos céus". Assim, Deus é quem liberta de uma obrigação ou impõe uma obrigação às pessoas. Mas os apóstolos podiam fazer uma declaração oficial como representantes de Cristo quanto ao verdadeiro estado de coisas por causa da resposta à sua pregação.

Vemos essa autoridade exercida em todo o livro de Atos. O fato de Pedro ter recebido "as chaves do Reino dos céus" (Mt 16:19) não significa que a igreja seja Israel e constitua o prometido reino milenar de Davi. Ao contrário, ressalta a verdade já revelada na parábola de Mateus 13, segundo a qual, durante o período de adiamento da forma milenar do reino, o governo de Deus deveria ser exercido de uma forma nova e até então não revelada. Os apóstolos deveriam ser ministradores na nova forma do reino que se estenderia desde o tempo da rejeição de Israel até a futura aceitação da nação. Pela primeira vez, nosso Senhor revelou seu propósito de estabelecer uma igreja composta por aqueles que, com uma fé como a de Pedro, confiam nele como o Filho de Deus.

---

[34] Farrar, *Life of Christ,* vol. 2, p. 16.

L. Ensino com respeito à sua morte
Seção 85
Mateus 16:21-23; Marcos 8:31-33; Lucas 9:22

Jesus passou a revelar aos apóstolos que Ele ainda teria de fazer quatro coisas (Mt 16:21). Primeiro, deveria retornar a Jerusalém, o lugar designado para o sacrifício. Em segundo lugar, Ele sofrerá muitas coisas nas mãos dos anciãos, principais sacerdotes e mestres da lei que representavam a liderança religiosa da nação. Terceiro, Ele será morto. Com isso Ele se tornará o sacrifício substitutivo pelos pecadores (Mt 1:21). Quarto, Ele ressuscitará no terceiro dia. A ressurreição será uma autenticação divina de sua pessoa e de sua obra.

Pedro imediatamente o afastou dos outros para discutir o assunto em particular. A palavra traduzida como "repreendê-lo" é muito forte (Mt 16:22). Significa reprovar, censurar ou advertir a fim de impedir que uma ação aconteça, ou de encerrar uma ação em andamento.[35] Pedro procurou vigorosamente impedir que Cristo fosse a Jerusalém, onde certamente seria morto. Não há dúvida de que Pedro, consciente da autoridade que lhe havia sido conferida, se sentiu responsável por evitar o que parecia ser uma catástrofe. Evidentemente, Pedro estava disposto a usar para Cristo até uma restrição física, caso fosse necessário.

A resposta de Cristo a Pedro foi ainda mais forte do que a advertência do discípulo: "Para trás de mim, Satanás!" (v. 23). Ao se referir a Pedro como Satanás, Ele não estava inferindo que Pedro não estava salvo. Este já havia confessado sua fé inabalável na pessoa e na obra de Cristo. Mas Pedro havia expressado o propósito do Diabo; a fim de impedir que Cristo fosse à cruz para se tornar um sacrifício pelos pecados do mundo. O adversário havia tentado anteriormente várias vezes provocar a morte prematura de Cristo. Satanás usou o massacre das crianças em Belém promovido por Herodes, a violência das turbas que procuravam matar Cristo e as violentas tempestades nos mares. O Diabo até então não havia sido capaz de cumprir seu propósito. Agora Satanás estava trabalhando por meio de alguém próximo ao Senhor. Quando tentou Cristo, Satanás

---

[35] Wm. F. Arndt; F. Wilbur Gingrich, *A Greek-English Lexicon of the New Testament*.

ofereceu a Ele um trono sem cruz, pedindo que Cristo o adorasse. Jesus rejeitou esta oferta. Pedro havia reconhecido que Jesus era o Messias; na mente de Pedro, não havia razão para que Ele não exercesse sua autoridade messiânica e estabelecesse seu trono imediatamente. A morte de Cristo não parecia necessária para Pedro. O discípulo parece ter esquecido o fato de que, de acordo com as Escrituras proféticas, o Messias não deveria apenas reinar, mas por meio de sua morte Ele também proveria a redenção dos pecadores. Por isso Cristo lhe disse: "Tu [...] não pensas nas coisas de Deus, mas, sim, nas que são dos homens" (Mt 16:23).

M. Ensino com respeito ao discipulado
Seção 86
Mateus 16:24-28; Marcos 8:34—9:1; Lucas 9:23-27

À luz da própria revelação de Jesus a respeito de sua morte que se aproximava, era evidente que seria necessário pagar um preço alto para se tornar seu discípulo. Cristo fez grandes exigências àqueles que seriam seus verdadeiros discípulos. Ele disse: "Se alguém quiser acompanhar-me, negue-se a si mesmo, tome diariamente a sua cruz e siga-me" (Lc 9:23). Os evangelhos revelam três estágios na formação de um discípulo. (1) A multidão foi atraída a Jesus para ouvir suas palavras e observar suas obras. Eles vieram por curiosidade. Esses foram chamados de discípulos (Mt 5:2). Nós os chamaríamos de *curiosos*. (2) Entre os curiosos, muitos vieram para depositar sua fé em Jesus Cristo (Jo 2:11). Nós os chamaríamos de *convictos*. (3) Mas agora Cristo exigia que os convictos firmassem um compromisso. Nós os chamaríamos de *comprometidos*.

Para ser um verdadeiro discípulo, é preciso submeter-se completamente à vontade de Jesus Cristo. Tal pessoa deve negar a si mesma, isto é, deixar de lado sua própria vontade e seus direitos sobre sua própria vida; deve então entregar-se inteiramente ao comando de Cristo. Na vida de Cristo, a cruz foi o teste de sua obediência à vontade de Deus. Para Ele, a cruz representava o mesmo que a árvore do conhecimento do bem e do mal representava para Adão no Jardim do Éden. Aquele que deseja ser um verdadeiro discípulo de Cristo deve estar disposto a se submeter à vontade de Deus, não importa as consequências disso.

As palavras de Cristo foram dirigidas não apenas aos Doze, mas também ao povo (Mc 8:34). Diante da proximidade de sua morte, sobre a qual Ele acabara de falar, era necessário que os indivíduos tomassem uma decisão se iriam seguir os fariseus ou seguir a Cristo. Diversas razões são dadas em nosso texto sobre por que uma decisão deve ser tomada para segui-lo.

O primeiro motivo diz respeito à segurança. Suponha que, em vista das ameaças feitas contra Cristo pelos líderes religiosos, uma pessoa decidisse que seria perigoso se identificar com Cristo. Se ela decidisse não o seguir para permanecer viva, ela, de fato, morreria. Mas quem arriscasse sua vida física ao se identificar com Jesus Cristo na verdade permaneceria vivo. A única segurança real é encontrada na identificação com Jesus Cristo (Mt 16:25).

Uma segunda razão envolve a recusa em se identificar com Cristo devido ao medo de perder suas posses materiais. Na verdade, esse tipo de pessoa acabará perdendo tudo. No entanto, se alguém sacrifica seus bens materiais por amor a Cristo, encontrará verdadeiras riquezas (Mt 16:26). Cristo, sem dúvida, estava prevendo o julgamento devastador que haveria de vir sobre a nação por meio de Tito em 70 d.C., como resultado de a nação ter rejeitado Cristo. Naquela época as pessoas perderiam tudo o que haviam acumulado.

Uma terceira razão dada, pela qual as pessoas devem se identificar com Cristo, é que quando Cristo vier em poder e glória para assumir seu trono e reinar sobre a terra, Ele julgará as pessoas. Aqueles que o rejeitaram serão excluídos de seu reino. Somente os que o receberam serão aceitos nesse reino (Mt 16:27; Lucas 9:26).

Cristo, portanto, advertiu seriamente às pessoas que faziam parte daquela multidão que estavam diante de uma decisão e estavam ainda debatendo se deveriam se identificar com Cristo ou continuar seguindo os fariseus. A seção termina com uma promessa gloriosa de que alguns que estavam ali com Cristo não experimentariam a morte física antes de realmente verem o Filho do Homem vindo em seu reino (Mt 16:28). Apesar da rejeição pelos líderes e, finalmente, pela nação, mesmo em face de sua experiência na morte, o Filho do Homem seria entronizado em poder e glória como Rei dos reis e Senhor dos senhores. Essa promessa foi feita para estimular a fé em sua pessoa. Cristo havia dito que "as portas do

Hades" não poderiam impedir o cumprimento de seu plano (Mt 16:18). Naquele momento Ele indicava que a oposição, rejeição e até a própria morte não o impediriam de subir ao trono para o qual fora designado por seu Pai (Sl 2:6). Essa não foi uma promessa de que o reino seria instituído durante a vida deles. Ao contrário, era uma promessa de que alguns receberiam uma revelação do reino e da glória que pertence a Cristo. O mundo inteiro verá essa glória quando Ele assumir sua posição de direito como Rei dos reis e Senhor dos senhores.

N. Revelação acerca do reino
Seção 87
Mateus 17:1-8; Marcos 9:2-8; Lucas 9:28-36

Uma semana depois de fazer a predição de que "alguns que aqui se acham de modo nenhum experimentarão a morte antes de verem o Reino de Deus" (Lc 9:27), o Senhor separou Pedro, Tiago e João dos Doze "e os levou a um alto monte, onde ficaram a sós" (Mc 9:2).

> Dificilmente pode haver uma dúvida razoável de que Cristo e seus discípulos não tenham deixado as cercanias de Cesareia e, portanto, "a montanha" deve ter sido uma das encostas do gigantesco e nevado monte Hermon. Naquele retiro tranquilo, quase inteiramente gentio de Cesareia de Filipe Ele poderia ensiná-los melhor, e eles aprenderiam de modo mais eficiente, sem interrupção ou provocação de fariseus e escribas, sobre aquele terrível mistério de seu sofrimento.[36]

Como Cristo o fizera em tantas ocasiões anteriores, Ele se retirou de perto dos demais homens para orar (Lc 9;28). Ele transfigurou-se enquanto orava na presença dos três discípulos (v. 29). Essa transfiguração foi o cumprimento da profecia mencionada na semana anterior. Era uma imagem em miniatura e precoce da segunda vinda de Cristo para estabelecer seu reino. Foi uma revelação da glória que será mostrada ao mundo quando Ele vier para reinar.

---

[36] Edersheim, *Life and Times,* vol. 2, p. 92.

Enquanto Ele orava, "a aparência de seu rosto se transformou" (Lc 9:29). "Sua face brilhou como o sol", e suas vestes também foram alteradas de modo que "suas roupas se tornaram brancas como a luz" (Mt 17:2), ou "ficaram alvas e resplandecentes como o brilho de um relâmpago" (Lc 9:29). Suas roupas "se tornaram brancas, de um branco resplandecente, como nenhum lavandeiro no mundo seria capaz de branqueá-las" (Mc 9:3).

É assim que os escritores dos evangelhos procuram transmitir o brilho ofuscante da glória que pertence à pessoa de Jesus Cristo. Isso não foi outra coisa senão uma revelação da glória intrínseca de Deus que pertence a Jesus Cristo. João explicou desta forma, ao dizer: "Vimos a sua glória, glória como do Unigênito vindo do Pai, cheio de graça e de verdade" (Jo 1:14). Essa foi uma revelação do Pai a esses homens acerca da honra e da glória que lhe pertence. Assim foi que Pedro testificou: "Ele recebeu honra e glória da parte de Deus Pai, quando da suprema glória lhe foi dirigida a voz que disse: 'Este é o meu filho amado, de quem me agrado'" (2Pe 1:17). Essa foi a glória que pertence a Deus, revelada no Tabernáculo (Êx 40:34-38). Essa glória foi revelada novamente no templo (1Rs 8:10-11). Foi aquela glória que se afastou do templo por causa da apostasia e incredulidade de Israel (Ez 10:18; 11:22-23). Agora, essa glória estava na terra na pessoa de Jesus Cristo. Essa glória seria revelada a Estêvão (At 7:55-56), a Saulo de Tarso na estrada de Damasco (At 9:3; 22:6, 11; 26:13), e novamente a João (Ap 1:16) A glória será revelada ao mundo quando Jesus Cristo vier novamente à terra (Mt 24:30; 25:31). A glória que iluminará o mundo inteiro no Segundo Advento foi aqui revelada aos três que testemunharam a Transfiguração. A luz na qual os remidos andarão por toda a eternidade (Ap 21:23) foi testemunhada por Pedro, Tiago e João.

Cristo não se transfigurou por meio de uma luz externa focada nele para que Ele refletisse a glória de Deus. Ao contrário, aquele foi o resplendor da glória intrínseca que pertence a Jesus Cristo. A glória do Pai é a glória de Cristo. João registrou a oração de Cristo: "Pai, glorifica-me junto a ti, com a glória que eu tinha contigo antes que o mundo existisse" (Jo 17:5). Era necessário que a glória de Cristo estivesse velada quando Ele viesse a este mundo. A glória de Cristo não deixou de existir no tempo da encarnação, mas foi velada, para que o povo a quem Ele viera resgatar não fosse consumido por seu esplendor. O propósito de Deus era habitar no meio de seu povo Israel e revelar a presença de sua glória entre eles, deixando sua luz brilhar sobre eles. Mas Israel não pôde contemplar a glória revelada de Deus. Portanto, ao apresentar os planos para o tabernáculo a Moisés, Deus o instruiu a colocar uma cortina entre o Santo dos Santos, onde Deus pretendia habitar entre o seu povo. Aquele véu não foi planejado só para ensinar a Israel que eles eram indignos de entrar na presença de Deus — o que na verdade aconteceu —, mas para proteger Israel de ser consumido pelo brilho da glória divina. O véu, então, foi uma provisão graciosa de um Deus santo para tornar possível que Ele habitasse no meio de um povo ímpio. O escritor de Hebreus disse que o corpo de Jesus Cristo era para Ele o que o véu era no tabernáculo: "temos plena confiança para entrar no Lugar Santíssimo pelo sangue de Jesus, por um novo e vivo caminho que Ele nos abriu por meio do véu, isto é, do seu corpo" (Hb 10:19-20). A glória de Cristo, então, não foi perdida na encarnação; ao contrário, foi velada para que o Santo pudesse habitar entre um povo ímpio. A Transfiguração foi uma revelação da glória intrínseca que pertence a Cristo e um dia será revelada ao mundo. Esse ato foi o cumprimento da profecia que Cristo havia feito na semana anterior.

Cristo agora estava reunido com Moisés e Elias. A Escritura não explica por que esses dois santos do Antigo Testamento foram enviados nessa missão. Os dois representavam a Lei e os Profetas, os quais deram testemunho da glória do reinado terreno de Cristo. A Escritura não nos diz onde eles estiveram, mas o fato de que "apareceram em glorioso esplendor" (Lc 9:31) sugere que eles vieram da presença do Deus em quem confiaram para sua salvação. Nossa atenção está focada não tanto na pessoa, mas no assunto da discussão — eles "falavam sobre a partida de Jesus". A palavra grega traduzida como "partida" significa "Êxodo". Esse termo lança uma interessante luz sobre a atitude de Jesus em relação à morte que se aproxima. O Êxodo do Antigo Testamento libertou o povo da escravidão que havia suportado e o conduziu à liberdade. Quando Cristo veio ao mundo, Ele veio como um servo (Fp 2:6-8). Cristo viu sua morte não apenas como o ato de um servo obediente à vontade de seu Pai, mas também como um ato que o libertaria desse período de submissão ao qual Ele se sujeitou pela encarnação. Ele previu a gloriosa liberdade da submissão à qual seria conduzido pela ressurreição.

Quando Pedro, dominado pelo sono, subitamente acordou, ele se aproximou de Cristo com uma sugestão: "Mestre, é bom estarmos aqui. Façamos três tendas: uma para ti, uma para Moisés e uma para Elias" (Lc 9:33). Pedro estava sugerindo que eles celebrassem ali a Festa dos Tabernáculos. Essa festa, a última do ciclo das festas anuais da nação, era um memorial da libertação do povo de Israel do Egito e de sua experiência no deserto, que naquela ocasião era caracterizado como estrangeiro e peregrino. Essa festa também vaticinava o reagrupamento final de Israel como uma nação do deserto para a Terra da Promessa sob o governo benevolente do Messias prometido. Nos dias de Pedro, a nação era oprimida pelos gentios e aguardava a vinda do Messias, ou a libertação, que reuniria o povo na terra sob seu reinado. Pedro teve a visão da glória de Cristo que o lembrou da esperança gloriosa de Israel, a ser realizada no reino do Messias. Portanto, parecia adequado para Pedro que tivessem uma Festa dos Tabernáculos porque os três haviam testemunhado a glória milenar de Cristo. Pedro interpretou corretamente o significado da Transfiguração. No entanto, era impossível que Israel experimentasse o cumprimento do que estava previsto na Festa dos Tabernáculos até que a nação se voltasse, pela fé, para o Messias. A nação não estava fazendo isso e, portanto, a proposta de Pedro causou uma repreensão de Cristo. Embora a glória de Cristo envolvesse o Rei, Ele não foi publicamente reconhecido como Rei; portanto, Israel não poderia entrar em sua bênção milenial.

Enquanto Cristo falava, uma nuvem envolveu todos os que estavam naquele monte. Os três discípulos ficaram apavorados ao entrar na nuvem. A nuvem não era outra senão aquela que apareceu sobre o tabernáculo no deserto para representar a presença de Deus entre aquelas pessoas. Do meio da nuvem, Deus falou novamente sobre a pessoa de Jesus Cristo: "Este é o meu Filho amado; a ele ouvi" (Mc 9:7). Em vez de "amado", os dois textos paralelos o descrevem como "o meu eleito" (Lc 9:35) e "meu Filho querido, que me dá muita alegria" (Mt 17:5, NTLH). Assim, o Pai novamente autenticou a pessoa e as palavras de Cristo. Esses homens tinham ouvido falar do Pai por meio de Jesus Cristo; agora eles ouviram o Pai falar diretamente com eles e ficaram apavorados. Cristo conhecia seus temores e tocou neles. O toque gentil do Salvador dissipou e acalmou seus temores.

Assim, a Transfiguração foi uma imagem precoce e em miniatura da segunda vinda de Cristo à terra para estabelecer seu reino. Foi uma revelação da glória intrínseca que pertence a Cristo, e que foi velada pela encarnação, mas que será revelada a todo o mundo no Segundo Advento. A Transfiguração foi uma autenticação da pessoa de Cristo, pois somente aquele que é justo, santo e sem pecado poderia transfigura-se para revelar a intrínseca glória da Shekiná de Deus que pertencia a Ele. A Transfiguração também foi uma revelação da glória que aguarda o filho de Deus. Paulo escreveu: "Nem todos dormiremos, mas todos seremos transformados, num momento, num abrir e fechar de olhos, ao som da última trombeta" (1Co 15:51-52). No registro paulino, a palavra "transformados" denota o mesmo que "transfigurados". Assim, entendemos o que Paulo quis dizer quando declarou: "Quando Cristo, que é a nossa vida, se manifestar, também vos manifestareis com ele em glória" (Cl 3:4), e o que João quis dizer quando afirmou: "sabemos que, quando ele se manifestar, seremos semelhantes a ele [...]" (1Jo 3:2). Quando Cristo orou: "Pai, meu desejo é que aqueles que me deste estejam comigo onde eu estiver, para que vejam a minha glória [...]" (Jo 17:24), Ele prometeu que não apenas veremos a sua glória, mas também a compartilharemos por toda a eternidade.

O. Ensino sobre Elias

Seção 88

Mateus 17:9-13; Marcos 9:9-13

Enquanto os discípulos desciam de sua esplêndida experiência no monte, Jesus ordenou-lhes que não contassem a ninguém o que tinham visto até que o Filho do Homem ressuscitasse dos mortos (Mc 9:9). Havia talvez duas razões para isso. Primeiro, o ministério confiado aos homens seria centrado na pessoa e na obra de Jesus Cristo, não na própria experiência deles. Teria sido natural para esses homens anunciar a glória que tinham presenciado, atraindo assim outros para si. Mas seu ministério consistia em apontar Jesus Cristo para os outros. Um segundo motivo para o silêncio é que a nação já havia respondido negativamente à pessoa de Cristo. Portanto, Ele reteve outros sinais daquela geração. Se esses homens tivessem contado sua experiência, teriam dado à nação outro sinal de que Jesus havia sido designado por Deus e aprovado por Ele como filho de Deus. No entanto, após a ressurreição, esses homens estavam livres para divulgar o que tinham visto no monte. Dois dos três discípulos (Pedro e João) se referiram especificamente a esse evento em seus escritos. No momento da Transfiguração, os discípulos ainda não conseguiam entender o que significava ressuscitar dos mortos (Mc 9:10). Visto que o fato da morte de Jesus era obscuro para eles, o fato de sua ressurreição também era incompreensível. Todo esse incidente levantou uma questão escatológica na mente dos três e eles perguntaram ao Senhor: "por que os mestres da lei dizem que é necessário que Elias venha primeiro?" (v. 11). De acordo com a profecia de Malaquias, Elias deveria surgir antes do advento do Messias para preparar o povo para Ele (Ml 4:5). Visto que o Messias viera, esses homens não viam necessidade no ministério de Elias. Portanto, eles fizeram essa pergunta. A resposta de Cristo foi para confirmar a verdade da profecia de que Elias seria enviado por Deus antes da vinda do grande e terrível dia do Senhor. Esse dia será um tempo de julgamento sobre Israel antes do estabelecimento do reino do Messias. Naquele dia, a nação será chamada ao arrependimento e depois julgada, com a separação pelo Messias entre os que creem e os incrédulos. Ele aceitará os que creem no reino, mas rejeitará todos os incrédulos. Cristo afirmou que a palavra de Deus será mantida e que os mestres da lei não estavam errados ao esperar o cumprimento da profecia de Malaquias.

 Cristo levantou outro ponto além da questão da exatidão das Escrituras e da sua interpretação pelos mestres da lei. Ele perguntou: "Então, por que está escrito que é necessário que o Filho do homem sofra muito e seja rejeitado com desprezo?" (Mc 9;12). A pergunta era relevante, pois o Messias havia chegado, alguns acreditaram nele, e sua glória havia sido revelada. Considerando que aquele que se ofereceu como Rei foi provado verdadeiro, por que o reino não poderia ser estabelecido agora? Cristo levantou a questão, dizendo que era necessário que Ele sofresse, fosse rejeitado e morresse. A resposta é que o Antigo Testamento vaticinou não apenas um Messias que reinaria, mas também um Messias que sofreria e morreria para conceder salvação aos pecadores. A morte de Cristo tinha de preceder seu reinado. A morte de Cristo não ocorreu por causa do fracasso do plano de Deus, mas porque foi uma parte do seu propósito. Os discípulos não podiam entender a relação entre sofrimento e glória. Nem mesmo os profetas do Antigo Testamento que registraram a revelação puderam entender a relação entre "os sofrimentos de Cristo e as glórias que se seguiriam àqueles sofrimento" (1Pe 1:11). Naquele momento Cristo lhes declarou que sua morte era imprescindível, embora Ele fosse o Filho eterno do Deus eterno. A morte de Cristo ocorreu na época determinada pela vontade de Deus. Cristo indicou que a profecia de Malaquias havia sido cumprida. Ele declarou categoricamente: "Elias já veio" (Mc 9:13). Essa foi uma referência a João Batista, que veio no espírito e poder de Elias para realizar a obra de Elias, chamando a nação ao arrependimento e transformando um remanescente à fé em Cristo. Assim, Ele procurou harmonizar e explicar a relação entre a morte, sobre a qual havia falado, e a sua glória, que havia sido revelada àqueles homens.

P. Ensino sobre a dependência
Seção 89
Mateus 17:14-21; Marcos 9:14-29; Lucas 9:37-43a

Quando os quatro voltaram para encontrar os outros discípulos, eles os viram em um confronto com os mestres da lei que discutiam com eles na presença de uma grande multidão. Na ausência de Jesus, os mestres da lei procuraram confundir os discípulos, que haviam se comprometido com Jesus Cristo. A curiosa multidão ouvia atentamente cada palavra. Mas quando Jesus apareceu, a turba deixou os discípulos e correu para encontrá-lo. Jesus perguntou sobre a natureza da discussão entre os mestres da lei e os seus discípulos. Alguém o informou que tinha um filho possesso por demônios. O demônio havia se apossado de sua fala e ocasionava uma convulsão pela qual seu filho era jogado ao chão, espumava pela boca, rangia os dentes e ficava rígido. Ele fora buscar a ajuda de Jesus para curar seu filho. Mas quando não o encontrou, pediu aos discípulos que expulsassem o demônio. Essa autoridade havia sido anteriormente concedida por Jesus aos discípulos (Mt 10:8). O homem parecia acreditar que os discípulos poderiam ajudá-lo, mas eles não conseguiram expulsar o demônio. Cristo reagiu: "Ó geração incrédula" (Mc 9:19). Ele se dirigiu ao Pai, à multidão e aos mestres da lei, e não diretamente aos discípulos que não conseguiram curar o homem. Aquele rapaz evidentemente fora apresentado como um teste da autoridade que pertencia a Cristo, bem como um teste para os discípulos, seus representantes. A nação a quem Cristo se recusou a oferecer outro sinal ainda estava procurando por um sinal. Eles não acreditariam até que estivessem convencidos de que Jesus era quem afirmava ser. Esse confronto foi planejado para fornecer alguma prova adicional pela qual eles pudessem ser persuadidos; desse modo, Cristo se referiu àquele grupo como uma geração incrédula, pois eles já haviam presenciado uma série de sinais anteriormente e não acreditaram. Então Jesus pediu que o menino fosse levado até Ele. Quando o menino se aproximou, o demônio dentro dele o fez convulsionar e ele caiu no chão, se contorcendo como um animal e espumando pela boca. A indagação de Cristo trouxe à tona a informação de que o menino estivera nessa condição desde a infância. Além disso, o que estava sendo visto era apenas uma parte dos efeitos da possessão demoníaca, pois o demônio procurava constantemente destruir a criança, levando-a para dentro do fogo ou da água. O pai confessou sua extrema necessidade quando implorou: "tem compaixão de nós e ajuda-nos" (Mc 9:22). O fato de o pai não ter depositado fé em Cristo é evidente na atitude que expressou em seu apelo com as palavras: "se podes fazer alguma coisa". Cristo repetiu as palavras do homem, dizendo: "'Se podes? Tudo é possível ao que crê" (v. 23). A libertação do filho não dependia apenas do poder de Cristo. Ele tinha autoridade sobre os demônios, embora frequentemente se manifestasse libertando muitas outras pessoas que estavam na mesma condição que aquele menino; Jesus traçou o princípio de que tudo é possível para quem tem fé. Ele afirmou que poderia oferecer misericórdia em resposta à fé daquele pai. Nesse ponto, o pai confessou publicamente sua fé na pessoa de Cristo, dizendo: "creio" (v. 24). Ele percebeu as dúvidas que o atormentavam e os conflitos que se agravavam por causa da controvérsia que se travava entre Cristo e os fariseus. No entanto, confessou e implorou que sua fé pudesse ser ajudada a superar suas dúvidas ou descrença. Em resposta à sua fé, Cristo não apenas ordenou ao espírito maligno que saísse do menino, mas também que nunca mais voltasse a entrar nele. O espírito resistiu até o limite de sua capacidade: "[...] o espírito saiu, gritando e agitando-o muito. O menino ficou como se estivesse morto, de modo que muitos diziam: 'Ele morreu'". (Mc 9:26). Apesar da resistência obstinada, o demônio teve de obedecer a Cristo e sair do menino. Cristo se abaixou, tomou o garoto pela mão e o levantou. O que Cristo fez pelo menino endemoninhado foi uma revelação do que Ele poderia e haveria de fazer pela nação de Israel se o povo depositasse fé nele. Se eles se voltassem para Ele e buscassem a libertação, o Salvador concederia libertação em resposta à fé deles. A libertação deles não dependia da habilidade de Cristo em libertar, mas sim da fé deles em sua pessoa.

A falha de Israel em receber a libertação do Messias foi devido ao fato de tê-lo rejeitado. Quando os discípulos ficaram a sós com Jesus, perguntaram-lhe por que não conseguiram expulsar o demônio. Isso deve ter sido um problema para eles, porque já haviam recebido autoridade para expulsar demônios no nome de Jesus (cf. Mt 10:1). Cristo explicou a incapacidade deles, dizendo: "Porque a fé que vocês têm é pequena" (17:20). Os discípulos evidentemente confiavam na autoridade que anteriormente lhes fora conferida para expulsar demônios, em vez de confiar no próprio Cristo. Ele os lembrou que a fé mais fraca depositada em sua pessoa era insuficiente para capacitar o crente a fazer essas obras poderosas. Esse pensamento parece substanciado pela explicação adicional de Cristo, "Essa espécie só sai pela oração" (Mc 9:29). A oração é essencialmente uma altitude de total dependência de Deus. Aqueles homens parecem ter confiado em suas experiências anteriores ou na autoridade que lhes foi conferida, em vez de depender de Cristo e confiar nele para realizar o milagre por meio deles.

Essa lição foi planejada para ensinar aos homens que seu ministério nos dias futuros deve ser levado avante na dependência de Deus e na fé nele. Seria sua fé, não sua posição, que tornaria possível para eles cumprirem o ministério que lhes foi confiado.

Q. Instruções adicionais sobre sua morte

Seção 90

Mateus 17:22-23; Marcos 9:30-32; Lucas 9:43-45

Jesus deixou a região de Cesareia de Filipe e voltou para a Galileia. Ele procurou se dirigir em silêncio para Cafarnaum, a fim de não ser notado pela multidão. Durante a viagem, Cristo novamente instruiu os Doze, dizendo: "O Filho do homem está para ser entregue nas mãos dos homens.

Eles o matarão, e três dias depois Ele ressuscitará" (Mc 9:31). Apesar dessa declaração explícita, os discípulos não entenderam. Os judeus da época de Cristo estavam confusos sobre as profecias do Antigo Testamento a respeito do Messias. Por um lado, reconheciam que o Messias deveria sofrer e, por outro, que o Messias governaria com poder e glória. Essas duas linhas de revelação pareciam contraditórias. A teologia judaica procurava harmonizar a confusão ensinando a vinda de dois Messias: um para sofrer e morrer, e outro para reinar em poder e glória. Os discípulos não viam problema em aceitar essa concepção popular. Cristo falava de um reino glorioso no qual governaria Israel. Os três discípulos no monte tiveram uma revelação daquele reino e da glória de Cristo nele; assim, sua atenção estava voltada para a glória do reinado do Messias. Como os outros judeus, eles não podiam conceber que o Messias tivesse que sofrer e morrer. Cristo estava tentando mostrar àqueles homens que o mesmo Messias que um dia reinaria também deveria sofrer e morrer. Portanto, ao caminharem desde as encostas do Hermom até a sinagoga de Cafarnaum, nosso Senhor novamente os instruiu a respeito dos eventos que lhe aconteceriam. Essa instrução produziu dois resultados: primeiro, eles ficaram muito confusos e com medo de pedir-lhe mais explicações (Mc 9:32); segundo, eles estavam "cheios de tristeza" (Mt 17:23).

R. Ensino sobre a filiação

Seção 91

Mateus 17:24-27

Pouco depois de Jesus e seus discípulos chegarem a Cafarnaum, Pedro recebeu a visita dos cobradores do imposto do templo. Eles perguntaram: "O mestre de vocês não paga o imposto do templo?" (Mt 17:24). Esse tipo de contribuição foi estabelecido para os israelitas por Moisés (Êx 30:11-15) e era usada para custear a construção do tabernáculo. Era exigida anualmente de todo israelita com mais de 20 anos de idade.

> O imposto era como uma contribuição voluntária da igreja; ninguém poderia ser obrigado a pagar (Plummer). A Mishná originalmente estabeleceu que os bens daqueles que não pagavam poderiam ser

confiscados após o vigésimo quinto dia de Adar, mas dificilmente é aceitável que isso teria ocorrida na época de Cristo, especialmente na Galileia. Tinha de ser depositado nos (três) cofres de uma câmara interna do templo em siclos judaicos, e os cambistas do templo tinham de converter moedas romanas e outras moedas estrangeiras em siclos judaicos, tal como era, rendia anualmente para mais de duzentos mil dólares americanos. O próprio imposto se converteu em um vasto tesouro no templo, uma forte tentação para a ganância sem lei, uma sedução para governantes estrangeiros e uma das principais causas da Grande Guerra que finalmente destruiu a cidade e o Templo. As receitas anuais desse imposto destinavam-se a pagar pelos animais para os sacrifícios gerais, assim como para pagar os rabinos, os inspetores de sacrifício, os copistas, os padeiros, as mulheres que lavavam a roupa do templo, a água e os outros suprimentos, e os reparos do templo.

É possível e bastante provável que o rápido surgimento dos coletores desse imposto tenha ocorrido por causa de um plano arquitetado pelos inimigos para envolver Jesus e Pedro na violação de uma obrigação reconhecida, ou para revelar se Ele estava realmente seguindo a ideia do zelote, um homem chamado Judas da Galileia, que não pagava a contribuição do templo, enquanto a Cidade Santa fosse profanada pelos romanos. A forma de perguntar que eles usaram não pedia uma resposta afirmativa, como a que receberam de Pedro, mas sim implicava em dúvida.[37]

Esse imposto era voluntário e não obrigatório. A oferta em Êxodo 30:11-15 parece ter se aplicado apenas à coleta original que era tomada enquanto o tabernáculo estava em construção. Após o cativeiro babilônico, a tradição rabínica impôs essa contribuição como habitual para todos os judeus. Assim, recusar-se a pagar esse imposto não levaria a uma acusação de violação da lei, embora fosse uma violação da tradição. Além disso, Farrar observa:

> A pergunta sugere duas dificuldades — a saber, por que nosso Senhor não foi cobrado para entregar essa contribuição no ano anterior? E por que agora era exigido no outono, na aproximação da Festa dos Tabernáculos, em vez de no mês de Adar, cerca de seis meses antes? As

---
[37] Shepard, *The Christ,* p. 325-326.

respostas parecem estar no fato de que sacerdotes e rabinos proeminentes eram considerados isentos do imposto; que a frequente ausência de nosso Senhor de Cafarnaum havia causado alguma irregularidade; e que era permitido pagar os atrasados algum tempo depois.[38]

Visto que Cristo foi reconhecido por muitos como um rabino, era questionável se Ele deveria ser obrigado a pagar o imposto. A contribuição estava sendo requerida de Cristo, não dos discípulos. Uma possível explicação é que Cafarnaum não era sua cidade natal.[39]

Porque Cristo sempre obedeceu aos mandamentos da lei, Pedro não teve necessidade de perguntar o que Ele faria imediatamente, mas afirmou que Ele pagaria o imposto do templo. Cristo usou isso como uma oportunidade para instruir Pedro. Cristo se referiu à prática usual de exigir do povo conquistado que pagasse impostos e taxas para sustentar o conquistador. Os cidadãos do país conquistador estavam isentos de impostos. Os romanos arrecadavam impostos sobre as províncias conquistadas para apoiar o governo romano com o objetivo de que o cidadão romano ficasse livre dessa obrigação. Pedro imediatamente reconheceu que os reis não cobram de seus próprios filhos (ou seja, seus próprios cidadãos), mas sim de outros (isto é, aqueles a quem conquistaram). A conclusão foi que os filhos ou cidadãos estavam isentos de impostos. A inferência de Cristo foi que, uma vez que essa tributação era para sustentar o templo, que era a casa de seu Pai, Ele e os que estavam associados a Ele não deveriam pagar impostos para sustentá-lo. Deveria ser sustentado por aqueles que o procuravam para receber benefícios. Essa foi uma afirmação semelhante à que Cristo fez quando, no início do seu ministério, foi ao templo para o purificar e tomar posse dele em nome do Pai (Jo 2:13-17).

Se Cristo tivesse se recusado a pagar a contribuição do templo, como bem poderia ter feito, as autoridades teriam tido fundamento para acusá-lo e rejeitá-lo. Para evitar isso, Cristo ordenou a Pedro que lançasse a rede no lago e abrisse a boca do primeiro peixe que pescasse. Pedro encontraria a moeda na boca do peixe e esta seria suficiente para pagar o imposto para dois. Jesus disse a Pedro para entregar a moeda aos cobradores de

---

[38] Farrar, *Life of Christ*, vol. 2, p. 42-43.
[39] Ibid., p. 45.

impostos para que não pudessem acusá-lo. Nesse incidente, então, Cristo reivindicou sua autoridade sobre o templo e sua isenção do imposto usado para sustentar o templo por causa de seu relacionamento com aquele a quem o templo era dedicado.

S. Ensino sobre a humildade
Seção 92
Mateus 17:22-23; Marcos 9:33-37; Lucas 9:46-48

A questão do reino agora predominava na mente dos Doze por causa dos eventos que haviam ocorrido antes. Surgiu uma discordância entre eles com respeito a qual dentre eles deveria ter a posição proeminente no reino que esperavam que Cristo estabelecesse.

"No caminho haviam discutido sobre quem era o maior" (Mc 9:34). Para ensinar a esses homens uma lição importante, Cristo colocou uma criança no meio deles. Por meio dela, Jesus ensinou várias lições: primeiro, eles deveriam ser como crianças para entrar no reino (Mt 18.3). Uma criança é caracterizada por sua total dependência de seu pai. Ela não sabe nada sobre si mesma, mas deve ser ensinada por seu pai. Ela não pode depender de si mesma, mas deve depender de seu pai. Não coloca seu próprio pensamento acima do pensamento de seu pai. Portanto, Cristo estava dizendo que, para entrar no reino, é preciso demonstrar uma dependência infantil daquele que o oferece. Uma segunda lição que Ele ensinou foi que a posição no reino dependia de tomar o humilde lugar de uma criança (Mt 18.4). Uma criança não tinha direitos em casa; todos os direitos pertenciam ao pai. Uma criança, em relacionamento adequado com seu pai, não exercia sua vontade contra a vontade do pai, mas sujeitava sua vontade à vontade de seu pai. Cristo ensinou que somente aqueles que se sujeitam a Ele serão exaltados no reino. Jesus usou uma criança para ensinar que, pelo fato de a criança e seu pai serem tão identificados entre si, quem recebe a criança recebe realmente o pai. Quem recebe aquele que pertence a Cristo é, portanto, um filho do reino, e na verdade está recebendo também o próprio Cristo.

A lição que Cristo queria que eles aprendessem com esse incidente foi sucintamente descrita por Marcos: "Se alguém quiser ser o primeiro, será o último, e servo de todos" (9:35). As posições no reino serão determinadas pelo grau de submissão a Cristo e pelo serviço do discípulo a Cristo.

T. Ensino sobre o orgulho
Seção 93
Mateus 18:6-14; Marcos 9:38-50; Lucas 9:49-50

Jesus, no encontro anterior com os Doze, havia procurado corrigir uma atitude errada. Seus argumentos sobre quem seria o maior no reino demonstraram uma atitude errada. Era contrária à atitude de Cristo de se submeter completamente ao Pai e se dedicar ao seu serviço. João foi um dos Doze repreendidos pelas palavras do Senhor. Ele procurou esquivar-se da repreensão do Senhor e obter sua aprovação, mostrando devoção a Cristo. João disse que os Doze encontraram um homem que estava expulsando demônios usando o nome de Jesus para isso. Eles determinaram que o homem parasse de expulsar demônios em seu nome porque ele não estava na companhia de Jesus. É possível concluir que aquele que expulsava demônios em nome de Jesus teria discípulo de São João. Jesus mais tarde se referiu a tal pessoa como "um destes pequeninos que creem em mim" (Mc 9:42). Esse homem pode ter chegado à fé em Cristo por intermédio do ministério de João, mas continuou na companhia dos discípulos de João mesmo depois da morte deste. Uma explicação alternativa seria que ele teria ouvido as palavras de Jesus e colocado fé em sua pessoa. Pela fé em Cristo, aquele homem estava fazendo o que os discípulos não foram capazes de fazer enquanto Jesus estava longe deles no Monte da Transfiguração. De qualquer forma, a fé desse homem foi colocada na pessoa de Cristo e nas obras que Ele realizava, e isso era resultado dessa fé. Mas pelo fato de que esse homem não se identificou publicamente com Cristo, os Doze procuraram dissuadi-lo de realizar milagres por meio da fé em Cristo. A resposta de Cristo, "Não o impeçam" (Mc 9:39), mostra que Ele recebe todo aquele que nele coloca sua fé. A questão de o homem ter feito um milagre em nome de Jesus era uma evidência de que tinha fé nele. Aquele que coloca a fé em Cristo pertence a Ele e é aceitável a Ele. Cristo então apontou que não era necessário realizar milagres em seu nome para evidenciar uma fé que tornava alguém aceitável. Aquele que faz algo tão significativo como dar um copo de água a um homem sedento em nome de Jesus evidencia fé em sua pessoa, o que certifica que ele pertence a Cristo (v. 41). A fé que produz obras é a base da recompensa, e não das próprias obras.

Agora Jesus estava tratando com a atitude dos Doze em repreender aquele homem. A ordem dos apóstolos ofendeu aquele homem, que cria em Jesus. Ele estava fazendo o que fez pela fé em Cristo e por devoção a Ele, não para ser aceito pelos Doze. Portanto, Cristo lidou com o problema da ofensa que resultou da atitude superior que os Doze demonstraram. As palavras de Cristo foram projetadas para levá-los a enfrentar o problema e a remover a causa da ofensa. Cristo nomeou o ofendido como alguém que cria (Mc 9:42). Ele disse que seria melhor alguém ter uma pedra de moinho amarrada no pescoço e ser lançado ao mar do que ofender algum crente. Com isso, Ele advertiu severamente os Doze para mostrar-lhes o quão sério Ele considerava uma ofensa. Então Cristo os exortou a lidar com o problema básico que produz a ofensa. Quando Cristo disse que eles deveriam cortar suas mãos ou pés, ou arrancar seus olhos, Ele não estava ensinando a automutilação, pois alguém poderia cortar as duas mãos e dois pés e arrancar dois olhos e ainda ter o problema básico do orgulho dentro de si (v. 43-47). Em vez disso, Ele disse aos Doze para irem à raiz do problema e removê-la para que não ofendessem. Se alguém é caracterizado pelo orgulho em vez da humildade, e se age consistentemente com orgulho de modo a ofender aqueles que creem em Cristo, ele está demonstrando que não pertence a Cristo e, como consequência, "será lançado no inferno" (v. 47). Cristo não estava ameaçando os Doze com a perda de sua salvação ou dizendo-lhes que uma ofensa os condenaria ao inferno. Mas se tal atitude os caracterizasse, então não pertenceriam a Ele. A razão é que a humildade de Cristo caracteriza o que crê. Sua humildade é reproduzida naqueles que são seus.

Cristo deu outro motivo pelo qual os Doze não deviam assumir uma atitude superior em relação a outros crentes. Ele disse: "Pois eu digo que os anjos deles nos céus estão sempre vendo a face de meu Pai celeste" (Mt 18.10). Edersheim observa:

Parece que vemos Jesus ainda segurando aquela criança e, com referência evidente ao desprezo judaico por tudo aquilo que é pequeno, apontamos para isso e aplicamos, de uma maneira totalmente diferente do que eles já haviam ouvido, o ensino rabínico sobre os anjos. Na visão judaica, apenas o principal dos Anjos permanecia diante da face de Deus dentro do véu, ou *pargod* [cortina], enquanto os outros se agrupavam em classes diferentes, ficavam do lado de fora e aguardavam seu comando. A distinção com que o primeiro era agraciado consistia em contemplar a face de Deus e ouvir diretamente dele seus conselhos e suas ordens. Essa distinção era, portanto, de conhecimento; Cristo ensinou que era de amor. Não o mais exaltado em conhecimento e mérito, ou dignidade, porém o mais simples, o mais desprendido de si mesmo, mais receptivo e apegado — é que está mais próximo de Deus. Olhe da terra para o céu; aqueles representantes, que podem ser guardiões, anjos mais próximos de Deus, talvez não sejam aqueles que tenham um conhecimento mais profundo do conselho e das ordens divinas, mas aqueles mais humildes, que possuem graça e fé simples — e assim aprendem não apenas a não desprezar um desses pequeninos, mas conhecem quem é verdadeiramente maior no Reino dos Céus!

Visto sob essa perspectiva, não há nada de incongruente na transição da sequência do texto: "O Filho do homem veio para salvar o que se havia perdido". Desse modo, sua maior condescendência ao se tornar a Criancinha de Belém, é também sua maior exaltação. Quem está mais próximo do Pai e, no sentido mais especial e único, sempre contempla seu rosto, é aquele que se tornou uma Criança e se rebaixou para salvar o que se havia perdido.[40]

Mesmo o que é pequeno e desprezado pelas pessoas está sob os cuidados de Deus, e Ele designa seus anjos para guardar aqueles que confiam nele. Como o sal, eles deveriam preservar, não repelir as pessoas (Mc 9:50). Os Doze, por sua atitude para com o homem que havia realizado os milagres, não o estavam atraindo a Cristo, mas repelindo-o do Mestre. Ele havia ensinado anteriormente que seus discípulos eram o sal da terra (Mt 5:13).

Lane comenta sobre o contexto e o significado do sal:

---

[40] Edersheim, *Life and Times,* vol. 2, p. 122.

Duas observações sobre a vida na Palestina fornecem o pano de fundo para os comentários vigorosos de Jesus. A máxima de que "o mundo não pode sobreviver sem sal" (*Tractate Sopherim* XV.8) é um lembrete vívido de que o sal era uma necessidade da vida no mundo antigo porque preservava os alimentos da decomposição. Por outro lado, Plínio, o Velho, já havia observado que o sal do mar Morto pode perder sua qualidade e sabor e se tornar insípido (*Hist. Nat.* 3.31,34). A palavra de Jesus pressupõe essas duas verdades. O *logion* concernente ao sal, entretanto, deve ser interpretado pelo contexto, que estabelece os exigentes requisitos do discipulado. Os discípulos têm uma responsabilidade escatológica para com o homem no mundo que está sujeito ao julgamento de Deus. Jesus os avisa que eles podem perder aquela qualidade semelhante ao sal, que significa vida para o mundo. Aqui o sal tipifica aquela qualidade que é a marca distintiva dos discípulos, cuja perda os tornará inúteis. Isso só pode ocorrer por sua fidelidade a Jesus e aos evangelhos (veja cap. 8.35,38). A exortação para guardar sua qualidade semelhante ao sal, a fim de estar em paz uns com os outros, tem relação direta com a situação de contenda que provocou conversão diálogo nos versículos 33ss. O que distingue um homem de outro não são distinções de posição ou valor, mas a qualidade de sua "salinidade". A contenda é resolvida e a paz restaurada quando os homens se reconhecem em um compromisso comum com Jesus e com o evangelho, e com a vocação de servo.[41]

Cristo os exortou a atrair as pessoas para Ele (tendo sal em si mesmos) e eles fariam isso vivendo "em paz uns com os outros" (Mc 9:50). "Uns com os outros" refere-se àqueles que confessavam publicamente a Cristo, bem como a outros, como esse, que não se identificavam abertamente com Ele. Cristo passou a mostrar aos Doze que se alegrava com aquele que passou a ter fé nele e amor por ele. Ele usou a figura de um homem que tinha cem ovelhas, uma das quais se perdeu (cf. Mt 18:12-14). Ele procurou encontrar a ovelha que havia se perdido. Quando a encontrou, ele se alegrou com isso. O coração de Cristo ficou satisfeito pela fé que aquele homem havia depositado em sua pessoa, e a fé do homem tornou possível que ele realizasse milagres em seu nome. Cristo procurou

---

[41] William C. Lane, *Commentary on the Gospel of Mark* (Grand Rapids: Eerdmans, 1974), p. 350.

o que estava perdido porque "o Pai de vocês, que está nos céus, não quer que nenhum destes pequeninos se perca" (Mt 18:13). Se os Doze compartilhassem o coração de Cristo, eles teriam amor por todos aqueles que viessem a Ele. Assim, Cristo estava lidando com a atitude errada que poderia impedir os Doze de ministrar de forma a atrair pessoas a Ele.

U. Ensino sobre o perdão

Seção 94

Mateus 18:15-35

Na seção anterior Cristo ordenou aos crentes que vivessem em paz uns com os outros (Mc 9:50). Sendo que é inevitável surgirem divisões entre os crentes, Cristo agora ensinou aos Doze como essas divisões poderiam ser sanadas para que a unidade do grupo de fiéis não fosse quebrada. Cristo estava dando princípios pelos quais um crente deve ser leal com outro crente quando um tiver sido ofendido pelo outro. O crente contra quem houve a ofensa deve tomar a iniciativa. Ele deve ir pessoalmente ao irmão ofensor, mas em particular, e revelar a ofensa. O objetivo é motivar o ofensor à confissão e levá-lo à reconciliação para que a divisão não se torne permanente. Se o ofensor se recusar a fazê-lo, aquele que foi ofendido deve voltar ao ofensor com uma ou duas testemunhas. Dessa forma, não será a palavra de um contra a do outro. As testemunhas podem prestar depoimento de que o ofensor se recusou à reconciliação, embora o ofendido a tenha solicitado. No caso de o segundo passo ser ignorado e a divisão persistir, então o assunto deve ser apresentado "à igreja" (Mt 18:17). Cristo havia falado profeticamente a respeito da igreja que seria instituída após sua morte e ressurreição (16:18). Os princípios enunciados aqui parecem ter surgido do fato de que os Doze ofenderam a um crente ao se recusar a estender a comunhão a ele. A razão declarada por eles era que, embora a pessoa tivesse expulsado demônios em nome de Jesus, ela não havia se identificado com ele e com os Doze. Esses princípios foram designados para efetuar uma reconciliação e prevenir a perpetuação da divisão entre os crentes daquela época. Assim, interpretaríamos "a igreja" aqui como se referindo ao grupo total de crentes que se uniram no vínculo comum da fé em Jesus Cristo.

Se, quando o assunto se referir à igreja como instituição dos crentes, e o infrator ainda se recusar a fazer confissão e reconciliação, ele deveria ser retirado da comunhão com aquela igreja e deveria ser tratado como pagão ou coletor de impostos, ou seja, a pessoa deveria ser recusada na comunhão e assim ser banida. Os princípios que Cristo enunciou aqui, para promover a reconciliação quando houver uma divisão, e para evitar que uma divisão se tornasse permanente, sem dúvida são aplicáveis na época presente. Portanto, esses passos práticos devem ser seguidos hoje na preservação da unidade do grupo de crentes. Se houver algum questionamento acerca de se a igreja poderia impor tal disciplina de modo a excluir alguém da comunhão, devemos lembrar que Cristo disse: "Tudo o que vocês ligarem na terra terá sido ligado no céu, e tudo o que vocês desligarem na terra terá sido desligado no céu" (Mt 18:18). Essas palavras são idênticas às que nosso Senhor havia falado anteriormente (veja 16:19). Elas têm a ver com a autoridade para fazer um pronunciamento oficial de culpa ou, de inocência, de aceitabilidade não inadmissibilidade, à luz da situação real.

É necessário manter a unidade entre os crentes porque tal unidade é um pré-requisito para que uma oração seja respondida. Cristo ensinou os discípulos a orar: "seja feita a tua vontade, assim na terra como no céu" (Mt 6:10). A oração não pode produzir efeito a menos que aqueles que oram estejam unidos e concordem entre si "em qualquer assunto sobre o qual pedirem"; Cristo prometeu que mesmo onde dois ou três estão unidos, Ele estará pessoalmente presente com eles enquanto oram.

A lição anterior sobre a necessidade de conceder perdão para preservar a unidade impressionou tanto a Pedro que ele perguntou: "Senhor, quantas vezes deverei perdoar a meu irmão quando ele pecar contra mim?" (Mt 18:21). Mais uma vez, notamos que, no uso do termo "irmão" por Pedro, ele estava tratando com a questão do relacionamento de um crente para com outro crente. Os fariseus ensinavam que a justiça exigia que uma pessoa fosse perdoada duas vezes. Se uma pessoa quisesse se mostrar magnânima, ela perdoava três vezes, mas esse perdão era o limite da justiça dos fariseus. Pedro excedeu em muito as exigências da justiça dos fariseus quando sugeriu que o limite do perdão poderia ser sete vezes. Cristo ensinou que a justiça exige que se exceda em muito a justiça dos fariseus ou até mesmo o padrão que Pedro estava estabelecendo para si mesmo. Jesus disse para perdoar setenta vezes sete. Para a mente judaica, isso significava um número incontável.

Com o objetivo de ensinar o princípio sobre o qual o perdão deve ser concedido, Jesus usou uma parábola. Ele falou de um rei que desejava acertar contas com seus servos. Um deles devia ao rei o que equivaleria, em moeda atual, a milhões de dólares. Esse rei exerceu os direitos que lhe pertenciam. Ele ordenou que o servo, junto com sua esposa, filhos e tudo o que ele possuía fossem vendidos para pagar a dívida. O débito, entretanto, não poderia ser reembolsado nem mesmo por uma medida tão extrema, pois o preço de um escravo era 30 moedas de prata (Zc 11:12-13; Mt 26:15; 27:3). A venda do homem e de toda a sua família como escravos não levantaria a soma necessária. Assim, era impossível para aquele homem quitar sua dívida. Ele foi ao seu senhor e implorou por uma prorrogação do prazo. O rei sabia que uma vida inteira não seria suficiente para pagar a dívida. Em resposta ao apelo do homem, sentiu pena dele por causa de sua situação, e graciosamente cancelou a dívida. Este que havia sido tão graciosamente perdoado deixou a presença de seu senhor. Ele encontrou um de seus conservos que lhe devia uma ninharia em comparação com a dívida que ele próprio tinha anteriormente. Ele se tornou violento e começou a sufocar aquele que estava em dívida para com ele, exigindo pagamento de imediato. Então, a mesma petição que ele havia apresentado ao seu senhor foi dirigida a ele por seu conservo: "Tenha paciência comigo, e eu pagarei a você" (Mt 18:29). Embora esse homem nunca tivesse sido capaz de pagar a enorme dívida, era inteiramente possível que o menor endividado lhe pagasse o que lhe devia. Mesmo assim, o homem se recusou a conceder uma prorrogação do prazo. Mandou lançar seu conservo na prisão até que a dívida fosse paga. Embora ele tivesse o direito de mandar legalmente seu devedor para a prisão, sua ação despertou a ira de outros conservos que sabiam da gentileza que seu senhor havia mostrado para com ele. A conduta do homem foi relatada a seu senhor. O servo que pouco antes havia deixado a presença de seu mestre com alegria foi agora trazido à sua presença com ansiedade. Seu senhor lhe disse: "Servo mau, cancelei toda a sua dívida porque você me implorou. Você não devia ter tido misericórdia do seu conservo como eu tive de você?" (Mt 18:32-33). Porque aquele que recebeu a graça se recusou a demonstrar graça, ele foi jogado na prisão até que toda a dívida fosse quitada. Isso significaria que ele haveria de permanecer na prisão pelo resto de sua vida, uma vez que tal dívida era impossível de ser paga. A lição que Cristo queria ensinar tornou-se óbvia. Pedro havia perguntado: "Quantas vezes deverei perdoar?" (Mt 18:21). E Cristo respondeu por meio da parábola que Pedro deveria perdoar tão frequentemente quanto havia sido perdoado por seu Pai celestial.

Pedro teve de reconhecer que era totalmente incapaz de pagar a dívida que tinha com Deus. O discípulo, então, foi representado pelo homem com a dívida impagável. Porém, Deus havia perdoado gratuitamente todas as dívidas de Pedro. Por isso, fica claro que seria obrigado a perdoar outros que pudessem ter feito mal a ele, cujos erros não passavam de mera ninharia em comparação com o mal que alguém havia feito a Deus e pelo qual havia recebido perdão. Aquele que falha em perdoar os outros demonstra que nunca aceitou pessoalmente o perdão da graça de Deus e, portanto, continua responsável por sua própria dívida. Essa era a intenção das palavras de nosso Senhor quando disse: "Assim o meu Pai celestial tratará cada um de vocês, a menos que perdoem a seu irmão" (Mt 18:35). Dessa forma, a resposta de Cristo à pergunta de Pedro sobre "Quantas vezes deverei perdoar meu irmão?" (v. 21) foi que ele deveria perdoar tantas vezes quantas Deus o havia perdoado. Isso coloca uma grande responsabilidade sobre o crente.

V. Ensino sobre o discipulado
Seção 95
Mateus 8:19-22; Lucas 9:57-62

Jesus havia dito que seu jugo era suave e seu fardo era leve (Mt 11:30). No entanto, isso não significava que Cristo seria leniente com aqueles que se tornariam seus discípulos. O jugo era leve por ser carregado em conjunto com o Senhor. Na seção anterior, temos uma ilustração de como as exigências de Cristo são rigorosas para aqueles que desejam ser seus discípulos. Num primeiro caso (Lc 9:57) um homem veio a Cristo e se ofereceu para se tornar seu discípulo. Esse indivíduo parecia apressado e não havia considerado o custo. Cristo pode ter percebido que o homem, em vista da promessa do reino, estava prevendo uma compensação material por causa de sua associação com Cristo. O Senhor disse-lhe que não possuía recursos materiais com os quais pudesse recompensar os que o seguissem (v. 58). Cristo disse a um segundo homem: "Siga-me" (v. 59), ou talvez, melhor, "seja meu seguidor". Esse era o convite feito para um relacionamento contínuo com Jesus Cristo. A esse convite o homem mostrou hesitação e relutância em seguir o Senhor. Ele pediu permissão para voltar e enterrar seu pai antes de se tornar seguidor de Cristo. O povo fazia uma distinção entre a responsabilidade de alguém para com seu pai e para com seu mestre. Smith explica:

> Seria possível que o gentil Jesus tivesse impedido um filho de cumprir o sagrado dever de prestar a última homenagem de reverência a seu falecido pai? Era de fato a maneira de os rabinos pisarem no afeto natural, arrogando-se a ter o primeiro lugar em consideração e serviço de seus discípulos. O rabinos diziam: "Se o pai de um discípulo e seu mestre perderem alguma coisa, a perda de seu mestre tem precedência porque seu pai o trouxe a este mundo, mas seu mestre, que lhe ensinou sabedoria, o apresentou ao mundo por vir. Se seu pai e seu mestre estiverem carregando um fardo, ele deve primeiro remover o fardo de seu mestre e depois o de seu pai. Se seu pai e seu mestre estiverem no cativeiro e ele não tiver como resgatar a ambos, primeiro deve redimir seu mestre e só então seu pai". E eles insistiam que, a menos que não houvesse outro para cumpri-lo, mesmo o ofício sagrado de enterrar os mortos não deveria interromper o estudo da lei.
>
> Parece que o comportamento de Jesus nesse caso em questão correspondeu totalmente à arrogância e desumanidade dos rabinos.[42]

Cristo, porém, não estava prescrevendo o ensino impiedoso dos rabinos. Arndt observa:

> Muitas vezes tem sido dito que aqui se encontra uma palavra dura ou áspera de nosso Senhor; Ele recusa a um homem a permissão para assistir ao funeral de seu pai. Mas Ele o fez realmente? As circunstâncias não precisam ser aquelas que frequentemente são retratadas: um

---

[42] Smith, *The Days,* p. 90.

certo homem morreu, seu filho está prestes a providenciar o funeral, Jesus o convida a abandonar a ideia de ir ao funeral e se juntar a Ele na viagem. A situação pode muito bem ter sido diferente. Podemos presumir que o que foi solicitado pelo homem teria se tratado de uma permissão para ficar com seu pai até que este morresse e fosse enterrado de forma digna e apropriada. Um forte argumento para essa visão é a imperativo presente *[akoloudei]*, o que significa "seja meu seguidor". Jesus não insistiu que o homem largasse tudo e sem demora se juntasse ao grupo de discípulos. Se esse fosse o significado, o imperativo aoristo [...] *[acholoudēson]* teria sido exigido. Se o funeral do pai fosse iminente, com toda probabilidade teria ocorrido no mesmo dia, porque o costume na Palestina era fazer com que o sepultamento fosse realizado no mesmo dia em que a morte tivesse ocorrido, sempre que isso fosse possível. Argumenta-se contra essa visão que teria resultado em impureza cerimonial para o filho, por causa da participação no funeral, o que exigiria uma purificação com duração de sete dias (Números 19.11); se o filho tivesse se envolvido no funeral de seu pai, uma semana teria se passado antes que ele pudesse segui-lo, e a essa altura nosso Senhor já estaria longe, daí a ordem para que ele não participasse do funeral. Mas se o pai realmente tivesse morrido, seria difícil visualizar o filho livre de impurezas cerimoniais, não tendo de forma alguma tocado no cadáver de seu pai. E estando na presença de Jesus naquele momento, então não estaria em sua casa, como o [...] *[apeidonti]* mostra; como ele poderia estar longe de casa bem na ocasião em que seu pai estava para ser enterrado? Tudo fica claro se pensarmos no filho pedindo permissão para voltar para casa e ficar com o pai até que o último dever filial fosse cumprido. Nesse caso, temos um conflito entre dois deveres, o de tratar adequadamente os pais e o de servir a Cristo diretamente na proclamação do evangelho.[43]

Smith observa adequadamente:

O enterro do corpo é uma necessidade imediata no abafado oriente; e, se seu pai estivesse morto ou próximo à morte, aquele discípulo deveria estar em casa realizando os ritos fúnebres ou fechando os olhos do moribundo; teria sido absoluta falta de consideração se ele tivesse se desculpado de seguir a Jesus por causa de um dever que estava o tempo

---

[43] Arndt, *Luke*, p. 277.

todo negligenciando de modo claro. E a verdade é que sua desculpa não passou de um mero pretexto para atraso. Ele ansiava por uma trégua ao seguir Jesus para que pudesse cuidar de seu pai em seus anos de declínio, empregando uma frase que é comum até hoje no oriente imutável.[44]

Assim, com sua resposta, o homem estava demonstrando não ter compromisso com a pessoa de Jesus. A declaração de Cristo, "Que os mortos enterrem seus próprios mortos" (v. 60), é explicada por Arndt:

> A resposta de Jesus contém um jogo de palavras. A palavra "morto" é usada em dois sentidos, como deixar os mortos (espiritualmente) enterrarem seus mortos (fisicamente). Aqueles que estão espiritualmente mortos podem prestar esse tipo de serviço àqueles que estão fisicamente mortos em seus círculos. Mas para trabalhos de natureza superior, para a pregação das Boas-Novas, eles não são adequados.[45]

Cristo chamou aquele homem para o ministério de proclamar o Reino de Deus (Lc 9:59-60). O homem não estava disposto a assumir a responsabilidade desse ministério.

Um terceiro homem se aproximou de Cristo e se ofereceu para ocupar o lugar do hesitante que se recusou a aceitar o convite do Mestre. Essas palavras parecem implicar: se aquele que o Senhor está convidando não estiver disposto a segui-lo, eu o seguirei. Apesar de o indivíduo anterior ter se dirigido a Cristo como Senhor, a decisão mostrou que ele havia negado o senhorio de Cristo. Este homem, reconhecendo que Cristo era o Senhor e tinha o direito de ser obedecido, ofereceu-se a Ele; mas também pediu permissão para voltar para casa e se despedir de sua família. O pedido desse homem mostrou que suas lealdades e afeições estavam divididas, e por isso Cristo lhe disse: "Ninguém que põe a mão no arado e olha para trás é apto para o Reino de Deus" (v. 62).

> O homem que começa a arar e tira os olhos do arado, e depois olha para trás, produzirá sulcos tortuosos. Isso é especialmente verdadeiro

---

[44] Smith, *The Days,* p. 91.
[45] Arndt, *Luke,* p. 277.

Instrução do Rei aos Doze   393

porque os arados em questão são os instrumentos primitivos da Palestina, um mero pedaço de madeira com um cabo em uma das extremidades e uma ponta de metal ou lâmina na outra; mantê-lo no lugar requer cuidado constante. Aqui definitivamente não se pode servir a dois senhores. A lição que Jesus ensina é que o homem que deseja servi-lo deve dedicar todo o seu coração à causa e ser integro em sua lealdade e fidelidade. Se ele deseja servir a Cristo e ao mundo também, não está apto para a obra do reino de Deus. O texto, deve-se notar, não fala de participantes no reino, mas da posição de uma obra especial nele. A declaração perde a aspereza quando se considera que Jesus não proíbe o homem de se despedir dos membros de sua família. Ele meramente expressa uma advertência contra o pensamento de que Ele, o Senhor e Mestre, ficaria satisfeito com a tibieza no serviço.[46]

Lucas havia registrado anteriormente a exigência que Cristo fez àqueles que seriam discípulos comprometidos. Essas demandas são ilustradas aqui. Exige-se que o verdadeiro discípulo de Cristo deve primeiro negar a si mesmo. É essa a exigência que Cristo fez ao precipitado indivíduo que se ofereceu a Ele com o propósito de receber benefícios materiais. O segundo requisito de Cristo era que um verdadeiro discípulo deveria tomar sua cruz, isto é, aceitar a vontade de Deus para sua vida. Essa demanda foi ilustrada pelo segundo a quem Jesus se dirigiu com o pedido de que o seguisse, mas esse homem queria adiar o compromisso. O terceiro requisito era de alguém seguir a Cristo, e foi essa exigência que Cristo fez ao terceiro indivíduo contatado aqui, o qual pediu que lhe fosse permitido despedir-se dos que estavam em casa. Assim, as exigências de Cristo são ilustradas por seu contato com esses três homens naquela ocasião.

W. Confrontado por seus irmãos
Seção 96
João 7:2-9

A descrença que caracterizava o vilarejo de Nazaré, o lugar em que Jesus cresceu, também havia permeado o próprio lar onde Ele viveu; João

---
[46] Ibid, p. 278.

observou: "nem os seus irmãos criam nele" (Jo 7:5). Chegou o tempo da Festa dos Tabernáculos e era esperado que, em conformidade com as exigências da lei, Jesus celebrasse a festa em Jerusalém. Ele conhecia muito bem as conspirações dos judeus para matá-lo (v. 1). Era necessário que Jesus entrasse em Jerusalém, onde o Sinédrio tinha jurisdição, antes que esse complô pudesse ser executado. Jesus permaneceu na Galileia para ministrar, ficando por um tempo ausente de Jerusalém. Os irmãos incrédulos parecem ter apoiado a conspiração dos judeus, pois eles tentaram levar Cristo para Jerusalém, onde Ele poderia ser colocado sob a competência das autoridades religiosas. Porém, seus irmãos disfarçaram seus motivos, ao sugerir que Ele fosse a Jerusalém "para que os seus discípulos possam ver as obras que você faz" (v. 3). Os irmãos sabiam que Jesus se apresentava como Rei e que sua entronização dependia que fosse recebido e reconhecido pela nação sobre a qual reinaria. Eles, portanto, o lembravam de que alguém que desejasse se tornar essa figura proeminente deveria se apresentar ao público e não poderia ter sucesso se permanecesse escondido do povo. Eles o desafiaram a ir a Jerusalém e lá se revelar publicamente.

Cristo rejeitou o conselho deles, dizendo: "Para mim ainda não chegou o tempo certo" (v. 6). Essa não estava sendo uma afirmação negativa sobre Ele ir a Jerusalém, pois Cristo partiu quase imediatamente para levar e estender seu ministério. Entretanto, Ele havia dito que ainda não havia chegado o momento certo. Cristo reconheceu que estava se movendo de acordo com o cronograma de Deus; Ele não se desviaria da programação que Deus havia predeterminado. De modo que enviou os irmãos sozinhos para a festa enquanto Ele se demorou um pouco mais na Galileia.

Cristo reconheceu o ódio da nação por Ele e comentou que essa antipatia havia surgido porque expôs o pecado do povo (v. 7). A nação era devotada à busca da justiça farisaica. O povo se recusou a aceitar a condenação de Cristo ao farisaísmo. Eles rejeitaram seu julgamento de que eram injustos e não seriam aceitáveis a Deus a menos que aceitassem a justiça que Ele estava oferecendo. Cristo estava certo de que ir a Jerusalém era se expor ao ódio daqueles cujo pecado Ele havia revelado publicamente.

X. Jornada para Jerusalém
Seção 97
Lucas 9:51-56; João 7:10

Aquela Festa dos Tabernáculos marcou um importante divisor de águas na vida e ministério de Jesus Cristo. Lucas observou: "Aproximando-se o tempo em que seria elevado aos céus, Jesus partiu resolutamente em direção a Jerusalém" (9:51). A maior ênfase nos últimos meses do ministério do Senhor havia sido dedicada à instrução dos Doze a fim de prepará-los para continuar o ministério que Ele lhes confiaria após sua morte e ressurreição. Esse ministério estava agora concluído.

Jesus então rumou para Jerusalém, sabendo que iria enfrentar a oposição dos líderes religiosos, o que culminaria em sua morte e ressurreição. Cristo estava preparado para encarar essa oposição e entrar em conflito aberto com as autoridades de Jerusalém. Ele pegou a rota direta da Galileia para Jerusalém cujo caminho passava por Samaria. Enviou mensageiros adiante de si a fim de que providenciassem alimentação e hospedagem para Ele e para os discípulos que o seguiam. Como havia muitos peregrinos viajando pelas estradas naquela época, era necessário fazer provisões com antecedência. Porém os samaritanos não estavam dispostos a aceitá-lo porque Ele estava a caminho do desprezado templo judeu, em vez de se dirigir para o templo que eles reconheciam no monte Gerizim. Tiago e João consideraram tal rejeição uma atitude passível de julgamento. Não há dúvida de que sua conclusão era verdadeira. Aqueles que rejeitaram a Cristo deveriam ser julgados. Os dois se ofereceram para clamar por fogo do céu a fim de destruir os samaritanos, mas o tempo do julgamento ainda não havia chegado. Cristo deixou o lugar onde sua hospitalidade foi recusada e foi para outra aldeia.

Lucas disse que os samaritanos sabiam que "Ele se dirigia para Jerusalém" (9:53). Aquele que mostrou obediência absoluta à vontade de seu Pai ao longo de sua vida ainda era obediente, embora soubesse muito bem tudo o que aconteceria com Ele.

V
Oposição ao Rei
Seções 98-119

A. Conflito na Festa dos Tabernáculos
Seção 98
João 7:11-52

1. A autoridade de Cristo é questionada
João 7:11-15

Seu ministério em Jerusalém e nas províncias circunvizinhas da Judeia ocupou o breve período de cerca de três meses, desde a Festa de Tabernáculos até a Festa da Dedicação. João mostrou o relato do trabalho em Jerusalém e Lucas apresentou o que Ele fez nas províncias vizinhas da Judeia. Jesus foi forçado a se retirar da Judeia no início de seu ministério por causa das intrigas de seus inimigos, que procuravam colocar seu ministério em conflito com o de João Batista. A última oportunidade havia chegado para que Ele fizesse um trabalho completo de evangelização antes de enfrentar seus inimigos na sua missão final de Jerusalém. Mais uma vez, Cristo iniciou a campanha em Jerusalém durante a Festa dos Tabernáculos; e quando o antagonismo de seus inimigos se tornou muito cítrico e sua hostilidade inteiramente aberta, para prosseguir seu trabalho com segurança na cidade, Ele se retirou para os arredores, visitando as várias cidades e lugares para onde antes havia enviado os 70 discípulos, de dois em dois, a fim de preparar o caminho diante dele. Quando essa rápida campanha chegou ao fim na Festa da Dedicação, encontramos Jesus novamente em Jerusalém. Durante essa festa, seus inimigos tentaram apedrejá-lo e Ele retirou-se para Betânia, além do Jordão, dedicando-se então ao ensino na Pereia até ser chamado para a casa de Maria e Marta, quando ressuscitou Lázaro. Esse milagre inflamou ainda mais a ira de seus inimigos, que agora estavam abertamente empenhados em sua destruição. Foi necessário que Ele se retirasse para Efraim, provavelmente nas imediações de Samaria, de onde partiu pelo caminho da Samaria e da Galileia para se juntar mais tarde à caravana de peregrinos que descia pelo lado leste do Jordão para a festa da Páscoa.[1]

Cristo não se apresentou no templo para participar da Festa de Tabernáculos até que a semana festiva tivesse chegado à metade de sua duração. Durante os primeiros dias da festa "os judeus o estavam esperando" (Jo 7:11). Previram que Ele estaria presente para participar da Festa dos Tabernáculos. No meio da festa, Jesus apareceu no templo e passou a ensinar o povo. Ele ganhou uma audiência imediata, e suas palavras confundiram aqueles que o ouviram ensinar. Os seus ensinamentos levantaram uma questão na mente dos ouvintes quanto à fonte de sua sabedoria. Eles perguntaram: "Como foi que este homem adquiriu tanta instrução, sem ter estudado?" (v. 15).

> Como que aquele homem teria adquirido tanta instrução (leitura, conhecimento) sem ter estudado? Para os judeus, havia apenas um tipo de aprendizado — o da teologia; e havia apenas um caminho para ela — a escola dos rabinos. A maior parte do ensino dessa escola era verdadeiro, porém uma parte era falso — e Jesus se apressou em corrigi-la. Ele tinha, de fato, "aprendido", mas em uma escola completamente diferente daquelas que eles reconheciam. No entanto, no próprio conceito deles, demonstrou o mais absoluto conhecimento. Entre os judeus, a autoridade de ensino de um mestre derivava do fato de ele estar de acordo com a tradição — que representava com precisão o que havia sido recebido de um grande mestre anterior, e assim por diante, até Moisés e o próprio Deus. Com base nisso, Cristo reivindicou sua autoridade máxima. Sua doutrina não decorreu de sua própria instrução — foi o ensino do Deus que havia dado a Ele. A doutrina tinha sido recebida de Deus, e Cristo foi comissionado diretamente pelo Pai para trazê-la. Ele era o mensageiro de Deus para eles.[2]

---

[1] Shepard, *The Christ,* p. 343.
[2] Edersheim, *Life and Times,* vol. 2, p. 151-152.

2. A resposta de Cristo
João 7:16-24

Por causa da controvérsia que atingia suas palavras e pessoa, Cristo respondeu à pergunta dos judeus e explicou a fonte de seu aprendizado: Deus o havia ensinado. Tal afirmação exigia uma defesa e Cristo ofereceu uma dupla prova de que seu ensino não se originou dele, mas de Deus.

> Para essa dupla afirmação, havia também evidências duplas. Ele afirmou que o seu ensino fora recebido por Deus? Então que se fizesse um julgamento desse fato. No caso, todos os que em sua alma se sentissem atraídos por Deus, cada um que realmente "decidir fazer a vontade de Deus, descobrirá se o meu ensino vem de Deus ou se falo por mim mesmo". Foram essas influências sentidas, embora não percebidas, que atraíram todos os homens a Ele, de modo que ficavam cativadas pelo que saía de seus lábios. Foi isso que, na hora da maior tentação e dificuldade mental, levou Pedro, em nome dos outros, a encerrar uma dolorosa contenda interior, com as seguintes palavras: "Senhor, para quem iremos? Tu tens as palavras de vida eterna. Nós cremos e sabemos que és o Santo de Deus". Observando, à medida que prosseguimos, que essa conexão interna entre aquele ensino e aprendizagem, e a ocasião presente, pode ser a razão mais profunda pela qual, no evangelho de São João, uma narrativa é imediatamente seguida por outra, e então paramos para dizer: quão real isso tem se mostrado em todas as eras e em todos os períodos do aprendizado cristão — o coração que se torna verdadeiramente ensinado por Deus ("*pectus facit Theologum*"), e que interiormente, a verdadeira aspiração pelo divino prepara o olho para contemplar a realidade divina em Cristo. Mas, sendo assim, não há aqui uma evidência de que Ele é o enviado de Deus, que Ele é um verdadeiro embaixador de Deus? Se o ensinamento de Jesus atende e satisfaz nossa natureza moral, se nos leva a Deus, Ele não é de fato o Cristo?
>
> E isso nos leva à segunda afirmação de Cristo, a de ter sido enviado por Deus. Existe ainda outra conexão lógica em seu raciocínio. Ele havia dito: "descobrirá se o meu ensino vem de Deus ou se falo por mim mesmo". De mim mesmo? Ora, há esse outro teste de que "aquele que fala por si mesmo, busca a sua própria glória" — não pode haver dúvida ou questionamento quanto a isso, mas estarei buscando a minha própria glória? — "aquele que busca a glória de quem o enviou,

este é [o mensageiro] verdadeiro; não há nada de falso a seu respeito". Assim, Cristo apelou e o provou: minha doutrina é de Deus, e Eu sou enviado por Deus![3]

Os judeus estavam dispostos a aceitar a lei que veio por meio de Moisés como a palavra de Deus e não a palavra do próprio Moisés; alegavam se submeter a ela porque a lei viera de Deus. Cristo revelou que embora reconhecessem a origem divina da lei, eles não a observavam. Uma evidência disso era que Moisés havia proibido o assassinato (Êx 20:13); no entanto, os judeus estavam determinados a matar Jesus (Jo 7:19). Desse modo eles estavam rejeitando a lei de Deus. Por essa denúncia, Jesus foi acusado de estar possesso por demônios e sua afirmação de que os judeus estavam tentando matá-lo foi negada (v. 20). Cristo estava se referindo à decisão que os judeus haviam feito na época em que Ele violou a tradição e curou um homem no dia de sábado. Cristo lembrou aos judeus que a lei permitia o trabalho no sábado; pois a circuncisão envolvia trabalho e, no entanto, era permitida no sábado.

> "Fiz um milagre, e vocês todos estão admirados" — referindo-se à cura feita por Ele no sábado, e à total incapacidade de eles compreenderem sua conduta. "Bem, então, Moisés era um mensageiro de Deus, e Eu sou o enviado de Deus." Moisés deu a lei da circuncisão — não, de fato, que fosse por sua autoridade, mas muito antes havia sido dada por Deus — e, para observar essa lei, ninguém hesitaria em quebrar o mandamento do sábado, uma vez que, de acordo com o princípio rabínico, uma ordenança positiva substitui uma negativa. E, no entanto, quando Cristo, como enviado de Deus, curou um homem completamente num sábado ("curei completamente um homem"), eles ficaram irados com Ele? Todo argumento que poderia ter sido apresentado em favor do adiamento da cura de Cristo para um dia de semana, se aplicaria igualmente ao caso da circuncisão.[4]

Sendo que os judeus permitiam a circuncisão, eles não poderiam contestar que Ele tivesse curado um homem no dia de sábado. No entanto,

---

[3] Ibid.
[4] Ibid., p. 153.

esse milagre fez com que os judeus se mostrassem determinados a matar Cristo.

3. A pessoa de Cristo é questionada
João 7:25-27

Era de conhecimento geral em Jerusalém que os líderes haviam planejado matar Cristo. Sem dúvida, eles se propuseram a fazê-lo quando o pudessem prender no momento em que Ele comparecesse à festa obrigatória dos Tabernáculos. A multidão agora estava perplexa, pois Cristo havia se apresentado publicamente. Ele estava ensinando abertamente e havia entrado em conflito aberto com a tradição farisaica sobre a observância do sábado, mas nenhum movimento foi feito contra Ele. Isso levou muitos a perguntar: "Será que as autoridades chegaram à conclusão de que Ele é realmente o Cristo?" (v. 25). A população estava relutante em aceitar essa possibilidade porque eles sabiam que Cristo residia em Nazaré e descendia de José. Não parecia cumprir o requisito quanto à linhagem ou quanto à cidade onde nasceria o Messias do Novo Testamento.

4. A explicação de Cristo
João 7:28-30

Cristo respondeu aos questionamentos do povo de Jerusalém, mostrando-lhes que o estavam julgando segundo a carne. Era verdade que Ele havia crescido em Nazaré como galileu, mas não recebera sua autoridade de José, e sim do Pai que o havia enviado. Embora conhecessem José, eles não conheciam seu Pai celestial. Mas porque Cristo se originou do céu e veio do Pai, Ele poderia revelar o Pai a eles se o ouvissem. Cristo negou, portanto, que sua origem era de Nazaré. Em vez disso, afirmou que veio do céu. Ele negou que José fosse seu pai e afirmou que Deus era seu Pai.

5. A resposta
João 7:31-36

Para os judeus, tal afirmação era uma blasfêmia. Eles fizeram uma tentativa naquele momento de agarrar a Cristo, mas não tiveram sucesso "porque a sua hora ainda não havia chegado" (Jo 7:30). A apresentação de Cristo de si mesmo, como o Filho de Deus que veio para revelar a Deus, foi rejeitada pela multidão. No entanto, também houve outra reação: "muitos no meio da multidão creram nele" (v. 31). O que confirmou a palavra de Cristo foram os sinais milagrosos que Ele havia realizado. Alguns foram conduzidos à fé em sua palavra por causa dos seus milagres. Observamos também uma terceira resposta. Quando os fariseus perceberam que muitos estavam se voltando para Cristo pela fé, eles apelaram aos principais sacerdotes; juntos, enviaram os guardas do templo para prendê-lo. Uma multidão de testemunhas poderia ser encontrada para testificar que eles o ouviram naquela ocasião afirmar ser o Filho de Deus que veio como mensageiro de Deus vindo do céu. Enquanto esse plano estava sendo colocado em operação, Jesus fez outra afirmação contundente. Não apenas tinha vindo do céu, mas em pouco tempo Ele voltaria para seu Pai no céu que o tinha enviado. Aqueles que o rejeitaram tão persistentemente não poderiam acompanhá-lo para onde Ele estava indo. Aqueles que ouviram a palavra de Cristo não podiam conceber onde Ele poderia se esconder e assim se esquivar da vigilância deles (v. 35). Eles pensavam que ainda que Ele fosse para os judeus dispersos entre os povos gentios seriam capazes de encontrá-lo e concretizar seus planos predeterminados.

6. O convite de Cristo
João 7:37-52

Jesus passou a segunda metade da semana da Festa dos Tabernáculos ensinando às multidões que se reuniram em Jerusalém. Ele havia proclamado a verdade de Deus para o povo. Cristo alegou ter vindo de Deus com a mensagem de Deus. Ele havia afirmado que voltaria para seu Pai no céu. Um grande conflito foi gerado pelas palavras de Jesus, e nessa ocasião Ele culminou seu ensino com um convite: "Se alguém tem sede, venha a mim e beba" (Jo 7:37).

> O último dia da festa era chamado de Grande Dia ou Hoshaná Rabá e celebrado como um sábado, provavelmente em memória da entrada de Israel em Canaã. Durante os sete dias anteriores, sete novilhos eram sacrificados pelas setenta nações do mundo; mas nesse oitavo dia

um sacrifício era oferecido pela própria nação de Israel. Cada manhã dos sete dias, bem cedo, era feita a alegre cerimônia de derramar o conteúdo do jarro dourado de água na bacia de prata no lado oeste do altar, o qual havia sido trazido por um sacerdote do tanque de Siloé perto do monte Sião fora da Porta das Águas do templo. O Halel era cantado pelos adoradores brilhantemente vestidos, e enquanto a água era derramada, eles balançavam em triunfo seus ramos de palmeira. Uma multidão de peregrinos também marchava pela cidade com música e clamores em comemoração pela tomada de Jericó. Outros passavam pelo riacho de Siloé para beber enquanto cantavam as palavras de Isaías: "Venham, todos vocês que estão com sede [...] Com alegria tirareis água das fontes da salvação" (Is 55:1; 12:3).[5]

Os detalhes intrincados da observância da Festa dos Tabernáculos são fornecidos por Edersheim, que assim os descreve:

> Ao som da música uma procissão começava a partir do templo. O povo seguia um sacerdote, que carregava um jarro de ouro, capaz de conter três logues [um pouco mais de dois litros]. Em frente, a procissão passava provavelmente por Ofel, cujas investigações recentes mostram ter sido coberto por edifícios até a margem de Siloé, descendo a borda do vale do Tiropeon, onde se funde com o próprio vale de Cedrom. Até hoje o terraço marca onde os jardins, regados pela nascente viva, se estendiam desde o jardim do Rei pela nascente de Rogel até a entrada do Tiropeon. Ali estava a chamada "Porta das Águas", e ainda dentro da muralha da cidade "o Tanque de Siloé", cujo transbordamento alimentava o tanque inferior [...].
>
> [...] Quando a procissão do templo alcançava o tanque de Siloé, o sacerdote enchia sua jarra de ouro com essas águas. Em seguida, eles voltavam ao templo, com um período bem cronometrado para que chegassem no momento em que colocassem as partes do sacrifício no grande Altar de Holocausto, próximo ao encerramento do costumeiro Sacrifício da Manhã. Um toque triplo das trombetas dos sacerdotes saudava a chegada do sacerdote, ao entrar pela "Porta das Águas", que assim foi chamada por causa dessa cerimônia, e passava direto para o Pátio dos Sacerdotes. Ali ele era acompanhado por outro sacerdote,

---

[5] Shepard, *The Christ*, p. 348.

que carregava o vinho para a oferta de bebida. Os dois sacerdotes subiam "as escadas" do altar e viravam-se para a esquerda. Havia dois funis de prata, com aberturas estreitas que conduziam à base do altar. Na parte oriental, que era um pouco mais larga, era despejado o vinho e, ao mesmo tempo, a água, na abertura ocidental e estreita, e o povo gritava para o sacerdote pedindo que levantasse a mão para se certificar de que ele havia despejado a água no funil [...].

Imediatamente após "o derramamento de água", o grande "Hallel", formado pelos salmos 113 a 118, era entoado em forma de antífona, ou melhor, com respostas, ao acompanhamento da flauta. Quando o levita entoava a primeira linha de cada salmo, o povo repetia; enquanto entoava cada uma das outras linhas eles respondiam com um Hallelu Yah ("Louvado seja o Senhor"). Mas no salmo 118 o povo não apenas repetia a primeira linha: "Deem graças ao Senhor porque ele é bom", mas também: "O Senhor é a minha força e o meu cântico; ele é a minha salvação", "Salva-nos, Senhor! Nós imploramos. Faze-nos prosperar"; e novamente o final do salmo: "Deem graças ao Senhor, porque Ele é bom; o seu amor dura para sempre". À medida que repetiam essas estrofes, sacudiam o incensário que seguravam nas mãos em direção ao altar — como se por meio desse testemunho do passado expressassem a realidade e as razões de seu louvor, e para lembrar a Deus de suas promessas. É esse momento, principalmente, que deveria ser mantido em vista.

O culto matinal festivo era seguido pela oferta do sacrifício especial do dia, com suas ofertas de bebidas, e recitado o salmo do dia que, no "Grande Dia da Festa", era o salmo 82, a partir do versículo 5. No "último e mais importante dia da festa", essa procissão de sacerdotes fazia o circuito do altar, não apenas uma, mas sete vezes, como se estivessem de novo cercando, mas agora com oração, a gentia cidade de Jericó, que havia barrado sua posse da terra prometida. Portanto, o sétimo ou último dia da festa também era chamado de "o Grande Hoshaná". Ao sair do templo, o povo saudava o altar com palavras de agradecimento e, no último dia da festa, sacudia as folhas dos ramos de salgueiro ao redor do altar e agitava seus ramos de palmeira. Na mesma tarde, as "tendas" eram desmontadas, e a festa era encerrada.

Podemos ter pouca dificuldade em determinar que num determinado momento do culto do "último e mais importante dia da festa", Jesus se levantou e clamou: "Se alguém tem sede, que venha a mim e beba!", em referência especial à cerimônia do derramamento da água que, como vimos, era considerada a parte central do culto. Além disso, todos entenderiam que suas palavras deviam se referir ao Espírito Santo, uma vez que o rito era universalmente considerado como símbolo do seu derramamento. O derramamento da água era imediatamente seguido pelo canto do Hallel. Mas depois disso deveria haver uma pequena pausa para o preparo dos sacrifícios festivos (o Musaf). Então, imediatamente após as pessoas responderem aquelas estrofes do salmo 118, dado graças e orado para que Jeová enviasse salvação e prosperidade, e terem sacudido seu incensário em direção ao altar, louvando "de todo o seu coração, com sua boca e suas mãos — então se levantou um clamor, tão alto que a voz de Jesus foi ouvida em todo o templo. Ele não interrompeu o serviço, pois o povo havia feito silêncio por um momento: então Ele foi o intérprete e Ele tornou-se o cumprimento.[6]

Nessa ocasião, Jesus se levantou para que pudesse ser visto claramente e clamou em alta voz para que todos pudessem ouvir: "Se alguém tem sede, venha a mim e beba" (Jo 7:37).

A Festa de Tabernáculos lembrava a Israel sua experiência no deserto enquanto seu povo era estrangeiro e peregrino a caminho da Terra Prometida. Naquele árido deserto, a nação muitas vezes sentia sede. Deus repetidas vezes providenciou milagrosamente água para satisfazer as necessidades do povo. Mas o que Deus havia feito por Israel fisicamente, Cristo viera realizar espiritualmente a favor daquele povo. Ele havia prometido: "Bem-aventurados os que têm fome e sede de justiça, pois serão satisfeitos" (Mt 5:6). Ele se ofereceu para satisfazer a sede espiritual da degradada mulher samaritana (Jo 4:13-14). Ela bebeu e ficou satisfeita. Igualmente Ele fez a mesma oferta para a multidão reunida no templo: "Se alguém tem sede, venha a mim" (7:37). A satisfação deveria ser encontrada em uma pessoa. Jesus veio para revelar Deus ao povo e mostrar o caminho de acesso a Deus, no entanto a verdade de Deus foi revelada em si mesmo. O próprio Jesus era o meio de acesso a Deus. Portanto, para que a sede espiritual do coração seja satisfeita, as pessoas precisam ir a ele. Os fariseus pediam ao povo que seguisse suas tradições e os saduceus requeriam que o povo seguisse seus rituais. Em contraste, Cristo convidou os sedentos a virem a ele. Ele os convidou a beber, a ter desejo de receber

---

[6] Edersheim, *Life and Times*, vol. 2, p. 157-160

o que era apropriado e o que Ele lhes estava oferecendo. Eles tinham que estar dispostos a aceitar a palavra e receber sua pessoa para satisfazer sua sede espiritual. Cristo complementou esse convite com uma promessa. Ele disse: "Quem crer em mim, como diz a Escritura, do seu interior fluirão rios de água viva" (v. 38). Haveria um suprimento constante de água, vindo do interior do crente, que o satisfaria abundantemente. Por causa da cegueira espiritual das pessoas, João explicou que a "água viva" não era outro senão o próprio Espírito Santo (Jo 7:39). A vinda dele havia sido prometida em Joel 2:28 e em Ezequiel 36:26-27. O Espírito não seria concedido até que Jesus Cristo fosse crucificado, ressuscitado e restaurado à destra de seu Pai. A partir dessa última posição, Cristo pediria ao Pai que enviasse o Espírito àqueles que nele cressem (Jo16:7). Mesmo diante de aberta hostilidade e oposição, Cristo graciosamente convidou as pessoas a colocarem fé em sua pessoa, a receber sua palavra e a aceitar o dom da vida eterna.

O gracioso convite do Senhor produziu duas respostas. Alguns disseram que Jesus "é o profeta" (Jo 7:40; Dt 18:15); outros disseram mais diretamente que "Ele é o Cristo" (Jo 7:41). Eles estavam expressando sua fé de que Ele viera de Deus com a mensagem de Deus. Por outro lado, houve aqueles que rejeitaram essa interpretação, argumentando que Cristo tinha vindo da Galileia enquanto os profetas haviam predito que Ele viria de Belém e procederia da linhagem de Davi. O fracasso do povo em investigar as circunstâncias históricas relativas ao nascimento de Jesus deixou-os com uma desinformação que os cegou quanto à identidade e origem de Jesus. Alguns na multidão tentaram prendê-lo para o entregar às autoridades, mas isso não foi possível. Os guardas do templo enviados pelos líderes voltaram sem trazer Cristo com eles. Quando perguntados por que haviam falhado em seu dever, eles responderam: "Ninguém jamais falou da maneira como esse homem fala" (Jo 7:46).

Os fariseus acusaram aqueles homens de serem tão ingênuos a ponto de caírem no engano de Cristo. Eles eram os intelectuais da comunidade e não haviam depositado sua confiança nele. A opinião deles era que Jesus havia enganado apenas os ignorantes e iletrados, mas não os eruditos.

Nesse ponto, Nicodemos falou abertamente e advertiu os fariseus quanto ao fato de condenarem alguém sem investigar o que Ele estava fazendo. Esse foi um desafio para os fariseus investigarem cuidadosamente a pessoa e as palavras de Cristo antes de condená-lo. Os fariseus não queriam investigar, mas preferiam persistir em sua rejeição com base no fato de que o Messias viria de Belém, e não da Galileia. Eles acusaram Nicodemos de ser partidário dos galileus, que anteriormente haviam expressado a disposição de aceitar Jesus como Messias e de coroá-lo rei.

Assim, nessa ocasião significativa, descobrimos que Cristo apareceu publicamente no templo para ensinar o povo. Ele proclamou que era o Filho de Deus e tinha vindo para entregar a mensagem de Deus. Ele ofereceu-lhes a água da vida que os satisfaria e convidou os homens a virem recebê-lo pessoalmente para encontrar essa vida. Essa mensagem evocou fé em alguns e rejeição em outros.

B. Conflito sobre a lei
Seção 99
João 7:53—8:11

Após os conflitos do último dia da Festa de Tabernáculos, Jesus foi ao monte das Oliveiras. Era seu costume, quando em Jerusalém, buscar hospitalidade na casa de Maria e Marta, em Betânia. Talvez nessa ocasião Ele seguiu um costume da festa em habitar em uma tenda temporária erguida no monte das Oliveiras em vez de buscar abrigo em um lar. Com a chegada do novo dia, Ele apareceu outra vez no pátio do templo. Multidões vindas para a festa atrasaram sua partida para que pudessem se reunir no templo com o objetivo de ouvi-lo ensinar. Enquanto Ele ensinava, os mestres da lei e os fariseus trouxeram uma adúltera diante dele.

> É provável que a hilaridade e o abandono do propósito da Festa dos Tabernáculos, que havia se tornado uma espécie de festival popular, muitas vezes degenerasse em atos de licenciosidade e imoralidade, e isso proporcionaria inúmeras oportunidades para a perturbação geral da vida comum causada pela estada de todo o povo em suas pequenas cabanas frondosas. Um desses atos foi detectado durante a noite anterior, e a mulher culpada foi entregue aos escribas e fariseus.[7]

---

[7] Farrar, *Life of Christ,* vol. 2, p. 64.

A mulher foi exposta ao público enquanto os líderes o desafiavam: "Na Lei, Moisés nos ordena apedrejar tais mulheres. E o senhor, que diz?" (Jo 8:5). Esses homens não tinham respeito pela lei de Moisés. A tradição deles não exigia tal julgamento sobre a mulher. Mas a fala de Cristo na Festa dos Tabernáculos levantou a questão da relação da tradição farisaica com a lei de Moisés. Ele os havia lembrado (Jo 7:19, 22-23) que a lei mosaica permitia certas obras no sábado, às quais os fariseus negavam em suas tradições. Os fariseus ficaram furiosos com o fato de Jesus colocar suas tradições em oposição à lei; portanto, quando a ocasião se apresentou para apoiar seus pontos de vista por meio da descoberta dessa mulher em pecado, eles a trouxeram até Cristo. Eles esperavam mostrar que a lei era tão severa que deveria ser reinterpretada e que sua reinterpretação em suas tradições era, portanto, válida. João declarou especificamente que os fariseus não estavam preocupados com retidão ou justiça. Eles esperavam fazer com que Cristo dissesse que a lei era muito dura para ser aceita como estava escrita e precisava ser reinterpretada. Sem dúvida, esses homens frequentemente testemunhavam a compaixão de Cristo pelos pecadores e esperavam que Ele declarasse que a mulher não deveria ser apedrejada. Assim, Jesus reconheceria que a lei era muito severa e isso prepararia o caminho para reinterpretar a lei como os fariseus faziam. Cristo não respondeu imediatamente à pergunta deles, mas, quando eles persistiram, disse: "Se algum de vocês estiver sem pecado, seja o primeiro a atirar pedra nela" (Jo 8:7). Cristo estava dizendo que esse julgamento pertence a Deus, que pode julgar, de acordo com sua santidade. Aquele que a si mesmo não se considera santo está desqualificado para atuar como juiz moral. Isso foi um lembrete de que o pecado não é principalmente contra o homem, mas contra Deus. Ao exigir que a penalidade da lei devia ser executada, os fariseus estavam tomando o lugar de Deus ou, ao libertarem alguém da pena da lei como sua tradição permitia, usurpavam as prerrogativas que pertencem a Deus. Isso não era possível fazer. O argumento oferecido por Cristo de que o juízo pertence a Deus foi tão convincente que os acusadores se afastaram um a um, até que ficassem apenas Jesus e a acusada. Sem ninguém para acusar, não poderia haver execução de uma sentença e, portanto, Cristo disse: "Eu também não a condeno" (Jo 8:11). Cristo não aprovou suas ações ou seu modo de vida. Na verdade, Ele a exortou a deixar sua vida de pecado. Cristo foi nomeado Juiz e um dia Ele se assentará para julgar os pecadores (Jo 5:22). Enquanto isso, Cristo se oferece a todas as pessoas como o Salvador e convida todas a confiar nele para a salvação e a provar a genuinidade de sua fé, abandonando os pecados em que vivem. Cristo habilmente evitou a armadilha que os fariseus prepararam para Ele. Falharam em sua tentativa de fazê-lo reconhecer que a lei mosaica era muito severa para ser observada e em aprovar a interpretação farisaica tradicional dessa lei. Nesse confronto, os fariseus, que afirmavam ser justos, revelaram, ao saírem de cena, que, na verdade, eram injustos.

C. Conflito sobre a luz
Seção 100
João 8:12-20

Após a interrupção dos fariseus que trouxeram a mulher até Ele, Jesus voltou a ensinar as multidões. Ele declarou: "Eu sou a luz do mundo" (Jo 8:12). Shepard diz:

> Jesus retomou seu discurso no templo, ao alcance dos ouvidos de seus inimigos. Ele ainda estava assentado no pátio das mulheres, às vezes chamado de Tesouro. Esse pátio era uma passagem para os israelitas em um nível diferente, quinze degraus acima dali. Um dia antes, Ele havia aplicado a si mesmo um dos milagres do Êxodo, o da água derramada em libações. Dar água para beber era uma frase comum para ensinar e explicar a lei. Agora, Ele aplicava a si mesmo a figura da coluna de fogo. Os grandes candelabros de ouro estavam próximos a Ele, a mais de 22 metros de altura e suntuosamente dourados. Todas as noites essas luzes eram acesas e espalhavam sua luz suave por toda a cidade. Aqui, o povo se juntou a danças festivas ao som da flauta e de outras músicas enquanto os levitas entoavam as Canções dos Degraus. Essa cena havia sido representada, sem dúvida, na noite anterior e estava presente na memória do povo.[8]

---
[8] Shepard, *The Christ*, p. 352.

Esse anúncio glorioso foi acompanhado de uma promessa: "Quem me segue, nunca andará nas trevas, mas terá a luz da vida" (v. 12).

Ele havia dito no dia anterior que era a água da vida, satisfazendo as necessidades individuais de cada alma que viesse a Ele; agora estava declarando ser a luz do mundo, estendendo seus benefícios para toda a raça, como as luzes do templo — figura da coluna de fogo que conduziu Israel pelos caminhos do deserto à noite ou o sol glorioso nascendo naquele momento sobre o monte das Oliveiras. João Batista chamou Jesus de "a verdadeira luz". O salmista chamou Deus de "sua luz". Isaías falou do Messias como a luz eterna. A luz era um título judaico para o Messias. Jesus aqui afirma ser a luz de todo o ser humano, judeus e gentios, uma afirmação que assustou os fariseus e despertou neles um espírito de forte antagonismo. Sua pretensão era ser a luz que brota da fonte da vida e produz vida. Quem quer que o seguisse não andaria nas trevas da ignorância, do pecado e da morte espiritual.[9]

Edersheim descreve o significado da referência de Cristo à luz:

Começou com o que provavelmente foi uma alusão semelhante a uma das grandes cerimônias da Festa de Tabernáculos, ao seu significado simbólico e a uma expectativa messiânica dos rabinos. Como a Mishná declara: no primeiro dia, ou, como o Talmude indicaria, em todas as noites da semana festiva, "o pátio das mulheres" deveria ser brilhantemente iluminado, e a noite anterior seria dedicada às manifestações já descritas. Isso era chamado de "a alegria da festa". Essa "alegria festiva", cuja origem é obscura, estava sem dúvida conectada com a esperança da grande alegria da colheita da terra na conversão do mundo pagão, e dessa forma apontava para "os dias do Messias". Em conexão com isso, Marcos afirma que o termo "luz" era especialmente aplicado ao Messias. Em uma passagem muito interessante do Midrash, somos informados de que, embora comumente as janelas fossem largas por dentro e estreitas por fora, o oposto era observado no Templo de Salomão, porque a luz que saía do Santuário era para iluminar tudo o que estava fora. Isso nos lembra a linguagem do devoto idoso Simeão a respeito do Messias, como uma "luz para revelação aos gentios e para

---

[9] Ibid.

a glória de Israel, teu povo". O Midrash explica ainda que, se a luz no santuário devia estar sempre acesa diante do Senhor, a razão não era porque Deus precisasse dessa luz, mas porque Ele honrou Israel nesse aspecto como uma ordem simbólica. No tempo messiânico, Deus iria, em cumprimento ao significado profético desse rito, "acender para eles a grande luz", e as nações do mundo apontariam para o povo de Israel, que acendeu a luz para aquele que iluminaria o mundo inteiro. Mas isso não é tudo. Os rabinos falavam da luz original na qual Deus se envolvia em uma forma de vestimenta, e que não podia brilhar durante o dia, porque ofuscaria a luz do sol. A partir dessa luz, a luz do sol, da lua e das estrelas foi acesa. Estava agora reservado o lugar sob o trono de Deus para o Messias, em cujos dias Ele brilharia mais uma vez. Por último, devemos nos referir a uma outra passagem do Midrash, onde, após uma notável discussão sobre nomes do Messias como "o Senhor justiça nossa", "o Renovo", "o Consolador", "Siló", "Misericordioso", seu nascimento está relacionado com a destruição do templo, e seu retorno com a sua restauração. Mas nessa mesma passagem o Messias também é especialmente designado como o "iluminador", com as seguintes palavras: "a luz habita com Ele", sendo, pois, aplicada a Ele.[10]

Essa afirmação não poderia deixar de ser contestada pelos fariseus. Eles o rejeitaram, supondo que não havia nenhum testemunho de apoio. Visto que Ele testificou a respeito de si mesmo, eles achavam que seu testemunho não deveria ser considerado. Isso porque consideravam todas as pessoas mentirosas. A palavra de nenhuma pessoa deveria ser aceita, a menos que fosse comprovada por outras testemunhas. Cristo apresentou duas testemunhas de sua pessoa; o primeiro foi o seu próprio testemunho, que era um testemunho válido pela extensão do seu conhecimento (Jo 8:14). Ele sabia de sua origem e destino celestiais. Visto que o conhecimento de Cristo penetra na eternidade passada e na eternidade futura, não é o mesmo conhecimento limitado das pessoas, porém o conhecimento que pertence somente a Deus. Um segundo testemunho sobre sua pessoa foi o do Pai, que o havia enviado (v. 18). Assim, duas testemunhas confirmaram o fato de que Jesus Cristo é a Luz do Mundo.

---

[10] Edersheim, *Life and Times,* vol. 2, p. 165-166.

Quando questionado pelos fariseus sobre o Pai, Cristo explicou que essa pergunta revelava a ignorância deles. Eles eram ignorantes sobre o Pai porque nada conheciam a respeito dele. A tradição farisaica não os levou ao conhecimento do Pai. Cristo era o único que poderia apresentar o Pai a eles. O fato de Cristo ter aparecido no templo abertamente para ensinar e proclamar-se como a Luz do Mundo e a Água da Vida foi um desafio aberto aos fariseus. Havia duas características mais significativas na observância da Festa dos Tabernáculos. A primeira era acender o candelabro de ouro para que o átrio pudesse ser iluminado durante as horas noturnas na semana dos Tabernáculos. A segunda era seguir para o tanque de Siloé para buscar água e derramá-la ao redor do altar. Acender as lâmpadas indicava a necessidade que Israel tinha de luz, da qual Deus era a única fonte verdadeira. Derramar a água era uma confissão de pecado e um reconhecimento da necessidade de purificação. Assim, na Festa dos Tabernáculos os participantes não apenas olhavam para trás, para a provisão de Deus para as necessidades de seu povo, mas também aguardavam a vinda do Messias, que forneceria iluminação e purificação. Ao declarar-se a Água da Vida e a Luz do Mundo, Cristo estava afirmando ser o Messias, o que cumpriu tudo o que foi vaticinado pela Festa dos Tabernáculos. Ao desafiar os fariseus a refutar sua afirmação, eles quiseram prendê-lo, mas não puderam porque o tempo de Deus ainda não havia chegado.

D. Conflito sobre sua pessoa

Seção 101

João 8:21-59

Os fariseus aceitaram o desafio e iniciaram um conflito aberto com ele. Cristo disse àqueles que se opunham a Ele: "Vocês morrerão em seus pecados" (Jo 8:21). Ele afirmou isso novamente e também revelou que a única maneira de receber o perdão dos pecados e o dom da vida era "crerem que Eu Sou" (v. 24). Os fariseus professaram ignorância de quem Jesus Cristo afirmava ser e pediram-lhe que declarasse quem Ele era. Isso foi planejado para extrair de Cristo uma declaração pública de que Ele era o Filho de Deus. Tal declaração feita na presença de muitas testemunhas poderia ser usada contra Ele para acusá-lo de blasfêmia. Cristo respondeu que era quem dizia ser o tempo todo. Ele então evitou novamente cair na armadilha deles. Se Ele era quem afirmava ser, então suas palavras deveriam ser cridas. Ele tinha acabado de lhes fazer uma afirmação sobre o julgamento que cairia sobre eles por causa do pecado. Visto que não eram suas palavras, mas a palavra do Pai, aquela afirmação concernente ao julgamento deveria ser crida. Cristo afirmou que quando "vocês levantarem o Filho do Homem" (v. 28), isto é, quando o matassem, teriam evidências sobre a genuinidade de suas palavras e obras. Sua ressurreição se seguiria à sua morte; isso demonstraria que Ele é quem afirmou ser, o Filho de Deus, e que suas palavras e obras não eram dele, mas do Pai que o havia enviado.

Cristo se apresentou como o verdadeiro objeto de fé (Jo 8:21-30). Ele agora mostrou que veio como o verdadeiro Libertador (v. 31-59). Primeiro, Ele vem como o Libertador do pecado (v. 31-40). Ele veio "para proclamar liberdade aos presos" (Lc 4:18). Ele agora se ofereceu para libertar os discípulos. Seus discípulos eram aqueles que permaneceram "firmes na [sua] palavra" (Jo 8:31). Um discípulo é aquele que recebeu a palavra que Cristo ensinou e se identificou com a pessoa de Cristo. Os líderes responderam à oferta de liberdade de Cristo, alegando descenderem de Abraão. Eles se consideravam livres porque eram descendentes de Abraão. Eles fizeram a incomum afirmação de que "nunca fomos escravos de ninguém..." (v. 33). Isso era estranho à luz da escravidão de Israel no Egito em Canaã, durante o tempo dos Juízes, e na Babilônia, Medo-Pérsia e Grécia, e agora em Roma. A resposta deles revelou que não sentiam nenhuma necessidade do Messias porque eles não tinham nada do que deveriam ser libertos. Cristo os lembrou de que "todo aquele que vive pecando é escravo do pecado" (v. 34). Visto que eram pecadores, eram escravos do pecado; e Cristo veio para libertá-los da escravidão do pecado. Moisés foi reverenciado porque libertou a nação da escravidão do Egito, mas alguém maior do que Moisés estava ali; e se ofereceu para libertá-los da escravidão do pecado. Os líderes não estavam dispostos a aceitar as palavras de Cristo quando Ele lhes disse que viera da presença de seu Pai (Jo 8:42). Novamente Ele estava afirmando ser o Filho de Deus. Mais uma vez, aqueles que o confrontaram mostraram sua confiança em seu relacionamento físico com Abraão, reivindicando aquele patriarca como seu pai. Todavia Cristo mostrou que eles não eram filhos espirituais de Abraão, pois Abraão creu em Deus (Gn 15:6). Os verdadeiros descendentes de Abraão teriam exercido a fé de Abraão e crido nele, já que Ele era Deus. Apresentando-se como Libertador, Cristo ofereceu-lhes liberdade da escravidão do pecado.

Cristo agora passou a oferecer-lhes libertação da escravidão de Satanás (Jo 8:41-49). Em face do que Cristo havia mostrado a seus oponentes, que eles não eram verdadeiros filhos de Abraão, eles abandonaram essa afirmação e fizeram outra ainda mais grandiosa. Eles disseram: "O único Pai que temos é Deus" (v. 41). Cristo mostrou-lhes que não eram filhos de Deus. Disse que, se fossem, eles o amariam, visto que Ele era o Filho de Deus; e eles o receberiam porque o Deus que eles alegavam ser seu Pai o havia enviado. A rejeição deles provou que não eram filhos de Deus. Cristo disse: "Vocês pertencem ao pai de vocês, o Diabo" (v. 44). Ao tentar matá-lo, eles estavam realizando o desejo de Satanás, que era tanto um assassino quanto um mentiroso. Cristo havia apresentado a eles a verdade de Deus, e eles rejeitaram essa verdade. Eles haviam escolhido a mentira do Diabo, mostrando que pertenciam a seu pai, o Diabo. Haviam procurado matar aquele que lhes apresentara a verdade, mostrando por sua intenção assassina que eram filhos desse pai, o Diabo.

Mais uma vez, Cristo desafiou publicamente os fariseus. Ele perguntou: "Qual de vocês pode me acusar de algum pecado?" (Jo 8:46). Cristo afirmou ser Deus; e Deus é santo e não pode pecar. Se pudessem provar que Cristo era culpado, ainda que de um único pecado, sua afirmação de ser o Filho de Deus seria para sempre refutada. Ele convidou os líderes religiosos a apresentarem provas de que Ele não era o Filho de Deus. Embora afirmassem ser filhos de Deus, eles resistiram à palavra que Jesus lhes trouxera da parte de Deus. Isso provou que eles não eram o que afirmavam ser, porque "aquele que pertence a Deus ouve o que Deus diz" (v. 47). A rejeição de sua pessoa e de sua verdade mostrou que eles não eram filhos de Deus. Eles eram filhos do pai deles, o Diabo.

Cristo então se ofereceu como o Libertador da morte (v. 50-59). Os filhos de Satanás que estavam escravizados pelo pecado também estavam sob sentença de morte. A esses Cristo assegurou: "se alguém obedecer à minha palavra, jamais verá a morte" (v. 51).

Enquanto Cristo falava da morte espiritual, a separação da alma de Deus, seus ouvintes pensavam apenas na morte física, a separação da alma do corpo. Eles raciocinaram logicamente que a palavra de Jesus não era confiável quando Ele prometeu que os homens nunca veriam a morte. Eles raciocinaram que Abraão foi aprovado por Deus e ainda assim morreu. Os profetas vieram de Deus com sua mensagem e morreram. A conclusão foi que se esses justos a quem Deus deu tantos privilégios não foram libertos da morte, tal libertação seria impossível. Novamente, eles desafiaram a pessoa de Cristo, perguntando: "Quem você pensa que é?" (v. 53). Cristo explicou que não havia glorificado a si mesmo ao fazer a afirmação de que poderia livrar do pecado, de Satanás e da morte. Em vez disso, seu Pai no céu havia honrado ou glorificado seu Filho, conferindo-lhe tal autoridade. Cristo afirmou ainda que Ele era aquele a quem Abraão esperava, a quem Abraão almejava ver em algum tempo futuro, e aquele em quem Abraão "regozijou-se porque veria o [seu] dia" (Jo 8:56). O que Abraão não tinha visto com os olhos físicos, ele viu pela fé, pois cria que o Messias viria. O Messias o livraria da morte do mesmo modo como ele o libertou do pecado e de Satanás. Novamente, enquanto Cristo estava falando sobre a percepção da fé, os judeus estavam pensando apenas na percepção do olhar físico. Eles perguntaram a Cristo como Ele poderia ter visto o patriarca.

> Enfurecidos, exclamam: "Você ainda não tem cinquenta anos, e viu Abraão?" Ele morreu há dois mil anos! "Quero dizer muito mais do que isso", respondeu Jesus: "Eu afirmo que antes de Abraão nascer, Eu Sou!" Eles entenderam essa linguagem agora. Ele havia usado o título que Jeová empregou ao se anunciar a Israel no Egito. Não havia dúvidas. Ele estava reivindicando a existência contínua independente, desde o início, do Deus eterno não criado.[11]

Cristo afirmou: "Antes de Abraão nascer, Eu sou!" (v. 58). "EU SOU" era o nome do Deus autoexistente que se revelou a Moisés na sarça

---

[11] Shepard, *The Christ,* p. 358.

ardente (Êx 3:14). Jesus estava afirmando ser o "EU SOU", o Deus autoexistente. Ele estava reivindicando a eternidade. Para os judeus, isso era blasfêmia.

> Cheios de ira e fúria, eles correram para buscar as pedras da parte incompleta da construção do templo, para acabar com Ele por apedrejamento — a pena por blasfêmia. Mas na confusão, Jesus passou por entre aqueles que eram seus amigos no meio da multidão, e de maneira calma, mas ousada, saiu do templo. Ele escapou dessa vez da violência da turba, mas não seria capaz de escapar por muito mais tempo das conspirações perversas de seus inimigos, os fariseus.[12]

E. Conflito sobre a cura do cego de nascença
Seção 102
João 9:1-41

O conflito entre Jesus e os fariseus continuou por causa da cura miraculosa de um homem que era cego de nascença. No dia de sábado, Jesus foi mais uma vez ao templo. Ele viu...

> [...] o pobre mendigo cego, provavelmente sentado à Porta de Hulda do templo: o modo como foi curado e a subsequente discussão do caso pelos vizinhos do homem está repleto de detalhes vívidos. Não era permitido ao mendigo pedir ou receber esmolas no dia de sábado; mas sua presença naquele dia seria uma vantagem para ele em relação a outros dias. Jesus e os discípulos estavam passando e observaram aquele homem em estado lamentável, em cuja alma nenhuma luz do céu jamais havia penetrado. Tal caso nunca escaparia da observação misericordiosa dele. Os discípulos podem ter passado pelo pobre homem displicentemente, mas Jesus não.[13]

Os discípulos não conseguiam entender por que Cristo deveria dar atenção àquele mendigo quando, sem dúvida, havia multidões de outros

---
[12] Ibid.
[13] Ibid., p. 359.

mendigos lotando o templo. Eles devem ter concluído que havia algo incomum acerca daquele homem, então perguntaram a Cristo quem era o responsável por sua condição. Seguindo o conceito judaico de que a deficiência física era um julgamento divino pelo pecado, eles concluíram que ou os pais do homem pecaram gravemente ou ele teria cometido algum pecado no ventre de sua mãe. Edersheim explica a doutrina dos fariseus que fez vir à tona essa questão.

> [...] tanto o Talmude quanto a acusação posterior dos fariseus dizia: "nasceste totalmente no pecado", implicando que em tais casos, a explicação alternativa considerada seria que a cegueira poderia ser causada pelo pecado de seus pais. Era uma visão comum dos judeus, de que os méritos ou deméritos dos pais repercutiriam nos filhos. Na verdade, até os 13 anos de idade uma criança era considerada, por assim dizer, parte de seu pai, e o sofrimento era por culpa dele. Mais do que isso, os pensamentos de uma mãe poderiam afetar o estado moral de sua descendência ainda no ventre e, segundo a crença popular, a terrível apostasia de um dos maiores rabinos teria sido causada pelo prazer pecaminoso que sua mãe sentiu ao passar por um bosque de ídolos. Por último, certos pecados especiais dos pais resultariam em doenças específicas para seus filhos, e um deles é mencionado como causador de cegueira em seus filhos. Mas a impressão que fica em nossa mente é que os discípulos não tinham certeza quanto a nenhuma dessas soluções para a dificuldade. Parecia um mistério inexplicável, considerando a suposição da bondade infinita de Deus, e para isso eles procuravam aplicar a solução judaica comum.[14]

Cristo declarou que aquele homem havia nascido cego para se tornar o veículo por meio do qual Jesus Cristo mostraria a extraordinária grandeza de seu poder. Cristo já havia afirmado ser a Luz do Mundo. Ele afirmou mais uma vez: "sou a luz do mundo" (Jo 9:5). Agora, Cristo tinha o propósito de demonstrar que era a Luz do mundo, trazendo luz para alguém que estava nas trevas desde o nascimento. Esta seria uma forte

---

[14] Edersheim, *Life and Times,* vol. 2, p. 178.

confirmação da declaração de Cristo porque não houve cura de cegos no Antigo Testamento ou em Atos.[15]

Como havia feito numa ocasião anterior, Cristo "cuspiu no chão, misturou terra com saliva e aplicou-a aos olhos do homem" (v. 6). O uso de saliva era um remédio judaico bem conhecido para as afecções dos olhos.[16]

O homem recebeu a seguir uma ordem para se lavar no tanque de Siloé. Ele cambaleou na escuridão até Siloé e voltou conseguindo ver. Esse milagre levantou uma questão sobre a identidade do homem em quem o milagre foi realizado. Alguns o reconheceram como o mendigo cego que estava sentado à porta do templo. Outros negaram que ele era o mendigo, alegando que na verdade não se tratava de um homem cego, mas se parecia com o mendigo. Assim, a alegação de uma cura miraculosa foi vista por alguns como ilegítima. O homem insistiu que ele era o próprio mendigo cego. Na tentativa de negar o milagre, alguns levantaram a questão de como o milagre teria acontecido. O homem relatou com precisão o que Jesus havia feito.

Ele se tornou, então, um testemunho de que Jesus era a Luz do Mundo. Tal milagre sem precedentes chamou a atenção dos fariseus que foram rápidos em notar que esse milagre aconteceu no dia de sábado. Embora o homem não tivesse identificado quem lhe havia dado a visão, os fariseus rapidamente conjeturaram que se tratava de Jesus. Eles negaram publicamente que quem tinha feito isso fosse de Deus, dizendo que Ele "não guarda o sábado" (Jo 9:16). A tradição farisaica proibia fazer uso de remédios ou medicar os enfermos no dia de sábado. Muitos não ficaram satisfeitos com a negação dos fariseus, sabendo que um pecador não poderia realizar tal milagre. Eles pensavam que aquele que dera a visão aos cegos devia ser de Deus. Quando os fariseus pediram ao homem uma interpretação da pessoa que o havia curado, ele expressou sua convicção de que era um profeta (v. 17).

Se aquele homem realmente era cego e agora podia ver, um milagre notável havia sido realizado na presença deles e os fariseus não poderiam negar que era algo de Deus. Tentando negar que o homem fora realmente

---

[15] Farrar, *Life of Christ*, vol. 2, p. 86.
[16] Edersheim, *Life and Times*, vol. 2, p. 48.

cego, eles convocaram os pais dele para interrogá-los. Seus pais não queriam se envolver no conflito porque "tinham medo dos judeus, pois estes já haviam decidido que, se alguém confessasse que Jesus era o Cristo, seria expulso da sinagoga" (v. 22). Edersheim descreve o que estava aí envolvido:

> Para pessoas miseravelmente pobres, a ponto de permitirem que seu filho vivesse mendigando, as consequências de ser "expulso da sinagoga" ou colocado para fora da congregação — o que seria a punição para qualquer um que confessasse que Jesus era o Messias — seriam terríveis. Os escritos talmúdicos falam de dois, ou melhor, devemos considerar, três tipos de "excomunhão", dos quais os dois primeiros eram principalmente disciplinares, enquanto o terceiro era a verdadeira "expulsão", "exclusão da sinagoga", "cortado da congregação". A designação geral para "excomunhão" era Shammata, embora, de acordo com seu significado literal, o termo só se aplicasse à forma mais severa. O primeiro e mais leve grau de punição era chamado Neziphah ou Heziphutha; mais propriamente, "uma censura", uma reprovação. Normalmente, sua duração se estendia por sete dias; mas, se o julgamento fosse pronunciado pelo Nasi, ou chefe do Sinédrio, durava 30 dias. Em tempos posteriores, no entanto, a punição só permanecia por um dia sobre o culpado. Talvez Paulo tenha se referido a essa "censura" na expressão que usou em relação a um bispo ofensor. Ele certamente adotou a prática na Palestina quando não queria que um bispo fosse "repreendido", embora tenha ido muito além disso quando teria "suplicado". Na Palestina, ordenava-se que um rabino ofensor fosse açoitado em vez de excomungado. Mais uma diretriz de Paulo é evidentemente derivada desses arranjos da sinagoga, embora aplicada com um espírito muito diferente. Quando o apóstolo escreveu: "Quanto àquele que provoca divisões, advirta-o uma primeira e uma segunda vez. Depois disso, rejeite-o" [Tt 3.10], ele deve ter levado em conta o segundo grau de excomunhão judaica, o chamado Niddui (do verbo pressionar, empurrar para fora, expulsar). Sua duração era de pelo menos 30 dias, embora entre os babilônios durasse apenas sete dias. No final desse período, havia "uma segunda admoestação", que durava mais 30 dias. Se o rebelde ainda não se arrependesse, era aplicada a terceira excomunhão, ou a excomunhão real, a qual era chamada de Cherém, ou banimento, e cuja duração era indefinida. Qualquer grupo de três pessoas, ou mesmo uma que estivesse devidamente autorizada, poderia

pronunciar a admoestação menos grave. A excomunhão de segunda maior gravidade (Niddui), que, felizmente, só poderia ser pronunciada por uma assembleia de dez pessoas, deve ter sido terrível, sendo acompanhada de maldições e, em um período posterior, às vezes proclamada com um forte toque de trombeta. Se a pessoa assim punida ocupasse um cargo de honra, era costume pronunciar sobre ela uma frase de maneira eufemística, como: "Parece-me que seus companheiros estão se separando de você". Aquele a quem era dirigida essa sentença, ou uma forma semelhante, compreenderia muito bem o seu significado. Daí em diante, ele se sentaria no chão e se comportaria como alguém que estava em luto profundo. Ele deixaria sua barba e cabelo crescerem desgrenhados e revoltos; ele não se banharia, nem se ungiria; ele não seria admitido em nenhuma assembleia de dez homens, nem para orações públicas, nem para a escola; ele nem poderia ensinar ou ser ensinado individualmente por alguém. E ainda, como se fosse um leproso, as pessoas se manteriam a uma distância de quatro cúbitos dele. Se ele morresse, pedras seriam atiradas em seu caixão, sequer lhe era permitida a honra de um funeral comum, nem se deveria lamentar por ele. Ainda mais terrível era a excomunhão final, ou Cherém, quando uma punição de duração indefinida era imposta a um homem. Daí em diante ele era visto como um morto. Ele não tinha permissão para estudar com outros, não se deveria ter nenhum relacionamento com ele, não era permitido que outros lhe mostrassem um caminho. Ele poderia comprar o necessário para viver, mas era proibido que alguém comesse ou bebesse com tal pessoa.[17]

Visto que os pais não quiseram responder às perguntas dos fariseus, o próprio cego foi chamado uma segunda vez. Novamente, os fariseus declararam sua convicção de que Jesus era um pecador — que Ele vinha do Diabo e não de Deus. O mendigo foi incapaz de responder às objeções teológicas deles, mas não conseguiu abalar suas próprias convicções. O fato permanecia: ele era cego e agora podia ver. Mais uma vez, eles interrogaram o homem cuidadosamente sobre o procedimento pelo qual ele foi levado à fé. O homem fez uma pergunta simples: "Por que querem ouvir outra vez? Acaso vocês também querem ser discípulos dele?" (Jo 9:27). Isso implicava que o homem colocara sua fé em Cristo por causa

---

[17] Ibid., p. 183-184.

do milagre que havia experimentado. Os fariseus responderam com um insulto marcante. Alegaram que eram discípulos de Moisés, o qual tinha vindo como porta-voz de Deus para dar-lhes a lei de Deus. Eles não se tornariam discípulos de Cristo porque não sabiam de onde Ele se originou. Cristo já havia explicado cuidadosamente de onde Ele tinha vindo; portanto, a ignorância deles era o resultado da rejeição deliberada de sua mensagem, não da falta de informação. O homem falou eloquentemente sobre sua fé ao confundir os teólogos, explicando como era notável que eles não soubessem de onde Cristo tinha vindo embora Ele lhe tivesse concedido a visão. Ele disse: "Se esse homem não fosse de Deus, não poderia fazer coisa alguma" (v. 33).

Os fariseus rejeitaram seu testemunho, vendo sua cegueira como resultado do pecado. Eles raciocinaram que, visto que se tratava de um pecador, ele não poderia ensinar a eles, que se consideravam justos. O homem foi expulso da presença deles. Cristo a seguir confrontou o cego, e pela primeira vez o homem pôde contemplar aquele que restaurou sua visão. Cristo lhe perguntou: "Você crê no Filho do homem?" (Jo 9:35). Isso era o mesmo que perguntar: "Você acredita que eu sou o Messias?" O homem pediu àquele que o curou que identificasse o Messias, e Jesus identificou a si mesmo como o Messias. O homem respondeu: "Senhor, eu creio" (v. 38). A partir de então ele se tornou um adorador, tendo sido trazido à fé por um milagre que provou que Jesus é a Luz do Mundo.

Cristo declarou publicamente que aquele que afirmava ser a luz do mundo viera para fazer com que os cegos vissem (v. 39). Os fariseus perguntaram se Ele os considerava cegos. Em sua resposta, Cristo passou do reino físico para o espiritual. A resposta indica que se os fariseus tivessem reconhecido que eram cegos espiritualmente e se voltado para Ele, a Luz do Mundo, a fim de ver, eles teriam sido perdoados de seus pecados por causa de sua fé nele. No entanto, ainda afirmavam que podiam ver; então eles estavam dizendo que não precisavam da luz. Portanto, sua culpa permaneceu.

Esse incidente da cura do cego foi uma autenticação de tudo o que Cristo havia reivindicado para si mesmo em seu ensino público na Festa dos Tabernáculos. Lá Ele afirmou ser a Luz do Mundo (Jo 8:12), e aqui Ele trouxe luz para um cego de nascença. Ele havia alegado poder libertar os homens do pecado, de Satanás e da morte (Jo 8:36), e aqui Ele libertou o homem das trevas. Ele afirmou ser aquele que não tem pecado (Jo 8:46), e aqui defendeu sua impecabilidade, além de se oferecer para perdoar os pecados daqueles que confiassem nele. Ele declarou ali ser o Deus pré-existente (Jo 8:58), e, nesse caso específico, Ele foi adorado como Deus.

F. Conflitos sobre o Pastor e seu rebanho

Seção 103

João 10:1-21

Jeremias, nas vésperas do cativeiro babilônico, atribuiu o estado da nação aos falsos pastores que usurparam a autoridade sobre o rebanho de Deus, Israel. Ele disse:

> Meu povo tem sido ovelhas perdidas;
> seus pastores as desencaminharam
> e as fizeram perambular pelos montes.
> Elas vaguearam por montanhas e colinas (Jr 50.6).

O mesmo profeta anunciou um julgamento sobre os falsos pastores:

> "Ai dos pastores que destroem e dispersam as ovelhas do meu pasto!", diz o Senhor. Portanto, assim diz o Senhor, Deus de Israel, aos pastores que tomam conta do meu povo: "Foram vocês que dispersaram e expulsaram o meu rebanho e não cuidaram dele. Mas eu vou castigar vocês pelos seus maus procedimentos", declara o Senhor (Jeremias 23.1-2).

Ezequiel entregou uma mensagem semelhante na qual atribuiu o estado da nação aos falsos pastores e anunciou o julgamento sobre eles:

> Veio a mim esta palavra do Senhor: "Filho do homem, profetize contra os pastores de Israel; profetize e diga-lhes: Assim diz o Soberano, o Senhor: Ai dos pastores de Israel que só cuidam de si mesmos! Acaso os pastores não deveriam cuidar do rebanho? Vocês comem a coalhada, vestem-se de lã e abatem os melhores animais, mas não tomam conta

do rebanho. Vocês não fortaleceram a fraca nem curaram a doente nem enfaixaram a ferida. Vocês não trouxeram de volta as desviadas nem procuraram as perdidas. Vocês têm dominado sobre elas com dureza e brutalidade. Por isso elas estão dispersas, porque não há pastor algum e, quando foram dispersas, elas se tornaram comida de todos os animais selvagens. As minhas ovelhas vaguearam por todos os montes e por todas as altas colinas. Foram dispersas por toda a terra, e ninguém se preocupou com elas nem as procurou. "Por isso, pastores, ouçam a palavra do Senhor: Juro pela minha vida, palavra do Soberano, o Senhor: Visto que o meu rebanho ficou sem pastor, foi saqueado e se tornou comida de todos os animais selvagens, e uma vez que os meus pastores não se preocuparam com o meu rebanho, mas cuidaram de si mesmos em vez de cuidarem do rebanho, ouçam a palavra do Senhor, ó pastores: Assim diz o Soberano, o Senhor: Estou contra os pastores e os considerarei responsáveis pelo meu rebanho. Eu lhes tirarei a função de apascentá-lo para que os pastores não mais se alimentem a si mesmos. Livrarei o meu rebanho da boca deles, e as ovelhas não lhes servirão mais de comida" (34.1-10).

Ambos os profetas deram uma mensagem consoladora de esperança ao rebanho disperso, prometendo a vinda de um pastor fiel que ministraria ao rebanho:

Estabelecerei sobre eles pastores que cuidarão deles. E eles não mais terão medo ou pavor, e nenhum deles faltará", declara o Senhor (Jr 23:4).

Porque assim diz o Soberano, o Senhor: Eu mesmo buscarei as minhas ovelhas e delas cuidarei. Assim como o pastor busca as ovelhas dispersas quando está cuidando do rebanho, também tomarei conta de minhas ovelhas. Eu as resgatarei de todos os lugares para onde foram dispersas num dia de nuvens e de trevas. Eu as farei sair das outras nações e as reunirei, trazendo-as dos outros povos para a sua própria terra. E as apascentarei nos montes de Israel, nos vales e em todos os povoados do país. Tomarei conta delas numa boa pastagem, e os altos dos montes de Israel serão a terra onde pastarão; ali se alimentarão, num rico pasto nos montes de Israel. Eu mesmo tomarei conta das minhas ovelhas e as farei deitar-se e repousar. Palavra do Soberano, o Senhor. Procurarei as perdidas e trarei de volta as desviadas. Enfaixarei a que estiver ferida e fortalecerei a fraca, mas a rebelde e forte eu destruirei. Apascentarei o rebanho com justiça (Ez 34.11-16).

Na profecia de Jeremias, o pastor não é outro senão o Raiz de Davi, "O Senhor Nossa Justiça" (Jr 23:5-6). De acordo com a profecia de Ezequiel, o próprio Deus será um pastor para restaurar e abençoar a nação que foi dispersa (Ez 34:15). Foi sobre esse pano de fundo que o Senhor falou na seção presente.

Cristo dirigiu a palavra à multidão que testemunhou o milagre da cura do cego. Ele falou sobre os falsos pastores que governavam a nação naquela época. Foi dito anteriormente que "Jesus [...] teve compaixão deles, porque eram como ovelhas sem pastor" (Mc 6:34). Os fariseus e saduceus usurparam a autoridade dos pastores sobre a nação e exigiram que o povo os seguisse. Mas no julgamento de nosso Senhor os fariseus eram falsos pastores que desviaram o povo. Eles estavam convencidos de que Jesus era um falso Messias e estavam tentando persuadir o povo a rejeitá-lo. Assim, estavam desviando a nação daquele que poderia conduzi-los nos caminhos da justiça que os traria para o tão esperado Reino. Nesse discurso, o Senhor demonstrou que era o verdadeiro Pastor prometido por Deus nos profetas. Ele era aquele a quem Israel estava esperando. Jesus revelou que seus líderes, que afirmavam ser pastores, eram na verdade falsos pastores.

Primeiro, Cristo mostrou que Ele era o verdadeiro Pastor (Jo 10:1-6). Ele era o verdadeiro Pastor porque tinha vindo ao redil da maneira como Deus revelou no Antigo Testamento que os pastores viriam.

As Escrituras revelaram onde o Messias nasceria (Mq 5:2), quando Ele nasceria (Dn 9:24-27), as circunstâncias de seu nascimento (Is 7:14), o ministério que o verdadeiro Pastor exerceria (61:1-2), os milagres que realizaria para confirmar a si mesmo (35:5-6) e a maneira como seria apresentado à nação por meio de um precursor (Ml 3:1). Assim, havia uma grande quantidade de evidências objetivas que poderiam ser testadas para determinar se Jesus era o verdadeiro Pastor. Cristo queria que aqueles que estavam debatendo a questão de sua pessoa considerassem as evidências. Desejava que vissem que Ele tinha vindo ao aprisco, isto é, chegado à nação de Israel para realizar a obra do Pastor para o rebanho de Deus da maneira que Deus havia revelado que Ele viria. Nenhum falso pastor poderia apresentar tal evidência de cumprimento das Escrituras para legitimar sua afirmação de ser um pastor que deveria ser seguido. Visto que Cristo veio como a Escritura indicava que o verdadeiro Pastor viria, Ele era na verdade o verdadeiro Pastor. João Batista veio como o porteiro [precursor] e reconheceu o verdadeiro Messias. João não apresentou um dos fariseus ou saduceus à nação como pastor, mas repudiou a todos eles e a seus sistemas. Em vez disso, João apresentou a Jesus Cristo; e assim o ministério de João foi um cumprimento máximo da profecia em Isaías 40:3-4, quando ele identificou Jesus como o verdadeiro Pastor.

Como verdadeiro Pastor, Cristo veio para o rebanho de Deus. Na parábola, o pastor "chama as suas ovelhas pelo nome e as leva para fora" (Jo 10:3). Aqui, Cristo enfatizou as palavras ditas pelo pastor. Enquanto Ele falava com as ovelhas, essas eram as que reconheciam sua voz. Ele então separou do rebanho aqueles que o ouviram. Por meio dessa parábola, Cristo ensinou que não tinha vindo para atuar dentro do farisaísmo ou saduceísmo, mas sim para separar aqueles que ouviam sua palavra desses sistemas, porque não havia vida neles. Ao reunir seu próprio rebanho, mostrou-lhes o caminho que deveriam seguir. Ele não indicou aos homens um caminho pelo qual Ele próprio não estava andando, mas conduziu suas próprias ovelhas pelo caminho que pretendia que andassem. Aqueles que eram suas ovelhas o seguiram. Aquele que reconheceu as palavras de um verdadeiro Pastor não se desviaria para seguir um estranho. Cristo, ao se apresentar como o Pastor verdadeiro, estava mostrando por que alguns dentre a nação haviam respondido à sua palavra, abandonado o judaísmo e se comprometido com Ele. Eles tinham acreditado que Ele era o verdadeiro Pastor. Por outro lado, essa parábola explica por que muitos na nação de Israel estavam rejeitando Cristo. Eles ouviram essas palavras, consideraram sua mensagem falsa e se afastaram dele. A rejeição deles não mostrou que a palavra era falsa, mas sim que eles não eram suas ovelhas.

Cristo passou a mostrar que era o Bom Pastor (Jo 10:7-11). De acordo com o salmo 23, o papel do Pastor era fazer as ovelhas deitarem em pastos verdes, conduzi-las até águas tranquilas, restaurar a alma delas e guiá-las nos caminhos da justiça. Tudo isso o Bom Pastor fez. Cristo, como Bom Pastor, era Ele próprio o caminho para a vida; e aqueles que entraram por Ele foram salvos. Eles foram libertos e encontraram aquilo que satisfez sua alma. O judaísmo estabelecido não podia oferecer a seus seguidores o que era bom, mas Cristo, como o Bom Pastor, veio "para que tenham vida e a tenham plenamente" (v. 10). Os fariseus ofereciam a seus seguidores a esperança de encontrar vida por meio da obediência às suas tradições. Os saduceus prometiam esperança de vida por meio de rituais e sacrifícios frequentemente repetidos. Cristo ofereceu vida plena a quem quisesse confiar nele como o Bom Pastor. Cristo pôde oferecer a vida às suas ovelhas porque "o bom pastor dá a vida pelas ovelhas" (v. 11). Assim, Cristo estava se apresentando como um sacrifício substitutivo por meio do qual aqueles que confiavam nele entrariam na vida eterna.

A seguir, Cristo se apresentou como o único Pastor (Jo 10:12-16). Ele comparou os líderes religiosos a trabalhadores contratados que assumiram a responsabilidade pelo rebanho, não porque tivessem cuidado para com o rebanho, mas porque se preocupavam consigo mesmos. Para tal espécie de pastor o rebanho era apenas um meio de ganho pessoal. Mas Cristo mostrou que era o único Pastor verdadeiro porque conhecia suas ovelhas, ou seja, se dedicou ao cuidado delas. Que elas eram o objeto de sua preocupação amorosa foi demonstrado pelo fato de que Ele estava disposto a sacrificar sua própria vida para proteger e preservar suas ovelhas. Cristo estava dizendo que os líderes religiosos não eram pastores porque eles não se importavam com ninguém além de si mesmos. Por estar disposto a dar sua vida pelas ovelhas e por ser o único disposto a fazê-lo, Ele era o único Pastor.

Novamente, Cristo mostrou ser um Pastor que também era obediente (Jo 10:17-18). Ele via as ovelhas sobre as quais havia sido designado Pastor como as ovelhas de seu Pai. Ele foi designado para o ofício de pastor por seu Pai. Tudo o que fez pelas ovelhas, Ele o fez porque era fiel e obediente a seu Pai. Portanto, sua morte foi um ato voluntário de submissão à vontade do Pai para que Ele pudesse redimir as ovelhas de seu Pai. A vida de Cristo não lhe foi tirada involuntariamente. Ele voluntariamente sacrificou sua vida porque era obediente ao Pai.

Nesse discurso, Cristo se apresentou a uma multidão perplexa quanto ao verdadeiro Pastor, o Bom Pastor, o único Pastor e o Pastor obediente. Ele convidou seus ouvintes a confiar nele para receber a vida que Ele proveria por meio de sua morte. Ele os instou a deixarem de ser submissos aos falsos pastores. Os líderes entenderam que Cristo pronunciou essas palavras contra eles. Por isso não tiveram nenhum problema em interpretar o significado das palavras de nosso Senhor e ficaram furiosos com o que ouviram. Eles rejeitaram as palavras de Cristo como as de um maníaco endemoninhado (v. 20). E apesar de suas objeções, muitos aceitaram as suas palavras e lembraram o milagre da cura do cego. Eles estavam convencidos de que Jesus não poderia estar possesso por demônios. Acreditavam que aquelas palavras deviam ser verdadeiras.

G. Testemunho dos 72
Seção 104
Lucas 10:1-24

Os líderes de Israel já haviam indicado que tinham tomado uma decisão irreversível a respeito da pessoa de Cristo. Eles estavam determinados a fazer com que Ele fosse rejeitado pela nação. Procuraram impor sua própria decisão ao povo. Agora a pergunta era: o que as pessoas farão com a recomendação dos líderes? Antes que a decisão fosse tomada, Cristo nomeou os setenta e dois e "os enviou dois a dois, adiante dele, a todas as cidades e lugares para onde ele estava prestes a ir" (Lc 10:1). Anteriormente, o Senhor havia enviado os Doze à Galileia para continuar o ministério que foi confiado aos setenta e dois. O número redondo setenta tinha um significado especial para os judeus. No Antigo Testamento, setenta anciãos foram nomeados por Moisés para auxiliá-lo na administração da nação. Havia setenta homens no Sinédrio que exerciam autoridade sobre a nação. Então, Cristo nomeou setenta e dois como seus representantes e os enviou para proclamar a mesma mensagem e realizar os mesmos milagres que Ele vinha realizando para comprovar a sua pessoa e validar sua mensagem. Deviam ser testemunhas para o povo. Com base nesse testemunho, o povo tomaria a decisão de receber a Cristo como Messias ou de rejeitá-lo. Esse foi um testemunho dedicado para multidões em vista da crescente oposição dos líderes de Israel à sua pessoa. Assim, descobrimos que o debate sobre a pessoa de Cristo estava passando da esfera dos líderes religiosos para as próprias pessoas comuns.

Quando Cristo os enviou, Ele os encorajou dizendo: "A colheita é grande" (Lc 10:2). Isso parece indicar que havia muitos que ainda responderiam à mensagem que estava sendo proclamada. No entanto, Cristo também disse que "os trabalhadores são poucos". Os Doze não foram capazes de levar a mensagem por toda a Galileia; nem os setenta e dois puderam levar as boas-novas a toda a nação. Portanto, eles deveriam orar para que outros mensageiros fossem levantados e pudessem se juntar para realizar a colheita que ainda não tinha sido explorada. Cristo os avisou da recepção que teriam. Seriam como cordeiros entre os lobos. Deviam confiar nele para sua proteção. Não deviam levar dinheiro nem roupas extras. Deviam depender dele para todas as provisões. Eles não deviam saudar "ninguém pelo caminho" (v. 4), isto é, buscar companheiros ou amizades ao longo do caminho ou ser sustentados por eles. Ao entrarem na cidade, deveriam fazer perguntas a respeito de alguém com uma reputação de retidão e buscar hospitalidade na casa dessa pessoa. A hospitalidade de que necessitavam seria fornecida se o proprietário fosse justo. Eles deveriam permanecer ali e comer o que lhes fosse oferecido. Plummer destaca:

> [...] eles deveriam se considerar membros da família, não intrusos; sua comida e abrigo seriam seu salário, não uma caridade. Compare [com a frase]: "recebi [...] os donativos que vocês enviaram (Fl 4:18). A injunção é paralela a 1Coríntios 9:7, não a 1Coríntios 10:27. Cristo os estava libertando do constrangimento de aceitar hospitalidade e não de escrúpulos sobre comer comida fornecida por pagãos.[18]

A mensagem que proclamaram era a mesma que Jesus estava pregando; a saber, "O Reino de Deus está próximo de vocês" (v. 9). Eles deveriam autenticar essa mensagem como Jesus o fez, realizando milagres. Mesmo que eles fossem ser recebidos em uma casa, ainda assim poderiam não ser recebidos pela própria cidade. Se não fossem bem-vindos em uma cidade, deveriam partir com a declaração de que estavam sacudindo o pó dos pés como testemunho contra aquele lugar. Apesar da rejeição da mensagem, a própria mensagem permaneceria verdadeira. A oferta de Cristo à nação, de um reino sobre o qual Ele governaria como Rei, foi genuinamente

---

[18] Alfred Plummer, *A Critical and Exegetical Commentary on the Gospel According to St. Luke* (New York: Charles Scribner's Sons, 1900), p. 274.

feita, independentemente da resposta da nação. Por ser uma oferta genuína, o julgamento cairia sobre a nação que o rejeitou. Vaticinando a rejeição da mensagem, Cristo anunciou julgamento sobre as cidades que já o haviam rejeitado — Corazim, Betsaida e Cafarnaum. As cidades gentias de Sodoma, Tiro e Sidom não sofreriam um tratamento tão severo no dia do julgamento como essas cidades, porque rejeitaram revelações maiores do que as que foram dadas a Sodoma, Tiro e Sidom.

Cristo consolou os homens a quem estava enviando, revelando que a rejeição que eles experimentariam não seria uma rejeição à pessoa deles, mas uma rejeição a Ele. O fracasso que esses homens viveriam poderia facilmente desencorajá-los. Mas Cristo disse que eles não teriam êxito porque a nação não estava disposta a recebê-los (Lc 10:16). Dessa forma, quando Cristo enviou os setenta e dois, disse a eles que, embora a colheita fosse abundante, a resposta a seu ministério seria pequena e eles deveriam esperar a mesma rejeição que Ele experimentou.

Depois de completar o ministério que lhes foi confiado, os setenta e dois voltaram para trazer seu relatório a Cristo. Eles pareciam estar empolgados com os milagres que realizaram. Eles não fizeram nenhum relato sobre a resposta do povo ao ministério deles, mas relataram a resposta dos demônios ao exercício da autoridade que Cristo lhes havia confiado. Foi necessário que Cristo repreendesse os setenta e dois.

Ele os lembrou de que a autoridade não era deles. Era dele. Ele lhes havia conferido a autoridade (v. 19). Essa autoridade lhe pertencia porque Ele havia expulsado Satanás do céu na época da queda original (Lc 10:18; cf. Ez 28:12-15 e Is 14:12-15). Não está registrado, mas, após isso, os setenta e dois devem ter relatado a colheita que havia sido realizada. Houve aqueles que aceitaram sua mensagem e colocaram fé em Cristo. E por essa resposta, Cristo ofereceu uma oração de ação de graças ao Pai (v. 21), pois o Pai havia revelado verdades sobre sua pessoa a alguns a quem chamou de "pequeninos", embora essas verdades estivessem escondidas de multidões a quem Ele chamou "os sábios e eruditos". Cristo revelou, por um lado, por que Ele foi aceito: "Ninguém sabe quem é o Filho, a não ser o Pai; e ninguém sabe quem é o Pai, a não ser o Filho e aqueles a quem o Filho o quiser revelar" (v. 22). A declaração de Cristo também mostrou por que as multidões o rejeitaram. Não aprouve ao Pai revelar-lhes o filho. A nação de Israel era cega. É preciso um milagre para remover a cegueira humana para que um homem possa ver. Deus não removeu a cegueira dos olhos da nação para que soubessem quem Ele era.

Falando sobre aqueles que depositaram fé nele, Jesus disse: "Felizes são os olhos que veem o que vocês veem" (v. 23). Eles viram que Ele era o Messias, o Filho de Deus, o Salvador-Soberano. Eles viram e creram naquele acerca de quem os profetas falaram e ansiavam ver. O privilégio que eles tinham não foi conferido aos profetas.

H. Conflito sobre a vida eterna
Seção 105
Lucas 10:25-37

Talvez por causa da condenação de Cristo aos "sábios e eruditos" (Lc 10:21), "Então se levantou certo doutor da lei [...] para colocá-lo à prova" (Lc 10:25).

> Certo perito da lei se levantou, dentre os que estavam sentados na sinagoga ao redor do grande Mestre, e fez-lhe uma pergunta. Ele estava testando a capacidade de Jesus como mestre. Ele provavelmente sentiu a pressão do ensino quando os escribas-peritos da lei foram colocados na categoria embaraçosa dos "sábios e eruditos" a quem Deus não revelou as coisas do Reino. Seu motivo pode ter sido enredá-lo com alguma pergunta, embora fosse provável que ele tivesse um desejo sincero de conhecer um melhor modo de vida. Essa pergunta, de qualquer forma, revelava uma concepção incorreta da vida eterna, sobre a qual Jesus sempre tinha muito a dizer.[19]

Jesus estava sendo testado por

> [...] um "perito da lei" — não um dos escribas ou mestres de Jerusalém, mas provavelmente um especialista em Direito Canônico Judaico, que possivelmente teria feito disso mais ou menos uma profissão naquele distrito, embora talvez não para obter ganhos. Consequentemente, havia nele uma ausência marcante daquele rancor e malícia que

---
[19] Shepard, *The Christ,* p. 370.

caracterizava seus colegas da Judeia. Em um capítulo anterior, foi mostrado que essa narrativa provavelmente está em seu devido lugar no Evangelho de Lucas. Também sugerimos que as palavras desse perito da lei se referiam, ou então que ele próprio pertencia, àquele pequeno partido entre os rabinos que, pelo menos em teoria, dava mais valor às boas obras do que ao estudo. De qualquer forma, não há motivo para imputar diretamente a ele motivos malignos. Conhecendo os hábitos de sua classe, não é de admirar que ele tenha colocado sua pergunta como "teste" — numa tentativa de provar ou experimentar o grande Rabino de Nazaré. Existem muitos exemplos semelhantes nos escritos rabínicos de reuniões entre grandes mestres, quando cada um tentava envolver o outro em dificuldades dialéticas e em disputas sutis. Na verdade, isso fazia parte do rabinismo e conduzia àquela brincadeira dolorosa e fatal com a verdade, quando tudo se tornava uma questão de sutileza dialética, e nada era realmente sagrado. O que precisamos ter em vista é que para o perito da lei a questão proposta era apenas de interesse teórico, não de interesse prático, nem de profunda preocupação pessoal, como foi para o proeminente jovem rico que, não muito depois, dirigiu uma pergunta semelhante ao Senhor.[20]

Ele se dirigiu a Cristo como "Mestre" (v. 25), o mesmo título pelo qual ele, como perito da lei, teria sido chamado por aqueles que buscavam seu conselho. Ele, portanto, o tratou como um especialista na lei. Sua pergunta era provocativa, enfocando um assunto a respeito do qual alguém de sua classe se preocuparia: "o que preciso fazer para herdar a vida eterna?" (v. 25). A ele, equivaleria perguntar "O que devo fazer para entrar no Reino do Messias?", pois, para um judeu, entrar no reino e receber a vida eterna eram conceitos sinônimos. A pergunta daquele homem, portanto, pode ser entendida como: "Quão bom eu devo ser para entrar no reino a fim de receber a vida eterna que lhe é própria?"

> Parece que presenciamos a instauração de uma competição rabínica habitual, ao ouvirmos esse problema especulativo: " Mestre, o que preciso fazer para herdar a vida eterna?" No entanto, na base estava a noção de que a vida eterna era a recompensa pelo mérito, pelas obras, e a única questão consistia em saber quais deveriam ser essas obras.

---

[20] Edersheim, *Life and Times,* vol. 2, p. 234-235.

A ideia de culpa não havia passado por sua mente; ele não tinha concepção de pecado interior. Era o antigo judaísmo falando da justiça própria sem disfarce, o que se tornou a base final da rejeição e crucificação de Cristo. Certamente havia uma maneira pela qual um homem poderia herdar a vida eterna, não por ter direito absoluto a ela, mas (como os escolásticos poderiam ter dito: *de congruo)* em consequência da Aliança de Deus no Sinal. E assim nosso Senhor, usando a expressão rabínica comum "O que você lê?" [...] mostrou-lhe as Escrituras do Antigo Testamento.[21]

Cristo conduziu o homem às suas próprias Escrituras. Em outra ocasião, ele disse: "Vocês estudam cuidadosamente as Escrituras, porque pensam que nelas vocês têm a vida eterna. E são as Escrituras que testemunham a meu respeito" (Jo 5:39). A lei foi dada a Israel para revelar a santidade de Deus e as exigências que um Deus santo fazia àqueles que andassem em comunhão com ele. Cristo já havia enfatizado que, para receber a vida, era necessário "[serem] perfeitos como perfeito é o Pai celestial [deles]" (Mt 5:48). A perfeição era exigida pela lei como um pré-requisito para a comunhão com Deus. Isso aquele homem deveria saber.

O homem lembrou-se de Deuteronômio 6:5 e resumiu os requisitos da lei, citando o texto: "Ame o Senhor, o seu Deus, de todo o seu coração, de toda a sua alma, de todas as suas forças e de todo o seu entendimento" e "Ame o seu próximo como a si mesmo" (Lc 10:27).

Shepard observa:

> Jesus tratou essa resposta de maneira sincera e profunda em sua réplica: "Você respondeu corretamente. Faça isso e viverá". No que diz respeito às palavras do perito da lei, ele respondeu corretamente. O problema com esse plano de obter a vida eterna é que ninguém jamais cumpriu tal requisito. Nenhum homem jamais foi capaz de viver uma vida irrepreensível perante a lei. Um deslize traz o fracasso. Se alguém pudesse viver perfeitamente de acordo com esse padrão, herdaria a vida eterna. Mas nenhum homem consegue fazer isso.[22]

---

[21] Ibid., p. 235.
[22] Shepard, *The Christ*, p. 371.

Mesmo que alguém pudesse obedecer perfeitamente à lei, não receberia a vida eterna por causa de sua obediência, mas demonstraria que tem uma fé em Deus que o torna aceitável a Ele. As Escrituras ensinam que os homens nunca foram salvos pelas obras, mas pela fé (Gn 15:6; Rm 4:1-4). O perito na lei poderia citar os requisitos da lei. Ficou evidente em sua resposta que ele foi condenado por aquela lei: "E quem é o meu próximo?" (Lc 10:29). O homem perguntou isso porque queria se justificar ou desculpar-se por não poder cumprir os requisitos da lei. Ele usou a ignorância como desculpa por não estar à altura das exigências da lei; não sabia quem era seu próximo. Dessa forma, procurou desculpar-se da condenação da lei.

Para explicar quem era seu próximo, nosso Senhor ensinou a conhecida parábola do Bom Samaritano. Um homem que viajava de Jerusalém para Jericó, sem dúvida fazendo uma viagem de regresso depois de participar de algumas das festas prescritas em Jerusalém, caiu nas mãos de assaltantes. Ele foi severamente espancado, roubado e deixado nu e quase morto ao lado da estrada. Ali estava um homem em uma desesperadora situação de necessidade. Um sacerdote viajava pela mesma estrada e o viu. O sacerdote reconheceu a carência. Por causa de sua posição na vida, ele teria os meios para suprir essa necessidade; no entanto, ele não socorreu o homem ferido, mas passou pelo outro lado. Um pouco depois, um levita viu o homem e reconheceu sua terrível condição; ele também teria os meios para atender a essa obrigação, mas não auxiliou o necessitado. Então, um samaritano, desprezado pelos judeus, percorreu o mesmo caminho. Ele viu a necessidade e respondeu a ela. Ele limpou as feridas com vinho e óleo e fez os curativos. Ele colocou o pobre homem em seu próprio jumento, transportou-o para uma pousada e atrasou-se em sua jornada para cuidar dele até que o ferido pudesse se recuperar. Ele assumiu a responsabilidade por todas as despesas que a estada implicaria. Então, Cristo perguntou ao perito na lei: "Qual desses três te parece ter sido o próximo do que caiu na mão dos assaltantes?" (Lc 10:36). O homem deu a única resposta possível: "Aquele que teve misericórdia dele" (v. 37). Foi desse modo que Cristo respondeu à pergunta: "Quem é o meu próximo?" (v. 29). O próximo é qualquer pessoa com uma necessidade, que outra pessoa tenha conhecimento e seja capaz de satisfazer. Uma necessidade sabida, que alguém tem a capacidade de satisfazer, torna o necessitado em um próximo. E a prova de fraternidade é a resposta à necessidade. Reconhecer uma necessidade não é uma questão que envolve emoções, embora ela possa estar envolvida aí (v. 33). É uma questão de vontade. O sacerdote e o levita, ambos reconheciam a necessidade, ambos tinham a capacidade de supri-la, mas não o fizeram. O homem necessitado era responsabilidade deles, ou o próximo, mas eles não provaram ser próximos. O samaritano assumiu a responsabilidade que o reconhecimento de uma necessidade lhe impôs, ele provou que ser um próximo, respondendo à necessidade. Cristo disse ao perito da lei que se ele quisesse demonstrar que possuía uma justiça que o tornava aceitável a Deus, então deveria provar essa justiça demonstrando misericórdia, ou sendo um próximo, como o samaritano da história havia feito. Nessa parábola, o Senhor pode ter pretendido ensinar que a nação de Israel, como o homem entre os ladrões, estava desamparada, despida e agonizante. Os líderes espirituais em Israel (os sacerdotes e os levitas) não se comoveram com a necessidade e foram-lhe indiferentes. No entanto, um desprezado e rejeitado (o próprio Jesus que foi chamado samaritano [Jo 8:48]) veio para oferecer ajuda aos necessitados. Assim, essa parábola pode ter sido um convite velado a esse perito da lei para aceitar a ajuda que Ele estava oferecendo, assim como o moribundo aceitou a ajuda do viajante samaritano.

I. Um exemplo de discipulado
Seção 106
Lucas 10.38-42

O Senhor estava indo para Betânia, como fazia com tanta frequência, para fazer da casa de Maria, Marta e Lázaro como sua morada enquanto estava em Jerusalém.

> Betânia, onde Marta, Maria e seu irmão Lázaro moravam, estava situada a cerca de três quilômetros a sudeste de Jerusalém. Não se pode explicar a razão por que Lucas não mencionou o nome da cidade em seu relato desse incidente. Se Marta, que recebeu Jesus em sua casa, era viúva ou esposa de Simão, o Leproso, é apenas conjectura. Parece que Marta era a dona da casa, ou, pelo menos, a figura dominante e

irmã mais velha. Sobre Maria ser identificada com Maria Madalena e Jesus ter sido um convidado especial naquela casa porque Ele a havia resgatado como uma garota fugitiva de uma vida de vergonha em Magdala, uma cidade na Galileia, isso também é uma apenas uma possibilidade, embora improvável, ainda que existam alguns argumentos que pareçam favorecer tal teoria. Não podemos acreditar que esse foi o primeiro contato de Jesus com aquela casa, ao contrário da opinião de alguns. Quando Ele foi para a cidade com seus discípulos, recebeu o convite pessoal dessa família amada que vivia em boas circunstâncias e desfrutava de uma certa posição de estima e consideração social em Betânia e em Jerusalém.[23]

Aquela não era uma casa na qual Jesus era tratado como um estranho. Ao contrário, Ele era recebido como membro da família. Vemos a liberdade com que foi tratado quando Maria se sentou a seus pés e ouviu suas palavras, enquanto Marta se movimentava pela cozinha para preparar uma refeição. Edersheim discorre sobre a ocasião dessa visita a Betânia:

[Isto] deve marcar o fim da jornada de Cristo à Festa dos Tabernáculos, uma vez que a casa de Marta e Maria, que nos é apresentada, ficava em Betânia, perto de Jerusalém, ficando praticamente em um de seus subúrbios. Não faltam outras indicações que confirmam essa observação de tempo. Assim, a história que se segue à da casa em Betânia, quando um dos discípulos lhe pede que os ensine a orar como o Batista havia igualmente ensinado aos seus seguidores, parece indicar que eles estavam no ambiente do outrora ministério de João — a nordeste de Betânia; e, portanto, esse fato ocorreu no retorno de Cristo de Jerusalém. Novamente, a partir da narrativa da recepção de Cristo na casa de Marta, concluímos que Jesus havia chegado a Betânia com seus discípulos, mas que só Ele era o hóspede das duas irmãs. Inferimos que Cristo dispensou seus discípulos para irem à cidade vizinha para a festa, enquanto Ele próprio permaneceu em Betânia. Enfim, com tudo isso concorda a observação de João 7.14 que não foi no início, mas "por volta do meio da festa" que "Jesus subiu ao templo".[24]

---

[23] Ibid., p. 374.
[24] Edersheim, *Life and Times,* vol. 2, p. 144-145.

O mesmo autor constrói a cena:

Era o início da Festa dos Tabernáculos, e a cena relatada por Lucas teria acontecido numa tenda aberta, feita de folhagem, que servia como abrigo durante a semana festiva. Pois, de acordo com a lei, era dever durante a semana da festa comer, dormir, orar, estudar — em resumo, morar — nessas tendas, que deveriam ser construídas com os galhos de árvores vivas. E, embora isso não fosse realmente obrigatório para as mulheres, ainda assim, o preceito que ordenava que "a tenda fosse a habitação principal, e a casa apenas a secundária", induziria todas a fazer dessa tenda frondosa, ao menos, uma habitação tanto para homens como para mulheres. E, de fato, aqueles dias de outono eram exatamente a estação em que seria um prazer estar naqueles retiros deliciosos — o memorial dos dias de peregrinação de Israel! As tendas eram altas o suficiente, mas não muito; abertas principalmente à frente; fechadas o suficiente para serem sombreadas, mas não tão fechadas a ponto de bloquear a luz do sol e o ar. Assim seria a tenda em que o que está registrado se passou; e, se acrescentarmos que essa tenda provavelmente ficava no pátio da casa, podemos imaginar que Marta estava ocupada, movendo-se para lá e para cá em suas tarefas, e vendo, enquanto passava por ali reiteradamente, que Maria permanecia sentada como uma ouvinte arrebatada, ignorando o que se passava ao seu redor.[25]

Shepard também descreve o contraste entre Marta e Maria:

O caráter das duas irmãs se destaca em contrastes marcantes nas circunstâncias da visita. A irmã mais nova, Maria, ocupava seu lugar, sentada no chão, na reconhecida postura de uma discípula, bem diante dos pés de Jesus. Sua atitude, conforme retratada na narrativa, foi a de uma ouvinte ansiosa e atenta para captar cada palavra dos ensinamentos de seu Senhor. É significativo que Lucas use aqui o título "Senhor". Maria reconheceu que Jesus era seu Senhor e desejava saber o que Ele gostaria que ela fizesse. Mas Marta, por outro lado, estava "preocupada e inquieta com muitas coisas", bastante distraída com o serviço doméstico. Ela estava ocupada em preparar uma refeição elaborada para

---

[25] Ibid.

Jesus. Esse foi um desejo louvável, embora parcialmente equivocado. Ao menos provinha de uma grande relação de carinho para com seu ilustre convidado.[26]

A atenção de Marta para com o Senhor mostrou a importância que ela atribuía em ser uma boa anfitriã. As palavras de nosso Senhor foram uma repreensão gentil a Marta. Ele enfatizou que dentre as muitas coisas, "apenas uma é necessária" (Lc 10:42).

A resposta de Jesus foi uma terna repreensão à sua amável, mas excessivamente ansiosa anfitriã: "Marta! Marta!", Ele repetiu com ternura e evidente afeição: "Você está cheia de ansiedade interior e agitação exterior a respeito de muitas coisas no preparo de uma refeição tão elaborada. Há necessidade de apenas algumas coisas, ou 'um prato simples já seria suficiente'". Aqui, Jesus pode ter feito um jogo de palavras. Apenas um prato simples exigiria pouco tempo e atenção, deixando-a livre para fazer outras coisas mais importantes. Há uma coisa que é a mais importante de todas, a "única coisa" espiritual que Maria escolheu como sua "parte boa, e esta não lhe será tirada". Jesus deve ter sorrido ao aplicar essa repreensão amorosa. Ele reprova a preocupação e a agitação, mesmo no caso dessa adorável matrona, bem como a hospitalidade demasiada que as ocasionavam. Ao mesmo tempo, exalta a comunhão com Ele como sendo uma alta posição de excelência e perenidade na vida dos discípulos. Essa é a principal necessidade da vida e sua recompensa é permanente, "não lhe será tirada". Não foi pelo serviço de Marta que Jesus a repreendeu, mas por sua preocupação excessiva com o lado material, por sua distração nervosa, por sua ansiedade e por sua explosão de ciúmes. Foi Maria quem enfrentou todo o ridículo, desprezo e crítica mais tarde, quando quebrou o vaso de alabastro contendo um extraordinário perfume e ungiu Jesus "para seu enterro". A razão pela qual ela alcançou aquele auge do serviço devotado em um momento crítico foi porque ela escolheu "a boa parte, de sentar-se aos pés de Jesus". Sua recompensa nunca lhe seria retirada.[27]

---

[26] Shepard, *The Christ,* p. 374.
[27] Ibid., p. 375.

Assim, vemos o princípio de que estar ocupado com Cristo é mais importante do que estar ocupado por Cristo. Dedicar-se à palavra de Cristo, para ser ensinado por Ele, é mais importante do que estar ocupado por Ele. Há uma lição significativa a ser aprendida com isso. Maria estivera ajudando Marta no preparo da refeição. Mas então ela foi desviada daquele serviço pela pessoa de Cristo e deixou seu trabalho para sentar-se aos pés dele, onde ficou envolvida por Ele e por sua palavra. Aqueles que mais tarde ministrariam em seu serviço precisavam aprender que a "melhor parte" era estar preocupados com Ele e serem ensinados a não o negligenciar em seus ministérios.

J. Instrução sobre a oração

Seção 107
Lucas 11:1-13

O exemplo dado por Daniel ao orar três vezes ao dia (Dn 6:10) era seguido religiosamente pelos fariseus. Eles valiam-se da oração como um meio de demonstrar sua piedade diante dos homens (Lc 18:9-12). Os discípulos de João evidentemente perceberam que tal oração era inaceitável e pediram que ele os ensinasse a orar. João havia procurado corrigir as corruptas práticas farisaicas da oração (Lc 11:1). Nessa ocasião, um dos discípulos de Jesus veio a Ele com o pedido: "Senhor, ensina-nos a orar". Em resposta, Cristo ofereceu-lhes um modelo de oração, em lugar de uma oração para ser feita repetidamente. O Senhor mostrou os diferentes tipos de oração que são aceitáveis a Deus. A verdadeira oração, primeiro, é dirigida a Deus, referindo-se a Ele como Pai, pois a oração é basicamente a atitude de dependência de um filho em relação ao pai. Essa oração aceitável inclui a adoração, que é indicada pelas palavras "santificado seja o teu nome" (v. 2). As palavras "venha o teu Reino" mostram que devemos orar a respeito da obra de Deus. Essa oração era particularmente pertinente com respeito aos discípulos, pois Cristo estava oferecendo um reino que já estava sendo rejeitado. A oração deve ser oferecida para o cumprimento do propósito de Deus de entronizar Cristo como Rei. Deve ser oferecida pelas necessidades individuais dos crentes. Os discípulos deveriam orar pelo pão de cada dia. Isso era particularmente importante para aqueles que, como os Doze ou os 72, foram enviados como testemunhas de Cristo, sem provisão para si mesmos, de modo que deviam confiar em Deus para sustentá-los. Que a oração aceitável inclui confissão, fica demonstrado pela petição: "Perdoa-nos os nossos pecados" (v. 4). Esse pedido de perdão é necessário, pois o pecado rompe a comunhão entre o cristão e seu Pai; antes que a comunhão possa ser restaurada, o pecado deve ser confessado. Essa petição pode ser feita com confiança, pois as pessoas sabem como perdoar aqueles que lhes pedem perdão. Quanto mais nosso Pai celestial concederá perdão àqueles que lhe pedem! E, novamente, a oração aceitável contém um pedido de proteção do adversário, conforme indicado pelas palavras "não nos deixes cair em tentação". Essa oração não foi concebida para ser usada de forma ritualística, caso contrário se enquadraria na categoria de oração farisaica. O propósito do Senhor era mostrar as áreas de preocupação ou necessidade que alguém pode apresentar ao Pai.

Cristo usou uma parábola para ensinar aos discípulos a importância de perseverar na oração. Um visitante inesperado chegou à casa de um amigo à meia-noite. O anfitrião deu as boas-vindas por causa da amizade existente entre ele e o visitante. No entanto, achou-se numa posição embaraçosa. Ele não seria capaz de fornecer qualquer alimento para seu visitante àquela hora da noite. O pão assado para aquele dia já havia sido comido. Ele reconheceu sua responsabilidade em atender às necessidades do visitante, mas não era capaz de fazê-lo. Para cumprir essa obrigação, procurou outro amigo que poderia atender a essa necessidade. Ele pediu ao amigo que lhe emprestasse três pães para que pudesse atender às necessidades do visitante. O anfitrião, então, estava fazendo o papel de mediador, um intermediário entre aquele que precisava e aquele que ele sabia poder ajudar. Cristo ensinou assim que a oração é frequentemente mais do que pedir pelas próprias necessidades. A oração muitas vezes é uma intercessão em nome das necessidades dos outros, com aquele que ora apresentando os carentes diante de um Deus que é capaz de atender a essa necessidade.

Cristo continuou a história para enfatizar a importância da persistência na oração. O amigo que possuía os recursos materiais não queria atender àquele que estava intercedendo. Ele alegou que já havia se recolhido aos seus aposentos; se ele se levantasse para atender ao vizinho, despertaria toda a família. Mas o mediador em sua preocupação com a necessidade do amigo não desistiu, e apresentou o pedido repetidas vezes até que aquele que tinha os meios para fornecer os pães o atendesse. Cristo disse: "Embora ele não se levante para dar-lhe o pão por ser seu amigo, por causa da importunação se levantará e lhe dará tudo o que precisar" (Lc 11:8). Cristo não estava sugerindo que Deus não deseja ouvir. A ênfase estava na necessidade de persistência até que a necessidade fosse atendida.

Cristo então passou da parábola ao preceito e o aplicou à narrativa. Ele disse (traduzindo literalmente), "continue pedindo e lhe será dado, continue procurando, e você vai encontrar, continue batendo e a porta se abrirá" (cf. v. 9). Ele juntou essa exortação com uma promessa: "Pois todo o que pede, recebe; o que busca, encontra; e àquele que bate, a porta será aberta" (cf. v. 10). Cristo disse que do modo como um pai responde tão prontamente às necessidades de seus filhos, Deus responderá às necessidades daqueles que apresentam sua petição para si mesmos ou intercede a favor dos outros a Ele (v. 11-12). Cristo concluiu com a promessa de que seu Pai celestial "dará o Espírito Santo a quem o pedir" (v. 13). A boa dádiva que o Antigo Testamento prometeu que Deus daria ao seu povo foi o dom do Espírito Santo (Ez 36:25-27; Jl 2:28-29). E o que o Pai prometeu um dia seria realizado. No entanto, no momento em que Cristo falou as palavras desse texto, Ele estava sendo rejeitado e essa promessa não poderia ser cumprida, pois o derramamento do Espírito somente poderia ocorrer depois de sua morte e ressurreição. Os crentes não deveriam perder a esperança de que a promessa seria cumprida, mas deveriam persistir em orar pelo que Deus havia prometido. Sem dúvida, o grupo de crentes reunido no cenáculo estava orando por esse dom (At 1:14), e sua oração foi respondida com a dádiva do Espírito (2:4).

K. Conflito sobre a cura do homem mudo

Seção 108

Lucas 11:14-36

Mais uma vez, vemos uma controvérsia entre Cristo e os fariseus por causa da expulsão de um demônio. Não devemos presumir que os evangelhos dão ênfase à expulsão de demônios simplesmente porque a possessão demoníaca era um problema comum, embora isso possa ter acontecido. Em vez disso, os escritores sagrados queriam lidar com o ensino dos fariseus de que o poder de Cristo tinha origem satânica. Cristo realizou muitos milagres nesse campo para demonstrar que seu poder era maior do que o poder satânico atribuído a Ele pelos fariseus. Nessa ocasião, quando Cristo curou um homem endemoninhado, muitas pessoas ficaram maravilhadas. Portanto, eles indicaram uma prontidão para aceitar Cristo como Ele próprio afirmava ser. Outros, entretanto, o acusaram de expulsar demônios por Belzebu (Lc 11:15). Como Cristo fez quando a mesma acusação foi apresentada contra Ele anteriormente (Mt 12:24), refutou a explicação falsa de sua pessoa apresentando três provas. Como primeira razão, Ele apontou que se obtivesse seu poder de Satanás e usasse esse poder contra o tal, então o próprio Satanás estaria trabalhando contra si mesmo; e isso era inconcebível (v. 17-18). A segunda razão surgiu do fato de que havia em Israel naquele tempo aqueles que praticavam exorcismo e expulsavam os demônios dos que eram por eles afligidos. Essa habilidade foi reconhecida como um poder concedido por Deus. Se seus exorcistas operavam pelo poder de Deus poder, por que, pois, atribuíram seu poder de expulsar demônios a Satanás (v. 19-20)? Ao declarar a terceira razão, Cristo observou que antes que um homem possa invadir uma cidadela protegida, ele deve ser capaz de dominar os guardas. Só então ele pode entrar na fortaleza. Se Cristo pode entrar na cidadela de Satanás, é evidente que Ele tem um poder maior do que Satanás, que teria procurado resisti-lo (v. 20, 22). Assim, Cristo exortou o povo a tomar uma decisão, afirmando: "Quem não está comigo é contra mim" (v. 23). Era impossível permanecer neutro. Aqueles que não se identificavam abertamente com Cristo estavam do lado dos fariseus nesta questão.

Depois de apresentar sua defesa, Cristo descreveu a condição da nação (Lc 11:24-28). Ele contou a parábola sobre um espírito maligno que havia deixado um homem em cujo corpo havia habitado. Quando saiu, foi para uma área deserta em busca de descanso, mas não conseguiu encontrar nenhum. O espírito decidiu retornar ao corpo do homem. Quando voltou, encontrou sua antiga casa "limpa e em ordem" (v. 25). Ele entrou e trouxe consigo outros sete espíritos mais perversos do que ele, e ocuparam a casa vazia. Como consequência, "a condição final daquele homem é pior do que a primeira" (v. 26). Por meio dessa história, o Senhor revelou sua avaliação da nação. Israel era impura e João havia exercido um ministério de conclamar o povo ao arrependimento. Multidões haviam respondido ao ministério de João, reconhecendo o próprio pecado. Estes identificaram-se com João pelo batismo a fim de experimentar o perdão dos pecados quando viesse o Messias pelo qual aguardavam. Desse modo, a nação foi purificada. Mas, nesse ínterim, a nação se afastou da mensagem de João e agora estava em vias de rejeitar Cristo. Isso significava que o bem que João fez à nação estava se dissipando. E com a rejeição progressiva de Cristo, houve uma deterioração e retrocesso espiritual. Portanto, quando a nação finalizasse sua decisão de rejeitar Cristo, sua condição espiritual seria pior do que era antes de João começar seu ministério. Esta foi uma acusação séria contra a nação.

Havia uma mulher que clamou pela fé: "Bem-aventurada a mãe que te deu à luz e te amamentou" (Lc 11:27). Mais uma vez, Cristo pronunciou sua bênção, não sobre aqueles que eram aparentados com Ele por laços físicos, mas sobre aqueles que eram seus irmãos pela fé. Como disse Paulo: "A fé vem por ouvir a mensagem, e a mensagem é ouvida por meio da palavra de Cristo" (Rm 10:17). Assim, Cristo os exortou a "ouvir a palavra de Deus e obedecê-la" (Lc 11:28). Cristo falou em seguida do sinal culminante que seria dado à nação (v. 29-32). Por ser má, aquela geração estava continuamente buscando sinais, mas não seria persuadida por nenhum deles. Cristo declarou, como havia feito anteriormente, que não tinha nenhum sinal público para dar à nação, a não ser o sinal de Jonas, que era o sinal de sua ressurreição. A ressurreição seria a confirmação final de Deus da pessoa e das palavras de Cristo.

A "Rainha do Sul" ouviu a sabedoria de Salomão e se beneficiou com o que ouvira (v. 31). Mas a geração presente tinha ouvido a sabedoria de alguém maior do que Salomão e se desviara de suas palavras. Os homens de Nínive, tendo ouvido a pregação de Jonas, aceitaram aquela palavra e foram libertos do julgamento. Mas aquela geração tinha ouvido a pregação de alguém maior do que Jonas e se recusara a aceitar a palavra. Portanto, o julgamento viria sobre a nação.

Esse discurso terminou com um apelo à nação (v. 33-36). Cristo comparou sua palavra à luz. A luz que Cristo trouxe foi o conhecimento do Pai. O que Ele revelou de si mesmo sobre o Pai não foi revelado em segredo, pois as pessoas não acendem lâmpadas para as colocarem onde a luz ficará escondida. Em vez disso, acendem suas lâmpadas e as colocam em lugares onde a luz possa brilhar. O que Cristo ensinou e fez para revelar o Pai foi feito diante da nação, mas ela estava espiritualmente cega e rejeitou a luz. O motivo da rejeição não estava na luz, mas sim nos olhos de quem observava. Por isso Cristo disse: "Quando os teus olhos são bons, todo o teu corpo está cheio de luz. Mas quando eles estão maus, o teu corpo também está cheio de trevas" (Lc 11:4). O motivo pelo qual Israel permaneceu nas trevas não foi por causa do Revelador, mas porque a nação recusou a revelação. Cristo prometeu que se eles recebessem a revelação, eles teriam luz. E Ele os convidou para si mesmo como a luz.

L. Conflito sobre o ritualismo farisaico
Seção 109
Lucas 11:37-54

Parece quase surpreendente, depois de uma denúncia tão contundente dos sistemas religiosos que existiam nos dias de nosso Senhor, que Jesus tenha sido convidado para ir à casa de um fariseu. Mas Ele aceitou o convite e foi para a casa daquele homem e, conforme o costume, reclinou-se à sua mesa. Edersheim descreve como era uma refeição numa casa próspera:

> Os judeus da Babilônia contentavam-se em fazer uma refeição sem carne; não era assim com os palestinos. Para estes últimos, a comida preferida compunha-se de cabras jovens, cordeiros e bezerros. A carne não era usada com tanta frequência e, ainda mais raramente, carne de aves. O pão era considerado o sustento da vida, sem o qual nenhum tipo de comida era considerado uma refeição. Na verdade, em certo sentido, o pão constituía a própria refeição. A bênção era pronunciada sobre o pão e deveria englobar todo o restante da comida que vinha a seguir, como a carne, o peixe ou os vegetais — enfim, tudo o que compunha uma refeição, exceto a sobremesa. Da mesma forma, a bênção dada sobre o vinho incluía todos os demais tipos de

bebida. Caso contrário, teria sido necessário pronunciar uma bênção separada sobre cada tipo diferente de comida ou bebida. Aquele que negligenciava as bênçãos prescritas era visto como se tivesse comido de coisas que eram consagradas a Deus, pois estava escrito: "Porque a terra é do SENHOR e toda a sua plenitude". Por mais belo que seja esse princípio, ele se degenerou em tediosas questões casuísticas. De modo que, se um tipo de alimento fosse ingerido em adição a outro, ficava estabelecido que a bênção deveria ser proferida apenas sobre o tipo principal. Novamente, havia uma discussão complicada sobre o que deveria ser considerado como fruto e ter a bênção correspondente, e como, por exemplo, uma bênção deveria ser dada sobre as folhas e flores, e outra sobre as bagas de alcaparras. Na verdade, essa planta deu origem a uma séria polêmica entre as escolas de Hillel e de Shammai. Outra série de elaboradas discussões surgiu sobre quais bênçãos deveriam ser usadas quando um prato consistisse de vários ingredientes, como produtos derivados da terra e mel, derivado do mundo animal. Esses e outros raciocínios semelhantes davam origem a infindáveis discussões e controvérsias, e ocupavam a mente dos fariseus e dos escribas.[28]

Cada refeição era precedida por uma lavagem das mãos e por uma bênção.

Suponhamos que os convidados estão reunidos. Para uma refeição matinal, eles não seriam convocados pelos servos, nem eram recebidos de uma forma mais cerimoniosa, como nas festas. Primeiro, cada um observava, como um rito religioso, "o lavar das mãos". Em seguida, o chefe da casa cortava um pedaço do pão inteiro — no sábado havia dois pães — e pronunciava a bênção. Mas isso acontecia só se todos estivessem reclinados à mesa, como no jantar. Se eles estivessem assentados, como provavelmente sempre era costume numa refeição matinal, cada um faria a bênção por si mesmo. A mesma regra se aplicava ao vinho. A casuística judaica afirmava que bastava uma bênção para o vinho que era considerado parte da refeição. Se outro vinho fosse trazido durante a refeição, então cada um teria que pronunciar a bênção novamente sobre ele; se fosse servido após a refeição (como

---

[28] Edersheim, *Life and Times,* vol. 2, p. 206.

nos sábados e dias de festa, para prolongar a festa com bebida), um dos membros do grupo proferiria a bênção para todos.[29]

Edersheim descreve a prática elaborada dos fariseus:

Na refeição oferecida pelo fariseu, como de fato geralmente ocorria, nosso Senhor omitiu a prescrita "lavagem das mãos" antes da refeição. Mas como esse rito era em si indiferente, Ele deve ter pensado em algum objetivo definido, que será explicado a seguir. O caráter exterior de todas as outras melhores práticas aparecerá no seguinte relato que o Talmude apresenta sobre "uma festa". Assim que os convidados entravam, eles se assentavam em cadeiras, e era trazida água para eles, com a qual lavavam uma das mãos. Depois disso, a taça era tomada, quando cada orador pronunciava a bênção sobre o vinho antes do jantar. A seguir todos eles se reclinavam à mesa. Água era novamente trazida, com a qual eles agora lavavam ambas as mãos, como preparação para a refeição, e a bênção era pronunciada sobre o pão, depois sobre o vinho, pelo chefe da festa, ou então por um escolhido por causa de sua distinção. O grupo respondia com um amém, sempre supondo que a bênção tivesse sido proferida por um israelita, não um pagão escravo, nem um violador da lei. Tampouco era lícito ser pronunciada por um homem iletrado, embora pudesse ser falada por um cuteano (herege, ou talvez samaritano) que fosse instruído. Depois do jantar, as migalhas, se houvessem, seriam cuidadosamente recolhidas — as mãos seriam lavadas novamente, e aquele que havia feito a primeira bênção dirigia a oração de agradecimento. A fórmula na qual devia chamar os demais para se juntarem a ele, repetindo as orações depois dele, era prescrita e diferia de acordo com o número dos presentes. A bênção e a ação de graças podem ser pronunciadas não apenas em hebraico, mas em qualquer outro idioma.

Em relação à posição dos convidados, sabemos que os lugares mais acima eram ocupados pelos rabinos. O Talmude formula essa prática da seguinte maneira: que o mais digno se recline primeiro, sobre o lado esquerdo, esticando-se para trás com os pés. Se houver duas "almofadas" (divãs), a próxima pessoa mais digna reclina-se acima dele, à sua esquerda; no caso de haver três almofadas, a terceira pessoa mais

---

[29] Ibid., p. 206-207.

digna fica abaixo daquele que se reclina primeiro (à direita), de modo que o chefe da casa fique no meio (entre os convidados mais dignos à sua esquerda e o menos digno à sua direita). A água para os pés antes de comer deve ser entregue primeiramente ao mais digno e assim, no que diz respeito à lavagem, após a carne. Mas se um grande número estiver presente, deve-se se começar com o mais digno de ser servido até chegar aos últimos cinco, quando o mais digno do grupo lava as mãos, e os outros quatro depois dele. Com os convidados sendo assim dispostos, o chefe da casa, ou o chefe da mesa, pronuncia a bênção e então parte o pão. Para alguns, não era considerado uma boa etiqueta começar a comer até que aquele que pronunciasse a oração o fizesse, mas essa não parece ter sido a regra entre os judeus palestinos. Então, geralmente, o pão era mergulhado no sal, ou algo salgado, onde havia duas regras de etiqueta, exigindo que esperassem um pelo outro, mas não onde houvesse três ou mais.[30]

O vinho era amplamente utilizado nas refeições.

Para começar, o vinho era misturado com água e, de fato, alguns pensavam que a bênção não deveria ser pronunciada até que a água fosse adicionada ao vinho. De acordo com um padrão, duas partes, e de acordo com outro, três partes de água deviam ser adicionadas ao vinho. Várias safras são mencionadas: entre elas um vinho tinto de Sarom e um tipo de vinho preto. O vinho temperado era feito com mel e pimenta. Outra mistura, usada principalmente para pessoas doentes, consistia em vinho envelhecido, água e bálsamo; ainda outra espécie era o "vinho de mirra"; também temos informação sobre um vinho no qual alcaparras eram misturadas. A estes se pode adicionar o vinho condimentado, seja com pimenta ou com absinto; e ainda o tipo que é descrito como vinagre, uma bebida refrescante feita de uvas que não estavam amadurecida ou feito com borras de uva. Além disso, o vinho de palmeira também era usado. Sobre as bebidas estrangeiras, temos conhecimento do vinho de Amom e da província da Ásia, este último uma espécie de "mosto" fervido. O vinho gelado vinha do Líbano; havia um certo tipo de vinagre da Idumeia; a cerveja procedia da Media e Babilônia; um

---

[30] Ibid., p. 207-208.

vinho de cevada *(cerveja)* era originário do Egito. Finalmente, devemos mencionar a cidra de maçã palestina e o suco de outras frutas.[31]

Outras partes de uma refeição são assim descritas:

[...] em relação aos vários tipos de grãos, carnes, peixes e frutas, tanto em seu estado natural quanto em conserva, isso abrangia quase tudo que era conhecido no mundo antigo. Nas festas havia um repasto introdutório, consistindo em apetitosas carnes salgadas ou em algum prato leve. Seguia-se o jantar propriamente dito, que terminava com a sobremesa *(Aphiqomon* ou *terugima)*, composta por azeitonas em conserva, rabanetes e alface, bem como frutas, entre as quais se pode citar até gengibre em conserva da Índia. Declarações mais diversas e ainda mais estranhas são feitas quanto à salubridade, ou o contrário, de certos artigos da dieta, especialmente os vegetais. O peixe era um prato favorito e nunca faltava na refeição do sábado. Dizia-se que tanto o sal quanto a água deveriam ser usados em todas as refeições, para que a saúde fosse preservada. Condimentos, como mostarda ou pimenta, deviam ser usados com moderação. Muito diferentes eram as refeições dos pobres. Gafanhotos — fritos com farinha ou mel, ou em conserva — que segundo o Talmude, não requeriam nenhuma bênção, pois o animal estava realmente entre as maldições da terra. Os ovos eram um artigo comum de alimentação e vendidos nas lojas. Depois, havia um prato de leite, no qual as pessoas mergulhavam o pão. Outros, que se encontravam em melhor situação, tomavam uma sopa de vegetais, especialmente com cebola e carne, enquanto os muito pobres satisfaziam sua fome com pão e queijo, ou pão e frutas, ou ainda alguns vegetais como pepino, lentilha, feijão, ervilhas ou cebolas.[32]

Os fariseus eram conhecidos por três características bem conhecidas.

[...] as três características dos fariseus eram: não fazer uso nem participar de nada que não tivesse sido dizimado; observar as leis de purificação; e, como consequência desses dois, abster-se de relações familiares

---

[31] Ibid, p. 208.
[32] Ibid., p. 208-209.

com todos os não fariseus. Essa separação formava a base de sua reivindicação de suas características.[33]

Cristo não observou nada disso. Farrar estabeleceu bem as características dos fariseus:

> Eles estavam casados com o sistema religioso que havia muito tempo prevalecia entre eles, porque era fácil ser um escravo da letra e difícil servir no espírito; fácil obedecer a uma série de regras externas, difícil de maneira inteligente e abnegada entrar na vontade de Deus; mais fácil enredar a alma em uma rede de observâncias mesquinhas complicadas do que render a obediência de um coração iluminado; arrogantemente fácil é ser exclusivo; difícil é ser humildemente espiritual; fácil ser um asceta ou formalista; difícil é ser puro, amoroso, sábio e livre; fácil é ser fariseu, difícil ser discípulo; muito fácil abraçar um sistema de autossatisfação e hipócrita de observâncias rabínicas muito difíceis para dessa forma alguém amar a Deus com todo o coração, e toda a alma, e de todas as forças. Ao colocar o machado na raiz de seu sabatismo orgulhoso e ignorante, Ele estava colocando o machado na raiz de toda aquela "insignificância miserável" que eles se acostumaram a buscar para sua vida religiosa.[34]

Os fariseus não foram capazes de resistir à sabedoria com que Cristo falava. Eles tinham a intenção de enredá-lo em alguma violação da tradição farisaica. Era evidente que Cristo não observou as tradições dos fariseus nessa festa. Os anfitriões de Cristo primeiro notaram que Ele não seguiu a tradição que regia a lavagem farisaica antes da refeição (Lc 11:38). Cristo passou a mostrar que a tradição de lavar não cumpria os requisitos da lei. Os fariseus estavam preocupados com o ritual externo e não se preocupavam com a limpeza interna (v. 39). Se fosse necessário limpar o exterior, era preciso limpar também o interior, pois o mesmo Criador criou tanto o exterior como o interior (v. 40). A exortação de Cristo aos fariseus para mostrarem atos de misericórdia revela que sua religião havia decaído para um mero ritual (v. 41).

---

[33] Ibid., p. 212.
[34] Farrar, *Life of Christ*, vol. 2, p. 118.

Cristo passou a pronunciar lamentos sobre os fariseus porque seu sistema havia aprovado uma conduta que era uma violação da justiça exigida pela lei. Ao se dirigir com tanta veemência ao seu anfitrião, Cristo revelou que o homem o havia convidado, não porque desejasse honrá-lo depois de depositar fé em sua pessoa, mas porque queria encontrar falhas nele. Essas foram as palavras mais contundentes que nosso Senhor falou. Ele foi severo porque o sistema que aqui condenou levou os fariseus a rejeitá-lo. Agora eles estavam impondo sua vontade ao povo e os conduzindo ao erro. Um lamento foi pronunciado sobre o farisaísmo primeiramente por causa de seu sistema de dar dízimos (v. 42). A lei exigia os dízimos e os fariseus eram escrupulosos quanto ao dízimo das ervas que cresciam nos jardins, pensando que por tal observância eles estavam cumprindo a lei. Cristo revelou que a lei exige amor a Deus e justiça para com as pessoas. E ao se concentrar na lei externa do dízimo, eles não reconheciam o direito de Deus sobre eles e a tudo o que possuíam, de modo que a vida deles revelasse justiça para com os homens e amor a Deus.

Em segundo lugar, Cristo condenou os fariseus por causa de seu orgulho (v. 43). Eles adoravam também os assentos mais importantes nas sinagogas e as saudações nas praças. Queriam ser homenageados pelos homens. Eles eram motivados por um orgulho egoísta. Isso contrastava com o caráter do legislador, Moisés, a quem professavam respeitar e que era caracterizado por Deus como o homem mais "humilde" (Nm 12:3).

Em terceiro lugar, Cristo condenou os fariseus por causa de sua hipocrisia (v. 44). Eles não eram o que queriam que as pessoas pensassem que eles fossem. Para os judeus, uma sepultura era uma fonte de contaminação, e qualquer um que tocasse um túmulo ficaria contaminado. Portanto, era costume caiar os túmulos para que as pessoas pudessem evitar a contaminação pelo contato com eles. A localização de uma sepultura não marcada parecia ser um lugar certeiro para caminhar quando uma sepultura pode contaminar de verdade. Cristo caracterizou os fariseus como uma sepultura sem marcas que contaminava sem dar qualquer aviso da contaminação que espalhavam.

Em seguida, Ele condenou os peritos da lei, dizendo que, por meio de suas tradições, "sobrecarregam os homens com fardos que dificilmente eles podem carregar" (v. 46). Esse era o jugo do farisaísmo do qual Cristo havia falado quando convidou aqueles que estavam cansados e oprimidos para irem a Ele (Mt 11:28).

As 365 proibições e os 248 mandamentos nos quais a lei mosaica havia sido codificada pelos fariseus eram um fardo insuportável que os especialistas na lei impunham a seus seguidores. O farisaísmo não fornecia ajuda para suportar esse fardo. Era um peso esmagador.

A seguir, Cristo pronunciou mais um lamento sobre os fariseus por causa de sua aprovação tácita do assassinato dos profetas que trouxeram a mensagem de Deus a Israel (v. 47). Ao construírem túmulos elaborados para os profetas, eles estavam tentando demonstrar que tinham aprovado o que os profetas diziam. Ao rejeitar a Cristo, eles se identificaram com aqueles que assassinaram os profetas. Em razão disso, Jesus fez uma acusação: "esta geração será considerada responsável pelo sangue de todos os profetas, derramado desde o princípio do mundo: desde o sangue de Abel até o sangue de Zacarias" (Lc 11:50). A geração citada tinha se identificado com os assassinos e estava sob julgamento divino. Se algum deles tivesse argumentado que não estava se identificando com seus pais, mas honrando aqueles que seus pais haviam injustamente condenado à morte, poderia ter sido questionado sobre por que não observaram tudo o que os profetas ordenaram que fizessem. Os profetas clamaram por justiça, mas isso não aconteceu. Os profetas também prometeram a vinda do Messias. Ao rejeitar as palavras de Cristo, essa geração se identificou com seus antepassados que assassinaram os profetas. Dessa forma, eles se tornaram igualmente culpados.

Finalmente, Cristo pronunciou julgamento sobre os peritos na lei porque eles tinham escondido a verdade daqueles que dependiam deles para o conhecimento (v. 52). As tradições do farisaísmo não revelaram a Deus nem as exigências que a santidade de Deus produz sobre aqueles que andam em comunhão com Ele. Ao contrário, eles obscureceram Deus e suas demandas. Portanto, Cristo afirmou que eles "se apoderaram da chave do conhecimento" (v. 52). Cristo viera para oferecer luz, e os fariseus prenderam os homens nas trevas. Cristo falou a verdade que foi claramente compreendida pelos fariseus e pelos mestres da lei. Depois de o ouvirem, eles "começaram a opor-se fortemente a ele e a interrogá-lo com muitas perguntas, esperando apanhá-lo em algo que dissesse" (v.

53-54). Era evidente que não poderia haver reconciliação entre Cristo e os fariseus.

M. Instruções para os discípulos
Seções 110-118

1. Hipocrisia
Seção 110
Lucas 12:1-12

Mesmo que o conflito com os fariseus tivesse chegado ao estado de fúria, o interesse por Cristo ainda era grande. Muitos milhares haviam se reunido e seu desejo de ouvir o que Cristo dizia era tão grande que estavam se atropelando uns nos outros (Lc 12:1). Cristo dirigiu uma palavra a seus "discípulos". O termo "discípulos" aqui não se referia aos Doze, e sim aos crentes naquela vasta e fervilhante multidão. Ele advertiu o povo contra a hipocrisia dos fariseus. Enquanto estava na casa de um fariseu, Cristo havia exposto essa farisaica hipocrisia em sua observância externa da tradição (11:37-41). A seguir Cristo anunciou que chegaria o momento em que o que havia sido escondido seria revelado e a hipocrisia interior do farisaísmo seria exposta (12:2-3). Haveria um tempo em que sua denúncia do farisaísmo seria justificada pela exposição da verdadeira natureza do farisaísmo. Cristo reconheceu que muitos naquela multidão queriam confessar abertamente sua fé nele, mas se abstiveram de fazê-lo por medo. A fim de encorajá-los a tornar sua fé pública, Cristo primeiro os advertiu contra o silêncio (v. 4-7), e depois fez uma promessa para encorajá-los (v. 8-12).

Primeiro, Cristo ensinou que eles deveriam temer a Deus e não às pessoas. O pior que as pessoas podiam fazer contra elas por causa de sua fé em Cristo era matá-las (v. 4). O poder das pessoas não vai além da sepultura. Em contraste, Deus deve ser respeitado, venerado e consequentemente obedecido, pois após a morte Ele "tem o poder para lançar no inferno" (v. 5). Como Deus conclamava as pessoas à fé em Cristo, elas deveriam escutá-lo em vez de serem persuadidas pelos fariseus. Aqueles que estavam debatendo a questão da pessoa de Cristo reconheceram que se professassem fé em Cristo, poderiam ser expulsos da sinagoga, o que acarretaria a perda de todo direito que tinham como cidadãos em Israel. Perderiam seu lugar de culto, as escolas para as quais enviavam seus filhos para aprender sobre a lei, sua vida social na comunidade, e seu direito ao emprego. E como consequência, enfrentariam o ostracismo e a miséria. Mas Cristo os encorajou com a lembrança de que, colocando fé nele, eles se tornariam filhos de Deus. O Pai exerceria sobre eles seu cuidado paterno. Deus cuidava de pardais que tinham pouco valor. Ele se preocupava com os detalhes da vida até o ponto de contar os cabelos da cabeça de cada um. Portanto, Ele daria atenção às necessidades de seus filhos. Assim, Jesus exortou seus discípulos a não temer as pessoas.

Então Cristo continuou para encorajá-los a reconhecerem publicamente ser Ele o Filho de Deus. Ele disse: "Quem me confessar diante dos homens, também o Filho do homem o confessará diante dos anjos de Deus" (Lc 12:8). Cristo não reconhecerá aqueles que o negarem diante dos homens. Ele é retratado nas Escrituras como o defensor do crente (1Jo 2:1-2). No entanto, Ele é Defensor somente para os seus. Ele lembrou a estes, como fez com o fez em Mateus 12:32, das consequências caso negassem a evidência que o Espírito havia dado através dos milagres a sua pessoa e sua Palavra. Por tal negação, eles seriam culpados de um pecado que traria julgamento. Era imperativo, então, que tomassem uma decisão — a decisão correta. Para fortalecer aqueles que tomaram tal decisão, Cristo prometeu sua assistência divina quando eles entrassem em perigo por causa de sua fé nele. Ele não lhes prometeu que não seriam expulsos da sinagoga ou que não seriam levados perante os governantes e autoridades. Mas prometeu que eles não estariam sozinhos, pois o Espírito de Deus permaneceria com eles para lhes dar palavras certas para falar, a fim de defender aqueles que colocavam sua fé em Cristo e para justificar sua confiança nele (Lc 12:12).

Observamos que Cristo via as multidões como se estivessem em um estado de indecisão. Eles pesavam as ameaças que os fariseus poderiam fazer contra eles se deixassem o farisaísmo e se identificassem com Cristo. Eles também estavam considerando a verdade das palavras de Cristo como autenticadas por suas obras. Cristo buscou impressioná-los sobre o fato de que seu destino dependia de sua decisão e novamente os exortou a colocar fé nele.

2. Cobiça
Seção 111
Lucas 12:13-34

Um homem em meio à pressão daquela multidão se aproximou de Cristo com um pedido: "Mestre, dize a meu irmão que divida a herança comigo" (Lc 12:13). Isto proporcionou a Cristo uma ocasião oportuna para tratar da questão da cobiça (v. 13-15). Edersheim define o cenário:

> Parece que alguém entre aqueles que estavam ouvindo a Jesus concebeu a ideia de que a autoridade do grande Rabino de Nazaré poderia ser usada para seus próprios propósitos egoístas. Isso era tudo o que ele poderia lucrar, o que parecia abrir possibilidades de ganhos — pensamentos agitados de cobiça. Mas outras inferências também chegaram até nós. Evidentemente, Cristo deve ter atraído e comovido profundamente as multidões, ou sua interferência não teria sido buscada; e, igualmente evidente, o que Ele pregou causou a esse homem a impressão de que Ele poderia possivelmente se tornar seu herói. A suposta evidência que proporciona no que diz respeito ao efeito e ao objeto da pregação de Cristo é extremamente interessante. Por outro lado, Cristo não só não tinha autoridade legal para interferir, mas a lei judaica de herança já estava tão claramente definida e, podemos acrescentar, de forma clara, que se essa pessoa tivesse tido alguma causa justa ou boa, não poderia haver necessidade de apelar para Jesus. Por isso, deve ter sido a "cobiça", no sentido mais estrito, o que talvez a tenha motivado, um desejo de ter, além de sua própria parte como irmão mais novo, metade daquela parte adicional que, por lei, se destina ao filho mais velho da família.[35]

Cristo recusou-se a envolver-se nas questões legais envolvidas, mas discerniu a cobiça do coração do homem. A cobiça surge de uma falsa filosofia de vida a qual expõe que o maior bem da vida é ter posses

---

[35] Edersheim, *Life and Times*, vol. 2, p. 243.

materiais. Tal filosofia caracterizava os fariseus, que interpretavam a prosperidade material como um sinal de bênção divina. Eles expressavam sua filosofia no ditado: "O Senhor enriquece quem Ele ama". Tendo adotado essa premissa, eles concluíam que a busca da riqueza material era o bem maior, pois essa riqueza era a evidência da aprovação divina. Quando confrontado por homens que adotava esse ponto de vista, Cristo deu uma instrução em Lucas 12:16-21. Ele relatou a parábola de um homem que já era rico, cujo solo produziu excelente colheita. O homem não precisava da colheita, pois o seu celeiro já estava cheio. Em vez de usar o excedente para alimentar os famintos, decidiu derrubar os seus antigos celeiros e construir celeiros maiores para armazenar os seus grãos e os seus bens para o futuro. Esse homem se considerou enriquecido por causa do prazer que Deus teria nele. O homem não tinha necessidade de confiar em Deus porque tinha um suprimento abundante para tudo o que poderia precisar. Assim, em vez de investir sabiamente seus bens, ele decidiu viver para si mesmo: "descanse, coma, beba e alegre-se" (v. 19). Mais uma vez, vemos que sua falsa filosofia o levou a concluir que um dos maiores objetivos da vida é satisfazer todo o desejo carnal. O homem rico pensava poder satisfazer todo seu apetite através das coisas materiais que ele havia acumulado. Nesse homem vemos um bom resumo da atitude farisaica em relação ao dinheiro que era expressa na cobiça. Na história, Deus rapidamente revelou a esse homem que é muito mais importante adquirir riqueza espiritual do que coisas materiais. Deus tirou a vida do homem e ele foi separado para sempre das suas riquezas. O que era material pertencia a esta vida e não podia ser transferido para a vida futura. Aquilo em que uma pessoa coloca sua base nesta vida não pode proporcionar conforto e bênção na vida que está por vir. Um homem rico não é aquele que meramente tem sua base nas riquezas, mas aquele que utiliza suas riquezas para se satisfazer e ganhar a vida eterna. A fé dos fariseus era inapropriada, pois aquilo em que eles confiavam não podia satisfazê-los ou torná-los aceitáveis a Deus. Ao contar essa parábola, Cristo revelou o perigo da avareza. Cristo estava fazendo uma aplicação dessa verdade aos discípulos (Lc 12:22-24).

Ele disse claramente: "Não se preocupem com sua própria vida, quanto ao que comer; nem com seu próprio corpo, quanto ao que vestir" (v. 22). Eles não deveriam se preocupar com coisas materiais. Cristo deu seis razões para que eles não se preocupassem com essas coisas. Primeiro, Ele disse que uma pessoa é mais importante do que seu próprio corpo (v. 23). O cuidado com o corpo não supre as necessidades da pessoa como um todo. Se uma pessoa fosse composta apenas de sua parte física, então as coisas materiais poderiam satisfazer as suas necessidades. Mas isso não é verdade. Em segundo lugar, Ele enfatizou que todas as criaturas de Deus estão sob seus cuidados (v. 24). Terceiro, o Senhor os lembrou de que a ansiedade em relação a seus cuidados não pode estender uma única hora de vida (v. 25). Em quarto lugar, Cristo ensinou que as pessoas não têm o poder de prover tão maravilhosamente quanto Deus pode (v. 27). A beleza do lírio é uma evidência da capacidade que Deus tem de prover. Em quinto lugar Ele perguntou: se Deus cuida de uma flor no campo, que tem uma existência tão temporária, Ele não cuidará dos seus (v. 28)? Em sexto lugar, Ele os lembrou que eles têm um Pai que sabe o que precisam e que tudo Ele proverá (v. 30).

Como alternativa aos ansiosos cuidados, o Senhor os exortou à fé. Ele disse: "Busquem, pois, o Reino de Deus, e essas coisas serão acrescentadas a vocês" (v. 31). Aquele que confia em Deus para suprir as necessidades, descobrirá que Ele é fiel. A cobiça muitas vezes surge por causa da insegurança. A pessoa que tenta assegurar seu próprio futuro é aquela que cobiça as coisas materiais. Quão maior é o contraste da aplicação dessa verdade por Cristo quando Ele lhes disse que vendessem seus bens e os dessem aos pobres! Eles não tinham coisas materiais em que confiar, e por isso tinham que confiar em Deus. Através de sua fé nele, não só acumulariam riquezas que poderiam durar por um tempo, mas acumulariam "tesouro nos céus" (v. 33).

Aquilo que um homem ama, a isso ele serve. Os fariseus haviam se tornado escravos das coisas materiais. Cristo os lembrou da prisão causada por tal escravidão e lhes pediu que pusessem sua fé em Deus para que se tornassem servos dele. Ele acrescentou: "Pois, onde estiver o seu tesouro, ali também estará o seu coração" (v. 34). Shepard diz:

> O pequeno grupo de discípulos, naquele momento assolado por inimigos em toda parte, não deveriam ficar ansiosos nem mesmo sobre o futuro do Reino. Seu futuro naquele momento parecia bastante sombrio, pois os furiosos inimigos os rodeavam nessa vasta multidão de pessoas.

Cristo lhes disse: "Não tenham medo, pequeno rebanho, pois foi do agrado do Pai dar o Reino a vocês". Venda seus pertences, se você tem medo de perdê-los durante a ameaça de perseguição, e dê esmolas. "Vendam o que têm e deem esmolas. Façam para vocês bolsas que não se gastem com o tempo, um tesouro nos céus que não se acabe, onde ladrão algum chega perto e nenhuma traça destrói". O céu não pode ser comprado por esmolas, mas o dinheiro investido na verdadeira caridade é uma forma de seguro e se torna uma ajuda em vez de ser uma causa de cuidados ansiosos, ou uma ocasião para a tentação de cobiçar. A riqueza acumulada neste mundo tem muitos inimigos, mas aquilo que é investido na obra celestial do Reino é seguro e serve para atrair aquele que a investe no céu (Plummer). "Onde estiver o seu tesouro, ali também estará o seu coração."[36]

3. Vigilância

Seção 112

Lucas 12:35-41

O Senhor passou a exortar seus discípulos à vigilância (Lc 12:35). Ele os comparou a servos que acompanhavam um mestre. Eles deveriam estar prontos para servir a qualquer momento. Dessa forma, Ele os encorajou a estarem sempre vestidos e a manterem suas lâmpadas acesas. Para impressioná-los, Ele usou um banquete imaginário de casamento. A época do banquete de casamento não estava predeterminada. Ninguém sabia quando seria realizado. A imagem, então, era de servos em uma casa, esperando o retorno do mestre para uma estada indefinida. Quando voltasse, esperava que eles estivessem prontos para servi-lo. Se esses servos fossem indiferentes às suas responsabilidades, eles se retirariam à noite, apagariam as lâmpadas e iriam dormir. Se fossem fiéis, permaneceriam vestidos, estariam com lâmpadas acesas, prontos para servir, caso o mestre chegasse. Se ao seu retorno os servos fossem encontrados fiéis, esses servos seriam honrados. O senhor a quem eles serviam, ele próprio os

---

[36] Shepard, *The Christ,* p. 392.

serviria. Eles deveriam ver o retorno do mestre como algo iminente, e assim eles deveriam esperar ansiosamente e estar prontos para servir.

Cristo ilustrou essa verdade sobre a vigilância de uma segunda maneira (Lc 12:39). Se fosse anunciado que um ladrão planejava entrar em uma casa, o dono da casa vigiaria e anteciparia a vinda do ladrão. O proprietário impediria que a casa fosse assaltada. A ênfase neste ponto é a prontidão aliada à vigilância. O Senhor fez uma aplicação desse ensinamento ao dizer: "Estejam também vocês preparados, porque o Filho do homem virá numa hora em que não o esperam" (v. 40). Esse ensino foi baseado no fato de que o reino oferecido a Israel havia sido rejeitado. Portanto, o reino teria de ser necessariamente adiado para algum tempo futuro. O que fora prometido não havia sido retirado, mas poderia ocorrer em alguma data futura indeterminada. Os servos de Cristo seriam encontrados vigiando, alertas e preparados, tendo em vista a esperança de que a Filho do Homem viria.

4. Fidelidade

Seção 113

Lucas 12:42-48

Cristo então encorajou aqueles que estavam vigiando a serem fiéis. E Ele falou das características de um gerente fiel e sábio. Este havia sido encarregado dos servos de seu senhor, bem como dos bens dele. Era sua responsabilidade cuidar para que as necessidades dos seus conservos fossem atendidas fora do armazém do patrão.

> A parábola tem sua origem nos costumes do país. Seu dever era organizar e supervisionar as atividades da força de trabalho, conferir os suprimentos e atender aos interesses do senhor da casa em sua ausência, prestando contas do serviço no seu retorno. Feliz seria o administrador confiável e atencioso que o Senhor encontraria em seu posto de trabalho quando retornasse; sua recompensa seria a promoção imediata para um trabalho maior e mais responsável.[37]

---

[37] Ibid., p. 394.

Se o gerente fosse considerado fiel a essa responsabilidade, um encargo maior lhe seria confiado. O mestre não hesitaria em entregar todo seu patrimônio nas mãos de um servo tão fiel (Lc 12:44). Havia também a possibilidade de que esse gerente fosse infiel. Se ele sentisse que o tempo em que seria chamado a prestar contas de sua administração estaria em um futuro indefinido, ele poderia tornar-se negligente na administração dos assuntos de seu senhor. Ele poderia maltratar os criados, abusar de seu cargo e deixar de cumprir suas responsabilidades. Mas o Senhor encorajou seus ouvintes à fidelidade, devido à indefinição do tempo de seu retorno. Na história Ele disse: "O senhor daquele servo virá num dia em que ele não o espera e numa hora que não sabe" (v. 46). O dia que o gerente pensava que seria adiado indefinidamente se tornaria uma realidade presente. Quando o senhor retornasse, o gerente seria chamado a prestar contas e o servo infiel seria afastado do privilégio.

Portanto, aquele que é infiel a Cristo demonstra por essa falta de fé que não tem qualquer relação com Ele; esse servo será removido de sua presença para sempre (v. 46). Mas o servo obediente será recompensado. Cristo ensinou que haverá graus de punição (v. 47-48). O grau de punição será determinado pelos privilégios atribuídos a alguém e pelo conhecimento que lhe foi revelado. Na parábola de Cristo, aquele que conhecia a vontade do seu mestre e foi infiel por causa do adiamento do retorno dele, deveria ser espancado com muitos açoites. Mas aquele que não conhecia a vontade de seu mestre, embora fosse punido, deveria ter um grau de punição menor do que aquele que compreendia e rejeitava a vontade de seu mestre. O privilégio traz responsabilidade e por isso Cristo disse: "A quem muito foi dado, muito será exigido; e a quem muito foi confiado, muito mais será pedido" (v. 48).

5. Os efeitos de sua vinda
Seção 114
Lucas 12:49-53

Ao longo de todo o ministério de Cristo, temos acompanhado a dupla resposta do povo da nação à sua palavra e à sua pessoa. Havia alguns que acreditavam e outros que o rejeitavam. Isto não era imprevisto. Cristo anunciou que Ele tinha vindo para trazer o julgamento. Todo julgamento foi entregue nas mãos de Cristo por seu Pai (Jo 5:27). Cristo estava falando desse papel de Juiz quando disse que tinha vindo para trazer fogo sobre a terra (v. 49).

A aproximação da morte era em si mesma um julgamento sobre Satanás, o pecado, o mundo e os incrédulos. E em antecipação ao julgamento da cruz, Cristo falou de seu "batismo" e percebeu que Ele estava intimamente angustiado ao antecipar todo aquele julgamento envolvido para si mesmo (v. 50). Cristo veio para dividir as pessoas, e a divisão surgiria da atitude deles para com sua pessoa. Ele veio para trazer a paz (Lc 2:14), mas somente aqueles que depositassem fé nele como Salvador experimentariam essa paz. Quanto ao restante, deveria haver julgamento. Assim, as divisões em sua época, que também são evidentes em nossos dias, foram antecipadas dentro do programa de Deus. Alguns poderiam concluir que, pela razão de Cristo não ter unido a nação de Israel, Ele não era o verdadeiro Messias. Mas Ele revelou que havia vindo para chamar as pessoas da nação para si mesmo e que sua apresentação envolvia uma divisão. Esta seção registra outro apelo às pessoas para que se separem do sistema religioso da época e se identificarem com Ele.

6. Os sinais dos tempos

Seção 115

Lucas 12:54-59

Com ternura, mas também com severidade, Cristo deu um aviso àqueles que o rejeitavam sobre o perigo que os confrontava. O fogo que Cristo tinha vindo trazer sobre a terra (Lc 12:49) envolveria julgamento. Aqueles que o rejeitassem seriam submetidos a severa disciplina divina. Em vista do julgamento iminente, Cristo novamente convidou a nação a buscar a reconciliação com o Juiz a fim de escapar de seu julgamento. Ele usou novamente a figura familiar de previsão do tempo (v. 54-55). Estudando as nuvens e o vento, as pessoas haviam aprendido a determinar se um dia seria claro ou chuvoso, quente ou frio. Elas eram capazes de interpretar os sinais no céu para determinar o curso do tempo. Cristo havia apresentado uma enorme quantidade de sinais para autenticar sua pessoa. A partir desses sinais, o povo deveria ter aprendido o significado dos dias em que vivia. O profeta Daniel havia predito o tempo em que o Messias apareceria (Dn 9:24-27). O Senhor responsabilizou a nação por essa revelação. A ignorância do povo não era desculpa para a sua rejeição. Sendo que eles eram capazes de interpretar os sinais dos céus, deveriam ter sido capazes de interpretar seus sinais e saber que aqueles eram dias verdadeiramente messiânicos.

À luz do julgamento iminente que recairia sobre aquela nação, Cristo os exortou a buscar a reconciliação com o Juiz. Ele encerrou essa parte de seu ensino com uma parábola. Ele afirmou que se seus ouvintes fossem com um adversário ao magistrado para serem apresentados para um julgamento, eles seriam sábios se fizessem o que fosse possível para se reconciliar com seu adversário, com o propósito de acertar as coisas com ele afim de que as acusações pudessem ser retiradas. A alternativa a isso era enfrentar um juiz que os julgaria. Cristo, dessa forma, os estava exortando a se reconciliarem com Ele, pois Deus, como Juiz, o havia nomeado. O julgamento recairia sobre aquela geração, a menos que eles se reconciliassem com Ele. No momento do julgamento, seria tarde demais para buscar a reconciliação.

7. Sobre o arrependimento
Seção 116
Lucas 13:1-9

Cristo foi então confrontado por alguns dos que o rejeitavam por meio de uma trama engenhosamente projetada para prendê-lo. Reconhecendo que Jesus viera da Galileia e presumindo que Ele seria simpático aos galileus, eles lhe falaram de certos galileus que Pilatos havia mandado matar. Esperavam que o patriotismo de Cristo o levasse a expressar algum tipo de condenação contra Pilatos. Isso lhes daria uma base para acusá-lo diante de Pilatos na esperança de que ele o mandasse matar como um traidor de Roma. Uma alternativa seria que Jesus expressasse simpatia pelos galileus, pois, segundo o pensamento judeu, qualquer calamidade incomum era vista como julgamento divino de Deus sobre um indivíduo por causa de algum pecado grave. Expressar simpatia por esses galileus seria falar contra Deus, poderia ter enviado a calamidade; e isso seria acusá-lo de dureza ou falta de simpatia. Desse modo, eles supunham que se

Cristo respondesse de alguma forma às suas declarações, eles teriam uma base para acusá-lo. Em resposta, Cristo descartou a ideia de que aqueles que haviam morrido eram culpados de algum pecado que havia ocasionado um julgamento divino especial. Cristo declarou que eles não eram nem menos nem mais pecadores do que o restante do povo. E deu uma resposta direta a seus acusadores: "se não se arrependerem, todos vocês também perecerão" (Lc 13:3). Isso deve ter provocado os que se aproximaram dele, pois acreditavam que essa catástrofe indicava que esses homens eram dignos de morte e sofreram nas mãos de Deus. Cristo disse que eles eram tão culpados quanto aqueles que julgavam dignos da morte.

Cristo acrescentou então outro incidente no qual pessoas aparentemente inocentes foram mortas. Dezoito haviam morrido na construção de uma torre em Siloé. Esse pode muito bem ter sido um dos projetos de construção de Herodes. Os judeus também teriam considerado aqueles homens dignos de morte por causa de algum pecado grave. Cristo aproveitou a ocasião para dizer novamente: "Mas se não se arrependerem, todos vocês também perecerão" (v. 5). Ele colocou sobre seus acusadores o mesmo julgamento que eles teriam feito sobre aqueles que morreram.

Cristo prosseguiu apresentando uma parábola para explicar por que aquela geração era digna de julgamento. Uma figueira é plantada com um único objetivo: dar frutos. Uma figueira sem fruto não só é inútil, mas ocupa terreno que poderia ser usado por uma árvore que pudesse dar frutos. A única coisa sensata a fazer então é cortar uma árvore sem frutos para que a terra possa ser usada por uma árvore que produzirá frutos. Shepard observa:

> A história foi uma ilustração muito apropriada sobre a graciosa paciência de Deus para com os judeus, seu povo escolhido, que ocupava o lugar de povo eleito, mas não produziu os frutos que Ele buscava na vida nacional, e isso deve ter penetrado profundamente na consciência da multidão. Toda a nação era culpada pela falta de frutos. Era preciso três anos para que uma figueira atingisse a maturidade. A nação tinha sido objeto da providência especial de Deus por séculos, quando deveria ter atingido a maturidade, e de outros séculos de longanimidade e paciência divina, quando deveria ter produzido frutos. Cristo, o vinhateiro, agora estendia mais um período para que a nação pudesse se arrepender e dar frutos. Israel se encontrava em uma espécie de liberdade

condicional. E os judeus se arrependeriam? Quando Deus coloca uma nação numa posição mais favorecida, Ele espera resultados excepcionais. Ocupar tal lugar implica uma responsabilidade extraordinária e, em caso de fracasso, surgem as maiores consequências e a punição mais severa. Essa foi uma advertência de esclarecimento, chamando Israel ao arrependimento em um momento oportuno. Os judeus não prestaram atenção ao aviso, colhendo os resultados mais terríveis, em um julgamento espalhado por séculos de dispersão nacional e punição.[38]

Deus, o proprietário da vinha, havia plantado Israel como sua árvore frutífera. Jesus Cristo era o agricultor. Por três anos Ele havia convocado Israel ao arrependimento, mas a nação não havia se arrependido para produzir o fruto da justiça. Portanto, Israel deveria ser rejeitado, ou seja, submetido ao julgamento nacional, e esse julgamento aconteceria em 70 d.C., quando Tito haveria de destruir a cidade de Jerusalém e o templo. Isso não significava o fim do projeto de Deus para Israel, mas indicava que Israel seria posto de lado. Através de um novo projeto, Deus produziria frutos para sua glória. Cristo revelou esse novo programa em Mateus 16:18, no momento em que Ele estava em Cesareia de Filipe. Mais tarde, em Jerusalém, Ele falou novamente sobre colocar Israel de lado para instituir um novo programa através do qual Deus trabalharia na era presente (Mt 21:43).

8. Sobre as necessidades de Israel

Seção 117

Lucas 13:10-17

No que foi o último incidente registrado em uma sinagoga, Cristo, através de um milagre da cura, mostrou um quadro vívido da condição de Israel naquela época. Revelou o que Ele estava preparado para fazer pela nação se o povo retornasse a Ele em fé. Enquanto Jesus estava ensinando, Ele notou uma mulher em estado deplorável na sinagoga. Paralítica durante 18 anos, ela se encontrava encurvada e incapaz de andar ereta. Essa mulher retratava graficamente a condição de Israel aos olhos de Deus. A

---

[38] Ibid., p. 397-398.

lei tinha sido dada a essa nação para revelar as exigências da santidade de Deus, para que o povo pudesse caminhar de modo reto diante dele. Mas Israel havia ignorado a lei, e sua caminhada havia se tornado desagradável para Ele. No entanto, o fato de que a condição da nação não era sem esperança pode ser vista no que Cristo fez por essa pessoa paralítica. Chamando-a para perto de si, Cristo a libertou de sua enfermidade. Ele a tocou e imediatamente seu corpo inclinado e curvado foi endireitado para que ela pudesse ficar ereta novamente. Cristo tinha chamado a nação para si, assim como havia chamado essa mulher. Ele se ofereceu para tornar a nação reta novamente, a fim de que seu povo pudesse caminhar de forma reta diante de Deus. Mas a nação não veio até Ele. Assim, essa foi uma revelação da necessidade de Israel e uma indicação de como essa necessidade poderia ser atendida.

Enquanto a mulher glorificava a Deus por causa da libertação que lhe fora concedida, o dirigente da sinagoga repudiou abertamente a Cristo porque Ele havia realizado esse milagre no dia de sábado. Cristo revelou a hipocrisia do tradicionalismo farisaico. Os fariseus desatavam um boi ou um burro e o conduziam de seu curral para tomar água no sábado. Eles não consideraram esse trabalho uma violação do sábado, pois reconheciam que trabalhos necessários poderiam ser realizados no dia de sábado. Eles se sentiam responsáveis por seus animais e providenciavam suas necessidades. Cristo se sentiu responsável por essa filha de Abraão, a quem Satanás havia mantido presa durante 18 anos. Ele atendeu a suas necessidades no dia de sábado. Essa era uma filha de Abraão, não apenas por descendência física, mas porque era uma filha na fé que respondeu ao convite de Cristo para ir a Ele. Quando ela veio, foi curada. A ilustração era tão reveladora que os oponentes de Cristo foram humilhados, mas o povo aprovou o que Cristo estava fazendo.

9. Sobre os propósitos do Reino

Seção 118

Lucas 13:18-21

Enquanto Mateus fez um resumo da rejeição dos líderes dos fariseus por causa de um incidente (Mt 12:20-24), Lucas detalhou o processo de rejeição de Cristo pelos fariseus através de muitos incidentes que registrou. Enquanto Mateus culminou a rejeição pela lista ampliada de parábolas registradas no capítulo 13, Lucas aqui relatou duas das parábolas para revelar algumas características do novo modelo que o reino tomaria após a rejeição da nação. Ele registrou a parábola da semente de mostarda e a do fermento. Era óbvio que o número dos oponentes de Cristo superava em muito aqueles que haviam recebido Jesus pela fé como Messias. Isso fez com que alguns perguntassem o que Cristo poderia fazer com tão poucos seguidores. O arbusto de mostarda poderia crescer em um verão, a partir de uma pequena semente plantada para se tornar uma arvore suficientemente grande para que os pássaros viessem e se alojassem em seus ramos. Um crescimento de oito a dez metros não era raro em uma estação. Os ouvintes de Cristo estavam familiarizados com o grande crescimento da planta de mostarda a partir de um pequeno começo. Por meio dessa parábola, Ele ensinou que, partindo de um pequeno número que havia colocado sua fé nele surgiria um grande crescimento no tempo destinado ao desenvolvimento do novo modelo do reino na época presente (Lc 13:19). A seguir Cristo contou a parábola do fermento escondido na massa (v. 21). Ele revelou que como a levedura funciona de forma silenciosa, penetrante e irreversível quando introduzida na farinha, de igual modo, quando o novo modelo do reino fosse introduzido, agiria da mesma maneira. Cristo contou essas parábolas para equilibrar qualquer possível desânimo que seus seguidores poderiam experimentar por causa da rejeição generalizada de sua mensagem e de sua pessoa.

N. Conflito durante a Festa da Dedicação
Seção 119
João 10:22-39

Durante três meses após a Festa de Tabernáculos, Jesus havia ministrado em toda a Pereia.

> Seu ministério na Pereia, que se estendeu desde após a Festa de Tabernáculos até a semana anterior à última Páscoa, foi, por assim dizer, dividido em duas partes por causa da breve visita de Jesus a Jerusalém

na Festa da Dedicação. Portanto, cada parte do ministério na Pereia duraria cerca de três meses; o primeiro período, aproximadamente do final de setembro ao mês de dezembro; o segundo, desse tempo até o início de abril. Desses seis meses não temos (com a solitária exceção de São Mateus 12:22-45) nenhum outro relato além daquele apresentado por São Lucas, embora, como normalmente, os incidentes de Jerusalém e da Judeia tenham sido descritos por São João.

Note-se que esta seção apresenta peculiarmente poucos incidentes. Ela consiste quase exclusivamente de discursos e parábolas, com poucas porções narrativas entrelaçadas.[39]

Naquele momento havia chegado o tempo da Festa da Dedicação. A respeito dessa festa, Shepard escreve:

Era uma festa alegre que comemorava a restauração do altar e a purificação do templo por Judas Macabeus, seis anos e meio após sua profanação por Antíoco Epifânio. Durante os oito dias da festa, o Halel era entoado, tanto no templo em Jerusalém como nas casas particulares em todas as partes do país. Na rededicação do templo em 164 a.C., apenas uma jarra de óleo não poluído foi encontrada, apenas o suficiente para a iluminação de um dia; mas miraculosamente durou oito dias, de acordo com a tradição judaica e, por essa razão, a festa tinha a duração de oito dias. Essa festa, assim como a dos Tabernáculos, comemorava uma vitória divina, quando a terra foi restaurada a Israel. Era um tempo que trazia renovação da esperança messiânica.[40]

Cristo veio para participar dessa festa. Enquanto caminhava pela área do templo, Ele foi novamente confrontado pelos judeus que o desafiaram: "Até quando nos deixará em suspense? Se é você o Cristo, diga-nos abertamente" (Jo 10:24). Essa pergunta implicava que, embora eles soubessem que o próprio Jesus dizia ser o Messias, Ele ainda não lhes havia feito uma afirmação clara. Ao pedir essa declaração explícita de que Ele era o Messias, eles estavam sugerindo que se houvesse alguma falha na rejeição que faziam, a culpa seria dele e não deles, pois Cristo não havia se declarado abertamente como o Messias de Israel. Se em resposta ao

---

[39] Edersheim, *Life and Times*, vol. 2, p. 195.
[40] Shepard, *The Christ*, p. 400.

desafio deles Ele fizesse tal declaração, isso lhes forneceria uma base para acusá-lo perante as autoridades. Cristo respondeu que lhes havia dito repetidas vezes quem Ele era; no entanto, ainda não acreditaram nele. Eles tinham a palavra e a sua pessoa. Além disso, seus milagres também eram testemunhas de si mesmo. Assim, tanto suas palavras quanto suas obras o haviam declarado claramente como o Messias de Deus.

Ele explicou a razão da incredulidade deles. Não havia sido a falta de uma declaração clara sobre sua identidade, mas eles realmente não eram suas ovelhas (v. 26). Eles não ouviram sua palavra nem o seguiram. Portanto, a culpa não era de Cristo, mas deles. O que caracterizou aqueles que Ele chamou de "minhas ovelhas" foi que esses ouviram a voz dele (v. 27). Ao ouvirem, deram a resposta de fé às suas palavras e obras. Cristo disse que Ele dá o dom da vida eterna àqueles que manifestam fé em sua pessoa. Por vida eterna, Ele quis dizer a vida não criada que pertence somente a Deus. Deus dá sua vida àqueles que depositam fé em seu Filho. Aqueles que possuem a vida eterna não podem mais perecer porque Deus não perece; eles estão eternamente seguros, pois Cristo disse: "ninguém as poderá arrancar da minha mão" (v. 28). Como é impossível que Deus morra, a morte é igualmente impossível para aquele que acredita no Filho de Deus e recebe sua vida.

Aquele que recebe Cristo como seu Salvador pessoal está seguro na mão do Salvador, e a mão do Salvador que segura o crente está segura na mão do Pai (v. 29). O crente está duplamente seguro. Como o Filho e o Pai são um (v. 30), assim o crente torna-se um com o Pai e o Filho, e a vida do crente se torna tão eterna quanto à do Pai e do Filho. Ao afirmar que a unicidade do crente com Ele era igual à sua unicidade com o Pai, Jesus estava afirmando a própria divindade. Para os judeus essa declaração era uma blasfêmia, e eles pegaram pedras para apedrejá-lo (Jo 10:31) de acordo com a Lei mosaica que condenava um blasfemador à morte (Lv 24:13-16). Os milagres de Cristo haviam provado que Ele era Deus. E assim o Mestre perguntou sobre a acusação que estava sendo feita contra Ele. Estariam condenando-o por suas obras, que eram obras de Deus, ou por suas palavras? Suas obras, tanto quanto suas palavras, haviam provado que Ele era Deus. Os judeus não tentaram refutar a evidência de sua pessoa demonstrada por suas obras, mas o estavam condenando por blasfêmia, com base em suas palavras. Em sua contestação, Cristo usou exemplos do Antigo Testamento de homens que eram chamados "deuses" (Jo 10:34; cf. Sl 82:6). Moisés foi como "Deus" para Arão (Êx 4:16) e também como "Deus" para o faraó (7:1) porque ele foi portador da mensagem de Deus. Se Moisés, sendo um homem, poderia ser como "Deus" para Arão e o faraó, por que não poderia Cristo ser o "Filho de Deus"? (Jo 10:36). Ele, como Moisés, era o Mensageiro de Deus com a mensagem de Deus. Os filhos de Israel escutaram Moisés. Por que não deveriam ouvir também a Cristo? Embora Cristo afirmasse que Ele era "a quem o Pai santificou e enviou ao mundo" (Jo 10:36), Ele não lhes pediu que o aceitassem por causa de sua palavra, e sim em virtude de suas obras: "Se eu não realizo as obras do meu Pai, não creiam em mim" (v. 37). Eles não podiam negar que suas obras eram obras de Deus, porém, rejeitaram as evidências. Mais uma vez, procuraram prendê-lo a fim de levá-lo perante o Sinédrio para que pudesse ser julgado sob a acusação de blasfêmia. Mas Ele escapou do domínio deles e se afastou de Jerusalém (v. 39). Assim, esse período do ministério de nosso Senhor terminou em hostilidade aberta, com os judeus tentando apedrejá-lo até a morte.

VI
Preparação dos discípulos pelo Rei
Seções 120-137

A. A saída da Judeia
Seção 120
João 10:40-42

A segunda parte do ministério na Pereia ocupou cerca de três meses e meio, desde a Festa da Dedicação em dezembro de 32 d.C. até a última viagem a Jerusalém na primavera de 33 d.C.

Jesus achou necessário deixar Jerusalém e a Judeia por um tempo. A campanha na Judeia influenciou profundamente o povo. Mas o antagonismo de seus inimigos também havia se tornado mais amargo, culminando em uma nova tentativa de apedrejá-lo na Festa da Dedicação, quando Ele, com agilidade, se defendeu do ataque, fazendo uso habilidoso de um de seus próprios métodos rabínicos. As portas de seu ministério estavam fechadas na Judeia. Por algum tempo, a Galileia também rejeitou seu ministério. Restava apenas um lugar à sua escolha para o trabalho nos breves meses restantes antes de enfrentar a última questão em Jerusalém — a província praticamente pagã da Pereia, do outro lado do Jordão. Para lá Ele se dirigiu com os seus discípulos, escolhendo como centro de trabalho para sua atividade evangelística a aldeia de Betânia, onde João passou os primeiros tempos de seu ministério, que durou alguns meses. Ali Jesus permaneceu na região onde fora batizado por João, no Jordão — local de memórias sagradas —, onde conheceu e conquistou os seus primeiros discípulos nas zonas circundantes dessa província, em grande parte composta de gentios. Ele teve sucesso ali, longe da atmosfera preconceituosa de Jerusalém. Muitos vieram dos arredores para acompanhar seu ministério. Jesus ministrou-lhes: pregando, ensinando e curando. O relato dos que vinham era o mesmo em todos os lugares. Eles "diziam", ao comparar o ministério de Jesus com o de João, como a multidão faria, que "João não fez sinal algum" ou milagres, mas tudo o que ele havia dito sobre o novo pregador, Jesus, era verdade. O testemunho de João preparou o terreno para esta última frutuosa campanha de Jesus, por meio da qual "muitos acreditaram nele".[1]

Enquanto estava na Pereia, Jesus continuaria um ministério público, que foi em grande parte concebido para preparar os discípulos para o ministério que lhes seria confiado após sua morte e ressurreição. Os incidentes que ocorreram ilustram verdades a respeito de seu ministério. Com a Galileia hostil a Jesus e com a Judeia e Jerusalém tentando apedrejá-lo, não havia qualquer expectativa de que Ele fosse aclamado publicamente como o Messias a fim de que pudesse começar seu reinado. Cristo continuou seu ministério, não na esperança de alterar o curso das coisas, mas para ensinar os discípulos sobre o ministério que eles levariam adiante em seu nome. Assim, Cristo deveria empregar o tempo até que chegasse a hora marcada, quando deveria ir a Jerusalém para cumprir o plano designado para ele pelo Pai.

B. Instruções sobre a entrada no reino
Seção 121
Lucas 13:22-35

Lucas observou: "Depois Jesus foi pelas cidades e povoados e ensinava, prosseguindo em direção a Jerusalém" (13:22). Embora ainda faltassem cerca de três meses antes que seu tempo determinado chegasse, Jesus avançava em direção à experiência dolorosa para a qual Ele havia vindo ao mundo; a saber, dar a si mesmo em sacrifício pelo pecado. É Lucas quem nos apresenta os detalhes desse período no ministério de nosso Senhor. Edersheim resume:

> Segue-se (como afirmado anteriormente) que o relato de Lucas sobre as três viagens a Jerusalém se encaixa na narrativa das três aparições de

---
[1] Ibid., p. 405.

Cristo em Jerusalém, conforme descrito por João. E a única seção em Lucas fornece o registo do que havia se passado antes, durante e depois dessas viagens, cujo desfecho é contado por João. Isso parece estar certo; a sucessão cronológica exata deve ser, em parte, [uma] questão sugestiva. Mas agora temos algumas indicações sobre o plano do evangelho de Lucas, em comparação com os outros evangelhos. Nós vemos que Lucas forma uma espécie de transição, é uma forma de elo entre os outros dois sinóticos e João. Isso é admitido até mesmo por críticos negativos. O evangelho de Mateus tem por objeto principal os discursos ou ensinamentos do Senhor, em torno dos quais se agrupa a História. Ele pretende fazer uma demonstração, dirigida principalmente aos judeus, e de forma particularmente adequada para eles, de que Jesus era o Messias, o Filho do Deus Vivo. O evangelho de Marcos é um rápido levantamento da História de Cristo como tal. Trata-se principalmente do seu Ministério na Galileia. O evangelho de João, que oferece a visão mais elevada e reflexiva do Filho Eterno como a Palavra, trata quase exclusivamente do Ministério em Jerusalém. E o evangelho de Lucas completa as narrativas dos outros dois evangelhos (Mateus e Marcos), e as arremata relatando, o que não é feito de outra forma, o Ministério na Pereia. Assim, também constitui uma transição para o quarto evangelho do Ministério na Judeia. Se pudermos nos aventurar um passo adiante: o evangelho de Marcos dá uma visão geral do Cristo; o de Mateus visa aos judeus; a de Lucas tem como foco os gentios; e a visão de João enfoca o ponto de vista da Igreja. A imaginação pode, de fato, ir ainda mais longe, e ver a marca do número cinco — o do Pentateuco e o do livro de Salmos — no primeiro evangelho; o número quatro (que é o do mundo) no segundo evangelho (4 X 4 = 16 capítulos); o do três no terceiro (8 X 3 = 24 capítulos); e o do sete, o número sagrado da Igreja, no quarto evangelho (7 X 3 = 21 capítulos). E talvez possamos até conseguir organizar os evangelhos em seções correspondentes. Mas isso levaria não apenas para além de nossa proposta atual, como também da história e exegese sólidas para o campo da especulação.

O assunto, então, que está principalmente diante de nós, é a jornada de Jesus a Jerusalém. Nessa visão mais ampla que Lucas tem de toda essa história, ele apresenta aquilo que realmente se constituiu de três viagens separadas como apenas uma — aquela em direção ao grande fim. Em seu objetivo e propósito conscientes, tudo — desde o momento em que finalmente deixou a Galileia até sua entrada final em Jerusalém — formou, no sentido mais elevado, apenas uma jornada. E isso

Lucas indica de maneira peculiar. Assim como Ele havia falado, não da morte de Cristo, mas de seu "Êxodo", ou saída, que incluía sua ressurreição e ascensão, agora ele nos diz que, "quando se completavam os dias para que fosse elevado ao céu" — incluindo e apontando para sua ascensão — "ele manifestou o firme propósito de ir para Jerusalém".[2]

Durante o curso de seu ministério foi perguntado a Cristo: "Senhor, são poucos os que se salvam?" (Lc 13:23). À luz do contexto judaico em que essa pergunta foi feita, devemos entender que significa: "Senhor, quando o reino do Messias vier, apenas algumas pessoas entrarão nele?" Essa pergunta foi dirigida por causa da rejeição evidente de Cristo pela nação como um todo. O contraste aqui ocorria entre os muitos que o rejeitavam e os relativamente poucos que o recebiam. Cristo encorajou os poucos, ofendidos por muitos, dizendo que eles deveriam fazer todo o esforço para entrar pela porta estreita enquanto tinham oportunidade. Anteriormente, Ele havia usado a porta larga para se referir ao caminho dos fariseus e a porta estreita como seu caminho de entrada no reino (Mt 7:13-14). Da mesma maneira aqui, Ele encorajou os homens a entrarem no reino que estava oferecendo pelo caminho que Ele apresentou. E a razão pela qual eles deveriam se esforçar para ter certeza de que haviam entrado era que a oportunidade de entrar seria retirada (v. 24). Usando a figura de uma casa sendo protegida durante a noite, Cristo disse que, uma vez trancada a porta, não haveria mais possibilidade de entrar (v. 25). Aqueles que ficam do lado de fora e procuram entrar não podem mais ser admitidos porque o tempo para a sua entrada já terá passado. Alguns buscarão a admissão com base no fato de que antes conheciam aquele que até então protegia os portões (v. 26). Eles alegarão que ouviram os ensinamentos de Cristo e até comeram e beberam com Ele. Mesmo assim, Ele recusará a admissão deles porque não se identificaram com Ele quando lhes foi dada a oportunidade de serem recebidos (v. 27). Aqueles que o rejeitaram serão excluídos de seu reino. Eles serão condenados como malfeitores. Os rejeitados chorarão e rangerão os dentes (v. 28). Eles farão isso por causa do grande remorso que experimentarão. Do lado de fora, eles poderão ver o reino e observar Abraão, Isaque e Jacó, bem como

---

[2] Edersheim, *Life and Times*, vol. 2, p. 127-128

todos os profetas no reino de Deus; mas eles próprios estarão excluídos. Somando-se a seu remorso, haverá o fato de que verão os gentios tendo sua parte no reino, enquanto eles próprios serão excluídos.

Cristo disse essas palavras para encorajar aqueles que estavam com medo em razão de sua rejeição generalizada por parte da nação. O que foi ensinado aqui por Cristo se tornou a pregação dos apóstolos no Livro de Atos, conforme visto na mensagem de Pedro à nação de Israel em Atos 2. Pedro via a nação como já estando sob julgamento e como "corrupta" (v. 40). Uma vez que a porta se fechou para a nação como um todo, Pedro convidou indivíduos a "salvarem-se desta geração corrupta". A razão pela qual essa oferta poderia ser oferecida a indivíduos era que "a promessa é para vocês e seus filhos" (isto é, os cristãos em Israel) "e para todos os que estão longe" (os gentios) (v. 39). Desse modo, o incidente registrado aqui foi designado para preparar os apóstolos para o ministério que lhes foi confiado para os dias vindouros.

Agora, alguns fariseus se aproximaram de Jesus com esta sugestão para Ele: "Saia e vá embora daqui" (Lc 13:31). O motivo que deram foi que Herodes estava tentando matá-lo. Herodes tinha jurisdição sobre a Galileia e a Pereia, e os fariseus estavam sugerindo que Ele deixasse o território de Herodes e voltasse para Jerusalém, onde Pilatos governava, em vez de Herodes. Essa sugestão não foi oferecida porque eles queriam salvaguardar Jesus contra a ameaça de Herodes; ao contrário, queriam levá-lo a Jerusalém, onde ficaria sob a autoridade do Sinédrio. A resposta de Cristo nos versículos 32-33 indicou que Ele se sentia seguro na Pereia por dois motivos, embora sob a ameaça de Herodes. A primeira razão era que a hora de sua morte havia sido predeterminada por Deus e, portanto, Herodes não poderia tocá-lo até que esse momento chegasse. Até que esse tempo fosse cumprido, Ele se ocuparia do ministério que havia sido dado a Ele por seu Pai. A segunda razão foi que Deus designou o lugar onde Ele seria crucificado como um sacrifício pelos pecados do mundo. Jerusalém era o lugar designado, e Herodes não poderia tocá-lo porque Ele deveria morrer ali. Assim, Cristo não se deixou levar pela sugestão dos fariseus para que Ele retornasse a Jerusalém.

Visto que Jerusalém seria o cenário de sua rejeição e morte, essa cidade ficaria sob o julgamento divino. Jerusalém tinha uma longa história de rejeição dos mensageiros e mensagens de Deus. Israel havia matado os profetas e apedrejado aqueles que Deus havia enviado. Deus em sua graça enviou seu Filho, que desejava reunir o povo de Jerusalém na segurança e proteção que Ele poderia fornecer. Jesus queria reunir os israelitas da mesma forma que uma galinha reúne seus pintinhos sob as asas para defendê-los do perigo (v. 34). Mas o povo de Jerusalém se recusou a ir a Ele. Como resultado, Ele pronunciou um julgamento envolvendo a destruição da cidade. Isso foi cumprido com a invasão de Tito e a consequente destruição de Jerusalém em 70 d.C. Deus, que tão graciosamente havia enviado profeta após profeta no passado, agora se afastaria da nação e não enviaria mais mensageiros a eles até que Jesus Cristo voltasse à terra pela segunda vez. Ele não viria até que um remanescente tivesse sido preparado para recebê-lo com as palavras: "Bendito o que vem em nome do Senhor" (v. 35). Com essas palavras, um remanescente crente daria as boas-vindas ao Messias quando Ele viesse à terra pela segunda vez.

C. Lições na casa de um fariseu

Seção 122

Lucas 14:1-24

Em certo sábado, que era o dia principal para banquetes entre os judeus, Jesus foi convidado para a casa de alguém que, como ele é chamado de governante dos fariseus, deve ter sido um homem de posição elevada, e talvez até mesmo um membro do Sinédrio. O convite era um daqueles a que Ele era tantas vezes submetido, não respeitoso ou generoso, mas devido à mera curiosidade ou por uma implícita malícia. Durante toda a refeição, Ele foi cuidadosamente observado com um escrutínio hostil. Os fariseus, como têm sido bem descritos, "realizavam o dever de espionagem religiosa com diligência exemplar". Entre os convidados inesperados que, à moda oriental, se postavam ao longo da sala e observavam, como eles fazem até hoje durante a sequência de uma refeição, encontrava-se um homem acometido de hidropisia. O lugar de destaque em que ele se encontrava, somado à aguda vigilância dos fariseus, parece mostrar que ele teria sido colocado ali deliberadamente.[3]

---

[3] Farrar, *Life of Christ*, vol. 2, p. 119.

Cristo parece ter discernido o desígnio dos fariseus quando perguntou: "É lícito curar no sábado ou não?" Os fariseus recusaram-se a responder, pois sabiam que a lei permitia que obras de misericórdia fossem feitas no sábado sem violar o mandamento. Quando os fariseus não puderam negar-lhe o direito de curar no sábado, Cristo curou o sofredor e despediu o homem completamente sadio. Ele conhecia os pensamentos dos fariseus. Explicou sua ação lembrando-lhes que se tivessem um filho (a quem amavam) ou um boi (que consideravam um bem valioso) que porventura caísse em um poço no sábado, eles resgatariam o que havia ficado preso. Isso envolveria trabalho. Eles não se considerariam culpados de violação do sábado, visto que a lei permitia que preservassem a vida no sábado. Esse argumento era incontestável. Farrar bem observa, a respeito do sábado:

> Nenhum cozimento era feito (Êx 26:23); mas, como essas festas exigiam algum grau de trabalho, o fato mostra quão pouco havia de verdadeira sinceridade no sabatismo judaico; quão rápidos e sem muita explicação eles podiam jogar com suas próprias convicções; como a autoindulgência física e a rotina pouco inteligente usurpavam o lugar da iluminação espiritual. Em contrapartida, não houve qualquer inconsistência por parte de nosso Senhor em aceitar tais convites; não havia nada de errado neles, e nada em desacordo com os verdadeiros princípios; e, portanto, Jesus poderia sancioná-los com sua presença.[4]

Tendo dado instruções sobre a verdadeira natureza do sábado (Lc 14:1, 6), Cristo passou a dar uma lição de humildade (v. 7-11). A conhecida prática farisaica de se promover era evidente no banquete, e Cristo observava os convidados disputarem posições de honra à mesa. Quanto mais próximo do anfitrião um convidado se assentava, mais honrado ele se sentia. Cristo aproveitou a ocasião para ensinar preceitos em forma de parábola. Ele disse que seus ouvintes, quando convidados para um banquete, deveriam ocupar os lugares menos importantes à mesa. Então, quando um convidado mais ilustre chegasse, eles não teriam de ser removidos para um lugar de menor honra, porque primeiro haviam escolhido

---

[4] Ibid. Nota de rodapé.

os lugares de menor honra. Cristo disse que, quando chegassem para uma festa de casamento, deveriam ocupar os lugares menos importantes para que, quando o anfitrião chegasse, pudesse atribuir-lhes uma posição de destaque. Aquele que honra a si mesmo não será honrado, mas aquele a quem o anfitrião honra é verdadeiramente honrado. Em suas parábolas, Cristo frequentemente usava uma festa de casamento para representar o reino que o Messias estabelecerá aqui na terra. Assim, a presente parábola pode ter sido evocada para ensinar àqueles fariseus que somente aqueles a quem o Messias honra com um lugar em seu reino são verdadeiramente honrados. Aqueles que honram a si mesmos não são dignos de honra.

Parece bastante evidente que naquele banquete todos os outros convidados eram amigos íntimos do anfitrião que convidou Jesus.

Ao notar isso, Cristo apresentou uma mensagem de instrução a respeito das pessoas (v. 12-14). O fariseu que convidou seus amigos poderia esperar ser recompensado com um convite para ir à casa deles. Aquele homem estava usando aquele banquete, então, como um meio de agradar a outros que poderiam beneficiá-lo em troca de sua hospitalidade. Mas Cristo ensinou a seus ouvintes que, se estivem procurando bênçãos por meio da hospitalidade, deveriam convidar aqueles de quem nada se esperasse em troca. Aqueles que convidam amigos recebem sua recompensa de seus amigos, mas aqueles que convidam pessoas que não podem retribuir receberão sua recompensa de Deus. O tipo de hospitalidade que Deus recompensa é aquela que manifesta a verdadeira justiça. Mas a hospitalidade para benefício pessoal não é uma indicação de retidão. Quando a hospitalidade é oferecida apenas para o benefício dos convidados, é uma evidência de retidão que deverá receber uma recompensa justa.

É evidente que as parábolas de Cristo desviaram o foco de um dos convidados do banquete para o futuro reino milenar. O convidado respondeu aos ensinamentos de nosso Senhor, dizendo: "Bem-aventurado o homem que comer na festa no reino de Deus" (Lc 14:15). O conceito dos fariseus era que todo o Israel seria incluído naquele reino futuro. Mas Cristo apontou em uma parábola que a participação naquele reino não seria determinada por meio de um elo físico com Abraão, e sim pela resposta de indivíduos ao convite feito por aquele que providenciou o banquete (v. 15-24).

Preparação dos discípulos pelo Rei

Costumes sociais bem conhecidos da época forneceram a base para esta parábola. Visto que preparações elaboradas e caras estavam envolvidas na preparação de um banquete, os convites eram estendidos aos convidados com bastante antecedência, que comunicavam a intenção de comparecer ao banquete quando estivesse pronto. Quando a festa foi preparada para os convidados que haviam aceitado o convite, um servo lhes foi enviado. O servo anunciou que o banquete já estava pronto. Em sua parábola, nosso Senhor disse que um convite foi feito à nação. Esse convite foi feito pelos profetas do Antigo Testamento que anunciaram a vinda do reino. A nação indicou que quando o Messias viesse e o banquete estivesse pronto, ela responderia ao seu anúncio e entraria no reino. No entanto, os judeus começaram a dar desculpas quando foi feito o anúncio à nação de que o banquete estava preparado e o anfitrião estava pronto para receber os convidados. Um deles comprou um campo e se sentiu impelido a ir vê-lo; então, pediu que fosse dispensado (Lc 14:18). Ele estava preocupado com as coisas materiais. Outro homem comprou cinco juntas de bois e quis testá-las (v. 19). Visto que uma junta de bois bastava para o trabalho de um homem, aquele homem era evidentemente muito rico e tinha um grande empreendimento comercial que exigiria muitos empregados. Sua preocupação com seus negócios foi o motivo de sua desculpa. Outro se casou e recusou o convite (v. 20). Assim, aqueles que haviam sido convidados e confirmado que participariam do banquete quando este fosse preparado não estavam prontos para fazer os sacrifícios necessários; e dessa forma recusaram o convite. A rejeição do convite revelou a falta de respeito que tinham pelo anfitrião.

Uma vez que o banquete havia sido preparado, o mestre enviou servos para trazer alguns que se considerariam indignos de serem incluídos — pobres, cegos, aleijados, coxos. Esses foram convidados, e muitos desse grupo vieram à festa. Durante seu ministério, Cristo acolheu inúmeras pessoas que estavam incluídas na classificação de cobradores de impostos e pecadores. Elas não vieram porque eram dignas, mas porque foram bem recebidas. Quando aqueles convidados chegaram para a festa, ainda havia lugar. Os servos foram enviados novamente, desta vez pelos "caminhos e atalhos" (v. 23). Esse ato representou a extensão do convite aos gentios. Esses não-judeus foram "separados da comunidade de Israel, sendo estrangeiros quanto às alianças da promessa, sem esperança e sem Deus no mundo" (Ef. 2:12). Os muitos gentios que responderam ao convite lotaram a sala do banquete. Cristo concluiu dizendo que o convite havia sido feito à nação de Israel, mas como o havia rejeitado, seria excluída de seu reino. Não foi o convite que garantiu a bênção, mas a resposta ao convite.

D. Instruções quanto ao discipulado
Seção 123
Lucas 14:25-35

Grandes multidões estavam seguindo Jesus, sem dúvida prevendo as bênçãos que Ele, como Messias, viera conceder. Mas porque a nação como um todo o estava rejeitando, essas bênçãos seriam adiadas. Se não houvesse oposição a Cristo, não haveria sacrifício envolvido na identificação com Cristo. Mas em vista da sua rejeição por Israel, aqueles que se identificaram com Ele estavam enfrentando grande perigo pessoal. Cristo, portanto, dirigiu uma mensagem às multidões que estavam com Ele. Cristo definiu o discipulado e disse o que isso implicava. Primeiro, afirmou, os relacionamentos familiares devem ceder ao amor por Ele. "Se alguém vier a mim e não aborrecer a seu pai, e mãe, e mulher, e filhos, e irmãos, e irmãs, e ainda também a sua própria vida, não pode ser meu discípulo" (Lc 14:26, ARC).

Devemos entender o uso que nosso Senhor faz de "aborrecer ou odiar" em termos do idioma judaico. Embora as palavras "amor" e "ódio" possam expressar emoção, esses termos também podem expressar vontade. Em Malaquias 1:2,3 e Romanos 9:13 amor e ódio foram usados por Deus em referência a Jacó e a Esaú. Quando Deus disse que amava Jacó, Ele não estava expressando sua emoção, mas sim sua vontade; Deus quis dizer que Ele havia escolhido Jacó. Sua declaração de ódio a Esaú não foi uma manifestação de sua emoção, mas sim de sua vontade; Ele quis dizer que havia colocado Esaú, o primogênito, de lado. No caso do amor, então, refere-se a escolher ou se submeter a alguém. Odiar é recusar-se a submeter-se à autoridade de outro. Para serem discípulos de Cristo, as pessoas devem rejeitar todas as demais autoridades e estar exclusivamente sob a autoridade dele. A menos que estejam dispostas a fazer isso, elas não podem ser discípulos de Cristo. Além disso, elas devem aborrecer sua própria vida, isto é, devem deixar de lado suas próprias vontades e aceitar a vontade de Cristo para sua vida. Se não for desse modo, elas não podem ser discípulos de Cristo.

Além disso, para ser um verdadeiro discípulo, é preciso estar disposto a se identificar com Cristo, ainda que Ele mesmo tenha sido rejeitado. A cruz na vida de Cristo foi o teste de sua obediência à vontade do Pai. Foi também o sinal de sua rejeição feita pela nação. É necessário estar disposto a se identificar com o rejeitado e a assumir o que está envolvido nessa identificação para ser discípulo de Cristo.

Tendo estabelecido os requisitos para um discípulo, Cristo ordenou aos ouvintes que considerassem o custo de ser um discípulo. Ele usou a ilustração de alguém que planejava construir uma torre (Lc 14:28-30). O construtor não começou antes de avaliar o custo. Um rei que tenha planejado guerra contra um inimigo consideraria cuidadosamente tudo o que estaria envolvido e não precipitaria sua decisão pelo conflito sem antes considerar o custo (v. 31-32). Assim, Cristo disse aos que estavam debatendo a questão de sua pessoa que eles deveriam considerar o que estava envolvido ao se identificar com Ele (v. 33). Se não o fizessem de antemão, quando viesse a perseguição, eles o abandonariam. O discipulado exige que o discípulo esteja disposto a desistir de tudo por amor de Cristo. Se alguém sem a devida ponderação se tornasse um discípulo do Senhor e então o abandonasse quando surgisse a perseguição, tal pessoa seria como o sal que se tornou insípido. Esse sal insípido não pode servir a nenhum propósito útil e deve ser jogado fora (v. 34-35). Essa foi a advertência de Cristo para aquele que professava ser um discípulo, mas depois desertasse por causa da perseguição que viria a seguir. Tal pessoa demonstraria que não era um verdadeiro discípulo; então ela seria rejeitada.

E. Instruções quanto às atitudes de Deus em relação ao pecador

Seção 124

Lucas 15:1-32

Os fariseus e os mestres da lei que os apoiavam se ressentiam da popularidade de Jesus entre as multidões. Eles constantemente buscavam alguma base para rejeitá-lo. Eles observaram que a maioria dos que criam era composta de "publicanos e pecadores" (Lc 15:1). Eles pensavam que isso lhes daria a desculpa que estavam procurando. Eles afirmaram: "Este homem recebe pecadores e come com eles" (v. 2). Eles notavam que Cristo realmente acolhia essas pessoas. Embora pudessem ter falado isso antes, teria sido por condescendência e não porque fossem bem recebidos por eles. A acusação dos fariseus era apenas um reflexo de sua atitude para com os pecadores. Ao desprezar os pecadores, eles consideravam que refletiam a atitude de Deus para com estes. Os fariseus ensinavam que "há alegria diante de Deus quando aqueles que no mundo o provocam morrem".[5] Assim, no pensamento farisaico, Deus odiava os pecadores e por isso se afastou deles. Visto que Cristo acolheu os pecadores e até comeu com eles, os fariseus concluíram que Ele não poderia ser Deus. Cristo agora contou três parábolas para revelar a atitude de Deus para com os pecadores em contraste com a atitude dos fariseus para com eles. Ele contou a parábola da ovelha perdida e do pastor que a busca (v. 3-7), da moeda perdida e da mulher que a procura (v. 8-10), e do filho perdido e do pai que o deseja encontrar (v. 11-24). Edersheim observa:

> Na primeira parábola (a da *ovelha perdida*) o principal interesse concentra-se nos *perdidos*: na segunda (a da *dracma perdida*), na *busca*; no terceiro caso, na *restauração*. E embora a terceira parábola não seja dirigida aos fariseus, há a máxima aplicação pessoal a eles nas palavras que o Pai fala ao filho mais velho — uma aplicação, não tanto de advertência, mas de correção e súplica amorosa, e que parece implicar, o que de outra forma essas parábolas transmitem, que pelo menos esses fariseus haviam "murmurado", não tanto por amarga hostilidade a Cristo, mas por ignorância espiritual e incompreensão.[6]

Shepard acrescenta:

> O caráter das três parábolas é tal que descreve todos os aspectos do relacionamento entre um Deus amoroso e um homem perdido. A primeira enfatizou "a posse e o apego de Deus; a segunda, a propriedade

---

[5] Edersheim, *Life and Times,* vol. 2, p. 256.
[6] Ibid., p. 255.

de Deus e o valor intrínseco do homem; e a terceira, a empatia e afeição supremas de Deus". A primeira apresenta Deus Filho, o grande Pastor; a segunda, Deus Espírito Santo buscando diligentemente pelos perdidos; e a terceiro, Deus Pai ansiosamente esperando pelo retorno do Pródigo. A primeira parábola enfatiza a perda; a segunda, a busca; e a terceira, a restauração. As três parábolas produzem um clímax: o pasto, a casa, o lar; o pastor, a dona de casa, o pai; as ovelhas, o tesouro, o filho amado. Elas ensinam outras verdades correlatas: o sentimento de Deus por sua perda e sua alegria em recuperar o perdido. As duas primeiras têm seu início no coração de Deus e a última, no coração do pecador. A verdade completa a respeito da conversão de qualquer pecador é alcançada por meio da combinação das três.[7]

A primeira parábola, a da ovelha perdida, descreve o que até mesmo um fariseu faria se uma de suas ovelhas tivesse se extraviado. Ele teria deixado as noventa e nove para continuar sua busca. Isso não significa que ele as teria abandonado; sem dúvida, ele as teria confiado aos cuidados de um servo fiel. Mesmo que a busca tivesse sido longa, rigorosa e exaustiva, ele a teria continuado até encontrar a ovelha que havia se perdido.

> [...] é natural que as ovelhas tolas fiquem vagueando e se afastem... Não é difícil, com alguma imaginação, seguir o quadro da parábola: como em sua tolice e ignorância a ovelha se afastou cada vez mais, e finalmente se perdeu em sua solidão e entre lugares pedregosos; como o pastor a seguiu e a encontrou, cansado e com os pés doloridos; e então, com terno cuidado, ergueu-a sobre o ombro e a carregou para casa, feliz por ter encontrado a ovelha perdida. E não só isso, mas quando, depois de longa ausência, ele voltou para casa com sua ovelha encontrada, que agora estava perto de seu Salvador, ele reuniu seus amigos, e ordenou-lhes que se alegrassem com ele por causa do tesouro perdido e agora encontrado.[8]

Quando ele encontrou a ovelha, ele não a puniu nem a repreendeu. Ele sentiu apenas alegria pelo fato de o animal perdido ter sido encontrado. Ele não conduziu a ovelha de volta ao rebanho do qual ela havia

---

[7] Shepard, *The Christ*, p. 416.
[8] Edersheim, *Life and Times*, vol. 2, p. 256.

se afastado, mas a colocou sobre seus ombros e a carregou de volta para o rebanho. Ele era muito sensível a tudo o que a ovelha havia suportado durante seu período de peregrinação e procurou poupá-la de mais sofrimento. Quando voltou para casa, entrou em contato com seus amigos e vizinhos, pois sua alegria era grande demais para que ele desfrutasse sozinho de seu júbilo. Ele convidou outros a se alegrarem com ele. Assim, Cristo ensinou que a alegria é a resposta natural à recuperação de algo perdido. O que os fariseus experimentariam na recuperação de uma ovelha, eles não estavam dispostos a atribuir a Deus. Eles acreditavam que Deus odeia pecadores e que Ele só poderia se alegrar com a morte deles, não com sua recuperação. Mas, na verdade, Deus ama os pecadores e os procura; Ele se alegra quando eles são resgatados. Portanto, a separação farisaica dos pecadores não estava de acordo com o coração de Deus.

A atitude de Deus para com os pecadores foi revelada na segunda parábola. Isso é muito bem retratado por Shepard:

> Esta parábola, como a que a precede, apresenta-nos a perda, a busca e a recuperação da alma perdida com a alegria daí resultante. A pobre camponesa da aldeia síria, vivendo com escassez em um casebre rústico de pau a pique, com um chão de terra forrado com junco e sem janelas, perdeu uma das pequenas moedas de prata, no valor de cerca de dezoito centavos de dólar americano, que constituíam um décimo do dote estimado que foi entregue para ela por seus antepassados. Perturbada por causa da perda, ela acende a lamparina e varre minuciosamente o chão da casa mal iluminada, e fica olhando embaixo das camas e das caixas e entre os juncos, até encontrar a moeda cintilante. Em seguida, ela corre para a casa de seus vizinhos e dá a boa notícia da recuperação de sua moeda perdida, convidando-os a se alegrar com ela.
>
> Todas as dez moedas de seu dote, somadas, não seriam nada além do valor de cinco dólares americanos, o que, embora uma quantia considerável para uma mulher pobre, ainda assim era insignificante — um retrato fiel da baixa avaliação dada à alma humana pelos fariseus de todos os tempos. A moeda, embora perdida e fora de uso, ainda trazia a imagem do imperador e era intrinsecamente valiosa. Jesus quer que entendamos que a alma do homem perdido traz a imagem de Deus, por mais que esteja coberta com a ferrugem ou com a sujeira do pecado. É recuperável, embora, enquanto no estado pecaminoso e impenitente, esteja sem proveito para seu uso adequado e para o serviço para

o qual Deus a destinou. O foco dessa parábola é a busca. O Espírito Santo, apropriadamente simbolizado na mulher da parábola, faz uma busca diligente, completa e incessante por almas em toda a casa da humanidade de Deus e em cada fenda e recanto do coração do homem perdido. Mas Jesus quer que entendamos que, assim como Ele mesmo, todo discípulo seu deve se unir na recuperação de almas para os usos e o serviço do Reino. O pecador é tão precioso aos olhos de Deus que nenhum esforço é grande demais para recuperá-lo. Os detalhes da busca são muito bem ilustrados. Houve zelo, meticulosidade e persistência até que o resultado fosse obtido. A casa foi virada de cabeça para baixo até que a moeda fosse encontrada.[9]

Como na primeira parábola, a recuperação do item perdido trouxe alegria para quem o encontrou. Do mesmo modo, Cristo revelou novamente a verdade de que Deus ama os pecadores, Ele vai à sua procura e se alegra quando eles são restaurados à comunhão com Ele. Novamente vemos um contraste entre a atitude de Deus e a atitude dos fariseus para com os pecadores.

Para contrastar ainda mais as duas atitudes, Cristo contou aquela que é frequentemente conhecida como "a parábola do filho pródigo". No entanto, como o pai é mencionado doze vezes, a história poderia ser mais bem chamada de "a parábola do pai que busca". O pai tinha dois filhos. Ao longo de sua vida, sua casa e provisões estiveram disponíveis para eles. O filho mais novo não desejava mais estar sob a autoridade do pai e exigiu a herança que eventualmente iria para ele mais tarde. Então o pai dividiu sua propriedade entre os dois filhos. Tendo recebido sua parte da herança, o filho mais novo foi para um lugar distante. Ele, portanto, se afastou da comunhão com seu pai e da obrigação filial de se submeter à autoridade paterna e honrá-lo. Sem a influência restritiva da supervisão de um pai, ele desperdiçou em uma vida selvagem aquilo que evidentemente se tratava de uma grande riqueza. Então surgiu uma fome naquela terra, agravando o problema de seus exauridos recursos. O homem que havia possuído tanta riqueza foi reduzido à pobreza. Para suprir suas necessidades, ele teve que se tornar um servo naquele país distante, alimentando porcos. Havia uma provisão mais generosa para os porcos do que para os

---

[9] Edersheim, *Life and Times,* vol. 2, p. 256.

criados que os alimentavam. O filho cobiçava a comida que ele colocava para os animais, mas não lhe era permitido comer de seus cochos.

Jesus contou essa parábola como uma descrição esclarecedora da experiência de Israel. A nação foi colocada sob a lei, assim como um filho está sob a autoridade de seu pai. A lei deveria supervisionar sua conduta e controlar todos os aspectos de sua vida para que agradassem e honrassem a Deus. Mas a nação se recusou a se submeter à supervisão da lei. Eles se apropriaram de todas as bênçãos materiais que a lei oferecia (Dt 28:1-14) e então abandonaram a própria lei que lhes trouxe as bênçãos. Como consequência, eles foram expulsos de sua terra e serviram aos gentios em países estrangeiros.

Surge então a pergunta: qual é a atitude de Deus para com aqueles que se afastaram dele? A resposta vem no desenrolar da parábola do filho perdido. O filho lembrou-se dos privilégios que tinha quando voltou para a casa do pai. Ele decidiu voltar para seu pai. Em sua mente, ele desenvolveu um plano. Faria uma confissão ao pai: "Pequei contra o céu e contra ti" (Lc 15:18). Em seguida, ele faria uma proposta ao pai: "Não sou mais digno de ser chamado teu filho; trata-me como um dos teus empregados" (v. 19). Ele não pediria a seu pai que lhe devolvesse os privilégios de filho imediatamente, mas pediria a oportunidade de demonstrar sua confiabilidade. Ele supôs que poderia voltar às boas graças de seu pai. Com isso em mente, ele partiu para a casa de seu pai. Mas seu pai o viu antes que ele chegasse em casa. Lemos: "Estando ainda longe, seu pai o viu e, cheio de compaixão, correu para seu filho, e o abraçou e beijou" (v. 20). O pai estava longe de sua casa porque continuamente procurava seu filho e esperava pelo seu retorno. O filho não foi saudado com ódio, repreensão ou reprovação, e sim com compaixão. Em sua ânsia de devolver ao filho sua comunhão, o pai correu até ele e demonstrou seu amor generoso, envolvendo-o com os braços e beijando-o. Não havia possibilidade de o filho sentir que ele, um pecador, era odiado. Em vez disso, ele ainda era amado, mesmo quando separado de seu pai. O filho começou com sua confissão: "Pai, pequei contra o céu e contra ti. Não sou mais digno de ser chamado teu filho" (v. 21). O que o filho disse era verdade. Seu relacionamento com o pai, entretanto, não dependia de seu valor ou de suas ações, porém era em consequência de seu nascimento. E sua posição na família não era mantida por causa de seu valor, e sim por causa da constância do amor de seu pai. O pai interrompeu a confissão do filho. O filho nunca teve permissão de se oferecer como servo para voltar às boas graças do pai. Não teria sido possível para ele conquistar as boas graças de seu pai, pois nunca havia se afastado do amor de seu pai. Ele havia se separado da comunhão de seu pai, mas não do amor dele. A evidência de que ele foi restaurado, não como um servo, mas como um filho, estava aparente nas ordens dadas aos servos que atendiam ao pai. O filho foi vestido com o melhor manto, que significava a herança que pertencia ao filho como seu direito de primogenitura. Tal foi o manto que Jacó vestiu em José (Gn 37:3). Um anel foi colocado no dedo do filho. Um anel de sinete era o sinal de autoridade. Por meio dele, o filho poderia realizar os negócios do pai em nome do pai. Além disso, as sandálias foram colocadas em seus pés. Um servo não usava sandálias. O uso de sandálias eram um sinal de filiação. O pai evidentemente aguardava o retorno do filho, pois ele havia separado um novilho que estaria disponível para uma festa em seu retorno. O pai ordenou que o novilho cevado fosse morto para fornecer carne para um banquete. Ele explicou o motivo da celebração: "este meu filho estava morto e voltou à vida; estava perdido e foi achado" (v. 24). O filho estava morto por ter sido separado do amor, comunhão e casa do pai; no entanto, ele continuou a ser um filho. A celebração revelou a alegria do pai pela volta do filho.

Desse modo, nas parábolas da ovelha perdida e do pastor que a busca, da moeda perdida e da mulher que a procura, e do filho perdido e do pai que vai ao seu encontro, Jesus revelou que a alegria resulta do retorno de algo perdido. Desse modo, Jesus ensinou que Deus ama os pecadores e os procura; todo o céu se alegra com Deus no retorno dos perdidos. Esse ensino estava em total contraste com a atitude dos fariseus, que em sua justiça própria odiavam os pecadores e não se alegravam quando os cobradores de impostos e pecadores vinham a Cristo e eram restaurados à comunhão com Deus.

As duas primeiras parábolas enfatizam a busca e, portanto, indicam o exercício da vontade de Deus. A última parábola enfatiza o afeto do pai. Essa história é uma revelação do coração de Deus, que motivou a busca. A ovelha era valiosa para seu dono, e a moeda era muito estimada pela mulher. Quanto mais o filho era amado pelo pai!

Nas palavras de Cristo a respeito do irmão mais velho (Lc 15:25-32), temos uma revelação da atitude dos fariseus para com os pecadores e da atitude de Cristo para com os fariseus. Shepard aponta isto:

> O ponto principal das três parábolas é a atitude dos fariseus para com a missão de Jesus em favor dos publicanos e pecadores, conforme ilustrado na figura do irmão mais velho. Era exemplar na vida moral, correto na conduta, respeitável na sociedade, trabalhador, prosaico, metódico, mas tinha um espírito mercenário. Quando ele saiu do campo, onde estava trabalhando, e se aproximou de sua casa, ele ouviu a harmonia da banda de música e dança. Chamou um dos rapazes e começou a indagar repetida e ansiosamente o que seriam aquelas coisas. O rapaz, inocente e sincero, disse-lhe:
> "Seu irmão voltou, e seu pai matou o novilho cevado, porque o recebeu de volta são e salvo". Então o filho começou a ficar com raiva e logo seu ciúme, havia muito reprimido, explodiu em fúria. Mal-humorado, ele não estava disposto a entrar na casa. Então seu pai saiu e começou a insistir com ele obstinadamente; mas ele respondeu: "Há tantos anos te sirvo, e nunca desobedeci a uma ordem tua; mesmo assim nunca me deste um cabrito para eu me alegrar com meus amigos; chegando, porém, este teu filho, que desperdiçou os teus bens com prostitutas, mataste para ele o melhor bezerro." Ele se refere ao irmão como "esse teu filho" com desprezo e amargo sarcasmo.
> Então o pai respondeu docilmente em tom terno e conciliador:
> "Filho, tu sempre estás comigo, e tudo o que é meu é teu; mas era justo festejarmos e nos alegrarmos, pois este teu irmão estava morto e reviveu; havia se perdido e foi achado."
> O espírito do filho mais velho era mercenário. Ele estava com ciúmes de seu irmão mais novo e ressentido pelo fato de o pai ter dado um banquete comemorando o seu retorno. Altivo e autocomplacente, ele se concentrou em seu próprio modelo de comportamento e viu apenas o pecado sem o arrependimento em seu irmão mais novo. Jesus amava profundamente os pecadores, enquanto os fariseus se enchiam do frio orgulho da virtude. Há muita ironia na história. Os fariseus eram mais pecadores do que os próprios publicanos. A imagem que Lucas oferece do amor do pai pelo filho perdido e de seu tratamento terno e paciente

até com o irmão mais velho explica o motivo da vinda de Cristo ao mundo para salvar o perdido.[10]

Aquele irmão mais velho nascera para o privilégio e a comunhão, mas nunca havia experimentado o que estava à sua disposição. Seu coração não era de filho, mas de servo mercenário. Ele nunca teve comunhão com seu pai, embora tenha recebido as bênçãos de seu pai. Ele não mostrou o mesmo coração de seu pai, que acolheu o pecador, mas mostrou a dureza de seu coração ao rejeitar aquele que retornou. Cristo revelou, então, que os fariseus não sabiam nada do coração de Deus e não entendiam por que Cristo acolhia pecadores. A atitude deles revelou que, embora afirmassem ser filhos, estavam alienados do Pai e nunca haviam experimentado sua compaixão.

F. Instruções quanto às riquezas
Seção 125
Lucas 16:1-31

Deus havia prometido que abençoaria seu povo se este o obedecesse (Dt 28:1-14). Os fariseus, por meio de uma perversão do princípio, ensinaram que os bens materiais eram um sinal inequívoco do favor de Deus. Eles ensinavam: "Aquele a quem o Senhor ama, Ele o enriquece". Eles, portanto, buscaram bens materiais para provar que eram aceitos e aprovados por Deus. A fim de corrigir essa atitude pervertida em relação às coisas materiais, o Senhor contou parábolas, primeiro aos discípulos e depois aos fariseus, para ensinar a atitude adequada para com as coisas materiais e a administração correta dos bens. Dirigindo uma mensagem aos discípulos, Ele contou a parábola do administrador infiel (Lc 16:1-13). Na parábola, um homem rico confiou a administração de suas riquezas a um mordomo de confiança que se mostrou infiel e desperdiçou seus bens. O gerente foi chamado para prestar contas de sua gestão. Ele se sentia liberado de suas responsabilidades. Esse administrador havia desfrutado dos privilégios inerentes à sua responsabilidade e estava relutante em cedê-los

---
[10] Ibid., p. 422-423

sem tomar providências para seu conforto futuro. As perspectivas diante dele não eram agradáveis. Ele sabia que não conseguiria outro emprego como mordomo porque havia sido infiel a essa responsabilidade. Ele podia fazer trabalho manual ou mendigar, ambos os quais eram desagradáveis para um homem com suas responsabilidades anteriores. Assim, ele decidiu usar seu privilégio visando ao futuro, a fim de ser bem-vindo à casa de novos amigos. Ele chamou cada devedor. Perguntou ao primeiro o quanto devia. A dívida do homem era de cem potes de azeite. Ele disse ao homem para pegar sua conta e reduzi-la à metade. Ele chamou um segundo, que relatou um endividamento de cem tonéis de trigo. Ele ordenou que ele mudasse a conta para oitenta. Foi muito fácil fazer essa mudança por causa do costume de escrever contas em tábuas de cera. Edersheim escreve:

> Pois estamos aqui principalmente interessados no modo comum de escrita, aquela que era feita no pinakes, ou "tabuleta", e especialmente naquela que era feita em uma cobertura de cera. De fato, havia um pequeno recipiente contendo cera que era geralmente atado a ele... Nessa tabuleta eles escreviam, é claro, não com um caniço de junco, mas com um estilete, geralmente de ferro. Esse instrumento consistia em duas partes, que podiam ser separadas uma da outra: a "pena" de ponta dura... e uma espécie de "mata-borrão", que era plano e espesso para alisar as letras e palavras que haviam sido escritas ou gravadas na cera. Sem dúvidas, reconhecimentos de dívidas, e outras transações, eram normalmente escritos em tais tabuletas cobertas de cera; pois não só é feita referência direta às tabuletas, como também há disposições especiais em relação aos documentos em que existem tais rasuras, ou melhor, apagamentos: por exemplo, que devem ser anotadas no documento, em que condições e como as testemunhas, nesses casos, devem colocar suas assinaturas, assim como há injunções específicas sobre como testemunhas que não sabem escrever devem apor suas marcas pessoais.[11]

Quando o mestre ouviu o que havia sido feito, "o senhor elogiou o administrador desonesto, porque agiu astutamente" (Lc 16:8). Não era a

---

[11] Edersheim, *Life and Times,* vol. 2, p. 271-272.

desonestidade que estava sendo elogiada, mas a astúcia com que o homem usara seus privilégios vigentes para ganhar amigos para si, de modo que eles o sustentassem quando perdesse o cargo.

Cristo então aplicou a parábola aos discípulos. Ele ressaltou que as pessoas deste mundo costumam ser mais astutas no uso de seus bens materiais e de suas posições do que as que pertencem a Deus. Cristo disse que as riquezas mundanas devem ser usadas astutamente com vistas ao futuro, não egoisticamente empregadas com vistas apenas ao presente. Shepard resume:

> Jesus conhecia o poder maligno do dinheiro. Por isso, Ele adverte seus discípulos-publicanos e todos os demais contra o mal e mostra como usar o dinheiro de forma adequada para ajudar os outros e promover os objetivos do Reino, de modo que, quando a morte ou o infortúnio viessem, e o dinheiro se extinguisse ou não fosse mais útil, poderiam ser bem acolhidos no céu por parte dos muitos que foram beneficiados por eles. Ninguém pode comprar sua entrada para o céu com dinheiro, mas ao fazer uso correto dele para o serviço de Deus na terra, pode acumular tesouros no céu.
>
> Cristo ainda revela em sua aplicação da parábola: "Quem é fiel no pouco, também é fiel no muito; quem é injusto no pouco, também é injusto no muito." Esse é um princípio infalível no mundo dos negócios. O homem em quem se pode confiar nas pequenas coisas pode ser promovido para assumir grandes responsabilidades; e quem faz desfalque com pequenas somas acabará praticando grandes roubos. "Se não fostes fiéis nas riquezas injustas, quem vos confiará as verdadeiras? E, se não fostes fiéis com o que é alheio, quem vos dará o que é vosso?". Nossa riqueza terrena nos é dada como um depósito em confiança. Podemos possuí-la permanentemente apenas se a usarmos adequadamente no serviço de Deus. A menos que dela façamos o uso correto, a riqueza poderá ser retirada a qualquer momento.[12]

Jesus disse que um homem pode se tornar servo do dinheiro ou servo de Deus, mas não pode ser servo de ambos (Lc 16:13). Os discípulos, então, tiveram que escolher se eles se entregariam para servir às coisas

---

[12] Shepard, *The Christ,* p. 425.

materiais ou se eles renunciariam à expectativa de ganho material e se tornariam servos de Deus.

Esse ensino foi claramente compreendido pelos fariseus. Isso gerou zombaria porque eles amavam o dinheiro, pois o buscavam e consideravam um sinal do prazer de Deus por eles. Eles declaravam publicamente que sua justiça os tornava aceitáveis a Deus. Como prova disso, eles declaravam que Deus havia demonstrado seu prazer neles, tornando-os ricos. Mas Cristo negou que eles fossem aceitáveis a Deus, afirmando que eles só eram justificados aos olhos das pessoas. O que as pessoas estimam, Deus despreza; e a justiça que os fariseus desprezavam era estimada por Deus. Moisés e os profetas vaticinaram a vinda do Messias, que proveria justiça para aqueles que entrassem em seu reino. João veio para um povo culpado e os chamou ao arrependimento, a fim de que se preparassem para entrar no reino. Desde a sua apresentação por João, Jesus vinha proclamando "as boas-novas do reino de Deus" (Lc 16:16). Mas o reino de Deus estava sendo combatido. Os líderes judeus estavam reivindicando que a nação era o reino. Os judeus ocuparam esta posição porque eram filhos físicos de Abraão. E por consequência, eles não viam necessidade de mudar de seu tradicionalismo para Cristo. Mas o tradicionalismo dos fariseus não cumpria a justiça da lei, que era inviolável e imutável (v. 17). A santidade de Deus vai durar eternamente, mais que o céu e a terra. As justas exigências da santidade de Deus devem ser satisfeitas antes que as pessoas possam entrar em seu reino. Não eram aqueles que alegavam ser justos — por conseguinte no reino — que seriam aceitáveis a Deus, mas apenas aqueles que receberam a justiça com base em sua fé em Cristo.

A cobiça pode se manifestar no desejo por dinheiro ou pelo cônjuge de outra pessoa. Cristo lembrou aos fariseus que um homem que cede à cobiça e se divorcia de sua esposa e se casa com outra comete adultério. E aqueles que eram caracterizados pela cobiça não podiam ser admitidos no reino do Messias.

Cristo se dirigiu agora aos fariseus que zombavam dele para mostrar-lhes que as riquezas não os admitiriam à presença de Deus. Nessa parábola, Cristo apresentou um contraste entre um homem rico e um mendigo (Lc 16:19-31). O homem rico desfrutava de todos os luxos que o dinheiro poderia comprar. Mas seu dinheiro foi gasto inteiramente para satisfazer seus próprios desejos. Ele não demonstrou preocupação com as necessidades dos outros. Lázaro, um mendigo, era carregado até o portão do homem rico e colocado lá, sem dúvida na esperança de que, quando o homem rico passasse, ele se compadeceria com a necessidade do mendigo e, com seus bens, suprisse sua necessidade. Mas os cães mostraram mais compaixão pelo mendigo do que o homem rico. Por algum tempo, o rico nada fez para atender às suas necessidades; nesse ínterim, os cães vieram lamber suas feridas abertas. A morte veio simultaneamente para os dois homens. Ao contrário do conceito farisaico de que os pobres eram odiados por Deus e os ricos amados por Ele, Jesus disse que Lázaro morreu e foi levado para o seio de Abraão. Essa expressão era usada pelos judeus para se referir à presença de Deus, onde os privilegiados gozariam da luz de sua face junto com Abraão. O homem rico estava no Hades. Esse era o lugar dos mortos que aguardavam julgamento. De acordo com o ensino do Senhor, o Hades era um lugar literal onde os ocupantes estavam em tormento enquanto permaneciam alienados da presença de Deus. Eles estavam conscientes dessa separação e compreendiam plenamente as bênçãos das quais foram privados. Tão grande foi o sofrimento do homem rico que ele dirigiu uma petição a Abraão, a quem chamou "Pai Abraão" (Lc 16:24). O rico pediu que Lázaro fosse enviado para tocar em sua língua com um dedo que havia sido mergulhado em água, porque "[estava] atormentado [naquelas] chamas". Vemos, então, nessa parábola, que os mortos estão totalmente conscientes, estão sofrendo e sabem de sua perdição em contraste com os privilégios daqueles a quem Deus recebeu para si mesmo. A resposta de Abraão contrastou o estado dos dois homens quando eles estavam na terra. O homem rico não usou sua riqueza com sabedoria a fim de prover para o futuro. Visto que ele não usava seus bens para atender às necessidades dos pobres, não haveria bênção para ele agora. A bênção é apenas para os justos, e as ações do homem rico provaram que ele não era justo. Além disso, era impossível para Abraão enviar alguém até o Hades porque, conforme disse, "há um grande abismo entre nós e vós, de forma que os que quisessem passar daqui para vós não poderiam, nem os daí passar para nós" (v. 26). Ainda que não pudesse haver conforto para o próprio homem rico, ele fez um pedido para que Lázaro fosse enviado a seus irmãos que, como ele, eram ricos, mas não estavam usando sua riqueza com sabedoria, tendo em vista o futuro. O rico pediu que lhes fosse dado um aviso para que escapassem do tormento no qual ele se encontrava. A Lei e os Profetas deram testemunho das exigências que Deus fez àqueles que estavam em comunhão com Ele e advertiram sobre o julgamento que viria sobre os injustos. E se os homens não dessem ouvido ao testemunho da Lei e dos Profetas, eles não ouviriam, mesmo que alguém retornasse dos mortos para dar testemunho a eles (Lc 16:29-31). Pelo fato de as Escrituras não chamarem essa narrativa de Cristo de parábola e de nomes serem usados, alguns concluíram que não se trata de uma parábola, mas de um incidente histórico real. Seja considerada uma parábola, seja um incidente, isso não altera o ensino. Os injustos estão eternamente separados de Deus. Estão em tormento. Eles se lembram das oportunidades que tiveram e rejeitaram. Eles estão cientes de sua perdição. Seu estado é inalterável e eterno. Esse incidente ensina que a riqueza não é um sinal de aceitação divina e nem é base para a entrada no reino. Alguns hoje, como os fariseus, estão confiando no dinheiro para serem aceitos na presença de Deus. Essas pessoas estão confiando naquilo que só pode condenar, não salvar.

G. Instruções quanto ao perdão

Seção 126

Lucas 17:1-6

Cristo havia proferido palavras mordazes em sua denúncia das atitudes dos fariseus. Mas uma palavra de advertência aos discípulos era necessária para que não desprezassem os próprios fariseus. Eles poderiam aborrecer o farisaísmo sem odiar os fariseus. Para ensinar essa lição aos discípulos, Cristo os advertiu de que seria fácil para eles os ofenderem por meio de sua atitude para com as pessoas. E disse que seria melhor para eles morrer fisicamente do que repelir alguns de virem a Ele porque eles, seus discípulos, estavam mostrando uma atitude errada para com os que estavam vindo. Os pequeninos a quem o Senhor se referia seriam aqueles que estavam abandonando o farisaísmo e vindo para Cristo. Se os discípulos desprezassem esses por serem tão lentos em tomar uma decisão a respeito da pessoa de Cristo, eles poderiam se afastar dele. Portanto, Cristo ordenou aos discípulos que tivessem cuidado com suas atitudes para que aqueles que desejavam ir a Ele não fossem repelidos.

Os discípulos podem não apenas ter uma atitude errada em relação aos que vêm a Cristo, mas também para com outros crentes em Cristo. Um cristão pode pecar contra outro cristão. O cristão ofendido deve repreender aquele que comete o pecado. Se a repreensão traz arrependimento e um pedido de perdão, esse alguém deve ser perdoado. Cristo disse: "Se pecar contra você sete vezes no dia, e sete vezes voltar a você e disser: 'Estou arrependido', perdoe-lhe" (Lc 17:4). Sete aqui tem o significado de "tempo ilimitado". Um cristão não deve limitar o perdão que concede a outro cristão que o feriu e busca o perdão. Portanto, Cristo deu instruções aos seus discípulos a respeito de sua atitude para com os novos crentes, bem como para com os demais crentes em Cristo. Em resposta a essa instrução, os apóstolos clamaram: "Aumenta a nossa fé!" (v. 5). Eles pediram mais fé para aceitar esse ensino porque o que Cristo lhes havia ensinado era contrário a tudo o que tinham ouvido com respeito à lei da ofensa e a lei do perdão dos fariseus. Cristo mostrou-lhes que não era a quantidade de fé que tinham, mas sim aquele em quem a fé era colocada que produziria o resultado desejado. Na linguagem judaica, a expressão "como um grão de mostarda" (v. 6) representava a menor quantidade concebível de algo. Se eles tivessem ainda que uma pequena fé em uma pessoa infinita, essa pessoa trabalharia neles. Portanto, não era a quantidade de fé, mas o exercício da fé que era importante.

H. Instruções quanto ao serviço

Seção 127

Lucas 17:7-10

Cristo dirigiu uma palavra aos discípulos sobre a obrigação que repousava sobre eles como servos de Deus. Eles deviam imaginar que um deles havia enviado um servo para arar o campo ou cuidar do rebanho. O servo passou o dia inteiro fazendo a vontade do mestre. Quando o servo terminou seu dia de serviço, o senhor não serviu ao servo como recompensa pelo serviço prestado. Em vez disso, o mestre ordenou ao servo que preparasse o jantar e o atendesse enquanto comia. Depois que o mestre se sentiu satisfeito, o servo comeu. O servo estava sujeito à vontade do senhor, e desse modo daria prova de ser um servo bom e fiel, fazendo tudo o que o senhor mandasse. Nenhum limite foi colocado ao serviço do servo. Ao aplicar isso aos discípulos, Cristo disse: "Assim também vós, quando fizerdes tudo o que vos for ordenado, dizei: 'Somos servos inúteis; fizemos somente o que devíamos fazer'" (v. 10).

I. A ressurreição de Lázaro
Seção 128
João 11:1-54

1. O milagre da ressurreição
João 11:1-44

Pouco tempo antes, Jesus havia se retirado da Judeia por causa dos atentados contra sua vida (Jo 10:39). Ele tinha ido para Pereia, no lado leste do Jordão (v. 40-42). Nessa época, uma tragédia se abateu sobre uma casa de Betânia, na qual Ele frequentemente recebera hospitalidade enquanto estava na Judeia. Lázaro, irmão de Maria e Marta, adoeceu gravemente e, necessitadas, as irmãs recorreram ao Senhor em busca de ajuda. Vemos a fé implícita delas nele, quando lhe mandaram dizer: "Senhor, aquele a quem amas está doente" (Jo 11:3). Elas não fizeram nenhum pedido específico. Apenas confiaram no Senhor para suprir sua necessidade em resposta à mensagem. A onisciência do Senhor é revelada quando Ele responde à notícia informando aos discípulos que aquela doença não resultaria em morte. Fora divinamente providenciada para a glória de Deus para que seu Filho fosse glorificado por meio dela (v. 4). Essa foi uma declaração muito clara da divindade de Cristo, na qual Ele se referiu a si mesmo como o Filho de Deus. Houve uma autenticação dessa afirmação tendo em vista que Ele sabia o resultado daquele evento. Para os discípulos parecia haver necessidade de pressa, mas Cristo permaneceu na Pereia ainda por mais dois dias. Isso não foi uma demonstração de falta de consideração para com a urgência de Maria e Marta ou falta de afeto pelos membros daquela família. Em vez disso, Ele se demorou a fim de dar a si mesmo a oportunidade de demonstrar que era o Filho de Deus.

Depois de transcorrido o tempo necessário, Cristo anunciou que voltaria para a Judeia e convidou os discípulos a retornarem com Ele. No entanto, Ele não ordenou que fossem. Eles começaram a protestar, lembrando-o de que haviam deixado a Judeia por causa de ameaças contra a vida do mestre (Jo 10:39). Eles não podiam entender por que Cristo voltaria deliberadamente para o local onde os fariseus estavam determinados a matá-lo. A resposta de Cristo foi enigmática. Ele afirmou que, enquanto andasse na luz, estaria dentro da vontade de Deus. Nada de mal poderia acontecer a Ele, porque o mal chega apenas à noite. Enquanto Ele estivesse dentro da vontade de Deus, seus inimigos não podiam tocá-lo (11:9-10).

Porque os discípulos não entenderam sua declaração, Cristo explicou-lhes que Lázaro havia adormecido e que Ele iria acordá-lo. Os discípulos ainda assim não entenderam. Eles se perguntaram por que Cristo colocaria sua vida em risco para despertar um homem de uma noite de sono. Então Cristo disse-lhes claramente que Lázaro havia morrido e explicou: "para o bem de vocês estou contente por não ter estado lá, para que vocês creiam" (11:14). Essa frase é nossa pista para entender esse milagre. Cristo havia dito anteriormente que não mais faria milagres públicos para convencer Israel de que Ele era o Filho de Deus. Seu próximo sinal para a nação seria o sinal de Jonas (Mt 12:38-40). Sobre a declaração de Cristo nesse caso, vemos que esse milagre não foi designado para ser uma demonstração pública da pessoa de Cristo, mas antes uma autenticação aos discípulos de sua própria pessoa. Tendo Pedro como porta-voz, eles confessaram sua fé nele como o Messias, o Filho de Deus (Mt 16:16). Porém, as dúvidas facilmente acabaram se insinuando na mente daqueles homens por causa da oposição que a nação fazia a Ele. Assim, Cristo providenciou o milagre da ressurreição de Lázaro para confirmar a fé daqueles que creram nele.

O discípulo Tomé é frequentemente mencionado como "aquele que duvidava". No entanto, ele demonstrou um compromisso incomum para com a pessoa de Cristo ao exortar os outros a irem a Jerusalém com Ele: "Vamos também para morrermos com Ele" (Jo 11:16). Tomé previu sua própria morte, bem como a de Cristo naquela viagem a Jerusalém. Essa foi uma declaração importante porque revelou a avaliação do discípulo sobre a intensidade do ódio a Cristo em Jerusalém.

Quando Jesus chegou a Betânia, foi-lhe dito que Lázaro estava no túmulo havia quatro dias (v. 17, 39). O período de luto estava em andamento. A casa de Maria e Marta deve ter sido um lugar de considerável destaque porque "muitos judeus" (v. 19) haviam chegado de Jerusalém para lamentar. Notícias de Cristo precederam sua vinda, e Marta saiu para encontrá-lo no caminho. As palavras de Marta transmitiram uma espécie de reprimenda. A mensagem fora enviada a Cristo antes da morte de Lázaro. Ele poderia ter vindo imediatamente e evitado a morte, mas Cristo demorou e Lázaro morreu. Apesar de sua reclamação, Marta confessou sua fé em Cristo, dizendo: "Mas sei que, mesmo agora, Deus te dará tudo o que pedires" (v. 22). Cristo afirmou o fato de que Lázaro seria ressuscitado (v. 23). Marta não entendeu imediatamente que Cristo ressuscitaria Lázaro dos mortos. Ela considerou suas palavras como sendo uma afirmação da doutrina da ressurreição do Antigo Testamento, ou seja, que o Messias ressuscitaria os mortos quando viesse estabelecer o seu reino (Is 26:19-20; Dn 12:2). Agora, Cristo estava instruindo Marta que em sua pessoa havia ressurreição e vida. Ele disse: "Eu sou a ressurreição e a vida" (v. 25). A esperança não era apoiada em um calendário divino, mas sim em uma pessoa; a ressurreição e a vida estavam nele. Ele ainda instruiu Marta, dizendo: "quem vive e crê em mim, não morrerá eternamente". Aquele que crê em Cristo recebe sua vida eterna como uma possessão presente. Aquele que possui a vida eterna nunca pode morrer. A morte física não pode interromper a continuação da vida eterna. Aquele que possui a vida eterna pode experimentar a separação da alma do corpo, mas nunca pode experimentar a separação de sua alma de Deus. Cristo, portanto, estava falando palavras de conforto a Marta, cujo irmão havia morrido fisicamente. Porque Lázaro creu em Cristo, ele não estava morto, mas vivo, pois tinha vida eterna. Isso era verdade, embora ele pudesse desfrutar daquela vida em outra dimensão. Cristo havia direcionado a fé de Marta para si mesmo, e assim perguntou se ela acreditava no que Ele acabara de revelar a ela sobre a vida eterna. Ela respondeu: "Sim, Senhor, eu tenho crido que tu és o Cristo, o Filho de Deus que devia vir ao mundo" (Jo 11:27). Sua

Preparação dos discípulos pelo Rei 497

afirmação foi quase idêntica à de Pedro (Mt 16:16). Ela confessou sua fé na pessoa dele, chamando-o Filho de Deus, e confessou sua fé em sua obra, referindo-se a Ele como Cristo ou o Messias que redimiria e reinaria. Os temores de Marta haviam cessado por causa de sua fé na pessoa de Jesus Cristo.

Marta voltou para sua irmã e anunciou que Jesus havia chegado. Maria correu para Jesus, que a esperava fora da aldeia. Quando ela veio a Jesus, "Maria prostrou-se aos seus pés" (v. 32). Embora suas palavras fossem idênticas às de Marta, não houve reprovação a Cristo. Maria demonstrou uma atitude de devoção e submissão, ajoelhando-se em adoração diante do Senhor. Aparentemente, Maria não foi dominada pelos mesmos temores que dominaram Marta. Não era necessário que Cristo a instruísse a fim de aliviar seu fardo. Movido por compaixão, Cristo então pediu que fosse levado ao túmulo. Lá, "Jesus chorou" (v. 35). Suas lágrimas não eram de tristeza por Lázaro, pois sabia que ele seria ressuscitado. Em vez disso, Ele chorou lágrimas de compaixão porque sentiu a tristeza de Maria e Marta. Na presença de muitos enlutados, Cristo primeiro ordenou que a pedra que fechava o túmulo fosse removida (v. 39). Foi Marta, não Maria, quem mais uma vez protestou e procurou impedir a abertura da tumba por causa do tempo que o corpo de Lázaro estava lá dentro. E embora ela tivesse confessado sua fé em Jesus Cristo, Ele teve que lembrá-la do que lhe havia dito anteriormente; a saber, que se ela acreditasse, "veria a glória de Deus" (v. 40). Em obediência à ordem de Cristo, o túmulo foi aberto. Cristo agora ofereceu uma oração de ação de graças. O objetivo era mostrar aos discípulos que tudo o que Ele fazia dependia totalmente de seu Pai. Então "Jesus bradou em alta voz: 'Lázaro, venha para fora'" (v. 43). Aquele que era a ressurreição e vida revelou sua autoridade sobre a morte ao chamar Lázaro para fora do túmulo. Aquele que estava morto e não podia ouvir porque estava atado com mortalhas e não poderia responder, saiu da sepultura. Lázaro não saiu por seu próprio poder, mas pelo poder daquele que lhe ordenou que saísse. Cristo deu ainda outra ordem. Ele disse aos que estavam por perto para remover as roupas da sepultura e libertar Lázaro. Cristo realizou esse milagre para fortalecer a fé dos discípulos em sua pessoa e em seu poder em face da oposição da nação que em breve o mataria. Visto que Ele é vida, a morte física não poderia tocá-lo sem seu consentimento.

2. Conflito sobre o milagre
João 11:45-54

Embora esse milagre não tenha sido designado para ser uma exibição pública da pessoa de Cristo, a notícia do evento se espalhou rapidamente por Jerusalém, e muitos da cidade depositaram sua fé nele. O relato do milagre chamou a atenção tanto dos principais sacerdotes, que eram saduceus, como dos fariseus. As duas seitas convocaram uma reunião do Sinédrio. Fairbairn escreve:

> Os fariseus eram contra os romanos, adoravam fomentar em Israel a antipatia pelos estrangeiros e alimentavam a devoção para com as esperanças e ideais próprios do povo de Deus; mas eles só podiam temer e se opor a um movimento que poderia culminar em saudar Jesus de Nazaré como o Cristo. Os saduceus eram tolerantes com Roma, a conheciam bem, a temiam, obedeciam ao seu governo e de nada tinha medo tanto quanto de uma revolta que poderia despertar sua ira implacável. Assim, os antigos rivais, unidos pelo ódio comum para fins abomináveis, se juntaram para conspirar. Ninguém compreendeu melhor a situação do que Caifás, sumo sacerdote naquele ano fatídico; e ele, cinicamente, embora de modo diplomático, expressou a necessidade daquela hora — "é melhor que morra um homem pelo povo, e que não pereça toda a nação". O que ele quis dizer foi: "Estamos às vésperas do desastre; o entusiasmo do povo por esse galileu os levará à revolta, a menos que o golpeemos no coração, levando-o à morte". O Sinédrio compreendeu o sacerdote, elogiou sua astúcia, adotando sua política e a elaboração do seu estratagema.[13]

A ressurreição de Lázaro provou, sem sombra de dúvida, que Jesus era o Messias. A evidência foi tão grande que o Sinédrio concluiu: "Se o deixarmos, todos crerão nele" (Jo 11:48). Os membros do Sinédrio pensavam que se a nação aceitasse a Cristo como Messias e Ele estabelecesse um reino como disse que faria, Roma se moveria para esmagar esse reino e a nação seria destruída. Os líderes perderiam sua posição e a nação estaria sujeita a uma escravidão ainda maior.

---

[13] Fairbairn *Life of Christ,* p. 219-220.

Caifás, o sumo sacerdote, fora nomeado para seu cargo por Roma. Ele era diligente em impedir que a nação aceitasse a Cristo como Messias e o entronizasse como rei. Ele afirmou: "é melhor que morra um homem pelo povo, e que não pereça toda a nação" (v. 50). Desse modo, ele propôs que Jesus Cristo fosse morto, pois seria melhor que Ele morresse pelas mãos deles do que todos eles morressem pelas mãos de Roma. As palavras do sumo sacerdote, que indicaram o desejo dos líderes de matar Cristo, foram agora formalmente apresentadas ao Sinédrio, que tratava de tais questões. Embora Caifás não tenha percebido o significado profético dessas palavras, elas constituíram uma profecia de que "Jesus iria morrer pela nação, e não somente pela nação, mas também para reunir como um só povo os filhos de Deus que estão dispersos" (v. 51-52. Enquanto Caifás propôs a morte de Cristo como uma solução para o problema político imediato, Deus propôs a morte de seu Filho como uma solução para o problema do pecado do mundo inteiro. O conselho concordou com a proposta de Caifás, e "desde aquele dia, decidiram matá-lo" (v. 53).

Desse modo podemos observar diversos resultados do milagre da ressurreição de Lázaro. Seus discípulos tiveram a sua fé confirmada em Jesus Cristo como a fonte da vida. Como resultado, muitos judeus em Jerusalém creram nele. Além disso, a ressurreição de Lázaro levou o Sinédrio a determinar que Jesus Cristo deveria morrer, e eles começaram a fazer planos para executá-lo. Jesus Cristo não fez nenhuma tentativa de frustrar a trama do Sinédrio. Ele não se moveu mais publicamente entre o povo, mas retirou-se para Efraim, uma cidade no norte da Judeia, para aguardar o tempo designado para sua crucificação (v. 54).

J. Instruções sobre a gratidão

Seção 129

Lucas 17:11-19

Durante esse período em que Jesus aguardava o momento de sua última aparição em Jerusalém, Ele estava viajando na fronteira entre Samaria e Galileia. Assim, Ele se afastou da Galileia, onde Herodes tentou executá-lo, e da Judeia, onde o Sinédrio planejava matá-lo. Edersheim diz:

> [...] ao deixar Efraim, Cristo fez um breve desvio ao longo da fronteira norte para algum lugar na fronteira sul da Galileia — talvez para encontrar em determinado lugar aqueles que o acompanhariam à sua viagem final em Jerusalém. Esta sugestão, pois já não é mais, não é em si mesma improvável, visto que alguns dos seguidores imediatos de Cristo poderiam naturalmente desejar fazer uma breve visita a seus amigos na Galileia antes de subir a Jerusalém. E é ainda confirmada pela observação de Marcos, que entre aqueles que haviam seguido a Cristo havia "muitas mulheres que subiram com Ele a Jerusalém". Pois, dificilmente podemos supor que essas "muitas mulheres" tinham ido com Ele no outono anterior da Galileia para a Festa dos Tabernáculos, nem que estavam com Ele na Festa da Dedicação, ou que durante o inverno seguiram-no pela Pereia, nem ainda que estiveram em Betânia. Todas essas dificuldades são evitadas se, como sugerido, supusermos que Cristo passou de Efraim ao longo da fronteira de Samaria para um lugar na Galileia, a fim de encontrar seus discípulos que subiriam com Ele.[14]

Nessa ocasião, Cristo teve um encontro com dez leprosos que se mantiveram distantes, conforme exigido pela tradição farisaica, os quais suplicaram a ajuda de Jesus. Pediram que Ele tivesse compaixão deles. Cristo frequentemente curava leprosos que depositavam fé em sua pessoa. Porém, nada na maneira como aqueles homens se dirigiram a Cristo indicaria fé em sua pessoa, pois o chamaram de "Jesus, Mestre" (Lc 17:13). Jesus queria evidências da fé deles, por isso deu-lhes a oportunidade de demonstrá-la por meio da obediência. Em vez de declará-los limpos, Cristo lhes ordenou: "Vão mostrar-se aos sacerdotes" (v. 14). A obediência deles demonstraria sua fé. O registro nos diz que quando eles demonstraram fé, foram curados: "Enquanto eles iam, foram purificados".

> E eles obedeceram às ordens de Cristo, mesmo antes de realmente terem experimentado a cura! Tão grande era a fé deles e, talvez, quase não possamos inferir como era a crença geral em toda a região no Poder "do Mestre". E enquanto eles estavam indo, uma nova vida passou a correr em suas veias. A saúde restaurada começou a ser sentida e,

---

[14] Edersheim, *Life and Times*, vol. 2, p. 327.

Preparação dos discípulos pelo Rei 501

como sempre, não antes nem depois de crer, mas no ato da obediência a uma fé que ainda não havia experimentado a bênção.[15]

Um dos dez, um samaritano de nascimento, reconheceu uma dívida para com aquele que o purificou. Este voltou e se lançou aos pés de Jesus. Anteriormente, ele só podia clamar a Jesus de longe por ajuda, mas agora podia vir até sua presença para oferecer sua adoração e ação de graças. Esse ato revelou seu comprometimento com Cristo. Edersheim afirma:

> Tendo em mente... que a sucessão constante de curas milagrosas — sem um único fracasso — foi testemunhada naqueles anos, não pareceria estranho que os leprosos recorressem a Jesus. Nem ainda, talvez, dadas as circunstâncias, isso envolvesse uma fé muito maior para ir aos sacerdotes a seu pedido — implicando, é claro, que eles seriam curados. Mas era muito diferente voltar e prostrar-se a seus pés em humilde adoração e ação de graças. Isso fez daquele um homem um discípulo.[16]

Cristo expressou espanto pelos nove que haviam sido purificados e não sentiam o dever de adorar e agradecer àquele que os havia purificado. Para deixar bem claro que o que regressou foi purificado por causa da fé em sua pessoa, Jesus declarou: "Levante-se e vá; a sua fé o salvou" (Lc 17:19). A ação de graças é o reconhecimento de uma dívida. A ação de graças é um reconhecimento das bênçãos concedidas. Agradecer ao outorgante é uma obrigação do destinatário. O ingrato considera como justo qualquer benefício, pelo qual não sente nenhuma obrigação ou necessidade de retribuir o agradecimento. Cristo queria que os discípulos que o acompanhavam percebessem que estavam em dívida para com aquele que os abençoou e respondessem dando graças e adorando, como o samaritano havia feito. O incidente também parece designado para contrastar a atitude de Israel em relação às bênçãos que o Messias viera lhes conceder com a atitude que deveria tê-los caracterizado, como exemplificado pelo samaritano. Edersheim afirma:

---

[15] Ibid., p. 329.
[16] Ibid., p. 330.

Muitas perguntas aqui podem ser sugeridas: aqueles nove judeus se separaram do único samaritano quando se sentiram curados, o infortúnio comum os havia tornado companheiros e irmãos, e quando esse vínculo foi rompido eles teriam se sentido livres de sua dor comum? Ou esses nove judeus, em seu legalismo e obediência à letra, foram até os sacerdotes, esquecidos de que, obedecendo à letra, violaram o espírito do mandamento de Cristo? Ou era o orgulho judaico, que sentia ter direito às bênçãos e as atribuía não à misericórdia de Cristo, mas a Deus; ou melhor, por meio de sua própria relação como Israel de Deus? Ou, o que nos parece o mais provável, teria sido simplesmente ingratidão judaica e negligência da bendita oportunidade agora ao seu alcance — um estado de espírito muito característico de quem não conhece "o tempo de sua visitação" — e que conduziu à negligência, rejeição e perda final de Cristo? É certo que o Senhor enfatizou o terrível contraste existente entre os filhos da casa e "este estranho".[17]

K. Instruções sobre a sua vinda

Seção 130
Lucas 17:20-37

Os fariseus sabiam muito bem que Jesus estava oferecendo à nação de Israel seu reino da aliança. Ele se apresentou como o Messias, o Rei. Certa ocasião, os fariseus vieram perguntar quando viria o reino de Deus (Lc 17:20). Isso parece ter sido um desafio. Os fariseus estavam insinuando que se Jesus era o que estava dizendo ser por muito tempo, Ele deveria provar sua afirmação instituindo o reino sem mais demora. É evidente a partir da pergunta dos fariseus que eles esperavam um cumprimento literal e físico do reino prometido a Israel no Antigo Testamento.

A resposta de Cristo confundiu a muitos. Ele disse: "O Reino de Deus não vem de modo visível" (v. 20). Muitos entenderam que isso significava que os fariseus estavam enganados quando esperavam um cumprimento literal das promessas da aliança feitas a Davi, pelas quais um de seus filhos se sentaria no trono de Davi e governaria sua casa (2Sm 7:16). Para entender a resposta de Cristo, devemos lembrar que Jesus Cristo foi

---
[17] Ibid.

apresentado por João Batista como o Messias de Israel com a promessa de que o reino dos céus estava próximo (Mt 3:2). Cristo fez a mesma afirmação (4:17). A nação de Israel entendeu claramente o que Cristo afirmava ser e aguardou ansiosamente a instituição desse reino. Os líderes rejeitaram a pessoa de Cristo e o consideraram um impostor blasfemo do verdadeiro Messias. Por causa da rejeição dos líderes, tornou-se necessário adiar o reino até algum tempo futuro, querendo dizer que o reino que Ele tinha vindo instituir era apenas um reinado espiritual no coração das pessoas. Em vez disso, Ele quis dizer que, por causa da rejeição de Israel, o reino não viria de forma literal, física e visivelmente naquele momento. Cristo declarou: "o Reino de Deus está no meio de vocês" (Lc 17:21). No entanto, a palavra grega traduzida como "no meio de vocês" significa literalmente "em seu meio" ou "entre". Cristo estava afirmando que, porque o Rei estava presente, o reino era possível. A pergunta dos fariseus implicava que o reino era impossível porque os líderes não aceitavam Cristo. No entanto, Cristo afirmou que o reino era possível e estava sendo oferecido porque o Rei estava presente.

Jesus revelou aos seus discípulos que o reino previsto pelos profetas e oferecido pelo próprio Senhor seria adiado. Por isso, Ele disse que eles não "veriam um só dos dias do Filho do Homem" (v. 22). Muitos falsos Messias apareceriam e afirmariam cumprir o reino que Ele prometeu, mas os discípulos não deveriam ser enganados (v. 23). Eles teriam de lembrar que o reino havia sido adiado para um tempo futuro. Quando chegar a hora da instituição do futuro reino milenar davídico, as pessoas saberão disso. Jesus disse: "O Filho do homem no seu dia será como o relâmpago" (v. 24). O relâmpago não pode ser escondido. Ele se mostra em toda a extensão do céu. O tempo para instituir o reino adiado será evidente porque muitos sinais anunciarão sua vinda (Mt 24:14). Porém, antes da instituição do reino, era necessário que Cristo "[sofresse] muito e [fosse] rejeitado por esta geração" (Lc 17:25).

Cristo caracterizou a atitude da nação para com os sinais que seriam dados com a finalidade de anunciar sua vinda como Rei quando Ele instituísse seu reino. Ele revelou que as pessoas agiriam nos dias por vir como agiram nos dias de Noé. Ele, um pregador da justiça, anunciou um julgamento vindo sobre sua geração. Mas aqueles que ouviram a mensagem de Noé sobre o julgamento vindouro a ignoraram e se ocuparam com as atividades normais da vida, "comendo, bebendo, casando-se e sendo dado em casamento" (v. 27). Quando o julgamento sobreveio, eles não estavam preparados para enfrentá-lo. Jesus também comparou a atitude das pessoas naqueles dias vindouros à das pessoas nos dias de Ló (v. 28-29). Ló era um homem justo (2Pe 2:7). Ele anunciou o julgamento sobre as cidades iníquas de Sodoma e Gomorra, mas sua advertência foi rejeitada (Gn 18:17-21). O povo de Sodoma se ocupava com sua rotina normal de vida e, quando o julgamento sobreveio, eles estavam totalmente despreparados (19:4-9, 24,25). Cristo afirmou que da mesma forma as pessoas realizariam atividades regulares no dia em que Ele viesse como Juiz para separar os incrédulos de seu reino e receber os crentes no reino que Ele então instituiria (Lc 17:28-29). Naquele dia, os numerosos sinais dados para advertir acerca de sua vinda e de seu julgamento terão sido ignorados. As pessoas estarão ocupadas com a rotina normal de atividades, ignorando os avisos. Portanto, o julgamento cairá sobre elas. O segundo advento de Cristo significará bênção para os cristãos que foram conduzidos a Ele durante os dias do período da tribulação, embora seja principalmente um tempo de julgamento para o mundo. Cristo citou a esposa de Ló como uma lição para a próxima geração (v. 32). Seu coração estava tão unido a Sodoma e a tudo o que a cidade representava que ela estava relutante em partir; ao olhar para trás, ela foi submetida ao julgamento divino. Cristo advertiu: "Quem tentar conservar a sua vida a perderá, e quem perder a sua vida a preservará" (v. 33).

Quando Cristo retornar, haverá uma separação entre os salvos e os perdidos. Duas pessoas ficarão na mesma cama, e uma será levada a julgamento e a outra entrará no reino de Cristo (v. 34). Duas mulheres que estão moendo grãos juntas serão separadas, uma será levada para o julgamento, e a outra entrará no reino (v. 35). Assim, Cristo previu o juízo iminente e exortou a cada um, em vista desse juízo, a perder a vida (cf. v. 33). Perder a vida significava sacrificar tudo para se identificar com Cristo. Manter a vida significava recusar-se a se identificar com Cristo para preservar a vida física. Somente aqueles que se identificaram com Cristo escaparão do julgamento que virá.

Os fariseus questionaram Cristo sobre o local em que esse julgamento ocorreria. Sua resposta enigmática foi: "Onde houver um cadáver, ali se ajuntarão os abutres" (v. 37). Esse julgamento viria primeiro sobre a nação de Israel. Cristo viu Israel nacionalmente como um cadáver sem vida. Ele estava dizendo que o julgamento cairia sobre Israel. Historicamente, esse julgamento teve início em 70 d.C., quando Tito destruiu a cidade de Jerusalém. A nação continuaria sob disciplina até o julgamento final no segundo advento de Cristo.

L. Instruções sobre a oração
Seção 131
Lucas 18:1-14

A palavra "Então", introduzindo a parábola parece indicar que o ensino do Senhor surgiu da instrução anterior sobre o adiamento do reino e a demora no cumprimento daquilo pelo que os discípulos esperavam. Edersheim observa a conexão:

> A parábola começa estabelecendo como princípio geral a necessidade e o dever dos discípulos de orar sempre sendo o sentido preciso definido pelo contrário, ou cláusula limitante: "não desanimar", ou seja, não "se cansar". A palavra "sempre" não deve ser entendida em relação ao tempo, como se significasse continuamente, mas em todos os momentos, no sentido de sob todas as circunstâncias, por mais adversas que pareçam, quando pareceria que uma resposta não vem, e correríamos, portanto, o risco de "desanimar" ou ficar cansados. Essa regra se aplica aqui principalmente àquele "cansaço" que pode levar a parar de orar pela Vinda do Senhor, ou de esperá-la, durante o longo período em que parece que Ele atrasou seu retorno, ou melhor, como se cada vez mais não houvesse probabilidade disso. Mas isso também pode ser aplicado a todas as circunstâncias semelhantes, quando a oração parece há tanto tempo sem resposta, que o cansaço em orar ameaça tomar conta de nós.[18]

Na parábola, somos apresentados a um juiz injusto. Edersheim descreve tal juiz quando escreve:

---
[18] Ibid., p. 286.

A parábola nos apresenta um juiz de certa cidade e uma viúva. Exceto quando um caso era submetido voluntariamente à arbitragem em vez de a julgamento, ou quando era solicitado o conselho judicial de um sábio, um homem não poderia ter um tribunal judaico formado. Além disso, seu modo de falar e agir é inconsistente com tal hipótese. Ele deve, portanto, ter sido um dos juízes, ou autoridades municipais, nomeado por Herodes ou pelos romanos — talvez um judeu, mas agora um juiz *judeu*. Possivelmente, ele pode ter sido um magistrado da polícia, ou alguém que teve alguma função desse tipo delegada a ele. Sabemos que, pelo menos em Jerusalém, havia dois magistrados remunerados *(Dayyaney Gezeroth)*, cujo dever tinha a ver com a observância de todas os regulamentos da polícia e da prevenção da criminalidade. Ao contrário dos juízes regulares, que compareciam apenas em determinados dias e horas e não eram remunerados, esses magistrados estavam, por assim dizer, sempre em serviço e, portanto, eram incapazes de exercer qualquer outra ocupação. Foi provavelmente por essa razão que eles eram pagos com o Tesouro do Templo e recebiam um salário muito elevado [...]. Por conta disso, talvez também por suas injustas extorsões, a sagacidade judaica os designava, por um jogo de palavras, como *Dayyaney Gezeloth* — Juízes ladrões, em vez de seu título real de *Dayyaney Gezeroth* (Juízes de Proibições, ou então de Punições) [...] Seja como for, havia policiais em todas as localidades, que zelavam pela ordem e pela lei. O Talmude fala em termos muito depreciativos sobre esses "juízes da aldeia" *(Dayyaney deMegista)*, em oposição aos tribunais da cidade *(Bey Davar)*, e os acusa de ignorância, arbitrariedade e cobiça, de modo que por um prato de carne eles poderiam perverter a justiça. Casos frequentes de injustiça e propina também são mencionados em relação aos juízes não judeus na Palestina.[19]

Foi a um juiz como esse que uma viúva se apresentou repetidamente a fim de pedir que ele corrigisse uma injustiça que havia sido cometida contra ela. O juiz se recusou a atender, mas a mulher continuou se reportando a ele. Finalmente ele disse: "esta viúva está me aborrecendo; vou fazer-lhe justiça para que ela não venha mais me importunar" (Lc 18:5). O Senhor aplicou esse princípio aos discípulos. Se tal pessoa injusta e indiferente pôde ter sido movida pela persistência da viúva, certamente

---

[19] Ibid., p. 286-287.

Deus, que é justo e sensível, responderá à perseverança de seus filhos. A parábola deve ser entendida à luz do ensino anterior de nosso Senhor sobre o adiamento do reino. Os discípulos foram ensinados a orar: "Venha o teu reino" (Mt 6:1). No entanto, apesar de suas orações, o reino não havia chegado; e Cristo havia revelado que isso não aconteceria em seus dias. Mas eles deviam persistir em oração, pois Deus ouviria sua oração e atenderia seu pedido. Um dia o reino haveria de vir. Essa persistência deve ser exercida por toda a época presente, até que a oração feita a Deus a respeito da instituição do reino tenha sido atendida. Cristo previu que, quando o Filho do homem vier em resposta à oração persistente, Ele não vai encontrar fé sobre a terra (Lc 18:8). O mundo inteiro não será convertido por meio das orações dos cristãos, mas um remanescente na terra aguardará sua vinda em meio à rejeição generalizada do mundo. Assim, Cristo ensinou que as pessoas devem continuar orando pelo estabelecimento do reino, apesar de seu adiamento.

Cristo, em uma segunda parábola, ensinou a base sobre a qual Deus responde às orações. Os fariseus pensavam que eram ouvidos por causa de sua própria justiça. Shepard descreve muito bem a atitude de um fariseu ao orar:

> O fariseu desprezava totalmente todos os demais homens, os quais ele considerava inferiores a si mesmo. Quando um fariseu subia ao templo no monte Moriá, ele se posicionava em um lugar onde pudesse ser visto pela multidão e assumia uma postura ostensiva. Jesus estava lidando com fatos — nessa parábola, ficar em pé era a postura comum de oração entre os judeus, e os fariseus faziam isso para fins de ostentação. Jesus chama a atenção para o desejo deles de preeminência em outras passagens e condena esse mesmo espírito em seu Sermão da Montanha. As palavras que os fariseus repetiam não eram uma prece, mas sim um monólogo de elogios a si mesmos. O indivíduo da parábola estava diante do povo, gabando-se de seu próprio caráter. Ele não pedia nada a Deus. Felicitava-se por não ser como o restante da humanidade, a qual descrevia com suas palavras, considerando essas pessoas como meros "ladrões, injustos, adúlteros". Ele se dirigia a Deus falando de suas próprias virtudes e o parabenizava por ter um servo como ele, não um gentio, mas um judeu, não um homem da ralé, mas um fariseu da classe mais alta. O indivíduo mais detestado de todos, a quem ele citou

por contraste em seu autoelogio, era "aquele sujeito", o desprezível coletor de impostos, que se atreveu a ir até o templo para a oração àquela mesma hora. Tal sujeito não deveria ter permissão para entrar no recinto do templo. Ele afirmou que condenava todos os outros homens por crimes grosseiros e flagrantes; mas ele era inocente dessas coisas?

Ele citou ainda maneiras pelas quais ele era superior aos outros. Ele estava acostumado a jejuar duas vezes por semana, às segundas-feiras e quintas-feiras, o ano todo. A lei mosaica prescrevia apenas um jejum durante o ano, o Dia da Expiação. Muitos outros jejuns foram acrescentados pelos rabinos, mas o fariseu se gabava de ter excedido todas as exigências da tradição escrita ou oral. Da mesma maneira, ele foi além de todas as exigências da lei do dízimo, que abrangia apenas a produção das terras e dos rebanhos. Os fariseus, como grupo, chegavam a extremos fanáticos e ridículos ao dar o dízimo até mesmo das ervas da cozinha: erva-doce, hortelã e cominho; ao mesmo tempo eles negligenciavam os assuntos mais importantes da lei. A exposição de seus próprios louvores, no espírito de justiça própria, foi o centro de todo o monólogo. Junto com esse espírito de autojustiça, o acompanhava um espírito de desprezo cruel pelos outros. Ele era melhor do que todos os seus semelhantes mortais.[20]

Cristo declarou que tal pessoa não foi justificada diante de Deus (Lc 14:4). Em contraste, Cristo descreveu o coletor de impostos. Shepard relata:

> Ele não ocupava um lugar de destaque no templo, mas ficou de longe. Ele não ergueu os olhos para o céu em uma pose de ostentação, mas em contrição, baixou a cabeça. Sua oração era um soluço de arrependimento e um clamor por perdão. Toda a sua atitude era uma demonstração eloquente de sua profunda convicção e de sua dor por seu pecado. Ele ficou batendo no peito como uma forma de demonstrar essa dor. Suas palavras foram poucas, mas expressaram uma verdadeira oração a Deus. "Deus, tem misericórdia de mim, que sou pecador", ele implorava. O homem reconheceu que era pecador. Para ele, seu pecado era definitivamente consciente. Ele não pensou em se comparar favoravelmente com qualquer outro homem.[21]

---

[20] Shepard, *The Christ*, p. 450.
[21] Ibid., p. 451.

As palavras "Deus, tem misericórdia de mim, que sou pecador" (v. 13) revelam a verdadeira base pela qual Deus ouve a oração. A oração do cobrador de impostos poderia ser parafraseada desta forma: "Deus, olha para mim como tu vês o propiciatório da arca do testemunho" (cf. Êx 25:21; Lv 16:15). O homem estava pensando no ritual do Dia da Expiação. Naquela ocasião, uma nação culpada se reunia diante de Deus. O sacerdote oferecia representativamente um sacrifício pelo pecado do povo (Lv 16). Depois de cumprir um elaborado ritual de limpeza pessoal (pois uma pessoa impura não poderia representar um povo culpado diante de Deus), o sacerdote pegava dois bodes. O primeiro animal era sacrificado. Seu sangue era derramado em uma bacia no Santo dos Santos onde era aspergido sobre o propiciatório da arca do testemunho. Esse propiciatório era a tampa da arca em que se guardava a lei que a nação havia violado e que provava sua culpa. Deus habitava acima do propiciatório entre os querubins e revelava sua presença pelo resplendor de sua glória. Deus, portanto, olhava para uma lei violada e considerava a nação responsável. Quando o sumo sacerdote colocava sangue no propiciatório, ele estava cobrindo a lei violada. O sangue era interposto entre um Deus justo, que deve julgar o pecado, e a lei que fora violada. Deus ficava satisfeito quando Ele olhava, através do sangue, para a lei quebrada. O propiciatório tornou-se o lugar da expiação, ou melhor, o lugar onde Deus estava, isto é, atendia às exigências de sua justiça. Com base naquele sangue propiciatório, Deus estava livre para lidar graciosamente com o pecado do povo e adiar o julgamento até o próximo Dia da Expiação.

Depois que esse sacrifício propiciatório era oferecido a Deus, e consequentemente, ter suas exigências satisfeitas, o sacerdote saía do Santo dos Santos. Ele pegava o segundo bode e confessava sobre ele todos os pecados da nação, que haviam sido postos sob o sangue. Ele fazia isso colocando as duas mãos na cabeça do bode. Então ele o mandava para o deserto. O bode, portanto, removeria do povo os pecados que haviam sido colocados sob o sangue propiciatório (Lv 16:20-22). Enquanto o coletor de impostos estava de cabeça baixa, ele estava dizendo:

"Deus colocou o meu pecado sob o sangue e me olhou da mesma forma que olha para o propiciatório" (cf. Lc 18:13). Ele não estava oferecendo a Deus sua justiça como o fariseu havia feito. Em vez disso, ele estava confessando que era um pecador e negando qualquer justiça própria, e estava se colocando sob a segurança de um sacrifício propiciatório. Cristo anunciou que aquele homem voltou para casa justificado (v. 14). Ele concluiu: "quem se exalta será humilhado" (isto é, não receberá perdão), "quem se humilha será exaltado" (que dizer, será perdoado). Assim, Cristo ensinou que em vista da demora do reino, os cristãos devem orar com persistência pelo cumprimento do que Ele prometeu. A oração, para ser aceitável, deve ser oferecida por alguém que se colocou sob o sacrifício propiciatório do Cordeiro de Deus.

M. Instruções sobre o divórcio
Seção 132
Mateus 19:1-12; Marcos 10:1-12

Os fariseus prepararam outra armadilha para enredar Cristo e, assim, poder acusá-lo. De acordo com o relato de Marcos, eles perguntaram: "É permitido ao homem divorciar-se de sua mulher?" (10:2). A pergunta levantou a questão da legitimidade do próprio divórcio. De acordo com o relato de Mateus, eles lhe perguntaram: "É permitido ao homem divorciar-se de sua mulher por qualquer motivo?" (19:3). Isso suscitou a questão da base para um divórcio. Tais perguntas foram elaboradas para apanhar Cristo em uma controvérsia que era comum entre os judeus. A lei de Moisés permitia o divórcio (Dt 24:1-4). Smith comenta:

> A Lei mosaica permitia o divórcio quando a esposa se mostrava infiel; mas os intérpretes rabínicos, como era seu costume, debatiam sobre essa definição. A escola de Shamai, que se apegava à letra da lei, sustentava que uma esposa não deveria se divorciar, exceto por infidelidade; ao passo que a escola de Hilel, com uma frouxidão muito agradável à inclinação geral, permitia ao marido repudiar sua esposa "por qualquer motivo" — tal como se ele não gostasse mais dela, se ele amasse mais outra mulher, se a culinária dela não fosse do seu gosto. A doutrina de Hilel era a prática comum nos dias de nosso Senhor e tinha um efeito desastroso. Violava a santidade da vida doméstica; há uma passagem horrível no Talmude que mostra a destruição que causou às obrigações da moralidade. Era costume um rabino da escola de Hilel, quando

Preparação dos Discípulos pelo Rei

visitava uma cidade estranha, fazer propaganda pública de uma mulher que seria sua esposa durante sua estada ali. Era um sistema desumano e infligia danos cruéis às mulheres. Isso colocava a esposa à mercê da vontade do marido. Ela não podia divorciar-se dele, mas por qualquer capricho, ele poderia divorciar-se dela e abandoná-la à própria sorte.[22]

Assim, havia duas escolas de interpretação da lei do divórcio. A escola de Shamai interpretava a lei de forma muito estrita, enquanto a escola de Hilel a interpretava de maneira muito liberal. Os fariseus tentaram envolver Cristo nessa controvérsia. Shepard escreve:

> Os fariseus estavam tentando forçar Jesus a se alinhar com um lado ou outro das facções teológicas e assim indispor uma parte da multidão. Ou talvez, já sabendo o que Jesus pensava sobre tais questões, desejassem colocá-lo novamente em conflito direto com Herodes Antipas. O governante perverso estava vivendo com Herodias em um caso flagrante de adultério. João denunciou o pecado deles e perdeu a cabeça. Se eles conseguissem fazer com que Jesus denunciasse abertamente Herodes e a ímpia Herodias, eles poderiam ter sucesso em acabar com Jesus em breve. Eles haviam trabalhado esse plano com sucesso no caso de João, e isso no auge de seu sucesso ministerial. Isso seria ainda melhor do que empurrar Jesus para uma controvérsia com uma das escolas rabínicas. Levantaram, portanto, a questão do divórcio na sua forma atual, conforme relatado por Mateus: "É permitido ao homem divorciar-se de sua mulher por qualquer motivo?"[23]

O direito ao divórcio era altamente valorizado pelos judeus. Era considerado como um presente de Deus para eles, um presente que Deus teria negado aos gentios.[24] Se Cristo negasse aos judeus o direito de se divorciar como os fariseus suspeitavam que faria, Ele se indisporia com Israel.

A escola de Hilel assegurava que o divórcio era lícito "por qualquer motivo", mesmo em caso de ofensas mais triviais. A mulher judia não

---

[22] Smith, *The Days,* p. 355.
[23] Shepard, *The Christ,* p. 452.
[24] Edersheim, *Life and Times,* vol. 2, p. 332-333.

podia se divorciar de seu marido, como podiam as mulheres romanas e gregas; mas o homem poderia mandar embora sua esposa por quase qualquer desculpa sem sentido. Eles pegaram as palavras: "questão de vergonha" em Deuteronômio, no sentido mais amplo possível: se "ela não achasse graça aos seus olhos", ou "ele achasse outra mulher mais atraente" — o que parece bastante moderno — ele poderia colocá-la de lado. Muitas atitudes das mulheres que eram consideradas ofensas específicas podiam ser enumeradas, como ir em público com a cabeça descoberta, começar uma conversa com outros homens, falar com desrespeito acerca dos pais do marido em sua presença, deixar queimar o pão, ser briguenta ou problemática, ganhar algum tipo de má reputação ou não ter filhos (por dez anos). A escola de Hilel havia prevalecido, e agora havia grande frouxidão moral geral. A lei mosaica realmente permitia o divórcio apenas por causa de infidelidade, mas a concepção popular entre os judeus na época de Jesus era a dos intérpretes rabínicos da escola de Hilel. A mulher tornou-se um mero bem imóvel do homem, sujeita a um tratamento desumano e cruel. Os fariseus entendiam bem que se Jesus tomasse o lado de Shamai ou da visão mais rígida do divórcio, Ele se indisporia com uma parte maior da multidão.[25]

Isso fazia parte da armadilha dos fariseus. Além disso, se Cristo respondesse como os fariseus previam, Ele incorreria na ira de Herodes.

Os fariseus sabiam que, se Ele condenasse o sistema, Jesus afastaria o povo, e talvez eles contemplassem a possibilidade de envolvê-lo com Herodes Antipas. Não poderia sua condenação ao divórcio ser entendida como uma afronta direta e intencional contra o tetrarca culpado? Foi a denúncia da ofensa matrimonial de Herodes que levou João Batista à masmorra e à decapitação, e não estaria Jesus envolvido em uma condenação semelhante?[26]

Farrar acrescenta:

[...] se Jesus decidisse a favor de Shamai — conforme todos os seus ensinamentos anteriores fariam com que os fariseus se sentissem seguros

---

[25] Shepard, *The Christ,* p. 452.
[26] Smith, *The Days,* p. 356.

Preparação dos discípulos pelo Rei 513

de que nessa questão em particular Ele se decidiria — então Ele estaria expressando sua opinião pública de que Herodes Antipas era um adúltero de dupla culpabilidade, um adúltero casado com uma esposa adúltera.[27]

Cristo recusou-se a aprovar qualquer uma das escolas farisaicas com relação à interpretação da lei do divórcio. Farrar diz:

> Nenhuma das respostas de Jesus foi orientada por conveniência, e foi decididamente indiferente à ira de multidões e à face irritada do tirano. Seu único objetivo era dar, mesmo a inquiridores como aqueles, respostas que os elevassem a uma esfera mais nobre.[28]

Em vez disso, Jesus apelou para a lei original de Deus sobre o casamento, estabelecida em Gênesis 2:24 pelo Criador no momento da instituição do matrimônio. Edersheim afirma:

> [...] o Senhor apelou diretamente para a autoridade máxima — a instituição do casamento por Deus. Ele, que no início... os havia criado homem e mulher, os tinha "unido" na relação matrimonial, com o rompimento de todas as demais ligações, até mesmo um relacionamento mais próximo, para se tornarem "uma só carne" — isto é, para uma união que os tornava em uma unidade. Tal foi a ordem de Deus. Seguia-se que eles eram um — e porque Deus desejou que assim fosse, nenhum homem poderia se separar da esposa.[29]

Os fariseus viam o casamento como uma instituição social governada pelas leis dos homens. Mas Cristo enxergava o casamento como uma instituição divina governada pelas leis de Deus. Na ocasião da instituição do casamento, Deus disse que os dois se tornariam uma só carne. Um é uma unidade indivisível e os dois se tornaram um. Uma união indivisível foi estabelecida. Jesus, citando as Escrituras, proibiu o homem de separar o que Deus havia unido (Mt 19:6).

---

[27] Farrar, *Life of Christ,* vol. 2, p. 153.
[28] Ibid.
[29] Edersheim, *Life and Times,* vol. 2, p. 334.

Com aquela habilidade perfeita que Ele sempre demonstrou em encontros desse tipo, Jesus evitou se envolver nas controvérsias rabínicas e apelou para as Escrituras. "Vocês não leram?", perguntou Ele, ironicamente acusando-os de ignorância daquelas Escrituras das quais eles eram os guardiões e intérpretes oficiais, "que, no princípio, o Criador 'os fez homem e mulher'? e completou: 'Por essa razão, o homem deixará pai e mãe e se unirá à sua mulher, e os dois se tornarão uma só carne'? Assim, eles já não são dois, mas sim uma só carne. Portanto, o que Deus uniu, ninguém separe". Assim era o casamento de acordo com o desígnio do Criador — não a sujeição da mulher ao capricho do homem, mas sua união em igualdade de condições como ajudantes mútuos. Não havia necessidade de argumentação. A simples exposição do ideal bíblico foi uma condenação suficiente da prática prevalecente.[30]

Edersheim adiciona:

> [...] divorciar-se de sua esposa (ou marido) enquanto durasse essa união, e casar-se com outra pessoa, era adultério, porque, como o divórcio era nulo diante de Deus, o casamento original ainda subsistia — e, nesse caso, a lei rabínica também o proibia...
>
> O que quer que, portanto, pudesse ser alegado, por conta da "dureza de coração" na sociedade moderna, em favor da legalidade de relaxar a lei do divórcio sancionada por Cristo, que limita a dissolução do casamento a um único fundamento (o de adultério), porque então a unidade da criação de Deus foi quebrada pelo pecado — tal retrocesso pelo menos não estava na mente de Cristo, nem pode ser considerado legal, seja pela Igreja, seja pelos discípulos individualmente.[31]

Esse ensinamento era claro e irrefutável. Os fariseus perguntaram por que Moisés permitiu o divórcio se a lei original de Deus tornava o divórcio impossível. Cristo então apontou que o divórcio não se originou de Deus, mas de Moisés. O divórcio tornou-se necessário "por causa da dureza de coração de vocês" (v. 8). A expressão "dureza de coração" era frequentemente usada para descrever a condição do coração dos gentios que estavam alienados de Deus. Pelo fato de os israelitas desobedecerem

---

[30] Smith, *The Days*, p. 356.
[31] Edersheim, *Life and Times*, vol. 2, p. 335.

à lei de Deus sobre o casamento e de terem se casado com esposas gentias, a linhagem havia sido corrompida. E se fosse corrompida, o Messias não poderia vir na linhagem de Abraão. Tornou-se necessário então purificar a nação para evitar a corrupção da linhagem. No passado o divórcio foi permitido. Esse princípio é bem ilustrado em Esdras 10:2-3, 11-14. Cristo, portanto, mostrou que o divórcio não fazia parte da lei original de Deus sobre o casamento, mas foi introduzido por causa da desobediência de Israel à lei. Assim, a palavra "indecente" mencionada em Deuteronômio 24:1 [ARA] tem a ver com uma descendência corrompida.

À luz da ampla aceitação do divórcio, a resposta de Cristo foi surpreendente. Ele afirmou: "Eu lhes digo que todo aquele que se divorciar de sua mulher, exceto por imoralidade sexual, e se casar com outra mulher, estará cometendo adultério" (Mt 19:9). A única razão pela qual um segundo casamento após o divórcio era considerado adultério devia-se ao fato de que o primeiro casamento ainda continuava válido aos olhos de Deus.

A palavra grega traduzida como "adultério" (v. 9) refere-se ao pecado de alguém contra seu cônjuge. Se o divórcio pudesse dissolver um casamento, um novo matrimônio não poderia ser considerado adultério. No entanto, uma vez que Cristo o declarou como adultério, o primeiro casamento deve ser visto como ainda existente aos olhos de Deus. Cristo abriu uma exceção. Ele disse "exceto por imoralidade sexual". A palavra grega traduzida como "imoralidade sexual" não é a palavra para adultério, mas é a palavra geral para imoralidade. Cristo estava se referindo aos costumes do casamento judaico de seus dias. O casamento iniciava-se estabelecendo-se um contrato legal entre o pai de um homem e o pai de uma mulher, comprometendo-os mutuamente. Esse contrato de casamento era chamado de noivado. O casal já era chamado de marido e mulher em virtude desse contrato. O casamento em si não era considerado concluído até pelo menos doze meses depois que o contrato de noivado era redigido. Mas eles, ainda assim, já eram chamados de marido e mulher. Essa era a relação entre José e Maria quando o anjo anunciou que ela conceberia um filho. O período de espera de doze meses era considerado necessário devido ao baixo estado moral da época. Esse período dava tempo suficiente para revelar se a mulher estava grávida quando o contrato foi elaborado. O intervalo de tempo também permitia verificar se ela engravidaria mediante um ato de infidelidade depois de estar unida por contrato com seu marido. Se a esposa provasse ser imoral, o casamento não precisaria ser concluído; o contrato poderia ser quebrado por um divórcio. No entanto, o contrato de noivado era tão vinculante que só poderia ser rompido se o marido comparecesse perante os juízes para acusar a mulher de imoralidade. Apenas dessa forma o contrato poderia ser desfeito. Essa foi a decisão de José ao descobrir a gravidez de Maria (Mt 1:19). Foi à luz desse contexto que Cristo concedeu a exceção (19:9). Se alguém que estava noivo de uma esposa descobrisse no período do noivado que ela era culpada de fornicação, isto é, que ela era uma mulher imoral, o casamento não precisaria ser consumado; mas tinha que ser dissolvido por um divórcio. Considerando que o casamento não havia sido concluído, o homem estaria livre para se casar sem se tornar um adúltero. De tal modo, Cristo repudiou totalmente a interpretação farisaica de Deuteronômio 24:1-4 e negou o direito ao divórcio. Ele apelou para a lei divina original do casamento, pela qual um homem e uma mulher estão inseparavelmente unidos até que o casamento seja dissolvido pela morte. Desse modo, a única possibilidade de divórcio permitida por Cristo era o cancelamento do contrato de casamento durante o período de noivado judeu, antes que o casamento fosse concluído. Evidentemente, foi desse modo que os discípulos entenderam a instrução de nosso Senhor. Eles responderam: "Se esta é a situação", isto é, se não for possível para um homem repudiar sua esposa após o casamento, mesmo que ela prove ser uma esposa imoral e infiel, então "é melhor não se casar" (Mt 19:10). É evidente que os discípulos não viam possibilidade de obter o divórcio com a aprovação divina após o casamento ter sido concluído. Porque os discípulos reconheceram o baixo nível moral da sociedade, e visto que era totalmente repugnante para eles estarem inseparavelmente unidos a uma esposa infiel, eles concluíram que era melhor não se casar. Eles não teriam chegado a essa conclusão se tivessem entendido que Cristo permitiria o divórcio após o casamento.

Cristo destacou que, embora tal alternativa fosse possível para alguns, seria possível apenas para uns poucos. Alguns que nasceram eunucos poderiam adotar essa alternativa. Outros que foram feitos eunucos por cirurgia poderiam aceitar essa alternativa. Aqueles que renunciaram ao casamento por causa do reino dos céus poderiam aceitar essa solução.

Mas a maioria das pessoas não conseguia aceitar isso. A alternativa, então, era ser cuidadoso ao selecionar bem um cônjuge.

Os fariseus esperavam evocar uma declaração de Jesus sobre o divórcio que provocaria a ira dos judeus ou de Herodes. Tal declaração teria contribuído para sua conspiração com a finalidade de acabar com ele. Cristo, porém, evitou essa armadilha. Ele se refugiou na lei original do casamento designada por Deus, que une um homem e uma mulher em um relacionamento perene que só é extinto com a morte.

N. Instruções sobre a entrada no Reino
Seção 133
Mateus 19:13-15; Marcos 10:13-16; Lucas 18:15-17

O toque de Jesus trouxe bênçãos para muitos. Os pais trouxeram-lhe seus filhos para que pudesse tocá-los. Pode-se até inferir que as crianças estivessem doentes ou tivessem alguma deformação — não sabemos. Mas a fé dos pais na pessoa de Cristo foi evidenciada no fato de que trouxeram seus filhos para que Ele pudesse tocá-los. Colocar o filho nos braços de outra pessoa mostra total confiança nessa pessoa e aceitação dela. Os discípulos viram tudo isso como uma interrupção injustificada e procuraram afastar as crianças. No entanto, quando Jesus viu as ações dos discípulos, ficou indignado. A ira de Jesus havia se manifestado antes, quando Ele viu líderes pervertendo a lei e profanando o templo (Jo 2:13-16). Mas essa foi a primeira indicação da ira de Cristo sendo dirigida a crentes. A ira é uma parte das emoções dadas por Deus e uma resposta ao amor ferido. Jesus amava os filhos e era sensível à fé dos pais que os levaram a Ele; por isso ficou indignado com os discípulos. Ele exigiu que as crianças pudessem chegar até Ele. Não deveriam ser rejeitadas. Sua razão era que "o Reino dos céus pertence aos que são semelhantes a elas" (Mt 19:14). A fé que levou os filhos a Jesus era um sinal da fé que os admitia no reino. Cristo disse: "Quem não receber o reino de Deus como criança, nunca entrará nele" (Mc 10:15). Se Cristo rejeitasse aqueles que cressem nele, não haveria garantia de que Ele aceitaria outros que tentassem entrar em seu reino pela fé. Jesus pegou as crianças em seus braços com ternura, colocou as mãos sobre elas e as abençoou. O fato de os filhos serem pequenos o bastante para terem sido pegos em seus braços indica que eram pequenos demais para exercer fé em sua pessoa. Portanto, a fé referida deve ter sido a dos pais. Portanto, Jesus deu aos discípulos uma ilustração da necessidade da fé para a entrada no reino e da validade da fé como base para tal entrada.

O. Instruções sobre a vida eterna
Seção 134
Mateus 19:16–20:16; Marcos 10:17-31; Lucas 18:18-30

Quando Jesus deixou a multidão que se aglomerava em torno dele, foi confrontado por alguém a quem Lucas se referiu como um "homem importante" (18:18). Lucas indicou que o homem era membro do Sinédrio. Quando o homem importante se aproximou de Jesus, ele "se pôs de joelhos diante dele" (Mc 10:17). O homem assumiu uma postura de respeito e até submissão. Ele se dirigiu a Jesus com o título de "bom Mestre".

> Um dos títulos dados a Deus na literatura judaica foi: "Aquele que é o Bom do mundo". O jovem teria vislumbrado a bondade divina de Jesus? Pelo menos Jesus levaria seu discípulo a definir sua atitude para com Ele. Havia grandes possibilidades naquele jovem brilhante e ambicioso, se ele pudesse ser levado à confissão da divina messianidade de Jesus. "Você me deu um título", explicou Jesus, "que só pertence a Deus. Você entende e quer dizer isso?"[32]

E depois de se dirigir a Ele, o homem importante perguntou: "que farei para herdar a vida eterna?" (Mc 10:17). Conforme observado anteriormente, no idioma judaico, entrar na vida eterna e entrar no reino eram ideias sinônimas. O homem sabia que Jesus estava se oferecendo como Rei e oferecendo um reino a Israel. Ele deve ter conhecido pelas Escrituras que a justiça era um pré-requisito para entrar no reino. Ele queria saber que tipo de justiça Jesus exigia para entrar em seu reino e se a justiça que ele possuía seria suficiente para admiti-lo. Cristo não respondeu

---
[32] Shepard, *The Christ,* p. 458.

imediatamente à sua pergunta; antes, Ele investigou o conceito que o homem tinha de sua pessoa. Cristo perguntou: "Por que você me chama bom?" (Lc 10:18). Duas palavras no texto grego original são traduzidas pela palavra "bom". A primeira, *agathos*, se refere ao que é intrinsecamente bom. A segunda, *kalos*, faz uma alusão ao que é externamente agradável. O homem usou a palavra que se refere à bondade intrínseca e se dirigiu a Jesus como o Mestre intrinsecamente bom. Cristo o lembrou de que só existe um que é intrinsecamente bom — e esse é Deus. Jesus Cristo havia afirmado ser o Filho de Deus. Portanto, Ele indicava ser intrinsecamente bom. Cristo fez sua pergunta para ver se o homem diria que se dirigiu a Ele como aquele que é intrinsecamente o Bom Mestre porque acreditava que Ele era o Filho de Deus. Se essa tivesse sido sua confissão, Cristo teria declarado que ele, pela fé, possuía uma justiça que o admitiria em seu reino. Mas essa resposta não veio. O homem não respondeu. Seu silêncio indicou que ele havia falado a palavra de uma forma inadvertida e não porque acreditasse que Jesus era o Filho de Deus. Portanto, Cristo não poderia declará-lo justo.

Para responder à sua pergunta sobre que tipo de justiça é necessária para entrar em seu reino, Cristo o dirigiu até a lei. A lei era uma revelação da santidade de Deus e das exigências de santidade de Deus feitas àqueles que seriam aceitos por Ele. Cristo citou a segunda tábua da lei, que governava a responsabilidade de uma pessoa para com outra. Se o homem desejava ser justo para entrar no reino, deveria demonstrar essa justiça pelo que faz às outras pessoas. O homem respondeu dizendo que guardava esses mandamentos desde menino.

> "Mestre, todas essas coisas tenho observado em sua totalidade, desde criança." Ele era um jovem de elevado caráter moral, que colocava a conduta acima do ritual na religião. Ele não era uma pessoa comum, mas possuía elementos heroicos. Ele era honesto em seus esforços para cumprir, com o melhor de seu conhecimento, todas as leis do Decálogo, bem como as regras tradicionais dos rabinos. Mas havia uma insatisfação interior que ele não conseguia compreender. "O que me falta ainda?", ele acrescentou, confessando francamente sua insatisfação.[33]

---

[33] Ibid., p. 459.

Cristo poderia ter citado situações nas quais o homem não havia guardado a lei e assim poderia provar que Ele era injusto. No entanto, escolheu dar ao homem algo para fazer que revelasse sua injustiça perante a lei. Então Cristo ordenou que ele vendesse tudo o que tinha e desse aos pobres. Isso cumpriria a segunda tábua da lei, que exige amar o próximo como a si mesmo. Esse amor exigia que ele atendesse às necessidades dos outros. E então, depois que o homem se desfizesse de sua riqueza, a ordem de Cristo para ele foi "depois, venha e siga-me" (Mc 10:21). A obediência a Cristo demonstraria fé em sua pessoa, e somente a fé poderia trazer ao homem uma justiça que o admitiria no reino do Messias. A resposta do homem demonstrou que ele não era justo, pois não estava disposto a cumprir a segunda tábua da lei e amar o próximo como a si mesmo. Sua resposta também revelou que ele não cumpria a primeira tábua da lei que proibia alguém de ter outros deuses acima do Deus verdadeiro. O deus de uma pessoa é o que ela serve, e esse homem amava e servia a sua riqueza. Esta, portanto, atrapalhou sua vinda para seguir a Cristo.

> Jesus propõe duas medidas necessárias para herdar a vida eterna: (1) ir e vender todos os seus bens e dá-los aos muitos pobres e então (2) vir e começar a segui-lo. O primeiro era um apelo ao heroico, para uma vida de grande abnegação e privações, e o segundo para apoiar uma causa que, aparentemente, envolveria perseguição e possivelmente morte. O jovem importante não estava disposto a pagar um preço tão alto. Ele estava buscando algum conselho do erudito Mestre, mas não uma mudança tão radical em toda a sua vida e status social como essas medidas exigiam.[34]

Ao ver o homem partir, Cristo aplicou a lição aos discípulos. Ele ensinou que é impossível para alguém que confia nas riquezas entrar no reino de Deus. Um homem "rico" (Mc 10:23) não se refere a quem tem riquezas, mas sim a quem confia nelas. Cristo disse que é impossível para aqueles que confiam nas riquezas entrar no reino de Deus (v. 23). E então, para mostrar a impossibilidade, Cristo declarou: "É mais fácil passar um

---
[34] Ibid.

camelo pelo fundo de uma agulha do que um rico entrar no Reino de Deus" (v. 25).

> "Como é difícil para os que têm riquezas entrar no reino de Deus." Mudando um provérbio corrente citado no Talmude, sobre a impossibilidade de um elefante passar pelo fundo de uma agulha, Cristo acrescentou a título de ilustração: "É mais fácil um camelo passar pelo fundo de uma agulha [de um cirurgião, cf. original de Lucas] do que um rico entrar no reino de Deus".[35]

O uso que Cristo fez da palavra para a agulha de sutura de um cirurgião indicava que suas referências a um camelo e a uma agulha deviam ser interpretadas literalmente. A explicação popular de que o fundo de uma agulha se refere a uma pequena porta dentro do portão de uma grande cidade não tem base histórica. Cristo não estava ensinando que é difícil para alguém que confia nas riquezas entrar no reino. Ele estava mostrando que era totalmente impossível para alguém que confia nas riquezas entrar no reino. Tal ensino parecia inconcebível para os discípulos que haviam sido educados na filosofia de que as riquezas eram um sinal seguro do prazer divino e uma evidência da bênção de Deus. Se os ricos a quem Deus amou e abençoou e com quem se agradou não entram no reino, que chance havia para as multidões? Cristo respondeu: "Para o homem isso é impossível, mas para Deus não; todas as coisas são possíveis para Deus" (Mc 10:27). A salvação, então, era vista como a obra de Deus que vem ao homem em resposta à fé em Cristo.

Pedro foi rápido em notar que ele e os outros apóstolos haviam feito o que Cristo exigiu daquele rico e importante homem. Eles deixaram tudo e o seguiram (v. 28). Pedro queria saber, então, que recompensa eles teriam (Mt 19:27). Cristo lhes prometeu: "Digo-lhes a verdade: Por ocasião da regeneração de todas as coisas, quando o Filho do homem se assentar em seu trono glorioso, vocês que me seguiram também se assentarão em doze tronos, para julgar as doze tribos de Israel" (v. 28). Cristo estava prevendo seu retorno à terra e a consumação das alianças que Deus fez com Israel no reino do Messias. Ele prometeu que eles receberiam

---
[35] Ibid., p. 460.

cargos administrativos nos quais governariam as doze tribos de Israel. Como os apóstolos haviam deixado tudo e o seguiram, eles seriam designados para importantes cargos administrativos no reino. Mas não só os Doze serão recompensados, mas todo aquele que fizer um sacrifício por causa dele herdará a vida eterna, terá sua parte no reino milenar e receberá uma recompensa. Porém muitos que têm esperado ser admitidos serão rejeitados e outros tantos que achavam não ter nenhuma parte no reino serão aceitos.

Cristo agora passou a ensinar por meio de uma parábola a respeito da base sobre a qual as recompensas serão distribuídas no reino milenar (Mt 20:1-16). Essa parábola respondeu à pergunta de Pedro em Mateus 19:27. Cristo contou a história de um proprietário de terras que, ao raiar do dia, foi à praça pública ao mercado contratar trabalhadores para trabalhar em sua vinha. Ele fez um acordo com os trabalhadores por um salário estipulado e eles logo começaram a trabalhar. Ele voltou na terceira hora e viu homens parados porque ninguém os havia empregado. Ele os enviou para trabalhar em sua vinha sem um salário estipulado, prometendo apenas: "Eu lhes pagarei o que for justo" (v. 4). Isso foi repetido na hora sexta e na nona. Na hora undécima, já no final da jornada de trabalho, foram encontrados homens que ainda estavam ociosos e foram enviados ao campo. Terminada a jornada de trabalho, os homens vieram receber seu pagamento, e ele deu a cada um dos trabalhadores o mesmo salário; ou seja, o salário que ele acordou pagar àqueles foram enviados no início manhã. Aqueles que trabalharam o dia todo reclamaram da aparente injustiça. O fazendeiro lembrou-lhes que havia pago o salário mutuamente acordado. Portanto, não estava sendo injusto com eles. Ele foi gentil com aqueles que, embora tenham vindo depois, ainda assim receberam o mesmo salário. Ele perguntou aos reclamantes: "Não tenho o direito de fazer o que quero com o meu dinheiro? Ou você está com inveja porque sou generoso?" (Mt 20:15). Teríamos de reconhecer que ele foi justo e cortês. Ele tinha o direito de agir como tão graciosamente fez. Por meio dessa parábola o Senhor desejava que aqueles que tinham perguntado o que iriam receber como recompensa aprendessem a lição de que, ao trabalhar na vinha, deveriam deixar a sua recompensa por conta dele. Ele prometeu ser justo e imparcial, e também queria que aprendessem que poderiam contar com a graciosidade dele. Ele tinha o direito de fazer o que quisesse ao distribuir as recompensas. A responsabilidade dos servos era trabalhar fielmente para Ele, não visando à recompensa, mas visando agradar àquele que os havia enviado para trabalhar na vinha. Eles também deveriam confiar na bondade de quem os havia comissionado sendo justo ao recompensá-los.

P. Instruções sobre sua morte
Seção 135
Mateus 20:17-28; Marcos 10:32-45; Lucas 18:31-34

Era evidente para os Doze enquanto viajavam pela fronteira entre a Galileia e a Samaria que Jesus tinha a intenção de ir até Jerusalém. Isso causou espanto e medo para eles. Os discípulos não conseguiam entender por que Jesus iria a Jerusalém quando sabia que os líderes planejavam sua morte. Eles temiam correr perigo por causa de sua associação com Ele. Cristo, contudo, revelou mais uma vez que estava indo para Jerusalém. Ele seria entregue nas mãos do Sinédrio, que o condenaria à morte. Ele seria ridicularizado, açoitado e, por fim, crucificado pelas autoridades romanas de Jerusalém. Todavia Ele também prometeu que ressuscitaria no terceiro dia (Mt 20:18-19). Cristo fez a promessa da ressurreição para encorajar os Doze e assegurar-lhes que triunfaria sobre seus adversários.

Dois dos Doze, Tiago e João, então se aproximam de Cristo com uma pergunta. O par falou por meio de sua mãe (v. 20). Eles pediram que se assentassem à sua direita e à sua esquerda no seu reino (v. 21). Cristo havia acabado de prometer que os Doze se sentariam em doze tronos governando sobre Israel no reino (19:28). Tiago e João cobiçavam os cargos de honra à sua direita e à sua esquerda quando o reino fosse instituído.

A resposta de Cristo revelou que as posições e recompensas no reino não irão ser concedidas em resposta a qualquer ambição pessoal ou a pedidos particulares. Em vez disso, serão atribuídas como recompensa pelo serviço fiel prestado a Ele. A própria posição de destaque de Cristo no reino não lhe seria dada por tê-la pedido ao Pai, mas sim por causa de sua obediência à vontade de Deus. Esse era o significado do cálice que Jesus iria beber (Mt 20:23). Visto que sua posição no reino seria uma recompensa por sua obediência ao Pai, as posições dos discípulos no reino também seriam designadas em resposta à obediência deles à vontade do Pai.

Quando os dez ouviram este pedido, "ficaram indignados com os dois irmãos" (v. 24). Todos ambicionavam secretamente os cargos que Tiago e João procuravam para si. Cristo condenou a atitude que caracterizou, não apenas os dois, mas os Doze. Ele disse que era uma característica dos gentios se promoverem e se colocarem em posições de autoridade sobre outras pessoas. Os Doze estavam agindo como os gentios duros de coração. Para corrigir essa atitude, Cristo ensinou que, se alguém deseja ser grande, deve alcançar essa grandeza tornando-se servo daqueles sobre quem deseja governar. Aquele que quer ocupar uma posição de destaque deve conquistá-la tornando-se servo. Ele mesmo foi um exemplo desse ensino, pois embora o Filho do homem fosse destinado por Deus para governar a terra no reino milenar, o Filho de Deus veio ao mundo como um Servo, não como um Mestre. Como um Servo obediente à vontade de seu Pai, Ele daria sua vida em resgate por muitos. Cristo acabara de dizer àqueles homens que estava a caminho de Jerusalém para ser crucificado. Eles concebiam o momento como uma marcha triunfal em seu caminho para o trono, como um rei. Cristo disse-lhes que estava se movendo em direção a Jerusalém como o Servo do Senhor, obediente à vontade de seu Pai, a fim de que, por meio dessa obediência, pudesse providenciar a redenção dos pecadores. Essa foi apenas uma das muitas instruções semelhantes que o Senhor daria aos Doze para ensiná-los que deveriam ser servos, não senhores.

Q. Instruções relativas às necessidades de Israel

Seção 136

Mateus 20:29-34; Marcos 10:46-52; Lucas 18:35-43

Jesus em sua jornada em direção a Jerusalém aproximou-se de Jericó. Ele encontrou um cego que buscava sua ajuda. Lucas registra que um cego veio a Cristo quando Ele se aproximou de Jericó (18:35). Mateus registrou que Cristo encontrou dois cegos quando estava saindo de Jericó a caminho de Jerusalém (20:29-30). Marcos registrou que, quando Jesus estava saindo de Jericó, um cego chamado Bartimeu o encontrou (10:46). Muitos imaginam uma contradição aqui. O cego a que Lucas se referia pode ter sido diferente dos cegos que Mateus mencionou, pois, o cego citado por Lucas o encontrou ao se aproximar da cidade, enquanto o cego relatado por Marcos o encontrou ao sair da cidade. Se foram incidentes diferentes, os dois confrontos seguiram um padrão semelhante. Uma visão alternativa é que o cego do relato de Lucas fez sua abordagem quando Cristo entrou em Jericó; ele caminhou com Cristo pela cidade e apresentou seu pedido, mas foi só quando estava deixando a cidade que Cristo respondeu ao seu pedido. Essa visão é capaz de harmonizar os relatos de Mateus e de Lucas. Quanto ao relato de Marcos, sugere-se que, enquanto Mateus concentra sua atenção em dois cegos, Marcos e Lucas destacam o cego mais proeminente e desenvolvem a narrativa em torno dele. Marcos e Lucas, então, não negaram a existência do segundo cego, mas viram em Bartimeu o suplicante mais relevante. Esses mendigos cegos reconheceram o nome de Jesus e sabiam que Ele estava se oferecendo a Israel como o Messias. Eles clamaram: "Senhor, Filho de Davi, tem misericórdia de nós!" (Mt 20:30; Mc 10:46). Eles não apenas reconheceram Jesus como o Messias, mas lembraram que dar visão aos cegos seria um de seus ministérios (Is 35:5). O fato de Cristo não ter respondido imediatamente ao apelo deles parece apoiar a ideia de que os mendigos encontraram Jesus quando Ele se aproximou da cidade e depois seguiram com Ele pela cidade. Eles continuavam chamando: "Senhor, Filho de Davi, tem misericórdia de nós!" (Mt 20:31). Em resposta à ordem de Cristo, os mendigos cegos vieram até Ele. Cristo perguntou: "O que vocês querem que eu lhes faça?" (v. 32). Uma pessoa deve reconhecer uma necessidade antes que ela possa ser atendida. Aqueles homens já haviam expressado fé na pessoa de Cristo. Agora eles estavam reconhecendo sua necessidade e se voltaram para Ele em busca de ajuda. Em resposta, Cristo tocou seus olhos, eles passaram a enxergar e o seguiram.

Esse incidente foi planejado para ser uma lição aos Doze. A nação de Israel estava cega espiritualmente e não reconheceu sua necessidade. Sendo esse o caso, seu povo não via razão para pedir ajuda a Cristo. Ele não poderia remover a cegueira de uma nação que não reconhecia sua necessidade e nem iria a Ele para que essa necessidade fosse satisfeita. Cristo ajudou aqueles que reconheceram sua necessidade e se voltaram para Ele em busca de ajuda. Essa foi a lição que esse incidente transmitiu.

R. Instruções sobre o propósito do reino
Seção 137
Lucas 19:1-28

1. Uma lição de fé pessoal
Lucas 19:1-10

Jericó era um ponto de parada para viajantes a caminho de Jerusalém.

> Era necessário descansar em Jericó antes de entrar no desfiladeiro perigoso, rochoso e assombrado por ladrões que levava a Jerusalém e formava uma subida acidentada, quase contínua, de seis horas, saindo de uma altitude de aproximadamente 200 metros para pouco mais de 900 metros acima do nível do Mediterrâneo.[36]

Sobre Jericó, Geikie escreve:

> Jericó era uma cidade levítica e, portanto, a residência de muitos sacerdotes: sua posição como o centro de um distrito excepcionalmente produtivo, e também do comércio de importação e exportação entre os dois lados do Jordão, tornava-a, também, uma cidade de publicanos. Tinha praticamente a mesma função no sul da Palestina que Cafarnaum — o centro do comércio entre a costa marítima e o interior do norte, até Damasco —, situada na Galileia. O trânsito para lá e para cá de tanta riqueza trouxe consigo trabalho e colheita proporcionais para a receita dos agricultores. E, como consequência, um grande aparato de cobradores de impostos e de alfândegas estava posicionado na cidade, sob um chefe local, chamado Zaqueu, a quem, em nossos dias, poderíamos chamar de comissário de alfândega. Em um sistema tão opressivo e arbitrário como a cobrança do imposto romano, os habitantes devem ter sofrido muito nas mãos de uma organização tão completa.

---

[36] Farrar, *Life of Christ*, vol. 2, p. 183.

Ser amigável com qualquer um deles não era o caminho para obter o favor do povo em geral.[37]

Sobre os moradores de Jericó, Farrar afirma:

As duas classes mais distintas de Jericó eram os sacerdotes e os publicanos; e, como se tratava de uma cidade sacerdotal, era natural que se esperasse que o rei, filho de Davi, o sucessor de Moisés, fosse recebido na casa de algum descendente de Aarão. Mas o lugar onde Jesus escolheu descansar foi escolhido por outras circunstâncias. Uma colônia de publicanos foi estabelecida na cidade para garantir as receitas provenientes do grande tráfego de uma espécie de bálsamo, que crescia mais exuberantemente ali do que em qualquer outro lugar, e servia para regular as exportações e importações entre a província romana e os domínios de Herodes Antipas. Um dos chefes desses publicanos era um homem chamado Zaqueu.[38]

Cristo decidiu passar a noite na casa de Zaqueu, que

[...] era o "chefe dos publicanos" — o chefe do departamento fiscal e alfandegário. Como mostra seu nome, ele era judeu; mas mesmo assim aquele mesmo nome Zaqueu, "Zakkai", "o justo" ou "puro", soava como uma forma de zombaria. Sabemos que tipo de reputação os publicanos tinham e quais as oportunidades de praticar injustiça e opressão que eles possuíam. E a partir de sua confissão posterior, é muito evidente que Zaqueu chegou a usá-las ao máximo para o mal. E ele conseguiu o que queria, tendo, para isso, aberto mão tanto de sua nação como de sua alma: "ele era rico". Se, como Cristo havia ensinado, era mais difícil a qualquer homem rico entrar no Reino dos Céus do que um camelo passar pelo fundo de uma agulha, que dizer daquele que havia obtido suas riquezas por tais meios?[39]

Zaqueu havia subido em um dos galhos de uma figueira para poder ver Jesus. Sem dúvida, ele se sentia muito indesejado na companhia dos

---
[37] Geikie, *Life and Words,* vol. 2, p. 387.
[38] Farrar, *Life of Christ,* vol. 2, p. 183.
[39] Edersheim, *Life and Times,* vol. 2, p. 352.

religiosos e santarrões daquela cidade. Visto que não conseguiu passar pela multidão para ver Jesus, ele encontrou outra maneira. Cristo pediu hospitalidade para aquela noite e Zaqueu "o recebeu com alegria" (Lc 19:6). Sem dúvida, a notoriedade da qual Jesus desfrutava lhe teria garantido repouso em qualquer casa em Jericó. Cristo escolheu passar a noite na casa daquele desprezado cobrador de impostos. A multidão pensava que Cristo trazia opróbrio a seu próprio nome por se identificar com um pária tão notório.

A presença de Cristo na casa de Zaqueu trouxe uma espécie de sentença ao cobrador de impostos. Não temos nenhum registro do que Cristo pode ter dito a ele, mas Zaqueu confessou que havia trapaceado. Isso significa que ele não havia cumprido a exigência da lei de amar o próximo como a si mesmo. Ao reconhecer que havia enganado na cobrança de impostos, Zaqueu prometeu devolver não apenas a quantia que a lei exigia, mas quatro vezes o montante que ele havia cobrado indevidamente. Tal retribuição seria uma demonstração de justiça, e assim Cristo pôde declarar: "Hoje houve salvação nesta casa" (Lc 19:9). Não foram as obras que salvaram Zaqueu, pois nenhum homem pode ser salvo pelas obras; mas suas obras demonstraram que ele colocou a fé em Cristo e recebeu a justiça pela fé. Aquele que era tão inaceitável para a comunidade em que vivia se tornou aceitável para Cristo. Zaqueu estava entre aqueles a quem "o Filho do homem veio buscar e salvar" e fazia parte "do que se havia perdido" (v. 10). Os sacerdotes não foram a Ele para reconhecer seus pecados e pedir perdão. Os ricos comerciantes não reconheceram que eram pecadores nem buscaram seu perdão. Mas Zaqueu foi a Cristo e fora perdoado em resposta à sua fé. O que fez por Zaqueu, Ele poderia fazer por qualquer outra pessoa que colocasse fé nele. Essa, portanto, foi uma lição sobre a entrada no reino.

2. Instruções sobre o reino adiado
Lucas 19:11-28

Enquanto Jesus e seus discípulos se dirigiam a Jerusalém, os Doze tinham certeza de que Jesus iria para lá a fim de receber uma coroa, ser reconhecido como rei e instituir o reino milenar. Cristo contou então uma parábola para corrigir o equívoco do povo, que "pensava que o Reino de Deus iria

Preparação dos discípulos pelo Rei   529

se manifestar de imediato" (v. 11). João Batista havia pregado que o reino dos céus estava próximo (Mt 3:2). Cristo pregou a mesma mensagem ao começar seu ministério (4:17). Durante seu ministério, Cristo ofereceu a Israel um reino que seria estabelecido se a nação o recebesse como Salvador Soberano. Mas a nação o rejeitou e o reino teve que ser adiado. Cristo havia declarado anteriormente que a geração de seus dias não veria o reino (Lc 17:22) porque este seria adiado indefinidamente para algum tempo futuro. As palavras do Senhor não negaram ideia de uma oferta genuína do reino em seus dias, nem negaram o a ideia de um reino literal em um tempo futuro. Em lugar disso, essa parábola foi designada para ensinar a verdade sobre o adiamento do reino. A parábola pode ter tido sua origem em um conhecido incidente da história.

> Provavelmente há uma alusão oculta nessas palavras a Arquelau, filho de Herodes, que foi de Jericó a Roma para obter, do imperador romano Augusto, um reino na Palestina e voltar para lá. Isso aconteceu nos dias em que Jesus ainda era um menino em Nazaré. Arquelau foi seguido por uma embaixada da Judeia, designada pelos cidadãos cansados da aventureira dinastia de Herodes, para pedir que seu país fosse convertido em província romana. O palácio de Arquelau ficava nas proximidades de Jerusalém, e esse fato pode explicar a alusão a ele, por meio da ilustração. Nem todos os detalhes da parábola precisam se encaixar no evento histórico.[40]

Na parábola, um homem de nascimento nobre e, portanto, apto para governar, viajou para um país distante com a finalidade de ser nomeado rei de um reino. Ele não nomeou a si mesmo, mas buscou a nomeação daquele que tinha autoridade no reino sobre o qual esperava governar. Prevendo uma ausência prolongada até que fosse nomeado rei, ele chamou dez de seus servos e confiou-lhes uma soma em dinheiro que representava aproximadamente três meses de salário na época. Esses homens foram designados como administradores dessa grande soma e responsabilizados por seu uso. Enquanto aquele que tinha o direito de governar estava ausente, ele foi rejeitado por aqueles sobre os quais havia sido nomeado governante. Apesar da rejeição de seus súditos legítimos, o rei voltou.

---
[40] Shepard, *The Christ*, p. 473blz.

Quando voltou, pediu a seus servos que prestassem contas de sua administração. O primeiro servo relatou que multiplicou dez vezes a soma de dinheiro que lhe foi confiada, e por isso foi elogiado e recompensado. Ele recebeu do rei a responsabilidade administrativa sobre dez cidades. O segundo servo veio e relatou que seu investimento havia sido multiplicado cinco vezes, e ele também foi elogiado. Ele recebeu a responsabilidade de administrar cinco cidades. Outro servo veio prestar contas de sua administração. Ele confessou que temia tanto seu mestre quanto o julgamento ao qual seu mestre poderia trazê-lo; portanto, ele tinha medo de correr qualquer risco com o dinheiro de seu mestre e o escondeu durante sua ausência. Ele devolveu o que lhe havia sido confiado, mas sem aumento. O rei reprovou aquele homem e pegou o dinheiro que lhe fora confiado e deu a quem tinha sido fiel e aumentou seu investimento em dez vezes. O mestre então ordenou a execução de todos os súditos que não queriam que ele fosse rei (Lc 19:27).

Cristo ensinou nessa parábola que aquele que tem o direito de governar estaria ausente do lugar sobre o qual fora designado para governar. Aqueles sobre quem Ele tem o direito de governar se rebelariam contra Ele e o rejeitariam. Em sua ausência e durante seu tempo de rejeição, haveria aqueles que afirmam ser seus discípulos e têm uma administração que lhes foi confiada. Ele os responsabilizará pelo cumprimento dessa administração e, em seu retorno, os chamará para prestar contas. Aqueles que provaram ser bons administradores serão recompensados por sua fidelidade com posições de autoridade no reino. Mas aqueles que, por sua infidelidade, provaram que não são seus administradores, serão afastados do reino. A nação de Israel foi apontada como administradora do rei, mas provou ser infiel. Somente aqueles que forem considerados fiéis a Ele dentre a nação serão admitidos na entrada do rei em seu reino.

VII
Apresentação oficial do rei
Seções 138-149

A. Chegada a Betânia
Seção 138
João 11:55—12:1, 9-11

Desde o tempo em que Israel foi resgatado do Egito, o abate anual do cordeiro pascal aguardava ansiosamente pelo Cordeiro de Deus que, por seu sacrifício, proveria a redenção para aqueles que estavam na escravidão do pecado. A lei exigia que os judeus observassem a festa da Páscoa em Jerusalém e, portanto, Cristo iria para lá na ocasião da festa. Era tempo de o evento sobre o qual Cristo havia discutido com seus discípulos ser realizado — aquele evento para o qual Ele tinha vindo ao mundo. João observou que estava se aproximando a "Páscoa judaica" (11:55). Embora aqueles que estavam indo à festa posam ter dado atenção aos rituais de purificação na observância da Páscoa, descobrimos que a atenção das multidões estava voltada para o próprio Cristo. "Continuavam procurando Jesus" (v. 56). O conflito entre Jesus e os líderes religiosos se deu de forma aberta e bem conhecida. Embora multidões tivessem sido persuadidas por seus líderes de que Jesus não era o Messias, havia muitos que se deliciavam em ver esses líderes desconcertados pelo Senhor. Eles regozijaram-se com o conflito que certamente viria se Jesus comparecesse à festa. Por causa da conspiração contra Ele, Cristo se retirou da área em que o Sinédrio exercia sua autoridade (v. 53-54). Os líderes judeus viram a Páscoa como uma oportunidade e como o momento de condenar Jesus à morte. Eles argumentavam que, se Israel aceitasse Jesus como Messias e Ele instituísse um reino, Roma invadiria e e destruiria o reino rival (v. 48-50). Parecia preferível aos líderes judeus que um homem morresse a que toda nação perecesse nas mãos de Roma. Os líderes judeus agora sentiam que, se seu plano para matar Jesus tivesse sucesso, eles teriam que prendê-lo, julgá-lo e executá-lo durante sua visita obrigatória à festa; caso contrário, Ele poderia retirar-se de sua jurisdição novamente. Portanto, o Sinédrio se envolveu em uma enxurrada de atividades para cumprir seu plano. Eles decidiram que Lázaro deveria ser morto (12:10) porque Lázaro vivo era uma evidência irrefutável de que Jesus Cristo era o que afirmava ser. Em razão disso, eles procuraram eliminar Lázaro, que era um testemunho da pessoa de Cristo. Eles também tinham planejado prender Jesus e levá-lo ao julgamento e, por fim, à sua execução (11:57). Há muito se debate entre os estudiosos quanto à cronologia dos eventos da última semana da vida de nosso Senhor. Shepard segue a cronologia tradicional:

> Jesus provavelmente passou parte do dia na casa de Zaqueu e outra parte do tempo dedicando-se ao ensino público em Jericó.
> Os serviços seriam realizados na sinagoga na quinta-feira, de acordo com o costume que prevalecia entre os judeus de ter serviços no sábado, segunda-feira e quinta-feira. Foi talvez na sinagoga que Ele contou a parábola dos talentos. Na sexta-feira, Ele provavelmente foi para Betânia, a uma distância de cerca de 25 quilômetros de Jericó, chegando lá na véspera do sábado.[1]

Uma visão alternativa é apoiada por Hoehner:

> Poucos dias antes da última Páscoa, Jesus se aproximou de Jerusalém (Jo 11:55), chegando a Betânia seis dias antes da Páscoa (Jo 12:1), ou seja, no sábado anterior à Semana da Paixão. Naquela noite, Jesus foi recebido na casa do leproso Simão (Mt 26:6-13; Mc 14:3-9; Jo 12:1-8). No dia seguinte (domingo), uma grande multidão foi a Betânia para ver Jesus (Jo 12:9-11).
>
> Segunda-feira
> No dia seguinte (Jo 12:12), segunda-feira, ocorreu a entrada triunfal de Jesus em Jerusalém (Mt 21:1-9; Mc 11:1-10; Lc 19:28-40; Jo 12:12-19), sua visita ao templo (Mt 21:10-11; Mc 11:11) e, em seguida, seu retorno a Betânia. O dia da entrada triunfal seria 10 do mês de nisã, quando o cordeiro foi selecionado para a Páscoa. E, assim,

---

[1] Ibid., p. 476.

a entrada triunfal foi no dia em que Cristo se apresentou como o Cordeiro pascal de Israel.

Terça-feira

Na terça-feira, a caminho de Betânia para Jerusalém, Jesus amaldiçoou a figueira (Mt 21:18-19; Mc 11:12-14) e depois foi a Jerusalém para purificar o templo (Mt 21:12-13; Mc 11:15-17; Lc 19:45-46). Os líderes religiosos começaram a buscar meios de poderem destruí-lo naquela noite, e na mesma noite Jesus deixou Jerusalém, provavelmente voltando para Betânia (Mc 11:18-19; Lc 19:47-48).

Quarta-feira

No caminho para Jerusalém, na quarta-feira, os discípulos viram a figueira seca (Mt 21:20-22; Mc 11:20-26). No templo em Jerusalém, Jesus teve um dia de controvérsia com os líderes religiosos (Mt 21:23—23:39; Mc 11:27—12:44; Lc 20:1—21:4). Naquela tarde, Jesus foi ao monte das Oliveiras e proferiu o Sermão do Monte (Mt 24:1-25:46; Mc 13:1-37; Lc 21:5-36). Duas coisas adicionais ocorreram naquele dia: (1) Jesus predisse que em dois dias Ele seria crucificado no tempo da Páscoa (Mt 26:1-5; Mc 14:1-2; Lc 22:1-2); e (2) Judas planejou trair Cristo com os líderes religiosos (Mt 26:14-16; Mc 14:10-11; Lc 22:3-6).

Quinta-feira

Ele pediu aos seus discípulos que preparassem o cordeiro pascal (Mt 26:17-19; Mc 14:12-16; Lc 22:7-13), e juntos eles fizeram sua refeição pascal no Cenáculo (Mt 26:20-30; Mc 14:17-26; Lc 22:14-30; Jo 13:1—14:31). Saindo do Cenáculo, Jesus ministrou aos seus discípulos e intercedeu em favor deles (Mt 26:30-35; Mc 14:26-31; Lc 22:31-39; Jo 15:1—18:1). Eles chegaram ao jardim do Getsêmani, e foi ali que Jesus sofreu em agonia (Mt 26:36-46; Mc 14:32-42; Lc 22:39-46; Jo 18:1). Mais tarde, naquela noite, Jesus foi traído e preso (Mt 26:47-56; Mc 14:43-52; Lc 22:47-53; Jo 18:2-12). Durante o restante da noite, Jesus foi julgado primeiro por Anás e depois por Caifás, juntamente com os líderes religiosos (Mt 26:57-75; Mc 14:53-72; Lc 22:54-65; Jo 18:13-27).

Sexta-feira

No início da manhã, Jesus foi julgado pelo Sinédrio, por Pilatos, por Herodes Antipas, e por Pilatos novamente (Mt 27:1-30; Mc 15:1-19; Lc 22:66—23:25; Jo 18:28—19:16). Jesus foi então conduzido à cruz e crucificado às 9 horas e morreu às 15 horas. Foi sepultado mais tarde naquele dia (Mt 27:31-60; Mc 15:20-46; Lc 23:26-54; Jo 19:16-42). Cristo, o Cordeiro pascal (1Co 5:7), morreu no momento em que os israelitas estavam sacrificando seus cordeiros pascais.

Sábado
Jesus permaneceu no túmulo durante o sábado e os fariseus contrataram guardas romanos para vigiar o local (Mt 27:61-66; Mc 15:47; Lc 23:55-56).

Domingo
Cristo ressuscitou dos mortos (Mt 28:1-15; Mc 16:1-8 [9-13]; Lc 24:1-35). Ele é um tipo da oferta das primícias que era oferecida no dia seguinte ao sábado (Lv 23:9-14; 1Co 15:23).

Conclusão
A semana da Paixão foi preenchida com muitos eventos, começando no sábado antes da Semana da Paixão e terminando com a crucificação de Cristo na sexta-feira e com a ressurreição no domingo.[2]

O palco estava agora montado para o desenrolar do drama da última semana da vida terrena de Cristo.

B. A entrada triunfal

Seção 139

Mateus 21:1-11, 14-17; Marcos 11:1-11; Lucas 19:29-44; João 12:12-19
Depois de chegar de Jericó, Jesus passou a noite em Betânia (Jo 12:1). Na manhã de sua entrada triunfal, Ele enviou dois de seus discípulos a Betfagé (Mc 11:2).

> Passando por baixo das palmeiras de Betânia, eles se aproximaram dos jardins de figueiras de Betfagé, a "Casa dos figos", um pequeno subúrbio ou aldeia de local desconhecido, que ficava provavelmente um pouco ao sul de Betânia, e em vista disso, Jesus enviou para lá dois de seus discípulos. A descrição minuciosa do local dada por Marcos nos

---

[2] Hoehner, *Chronological Aspects*, p. 90-93.

faz supor que Pedro era um deles, e, se assim fosse, provavelmente teria sido acompanhado por João.[3]

Cristo conduziu os dois a um lugar na aldeia onde encontrariam um jumentinho ainda não montado. Eles deveriam desamarrar e levar o animal até Ele. Ao dar instruções aos dois, Cristo revelou sua onisciência. Ele descreveu em detalhes não apenas onde o jumentinho seria encontrado, mas fatos sobre o próprio jumentinho. Jesus sabia que os dois seriam questionados sobre o motivo pelo qual estavam tomando um animal de propriedade de outra pessoa, e orientou-lhes que respondessem: "O Senhor precisa dele e logo o devolverá" (Mc 11:3). Ao referir-se a si mesmo como o Senhor, Jesus estava afirmando sua autoridade como Messias, pois em Salmos 110:1 esse título é usado para o Rei de Israel, o Descendente de Davi (cf. Mt 22:41-46). Em obediência à ordem de Cristo, os dois foram até a aldeia e encontraram o animal. Depois que algumas pessoas os questionaram e eles responderam conforme Jesus os orientou, de modo que o direito do Senhor de requisitar aquilo de que Ele precisava para seu uso pessoal foi reconhecido, nenhuma outra objeção foi feita. Quando os discípulos trouxeram o jumentinho a Jesus e colocaram suas capas sobre ele, Jesus sentou-se nele. Ao cavalgar um jumento que ainda não fora montado, Cristo demonstrou sua autoridade como Criador sobre toda a criação. Por decreto divino (Gn 1:26), a criação foi submetida à autoridade do homem, e essa autoridade seria exercida pelo Filho do homem (Sl 8:4-8). Agora, como Filho do homem, Jesus exerça autoridade sobre a criação. Mateus observou que esse foi um cumprimento específico das profecias messiânicas de Isaías 62:11 e Zacarias 9:9. Assim começou uma procissão que levaria Jesus de Betânia ao monte das Oliveiras, através do ribeiro de Cedrom e à cidade de Jerusalém.

Farrar nos lembra que "Ele cavalga, não em um cavalo de guerra, mas em um animal que era o símbolo da paz".[4]

Ellicott observa:

---
[3] Farrar, *Life of Christ*, vol. 2, p. 196.
[4] Ibid., p. 197.

A maioria dos expositores recentes dessa passagem referiram-se apropriadamente ao curioso incidente mencionado pelo Dr. Robinson... a saber, do povo de Belém lançando suas vestes no caminho diante dos cavalos do cônsul inglês em Damasco ao implorar sua ajuda e intercessão. O mesmo escritor ilustra brevemente, pelo uso moderno, o ato dos discípulos lançando suas capas (peças semelhantes a tecido xadrez grosseiro de lã, que formavam a vestimenta externa) sobre o jumento para servir de sela... Essa é a natureza duradoura dos hábitos orientais.[5]

Ellicott descreve a cena em que o Senhor fez sua entrada:

Nos tempos de hoje, dificilmente é possível estabelecer uma concepção exata da aparência que Jerusalém e seus arredores apresentariam na época da Páscoa. Todo o terreno aberto perto da cidade, e talvez os lados da mesma colina pela qual nosso Senhor havia passado recentemente, estavam àquela altura, provavelmente, cobertos com as tendas e estruturas erguidas temporariamente das multidões reunidas, que mesmo sendo ainda cedo provavelmente teria encontrado todas as moradias disponíveis na cidade completamente lotadas. Podemos ter alguns dados sobre a quantidade real do número de pessoas presentes, pois temos um cálculo de Josefo com base no número de cordeiros sacrificados (256.500), segundo o qual parece que mesmo com a estimativa muito baixa de 10 pessoas para cada cordeiro, o número de pessoas reunidas deve ter sido de quase 2.700.000 pessoas, sem levar em consideração aqueles que estavam presentes, mas incapacitados por impurezas legais de participar do sacrifício. Portanto, teria estado presente não muito menos do que a metade da provável população da Judeia e da Galileia... Essas observações são importantes se consideradas teologicamente. Elas mostram que a rejeição e morte de nosso Senhor não são apenas para serem colocadas na conta da maldade do partido do Sinédrio e dos selvagens clamores de uma multidão da cidade, mas podem justamente serem consideradas, embora feitas em parte por ignorância (At 3:17), um ato representando toda a nação. Quando Pilatos fez sua proposta, ele se dirigiu à multidão (Mc 15:9), a qual, como sabemos, foi unânime (Jo 18:40).[6]

---

[5] Ellicott, *Lectures*, p. 287, nota de rodapé.
[6] Ibid., p. 289, nota de rodapé.

A multidão reconheceu que esse incidente foi o cumprimento de uma profecia messiânica e respondeu de acordo, gritando "Hosana!" ao Filho de Davi (Mc 11:9).

> Essas foram apenas declarações isoladas, parcialmente baseadas no salmo 113, retiradas dele — o "Hosana", ou "Salve", e "Bendito é o que vem em nome do Senhor", fazendo parte das respostas das pessoas com as quais esse salmo foi cantado em certos momentos dos mais solenes festivais. Acima de tudo, elas interpretaram e aplicaram o salmo, antigo e novo elogio davídico, misturado em suas aclamações. Ao mesmo tempo, é preciso lembrar que, de acordo com a tradição judaica, Salmos 113:25-28 também era cantado em forma de antífona pelo povo de Jerusalém, quando iam dar as boas-vindas aos peregrinos festivos em sua chegada, e estes sempre respondiam com a segunda frase de cada verso, até que o último verso do salmo fosse alcançado, então era cantado por ambas as partes em uníssono, Salmos 103:17 sendo adicionado como forma de conclusão.[7]

Declarações tais como "Bendito é o que vem em nome do Senhor" (Mc 11:9), o " reino vindouro de nosso pai Davi!" (v. 9), e "o Filho de Davi" (Mt 21:9) indicam que a multidão sabia que Jesus estava se apresentando como o Messias. Gritos de alegria ecoaram pelas colinas e vales de Jerusalém em resposta à apresentação de si mesmo como rei. A resposta alegre, porém, não foi geral, pois Lucas notou que os fariseus pediam a Cristo que silenciasse a multidão e os impedisse de tais arroubos de entusiasmo (Lc 19:39). Mas uma apresentação tão significativa não poderia passar despercebida. Cristo disse que se a multidão não expressasse seu reconhecimento de que Ele era o Rei, Deus daria voz às pedras (v. 40). Haveria testemunho da fidelidade da aliança de Deus, que havia enviado um Soberano Salvador ao mundo.

Lucas era tão sensível ao coração do Filho do homem que somente ele registrou a resposta de Cristo ao se aproximar da cidade de Jerusalém. Parece que os ouvidos de Cristo estavam surdos aos clamores de hosanas da multidão, pois em vez de ver o reconhecimento momentâneo de sua

---

[7] Edersheim, *Life and Times,* vol. 2, p. 368.

pessoa, Ele viu, ao contrário, sua rejeição pela nação. Comovido até as lágrimas, "quando se aproximou e viu a cidade, chorou por ela" (Lc 19:41). Edersheim escreve:

> A estrada faz em um ligeiro declive e o vislumbre da cidade é novamente escondido por trás do cume intermediário do monte das Oliveiras. Em alguns instantes o caminho se eleva novamente, numa subida acidentada, atinge uma plataforma de rocha lisa e num instante toda a cidade surge à vista. Como agora a cúpula da mesquita Al-Aqsa se ergue da terra como um fantasma antes que o viajante se coloque na parte alta da colina, então poderia se ter uma ampla visão da torre do templo; como agora o vasto recinto do santuário muçulmano, então deve ter se espalhado os pátios do templo; como agora a cidade cinzenta com as suas colinas quebradas, então surgia a magnífica cidade, com seu pano de fundo — há muito desaparecido — de jardins e subúrbios no planalto ocidental atrás. Imediatamente antes estava o ribeiro de Cedrom, aqui visto em sua maior profundidade quando se junta ao ribeiro de Hinom, dando assim pleno efeito à grande peculiaridade de Jerusalém, vista apenas em seu lado oriental — seu cenário como uma cidade surgindo de um abismo profundo. É quase certo que essa subida e curva do caminho — essa plataforma rochosa — tenha sido o ponto exato onde a multidão parou novamente e no qual Jesus, "quando se aproximou e viu a cidade, chorou por ela". Não com a forma de choro... como no túmulo de Lázaro, mas com lamentação alta e profunda.[8]

Cristo disse muito significativamente: "Se você compreendesse neste dia, sim, você também, o que traz a paz! Mas agora isso está oculto aos seus olhos" (Lc 19:42). A expressão importante nas palavras do Senhor foi "neste dia". Na grande profecia de Daniel das "setenta 'semanas'" (Dn 9:24-27), Deus revelou o tempo específico em que o Messias seria apresentado à nação de Israel. Embora a nação não se importasse com o cronograma divino, Cristo estava obviamente consciente de que o dia em que Ele fez sua entrada em Jerusalém era o dia específico predito por Daniel para o Messias ser apresentado a Israel.

---

[8] Ibid., p. 369.

Sir Robert Anderson calcula a cronologia das sessenta e nove semanas assim:

"[...] desde a saída da ordem para restaurar e para edificar Jerusalém até o ungido, o príncipe, haverá sete semanas, e sessenta e duas semanas." Uma era, portanto, de sessenta e nove "semanas", ou 483 anos proféticos contados a partir de 14 de março de 445 a.C., deve terminar com algum evento para cumprir as palavras "até o ungido, o príncipe".

Nenhum estudante da narrativa do evangelho pode deixar de perceber que a última visita do Senhor a Jerusalém não era apenas, de fato, mas também no propósito dela, a crise de seu ministério... agora o duplo testemunho de suas palavras e de suas obras havia sido totalmente prestado, e sua entrada na Cidade Santa era para proclamar sua messianidade e para receber sua condenação...

E esta data pode ser verificada. De acordo com o costume judaico, o Senhor subiu a Jerusalém no dia 8 do mês de nisã, "seis dias antes da Páscoa". Mas como o dia 14, o dia em que a Ceia Pascal era comida, caiu naquele ano em uma quinta-feira, o dia 8 foi a sexta-feira anterior. Ele deve ter passado o sábado, portanto, em Betânia; e na noite do dia 9, após o sábado ter terminado, a Ceia aconteceu na casa de Marta. No dia seguinte, 10 de nisã, Ele entrou em Jerusalém conforme registrado nos evangelhos.

A data juliana daquele 10 de nisã foi domingo, 6 de abril, 32 d.C. Qual foi então a duração do período entre a emissão do decreto para reconstruir Jerusalém e o advento público do "ungido, o príncipe" — entre 14 de março, 445 a.C., e 6 de abril, 32 d.C.? O INTERVALO CONTINHA EXATAMENTE, E ATÉ O PRÓPRIO DIA 173.880 DIAS, OU SETE VEZES SESSENTA E NOVE ANOS PROFÉTICOS DE 360 DIAS, as primeiras sessenta e nove semanas da profecia de Gabriel...

O primeiro dia do mês de nisã do vigésimo ano de Artaxerxes (o edito para reconstruir Jerusalém) foi em 14 de março, 445 a.C.

A décima Semana da Paixão de nisã (a entrada de Cristo em Jerusalém) foi em 6 de abril de 32 d.C.

O período intermediário foi de 476 anos e 24 dias (os dias sendo contados, inclusive, conforme exigido pela linguagem da profecia, e de acordo com a prática judaica).

Mas, 476 x 365 ....173.740 dias
Adição (14 de março a 6 de abril, ambos incluídos) .... 24 dias
Adição para anos bissextos de ....116 dias

173.880 dias

E 69 semanas de anos proféticos de 360 dias (ou 69 X 7 X 360) = 173.880 dias.[9]

Hoehner, reconhecendo que há um problema com a data 32 d.C., escreve:

> Os cálculos de Anderson possuem alguns problemas. Primeiro, à luz de novas evidências desde a época de Anderson, a data de 445 d.C. não é aceitável para o vigésimo ano de Artaxerxes; em vez disso, o decreto foi proferido em nisã, de 444 d.C. Em segundo lugar, 32 d.C. como a data da crucificação é insustentável. Isso significaria que Cristo foi crucificado em um domingo ou em uma segunda-feira. Na verdade, Anderson percebe o problema e tem que fazer uma ginástica matemática para chegar à crucificação na sexta-feira. Isso torna o cálculo imediatamente suspeito. Na verdade, não há boas evidências para uma data da crucificação em 32 d.C.
>
> Nos capítulos anteriores deste livro, concluiu-se que a crucificação de Cristo ocorreu na sexta-feira, 14 de nisã, em 33 d.C. Calculando sua morte de acordo com o calendário juliano, Cristo morreu na sexta-feira, em 3 de abril de 33 d.C. Conforme discutido acima, o *terminus a quo* ocorreu em Nisã, 444 a.C. Embora Neemias 2:1 não especifique em que dia de nisã ocorreu o decreto para reconstruir Jerusalém, ele não pode ter ocorrido antes de 1º de nisã. Este estudo assumirá 1º nisã como o *terminus a quo*, embora se perceba que poderia ter ocorrido em algum outro dia do mês de nisã. O dia primeiro de nisã em 444 a.C. foi em 4 de março, ou mais provavelmente em 5 de março, já que o crescente da lua nova teria sido visível pela primeira vez bem tarde da noite (cerca de 22 horas) de 4 de março e poderia facilmente ter passado despercebido.

---

[9] Robert Anderson, *The Coming Prince* (London: Hodder and Stoughton, 1909), p. 124-128.

Usando o ano de 360 dias, o cálculo seria o seguinte. Multiplicando as sessenta e nove semanas por sete anos para cada semana por 360 dias dá um total de 173.880 dias. A diferença entre 444 a.C. e 33 d.C., então, é 476 anos solares. Multiplicando 476 por 365,24219879 ou por 365 dias, 5 horas, 48 minutos, 45,975 segundos, chega-se a 173.855,28662404 dias ou 173.855 dias, 6 horas, 52 minutos e 44 segundos. Isso deixa apenas 25 dias para serem contabilizados entre 444 a.C. e 33 d.C. Adicionando os 25 dias a 5 de março (de 444 d.C.), chega-se a 30 de março (de 33 d.C.), que era 10 de nisã em 33 d.C. Essa é a data da entrada triunfal de Jesus em Jerusalém.[10]

O Messias como o Príncipe da Paz viria no dia marcado para trazer a paz à nação. Esse, então, foi o dia da *apresentação oficial* de Cristo como o *Messias a Israel*. Cristo foi identificado perante a nação como o Messias em seu batismo. Ele foi autenticado como Messias em sua tentação. Sua glória como Messias foi revelada em sua transfiguração. Mas foi em sua entrada triunfal que Cristo fez uma apresentação oficial de si mesmo como Messias para a nação. Tal foi o significado da declaração de nosso Senhor: "Ah! Se tu conhecesses, ao menos neste dia, o que te poderia trazer a paz!" (Lc 19:42). Como João afirmou, "A luz brilha nas trevas, e as trevas não a derrotaram" (Jo 1:5). Jesus chorou pela cidade porque o povo não recebeu nenhuma das bênçãos que Ele viera prover para ele. Lucas descreveu o julgamento que viria sobre aquela geração no lugar da bênção. A cidade seria atacada e sitiada (Lc 19:43). As pessoas seriam mortas e a cidade totalmente destruída (v. 44). E esse julgamento viria "pois não reconheceste o tempo em que foste visitada". Shepard comenta:

> Jesus viu em sua visão o acampamento do inimigo, uma rampa erguida ao redor com paliçadas e uma muralha abraçando cada vez mais a cidade em um abraço mortal. A cortina cai por um momento, depois se levanta novamente em outra cena. A cidade é arrasada, nenhuma pedra é deixada sobre a outra, os corpos ensanguentados de seus filhos estão espalhados entre as ruínas. O silêncio e a desolação da morte reinam supremos. O fato de que essa imagem foi literalmente cumprida apenas três décadas depois, quando a décima legião romana acampou

---

[10] Hoehner, *Chronological Aspects,* p. 137-138.

exatamente onde Jesus estava quando pronunciou essas palavras memoráveis, seria evidência suficiente por si só, à parte de qualquer outra, para substanciar a messianidade daquele que proferiu a profecia.

Quando Jesus irrompeu no canto de lamentação semelhante a um funeral, a voz da multidão foi silenciada. A visão extática do Reino messiânico, que inspirou essas multidões de peregrinos, enquanto cantavam os louvores ao Rei messiânico e os conduzia às mais extravagantes expressões de fidelidade, desapareceu diante do lamento de Jesus como uma canção fúnebre igual a uma névoa antes do sol forte. Eles começaram agora a reconhecer que suas esperanças e ilusões afetuosas eram vãs e não eram compartilhadas por aquele a quem eles aclamavam rei. Ele, da colina, viu o esplendor da cidade amada desaparecer no crepúsculo e a sombra do irreparável desastre moral escurecer na mais profunda noite. Ele tinha se oferecido como o Rei da Paz, montado sobre um jumentinho, como Zacarias disse que viria o Messias.[11]

Mateus registrou o efeito dessa anunciação sobre Jerusalém: "toda a cidade ficou agitada e perguntava: 'Quem é este?'" (Mt 21:10). A controvérsia girou em torno da questão da pessoa de Cristo. Seria pura insanidade para qualquer mortal fazer uma afirmação tão clara de ser o Messias, como Jesus acabara de fazer em cumprimento da profecia do Antigo Testamento, caso Ele não fosse o Messias. A multidão respondeu à pergunta identificando Jesus como "o profeta de Nazaré da Galileia" (v. 11). Visto que os judeus acreditavam que os profetas eram homens de Deus com sua mensagem, isso pode dar a entender que Ele, nessa ocasião, foi reconhecido como o Profeta que Moisés prometeu a Israel (Dt 18:15).

Muitos necessitados vieram a Cristo quando Ele caminhava pelos recintos do templo para serem curados, assim como havia sido predito que o Messias faria (Mt 21:14). Mas essa resposta despertou a indignação do sumo sacerdote e dos mestres da lei e os impeliu a se apressar em completar seu plano de condená-lo à morte. Visto que os líderes não conseguiam silenciar as multidões, eles pareciam apelar a Jesus para acalmá-los. Na verdade, pediram-lhe que negasse ser "o Filho de Davi" (v. 15). Referindo-se novamente às Escrituras, Cristo citou Salmos 8:2 para mostrar que Deus faria com que seu Filho fosse louvado. Se os adultos não lhe dessem o que é devido, as crianças clamariam adorando-o.

---

[11] Shepard, *The Christ*, p. 481-482.

Saindo da cidade em conflito por sua pessoa, Cristo retirou-se para passar a noite em Betânia. Segundo a tradição judaica, esse foi o dia em que o cordeiro foi escolhido para ser morto e comido na Páscoa. Cristo, então, estava se apresentando no momento em que os judeus selecionavam um cordeiro pascal para eles. Quão trágico que eles tenham ignorado o Cordeiro de Deus enquanto procuravam seu próprio cordeiro pascal!

C. A Autoridade do Rei
Seção 140
Mateus 21:12-13,18-19; Marcos 11:12-18; Lucas 19:45-48

Em duas ocasiões, Cristo revelou sua autoridade em incidentes que ocorreram no início da manhã. Num deles Ele amaldiçoou uma figueira, em outro Ele purificou o templo. Quando Cristo começou a jornada de três quilômetros de Betânia para Jerusalém, Ele sentiu fome física. Ele viu uma figueira cheia de folhas ao longo da estrada e se aproximou dela, esperando encontrar figos. Mas Ele não encontrou nenhum. Marcos observou: "Não era época de figos" (11:13). Por causa dessa declaração, a ação de Cristo foi mal compreendida.

> Há árvores em abundância mesmo nos dias de hoje em toda aquela região, mas não as numerosas palmeiras, figos e nogueiras que tornavam a vizinhança de Jerusalém como um parque extenso, antes de serem derrubados por Tito, nas operações do cerco. As figueiras, em especial, eram plantadas à beira da estrada, porque se pensava que a poeira poderia facilitar seu crescimento e seus frutos refrescantes eram propriedade comum. À distância, à sua frente, Jesus avistou uma figueira solitária, e embora a época normal em que os figos amadureciam ainda não tivesse chegado, porque estava coberta de verde e como o fruto da figueira se forma antes de as folhas se desdobrarem, aquela árvore parecia mais promissora do que o normal. Suas folhas grandes e ricas pareciam mostrar que era fecunda, e seu crescimento excepcionalmente precoce, que não era apenas fecunda, mas também vigorosa. Havia todas as chances, portanto, de encontrar nela os figos tardios de cor violeta, ou figos de outono, que muitas vezes permaneciam pendurados nas árvores durante todo o inverno, e mesmo até que surgissem as novas

folhas da primavera; ou o delicioso bakkooroth, a primeira colheita da figueira, do qual os orientais eram particularmente apreciadores. A dificuldade levantada quanto à expressão de Marcos, de que "ainda não era o tempo dos figos", poderia ser totalmente desnecessária. Nas planícies de Genesaré Jesus deve ter se acostumado a ver os figos maduros pendurados nas árvores a cada mês do ano, com exceção de janeiro e fevereiro — se podemos confiar em Josefo ;e há até hoje, na Palestina, uma espécie de figo branco ou precoce que amadurece na primavera muito antes do figo comum ou preto. Por diversos motivos, portanto, Jesus poderia muito bem ter esperado encontrar alguns figos para satisfazer os desejos da fome naquela bela e promissora árvore frondosa, embora a temporada habitual de figo ainda não tivesse chegado.[12]

Smith adiciona:

É uma peculiaridade da figueira formar seu fruto antes de estender suas folhas e, portanto, a folhagem é uma promessa de fruto. Na verdade, não era época de figos, mas aquela árvore, talvez porque seu solo e sua situação fossem bons, amadureceu cedo. Como estava cheia de folhas, era razoável esperar frutos em seus ramos; mas, quando Jesus se aproximou, não encontrou nada além de folhas. Naquela figueira posicionada de forma tão vantajosa, tão abundante em promessas, mas infrutífera, Jesus viu um símbolo de Israel.[13]

Edersheim explica o simbolismo:

[...] a figueira servia, no Antigo Testamento, como símbolo da nação judaica — no Talmude, majoritariamente como símbolo da tradição de Israel, e portanto, dos líderes e piedosos do povo.[14]

Israel era aquela figueira estéril; e as folhas só cobriam sua nudez, como outrora cobriram a nudez de nossos primeiros pais após a queda. E o julgamento, apresentado simbolicamente na parábola, deveria ser executado simbolicamente nessa frondosa figueira estéril, quando o Mestre procurou frutos nela.[15]

---

[12] Farrar, *Life of Christ*, vol. 2, p. 213-214.
[13] Smith, *The Days*, p. 395.
[14] Edersheim, *Life and Times*, vol. 2, p. 247.
[15] Ibid., p. 375.

Farrar acrescenta:

> Mas quando Ele chegou a ela, ficou desapontado. A seiva estava circulando; as folhas deram um belo espetáculo; mas não havia frutos. Era um símbolo adequado para um hipócrita, cuja aparência externa é uma ilusão e um símbolo forjado da nação cuja ostensiva profissão da religião não produziu nenhum "fruto de uma vida correta" — a árvore era estéril. E era desesperadoramente estéril; pois se tivesse sido frutífera no ano anterior, ainda haveria alguns dos figos escondidos sob aquelas folhas largas; e se tivesse sido frutífera naquele ano, o bakkooroth teria adquirido uma cor verde e fragrância deliciosa antes que as folhas aparecessem; mas naquela árvore infrutífera não havia nenhuma promessa para o futuro, nem qualquer resquício do passado.[16]

Quando Cristo não encontrou nenhum fruto na árvore, Ele disse: "Ninguém mais coma de seu fruto" (Mc 11:14). Nesse episódio, então, encontramos Cristo pronunciando julgamento sobre aquela geração a qual João havia exortado: "Deem fruto que mostre o arrependimento!" (Mt 3:8). Como a árvore frondosa, eles deram evidência externa de serem frutíferos, mas ao serem provados foram achados estéreis e infrutíferos. Portanto, o julgamento teve que vir sobre aquela geração.

Cristo foi até a cidade e entrou no templo. Cerca de três anos antes, Ele o havia purificado da corrupção por causa do negócio de Anás (Jo 2:13-16). Essa corrupção agora havia retornado e o templo novamente era um lugar de comércio. Ele expulsou os que estavam comprando e vendendo, derrubou as mesas dos cambistas e dos que vendiam pombos. Ele nem mesmo permitiu que mercadorias fossem carregadas na área do templo. Depois de limpá-la, Ele se posicionou ali como seu guardião para evitar mais profanação. Ao fazer isso, Cristo estava demonstrando sua autoridade, não apenas para limpar, mas para possuir e proteger a casa de seu Pai. E embora as autoridades religiosas se opusessem ao que Ele estava fazendo (Mc 11:18), temiam tornar suas objeções públicas porque o povo aprovava o que Ele havia feito e aceitava de bom grado seu ensino.

---

[16] Farrar, *Life of Christ,* vol. 2, p. 214.

D. Os convites do rei
Seção 141
João 12:20-50

No decurso do dia em que Cristo exercia sua autoridade sobre o templo, dois de seus discípulos foram abordados por alguns gregos que pediram para ser apresentados a Jesus.

Shepard escreve:

> Entre os prosélitos, vindos de vários países com o propósito de adorar na festa, estavam certos gregos. Esses homens não eram apenas judeus helenísticos, mas verdadeiros gregos, colocando o mundo gentio em contato com Jesus no final de seu ministério, como os magos haviam feito no início.
>
> [...] eles foram sinceros e gentis em seu pedido de um encontro com Jesus. Dirigindo-se a Filipe, cujo nome grego indica que era de origem helênica, começaram a perguntar, dizendo: "Senhor, queremos ver Jesus".
>
> Filipe, cuja mente era do tipo calculista, não sendo capaz de resolver o problema do preconceito racial com o qual se deparou, consultou André, um homem bom conselheiro. Juntos, eles procuraram lidar com o problema, que Pedro teve que enfrentar mais tarde no telhado de uma casa em Jope, mas não chegaram a uma solução satisfatória. Juntos, eles trouxeram o problema, mas não os gregos, a Jesus (Robertson).
>
> Em sua resposta (v. 23-33), Jesus se mostrou agitado por uma tempestade de emoções. Ele reconheceu naqueles gregos os precursores de uma vasta multidão do mundo gentio que viria a Ele de todas as nações, tribos e famílias da terra. Era um prenúncio das coisas maiores do Reino.[17]

Esses gregos evidentemente estavam vindo, como os magos haviam vindo anteriormente, em reconhecimento da pessoa de Cristo. Eles vieram para dar ao Rei a glória que lhe pertence. Mas devemos reconhecer que Cristo ainda não poderia receber a glória real dos gentios, pois Ele havia sido rejeitado por Israel. No entanto, Ele deveria receber glória. A

---
[17] Shepard, *The Christ*, p. 485.

sua glória não era para ser a glória real das pessoas, mas a glória da cruz de seu Pai. Assim, Jesus respondeu: "Chegou a hora de ser glorificado o Filho do homem" (Jo 12:23). Ele falou de sua morte como sua glorificação. Era uma verdade da natureza que até que um grão de trigo morresse, ele não poderia se multiplicar. Jesus disse que, de igual maneira até morrer, Ele não poderia reproduzir sua vida em outros. Quando Ele fosse crucificado, uma grande colheita resultaria de sua morte. Aqueles gregos poderiam estar na primeira parte desta colheita. Se as pessoas receberiam benefícios da morte de Cristo dependeria de suas atitudes para com Ele. Aquele que recebeu vida pela fé em Cristo demonstraria essa vida tornando-se um servo seu, e seria honrado pelo Pai. Assim, Cristo estava dizendo que, após sua morte, todos poderiam vir e segui-lo.

Na contemplação de tudo o que estava envolvido em sua morte que se aproximava, Cristo experimentou uma onda de emoção que o levou a seu Pai em oração (Jo 12:27). A oração é uma atitude de total dependência de Deus. Cristo enfrentou a morte totalmente na dependência de seu Pai. Ele não pediu que fosse salvo dela, pois viera ao mundo para morrer. Todavia Ele orou: "Pai, glorifica o teu nome!" (v. 28). O Pai seria honrado pela obediência do Filho à sua vontade. O Pai respondeu àquele apelo emotivo declarando: "Já o glorifiquei e o glorificarei novamente" (v. 28). Deus foi glorificado por meio da vida de obediência que Jesus Cristo viveu durante sua encarnação. Ele seria glorificado por meio da ressurreição de Cristo dentre os mortos. A multidão ouviu o som da voz de Deus, mas não entendeu a mensagem (v. 29). A palavra de Deus trouxe uma promessa de apoio e a certeza da vitória final de Cristo, mas ao mesmo tempo aquele som era uma mensagem de julgamento ao mundo que havia rejeitado Cristo. Sua morte proveria vida àqueles que cressem, mas seria um julgamento sobre o mundo, que era um sistema armado contra Deus, e um julgamento sobre Satanás, o príncipe deste mundo (v. 31). O ato único de Cristo que julgaria o mundo e Satanás proveria vida para todos os que viessem a Ele. Cristo disse: "Eu, quando for levantado da terra, atrairei todos a mim" (v. 32). Assim, a morte de Cristo teve por objetivo glorificar o Pai, julgar o mundo e Satanás e prover um caminho pelo qual todos possam ir a Ele.

A multidão agora procurava conciliar as palavras de Cristo sobre sua morte que se aproximava com as previsões do Antigo Testamento de que o Messias reinaria para sempre em seu reino. Para a multidão, parecia haver um conflito entre um Messias que disse que morreria e aquele que, de acordo com a predição, viveria para sempre. Assim, foi pedida a Cristo uma explicação e uma solução para esse conflito (Jo 12:34).

Cristo poderia ter resolvido o conflito declarando a ressurreição por meio da qual um Messias que morresse seria trazido para uma vida na qual Ele reinaria para sempre. No entanto, Ele escolheu exortar o povo a receber a luz que Ele viera para lhes dar. Era imperativo que o recebessem imediatamente porque a luz logo seria retirada (v. 35). Cristo lhes disse que somente colocando a confiança "na luz enquanto a [tivessem]", eles poderiam se tornar "filhos da luz" (v. 36). Assim, mais uma vez, Cristo dirigiu a multidão para si mesmo como a fonte de luz.

Depois de se apresentar dessa forma, Cristo se retirou das multidões. Ele fez isso por causa da contínua incredulidade. João observou: "Mesmo depois que Jesus fez todos aqueles sinais milagrosos, não creram nele" (v. 37). O tempo do verbo grego para "crer" sugere que "eles continuaram a não acreditar". Eles foram confirmados em sua incredulidade. João disse que essa incredulidade foi prevista em Isaías 53:1. A cegueira e incredulidade da nação faziam parte do programa soberano de Deus predeterminado antes da vinda de Cristo para que, por meio de sua rejeição, a salvação pudesse ser estendida a todo o mundo. João também citou Isaías 6:10 para mostrar que a cegueira foi judicialmente imposta por Deus. Apesar da rejeição dos judeus, Jesus Cristo ainda era a verdadeira luz. João deixou bem claro que Isaías havia falado especificamente da resposta de Israel à apresentação de Cristo de si mesmo como Soberano Salvador quando escreveu essas palavras (Jo 12:41). Embora a nação de Israel fosse cega espiritualmente, havia muitos dos líderes sobre os quais a luz de Cristo brilhou. João disse: "Ainda assim, muitos líderes dos judeus creram nele" (v. 42). Mas estes temiam professar sua fé publicamente, temendo que suas vidas fossem postas em risco por causa da identificação com aquele a quem os fariseus estavam decididos a executar. O desejo de reter a influência de que gozavam entre o povo silenciou qualquer profissão de fé em Cristo. Ele então pronunciou aquelas que seriam suas últimas palavras registradas para a multidão. Sua declaração foi um convite à fé nele em vista do julgamento vindouro. Ele declarou que aquele que acreditava nele também acreditava no Pai porque Ele e o Pai são um (v. 44,45).

Cristo veio ao mundo para revelar o Pai às pessoas (Jo 1:18). Por ser um com o Pai, Ele podia fazer tal revelação a elas. Assim, uma pessoa que vem a Ele e o conhece, vem ao Pai e conhece o Pai. O propósito essencial de Cristo ter vindo ao mundo foi o de oferecer salvação para o mundo. Mas se as pessoas rejeitaram essa salvação, Ele então se tornou seu Juiz porque rejeitaram sua mensagem. Essa geração tinha ouvido as palavras de Cristo e seria julgada por essas palavras. As pessoas que ouvem a verdade são consideradas responsáveis pela verdade que ouviram. As palavras de Cristo são capazes de julgar as pessoas porque as suas palavras não se originaram dele, mas foram geradas pelo Pai que o enviou. As palavras de Cristo conduzem à vida eterna. Assim, sua mensagem final foi um convite para aceitar suas palavras, confiar em sua pessoa e receber a vida eterna (v. 47-50).

E. Provas da autoridade do Rei

Seção 142

Mateus 21:20-22; Marcos 11:19-25; Lucas 21:37-38

Pela manhã, Pedro descobriu que a figueira amaldiçoada pelo Senhor havia secado. Ele expressou surpresa pelo definhamento ter ocorrido tão rapidamente (Mc 11:21). Essa súbita decadência foi significativa, pois revelou que o julgamento pronunciado sobre aquela geração cairia sobre ela de forma rápida e repentina.

O ensino de Cristo de que Israel seria julgado exigia uma resposta de fé. O julgamento de Israel parecia significar o fim do propósito de Deus para aquele povo. Mas a aliança dada a Abraão era incondicional e eterna; portanto Pedro não conseguia entender como a nação a quem a aliança foi dada poderia ser submetida a tal julgamento. Mas Cristo o encorajou a confiar em Deus — a ter fé em Deus no cumprimento das promessas, embora a nação já tivesse sido julgada (Mc 11:22). Em vista do julgamento que havia sido anunciado, era preciso ter fé para acreditar que haveria um futuro para Israel e que Deus cumpriria a aliança.

O Senhor usou a exclamação de Pedro como uma ocasião para instruí-lo sobre a natureza da oração. Ele disse: "Tudo o que vocês pedirem em oração, creiam que já o receberam, e assim sucederá" (v. 24). Assim como Cristo perdoou a nação que o rejeitou, aqueles que oram devem perdoar aqueles que os feriram. Assim, Cristo demonstrou seu direito de julgar e de ocupar e governar a casa de Deus. Este último é significativo à luz de que Ezequiel predisse (43:1-7) que o Messias governaria em seu reino a partir do templo a ser erguido após seu advento.

Cristo passou o dia nos pátios do templo e à noite voltou para Betânia.

F. Contestação da autoridade do Rei
Seções 143-146

1. Pelos chefes dos sacerdotes e líderes religiosos
Seção 143
Mateus 21:23—22:14; Marcos 11:27—12:12; Lucas 20:1-19

Quando Cristo voltou ao pátio do templo na manhã seguinte, foi recebido pelos principais sacerdotes e anciãos que o questionaram a respeito da autoridade pela qual Ele vinha fazendo essas coisas. As coisas mencionadas devem ter sido os atos messiânicos que Ele havia feito no dia anterior e que trouxeram amplo reconhecimento de sua pessoa.

Edersheim acrescenta:

> Da maneira formal com que "os chefes dos sacerdotes e os líderes religiosos do povo" são apresentados, e pela circunstância em que eles se encontraram com Cristo imediatamente em sua entrada no Templo, dificilmente podemos duvidar que num encontro, embora informal, as autoridades foram obrigadas a fazer acordo sobre as medidas contra o perigo crescente. Mesmo assim, a covardia, assim como a astúcia, marcou seu procedimento. Eles não ousaram se opor diretamente a Ele, mas se esforçaram, atacando-o no ponto em que Ele parecia estar aberto a isso, arrogar para si a aparência de estrita legalidade e, assim, tumultuar o sentimento popular contra Ele.
>
> Pois não havia princípio mais firmemente estabelecido pelo consentimento universal do que aquele ensino autoritário que requeria autorização prévia. Na verdade, isso seguia logicamente o princípio do rabinismo. Todo ensino deveria ser autorizado, uma vez que era uma

tradição — aprovado pela autoridade e transmitido de um mestre para o discípulo. A maior honra de um erudito era ele ser como uma cisterna bem vedada, da qual nenhuma gota seria vazada dela. O apelo final em casos de discussão sempre era para alguma grande autoridade, fosse um mestre individual, fosse um decreto do Sinédrio. Dessa maneira, o grande Hilel reivindicou pela primeira vez ser o Mestre de seu tempo e poder decidir as disputas então pendentes. E, decidir diferente da autoridade, ou era o marco da suposição ignorante ou o resultado de uma rebelião ousada, o que em ambos os casos incorria em "proibição".[18]

Cristo se recusou a responder à pergunta sobre sua autoridade até que eles respondessem à pergunta sobre a autoridade de João. Era óbvio que a autoridade de Cristo e de João era idêntica. Por isso, pediu-lhes que se empenhassem na questão da autoridade de João. Isso provocou uma discussão entre eles, e obviamente logo perceberam que estavam sem saída. Se eles respondessem que João havia recebido sua autoridade do céu, eles seriam questionados por que eles não se submeteram à mensagem de João e nem produziram os frutos de arrependimento que ele reivindicava. Eles deveriam, então, ter recebido o rei que ele apresentou. Se por outro lado negassem a autoridade divina por trás do ministério de João, poriam em risco a influência que tinham junto ao povo, que reconhecia que João era um profeta de Deus. Portanto, por um lado, eles se declarariam dignos de julgamento por terem rejeitado a mensagem de Deus; ou, por outro lado, seriam repudiados por aqueles sobre os quais exercem influência. Assim, eles responderam que não sabiam (Mc 11:33). Se eles não conseguissem determinar a autoridade por detrás de João, eles seriam incapazes de determinar a autoridade por detrás de Cristo, mesmo que Ele lhes demonstrasse essa autoridade. Consequentemente, Ele se recusou responder (v. 34). Seu silêncio não negava que sua autoridade provinha de Deus. Em vez disso, Ele estava ocultando qualquer evidência adicional àqueles líderes, embora, em vista de sua rejeição, eles fossem considerados responsáveis.

Cristo então passou a apresentar três parábolas para ensinar àqueles líderes verdades sobre o programa do reino. A primeira delas foi a

---
[18] Edersheim, *Life and Times*, vol. 2, p. 381.

parábola dos dois filhos (Mt 21:28-32). O pano de fundo dessa parábola foi a afirmação dos fariseus de que eram filhos do reino em virtude de ser descendentes de Abraão. Mas Cristo ensinou que a filiação deve ser testada pela obediência e apenas os obedientes são filhos. Um pai ordenou a um de seus dois filhos que fosse trabalhar na vinha. A princípio, esse filho disse: "Não quero! Mas depois mudou de ideia e foi" (v. 29). O pai deu ordem semelhante a um segundo filho, que respondeu: "Sim, senhor", mas não foi (v. 30). Cristo a seguir perguntou: "Qual dos dois fez a vontade do pai?" (v. 31). "O primeiro" foi a resposta óbvia. A implicação dessa parábola era que a obediência, não o mero comprometimento verbal, prova a verdadeira filiação. A palavra inicial do primeiro filho parecia negar a filiação, mas suas ações posteriores demonstraram-na. A palavra inicial do segundo filho parecia provar a filiação, mas sua desobediência desmentiu sua palavra. Ao aplicar a parábola aos principais sacerdotes e anciãos, o Senhor disse: "Os publicanos e as prostitutas estarão entrando antes de vocês no Reino de Deus". Por sua palavra falada, os líderes de Israel professavam ser filhos, mas por sua desobediência à palavra do Pai, eles provaram que não os eram. Quando João veio apelar a eles para que se arrependessem, eles professaram se arrepender, mas não o fizeram, pois não haviam produzido nenhum fruto de justiça. Os cobradores de impostos e outros de caráter semelhante foram transformados e produziram frutos de justiça (cf. Lc 5:27-29; 7:36-50). Cristo demonstrou que estava disposto a aceitar pecadores, mas os líderes não admitiam que eram pecadores; e, portanto, eles se recusaram a ir a Ele para a salvação. Assim, nessa parábola, Cristo mostrou que aqueles que afirmavam ser filhos do reino não eram filhos; a desobediência à sua palavra revelava esse fato.

Na segunda parábola, a do chefe de família (Mt 21:33-46), Cristo mostrou a consequência de sua rejeição como Messias pela nação. Shepard escreve:

> Ele descreve um vinhedo bem equipado, com sua sebe, sua cisterna escavada ou barril de vinho, para colher o vinho quando for espremido. Também tinha uma torre para os guardas e tudo pertencente a uma vinha bem equipada. "O dono da casa cedeu a vinha aos lavradores e foi para outro país, ficando lá por muito tempo. Aproximando-se o momento oportuno da colheita, mandou um servo aos lavradores, para

que recebesse uma parte determinada da produção, conforme o acordo. Mas estes bateram no criado e mandaram-no embora vazio. Mais tarde, o senhor mandou outro, e eles o espancaram, feriram-no na cabeça, trataram-no de forma insultuosa e mandaram-no embora vazio. Ainda mais tarde, o chefe de família enviou um terceiro, a quem eles feriram, expulsaram e mataram. O dono da casa, com grande persistência, mandou outros criados — muitos outros — e os lavradores fizeram o mesmo, espancando uns e matando outros".

Finalmente, em desespero, o Senhor da vinha enviou-lhes seu filho, dizendo: "A meu filho respeitarão". Mas quando os lavradores o viram, disseram entre si: "Este é o herdeiro. Vamos matá-lo e tomar a sua herança", então o levaram, o expulsaram da vinha e o mataram.

Quando Jesus terminou a história, que expôs de forma tão vívida, tendo por pano de fundo a parábola da vinha de Isaías, os privilégios teocráticos da vinha para Israel; as vantagens e oportunidades especiais que foram dadas à semente escolhida por meio da aliança de Deus com ela; e o tratamento horrível que dispensaram ao longo dos tempos aos profetas de Deus, desde o tempo de Elias até o de João Batista, para culminar agora em três dias na crucificação do Filho amado no Calvário, Ele fez esta pergunta: "quando vier o dono da vinha, o que fará àqueles lavradores?" O povo, que acompanhava a história com intenso interesse, sem querer respondeu: "Matará de modo horrível esses perversos e arrendará a vinha a outros lavradores, que lhe deem a sua parte no tempo da colheita". Eles não perceberam, de acordo com o teor da parábola, que estavam pronunciando sua própria condenação. Jesus repetiu solenemente a sentença de condenação sobre as pessoas que rejeitaram a longa linha de profetas e agora se preparavam para matá-lo.[19]

Cristo descreveu o julgamento sobre aquela geração: "O reino de Deus será tirado de vocês e será dado a um povo que produzirá o seu fruto. Quem cair sobre esta pedra será despedaçado, mas aquele sobre quem ela cair será esmagado" (Mt 21:43-44). Deveria haver duas partes nesse julgamento. Em primeiro lugar, a oferta do reino seria retirada daquela geração: "O reino de Deus será tirado de vocês". Em segundo lugar, o reino seria "dado a um povo que produzirá o seu fruto". Isso pode ser

---

[19] Shepard, *The Christ,* p. 494.

entendido de duas maneiras. O "povo" pode se referir a uma geração futura em Israel a quem a mensagem, "o reino dos céus está próximo", será novamente pregada (cf. 24:14). Isso vaticinaria uma futura oferta do reino a outra geração em Israel. Uma interpretação alternativa seria entender "o povo" como uma referência aos gentios. De acordo com o programa revelado nas parábolas de Mateus 13 no período entre os adventos, uma nova forma do reino seria desenvolvida por meio das nações gentílicas. Em ambos os casos, Cristo não anunciou um julgamento que encerrava a esperança de Israel, mas Ele anunciou um adiamento da realização dessa esperança para algum dia no futuro.

Retratando a si mesmo como a pedra que fere em Daniel 2, Cristo disse que aqueles que vierem a Ele serão quebrados, mas aqueles que resistem a Ele serão esmagados no julgamento que Ele infligirá como a pedra que vai ferir (Mt 21:44). Ao ouvirem essas parábolas, os principais sacerdotes e fariseus entenderam claramente que Cristo estava pronunciando julgamento sobre eles (v. 45). E para evitar o julgamento iminente, eles procuraram uma maneira de prendê-lo (v. 46). Mas estavam com medo de agir abertamente porque as pessoas acreditavam que Jesus era "um profeta" de Deus.

A terceira parábola dizia respeito a um banquete de casamento (Mt 22:1-14).

> A parábola da festa de casamento mostra o desprezo de Israel pela grande festa do Reino de Deus (Mt 22:1-14). Esse desprezo foi comprovado pela recusa de aceitar o convite, por parte de alguns, e pelo total desrespeito quanto às condições de ingresso à festa, por parte de outros, ilustrado no caso de quem vai ao evento sem a veste nupcial. Em cada caso, o julgamento é exercido fortemente sobre aqueles que desprezaram a festa graciosa. A parábola é um drama em três atos. O Reino dos Céus é comparado a uma festa de casamento feita pelo Rei para seu filho. Durou vários dias. Dois convites eram habituais: um era feito vários dias antes da festa, para evitar que os convidados escolhidos fizessem outros compromissos; o segundo, poucas horas antes do início da festa, a fim de que os convidados estivessem presentes na hora certa.
>
> No primeiro ato do drama da parábola, o rei mandou seus servos chamarem aqueles que algum tempo antes haviam recebido o primeiro convite. Mas eles não estavam dispostos a vir. Porém o Rei estava

ansioso para que eles viessem e novamente enviou outros servos com um chamado mais urgente, recomendando sua festa com toques descritivos em detalhes: "Digam aos que foram convidados que preparei meu banquete: meus bois e meus novilhos gordos foram abatidos, e tudo está preparado. Venham para o banquete de casamento!" Mas os convidados — não se importando com o banquete — fizeram pouco caso e seguiram seus caminhos, um se retirou para sua própria fazenda, outro foi para seus negócios, enquanto o restante deles prendeu os servos, os maltratou e depois os matou. Isso deixou o rei furioso, e ele enviou suas tropas, matou aqueles assassinos e queimou a cidade.

Esse primeiro convite para a festa foi oferecido aos judeus pelos profetas da dispensação no Antigo Testamento. Eles predisseram a festa messiânica de grandes e preciosas promessas, paz e plena salvação no Messias. Mas os judeus não foram à festa. Mais tarde, Deus enviou outros servos, como seus apóstolos escolhidos e, finalmente, seu próprio Filho. Trouxeram um convite mais urgente e explícito. Eles foram mais diretos em suas mensagens e pregaram um evangelho completo. Mas o resultado de sua pregação não foi melhor do que aqueles que o antecederam. Os convidados tornaram-se adversários a ponto de usar da violência, agarrando os servos do Rei, os maltrataram e os mataram. Os apóstolos foram duramente perseguidos, anos mais tarde, até à morte. A parábola descreve da maneira mais vívida a punição que os pretensos, mas indignos convidados, receberiam das mãos de um Deus irado. Jerusalém sofreria uma destruição completa, um século depois, nas mãos da Roma imperial.

No segundo ato do drama em forma de parábola, ouvimos o Rei ordenar a seus servos: "O banquete de casamento está pronto, mas os meus convidados não eram dignos. Vão às esquinas e convidem para o banquete todos os que vocês encontrarem". E aqueles servos saíram e juntaram todos os que encontraram, tanto bons como maus, e a festa de casamento se encheu de convidados.

Para os líderes judeus presentes, assim como para algumas pessoas, deve ter ficado claro que Jesus queria dizer nesta segunda parte da parábola que os gentios deveriam ser levados à festa do Reino. Essa foi uma verdadeira profecia do que aconteceria em breve. Quando o ministério dos apóstolos foi rejeitado pelos judeus, eles se voltaram para os gentios, muitos dos quais ouviram e aceitaram o convite para a festa do evangelho.

O terceiro e último ato da parábola determinou as condições que devem ser cumpridas pelos convidados do casamento, sejam gentios, sejam judeus. Eles devem estar vestidos com as vestes nupciais de um caráter justo e de uma vida santa. A rejeição da veste nupcial estipulada indica desrespeito e deslealdade para com o doador da festa. O Reino de Deus exige em seus requisitos, não meramente uma profissão de fé, mas caráter moral. Aquele que não tem um caráter em harmonia com o do Rei deve inevitavelmente ser lançado nas trevas exteriores, onde haverá gemidos de angústia e ranger de dentes e amargura por haver desafiado a Deus.[20]

Cristo, nessa parábola, mostrou que a nação havia sido preparada de antemão para o reino que Ele estava oferecendo. Eles haviam sido informados de que o reino estava próximo. Haviam recusado o convite do Rei para entrar em seu reino e, em razão disso, foram excluídos. Cristo também ensinou que requisitos rígidos devem ser atendidos para a entrada no reino e somente aqueles que os atendem serão aceitos. Assim, os fariseus que se recusaram a entrar no reino não podiam esperar ser recebidos nele, pois não haviam se preparado de acordo com os requisitos do rei. Essas parábolas, como uma unidade, revelaram que aqueles que seguiam o farisaísmo não eram filhos do reino. O privilégio de entrar no reino que lhes havia sido oferecido logo lhes seria retirado. Aqueles que foram convidados e se recusaram a ir não seriam admitidos quando o reino fosse estabelecido. A menos que eles se provessem de uma justiça que atendesse às exigências do rei, eles não teriam permissão para entrar em seu reino.

2. Pelos fariseus e herodianos

Seção 144

Mateus 22:15-22; Marcos 12:13-17; Lucas 20:20-26

Os fariseus arquitetaram uma trama inteligente a fim de levarem a cabo sua ânsia de prender Cristo com base em alguma declaração pela qual eles pudessem acusá-lo e provocar sua morte.

Edersheim afirma:

---

[20] Ibid., p. 495-497.

A trama, para tanto, foi arquitetada de maneira muito astuciosa. O objetivo era "espiar" seus pensamentos mais íntimos e, se possível, "enredá-lo" em sua fala. Para esse propósito, não foram os velhos fariseus, a quem Ele conhecia e em quem não confiava, que compareceram, mas alguns de seus discípulos — homens aparentemente puros, sérios, zelosos e conscienciosos. Com eles juntaram-se alguns dos "herodianos" — certamente, não se tratava de uma seita nem de uma escola religiosa, mas de uma agremiação política político da época. Sabemos relativamente pouco sobre os movimentos políticos mais intensos na Judeia, apenas o que foi apropriado para Josefo registrar. Mas não podemos estar muito enganados ao considerar os herodianos como um grupo que honestamente aceitou a Casa de Herodes como ocupantes do trono judaico. Diferentemente da seção extrema dos fariseus, que odiava Herodes, e dos "nacionalistas", pode ter sido um partido judaico médio ou moderado — semirromano e seminacionalista. Sabemos que era ambição de Herodes Antipas novamente unir sob seu domínio toda a Palestina; mas não sabemos que intrigas podem ter sido aventadas com esse propósito, tanto com os fariseus como com os romanos. Nem é a primeira vez nessa história que encontramos os fariseus e os herodianos juntos. Herodes poderia, de fato, não estar disposto a incorrer na impopularidade de processar pessoalmente o Grande Profeta de Nazaré, especialmente por ter vivo na lembrança o quanto o assassinato de João lhe custou. Talvez até desejasse, caso estivesse ao seu alcance, ter feito uso de Cristo e o considerado como o Messias popular contra os líderes populares. Mas, como as coisas estavam indo, ele deveria estar ansioso para se livrar de quem poderia ser um rival formidável, enquanto, ao mesmo tempo, seu partido ficaria feliz em se juntar aos fariseus no que garantiria sua gratidão e fidelidade. Tais razões, ou outras semelhantes, podem ter sido os motivos que levaram fariseus e herodianos a firmarem essa estranha aliança.[21]

Seus adversários se aproximaram educadamente e reconheceram aobjetividade de Cristo. Eles sabiam que Ele não falava para agradar as pessoas, mas declarava claramente suas convicções (Mt 22:16). Eles pediram uma declaração direta sobre se era certo pagar impostos a César

---

[21] Edersheim, *Life and Times,* vol. 2, p. 384.

ou não (v. 17). Naquele momento, havia uma controvérsia em Israel sobre essa questão. Por um lado, havia aqueles que aceitavam a ideia.

> [...] o direito de cunhagem implica a autoridade de arrecadar impostos e, na prática, constitui tal evidência do governo de facto, que torna absoluto o dever de se submeter a ele.[22]

Eles teriam visto o pagamento de impostos como um reconhecimento do direito de Roma de governar sobre Israel. Eles se opunham ao pagamento de impostos por motivos puramente políticos.

> Por outro lado, havia um partido forte na terra, com o qual, não apenas do ponto de vista político, mas também religioso, muitos dos espíritos mais nobres simpatizavam, aqueles que sustentavam que pagar o dinheiro da homenagem a César era praticamente aceitar sua autoridade real, e assim renegar a autoridade de Jeová, que era o único rei de Israel. Eles argumentavam que as misérias da terra e do povo se deviam também a essa infidelidade nacional. De fato, esse era o princípio fundamental do movimento Nacionalista.[23]

Eles se opunham ao pagamento de impostos por motivos religiosos. No entanto, independentemente da base adotada, havia um consenso de que era errado pagar impostos. De modo que se Cristo tivesse aprovado o pagamento de impostos, Ele ganharia a antipatia de Israel, tanto política quanto religiosamente. Mas se Ele negasse a Roma o direito de coletar impostos, teria sido cobrado por Roma e seria considerado culpado de incitar o povo à rebelião.

> Dizer "não" seria comandar uma rebelião; ter dito simplesmente "sim" teria sido provocar um choque doloroso a um sentimento profundo e, em certo sentido, aos olhos do povo, uma mentira à sua própria afirmação de ser o Rei-Messias de Israel.[24]

---

[22] Ibid., p. 385.
[23] Ibid.
[24] Ibid.

Assim, se Cristo tivesse legitimado o pagamento de impostos, pareceria ter abandonado a esperança de Israel; mas se Ele tivesse negado a Roma o direito de cobrar impostos, teria sido culpado de traição.

Percebendo rapidamente a má intenção, Cristo pediu uma moeda e perguntou de quem era a imagem nela. É claro que eles responderam: "De César" (Mt 22:21). Cristo respondeu: "Então, deem a César o que é de César e a Deus o que é de Deus". Assim, Cristo reconheceu duas esferas de autoridade divinamente constituídas. Em uma esfera, Deus é supremo. Na outra, a César foi delegada autoridade. A declaração de Cristo antecipou o ensino de Paulo de que todas as autoridades civis são constituídas por Deus. Como tais, elas são ministros de Deus para manter a lei e a ordem e para fornecer uma atmosfera na qual os homens justos possam viver em paz. Consequentemente, elas devem ser sustentadas pelo pagamento de impostos (Rm 13:1-7). Cristo reconheceu a autoridade dada a César como servo de Deus e, portanto, confirmou que César deveria ser sustentado pelo pagamento de impostos. Esse ensino não entrava em conflito com o direito de Deus de governar, e o pagamento de impostos a César não anulava o fato de que, em última instância, Deus designará seu Filho como Governante no lugar de César. Assim, Cristo reconheceu o direito de César, mas não negou que a esperança de Israel de ser governado por seu Messias acabaria se concretizando.

3. Pelos saduceus

Seção 145

Mateus 22:23-33; Marcos 12:18-27; Lucas 20:27-40

O próximo ataque contra Cristo foi liderado pelos saduceus, que mantinham uma série de crenças distintas em contraste com as dos fariseus.

> Os saduceus eram nacionalistas e não acreditavam em anjos ou em quaisquer poderes invisíveis, nem na ressurreição. A principal disputa com os fariseus era se a tradição oral era válida. Os fariseus a consideravam de igual valor como a lei escrita; os saduceus diziam que tudo o que não estivesse escrito poderia ser rejeitado ou, pelo menos, questionado. Eles consideravam a doutrina da ressurreição uma mera questão de opinião piedosa. Eles diziam que a doutrina não tinha autoridade

na lei escrita, especialmente porque, na opinião deles, os profetas não tinham o mesmo valor do Pentateuco.²⁵

Os saduceus foram repelidos pelas implicações da doutrina da ressurreição como era popularmente entendida.

A ideia popular da época quanto à vida futura era que a ressurreição restauraria aos homens seus antigos corpos, apetites, paixões e as condições e relacionamentos materiais usuais. Essa baixa [...] concepção sensual do futuro foi a razão e a causa do ridículo e do escárnio dos saduceus.²⁶

Os saduceus mostravam respeito pela lei ao citarem as normas de Deuteronômio 25:5-6 na pergunta que apresentaram a Cristo. Eles relataram o hipotético incidente em que sete irmãos em cumprimento à lei levítica se casam com a mesma mulher. Então eles perguntaram: "Pois bem, na ressurreição, de qual dos sete ela será esposa, visto que todos foram casados com ela?" (Mt 22:28). Isso foi projetado para desacreditar a doutrina da ressurreição e, por conseguinte, a autoridade de Jesus como Mestre. Ao longo de seu ministério, Cristo realizou milagres de ressurreição, revelando seu poder de ressuscitar os mortos. Ele havia prometido aos homens a vida ressurreta (Jo 5:24). Ele afirmou ser "a ressurreição e a vida" (11:25). Se os saduceus pudessem desacreditar a doutrina da ressurreição reduzindo-a a um absurdo, eles teriam refutado o ensino de Cristo e, portanto, sua autoridade.

Cristo mostrou que aqueles que professavam reverência pela lei e mostravam seu respeito por ela citando-a nessa ocasião eram realmente ignorantes do que a lei ensinava. Jesus citou o que Deus disse a Moisés: "Eu sou o Deus de Abraão, o Deus de Isaque e o Deus de Jacó" (Mt 22:32). A força do argumento de Cristo girou em torno do presente do verbo "Eu sou". Deus poderia ter dito: "Eu era", se Abraão, Isaque e Jacó tivessem morrido, continuassem mortos e não houvesse ressurreição. Mas uma vez que Deus disse: "Eu sou" o Deus de Abraão, Isaque e Jacó, Ele

---

²⁵ Shepard, *The Christ,* p. 499.
²⁶ Ibid., p. 500.

estava testificando a existência deles e a ressurreição final de seus corpos. Não poderia haver dúvida de que Abraão, Isaque e Jacó morreram fisicamente quando Deus falou essas palavras a Moisés. Mas as palavras de Deus indicavam que eles estavam vivos e que haveria uma ressurreição corporal. Cristo não apenas afirmou o fato da ressurreição, mas indicou algo sobre a natureza da vida na ressurreição quando disse: "as pessoas não se casam nem são dadas em casamento; mas são como os anjos no céu" (Mt 22:30). Essa declaração foi projetada para refutar o falso conceito dos saduceus sobre a natureza da vida na ressurreição que os levou a repudiar a doutrina.

> Os saduceus não conseguiam acreditar nas condições espirituais superiores da vida ressurreta. Na vida futura, aqueles que forem ressuscitados não se casarão nem serão dados em casamento, mas serão como os anjos. A propósito, Jesus afirmou a existência de seres espirituais na vida futura, doutrina que os saduceus não aceitavam. Ele não quis dizer que não haveria reconhecimento pessoal no céu, ou continuação dos relacionamentos espirituais formados no mundo. Esses relacionamentos serão incomensuravelmente intensificados e se tornarão infinitamente mais prazerosos e frutíferos. Nesta vida, o casamento é destinado para a perpetuação da raça. Essa necessidade não existe no céu.[27]

Houve uma resposta tripla à proclamação de Cristo sobre a doutrina da ressurreição. Primeiro, a multidão que ouviu ficou "admirada com o seu ensino" (Mt 22:33). Esse ensino não era novo para eles, mas certamente a interpretação de Cristo da passagem familiar em Êxodo 3:6 era nova. Em segundo lugar, alguns dos mestres da lei aprovaram seu ensino (Lc 20:39,40). Os fariseus entenderam que Jesus estava apoiando a doutrina que eles defendiam: a da ressurreição física. Em terceiro lugar, os saduceus se calaram (Mt 22:34).

> Os saduceus se retiraram para não fazer mais perguntas. Jesus apresentou a prova bíblica da ressurreição da maneira mais convincente. Ele

---

[27] Ibid.

abriu as portas do Céu para que todos pudessem ver o estado abençoado da vida ressurreta.[28]

4. Pelos fariseus

Seção 146

Mateus 22:34-40; Marcos 12:28-34

Cristo, ao lidar com os saduceus, mostrou grande consideração pela lei ao citar o Pentateuco para apoiar a doutrina da ressurreição dos mortos. Um mestre da lei observou que Jesus deu uma "boa resposta" (Mc 12:28). Com base nisso, o especialista farisaico testou Cristo perguntando-lhe: "Mestre, qual é o maior mandamento da Lei?" (Mt 22:36). Os fariseus codificaram a lei em 248 mandamentos e 365 proibições. Esses 613 preceitos foram impostos pelos fariseus a seus seguidores como obrigação. Quando um judeu tentava cumprir os requisitos da lei assim codificada, às vezes parecia a essa pessoa que uma lei entrava em conflito com outra. Era necessário então determinar qual das duas tinha precedência para que, se uma lei tivesse que ser violada por causa do conflito, se violasse a lei menor, e não a mais importante. Havia uma discussão constante entre os fariseus a respeito de qual mandamento tinha precedência sobre o outro. Os fariseus não conseguiram resolver o problema ou reduzir sua codificação da lei para ajudar seus discípulos nessa observância. Os fariseus estavam testando Cristo para ver se Ele tinha maior compreensão da lei do que eles. Cristo resumiu as exigências da lei mosaica sob dois preceitos. O primeiro era um que incluía tudo — que governava a responsabilidade deles para com Deus. "Ame o Senhor, o seu Deus de todo o seu coração, de toda a sua alma e de todo o seu entendimento" (Mt 22:37). O segundo preceito incluía toda a responsabilidade para com o ser humano: "Ame o seu próximo como a si mesmo" (v. 39). Paulo confirmou a sabedoria dessa síntese, dizendo: "O amor é o cumprimento da lei" (Rm 13:10). Cristo, portanto, revelou sua compreensão da natureza e dos requisitos da lei, além de lançar luz sobre como cumpri-la. A resposta de Cristo tocou uma corda sensível no coração do erudito fariseu que se

---

[28] Ibid., p. 501.

aproximou dele. Aquele homem endossou a interpretação de Cristo dos requisitos da lei (Mc 12:32). E notou que a resposta de Cristo foi baseada no que o próprio Antigo Testamento exigia (1Sm 15:22). Quando Jesus observou que seu questionador consentiu com a verdade que Ele havia declarado, Ele anunciou: "Você não está longe do Reino de Deus" (Mc 12:34). Aquele que entendeu tão apropriadamente os requisitos da lei deve ter percebido que nenhuma pessoa poderia cumprir tais requisitos. Certamente que alguém viria a Cristo para receber a salvação que Ele ofereceu. Dessa forma, Cristo evitou a armadilha dos sacerdotes e anciãos que vieram com uma pergunta sobre autoridade, a armadilha dos herodianos que apresentaram sua questão política, a armadilha dos saduceus com sua questão teológica sobre a ressurreição e a armadilha dos fariseus sobre assuntos relativos à lei.

G. O desafio do Rei
Seção 147
Mateus 22:41-46; Marcos 12:35-37; Lucas 20:41-44

Os adversários de Cristo foram os agressores no conflito anterior, mas descobrimos que Cristo agora tomou a posição de ataque e apresentou uma pergunta aos fariseus. Era uma questão sobre a pessoa do Messias. Ele perguntou: "De quem Ele é filho?" (Mt 22:42). A resposta imediata deles foi: "é filho de Davi", pois a linhagem do Messias havia sido claramente revelada no Antigo Testamento (2Sm 7:14; Is 11:1). Os fariseus não hesitaram em responder. Cristo havia previsto essa resposta, pois transmitia a expectativa da nação. Cristo então citou um salmo davídico: "O Senhor disse ao meu Senhor: 'Senta-te à minha direita até que eu faça dos teus inimigos um estrado para os teus pés'" (Sl 110:1). Esse salmo era amplamente reconhecido como messiânico. Quem foi convidado a sentar-se à direita do Senhor era o Messias. O "Senhor" que o convidou a sentar-se à sua direita era o Deus de Abraão. O Messias foi referido como "meu Senhor". Com essa interpretação os fariseus teriam concordado. Cristo lhes dirigiu esta pergunta: Se o Messias era o "filho", ou descendente de Davi, "Davi o chama 'Senhor', como pode ser ele seu filho?" (Mt 22:43). Não era natural que alguém chamasse seu próprio filho de "meu

Senhor". O fato de que o Messias era o Filho de Davi testificava a verdadeira humanidade do Messias, mas o fato de Davi chamá-lo de "meu Senhor" testificava sua divindade verdadeira e perfeita, pois *Senhor* era um título para a divindade. Cristo interrogou os fariseus novamente, perguntando: "Se, pois, Davi o chama 'Senhor', como pode ser ele seu filho?" (v. 45). O salmo ensinou a verdadeira humanidade e a verdadeira divindade do Messias. Foi exatamente a afirmação que o salmista predisse sobre o Messias que Jesus fez para si mesmo. Se os fariseus respondessem que Davi o chamava de Senhor porque Ele é Deus, então eles não poderiam se opor a Cristo, o Filho de Davi segundo a carne, que afirmava ser o Filho de Deus. Se eles concordaram que o Messias seria verdadeiramente humano e verdadeiramente Deus, eles deveriam cessar suas objeções à reivindicação de Cristo a respeito de sua pessoa. Os fariseus perceberam o dilema que enfrentavam e se recusaram a responder. Ninguém poderia refutar a sabedoria com que Ele falava, e "daquele dia em diante, ninguém jamais se atreveu a lhe fazer perguntas" (v. 46).

H. Julgamento pelo Rei

Seção 148

Mateus 23:1-39; Marcos 12:38-40; Lucas 20:45-47

Ao contar as parábolas em Mateus 21:23—22:14 (seção 143), Cristo anunciou um julgamento futuro sobre aquela geração. Cristo, em seu último discurso público, denunciou solenemente os fariseus e seus mestres da lei, e apresentou em detalhes as razões pelas quais o julgamento deve vir. Cristo primeiro se referiu à posição que os fariseus haviam assumido. O Mestre disse: "[Eles] se assentam na cadeira de Moisés" (Mt 23:2). Moisés não era apenas o legislador, mas também o intérprete da lei. Os fariseus haviam assumido para si as prerrogativas que Deus havia concedido a Moisés. Assentar-se era assumir a postura física de um professor, e os fariseus afirmavam ser os intérpretes oficiais da lei mosaica. Eles exigiam obediência absoluta ao seu ensino (v. 3). Os fariseus achavam que deviam ser seguidos porque detinham a lei. Eles reconheciam a supremacia da lei e exigiam obediência à lei; e Cristo concordou com isso. Mas sua prática da lei não devia ser seguida, e Cristo advertiu o povo contra seguir os fariseus como padrão de conduta. Cristo disse: "pois não praticam o que pregam" (v. 3). Os fariseus impunham obrigações que pesavam sobre os ombros das pessoas. Enquanto os fariseus estavam prontos para impor obrigações aos outros, eles próprios não estavam dispostos a levantar um dedo para permitir que seus seguidores carregassem os fardos que haviam sido impostos (v. 4). Cristo condenou o externalismo farisaico, pois havia sido projetado para impressionar as pessoas. Os fariseus aumentavam seus filactérios para que todas as pessoas pudessem ver sua pretensa devoção à lei (v. 5). Um filactério era uma pequena caixa contendo uma porção das Escrituras do Antigo Testamento. Essa caixa era amarrada no antebraço ou usada na testa para que as pessoas pudessem ver sua devoção à lei. Essa prática surgiu de uma interpretação literal e rígida de Deuteronômio 6:6-8. Deus pretendia que a lei fosse impressa no coração (Pv 6:20,21). Os fariseus faziam as borlas de suas franjas de oração compridas, de modo que fosse fácil para as pessoas vê-las no ato da oração (Mt 23:5). Eles eram motivados pelo orgulho e pela arrogância, por amarem os lugares importantes e outros lugares de honra (v. 6). Eles gostavam do respeito que era demonstrado por eles e pelas saudações públicas nas praças. Eles cobiçavam o título de Rabino, pelo qual as pessoas comuns mostravam consideração por sua sabedoria. Cristo instruiu seus seguidores a não ser chamados de "rabi" nem deveriam chamar ninguém de "pai". A razão era que Ele era o Mestre deles e Deus era o Pai celestial. Nenhuma pessoa tinha o direito de usurpar os títulos pertencentes a Cristo ou a Deus. Chamar um homem de "rabino" ou "pai" significa submissão à autoridade desse homem. Eles deveriam estar sob a autoridade de Deus, não das pessoas (v. 8-10). Cristo também ensinou a seus discípulos que, ao contrário das práticas dos fariseus (que se orgulhavam de sua posição e sabedoria), eles deveriam se tornar servos e ser caracterizados pela humildade em vez de pelo orgulho (v. 11,12).

Em uma série de lamentos pronunciados sobre os fariseus, Cristo revelou as razões pelas quais o julgamento deve recair sobre eles e seu sistema farisaico. Caracterizando-os como hipócritas, Ele pronunciou um dos lamentos sobre eles: "Ai de vocês, mestres da lei e fariseus, hipócritas! Vocês fecham o Reino dos céus diante dos homens!" (Mt 23:13). Cristo se ofereceu como meio de acesso ao reino (7:13-14). Ao rejeitá-lo, os fariseus estavam fechando a única porta pela qual as pessoas podiam entrar no reino.

A seguir, Cristo pronunciou outro lamento sobre os fariseus por causa de seu zelo partidário. Eles "percorrem terra e mar para fazer um convertido" (Mt 23:15). Ele disse que eles zelosamente procuravam conquistar discípulos para si mesmos, mas ao fazer isso não os ajudaram a entrar no reino, mas sim no inferno.

A seguir, Cristo condenou os fariseus porque eles contornavam o ensino claro das Escrituras (v. 16-22). Eles distinguiriam entre jurar pelo templo e pelo ouro do templo, ou jurar pelo altar e uma oferta no altar, ou entre jurar pelo trono de Deus e pelo Deus que está sentado no trono. Ao fazer tais distinções, os fariseus podiam fazer um juramento, mas depois se isentavam da responsabilidade pelo cumprimento desse juramento. O não iniciado nas distinções aceitaria o juramento de um fariseu, sem saber que o juramento havia sido formulado em uma fraseologia tal que o fariseu não se considerava vinculado a ele. Cristo condenou tal duplicidade.

Depois, Cristo pronunciou outro lamento sobre os fariseus por causa de sua prática em dar o dízimo (Mt 23:23-24). A lei claramente exigia o dízimo, e eles entregavam de modo escrupuloso o dízimo das ervas de seus jardins. Mas a mesma lei que exigia dízimos também exigia justiça, misericórdia e fidelidade. Os fariseus ignoravam as exigências da lei quanto à retidão e consideraram que haviam cumprido a lei dando o dízimo até de suas ervas. Cristo os condenou como "guias cegos", pois multidões seguiam suas práticas. Os seguidores dos fariseus pensavam que estavam sendo conduzidos à vida sem saber que eram dirigidos por guias espiritualmente cegos. Cristo condenou os fariseus porque coavam um mosquito, mas engoliam um camelo. Por meio dessa analogia gráfica, Cristo mostrou que eles estavam preocupados com as minúcias da lei, mas ignoravam suas grandes exigências.

Em seguida, Cristo condenou os fariseus por causa do externalismo de suas práticas (Mt 23:25-26). Eles estavam preocupados em limpar o exterior de um prato, mas ignoravam o que estava dentro. Eles se preocupavam em lavar as mãos, mas não o coração. Cristo ensinou que a única maneira pela qual o exterior poderia ser limpo era primeiro limpar o interior.

Além disso, Cristo condenou os fariseus por causa de sua hipocrisia (Mt 23:27-28). Ele os comparou a sepulcros caiados de branco que pareciam atraentes por fora. No entanto, a pintura de cal era enganosa, pois cobria apenas superficialmente o que havia dentro. O farisaísmo era um sistema de observâncias externas que fazia os homens parecerem exteriormente justos. Essas observâncias encobriam a hipocrisia e a maldade que havia dentro de deles.

Então Cristo pronunciou mais um lamento sobre os fariseus porque eram como seus antepassados que mataram os profetas de Deus. Eles estavam prestes a matar o Profeta que Deus havia enviado com sua mensagem (Mt 23:29-32). Eles professavam honrar os profetas do Antigo Testamento, pois erguiam tumbas para eles e decoravam os túmulos dos justos. Os fariseus repudiavam as ações de seus pais ao matar os profetas e declaravam que eles os teriam recebido e respondido às suas mensagens. Na verdade, porém, eles rejeitaram Jesus, o último Profeta enviado por Deus. Eles estavam agora mesmo planejando sua morte. A morte de Cristo completaria a rejeição dos profetas iniciada por seus antepassados.

Cristo finalmente os condenou comparando-os a serpentes (Mt 23:33). Eva foi enganada por Satanás, que veio na forma de uma serpente (Gn 3:1). Sem dúvida, a serpente que se aproximou de Eva era linda de se ver externamente; no entanto, foi o meio por meio do qual Eva foi enganada. Cristo apropriadamente chamou os fariseus de serpentes, pois embora seu exterior pudesse ter sido atraente para as pessoas, o sistema que eles proclamavam enganava as pessoas e as afastava de Cristo.

Cristo deixou de lado os fariseus para anunciar o julgamento da própria cidade de Jerusalém. A dupla repetição do nome amado da cidade sugere a compaixão que Jesus sentia por ela (Mt 23:37). A cidade rejeitou repetidamente a mensagem de Deus e seus mensageiros. Apesar disso, Cristo veio para oferecer refúgio e segurança a seus habitantes. Assim como uma galinha reúne seus pintinhos sob sua asa para dar-lhes segurança, Ele veio para convidá-los a encontrar refúgio em si mesmo. Ele disse: "Venham a mim, todos os que estão cansados e sobrecarregados, e eu darei descanso a vocês" (11:28). Mas, apesar da oferta, as pessoas não foram. Como resultado, Cristo anunciou: "Eis que a casa de vocês ficará deserta" (23:38). A palavra "casa" pode ser uma referência à cidade de Jerusalém, ou ao templo judaico na cidade, ou à casa de Davi para a qual os judeus procuravam um sucessor davídico para livrá-los e governá-los, ou à nação como um todo. Em qualquer um dos casos, o julgamento chegará. Aquele que tinha se oferecido para que eles pudessem descansar nele seria retirado e não seria visto novamente como um Príncipe da Paz até aquele dia futuro, quando eles dirão: "Bendito o que vem em nome do Senhor" (v. 9).

I. Lições junto à caixa de ofertas
Seção 149
Marcos 12:41-44; Lucas 21:1-4

Durante o dia, Jesus sentou-se na área do templo e "observou a multidão colocando seu dinheiro no tesouro do templo" (Mc 12:41). Em ocasiões como a época da Páscoa, era costume que as pessoas fizessem ofertas voluntárias para mostrar sua devoção ao templo.

> E o valor de tais contribuições pode ser entendido ao considerar a circunstância de que, na época de Pompeu e Crasso, o Tesouro do Templo, após ter custeado generosamente todas as despesas possíveis, continha em dinheiro vivo quase meio milhão [de libras] e preciosos vasos com valor equivalente a quase dois milhões de libras esterlinas.[29]

As ofertas dos ricos não geraram nenhum comentário feito por Jesus, pois Ele conhecia a hipocrisia deles. Eles estavam dando para serem vistos pelas pessoas. Aquelas ofertas eram inaceitáveis para Deus. Mas

> Seu olhar se voltou para uma figura solitária. As simples palavras de Marcos esboçam uma história de tocante singularidade. Tratava-se de "uma viúva pobre". Podemos vê-la chegando sozinha, como se tivesse vergonha de se misturar com a multidão de doadores ricos; estaria envergonhada de ter sua oferta observada; envergonhada, talvez, de trazê-la; uma desolada "viúva", vestida de luto; sua condição, aparência e comportamento assemelhava-se à de um "mendigo". Cristo a observou de perto e entendeu a verdade dela. Ela tinha nas mãos apenas as

---

[29] Edersheim, *Life and Times*, vol. 2, p. 388.

moedas menores e devia saber que não era lícito contribuir com uma quantia menor. Mas era "tudo o que possuía para viver", talvez tudo o que ela havia conseguido economizar na escassez de sua casa; mais provavelmente, tudo que ela tinha para viver naquele dia, até que ela conseguisse mais. E disse ela apresentou uma oferta humilde a Deus.[30]

Cristo chamou seus discípulos e usou a oferta da pobre viúva para ministrar uma lição importante. Os ricos contribuíram a partir de sua riqueza; e embora eles tivessem doado grandes somas, ainda lhes restava muito. Mas a viúva deu tudo o que possuía. Os ricos tinham suas riquezas que poderiam prover para eles nos dias vindouros. A viúva só tinha sua fé para sustentá-la. Sua confiança estava em Deus. A oferta de um homem era determinada não pela quantia que ele desse, mas pela quantia que sobrava depois que deu uma oferta aceitável. Sua atitude ao dar foi um guia que os discípulos de Cristo deveriam seguir.

---

[30] Ibid.

VIII
Preparação para a morte do Rei
Seções 150-161

A. Predições feitas por Cristo
Seção 150
Mateus 24:1—25:46; Marcos 13:1-37; Lucas 21:5-36

1. A pergunta
Mateus 24:1-3

O anúncio feito por Cristo acerca do julgamento vindouro sobre a cidade e a nação deixou os discípulos atordoados e perplexos. Eles, logicamente, se afastaram de Jesus para discutir o assunto entre si. Quando Jesus saiu do templo e estava caminhando em direção ao monte das Oliveiras, os discípulos vieram até Ele, ainda muito confusos. Queriam uma explicação adicional das palavras de Cristo. Chamaram a atenção para os edifícios do templo que Herodes havia começado 50 anos antes e que não seriam concluídos por outra geração. Herodes, um mestre construtor, havia planejado que seus edifícios durassem mais que as pirâmides. O que ele havia construído o fora para durar por muito tempo. Evidentemente, a questão na mente dos discípulos era como a permanência desses edifícios poderia ser conciliada com a mensagem de Cristo a respeito do julgamento final. Cristo respondeu muito especificamente: "Eu garanto que não ficará aqui pedra sobre pedra; serão todas derrubadas" (Mt 24:2). Essa afirmação, embora muito clara para nós, era incompreensível para os discípulos. Eles caminharam em silêncio com Jesus desde a área do templo através do ribeiro de Cedrom até as encostas do monte das Oliveiras. Embora nada tenha sido dito, os discípulos devem ter se esforçado para entender o que Jesus queria dizer. Quando ficaram sozinhos com Ele no monte das Oliveiras, eles perguntaram: "Dize-nos, quando acontecerão essas coisas? E qual será o sinal da tua vinda e do fim dos tempos?" (Mt 24:3). As perguntas davam a entender que eles haviam chegado a certas conclusões. O profeta Zacarias descreveu o advento do Messias para instituir seu reino (Zc 14:4). Essa vinda seria precedida por uma invasão a Jerusalém (12:1-3; 14:1-3), a qual seria totalmente destruída e a maioria de seus habitantes, massacrada (13:8,9). Para aqueles homens, as palavras de Cristo a respeito da destruição de Jerusalém tratava-se da destruição predita por Zacarias, que iria preceder o advento do Messias. Na escatologia judaica, dois períodos eram reconhecidos: o primeiro, o presente século, o período em que Israel estava esperando a vinda do Messias; o segundo era o tempo vindouro, a era em que todas as alianças de Israel seriam cumpridas e o povo receberia as bênçãos prometidas como resultado da vinda do Messias. A era presente seria encerrada com o aparecimento do Messias, e a era vindoura seria introduzida por seu advento. O tempo presente terminaria em um julgamento, e a era por vir seria precedida por tal devastação. Os discípulos concluíram que o julgamento que Cristo havia predito seria aquele que encerraria o período presente. Após esse julgamento, o Messias viria para introduzir a era vindoura. Assim, eles perguntaram: "quando acontecerão essas coisas? E qual será o sinal da tua vinda e do fim dos tempos?" (Mt 24:3).

Observemos, no que se refere a esse grande discurso escatológico, que Jesus estava aqui revelando o programa profético para Jerusalém, para nação de Israel e para o seu povo. Ele não fez nenhuma referência à Igreja ou a um programa profético para ela. Jesus não falou aqui de eventos que precederão a consumação do programa para a igreja no arrebatamento (Jo 14:1-4; 1Co 15:51,52; 1Ts 4:13-17). Em vez disso, Ele lidou com a futura tribulação, ou o período de sete anos que completará o programa profético para Israel, conforme revelado em Daniel 9:27. Por causa de seu contexto judaico, essa porção das Escrituras deve ser interpretada com referência a Israel, e não à igreja.

2. A tribulação
Mateus 24:4-26

No tópico anterior, observamos que os discípulos fizeram duas perguntas a Jesus. A primeira foi: "quando acontecerão essas coisas?" Isto é, "quando

Preparação para a morte do Rei 573

Jerusalém será destruída?" (Mt 24:3). Embora Ele tenha se referido à pergunta nos versículos 15-22, é o registro de Lucas que chama especial atenção para a resposta à primeira pergunta dos discípulos (Lc 21:20-24). Cristo previu a aproximação dos exércitos romanos sob o comando de Tito, o instrumento por meio do qual o julgamento de Deus sobre aquela geração seria executado. Quando os que estavam em Jerusalém soubessem da aproximação dos exércitos romanos, deveriam deixar a Judeia e fugir para as montanhas (v. 21). Eles deveriam sair às pressas porque a destruição não demoraria muito. Multidões seriam mortas pelos soldados de Tito (v. 24) a propósito da invasão. Jesus observou: "Jerusalém será pisoteada pelos gentios até que os tempos dos gentios se cumpram".

Os tempos dos gentios são um período importante na profecia. A expressão se refere ao espaço de tempo que começou com a queda de Jerusalém por Nabucodonosor. Esse ataque começou em 606-605 a.C., continuou em uma segunda invasão, em 597 a.C., e foi consumado na destruição total de Jerusalém em 586 a.C. A cidade de Jerusalém, de acordo com os capítulos 2 e 7 da profecia de Daniel, seria ocupada por quatro diferentes impérios mundiais: o babilônico, o medo-persa, o grego e, por fim, o romano. Os tempos dos gentios terminariam quando Cristo, o Messias (referido como uma "pedra" que esmigalha em Daniel 2:34-35, 45) destruiria as nações que governavam Jerusalém e libertaria aquela cidade, a terra e o povo da escravidão dos gentios. Os tempos dos gentios, então, começaram nos dias de Nabucodonosor e continuarão até o segundo advento de Jesus Cristo a este mundo. Quando retornar, Ele ferirá as nações e "as governará com vara de ferro" e as despedaçará "como a um vaso de barro" (Sl 2:9). Naquela época, se poderá dizer: "O reino do mundo se tornou de nosso Senhor e do seu Cristo, e Ele reinará para todo o sempre" (Ap 11:15). Assim, o registro de Lucas enfatizou os detalhes que o Senhor apresentou para responder à primeira pergunta sobre quando Jerusalém seria destruída.

Mateus, em seu registro do discurso de Cristo, chamou a atenção para a segunda pergunta dos discípulos: "qual será o sinal da tua vinda e do fim dos tempos?" (Mt 24:3). Os discípulos não estavam aqui fazendo duas perguntas, mas apenas uma. Eles acreditavam, depois de ler o Antigo Testamento, que a vinda do Messias encerraria a era presente, na qual eles estavam esperando pelo seu aparecimento. Quando Ele viesse, inauguraria a era vindoura. Jesus dedicou a primeira grande parte de seu discurso, conforme registrado em Mateus 24:4-28, para responder a essa pergunta. Jesus falou de sinais que avisarão a nação de Israel da aproximação do advento de Cristo à terra pela segunda vez.

a. A primeira metade
Mateus 24:4-8

Cristo descreveu os eventos que ocorrerão nos sete anos do período que Jeremias chamou de "um tempo de angústia para Jacó" (Jr 30:7). Jesus se referiu às dificuldades pelas quais Israel passará nesse período como "o início das dores" (Mt 24:8). Elas serão como os sofrimentos que precedem o nascimento da nova era por vir. Daniel indicou que esse período de sete anos seria dividido em duas partes de igual duração (Dn 9:27). Jesus descreveu os sinais que serão dados à nação de Israel na primeira metade da tribulação (Mt 24:4-8). Um dos sinais será o aparecimento de falsos messias (v. 5). Outro sinal será relacionado com rumores de guerra (v. 6,7). Outro envolverá catástrofes naturais — fomes e terremotos (v. 7).

Em Apocalipse 6, João descreve eventos da primeira metade da tribulação, revelando aquilo que estava escondido sob os selos em um pergaminho. Que os selos estão inseridos na primeira metade da tribulação é sugerido pelo paralelismo que existe entre os sinais dados por Cristo em Mateus 24:4-8 e o que João revelou em Apocalipse 6. O primeiro selo de João tem a ver com um cavaleiro montado em um cavalo branco (Ap 6:2), que é um falso messias. Como resultado da ascensão desse cavaleiro, a paz será tirada da terra e terá início a guerra (v. 4). Devido à guerra, haverá fome por toda a parte (v. 6), o que resultará em morte generalizada (v. 8). Cristo revelou que, por mais rigorosos que esses julgamentos possam parecer, eles serão apenas "o início das dores" (Mt 24:8). Assim, nessa parte, Cristo descreveu os julgamentos da primeira metade da tribulação. Ele informou a Israel sobre sinais que os avisariam da aproximação do Juiz.

b. A segunda metade
Mateus 24:9-14

Cristo, a seguir, mencionou os sinais pertencentes à segunda metade da tribulação (Mt 24:9-14). Haverá perseguição e morte generalizadas (v. 9).

Muitos se afastarão de Cristo para adorar o ditador político a quem João chamou de "besta" (Ap 13:1-10). Paulo chamou essa pessoa de "homem do pecado" (2Ts 2:1-4). Inúmeros falsos profetas aparecerão e enganarão a muitos. João escreveu sobre um falso profeta em particular (Ap 13:11-18) que, pelo poder de Satanás, fará milagres para persuadir o mundo a adorar a primeira besta, o ditador político descrito nos versículos 1-10. Esse falso profeta começará seu ministério no meio da tribulação. A besta estenderá o poder político sobre o mundo e assumirá as prerrogativas da divindade no mundo religioso, e essas atividades serão sinais que ocorrerão na segunda metade da tribulação para alertar Israel sobre o advento de Cristo que se aproxima. A besta se tornará feroz perseguidora (Ap 13:7) e muitos perderão a vida. Isso, sem dúvida, tentará muitos a renunciar a Cristo e a fazer aliança com a besta. No entanto, Cristo prometeu: "Aquele que perseverar até o fim será salvo" (Mt 24:13). No contexto, a salvação aqui referida é quanto à perseguição, ou seja, a salvação do controle da besta pelo aparecimento do Libertador (Rm 11:26). Durante o tempo em que o sistema político-religioso da besta estiver no controle absoluto, o evangelho do reino será pregado em todo o mundo (Mt 24:14). Este evangelho foi pregado por João Batista e por Jesus (Mt 3:2; 4:17). Esse foi o anúncio das boas-novas de que o reino estava próximo. Essa mensagem teve uma ênfase soteriológica e escatológica. Quando João e Jesus exortaram a nação ao arrependimento, eles estavam pedindo ao povo que reconhecesse seu estado pecaminoso e sua necessidade de salvação. Eles estavam convidando as pessoas a se voltarem para Deus, o qual havia prometido enviar um Salvador, pela fé. O evangelho do reino pregado durante a tribulação terá duas ênfases. Por um lado, vai anunciar as boas-novas de que o advento do Messias está próximo, momento em que Ele introduzirá a era messiânica da bênção. Por outro lado, também oferecerá aos homens a salvação pela graça por meio da fé baseada no sangue de Cristo. Esse evangelho será pregado pelos 144 mil separados das tribos de Israel (Ap 7:1-8). Esses serão os descendentes de Abraão. Eles evidentemente serão conduzidos à fé em Cristo da mesma forma como Saulo de Tarso foi conduzido à fé em Cristo no caminho de Damasco. Eles receberão uma revelação da pessoa de Cristo e, como Saulo, serão separados como mensageiros de Deus para os gentios. O resultado do ministério deles será a conversão de "uma grande multidão que ninguém podia contar, de todas as nações, tribos, povos e línguas" (Ap 7:9). "Estes são os que vieram da grande tribulação, que lavaram as suas vestes e as alvejaram no sangue do Cordeiro" (v. 14). Deus também enviará duas "testemunhas" ou profetas à nação de Israel (11:1-12). Eles conduzirão muitos à salvação pela graça por meio da fé baseada no sangue derramado de Cristo, e um remanescente de Israel será redimido. Consequentemente, durante todo o período da tribulação, como resultado da pregação do evangelho da graça, juntamente com uma advertência de que o julgamento é iminente, muitos judeus e gentios serão levados à fé em Cristo. Assim, na presente passagem das Escrituras, Cristo revelou sinais que ocorrerão na segunda metade da tribulação.

c. Repetição e explicação
Mateus 24:15-26

Cristo, a seguir, direcionou a atenção para *aquele* sinal que avisará Israel de seu segundo advento que se aproxima. Ele se referia àquele sobre "o qual falou o profeta Daniel" (v. 15). Daniel diz: "vi outro chifre, pequeno". Isso primeiro nos apresenta a uma figura escatológica que será elevada a uma posição de autoridade sobre dez nações que tiveram sua origem na destruição do antigo império romano. Esse, a quem João designou como a "besta", chegará ao poder, não por uma conquista militar, mas por consenso geral (Ap 17:13). A partir do capítulo 7 da profecia de Daniel, tal indivíduo passa a desempenhar um papel proeminente. Ele é descrito como "um rei de duro semblante" (Dn 8:23), o que explica suas ações. Em outra ocasião, ele é mencionado como o "governante que virá" (9:26). Ele também é referido como "o rei [que] fará o que bem entender" (11:36). Ainda outra referência a ele diz que terá "abolido o sacrifício diário e colocado o sacrilégio terrível" (12:11). A esse personagem é que Cristo se referia na ocasião (Mt 24:15). O aparecimento desse ditador será o prenúncio do início da tribulação.

> A Escritura apresenta um grande desafio quando se refere ao indivíduo que aparecerá no tempo do fim como o cabeça dos poderes gentios em sua associação de dez reinos. Sua pessoa e obra são apresentadas em Ezequiel 28:1-10; Daniel 7:7-8, 20-26; 8:23-25; 9:26,27; 11:36-45;

2Tessalonicenses 2:3-10; Apocalipse 13:1-10; 17:8-14. Uma síntese das verdades nessas passagens revelará os seguintes fatos a respeito de suas atividades: (1) Ele aparecerá em cena nos "últimos tempos" da história de Israel (Dn 8:23). (2) Ele não aparecerá até que o Dia do Senhor tenha chegado (2Ts 2:2). (3) Sua manifestação está sendo impedida por aquele que o está detendo (2Ts 2:6,7). (4) Essa aparição será precedida por um arrebatamento (2Ts 2:3), que pode ser interpretada também como uma partida dos santos para estar com o Senhor (2Ts 2:1). (5) Ele é um gentio. Visto que ele surge do mar (Ap 13:1), e considerando que o mar representa as nações gentias (Ap 17:15), ele deve ser de origem gentia. (6) Ele se levanta do império romano, uma vez que é o governante do povo que destruiu Jerusalém (Dn 9:26). (7) Ele é o cabeça da última forma de domínio mundial dos gentios, pois é como um leopardo, um urso e um leão (Ap 13:1). (Cf. Dn 7:7,8, 20, 24; Ap 17:9-11.). Ele é um líder político. As sete cabeças e os dez chifres (Ap 13:1; 17:12) são reunidos sob sua autoridade. (8) Sua influência é mundial, pois ele governa todas as nações (Ap 13:8). Essa influência vem por meio da aliança que ele fará com outras nações (Dn 8:24; Ap 17:12). (9) Para ascender ao poder, ele elimina três governantes (Dn 7:8, 24). Um dos reinos sobre os quais ele tem autoridade foi revivido, pois uma das cabeças, representando um reino ou rei (Ap 17:10), foi curada (Ap 13:3). (10) sua ascensão vem por meio de seu programa de paz (Dn 8:25). (11) Suas características pessoais que se destacam são sua inteligência e persuasão (Dn 7:8, 20; 8:23), bem como sua sutileza e astúcia (Ez 28:6), de modo que a posição que tem sobre as nações é determinada por consentimento delas (Ap 17:13). (12) Ele governa sobre as nações de sua federação com autoridade absoluta (Dn 11:36), sendo descrito como alguém que faz sua própria vontade. Essa autoridade se manifesta por meio da mudança nas leis e nos costumes (Dn 7:25). (13) Seu principal interesse está na força e no poder (Dn 11:38). (14) Como cabeça do império federado ele faz uma aliança de sete anos com Israel (Dn 9:27), que é quebrada após três e meio anos (Dn 9:27). (15) Ele introduz uma adoração idólatra (Dn 9:27), por meio da qual se apresenta como deus (Dn 11:36,37; 2Ts 2:4; Ap. 13:5). (16) Ele ostenta a característica de um blasfemador por causa da suposição de sua divindade (Ez 23:2; Dn 7:25; Ap. 13:1, 5,6). (17) Ele é influenciado por Satanás (Ez 28:9-12; Ap 13:4), recebe dele sua autoridade e é controlado pelo orgulho do Diabo (Ez 28:2; Dn 8:25). (18) Ele é o cabeça do sistema sem lei estabelecido por Satanás (2Ts 2:3) e sua reivindicação de poder e divindade é provada por sinais forjados por meio do poder satânico (2Ts 2:9-19). (19) Ele é recebido como deus e governante por causa da cegueira do povo (2Ts 2:11). (20) Esse governante se torna o grande adversário de Israel (Dn 7:21, 25; 8:24; Ap 13:7). (21) Haverá uma aliança contra ele (Ez 28:7; Dn 11:40, 42), que contestará sua autoridade. (22) No conflito que se seguirá, ele obterá controle sobre a Palestina e o território adjacente (Dn 11:42), e estabelecerá sua sede em Jerusalém (Dn 11:45). (23) Esse governante, à época de sua ascensão ao poder, é elevado por meio da instrumentalidade da meretriz, o sistema religioso corrupto, que consequentemente buscará dominá-lo (Ap 17:3). (24) Esse sistema é destruído pelo governante para que ele possa governar sem impedimentos (Ap 17:16,17). (25) Ele se torna o adversário especial do Príncipe dos príncipes (Dn 8:25), de seu programa (2Ts 2:4; Ap 17:14) e de seu povo (Dn 7:21, 25; 8:24; Ap 13:7). (26) Embora permaneça no poder por sete anos (Dn 9:27), sua atividade satânica está restrita à última metade do período da tribulação (Dn 7:25; 9:27; 11:36; Ap 13:5). (27) Seu governo será encerrado por um julgamento direto de Deus (Ez 28:6; Dn 7:22, 26; 8:25; 9:27; 11:45; Ap 19:19,20). Esse julgamento ocorrerá quando ele estiver engajado em uma campanha militar na Palestina (Ez 28:8,9; Ap 19:19), e ele será lançado no lago de fogo (Ap 19:20; Ez 28:10). (28) Esse julgamento ocorrerá no segundo advento de Cristo (2Ts 2:8; Dn 7:22), constituindo uma manifestação de sua autoridade messiânica (Ap 11:15). (29) O reino sobre o qual ele governou passará à autoridade do Messias e se tornará o reino dos santos (Dn 7:27).[1]

O que Tito fez a Jerusalém, em 70 d.C., prefigurou o que esse abominável e desolador fará a Jerusalém e à terra de Israel durante a tribulação. Assim como em Lucas 21:20-24 Cristo instruiu o povo a fugir da terra quando Tito se aproximasse, aqui em Mateus 24:16-18 Ele faz um aviso semelhante para aqueles que ouvirão sobre a aproximação dos exércitos desse ditador na tribulação. A necessidade de pressa será tão grande que causará dificuldades indevidas para aquelas pessoas que estão impedidas por causa da gravidez (v. 19) ou que, por outros motivos, têm problemas para viajar (v. 20). Como resultado dessa invasão definitiva da terra,

---

[1] J. Dwight Pentecost, *Things To Come* (Grand Rapids: Zondervan, 1978), p. 332-334.

Cristo disse: "haverá então grande tribulação, como nunca houve desde o princípio do mundo até agora, nem jamais haverá" (v. 21). Por maior que tenha sido o sofrimento de Israel nos dias anteriores, um sofrimento sem precedentes o aguarda nesse período. Mas Deus determinou preservar um remanescente em Israel, embora Satanás busque exterminar todo descendente físico de Abraão para impedir o cumprimento da aliança que Deus deu a ele. João descreveu essa perseguição (Ap 12:13-17). Somente a complacência dos gentios para abrigar os fugitivos judeus evitará a destruição total destes últimos. Cristo prometeu que a tribulação seria "abreviada" e falou sobre "aqueles dias" (Mt 24:22). Sua promessa foi mal interpretada. Daniel falou da tribulação como um "sete", isto é, um período de sete anos (9:27). João deu sua duração em meses (Ap 11:2) e até mesmo em dias (v. 3). Alguns perguntaram: como esses dias poderiam ser encurtados? As palavras de Cristo podem não significar que os dias diminuirão sua duração. O verbo "abreviar" significa "terminar". Se aqueles dias com seus julgamentos terríveis continuassem indefinidamente, a raça humana seria totalmente destruída. Cristo quis dizer que Deus permitirá que esse período termine, mas será de acordo com seu cronograma, para que um remanescente seja poupado. Tão grande será o desespero daqueles que experimentarem os rigores desse julgamento que buscarão algum livramento. Eles se voltarão para falsos cristos e para falsos profetas em busca de ajuda (Mt 24:24). Assim, a besta estenderá seu poder, pois muitos se voltarão para ela quando virem os milagres que o falso profeta realizará para persuadir o mundo a adorá-la como Deus (Ap 13:11-18). Eles aceitarão esses milagres como prova de que ele é Deus. Este quererá ser reconhecido como o messias, mas Cristo avisou os homens para não se submeterem a ele. Os homens serão capazes de discernir o verdadeiro Messias quando Ele vier, pois sua vinda será como um relâmpago (Mt 24:27). A escuridão envolverá a terra ao longo da última metade da tribulação, pois o sol, a lua e as estrelas não darão sua luz regular (Ap 8:12). Essas trevas serão subitamente iluminadas pelo resplendor da glória que pertence a Jesus Cristo. Essa glória revelada identificará o verdadeiro Messias. Jesus deu a entender que retornaria primeiro no papel de um juiz quando disse: "Onde houver um cadáver, aí se ajuntarão os abutres" (Mt 24:28). Ele, portanto, via a nação de Israel como um cadáver sem vida, e Ele julgará essa nação.

3. O segundo advento
Mateus 24:27-30

Tendo descrito a tribulação nos versículos 4 a 28, Cristo passou a descrever o próximo acontecimento no programa escatológico de Israel. Ele falou de seu retorno à terra (v. 29-30). Sofonias predisse as trevas do dia do Senhor (Sf 1:14-17). Cristo previu as trevas físicas, bem como as trevas morais e espirituais. Será contra essas trevas que "o sinal do Filho do homem aparecerá no céu" (Mt 24:30). Por todo o Antigo Testamento, Deus revelou sua presença entre seu povo pelo resplendor da luz. Quando Emanuel retornar, sua presença será anunciada pelo resplendor da glória essencial que pertence a Ele. Os povos da terra "verão o Filho do homem vindo nas nuvens do céu com poder e grande glória". Deus deu autoridade ao homem para governar como seu representante sobre a terra (Gn 1:27). O Espírito Santo levou Davi a reafirmar essa responsabilidade (Sl 8:6-8). Em seu Segundo Advento, Cristo virá como o "Filho do homem" (Mt 24:30) para sujeitar a terra à sua autoridade para que Ele possa cumprir o dever que Deus designou ao homem. Essa vinda será corporal e visível. Os pés de Cristo tocarão o monte das Oliveiras, conforme predito em Zacarias 14:4, e Ele retornará assim como ascendeu ao céu (At 1:11).

4. O reagrupamento de Israel
Mateus 24:31

Cristo passou a descrever o terceiro evento escatológico no programa de Israel — a restauração da nação de Israel de volta à terra. Visto que todo esse discurso foi dedicado ao programa profético para Israel, a alusão a "seus eleitos" (Mt 24:31) não pode se referir à igreja. Em vez disso, a referência deve ser à nação que Deus escolheu (Êx 19:5,6). Durante a tribulação, Israel será espalhado para fora de sua terra por invasões militares. Os israelitas fugirão e encontrarão refúgio entre as nações gentias. Deus sobrenaturalmente irá trazer as pessoas de Israel de volta para a terra por meio do ministério dos anjos. Essa será a restauração final prevista no Antigo Testamento (Dt 30:1-8).

5. Exortações parentéticas
Mateus 24:32-51

a. A figueira
Mateus 24:32-44

Antes de retomar a cronologia dos eventos proféticos (Mt 25:1), o Senhor fez uma pausa para oferecer certas exortações parentéticas sobre vigilância e prontidão (24:32-51). Ele aplicou seu ensino àqueles que testemunharão os grandes eventos dos quais Ele havia falado anteriormente. Primeiro Cristo exortou as pessoas a "vigiar" (v. 42). Em resposta à pergunta dos discípulos, Ele disse que muitos sinais foram dados, os quais serão vistos por uma futura geração de Israel. Esses sinais os avisarão da aproximação do Juiz e do julgamento vindouro. Então, para mostrar a importância desses sinais como indicadores do julgamento vindouro, Cristo usou uma ilustração da natureza. Alguém, tendo passado pelos rigores de um frio inverno da Judeia, aguardaria ansiosamente a chegada do verão. Quando essa pessoa pudesse ver os primeiros brotos verdes aparecendo em uma figueira, ela teria uma indicação da estação em que está vivendo (Mt 24:32). Portanto, é capaz de antever o fim do inverno e a chegada da primavera. Cristo aplicou esse princípio simples, dizendo: "Assim também, quando virem todas estas coisas, saibam que ele está próximo, às portas" (v. 33). No contexto "essas coisas" se referem aos sinais mencionados nos versículos 4-28. Aqueles que verão os sinais saberão que Ele, o Messias, ou o próprio julgamento do Messias, está às portas. Visto que todos esses sinais ocorrerão nos sete anos da septuagésima semana de Daniel, "não passará esta geração até que todas estas coisas aconteçam" (Mt 24:34), pois todos eles ocorrerão dentro de um breve intervalo de tempo. Esses não serão sinais dados a uma geração anterior ao arrebatamento. Em vez disso, serão mostrados a uma geração que não pode começar até que a igreja seja arrebatada. Para remover qualquer dúvida quanto à certeza desses eventos, Cristo disse: "As minhas palavras jamais passarão" (v. 35). O programa predeterminado de Deus para executar seu julgamento antes que os cristãos experimentem as bênçãos da era milenar será cumprido.

Embora ninguém saiba o dia ou a hora específica em que Jesus Cristo retornará, as pessoas que entendem e interpretam corretamente os sinais saberão que estão vivendo nos últimos dias. Podemos supor que essa consciência livraria as pessoas da complacência e da indiferença, mas não será esse o caso. Cristo comparou aqueles dias futuros em que os sinais se revelarão como os dias de Noé. O patriarca anunciou um julgamento vindouro e ofereceu às pessoas uma maneira de escapar dele. No entanto, elas ignoraram as advertências de julgamento dadas por Noé e continuaram se ocupando com seu curso normal de vida. Elas estavam "comendo e bebendo, casando-se e dando-se em casamento, até o dia em que Noé entrou na arca" (Mt 24:38). Quando o dilúvio veio, as pessoas haviam ignorado o aviso do julgamento vindouro. Elas não estavam preparadas para o dilúvio e não se beneficiaram do meio de fuga. Logo, foram eliminadas no julgamento. Assim será na tribulação. Os sinais anteciparão a vinda do Juiz e de seu julgamento destruidor. E quando Ele vier, "dois homens estarão trabalhando no campo; um será levado [para o julgamento] e o outro deixado [para entrar no reino milenar]. Duas mulheres estarão trabalhando num moinho; uma será levada [para o julgamento] e a outra será deixada [para entrar no reino]" (Mt 24:40,41).

À luz disso, Cristo exortou aqueles que faziam parte daquela geração a "vigiarem" (v. 42). Será importante que eles vigiem por causa da incerteza do tempo efetivo em que o Messias aparecerá. Para esclarecer seu ensino, Cristo usou uma parábola. Ele disse que se um ladrão avisasse com antecedência quando o furto ocorreria, o dono de uma casa não precisaria ficar de guarda até que a hora marcada chegasse. Mas como o ladrão não avisa com antecedência, o dono da casa deve vigiar continuamente. Aplicando essa parábola, Cristo disse: "vocês também precisam estar preparados, porque o Filho do homem virá numa hora em que vocês menos esperam" (v. 44). O tempo exato de sua vinda não será conhecido.

b. O servo fiel
Mateus 24:45-51

A seguir Cristo fez uma exortação a respeito da fidelidade, tendo em vista que os cristãos não sabem exatamente quando Ele irá retornar. Ele comparou um discípulo preparado a um servo encarregado da casa de seu senhor. A responsabilidade do servo era administrar os bens do senhor para o benefício dos demais servos deste. Sua responsabilidade exigia fidelidade, embora o senhor não estivesse presente para supervisioná-lo. Se, ao voltar, o senhor descobrisse que o servo havia sido fiel, ele o recompensaria. Mas se o servo fosse infiel enquanto o senhor estivesse ausente, seria punido se ele voltasse inesperadamente e descobrisse sua infidelidade. Nessa parábola Cristo ensinou que, em seu retorno, aqueles que se dizem seus servos serão testados e aqueles que não têm fé serão rejeitados apesar de sua profissão de fé. Entretanto, aqueles que são fiéis serão aceitos porque sua fidelidade validará sua confissão. Assim, nesta seção parentética, Cristo exortou aqueles que testemunharão os sinais a estarem vigilantes, a estarem preparados e a serem fiéis em vista de sua vinda.

6. Julgamento sobre Israel
Mateus 25:1-30

a. As dez virgens
Mateus 25:1-13

Cristo retomou sua revelação da cronologia dos eventos proféticos para Israel. Ele ensinou que após seu retorno (Mt 24:30) e o retorno da nação de Israel à sua terra (v. 31), ela seria julgada (25:1-30). Cristo usou duas parábolas para ensinar que a nação reagrupada será julgada para determinar quem será salvo e quem não será. O propósito desse julgamento será excluir os não salvos e receber os salvos no reino que Ele estabelecerá após seu Segundo Advento. A primeira parábola é a das dez virgens (25:1-13). Embora Paulo tenha usado a figura de uma virgem para se referir à igreja (2Co 11:2), o contexto judaico aqui indica que não é a igreja que está em questão. Em seu discurso, Cristo estava desenvolvendo o programa escatológico para a nação de Israel. A parábola foi baseada nos costumes do casamento nos dias de nosso Senhor. Antes do casamento propriamente dito, um informe seria enviado àqueles que foram convidados para a festa do casamento. Na hora do banquete, um segundo convite seria enviado anunciando que a festa das núpcias estava preparada. Enquanto o noivo ia ao encontro de sua noiva, a fim de reivindicá-la como sua esposa, os convidados ficavam reunidos. A apresentação da noiva ao noivo seria feita em uma câmara interna privada. No final dessa cerimônia, os convidados reunidos aguardariam ansiosamente o aparecimento do noivo com sua noiva. Na parábola apresentada pelo Senhor, dez virgens haviam sido convidadas como damas e aguardavam o aparecimento do noivo com sua noiva. As dez foram divididas em dois grupos. Jesus chamou um grupo de virgens insensatas. O motivo era que, embora estivessem com suas lâmpadas, prevendo um possível atraso no aparecimento do noivo, não levavam azeite extra para que suas lâmpadas pudessem ficar acesas caso o noivo surgisse atrasado. As prudentes não apenas pegaram as lâmpadas, mas, prevendo um possível atraso, levaram azeite extra para que as lâmpadas pudessem ser reabastecidas e assim continuassem acesas. O noivo atrasou-se e as dez adormeceram. E no meio da noite elas foram subitamente acordadas de seu sono. Foi anunciado que noivo havia retornado, e agora elas eram esperadas para dar as boas-vindas ao noivo e à sua noiva. As lâmpadas das virgens insensatas haviam se apagado e elas não estavam preparadas para encontrar o noivo. Elas procuraram azeite para suas lâmpadas, mas era tarde demais para obtê-lo, pois o noivo havia chegado.

> A insensatez das cinco virgens, portanto, consistia, não (como comumente se supõe). em sua falta de perseverança — como se o azeite tivesse sido consumidos antes da chegada do noivo, e elas apenas não tivessem se provido de um suprimento extra suficiente —, mas na total ausência de preparação pessoal, não tendo trazido azeite para suas próprias lâmpadas.[2]

As cinco que se prepararam para a demora puderam acender suas lâmpadas e dar as boas-vindas ao noivo porque estavam prontas. "As virgens que estavam preparadas entraram com ele para o banquete nupcial" (Mt 25:10). O aparecimento do noivo encerrou o tempo de oportunidade de se preparar para encontrá-lo. Depois que as virgens preparadas foram admitidas no banquete de casamento "a porta foi fechada". Quando as virgens insensatas refletiram e pediram ajuda, foram rejeitadas porque não estavam preparadas e nem de prontidão.

---

[2] J. Dwight Pentecost, *Things To Come* (Grand Rapids: Zondervan, 1978), p. 332-334.

Nessa parábola, Cristo ensinou que durante o intervalo em que Ele estará ausente, aqueles que aguardam sua vinda devem estar preparados e vigiando. Seu retorno encerrará a oportunidade de as pessoas se prepararem para entrar no reino milenar, e apenas os preparados serão aceitos. Nenhuma pessoa não salva (despreparada) será admitida no reino milenar de Cristo. Isso fica bem claro no salmo 24, que fala de peregrinos que se dirigem a Jerusalém para uma festa. Eles são vistos se aproximando da cidade com a esperança de que possam, naquela ocasião, encontrar o Messias e ser recebido por Ele em seu reino. Mas, à medida que avançam, alguns perguntam: "Quem poderá subir ao monte do Senhor? Quem poderá entrar no seu Santo Lugar?" (v. 3), isto é, quem será aceito no reino do Messias? Outros dão a resposta: "Aquele que tem as mãos limpas e o coração puro, que não recorre aos ídolos nem jura por deuses falsos" (v. 4). Assim, somente os puros de coração verão a Deus (Mt 5:8).

b. Talentos
Mateus 25:14-30

Na segunda parábola (Mt 25:14-30), Cristo ensinou novamente que após seu retorno e o reagrupamento de Israel, a nação deve passar por um julgamento. Mais uma vez, esse será um juízo para determinar, por um lado, quem está salvo e, portanto, deve ser aceito no reino, e por outro lado, quem não está salvo e será impedido de entrar no reino. Nessa parábola, o Senhor ensinou verdades semelhantes às que Ele ensinou em Lucas 19:11-27. Na parábola anterior, em que havia distribuição igual de recompensa, Cristo ensinou sobre oportunidades iguais; aqui, porém, onde há uma distribuição proporcional, Ele ilustrou a responsabilidade individual. Nessa parábola, um homem estava prestes a empreender uma longa jornada; então ele chamou seus servos e confiou sua propriedade a eles. Um recebeu uma soma de dinheiro equivalente a mais de cinco mil dólares americanos. Outro recebeu uma quantia de mais de dois mil. Ainda um terceiro recebeu um valor superior a mil dólares. A distribuição foi feita de acordo com a capacidade individual de cada um (Mt 25:15). Os primeiros dois homens foram fiéis no uso do que lhes fora confiado, e cada um deles dobrou o dinheiro de seu senhor. O terceiro estava com medo de perder o que lhe havia sido confiado, e então enterrou o dinheiro para mantê-lo seguro. Após uma longa ausência, o mestre voltou e chamou seus servos para prestar contas. Elogiou os dois primeiros por sua fidelidade e os recompensou. Ele os colocou em cargos administrativos sobre seus bens. O terceiro homem havia escondido o que lhe havia sido confiado, então ele meramente retornou o que recebera para administrar, e foi repreendido por sua falta de ação. A sua parte lhe foi tirada e ele foi expulso da casa de seu senhor.

Cristo revelou nessa parábola que a nação de Israel, a qual havia sido separada como serva de Deus (Êx 19:5,6), recebeu um encargo pelo qual ela era responsável. No Antigo Testamento, o propósito de Israel era ser a luz de Deus para o mundo gentio. O candelabro do tabernáculo era um lembrete perpétuo da missão de Israel. Porque Israel não tinha fé suficiente para desempenhar esse papel, Isaías profetizou que outro povo viria para trazer luz aos gentios (Is 60:1-3). Cristo veio como a "verdadeira luz" (Jo 1:9; 8:12). Deus separará Israel novamente durante a tribulação para ser luz para o mundo (Ap 7:1-8). Quando Cristo vier pela segunda vez, a nação será julgada para determinar a fidelidade individual para essa designação. A fidelidade indicará a fé na pessoa de Cristo. Aqueles que provarem ser fiéis serão aceitos em seu reino, mas os infiéis serão excluídos dele.

Assim, nessas duas parábolas, Cristo descreveu o julgamento que virá sobre a nação de Israel após ser reagrupada depois de seu Segundo Advento.

7. Julgamento dos gentios
Mateus 25:31-46

Cristo então concluiu seu referido discurso falando do evento escatológico final que precede o estabelecimento real de seu rei milenar. As nações gentias devem ser julgadas para determinar quem dentre os gentios vivos será aceito em seu reino e quem será rejeitado. Essa é a revelação que Jesus apresenta no julgamento das ovelhas e dos bodes (Mt 25:31-46). Quando Cristo vier pela segunda vez, Ele será entronizado na glória celestial (v. 31). Ele se assentará no trono de Davi (2Sm 7:16; Lc 1:32,33). Enquanto estiver no trono de Davi, Cristo não apenas governará sobre Israel, mas também sobre os gentios. No entanto, visto que nenhuma pessoa não salva poderá entrar em seu reino milenar, será necessário separar os salvos dos não salvos dentre as nações gentias. Depois que Israel for julgado, "todas as nações serão reunidas diante dele" (Mt 25:32). Este não será um julgamento das nações como entidades nacionais, mas de indivíduos integrantes dessas nações. Se esse fosse um julgamento de entidades nacionais, é óbvio que alguns não salvos seriam incluídos em uma nação aceita; por outro lado, alguns salvos seriam excluídos porque estavam em uma nação rejeitada. Portanto, deve-se concluir que esse será um julgamento individual, não de nações.

Quando os gentios forem colocados diante de Cristo, eles vão ser separados em dois grupos. No discurso de Cristo, vemos que os gentios chamados "ovelhas" serão posicionados à sua mão direita, e os outros, identificados como "bodes", estarão à sua esquerda. Para as ovelhas no seu lado direito, Cristo dirá palavras de boas-vindas: "Venham, benditos de meu Pai! Recebam como herança o Reino que foi preparado para vocês desde a criação do mundo" (Mt 25:34). Eles serão incluídos por causa de suas obras feitas para Cristo em seu nome (v. 35,36). Mas os salvos, considerados ovelhas, que são chamados "justos" (Mt 25:37), irão questionar que eles sequer tinham visto Cristo. Como eles poderiam, então, ter feito coisas por Ele que lhes concederiam a admissão em seu reino? Cristo explicará: "O que vocês fizeram a algum dos meus menores irmãos, a mim o fizeram" (v. 40). A referência a esses "meus menores irmãos" indica que haverá um terceiro grupo ali na presença de Cristo. Essa frase pode se referir àqueles que são irmãos segundo a carne, ou seja, a nação de Israel; também pode referir-se àqueles mensageiros escolhidos, os 144 mil de Apocalipse 7, que terão testemunhado sobre Ele durante o período da tribulação. Tais indivíduos estarão sob uma sentença de morte expedida pela besta. Eles se recusarão a carregar a marca da besta e, portanto, não poderão comprar nem vender. Em razão disso, eles terão que depender daqueles a quem ministram para receber hospitalidade, alimentação e apoio. Somente aqueles que receberem a mensagem colocarão sua vida em risco, oferecendo hospitalidade aos mensageiros. Portanto, o que é feito para eles será uma evidência de sua fé em Cristo, isto é, o que for feito para eles terá sido feito para Cristo. Estes não serão aceitos por causa de suas obras, porque o homem não é salvo por obras. Mas suas obras vão demonstrar sua fé na pessoa de Cristo, que os torna aceitáveis a Ele.

Cristo então se voltará para aqueles à sua esquerda e ordenará: "Malditos, apartem-se de mim para o fogo eterno, preparado para o Diabo e os seus anjos" (Mt 25:41). A base para esse juízo terá como parâmetro suas obras (v. 42,43). Eles irão responder que, uma vez que não tinham se encontrado com Cristo, nunca tiveram a oportunidade de fazer nada por Ele. Procurarão tentar mostrar que seu julgamento não é justo. Mas Cristo responderá: "O que vocês deixaram de fazer a alguns destes mais pequeninos, também a mim deixaram de fazê-lo" (v. 45). Quando estiverem diante de Cristo, eles terão ouvido a palavra dos mensageiros. Terão mostrado sua rejeição à mensagem recusando-se a dar hospitalidade aos mensageiros. Sua falta de fé em Cristo será evidente, e por meio do que eles fizeram, Ela considerará o que foi negado aos mensageiros como tendo sido negado a Ele. Sua falta de fé em Cristo será evidenciada por sua ausência de obras, fazendo com que sejam excluídos do reino milenar. "Estes irão para o castigo eterno, mas os justos para a vida eterna" (Mt 25:46). Assim, os justos serão aceitos no reino terreno do Messias, mas os não salvos serão rejeitados no reino. Aqueles que forem recebidos no reino serão os que receberão a vida eterna. Os rejeitados no reino serão os excluídos da vida eterna por não acreditarem em Cristo. Desse modo, nosso Senhor concluiu seu desdobramento de eventos proféticos com instruções sobre o juízo dos gentios.

O anúncio do julgamento de Cristo sobre Jerusalém, sem dúvida, foi entendido pelos discípulos em seu contexto escatológico como um juízo que precede o segundo advento do Messias à terra. Eles perguntaram quando o julgamento viria e quais sinais seriam dados à nação de Israel. Cristo explicou os sinais em detalhes (Mt 24:4-26). Delineando os eventos da primeira metade da tribulação (v. 4-8) e também os eventos da segunda metade (v. 9-14). Ele então descreveu o sinal do clímax (v. 15-26). Cristo passou para o próximo evento escatológico, seu Segundo Advento à terra (v. 27-30), seguido pelo reagrupamento de Israel (v. 31). Em uma declaração parentética ao desdobrar os eventos escatológicos, Ele fez exortações à vigilância, prontidão e fidelidade (v. 32-51). Ele então retomou a revelação escatológica, ensinando que após o reagrupamento de Israel, a nação será julgada a fim de que os salvos sejam separados dos não salvos. Os salvos serão recebidos no reino, mas os não salvos serão excluídos (25:1-30). Ao concluir, Ele falou do julgamento dos gentios vivos para separar os gentios salvos dos não salvos. Novamente, os salvos serão recebidos no reino, mas os não salvos serão excluídos (Mt 25:31-46).

B. Preparação para a morte de Cristo
Seções 151-160

1. A predição de sua morte
Seção 151
Mateus 26:1-2; Marcos 14:1a; Lucas 22:1

A denúncia contundente de Cristo contra os fariseus (Mt 23:1-36) os levou a tomar alucinadamente uma série de ações. A hostilidade entre Cristo e eles tornou-se tão aberta e irreversível que a ação não poderia ser retardada. Conhecendo a trama dos líderes religiosos, Cristo fez mais um anúncio a seus discípulos. Ele não apenas previu a sua morte, mas até mesmo o momento dela. Bem fez João ao apresentar Jesus como "o Cordeiro de Deus" (Jo 1:29). Historicamente, a morte do cordeiro da Páscoa proporcionava um refúgio para aqueles que se colocavam sob a proteção de Deus em relação ao julgamento e livres de culpa, expressando sua fé em obediência. Agora, Cristo veio como o Cordeiro pascal de Deus para libertar o ser humano do cativeiro do pecado e trazê-lo para uma nova vida. Em cumprimento à profecia contida na primeira Páscoa, Cristo deveria ser sacrificado no dia designado. Ele conhecia muito bem o horário que Deus havia predeterminado para si, e naquele momento Ele informou aos discípulos quando esse sacrifício aconteceria.

2. O plano dos chefes dos sacerdotes e dos líderes religiosos
Seção 152
Mateus 26:3-5; Marcos 14:1b-2; Lucas 22:2

Depois que o Senhor pronunciou seu julgamento sobre os fariseus (Mt 23:1-36) e enquanto Ele discursava no monte das Oliveiras para os discípulos, os chefes dos sacerdotes e líderes religiosos se retiraram para uma sessão secreta na casa do sumo sacerdote. Essa reunião estava sob a direção de Caifás, aquele que havia aconselhado os judeus que "é melhor que morra um homem pelo povo, e que não pereça toda a nação" (Jo 11:50).

> O Sumo Sacerdote era, em virtude de seu ofício, Presidente do Sinédrio, e naquela crise o Sumo Sacerdote era José Caifás, um homem notável, procedente de uma ilustre família. Ele era genro do velho Anás, que não apenas foi sumo sacerdote de 6 a 15 d.C., mas desfrutava dessa distinção única, que após sua deposição pelo governador Valério Grato, seus quatro filhos e seu genro mantiveram o ofício sagrado. Essa boa sorte, observa o historiador, "não coube a nenhum outro de nossos sumos sacerdotes". No entanto, não foi de forma alguma um crédito para Anás e sua família. Naqueles dias, o sumo sacerdócio estava à disposição dos governadores romanos e dos príncipes herodianos, e geralmente era oferecido a quem pagasse mais; e a prolongada influência da casa de Anás é uma evidência tanto de sua corrupção como de sua astúcia.[3]

A recomendação do sumo sacerdote foi aceita pelo Sinédrio, e agora eles estavam tramando a melhor maneira de executar Cristo. Eles concluíram que a prisão deveria ser feita o mais secretamente possível e em algum outro momento que não durante a festa. O Sinédrio reconheceu o amplo interesse e aceitação de Jesus como o Messias. Eles temiam que uma prisão e uma execução públicas levassem inevitavelmente a um tumulto. Parece não ter havido discussão sobre se Cristo deveria ser morto. A única preocupação deles era qual a melhor maneira de fazer isso.

3. Jesus é ungido

Seção 153

Mateus 26:6-13; Marcos 14:3-9; João 12:2-8

Após um dia extenuante de controvérsia em Jerusalém, Cristo retirou-se ao anoitecer para Betânia, onde foi recebido na casa de Simão, o leproso.

---

[3] Smith, *The Days,* p. 463.

Preparação para a morte do Rei

Lázaro foi um dos convidados que se reclinou à mesa de jantar. Marta estava em seu papel familiar de serviçal. Enquanto eles estavam reclinados para a refeição, Maria ungiu a cabeça e os pés de Jesus. Robertson tem o cuidado de observar:

> Essa unção nada tem em comum com a versão apresentada por Lucas, exceto pelo fato de uma mulher ungir os pés do Salvador, e aparecer o nome Simão, que era comum. A primeira foi na Galileia, isto é, em Betânia, perto de Jerusalém. Lá o anfitrião desprezou a mulher que ungiu Jesus, aqui seu irmão é um dos convidados, e sua irmã uma assistente ativa. Lá a mulher era "uma pecadora", uma mulher notoriamente má, aqui está a devota Maria que "se assentou aos pés do Senhor e ouviu sua palavra" meses antes. Lá o anfitrião achou estranhou que Jesus tivesse permitido que ela o tocasse, aqui os discípulos reclamaram do desperdício. Lá o Salvador deu a garantia do perdão, aqui Ele ofereceu honra perpétua e mundial. Especialmente o anúncio de que aqui a mulher que o unge está antevendo sua morte e sepultamento próximos, fatos sobre os quais anteriormente Ele nunca tinha falado tão claramente. Em vista de todas essas diferenças, é absurdo representar as duas unções como sendo a mesma, e seria ultrajante em um terreno delicado projetar opróbrio sobre Maria de Betânia.[4]

O costume de ungir não era incomum.

Era usual ungir a cabeça dos rabinos que compareciam às festas de casamento com óleo aromático, e convidados especiais às vezes eram homenageados de forma semelhante. O próprio Jesus, em uma data anterior, teve até seus pés ungidos por uma grata penitente, que, além disso, os lavou com suas lágrimas e os enxugou com seus cabelos, soltos, esquecida de si mesma. Mas agora, Maria superou todas as honras anteriores oferecidas a Ele. O mais caro óleo de unção da antiguidade era o nardo puro, extraído de uma planta indiana, sendo guardado em frascos de alabastro para venda em todo o império romano, onde custava um valor que o colocava para além das posses de qualquer pessoa, exceto os ricos.

---

[4] Robertson, *Harmony*, p. 187, nota de rodapé.

Desse óleo Maria comprou um frasco contendo cerca de 350 milímetros, e agora, vindo por detrás dos convidados enquanto eles estavam reclinados, ela abriu o selo do frasco e derramou um pouco do perfume, primeiro na cabeça e depois nos pés de Jesus, secando-os, em seguida, com o cabelo de sua cabeça, como sua antecessora.[5]

Porque o unguento era tão caro...

[...] tais presentes eram dados a reis. Somente um presente desse porte seria uma expressão digna de sua profunda devoção e profundo amor pelo Mestre. Era costume ungir a cabeça dos rabinos e convidados especiais nas festas de casamento: mas Maria ungiu com o perfume mais caro a cabeça e os pés de seu Senhor.[6]

Edersheim observa:
Maria talvez já tivesse consigo esse vaso de "alabastro" cheio de óleo muito caro desde muito tempo atrás, mesmo antes que ela tivesse aprendido a servir a Cristo. Então, quando ela veio conhecê-lo, e deve ter percebido quão constantemente Ele sempre falava de seu falecimento, e esse assunto estava sempre na mente dele, então ela pode ter reservado o perfume, e o "guardado" "para o dia de seu sepultamento". E agora o momento decisivo havia chegado. Jesus pode ter dito a ela, como Ele já havia dito aos discípulos, o que o aguardava na festa em Jerusalém, e ela poderia ser muito mais rápida para entender, mesmo porque ela deve ter conhecido muito melhor do que eles, quão grande era o perigo do Sinédrio. E era essa apreensão de sua parte, acreditando no mistério da sua morte, e essa preparação de mais profundo amor — por esse misto de tristeza, fé e devoção — que tornou seu ato tão precioso, que por onde quer que no futuro o evangelho fosse pregado, também o que ela tinha feito seria mencionado para memória dela.[7]

Essa evidência de devoção foi recebida com indignação. Enquanto Marcos disse que "alguns dos presentes" ficaram indignados (Mc 14:4), Mateus disse que foram "os discípulos" que ficaram indignados (Mt

---

[5] Geikie, *Life and Words*, vol. 2, p. 457.
[6] Shepard, *The Christ*, p. 531-532.
[7] Ederseim, *Life and Times*, vol. 2, p. 358-359.

26:8). Judas, o tesoureiro, foi o porta-voz de todos os discípulos quando objetou: "Por que este perfume não foi vendido, e o dinheiro dado aos pobres? Seriam trezentos denários" (Jo 12:5). Aqui temos uma pista sobre o caráter de Judas. Ele foi motivado pela ganância. Ele desejava que alguns benefícios materiais pudessem advir de sua associação com Cristo, e ficou indignado por ter perdido a oportunidade de obter um grande ganho material. Cristo aceitou o sacrifício que Maria havia feito. Enquanto os líderes religiosos que ouviram a afirmação de Cristo de ser Rei o rejeitaram como Messias, Maria o reconheceu sua messianidade. Por isso, ela expressou sua fé em sua pessoa e ofereceu um presente digno de um rei. Embora ela tenha dado evidência de fé pessoal em meio à rejeição, ela também fez isso antevendo a morte de Cristo.

4. A conspiração para a traição
Seção 154
Mateus 26:14-16; Marcos 14:10-11; Lucas 22:3-6

Embora todos os Doze possam ter sentido a dor da repreensão de Cristo dirigida a Judas, os Onze aceitaram a censura em silêncio. Judas, porém, foi movido à ação. Lucas disse: "Então Satanás entrou em Judas" (Lc 22:3). A palavra "entrou" deve ser entendida como "assumiu o controle". Teria sido impossível para Satanás controlar Judas se aquele discípulo não tivesse se submetido voluntariamente a ele. A animosidade do Sinédrio era bem conhecida dos discípulos. Cristo havia falado sobre isso claramente (Mt 20:18). Durante os anos do ministério de nosso Senhor, Judas foi publicamente identificado com ele. Agora Judas procurou se identificar com os adversários de Cristo. Enquanto o Sinédrio se reunia em sessão secreta na casa de Caifás, Judas foi "e tratou com eles como lhes poderia entregar Jesus" (Lc 22:4). Judas havia perdido a oportunidade de obter dinheiro com a venda do óleo da unção. Agora ele estava feliz em aceitar o pagamento do Sinédrio por participar de seu complô. Edersheim diz o seguinte sobre Judas:

> Por ter sido nomeado para tal cargo de confiança na comunidade apostólica, inferimos que ele deve ter sido considerado pelos outros um homem capaz e prudente, um bom administrador. E provavelmente

não há razão para duvidar que ele possuía tais dons naturais de administração e de governo...

Esse mesmo dom de "administração" observado em Judas também poderia nos ajudar a entender como ele foi atraído a Jesus pela primeira vez, e por qual processo, quando ele se afastou, ele acabou naquele pecado terrível que o envolveu. O "dom de governo" implicaria, em seu aspecto ativo, ter o desejo por ele. Daí para a ambição em seu pior aspecto, ou egoísta, há apenas um passo — melhor dizendo: antes, apenas diferentes premissas morais. Judas foi atraído por Jesus como o Messias judeu, e ele acreditava nele como tal, possivelmente tanto de modo ardente como intensamente; mas ele esperava que a sua participação o levaria ao sucesso, ao resultado e aos triunfos do Messias dos Judeus imaginando pessoalmente participar desse sucesso.[8]

E mais:

Quando uma ambição que repousa apenas sobre o egoísmo cede, está próxima dela a luxúria grosseira da cobiça, como a paixão afável e a expressão inferior dessa outra forma de egoísmo. Quando a fé messiânica de Judas deu lugar ao seu desapontamento total, o caráter moral e espiritual dos ensinamentos de Cristo o afetou, não favoravelmente, mas de modo desfavorável. Assim, o que deveria ter aberto a porta de seu coração, apenas fechou-a e com tranca dupla. Seu apego à pessoa de Jesus deu lugar a um ódio real, embora apenas de caráter temporário; e a intensidade selvagem de sua natureza oriental incendiaria tudo. Assim, quando Judas perdeu seu pequeno ponto de apoio, ou melhor, quando este resvalou sobseus pés, ele caiu no abismo eterno. O único ponto no qual ele podia se agarrar era a paixão de sua alma. Quando ele colocou as mãos sobre esse apoio, ele cedeu e caiu com ele para as profundezas insondáveis.[9]

Seguindo decisão anterior (Mt 26:5), Judas buscou uma oportunidade de trair Cristo secretamente para não iniciar um motim. A oferta inesperada de Judas mudou o cronograma do Sinédrio. Eles acharam necessário planejar a morte de Cristo após a Páscoa. Se não fosse pela oferta

---

[8] Edersheim, *Life and Times,* vol. 2, p. 472-473.
[9] Ibid., p. 474-475.

de Judas, a prisão de Jesus muito provavelmente teria sido adiada. Mas agora que um acusador havia se apresentado, o Sinédrio agiu com pressa. As 30 moedas de prata que Judas concordou em aceitar como pagamento (Mt 26:15) era um pequeno preço a ser pago pelo Sinédrio para acelerar o seu desejo. Ao concordar em trair Cristo, Judas se ofereceu para fazer mais do que apenas identificá-lo. A identificação teria sido desnecessária, pois todos do Sinédrio estavam muito familiarizados com Cristo; todos o tinham visto e ouvido muitas vezes. Judas concordou em cumprir um aspecto da lei romana, um requisito necessário para que o Sinédrio prosseguisse com sua conspiração para executar Cristo. Uma pessoa não podia ser levada a julgamento perante um tribunal romano sem que uma denúncia fosse oficialmente apresentada contra ela, acusando-a de um crime. Essa acusação teria de ser assinada por testemunhas que, ao comprovar a denúncia, concordavam em comparecer para prestar depoimento de acusação contra o arguido. Assim, Judas se ofereceu para testemunhar contra Cristo. Ele concordou em ir aos tribunais romanos quando Cristo foi levado a julgamento por uma acusação ainda não determinada. A disposição de Judas de cumprir tal função revelou a profundidade de suas emoções — sua amargura, ressentimento e decepção com o Senhor.

5. A preparação da Páscoa

Seção 155

Mateus 26:17-19; Marcos 14:12-16; Lucas 22:7-13

O dia havia chegado para a preparação da festa da Páscoa. Cristo escolheu Pedro e João e confiou-lhes a responsabilidade dessa preparação. Era para acontecer no "dia dos pães sem fermento, no qual devia ser sacrificado o cordeiro pascal" (Lc 22:7). Notamos que toda a época da Páscoa era referida como "a festa dos pães sem fermento". Assim, o "Pão sem fermento" se referia tanto à Páscoa como à Festa dos Pães sem fermento que se prolongava por sete dias (cf. Lv 23:4-8). Parece que, desde os dias da Dispersão, os judeus tinham acrescentado um dia no início dos oito dias dessa época festiva e o chamaram dia da preparação.

> O referido dia, o 14º dia do mês de abibe ou nisã (Êx 12:6), era apenas em um sentido livre e popular, o primeiro dia do festival. Era

estritamente o dia da preparação, quando todos os preparativos tinham de ser feitos para o início das festividades, logo após o pôr do sol. Como, no entanto, esses arranjos eram, por assim dizer, o início das festividades, o dia era por vezes, como no caso aqui, mencionado como o primeiro dia da festa. Consequentemente, em *Antiguidades*, de Josefo, ii. 15:1, lemos: "celebramos uma festa por oito dias, que é chamada a festa dos ázimos [pães sem fermento]", enquanto na mesma fonte, *Antiguidades*, iii. 10:5, ele diz: "a festa dos pães sem fermento no décimo quinto dia do mês, e continua por sete dias". Em um caso, o historiador vinculou livremente o dia da preparação aos dias sagrados, totalizando desse modo oito dias. Na outra menção, ele falou estritamente dos dias sagrados e, portanto, os contava como sendo sete.[10]

Em cumprimento ao costume, Cristo incumbiu Pedro e João de fazer o preparo para a celebração da Páscoa.

Hoehner discute se Cristo e os Doze realmente observaram a Páscoa.

Introdução. As instruções para a Páscoa foram dadas na época em que os israelitas estavam deixando o Egito (Êx 12; cf. também Lv 23:4-8; Nm 9:3-14; Deuteronômio 16:1-8). No décimo dia do primeiro mês (nisã = março/abril), um cordeiro era escolhido para cada família (Êx 12:3). Em 14 de nisã, o cordeiro era morto "entre as duas tardes" (Êx 12:6; Lv 23:5; Nm 9:3-5), o que, de acordo com Josefo, ocorria entre a nona e a décima primeira hora, isto é, entre 15 e 17 horas. Então, naquela "noite", era feita a refeição pascal (Êx 12:8).

A Última Ceia foi uma Páscoa. Na tentativa de resolver o dilema, deve-se primeiro decidir se a Última Ceia foi ou não uma cerimônia de Páscoa. Muitos acreditam que se tratava da refeição da Páscoa. Em forma de resumo, os estudiosos listam os seguintes argumentos para uma refeição pascal: (1) Os evangelhos sinóticos declaram explicitamente que a Última Ceia foi a Páscoa (Mt 26:2, 17-19; Mc 14:1, 12, 14, 16; Lc 22:1, 7-8, 13, 15). (2) Tudo ocorreu, conforme exigido pela Lei (Dt 16:7), dentro dos portões de Jerusalém, embora o espaço estivesse muito lotado na época. (3) O Cenáculo foi disponibilizado sem dificuldade, de acordo com o costume da Páscoa. (4) A Última Ceia foi comida à noite (Mt 26:20; Mc 14:17; Jo 13:30; 1Co 11:23), que era um

---

[10] Morrison, *Mark*, p. 385-386.

momento incomum para uma refeição. (5) Jesus limitou-se aos Doze, em vez de comer com o grande círculo de seus seguidores (o que correspondia ao costume da Páscoa). (6) A postura reclinada à mesa acontecia apenas em ocasiões especiais. (7) A refeição foi comida seguindo as normas de pureza levítica (Jo 13:10). (8) Jesus partiu o pão durante a refeição (Mt 26:26; Mc 14:22), em vez de como habitualmente era feito, no início da refeição. (9) O vinho tinto era servido apenas em ocasiões especiais. (10) Alguns dos discípulos pensaram que Judas teria saído (Jo 13:29) com o objetivo de comprar itens para a festa, os quais não seriam necessários se a Última Ceia fosse um dia antes da Páscoa, pois ele teria todo o dia seguinte (14 de nisã) disponível para esse fim. (11) Alguns dos discípulos pensaram que Judas partiu para fazer doação aos pobres (Jo 13:29), o que era costume na noite de Páscoa. (12) A Última Ceia termina com um hino entoado, que teria sido a segunda metade do Halel da Páscoa. (13) Jesus não voltou para Betânia, que ficava fora dos limites de Jerusalém, mas foi passar a noite no monte das Oliveiras, que se encontrava dentro dos limites ampliados da cidade para o propósito da festa da Páscoa. (14) A interpretação de elementos específicos da refeição fazia parte do ritual da Páscoa.

Esses argumentos são muito fortes e parecem fazer sentido.

A Última Ceia não foi a Páscoa. Alguns estudiosos, no entanto, pensam que a Última Ceia não foi uma cerimônia de Páscoa. Eles levantam as seguintes objeções: (1) A ordem dos eventos de João parece indicar que a Ceia do Senhor aconteceu um dia antes da Páscoa. João 13:1 afirma: "antes da festa da Páscoa, sabendo Jesus que havia chegado o tempo em que deixaria este mundo". No entanto, isso não parece referir-se à última ceia como tendo ocorrido antes da Páscoa, mas que Jesus já "sabia" antes da Páscoa que sua morte era iminente. No mesmo capítulo, João diz: "alguns pensaram que Jesus estava lhes dizendo que fosse comprado o necessário para a festa, ou que se desse algo aos pobres" (Jo 13:29). Mas se isso tivesse ocorrido em 13 de nisã não haveria necessidade de comprar os itens para o festival naquela noite porque todo o dia seguinte (14 de nisã) estaria livre para isso. Esse versículo só faz sentido na noite de 14 de nisã, pois não se poderia comprar em 15 de nisã, um dia de grande festa. Mais tarde, João comenta: "Em seguida, os judeus levaram Jesus da casa de Caifás para o Pretório. Já estava amanhecendo e, para evitar contaminação cerimonial, os judeus não entraram no Pretório; pois queriam participar da Páscoa" (Jo 18:28). Portanto, Jesus, já na noite anterior, havia participado da Última Ceia.

Isso é comprovado por João 19:14, que afirma: "Era o dia da preparação na semana da Páscoa". Mas, conforme discutido na primeira parte deste capítulo, essa frase significa nada mais do que a "sexta-feira da semana da Páscoa". Finalmente, João 19:36 fala do cumprimento do Antigo Testamento (Êx 12:46; Nm 9:12) quando nenhum osso de Jesus, o Cordeiro pascal, foi quebrado. Jesus, então, foi morto quando os outros cordeiros pascais foram mortos e, portanto, a Última Ceia foi antes da Páscoa. Ambos os textos de João 18:28 e 19:36 serão discutidos a seguir.

Esse primeiro argumento é o básico. Os outros que o fundamentam são: (2) O pão é denominado... "pão" não ... pão sem fermento. No entanto, o pão sem fermento era comumente chamado de "pão". (3) Nenhuma menção é feita ao cordeiro pascal e às ervas amargas. Mas a Páscoa era tão familiar que não havia necessidade de mencionar todos os seus elementos. Além disso, o cordeiro pascal pode ter sido mencionado em Lucas 22:15. Apenas um único cálice é indicado em vez de cálices individuais de Páscoa. Nos dias de Jesus, porém, um cálice comum era usado na celebração da Páscoa. (5) Os evangelhos sinóticos declaram especificamente que Jesus não seria preso durante a festa (Mt 26:5; Mc 14:2). Mas faz mais sentido dizer que "os judeus procuraram por Jesus no meio da multidão na festa" [...] porque a essa altura um grande número de peregrinos já havia chegado para a purificação (Jo 11:55) e, portanto, isso já teria ocorrido "durante a festa". (6) A Páscoa era uma refeição familiar tradicional presidida pelo pai da família, enquanto na Última Ceia nenhuma mulher estava presente, e é Jesus quem preside [...]. É certo que, normalmente, havia membros da família presentes, mas o fato de haver um significado especial para Jesus estar com seus discípulos naquela hora pode ter deixado de lado os relacionamentos familiares normais. A partir do texto, não se pode argumentar a favor ou contra a presença de mulheres. Também não há necessidade de um grupo misto. (7) Uma série de eventos que aconteceram no dia seguinte à Ceia do Senhor eram proibidos em um dia de festa, tais como, deixar Jerusalém para ir ao Getsêmani, carregar armas, haver sessão do Sinédrio e a condenação de Cristo pela nação na própria noite da Páscoa, a vinda de Simão dos campos que indica, que ele tinha trabalhado, a compra de linho por José de Arimateia na noite da festa, e o sepultamento do corpo no dia da festa. Todos esses argumentos foram respondidos adequadamente por Dalman e Billerbeck. Resumidamente, Jerusalém não poderia ser deixada durante a Páscoa, mas suas fronteiras eram alargadas durante a festa, o que incluía o jardim do Getsêmani. Os judeus tinham permissão para portar armas aos sábados (e nos dias de festa). A Lei (Dt 17:12) prescrevia a pena de morte para quem se opusesse a sacerdotes e juízes. A lei judaica afirmava que um mestre rebelde em relação à Lei poderia ser executado em um dia de festa. Não temos de presumir que Simão trabalhava, especialmente porque era de manhã cedo (Mc 15:25). Muito provavelmente, isso significa apenas que ele estava chegando do campo. As compras de José de Arimateia eram adequadas para as necessidades que podiam surgir num sábado (ou em um dia de festa). E, finalmente, o sepultamento de um corpo deveria ser feito no mesmo dia da morte (Dt 21:23). (8) Há uma tradição judaica segundo a qual Jesus foi executado na véspera da Páscoa. Isso pode se tornar uma polêmica para indicar que Jesus, o falso mestre, não participou da Páscoa e foi devidamente executado de acordo com suas leis...

Concluindo, pode-se ver que qualquer teoria que faça da Última Ceia não a refeição da Páscoa, não apresenta uma identificação satisfatória da refeição. Novamente, considerando todas as evidências, parece ser melhor aceitar a Última Ceia como tendo sido uma refeição pascal.

O PROBLEMA DA HARMONIZAÇÃO

Existem várias opções que têm sido oferecidas. Primeiro, alguns estudiosos acham que os sinóticos e João não podem ser harmonizados, fazendo com que alguns prefiram os sinóticos a João, enquanto outros prefiram João aos sinóticos. Alguns acham que João está correto e que os sinóticos devem ser interpretados adequadamente. Essa visão sustenta que a Última Ceia não foi a Páscoa. A insustentabilidade dessa visão já foi discutida. Alguns acham que os sinóticos estão certos e que João precisa ser interpretado corretamente. Essa visão aceita a Última Ceia como tendo sido uma refeição pascal. Isso é plausível, mas ainda não explica adequadamente duas passagens das Escrituras, a saber: (1) João 18:28, que afirma que "os judeus não entraram no Pretório; pois queriam participar da Páscoa". Se a última ceia de Jesus foi a Páscoa, como no dia seguinte os judeus poderiam dizer que não haviam comido a Páscoa? Geldenhuys sugere (como fizera Zahn anteriormente), que não se trata de uma alusão à refeição, mas de observar a Festa dos Pães sem fermento ou uma das refeições sacrificais naquela semana. No entanto, Morris deu um golpe mortal nessa teoria quando afirma que se pode entender que a comemoração da "Páscoa" pode se referir à Páscoa em conjunto com a Festa dos Pães sem fermento, mas certamente não pode se referir à Festa dos Pães sem fermento independentemente da Páscoa, o que é necessário se aceitarmos essa teoria. (2) João 19:36 fala do cumprimento do Antigo Testamento no fato de os ossos de Jesus, o Cordeiro Pascal, não terem sido quebrados.

A primeira dessas duas passagens é muito mais significativa do que a segunda. É o calcanhar de Aquiles dessa visão ao tentar interpretar João de acordo com os sinóticos. Portanto, uma quarta solução é necessária, a saber, que tanto os sinóticos como João estão corretos. Novamente, várias tentativas foram feitas nesse caso. Alguns pensam que Jesus previu que seria morto na época da Páscoa; assim, Ele teve sua própria Páscoa particular com seus discípulos um dia antes. Mas isso é impossível, pois o cordeiro pascal tinha que ser abatido dentro do recinto do templo. Nenhum dos funcionários teria feito isso, pois isso seria contra os regulamentos. Consequentemente, Cristo e os discípulos não teriam um cordeiro pascal para a refeição da ceia. Isso é inconcebível. Certamente, os evangelhos retratam que Cristo e os discípulos tinham um cordeiro pascal, e já tinha sido abatido (Mc 14:12-16; Lc 22:7-13; cf. também Mt 26:17-19). A segunda tese a ser considerada é uma teoria bastante recente proposta por Jaubert e seguida por Ruckstuhl. Jaubert acredita que a Última Ceia de Jesus foi uma refeição pascal, mas seguindo o calendário de Qumran, Ele a celebrou na terça-feira da Semana da Paixão, e ainda seguindo o calendário oficial, Cristo foi crucificado na sexta-feira quando os cordeiros pascais foram mortos. Isso incorpora o melhor dos dois pontos de vista. No entanto, não há nenhuma indicação de que Jesus estava realmente associado ou havia ministrado à comunidade de Qumran e certamente nenhuma indicação há nos evangelhos para apoiar a conclusão de que Jesus alguma vez seguiu um calendário de Qumran.

Em terceiro lugar, alguns pensam que os judeus nos dias de Jesus celebravam a Páscoa em dois dias consecutivos. Chwolson assume a ideia de que os cordeiros pascais foram mortos "entre as duas noites" (isto é, entre 15 e 17 horas) em 14 de nisã, como ordenado no AT (Êx 12:6; Lv 23:5; Nm 9:3-5). Visto que no ano em que Jesus morreu, 14 de nisã caiu numa sexta-feira, e como nem todos os cordeiros pascais podiam ser mortos antes do início do sábado (15 de nisã), eles foram sacrificados na noite de quinta-feira (13 de nisã). Porque Êxodo 12:10 afirma que a Páscoa deveria ser comida na noite em que eram mortos, os fariseus celebravam a Páscoa imediatamente (13/14 de nisã), enquanto os saduceus esperavam até o período normal (isto é, 14/15 de nisã). Portanto, Jesus e seus discípulos celebraram a Páscoa com os fariseus na noite de quinta-feira (14/15 de nisã). Os problemas básicos da teoria são os seguintes: (1) Os saduceus não teriam obedecido Êxodo 12:10? (2) Jesus teria celebrado a Páscoa em 13/14 de nisã, quando a lei especificava o dia 14/15 de nisã? (3) Jesus não poderia comer o cordeiro pascal com pães sem fermento, visto que aquela festa não teria começado até a noite de 14/15 de nisã, o que teria mudado todo o caráter do ritual da Páscoa. (4) De acordo com Jeremias, há evidências de que quando 15 de nisã caía num sábado, os judeus podiam sacrificar as vítimas no início da tarde.

Billerbeck modificou a teoria de Chwolson. Ele pensa que havia uma diferença de um dia entre a festa dos saduceus e a dos fariseus. Billerbeck apresenta evidências de sua diferença de interpretação ao calcular os 50 dias antes do Pentecostes do domingo na semana da Páscoa ou de 16 de nisã. Levítico 23:15 declara: "A partir do dia seguinte ao sábado, o dia em que vocês trarão o feixe da oferta ritualmente movida, contem sete semanas completas". Os fariseus interpretariam o termo "sábado" como o significado de "festival" (isto é, Páscoa) e contariam a partir do dia seguinte à Páscoa, independentemente do dia em que caísse na semana. Por outro lado, os saduceus interpretavam o "sábado" literalmente e contavam a partir do domingo após a Páscoa. Portanto, no ano da morte de Cristo, os saduceus estavam ansiosos para que 16 de nisã caísse num domingo, e a comissão do calendário sacerdotal concordou em fixar o início de nisã para que o 14 de nisã fosse uma sexta-feira e o dia 16 de nisã um domingo, e consequentemente o Pentecostes cairia no domingo. No entanto, os fariseus calculavam que o mês havia começado um dia antes. Isto resultou num acordo em que os saduceus celebraram a Páscoa na noite de sexta-feira, 14 de nisã, conforme a comissão do calendário, enquanto os fariseus, e com eles Jesus e seus discípulos, celebraram na noite de quinta-feira (14 de nisã, de acordo com o cálculo farisaico). Assim, no ano em que Cristo morreu, houve dois dias consecutivos para a Páscoa. Essa teoria tem mais mérito do que a de Chwolson, pois ambas as partes celebravam a Páscoa de 14/15 de nisã, e a festa dos pães sem fermento podia ser usada por ambas as partes. O principal problema é que ela se baseia na conjectura de que teria havido um debate sobre o início de nisã no ano em que Cristo morreu.

Pickl sugere que, uma vez que havia tantos peregrinos, seria impossível fazer o abate dos cordeiros no local e ter hospedagem suficiente em Jerusalém com o objetivo de comer a Páscoa. Então surgiram dois costumes: o de os galileus matarem seus cordeiros em 13 de nisã, e o da festa dos pães sem fermento com oito dias de duração, enquanto os judeus celebravam em 14 de nisã. Isso faz sentido, exceto pelo fato de que Jeremias apontou que os oito dias de duração da Festa de Pão Sem Fermento seria uma prática da Diáspora, "em que os judeus celebraram todos os festivais com um dia a mais do que na Palestina".

Finalmente, deve-se considerar que existem diferentes maneiras de contar um dia. Esse é um problema intrigante que colocou muitas canetas em movimento. Está além do escopo deste capítulo entrar em uma longa discussão sobre o cômputo de dias. Apenas um resumo pode ser fornecido.

O primeiro modo a ser considerado é a contagem de um pôr do sol a outro. Há a Festa dos Pães Sem Fermento, que vai da tarde de 14 de nisã até a tarde de 21 de nisã (Êx 12:18). Isso também se aplica ao Dia da Expiação (Lv 23:32), ao sábado semanal (Ne 13:19), e quando há um único dia de impureza cerimonial, este termina à tarde (Lv 11; 14:46; 15; 17:15; 22:6; Dt 23:11). A ordem em que a tarde e a manhã são listadas indicaria que os dias começavam com o pôr do sol (cf. Dt 1:33; 28:66; 1Sm 25:16; 1Rs 8:29; Et 4:16; Mc 4:27; 5:5; Lc 2:37 etc.).

Em segundo lugar, há também a contagem de um nascer do sol a outro. Zeitlin e de Vaux concluem que os judeus calculavam de uma manhã à outra antes do exílio e de uma tarde à outra depois do exílio, mas as passagens listadas anteriormente invalidam essa teoria. No entanto, há algumas indicações de que eles contavam de um nascer do sol aoà outro. Há referências do dia mencionado antes da tarde (Gn 1:14, 16, 18; 8:22; 31:40; Nm 14:14; 2Sm 21:10; 1Rs 8:59; Ne 1:6; 4:9; Lc 18:7; At 9:24; Ap 4:8 etc.). Além disso, quando as expressões "o mesmo dia" ou "no dia seguinte" são usadas, o contexto indica claramente que a tarde pertence ao primeiro dia. Uma passagem no Novo Testamento que pode indicar mais explicitamente um cálculo de um nascer do sol ao outro é Mateus 28:1, onde afirma que as mulheres foram ao túmulo "depois do sábado, tendo começado o primeiro dia da semana". Assim, o novo dia começou com o nascer do sol. No entanto, como Beckwith aponta, isso poderia ser traduzido como "depois do dia de sábado, porque começou a amanhecer no primeiro dia da semana". Em relação à Páscoa, também se pode observar um cálculo de um nascer do sol ao seguinte em Deuteronômio 16:4, que afirma que nada que tenha sido sacrificado na tarde do primeiro dia permanecerá durante a noite até de manhã.

Conclusivamente, pode se observar que ambas as contagens foram usadas até mesmo por alguns autores dentro de um mesmo livro.

E quanto à Páscoa dos dias de Jesus? Conforme indicado acima, a Páscoa podia ser contada de pôr do sol a pôr do sol ou de nascer do sol a nascer do sol. Geralmente, pensa-se que foi contada do pôr do sol ao pôr do sol. No entanto, Josefo, que era um fariseu que vivia nos dias de Jesus, ao explicar a lei da Páscoa, afirma que o cordeiro pascal deve ser comido durante a noite, sem sobrar nada para a manhã. Isso parece indicar um cálculo de amanhecer a amanhecer. A *Mishná* afirma que o cordeiro pascal deve ser comido até a meia-noite, o que parece indicar que o novo dia começa após o pôr do sol, ou seja, ao nascer do sol.

Visto que nos dias de Jesus havia dois sistemas de cálculo para um dia, muitos pensam que essa seria uma solução para o desacordo entre os evangelhos sinóticos e João. Pensa-se que os galileus usavam um método diferente de calcular a Páscoa em relação aos habitantes da Judeia. Galileus e fariseus usavam o cálculo do amanhecer até o próximo amanhecer, enquanto os da Judeia e os saduceus usavam o cálculo do pôr do sol ao pôr do sol seguinte. Assim, de acordo com os sinóticos, a Última Ceia foi uma refeição pascal. Visto que o dia deveria ser contado a partir do nascer do sol, os galileus, e com eles Jesus e seus discípulos, mandaram sacrificar o cordeiro pascal no final da tarde de quinta-feira, 14 de nisã, e depois daquela tarde comeram a Páscoa com os pães sem fermento. Por outro lado, os judeus da Judeia que contavam de sol a sol matariam o cordeiro na sexta-feira à tarde que marcava o fim de 14 de nisã e comeriam o cordeiro pascal com os pães sem fermento naquela noite que se tornou 15 de nisã. Assim, Jesus comeu a refeição da Páscoa quando seus inimigos, que ainda não haviam celebrado a Páscoa, o prenderam.

Essa interpretação elimina as dificuldades apresentadas no evangelho de João. Em primeiro lugar, isso dá um bom sentido a João 18:28, pois os judeus não queriam entrar no pretório para não serem contaminados, pois mais tarde, naquele dia, iriam sacrificar as vítimas para aqueles que contavam o dia a partir do pôr do sol. Em segundo lugar, João 19:14 faz sentido, pois diz que o julgamento e a crucificação de Jesus ocorreram no "dia de preparação para a Páscoa", e não após a refeição da Páscoa. Terceiro, isso se encaixa bem com João 19:36, onde se menciona o cumprimento do Antigo Testamento (Êx 12:46; Nm 9:12), quando nenhum osso de Jesus, o Cordeiro pascal, foi quebrado. Após o julgamento e a crucificação de Jesus, Ele morreu quando os cordeiros pascais estavam sendo mortos no recinto do templo.

Esse ponto de vista não apenas satisfaz os dados dos sinóticos e o evangelho de João, mas também é fundamentado pela *Mishná*. Era costume dos galileus não trabalhar no dia da Páscoa, enquanto os da Judeia trabalhavam até o meio-dia. Como o dia dos galileus começava ao nascer do sol, eles não trabalhariam durante todo o dia da Páscoa. Por outro lado, o dia dos da Judeia começava ao pôr do sol, e eles trabalhariam de manhã, mas não à tarde. A interrupção do trabalho ao meio-dia pode ter sido o dia 14 de nisã dos da Judeia, o que lhes teria dado tempo para sacrificar seus cordeiros pascais naquela tarde ou, mais provavelmente, ao meio-dia do dia 13 de nisã dos da Judeia, o que significava que eles não trabalharam em respeito ao 14 de nisã dos galileus (que teriam sacrificado seus cordeiros pascais naquela tarde). Se a última visão for aceita, então a ordem dos eventos seria a seguinte (usando o cálculo galileu): (1) na manhã de 14 de nisã nenhum galileu estaria trabalhando; (2) os da Judeia parariam de trabalhar ao meio--dia; e (3) os galileus sacrificariam seus cordeiros pascais posteriormente naquela tarde.

Concluindo, então, a interpretação proposta faz justiça aos dados apresentados nos sinóticos, no evangelho de João e na *Mishná*.[11]

Um grande esforço foi realizado na preparação da Páscoa. Primeiro, o local teve de ser selecionado. Instruções detalhadas foram dadas sobre como eles encontrariam o lugar designado em meio a dezenas de milhares de peregrinos procurando um local adequado para celebrar a Páscoa. Cristo, evidentemente, não deixou isso ocorrer ao acaso, mas tinha previamente combinado para utilizar um cenáculo de tamanho suficiente para acomodar Ele e seus discípulos para aquela ocasião. Com relação ao local, Edersheim escreve:

> Um discípulo cujo nome não é mencionado ofereceria a Ele, não uma sala, mas o melhor e mais importante local, a "câmara superior", ou

---

[11] Hoehner, *Chronological Aspects*, p. 76-88.

Preparação para a morte do Rei

Aliyah, que nessa mesma época era o lugar mais honrado e mais afastado, onde se poderia entrar e sair pelas escadas externas sem ter de passar pela casa. E "o andar superior" era "amplo", "todo mobiliado". Sabemos pelas autoridades judaicas que o refeitório médio era calculado em 1,3 metros quadrados; a expressão "mobiliado", sem dúvida, refere-se à disposição dos divãs ao redor da mesa, exceto em sua extremidade, por ser uma norma, para que os mais pobres pudessem participar daquela ceia em atitude reclinada, para indicar repouso, segurança e liberdade; enquanto o termo "pronto" parece apontar para a pronta provisão de tudo o que era necessário para a festa. Nesse caso, tudo o que os discípulos teriam para "preparar" seria o "Cordeiro Pascal".[12]

Quando conseguissem o local, Pedro e João continuariam com os preparativos. Primeiro seria necessário preparar a casa. Geikie descreve deste modo essa preparação:

O chefe de cada família, ao encerrar a noite, começava a purificação doméstica com a oração: "Bendito sejas Tu, ó Senhor, nosso Deus, Rei do universo, que nos santificou com teus mandamentos e requer que removamos o fermento", e então passava, em rigoroso silêncio, a vasculhar os cômodos um a um, recolhendo cada migalha que pudesse ser encontrada e, finalmente, guardava tudo até a manhã seguinte. Uma nova pesquisa, que deveria terminar antes do meio-dia, era então feita em busca de qualquer líquido ou produto sólido de grão fermentado, e de todos os pratos ou recipientes que o contivessem. Tudo era retirado de casa, e as migalhas e a massa cuidadosamente queimadas, com a repetição das orações prescritas. A própria casa era, então, limpa em todas as suas partes, e dali em diante, durante a festa, ninguém mais poderia entrar em uma casa não purificada de um pagão sem ser contaminado. Nada fermentado poderia ser comido ou permitido na casa durante os próximos sete dias — pois a contaminação, trazendo consigo a incapacidade de comer a Páscoa, aconteceria em ambos os casos.

Essa purificação da casa, entretanto, não era de forma alguma tudo o que se fazia. Vasos de qualquer tipo, para serem usados na festa, eram limpos mediante ritos prescritos, de forma regular. Pratos de metal e utensílios semelhantes, depois de lavados, deveriam primeiro

---

[12] Edersheim, *Life and Times,* vol. 2, p. 484.

ser mergulhados em água fervente — em uma panela não usada para nenhum outro propósito — e, em seguida, resfriados. Os vasos de ferro deveriam ser esquentados; então lavados da mesma maneira. Pilões de ferro, para triturar grãos para assar, eram enchidos com carvão em brasa, até que um fio, amarrado do lado de fora, fosse queimado. Vasos de madeira, depois de umedecidos, eram esfregados com uma pedra em brasa. Nenhum prato de barro seria usado a não ser que fosse novo, e primeiro teria de ser mergulhado três vezes em água corrente e consagrado por uma oração especial. A pureza pessoal era estritamente imposta. Cada um tinha que cortar seu cabelo e unhas, e tomar um banho.

O cozimento de pão sem fermento era acompanhado de cuidados igualmente formais. Na noite do dia 13, "antes que as estrelas aparecessem", o chefe de cada casa saía e tirava água para esse propósito, proferindo as seguintes palavras ao fazê-lo: "Esta é a água para os pães sem fermento", e então era coberto o vaso que a continha, por receio de qualquer contaminação. Ao moer a farinha, o mais extremo cuidado era observado para evitar que qualquer fermento chegasse perto da mulher que estivesse no moinho, e para não retirar o grão que estivesse úmido, a fim de que não tivesse começado a fermentar. Após o cozimento, um pão, que deveria ser levado para o sacerdote no templo, era posto de lado com outra oração prescrita.[13]

Em seguida, os discípulos teriam a responsabilidade de providenciar o cordeiro.

A tarde do dia 14 seria um momento de agitação mais intensa, pois as trombetas de chifre de carneiro logo anunciariam, no templo, o início da festa. Ao seu toque, cada um levava seu cordeiro para o templo, cujas paredes do pátio estavam alegremente cobertas com tapetes e tapeçarias multicoloridas, em homenagem ao dia. As incontáveis vítimas deveriam ser primeiro examinadas pelos sacerdotes, que veriam se elas eram sem mancha; caso afirmativo, seriam abatidas e preparadas para assar, nos pátios do templo, pelos chefes das diferentes famílias, ou por homens delegados por eles, ou ainda pelos levitas presentes, tudo feito com indescritível pressa e em meio a uma confusão, pois

---

[13] Geikie, *Life and Words*, vol. 1, p. 214-215.

havia trabalho mais do que suficiente para todos, para matar, quase na mesma hora, os 256 mil cordeiros às vezes necessários. A hora exata para sacrificar as vítimas era "entre as tardes", do pôr do sol do dia 14 até o aparecimento das estrelas, embora pudessem ser mortas nas três últimas horas do dia.

Assim que os pátios ficassem lotados, os portões eram fechados para a multidão que estava lá dentro, cada um segurando seu cordeiro. Três toques de trombetas anunciavam o início da enorme tarefa. Longas filas de sacerdotes, com taças de ouro e prata, se posicionavam entre o altar e as vítimas, para pegar o sangue e passá-lo de um para o outro, até que o último o derramasse sobre o altar, de onde escorria, através de tubos na parte de baixo. Quando o sangue do cordeiro era drenado, o chefe da família a que ele pertencia levava-o para os ganchos das paredes e colunas em volta, onde era aberto e tinha a pele removida. A cauda, que nas ovelhas da Palestina costuma pesar muito, bem como a gordura, eram entregues ao sacerdote mais próximo e passadas a diante até chegarem ao altar, para serem queimadas como oferta a Deus.[14]

O mesmo autor escreve a seguir:

Poderia ser que o cordeiro ainda não tivesse sido comprado naquela manhã, pois sua compra no dia dez havia caído em desuso. Teriam que escolher, entre os inúmeros currais em que as vítimas eram postas à venda, um cordeiro macho, de um ano, sem mancha de qualquer espécie. Na Galileia, nenhum trabalho secular era feito durante todo o dia, mas, em Jerusalém, o trabalho cessava apenas ao meio-dia. Por volta das duas horas, a explosão do toque das trombetas anunciava que os sacerdotes e levitas no templo estavam prontos, e os portões dos pátios internos eram abertos, para que todos pudessem trazer seus cordeiros para exame e pudessem satisfazer os sacerdotes quanto ao número que pretendiam consumir cada um. Em seguida, nas longas filas de pais de família, servos, discípulos dos rabinos e, entre os demais, estavam os dois discípulos delegados por Jesus, pressionados no meio do pátio dos homens, que estava alegremente adornado com tapeçarias, até o portão do pátio dos sacerdotes, com o cordeiro em seus ombros, com uma faca enfiada na lã, ou amarrada ao chifre.

---

[14] Ibid., p. 215.

Por volta das duas e meia da tarde, a oferta vespertina era sacrificada e, cerca de uma hora depois, colocada no grande altar. Em seguida, três toques de trombetas dos sacerdotes e o canto coral do grande Hallel pelos levitas davam o sinal para a matança dos cordeiros pascais, que devia terminar entre as três e as cinco horas. Eram admitidos tantos ofertantes quantos os átrios comportassem, e depois os portões eram fechados. Chefes de família, ou servos delegados por eles, matavam os cordeiros, e os sacerdotes, em duas longas filas, com grandes vasos de prata e ouro de formato curioso, coletavam o sangue e o passavam para os outros até chegar ao altar, ao pé do qual era derramado. As vítimas, penduradas nos ganchos de ferro das paredes e pilares dos pátios, ou em uma vara entre os ombros de dois homens, tinham sua pele retirada e eram abertas; a cauda, a gordura, os rins e o fígado eram separados para o altar; o restante era embrulhado na pele e levado do templo para casa, ao entardecer. Ao iniciar o novo dia, ao pôr do sol, a carcaça era amarrada para assar, com dois espetos de madeira de romã, de modo que formavam uma espécie de cruz no cordeiro. Em seguida, ele era colocado em um forno de barro de um tipo especial, apoiado, sem fundo, no chão, e era assado na terra. A festa poderia começar imediatamente após o pôr do sol e o aparecimento das estrelas, na abertura do dia 15 de nisã, que era proclamado por novos toques de trombeta do Templo.[15]

Edersheim descreve o sacrifício do cordeiro:

Antes que o incenso fosse queimado para o Sacrifício da Tarde, ou ainda as lâmpadas do Candelabro de Ouro fossem acesas para a noite, os cordeiros pascais eram mortos. Adoradores eram admitidos em três divisões dentro do Pátio dos Sacerdotes. Quando a primeira companhia entrava, os enormes Portões de Nicanor — que levavam do Pátio das Mulheres ao Pátio de Israel — e os outros portões laterais do Pátio dos Sacerdotes eram fechados. Um toque triplo das trombetas dos sacerdotes dava a entender que os cordeiros estavam sendo mortos. Isso cada israelita fazia por si mesmo. Dificilmente podemos estar enganados ao supor que Pedro e João estariam na primeira das três partes em que as ofertas foram divididas; pois eles deviam estar ansiosos para partir e encontrar o Mestre e seus irmãos naquele "Cenáculo". Pedro

---

[15] Ibid., vol. 2, p. 462-463.

e João mataram o cordeiro. Em duas fileiras os sacerdotes oficiantes passavam o sangue até o grande Altar do Holocausto. Enquanto um sacerdote recolhia o sangue do cordeiro agonizante em um vaso de ouro, ele o entregava a seu colega, recebendo em troca um vaso vazio; e assim o sangue era passado até o Grande Altar, onde era lançado na base do altar. Enquanto isso acontecia, o Hallel estava sendo cantado pelos levitas. Lembramos que apenas a primeira linha de cada salmo era repetida pelos adoradores; enquanto em todas as outras estrofes eles respondiam com um Aleluia, até chegar ao salmo 118, quando, além da primeira, as três estrofes também se repetiam:

> Salva-nos, Senhor! Nós imploramos.
> Faze-nos prosperar, Senhor! Nós suplicamos.
> Bendito é o que vem em nome do Senhor.

O modo como Pedro e João repetiram essas palavras naquela tarde devem ter soado de modo profundamente significativo.[16]

Shepard resume:

Na quinta-feira de manhã, Pedro e João, de acordo com o costume, iriam ao Templo e proveriam o cordeiro, que deveriam comprar e levar aos sacerdotes que deveriam examiná-lo. No início da tarde o cordeiro seria morto no pátio do templo, oferecido no altar, e, depois que o sangue fosse derramado no altar e certa parte do cordeiro fosse reservada para o sacrifício, o restante seria embrulhado na pele e levado para casa. Antes do pôr do sol, a carcaça era assada, como churrasco, e preparada para a refeição ao som da trombeta ao pôr do sol. Os apóstolos deveriam prover também o vinho, bolos sem fermento, ervas amargas e o *charosset* ou pasta de frutas esmagadas, umedecidas com vinagre — símbolo do barro com o qual os israelitas faziam tijolos no Egito.[17]

Esse foi um dia de atividade agitada para Pedro e João, pois eles cumpriram suas obrigações e se certificaram de que tudo estava pronto para a festa da Páscoa.

---

[16] Edersheim, *Life and Times*, vol. 2, p. 487-488.
[17] Shepard, *The Christ*, p. 534.

6. A observância da Páscoa

Seção 156

Mateus 26:20; Marcos 14:17; Lucas 22:14-16, 24-30

Um toque das trombetas de prata tocada no templo anunciava a toda Jerusalém que a Páscoa havia chegado. Naquele momento, Jesus e seus discípulos encontravam-se reclinados à mesa que havia sido preparada para aquela ocasião.

> O período designado como "entre as duas tardes", quando o cordeiro pascal deveria ser morto, já havia passado. Não pode haver dúvida de que, no tempo de Cristo, era entendido como se referindo ao intervalo entre o início do declínio do sol e o que era contado como a hora de sua dissipação final (cerca de 18 horas). As primeiras três estrelas se tornaram visíveis, e o toque triplo das trombetas de prata do monte do templo soava para toda Jerusalém e até muito longe, anunciando que a Páscoa havia começado mais uma vez.[18]

A observância da Páscoa conforme o Antigo Testamento não apenas lembrava uma redenção anterior da escravidão, mas também aguardava a vinda do Cordeiro de Deus que libertaria Israel da escravidão do pecado. Compreendendo o verdadeiro significado da festa da Páscoa, Cristo poderia se alegrar mais que qualquer outra pessoa em sua observância. Assim Ele disse para os Doze: "Desejei ansiosamente comer esta Páscoa com vocês antes de sofrer" (Lc 22:15). Como a Páscoa trouxe a um povo escravizado uma nova vida de liberdade e descanso, de igual modo Cristo previu que por meio da sua morte os crentes seriam conduzidos a uma nova vida de paz e de descanso. A Páscoa deveria encontrar seu cumprimento final não na cruz, mas no reino de Deus (v. 16). A morte de Cristo não era um fim em si mesmo, mas o meio de prover bênçãos eternas para aqueles que confiariam nele como Salvador. Prevendo todo o benefício que viria com o sacrifício do Cordeiro de Deus, Ele ansiosamente aguardou o privilégio de participar dessa festa da Páscoa.

---

[18] Edersheim, *Life and Time*, vol. 2, p. 490.

Enquanto Cristo aguardava abnegadamente pelas bênçãos que viriam por meio de seu sacrifício, os apóstolos se esforçavam egoisticamente por posições de honra à mesa.

De modo triste e humilhante como se lê, e quase incrível como possa parecer, quando a ceia foi iniciada "surgiu também uma discussão entre eles, acerca de qual deles era considerado o maior". Não podemos ter dúvidas de que o motivo naquela ocasião foi a ordem em que deveriam ocupar os lugares à mesa. Sabemos que isso era motivo de contenda entre os fariseus, e que eles afirmavam estar sentados de acordo com sua posição. Uma sensação semelhante apareceu naquele instante, infelizmente, no círculo dos discípulos e na Última Ceia do Senhor.[19]

Da mesma forma isso ocorria em relação ao arranjo para a mesa. Os documentos judaicos são igualmente explícitos quanto à posição dos convidados. Parece ter sido uma regra bem estabelecida que, em uma reunião de mais de dois indivíduos, digamos pelo menos três, o personagem principal ou o cabeça — nesse caso, é claro, tratava-se de Cristo — reclinava-se no divã do meio. Sabemos pela narrativa do evangelho que João ocupava o lugar à sua direita, naquela extremidade dos divãs — como podemos chamar —, na cabeceira da mesa. Porém, o principal lugar ao lado do Mestre seria à sua esquerda. Ou acima dele. Na contenda entre os discípulos, que deveria definir quem seria o maior, isso havia sido reivindicado, e nós acreditamos que tenha sido o lugar ocupado por Judas. Isso explica como, quando Cristo sussurrou para João sobre o sinal para reconhecer o traidor, nenhum dos outros discípulos ouviu isso. Também explica como Cristo entregaria o bocado em primeira mão a Judas, que fazia parte do ritual pascal, começando por ele como o principal convidado da mesa, sem com isso despertar atenção especial. Por último, explica a circunstância de que, quando Judas, desejoso de saber se era conhecida a sua traição, ousou perguntar se era ele, e recebeu a resposta afirmativa, ninguém à mesa soube o que estava se passando. Mas esse não poderia ter sido o caso, a menos que Judas tivesse ocupado o lugar próximo a Cristo; nesse incidente, necessariamente aquele lugar à sua esquerda, ou o posto de honra principal. No que diz respeito a Pedro, podemos entender perfeitamente como, quando o Senhor com tais palavras de amor repreendeu

---

[19] Ibid., p. 492.

seu egoísmo e os ensinou sobre a grandeza da humildade cristã, ele deveria, em sua impetuosidade de vergonha, ter corrido para ocupar o lugar mais baixo na outra ponta da mesa. Finalmente, podemos agora entender como Pedro conseguiu acenar para João, que estava sentado no lado oposto da mesa, em frente a ele, e perguntar-lhe, do outro lado da mesa, quem era o traidor. O restante dos discípulos ocuparia os lugares que fossem mais convenientes ou adequados para a comunhão uns com os outros.[20]

Cristo já havia prometido a seus discípulos que "quando o Filho do homem se assentar em seu trono glorioso, vocês que me seguiram também se assentarão em doze tronos, para julgar as doze tribos de Israel" (Mt 19:28). O fato de que a Páscoa teria seu cumprimento no reino de Deus (Lc 22:16), levou aqueles homens a supor que o reino logo seria instituído. Concluíram, portanto, que as posições que ocupariam no futuro reino seriam determinadas pelas posições que assumiriam nesta festa. Desde o momento em que o anúncio anterior fora feito, aqueles homens buscavam posições de honra à direita e à esquerda de Cristo (Mt 20:21). Mas a questão nunca foi resolvida quanto à ordem de preferência. Evidentemente, pareceu-lhes que a decisão não mais poderia ser adiada; portanto, ao irem para a festa, buscavam egoisticamente posições de honra. Era necessário que Cristo repreendesse os Doze, lembrando-os de que eles estavam pensando e agindo apenas como gentios (Lc 22:25). Como havia feito anteriormente, Ele explicou-lhes que, para ser honrado, é preciso tornar-se um servo. Não havia dúvida de que Cristo deveria ocupar o lugar de honra na mesa da Páscoa e essa honra lhe deveria ser dada porque era o Servo do Senhor. Ele não buscou essa honra para si mesmo. Em vez disso, foi conferida a Ele por seu Pai devido ao seu serviço fiel. Cristo os elogiou por sua fidelidade no passado, dizendo: "Vocês são os que têm permanecido ao meu lado durante as minhas provações" (v. 28). Por causa da fidelidade deles em seu reino, eles seriam honrados junto com Ele. Mas suas posições seriam determinadas pelo serviço fiel, não por cobiça.

---

[20] Ibid., p. 494-495.

7. A provisão de um exemplo
Seção 157
João 13:1-20

O evento relatado nesta seção ocorreu enquanto a refeição da noite estava sendo servida (Jo 13:2). João observou que isso aconteceu "antes da festa da Páscoa" (v. 1). Uma comparação dessas duas declarações pode sugerir que o incidente teve lugar enquanto a refeição da noite estava sendo servida, só que antes de eles realmente chegarem ao local onde o cordeiro pascal seria comido. Temos aqui um contraste observado em atitudes. Os apóstolos, tendo se unido a Cristo nessa festa, foram vencidos por ambições egoístas (Lc 22:24). Eles também deram lugar à ganância (Mt 26:8). Em contraste, Cristo estava cheio de compaixão (Jo 13:1). Ele veio ao mundo não apenas porque amava o Pai, mas porque também amava o mundo. Cristo enfrentou a cruz porque Ele amou o mundo. Ele estava pronto para se entregar como um sacrifício pelo pecado do mundo. É na obediência à vontade de seu Pai em sua vinda e em sua morte que temos evidências de seu amor (1Jo 3:16). A fim de que os apóstolos pudessem ter uma revelação de toda a extensão de seu amor, "amou-os até o fim" (Jo 13:1). Cristo usou uma parte do ritual como meio de transmitir essa verdade. A observância da refeição pascal foi formalmente estabelecida.

> [...] a refeição pascal... era feita conforme o seguinte ritual: (1) uma bênção, (2) um cálice de vinho, (3) a lavagem das mãos do grupo, o anfitrião que passava a bacia enquanto recitava uma oração, (4) ervas amargas mergulhadas em molho e comidas, (5) o cordeiro trazido com outras porções da refeição, (6) uma bênção e uma segunda ingestão de ervas amargas, (7) um segundo cálice de vinho com perguntas e respostas quanto à origem da festa, (8) canto da primeira parte do Hallel (Sl 113, 114) seguido de uma bênção, (9) o anfitrião lavava as mãos e preparava uma mistura envolvendo um pedaço de cordeiro com pão sem fermento em ervas amargas e mergulhando-o no molho, para cada um dos presentes, (10) cada um comeria o quanto quisesse, terminando com um pedaço de cordeiro, (11) um terceiro cálice de

vinho após a lavagem das mãos, (12) cantavam a segunda parte do Hallel (Sl 115-118) e, para concluir, (13) tomariam um quarto cálice de vinho.[21]

Os participantes da refeição da Páscoa iam para o local onde era costume lavar os pés, sendo que um servo seria designado para fazer essa lavagem ou a função recairia sobre aquele que estava na posição mais inferior, o qual deveria assumir o papel de servo e lavar os pés de todos antes da refeição. A submissão à lavagem era um sinal de confissão da necessidade de purificação e uma afirmação de fé de que quando o Messias viesse, Ele proveria purificação para seu povo. Nenhum dos discípulos teria pensado em levantar-se da mesa para lavar os pés dos presentes, pois isso seria um anúncio público de que quem o fizesse se considerava o menor de todos, quando cada um queria ser o maior. O fato de não se colocarem no lugar de um servo revelava a própria insegurança deles. Jesus sabia que havia sido nomeado para uma posição de autoridade absoluta por seu Pai (Sl 2), que Ele tinha vindo do Pai, e que depois de sua morte Ele voltaria para Deus. Ele não hesitou em se colocar no lugar de um servo. O conhecimento de Cristo acerca de quem Ele era, da posição para a qual havia sido designado e do destino que o aguardava tornou-o inteiramente confiante em sua ação. Portanto, Ele se levantou de sua posição reclinada à mesa e tirou sua veste externa. Há vários indícios nas Escrituras a respeito da vestimenta externa que Cristo usava. A partir do registro que nos é dado durante a crucificação, sabemos que Ele usava uma túnica sem costura. Esse teria sido um manto extraordinariamente caro. Normalmente, as vestes eram feitas de tiras de pano que haviam sido tecidas em teares estreitos; essas tiras eram costuradas juntas para fazer uma vestimenta de tamanho suficiente para ser envolvida em torno de um adulto. Mas o manto que Cristo usava havia sido especialmente preparado, e por certo teve um grande custo. Não sabemos sua origem, mas as Escrituras dizem que mulheres de posses consideráveis o apoiaram durante seu ministério, evidentemente por gratidão pelas bênçãos que Ele lhes havia concedido (Lc 8:2,3). Sem dúvida, o manto foi um presente de amor de um doador agradecido. Também notamos

---

[21] Shepard, *The Christ*, p. 537.

Preparação para a morte do Rei

que quando Cristo, durante seu ministério, esteve em uma sinagoga, foi saudado como um rabino e bem-vindo naquela assembleia. Um rabino era normalmente reconhecido pela cor das franjas ou fitas costuradas em seu manto. Pode ser que Cristo usasse o manto de um rabino. Tal manto daria direito ao respeito e honra. Em Israel, apenas o sacerdote era mais honrado do que um rabino. Tudo o que os judeus sabiam sobre o Antigo Testamento era ensinado pelos rabinos. Foi uma vestimenta como essa que Cristo colocou de lado para enrolar uma toalha em volta da cintura. Uma toalha era o indicativo de um serviçal. Um servo não tinha posição nem honra.

> A palavra grega para "toalha", com a qual nosso Senhor se cingiu, ocorre também nos escritos rabínicos para definir a toalha usada na lavagem e nos banhos (*luntith* e *aluntith*). Essa forma de se cingir era a marca comum de um escravo, por quem o serviço de lavagem dos pés era normalmente executado. E, em uma passagem muito interessante, o *Midrash* contrasta, nesse aspecto, a maneira humana de agir com o modo como Deus agiu com Israel, pois Ele havia sido descrito pelo profeta realizando para eles o serviço de lavagem e outros papéis geralmente prestados por escravos.[22]

Quão apropriado que Cristo tenha posto de lado o manto de honra e se colocado na posição de um Servo! Bem fala Paulo acerca dele, "que, embora sendo Deus, não considerou que o ser igual a Deus era algo a que devia apegar-se; mas esvaziou-se a si mesmo, vindo a ser servo, tornando-se semelhante aos homens. E, sendo encontrado em forma humana, humilhou-se a si mesmo e foi obediente até a morte, e morte de cruz!" (Fl 2:6-8). Cristo disse: "O Filho do homem não veio para ser servido, mas para servir" (Mc 10:45). Ele agora assumiu a posição de um Servo e fez o trabalho de um Servo. Esta foi toda a extensão do seu amor, "amou-os até o fim" (Jo 13:1). Ele os amou o suficiente para se tornar Servo deles e ministrar a eles.

---

[22] Edersheim, *Life and Times,* vol. 2, p. 501-502.

Cristo passou a mostrar os benefícios que eles receberiam por Ele os amar e ter vindo para servi-los. Quando Cristo se aproximou de Simão Pedro, que evidentemente não foi o primeiro cujos pés Cristo lavou, ele perguntou (traduzindo literalmente): "Senhor, alguém como tu vais lavar os pés de alguém como eu?" (v. 6). A pergunta de Pedro revelou que ele não entendia o significado daquilo que o Senhor estava fazendo. O verdadeiro significado, como muitas outras verdades, estava oculto de Pedro e permaneceria oculto, porém um dia o Espírito Santo interpretaria essas coisas para ele (15:26). A princípio, Pedro recusou-se impetuosamente a permitir que o Senhor o servisse, dizendo: "nunca lavarás os meus pés!" (13:8). Cristo então explicou a Pedro por que aquela lavagem era imperativa. A menos que Pedro aceitasse esse ministério do Servo, o discípulo não teria comunhão com Ele. Cristo não estava dizendo que Pedro não poderia ter nenhum tipo de relacionamento com Ele, mas queria dizer que Pedro não experimentaria a comunhão com Ele até que estivesse disposto a aceitar esse ministério. A explosão de Pedro revelou o intenso desejo de seu coração por uma comunhão mais profunda e íntima com o Senhor. Pedro raciocinou: se a comunhão depende da purificação administrada por Cristo como Servo, então ele deveria implorar a Cristo não apenas que lavasse seus pés, mas também suas mãos e cabeça (cf. Jo 13:9).

A resposta de Cristo mostrou os benefícios que viriam a quem se submetesse ao ministério do Servo de Deus. Cristo disse: "Quem já se banhou precisa apenas lavar os pés" (v. 10). Ele estava ensinando uma lição sobre os costumes de banho dos seus dias. Não havia local para banho nas pequenas casas das pessoas. Para tomar banho, elas tinham que ir a um local de banho público. Quando alguém era convidado para uma refeição, ia a um banho público e tomava banho. Ele então colocava roupas limpas, ungia-se com óleo fresco e seguia para a casa onde a refeição seria servida. Ao deslocar-se do banho para a casa, os pés do convidado ficavam sujos com a poeira do caminho. Se ele decidisse voltar ao banho para tirar a poeira da caminhada, descobriria que seus pés ficariam sujos novamente quando chegasse à casa do anfitrião. Não podia lavar a poeira voltando ao banho, nem se reclinar em um banquete e estender os pés sujos para que todos vissem. Assim, um anfitrião forneceria uma bacia com água para que aquele que tivesse tomado banho e tivesse lavado todo o corpo pudesse tirar o pó dos pés com uma esponja. Depois de tomar um banho e ter passado uma esponja nos pés, ele poderia entrar no salão de banquetes limpo e confiante. Usando esse costume familiar, Cristo ensinou que aquele que anteriormente havia sido lavado estava em um relacionamento com Ele. Mas para desfrutar da *comunhão* que vem do relacionamento, era necessário receber a purificação de Cristo, o Servo. Ele, portanto, mostrou que como um Servo obediente a seu Pai, Ele faria provisão para a salvação deles (o banho) e para a comunhão contínua com Ele como resultado dessa salvação (a limpeza dos pés). Assim, Cristo mostrou por que era necessário que Ele se tornasse um Servo e que eles se submetessem à Sua obra de prover para eles um banho completo e a limpeza dos pés.

Tendo demonstrado seu amor por eles e os benefícios que lhes viriam por causa desse amor, Cristo agora passou a lidar com a atitude que havia caracterizado aqueles homens ao comparecerem àquela refeição pascal. Em vista da contenda por uma posição na qual seriam servidos por outros, Cristo disse: "se eu, sendo Senhor e Mestre de vocês, lavei os seus pés, vocês também devem lavar os pés uns dos outros. Eu dei o exemplo, para que vocês façam como lhes fiz" (Jo 13:14,15). O que Cristo fez foi colocar-se na posição de um servo. Então, como um servo, Ele ministrou àqueles a quem havia servido. Eles deveriam seguir esse exemplo. Eles não estavam se tornando senhores sobre os outros. Eles estavam se tornando servos dos outros. Os discípulos não deviam ser motivados pelo amor egoísta, mas pelo amor altruísta. Cristo estava exigindo novas atitudes, novas ações.

Agora que Ele lhes havia mostrado que o amor produz serviço, Ele esperava que eles se tornassem servos uns dos outros.

Cristo revelou que um dos Doze o trairia. Muito antes disso o fato já havia sido declarado profeticamente em Salmos 41:9, que Cristo então citou. Embora Judas tivesse tido a oportunidade de receber os benefícios que poderiam chegar até Ele por meio da fé em Cristo, ele se recusou a recebê-los. Ele não havia permitido que Cristo ministrasse para ele. Cristo mencionou Judas nesse contexto para mostrar que nem todos os Doze tinham aceitado seu ministério para eles, que nem todos a quem Ele estava ministrando iriam responder a esse ministério. Assim, Ele avisou àqueles homens sobre a rejeição que eles próprios encontrariam.

8. A traição de Judas é predita

Seção 158

Mateus 26:21-25; Marcos 14:18-21; Lucas 22:21-23;
João 13:21-30

Cristo sabia, quando citou Salmos 41:9 a respeito de sua traição, que Ele não seria compreendido pelos discípulos. Então, Ele anunciou claramente: "Digo que certamente um de vocês me trairá" (Jo 13:21). Nenhum dos Onze foi capaz de identificar o traidor. Na verdade, cada discípulo viu em si mesmo a capacidade de ser essa pessoa. "Eles ficaram tristes e, um por um, lhe disseram: 'Com certeza não sou eu'" (Mc 14:19). Pedro foi dominado pela curiosidade de saber a identidade do traidor. Ele não estava suficientemente perto de Cristo para perguntar diretamente a Ele; então fez um gesto a um discípulo não mencionado por nome no relato, mas evidentemente era João, e disse: "Pergunte-lhe a quem Ele está se referindo" (Jo 13:24). João, inclinando-se para trás, pôde perguntar a Cristo: "Senhor, quem é?" (v. 25). Aqueles homens estavam reclinados em torno de uma mesa sobre seus cotovelos esquerdos. Uma vez que João se inclinou para trás para fazer a pergunta, evidentemente tinha-lhe sido atribuído o lugar de honra à direita de Jesus. Respondendo João, Jesus deu esta resposta velada: "Aquele a quem eu der este pedaço de pão molhado no prato" (v. 26). Molhar um pedaço de pão era uma parte significativa do ritual da Páscoa. No decorrer da refeição pascal o anfitrião pegava um pão sem fermento, que era um bolo achatado. Ele colocava pedaços de cordeiro no pedaço de pão, espalhava algumas ervas amargas sobre ele e depois o enrolava. Em seguida, ele mergulhava o pão contendo a carne e as ervas em um molho amargo. Esse pão seria então entregue a um convidado. O ritual seria repetido até que um pedaço de pão fosse fornecido para cada convidado. Essa era uma parte altamente significativa da refeição pascal. O cordeiro pascal apontava para o Cordeiro de Deus, que proveu a salvação divina para os pecadores. Ao preparar o pão com a carne e as ervas mergulhadas no molho, o anfitrião da festa lembrava aos participantes a promessa de Deus para providenciar a salvação. Ao receber o pedaço de pão, cada participante reconhecia seu pecado. Cada um também reafirmava sua fé na promessa de Deus de que Ele enviaria o Messias para tirar o pecado pelo sacrifício de si mesmo, e cada um professava sua disposição em receber a salvação que o Messias ofereceria. Os discípulos estavam, portanto, aguardando que Cristo prepararia pedaços de pão para dar a cada um. Visto que cada um receberia tal pedaço de pão preparado, a oferta desse pedaço de pão a Judas não o teria identificado para João ou Pedro. Mas é significativo que Cristo deu o primeiro pedaço de pão a Judas Iscariotes (Jo 13:26). Era costume oferecer o primeiro pedaço para os convidados mais honrados da festa. Judas foi colocado à esquerda de nosso Senhor; portanto, ele compartilhou com João os lugares de honra. Na verdade, o lugar de maior honra foi dado a Judas. Essa foi uma evidência do amor e da graça do Senhor, que sabia o que estava no coração de Judas antes que os assentos fossem designados ao redor da mesa. Além disso, deve-se notar que, visto que dar o pão era, na verdade, uma oferta de salvação, Cristo estava oferecendo perdão a Judas se ele aceitasse a salvação oferecida e colocasse nele sua fé. Esta foi a graça exemplificada. Talvez nenhuma demonstração maior do amor e da graça de Cristo possa ser encontrada em qualquer lugar nas Escrituras do que nessa cena, pois aquele que seria traído estava oferecendo ao traidor o perdão dos pecados se ele o aceitasse. Judas pegou o pão, mas não há registro de que ele o comeu como um sinal de sua aceitação da oferta de salvação do Messias. Em vez disso, parece que no momento em que ele pegou o pão "Satanás entrou nele" (Jo 13:27). Judas deixou o pão intocado e saiu da presença do Senhor. Ele rejeitou a graciosa oferta de salvação. João observou: "E era noite" (v. 30). Mas a noite lá fora não era tão escura quanto a noite dentro do coração de Judas, pois Cristo se ofereceu a Judas como o Servo para perdoá-lo, mas a oferta graciosa de Cristo foi rejeitada. Os Onze que permaneceram não entenderam o significado desse episódio. Visto que tinham visto Judas sentado no lugar de maior honra, esperavam que Cristo lhe oferecesse o primeiro pedaço de pão. Quando Judas partiu, pensaram que talvez Cristo tivesse falado com ele para lhe dizer que fizesse mais alguns preparativos para a observância da Páscoa, ou para expressar sua gratidão pelo privilégio de participar de mais uma refeição pascal, dando algo aos pobres. E assim, apenas Judas entendeu o que Cristo quis dizer quando lhe falou: "O que você está para fazer, faça depressa" (v. 27).

9. A negação de Pedro é predita

Seção 159

Mateus 26:31-35; Marcos 14:27-31; Lucas 22:31-38; João 13:37-38

Cristo acabara de revelar que um dos Doze o trairia. Em seguida, Ele previu que os Onze também o negariam (Mt 26:31; Mc 14:27). Ele viu essa negação como um cumprimento de Zacarias 13:7, em que o profeta afirmou que quando o pastor fosse ferido, as ovelhas seriam dispersas. Cristo então dirigiu a palavra a Pedro, talvez porque foi ele quem havia confessado que Jesus era "o Cristo, o Filho do Deus vivo" (Mt 16:16). Mas as palavras de Cristo diziam respeito aos Onze. Ele disse a Pedro: "Satanás vos pediu para peneirá-los como trigo" (Lc 22:31). Cristo não orou para evitar que eles o negassem. Se essa fosse sua oração, não teria sido respondida. Mas Cristo orou para que, depois de o terem negado, o ato de negação não os destruísse. Ele orou para que a negação deles não os fizesse esmorecer na fé (Lc 22:32). Ele também orou pela restauração deles. Ele previu que, após a negação, eles seriam restaurados à comunhão com Ele e então poderiam fortalecer seus irmãos. Tendo eles próprios falhado, seriam capazes de ter compaixão pelos outros que falhariam. Pedro professou sua disposição não apenas de ir para a prisão, mas de até morrer com Cristo (v. 33). Pedro não conhecia sua própria fraqueza. No entanto, Cristo predisse como logo Pedro haveria de cumprir a previsão que Ele havia feito. A negação aconteceria dentro de algumas horas. Cristo disse: "antes que o galo cante hoje, três vezes você negará que me conhece" (v. 34). Quando Cristo havia anteriormente enviado esses homens para um ministério, Ele lhes havia dito que deveriam andar em dependência consciente dele. Ele os havia enviado sem provisões, bolsas ou sandálias (Lc 22:35; cf. Mt 10:5-10). Ele tinha sido fiel a eles naquela ocasião. Agora Ele estava chegando ao momento de se ausentar deles após sua morte, por isso lhes ordenou que fizessem provisão para as suas necessidades (Lc 22:36). Eles deveriam providenciar uma sacola, bolsa de viagem e espada para proteção pessoal. Assim, Ele os avisou do perigo em que se encontrariam por causa de sua identificação com Ele. Pedro e João foram enviados para preparar o sacrifício pascal e carregavam duas pequenas espadas cerimoniais com as quais realizariam os rituais. Eles ainda tinham aquelas pequenas espadas em sua posse. Eles mostraram as espadas a Jesus e Ele confirmou que eram suficientes (v. 38).

10. A provisão de um memorial
Seção 160
Mateus 26:26-30; Marcos 14:22-26; Lucas 22:17-20

Pão e vinho eram partes significativas da refeição pascal. O pão era usado em todo o Antigo Testamento como símbolo da provisão de Deus para o seu povo. O vinho foi usado em todo o Antigo Testamento como um símbolo da alegria que seria a experiência dos que estariam no reino do Messias. O cordeiro significava o sacrifício pelo qual Deus proveria uma cobertura para o pecado a fim de receber os homens em seu reino. Esses elementos desempenhavam um papel significativo para a festa da Páscoa. Não foi nenhuma surpresa para os discípulos que Cristo tenha usado pão na observância da refeição e que Ele tenha passado o cálice do qual todos beberam. Mas agora Cristo se afastou do uso normal desses elementos na celebração da Páscoa. Ele deu um novo significado ao pão e ao vinho. Ele tomou um pão sem fermento, como o que havia dado a cada convidado. Ele deu graças por aquele pão, o partiu em pedaços e os distribuiu para os Onze. Então Ele disse: "Isto é o meu corpo dado em favor de vocês" (Lc 22:19). Cristo, portanto, atribuiu um significado especial ao pão. O pão que Ele usou era sem fermento, partido e dividido. Eles deviam comer aquele pão (cf. Jo 6:53, 56). Esse foi o pão dado como um memorial perpétuo, pois Ele ordenou: "façam isto em memória de mim" (Lc 22:19). O pão era a parte mais comum de todas as refeições nos dias do Senhor. Jesus pegou esse elemento comum e deu-lhe um significado especial. Ele queria que eles, quando e onde quer que comessem do pão, fossem lembrados de seu corpo que logo seria dado como um sacrifício por eles.

Cristo a seguir pegou o cálice de vinho que havia sido servido várias vezes durante a refeição pascal. Ele também atribuiu um significado especial àquele cálice. Ele disse: "Isto é o meu sangue da aliança" (Mt 26:28; Mc 14:24). Sua ênfase estava principalmente no sangue. A referência de sua aliança foi à nova aliança de Jr 31:31-34, por meio da qual Deus prometeu o perdão dos pecados. Visto que, de acordo com a revelação do Antigo Testamento, os pecados só podiam ser perdoados com base no sangue derramado, a nova aliança exigia o derramamento de sangue para fornecer o perdão dos pecados. Cristo disse que aquele cálice representava seu sangue, o sangue da aliança. Assim, Ele quis dizer que seu sangue proveria o perdão dos pecados. Ele disse: "Este cálice é a nova aliança no meu sangue" (Lc 22:20; cf. 1Co 11:25). A ênfase na declaração de Cristo estava na aliança — a aliança que necessitava do sangue que seria derramado. Ele iria instituir a nova aliança que Jeremias havia prometido. A instituição da nova aliança encerraria a antiga aliança mosaica sob a qual Deus havia lidado com seu povo anteriormente. Quando e onde esses homens quisessem beber do cálice, eles deveriam ser lembrados de que uma nova aliança baseada no sangue derramado de Cristo havia sido instituída e eles deviam comer e beber em memória dele. Cristo não beberia do cálice enquanto estivesse à direita de seu Pai. No entanto, Ele prometeu que viria o tempo em que beberia do cálice com eles novamente no reino de seu Pai (Mt 26:29). Assim, haveria dois memoriais a Cristo no futuro reino milenar. Por meio de Ezequiel 46:13-25 sabemos que Israel oferecerá sacrifícios memoriais no templo milenar em memória da morte de Cristo. Sabemos que os santos da igreja devem comemorar periodicamente a morte de Cristo, partindo o pão e bebendo do cálice, porque o apóstolo Paulo foi informado por revelação especial que a igreja de Cristo deveria fazer isso (1Co 11:17-34).

C. Preceitos de Cristo

Seções 161-165

João 13:31—16:33

1. Prólogo

Seção 161

João 13:31-35

Chamamos essa grande seção do evangelho de João de discurso no Cenáculo (13:31—16:33). Aqui o Senhor passou as instruções finais aos apóstolos. No prólogo desse discurso, Ele falou acerca de sua partida (13:31-35). Cristo se referiu a isso como sua glorificação, dizendo: "Agora o Filho do homem é glorificado" (v. 31). O Filho glorificou o Pai revelando-o às pessoas (1:18). Por sua vida, palavras e obras, Jesus demonstrou tudo o que era possível revelar sobre o Pai a elas. Ele glorificou o Pai por meio de sua revelação do Pai. Agora, por meio da morte e ressurreição de Cristo, o Pai confirmaria a todo o povo que o Filho era quem afirmava ser. Assim, Cristo poderia se referir aos eventos vindouros como a glorificação do Filho por Deus. Como Deus revelou por esse meio a identidade do Filho, o próprio Deus seria glorificado. Cristo disse claramente aos discípulos que em algumas horas Ele os deixaria e que seria impossível que eles fossem com Ele (v. 33). Ele deveria ir sozinho. Essa revelação dominou completamente os Onze. Durante os anos de relacionamento com Ele, os discípulos passaram a confiar nele completamente para todas as necessidades. Ele havia assumido um papel como o de um pai, provendo, protegendo, orientando e instruindo aqueles homens como se fossem filhos. Eles haviam mantido uma comunhão íntima com Ele. A prova de que desejavam que continuasse era sua disposição de acompanhar Cristo a Jerusalém, embora sentissem que essa jornada poderia envolver a própria morte deles (v. 37). Assim, quando Cristo lhes disse que não poderiam acompanhá-lo quando Ele partisse, eles se sentiram totalmente desolados. Mas Cristo deu-lhes um mandamento: "Amem-se uns aos outros" (v. 34). Eles haviam sido ligados por um amor mútuo por Ele, e agora deveriam ser ligados por um amor mútuo uns pelos outros. Cristo disse que esse era "um novo mandamento".

O Antigo Testamento exigia que não se amasse apenas a Deus, mas também o próximo como a si mesmo. Portanto, o mandamento para amar era antigo. Cristo não só lhes ordenou que amassem, mas também que o fizessem "como Eu os amei" (v. 34), e a última parte era nova. Segundo o antigo mandamento, o teste de amor ao próximo era o amor a si mesmo. O teste sob o novo mandamento era amar como Cristo os amou. Cristo havia acabado de demonstrar o tipo de amor que Ele tinha por este mundo. Seu amor o havia trazido de sua posição à direita do Pai para a posição de Servo. Cristo exigiu esse tipo de amor daqueles homens. Como seu amor tinha feito dele um Servo, assim o amor deles uns pelos outros seria para torná-los servos uns dos outros. Desse modo, Cristo estava dizendo que, ao cumprir esse mandamento de amar uns aos outros, eles proveriam uns aos outros o que Ele proveu enquanto estava com eles. Esse tipo de amor haveria de ser um sinal para todas as pessoas de que os Onze eram seus discípulos.

Cada aliança em Israel tinha historicamente seu sinal de identificação peculiar. O sinal de que alguém estava relacionado com Abraão e com a aliança abraâmica era a circuncisão. O sinal de que estava relacionado com Moisés e a lei mosaica era a observância do sábado. O sinal de que alguém estava relacionado com João Batista e sua mensagem sobre a vinda do Messias era o batismo nas águas. O sinal de que alguém era fariseu era usar um filactério na testa ou no braço. Todos esses sinais externos indicavam uma relação com um movimento específico em Israel. Cristo deu a seus discípulos um novo tipo de sinal de identificação. Não era um sinal externo que pudesse ser imposto facilmente, mas um sinal interno que exigia uma transformação. O sinal era o amor mútuo. O amor deles uns pelos outros não seria apenas um sinal de identificação com Ele, mas o exercício desse amor proporcionaria a eles o que Ele próprio lhes providenciou enquanto estava na companhia deles.

2. Problemas

Seção 162

João 13:36, 14:1-24

O anúncio da partida de Cristo e a consequente separação dele suscitam questões difíceis nas mentes dos Onze. Quatro problemas específicos foram endereçados a Cristo que, por sua vez, Ele respondeu. O primeiro foi o problema de Pedro (13:3—14:4). Ele perguntou: "Senhor, para onde vais?" (v. 36). O discípulo ficou perplexo quanto ao destino do Senhor. Por causa da oposição dos líderes em Jerusalém em visitas anteriores, Cristo havia partido de Jerusalém. Pedro supôs que, nessa ocasião, Cristo voltaria talvez para a Pereia, quem sabe para Decápolis, ou possivelmente para a Galileia. Os Doze haviam acompanhado o Mestre em suas partidas anteriores de Jerusalém. Pedro não conseguia pensar em nenhum lugar para onde Cristo pudesse ir sem que pudesse acompanhá-lo. Pedro não conseguia entender por que seria necessário que Cristo seguisse sozinho naquela jornada. Cristo afirmou mais uma vez que era necessário que Ele, naquela ocasião, fosse sozinho. Ele disse: "Para onde vou, vocês não podem seguir-me agora, mas me seguirão mais tarde" (v. 36). Pedro concluiu que Jesus estava partindo sozinho porque seria muito perigoso para os Onze ir com Ele naquela ocasião.

Aqueles homens estavam em Jerusalém com Jesus naquele momento por causa da disposição que tinham de morrer com Ele (cf. 11:16). O medo da morte não os tinha feito abandoná-lo, e então Pedro afirmou sua disposição de dar sua vida por Cristo se precisasse (13:37). O Mestre revelou que Pedro não conhecia seu próprio coração. Mesmo que Pedro professasse estar disposto a morrer, Cristo respondeu que o discípulo ainda não estava realmente pronto para isso. O Senhor disse: "Asseguro que, antes que o galo cante, você me negará três vezes!" (v. 38). Cristo graciosamente não repreendeu Pedro, mas revelou que conhecia o coração dele, embora aquele discípulo não conhecesse seu próprio coração.

Uma tempestade se abateu sobre aqueles homens ao ouvirem Cristo anunciar que em breve os deixaria. Para acalmar essa situação dramática, Cristo assegurou: "Não se perturbe o coração de vocês" (Jo 14:1). Para acalmar seus temores, Cristo primeiro os exortou à fé. Ele disse: "Creiam em Deus; creiam também em mim". Deus provou ser fiel ao lidar com seu povo durante todo o Antigo Testamento. A história registrada do trato de Deus para com seu povo proporciona abundantes evidências de sua fidelidade. Deus era inteiramente confiável. Cristo provou ser fiel em prover as necessidades daqueles homens durante seu tempo de comunhão com Ele. O Mestre nunca falhou com eles. A fidelidade demonstrada por Deus e por Cristo forneceu um fundamento sólido para a fé contínua em um Deus fiel e em seu Filho. Visto que o Pai e o Filho haviam se mostrado fiéis anteriormente, era evidente que essa fidelidade continuaria nos dias que haveriam de vir. Considerando que Cristo sempre havia sido fiel durante o tempo em que esteve com eles, ficava bem claro que Ele seria fiel no porvir, embora estivesse ausente deles. Portanto, eles tinham todos os motivos para confiar no Pai e no Filho.

Para acalmar ainda mais seus temores, o Senhor fez uma promessa a respeito do futuro. A separação que resultaria de sua partida não seria permanente; era apenas temporária. Um noivado judeu significava que um homem e uma mulher estavam legalmente vinculados ao casamento. Antes da apresentação da noiva ao noivo, o noivo se ocupava preparando um lugar na casa de seu pai para a noiva. Usando essa imagem, Cristo disse a esses homens: "Na casa de meu Pai há muitos aposentos" (Jo 14:2). Na expectativa de sua reunião com Ele, disse-lhes: "Vou preparar lugar para vocês". Isto indica que enquanto Ele estivesse ausente deles, não iria esquecê-los. Ao contrário, Cristo haveria de ocupar-se em preparar um lugar onde Ele e eles habitariam juntos na "casa de [seu] Pai". Assim como de acordo com o costume matrimonial oriental o noivo mandaria buscar a noiva quando tudo estivesse pronto, do mesmo modo Cristo faria quando tivesse completado seu trabalho de preparar um lugar na casa de seu Pai. Ele disse: "E, quando eu for e preparar lugar, voltarei e os levarei para mim, para que vocês estejam onde eu estiver" (v. 3). Essa foi uma promessa de que a separação que os estava angustiando de forma tão intensa não seria permanente. Haveria de ser apenas temporária. Eles poderiam aguardar um abençoado reencontro com Ele. Um dia Cristo viria como um noivo para sua noiva e iria levá-los para o lugar que Ele estava preparando para eles durante o tempo de sua ausência.

Então Pedro tinha a resposta para a sua questão: "Senhor, para onde vais?" (13:36). Cristo estava indo para a casa de seu Pai. Mesmo que Ele devesse ir sozinho, iria retornar e levá-los à casa de seu Pai, o lugar onde os discípulos estariam com Ele. Isso parece ter satisfeito Pedro, pois ele não fez mais perguntas.

A declaração de Cristo sobre para onde Ele estava indo levantou uma questão na mente de Tomé (14:5-7). O discípulo não entendeu a referência de Cristo à casa de seu Pai. Assim, quando Cristo disse: "Vocês conhecem o caminho para onde vou" (v. 4), Tomé ficou em dúvida e questionou: "Senhor, não sabemos para onde vais; como então podemos saber o caminho?" (v. 5). Sem repreendê-lo por sua falta de compreensão, Cristo explicou simplesmente: "Eu sou o caminho para a casa do Pai", a "verdade" sobre o "Pai" e a "vida" (v. 6). Somente aquele que possuía vida poderia ir para a casa do Pai. Cristo não apenas disse que Ele era o caminho, mas também proveria a vida. O Mestre afirmou ainda que Ele era o caminho exclusivo para o Pai, pois Ele disse: "Ninguém vem ao Pai, a não ser por mim" (v. 6). Ainda que aqueles homens se sentissem estranhos ao irem para a casa de seu Pai por não terem estado com Ele, ainda assim, uma vez que conheceram a Cristo, eles conheciam o Pai também porque Ele e o Pai eram um.

A declaração sobre seu relacionamento com o Pai levantou uma outra questão na mente de Filipe (v. 8-21). Embora o discípulo estivesse intimamente associado a Cristo, ele sentia que não conhecia o Pai, então pediu a Cristo que lhes revelasse o Pai (v. 8). A pergunta de Filipe mostrou que, embora Cristo tivesse revelado o Pai, aqueles homens não haviam entendido a revelação que Cristo lhes fizera. Ele mais uma vez respondeu graciosamente à pergunta de Filipe, que revelou tão claramente a ignorância do discípulo. Cristo explicou: "Quem me vê, vê o Pai" (v. 9). Cristo fez essa declaração por causa da unidade que existe entre o Pai e o Filho. Cristo revelou o Pai de duas maneiras. Primeiro, suas palavras foram uma revelação do Pai (v. 10); segundo, seus milagres revelaram o Pai (v. 11). As palavras de Cristo foram ditas e todas as suas obras realizadas pelo Pai por causa de sua total dependência de seu Pai.

A seguir Cristo disse àqueles homens: "Aquele que crê em mim fará também as obras que tenho realizado" (Jo 14:12). Ele havia revelado o Pai por meio de suas palavras e obras. Agora, Ele disse algo que remontava à sua exortação: "creiam em Deus; creiam também em mim" (v. 1). Se tivessem fé em Jesus (v. 12) seriam instrumentos pelos quais o Pai se revelaria por meio deles como o Pai o fez por meio de Cristo. Na verdade, Ele prometeu que se eles tivessem fé nele, os discípulos fariam "coisas ainda maiores" (v. 12). Em um sentido quantitativo, o Pai seria mais amplamente revelado por meio dos discípulos do que por meio de Cristo. A razão era que Cristo estava indo para o Pai. (Posteriormente Ele explicaria nesse discurso que quando Ele fosse ao Pai, Ele enviaria o Espírito Santo para ajudá-los neste ministério [16:7]). Quando Ele estivesse com o Pai, eles teriam o privilégio de pedir ao Pai em seu nome que lhes desse a ajuda de que precisavam (14:13). Quando lhes fosse confiado o ministério de tornar o Pai e o Filho conhecidos, eles podiam apelar ao Pai em nome do Filho para a capacitação necessária. A ajuda do Filho seria dada para que, como o Filho havia glorificado o Pai, quando Ele estava na terra, também o Filho glorificasse o Pai por meio deles, embora Ele estivesse na casa do Pai. O acesso ilimitado ao Filho seria provido para capacitar aqueles homens a glorificar o Pai, pois Jesus disse: "O que vocês pedirem em meu nome, eu farei" (v. 14).

Cristo reconheceu a fraqueza daqueles homens e a incapacidade deles de cumprir o ministério que lhes estava sendo confiado de revelar o Pai. Por isso, Ele disse: "E eu pedirei ao Pai, e ele dará a vocês outro Conselheiro" (v. 16). A palavra grega traduzida como "conselheiro" é *parakletos*, que significa literalmente "aquele que é chamado para estar ao lado", isto é, "aquele que pode ajudar". A palavra também pode ser traduzida como "ajudante". Aqueles homens foram comissionados como apóstolos de Cristo e enviados em missões durante o curso de sua associação com Cristo enquanto Ele estava na terra. Eles foram enviados agora para serem suas testemunhas durante o tempo da ausência de Cristo da terra. Ele tinha sido o ajudador enquanto estava com eles. Em sua ausência, Ele lhes enviaria "outro" Ajudador. A palavra grega para "outro" tem a conotação de "outro igual a mim". O Espírito Santo faria por aqueles homens tudo o que Cristo havia feito por eles enquanto estivera na companhia deles. Dessa forma, eles não seriam deixados sozinhos; eles não seriam abandonados; não seriam deixados por sua própria conta ou por sua própria sabedoria ou força. O Ajudador seria o "Espírito da verdade" (v. 17), e estaria com eles para sempre. Não haveria um tempo em que o Espírito lhes seria tirado da maneira como Cristo agora estava se ausentando deles. Assim, uma ajuda permanente foi prometida àqueles homens no momento em que foram enviados ao mundo para serem testemunhas do Pai e do Filho.

Esse Ajudador seria desconhecido para o mundo porque Ele seria invisível e desconhecido, mas Cristo prometeu: "ele vive com vocês e estará em vocês" (Jo 14:17). O Espírito Santo foi provido ao longo do Antigo Testamento para permitir que os homens desempenhassem uma determinação divina. Mas o Espírito era caracteristicamente uma fonte externa de empoderamento. Agora, esse mesmo Ajudador fixaria morada permanente neles e, a partir dessa posição, forneceria toda a ajuda de que precisassem. Considerando que aqueles homens se sentiam "órfãos" (v. 18) — filhos débeis, privados do amor, da provisão, da instrução e da orientação de um pai —, eles não se sentiriam mais assim. Cristo disse: "voltarei para vocês". Embora alguns tenham entendido que isso tinha relação com a vinda de Cristo na pessoa do Espírito, no Dia de Pentecostes, e outros se referiram à vinda de Cristo no segundo advento, parece melhor tomar essa promessa como uma referência à sua vinda a

Preparação para a morte do Rei 629

eles após a ressurreição. No versículo 19, Cristo se referiu à sua morte, dizendo: "Dentro de pouco tempo o mundo não me verá mais", mas Ele prometeu: "vocês, porém me verão". Essa parece ser uma referência clara à ressurreição. Por causa de sua ressurreição, Ele pôde assegurar àqueles homens que ressuscitariam. A ressurreição de Cristo logo certificaria o relacionamento existente entre o Pai e o Filho; também autenticaria a promessa de Cristo: "vocês em mim, e eu em vocês" (v. 20). Assim como o Espírito esteve com eles e estaria neles, de igual modo Cristo, que habitava com eles, passou a residir neles. Ao trazer à tona essa verdade, Cristo revelou uma preciosa nova intimidade para a qual aqueles homens seriam levados com o Espírito e com Cristo após sua ressurreição. Essa nova intimidade produziria uma obediência aos mandamentos de Cristo (v. 21). Isso também tornaria possível uma intimidade mais profunda do que a que aqueles homens haviam experimentado anteriormente, tanto consigo mesmos como com o Pai.

Quando Filipe pediu a Cristo "mostra-nos o Pai" (Jo 14:8), o Mestre havia dito que revelara o Pai aos discípulos por meio de suas palavras e obras. Esses homens agora tinham sido comissionados a ir ao mundo para revelar o Pai por meio de suas palavras e obras. Uma vez que eles eram incapazes de exercer essa responsabilidade, Cristo disse que Ele próprio iria fornecer capacitação para eles. Ele iria enviar o Consolador, o Espírito Santo, que iria ajudá-los a desenvolver esse ministério. Ele prometeu que a separação iria ser apenas uma breve ausência e que Ele voltaria depois de sua ressurreição. Eles iriam entrar em uma nova e mais profunda intimidade com Ele que jamais haviam tido.

Essa promessa de restauração após sua ressurreição levantou uma questão na mente de Judas (não o Iscariotes), que perguntou: "Senhor, mas por que te revelarás a nós e não ao mundo?" (v. 22).

Essa questão aparentemente surgiu por causa da expectativa dos discípulos de que Cristo estabeleceria o trono de Davi e assumiria seu reino. O cumprimento da expectativa dos apóstolos teria exigido uma manifestação pública de Cristo, mas a nação o rejeitou. Cristo teve que adiar a instituição de seu reino para um tempo futuro indeterminado. Porém, a rejeição pela nação não impediria uma restauração após sua ressurreição para aqueles que o receberam. Assim, Cristo disse: "Se alguém me ama, obedecerá à minha palavra. Meu Pai o amará, nós viremos a ele e faremos morada nele" (Jo 14:23). Cristo estava prometendo a restauração da comunhão íntima — não com a nação ou com o mundo —, mas com aqueles que haviam crido nele. Nessa resposta a Judas, Cristo afirmou que não só o Espírito viria para morar com eles, não somente Ele, o Filho, viria para estar sempre com eles, mas o Pai também viria fazer sua morada neles. Assim, àqueles homens foi dada a promessa de uma nova intimidade de comunhão com o Pai, com o Filho e com o Espírito.

3. Promessas

Seção 163

João 14:25-31

Cristo prometeu a vinda do Espírito (Jo 14:16). Ele em seguida falou a respeito do ministério que o Espírito continuaria com eles quando Ele viesse. Jesus prometeu que o Espírito "ensinará a vocês todas as coisas" (v. 26). O ensino do Espírito faria com que compreendessem os aspectos da instrução de Cristo que haviam permanecido além da sua compreensão deles. Além disso, Jesus disse que o Espírito "fará vocês lembrarem tudo o que eu disse". Assim, eles seriam capazes de lembrar verdades que Cristo lhes havia ensinado e que eles não tinham compreendido nem retido em sua memória. Quando ministrassem como seus representantes, seriam capazes de proclamar as próprias palavras de Cristo.

O Mestre não só lhes prometeu a ajuda de um Conselheiro divino, mas também lhes deu sua paz. Ele disse: "Deixo a paz a vocês; a minha paz dou a vocês" (v 27). Essa paz era a calma que viria ao coração dos discípulos por confiarem em Deus e pelo fato de saberem que Ele estava no controle de todos os eventos que afetariam a vida deles. Cristo havia exortado aqueles homens a ter confiança em Deus e em sua pessoa (14:1). Agora, na expectativa do cumprimento dessa exortação, Ele lhes prometeu que teriam a mesma tranquilidade de coração nesse mundo que Ele possuía enquanto estava entre eles. Portanto, ao permanecerem no mundo para cumprir o ministério que Ele lhes havia confiado, não precisavam estar com o coração atribulado nem ficar amedrontados.

Os homens no cenáculo que ouviram nosso Senhor falar de sua partida ficaram dominados pelo medo e preocupação porque pensavam

PREPARAÇÃO PARA A MORTE DO REI 631

egoisticamente no efeito que sua partida teria sobre eles. Se pudessem desviar a atenção de si mesmos e se voltar para Ele, teriam se regozijado com a partida de Cristo. O Senhor lhes disse: "Se vocês me amassem, ficariam contentes porque vou para o Pai" (v. 28). Cristo não revelou a notícia de sua partida para colocar sobre eles um fardo insuportável, mas para informá-los sobre os eventos vindouros, com o objetivo de que não fossem surpreendidos. Para Cristo não seria possível ministrar para eles durante o sofrimento que estava diante dele, pois Ele entraria em conflito com Satanás. Seu silêncio não significaria que o Mestre não se preocuparia com seus discípulos. Ao contrário, isso poderia ser explicado pelo fato de que "o príncipe deste mundo está vindo" (v. 30). Cristo entraria no conflito, não porque seria oprimido pelo maligno, mas porque sempre foi obediente ao Pai. Em sua morte na cruz, o mundo teria uma revelação da obediência do Filho ao Pai. Sua morte seria uma evidência de seu amor e submissão ao Pai (v. 31). Cristo poderia ter se escondido de seus adversários, ocultando-se para que não pudesse ser encontrado. Ele poderia ter se retirado da jurisdição das autoridades. No entanto, Ele escolheu enfrentá-los de boa vontade. Que isso era verdade está indicado em seu convite: "Levantem-se, vamo-nos daqui!"

4. Instruções sobre a experiência deles no presente

Seção 164

João 15:1—16:4

a. Produção de frutos

João 15:1-17

Cristo havia dito: "Aquele que crê em mim fará também as obras que tenho realizado. Fará coisas ainda maiores do que estas, porque eu estou indo para o Pai" (Jo 14:12). Cristo passou então a mostrar aos Onze como eles poderiam cumprir essa comissão. Para ensinar àqueles homens o segredo de como desenvolver um ministério frutífero, Ele usou a ilustração de uma videira. Cristo se identificou como "a videira verdadeira" (15:1). A figura de uma vinha foi usada em Isaías 5:1-7 para revelar o propósito de Deus para a nação de Israel. Deus havia escolhido Israel como sua vinha. Ele havia plantado a vinha em uma colina fértil que havia sido cuidadosamente preparada. Uma torre de vigia fora construída para que se pudesse vigiar o vinhedo, e um lagar foi preparado na expectativa da colheita das boas uvas do vinhedo. O fruto que Deus esperava deles era a justiça e a retidão (Is 5:7). No entanto, os frutos daquela vinha não cumpriram a sua função. Estabelecendo um contraste com eles, Cristo disse: "Eu sou a verdadeira" (Jo 15:1). A justiça e a retidão que revelariam o caráter de Deus foram demonstradas nas palavras e obras do Senhor Jesus. Cristo afirmou ainda: "Meu Pai é o agricultor". A responsabilidade do agricultor era cuidar das vinhas para que elas pudessem produzir frutos. Cristo explicou os aspectos da obra do Pai que eram necessários para que "a videira verdadeira" (v. 1) se tornasse frutífera. Primeiro, Cristo disse: "Todo ramo que, estando em mim, não dá fruto, Ele corta" (v. 2). Embora o corte possa ser entendido como referindo-se a um processo de poda no qual o agricultor remove um galho, a palavra grega traduzida como "corta" [poda] normalmente é traduzida também como "levanta". Esse termo pode ser preferível aqui. Para conservar a umidade em uma terra seca, as videiras podiam crescer rentes ao solo até que as flores começassem a aparecer. Era então necessário que o vinhateiro levantasse as plantas acima da terra para que as flores pudessem germinar. As vinhas eram erguidas sobre gravetos ou pedras. Elas, portanto, eram colocadas em um local mais alto onde pudessem produzir frutos. Assim, Cristo estava dizendo que seu Pai tinha a responsabilidade de colocar cada ramo em um lugar onde pudesse dar frutos. Além disso, visto que toda videira produz alguns ramos estéreis, o vinhateiro deveria cortar os ramos improdutivos para que a vitalidade da videira não fosse usada para produzir apenas folhas e fosse impedida de sua função de dar frutos. Uma vez que os frutos são produzidos apenas em folhas novas, o jardineiro tem de cortar todas as folhas velhas para que os frutos possam crescer. Cristo afirmou que o Pai faria sua obra de podar a videira para que se tornasse mais frutífera.

A limpeza da videira exigia não apenas a remoção de ramos estéreis, ou dos ramos antigos, mas também a remoção de parasitas que consumiam a videira. Isso tinha de ser feito de forma pacienciosa, à mão. No clima seco em que a videira crescia, as folhas acumulavam uma espessa camada de poeira que enfraquecia a planta. Era necessário que o jardineiro passasse uma esponja nas folhas para remover o pó acumulado a fim de que a videira pudesse permanecer sadia. Quando Cristo falou sobre o Pai purificando a videira para que se tornasse frutífera, Ele tinha em mente a obra do Pai em remover dos ramos tudo o que pudesse interferir na produção dos frutos. Cristo presumiu que os discípulos já haviam sido limpos porque Ele havia lhes dado sua palavra (v. 3). A verdade que Ele lhes havia comunicado era um agente de limpeza que tornaria a videira frutífera. Sua fecundidade, então, dependeria do relacionamento futuro com Ele. Assim, Cristo disse: "Permaneçam em mim, e eu permanecerei em vocês" (v. 4). Cristo usou a ilustração do ramo e da videira para mostrar o que significa permanecer nele. O ramo não tem vida em si mesmo; ele recebe sua seiva da videira. O ramo é nutrido e sustentado pela vida da videira. Enquanto houver um fluxo ininterrupto de seiva da videira para o ramo, este é capaz de produzir frutos. No momento em que o ramo deixa de receber a seiva vital da videira, ele se torna incapaz de produzir frutos. O que era verdade no reino natural certamente seria verdadeiro para aqueles homens no ministério futuro que desempenhariam. Cristo afirmou: "Nenhum ramo pode dar fruto por si mesmo se não permanecer na videira. Vocês também não podem dar fruto se não permanecerem em mim" (Jo 15:4).

A fim de tornar a lição tirada da natureza mais claramente compreendida, Cristo explicou seu ensino. Ele disse: "Eu sou a videira; vocês são os ramos" (v. 5). Ele é a fonte de vida, e é a fonte de seu fruto. Para os habilitar a produzir frutos, Ele os tinha colocado em si mesmo como ramos. Uma relação vital tinha sido estabelecida entre Cristo e os Onze, mas para cumprir o ministério que lhes foi confiado os discípulos tinham de permanecer nele e o Mestre neles. Cristo disse que enquanto um homem estiver relacionado com Ele dessa forma, "dará muitos frutos" (v. 5). Tornava-se evidente que os discípulos eram totalmente dependentes de Cristo para cumprir o seu ministério, pois Ele disse: "Vocês também não podem dar fruto se não permanecerem em mim".

Os ramos podados da videira se tornavam secos e depois eram usados para aquecer os fornos em que se assava o pão de cada dia. Depois que os galhos eram queimados, as suas cinzas se espalhavam com o vento. Cristo disse que qualquer coisa que esses homens pudessem produzir sem um relacionamento vital com Ele seria testado pelo fogo. Seria reduzido a cinzas, provando ser inútil e varrido pelo vento. Ele estava fazendo uma advertência severa àqueles homens de que não podiam depender de seus próprios recursos para cumprir o ministério que lhes fora confiado. Eles deveriam, ao contrário, depender totalmente dele para que sua vida pudesse atuar neles. Então, Ele produziria seus próprios frutos por meio deles, e esses frutos sobreviveriam ao teste do fogo.

Tendo dado as condições para a frutificação, Cristo falou agora das consequências de permanecer nele (v. 7-11). Notamos primeiro que aquele que habita em Cristo é direcionado por Ele ao fazer seus pedidos. Tal pessoa não pede nada que seja contra a mente ou a vontade dele. Alguém assim dirigido tem confiança de que a sua oração será respondida.

Um segundo resultado dessa permanência é encontrado nas palavras "Se alguém permanecer em mim e eu nele, esse dará muito fruto" (v. 8). Como Cristo havia dito anteriormente, a fecundidade do ministério dos discípulos dependeria da permanência deles em contato vital com Ele. Um terceiro resultado de permanecer nele está contido na afirmação "a alegria de vocês seja completa" (v. 11). A alegria suprema de Cristo vem pelo fato de saber que Ele era obediente à vontade de seu Pai. Cristo deu as ordens àqueles homens no cenáculo para que as obedecessem e, consequentemente, conhecessem a mesma alegria que Ele recebeu por meio de sua obediência a seu Pai.

Para ajudá-los a compreender o mandamento que Ele lhes havia dado, Cristo repetiu algo que lhes havia dito antes: "O meu mandamento é este: Amem-se uns aos outros como eu os amei" (v. 12). Seu amor envolvia sacrifício. A disposição de um crente de se sacrificar por outro seria uma evidência de que o amor de Cristo estava sendo aperfeiçoado naquele crente. Ao longo de seu relacionamento junto deles, Cristo viu aqueles homens como servos e a si mesmo como Mestre. A responsabilidade do servo é submeter-se à vontade de seu Mestre. O relacionamento agora deveria ser alterado. Cristo disse: "Vocês serão meus amigos" (v. 14). A relação entre o Mestre e seus servos tinha a ver com o aspecto da vontade; a relação entre eles como amigos era de coração para coração. Aqueles que haviam sido servos de Cristo agora tinham se constituído seus amigos.

Uma prova de que eles estavam unidos a Cristo pelo coração é vista em sua declaração: "tudo o que ouvi de meu Pai eu tornei conhecido a vocês" (Jo 15:15). Não haveria segredos entre amigos. Cristo não deixou de revelar nenhuma verdade para eles. Outra prova de que eles eram amigos pode ser encontrada na expressão: "Eu os escolhi para irem e darem fruto" (v. 16). Aqueles homens foram especificamente escolhidos por Cristo, e essa escolha se mostrou uma evidência de seu amor. Visto que eram seus amigos e estavam unidos a Ele de coração a coração, deviam dar evidência dessa unidade amando-se uns aos outros (v. 17).

b. Perseguição aos discípulos

João 15:18—16:4

Quando Cristo havia enviado os Doze em uma missão especial, Ele os avisou de que seriam como ovelhas entre lobos (Mt 10:16). Ao enviá-los ao mundo nessa outra ocasião, Cristo novamente chamou a atenção dos seus discípulos para o antagonismo do inimigo (Jo 15:18-25). Antevendo o ódio do mundo, Cristo lembrou-os de que eles iriam experimentar a mesma coisa que Ele havia vivenciado (v. 18). Ele lhes deu quatro razões pelas quais o mundo os rejeitaria. A primeira era que eles haviam sido escolhidos no mundo (v. 19). Eles já haviam pertencido ao mundo e se conformado a ele, mas agora estavam separados do mundo. O mundo os havia recebido quando eles eram parte dele, mas agora não eram mais parte do mundo; então o mundo os odiaria. A segunda razão para o ódio do mundo surgiria do relacionamento que Cristo estabeleceu entre aqueles homens e Ele mesmo. Eles eram seus amigos (v. 14). Eles seriam perseguidos porque eram seus amigos (v. 20). A terceira razão pela qual seriam perseguidos pelo mundo era porque o mundo não conhecia o Pai (v. 21). E a quarta razão era que a palavra que Cristo havia mostrado a eles — a revelação do Pai que Ele lhes havia dado — tornava o mundo indesculpável (v. 22). A vida de Cristo e suas palavras revelaram a justiça divina e forneceu um modelo do tipo de vida que um homem deve viver para ser aceitável a Deus. Antes de Cristo ter vindo, o mundo poderia ter alegado sua ignorância das demandas de Deus como uma desculpa para seus pecados; mas agora que Cristo tinha vindo e deixado tudo bem claro, o mundo não mais tinha desculpa para seus pecados. Consequentemente, o mundo passou a odiar Cristo, que lhe fez essa revelação. E o mundo também odiaria aqueles que representassem Cristo.

Apesar da resposta do mundo ao seu ministério e mensagem, os discípulos deveriam dar testemunho de Cristo. Ele os lembrou novamente de que não seriam deixados sozinhos para cumprir suas responsabilidades. Haveria duas testemunhas de Deus para o mundo. A primeira seria "o Espírito da verdade que provém do Pai" (Jo 15:26). Um dos ministérios do Espírito é que "Ele testemunhará a meu respeito". Esse testemunho do Espírito ao mundo tinha a ver com a pessoa de Cristo. Mas o Espírito não seria a única testemunha, pois Cristo disse: "vocês também testemunharão". A palavra "também" é importante, pois mostra que os crentes e o Espírito juntos dariam testemunho de Cristo. A razão para a escolha daqueles homens para serem testemunhas foi: "estão comigo desde o princípio" (v. 27). Cristo quis dizer que eles eram testemunhas confiáveis de sua pessoa. Essa revelação do antagonismo do inimigo não foi apresentada para desencorajar os discípulos ou dissuadi-los de assumir o ministério. Ao contrário, Cristo os estava preparando para a recepção que seria dada a eles (16:1). Ele descreveu alguns dos atos específicos que o inimigo faria contra eles ao manifestar seu antagonismo. Eles seriam expulsos das sinagogas (v. 2). Isso significava que perderiam todos os privilégios que tinham como cidadãos de Israel. Eles iriam ser excluídos do uso do templo como um local de culto. Eles iriam ser afastados da sociedade em que viviam. Eles perderiam os privilégios de emprego na nação. Eles seriam privados das escolas para as quais poderiam enviar seus filhos. Ao serem expulsos das sinagogas, eles seriam de fato reduzidos à pobreza. Em acréscimo a isso, muitos seriam mortos, e quem os matasse acreditaria que eles estavam sendo fiéis a Deus. A oposição aos mensageiros de Deus demonstraria a oposição dos antagonistas ao próprio Deus (v. 3). Essa era a perspectiva que estava diante daqueles homens.

5. Instruções com relação ao futuro

Seção 165

João 16:5-33

a. O ministério do Espírito Santo

João 16:5-15

Embora Cristo tivesse ordenado àqueles homens: "Não se perturbe o coração de vocês" (Jo 14:1), o coração deles "encheu-se de tristeza"

(16:6). Cristo agora lhes disse que para o bem dos próprios discípulos era preciso que se afastasse deles, não permanecendo em sua companhia (v. 6). Ele lhes havia dado a gloriosa promessa da vinda do Espírito Santo, que os ensinaria, capacitaria e testemunharia com eles. Mas o Espírito não iria viver neles até que Cristo voltasse ao Pai e o enviasse (v. 7). Deus havia prometido no Antigo Testamento que daria o Espírito Santo ao seu próprio povo (Jl 2:28; Ez 36:27). O que Cristo estava revelando naquele momento era que a vinda do Espírito dependia da petição do Filho ao Pai para o enviar. O Filho não podia pedir ao Pai que enviasse o Espírito até que Ele tivesse retornado ao Pai, após sua morte e ressurreição. O Espírito habitaria neles. O Espírito iria ser capaz de realizar o ministério que Cristo poderia não ter realizado se tivesse permanecido com eles. Quando aqueles homens foram enviados para ministrar (Mt 10), era necessário que se separassem de Cristo, que não poderia acompanhá-los fisicamente em seus ministérios. Se Cristo tivesse permanecido na terra com eles, não teria sido possível para Ele acompanhá-los no ministério que lhes foi confiado. Mas o Espírito, que seria dado após o retorno de Cristo ao Pai, habitaria neles. O Espírito poderia acompanhá-los, estar com eles e capacitá-los no desempenho do ministério. Assim, era mais benéfico para eles que Cristo partisse em vez de permanecer com eles.

Cristo a seguir falou do ministério que o Espírito desempenharia no mundo quando viesse (Jo 16:8-11). Essa obra do Espírito tornaria possível que aqueles homens tivessem um ministério eficaz. Cristo disse que quando o Espírito viesse, Ele "provaria que o mundo estava errado a respeito do pecado, a justiça e o juízo" [tradução do autor] (v. 9). As palavras gregas traduzidas como "provar que o mundo está errado" podem ser entendidas no sentido de "trazer algo para chamara a atenção de" ou "convencer" alguém de algo. O Espírito trará a verdade sobre o pecado às pessoas "porque [eles] não creem em mim". Essa menção não se refere ao fato de que o Espírito convencerá as pessoas de que são pecadoras; antes, oferece a razão pela qual Ele as convencerá de que são pecadoras. O motivo é que as pessoas rejeitaram Cristo. Se as pessoas o tivessem recebido, não mais seriam classificadas como pecadoras. Além disso, Cristo disse que o Espírito traria a verdade acerca da justiça para as pessoas, e acrescentou que o motivo que o Espírito teria para fazer essa obra seria "porque vou para o Pai" (v. 10). O retorno de Cristo ao Pai validaria sua apresentação de si mesmo como "o caminho, a verdade e a vida" (Jo 14:6). A ressurreição de Cristo validou a oferta de salvação que Ele fez. A ascensão de Cristo declarou que a justiça a partir de então estava disponível para qualquer um que aceitasse Cristo como Salvador. O Espírito convenceria as pessoas quanto à justiça se rejeitassem Cristo; no entanto, a justiça estaria disponível. Por fim, o Espírito falaria a verdade às pessoas sobre o julgamento "porque o príncipe deste mundo já está condenado" (16:11). Cristo entrou em conflito com Satanás na cruz, e sua ressurreição demonstrou que Ele foi o Vencedor. A cruz, portanto, representa um julgamento divino sobre Satanás, de modo que era possível dizer: "o príncipe deste mundo já está condenado". As pessoas que rejeitaram Cristo estão unidas ao príncipe deste mundo, que está sob julgamento. Por sua união com ele, elas participam de seu julgamento.

As pessoas precisam estar preparadas para receber a mensagem do Espírito à medida que Ele traz a verdade sobre a questão do pecado, a disponibilidade da justiça e a inevitabilidade do juízo.

Cristo voltou-se então para falar do ministério do Espírito relacionado aos próprios discípulos. Ao longo do tempo que permaneceu com os Onze, Cristo deu a eles as palavras do Pai. No entanto, eles não entenderam a revelação que Cristo fez por meio de suas palavras. Agora Cristo disse: "Mas, quando o Espírito da verdade vier, ele os guiará a toda a verdade" (Jo 16:13). Como parte de seu ministério, o Espírito os levaria a uma plena percepção da verdade que Cristo havia ensinado. Quando Cristo disse: "Não falará de si mesmo", Ele estava dizendo que a mensagem do Espírito não seria sua própria mensagem, assim como a de Cristo não era dele. Em vez disso, o Espírito falará "o que Ele ouve" do Pai. Cristo preparou esses homens para esperar nova revelação do Espírito quando disse: "anunciará a vocês o que está por vir". Isso aparentemente foi uma referência à revelação vindoura dada por meio dos apóstolos e registrada no Novo Testamento por inspiração. Como o ministério de Cristo era revelar o Pai para que o Pai fosse glorificado, então seria o ministério do Espírito revelar Cristo àqueles homens e assim glorificar Cristo (v. 14). A razão pela qual o Espírito mostraria Cristo digno de ser glorificado é porque Ele é um com o Pai e a glória que pertence ao Pai pertence também ao Filho (v. 15). O que o Espírito ouve do Pai sobre Cristo, Ele comunica às pessoas e, assim, glorificará Cristo.

b. A alegria da ressurreição
João 16:16-28

Cristo então revelou àqueles homens que haveria apenas um breve intervalo entre sua morte e ressurreição. Isso era evidentemente o que Ele tinha em mente quando disse: "Mais um pouco e já não me verão", referindo-se à sua morte, e "um pouco mais, e me verão de novo", em referência à sua ressurreição (v. 16). Cristo tinha repetidamente falado com eles acerca dos eventos que lhes sobreviriam nessa viagem para Jerusalém. Os homens não tinham entendido até então e ainda não entendiam naquele momento, pois "alguns dos seus discípulos disseram uns aos outros: "O que ele quer dizer..." (v. 17). Eles confessaram sua completa ignorância da morte e ressurreição de Cristo, ao expressar: "Não entendemos o que Ele está dizendo" (v. 18). Eles ficaram tristes com a revelação de sua partida, porém Ele lhes prometeu: "a tristeza de vocês se transformará em alegria" (v. 20). Cristo fez uma analogia entre o parto de uma mulher e sua experiência presente. Ele disse que uma mulher quando está para dar à luz suporta a tristeza e a dor no trabalho de parto. Ela a aguenta não porque a dor seja agradável, mas "por causa da alegria de ter trazido um ser humano ao mundo" (v. 21). Entre aquele momento e a ressurreição, aqueles homens experimentariam grande angústia, mas essa angústia seria um precursor da alegria duradoura que eles teriam quando o vissem novamente (v. 22). Um benefício que viria a eles por causa da ressurreição seria o acesso ilimitado a Ele em oração. Eles frequentemente lhe pediam por suas necessidades enquanto estavam com Ele, mas ainda não haviam pedido ao Pai qualquer coisa em seu nome. Agora, por causa de sua ressurreição e ascensão, eles seriam capazes de se aproximar do Pai diretamente em seu nome. O Pai responderia, atendendo a todas as suas necessidades. Essa foi uma segunda razão pela qual era mais benéfico que Cristo partisse em vez de permanecer com eles. Não apenas o Espírito seria dado para habitar neles permanentemente, mas eles teriam acesso ilimitado ao Pai por meio de Cristo.

Não seria necessário que Cristo fizesse qualquer petição ao Pai em favor deles, como evidentemente havia feito muitas vezes durante seu tempo com eles. Daí em diante, eles seriam capazes de se aproximar do Pai diretamente (v. 26). Cristo assegurou-lhes um livre acesso ao Pai por causa do amor do Pai por eles (v. 27). Visto que o Pai amava a Cristo e Cristo os amava e os havia tornado seus amigos, eles podiam ter certeza de que o Pai também os amaria. O Pai amaria aqueles a quem Cristo amou. O Mestre declarou claramente: "agora deixo o mundo e volto para o Pai" (v. 28). Porque Cristo estava agora com o Pai, eles podiam se aproximar do Pai por meio dele.

c. Conclusão
João 16:29-33

Os discípulos entenderam essa declaração. Por meio dela, eles perceberam que Cristo era o Filho de Deus, e que viera de Deus. Cristo validou sua pessoa para os discípulos por meio de seu conhecimento dos eventos que estavam para acontecer (v. 30). Quando Cristo respondeu: "Agora vocês creem?" (v. 31), Ele não indicou a época em que eles passaram a crer. Ao contrário, Ele reconheceu o fato de que eles agora acreditavam. Mas a fé que eles aqui afirmaram logo seria testada. Quando Cristo foi preso, eles fugiram em busca de segurança. Eles iriam deixar Cristo nas mãos de seus captores. O Mestre assegurou-lhes que embora seus discípulos fugissem dele, mesmo que ainda cressem nele, o Pai permaneceria com Ele e Cristo não seria deixado sozinho (v. 32). O Senhor disse que revelou o fato da dispersão deles para que "vocês tenham paz" (v. 33). A fuga deles foi prevista com antecedência por Cristo e estava dentro do escopo de seu plano. Ele não queria que eles perdessem a paz que Ele lhes havia dado. Sabia previamente que as perseguições vindouras tornariam a fuga deles necessária. Tinha conhecimento de antemão que o mundo perturbaria os crentes, mas deu-lhes a garantia de que, apesar da oposição, "Eu venci o mundo" (v. 33).

A paz chega ao filho de Deus como resultado da confiança nele em circunstâncias que, sem fé, essa paz seria destruída ou dissipada. Cristo queria que sua paz fosse a paz dos discípulos enquanto eles esperavam pelo cumprimento de sua promessa de vencer o mundo.

D. Oração de Cristo pelos crentes
Seção 166
João 17:1-26

Jesus voltou-se para seu Pai em oração, tendo concluído sua instrução aos Onze. Essa oração foi mais um passo na preparação deles para o ministério que lhes seria confiado após sua morte e ressurreição. Cristo evidentemente orou na presença dos seus discípulos. Conforme registrado em João 17, a oração contém a petição do Filho por si mesmo (v. 1-5), por seus discípulos (v. 6-19) e por aqueles que viriam a crer (v. 20-26). Temos diante de nós um dos vislumbres mais íntimos, mais do que em qualquer outro lugar nas Escrituras, acerca da mente e do coração do Senhor, enquanto Ele orava.

1. Sua oração por si mesmo
João 17:1-5

Essa oração contém duas coisas que Cristo pediu para si mesmo. A primeira foi acerca de sua ressurreição (v. 1-3). Cristo estava consciente do propósito para o qual Ele tinha vindo ao mundo e do tempo que o Pai havia determinado para Ele. O Mestre começou: "Pai, chegou a hora" (v. 1). Assim como a hora do nascimento de Cristo fora determinada pelo Pai (Gl 4:4), o momento da sua morte também havia sido definido. Anteriormente, foram feitas algumas tentativas para obrigar Cristo a alterar o cronograma de Deus (Jo 7:1-5), no entanto, Ele se recusou a permitir isso, dizendo: "para mim ainda não chegou o tempo apropriado" (v. 6). No entanto, havia chegado a hora de Deus; portanto, Cristo moveu-se em direção aos eventos que Deus havia predeterminado para Ele. À luz da aproximação de sua morte Jesus orou: "Glorifica o teu Filho, para que o teu Filho te glorifique" (v. 1). Cristo estava orando aqui a respeito de sua ressurreição. A ressurreição deveria ser a vindicação final e completa de Deus da pessoa de Jesus Cristo (Rm 1:4). Quando o Pai fosse, assim, vindicado, ou glorificado, seu Filho glorificaria o Pai. Tudo que o Filho havia revelado acerca do Pai haveria de ser provado verdadeiro. Cristo podia orar por sua ressurreição com segurança. Ele havia declarado anteriormente:

"Quem ouve a minha palavra e crê naquele que me enviou tem a vida eterna e não será condenado" (Jo 5:24). Por meio de sua ressurreição dos mortos que estava bem próxima, Cristo haveria de provar que Ele poderia oferecer a vida eterna para aqueles que acreditavam em Deus. Ele disse: "Eu afirmo que está chegando a hora, e já chegou, em que os mortos ouvirão a voz do Filho de Deus, e aqueles que a ouvirem viverão. Pois, da mesma forma como o Pai tem vida em si mesmo, Ele concedeu ao Filho ter vida em si mesmo" (Jo 5:25,26). Cristo podia afirmar em sua oração ao Pai: "Pois lhe deste autoridade sobre toda a humanidade, para que conceda a vida eterna a todos os que lhe deste" (17:2). Visto que Cristo deu vida às pessoas, ficou bem claro que Ele as ressuscitaria. E para que Ele ressuscitasse essas pessoas, teve de ser ressuscitado após sua morte.

Cristo definiu a vida eterna ao afirmar: "Esta é a vida eterna: que te conheçam, o único Deus verdadeiro, e a Jesus Cristo, a quem enviaste" (v. 3). Se os crentes não fossem ressuscitados, a sua palavra não seria confiável e as pessoas não conheceriam o Pai; portanto, não poderiam receber a vida eterna. Assim, a ressurreição era necessária para que Cristo pudesse conceder vida eterna às pessoas.

É importante notar que, embora Cristo tivesse predito sua ressurreição em várias ocasiões, nesse momento Ele orou pelo que lhe havia sido assegurado. Ao orar, Ele estava registrando sua completa sujeição a Deus, ao se aproximar da morte, assim como sua absoluta confiança em Deus para a ressurreição que se seguiria.

Em segundo lugar, Cristo orou a respeito de sua glorificação (Jo 17:4,5). Ele declarou que glorificou o Pai na terra. O Pai foi glorificado porque Cristo completou "a obra que me deste para fazer" (v. 4). O trabalho que Cristo tinha sido enviado ao mundo para fazer era revelar o Pai (1:18). Ele esteve envolvido nessa obra ao longo dos anos de seu ministério. Durante sua vida terrena, Cristo revelou o Pai por meio de suas palavras e obras. Não havia mais nenhuma revelação do Pai que pudesse ser oferecida às pessoas. Cristo agora podia olhar para trás em sua vida com o conhecimento de que havia completado o propósito da obra que viera realizar. Ele orou: "Pai, glorifica-me junto a ti, com a glória que Eu tinha contigo antes que o mundo existisse" (17:5). Cristo, o Filho, glorificou o Pai ao revelar a perfeição da pessoa do Pai. Agora, Cristo, o Filho, orou para que o Pai o glorificasse revelando a perfeição que lhe pertencia.

Preparação para a morte do Rei

Cristo não orou para que atingisse a uma nova glória por causa de sua obediência até à morte. Ao contrário, Ele orou para que a glória que Ele tinha com o Pai desde toda a eternidade, que não lhe foi entregue quando Ele veio ao mundo, mas que foi velada por sua carne, pudesse então ser exibida na presença do Pai. Sabemos que Deus respondeu essas orações, pois no terceiro dia Jesus ressuscitou dos mortos. Depois de 40 dias Cristo foi recebido na glória (At 1:9). E Ele agora está assentado à destra do Pai na glória (Hb 1:3).

2. Sua oração por seus discípulos
João 17:6-19

Cristo agora voltou sua atenção em sua súplica pelos discípulos que estavam com Ele. Sua oração foi baseada em sua fé no Pai (v. 6-8). Cristo revelou o Pai àqueles homens (v. 6, 8). Eles receberam as palavras de Cristo como palavras do Pai, e as aceitaram (v. 8) e as obedeceram (v. 6). Como consequência, eles creram que Cristo era o Filho de Deus e que Deus o havia enviado ao mundo (v. 8). Por causa da fé em sua palavra em sua pessoa, eles tomaram posse da vida eterna e iniciaram um relacionamento íntimo com Ele. Com base nisso, Cristo orou por eles.

Cristo orou sobre dois assuntos. Primeiro, Ele pediu a preservação dos discípulos (v. 9-15) porque eles pertenciam ao Pai (v. 9) e Ele logo se afastaria deles. Eles seriam deixados sozinhos no mundo (v. 11); por isso orou: "protege-os em teu nome" (v. 11). Cristo já havia revelado o antagonismo que esses homens teriam de suportar por causa de seu relacionamento com Ele (16:31-33). Eles não seriam capazes de suportar a perseguição sozinhos, então Cristo os confiou à proteção e ao cuidado do Pai. Cristo cuidou deles e os protegeu ao afirmar: "Enquanto estava com eles, eu os protegi e os guardei" (v. 12). Agora, Ele pediu ao Pai que exercesse sobre eles o mesmo cuidado que Cristo havia exercido enquanto estava com eles. A prova da suficiência de seu cuidado era que Ele não havia perdido nenhum dos que creram nele. O único sobre quem Satanás obteve vitória foi o filho destinado à perdição (v. 12). Assim, Cristo confiou no Pai para preservar aqueles que acreditaram nele. Tendo suportado o ódio do mundo e os ataques de Satanás, não obstante, Cristo experimentou a "plenitude" de alegria nessas circunstâncias (v. 13). Ele orou para que o

Pai trabalhasse eficazmente em favor deles, para que não apenas fossem protegidos, mas "para que eles [tivessem] a plenitude da alegria [dele]". Cristo seria liberto da animosidade do mundo e dos ataques de Satanás com seu retorno ao Pai. Cristo não orou para que eles fossem removidos do mundo. Em vez disso, orou para que fossem preservados pelo Pai enquanto estivessem no mundo (v. 15). Se eles fossem removidos do mundo, o mundo seria deixado sem um testemunho do Pai ou de Cristo. Portanto, Cristo não orou ao Pai para que eles fossem tirados do mundo, mas para que fossem protegidos do Maligno (v. 15). Enquanto isso, eles deviam cumprir o ministério que lhes fora confiado.

Depois de orar pela preservação deles, Cristo fez um pedido pela santificação dos discípulos (Jo 14:16-19). A palavra "santificar" significa separar ou consagrar. Cristo havia dito anteriormente àqueles homens: "Eu os escolhi para irem e darem fruto" (15:16). Agora, Cristo os estava separando por meio da oração ao ministério para o qual Ele os havia designado. Ele declarou: "Assim como me enviaste ao mundo, Eu os enviei ao mundo" (17:18). Esse versículo poderia ser parafraseado desta forma: "Para o mesmo propósito que me enviaste ao mundo, eu agora os estou enviando ao mundo". Cristo foi enviado ao mundo para revelar o Pai e completou essa revelação (17:4; 1:18). No entanto, o mundo ainda ignorava o Pai. Desse modo, o mundo poderia vir a conhecer o Pai por meio do conhecimento de Jesus Cristo, e Ele estava enviando aqueles homens para continuarem a obra que tinha vindo fazer. Cristo havia se separado para o ministério de revelar o Pai e, por consequência, Ele tinha vindo ao mundo. Agora Cristo orou para que o Pai os separasse a fim de que eles pudessem torná-lo conhecido (v. 19).

3. Sua oração pelos que viriam a crer
João 17:20-26

A oração de Cristo agora vai além dos Onze para incluir "aqueles que crerão em mim, por meio da mensagem deles" (v. 20). Cristo orou pela ampla família de crentes, primeiro, por sua unificação (v. 20-23). Ele orou "para que todos sejam um" (v. 21). O Pai e o Filho eram um e possuíam a mesma vida eterna. Cristo via os crentes como um porque também compartilhariam essa mesma vida eterna. Ele queria que os crentes se manifestassem com aquela unidade um para com o outro porque eles eram um com o Pai e o Filho. Um mundo caracterizado pelo egoísmo, ganância, contenda e divisão precisava ter evidências de que os crentes estavam corretamente relacionados com o Pai e com o Filho pela unidade que demonstravam em seus relacionamentos uns para com os outros. Cristo queria que a unidade existente entre o Pai e o Filho fosse o padrão da unidade existente entre os crentes. Ele orou: "para que eles sejam um, assim como nós somos um" (v. 22). Cristo viu a unidade entre os crentes como possível porque o Pai estava no Filho e o Pai e o Filho permaneciam nos crentes. Visto que os crentes estavam unidos ao Pai e ao Filho, eles deveriam manifestar essa unidade em seus relacionamentos uns com os outros. Cristo havia dito anteriormente: "Com isso todos saberão que vocês são meus discípulos, se vocês se amarem uns aos outros" (Jo 13:35). Agora, Ele orou: "Que eles sejam levados à plena unidade, para que o mundo saiba que tu me enviaste, e os amaste como igualmente me amaste" (17:23). Assim, a unidade dos crentes deveria ser uma evidência para o mundo de que Jesus Cristo veio de Deus e Ele mesmo era Deus. Essa união mostraria que Ele compartilhou seu amor com as pessoas para que elas pudessem amar umas às outras.

A seguir, Cristo fez um pedido de glorificação (v. 24). Ele lhes havia prometido: "voltarei e os levarei para mim, para que vocês estejam onde eu estiver" (14:3). Agora, Cristo orou especificamente pelo que Ele havia prometido. Em sua oração, disse: "Pai, quero que os que me deste estejam comigo onde Eu estou" (17:24). Com exceção de três homens no monte da Transfiguração, a glória de Cristo não fora revelada a ninguém enquanto Ele esteve na terra. Mas Cristo orou para que aqueles a quem o Pai havia dado a Ele pudessem estar com Ele na glória e vissem sua glória exposta diante deles. Conduzir os crentes à glória concederia bênçãos inestimáveis sobre eles, mas revelar a glória de Cristo a eles traria uma adoração ilimitada dos crentes a Cristo. Assim, Ele orou para que eles pudessem ver sua glória.

Cristo encerrou essa oração fazendo uma aliança com o Pai ao continuar sua obra de revelá-lo às pessoas. Ele podia revelar o Pai porque o conhecia (v. 25). Aqueles que receberam sua revelação passaram a conhecer o Pai e a saber que o Pai havia enviado o Filho. Agora, Cristo prometeu ao Pai: "Eu os fiz conhecer o teu nome e continuarei a fazê-lo" (v.

26). Cristo havia dito anteriormente que "quando o Espírito da verdade vier, ele os guiará a toda a verdade" (16:13). Agora, Cristo prometeu que Ele mesmo continuaria a revelar o Pai a eles. Essa revelação contínua iria prosseguir levando as pessoas a um conhecimento mais profundo do amor de Deus por Cristo e do amor do Pai e do Filho por elas. Esse conhecimento aprofundado fortaleceria sua comunhão com Cristo. O objetivo da revelação contínua era que Cristo estivesse nos que cressem (v. 26). Cristo havia dito anteriormente a respeito daquele que o amasse: "Nós [o Pai e o Filho] viremos a ele e faremos morada nele" (14:23). As palavras de Cristo aqui se referem não à sua habitação com eles, mas ao relacionamento íntimo que Ele e os crentes poderiam desfrutar por causa de sua revelação contínua a eles. Expandir o conhecimento traz uma comunhão mais íntima.

E. Oração no jardim
Seção 167
Mateus 26:36-46; Marcos 14:32-42; Lucas 22:39-46; João 18:1

Cristo deixou o cenáculo com os discípulos e foi para o monte das Oliveiras (Jo 14:31). Robertson faz as seguintes observações:

> Os evangelhos sinóticos não relatam o grande discurso de Jesus apresentado em João 14—17. Eles mencionam o fato de Jesus estar seguindo para o Getsêmani após a instituição da Ceia... O tempo provavelmente não foi muito extenso e eles aparentemente cantaram um hino (provavelmente um dos Salmos), enquanto se preparavam para deixar o Cenáculo (Jo 14:31). Portanto, o relato apresentado em João 15—17 dever ter ocorrido entre o cantar do hino após a ceia e a chegada ao Getsêmani.[23]

Nas encostas do monte das Oliveiras havia um jardim chamado Getsêmani, onde Cristo frequentemente ia para lá com seus discípulos

---
[23] Robertson, *Harmony*, p. 201, nota de rodapé.

(Lc 22:39). Quando chegaram ao jardim, Cristo instruiu oito discípulos: "Sentem-se aqui enquanto vou ali orar" (Mt 26:36). No evangelho de Lucas, observamos que Ele também os advertiu: "Orem para que vocês não caiam em tentação" (22:39). Cristo então levou consigo Pedro, Tiago e João para o jardim. À medida que os quatro prosseguiam, Cristo "começou a entristecer-se e a angustiar-se" (Mt 26:37). Esse sofrimento não era físico, demonstrado externamente, no entanto se tratava de uma dor interna. Cristo explicou: "A minha alma está profundamente triste, numa tristeza mortal" (v. 38). Embora a vontade de Deus para Cristo envolvesse sofrimento físico, também envolvia a angústia de sua alma (Is 53:10,11). Quando Cristo enfrentou esses sofrimentos, Ele exortou seus discípulos: "vigiem e orem" (Mt 26:41). Ele então foi para o jardim e "prostrou-se" (Mc 14:35), isto é, "ajoelhou-se" (Lc 22:41), "com o rosto em terra" (Mt 26:39). Sua postura demonstrava tanto a enormidade do peso que Ele carregava em sua alma, como sua completa submissão à vontade de seu Mestre como Servo.

Cristo dirigiu sua oração ao seu "*Aba*, Pai" (Mc 14:36). Sua petição foi: "Afasta de mim este cálice". Cristo não questionou o poder de seu Pai para fazer isso, pois Ele também afirmou: "Tudo te é possível". Reconhecendo que Deus tinha o poder de remover o cálice, Ele se submeteu completamente à vontade divina nessa questão. Ele disse: "contudo, não seja o que eu quero, mas sim o que tu queres". Depois de apresentar sua petição, Cristo "voltou aos seus discípulos e os encontrou dormindo" (v. 37). Ele os despertou do sono e os exortou: "vigiem e orem" (v. 38). Ele não pediu que os discípulos orassem por Ele, mas que orassem por si mesmos. Ele conhecia as provas às quais logo seriam submetidos. Cristo reconheceu que aqueles homens haviam professado a disposição de morrer com Ele, mas também sabia que a carne era muito fraca para manter aquilo que eles haviam afirmado.

Pela segunda vez, Cristo orou a mesma oração ao Pai e ratificou sua total submissão à vontade dele acerca desse assunto. O Mestre retornou após sua segunda oração e encontrou os três novamente vencidos pelo sono. Ele não os despertou, mas voltou a fazer a mesma oração pela terceira vez. Lucas notou a profundidade do sofrimento que a alma de Cristo enfrentou. Lemos: "Estando angustiado, Ele orou ainda mais intensamente; e o seu suor era como gotas de sangue que caíam no chão" (Lc

22:44). O mesmo autor observou que Deus enviou um anjo do céu: "apareceu-lhe então um anjo do céu que o fortalecia" (Lc 22:43; cf. Sl 91:11).

Depois de apresentar sua oração três vezes e igualmente submeter-se à vontade de Deus por três vezes, Cristo foi até seus discípulos e anunciou: "Chegou a hora" (Mc 14:41). O Mestre sabia que o traidor já estava liderando um bando de soldados em direção ao jardim para prendê-lo. Ele disse aos três: "Aí vem aquele que vai me trair!" (v. 42). Cristo saiu do jardim para se encontrar com o traidor. Ao fazer isso Ele demonstrou a autenticidade de sua afirmação para o Pai: "não seja o que eu quero, mas sim o que tu queres" (v. 36).

Tendo considerado os detalhes do incidente, devemos agora considerar o que Cristo quis dizer quando se referiu a "este cálice". O "cálice" de Cristo é um dos mistérios mais profundos de toda a Palavra de Deus. A inteligência finita é incapaz de compreender tudo o que Cristo sofreu quando se sentiu levado a orar: "se for possível, afasta de mim este cálice" (Mt 26:39). Alguns têm entendido o significado da expressão "este cálice" como uma referência à sua morte física que se aproximava. De acordo com essa interpretação, Cristo, em sua humanidade, estava procurando recuar dos sofrimentos físicos que estariam envolvidos em sua morte. Assim, Ele estaria orando pela libertação da própria morte física. Essa interpretação parece pouco adequada. Antes havia sido registrado: "Jesus partiu resolutamente em direção a Jerusalém" (Lc 9:51). Ele revelou aos apóstolos seus sofrimentos e sua morte (Mc 10:33,34). A morte foi necessária para cumprir o que Ele tinha vindo para fazer (Mc 10:45; Lc 19:1). É inconcebível que a ida resoluta de Cristo para Jerusalém tivesse agora se voltado para o temor que o levaria a orar para escapar da morte sobre a qual Ele tinha falado com tanta frequência. Cristo estava antevendo sua morte quando usou a figura de um grão de trigo que deve morrer antes que possa se reproduzir (Jo 12:24). Em face disso, Ele disse: "Agora meu coração está perturbado, e o que direi? Pai, salva-me desta hora? Não; eu vim exatamente para isto, para esta hora" (v. 27). Cristo recusou-se a orar anteriormente para ser libertado da morte física. Ele não iria se contradizer orando assim aqui.

O escritor aos Hebreus duas vezes declarou que Cristo veio especificamente ao mundo para morrer e que Ele se submeteu à vontade de Deus, embora isso implicasse em morte (Hb 10:5-9). Para aceitar essa interpretação de que o "cálice" de Cristo foi seria morte física, é necessário fazer uma distinção entre a verdadeira e completa humanidade de Cristo e a sua absoluta divindade. Aqueles que interpretam desse modo "este cálice" afirmam que Cristo estava orando em sua humanidade em resposta ao medo natural do sofrimento e da morte. No entanto, a verdadeira humanidade de Cristo e sua absoluta divindade estavam inseparavelmente unidas em uma mesma pessoa; portanto, é impossível atribuir qualquer palavra ou ação a uma ou a outra. Essa oração não poderia se originar de sua humanidade separada de sua divindade, mas tinha que vir da pessoa divino-humana de Cristo. Também deve ser notado que se Cristo orou por libertação da morte física, sua oração teria sido negada, pois Ele não escapou da morte.

Uma segunda interpretação, de certa forma relacionada com a anterior, diz que Cristo estava orando por libertação de uma morte física prematura. Essa visão é amplamente baseada no fato de que "seu suor era como gotas de sangue caindo no chão" (Lc 22:44). Afirma-se que Satanás estava procurando levar Cristo à morte no jardim antes que Ele pudesse ser oferecido como um sacrifício pelo pecado sobre a cruz. É verdade que Cristo foi submetido a um ataque de Satanás no jardim, mas é preciso saber que Satanás não tinha o poder de levar Cristo à morte. Se Cristo pudesse ter sido morto por Satanás, então Cristo teria sido submetido a um poder maior do que o poder de Deus. De acordo com o registro das Escrituras, Deus enviou um anjo ao jardim para fortalecer o Mestre (v. 43). Satanás não venceu o anjo de Deus para conseguir matar Cristo naquela ocasião, e nem sequer havia possibilidade de Satanás poder fazer isso. Cristo afirmou ter autoridade absoluta sobre sua morte. Ele havia dito: "Eu dou a minha vida para retomá-la. Ninguém a tira de mim, mas eu a dou por minha espontânea vontade. Tenho autoridade para dá-la e para retomá-la. Esta ordem recebi de meu Pai" (Jo 10:17,18). Aqueles que vieram para prendê-lo não foram capazes de agir contra Cristo a não ser por sua permissão (18:5). Portanto, essa interpretação não é sequer satisfatória.

Uma terceira explicação sugere que, visto que Cristo era santo, orava para que pudesse ser poupado de tudo o que estaria envolvido no fato de que "Deus tornou pecado por nós aquele que não tinha pecado" (2Co 5:21). Relacionado a isso está a explicação de que Cristo estava orando para que pudesse ser poupado de sua separação de seu Pai, o que acarretaria ter sido feito pecado (Sl 22:1).

Ellicott observa:

> É digno de nota que, como na cena mais horrível do Getsêmani (Mt 26:38, Mc 13:34), o evangelista ficou especialmente emocionado ao registrar que a alma do Salvador, aquele ser humano...[alma] a qual os primeiros adeptos do apolinarismo parecem ter negado a existência... ficou comovida e perturbada (v. 27). Sobre o significado bíblico do termo e a sua referência predominante aos sentimentos e afetos, em vez dos pensamentos ou imaginações... talvez não seja necessário acrescentar que o presente estado perturbado da alma do Salvador não deve ter sido, sequer por um momento, uma referência à mera apreensão pela morte física... ainda menos, por causa da ira do Diabo [...], mas à consciência profunda da ligação da morte com o pecado. Ao morrer por nós, o Salvador sem pecado, foi concedido em uma dispensação na qual Ele se tornou o salário do pecado (Rm 6:3); e foi a contemplação de tal contato por parte do todo-puro e todo santo com tudo o que era mais estranho à natureza divina — pecado, escuridão e morte — que provocou as palavras reais do Salvador (v. 27), e tudo o que acentuou as agonias do Getsêmani, encontrando a sua mais profunda expressão naquele grito de sofrimento inimaginável (Mt 27:46, Mc 15:34), que foi ouvido do Gólgota, quando tudo o que fora antes contemplado estava se aproximando de seu terrível cumprimento.[24]

É perfeitamente compreensível e razoável que o Santo devesse recuar de ser feito pecado e que aquele que era um com o Pai e que desfrutou de uma comunhão íntima com seu Pai, mesmo durante seu tempo aqui na terra, orasse para que Ele não fosse separado dele. No entanto, por mais razoáveis que sejam essas interpretações, elas não parecem satisfatórias.

O escritor aos Hebreus disse: "Durante os seus dias de vida na terra, Jesus ofereceu orações e súplicas, em alta voz e com lágrimas, àquele que o podia salvar da morte" (Hb 5:7). O único antecedente que parece possível é a experiência do Getsêmani. Mas o escritor continuou: "sendo ouvido por causa da sua reverente submissão". A palavra "ouvido" não implica

---

[24] Ellicott, *Lectures*, p. 317, nota de rodapé.

Preparação para a morte do Rei 651

simples conhecimento da petição, mas uma resposta afirmativa à petição; portanto, o escritor estava dizendo que Deus ouviu e respondeu a oração de Cristo. Visto que a oração feita por Ele foi respondida, a maioria das explicações anteriores pode ser eliminada. O Salvador não foi poupado da morte física. Ele não foi poupado do contato com o pecado e da separação do Pai. A única visão que se encaixaria nisso seria a exigência de que Ele fosse livre de uma morte física prematura, mas observamos as objeções a essa visão.

Isso leva a uma consideração adicional; a saber, que Cristo estava orando para ser liberto, não para não morrer, mas da própria morte. De acordo com essa visão, Cristo não orou para escapar da morte física, mas orou para que, depois de morrer, fosse vitorioso sobre o domínio da morte sobre Ele.

A Escritura revela dois aspectos da morte. A primeira é a morte espiritual, que é a separação da alma de Deus. A segunda é a morte física, que é a separação da alma do corpo. A morte física é o resultado da morte espiritual. Quando Adão transgrediu o mandamento de Deus, Ele morreu instantaneamente do ponto de vista espiritual. Ele estava separado de Deus. Adão começou a morrer fisicamente, embora um longo período tenha se passado antes que essa morte de fato acontecesse. A penalidade de Adão pelo pecado foi a morte. Isso incluiu a morte física e espiritual. Os homens nascem no mundo espiritualmente mortos e, portanto, estão sujeitos à morte física. Se Cristo providenciaria a salvação para os pecadores, Ele tinha que participar da morte em favor deles (Hb 2:9). Quando vicariamente foi para a cruz, Ele carregou ambos os aspectos da morte pelos pecadores. Ele suportou a morte espiritual na cruz, isto é, a separação de sua alma do Pai. A evidência de que Ele suportou a morte espiritual é vista em seu clamor: "Meu Deus! Meu Deus! Por que me abandonaste?" (Mt 27:45). Cristo também experimentou a morte física (Mt 27:50; Jo 19:33). Assim, vemos que Cristo morreu tanto do ponto de vista espiritual como físico porque Ele morreu como o substituto dos pecadores. A penalidade que Deus planejou para os pecadores caiu sobre o próprio Filho de Deus. A penalidade pelo pecado é a separação eterna de Deus. Essa separação eterna é chamada de "a segunda morte" (Ap 20:14). Deus teria sido justo se tivesse exigido que Cristo, que experimentou a morte por todos os homens, fosse eternamente separado de si mesmo. Cristo orou para que Deus pudesse aceitar sua morte como um pagamento total pelo pecado dos pecadores, trazê-lo de volta da morte e restaurá-lo à vida plena novamente. Portanto, a oração deve ser entendida como um pedido pela restauração da vida física por meio da ressurreição, e uma restauração à total comunhão com seu Pai da morte espiritual a qual Ele estava para enfrentar. A evidência de que Deus respondeu à oração de Cristo é vista, primeiramente, no fato de que Cristo ressuscitou dos mortos no terceiro dia e recebeu um corpo glorificado. Em segundo lugar, é vista no fato de que no quadragésimo dia Ele ascendeu ao Pai para estar assentado à sua direita na glória.

Se for questionado que a restauração à vida e à comunhão ou a libertação da morte física e espiritual implica que Deus exigiu menos de Cristo em pagamento pelo pecado do que exigiria do pecador, deve-se observar que a vida que Cristo ofereceu ao Pai era seu próprio tipo de vida eterna. Portanto, Cristo fez uma oferta eterna pelos pecados, embora essa oferta tenha sido realizada em alguns momentos. Essa explicação parece atender às exigências de Hebreus 5:7, onde afirma-se que sua oração foi atendida.

Tudo o que estava envolvido quando Cristo fez de sua alma uma oferta pelo pecado está tão além da compreensão humana que é possível ver características de todas essas explicações reunidas no que Cristo chamou de "este cálice". Isso envolveu a morte física, ter sido feito pecado, ter sido separado do Pai e ter entrado na plenitude da morte, tanto física como espiritual por nós. Embora não possamos compreender tudo o que estava envolvido, podemos notar a obediência inquestionável e implícita do Filho, que afirmou três vezes ao Pai: "não seja o que eu quero, mas sim o que tu queres" (Mc 14:36). Por causa disso, Paulo pôde dizer que Ele "foi obediente até à morte, e morte de cruz! Por isso Deus o exaltou à mais alta posição e lhe deu o nome que está acima de todo nome, para que ao nome de Jesus se dobre todo joelho, nos céus, na terra e debaixo da terra, e toda língua confesse que Jesus Cristo é o Senhor, para a glória de Deus Pai" (Fp 2:8-11).

IX
Rejeição do Rei
Seções 168-183

A. A prisão
Seção 168

Mateus 26:47-56; Marcos 14:43-52; Lucas 22:47-53; João 18:2-12a

O Sinédrio, por sugestão do sumo sacerdote, determinou que Cristo fosse morto (Mt 26:3-4). Judas havia feito um acordo com o sacerdote para agir como o traidor (v. 14-15). Havia sido decidido adiar a execução até depois da festa da Páscoa (v. 5). Judas, porém, estava continuamente procurando por uma oportunidade de entregar Cristo nas mãos das autoridades (v. 16). Durante a ceia da Páscoa, Cristo revelou a Judas que conhecia o acordo que feito com os sacerdotes (v. 25). Judas rejeitou a oferta de perdão que Cristo fez ao lhe oferecer o pedaço de pão (Jo 13:30). Tendo deixado a companhia dos apóstolos, Judas se associou aos sacerdotes. Embora os judeus tivessem planejado adiar a execução para depois que as multidões presentes durante a Páscoa se dissipassem, eles agora decidiram prosseguir com a execução. Um grande destacamento de soldados foi rapidamente reunido e liderado por Judas até o Jardim do Getsêmani, sabendo que Jesus passaria a noite lá com os Onze (18:2).

A prisão de Jesus foi realizada pelos sinedritas com o auxílio da polícia do templo, acompanhados por uma parte da companhia de soldados romanos da torre de Antônia. Essa companhia composta de cerca de 500 soldados era mantida na torre para conter qualquer tumulto entre as pessoas e atuar como uma força policial de emergência. É possível que esses soldados tenham sido concedidos aos sinedritas por Pilatos, a fim de efetuar a prisão sem promover tumulto entre o povo. Esse arranjo poderia ter sido responsável pelo atraso na vinda de Judas e das forças armadas para o Getsêmani até depois da meia-noite. Os soldados do templo estavam sob ordens diretas como servos-oficiais dos principais sacerdotes e fariseus.[1]

Mesmo que os líderes tivessem planejado prender, julgar e executar Cristo secretamente por medo da formação de um motim, nenhuma tentativa foi feita para esconder essa atividade. Em vez disso, o grupo de soldados surgiu "levando tochas, lanternas e armas" (Jo 18:3). Quando uma "grande multidão" (Mt 26:47) se aproximou do jardim, Cristo foi ao encontro dela e perguntou: "A quem vocês estão procurando?" (Jo 18:4). Eles responderam: "Jesus de Nazaré" (v. 5). Cristo então se identificou aos que vieram prendê-lo. Nesse ponto, Judas ainda não havia se apresentado para identificar Cristo e acusá-lo. Quando Cristo se identificou, os soldados "recuaram e caíram por terra" (v. 6). Aqui, o verbo grego para "cair" pode se referir a "alguém vencido na batalha por um superior" (Lc 21:24) ou significa "prostrar-se diante de pessoas de alta patente ou seres divinos" (Mt 2:11; Ap 5:14). O verbo em si não diz se os soldados caíram porque Cristo exerceu poder sobre eles ou se caíram por respeito à sua pessoa real. No entanto, tendo sido de forma voluntária ou involuntária, os que representavam o poder de Roma estavam se curvando diante do Senhor. Depois que Cristo novamente se identificou como aquele a quem estavam procurando, Ele intercedeu pelos Onze que estavam com Ele: "deixem ir embora estes homens" (Jo 18:8). Nesse ponto, Judas, que antes havia estabelecido um sinal de identificação com os soldados, aproximou-se de Cristo e disse: "'Salve, Mestre' e o beijou" (Mt 26:48). A palavra usada para descrever o beijo implica que ele o beijou com ternura ou fervor. Cristo não se dirigiu a Judas como um inimigo, mas como amigo: "Amigo, o que o traz?" (v. 50). Depois que Judas identificou Cristo, a quem viera para trair, os soldados prenderam Jesus. Pedro já havia confessado que Jesus não morreria (16:22). Então Pedro deu um passo à frente em sua defesa. Um pouco antes, ao advertir os discípulos sobre o perigo que se aproximava, Jesus disse-lhes que se munissem de armas. Os discípulos o haviam informado que tinham duas espadas (Lc 22:36-38), isto é, pequenas adagas cerimoniais com as quais prepararam o Cordeiro de Páscoa. Pedro era um dos dois que carregavam essa pequena arma.

---

[1] Shepard, *The Christ*, p. 570.

Ele a puxou e desferiu um golpe para libertar Cristo do grande grupo de soldados. Os romanos carregavam espadas largas para a batalha. Essas espadas tinham aproximadamente um metro de comprimento e um cabo que podia ser segurado com as duas mãos. A espada de Pedro foi erguida bem alto e baixada na cabeça de um adversário para esmagar o crânio daquele indivíduo. Pedro evidentemente tentou usar a pequena adaga como uma grande e larga espada e tentou atingir a cabeça do adversário mais próximo, mas só conseguiu cortar sua orelha direita (Jo 18:10). Sem dúvida, Pedro esperava dar sua vida por amor a Cristo naquela noite. Cristo, porém, ordenou a Pedro: "Guarde a espada! Acaso não haverei de beber o cálice que o Pai me deu?" (v. 11). Cristo acabara de emergir do jardim onde havia indicado sua completa submissão à vontade de Deus. Ele não seria desviado disso. Se seu objetivo fosse a libertação da prisão e da morte, Ele não teria precisado depender de homens impotentes, mas poderia ter chamado doze legiões de anjos para libertá-lo (Mt 26:52). Cristo lembrou aos sacerdotes que Ele tinha estado diariamente no templo ensinando; eles, no entanto, não o prenderam naqueles momentos. Ao ir até Ele sob o manto da noite, eles estavam mostrando sua covardia. Quando ficou evidente que Jesus não resistiria à prisão, "então todos os discípulos o abandonaram e fugiram" (v. 56). A pressa com que os discípulos deixaram a cena pode ser vista no fato de que um dos discípulos, não identificado por nome, mas possivelmente João Marcos, foi agarrado, mas escapou fugindo nu (Mc 14:51). Ele deixou sua vestimenta para trás. Assim, as palavras de Cristo foram cumpridas. "Vocês me deixarão sozinho. Mas eu não estou sozinho, pois meu Pai está comigo" (Jo 16:31).

B. O julgamento religioso
Seções 169-173

1. Interrogatório perante Anás
Seção 169

João 18:12b-14, 19-23

Depois de sua prisão, Cristo foi levado "primeiramente a Anás, que era sogro de Caifás, o sumo sacerdote naquele ano" (Jo 18:13). Cristo foi apresentado pela primeira vez às autoridades religiosas para ser julgado. Farrar explica:

> É bastante evidente e, pelo que eu sei, tem sido pouco observado que, embora os fariseus indubitavelmente fossem movidos por um ódio feroz contra Jesus, e estivessem tão ansiosos por sua morte a ponto de estarem dispostos a cooperar com os aristocráticos sacerdotes saduceus — dos quais eles se mantinham normalmente afastados por todo tipo de diferença, política, social e religiosa —, a partir do momento em que o plano para a prisão e condenação de Jesus havia amadurecido, os fariseus tiveram tão pouca participação de modo que seu nome não é mencionado uma única vez diretamente em qualquer evento relacionado com a prisão, o julgamento, as zombarias e a crucificação. Os fariseus, como tais, desaparecem; os principais sacerdotes e os anciãos ocupam seus lugares. É, de fato, duvidoso que algum dos fariseus mais ilustre fosse membro do degradado *simulacro* de autoridade que, naqueles dias ruins, ainda se arrogava o título de Sinédrio. Se não podemos acreditar em algumas das indicações do Talmude, aquele Sinédrio era pouco melhor do que uma confederação irreligiosa, antipatriótica de sacerdotes monopolistas, servindo naquele tempo, [...] sendo principalmente de origem não palestina, que eram mantidos pelo governo, mas detestados pelas pessoas.[2]

Anás exercia grande autoridade em Israel nessa época.

Nenhuma figura é mais conhecida na história judaica contemporânea do que Anás; ninguém era considerado mais afortunado ou bem-sucedido quanto ele, mas nenhuma outra pessoa era também de forma mais geral execrado do que o antigo sumo sacerdote. Ele tinha exercido seu sacerdócio por apenas seis ou sete anos; porém foi sucedido por não menos de cinco de seus filhos, por seu genro Caifás e por um neto. E naquela época era, pelo menos para alguém com a disposição de Anás, muito melhor ter sido assim do que permanecer como sumo sacerdote. Ele gozava de toda a dignidade do cargo, e de toda a sua influência também, visto que era capaz de se promover e promover aqueles que estavam intimamente ligados a ele. E, embora outros

---

[2] Farrar, *Life of Christ*, vol. 2, p. 332.

agissem publicamente, ele realmente dirigia os negócios, sem a responsabilidade ou as restrições que o cargo impunha. Sua influência com os romanos deveu-se aos pontos de vista religiosos que professava, ao seu partidarismo aberto em relação aos estrangeiros e à sua enorme riqueza. O saduceu Anás era um líder religioso que eminentemente se sentia seguro também, não se incomodando com quaisquer convicções especiais nem com o fanatismo judeu, um agradável e útil homem, que era capaz de prover seus amigos no Pretório com grandes somas de dinheiro. Vimos que a imensa renda da família de Anás deve ter sido obtida com as tendas do templo, e quão nefasto e impopular era esse tráfico. Os nomes daqueles ousados, licenciosos, inescrupulosos e degenerados filhos de Aarão eram pronunciados com sussurros de maldições.[3]

Cristo foi levado primeiro a Anás para determinar o curso que os líderes seguiriam.

O oficial romano (quiliarca) estava com a polícia do templo e participou da prisão. Os soldados agarraram Jesus e amarraram suas mãos atrás dele. Ele foi levado, primeiro a Anás, que serviu como sumo sacerdote de 6 a 15 d.C. e, por meio de sua política astuta, conseguiu assegurar dos romanos a sucessão desse cargo para seus cinco filhos, e agora seu genro Caifás, que era o atual ocupante do sumo sacerdócio. Anás era dono dos famosos Bazares de Anás, que mantinham o monopólio da venda de animais para os sacrifícios e também das barracas dos cambistas. Foram os interesses investidos nesse monopólio que Jesus atacou na primeira e na segunda limpeza do templo. Desde o dia da primeira limpeza do templo, o jovem Rabino havia incorrido na inimizade eterna desse astuto velho político e seu círculo de coadjuvantes. Várias vezes os representantes dessa camarilha tinham atacado a autoridade messiânica de Jesus, assumida naquela ocasião. Eles seguiam seus passos com seus emissários aonde quer que fosse, procurando prendê-lo por alguma palavra ou ação. Agora, finalmente, eles o tinham em seu poder. Um dos seus próprios discípulos o havia traído, e Ele foi levado diante desse arqui-inimigo para uma audiência

---

[3] Edersheim, *Life and Times,* vol. 2, p. 547.

preliminar, em preparação para o julgamento simulado que se seguiria assim que o Sinédrio pudesse ser reunido e viesse se juntar ao grupo.

Caifás, o sumo sacerdote (18-36 d.C.) [...], estava totalmente alinhado com Anás em tudo o que ele pudesse praticar contra o odiado Nazareno. Semanas atrás, ele havia sugerido em uma sessão secreta dos sinedritas, ao tramar a ruína do "pretendente Messias", que era muito conveniente que um homem morresse pelo povo, em vez de que toda a nação morresse. Era do interesse do povo que Jesus morresse. Por interesse, Caifás sem dúvida se referia aos interesses pessoais adquiridos por meio dos bazares, bem como aos interesses políticos dos líderes. O Talmude pronuncia uma maldição sobre a família de Hanan (Anás) e seus silvos de serpente. Eles fizeram do templo um "mercado" e um "covil de ladrões".

O exame preliminar perante Anás e a audiência anterior perante Caifás durante as horas da noite ocorreram no palácio do sumo sacerdote, no qual Anás também parece ter residido. O palácio de Caifás provavelmente ficava na encosta sul da colina oeste, a uma curta distância, fora da atual muralha da cidade, no que era então a parte mais bonita de Jerusalém. Anás era o sumo sacerdote emérito nessa época e, como tal, manteve um grande lugar de influência e tinha prerrogativas nos procedimentos do Sinédrio. A ele foi confiada a audiência preliminar do caso urgente em consideração. Essa audiência preliminar ocorreu em um dos aposentos do palácio do sumo sacerdote, um grande edifício em torno de um pátio central, destinado ao uso de Anás, cuja residência ficava em outra parte da cidade, entre o vale do Tiropeon e a cidade alta. Jesus foi conduzido ao redor da muralha do norte da cidade até o palácio de Caifás. Esse era o melhor caminho para evitar um tumulto popular.

Anás questionou Jesus em dois aspectos: primeiro, quanto aos discípulos, e segundo, quanto às doutrinas. Seu desejo era descobrir o quão extenso se tornara a influência de Jesus. Provavelmente ele pensava que Jesus tinha alguma organização como a Ordem dos Essênios, ainda desconhecida para o mundo exterior. Ele pode ter desejado preparar o caminho para a extirpação do odiado movimento, atormentando seus seguidores com perseguição. A propósito, ele poderia desejar saber o quão extensa a influência de Jesus havia se tornado nos círculos mais elevados da sociedade de Jerusalém. Pelo menos dois membros do Sinédrio foram atingidos com suas doutrinas. Outros poderiam ter sofrido o mesmo contágio. Porém, para esse velho político astuto e ardiloso, Jesus não deu nenhuma palavra de informação sobre seus discípulos. Todo o procedimento desse exame era ilegal, tanto no que se referia à hora quanto ao local. Com calma, Jesus manteve um silêncio digno e justificado, fazendo valer seus direitos legais como prisioneiro.

Anás, percebendo a impossibilidade de ir mais longe nessa questão, voltou-se para o exame de suas doutrinas. Quanto às perguntas sobre esse assunto, Jesus protestou que Ele não pregava nenhuma doutrina secreta. "Eu falei abertamente ao mundo; sempre ensinei nas sinagogas e no templo, onde todos os judeus se reúnem. Nada disse em segredo" (Jo 18:20). Esses fatos estavam além de discussão e eram conhecidos por todos. A indagação sobre seus discípulos não obteve resposta dele; aquele interrogatório sobre sua doutrina era desnecessário, então Jesus questiona: "Por que me interrogas? Pergunta aos que me ouviram" (v. 21). Uma declaração tão clara tornou imediatamente ridícula a superficialidade daquele interrogatório, que por sua vez, incriminou o procedimento "secreto" ilegal projetado por Anás em um julgamento noturno, que deveria ter sido conduzido, se de fato fosse real, no templo. Mas quando a discussão chegou ao fim, a violência começou com tais governantes, e um dos servos atendentes do nefasto juiz, vendo Anás derrotado na discussão, deu com a mão um golpe insultuoso no rosto de Jesus, dizendo: "Isso é jeito de responder ao sumo sacerdote?".

Em uma sala de julgamento, tal ato de violência seria um ultraje à decência comum. Jesus não virou a outra face ao pé da letra, mas com tranquila dignidade protestou: "Se eu disse algo de mal, denuncie o mal. Mas, se falei a verdade, por que me bateu?". Tal violência com a aprovação silenciosa de Anás, contestada por uma resposta digna e calma, deu fim ao interrogatório. Era evidente que o prisioneiro havia levado a melhor no argumento. No entanto Ele foi enviado, amarrado, a Caifás, que nesse tempo convocou os sinedritas que melhor serviriam aos seus fins. Jesus humildemente exigiu um procedimento legal com a convocação de testemunhas. Tal exigência não poderia ser recusada. Porém Anás, o principal conspirador, embora perplexo e derrotado em sua primeira audiência, seria um elemento primordial nos julgamentos subsequentes.[4]

---

[4] Shepard, *The Christ*, p. 573-575.

Como resultado desse exame, Anás evidentemente recomendou que procedessem com o interrogatório e entregassem Cristo à autoridade de Caifás e do Sinédrio para julgamento e sentença adicionais.

2. Interrogatório perante Caifás
Seção 170

Mateus 26:57, 59-68; Marcos 14:53, 55-65; Lucas 22:54a, 63-65; João 18:24

Jesus foi levado da casa de Anás para a casa de Caifás "em cuja casa se haviam reunido os mestres da lei e os líderes religiosos" (Mt 26:57). Uma reunião do Sinédrio durante a noite era ilegal.

> Os casos tanto de pena não capital quanto capital eram igualmente um exame e investigação, pois está escrito: Tereis um único fundamento da lei. Em que os casos não capitais se diferenciam dos casos capitais? Os casos não capitais são decididos por três, e os casos capitais, por três e mais vinte [juízes]. Os casos não capitais podem começar pelos motivos de absolvição ou pela condenação, mas os casos capitais devem sempre começar pelos motivos da absolvição e não podem ter início pelos motivos para a condenação. Em casos não capitais, os juízes podem chegar a um veredito de absolvição ou de condenação pela decisão de maioria simples; em casos capitais, eles também podem chegar a um veredito de absolvição pela decisão de maioria simples, no entanto, um veredito de condenação pode ocorrer apenas pela decisão de uma maioria com diferença de dois. Em casos não capitais, os juízes podem reverter um veredito ou [de condenação] para absolvição, ou [de absolvição] para condenação; mas em casos capitais, eles podem reverter um veredito [de condenação] para absolvição, porém não [de uma absolvição direta] para condenação. Em casos não capitais, todos podem argumentar em favor da condenação ou da absolvição; todavia em casos capitais, todos argumentam primeiro a favor da absolvição, e não prol da condenação. Em casos não capitais, aquele que havia argumentado a favor da condenação poderia depois argumentar a favor da absolvição, ou aquele que havia argumentado em favor da absolvição poderia depois argumentar a favor da condenação; em casos de pena capital, aquele que havia argumentado a favor da condenação poderia mudar

seu parecer e argumentar a favor da absolvição, contudo, aquele que havia argumentado a favor da absolvição não poderia posteriormente mudar seu veredito e apresentar argumentos a favor da condenação. Em casos não capitais, o julgamento seria realizado durante o dia, e o veredito poderia ser pronunciado durante a noite; em casos capitais, o julgamento seria realizado durante o dia e o veredito também deveria ser pronunciado durante o dia. Em casos não capitais do veredito, fosse de absolvição ou condenação, poderia ser pronunciado no mesmo dia; no entanto, em casos capitais, um veredito de absolvição poderia ser pronunciado no mesmo dia, porém, um veredito de condenação não poderia ser dado a não ser no dia seguinte. Assim sendo, os julgamentos não poderiam ser realizados na véspera de um sábado ou na véspera de um dia de festa.[5]

Havia também outras ilegalidades:

O lugar regular para a reunião do Sinédrio era o templo, mas eles levaram Jesus à casa do sumo sacerdote Caifás, situado em um local fora dos muros da cidade, onde ali os principais sacerdotes e anciãos bem como os escribas foram convocados para o encontro. A noite sequer era a ocasião legal de uma reunião para julgamentos. Outras características da ilegalidade praticada nos julgamentos de Jesus foram: indevida pressa, busca ou suborno de testemunhas, negligência em avisar as testemunhas solenemente antes que elas prestassem depoimento, forçar o acusado a testemunhar contra si mesmo, uso judicial da confissão do prisioneiro e falha em libertar o prisioneiro quando houve falha de acordo entre as testemunhas.[6]

Em um caso como esse, era necessário que fossem encontradas testemunhas que pudessem apoiar as acusações feitas contra o acusado. O Sinédrio foi rapidamente convocado para conduzir esse julgamento e não teve oportunidade de preparar suas testemunhas. Assim, embora muitas testemunhas falsas tivessem prestado seu depoimento, o testemunho delas não tinha peso, pois não era apoiado por, no mínimo, duas testemunhas (Mc 14:56).

---

[5] Mishnah: *Sanhedrin* 4:1.
[6] Shepard, *The Christ*, p. 575.

A única declaração apoiada pelo número exigido de testemunhas foi o falso testemunho de que Cristo havia dito: "Destruirei este templo feito por mãos humanas e em três dias construirei outro, não feito por mãos de homens" (Mc 14:58; cf. Jo 2:19). Em desespero, o sumo sacerdote procurou obter uma confissão do próprio Cristo e perguntou-lhe: "Você não vai responder à acusação que estes fazem sobre você?" (Mc 14:60). Visto que as acusações não foram apoiadas por testemunhas, elas eram ilegais; portanto, Cristo permaneceu em silêncio e se recusou a se incriminar (v. 61). "O sumo sacerdote lhe disse: 'Exijo que você jure pelo Deus vivo: se você é o Cristo, o Filho de Deus, diga-nos'" (Mt 26:62). O sumo sacerdote tinha plena consciência do que Cristo havia reivindicado para si mesmo — que Ele era "o Messias", o Salvador Soberano, e "o Filho de Deus". Além disso, o sumo sacerdote estava familiarizado com a obra e pessoa de Jesus. Cristo respondeu: "Tu mesmo o disseste" (v. 64). Conhecendo a incredulidade dos sacerdotes, Cristo então autenticou o que havia acabado de dizer. Ele declarou: "Chegará o dia em que vereis o Filho do homem assentado à direita do Poderoso e vindo sobre as nuvens do céu".

> Suas palavras, pronunciadas com calma majestosa, em tom de convicção inconfundível, ressoam através dos séculos até agora: "Tu mesmo o disseste", e Ele acrescentou: "Chegará o dia em que vereis o Filho do homem assentado à direita do Poderoso e vindo sobre as nuvens do céu". Jesus acrescentou, à sua declaração do que afirmava ser, palavras preditivas do que Deus mostraria quem Ele era em sua ressurreição, ascensão e segundo advento. No último evento mencionado, os papéis serão invertidos, e eles aparecerão em juízo diante dele, o juiz messiânico, quando Ele vier sobre as nuvens do céu.[7]

Ao ouvir isso, o sumo sacerdote rasgou suas roupas, um ato especificamente proibido a um sacerdote pela lei de Moisés (Lv 21:10). O sacerdote ofereceu seu julgamento, dizendo: "Blasfemou" (Mt 26:65). Essa suposta blasfêmia foi testemunhada por todo o Sinédrio. O sacerdote então pediu ao Sinédrio que fizesse um julgamento, e o julgamento deles foi: "É réu de morte" (v. 66).

---

[7] Ibid., p. 575-576.

3. Pedro nega a Jesus

Seção 171

Mateus 26:58, 69-75; Marcos 14:54, 66-72; Lucas 22:54b-62;
João 18:15-18, 25-27

Os discípulos foram avisados dos perigos que enfrentariam. Cristo os exortou: "orem para que vocês não caiam em tentação!" (Lc 22:46). Cristo advertiu especificamente a Pedro sobre sua negação futura (Jo 13:38; Lc 22:32-34). Apesar das exortações e advertências, Pedro negou a Cristo. Diversas razões podem ser deduzidas pelas Escrituras. Primeiro, Pedro confiava em si mesmo (Lc 22:33; Mc 26:35). Em segundo lugar, Pedro separou-se de Cristo e o seguiu apenas à distância (Mc 14:54). Terceiro, Pedro sentou-se na companhia dos adversários de Cristo (Lc 22:55). A força cumulativa disso colocou Pedro em uma posição vulnerável. O discípulo foi reconhecido primeiro por uma das criadas do sumo sacerdote. Ela observou: "Você também estava com Jesus, o Nazareno" (Mc 14:67). Dando-lhe uma resposta evasiva (v. 68), Pedro se afastou dos que estavam ao redor do fogo e foi até a entrada do pátio. A serva o seguiu e anunciou aos que estavam ao redor de Pedro: "Esse aí é um deles" (v. 69). Pela segunda vez, Pedro negou a acusação. Um pouco mais tarde, aqueles que tinham ouvido a acusação da serva juntaram-se, dizendo abertamente: "Certamente você é um deles. Você é galileu!" (v. 70). Pedro então se colocou sob um juramento, pronunciando julgamento sobre si mesmo se o que ele declarou não fosse verdade. Ele disse: "Não conheço o homem de quem vocês estão falando!" (v. 71). O segundo canto do galo lembrou a Pedro que o Senhor havia dito: "Antes que duas vezes cante o galo, você me negará três vezes" (v. 72). Agora Pedro "se pôs a chorar".

4. Condenação pelo Sinédrio

Seção 172

Mateus 27:1; Marcos 15:1a; Lucas 22:66-71

Ao raiar do dia, o Sinédrio se reuniu novamente.

A fim de simular uma sanção legal ao seu processo notoriamente ilegal, os anciãos do povo foram reunidos imediatamente ao amanhecer, incluindo o chefe dos sacerdotes saduceus e os escribas fariseus, para uma consulta contra Jesus, com o propósito expresso de condená-lo à morte. Um tribunal é estabelecido para fazer justiça, e não para cometer injustiça propositalmente. Antes de o sol nascer, eles vieram, levando Jesus para a câmara do conselho do Sinédrio, o Salão das Pedras Talhadas dentro da área do templo. Eles o levaram para o templo antes que a cidade iniciasse suas atividades.[8]

Na presença do Sinédrio, foi perguntado a Cristo: "Se você é o Cristo... diga-nos" (Lc 22:67). Farrar explica:

> No momento, eles tinham contra Ele apenas uma acusação de blasfêmia, construída com base em uma admissão forçada pelo sumo sacerdote, quando até mesmo suas próprias testemunhas subornadas falharam em cometer perjúrio para sua satisfação. Havia muitas acusações antigas contra Ele, nas quais eles não podiam confiar. Suas violações do sábado, como eles a chamavam, estavam todas relacionadas com milagres e os levavam, portanto, a um terreno perigoso. Sua rejeição da tradição oral envolvia uma questão sobre a qual saduceus e fariseus tinham uma rixa mortal. Sua purificação do templo feita com autoridade poderia ser considerada favoravelmente tanto pelos rabinos quanto pelo povo. A acusação de doutrinas errôneas esotéricas tinha sido refutada por meio de sua vida pública de forma absoluta. A acusação de heresias abertas havia sido descartada, a partir da sua total ausência de testemunho de apoio. O problema que estava diante deles era converter a acusação eclesiástica de blasfêmia construída em uma acusação civil de traição real. Porém como isso poderia ser feito? Nem metade dos membros do Sinédrio estivera presente na apressada reunião noturna e, portanto, havia ocorrido uma sessão ilegal na casa de Caifás; no entanto, se eles quisessem condená-lo por meio de uma sentença formal, eles deveriam ouvir algo para fundamentar seu voto. Em resposta à conjuração de Caifás, Ele admitiu solenemente que era o Messias e o Filho de Deus. A última declaração não teria sentido como acusação contra Ele perante o tribunal dos romanos; no entanto,

---

[8] Shepard, *The Christ*, p. 580.

se Ele repetisse a afirmação, eles poderiam transformá-la em algo politicamente sedicioso.[9]

Shepard adiciona estas considerações:

> Esse julgamento foi para mera ratificação do que havia sido decidido durante a noite. Eles não tolerariam hesitações. Não havia tempo a perder. Toda a justiça havia sido desconsiderada na presente sessão, como na sessão ilegal na noite que a precedeu. A resposta de Jesus foi contra a injustiça do processo como um todo: "Se eu vos disser, não crereis em mim e, se eu vos perguntar, não me respondereis. Mas de agora em diante o Filho do homem estará assentado à direita do Deus todo-poderoso" (Lc 22:67-69). Eles rapidamente reconheceram essa declaração como uma afirmação do salmo messiânico, uma reivindicação do Messias, bem como a profecia de Daniel, uma declaração da divindade. "Então, você é o Filho de Deus?" (v. 70), perguntaram eles num coro desordenado. "Vós estais dizendo que Eu sou", respondeu Ele calmamente. Cristo havia afirmado de modo claro ser o Messias e o Filho de Deus, sendo o humano e divino Messias, o homem e Deus. "Por que precisamos de mais testemunhas?", declararam com veemência. "Acabamos de ouvir dos próprios lábios dele" (v. 71). Ao apresentá-lo perante Pilatos, eles nada disseram sobre essa acusação de blasfêmia, o motivo da sua condenação perante o Sinédrio.[10]

O Sinédrio questionou Cristo diretamente, perguntando: "Então você o Filho de Deus?" (Lc 22:70). E Ele respondeu: "Vós estais dizendo que Eu sou". Em sua perspectiva acerca de Cristo, Ele era culpado do pecado de blasfêmia o que, de acordo com a lei levítica, era um crime capital que deveria ser punido com a morte. Assim o julgamento diante das autoridades religiosas foi encerrado. Com base no seu próprio testemunho, Cristo foi culpado de um crime capital de blasfêmia contra Deus; e então eles o sentenciaram à morte.

---

[9] Farrar, *Life of Christ*, vol. 2, p. 354-355.
[10] Shepard, *The Christ*, p. 580-581.

5. A morte de Judas
Seção 173
Mateus 27:3-10

Quando Judas viu o rumo que tomaram os eventos, "foi tomado de remorso" (Mt 27:3). Ele procurou livrar-se do envolvimento e "devolveu aos chefes dos sacerdotes e aos líderes religiosos as trinta moedas de prata". Judas confessou: "Pequei, pois traí sangue inocente" (v. 4). Os sacerdotes e anciãos recusaram-se a assumir a responsabilidade por si próprios, mas a atribuíram a Judas. Judas deixou o dinheiro como oferta para o templo. Então ele saiu para se suicidar. Edersheim retrata graficamente a cena.

> Ele saiu correndo do templo, de Jerusalém, "para a solidão". Para onde estaria indo? Estava descendo para a solidão horrível do vale de Hinom, o "Tofete" de outrora, com suas memórias horríveis, o Geena do futuro, com suas associações fantasmagóricas. Não era, porén, um lugar solitário, pois parecia agora povoado de figuras, rostos e sons. Do outro lado do vale ele começou a subir as encostas íngremes da montanha! Estamos agora no "campo do oleiro" de Jeremias — pouco acima, para o oeste, onde os vales de Cedron e Hinom se fundem. É um solo frio, macio e argiloso, onde os pés escorregam ou são presos por argila pegajosa. Aqui, as rochas endentadas erguem-se perpendicularmente; talvez houvesse alguma árvore retorcida, curvada e atrofiada. Lá naquele lugar ele escalou até o topo da rocha. Então, lenta e deliberadamente, ele desenrolou o longo cinto que prendia sua túnica. Era o cinto no qual ele havia carregado aquelas 30 moedas de prata. Ele agora estava bastante calmo e controlado. Com esse cinto iria se enforcar naquela árvore ali perto, e quando ele se prendeu no cinto, lançou-se para fora daquela rocha irregular.
>
> Estava feito; mas como, inconsciente, talvez ainda não morto, ele se balançou pesadamente naquele galho e sob o fardo incomum o cinto cedeu, ou talvez o nó que suas mãos trêmulas haviam feito se desfez, e ele caiu pesadamente para a frente entre as rochas irregulares abaixo, e pereceu, ficando da maneira como São Pedro lembrou seus condiscípulos nos dias anteriores ao Pentecostes.[11]

---

[11] Edersheim, *Life and Times,* vol. 2, p. 575.

Visto que era ilegal colocar dinheiro de sangue no tesouro do templo, os sacerdotes usaram-no para comprar um campo como local de sepultamento para estrangeiros. Isso foi feito em cumprimento de profecia (Zc 11:12-13; cf. Jr 18:1-4; 19:1-3).

C. O julgamento civil
Seções 174-177

1. Julgamento perante Pilatos
Seção 174
Mateus 27:2, 11-14; Marcos 15:1b-5; Lucas 23:1-5; João 18:28-38

Os judeus não podiam executá-lo legalmente, pois essa autoridade pertencia à Roma. Para cumprir a sentença, o Sinédrio precisava obter a aprovação das autoridades romanas. Para obter a permissão, os judeus "levaram Jesus da casa de Caifás para o Pretório" (Jo 18:28).

A lei romana era estrita nesse ponto em questão.

A lei romana permitia que a lei local de cada província fosse exercida sem muita interferência. [...] a administração local, a aplicação da justiça entre os nativos das províncias e muitas outras tarefas em geral eram simplesmente deixadas para os órgãos políticos do povo que estava sujeito ao império romano.

Uma exceção significativa a esse respeito era a jurisdição sobre questões envolvendo pena de morte, tal jurisdição estava reservada ao procurador. Pode-se concluir, então, que o governador romano tinha autoridade legal absoluta para lidar com cidadãos não romanos, como Cristo, e prescrever a pena de morte, sem medo de ter sua autoridade contestada. [...] Várias observações podem ser feitas a respeito de Pilatos e da legalidade do julgamento de Cristo. Primeiro, visto que Pilatos era governador da Judeia, e a decisão requeria aplicação de pena capital, ele era a pessoa adequada para conduzir o julgamento de Cristo. Em segundo lugar, ele estava bastante correto, inicialmente, em recusar-se a ouvir o caso, visto que a primeira acusação era muito vaga (veja Jo 18:30). Terceiro, ele agiu de acordo com a lei romana quando houve uma acusação por traição levantada contra Cristo (Lc 23:2), e ele questionou Cristo em particular sobre essa questão, decidindo que Ele era inocente. Nesse ponto, Pilatos tinha autoridade legal para libertar Jesus, mas não o fez. Ao contrário, ele mais uma vez se dirigiu aos judeus, pelos quais foi criticado por agir ilegalmente. No entanto, quando é lembrado, para começar, que, de acordo com a lei romana, um cidadão não romano como Cristo não tinha direitos legais, Pilatos não poderia ter agido ilegalmente. Ele pode ser acusado de ter sido antiético ou imoral (e com razão), mas não pode ser incriminado de agir ilegalmente sob o sistema jurídico romano. Ele tinha toda autoridade legal para continuar ou não, de modo formal ou informalmente, como quisesse. Quarto, Pilatos não agiu de maneira incomum ao enviar Cristo a Herodes (Lc 23:6-12). Greenidge aponta que um governador provincial tinha o poder de pedir a qualquer um que quisesse para ser seu conselheiro, e que "era até possível, no caso de uma acusação importante, pedir conselhos de especialistas de outra província — até mesmo de um governador provincial vizinho...". A recusa de Herodes em julgar Jesus indica que, em sua opinião, Jesus era inocente: Pilatos usou isso em seu argumento em favor da libertação de Cristo (Lc 23:15).

Pode-se observar que Pilatos tentou salvar Jesus da cruz, declarando-o inocente, oferecendo-se para castigá-lo ou açoitá-lo e se mostrando pronto a libertá-lo como era o costume (mas Barrabás foi libertado em lugar dele). Na verdade, foi dito com precisão que Pilatos "enviou Jesus à cruz, mas não antes de ter exaurido todos os meios para salvá-lo, exceto simples e diretamente encerrar o caso". Pilatos persistiu em tentar convencer os judeus a deixá-lo libertar Jesus "até que isso ameaçou implicar acusação de rebelião de Pilatos contra o próprio governador César, caso persistisse na misericórdia inusitada". Um ano antes da crucifixação de Cristo, que ocorreu em 33 d.C., Pilatos foi repreendido pelo imperador Tibério em relação aos escudos que havia instalado no palácio de Herodes, o que havia ofendido os judeus. Pilatos obviamente não estava disposto, nesse tempo, a arriscar outro confronto com o imperador, se ele achasse que isso pudesse ser evitado.[12]

Pilatos dera sua aprovação tácita aos judeus para que procedessem contra Jesus quando, na noite anterior, entregou a eles um grande grupo

---

[12] R. Larry Overstreet, "Roman Law and the Trial of Christ", *Bibliotheca Sacra,* p. 135 (outubro-dezembro de1978): 324-329.

de soldados romanos para prendê-lo. Depois de condenar Cristo, o Sinédrio foi rápido em encaminhar o assunto a Pilatos, pois quando chegaram ao palácio do governador romano "era de manhã cedo" (Jo 18:28).

> O julgamento civil não pôde ser realizado antes do amanhecer. O termo "cedo" geralmente refere-se ao quarto turno, das três às seis da manhã. Todo o Sinédrio, com a provável exceção de Nicodemos e José de Arimateia, levantou-se e trouxe Jesus amarrado do Templo ao Pretório construído por Herodes na colina oeste da cidade. Como ainda era "cedo" quando eles chegaram, o segundo "julgamento religioso" antes de Caifás deve ter sido tão tecnicamente ilegal quanto o primeiro; pois era ilegal condenar um prisioneiro à morte durante a noite. O principal objetivo dos membros do Sinédrio era obter a sanção do governo romano para sua sentença, de modo que a execução ocorresse no início do dia e fosse concluída antes do sábado, que começava às seis da tarde. Eles também temiam uma revolta entre o povo, por isso desejaram obter a sanção civil antes que a cidade estivesse desperta.[13]

Visto que os judeus não queriam incorrer em contaminação cerimonial, eles não entraram no palácio (Jo 18:28).

> [...] o termo Pesach, ou "Páscoa", era aplicado não apenas ao Cordeiro Pascal, mas a todos os sacrifícios da Páscoa, especialmente ao que era chamado de Chagigá, ou oferta festiva. [...] De acordo com a regra expressa [...] o Chagigá era trazido no primeiro dia festivo da Páscoa. Era oferecido imediatamente após o serviço matinal e comido naquele dia — provavelmente um pouco tempo antes da noite, quando, como veremos mais tarde, outra cerimônia chamaria a atenção do público. Podemos, portanto, entender perfeitamente que, não na véspera da Páscoa, mas no primeiro dia pascal, os membros do Sinédrio evitariam incorrer em uma contaminação que, se durasse até a noite, não só os teria envolvido na inconveniência da profanação levítica no primeiro dia festivo, mas na verdade impediriam a sua oferta da Páscoa nesse dia, o sacrifício festivo ou Chagigá. Portanto, existiam estas duas regras expressas: uma pessoa não poderia, em contaminação levítica, oferecer o Chagigá; e o Chagigá não poderia ser oferecido por uma

---

[13] Shepard, *The Christ,* p. 582.

pessoa em lugar de outra. Essas considerações e tradições parecem ter sido decisivas em relação aos pontos de vista expressos anteriormente. Não haveria razão para temer a "contaminação" na manhã do sacrifício pascal; mas a entrada no Pretório na manhã do primeiro dia de Páscoa teria tornado impossível para eles oferecer o Chagigá, que também é designado pelo termo Pesach.[14]

O desprezado Pôncio Pilatos agora tornou-se amigo dos líderes que buscavam sua aprovação para o julgamento deles.

O homem que naquela conjuntura ocupava o cargo de procurador da Judeia era Pôncio Pilatos, e pela parte que desempenhou no crime da morte do Senhor, ele permaneceu desde então no pelourinho da escória e execração do mundo. No entanto, quando sua posição é compreendida, parece que ele foi, em grande parte, vítima das circunstâncias, e poderia até reivindicar uma certa medida de piedade. Ele era um romano típico, severo e prático, com todo o desprezo romano pela superstição, que naquele período era sinônimo das religiões de todos os tipos, e todo o ódio romano era dirigido aos judeus, "aquela turba de circuncidados". Se ele tivesse sido designado para outra província, ele poderia ter sido um governante bem-sucedido, mas ele estava mal adaptado para governar uma etnia tão tenaz em sua fé e tão rápida em se ressentir com tudo o que parecesse um desprezo por suas adoradas tradições. Os judeus exigiam uma administração muito diplomática, e Pilatos era um homem de temperamento impositivo, disposto a sujeitar as coisas com autoridade e exigir obediência.

O problema era inevitável, e assim que ele pôs os pés em sua província, tudo começou a dar errado. Seus predecessores, respeitando prudentemente o preconceito judaico contra as imagens, sempre tomaram o cuidado de que, quando suas tropas entrassem em Jerusalém, não carregassem suas insígnias com a efígie do imperador; no entanto, Pilatos, desdenhando o que considerava uma fraca deferência a um preconceito desprezível, ordenou aos soldados que guarneciam a Cidade Santa que marchassem com seus estandartes e os plantassem na cidadela. Como a entrada foi feita à noite, a indignação não foi observada no momento; mas, assim que rompeu a manhã e as pessoas

---

[14] Edersheim, *Life and Times*, vol. 2, p. 568.

viram os estandartes flutuando sobre a cidadela, os indignados cidadãos se aglomeraram em Cesareia e pediram que a ofensiva insígnia fosse removida. Pilatos rejeitou o pedido deles e, por cinco dias e outras tantas noites, eles se prostraram no chão em uma súplica dolorosa. No sexto dia, ele os convocou para a pista de corridas e, ao renovar o apelo, deu um sinal, e uma companhia de soldados que ele havia armado de emboscada avançou, os quais, cercando os indefesos suplicantes, ameaçou-os de morte instantânea a menos que desistissem de seu clamor e voltassem pacificamente para casa. Pilatos pensou que isso iria intimidá-los, mas para sua surpresa, eles se jogaram com o rosto no chão e, descobrindo o pescoço, declararam-se prontos para morrer em vez de suportar a violação de suas leis. Em seguida, ele cedeu e ordenou a remoção das insígnias.

É sempre um erro grave resistir a um ultimato, e a anuência de Pilatos foi fatal para sua autoridade desde então. Seus súditos o avaliaram por isso. Eles perceberam que ele poderia sofrer uma grave consequência por causa do clamor. Em pouco tempo, outro problema surgiu. Jerusalém precisava muito de um suprimento adequado de água, e Pilatos decidiu construir um aqueduto. Foi um projeto louvável, mas ele teve a infeliz ideia de custear a obra com o tesouro do templo. Os judeus ficaram indignados com o sacrilégio e, quando o governador visitou Jerusalém, viu-se cercado por uma turba clamorosa e agressiva. Consciente do sentimento popular, e temeroso de problemas, ele ordenou a seus soldados que, à paisana, se misturassem à multidão e, se fosse necessário, atacassem com porretes e os espancassem até a sujeição. Não encontrando aval para o protesto, ele deu o sinal, e os soldados atacaram a multidão desarmada com uma severidade maior do que Pilatos pretendia. Muitos foram espancando até a morte e tantos outros mais foram pisoteados. O tumulto foi suprimido, mas a população ficou ainda mais exasperada.

O equivocado governador mergulhou cada vez mais na barbárie. Pouco tempo depois, ele enfrentou um grupo de galileus no pátio do templo e misturou seu sangue com o sangue do sacrifícios deles — uma atrocidade que causou um arrepio na terra. A província fervilhava de descontentamento, que chegou ao seu auge quando, "menos para a honra de Tibério e mais para o aborrecimento do povo judeu", Pilatos pendurou os escudos votivos ricamente dourados e gravados com o nome do imperador no Palácio de Herodes em Jerusalém. Foi talvez um ultraje menor do que a introdução de outros padrões, mas despertou ainda mais o povo exasperado. Chefiados por uma companhia de seus nobres, incluindo os quatro filhos de Herodes, eles se aproximaram do governador e pediram que os escudos fossem removidos. Ele recusou obstinadamente, e eles dirigiram uma reclamação ao imperador. Enquanto os dois grandes interesses imperiais — receita e ordem — fossem conservados, Tibério pouco se importava com o que acontecia nas províncias, muito menos na desprezada Judeia; mas ai do infeliz governador que deixasse os impostos atrasarem ou permitisse o surgimento de alguma insurreição que exigisse operações militares para ser reprimida. A reclamação da Judeia provocou o descontentamento do imperador. Ele repreendeu Pilatos e ordenou peremptoriamente a remoção dos escudos ofensivos.

Assim, eram extremamente tensas as relações entre Pilatos e seus súditos. Ele os odiava e os teria esmagado se tivesse a ousadia de o fazer; mas ele tinha o pavor da deposição e da desgraça diante de seus olhos, e foi obrigado a andar com cautela e evitar a ofensa. Ele odiava seus súditos, mas também os temia. Ele estava à mercê deles e eles sabiam disso.[15]

Sensível ao medo de contaminação dos judeus, Pilatos foi ao encontro dos membros do Sinédrio reunidos do lado de fora de seu palácio e perguntou: "Que acusação vocês têm contra este homem?" (Jo 18:29).

Pode ter sido por volta das sete da manhã, provavelmente ainda mais cedo, quando Pilatos foi até aqueles que o convocaram para fazer justiça. A pergunta que dirigiu a eles parece tê-los assustado e desconcertado. O procedimento deles foi particular; era da própria essência dos procedimentos no Direito Romano que eles fossem públicos. Novamente, a atitude perante os membros do Sinédrio tinha sido na forma de uma investigação criminal, embora fosse da essência do procedimento romano entrar apenas em acusações definitivas. Consequentemente, a primeira pergunta de Pilatos foi: que acusação eles faziam contra Jesus. A questão viria a eles de forma ainda mais inesperada, pois Pilatos havia dado, na noite anterior, seu consentimento para o emprego da guarda romana que efetuou a prisão de Jesus.[16]

---

[15] Smith, *The Days,* p. 477-480.
[16] Edersheim, *Life and Times,* vol. 2, p. 568-569.

A resposta do Sinédrio foi evasiva: "Se ele não fosse criminoso, não o teríamos entregado a ti" (Jo 18:30). O Sinédrio percebeu que o crime de blasfêmia pelo qual condenaram Cristo não era fundamento suficiente aos olhos da lei romana para executar um homem. Eles, portanto, pediram a Pilatos que julgasse sem investigar as acusações feitas contra Cristo.

> A resposta deles mostra humilhação, mau humor e uma tentativa de evasão. Se Ele não fosse um "criminoso", eles não o teriam "entregado"! Sobre essa vaga acusação, Pilatos, em quem notamos uma estranha relutância em prosseguir — talvez por falta de vontade de agradar aos judeus, quem sabe por um desejo de ferir seus sentimentos no seu ponto mais sensível, ou ainda porque foi contido por uma Mão Superior —, recusou-se a prosseguir. Ele propôs que os membros do Sinédrio julgassem Jesus de acordo com a lei judaica. Esse é outro traço importante, pois aparentemente implica que Pilatos já estava ciente das alegações peculiares de Jesus e que a ação das autoridades judaicas havia sido determinada pela "inveja". Em circunstâncias normais, Pilatos, porém, não teria desejado entregar uma pessoa acusada de uma acusação tão grave como a de estabelecer reivindicações messiânicas às autoridades judaicas, para julgar o caso como uma questão meramente religiosa.[17]

Pilatos procurou se livrar da situação retirando-se do caso e mandando Jesus de volta ao Sinédrio para julgamento. Ele disse: "Levem-no e julguem-no conforme a lei de vocês" (Jo 18:31). Visto que o Sinédrio havia pronunciado a sentença por violação da lei religiosa, Pilatos procurou fazer com que os judeus resolvessem a questão sozinhos. Se os judeus ficassem dentro de sua jurisdição, a crucificação teria sido impossível, pois eles não poderiam executar um homem. Mas visto que a Escritura havia predito a crucificação de Cristo, era necessário que os romanos aceitassem a autoridade. Os judeus, portanto, fizeram três acusações contra Cristo.

> Eles não seriam derrotados em seu objetivo. Eles previram que não poderiam obter sua sanção à acusação de blasfêmia por mera intimidação. Então, eles fingem transigir e oferecem uma acusação de traição

---

[17] Ibid.

> por três motivos: (1) Eles o acusaram de tramar sedição. "Encontramos este homem subvertendo a nossa nação", declararam. A maneira como os inimigos judeus de Jesus mudaram seu fundamento de uma acusação religiosa para uma política foi uma artimanha nascida de uma malignidade sutil. Claro, a acusação de fomentar a sedição era a coisa mais distante concebível de todo o caráter de Jesus. (2) O segundo item da acusação era que Ele proibiu pagar tributo a César. Isso tratava-se de uma falsidade deliberada. Na terça-feira anterior, Jesus havia dito aos herodianos: "Deem a César o que é de César", promovendo assim a lealdade ao governo como devida a todos os cidadãos. (3) A terceira acusação foi que Ele afirmou ser o Messias, um Rei. É claro que Jesus não afirmou ser um rei temporal. Essa havia sido uma realeza que Ele recusou a aceitar constantemente. Eram esses mesmos acusadores de Jesus que nutriam secretamente em seu coração o desejo de um Messias temporal, um rei que se livrasse do jugo da escravidão romana.[18]

Qualquer uma dessas três acusações deixava Cristo exposto à acusação de traição contra Roma. A acusação de traição era algo que nenhum tribunal romano poderia ignorar. Pilatos então deixou os membros do Sinédrio e foi ao seu palácio questionar a Cristo, perguntando: "Você é o rei dos judeus?" (Jo 18:33). Em resposta, Cristo perguntou-lhe: "Essa pergunta é tua?" (Jo 18:34). Cristo estava perguntando se Ele havia sido acusado de traição por Roma ou pelos judeus.

> Quando Pilatos recebeu a acusação de sedição, voltou ao Pretório, onde Jesus havia permanecido, e fez um exame pessoal do acusado. Ele chamou Jesus e fez com que Ele viesse e se colocasse diante dele. "Tu", disse ele respeitosamente, "és tu o Rei dos Judeus?". Havia muitos pretendentes à realeza naquela época, mas Jesus não impressionou Pilatos como tal. Ainda assim, ele não poderia ignorar a denúncia feita contra Jesus sem ser acusado de deslealdade a César. Diante da multidão e dos líderes, Jesus manteve um silêncio digno; agora, sozinho com Pilatos, Ele falou livremente. Jesus julgou que Pilatos não estava endurecido além de qualquer apelação, então, em resposta, Ele disse: "Essa pergunta é tua, ou outros te falaram a meu respeito?" Ele procurou assim atrair o interesse pessoal de Pilatos e explicar para ele a falsidade da acusação.

---

[18] Shepard, *The Christ*, p. 584.

Pilatos tinha interesse pessoal em suas reivindicações ou preocupação meramente oficial? A essa pergunta, o governador respondeu rapidamente negando qualquer interesse pessoal. "Acaso sou judeu? Foram o seu povo e os chefes dos sacerdotes que entregaram você a mim. Que foi que você fez?" Havia um toque de desprezo romano orgulhoso nessas palavras de Pilatos. Ele não se dignou a ter um interesse pessoal em nenhum prisioneiro, e ainda muito menos em um judeu. Seu único interesse era descobrir a verdade ou a falsidade da acusação. Jesus deu-lhe uma declaração clara dos fatos do caso: "O meu reino não é deste mundo. Se fosse, os meus servos lutariam para impedir que os judeus me prendessem. Mas agora o meu Reino não é daqui".[19]

A acusação de traição levantou a questão da pessoa de Cristo e seu reino. Se o reino de Cristo houvesse se originado neste mundo, Ele teria usado o método do mundo para estabelecer seu reino. Ele teria convocado um exército para lutar contra Roma. Visto que seu reino não era deste mundo, não seria estabelecido como um reino mundano seria. Pilatos disse claramente: "Então, você é rei!" (Jo 18:37). A isso Cristo consentiu, dizendo: "Tu dizes que sou rei. De fato, por esta razão nasci e para isto vim ao mundo: para testemunhar da verdade. Todos os que são da verdade me ouvem". Se Pilatos se interessasse pelos fatos do caso, teria dado ouvidos ao testemunho de Cristo.

Como um homem romano, ele havia conhecido muitos povos e muitas religiões; cada uma acreditava em seu próprio círculo, desconhecido ou desacreditado fora dele. Para sua rigorosa inteligência prática, o principal problema de cada uma delas era seu significado político. Não poderiam ser todas verdadeiras, nenhuma delas tinha uma verdade universal, e cada uma servia a um propósito local e tinha um uso específico. Uma religião só precisava ser nacional para ser reconhecida em Roma; o império tolerava tudo para que pudesse governar melhor todos os povos. A consequência inevitável se mostrou naquela definição tão bem enunciada por Gibbon — enquanto todas as religiões eram para seu povo igualmente verdadeiras, eram para o filósofo do mesmo modo falsas, enquanto para o magistrado igualmente úteis.

---

[19] Ibid., p. 585-586.

E Pilatos era, nesses aspectos, um verdadeiro magistrado romano. Sua atitude para com os judeus é expressa na história de seu governo, o sacrifício que ele fez de vidas feito de forma descuidada, suas afrontas insolentes às suas convicções mais profundas e queridas. Sua atitude para com a religião é expressa na pergunta, feita com cínica impaciência: "Que é a verdade?", como se estivesse querendo dizer: "Qual é a sua verdade para mim? Os tolos podem raciocinar sobre isso, os estadistas não podem governar por ela; aquele que a busca apenas perde seu tempo".[20]

Pilatos emergiu do palácio para anunciar: "Não acho nele motivo algum de acusação" (Jo 18:38). Ao anunciar a inocência de Cristo, Pilatos não negou que Cristo era um rei. Pilatos quis dizer que o reino dele não era uma ameaça para Roma e, portanto, Ele não poderia ser condenado sob a acusação de traição.

2. Julgamento perante Herodes
Seção 175
Lucas 23:6-12

A oportunidade agora oferecida foi bem-vinda para Herodes. Seria um sinal de reconciliação (ou pode ser visto como tal) entre ele e o governador romano, e de uma forma lisonjeira para si mesmo, uma vez que o primeiro passo havia sido dado pelo governador, e que, por um reconhecimento quase ostentoso dos direitos do tetrarca, em que possivelmente sua antiga rivalidade pode ter acontecido. Além disso, Herodes havia muito desejava ver Jesus, de quem tantas coisas ouvira. Naquela hora, a simples curiosidade, a esperança de ver algumas apresentações mágicas, foi o único sentimento que comoveu o tetrarca. Mas em vão ele fez perguntas a Cristo, que foi tão silencioso com ele quanto antes contra as acusações virulentas dos membros do Sinédrio. Mas um Cristo que não faria ou não pudesse fazer sinais, nem mesmo se inflamar nas mesmas denúncias que o Batista havia feito, era, para o realismo grosseiro de Antipas, apenas uma figura indefesa que poderia

---

[20] Fairbaim, *Life of Christ*, p. 302-303.

ser insultada e zombada, como fizeram o tetrarca e seus homens de guerra. E assim Jesus foi mais uma vez enviado de volta ao Pretório.[21]

Ao enviar Jesus de volta a Pilatos, Herodes reafirmou a declaração original de inocência de Pilatos (Lc 12:15). Desse modo, Cristo foi declarado inocente pela segunda vez pelas autoridades romanas.

3. Julgamento perante Pilatos
Seção 176
Mateus 27:15-26; Marcos 15:6-15; Lucas 23:13-25; João 18:39-19:1, 4-16a

Quando Herodes recusou a jurisdição e devolveu Jesus a Pilatos, este "reuniu os chefes dos sacerdotes, as autoridades e o povo, dizendo-lhes: "Vocês me trouxeram este homem como alguém que estava incitando o povo à rebelião. Eu o examinei na presença de vocês e não achei nenhuma base para as acusações que fazem contra ele. Nem Herodes..." (Lc 23:13-15). Essa foi a terceira declaração da inocência de Cristo. Teria sido uma perversão grosseira da lei romana Pilatos condenar Jesus à morte. Para acalmar a multidão, ele anunciou duas opções. A primeira era: "eu o castigarei e depois o soltarei" (v. 16). A segunda seria libertar Jesus de acordo com um costume que os romanos praticavam para promover a boa vontade entre o povo. Pilatos disse: "Contudo, segundo o costume de vocês, devo libertar um prisioneiro por ocasião da Páscoa. Querem que eu solte 'o rei dos judeus'?" (Jo 18:39). Ele ofereceu-lhes uma escolha entre Jesus ou Barrabás, que estava sob custódia porque "era um bandido" (v. 40). Assim, a escolha ficou entre dois homens acusados pelo mesmo crime. Pilatos buscou a libertação de Jesus pelo menos por dois motivos. A primeira razão era saber que eles haviam entregado Jesus a ele por inveja (Mt 27:18). Uma segunda razão seria que ele havia sido avisado por sua esposa para evitar se envolver na conspiração judaica (v. 19). Pilatos deve ter ficado surpreso com o fato de que os judeus escolheram Barrabás em vez de Jesus. Visto que Barrabás havia cometido assassinato em sua rebelião (Mc

---
[21] Edersheim, *Life and Times*, vol. 2, p. 572.

15:7), Pilatos sem dúvida teria pensado que o senso de justiça dos judeus exigiria que ele fosse punido por ser culpado de um crime maior do que o de Jesus. Para satisfazer os judeus, "então Pilatos mandou açoitar Jesus" (Jo 19:1). Jesus, sem dúvida, recebeu os tradicionais 40 açoites, exceto um.

> Isso aconteceu, ao que parece, na plataforma onde o julgamento foi realizado e aos olhos de todos. A vítima era despida e esticada contra um pilar, ou curvada sobre um poste baixo, com as mãos amarradas, de forma que não tinha como se defender. O instrumento de tortura era uma espécie de chicote de nova tiras, com pedaços de ferro ou osso presos às pontas das correias. Não apenas os golpes cortavam a pele e tiravam sangue, porém não raro a vítima morria no meio de sua aplicação. Alguns supõem que Pilatos, por consideração a Jesus, pode ter moderado o número ou a severidade dos golpes; no entanto, por outro lado, seu plano de libertá-lo dependia de ele ser capaz de mostrar aos judeus que Jesus já havia sofrido muito. A incapacidade de Jesus de carregar sua própria cruz até o local da execução foi, sem dúvida, principalmente devido ao cansaço produzido por esse castigo; e essa é uma indicação melhor do grau de severidade do que mera conjectura.[22]

O açoite deveria ter satisfeito a turba sanguinária, mas não, isso apenas os incitou a apresentar demandas maiores. Os soldados que acompanhavam Pilatos "teceram uma coroa de espinhos e a puseram na cabeça dele. Vestiram-no com uma capa de púrpura, e, chegando-se a ele, diziam: 'Salve, rei dos judeus!' E batiam-lhe no rosto" (Jo 19:2-3).

Assim, espancado e escarnecido, Pilatos desfilou Jesus diante da multidão reunida e fez uma quarta declaração da inocência de Cristo, dizendo: "Vejam, eu o estou trazendo a vocês, para que saibam que não acho nele motivo algum de acusação" (v 4).

Enquanto Jesus estava diante da multidão, Pilatos apontou para Ele, dizendo: "Eis o homem!" (v. 5). Ele confiava que a zombaria e o açoite satisfariam as questões dos judeus e eles não o pressionariam por um julgamento final.

---

[22] James M. Stalker, *The Trial and Death of Jesus Christ* (1894; reprint ed., Grand Rapids: Zondervan, 1961), p. 59.

> Embora Pilatos pareça ter sancionado ou, para dizer o mínimo, falhado em interferir na zombaria e, na verdade, nas brutalidades (Jo 19:3) dos soldados, ele ainda é corretamente considerado pelos expositores mais antigos como tendo aqui feito um esforço para despertar alguns sentimentos de piedade nos sacerdotes e no povo. [...] A [declaração: "Eis o Homem"] (veja o v. 5) foi dita em um tom de comiseração, e certamente sem qualquer amargura que parece claramente marcar a [...] [declaração: "Eis o rei de vocês"] do versículo 14.[23]

A multidão enfurecida e incitada respondeu gritando: "Crucifica-o! Crucifica-o!" (Jo 19:6). A resposta de Pilatos foi a quinta declaração de que Cristo era inocente. Ao dar consentimento ao desejo da multidão, ele procurou se abster de responsabilidade, dizendo: "Levem-no vocês e crucifiquem-no. Quanto a mim, não encontro base para acusá-lo". Os judeus procuraram sustentar o seu clamor afirmando que Ele era digno de morte, dizendo: "Temos uma lei e, de acordo com essa lei, ele deve morrer, porque se declarou Filho de Deus" (v. 7).

> O medo que Pilatos sentia agora, ainda mais do que antes, [...] quando soube que nosso Senhor havia se apresentado como [...] [Filho de Deus], surgiria naturalmente de sua concepção de tal título implicar uma descendência ou ascendência divina, que a analogia dos heróis e semideuses da história antiga pode predispô-lo a acreditar que é possível nesse caso. [...] A mensagem de sua esposa poderia já ter despertado algumas apreensões, as quais influenciaram consideravelmente a sua declaração.[24]

Pilatos "ficou ainda mais amedrontado" (Jo 19:8). Como ele temia a censura de Roma, tinha ainda mais temor da censura de uma divindade. Mais uma vez, ele deixou a multidão e foi ao palácio para interrogar Jesus sobre essa nova acusação. Ele perguntou a Cristo de onde Ele tinha vindo e se Ele era ou não um Deus que veio em carne. Cristo não respondeu à pergunta dele. Pilatos ordenou-lhe que respondesse, declarando que a própria vida de Cristo estava em suas mãos. Cristo, porém, afirmou que

---

[23] Ellicott, *Lectures,* p. 349, nota de rodapé.
[24] Ibid.

sua vida não estava nas mãos de Pilatos, mas nas mãos do próprio Deus. Cristo disse: "Não terias nenhuma autoridade sobre mim se esta não te fosse dada de cima" (v. 11). Assim, a resposta de Cristo estava de acordo com o que Paulo escreveu em Romanos 13:1: "não há autoridade que não venha de Deus; as autoridades que existem foram por ele estabelecidas". Cristo afirmou que aqueles que fizeram a acusação que resultaria em sua morte eram culpados de um pecado maior do que aquele que pronunciaria a sentença de morte (Jo 19:11). Pilatos sem dúvida viu isso como uma forma de transferir a culpa de si mesmo para o povo. Visto que Cristo havia afirmado que Ele viera de Deus, Pilatos estava decidido a libertá-lo. Os líderes, no entanto, responderam com uma ameaça que alterou a decisão de Pilatos. Eles disseram: "Se deixares esse homem livre, não és amigo de César. Quem se diz rei opõe-se a César" (v. 12). Assim, os judeus deduziram que se Pilatos não consentisse em seus desejos, eles o acusariam de traição. Os judeus teriam motivos contra Pilatos se ele se recusasse a negociar com respeito a Jesus, que havia sido acusado de traição. Para Pilatos, ser acusado dessa forma significaria sua destituição do cargo, confisco de suas propriedades, tortura e até a morte por se ter aliado a alguém que foi acusado de revolta contra Tibério. Pilatos voltou ao palácio e trouxe Jesus para fora. Ele sentou-se na cadeira do juiz (v. 13) e indicou que estava pronto para fazer uma decisão sobre o caso. Quando Pilatos disse aos judeus: "Eis o Rei de vocês" (Jo 19:14), ele estava declarando a acusação que havia sido feita contra Cristo e pela qual ele estava sentado em julgamento, prestes a pronunciar a sentença. A multidão registrou a sentença que julgou merecida quando gritou: "Mata! Mata! Crucifica-o!" (v. 15). Pilatos deu-lhes uma oportunidade de mudar a decisão deles e evocar uma sentença mais branda quando perguntou: "Devo crucificar o rei de vocês?". Os sacerdotes que representavam a nação afirmaram sua lealdade a Roma, dizendo: "Não temos rei, senão César".

> O nome de César começou a ser ouvido em murmúrios furiosos. "Devo crucificar o rei de vocês?", ele perguntou, descarregando sobre eles a raiva e mágoa de seu coração em forma de insultos. "Não temos rei, senão César", responderam os saduceus e sacerdotes, atirando ao vento todo ímpeto nacional e toda esperança messiânica. "Se deixares esse homem livre", gritavam de novo e de novo, "não és amigo de César.

Rejeição do Rei

Todo aquele que tenta fazer-se rei fala contra César." E naquele terrível implemento de tirania — a acusação de *laesa majestas*, na qual todas as outras acusações se fundiram, tornando o confisco e a tortura tão comuns e fazendo com que o sangue corresse como água nas ruas de Roma —, ele pensou em Tibério, o velho e sombrio imperador, então escondendo em Capri suas feições ulcerosas, suas suspeitas venenosas, suas infâmias doentias, sua vingança desesperada. Nessa mesma época, ele havia enlouquecido em uma ferocidade ainda mais sanguinária e misantrópica pela falsidade e traição detectadas de seu único amigo e ministro, Sejano; e foi do próprio Sejano que Pilatos teria assumido a posição. Poderia haver delatores secretos nessa mesma turba. Em pânico, o juiz injusto, em obediência aos seus próprios terrores, entregou conscientemente a vítima inocente à angústia da morte. Aquele que tantas vezes prostituíra a justiça, agora era incapaz de realizar o único ato de justiça que desejava. Aquele que tantas vezes assassinou a piedade, agora estava proibido de saborear a doçura de uma piedade pela qual ansiava. Aquele que tantas vezes abusara da autoridade, agora estava impotente para exercê-la, pela primeira vez, do lado certo. Verdadeiramente para ele, o pecado se tornou seu próprio *Erinnyis* [nome científico da lagarta mandorová], e seus vícios agradáveis foram convertidos no instrumento de sua punição.[25]

Pilatos e Herodes cinco vezes declararam Cristo inocente das acusações feitas contra Ele e pareciam determinados a libertar Jesus. Uma justiça assim era exigida, pois as acusações contra Cristo não tinham suporte que justificasse sua condenação. No entanto a multidão não buscava justiça, mas exigia a morte de Cristo. Paixões inflamadas estavam prontas para explodir em um motim (Mt 27:23). Com pavor de ser acusado diante de César (Jo 19:12) e com medo de incitar os judeus à revolta, Pilatos procurou se absolver de toda responsabilidade por sua decisão. Ele "mandou trazer água, lavou as mãos diante da multidão e disse: 'Estou inocente do sangue deste homem; a responsabilidade é de vocês'" (Mt 27:24).

Pilatos, porém, não escapou do senso de sua responsabilidade. Havia um costume entre os gregos, judeus e romanos daquela época que,

---

[25] Farrar, *Life of Christ*, vol. 2, p. 386-387.

quando um homem derramava sangue, ele lavava as mãos, limpando assim simbolicamente a mancha. Pilatos se sentiu um assassino.[26]

Os governantes, os sacerdotes e o povo aceitaram unanimemente a responsabilidade pela morte de Cristo, dizendo: "Que o sangue dele caia sobre nós e sobre nossos filhos!" (Mt 27:25). Embora Pilatos não pudesse ser absolvido da responsabilidade por esse erro judiciário, a nação aceitou a responsabilidade pela morte de Cristo.

A trágica resposta voltou como o eco de um gemido das gerações futuras: "Que o sangue dele caia sobre nós e sobre nossos filhos!" Trinta anos depois, nesse mesmo lugar, a sentença foi pronunciada contra alguns dos melhores cidadãos de Jerusalém. Das 3.600 vítimas da fúria do governador, não poucas foram açoitadas e crucificadas! Judas morreu em um suicídio repugnante, a casa de Anás foi destruída alguns anos depois, Caifás foi deposto um ano após a crucificação e Pilatos foi logo após banido para a Gália e ali morreu como suicida. Quando Jerusalém caiu, seus miseráveis cidadãos foram crucificados em volta de suas paredes até que, na linguagem sombria do historiador, "faltava espaço para as cruzes e cruzes para os corpos". Os horrores do cerco de Jerusalém não têm paralelo na história.[27]

Assim, Barrabás foi libertado da prisão, e "finalmente Pilatos o entregou [Cristo] a eles para ser crucificado" (Jo 19:16).

4. Zombaria

Seção 177

Mateus 27:27-30; Marcos 15:16-19; João 19:2-3

Depois que a sentença foi proferida, Cristo foi colocado sob a custódia dos soldados do governador; eles o levaram para seus próprios aposentos no Pretório. Convocaram toda a comitiva de soldados enquanto zombavam de Jesus.

---

[26] Shepard, *The Christ*, p. 591-592.
[27] Ibid., p. 592.

> [...] os soldados o levaram consigo para os seus aposentos no palácio e convocaram todo o bando para desfrutar do espetáculo [...] e qualquer condenado à crucificação, depois de açoitado, parece ter sido entregue aos soldados para ser tratado como eles bem entendessem, apenas como uma criatura caçada, quando é capturada é atirada aos cães. E, de fato, essa comparação é muito apropriada; porque, como Lutero observou, naqueles dias os homens eram tratados apenas como os vermes são considerados agora. Para nós é incompreensível como todo o bando deveria ter sido convocado meramente para se vangloriar dos sofrimentos de um semelhante e transformar sua dor e vergonha em zombaria brutal. Esse, entretanto, era o propósito deles; eles gostavam disso tanto quanto os colegiais desfrutam do terror de um animal torturado. É preciso lembrar que aqueles eram homens que no campo de batalha estavam acostumados ao derramamento de sangue e em Roma encontravam seu principal deleite assistindo aos esportes da arena, onde gladiadores massacravam uns aos outros para criar um feriado romano.
> A brincadeira deles assumiu a forma de uma coroação simulada. Eles haviam captado o rumo do julgamento o suficiente para saber que a acusação contra Jesus era de que Ele fingia ser um rei; e pretensões tão elevadas por parte de quem parece ser mesquinho e pobre são facilmente levadas ao ridículo.[28]

Visto que Cristo foi condenado por ser um rei, os soldados o trataram com desprezo como se ele fosse membro da realeza. Um manto escarlate foi colocado sobre Ele. Um rei deve ter uma coroa. Como nenhuma coroa estava disponível, eles fabricaram uma com os galhos de um arbusto espinhoso e colocaram em sua cabeça. Um rei deve ter um cetro e, portanto, um bastão áspero foi colocado em sua mão. Um rei era digno de honra, e então os soldados se ajoelharam diante dele em zombaria e se dirigiram a Ele como um rei, dizendo: "Salve, Rei dos Judeus!" (Mt 27:29). Então, eles mostraram sua lealdade a Roma e seu desprezo por aquele que seria culpado de traição contra Roma. Cuspiram nele e bateram repetidamente na sua cabeça com o cajado que haviam tirado de suas mãos. Quando os soldados não podiam mais se satisfazer com sua distração, eles "o levaram para crucificá-lo" (v. 31).

---

[28] Stalker, *Trial and Death*, p. 59.

D. Cortejo até o Calvário

Seção 178

Mateus 27:31-34; Marcos 15:20-23; Lucas 23:26-33;
João 19:16b-17

O açoite e as surras que Cristo suportou durante o tempo de seu julgamento aumentaram a agonia que Ele já havia sofrido no jardim. Em sua condição, era impossível para Ele carregar sua cruz sozinho.

> Quando eles estavam saindo, levando-o para o local da execução, Jesus não pôde carregar sua cruz por absoluto cansaço, devido ao intenso esforço da semana anterior, à excessiva agitação das provações e à brutalidade do açoite e da zombaria pela qual Ele estava passando. A tradição diz que Ele caiu sob o peso da pesada trave que carregava sobre os ombros dilacerados pelo terrível flagelo. Felizmente, eles encontraram um homem vindo do campo — um homem de Cirene — Simão, o pai de Alexandre e Rufo, da história apostólica subsequente. Cirene era uma cidade do norte da África onde havia uma grande colônia de judeus. Simão poderia ter sido um prosélito judeu que subia para a festa. Eles o obrigaram a prestar o serviço de carregar a cruz de Jesus, que havia sido antes auxiliado pelos soldados. É provavelmente pelo lugar que seus filhos ocuparam na história evangélica subsequente [Rm 16:13] que Simão foi conduzido, por meio desse serviço que ele foi obrigado a prestar, até o conhecimento pessoal do Salvador.[29]

Embora os discípulos tivessem abandonado Cristo e fugido, "um grande número de pessoas o seguia, inclusive mulheres que lamentavam e choravam por Ele" (Lc 23:27). Essas pessoas podem ter feito parte a multidão que no início da semana havia seguido pelo caminho quando Jesus entrou em Jerusalém para se apresentar oficialmente como Rei. Essa multidão estava preocupada com os sofrimentos dele, mas Cristo estava aflito com os sofrimentos futuros dessa gente. Jesus havia avisado anteriormente que Jerusalém seria destruída (Mt 23:38; 24:2). O julgamento divino cairia sobre aquela geração por rejeitarem a pessoa de

---

[29] Stalker, *Trial and Death*, p. 59.

REJEIÇÃO DO REI 685

Cristo. Agora o Salvador falava sobre o julgamento que se aproximava e dizia-lhes que as mulheres que lamentavam por não terem filhos se considerariam afortunadas (Lc 23:29). Tão grande seria a crueldade dos invasores romanos que os homens buscariam a morte por meio de alguma calamidade, em vez de cair em suas mãos (v. 30).

Há um incidente registrado sobre o que aconteceu enquanto a procissão seguia pelas ruas, cheia de espectadores curiosos. As mulheres que viram a procissão melancólica irromperam em lamentações, batendo no peito e lamentando o triste fim de Jesus. Ele, porém, voltando-se para elas, disse: "Filhas de Jerusalém, não chorem por mim; chorem por vocês mesmas e por seus filhos! Pois chegará a hora em que vocês dirão: 'Felizes as estéreis, os ventres que nunca geraram e os seios que nunca amamentaram!'". Alguns anos mais tarde, a esterilidade, que naquela época era considerada uma maldição, seria cobiçada como uma bênção. Aquele tempo chegou dentro de uma geração na queda de Jerusalém em 70 d.C. Continuando sua advertência, Ele acrescentou: "Então dirão às montanhas: 'Caiam sobre nós!' e às colinas: 'Cubram-nos!'". Eles deveriam buscar refúgio de sua miséria na morte. Ele atribui a seguir um motivo para prever tais coisas: "Pois, se fazem isto com a árvore verde, o que acontecerá quando ela estiver seca?". Se os romanos trataram Jesus desse modo terrível, a quem consideraram inocente, quanto pior farão com os culpados e rebeldes no tempo da guerra futura. E assim aconteceu mais tarde, quando mais de um milhão de judeus pereceu em Jerusalém em poucos dias. Ou de outra visão mais fundamental, histórica, e de interpretação gramaticalmente correta: se os líderes de Israel agora fazem essas coisas, como entregar seu Rei divino, nos primeiros estágios da história de Israel, colocando assim fogo em sua árvore verde; quão terrível será o julgamento de Deus na madeira seca de um povo apóstata e rebelde nos anos futuros.[30]

[...] a procissão seguiu em direção ao Gólgota. Não apenas a localização, mas até mesmo o nome daquilo que atrai tão fortemente o coração de cada cristão, é motivo de controvérsia. Esse nome não pode ter sido derivado dos crânios que jaziam à sua volta, uma vez que tal exposição seria ilegal e, portanto, deve ter sido em razão da forma semelhante a um crânio e da aparência do local. Consequentemente, o

---
[30] Shepard, *The Christ*, p. 594.

nome é comumente explicado como a forma grega do aramaico *Gulgalta*, ou o hebraico *Gulgoleth*, que significa "uma caveira".

Tal descrição corresponderia plenamente, não apenas às exigências da narrativa, mas à aparência do lugar que, tanto quanto podemos julgar, representa o Gólgota. Não podemos explicar aqui as várias razões pelas quais o local tradicional deveria estar abandonado. É certo que o Gólgota estava "fora do portão" e "perto da cidade". É muito provável que tenha sido um local habitual de execuções. Por último, sabemos que ficava perto de jardins, onde existiam túmulos, e próximo da estrada. As três últimas condições apontam para o norte de Jerusalém. É preciso lembrar que o terceiro muro, que posteriormente cercou Jerusalém, só foi construído vários anos após a crucificação. O novo subúrbio de Bezetha [Cidade Nova] estendia-se então para fora do segundo muro. Aqui, a grande estrada passava em direção ao norte; nas proximidades, havia vilas e jardins; e no local também foram descobertos sepulcros esculpidos na rocha, que datam desse período. Isso, porém, não é tudo. O atual Portão de Damasco, ao norte da cidade, parece, na mais antiga tradição, ter levado o nome de Portão de Santo Estêvão, porque se acredita que o protomártir passou por ele para seu apedrejamento. Ali por perto, então, deve ter sido o local da execução.[31]

Edersheim descreve a preparação para uma crucificação:

Apenas cerca de duas horas e meia se passaram desde o momento em que Ele se apresentou pela primeira vez diante de Pilatos (cerca de seis e meia), quando a procissão melancólica chegou ao Gólgota (às nove horas da manhã). Em Roma, um intervalo de dois dias normalmente se interpunha entre uma sentença e sua execução; mas a regra não parece ter sido aplicada às províncias, se, de fato, nesse caso, as regras formais do procedimento romano não foram absolutamente observadas.

Os terríveis preparativos logo foram feitos: o martelo, os pregos, a cruz, o próprio alimento para os soldados que vigiariam sob cada cruz. Quatro soldados seriam destacados para cada cruz, estando tudo sob o comando de um centurião. Como sempre, a cruz foi entregue à execução por aquele que iria sofrer nela — talvez seus braços amarrados a ela com cordas. Porém, felizmente, não há evidências, mas todas as indicações são ao contrário — de que, de acordo com o antigo costume,

---

[31] Edersheim, *Life and Times,* vol. 2, p. 585.

Rejeição do Rei

o pescoço do sofredor era colocado dentro do patíbulo, duas peças horizontais de madeira, presas na extremidade, às quais suas mãos eram atadas. Normalmente, a procissão era chefiada pelo centurião, ou melhor, precedida por aquele que proclamava a natureza do crime e carregava uma placa branca de madeira, na qual o crime estava descrito. Normalmente, também, o cortejo seguia pela estrada mais longa até o local da execução, e pelas ruas mais movimentadas, de modo a atrair a atenção do público. No entanto gostaríamos de sugerir que, da mesma forma, esse longo circuito e a proclamação do arauto foram dispensados nesse caso. Eles não são mencionados no texto e parecem incongruentes com a época festiva e as outras circunstâncias da história.[32]

Edersheim escreve sobre o método de execução judaico:

Como quase todas as abominações do mundo antigo, fosse na religião ou na vida, a crucificação era de origem fenícia, embora Roma a tenha adotado e aprimorado esse tipo de pena. Os modos de execução entre os judeus eram: estrangulamento, decapitação, queimar na fogueira e apedrejamento. Em todas as circunstâncias normais, os rabis eram muito relutantes em pronunciar uma sentença de morte. Ao que parece, havia uma injunção de que os juízes deveriam jejuar no dia de tal sentença. De fato, dois dos principais rabinos registram isso, que tal sentença jamais teria sido pronunciada em um Sinédrio do qual eles tivessem sido membros. A indignidade da forca — e isso somente depois de o criminoso ter sido julgado — era reservada para os crimes de idolatria e blasfêmia. O local onde os criminosos eram apedrejados [...] ficava numa elevação com cerca de 11 metros de altura, de onde o criminoso era atirado ao chão pela primeira testemunha. Se ele não tivesse morrido pela queda, a segunda testemunha atiraria uma grande pedra em seu coração enquanto ele estivesse ainda deitado. Se, todavia, não estivesse sem vida, todo o povo o apedrejaria. A uma distância de dois metros do local da execução, o criminoso era despido, restando apenas a cobertura absolutamente necessária para a decência. No caso de Jesus, temos motivos para pensar que, embora o modo de punição a que Ele foi submetido não fosse judaico, todas as concessões seriam feitas ao costume judaico e, portanto, acreditamos felizmente que na

---

[32] Ibid., p. 582-583.

cruz Ele foi poupado da indignidade dessa exposição. Tal teria sido verdadeiramente um ato contra um judeu.[33]

A cruz foi o mais vergonhoso e um dos mais cruéis instrumentos de morte já inventados. Os romanos, que o emprestaram dos cartagineses, não permitiam que um cidadão romano fosse crucificado; a crucificação era reservada para escravos e estrangeiros ou provincianos. Os judeus costumavam usar o apedrejamento e nunca a crucificação. Não era apenas a morte da maior ignomínia, mas a que produzia a mais extrema angústia e sofrimento. Havia cinco formas de cruz usadas para esse castigo horrível: uma estaca simples na qual a vítima era pregada; a cruz *Tau* com a trave abaixo do topo — o tipo tradicional em que Jesus foi crucificado; a *crux commissa*, ou cruz grega, com quatro braços de igual comprimento; e a cruz de Santo André, constituída por duas vigas cruzadas obliquamente. A cruz de Jesus era provavelmente um pouco mais alta do que o tipo tradicional, em cujo uso os pés do crucificado ficavam a apenas uns 30 ou 40 centímetros do chão. A vítima geralmente era primeiro despida, as vestes caíam para a sorte dos algozes; mas na crucificação de Jesus, a tradição diz que uma tanga foi usada. Primeiramente, o pé da cruz era fincado no solo, e, a seguir, a vítima era deitada com os braços estendidos na barra transversal à qual eles eram presos com cordas e depois com pregos nas palmas das mãos. Em seguida, a viga era levantada para sua posição na vertical e pregada enquanto o corpo era deixado para ficar balançando ou seu peso era apoiado em um pino de sela de ferro cravado na vertical. Em seguida, os pés eram pregados, no peito do pé separadamente ou ambos os pés juntos, com uma única ponta de ferro. Lá, o corpo era deixado pendurado em agonia, às vezes dois ou três dias, até que a morte de dor e fome se seguissem.[34]

Quando eles chegaram ao Gólgota, foi oferecido a Cristo um narcótico, mas Ele se recusou a beber.

Lucas acrescenta que junto com Jesus, que ocupava o lugar de Barrabás, o assassino, dois outros malfeitores foram conduzidos pelo cabresto da morte. Quando chegaram à colina em forma de crânio coberta de

---

[33] Ibid., p. 584.
[34] Shepard, *The Christ*, p. 595-596.

rochas, um lugar chamado Gólgota [...] eles ofereceram a Jesus vinho aromatizado com mirra e fel; mas quando o provou, não o quis beber. Ele preferiu sorver até a última gota o cálice que seu Pai lhe havia dado, e permanecer em plena posse de todos os seus poderes mentais. Os narcóticos, preparados possivelmente pelas mãos caridosas das mulheres de Jerusalém, deveriam aliviar o sofrimento das vítimas dessa morte horrível, ao amortecer os sentidos. Jesus não os receberia, embora oferecidos repetidamente e por corações humanos.[35]

E. A crucificação
Seções 179-181

1. As primeiras três horas
Seção 179
Mateus 27:35-44; Marcos 15:24-32; Lucas 23:34-43; João 19:18-27
Os soldados prosseguiram com a crucificação.

As três cruzes foram colocadas no chão — a de Jesus, que era sem dúvida mais alta que as outras duas, sendo colocada em amargo desprezo no meio delas. Talvez a trave cruzada estivesse agora pregada na vertical, e certamente o título, que tinha sido carregado por Jesus amarrado em seu pescoço ou carregado por um dos soldados à sua frente, estava agora pregado no topo de sua cruz. Em seguida, Ele foi despido de todas as suas roupas e seguiu o momento mais terrível de todos. Ele foi colocado sobre o instrumento de tortura. Seus braços foram esticados ao longo das vigas transversais; e no centro das palmas abertas, a ponta de um enorme prego de ferro foi colocada, o qual, com o golpe de uma marreta, foi cravado na madeira. Então, através de cada um dos pés separadamente, ou possivelmente através dos dois juntos, ao serem colocados um sobre o outro, outro prego enorme abriu caminho através da carne trêmula. Não sabemos se o sofredor também foi amarrado à cruz; mas, para evitar que as mãos e os pés fossem arrancados pelo peso do corpo, que não podia "descansar sobre nada além dessas quatro grandes

---
[35] Ibid., p. 595.

feridas", havia, perto do centro da cruz, uma projeção de madeira forte o suficiente para suportar, pelo menos em parte, um corpo humano que logo se tornou um peso de agonia.[36]

Edersheim adiciona o seguinte:

Reconhecidamente, a punição foi inventada para tornar a morte tão dolorosa e prolongada quanto o poder da resistência humana. Em primeiro lugar, a viga da madeira vertical foi plantada no solo. Não era alta e, provavelmente, os pés do sofredor não estavam a mais de trinta ou sessenta centímetros do solo. Assim, a comunicação descrita nos evangelhos poderia ocorrer entre Ele e outros; também, seus lábios sagrados poderiam ser umedecidos com a esponja presa a um pequeno talo de hissopo. Em seguida, a madeira transversal (*antenna*) foi colocada no chão, e o sofredor colocado sobre ela, quando seus braços foram estendidos, puxados e amarrados a ela. Então (isso não era feito no Egito, mas em Cartago e em Roma) um prego forte e afiado foi cravado, primeiro na direita, depois na mão esquerda (os *clari trabales*). Em seguida, o sofredor foi erguido por meio de cordas, talvez escadas; a viga transversal amarrada ou pregada na vertical, e um descanso ou suporte para o corpo (o *cornu* ou *sedile*) fixado nela. Por último, os pés foram estendidos e um prego martelado em cada um, ou um pedaço maior de ferro através dos dois. Já expressamos nossa crença de que a indignidade da exposição não foi oferecida em tal execução judaica. E assim poderia o crucificado ficar pendurado por horas, mesmo vários dias, naquela angústia indizível de sofrimento, até que a consciência finalmente desparecesse.[37]

Geikie relata:

A cruz usada no Calvário consistia em um poste forte, que era levado previamente ao lugar da execução, e em duas peças cruzadas, colocadas no local pela vítima, e depois pregadas nas colunas de modo que se inclinassem para a frente, e deixassem o sofredor apoiado em suas mãos estendidas, e assim aliviar a pressão de seu corpo para baixo. Um

---

[36] Farrar, *Life of Christ,* vol. 2, p. 400-401.
[37] Edersheim, *Life and Times,* vol. 2, p. 589.

robusto e áspero pino de madeira, no meio do poste vertical, fornecia um tipo de assento apropriado e agonizante, para que o peso do corpo não o arrancasse da cruz.[38]

Nesse momento, Jesus proferiu seu primeiro clamor.

Foi provavelmente naquele momento de horror inconcebível que a voz do Filho do homem foi ouvida em tom elevado, não em um grito de agonia natural por causa daquela terrível tortura, mas orando calmamente em compaixão divina por seus assassinos brutais e impiedosos [...] — "Pai, perdoa-lhes, pois não sabem o que estão fazendo".[39]

Quatro soldados sob a liderança de um centurião foram designados para cada criminoso executado. Seria um privilégio dos soldados que conduziam a execução por meio de crucificação dividir os bens pessoais dos crucificados entre si. Portanto, de acordo com o costume, os quatro soldados pegaram as vestes de Jesus e as dividiram em quatro partes entre si. Considerando que a vestimenta de Cristo era sem costura, sendo "tecida numa única peça, de alto a baixo" (Jo 19:23), os soldados decidiram lançar sortes sobre ela. Essa mesma ação foi antecipada em Salmos 22:18. Nenhum detalhe minucioso revelado no Antigo Testamento foi esquecido em seu cumprimento.

> Houve, como afirma o apóstolo João, primeiro uma divisão em quatro partes — uma para cada um dos soldados — de tais vestimentas do Senhor que eram de quase o mesmo valor. O turbante, a vestimenta externa em forma de manto, o cinto e as sandálias teriam pouco custo diferente. Porém a questão, qual das peças pertenceria a cada um dos soldados, seria naturalmente decidida, como nos informam os Sinóticos, por sorteio.
> Além dessas quatro peças de vestuário, havia, contudo, a vestimenta interna de tecido sem costura, de longe a mais valiosa de todas, e para a qual, como não poderia ser dividida sem ser destruída, eles especialmente lançariam sortes (como relata o apóstolo João).[40]

---

[38] Geikie, *Life and Words*, vol. 2, p. 558.
[39] Farrar, *Life of Christ*, vol. 2, p. 402.
[40] Edersheim, *Life and Times*, vol. 2, p. 592.

Uma inscrição foi colocada na cruz. Dizia: "JESUS NAZARENO, O REI DOS JUDEUS". Esse foi o crime anunciado ao mundo por Pilatos pelo qual ele havia permitido que Jesus fosse executado.

> Quando a cruz foi erguida, os principais judeus, pela primeira vez, notaram de forma bem clara o insulto mortal com que Pilatos desabafou sua indignação. Antes, em sua fúria cega, eles haviam imaginado que a maneira de sua crucificação era um insulto dirigido a Jesus; mas agora que o viram pendurado entre os dois ladrões, em uma cruz ainda mais elevada, de repente se deram conta de que era um escárnio público infligido a eles próprios. Pois na placa de madeira branca manchada com gesso, que podia ser vista tão claramente sobre a cabeça de Jesus na cruz, estava escrita com letras pretas, uma inscrição nas três línguas civilizadas do mundo antigo — as três línguas das quais pelo menos uma era conhecida por cada homem naquela multidão reunida — no latim oficial, no grego atual, no aramaico vernacular — informando a todos que aquele Homem que estava assim suportando uma morte vergonhosa e servil — aquele Homem, portanto, crucificado entre dois sicários à vista do mundo, era "O REI DOS JUDEUS".[41]

Em três ocasiões anteriores, Cristo havia sido sujeito à zombaria: primeiro, pelo Sinédrio e seus servos oficiais (Lc 22:63-65); segundo, pelos soldados de Herodes (23:11); e terceiro, pelos soldados de Pilatos (Mt 27:27-30). Agora, Ele mais uma vez foi escarnecido por aqueles que passaram pelo local da crucificação (v. 39-44). Os transeuntes casuais zombavam dele, desafiando-o a descer da cruz se fosse o Filho de Deus. Os principais sacerdotes, os mestres da lei e os anciãos zombavam dele. Da mesma forma, eles o desafiaram a descer da cruz, declarando que creriam nele como Salvador e Rei se Ele o fizesse. Os soldados que participaram da crucificação aumentaram os insultos que foram lançados contra Cristo (Lc 23:36). Os ladrões crucificados com Ele também zombavam dele (Mt 27:44).

Um dos criminosos insultou a Cristo desafiando-o a salvar a si mesmo e a eles. Isso trouxe uma repreensão e outra confissão da inocência de Cristo por parte do outro criminoso, quando ele disse: "Nós estamos

---
[41] Edersheim, *Life and Times*, vol. 2, p. 600.

sendo punidos com justiça, porque estamos recebendo o que os nossos atos merecem. Mas este homem não cometeu nenhum mal" (Lc 23:41). Dos gritos que subiram, chegou aos ouvidos de Cristo o apelo de um ladrão arrependido. Este último disse: "Jesus, lembra-te de mim quando entrares no teu Reino" (v. 42). Esse grito de fé em sua pessoa trouxe uma segunda palavra dos lábios do Senhor: "Eu garanto: Hoje você estará comigo no paraíso" (v. 43).

> Este homem [...] reconheceu e aceitou Jesus como o Messias, e ele o fez, por uma maravilhosa manifestação de fé, mesmo na maior humilhação de Cristo. E isso imediatamente ultrapassou o ponto de vista judaico, pois ele esperava que Jesus em breve voltasse em sua majestade e poder reais, quando pediu para ser lembrado por Ele com misericórdia. E aqui precisamos novamente ter em mente que, durante a vida de Cristo na terra, e de fato, antes do derramamento do Espírito Santo, os homens sempre aprenderam primeiro a acreditar na pessoa de Cristo, e então a conhecer seu ensino e sua missão no perdão dos pecados. Foi assim também nesse caso. Se o "ladrão arrependido" tivesse aprendido a conhecer a Cristo e a pedir o gracioso reconhecimento em seu reino vindouro, a garantia de resposta do Senhor transmitia não apenas o conforto de que sua oração foi atendida, mas o ensino das coisas espirituais que ele ainda não conhecia, e precisava muito saber. O "penitente" falou do futuro, Cristo falou do "hoje"; o penitente orou sobre aquele reino messiânico que estava por vir, Cristo assegurou-lhe a respeito do estado dos espíritos desencarnados, e transmitiu-lhe a promessa de que ele estaria lá na morada do bendito — "Paraíso" — e que por meio de si mesmo como o Messias: "Eu garanto: Hoje você estará comigo no paraíso". Assim, Cristo deu a ele o conhecimento espiritual que ele ainda não possuía, o ensino sobre o "hoje", a necessidade de graciosa admissão no Paraíso, e isso com e por meio de si mesmo — em outras palavras, a respeito do perdão dos pecados e da abertura do Reino dos Céus para todos os crentes. Este, como o primeiro e fundamental credo da alma, foi o primeiro e fundamental fato concernente ao Messias.[42]

---

[42] Edersheim, *Life and Times*, vol. 2, p. 600.

Várias horas se passaram. Edersheim rastreia os acontecimentos que ocorreram:

> Algumas horas — provavelmente duas — se passaram desde que Jesus foi pregado na cruz. Nós nos perguntamos como é que o apóstolo João, que nos relata alguns dos incidentes com tanta particularidade, e revela todos eles com a vívida percepção de uma testemunha ocular profundamente interessada, deve ter ficado em silêncio quanto aos outros — especialmente quanto àquelas horas de escárnio, bem como à conversão do ladrão penitente. Seu silêncio nos parece ter sido devido à sua ausência da cena. Nós nos separamos dele depois de seu relato detalhado da última cena antes de Pilatos. Pronunciada a sentença final, supomos que ele tenha corrido para a cidade, e conhecido cada um dos discípulos que pôde encontrar — mas especialmente aquelas mulheres fiéis e a virgem-mãe — com as cenas terríveis que haviam passado desde a noite anterior. De lá, ele retornou ao Gólgota, bem a tempo de testemunhar a crucificação, que ele novamente descreve com peculiar plenitude de detalhes. Quando o Salvador foi pregado na cruz, João parece ter voltado mais uma vez à cidade — desta vez, para trazer de volta com ele aquelas mulheres, em companhia das quais o encontramos agora perto da cruz. Um serviço mais delicado terno e amoroso do que esse não poderia ter sido prestado. Sozinho, longe de todos os discípulos, ele está lá — ele que não teve medo de estar perto de Cristo, no palácio do sumo sacerdote, diante de Pilatos e agora sob a cruz. E só ele presta a Cristo esse terno serviço de levar as mulheres e Maria à cruz, e a elas a proteção de sua orientação e companhia. Ele amava demais a Jesus; e era apropriado que à sua masculinidade e afeição fosse confiado o privilégio indizível dessa perigosa herança de Cristo.
>
> A narrativa deixa a impressão de que junto com o discípulo amado essas quatro mulheres estavam de pé junto à cruz: a mãe de Jesus, a irmã de sua mãe, Maria, esposa de Clopas, e Maria Madalena. Uma comparação com o que é relatado por Mateus e Marcos fornece outros detalhes importantes. Eles relatam apenas três mulheres, o nome da mãe de nosso Senhor foi omitido. Mas então deve ser lembrado que isso se refere a um período posterior na história da crucificação. Parece que João cumpriu à risca o mandamento do Senhor: "Aí está a sua mãe", e literalmente "daquela hora em diante" a levou para sua casa. Se estivermos certos nessa suposição, então, na ausência do apóstolo João — que tirou a virgem-mãe daquela cena de horror — as outras três

mulheres se afastariam, onde as encontramos no final, não "perto da cruz", como em João 19:25, mas "olhando de longe", e agora também acompanhadas por outros que amaram e seguiram a Cristo.

Notamos ainda que, omitido o nome da virgem-mãe, os outros três são os mesmos mencionados pelo apóstolo João; então, Maria de Clopas é agora descrita como "a mãe de Tiago e José", e a "irmã da mãe" de Cristo, como "Salomé" e "a mãe dos filhos de Zebedeu". Assim, Salomé, esposa de Zebedeu e mãe do apóstolo João, era irmã da Virgem, e o discípulo amado, primo (pelo lado materno) de Jesus e sobrinho da Virgem. Isso também ajuda a explicar por que o cuidado da mãe foi confiado a ele. Maria, a esposa de Clopas, também tinha certo parentesco com Jesus. Temos todos os motivos para considerar confiável uma narrativa que descreve Clopas como o irmão de José, o marido da Virgem. Assim, não apenas Salomé como irmã da Virgem, mas Maria também como esposa de Clopas, teria sido, em certo sentido, tia de Jesus, e os filhos dela, seus primos. E assim notamos entre os doze apóstolos cinco primos do Senhor: os dois filhos de Salomé e Zebedeu, e os três filhos de Alfeu ou Clopas e Maria: Tiago, Judas de sobrenome Lebeu e Tadeu, e Simão de sobrenome Zelote ou Cananeu.

Podemos agora, em alguma medida, entender os eventos. Quando o apóstolo João viu o Salvador pregado na cruz, ele foi à cidade e trouxe consigo para uma última despedida triste a Virgem, acompanhada por aqueles que, como mais intimamente ligados a ela, estariam naturalmente com ela: sua própria irmã Salomé, a cunhada de José e esposa (ou mais provavelmente viúva) de Clopas, e ela que, entre todas as outras, experimentou a maior parte de seu abençoado poder para salvar — Maria Madalena. Mais uma vez, marcamos com reverência sua calma divina de total esquecimento de si mesmo e sua consideração humana pelos outros. Enquanto estavam sob a cruz, Ele confiou sua mãe ao discípulo que amava e estabeleceu uma nova relação humana entre o discípulo e aquela que era mais próxima de si mesmo. E calma, séria e imediatamente aquele discípulo assumiu o sagrado encargo e trouxe aquela cuja alma a espada havia trespassado para fora da cena de indizível infortúnio para o abrigo de sua casa. E essa ausência temporária da cruz por parte de João pode ser responsável pela falta de todos os detalhes em sua narrativa até a cena final.[43]

---

[43] Ibid., p. 601-603.

O cuidado de Cristo por sua mãe é visto em sua terceira palavra na cruz. "[Ele] disse à sua mãe: 'Aí está o seu filho', e ao discípulo: 'Aí está a sua mãe'" (Jo 19:26). Mesmo que os irmãos de Jesus normalmente fossem responsáveis por cuidar de sua mãe, visto que eram descrentes, Cristo confiou a João o cuidado de sua mãe.

2. As três horas seguintes
Seção 180
Mateus 27:45-50; Marcos 15:33-37; Lucas 23:44, 46; João 19:28-30

A cena que deveria ter sido iluminada pelo brilho do sol do meio-dia estava envolta em trevas (Lc 23:45). Era como se a própria natureza soubesse do sofrimento de seu Criador. Da escuridão veio o brado: "'*Eloí, Eloí, lamá sabactâni?*', que significa 'Meu Deus! Meu Deus! Por que me abandonaste?'" (Mt 27:46).

> Essas palavras marcam o clímax do sofrimento de Cristo por causa de um mundo perdido. Aqui Ele bebeu até a última gota a taça da tristeza, agonia e dor por nós. Nessas horas em que o sol se recusou a brilhar sobre a divindade sofredora, Jesus encontrou a expressão adequada para seu sentimento de desolação nas palavras do salmista. Isaías deu um retrato vívido do Servo sofredor que seria "ferido por nossas transgressões". João Batista apontou Jesus como "o Cordeiro de Deus que tira o pecado coletivo de um mundo de pecadores". Ele deu a si mesmo como um "resgate por muitos" Aquele que não conheceu pecado, Deus o "fez pecado" por nós. Na cruz, Cristo se tornou uma "maldição por nós" e nos redimiu da maldição da lei. Somos "redimidos pelo precioso sangue de Cristo" derramado no Calvário. Ele deu a si mesmo como um "resgate por todos". Os escritores dos evangelhos deixam claro que Jesus "tinha um batismo para ser batizado com ele" e um "cálice para beber". Paulo e outros escritores das epístolas apresentam claramente o mesmo plano de redenção. Jesus teve de pagar o preço sozinho e provou a morte — a morte espiritual — por cada homem. A morte espiritual é uma comunhão quebrada. Jesus experimentou o sabor dessa comunhão quebrada, a primeira e a última que Ele experimentou — naquelas horas

desoladoras em que as trevas pairavam sobre a terra e sua alma. Essa é a razão pela qual Ele usou as palavras de espanto angustiado: "*Eloí, Eloí, lamá sabactâni?*" (hebraico) — "Meu Deus! Meu Deus! Por que me abandonaste?".[44]

O clamor de Cristo, "Por que me abandonaste?", testemunhou o fato de que Ele havia entrado em morte espiritual — separação de Deus como o substituto do pecador. Sua morte física logo se seguiria, pois Ele provou plenamente a morte por cada homem (Hb 2:9).

Alguns dos que ouviram Jesus clamar interpretaram de forma equivocada o nome aramaico *Eloí* como sendo Elias e concluíram que Jesus estava apelando ao profeta por ajuda. Embora Cristo não tenha apelado a Elias pedindo ajuda, Ele pediu algo para beber. O salmista (22:15) havia descrito graficamente a sede que vinha da forte febre que percorria o corpo de Cristo. Então, para que a Escritura se cumprisse, Cristo pediu de beber, dizendo: "Tenho sede" (Jo 19:28). Essa foi a quinta declaração de Cristo na cruz.

Do jarro de vinagre de vinho que estava próximo, alguém levou uma esponja aos lábios dele usando um caule de cardo.

> Jesus recebeu o vinagre com um propósito. Seus lábios e garganta ressecados não produziriam uma articulação clara até que estivessem umedecidos. Com seus sentidos agora revividos, Ele proferiu as palavras redentoras finais: "Está consumado!". A obra de redenção, que era o objetivo de sua vida terrena, havia sido concluída, e o plano de salvação, estabelecido. A profecia com referência ao Messias havia se cumprido, e o último sofrimento pelo pecado, suportado. Nada foi deixado por fazer ou por resolver. Foi um clamor de triunfo. Ele clamou em voz alta, não a expressão enfraquecida de alguém morrendo de exaustão física, mas de um conquistador em pleno vigor e vitória. Sua tarefa foi concluída.[45]

Ele proferiu suas palavras finais com um clamor alto e triunfante: "Está consumado" (Jo 19:30). Alguns sugeriram que esse clamor

---

[44] Shepard, *The Christ,* p. 602.
[45] Ibid., p. 603.

significou o fim de seus sofrimentos. Outros sugeriram que o clamor marcou o fim do tempo de encarnação de Cristo aqui na terra. Outros propuseram, visto que Cristo estava tão consciente das Escrituras proféticas que prediziam sua morte, que sua declaração se referia ao cumprimento de todas as profecias a respeito de sua morte. Embora essas observações sejam sem dúvida verdadeiras, a declaração de Cristo parece ter tido um significado muito maior. A palavra traduzida como "está consumado" (*tetelestai*) era usada nas transações comerciais gregas. O termo significava a conclusão de uma transação pelo pagamento total de um preço ou o cancelamento de uma dívida por um pagamento completo. Todo pecado incorre em uma dívida que o pecador tem para com Deus. A dívida deve ser paga antes que o pecador seja aceito por Deus. Cada animal sacrificado no Dia da Expiação em todo o Antigo Testamento constituía um reconhecimento da dívida (Hb 10:1-4). Por causa do sangue derramado que era aplicado na cobertura da arca, Deus em sua graça adiava a cobrança da dívida por mais doze meses. Ele fez isso em antecipação à vinda do Cordeiro de Deus, que tiraria o pecado com seu próprio sacrifício. Quando Cristo morreu, Ele tomou para si a dívida acumulada de uma raça pecadora e ofereceu a Deus um pagamento pelos pecados passados. Paulo se referiu a isso, dizendo: "Deus o ofereceu como sacrifício para propiciação mediante a fé, pelo seu sangue, demonstrando a sua justiça. Em sua tolerância, havia deixado impunes os pecados anteriormente cometidos" (Rm 3:25). A morte de Cristo pagou por todos os pecados da raça humana. Tendo feito esse pagamento, Cristo poderia dizer: "Está consumado" (Jo 19:30), ou "A dívida está totalmente paga". "Com isso, curvou a cabeça e entregou o espírito" (Jo 19:30). Ao fazê-lo, Cristo ofereceu uma oração final: "Pai, nas tuas mãos entrego o meu espírito" (Lc 23:46). Isso estava de acordo com a própria declaração de Cristo: "Por isso é que meu Pai me ama, porque eu dou a minha vida para retomá-la. Ninguém a tira de mim, mas eu a dou por minha espontânea vontade. Tenho autoridade para dá-la e para retomá-la. Esta ordem recebi de meu Pai" (Jo 10:17-18).

Cristo não morreu porque a vida lentamente vazou de suas veias. Sua vida não foi tirada dele. Cristo morreu porque por sua própria vontade separou sua alma de seu corpo. Cristo era soberano sobre sua morte, assim como era soberano sobre sua ressurreição.

3. Sinais que se seguiram
Seção 181
Mateus 27:51-56; Marcos 15:38-41; Lucas 23:45, 47-49

Vários fenômenos significativos ocorreram simultaneamente com a morte de Cristo. O primeiro

> [...] foi o rompimento do véu do Templo de alto a baixo. Esse véu, que tinha a espessura da largura de uma palma, tinha 18 metros de comprimento e 9 de largura, e separava o Lugar Santo do Lugar Santíssimo. Várias tentativas têm sido feitas para explicar esse estranho fenômeno em bases naturalísticas, como o terremoto, ou, como sugere o comentário de Jerônimo no Evangelho segundo os Hebreus, pela queda do enorme lintel do templo quebrado pelo terremoto. Contudo esse véu era de um tecido tão resistente e tão bem-preparado que não poderia ter sido rasgado em dois por um terremoto ou pela queda de um lintel. Mateus relaciona o fenômeno diretamente com a morte de Jesus, chamando a atenção para o fato de que foi rasgado "de alto a baixo" pela mão de Deus, abrindo assim o Lugar Santíssimo para todos os homens. Anteriormente, apenas o Sumo Sacerdote entrava no Lugar Santíssimo, e isso ocorria uma vez por ano no dia da Expiação, para ofertar em seu nome e em nome do povo. A tradição evangélica primitiva sustentou essa interpretação sobrenatural que é confirmada para nós pela epístola hebraica. Esse presságio significativo foi, sem dúvida, a explicação para o fato de que um grande número de sacerdotes se tornou cristão nos primeiros tempos apostólicos. O caminho está aberto agora para que todos os homens cheguem com ousadia ao trono da graça por meio da morte expiatória.[46]

Edersheim comenta sobre o rompimento do véu:

> O véu diante do Lugar Santíssimo tinha 40 côvados (18 metros) de comprimento e 20 (9 metros) de largura, da espessura da palma da mão, e formado por 72 quadrados, que eram unidos entre si; e esse véu era tão pesado que, na linguagem exagerada da época, eram necessários

---
[46] Ibid., p. 604.

300 sacerdotes para lidar com ele. Se o véu era como é descrito no Talmude, ele não poderia ter sido rasgado em dois por um mero terremoto ou pela queda do lintel, embora sua composição em quadrados amarrados possa explicar, como o rasgo pode ser conforme descrito no evangelho.[47]

Um segundo fenômeno ocorreu no reino da natureza.

Após o rompimento do véu, ocorreu um terremoto sobrenatural. É verdade que a Palestina experimentou ao longo da história vários distúrbios sísmicos. Em 31 a.C. houve um grande terremoto, e milhares de pessoas em distritos densamente povoados da Judeia foram soterrados sob as ruínas de suas próprias casas. Porém a coincidência exata do terremoto com a morte de Jesus é dificilmente concebível por motivos meramente naturais. A mão de Deus estava evidentemente no terremoto assim como nos fenômenos sobrenaturais que acompanharam o nascimento de Jesus, e por que não devemos dar crédito a isso tão prontamente quanto àqueles?[48]

A terra ficou sob a maldição do pecado de Adão (Gn 3:17). A criação deve ser libertada da escravidão (Rm 8:21). Foi a morte de Cristo que proporcionou a redenção da criação. O terremoto parece ser uma evidência de que a morte de Cristo foi um julgamento sobre o mundo para prover sua redenção. Esse terremoto não apenas partiu as rochas, mas também abriu muitos sepulcros (Mt 27:52).

Outros sinais acompanharam o terremoto. As rochas foram rasgadas e os sepulcros escavados na rocha foram abertos na hora de sua morte. Os santos de Jesus que acreditaram nele e adormeceram na morte antes de sua crucificação foram ressuscitados dos mortos e apareceram a muitos dos discípulos após a ressurreição, três dias mais tarde. Tal milagre da graça de Deus seria importante para mostrar aos discípulos que a ressurreição de Jesus não foi um fenômeno isolado, mas que Ele foi apenas as primícias da vitória sobre a morte.[49]

---
[47] Edersheim, *Life and Times,* vol. 2, p. 611.
[48] Shepard, *The Christ,* p. 604.
[49] Ibid., p. 605.

Embora ressuscitados na época da morte de Jesus, esses santos não apareceram em Jerusalém até depois da ressurreição de Cristo. Então eles apareceram para muitos. Eles teriam constituído uma parte do "sinal do profeta Jonas" que Cristo havia dito antes ser uma prova de sua pessoa (Mt 12:39, ACF). Não sabemos em que estado eles foram elevados. A probabilidade é que eles, como Lázaro, foram restaurados para morrer novamente a fim de se tornarem parte da primeira ressurreição na segunda vinda de Cristo.

A morte de Cristo e os fenômenos que a acompanham comoveram profundamente o centurião. Esse oficial romano estava encarregado de três grupos de soldados (cada grupo consistindo de quatro homens) que haviam sido enviados para executar os três criminosos. O centurião e seus soldados ficaram com medo. Talvez eles tenham ouvido a discussão diante de Pilatos, quando os judeus acusaram Cristo de afirmar ser o Filho de Deus (Jo 19:7). Eles também podem ter ouvido a polêmica que se seguiu diante de Pilatos a respeito da questão da pessoa de Cristo (v. 9-11). Eles parecem ter sabido que Cristo afirmava ser o Filho de Deus, pois em seu temor exclamaram: "Certamente ele era o Filho de Deus!" (Mt 27:54).

Embora não sejam pertinentes ao desenvolvimento dos eventos, certos problemas cronológicos devem ser considerados, os quais são de amplo interesse. Um deles é o dia da crucificação de Cristo.

Hoehner discute isso longamente (consulte o Apêndice, p. 823-834).

F. O sepultamento de Cristo

Seção 182

Mateus 27:57-61; Marcos 15:42-47; Lucas 23:50-56; João 19:31-42

Os líderes eram escrupulosos com os detalhes técnicos da lei. Consequentemente, eles desejavam evitar a contaminação que os cadáveres teriam trazido para a área. Por esse motivo, eles procuraram apressar a morte das vítimas da crucificação. Eles pediram permissão a Pilatos para quebrar as pernas dos três, a fim de aumentar seus sofrimentos e garantir a morte deles antes do pôr do sol, quando o sábado iria começar. Pilatos atendeu ao pedido, sem dúvida ansioso para se livrar de toda a embaraçosa situação o mais rápido possível. Assim, os soldados quebraram as pernas dos dois ladrões. Quando eles estavam prontos para fazer o mesmo com Jesus, descobriram que Ele já estava morto (Jo 19:33).

> Isso fornece mais evidências da singularidade da morte de Cristo. O Senhor Jesus e os dois ladrões foram crucificados juntos. Eles estiveram em suas respectivas cruzes pelo mesmo período de tempo. Mas agora, no final do dia, os dois ladrões ainda estavam vivos; pois, como é bem sabido, a execução por crucificação, embora extremamente dolorosa, costumava ser uma morte lenta. Nenhum membro vital do corpo foi afetado diretamente, e muitas vezes o sofredor permanecia vivo por dois ou três dias, antes de ser finalmente vencido pela exaustão. Não era natural, portanto, que Cristo estivesse morto depois de apenas seis horas na cruz — observe como "Pilatos ficou surpreso ao ouvir que ele já tinha morrido" (Mc 15:44). O pedido dos judeus a Pilatos mostra que eles não esperavam que os três morressem, a menos que a morte fosse apressada. No fato de que o Salvador já estava "morto" quando os soldados vieram a Ele, embora os dois ladrões ainda vivessem, temos uma demonstração adicional de que sua vida não foi "tirada dele", mas que Ele "entregou-a por si mesmo".
> [...] Essa foi a primeira prova de que o Filho de Deus realmente morreu. É totalmente impensável que carrascos treinados, como eram esses soldados romanos, cometessem qualquer erro em um assunto como esse. Pilatos havia ordenado que as pernas dos três fossem quebradas, e eles não ousariam desobedecer, a menos que estivessem absolutamente certos de que Cristo "já estava morto".[50]

Para ter certeza de que Cristo estava morto, um dos soldados furou o seu lado. Isso estava de acordo com a profecia (cf. Zc 12:10). Da perfuração "logo saiu sangue e água" (Jo 19:34). Hendriksen sugere que esse fluxo de sangue e água indicou a causa física da morte de Cristo:

> 1. A teoria do coração rompido (anterior ao golpe de lança) tem os seguintes pontos a seu favor:

---

[50] Arthur W. Pink, *Exposition of the Gospel of John,* vol. 3 (1945; reimpresso ed., 3 vols. in I, Grand Rapids: Zondervan, 1945), p. 248.

a. Ele leva muito a sério a profecia de Salmos 69:20 ("A zombaria partiu-me o coração"), e aceita o mesmo cumprimento literal dessa profecia que é comumente aceito com referência ao próximo versículo "Puseram fel na minha comida e para matar-me a sede deram-me vinagre".

b. Argumenta-se que essa teoria dá uma explicação razoável para o fluxo de sangue e água, o que outras teorias falham em fazer.

c. Essa teoria enfatiza a grandeza da agonia mental e espiritual de Cristo. Normalmente, a morte por crucificação pode não causar a ruptura do coração, mas não se tratava de uma morte comum. Esse sofredor suportou a ira de Deus contra o pecado. Ele sofreu a morte eterna, as dores do inferno!

2. Essa teoria tem os seguintes pontos fracos:

a. Não é mais do que uma possibilidade. Para elevá-la ao nível de probabilidade, teríamos de ter mais informações do que as fornecidas no evangelho. Então, por exemplo, não podemos sequer provar que o lado perfurado era o lado esquerdo.

b. Faltam descobertas *post mortem* com referência a indivíduos que morreram por crucificação. Mesmo se as tivéssemos, elas ainda não seriam capazes de mostrar o que poderia ter acontecido no caso desse sofredor singular.

c. Pode ter ocorrido um milagre ou 0haver outra maneira não milagrosa de relatar o fluxo de sangue e água. Simplesmente não sabemos.[51]

Pink observa o significado do sangue e água:

O sangue fluir de alguém que já estava morto, o sangue e a água fluírem juntos, embora separados, já seria claramente um milagre. A água e o sangue verteram para dar testemunho de que Deus nos deu a vida eterna, e que essa vida está em seu Filho (1Jo 5:8-12). [...] A água e o sangue são testemunhas de Deus para com o seu Filho e para a vida que os pecadores podem encontrar nele. Foi o pecado que o trespassou. A ação dos soldados foi uma amostra da inimizade do homem. Foi o tiro taciturno do inimigo derrotado após a batalha; tanto mais em voz alta se mostrou o ódio profundamente arraigado que há no coração do homem em relação a Deus e seu Cristo. Mas ele apenas desencadeia

---

[51] Hendriksen, *John,* vol. 3, p. 248-249.

as riquezas daquela graça que o encontrou e fluiu sobre ele; pois foi replicado pelo amor de Deus. A ponta da lança do soldado foi tocada pelo sangue! O fluxo carmesim saiu para limpar o pecado carmesim.[52]

Ao contrário dos discípulos que fugiram por medo dos judeus, dois homens corajosos agora se identificaram ousadamente com Jesus. A intenção de ambos era preparar um sepultamento para seu corpo. O primeiro desses homens foi José, que veio de Arimateia, talvez a uns 40 quilômetros de distância, na região montanhosa de Efraim. José era um conselheiro, ou seja, um integrante do Sinédrio. Ele era "membro de destaque do Sinédrio" (Mc 15:43). Por isso sabemos que sua palavra era tida em alta consideração não apenas pelo povo, mas também por seus colegas membros do conselho. O fato de ele ter colocado sua fé em Cristo é indicado pela revelação de que ele "também esperava o Reino de Deus" (Mc 15:42). Os outros evangelistas também afirmam que "José era discípulo de Jesus, mas o era secretamente, porque tinha medo dos judeus" (Jo 19:38; Mt 27:57). A palavra traduzida como "secretamente" pode ser traduzida como "em segredo" ou de forma escondida. Como foi possível notar, Cristo fez preparativos para todos os eventos associados à sua morte para que as Escrituras se cumprissem. Essa condição pode indicar que Jesus teria combinado com José os preparativos para seu sepultamento a fim de cumprir uma profecia do Antigo Testamento. A título de preparação, José conseguiu um espaço em um jardim adjacente ao local da crucificação; havia ali um novo túmulo. Ele havia combinado com um colega conselheiro, Nicodemos, o fornecimento das especiarias necessárias para um sepultamento adequado (Jo 19:39). José providenciou o pano de linho para envolver o corpo de Jesus (Mc 15:46). Portanto, antes da crucificação, tudo o que era necessário para o sepultamento havia sido providenciado. Pode ser que José tenha se escondido nos recessos do jardim, onde pôde testemunhar os eventos que ocorreram no Gólgota sem ser observado. No momento em que Cristo clamou: "Está consumado" (Jo 19:30), e desligou seu espírito de seu corpo, José estava pronto para prosseguir com o sepultamento. A pressa agora era necessária porque era fim de tarde e o pôr do sol traria o sábado.

---

[52] Pink, *Exposition*, p. 248.

Rejeição do Rei

O calor do clima no Oriente levou ao costume do sepultamento quase imediatamente após a morte, mas havia razões especiais para que o sepultamento de Jesus fosse apressado. Era a véspera do grande sábado de Páscoa, e nenhum cadáver deveria ser deixado sem sepultura para profanar a pureza cerimonial da Cidade Santa, naquele dia. Era necessário, portanto, que nosso Senhor fosse sepultado sem demora, pois o pôr do sol, quando o sábado começava, se aproximava rapidamente.

Corpos de criminosos judeus parecem ter sido enterrados com ignomínia, no vale de Hinom; conhecido, por essa razão, como o vale dos Cadáveres — em meio aos montes de poeira impura da cidade e as cinzas das miudezas queimadas dos sacrifícios do templo. Eles não podiam ser enterrados nos túmulos de seus pais — o cemitério comum da comunidade — pois os culpados não podiam ser enterrados com os justos, mas amontoados fora da vista — os decapitados, ou enforcados, em um local; o apedrejado e queimado em outro. Mas tal indignidade não ocorreria na forma sagrada do Salvador.[53]

Se José não tivesse sido movido para desempenhar esse piedoso ofício, era possível que o corpo do Senhor tivesse sido removido para um dos dois sepulcros comuns reservados para aqueles que sofriam a pena de morte.[54]

Tal sepultamento teria violado as Escrituras (Is 53:9).

Antes que José pudesse prosseguir, foi necessário obter a liberação do corpo por Pilatos, que ainda tinha o controle dos casos. José "foi ousadamente a Pilatos e pediu o corpo de Jesus" (Mc 15:43). A ousadia com que se dirigiu a Pilatos não indicava timidez de sua parte. Ao contrário, essa ousadia deu crédito à interpretação de João 19:38 que sugere que ele era um discípulo secreto para cumprir essa função específica. Incapaz de acreditar que Jesus já estava morto, Pilatos convocou o centurião encarregado da crucificação (Mc 15:44). Só depois que o centurião confirmou a morte de Cristo, Pilatos entregou o corpo a José, que estava acompanhado por Nicodemos (v. 39). Juntos, eles foram à cruz e removeram o corpo. Eles envolveram o corpo em um pano de linho (Mc 15:46) e então o levaram ao túmulo, onde "os dois o envolveram em faixas de linho, com as especiarias" (Jo 19:40).

---

[53] Geikie, *Life and Words,* vol. 2, p. 574-575.
[54] Ellicott, *Lectures,* p. 363, nota de rodapé.

Parece que o "limpo lençol de linho" em que o corpo foi envolto teria sido então rasgado em "panos" ou faixas, nas quais o corpo, membro por membro, foi "envolto", sem dúvida, entre camadas de mirra e aloés, a cabeça sendo enrolada em um pano. E então eles o colocaram para descansar no nicho do novo túmulo escavado na rocha.[55]

Perto do local da crucificação — se não uma parte real dele — situava-se um jardim pertencente a José de Arimateia, e em seu recinto ele fez com que um novo túmulo fosse escavado para si na rocha sólida, para que ele pudesse ser enterrado nos arredores da Cidade Santa. O túmulo nunca tinha sido usado, mas, apesar da terrível sacralidade que os judeus atribuíam a seus sepulcros escavados na rocha e do delicado escrúpulo com que se esquivavam de todo o contato com um cadáver, José nunca hesitou em dar pelo corpo de Jesus a última morada que ele havia projetado para seu próprio uso. Os preparativos, no entanto, tiveram de ser apressados, porque quando o sol se pusesse o sábado teria começado. Tudo o que eles podiam fazer, portanto, era lavar o cadáver, colocá-lo entre as especiarias, embrulhar a cabeça em um lenço branco, enrolar o linho fino em volta dos membros feridos e deitar o corpo reverentemente no nicho da rocha. Então, com o trabalho conjunto de vários homens, rolaram um *golel*, ou grande pedra, até a abertura horizontal; e mal conseguiram terminar quando o sol se pôs atrás das colinas de Jerusalém, o novo sábado teve início.[56]

Plummer descreve o sepulcro:

O sepulcro era provavelmente uma pequena câmara, ao longo de um lado da qual havia uma prateleira escavada na rocha, e nessa prateleira o corpo foi colocado. A "grande pedra" [...] estava sem dúvida pronta para uso. Eram essas pedras que formavam as portas dos túmulos, que eram caiadas de branco a cada primavera (23:27) para evitar que os transeuntes se tornassem cerimonialmente impuros. As pedras às vezes eram redondas e planas, como pedras de moinho, colocadas de pé contra a face da rocha em que a escavação fora feita. Elas poderiam

---

[55] Edersheim, *Life and Times*, vol. 2, p. 618.
[56] Farrar, *Life of Christ*, vol. 2, p. 429.

então ser facilmente roladas para frente e para trás, para abrir ou fechar a abertura.[57]

Edersheim acrescenta:

Ao saírem, rolaram, como era de costume, uma "grande pedra" — o *Golel* — para fechar a entrada do sepulcro, e provavelmente encostada nela para se apoiar, como era de costume, uma pedra menor — a chamada *Dopheq*. Seria onde uma pedra era colocada contra a outra, para que no dia seguinte, embora fosse sábado, as autoridades judaicas pudessem ter afixado o selo, de modo que a menor perturbação pudesse se tornar visível.[58]

Algumas mulheres da Galileia, entre as quais estavam "Maria Madalena e Maria, a mãe de José" (Mc 15:47), seguiram José e Nicodemos e observaram a preparação para o sepultamento (Lc 23:55). Depois que os dois homens completaram o seu trabalho, as mulheres voltaram para casa a fim de preparar especiarias adicionais com as quais se propunham ungir o corpo de Jesus depois do sábado.

G. O selamento do sepulcro
Seção 183
Mateus 27:62-66

Embora a decisão anterior do Sinédrio tivesse sido acelerada, foi considerado necessário convocar o conselho em uma sessão muito incomum no dia de sábado. Os judeus se lembraram de que Jesus havia predito sua ressurreição. Se Cristo tivesse ressuscitado dos mortos, esse evento provaria que a decisão deles estaria errada. Portanto, era necessário que eles dessem alguns passos para evitar isso. Então decidiram pedir a ajuda de Pilatos, e assim "os chefes dos sacerdotes e os fariseus dirigiram-se a Pilatos" (Mt 27:62).

---
[57] Plummer, *Matthew*, p. 407.
[58] Edersheim, *Life and Times*, vol. 2, p. 616.

Aqui temos seus inimigos ferrenhos perseguindo-o com hostilidade implacável, mesmo depois da morte vergonhosa e cruel a que eles o sujeitaram. Não iriam descansar até que tivessem tornado impossível para seus seguidores transformar sua morte em um ponto a favor de sua causa. E é notável que, [...] embora nenhum dos discípulos pareça ter encontrado qualquer conforto nas predições de Cristo de que Ele ressuscitaria, ainda assim os principais sacerdotes e os fariseus entenderam e se lembraram desse ponto, e estavam determinados que nenhum cumprimento aparente de tais predições deveria ser concretizado pelos discípulos.

"Era o Dia da Preparação, isto é, a véspera do sábado." [...] A preparação já havia se tornado um nome para a sexta-feira como véspera do sábado. Mateus usa o termo sem explicação, porém Marcos (15:42) diz aos seus leitores gentios o que o termo significa. Parece que Mateus empregou essa circunlocução para evitar o uso da palavra "sábado". Teria ele se esquivado de dizer com tantas palavras que esse miserável ato de hostilidade, por parte da hierarquia judaica contra o Messias, ocorreu no sábado? Meses antes, os fariseus foram movidos a tomar conselho para destruí-lo, porque Ele havia feito o bem no sábado (12:12-14); e agora eles não estavam tendo escrúpulos em fazer o mal no sábado. Não tendo dado nenhuma menção à Preparação ali, ele a nomeia aqui, e chama o sábado de o dia seguinte da Preparação. [...]

A delegação dirige-se ao Procurador com respeito: "Senhor (21:30), lembramos que (26:75)". E falam daquele a quem forçaram o procurador a crucificar com desprezível aborrecimento. Nem mesmo o nomeiam; usam um pronome que indica que Ele está longe deles, e um substantivo que o estigmatiza como um sedutor de o povo: "aquele impostor" comp. Jo 9:28; 2Jo 7. Eles citam suas palavras de uma maneira que sugere a confiança com que foram ditas: "Depois de três dias, ressuscitarei"... embora as palavras registradas tenham sido ditas em particular aos discípulos, podem ter sido repetidas até chegarem aos ouvidos de seus vigilantes inimigos. Os fariseus, tendo sugerido que o corpo poderia ser roubado, colocaram na boca dos discípulos a própria expressão que Herodes Antipas usou acerca de Jesus: que Ele era o Batista, o qual "ressuscitou dos mortos" (Mt14:2). "O último erro" significa "o último engano" ou "a última sedução", com referência direta a "aquele impostor" ou "sedutor". Os fariseus sabiam que deveriam usar suas considerações políticas para influenciar Pilatos.

Assim como eles acusaram Jesus de afirmar ser o Rei dos Judeus, embora não dissessem nada sobre sua afirmação de ser o Filho de Deus, então aqui eles querem dizer que, se os discípulos persuadissem as pessoas de que Jesus havia ressuscitado, eles poderiam causar um levante muito mais sério do que ocorrera na entrada triunfal, em consequência da persuasão de que Jesus era o Messias; comp. 12:45.

Os fariseus não determinam a Pilatos como o sepulcro deveria ser protegido, deixando isso por conta dele: e eles o encontraram mais disposto do que antes a ceder aos seus desejos. Ele havia tentado escapar da determinação deles de condenar Jesus à morte, mas não teve dificuldade em mandar guardar seu túmulo. No entanto, eles não eram visitantes bem-vindos. Ele já tinha visto a malignidade deles antes (17, 18), e sem dúvida ele percebeu isso agora. Ele os dispensou com um breve consentimento à sua sugestão. "Levem um destacamento", respondeu Pilatos. "Podem ir, e mantenham o sepulcro em segurança como acharem melhor." O fato de que suas palavras serem "levem um destacamento", em vez de "levem sua guarda", parece dar um sentido claro pelo fato de que a única guarda que eles tinham era a polícia do templo, e isso eles poderiam ter empregado sem ir ao procurador. Evidentemente, eles queriam algo que requeresse sua permissão; e foram os soldados romanos os encarregados de guardar o túmulo (28:12-15). [...]

O selamento da pedra parece ter sido ideia dos próprios fariseus. A hierarquia se sobrepôs nessas precauções. Tudo o que eles fizeram foi aumentar o número daqueles que poderiam dar testemunho acerca da Ressurreição. E essas testemunhas adicionais tiveram de ser subornadas para dar falso testemunho — de cujo resultado não temos ideia. Sabemos que a trama fracassou, mas não sabemos como se comportaram os soldados subornados. É evidente que o fato do suborno se tornou conhecido, a menos que presumamos que toda a história seja uma invenção cristã; e é mais provável que tenha se tornado conhecido por meio de alguns dos soldados do que por meio de qualquer membro do Sinédrio. Um soldado que confessasse que havia sido subornado provavelmente diria o que sabia a respeito das circunstâncias da Ressurreição. Mas alguns dos sacerdotes que foram convertidos após o Pentecostes (At 6:7) podem ter conhecido e divulgado a verdade sobre essa transação.[59]

---

[59] Plummer, *Matthew*, p. 408-411.

Toda precaução foi tomada para impedir o cumprimento do "sinal do profeta Jonas (Mt 12:39).

X
Ressurreição do Rei
Seções 184-198
A. A preparação das mulheres
Seção 184
Mateus 28:1; Marcos 16:1

Jesus foi enterrado pouco antes do pôr do sol na sexta-feira à tarde, permaneceu na sepultura durante o sábado e ressuscitou dos mortos algum tempo antes do nascer do sol na manhã de domingo. Os evangelhos registram sete vezes quando Ele disse que ressuscitaria dos mortos "no terceiro dia". Isso não poderia significar que seria após setenta e duas horas. O método de cálculo do tempo entre judeus, gregos e romanos faria com que os "três dias no sepulcro" compreendessem um dia central inteiro e qualquer parte de cada um dos outros dois dias.

Durante três dias após o sepultamento, os judeus tinham o costume de visitar o sepulcro para ver se a alma — que, segundo a tradição popular, pairava sobre o sepulcro — havia voltado ao corpo. Contudo os apóstolos sabiamente evitaram visitar o túmulo de Jesus e expor-se inutilmente à suspeita e fúria dos governantes determinados e triunfantes dos judeus, que ficariam contentes em fazer com eles o mesmo que haviam feito com Jesus.[1]

Os evangelhos registram uma multiplicidade de acontecimentos envolvendo muitas pessoas diferentes, todos ocorrendo em um período relativamente breve. Isso gerou confusão, aparente contradição e acusações quanto ao fato de os evangelhos não poderem ser conciliados e, portanto, os relatos não serem confiáveis. Será útil antes que os eventos sejam individualmente considerados buscar harmonizá-los e desenvolvê-los em

---
[1] Shepard, *The Christ*, p. 611.

uma sequência cronológica. Shepard (seguindo Westcott) oferece a seguinte sequência:

> A ordem dos eventos desse memorável domingo, o dia da ressurreição, é provavelmente a seguinte: o terremoto, seguido pela descida do anjo, a abertura do túmulo e a ressurreição (Mt 28:2-4). O grupo de mulheres reuniu-se e partiu para o túmulo "muito cedo", ainda na "madrugada", enquanto estava escuro. Maria Madalena, sendo uma jovem ágil, correu avidamente à frente e chegou primeiro ao túmulo, encontrando-o aberto. Imediatamente ela voltou pelo caminho mais próximo para informar Pedro e João desse fato (Jo 20:1). As outras mulheres completaram a caminhada de três quilômetros de Betânia até o sepulcro, chegando um pouco depois do nascer do sol (Mc 16:2). Um anjo apareceu de repente a elas e deu-lhes uma mensagem urgente para que entregassem aos discípulos (Mt 28:5; Mc 16:5s). Outro grupo de mulheres chegou um pouco mais tarde e viu "dois jovens" vestidos de branco no sepulcro e recebeu palavras de conforto e instrução (Lc 24:4). Por volta das 6h30, Pedro e João chegaram, este último correndo na frente (Jo 20:3-10). Maria Madalena, vindo um pouco depois, viu dois anjos (Jo 20:11-13). As outras mulheres voltaram para levar a mensagem aos outros apóstolos (Lc 24:10). Por volta das 7h, Jesus se revelou pela primeira vez a Maria de Magdala (Jo 20:14-18; Mc 16:9). Um pouco depois, Ele apareceu ao grupo de mulheres que voltavam ao sepulcro e as enviou com a ordem para os irmãos que fossem à Galileia (Mt 28:9). Por volta das 16h, Ele apareceu a Simão Pedro (Lc 24:34; 1Co15:5), e das 16h às 18h para Cléopas e seu companheiro no caminho para Emaús. Finalmente, à noite, provavelmente por volta das 20h, Ele apareceu aos Onze, (dez) e outros na sala com portas gradeadas. (Lc 24:36ss; Mc 16:14; Jo 29:19ss). Certamente esse foi um dia inesquecível para os discípulos. Isso fez um novo mundo para eles e para seus discípulos em todos os tempos subsequentes.[2]

A harmonização sugerida por Breen[3] pode ser resumida como segue:

---

[2] Ibid., p. 611-612.
[3] A. E. Breen, *A Harmonized Exposition of the Four Gospels,* vol. 4 (Rochester: John P. Smith, 1908), p. 597-608.

O grupo de mulheres, entre as quais estavam Maria Madalena, Maria, mãe de Tiago, Salomé e Joana, dirigiu-se ao túmulo para ungir o corpo de Jesus (Mt 28:1; Lc 24:1; Jo 20:1).

Elas discutem sobre o problema de remover a pedra...

[...] e chegam assim que o sol começa a nascer (Mc 16:3).

[A ressurreição]
O terremoto ocorre, o anjo desce, rola a pedra da entrada do sepulcro e se assenta nela. Os guardas ficam "como cadáveres" [mas são informados de que o corpo de Jesus não está mais no túmulo. O anjo vai para o sepulcro enquanto os homens ainda estão atordoados], mas então eles se recuperam e fogem para relatar o fato aos principais sacerdotes (Mt 28:2-4, 11-15).

As mulheres viram que a pedra havia sido removida do túmulo (Mc 16:4; (Lc 24:2), e Maria Madalena [presumindo que o corpo fora removido do túmulo] correu imediatamente para informar Pedro e o outro discípulo (Jo 20:1-2). O restante das mulheres então entrou no túmulo [olhando para o lugar onde o corpo deveria estar], não viram o corpo de Jesus e ficaram perplexas (Lc 24:4—23). Então, [de repente] elas avistaram um anjo sentado à direita [do lugar onde o corpo estava deitado], e ficaram maravilhadas (Mc 16:5). O anjo se levanta e, de repente, outro anjo aparece com ele, ambos, agora em trajes deslumbrantes que manifestam sua glória angelical, vêm e se põem ao lado das mulheres, fazendo com que elas reagissem com temor reverente (Lc 24:5; Mc 16:5). Um anjo, falando por ambos, anuncia que Jesus havia ressuscitado, e lhes envia uma mensagem para os discípulos, com uma nota especial direcionada a Pedro, para encontrá-lo na Galileia (Mt 28:5-7; Mc 16:6-7; Lc 24:5-8—23).

As mulheres, com uma mistura de emoções de medo e alegria, fugiram para relatar sua experiência aos discípulos, o medo [do ridículo ou da represália] as impediu de dizer qualquer coisa a alguém [no caminho] (Mt 28:8; Mc 16:8; Lc 24:9-10).

[As mulheres, entretanto, ainda estão indo ao encontro dos discípulos.] Jesus as encontra, acalma seu medo e reitera a mensagem dos anjos para encontrá-lo na Galileia (Mt 28:9-10).

Elas continuam sua jornada ao encontro dos discípulos e, chegando, contam-lhes sua experiência, mas os discípulos não acreditam nelas, considerando tudo o que elas estão dizendo era como "histórias tolas" [mesmo classificando a narrativa sobre ter visto Jesus como uma "visão de anjos"] (Lc 24:21-24).

[Enquanto as mulheres vão ao encontro dos discípulos] Maria se reporta a Pedro e ao outro discípulo e, como resultado, eles correm em direção ao túmulo com Maria logo atrás. Pedro chega ao túmulo antes do outro discípulo, ambos eventualmente entram, veem as roupas intactas na sepultura, mas não o corpo de Jesus (Lc 24:24). O outro discípulo acredita que Jesus ressuscitou, mas Pedro sai indeciso quando eles voltam para sua casa (Jo 20:4-10; Lc 24:12).

Os guardas chegam e relatam aos principais sacerdotes (Mt 28:11-15).

[Mais ou menos nessa hora] Maria retorna ao túmulo, permanecendo depois que os dois discípulos haviam saído, olha para dentro do túmulo, vê dois anjos sentados no lugar onde o corpo de Jesus estava deitado. Por fim, ela vê Jesus, que envia uma mensagem aos discípulos a respeito de sua ascensão (Jo 20:11-17).

Maria vai e conta aos discípulos sua experiência, mas eles não acreditam nas palavras dela (Jo 20:18; Mc 16:9-16).

Cléopas e seu companheiro seguem em direção a Emaús.

Jesus aparece a Pedro (Lc 24:34).

Jesus (disfarçado?) os encontra e os instrui nas Escrituras a respeito de si mesmo enquanto eles viajam para Emaús. Eles chegam no início da noite, momento em que, enquanto comia com eles, Jesus lhes revela sua identidade e imediatamente desaparece de sua vista (Lc 24:13-32; Mc 16:12).

Cléopas e seu companheiro partem imediatamente para a viagem de volta a Jerusalém. Chegando lá, eles encontram os discípulos e apóstolos (exceto Tomé) reunidos para a refeição, e são informados de que Jesus havia aparecido a Pedro. No entanto, quando Cleopas e seu amigo contaram aos discípulos que Jesus também havia aparecido a eles, os discípulos não acreditaram neles (Lc 24:33-35; Mc 16:13).

Enquanto eles estavam debatendo, Jesus apareceu de repente entre eles e os repreendeu por não crerem que Ele havia ressuscitado fisicamente. Ele comeu com eles para demonstrar que não era um espírito etc. (Lc 24:36-43; Mc 16:13).

Embora seja impossível dogmatizar sobre a cronologia dos eventos, o que foi dito anteriormente mostra que uma harmonização é possível. As dificuldades não anulam a precisão de um registro.

Os líderes religiosos haviam obtido permissão de Pilatos para colocar guardas ao redor do túmulo. Enquanto isso, os discípulos observaram o sábado em silêncio. Quando o sábado terminou (Mt 28:1; Mc 16:1), os discípulos começaram a se mover em direção ao túmulo. "Ao amanhecer do primeiro dia da semana, Maria Madalena e a outra Maria foram ver o túmulo" (Mt 28:1). Evidentemente, elas traziam as especiarias que haviam preparado (Lc 23:56; Mc 16:1) a fim de mostrar sua devoção a Cristo, ungindo seu corpo.

B. A abertura do sepulcro

Seção 185

Mateus 28:2-4

Na véspera de sua crucificação, o Filho pediu ao Pai que o glorificasse (Jo 17:1), ressuscitando-o dos mortos. No devido tempo, o Pai respondeu a essa oração do Filho. Isso se torna evidente pelo fato de que os evangelhos registram que o túmulo em que Jesus foi sepultado e então selado não foi aberto por meios naturais, mas por intervenção sobrenatural. "E eis que sobreveio um grande terremoto" (Mt 28:2). Um anjo do Senhor veio do céu, rolou a pedra da porta do túmulo e sentou-se sobre ela. O anjo rolou a pedra enquanto as primeiras mulheres se encaminhavam para o túmulo. O anjo era visível, pois "sua aparência era como um relâmpago, e suas vestes eram brancas como a neve" (v. 3). O mesmo tipo de glória revelado em Cristo na Transfiguração foi revelado por meio desses anjos (Lc 24:4). As únicas outras testemunhas dessa cena foram os guardas do templo, que estavam sob a autoridade do Sinédrio. Pilatos havia permitido que os guardas do templo ficassem junto ao túmulo (Mt 27:65). Os guardas ficaram com medo do brilho da glória dos anjos e ficaram petrificados. Embora os escritores dos evangelhos não tenham registrado os detalhes da Ressurreição, eles declararam explicitamente os eventos que a seguiram e os resultados da Ressurreição.

C. A visita das mulheres

Seção 186

Mateus 28:5-8; Marcos 16:2-8; Lucas 24:1-8; João 20:1

As mulheres levaram para o túmulo as especiarias que haviam preparado para ungir o corpo de Jesus. Elas estavam preocupadas em como poderiam entrar no sepúlcro, sabendo que a entrada havia sido fechada com uma enorme pedra. Elas eram incapazes de mover a pedra sozinhas e estavam discutindo onde poderiam encontrar ajuda (Mc 16:1). Quando chegaram ao túmulo "bem cedo ao nascer do sol" (v. 2), elas viram que a enorme pedra já havia sido removida. Elas intrepidamente entraram no túmulo. Ao fazê-lo, "viram um jovem vestido de roupas brancas assentado à direita" (v. 5). Ele era um de dois anjos (Lc 24:4). As roupas dos dois "brilhavam como a luz do sol". A descrição dos dois é idêntica à descrição paralela de um "anjo do Senhor" (Mt 28:2). Assim, fica evidente que eram anjos. Os dois se aproximaram das mulheres e "colocaram-se ao lado delas" (Lc 24:4). Como resultado, as mulheres ficaram apavoradas e se prostraram com o rosto no chão diante desses visitantes celestiais. A resposta das mulheres foi essencialmente a mesma dos guardas que viram um anjo do Senhor vir e rolar a pedra (Mt 28:2-4). Os anjos dissiparam o medo das mulheres, dizendo: "Não tenham medo", disse ele. "Vocês estão procurando Jesus, o Nazareno, que foi crucificado" (Mc 16:6). "Por que vocês estão procurando entre os mortos aquele que vive? Ele não está aqui! Ressuscitou!" (Lc 24:5-6). Os anjos lembraram às mulheres que quando Jesus estava com elas na Galileia, Ele previu não apenas sua traição e crucificação, mas também sua ressurreição no terceiro dia (v. 7). Embora as mulheres se lembrassem das palavras de Cristo, elas não entendiam o significado delas ou o significado do túmulo vazio. Um dos anjos ordenou-lhes que fossem anunciar aos discípulos e a Pedro que Cristo havia ressuscitado e os encontraria na Galileia (Mc 16:7). As mulheres deixaram o túmulo "tremendo e assustadas" (v. 8). Elas ficaram atordoadas em silêncio, pois a enormidade do evento as havia dominado.

D. O relatório dos discípulos
Seção 187
Lucas 24:9-12; João 20:2-10

Apesar de sua perplexidade, as mulheres foram até os apóstolos (Lc 24:1). Maria Madalena, a porta-voz do grupo, "então correu ao encontro de Simão Pedro e do outro discípulo, aquele a quem Jesus amava, e disse: 'Tiraram o Senhor do sepulcro, e não sabemos onde o colocaram'" (Jo 20:2). A partir disso, entendemos que, apesar do anúncio angelical de que Jesus Cristo havia ressuscitado e se encontraria com eles na Galileia, Maria não entendeu o significado da Ressurreição. Ela supôs que o corpo de Cristo havia sido transferido do túmulo para algum lugar desconhecido.

Com esse anúncio, Pedro e João foram para o túmulo. Eles correram em sua excitação. O anúncio das mulheres não convenceu os dois do fato de que Cristo havia ressuscitado; então eles foram investigar por si próprios. Sendo o mais jovem, João ultrapassou Pedro. O fato de João não ter esperado por Pedro indica a empolgação e perplexidade que tomou conta do coração daqueles homens. Olhando para dentro do túmulo, mesmo sem entrar, João viu claramente que não havia nenhum corpo, embora as tiras de linho que estavam ao redor do corpo de Cristo ainda estivessem lá (Jo 20:5). Então Pedro chegou e imediatamente foi para o túmulo. Pedro "viu as faixas de linho, bem como o lenço que estivera sobre a cabeça de Jesus. Ele estava dobrado à parte, separado das faixas de linho" (v. 6-7). O fato de as faixas de pano de linho não terem sido mexidas e de o lenço do sepultamento que estava ao redor da cabeça de Jesus estar cuidadosamente dobrado, por si só, era uma evidência de que o corpo não havia sido roubado. Os ladrões teriam deixado os panos do sepultamento em desordem no sepulcro ou, mais provavelmente, teriam levado o corpo embrulhado, sem deixar panos para trás. O estado dos panos indica ainda que não houve indevida pressa associada com a Ressurreição. Se houvesse, os panos não teriam sido colocados de lado tão bem dobrados. João seguiu Pedro, que primeiro entrou no túmulo. O próprio João agora "viu e creu" (Jo 20:8).

E. O aparecimento a Maria

Seção 188

Marcos 16:9-11; João 20:11-18

Depois de relatar o fato do túmulo vazio a Pedro e João, Maria Madalena voltou ao túmulo. Quando ela chegou, os dois discípulos já haviam voltado para casa; e então ela ficou junto ao túmulo chorando sozinha (Jo 20:11). Quando ela olhou para dentro do túmulo, "viu dois anjos vestidos de branco, sentados onde estivera o corpo de Jesus, um à cabeceira e o outro aos pés" (v. 12). Embora os anjos tivessem anunciado a ela em uma visita anterior que Jesus Cristo havia ressuscitado (Lc 24:5-6), Maria ainda não entendia. Agora, à luz do anúncio anterior, os anjos perguntaram a ela: "Mulher, por que você está chorando?" (Jo 20:13). Se ela tivesse acreditado na mensagem deles de que Jesus havia ressuscitado, não haveria necessidade de lágrimas. A resposta de Maria revelou sua interpretação do túmulo vazio. Ela disse: "Levaram embora o meu Senhor... e não sei onde o puseram". A essa declaração os anjos não responderam.

Quando Maria se afastou do túmulo, ela viu uma figura em pé diante dela. Por algum motivo, ela não reconheceu que Ele era Jesus (v. 14). Possivelmente seus olhos estivessem turvos de lágrimas ou talvez ela não o tivesse reconhecido por causa do fulgor dos anjos brilhantes. Seus ouvidos também estavam embotados. Jesus perguntou a ela: "Mulher, por que está chorando? Quem você está procurando?" (v. 15). Ela supôs que Ele fosse o jardineiro. Alguém como o jardineiro, conforme sua lógica, poderia ter removido o corpo de Jesus do túmulo; então ela perguntou onde o corpo tinha sido colocado. Maria sabia que Cristo havia sido condenado como criminoso. As autoridades acreditavam que o corpo de um criminoso profanaria o túmulo e impediria seu uso posterior. Portanto, Maria supôs que eles planejavam se livrar do corpo de Jesus pelo procedimento normal usado para o corpo de um criminoso. Isso seria mandá-lo para as fogueiras do vale da Geena. Maria desejava evitar tal decisão. Então Jesus a chamou pelo nome (Jo 20:16). Usando o conhecido termo aramaico com o qual sem dúvida se dirigia com frequência a Jesus, Maria respondeu: "Rabôni!" (que significa "Mestre"). E como Maria precisava da instrução dele naquele momento! A devoção de Maria a Cristo se expressou naturalmente em um abraço. O fato de que ela se agarrou tenazmente a Ele está implícito na palavra grega que Cristo usou quando disse: "Não me segure" (v. 17). Cristo não estava desprezando sua afeição ou negando seu desejo de uma renovação da comunhão com Ele que ela desfrutara anteriormente. O abraço de Maria revelou o desejo de continuar aquela doce comunhão. Ela pretendia evitar qualquer separação que interrompesse sua comunhão com Jesus. Maria buscou uma restauração do relacionamento que ela tinha antes da morte dele. A restauração de tal comunhão, no entanto, não era possível porque Cristo agora havia ressuscitado. Cristo não negou a possibilidade de comunhão dela mesmo como o Senhor ressuscitado, mas tal comunhão dependia de dois fatores — sua ascensão (v. 17) e a vinda do Espírito (16:7). Cristo tinha uma missão para Maria cumprir. Ela deveria ir aos "irmãos" de Jesus e dizer-lhes que Ele havia ressuscitado e que estava voltando para o Pai e Deus dele (20:17).

Com uma nova alegria que brota de sua compreensão do fato da Ressurreição, Maria dirigiu-se aos discípulos com a notícia de que ela havia visto o Senhor" (20:18).

F. O aparecimento às mulheres
Seção 189
Mateus 28:9-10

Algumas outras mulheres já haviam visitado o túmulo (seção 186). Elas receberam o anúncio de que Jesus havia ressuscitado e relataram a notícia aos discípulos. Agora elas estavam voltando para o túmulo. No caminho, Jesus as encontrou e as cumprimentou. Ao contrário de Maria Madalena, as outras mulheres o reconheceram imediatamente quando o viram e ouviram sua voz. Como Maria, elas demonstraram sua devoção prostrando-se. Eles "abraçaram-lhe os pés" e mostraram sua devoção, adorando-o (Mt 28:9). Cristo acalmou seus temores e então as comissionou, como havia comissionado Maria, a dizer aos discípulos que deveriam ir para a Galileia, onde Ele os encontraria (v. 10). Ao falar com Maria e com essas mulheres, Jesus referiu-se aos discípulos como "meus irmãos" (Jo 20:17; Mt 28:10). Isso indicava não só a relação espiritual a que esses homens foram introduzidos (cf. Mt 12:49-50), mas também o afeto que Cristo tinha por eles.

G. O relatório dos soldados
Seção 190
Mateus 28:11-15

Os guardas designados para proteger o sepulcro ficaram impressionados com a aparição do anjo do Senhor que veio para rolar a pedra (Mt 28:2-4). Alguns dos guardas se levantaram e correram para a cidade a fim de relatar o que acontecera aos principais sacerdotes, por cuja autoridade eles haviam sido designados para vigiar o túmulo. Os principais sacerdotes não questionaram a veracidade do relato de que o túmulo havia sido aberto e estava vazio; em vez disso, eles convocaram o Sinédrio (v. 12). Visto que tal evento exigia uma explicação, o Sinédrio subornou os soldados com uma grande soma de dinheiro. Os soldados deveriam dizer: "os discípulos dele vieram durante a noite e furtaram o corpo, enquanto estávamos dormindo" (v. 13). O desespero do Sinédrio pode ser visto claramente na explicação que foi oferecida. Essas testemunhas certamente não poderiam apoiar seu testemunho sobre o que havia acontecido, pois eles estavam dormindo. A história deles era, na melhor das hipóteses, apenas uma suposição. Uma grande quantia de dinheiro teria sido necessária para persuadir os guardas a cometerem perjúrio porque, se estivessem dormindo como declararam, eles poderiam ser executados pelo governador por abandono do dever. Apesar da óbvia fragilidade do testemunho e do perigo de vida, os guardas "receberam o dinheiro e fizeram como tinham sido instruídos" (v. 15). Assim, eles colocaram suas vidas nas mãos do Sinédrio. Tendo se comprometido com essa explicação, os líderes divulgaram a história amplamente em um esforço para explicar o fato da ressurreição de Cristo.

É importante notar que, enquanto os discípulos não acreditaram no relato da Ressurreição e buscaram sua confirmação, o Sinédrio acreditou no relato e buscou uma explicação para negá-lo.

H. O aparecimento a dois homens no caminho de Emaús

Seção 191

Marcos 16:12-13; Lucas 24:13-32

Em algum momento da tarde, dois discípulos estavam indo de Jerusalém para Emaús. Esses homens eram evidentemente crentes porque se referiam a Pedro e João como "nossos companheiros" (Lc 24:24). Não sabemos a identidade desses dois, embora tenha havido muita especulação sobre eles. O nome Cléopas (v. 18) era um nome grego. Esse homem pode ter sido um estrangeiro que tinha vindo a Jerusalém para a Páscoa e estava hospedado com um amigo desconhecido em Emaús. Quanto à localização dessa aldeia, tem havido muita consideração a respeito, mas nenhuma identificação positiva foi encontrada. Lucas disse que Emaús ficava a cerca de 11 quilômetros de Jerusalém (v. 13), o que seria uma caminhada de várias horas. Do conhecimento dos eventos que esses homens tiveram (v. 22-24), podemos concluir que eles partiram para Emaús depois que Pedro e João voltaram do túmulo e relataram o que tinham visto, e Maria

Madalena bem como as outras mulheres trouxeram a informação aos discípulos de que Jesus havia ressuscitado e aparecido para eles. Enquanto os dois viajavam em direção a Emaús, eles estavam conversando sobre todos os eventos que aconteceram durante a época da Páscoa. Visto que não tinham conhecimento do fato da Ressurreição, eles, como os outros discípulos, ficaram consternados e desesperados. Eles estavam procurando entender os eventos quando Jesus se aproximou e começou a andar com eles. Era costume que os viajantes que seguiam na mesma direção se juntassem para passar o tempo conversando enquanto caminhavam. Assim, os dois pensaram pouco no fato de um terceiro homem ter se juntado a eles. Não era intenção de Cristo revelar-se imediatamente, e assim eles "foram impedidos de reconhecê-lo" (Lc 24:16), evidentemente pelo próprio Cristo. O Senhor perguntou aos homens o que eles estavam discutindo, e eles ficaram tão incrédulos que pararam (v. 17). Eles supunham que toda Jerusalém estava preocupada com os eventos que aconteceram na Páscoa. Por certo, então, esse novo companheiro deveria certamente saber por que eles estavam tão abatidos! Havia certos fatos em que esses dois acreditavam. Primeiro, eles acreditavam que Jesus de Nazaré era um Profeta de Deus; segundo, eles acreditavam que a pessoa dele havia sido autenticada por suas palavras e obras (v. 19); terceiro, eles acreditavam que Jesus havia sido crucificado pelos sacerdotes e governantes da nação; quarto, eles acreditavam que Jesus "ia trazer a redenção a Israel" (v. 21). Ele deveria trazer a redenção do pecado e a libertação da escravidão aos gentios em cumprimento das alianças que Deus havia feito com Abraão e seus outros ancestrais. Finalmente, eles haviam recebido um relato de várias mulheres, bem como de dois dos apóstolos, que embora Cristo tivesse sido sepultado, seu túmulo estava vazio.

Essas foram as observações e interpretações de dois contemporâneos de Cristo que não tinham sido intimamente associados a Ele. Esses homens estavam evidentemente debatendo a mesma questão que Pedro disse que os profetas debateram quando escreveram sobre os sofrimentos de Cristo e as glórias que se seguiriam (1Pe 1:10-12). Os profetas não foram capazes de relacionar o sofrimento com a glória e a cruz com o trono. As gerações subsequentes em Israel não foram mais capazes de harmonizar o conflito. Cristo mostrou que deveria entrar em sua glória real por meio de seu sofrimento na cruz (Lc 24:26). Enquanto eles caminhavam,

Cristo abriu para eles as Escrituras de Moisés por meio dos profetas e mostrou-lhes o que as Escrituras tinham a dizer sobre Ele mesmo. Cristo harmonizou o conflito aparente interpretando as Escrituras para eles. Ao se aproximarem de Emaús, Cristo não buscou a hospitalidade como o costume daquela época permitiria, mas testou sua fé em sua Palavra ao aguardar um convite. A urgência do convite (v. 29) revelou que os dois aceitaram a interpretação de Cristo das Escrituras e explicação dele sobre a relação entre a cruz e o trono. Cristo aceitou o convite e decidiu ficar com eles, como lhe haviam exortado a fazer. Quando eles se assentaram para comer uma refeição, o estranho fez uma coisa incrível. Em vez de atuar como convidado, Ele assumiu o papel de anfitrião. Ele pegou o pão que, por ser essa a época da Páscoa, seria pão sem fermento e deu graças por isso. Então Ele partiu o pão e o passou para eles. A cegueira que havia sido imposta na mente deles e que os impedia de reconhecê-lo foi removida (v. 16). Eles reconheceram aquele com quem haviam caminhado e conversado, como aquele que interpretou as Escrituras e lhes deu entendimento naquilo que mistificava os rabinos. Ele era o Cristo ressurreto!

Cristo os deixou imediatamente. Agora eles podiam entender por que seu coração ardia ao ouvi-lo interpretar as Escrituras na estrada de Emaús. Esses homens confessaram o mesmo que os guardas do templo enviados pelos líderes para prender Jesus relataram: "Ninguém nunca falou como este homem" (Jo 7:46).

I. O relato de dois dos discípulos

Seção 192

Lucas 24:33-35

Apesar de já estar escuro, período em que os homens normalmente não viajavam, e de Jerusalém estar a várias horas de distância, os dois saíram da casa e voltaram imediatamente para Jerusalém. Eles se sentiram compelidos a compartilhar a notícia de que Jesus havia ressuscitado. Eles encontraram os Onze e um grupo de cristão com eles que os saudaram com as palavras: "É verdade! O Senhor ressuscitou e apareceu a Simão" (Lc 24:34). Além da referência de Paulo em 1Coríntios 15:5, não há nenhum outro registro da aparição após a ressurreição de Cristo a Pedro. Os dois confirmaram o testemunho de Pedro e das mulheres de que Cristo ressuscitou. Eles relataram o que havia acontecido enquanto caminhavam em direção a Emaús e como reconheceram Jesus quando Ele partiu o pão com eles à mesa. Agora, a incredulidade, com a tristeza e o medo resultantes, deu lugar à alegria da fé na ressurreição de Cristo.

J. O aparecimento aos Dez
Seção 193
Marcos 16:14; Lucas 24:36-43; João 20:19-25

Os apóstolos, em companhia de outros cristãos, haviam se refugiado atrás de portas trancadas por medo dos judeus (Jo 20:19). Tais medidas de segurança, no entanto, não impediram o aparecimento de Cristo em seu meio, pois Ele se materializou diante deles. Como tantas vezes fizera antes, quando os apóstolos estavam angustiados, Ele falou sobre paz para eles (Lc 24:36). Sua aparência os aterrorizou. Eles não tinham noção da natureza de um corpo ressuscitado e supuseram que estavam vendo um fantasma. Cristo os tranquilizou, demonstrando que possuía um corpo material e que, de fato, deveria ser identificado com o corpo que Ele possuía antes de sua morte, embora fosse agora um corpo glorificado. Ele mostrou a eles as feridas em suas mãos e pés. A presença das feridas mostrou que Ele não tinha outro corpo, mas o mesmo corpo. O fato de que Ele convidou os discípulos a tocá-lo mostra que seu corpo ressurreto era um corpo material. Além disso, Ele pediu comida para demonstrar que não era um espírito desencarnado aparecendo em forma humana. Eles lhe deram um pedaço de peixe grelhado que Ele pegou e comeu na presença deles (Lc 24:42). Tomé estava ausente da sala quando Cristo apareceu aos Dez. Em seu retorno, ele foi saudado com as boas novas de que Cristo havia aparecido para eles ali. Tomé recusou-se a acreditar, dizendo: "Se eu não vir as marcas dos pregos nas suas mãos, não colocar o meu dedo onde estavam os pregos e não puser a minha mão no seu lado, não crerei" (Jo 20:25). Esse Tomé não era diferente dos outros apóstolos antes de verem o Cristo ressuscitado. Eles, como Tomé, não acreditaram. "Quando ouviram que Jesus estava vivo e fora visto por ela, não creram" (Mc 16:11). "Eles voltaram e relataram isso aos outros; mas também nestes eles não creram" (v. 13). "Mais tarde Jesus apareceu aos Onze enquanto eles comiam; censurou-lhes a incredulidade e a dureza de coração, porque não acreditaram nos que o tinham visto depois de ressurreto" (v. 14). As mulheres "contaram estas coisas aos apóstolos [...]. Mas eles não acreditaram nas mulheres; as palavras delas lhes pareciam loucura" (Lc 24:10-11). Nenhum dos Onze esperava que Jesus ressuscitasse dos mortos. Os Dez foram trazidos à fé na Ressurreição por uma aparição de Cristo. Até que Tomé tivesse a mesma confirmação, ele não acreditaria.

K. O aparecimento aos Onze
Seção 194
João 20:26-31

Em obediência ao mandamento de Cristo, os apóstolos permaneceram em Jerusalém (Lc 24:49). Por medo dos judeus, eles se esconderam atrás de portas com grades (Jo 20:26). Uma semana após o aparecimento de Cristo aos Dez, Ele apareceu novamente na mesma sala com as mesmas palavras de conforto, dizendo: "Paz seja com vocês!". Nessa ocasião Tomé estava presente. Sabendo da contínua incredulidade de Tomé, Cristo o convidou como havia anteriormente acenado para os Dez, dizendo: "Coloque o seu dedo aqui; veja as minhas mãos. Estenda a mão e coloque-a no meu lado" (v. 27). Sem dúvida, a discussão durante a semana foi centrada em torno da ressurreição de Cristo. Tomé não havia sido convencido pelo testemunho dos dois, das mulheres, ou dos Dez. Agora Cristo o convidou a confirmar por si mesmo o fato de que ressuscitou dos mortos no mesmo corpo em que havia morrido. Cristo ainda lhe ordenou: "Pare de duvidar e creia". Não há registro de que Tomé realmente tenha tocado o corpo de Cristo nessa época. Esse toque dificilmente teria sido necessário. O aparecimento de Cristo foi em si mesmo uma validação do fato de sua ressurreição, de modo que Tomé parou de duvidar e creu. Ele confessou Jesus como "Senhor meu e Deus meu!" (v. 28).

Tomé juntou-se agora aos enviados para declarar a mensagem do perdão dos pecados. Essa mensagem seria pregada a todas as nações (Lc 24:47). Tomé foi levado à fé na Ressurreição pelo aparecimento pessoal de Cristo, e a bênção seria pronunciada sobre ele porque ele havia acreditado (Jo 20:29). Multidões seriam levadas à fé em Cristo pelo relato dessas testemunhas. Eles acreditariam na palavra dos apóstolos sem ter a evidência de uma aparição pessoal de Cristo. O Mestre pronunciou bênçãos sobre aqueles que cressem independentemente de sua aparência.

João incluiu a Ressurreição entre os milagres de Cristo que autenticaram sua pessoa e sua palavra. Quando João disse: "Jesus realizou na presença dos seus discípulos muitos outros sinais milagrosos" (v. 30), Ele usou uma palavra grega para "outros" que significava algo diferente da Ressurreição. Os sinais foram dados para autenticar a pessoa, palavra e obra de Cristo. A ressurreição na mente de João foi o sinal culminante que autenticou a pessoa e a obra de Cristo. O propósito de João ao registrar os sinais era levar os homens à fé pessoal de que "Jesus é o Cristo, o Filho de Deus", para que "crendo tenham vida em seu nome" (v. 30).

L. O aparecimento a sete discípulos
Seção 195
João 21:1-25

Cristo apareceu aos discípulos pela terceira vez nas praias da Galileia. Por meio das mulheres, Ele ordenou aos discípulos que fossem para a Galileia, onde Ele os encontraria (Mt 28:10). A ordem de permanecer em Jerusalém (Lc 24:49) evidentemente não os impediu de fazer uma viagem até a Galileia, sendo que apenas se tratava de uma saída temporária. A cidade de Jerusalém seria o centro de suas atividades nos dias seguintes. Sete discípulos estavam reunidos à beira-mar (Jo 21:2). Naquela ocasião, Pedro convidou seus companheiros para pescarem com ele. Eles passaram a noite em uma atividade que era familiar para muitos deles, mas não pescaram nada. Ao amanhecer, Jesus apareceu na costa enquanto eles ainda estavam a 100 metros da praia, no barco. O Mestre gritou para eles, perguntando se haviam pescado algum peixe. Eles tiveram de admitir que não. Ele então ordenou que baixassem a rede do lado direito do barco, prometendo que lá encontrariam peixes. Cumprindo a ordem de Cristo, eles cercaram um número tão grande de peixes com sua rede que os homens no barco não conseguiam puxar a rede, pois era muito pesada para eles. João então disse a Pedro que aquele que havia falado com eles era o Senhor. Pedro respondeu imediatamente, envolvendo-se em sua vestimenta e pulando na água. Pedro estava tão ansioso para ir à presença do Senhor que não esperou o barco chegar à costa. O barco foi desacelerado pelo peso da rede cheia de peixes que estava arrastando. Pedro nadou até a praia. Quando o barco parou, os discípulos descobriram que Cristo havia providenciado uma refeição de peixe grelhado e pão. Os homens estavam tão ansiosos para estar com Jesus que teriam abandonado a rede cheia de peixes se Cristo não lhes tivesse ordenado que trouxessem os peixes para a praia. Pedro voltou-se para o trabalho que tinha em mãos e arrastou a rede com 153 peixes. Esses pescadores notaram o fato de que a rede não havia se rompido com tanto peso. Jesus então os convidou para comerem com Ele. Como Cristo havia feito na casa em Emaús, naquele momento Ele procedeu da mesma forma. Como Mestre, Ele pegou o pão e o peixe e deu-lhes para comer. Aquele que lhes havia provido durante seu tempo com eles antes da crucificação havia prometido no cenáculo que continuaria a prover para eles; e essa refeição consubstanciava a promessa de Cristo de que Ele supriria todas as necessidades deles. Os discípulos pensaram que a morte de Cristo encerraria o cuidado dele por eles; agora tinham uma demonstração do cuidado contínuo de Cristo. Aqueles que temiam que sua morte encerrasse sua comunhão com o Senhor, agora desfrutavam de uma doce comunhão enquanto comiam o que o Mestre lhes havia providenciado.

Depois que Cristo e os discípulos compartilharam o que deve ter sido uma refeição deliciosa, Cristo voltou-se para Pedro. Não temos conhecimento do que se passou entre eles quando Jesus apareceu pela primeira vez a Pedro (Lc 24:34). Se Pedro precisava buscar perdão e restauração à comunhão por causa de sua tripla negação, isso teria ocorrido em particular naquela ocasião, e não ali na presença de testemunhas. Cristo agora estava sondando as profundezas do coração de Pedro ao novamente comissioná-lo como seu subpastor. Quando Cristo perguntou a Pedro: "Simão, filho de João, você me ama mais do que estes?" (Jo 21:15), o Senhor não estava contrastando o amor de Pedro por si mesmo com suas redes e barcos. Para ele, fazer isso não seria natural. Em vez disso, a expressão "estes" estaria comparando o amor de Pedro com o amor dos seis outros que estavam com eles naquela ocasião. Pedro havia se gabado anteriormente de que permaneceria ao lado de Cristo, embora todos os demais o tivessem abandonado (Mc 14:29). O único que parece não o ter abandonado foi João, em cujas mãos Cristo entregou sua mãe na cruz. Pedro imediatamente afirmou seu amor, dizendo: "Sim, Senhor, tu sabes que te amo" (Jo 21:15). Pedro não comparou seu amor com o dos outros. Talvez agora tenha desconfiado de si mesmo, porque, tendo afirmado sua lealdade anteriormente, ele havia abandonado Cristo e, consequentemente, tinha medo de comparar seu amor com o dos outros. Ele insistiu, apesar de sua conduta anterior, que amava a Cristo e que Ele sabia de seu amor. Deve-se observar que Pedro não usou o mesmo verbo grego para amar que Cristo havia usado. A palavra usada por Cristo (*agapaō*) referia-se ao amor que se origina na vontade. É o amor altruísta que responde à necessidade de quem está sendo amado, independentemente de qualquer envolvimento necessário das emoções. Esse amor caracteriza o amor de Deus. A palavra com que Pedro respondeu (*phileō*) descrevia um amor surgido nas emoções e respondia ao que era atraente ou agradava ou trazia satisfação a quem amava dessa forma. Cristo, portanto, perguntou a Pedro se ele o amava com o amor abnegado com que ele foi amado por Cristo como resultado da decisão de sua vontade. Pedro respondeu que amava a Cristo com toda a emoção que seu coração humano era capaz de exercer. Pedro amava a Cristo porque Ele era muito atraente para ele. Como resultado da declaração de Pedro, Cristo disse: "Cuide dos meus cordeiros" (Jo 21:15). Cristo novamente fez a Pedro a mesma pergunta, usando as mesmas palavras (v. 16). Pedro respondeu outra vez com o uso das mesmas palavras. Jesus então ordenou: "Pastoreie as minhas ovelhas". A palavra grega traduzida por "cuidar" representa o trabalho total do pastor para prover as necessidades das ovelhas. Pedro usou a mesma palavra ao escrever aos anciãos quando os exortou pastorear o rebanho (1Pe 5:2). Cristo dirigiu a pergunta a Pedro uma terceira vez, desta vez usando a palavra de amor que Pedro havia usado (Jo 21:17). Pedro já havia declarado seu fervente amor a Cristo duas vezes. Ele ficou magoado porque Cristo lhe fez a mesma pergunta mais uma vez. Não foi o fato de Cristo ter usado a própria palavra de Pedro para se referir ao amor que o magoou. Ao contrário, foi o fato de que Cristo achou necessário fazer a mesma pergunta uma terceira vez, como se Ele duvidasse da afirmação imediata de Pedro sobre seu afetuoso amor. Pedro respondeu: "Senhor, tu sabes todas as coisas e sabes que te amo" (v. 17). Se a dor de Pedro viesse da mudança de palavras de nosso Senhor, Pedro sem dúvida teria usado a palavra para amor que o Senhor originalmente usou ao questioná-lo. O fato de Pedro usar a mesma palavra indica que ele estava satisfeito, por meio dessa expressão, de estar transmitindo o calor e a profundidade de sua afeição por Cristo e sua disposição de se sacrificar por Cristo e de se entregar ao ministério de pastor. Cristo pareceu satisfeito, pois respondeu: "Cuide das minhas ovelhas" (v. 17). Ao comissionar Pedro e os outros discípulos como suas testemunhas (15:16), Cristo lhes informou sobre a recepção que eles poderiam esperar (15:18-23; 16:1-2). Então, mais uma vez, Cristo falou a Pedro sobre os sofrimentos que estariam envolvidos em seu compromisso com o seu serviço (21:18-19). As palavras de Cristo indicavam duas coisas: em primeiro lugar, o ministério de Pedro se estenderia por um período de tempo considerável. Apesar do antagonismo dos judeus que procuravam matar os apóstolos, Pedro viveria até uma idade avançada em que teria de depender de outros para vesti-lo e oferecer um braço no qual pudesse se apoiar. Em segundo lugar, as palavras de Cristo significavam que nos anos avançados de Pedro ele seria crucificado.

Depois dessa advertência, Cristo deu a Pedro uma comissão final, dizendo: "Siga-me!" (v. 19). A curiosidade natural de Pedro o dominou. Cristo havia separado Pedro para uma vida de serviço para Ele que seria encerrada na sua morte por crucificação, e Pedro havia expressado a disposição de segui-lo, mesmo que isso envolvesse a morte. Agora, no entanto, Pedro queria saber o que estava por vir para João. A vontade de Cristo para João envolveria um longo ministério e eventual morte como aconteceria com ele? Então, quando Pedro viu João, ele perguntou: "Senhor, e quanto a ele?" (v. 21). Cristo não revelou a Pedro sua vontade para João. Pedro deveria seguir a Cristo e se submeter à vontade dele, embora isso certamente envolveria sofrimento. Se João fosse poupado do sofrimento e eventual morte por crucificação na vontade de Cristo, isso não era motivo para impedir Pedro de seguir a Cristo. Portanto, Cristo disse a Pedro uma segunda vez: "Quanto a você, siga-me!" (v. 22). Essas palavras não foram uma revelação da vontade de Cristo para João, embora fossem assim entendidas pelos apóstolos (v. 23). Ao contrário, tais palavras eram uma indicação da vontade de Cristo para Pedro.

Cristo havia dito anteriormente: "Se alguém quiser acompanhar-me, negue-se a si mesmo, tome diariamente a sua cruz e siga-me. Pois quem quiser salvar a sua vida a perderá; mas quem perder a sua vida por minha causa, este a salvará" (Lc 9:23-24). Pedro fugiu do local da crucificação porque queria salvar a sua vida. Agora Cristo tinha revelado a Pedro que era sua vontade que ele morresse por Ele. Cristo convidou Pedro a se submeter a Ele e a aceitar sua vontade. A submissão de Pedro à vontade de Cristo provaria a genuinidade de seu compromisso com o Mestre, não o que havia acontecido durante o julgamento. João encerrou seu evangelho com uma anotação de que o seu registro das atividades de Jesus era apenas uma pequena parte do que poderia ter sido escrito. O que havia sido relatado já seria suficiente para persuadir os homens de que "Jesus é o Cristo, o Filho de Deus e, crendo, tenham vida em seu nome" (Jo 20:30).

M. A comissão aos discípulos
Seção 196
Mateus 28:16-20; Marcos 16:15-18

Os sete a quem Cristo se revelou na costa da Galileia estavam naquele momento acompanhados pelos discípulos que estavam ausentes na ocasião anterior. Eles foram a um encontro marcado nas montanhas. Lá Jesus se juntou a eles e quando chegou "eles o adoraram" (Mt 28:16). Apesar da reverência e devoção expressas por meio de sua adoração, "alguns duvidaram" (v. 17). Essa dúvida não dizia respeito à pessoa de Cristo. Nem se relacionava com a Ressurreição em que esses homens por tanto tempo não acreditaram, mas agora passaram a acreditar. A dúvida se relacionava com o que estava por vir para os discípulos. Cristo disse que os escolheu para ir e dar frutos (Jo 15:16). Em sua oração sacerdotal, a qual eles ouviram, o Mestre disse que os estava enviando ao mundo com o mesmo propósito que o Pai o havia enviado ao mundo (17:18); ou seja, para tornar conhecido o Pai. Ele os havia prevenido dos perigos que enfrentariam (16:1-2) e da dura recepção da qual seriam vítimas (15:18-25). Mais recentemente, Ele havia pedido a eles que não começassem seu ministério até que o Espírito Santo lhes fosse dado (Lc 24:49). Para dissipar essa dúvida, Cristo deu uma comissão aos Onze. A razão que Ele usou para dizer que era capaz de comissionar os discípulos a sair como suas testemunhas para representá-lo foi que Ele havia recebido "toda a autoridade nos céus e na terra" (Mt 28:18). Ele poderia conferir autoridade a eles por causa da autoridade que o Pai lhe havia confiado. Ele poderia exercer sua autoridade autorizando-os a fazer "discípulos de todas as nações" (v. 19). Os homens se tornam discípulos, primeiro, por ouvir a Palavra; segundo, por crer na Palavra; e, terceiro, por se submeter à Palavra. Esses homens, então, deveriam fazer discípulos pregando a Palavra que Cristo lhes havia entregado, persuadindo as pessoas a aceitar a Palavra que haviam pregado e, então, exortando aqueles que cressem a se submeter à autoridade da Palavra em sua vida. Aqueles que se tornaram discípulos foram os que acreditaram na Palavra e se comprometeram com ela. Os Onze deveriam batizar os conversos "em nome do Pai e do Filho e do Espírito Santo" (v. 19). Esse batismo com água deveria ser um sinal externo de fé em Cristo e de submissão à sua Palavra. Quando Marcos escreveu: "Quem crer e for batizado será salvo" (16:16), ele não quis dizer que a salvação depende do batismo nas águas. O batismo nas águas está subordinado à crença e é apenas um sinal externo da fé interior que salva. Isso é verdade pelo fato de que Marcos não disse que a falta de batismo com água causaria condenação, mas sim que a falta de fé impediria a salvação (v. 16). O batismo de que Cristo falou foi único e não deve ser identificado com o batismo de João. Os discípulos de Cristo deveriam ser batizados "em nome do Pai e do Filho e do Espírito Santo" (Mt 28:19). O batismo dos discípulos os identificaria com o Deus triúno. Os batizados deveriam ser ensinados a "obedecer a tudo o que eu ordenei a vocês" (v. 20). Cristo já havia declarado que a obediência era um teste de discipulado (Jo 8:31). Cristo não apenas autorizou os apóstolos a pregar sua palavra, mas também lhes deu autoridade para realizar os milagres que Ele havia realizado para autenticar seu ministério e mensagem. Quando Cristo enviou esses homens como testemunhas a Israel (Mt 10:1), Ele lhes deu autoridade para realizar os sinais que Ele mesmo havia feito. Agora que Ele os estava autorizando a ir como suas testemunhas, Cristo conferiu o mesmo poder sobre eles novamente. Os sinais que eles fariam agora seriam ainda maiores do que aqueles que eles haviam feito anteriormente (Mc 16:17-18). O livro de Atos contém o registro de como os apóstolos exerceram essa autoridade. A mesma autoridade foi exercida pelo apóstolo Paulo. Ele se referiu aos milagres que realizou como sinais que autenticaram seu apostolado (2Co 12:12). É relevante notar que a autorização para realizar milagres não foi confiada a todos os cristãos, mas aos apóstolos; portanto, Paulo se referiu a eles como os sinais de um apóstolo.

Cristo havia previamente prometido a esses homens a quem havia escolhido a assistência do Espírito Santo no desempenho de seu ministério (Jo 15:26-27). Ele agora prometeu a eles sua ajuda também, dizendo: "E eu estarei sempre com vocês, até o fim dos tempos" (Mt 28:20).

N. A comissão final

Seção 197

Lucas 24:44-49

Depois do tempo passado com os apóstolos na Galileia, nosso Senhor voltou com eles para Jerusalém. Lucas registrou uma comissão final que Cristo deu a eles após esse retorno. Sem dúvida, Cristo se encontrou com os Onze em muitas ocasiões entre a Ressurreição e a Ascensão. Não foram apenas momentos de comunhão, mas principalmente de instrução. Cristo resumiu suas instruções nesse intervalo, dizendo: "Foi isso que eu falei enquanto ainda estava com vocês: Era necessário que se cumprisse tudo o que a meu respeito está escrito na Lei de Moisés, nos Profetas e nos Salmos" (Lc 24:44). Assim como Cristo explicou e interpretou as Escrituras do Antigo Testamento para os dois na estrada de Emaús, nesse intervalo Cristo fez o mesmo pelos Onze. A fim de permitir que os discípulos se apropriassem de suas instruções, Cristo "abriu suas mentes para que eles pudessem entender as Escrituras" (v. 45).

O mesmo que Cristo havia prometido sobre a obra do Espírito por eles quando Ele viesse (Jo 16:12), Cristo agora fez após sua ressurreição. Ele resumiu o que o Antigo Testamento tinha a ensinar: primeiro, sua morte; segundo, sua ressurreição; terceiro, que o arrependimento e o perdão dos pecados seriam proclamados em todo o mundo em seu nome como resultado de sua morte e ressurreição (Lc 24:46). Esses homens já haviam sido apontados como testemunhas da morte e ressurreição de Cristo e da disponibilidade da salvação por meio de Cristo. Agora Ele reiterou sua promessa de que o Espírito viria (Lc 24:49). O Espírito testificaria junto com eles dessas verdades (Jo 16:12-15). Mesmo que eles agora entendessem as verdades que deveriam proclamar, eles foram orientados a adiar seu ministério e permanecer em Jerusalém até que o Espírito Santo viesse sobre eles (Lc 24:49).

Em antecipação da vinda do Espírito e para certificar o cumprimento dessa promessa, Cristo "soprou sobre eles e disse: 'Recebei o Espírito Santo'" (Jo 20:22). Embora o Espírito Santo não tivesse vindo sobre eles até aquele evento registrado em Atos 2, o sopro de Cristo sobre eles foi um antegozo do que experimentariam naquela ocasião. Cristo deu aos apóstolos autoridade para fazer pronunciamentos judiciais. Ele disse: "Se você perdoar os pecados de alguém, eles serão perdoados; se você não os perdoar, eles não serão perdoados" (Jo 20:23). Visto que o pecado era contra Deus, somente Deus poderia perdoar o pecado. Porém aqueles a quem Deus delegou autoridade apostólica poderiam anunciar oficialmente que Deus perdoou os pecados daqueles que receberam a Cristo como Salvador pessoal, e aqueles que rejeitaram a Cristo como Salvador continuariam sob julgamento.

Ryle escreve sobre a autoridade conferida a esses homens:

> Nesse versículo, nosso Senhor continua e conclui a comissão para o ofício de ministros, que Ele agora concede aos seus apóstolos depois que ressuscitou dos mortos. Seu trabalho como mestre público estava encerrado. Os apóstolos, doravante, deviam levá-lo adiante. As palavras que formam essa comissão são muito peculiares e exigem muita atenção. O significado das palavras, creio eu, pode ser parafraseado assim: "Eu confiro a vocês o poder de declarar e pronunciar com autoridade o perdão sobre aqueles cujos pecados são perdoados, e sobre os demais cujos pecados não são perdoados. Eu concedo a vocês o ofício de declarar quem está perdoado, e quem não está, assim como o sumo sacerdote judeu declarava quem estava limpo e quem era impuro, nos casos de lepra". Eu acredito que nada mais do que essa autoridade para declarar pode ser extraído das palavras, e repudio totalmente, assim como rejeito a estranha noção sustentada por alguns, de que nosso Senhor pretendia atribuir aos apóstolos, ou a quaisquer outros, o poder de perdoar ou não perdoar, absolver ou condenar a alma de alguém. Minhas razões para manter essa visão do texto são as seguintes:
>
> (a) O poder de perdoar pecados, nas Escrituras, é sempre mencionado como uma prerrogativa especial de Deus. Os próprios judeus admitiram isso, quando disseram: "Quem pode perdoar pecados senão

Deus?" (Mc 2:7, Lc 5:21). É monstruoso supor que nosso Senhor pretendia derrubar e alterar esse grande princípio quando Ele comissionou seus discípulos.

(b) A linguagem das Escrituras do Antigo Testamento mostra conclusivamente que aos Profetas foi dito que "fizessem" coisas, quando eles "declaravam que estavam para ser feitas". Assim, a comissão de Jeremias é executada nestas palavras. "Eu hoje dou a você autoridade sobre nações e reinos, para arrancar, despedaçar, arruinar e destruir; para edificar e plantar" (Jr 1:10). Isso só pode significar a declaração de que algo deveria ser arrancado e destruído etc. Assim também Ezequiel diz: "ele veio destruir a cidade" (Ez 43:3) onde a leitura marginal é: "Eu vim para profetizar que a cidade deve ser destruída". Os apóstolos, sem dúvida, estavam bem familiarizados com a linguagem profética, e creio que interpretaram corretamente as palavras de nosso Senhor nesse lugar.

(c) Não há uma única instância em Atos ou nas Epístolas de que um apóstolo tenha assumido o poder para si mesmo de absolver, perdoar ou anistiar qualquer um. Os apóstolos e pregadores do Novo Testamento relatam em linguagem muito clara sobre alguém cujo pecado é perdoado e absolvido, mas eles nunca se encarregam de perdoar e absolver. Quando Pedro disse a Cornélio e seus amigos: "todo o que nele crê recebe o perdão dos pecados mediante o seu nome" (At 10:43); quando Paulo disse, em Antioquia, na Pisídia: "Nós lhes anunciamos boas novas"; "mediante Jesus é proclamado o perdão dos pecados a vocês" (At 13:32,38); e quando Paulo disse ao carcereiro de Filipos: "Creia no Senhor Jesus, e serão salvos, você e os de sua casa" (At 16:31), em cada caso eles cumpriram a comissão do texto diante de nós. Eles "declaravam sobre aqueles cujos pecados eram perdoados e sobre os quais eram retidos".

(d) Não há uma única palavra nas três epístolas pastorais, escritas por Paulo a Timóteo e Tito, que mostre que o apóstolo considerava a absolvição como parte do ofício ministerial. Se fosse, ele certamente o teria mencionado e incentivado a praticá-la pelos jovens ministros, para o alívio das almas sobrecarregadas.[4]

---

[4] J. C. Ryle. *Expository Thoughts on the Goslpes: St. Jonh*, vol. 3 (New York: Robert Carter, n. d.), p. 398-399.

O. A ascensão de Cristo

Seção 198

Marcos 16:19-20; Lucas 24:50-53

Após a palavra final do Senhor, Ele os conduziu para fora de Jerusalém pelo familiar caminho que conduzia a Betânia. Nas encostas do monte das Oliveiras, Cristo ergueu as mãos e os abençoou. Enquanto os abençoava, "Ele os deixou e foi elevado ao céu" (Lc 24:51). Cristo lhes havia dito no cenáculo, na véspera da crucificação, que voltaria para a casa de seu Pai (Jo 14:2), bem como ao próprio Pai (16:17). Ele declarou explicitamente: "volto para o Pai" (v. 28). Tendo completado tudo o que o Pai lhe deu para fazer, o Senhor Jesus Cristo foi "recebido na glória" (1Tm 3:16), onde "ele se assentou à direita da Majestade nas alturas" (Hb 1:3). Foi acolhido pelo Pai com estas palavras: "Senta-te à minha direita até que eu faça dos teus inimigos um estrado para os teus pés" (Sl 110:1). Assim o Pai respondeu à oração do Filho: "Pai, glorifica-me na tua presença com a glória que eu tinha contigo antes que o mundo começasse" (Jo 17:5). Assim, o céu agora testemunha a glória que pertence ao Filho. Este mundo um dia testemunhará isso, pois Ele disse: "Quando o Filho do homem vier em sua glória, com todos os anjos, Ele se assentará em seu trono na glória celestial" (Mt 25:31). Paulo previu um tempo em que "ao nome de Jesus se dobre todo joelho, nos céus, na terra e debaixo da terra, e toda língua confesse que Jesus Cristo é o Senhor" (Fl 2:10-11).

Apêndice: Contexto do tempo de Cristo

Visto que Jesus foi uma pessoa histórica, vivendo em uma determinada situação histórica, torna-se necessário considerar o contexto geográfico, físico, histórico e religioso em que Ele viveu.

A. Geografia

A Palestina está situada mais ou menos numa latitude semelhante à parte sul dos Estados Unidos, mas como é um país estreito e montanhoso com um grande deserto de um lado e um grande mar do outro, oferece variações consideráveis de temperatura, de acordo com a situação local. A porção terrestre tem de 80 a 120 quilômetros de largura, e uma fenda profunda (o vale do Jordão e o mar Morto) que se estende por toda a extensão do seu território (240 quilômetros) e que, no deserto ao sul, causa alguma variação na temperatura entre Jerusalém (800 metros acima do nível do mar) e o mar Morto (400 metros abaixo do nível do mar). O clima chuvoso prevalece durante o inverno (novembro a abril). Durante os sete meses de verão, quando o tempo permanece seco, o calor geralmente é aliviado pelo vento do Mediterrâneo, que sopra regularmente das 9h às 16h. Janeiro é o mês mais frio, e agosto, o mais quente. A chuva no inverno não é incessante e às vezes na época chuvosa há vários dias seguidos de um lindo clima de primavera do sul do Mediterrâneo. Fica frio o suficiente para formar gelo nas montanhas, mas raramente nas planícies. A neve é rara na Palestina, exceto em locais como o cume do monte Hermom (mais de 2.700 metros acima do nível do mar). Pode-se imaginar que o deserto ao sul e a leste da Palestina seja muito mais quente no inverno, mas em sua maior parte é um planalto alto e acidentado [...]. O deserto ao redor do mar Morto é, obviamente, mais quente do que o planalto desértico, porque o mar Morto é o corpo de água mais baixo do mundo e as montanhas se elevam abruptamente em torno dele, tornando-o como uma chaleira fervendo.

A Bíblia contém referências ocasionais às mudanças extremas do tempo (2Sm 23:20; Jó 6:15-17, 9:30, 24:19).[1]

A Palestina apresentava dentro de seus limites todos os tipos de climas, do frio ao tropical e, consequentemente, todos os tipos de vegetação. A Bíblia traz a imagem de uma etnia universal e tem um caráter cosmopolita não encontrado em nenhum outro livro. Mais de duas mil variedades de flores desabrocharam na Palestina na época de Jesus. Esse pequeno país situado no coração de um drama mundial, isolado das nações vizinhas por desertos, montanhas e mar, era ainda atravessado por quatro rodovias, como artérias do sangue de antigas civilizações. Esse povo peculiar recebeu na sua vida o impacto dos costumes e da literatura das civilizações babilônica, persa, grega e romana. Esse ambiente físico era o melhor que o mundo tinha para a arena da vida de Jesus.[2]

Fairbaim descreve as divisões da terra:

> Na época de Jesus, havia quatro grandes divisões Palestina — uma ao norte, outra central, oriental e meridional: Galileia, Samaria, Pereia e Judeia. Destas, apenas a primeira e a última nos dizem respeito. A Galileia era a província mais rica e diversificada, a Judeia a mais isolada e estéril. Ao norte, a Galileia era protegida pela coroa nevada do Hermom e pelas encostas arborizadas do Líbano, sendo ainda agraciada ao sul pelo Carmelo e pelo Tabor; enquanto no sudeste, era abraçada pelo lago de Genesaré, de onde se abriam aquelas planícies gloriosas que eram, na imaginação do povo, como o jardim de Deus. A oeste estava situada sua planície com vista para o mar azul, para onde iam os majestosos "navios de Társis", e ao lado da qual ficava a antiga Tiro, o lar de homens com objetivos e ambições diferentes do que Israel conhecia. E a terra era rica em sua população; os campos, em lavradores; as cidades e vilas, em mercadores; o lago, em pescadores. Alguém que a conheceu e amou disse: "É uma terra fértil e cheia de prados, onde crescem árvores de toda espécie e promete, por sua abundante fecundidade, uma rica recompensa, mesmo para a lavoura mais miserável". E a vida que

---

[1] R. C. Poster, *Studies in the Life of Christ, Introduction and Early Ministry* (Grand Rapids: Baker, 1966), p. 61-62.
[2] Shepard, *The Christ*, p. iii-iv.

as pessoas viveram ali é esboçada para nós nos evangelhos por meio de muitos contatos sutis. No mercado, trabalhadores esperam para serem contratados, enquanto as crianças dançam e cantam, brincam e brigam. Nas estradas e perto dos portões, os aleijados e cegos estão sentados pedindo esmolas. Nas sinagogas, as pessoas se reúnem, enquanto os rabinos leem e expõem as Escrituras. No lago, os pescadores manejam suas embarcações, e à margem, no campo ou nas rochas, secam suas redes. O pastor na encosta ou na planície apascenta suas ovelhas, busca no deserto ou na montanha o cordeiro perdido, levando-o ternamente para casa. A mulher cuidadosa procura a moeda que perdeu; e a mulher pecadora desperta para o arrependimento e a vergonha, quando o amor nasce de uma santa gratidão. Os homens constroem celeiros, armazenam grãos e morrem no momento de sua maior prosperidade. O doente procura o médico, a viúva perde seu único filho, e um pai, temendo não ter mais filhos, pergunta por alguém que possa curar sua filha. O homem rico deixa que o mordomo administre sua propriedade, o qual abusa da breve autoridade com que se reveste, espanca os servos e é tanto mais tirano na forma em que é escravo do tirano. Os homens estão de tal modo envolvidos nos negócios e no prazer com suas terras, bois ou esposas recém-casadas que não se importam com as coisas do reino de Deus. Nas muitas cidades, aldeias populosas e distritos prósperos da Galileia, "eles comiam, bebiam, compravam, vendiam, plantavam, construíam, se casavam e davam-se em casamento".

As pessoas que assim viviam eram principalmente, mas não inteiramente, de ascendência judaica. Sua terra era muito aberta e ocupada para ser exclusiva — o povo muito distante de Jerusalém era bastante zeloso de seu próprio sacerdócio para ser dominado pelo ideal judeu mais restrito. Os homens de Jerusalém costumavam dizer que "não havia sacerdote entre os galileus"; e os galileus se diziam os mais felizes na vida e mais livres na fé para quererem o sacerdócio. Os escribas que ali viviam eram mais variados e menos rígidos em suas opiniões do que os da Judeia, assim os moradores do sul mais estrito diziam, acerca da província do norte, menos rígida: "os homens de lá não aprendem a lei por um só mestre". E eles podiam aprender tanto por meio de mestres estrangeiros quanto nativos. Na Galileia, havia cidades gentias como Citópolis e cidades como Tiberíades, onde os gregos moravam e onde a cultura e a arte gregas não eram desconhecidas. Por ela, também, passava continuamente um grande fluxo de comércio, enquanto sírios e árabes, fenícios e gregos frequentemente construíam suas casas em uma terra que era um caminho para as nações. Esses elementos e influências eram fortes o suficiente para modificar e enriquecer, mas não para mudar a fé nativa. Na Galileia, havia menos aversão à cultura gentia do que na Judeia. [...] Também lá, moedas com inscrições gregas circulavam, anfiteatros e palácios ornamentados nos estilos grego e romano eram tolerados, e até mesmo as águias romanas, que não podiam ser introduzidas em Jerusalém sem perigo de insurreição, eram autorizadas a passar sem contestação pelos galileus. Mas, embora esse contato com um mundo mais amplo tenha tornado os homens da Galileia mais abertos de mente e coração do que os homens da Judeia, isso não os tornava menos devotados à fé e esperança de Israel. [...] A religião de Israel produziu profetas como Oseias e Naum, e poetas da literatura como o autor do Cântico dos Cânticos. Amavam a cidade e o serviço de sua fé e, até o fim, "subiam a Jerusalém para a festa, como era o costume". Mas a grande agência religiosa na Galileia era a sinagoga, não o templo; seu ideal era o do escriba, e não o do sacerdote. Como consequência lógica, preocupavam-se mais com a ética do que com o ritual do judaísmo, com a interpretação da lei escrita e oral do que com a observância do culto instituído e hierárquico. Seu judaísmo era parte da letra, mas mesmo assim era mais nobre e puro do que o judaísmo do templo e do sacerdócio.

A Judeia era, em seu aspecto físico, uma terra menos favorecida do que a Galileia. Também tinha seus bairros limpos e férteis, como a planície de Sefelá, tão rica em gloriosas memórias históricas; e a região ao redor de Belém, tão sugestiva de nomes heroicos e inextinguíveis esperanças messiânicas. [...] Contudo não se podia rivalizar, em relação às suas características físicas, com a grandeza da Alta e a adorável exuberância da Baixa Galileia, a Judeia se tornou proeminente no que diz respeito ao interesse histórico e político. O povo era do mais puro sangue judeu. Os homens de Judá e Benjamim que haviam retornado do cativeiro estabeleceram-se na Judeia e lá passaram a perceber sua condição hierocrática. Eles construíram seu templo e sua cidade sagrada, e cercaram-se com leis e costumes que deveriam ao mesmo tempo impedir a imitação dos pagãos e manter em pureza a adoração a Javé. Seu sucesso foi maravilhoso em muitos aspectos, talvez mais espetacular do que qualquer conquista registrada no domínio da política e da vida nacional. O ideal deles era ser um povo separado, os eleitos de Javé, as únicas pessoas que o conheciam, as únicas pessoas que Ele conhecia. Para atingir esse ideal, sua política foi estruturada de modo a misturar e identificar o religioso e o civil, a adoração a Deus com o ser e a conduta do Estado. O único Deus tinha seu único templo; a capital era a cidade sagrada, a sede da autoridade civil, o cenário do culto nacional. O ato de reverência coletiva era um ato de obediência leal; o culto realizado no templo era prestado ao grande rei. A ação desse ideal na terra e no Estado era penetrar a ambos com um profundo significado religioso — associar-se tanto à vontade de Deus quanto aos destinos finais de seu povo. A cidade e o templo fizeram de Israel uma unidade em sua própria Dispersão. Embora os judeus pudessem ser contados aos milhões em Alexandria ou Roma, o lar de seu espírito era Jerusalém; a ela seu coração se havia voltado não apenas como a cidade de seus pais, mas como o único lugar onde o Deus de quem eles eram os escolhidos poderia ser adorado por seu povo unido e em conjunto. E essa crença foi expressa, mantida e fortalecida por instituições amadas. Houve grandes festivais que atraíram à cidade de sua fé, o lar de suas esperanças, as tribos dispersas; e eles chegavam lá, com até três milhões de homens — "partos, medos e elamitas, e os habitantes da Mesopotâmia, da Judeia, da Capadócia, do Ponto e da Ásia, Frígia e Panfília, do Egito, e das partes da Líbia em Cirene, bem como os romanos que moraram em Jerusalém, judeus e prosélitos, cretenses e árabes".

A cidade que foi palco de assembleias grandiosas tinha necessariamente um caráter peculiar. Existia para eles, vivia por eles. Havia sacerdotes em número suficiente para a condução do culto, 24 turnos deles e 20 mil homens. Havia levitas, seus servos, em grande número, destinados para vigiar, manter e limpar o templo — para fazer o trabalho braçal e ministerial necessário para seu serviço elaborado e atos estupendos de adoração. Havia escribas preparados para interpretar a lei, homens versados nas Escrituras e na tradição, com nomes como Gamaliel, tão famoso pela sabedoria que atraía jovens como Saulo, da distante Tarso, ou Apolo, da rica Alexandria. Havia sinagogas, pelo menos 480 delas, onde os rabinos liam e o povo ouvia a palavra que Deus outrora falara aos pais pelos profetas. A cidade era de fato, em certo sentido, a religião de Israel, incorporada e localizada, e um homem que a amava, voltava diariamente seu rosto para o outro, dizendo: "Minha alma anseia, sim, até desfalece, pelas cortes do Senhor". "Alegrei-me quando me disseram: Vamos à casa do Senhor. Os nossos pés estarão dentro das tuas portas, ó Jerusalém".[3]

---

[3] Fairbairn, *Life of Christ,* p. 10-15.

Alexandre escreve sobre a Galileia:

A área geográfica da Palestina delimitada ao norte pelo rio Litani (Leontes), a oeste pelo mar Mediterrâneo até o monte Carmelo, ao sul pela borda norte da planície de Esdrelon (embora às vezes a própria planície esteja incluída), e a leste pelo vale do Jordão e pelo mar da Galileia.

II. Descrição geral. A região da Galileia tem aproximadamente 95 quilômetros de norte a sul e 48 quilômetros largura de oeste a leste. De todas as regiões da Palestina, a Galileia contém o distrito montanhoso mais agradável, mais pitoresco e exuberante. O terreno é diversificado, contendo colinas vulcânicas e calcárias com planícies aluviais férteis. Essa terra tem sido comparada às terras altas da Carolina e Virgínia. Toda a região é regada por nascentes, forte orvalho vindo das montanhas e uma precipitação anual de cerca de 635 milímetros de chuva.

A. Baixa Galileia. As fronteiras naturais e históricas da Baixa Galileia incluem a falha de Esh-Shaghur (atual rodovia Acre-Safed) ao norte, o mar Mediterrâneo de Aco ao monte Carmelo a oeste, o vale de Esdrelon ou as cordilheiras de Carmelo e Gilboa (dependendo do período histórico) ao sul, e o mar da Galileia e o vale do Jordão a leste. A região é a mais nivelada de toda a região montanhosa da Palestina, mas é dividida em seções por uma série de quatro bacias que separam suas cordilheiras baixas, na latitude leste a oeste por meio de dobras cruzadas e falhas. Nenhum dos nomes desses quatro vales é conhecido na Bíblia. As bacias começam logo ao norte da cordilheira de Nazaré com a bacia de Tur'an. Ao seu lado norte encontra-se a encosta íngreme de Jebel Tur'an (542 metros). A bacia maior de Sahl el-Battuf (Beth Netufa) constitui a segunda bacia, delimitada ao norte com colinas até a altura de 542 metros. Ao norte dessas colinas encontra-se a bacia Halazun (Sakhnin) com Jebel Kammana (594 metros) subindo ao seu lado norte. O último vale é a longa e estreita bacia de Esh-Shagur (planície de er-Ramá ou Beth Hakerem), confinada pela encosta íngreme que se eleva quase verticalmente de 450 a 600 metros até o planalto montanhoso da Alta Galileia. Os marcos mais distintos na Baixa Galileia são os cumes de Hatim, o monte Tabor e a colina de Moré.

A planície de Esdrelon, frequentemente considerada a porção sul da Baixa Galileia, é o maior vale que divide a cordilheira central da Palestina e a única que une a planície costeira com o vale do Jordão. Esse vale é conhecido como vale do Armagedom (em homenagem ao local

Apêndice: Contexto do tempo de Cristo

de Megido, Apocalipse 16:16), onde será travada a grande batalha dos últimos tempos. Seu comprimento do monte Carmelo até Bete-Sean (Citópolis) é de cerca de 48 quilômetros, e sua maior largura, cerca de 24 quilômetros. A fertilidade desse vale é comparada com as áreas do delta do Tigre-Eufrates, do Nilo e do Mississipi. Isso se deve à decomposição de depósitos vulcânicos, subsolo basáltico e muitas nascentes. Dois vales antigos são combinados para tornar este maior. O vale de Jezreel, que recebeu esse nome em homenagem à capital da dinastia de Omri, e que se estabeleceu em um pico do monte Gilboa, formava aproximadamente um triângulo equilátero de 32 quilômetros nos lados, os vértices sendo Joknean ao oeste, Tabor ao leste e Ibleão ao sul. A extremidade posterior da planície de Esdrelon era chamada de vale de Bete-Sean.

A planície de Aco (Acre; planície de Aser) na costa do Mediterrâneo a partir do Carmelo até a ladeira de Tiro atravessa a extremidade ocidental da Baixa e da Alta Galileia. A conquista era atribuição de Aser, mas a tribo nunca tomou posse inteiramente da região. Os 16 quilômetros de largura de uma grande seção na Baixa Galileia ficavam entre o monte Carmelo e Aco (Acre), compostos principalmente de pântanos e dunas de areia. O fluxo do Quisom corria através dele, vindo e conectando-o à planície de Esdrelon.

B. Alta Galileia. A Alta Galileia difere da Baixa Galileia em muitos aspectos. Enquanto a elevação montanhosa da Baixa Galileia permanece abaixo de 600 metros, os picos mais elevados da Alta Galileia ultrapassam 900 metros, Jebel Jermuk é o mais alto, com 1.188 metros. Dessas altas montanhas ao norte da bacia de Esh-Shaghur, o planalto montanhoso das encostas da Alta Galileia a cerca de 1450 a 600 metros acima do nível do mar ao norte antes de cair no desfiladeiro do rio Litani (Leontes; Kassimiyah), que separa a Alta Galileia das montanhas libanesas. Esse planalto montanhoso não é uniforme como na Baixa Galileia e não é dividido por uma série de vales. É composto por cristas nuas de calcário duro do período cenomaniano e montanhas achatadas de giz senoniano mais macio. Contornos acidentados, quebrados por muitos picos, dividem a área em bolsões naturais. A maioria das pessoas percebe que essa área era mais arborizada no passado do que é hoje. A precipitação é pesada e consistente, ajudando a criar pequenos rios: os principais são o Ga'aton, Keziv, Amud e Litani.

O vale do alto Jordão forma o setor oriental da Alta Galileia. O vale começa no local bíblico de Ijon (c. 548 metros de elevação), inicialmente limitado a oeste pelo rio Litani e a leste pelo monte Hermon (c. 2773 metros de elevação). Esse vale, fértil e bem irrigado, é provavelmente a terra ou vale de Mispá (Js 11:3, 8) que formava a fronteira do AT entre Israel, Fenícia e Aram. Ele se estende por aproximadamente 15 quilômetros para a área de Abel-bete-maaca e Dã, onde desce rapidamente a uma altitude de cerca de 90 metros. Em Dã e Baniyas estão localizadas duas das nascentes do rio Jordão. Ali as nascentes do Jordão se unem a cerca de oito quilômetros de Tell el--Kady. Durante os tempos bíblicos, eles fluíam por um vale pantanoso a cerca de 16 quilômetros para um pequeno lago Hula, bloqueado por massas de basalto. Hoje, esse pântano e lago foram drenados e formam o fértil vale de Hula. Justamente ao sul desse lago, o rio Jordão atinge o nível do mar e continua a fluir por mais 16 quilômetros, através de um desfiladeiro rochoso de basalto (as colinas ficam a mais de 450 metros acima do riacho) até o mar da Galileia situado a cerca de 200 metros abaixo do nível do mar. Esse mar, aproximadamente 24 quilômetros de comprimento e 12 quilômetros de largura, está situado entre as colinas da Baixa Galileia, a oeste, e as planícies de Basã, ao leste.

Como na Baixa Galileia, a planície de Aco forma a região oeste da Alta Galileia. Ela segue ao longo da costa do Acre até a ladeira de Tiro (Rosh Haniqrah) por cerca de 32 quilômetros, sendo sua largura média de 3,2 quilômetros. A costa é rochosa e sem dunas de areia, não oferecendo portos naturais significativos.[4]

Shepard escreve sobre Galileia e Nazaré:

A Galileia era a parte mais bonita e fértil da Palestina. Uma terra de colinas verdes e vales férteis, era linda e maravilhosa para a agricultura. Milho, uvas, azeitonas e frutas de vários tipos cresciam em abundância. Uma grande profusão de flores podia ser encontrada em todos os lugares. Nessa terra "que mana leite e mel", animais domésticos e selvagens, uma grande variedade de pássaros, pastagens verdes e numerosas nascentes e riachos compunham um quadro de vida, felicidade e abundância. Uma população estimada em três milhões habitava numerosas aldeias e cidades. Vários setores floresciam.

O povo era generoso, impulsivo, de modos simples, envolvidos por um nacionalismo intenso, livre e independente do tradicionalismo da

---

[4] R. A. Alexander, "Galilee", ZPEB, p. 638-641.

Judeia. Os círculos rabínicos de Jerusalém desprezavam um galileu, por causa de sua maneira de falar, coloquialismos e falta de um certo tipo de cultura característica do habitante de Jerusalém. Eles eram acusados de negligenciar as tradições e preferiam a Hagadá à Halacá. A Judeia afirmava ser o orgulhoso depositário da ortodoxia e perpetuador das instituições judaicas. O desprezo com que os judeus olhavam para os galileus era injusto e devido, em grande parte, à inveja, visto que sua própria terra árida não podia ser comparada à fértil e bela região da Galileia. [...] Jesus teve de superar muitos preconceitos locais devido a essas condições, em seu ministério em Jerusalém e na Judeia[...]. Diziam que os galileus não sabiam gramática e nem mesmo podiam falar corretamente[...].

Havia muitos gentios na Galileia no tempo de Jesus, embora a maioria da população fosse judia; [...] o patriotismo dos judeus galileus era intenso [...].

A pequena cidade de Nazaré era um dos lugares mais bonitos da Galileia. Situada na encosta sudeste de uma bacia oca em forma de pera, que descia gradualmente do planalto elevado 450 metros acima do nível do mar e se abria através de um caminho íngreme e sinuoso — o caule da pera — para a planície de Esdrelon, 300 metros abaixo, ela comandava uma perspectiva verdadeiramente agradável. Na colina 150 metros acima da cidade, um panorama maravilhoso se abria para ver as belezas e cenas históricas da terra [...].

A própria cidade foi construída com calcário branco das pedreiras das montanhas calcárias que circundam a bacia. A maioria das casas era de um tipo característico. A grande disparidade entre ricos e pobres não era conhecida em Nazaré naquela época. Uma abundante fonte provia água para toda a população e era o ponto de encontro favorito de homens, mulheres e crianças, que sem dúvida se reuniam em grupos como hoje se faz em conversas familiares; a cidade que hoje tem uma população de dez mil habitantes era muito menor nos dias de Jesus. Nazaré não tinha a melhor reputação, mesmo dentro da Galileia. Natanael de Caná estava apenas ecoando uma opinião comum quando disse: "Alguma coisa boa pode sair de Nazaré?". O caráter apaixonado e sem lei das pessoas se reflete na recepção violenta de Jesus quando Ele pregou lá no início de seu ministério. Jesus suportou a reprovação dessa má reputação mais tarde, quando foi chamado de nazareno (*Nostri*). Mateus disse que isso estava de acordo com a profecia de Isaías (Is 53), que retratou a vinda do Messias como uma "raiz brotando da terra seca", ou Ramo, com base na profecia de Isaías (Is 11:1). A palavra *Netzer* é o equivalente exato. O título de Nazareno não apenas representava a reprovação que Jesus carregou, mas foi o cumprimento da profecia messiânica. Ele era um Ramo (*Netzer*) surgido das raízes de Davi [...]. Os ensinamentos de Jesus, anos depois, extraíram do estoque inesgotável de experiências comuns de seus dias de infância inúmeras ilustrações, como o fermento escondido em três medidas de farinha, mulheres moendo no moinho, semeando e colhendo, o pardal e o lírio, as crianças no mercado brincando no *casamento* e no *funeral* e muitos outros, tanto os mencionados como os não mencionados nos evangelhos. Jesus conhecia igualmente a vida do pobre e do rico, do ignorante e do erudito [...].

Nessa pequena cidade havia os bons e os maus. Aqui Jesus teria uma oportunidade esplêndida de estudar não apenas o meio ambiente, mas a natureza humana também em toda a sua variedade. Todas as fases da vida: as experiências comuns domésticas e familiares do lar, os casamentos com as suas procissões de tochas e alegres festividades, os funerais com os seus tristes lamentos, os contatos cotidianos na oficina de seu pai com o trabalho e com as pessoas de todos tipos e classes, os serviços frequentes e regulares na sinagoga, todos igualmente ficaram gravados indelevelmente em sua mente infantil. Foi assim que Ele "aumentou" sua experiência, tornou-se forte fisicamente e adquiriu o conhecimento experiencial da natureza humana e dos assuntos comuns da vida humana.

Nazaré era isolada por causa de sua localização natural, mas não isolada do mundo exterior. Séforis, a capital de Herodes Antipas e o centro militar mais forte da Galileia, ficava a apenas oito quilômetros a noroeste através das colinas onduladas. Tiberíades, Cafarnaum, Betsaida e outras cidades se situavam a poucos quilômetros de distância, na margem do mar da Galileia; e mesmo a própria Jerusalém não estava muito longe da casa de Cristo em Nazaré. Uma parte da rota da grande caravana para Damasco passava pela cidade. Muitos comerciantes, soldados e emissários do governo romano, e não poucos estudiosos e filósofos, eram encontrados no fluxo de viajantes indo e voltando ao longo dessa artéria do Império Romano.[5]

A respeito do mar da Galileia, Alexandre escreve:

---

[5] Shepard, *The Christ*, p. 44-47.

GALILEIA, MAR DA. [...] Também chamado de "mar de Tiberíades" (Jo 6:1; 21:1), o "lago de Genesaré" (Lc 5:1) e "o mar" (Mt 8:24, 32; Mc 2:13; Jo 6:16, 17; *et al.*). O AT se refere a ele como "mar de Quinerete" (Nm 34:11; Tg 13:27; Js 12:3). O livro de 1Macabeus 11:67 se refere ao mar como "a água de Genesaré". Hoje é conhecido como "o mar da Galileia", "lago de Quinerete" ou "lago Tiberíades". Esse é o lago em forma de harpa no vale do Jordão ao leste da Baixa Galileia e baía de Acre, ao norte da intersecção dos rios Jarmuque e Jordão, e a oeste das planícies de Basã.

1. Configuração. Para muitos, o ponto focal de toda a região da Galileia é o mar da Galileia. Encontra-se a leste da Baixa Galileia, no grande vale do Jordão, a cerca de 100 quilômetros ao norte de Jerusalém. As montanhas da Alta Galileia elevam-se ao noroeste dela até uma altura de cerca de 1.200 metros acima do nível do mar, enquanto as colinas imediatamente a leste e oeste do lago ascendem abruptamente a alturas de cerca de 600 metros acima do nível do mar. Isso cria uma queda acentuada de aproximadamente 800 metros do topo das montanhas até a superfície do lago, onde o sopé das colinas geralmente confina com o lago. A principal formação do terreno circundante é calcário recoberto por lava vulcânica, às vezes interrompida por um afloramento de basalto. Os altos tabuleiros de Basã, Haurã e Gaulanite a leste do mar são compostos de basalto negro e diorito. Como o mar da Galileia está localizado na fenda do Jordão, ele está sujeito a terremotos destrutivos.

Três vales principais confinam com esse lago: as duas planícies formadas pela entrada norte e a saída sul do rio Jordão, e a planície de Genesaré ao noroeste. O vale do Jordão superior começa no local bíblico de Ijon (ca. 550 metros acima do nível do mar) perto do sopé do monte Hermon, que se eleva cerca de 2.770 metros acima do nível do mar e pode ser facilmente observado da costa sul do mar da Galileia. Esse vale fértil e bem irrigado (provavelmente a terra ou vale de Mispá em Tiago 11:3,8) se espalha por aproximadamente 15 quilômetros para o sul na região de Abel-Bete-Maaca e Dã, onde cai rapidamente cerca de 100 metros de altitude. As principais nascentes do rio Jordão estão localizadas nessa área. Dois rios menores que alimentam o Jordão, o Bareighit e o Hashani formam uma pequena cachoeira perto de Metulá quando deixam essa planície e caem no vale de Hula. Os dois afluentes principais do Jordão, o Banyasi e o Lidani, surgem próximos um do outro em Banias e Tell el-Kady, respectivamente, considerados os locais das últimas cidades de Cesareia de Filipe e Dã. Esses quatro riachos se unem a cerca de oito quilômetros ao sul de Tell el-Kady e daí fluem através dos pântanos do vale aproximadamente 16 quilômetros para o pequeno Lago Hula. Alguns quilômetros, pelo lado desse lago, o rio Jordão atinge o nível do mar e cai a uma velocidade de cerca de 20 metros a cada quilômetro por mais 16 quilômetros através de um desfiladeiro rochoso de basalto até a pequena planície que deságua no mar da Galileia situada a cerca de 210 metros abaixo do nível do mar. O rio Jordão é a principal fonte de água desse lago. Na ponta sul do lago, o Jordão sai através de um amplo vale fértil que tem sido densamente povoado desde os tempos antigos até o presente. O rio Jarmuque deságua no Jordão vindo do leste cerca de 10 quilômetros do lago. A planície de Genesaré, com largura média de 1.600 metros, entra no lago a partir do Noroeste.

2. Descrição. Olhando para o mar da Galileia das alturas de Safed, o lago parece em forma de harpa (o significado do termo hebraico do qual a palavra "Quinerete" é derivado) com a protuberância para o noroeste e é de um azul profundo. É realmente uma bela vista. Um rabino antigo costumava dizer que "Jeová criou sete mares, mas o mar da Galileia é o seu deleite". Ele lembra um lago escocês cercado por colinas áridas. A superfície do lago entre 207 a 211 metros abaixo do nível do mar. A flutuação é devida à variação climática sazonal e anual, mas a maioria dos israelenses fixa sua medida em 210 metros abaixo do nível do mar. Da entrada do Jordão ao norte até a ponta sul do lago é normalmente considerado que tenha cerca de 21 quilômetros, embora novamente as opiniões variem de 19 a 25 quilômetros. A largura no norte do lago em sua maior distância entre el-Mejdel no oeste e a foz do Wadi Semak no leste é geralmente considerada 12 quilômetros, embora as variações nessa largura variem de cinco a 12 quilômetros. As opiniões sobre a profundidade do mar variam de 25 metros nas áreas mais rasas até o máximo de 50 metros. A circunferência do lago é um pouco mais de 51 quilômetros, enquanto a quantidade média de água doce límpida nele é estimada em 4.562 metros cúbicos. Em torno da maior parte do lago, a praia é pedregosa com pequenas conchas espalhadas. Muitas fontes termais são encontradas na costa, duas das mais notáveis localizadas em et-Tabgha no canto noroeste e 'Ain el Fuliyeh cerca de quase quatro quilômetros ao sul da moderna Tiberíades. O clima é tropical devido à baixa altitude, com temperaturas que variam mais do que nas terras altas. Como resultado desse clima

Apêndice: Contexto do tempo de Cristo   749

e da fertilidade do solo nas planícies ao redor do lago, a região é mais produtiva. A colheita das safras de trigo e cevada ocorre cerca de um mês antes do que na região montanhosa. Flores silvestres e loendros circundam a costa.

O território ao redor do lago é variado e interessante. Movendo-se a leste da entrada do Jordão e passando-se pelo local de Betsaida, a encosta da montanha do alto planalto de Basã cai quase verticalmente em direção ao mar. Isso é interrompido apenas pelo Wadi Semak entrando no lago pelo leste de Magdala. O antigo local de Gergesa talvez estivesse localizado perto da foz do Wadi. Aproximadamente cinco quilômetros ao sul de Wadi Semak, localizado bem acima da atual cidade de Ein Gev, encontram-se as antigas ruínas chamadas Sussita, provavelmente o local da cidade de Decápolis chamado Hippos. A faixa de planície entre a costa e as montanhas se estende pelo vale do Jordão até o sul quando chega ao extremo sul do lago. Nove quilômetros a sudeste do lago, do outro lado do rio Jarmuque, fica o antigo local de Gadara. Em algum lugar nessa porção sudoeste do mar da Galileia, o evento dos porcos que se precipitaram para o lago deva ter ocorrido (Mc 5:1-20), embora a localização exata seja muito debatida. O vale do Jordão ao sul do lago é considerado a planície mais fértil entre as que tocam o mar. O Jordão sai do lago no lado a oeste desse vale, apenas ao sul das ruínas da antiga cidade de Qirbet Qerak. A planície do tipo cordão no leste é encontrada mais uma vez na costa oeste com 800 metros ao norte. A capital romana de Tiberíades, construída na encosta das colinas ocidentais, está localizada perto da extremidade norte dessa planície estreita, pouco antes de cruzar com a ampla planície fértil e bem irrigada de Genesaré. Essa planície é irrigada a oeste pelo Wadi el-Hamam, que contém o antigo sítio de Arbela no alto de sua borda sul, com vista para a planície. Magdala fica no lado sul dessa planície perto do lago. Ao norte em direção à entrada do Jordão, há um vale raso pelo qual uma estrada para o norte passa pouco antes de chegar a et-Tabga com suas fontes termais. Cerca de 32 quilômetros além, Tell Hum exibe as ruínas bem preservadas do terceiro século d.C., a sinagoga de Cafarnaum. Nos próximos 30 quilômetros, encontra-se a entrada do rio Jordão.

3. Produtos. Os pequenos vales ao redor do mar da Galileia têm solo aluvial fértil, clima quente e são bem irrigados. Essas condições produzem safras abundantes de trigo, cevada, figos, uvas e vegetais em geral. Sobre a fertilidade da região, Josefo declara: "Pode-se chamar

esse lugar de ambição da Natureza, onde obriga as plantas que são naturalmente inimigas umas das outras a se harmonizarem entre si: é uma contenção feliz das estações, como se cada uma delas se pusesse reivindicar a esse país, pois não apenas nutre diferentes tipos de frutas outonais além das expectativas dos homens, mas os preserva por muito tempo. Fornece à população as principais frutas — uvas e figos continuamente durante os dez meses do ano, bem como o restante dos frutos, à medida que amadurecem juntos durante todo o ano" (Josefo, *Guerra* III. x. 8). Arbela era conhecida pelo seu linho.

O peixe era a principal mercadoria do lago, sendo encontrado em grande abundância e em mais de 22 espécies diferentes. O melhor lugar para a pescaria era a extremidade norte do lago, por onde entra o Jordão. Entre os apóstolos, Pedro, André, João e Tiago eram pescadores.

4. Comércio. Do ponto de vista comercial, as principais indústrias da região ao redor do mar da Galileia eram agricultura, tinturaria, curtume, construção de barcos, pesca e cura de peixes. Desse último, o lago ganhou fama ao redor do mundo romano. As principais rotas de comércio passam por esse lago ou através dele. O braço oriental da *Via Maris* tocava o canto noroeste do mar na planície de Genesaré. Essa era a principal rota do Egito para Damasco e Mesopotâmia. A produção desde o planalto da montanha até o leste do lago era frequentemente transportada através do lago a caminho do Mediterrâneo. As fontes termais ao longo da margem do lago trouxeram multidões para serem curadas. Banhos minerais são oferecidos ainda nos dias de hoje.

5. População. A área imediatamente ao redor do mar da Galileia é considerada a região mais populosa da Galileia ao longo da história. Alguns sustentam que no tempo do NT havia nove cidades ao redor do lago, cada uma dizendo ter uma população não inferior a 15 mil. Essas cidades incluíam Tiberíades, Magdala, Corazim, Betsaida, Hippos, Cafarnaum, Gadara e Quinerete (G. A. Smith, *The Historical Geography of the Holy Land*, p. 447). Os vales férteis e bem irrigados e o clima quente eram provavelmente a maior razão para essa densa população. Ruínas de palácios, hipódromos, teatros e banhos construídos pelos gregos e romanos encontrados nas margens do lago também indicam uma grande população durante a época de Cristo. O lado oriental do mar era em grande parte habitado pelos gentios e constituía parte da região conhecida como Decápolis.

6. Tempestades. A leste e oeste cria-se uma condição natural para tempestades. O ar frio das massas de ar vindo das alturas nas

montanhas desce as encostas íngremes com grande força, causando violentas erupções no lago. Essas tempestades não são raras e são extremamente perigosas para pequenas embarcações.[6]

Schultz escreve a respeito da Judeia:

1. O nome. Judeia é a designação greco-romana de uma área anteriormente incluída no antigo reino de Judá, e para a qual os hebreus do cativeiro babilônico retornaram. Somado a isso está o fato de que a maioria dos retornados do exílio eram da tribo de Judá. O nome é usado primeiro em Tobias 1:18, como emprego para o reino davídico de Judá. O nome às vezes é usado livremente para designar a Palestina ocidental (Lc 23:5; At 10:37). Usado estritamente, ele especificava a parte mais meridional das três divisões tradicionais do antigo Pal. Os outros dois eram Samaria (no centro), e Galileia (ao norte).

2. A natureza do território da Judeia. A área geográfica da Judeia parece ter variado um pouco em diferentes períodos. Não havia uma fronteira claramente marcada para separar a Judeia de Samaria. A linha nordeste que separa as duas regiões costumava ser utilizada para ir um pouco ao norte ou sul de Betel (o local atual de *Beitin*). Não há vale ou qualquer quebra abrupta no terreno para separar as duas áreas, uma vez que a região montanhosa do sul de Samaria se estende até um planalto. A linha dessa fronteira ao norte da Judeia se estendia aproximadamente de um pouco ao norte de Jope até o rio Jordão em um ponto de cerca de 20 quilômetros ao norte do mar Morto.

A fronteira sul da Judeia era ainda mais nebulosa do que a fronteira norte. Berseba era considerada o limite sul da Judeia, pois era a fronteira sul tradicional de Israel como povo (Jz 20:1). Além desse ponto, ao sul ficava o deserto árido do Negev que, sem irrigação, poderia sustentar pouca vida. A fronteira oeste da Judeia era o mar Mediterrâneo, um pouco abaixo de Gaza em direção ao norte até Jope. A fronteira oriental era o mar Morto, de cerca de Massada em direção ao norte até o sul do rio Jordão e um pouco ao norte de Jerusalém. Assim, a Judeia parecia um quadrado de 75 quilômetros metros em cada lado.

O coração da Judeia era a região montanhosa superior, um planalto que se estendia de Betel a Berseba, incluindo Jerusalém, Belém e Hebron. Perto de Jerusalém, o planalto se ergue a uma altitude de

---

[6] Alexander, "Galilee", p. 643-646.

820 metros e em Hebron, a 1.020 metros. Esse era o centro da vida das pessoas dessa área desde os primeiros tempos. O planalto desce suavemente para o oeste através do Sefelá para o plano marítimo e, finalmente, o Mediterrâneo. Nuvens movendo-se para o leste, vindas do mar, forneciam chuva suficiente para sustentar a vida agrícola e pastoril das pessoas. Estima-se que cerca de 200.000 judeus viviam na Judeia, metade deles em Jerusalém.

Em direção ao leste do planalto, o terreno desce rapidamente em direção ao mar Morto e ao rio Jordão. Essa área oriental é conhecida como o deserto da Judeia porque as nuvens de chuva esvaziam sua umidade no planalto e nas encostas ocidentais, deixando pouco para a parte oriental do país. Foi no deserto da Judeia que João Batista apareceu como o precursor de Cristo (Mt 3:1; cf. Mc 1:4; Lc 3:2). A cidade mais importante nessa área oriental era Jericó. Também havia Massada, o local da fortaleza de Herodes, o Grande, onde os judeus fizeram uma heroica última defesa em 73 d.C. contra os romanos que haviam destruído Jerusalém três anos antes. Há também En-Gedi, um oásis de nascentes de água doce, e Qumran, o centro das descobertas dos rolos do mar Morto.

A Judeia dependia dos recursos naturais de seu território para parte de sua riqueza. Os grãos eram cultivados nos vales, e uvas, figos, azeitonas e frutas cítricas eram uma parte importante da safra anual. A importância da vida pastoral na Judeia se reflete em toda a Bíblia. Do mar Morto vinham o sal, o potássio e outros minerais. Talvez a fonte de receita mais importante para a Judeia fosse a localização do templo em Jerusalém. O imposto anual de meio siclo pago por todos os judeus adultos do sexo masculino, mesmo os da Diáspora, trazia grandes somas regulares para Jerusalém. Soma-se a isso os peregrinos que contribuíam para a renda do governo. Também contribuía para a influência da Judeia o Sinédrio, que se assentava em Jerusalém. Governou sobre toda a Judeia, mas sua influência também foi sentida em áreas da Palestina fora da Judeia.

Deve-se notar que ao longo da costa do Mediterrâneo, e dentro do território da Judeia, estava a Filístia com suas cidades poderosas. Entre eles estavam Asquelom, Gaza, Ecrom, Asdode e Gate. Essas cidades foram uma fonte constante de dificuldades para a Judeia, e mesmo durante a dominação romana da Judeia, grande parte da parte marítima era governada pelos romanos separadamente da Judeia propriamente dita. Nessa área também estava situado Jabneel, mais tarde chamado de Jâmnia, o centro de importante atividade rabínica após a queda de Jerusalém em 70 d.C.[7]

Kelso escreve a respeito de Samaria:

Existem poucos dados definitivos sobre os limites do território de Samaria. Normalmente é considerada como a terra ocupada pelas tribos de Efraim, a oeste de Manassés. Geograficamente, a fronteira sul é a estrada que vai de Jericó a Betel e desce pelo vale de Aijalon até o Mediterrâneo. O limite norte consiste no monte Carmelo e no monte Gilboa, bem como nas colinas que conectam esses dois montes. O Mediterrâneo é a fronteira oeste com o Jordão a leste. Tanto Siquém quanto a cidade de Samaria estão perto do centro da área, estando Samaria mais ao norte e ao oeste. A área enriqueceu com suas terras agrícolas produtivas e rotas comerciais internacionais.

Os produtos naturais incluíam grãos e azeitonas e os frutos de vinhas e pomares, além de rebanhos e gado. Samaria sempre teve um bom mercado de produtos agrícolas nas proximidades comerciais fenícias. Observe-se o casamento político-econômico entre Acabe e Jezabel. Era para o comércio que ambas as estradas norte-sul, uma ao longo da costa e outra ao longo da serra alta, passavam pelo território de Samaria. Havia três estradas que ligavam leste e oeste. A estrada sul ia de Jericó a Betel e ao Mediterrâneo. A estrada central tinha um traçado muito melhor por meio de uma passagem natural em Siquém entre o monte Gerizim e o monte Ebal. A estrada norte era uma continuação da estrada costeira, que cortava a planície de Dotã até Jenin e descia pelo vale de Jezreel até o rio Jordão em Bete-Sean (mais tarde chamada de Citópolis). A maior parte do comércio das terras entre o Egito e a Síria passava pelo distrito de Samaria.[8]

Kelso também adiciona o seguinte:

O termo normalmente se aplica a uma seita israelita que vivia no território de Samaria e tinha seu santuário central no monte Gerizim. [...]
    1. História. Os samaritanos eram israelitas que viviam no reino do norte, mas há apenas uma menção deles no AT (2Rs 17:29). A palavra

---

[7] **A.** C. Schultz, "Judea", ZPEB, vol. 3, p. 735-736.
[8] J. Kelso, "Samaria", ZPEB, vol. 5, p. 240-241.

"samaritano", conforme usada no NT, referia-se a uma seita israelita cujo santuário central estava no monte Gerizim durante a época intertestamentária. [...] Sua história começou após a captura assíria da cidade de Samaria em 721 a.C., e a deportação de 27.290 pessoas dentre a população de Israel. [...]

Os samaritanos acreditavam que Josué construiu um santuário no monte Gerizim, que era o centro de toda a adoração israelita primitiva. Eles dataram o rompimento religioso com os judeus da época de Eli, a quem acusaram de erguer um santuário rival em Siló. Por um breve período, houve dois santuários e dois sacerdócios. Os filisteus logo destruíram o santuário de Siló e Saul perseguiu as tribos de José, privando-as de seu santuário no monte Gerizim.

Sua história, conforme registrada por fontes judaicas, descreve os samaritanos como descendentes dos colonos que os assírios plantaram no reino do norte, que se casaram com a população israelita, a qual os assírios haviam deixado na terra. Mais provavelmente, eles eram os descendentes puros dos israelitas deixados na terra, pois a teologia samaritana não mostra nenhum sinal da influência do paganismo entre os colonos enviados pelos assírios. Se houvesse casamento misto, os filhos se tornariam verdadeiros israelitas.

Quando Zorobabel estava construindo um novo templo, os descendentes dos estrangeiros trazidos por Esar-Hadom pediram para participar, alegando que eram verdadeiros adoradores de Javé (Ed 4:2), mas foram recusados. [...]

Quando Neemias veio a Jerusalém como representante especial da coroa persa, ele foi combatido por Sambalate, o governador dos persas, subprovíncia de Samaria (Ne 2:10 — 6:14; 13:28). Quando Jerusalém foi tomada por Nabucodonosor, aparentemente ele a adicionou à província de Samaria. Sambalate reconheceu que Neemias estava criando uma unidade política ao redor da cidade de Jerusalém, e esse território, é claro, seria tirado de Sambalate. Tanto Sambalate quanto seu parceiro Tobias de Rabat-Amon eram adoradores de Javé. Portanto, essa foi principalmente uma luta política, não uma questão religiosa. Pode, no entanto, ter terminado como um cisma religioso. [...]

A divisão real entre os descendentes dos grupos religiosos que constituíram os reinos de Israel e Judá ocorreu quando os "samaritanos" construíram seu próprio templo no monte Gerizim. Não há data exata para esse evento. Josefo (*Antiguidades*, XI. VIII. 1-4) fala sobre a construção desse templo, mas o relato é tão confuso que diferentes estudiosos, com base nas evidências, datam a construção do templo em qualquer lugar da época de Neemias na época de Alexandre, o Grande. [...]

Os samaritanos foram em geral rejeitados pelos judeus no período intertestamentário. Eclesiástico 50:27-28 se refere a eles como "nem sequer é um povo" e como "o povo insensato que habita em Siquém". O Testamento de Levi também chama Siquém de "uma cidade de tolos". Essa depreciação é relevante para a leitura de João 8:48, pois os judeus chamavam Jesus de samaritano.[9]

Payne descreve a localização de Jerusalém:

A. Localização. Jerusalém está situada 53 quilômetros a leste do Mediterrâneo e 22 quilômetros a oeste do mar Morto, a uma altitude de 762 metros, em um importante entroncamento rodoviário na crista oeste da cordilheira central da Palestina. Essa crista sobe lentamente do promontório do monte Gilboa ao norte (518 metros) até um ponto próximo a Hebron, a cerca de 32 quilômetros ao sul de Jerusalém (1.030 metros). Embora o ponto mais alto de Jerusalém (abaixo de 792 metros) não possa rivalizar com Hebron ao sul, Davi descreveu corretamente sua localização, para a maioria de seus súditos, "para lá sobem as tribos do Senhor" (Sl 122:4).

Pelo oeste, a trilha se aproxima de Jerusalém através do vale acidentado de Sansão, Soreque, (Jz 16:4), ainda guardado com fortificações de concreto da luta de 1948, e terminando no vale de Refaim (2Sm 5:22) ao sul da cidade. Até recentemente, a única rota alternativa consistia na rodovia de Jafa, que se ramificava do vale de Aijalon ao norte e serpenteava ao longo dos cânions, através de Abu Ghosh (AT Quiriate-Jearim, um dos vários locais propostos para Emaús no NT, em Lc 24:13) em direção a Jerusalém. Porém os restos de carros blindados israelenses queimados que ainda hoje são encontrados em suas encostas dão um testemunho mudo da dificuldade de subir a Sião (cf. Is 7:6).

A partir do leste, deixa-se o Jordão através de Jericó, a mais de 365 metros abaixo do nível do mar Mediterrâneo e deve-se então subir através do deserto árido de calcário senoniano de Judá pelo desfiladeiro chamado Adumim (Js 15:7), a subida do "Sangue", provavelmente por

---

[9] Ibid., p. 244-247.

causa de seus depósitos de ocre vermelho. A precipitação de chuva é praticamente inexistente aqui, os ventos do mar ocidental são drenados de sua umidade vital pela crista intermediária. O ponto mais alto é alcançado apenas ao leste da cidade, na crista de 807 metros do monte das Oliveiras.

Embora de difícil acesso, Jerusalém desfruta de uma localização correspondentemente protegida. Além disso, embora carente de recursos naturais significativos, ela está situada na principal rota de comércio norte-sul, o que torna sua localização comercial e politicamente estratégica. Era seu controle dessa subida que provavelmente em primeiro lugar ditou seu estabelecimento.

Por causa dos "montes que cercam Jerusalém" (cf. o salmo do peregrino 125:2), o planalto da cidade permanece oculto até que o viajante repentinamente atinge uma das cristas mais altas que o rodeiam. Partindo-se do leste, por exemplo, ao cruzar o Olivete — como ainda é feito todo Domingo de Ramos, seguindo o curso da entrada triunfal de Cristo, toda a cidade de Jerusalém aparece de repente, espalhada em um grande quadro panorâmico.

B. Topografia. A Jerusalém antiga consiste em um complexo de cinco colinas, outrora bem distintas, esculpidas em pedra calcária dura do período cenomano, com cerca de 900 metros quadrados. Nos lados oeste e sul fica o vale de Hinom em forma de "L" (Js 15:8); a leste fica o desfiladeiro do riacho Cedrom, talvez o vale de Josafá mencionado por Joel (Jl 3:2).

O interior do quadrado já foi uma vez dividido ao meio por uma ravina que vai de norte a sul e, finalmente, curva-se para dentro do Cedrom, exatamente ao norte de sua junção com o Hinom. Nos tempos do Novo Testamento, era chamado de vale do Tiropeão "queijeiro"; e pode ser (parcialmente) equivalente à menção do AT, "cidade baixa" (Sf 1:11). Embora ainda perceptível ao norte, na forma de uma depressão a oeste do portão de Damasco, as sucessivas destruições da cidade já esconderam a maior parte de seu curso. O perfil atual de Jerusalém, com sua ascensão aparentemente ininterrupta da escarpa do Cedrom para o oeste até o "monte Sião" (veja a seguir) e, em seguida, com uma queda abrupta no vale do Hinom, falha em indicar até 30 metros de destroços com os quais a ravina central agora está obstruída.

A leste de Tiropeão encontram-se três colinas. A mais ao sul é a menor, tendo sua crista uma elevação de apenas 670 metros; mas seus declives acentuados e caráter estreito em forma de cume, ligeiramente comprimido ao norte (cf. K. Kenyon, *Jerusalem: Excavating 3000 Years of History*, p. 27), tornavam-no a parte mais facilmente defensável do todo. A investigação arqueológica confirmou que essa era a Sião original, ou "Cidade de Davi" (2Sm 5:7).

Para o norte (Sl 48:2) fica o cume mais amplo de Moriá, originalmente uma eira, mas designada por Davi como um lugar de sacrifício e o monte do templo (2Cr 3:1), que permanece até hoje. Seu pico rochoso, sobre o qual foi erguido o altar do sacrifício, pode ser identificado como o local em que Abraão estava disposto a oferecer seu filho Isaque, "sobre uma das montanhas" da "terra de Moriá" (Gn 22:2) Por quase 13 séculos, ela foi coberta pelo santuário muçulmano, o Domo da Rocha. As áreas circundantes agora se nivelaram artificialmente para formar um pátio aproximadamente retangular, 300 por 457 metros, elevação de 730 metros: o *Harã esh-Sharif*, ou "Nobre Santuário".

Uma região bastante plana separava o Moriá da terceira colina, ou a colina a nordeste, o monte Bezeta, cujo pico ainda está fora da muralha nordeste da cidade. As linhas naturais de demarcação estão um tanto obscurecidas, pois quando Herodes expandiu o Harã para o norte, ele escondeu uma ravina que anteriormente cortava o canto nordeste da área do *Templo*.

A metade ocidental de Jerusalém era subdividida por uma ravina maior que se ramifica no meio do caminho no curso do Tiropeão: o "vale cruzado", cortando para o oeste até a atual porta de Jafa. Para o sul estava o que o AT pode ter designado como monte Garebe (Jr 31:39; J. Simons, *Jerusalem in the Old Testement*, 231-233, e IBD, II, 853; *veja* a seguir, II, C, 3), mas ao qual a história subsequente, após o abandono da cidade original de Davi em 70 d.C., atribuiu o antigo nome de Sião (Josefo, *Guerra dos judeus*, V. 4.1), provavelmente devido à posição dominante de seu pico de elevação de 762 metros. Embora Garebe tenha sido mais uma vez abraçado dentro da expansão da Jerusalém Bizantina, em 985 d.C., o califa muçulmano do Cairo, para encurtar a linha de defesa da cidade, mais uma vez redirecionou a parede sul cerca de 32 quilômetros, mais ao norte, com o resultado de que a parte sul de Garebe, junto com toda a antiga Sião, permaneceram doravante fora dos muros de Jerusalém e ficaram parcialmente desocupados.

Em direção ao noroeste, o terreno se estende em uma inclinação, interrompida apenas por aquilo que já foi uma colina ou contraforte, sobre a qual agora repousa a Igreja do Santo Sepulcro.

C. Características. A precipitação anual em Jerusalém tem cerca de 63 milímetros, mas isso se concentra nos meses de inverno. A temperatura, moderada pela elevação, mostra médias sazonais variando de 4 e 29 graus centígrados. A neve é rara; mas os edifícios de pedra da velha Jerusalém podem, ocasionalmente, tornar-se francamente úmidos e frios, cf. Ed 10:9: "no vigésimo dia do nono mês [início de janeiro] todo o povo estava sentado na praça [...]. Todos estavam profundamente abatidos por causa do motivo da reunião e também porque chovia muito". No entanto, de maio a outubro, a grama torna-se marrom e o vento *hamsin* que sopra dos desertos do lado oposto pode produzir um período de forte calor e seca. Geralmente, porém, a brisa do mar ocidental mantém os dias amenos e as noites agradáveis.

Duas nascentes fornecem a água que era tão essencial para a ocupação, especialmente antes da vinda dos israelitas, com os quais surgiram também cisternas revestidas de cal impermeável. O Giom (1Rs 1:33; 2Cr 32:30), ou fonte da Virgem, sai de uma gruta no lado do vale do Cedrom da Cidade de Davi e produz um riacho intermitente. En-Rogel (Js 15:7; 2Sm 17:17), ou Poço de Jó, talvez o "Poço do Chacal" de Neemias 2:13, fica mais ao sul, abaixo da junção do Cedrom e do Hinom. É um verdadeiro poço, que no inverno borbulha de forma artesiana (novembro a março, depois que a chuva sazonal elevou o lençol freático circundante).[10]

B. Contexto histórico

Shepard descreve o contexto histórico.

Nenhum assunto é estudado completamente até que tenha sido historicamente investigado. A vida de Jesus separada de seu cenário histórico seria como uma pintura sem perspectiva. É essencial pelo menos dar uma olhada parcial no período intertestamentário da história dos judeus desde a época de Malaquias, o último dos profetas do AT, até a época de João Batista, para constituir um pano de fundo para a imagem de Jesus, o Messias. As principais fontes para esse estudo são: Josefo, o historiador judeu, e os livros apócrifos de caráter histórico, lendário, apocalíptico e didático, de várias maneiras. Sete desses livros

---

[10] Barton Payne, "Jerusalem", ZPEB, vol. 3, p. 460-464.

Apêndice: Contexto do tempo de Cristo

foram acrescentados à tradução da Septuaginta das Escrituras Canônicas Hebraicas, quando essa tradução foi feita em Alexandria por volta de 283 a.C.

Antes do governo persa (536-331 a.C.), os judeus estiveram por 50 anos sob a influência da Babilônia, um grande número deles foi levado para o cativeiro durante esse tempo. Jerusalém estava em ruínas. Ciro, o monarca persa, nos primeiros anos de seu reinado permitiu que um grande grupo de judeus sob a liderança de Zorobabel retornasse e reconstruísse o templo de Jerusalém, que foi concluído em 516 a.C. Sob o comando de Esdras 458 a.C. e Neemias, em 445 a.C., outros grupos voltaram e reconstruíram os muros da cidade, restabelecendo a adoração a Jeová em sua terra natal. Com a morte de Neemias, suas funções de governador foram atribuídas a um sumo sacerdote. A partir de 359 a.C. o ofício de sumo sacerdote, com funções civis e religiosas, tornou-se objeto de inveja. Por ciúme na família de um dos sumos sacerdotes Jônatas, Manassés, seu filho, foi para Samaria, onde se casou com a filha de Sambalate, e depois estabeleceu o culto dos samaritanos no monte Gerizim (cf. Jo 4:51-56).

Os persas exerceram uma poderosa influência sobre os judeus, que durante o reinado de Ciro, 536-529 a.C., gozaram do favor do povo dominante e assim tornaram-se mais suscetíveis à influência dele, evidenciada no livro apócrifo de Tobias, escrito por um judeu na Pérsia durante esse período. Os persas eram monoteístas, com isso as visões religiosas das pessoas subjugadas foram gradualmente contaminadas pelas visões dos persas. No livro de Tobias, que é um romance, existem muitas doutrinas contraditórias com as Escrituras hebraicas, como a salvação garantida por esmolas, orações e outras boas obras, para não falar das doutrinas de demônios, ascetismo e muitas outras.

Sob o domínio dos gregos (331-167 a.C.), os judeus da Dispersão foram ainda mais radicalmente influenciados. Alexandre, o Grande, com um exército de 35 mil homens, cruzou o Helesponto e derrotou os persas na Ásia Menor. Ele logo avançou sua campanha até Tiro, que depois de algum tempo cedeu. Ele então foi mais ao sul, para Jerusalém, onde foi recebido pelo sumo sacerdote no início de uma procissão e recebido pacificamente na cidade. O conquistador tratou com reverência a religião dos judeus e, mais tarde, quando conquistou o Egito e construiu a cidade de Alexandria, convidou os judeus para morar ali.

Seu convite foi aceito e uma grande colônia de judeus logo cresceu no Egito. Em 323 a.C., Alexandre, tendo conquistado o mundo inteiro, morreu com a idade de 32 anos, e seu vasto reino foi dividido entre quatro de seus generais.

Sob os ptolomeus do Egito (321-198 a.C.), os judeus, em sua maioria, gozavam de grande favor. Ptolomeu Filadelfo (285-247 a.C.) era um grande amigo dos judeus e, depois de fundar a famosa biblioteca de Alexandria, mandou traduzir as Escrituras hebraicas para o grego para servir a uma geração de judeus que cresceram na língua grega. Desse modo, Alexandria se tornou um grande centro e a influência helenística era forte, como podemos verificar no livro apócrifo de Eclesiástico, que é totalmente diferente dos livros canônicos hebraicos.

A lealdade dos judeus, durante este período, passou de um lado para outro com frequência entre os reinos rivais dos ptolomeus do Egito e os reis sírios ao norte deles. Sob o regime sírio (198-167 a.C.), às vezes eles foram tratados bem, mas na maioria das vezes com crueldade pelos governantes. O primeiro governante, Antíoco, o Grande, foi favorável, e a influência helenística se tornou poderosa. Ele invadiu o sumo sacerdócio em Jerusalém e mudou amplamente o pensamento dos judeus, de modo que quando Antíoco visitou Jerusalém em 172 a.C., foi recebido com uma procissão de tochas. Um forte partido em Jerusalém levou muitos judeus a abandonar seus sacrifícios e ritos em favor da religião grega. Surgiu, entretanto, durante esse tempo, um partido oposto de judeus estritos e ortodoxos liderados pelos escribas. Eles fundaram sinagogas e zelosamente guardaram suas tradições. Antíoco Epifânio (175-170 a.C.) tratou os judeus da maneira mais cruel. Jasão, o sumo sacerdote helenístico sob o patrocínio de Antíoco, introduziu em Jerusalém o ginásio grego e os costumes abomináveis, subversivos da fé e da moral do povo. Ele invadiu o Egito e, sem sucesso, voltou para se vingar dos judeus que o odiavam, massacrando 40 mil habitantes da cidade, vendendo muitos outros como escravos. Ele também profanou o templo, sacrificando um porco em seu altar. Quando mais tarde invadiu novamente o Egito, ele foi incapaz de tomar Alexandria por causa do forte grupo de judeus lá que se juntou na defesa da cidade. Em seu retorno pela Palestina, aproveitando os escrúpulos religiosos judeus, ele entrou em Jerusalém no sábado e fez da cidade um matadouro, matando todos os homens e levando as mulheres e crianças em cativeiro. As ruas literalmente se tornaram numa corrente de sangue, e a cidade foi totalmente destruída. A adoração dos judeus desapareceu, e o restante do povo foi forçado a sacrificar aos ídolos pagãos. Mais tarde, em uma quarta invasão do Egito, Antíoco completou a destruição da cidade e o templo foi totalmente arrasado (1Mc 1:43). Antíoco promulgou um decreto uniformizando a religião de seu reino e proibindo o culto dos judeus. Ele enviou Ateneu de Antioquia à Palestina para receber impostos e fazer cumprir a regulamentação contra o culto. Ele também dedicou o templo de Jerusalém a Zeus e estabeleceu a adoração pagã. A observância da lei de Moisés foi proibida sob a ameaça de pena de morte (1Mc 1:54; cf. Dn 11:31).

Os judeus, sob os líderes patrióticos macabeus (167-63 a.C.), recuperaram sua independência dos governantes sírios do norte. Quando Antíoco tentou impor seu regulamento relativo à adoração, um sacerdote idoso, Matatias, revoltou-se. Ele matou um judeu apóstata que estava adorando no altar de ídolos em Modi'in e, reunindo um grupo de patriotas, fugiu para as montanhas da Judeia, onde manteve uma guerrilha por um tempo até sua morte. Ele foi sucedido na liderança por seu filho, Judas, que logo se tornou famoso por causa de seu fervor patriótico e de suas vitórias marcantes sobre os exércitos dos assírios, enviados para subjugar os rebeldes. Essas vitórias foram conquistadas por Judas com forças muito inferiores, devido à sua estratégia e ao seu entusiasmo religioso, manifestados num jejum e na confissão nacional dos pecados proclamados em Mispá, no início da sua campanha para livrar o país do inimigo. Depois de realizar sua campanha com sucesso quase até o fim, ele caiu na tentação de fazer uma aliança com os romanos e, assim, perdeu o controle sobre os patriotas judeus, que haviam apoiado sua liderança religiosa. Apenas 800 permaneceram leais a ele e, na batalha seguinte em Eleasa, ele morreu lutando bravamente contra grandes adversidades. Ele foi sucedido na liderança por um irmão mais novo, Jônatas, muito diferente de Judas em caráter. Sua liderança consistia em tentar enganar os reis sírios pela traição, mas ele logo foi pego em uma armadilha do mesmo tipo e executado.

Simão, um terceiro irmão dos filhos de Matatias, em seguida assumiu a liderança e conseguiu tomar as fortalezas dos sírios em Gaza, Jâmnia e Jope. Isso trouxe paz aos sírios, que reconheceram a independência dos judeus. Arranjando um tratado com os romanos, Simão se dedicou a melhorias internas até sua morte num assassinato por traição síria em 137 a.C. Seu filho, João Hircano, liderou os judeus na derrota da invasão dos sírios que se seguiu e, após restabelecer a paz, renovou o tratado com os romanos, e o país desfrutou da independência por 20 anos. Durante esse tempo, nota-se o surgimento das seitas religiosas judaicas dos saduceus e dos fariseus. Com a morte de Hircano, seu filho, Alexandre Janeu, assumiu o trono. Ele era muito odiado pelos fariseus, que se revoltaram contra ele. Depois de seis anos de guerra civil, Janeu foi vitorioso e crucificou 800 de seus inimigos fariseus. Ele morreu em 79 a.C., e seus sucessores por 16 anos experimentaram um reinado conturbado, que terminou com a vinda dos romanos sob Pompeu, que tomou a cidade em 63 a.C.

Sob os romanos (63 a.C.-637 d.C.) Antípatro, um rico oficial idumeu, ganhou grande prestígio com o imperador romano e foi nomeado procurador da Judeia. Ele colocou seus filhos no comando da Judeia e da Galileia. Herodes, que recebeu a Galileia, suprimiu os bandos de ladrões com mão forte e atraiu para si mesmo a inveja de Hircano, o sumo sacerdote de Jerusalém, que convocou Herodes a comparecer diante dele. Herodes o fez, mas veio vestido de púrpura real e trazendo cartas de César. O Sinédrio ficou aterrorizado, mas quando Herodes foi acusado por Shamai, Antípatro o aconselhou a fugir. A história da ascensão do reino de Herodes (40-4 a.C.) é um drama de movimentos extraordinários de trapaça política, acompanhados por uma sucessão de crimes atrozes decorrentes da inveja, principalmente dentro do próprio coração de Herodes e contra sua própria família. Com rara habilidade, ele ganhou e manteve o favor dos imperadores romanos que o sucederam, sacrificando todos os escrúpulos para fazê-lo. Ele se aliou à poderosa família asmoniana de judeus ao se casar com a princesa Mariane, mas depois, movido pela inveja, fez com que ela e seus filhos Alexandre e Aristóbulo fossem executados por causa da popularidade deles. Seu reinado foi uma sucessão de crimes monstruosos até sua morte em 5 a.C.

Com sua morte, os romanos afirmaram uma soberania plena e dividiram o país em três tetrarquias sob Arquelau (Judeia), Herodes Antipas (Galileia e Pereia) e Herodes Filipe (Traquonites, Aurtanite e Bataneia). Arquelau não era apreciado pelos judeus e foi banido em 6 d.C., sendo sucedido por um procurador romano. O quinto dos procuradores seguintes foi Pôncio Pilatos (25-36 d.C.), o qual foi banido para a Gália e lá cometeu suicídio.

Em 37 d.C., Calígula nomeou rei Agripa I, primeiro da tetrarquia de Filipe e depois, em 41 d.C., da Galileia e Pereia. Em 44 d.C. o

Apêndice: Contexto do tempo de Cristo

imperador Cláudio voltou ao sistema dos procuradores, dois dos quais foram Félix e Festo (At 23—27). Em 53 d.C., o país foi novamente unido sob o rei Agripa II, que decapitou Tiago (At 12). Os judeus receberam uma grande medida de autonomia dos romanos por meio de seu Sinédrio, mas com certas restrições. Eles não podiam, por exemplo, executar uma sentença de morte até que fosse tramitada pelo governante romano. A terra passou dos romanos para os sarracenos em 637 d.C. e continuou sob eles até a Guerra Mundial em 1914-1918, quando ficou sob a jurisdição do governo inglês.[11]

Para entender a influência da dinastia herodiana na vida judaica, é necessário seguir o rastro da família de Herodes.

O nome Herodes [...] é conhecido na história dos judeus e da igreja cristã primitiva. O próprio nome significa "heroico", um nome não totalmente aplicável à família, que se caracterizava mais pela astúcia e patifaria do que pelo heroísmo. A fortuna da família herodiana está inseparavelmente ligada aos últimos lampejos da chama do judaísmo, como uma potência nacional, antes de ser extinta para sempre na grande guerra de rebelião judaica em 70 d.C. A história da família herodiana não carece de elementos de grandeza, mas quaisquer que fossem esses elementos e em quem quer que fosse encontrado, eles eram em todos os casos ofuscados pelo egoísmo insuportável que desfigurava a família, sua raiz e ramo. Alguns dos príncipes herodianos eram inegavelmente talentosos; mas esses talentos, mal-empregados, não deixaram marcas para o bem do povo de Israel. De quase todos os reis da casa de Herodes, pode-se realmente dizer que, por ocasião de sua morte, "eles se foram sem ser amados", foram esquecidos, não houve lamentações por sua causa. Toda a história da família é uma história de brigas incessantes, suspeitas, intrigas e imoralidade chocante. À luz funesta e minguante do governo dos herodianos, Cristo viveu e morreu, e sob ela foram lançados os fundamentos da igreja cristã.

1. A descendência familiar. Os herodianos não eram de origem judaica. Herodes, o Grande, encorajou a circulação da lenda da família descendente de um ilustre judeu babilônico (*Antiguidades*, XIV, i, 3), mas isso não tem base histórica. É verdade que os idumeus eram,

---

[11] Shepard, *The Christ,* p. iv-viii

naquela época, judeus nominais, uma vez que foram subjugados por João Hircano em 125 a.C., e incorporados no reino asmoniano por meio de uma circuncisão forçada, mas o antigo antagonismo nacional permaneceu (Gn 27:41). A família herodiana começou com Antipas (morto em 78 a.C.), que foi nomeado governador da Iduméia por Alexandre Janeu. Seu filho Antípatro, que o sucedeu, possuía toda a astúcia, desenvoltura e a ambição desenfreada de seu filho Herodes, o Grande. A atenção dele estava voltada para duas coisas — a força invencível do poder Roma e a lamentável fraqueza da decadente casa asmoniana, e com base nesses dois fatores ele construiu a casa de suas esperanças. [...]

2. Herodes, o Grande. (1) *Atividade política*. Antípatro tinha grandes ambições para seu filho. Herodes era apenas um jovem quando começou sua carreira como governador da Galileia. [...] Suas atividades e sucesso em livrar seu domínio de bandos perigosos de piratas, e seu sucesso ainda maior em arrecadar o sempre bem-vindo dinheiro de tributos para os governos romanos, proporcionou a ele poder adicional no tribunal. Seu avanço foi rápido. Antônio o nomeou "tetrarca" da Judeia em 41 a.C. Pelo favor de Antônio e Augusto, ele obteve a coroa da Judeia e tomou Jerusalém de assalto em 37 a.C. [...]

(2) *Evidências de talento*. A vida de Herodes, o Grande, não foi uma cadeia fortuita de acidentes favoráveis. Ele era sem dúvida um homem de talento. Em uma família como a de Antipas e Antípatro, o talento deveria ser necessariamente hereditário, e Herodes o herdou mais amplamente do que qualquer um de seus irmãos. Toda a sua vida exibe, em grande medida, a arte de governar, o poder de organização e perspicácia. Ele conhecia os homens e sabia como usá-los. Ele conquistou a mais calorosa amizade dos imperadores romanos e tinha a faculdade de convencer os romanos da retidão de sua conduta, em todas as contingências. Em seus próprios domínios ele era como Ismael, sua mão contra todos e as mãos de todos contra ele, e ainda assim ele se manteve no governo por uma geração inteira. Seu governo na Galileia mostrou que tipo de homem ele era, um homem com determinação de ferro e grande liderança. Sua conquista na Judeia provou a mesma coisa, assim como sua guerra na Arábia. Herodes era um bom líder de homens. Em um ambiente diferente, ele poderia ter se desenvolvido em um homem verdadeiramente grande, e se seu caráter tivesse sido acompanhado de seus dons, ele poderia ter feito coisas grandiosas para o povo judeu. Contudo, de longe, o maior talento de Herodes foi seu

Apêndice: Contexto do tempo de Cristo 765

gosto e habilidade arquitetônica singulares. Aqui ele lembra um dos antigos faraós do Egito. Contra as leis do judaísmo, às quais pretendia obedecer, construiu em Jerusalém um magnífico teatro e um anfiteatro, dos quais ainda permanecem as ruínas. Um estava dentro da cidade, o outro fora das muralhas. Assim, ele introduziu na esfera ascética da vida judaica o espírito frívolo dos gregos e romanos. Para compensar essa infração cruel de todas as máximas do judaísmo ortodoxo, ele tentou apaziguar a nação reconstruindo o templo de Zorobabel e tornando-o mais magnífico do que até mesmo o templo de Salomão havia sido. Esse trabalho foi realizado em algum tempo entre 19 a.C. e 11 ou 9 a.c., embora todo o trabalho não tenha sido concluído até a procuradoria de Albino, 62-64 d.C. (*Antiguidades*, XV, xi, 5, 6; XX, ix, 7; Jo 2:20). Era tão transcendentemente belo que foi classificado entre as maravilhas do mundo. [...]

(3) *Características e vida doméstica*. — A personalidade de Herodes era impressionante, e ele possuía enorme força física. Suas capacidades intelectuais estavam muito além do comum; sua vontade era indomável; ele era dotado de grande tato, quando achava adequado empregá-lo; nas grandes crises de sua vida, ele nunca ficou perdido sobre o que fazer; e ninguém jamais acusou Herodes, o Grande, de covardia. [...]

Ele era a encarnação da luxúria do irmão, que por sua vez se tornou o fardo da vida de seus filhos. A história fala de poucas famílias mais imorais do que a casa de Herodes, que pelo casamento misto de seus membros enredou a árvore genealógica a ponto de torná-la um verdadeiro enigma. Como esses casamentos estavam quase todos dentro da linha de consanguinidade proibida, sob a lei judaica, eles ainda amarguraram ter todo o povo de Israel contra a família herodiana. [...]

Suas relações domésticas foram muito infelizes. Herodes parece ter se apaixonado profundamente por Mariane, a neta de Hircano, uma vez que era capaz de tal sentimento, mas sua atitude para com toda a família asmoniana e sua firme determinação de acabar com a isso transformou em ódio qualquer amor que Mariane sentisse por ele. Na verdade, ela assim como seus dois filhos, foram vítimas da inveja insana do poder Herodes. À medida que os filhos dele cresciam, a tragédia familiar se agravou e a corte de Herodes tornou-se um verdadeiro caldeirão de recriminações, intrigas e catástrofes mútuas. Os julgamentos e as execuções de seus próprios filhos conspiradores foram conduzidos com a aquiescência do poder romano, pois Herodes era astuto o suficiente para não fazer um movimento sem ele. [...]

Pelo testamento final de Herodes, conforme ratificado por Roma, o reino foi dividido da seguinte maneira: Arquelau recebeu a metade do reino, com o título de rei, na verdade, "etnarca", governando a Judeia, Samaria e Idumeia; Antipas foi nomeado "tetrarca" da Galileia e Pereia; Filipe, "tetrarca" de Traconites, Gaulonite e Paneia. Para Salomé, sua irmã intrigante, ele legou Jâmnia, Asdode e Faselo, junto com 500 mil dracmas de prata cunhada. Todos os seus parentes foram liberalmente providos em seu testamento, "de modo a deixá-los todos em condições de riqueza" (*Antiguidades*, XVII, viii, 1). Em sua morte, ele tinha sido melhor para sua família do que em sua vida. Ele morreu sem ser lamentado e sem ser amado por seu próprio povo, entrou para a história como um nome manchado de violência e sangue. Como as águas de Calírroe não foram capazes de limpar seu corpo corrupto, as águas do tempo foram incapazes de lavar as manchas do nome de um tirano, a única vez em que ele é mencionado no NT é em Mateus 2 e Lucas 1. Em Mateus ele está associado aos sábios do Oriente, que vieram investigar o nascimento do "rei dos judeus". Encontrando seu segredo, Herodes descobriu com os "sacerdotes e escribas do povo" onde o Cristo deveria nascer e ordenou o "massacre dos inocentes", com o qual seu nome é talvez mais geralmente associado do que qualquer outro ato em sua vida. Como Herodes morreu em 4 a.C. e algum tempo decorrido entre o massacre e sua morte (Mt 2:19), temos aqui uma pista para a fixação aproximada da verdadeira data do nascimento de Cristo. Outro fato, nesta mesma conexão, é um eclipse da lua, o único mencionado por Josefo (*Antiguidades*, XVII, vi, 4; texto e nota), que foi visto pouco antes da morte de Herodes. Esse eclipse ocorreu em 13 de março do ano do período Juliano de 4710, portanto 4 a.C.

3. Herodes Antipas. Era filho de Herodes, o Grande, e de Maltace, uma samaritana. Meio idumeu, meio samaritano, ele não tinha, portanto, nenhuma gota de sangue judeu em suas veias, e a "Galileia dos gentios" parecia um domínio adequado para tal príncipe. Ele governou como "tetrarca" da Galileia e Pereia (Lc 31) de 4 a.C. até 39 d.C., e a imagem do evangelho que temos dele está longe de ser atraente. Ele era supersticioso (Mt 4ss), semelhante a uma raposa em sua astúcia (Lc 13:31ss) e totalmente imoral. João Batista foi trazido para sua vida por meio de uma repreensão aberta de sua grosseira imoralidade e desafio às leis de Moisés (Lv 18:16), e pagou por sua coragem com a vida (Mt 14:10; *Antiguidades*, XVIII, v, 2).

Com a morte de seu pai, embora fosse mais jovem que seu irmão Arquelau (*Antiguidades*, XVII, ix, 4f; BJ, II, ii, 3), ele contestou a vontade de Herodes, que havia dado ao outro a maior parte de o domínio. Roma, no entanto, manteve seu testamento e atribuiu a ele a "tetrarquia" da Galileia e Pereia, como havia sido separada para ele por Herodes (*Antiguidades*, XVII, xi, 4). Educado em Roma com Arquelau e Filipe, seu meio-irmão, filho de Mariane, filha de Simão, ele absorveu muitos dos gostos e das graças, e muito mais dos vícios dos romanos. [...] Ele imitou o exemplo de seu pai em uma mania de construir edifícios e embelezar cidades. Assim, ele construiu o muro de Séforis e fez do palácio sua capital. [...] O último vislumbre que os evangelhos oferecem dele mostra-o para nós na tragédia final da vida de Cristo. Ele está então em Jerusalém. Pilatos, em sua perplexidade, mandou o Salvador amarrado a Herodes, e a total ineficiência e irreverência do homem são reveladas no relato que os evangelhos nos dão do incidente (Lc 23:7-12; At 4:27). Serviu, no entanto, para transpor o abismo da inimizade entre Herodes e Pilatos (Lc 23:12), ambos os quais seriam destituídos de seu poder e morreriam em vergonhoso exílio. Quando Caio Calígula se tornou imperador e seu ardiloso favorito, Herodes Agripa I, o amargo inimigo de Antipas, foi feito rei em 37 d.C., Herodias persuadiu Herodes Antípatro a acompanhá-la a Roma para exigir um favor semelhante. As maquinações de Agripa e a acusação de alta traição proferida contra ele, no entanto, resultaram em sua ruína, e ele foi banido para Lion, na Gália, onde morreu em grande miséria (*Antiguidades*, XVIII, vii, 2; BJ, II, ix, 6).

4. Herodes Filipe. Herodes Filipe era filho de Herodes, o Grande, e de Cleópatra de Jerusalém. Com a morte de seu pai, ele herdou Gaulonite, Traconites e Paneias (*Antiguidades*, XVII, viii, 1). Aparentemente ele era muito diferente do restante da família herodiana, reservado, digno, moderado e justo. Ele também estava totalmente acima do espírito de intrigas de seus irmãos, e é justo supor que ele herdou de sua mãe esse caráter e disposição totalmente anti-herodianos. Ele morreu no ano 34 d.C., e seu território foi dado três anos depois a Agripa I, seu sobrinho e filho de Aristóbulo, junto com a Tetrarquia de Lisânias. [...]

5. Herodes Arquelau. Era o filho mais velho de Herodes, o Grande, com Maltace, a samaritana. Ele era um homem de temperamento

violento, que lembrava muito seu pai. Educado como todos os príncipes herodianos em Roma, ele estava totalmente familiarizado com a vida e a arbitrariedade da corte romana. Nos últimos dias da vida de seu pai, Antípatro, que evidentemente visava ao extermínio de todos os herdeiros do trono, acusou-o e a Filipe, seu meio-irmão, de traição. Ambos foram absolvidos (*Antiguidades*, XVI, iv, 4; XVII, vii, 1). Pela vontade de seu pai, a maior parte do reino herodiano tornou-se sua, com o título de "etnarca". O testamento foi contestado por seu irmão Antipas perante a corte romana. [...] Seu governo foi tirado dele, seus bens foram todos confiscados pelo poder de Roma, e ele próprio foi banido para Viena, na Gália (*Antiguidades*, XVII, xiii, 2, 3). Ele também mostrou ter um pouco do gosto do pai pela arquitetura, na construção de um palácio real em Jericó e de uma vila, que leva seu nome de Archelais [...] (*Antiguidades*, XVII, xiii). A única menção feita a ele nos evangelhos é encontrada em Mt 2:22.

6. Herodes Agripa I. Chamado de Agripa por Josefo, era filho de Aristóbulo e Berenice, e neto de Herodes, o Grande, e Mariane. Educado em Roma com Cláudio (*Antiguidades*, XVIII, vi, 1, 4), ele possuía grande astúcia e tato. Retornando à Judeia por um tempo, ele voltou a Roma em 37 d.C. Ele odiava seu tio Antipas e não deixou pedra sobre pedra para prejudicar a causa dele. Sua mente era previdente, e ele cultivou, como seu avô havia feito, todos os meios que pudessem levar à sua própria promoção. Ele, portanto, fez amizade com Caio Calígula, herdeiro presumido ao trono de Roma, e sua defesa que era bastante aberta das reivindicações deste último o levou à prisão por Tibério. Isso provou ser a sorte dele, pois Calígula não o esqueceu, mas logo em sua ascensão ao trono, libertou Agripa, que até então tinha sido apenas um cidadão comum, e concedeu-lhe as "tetrarquias" de Filipe, seu tio, e de Lisânias, com o título de rei. [...] O imperador, que atendeu à acusação de Agripa contra seu tio, concedeu-lhe o território adicional da Galileia e Pereia em 39 d.C. Agripa manteve contato próximo com o governo imperial, e quando, no assassinato de Calígula, a coroa imperial foi oferecida ao indiferente Cláudio, coube a Agripa levar este último a aceitar a honra oferecida. Isso levou a mais favores imperiais e extensão de seu território, Judeia e Samaria foram adicionadas ao seu domínio em 40 d.C. Os sonhos mais acalentados de Agripa haviam se realizado, o destino de seu pai foi vingado e o antigo poder herodiano

APÊNDICE: Contexto do tempo de Cristo

foi restaurado à sua original extensão. Ele governou com grande generosidade e foi muito diplomático em seu contato com os judeus [...] quando foi forçado a tomar partido na luta entre o judaísmo e a nascente seita cristã, ele não hesitou um momento, mas assumiu o papel de perseguidor amargo do cristianismo, matando o apóstolo Tiago à espada e atormentando a igreja sempre que possível (At 12). Ele morreu, em pleno vigor de seu poder, de uma morte, que, em seus detalhes angustiantes, nos lembra o destino de seu avô (At 12:20-23). [...]

7. Herodes Agripa II. Era filho de Herodes Agripa I e Cipros. Quando seu pai morreu em 44 d.C., ele era um jovem de apenas 17 anos e considerado muito jovem para assumir o governo da Judeia. Cláudio, portanto, colocou o país sob os cuidados de um procurador. Agripa recebeu uma educação real no palácio do próprio imperador (*Antiguidades*, XIX, ix, 2). Ele, porém, não havia se esquecido totalmente de seu povo, como é provado por sua intercessão em favor dos judeus, quando eles pediram permissão para ter a custódia das vestes oficiais do sumo sacerdote, até então nas mãos dos romanos, e para serem usadas apenas em ocasiões específicas. [...] Cláudio fez de Agripa II o "tetrarca" do território, em 48 d.C. Quatro anos depois (52 d.C.), Cláudio estendeu o domínio de Agripa dando-lhe as velhas "tetrarquias" de Felipe e Lisânias. [...] Herodes Agripa II figura no NT em Atos 25:13; 26:32. Paulo ali o chama de "rei" e apela a ele como sendo um conhecedor das Escrituras. Como cunhado de Félix, ele foi um convidado favorito nesta ocasião. Sua relação com Berenice, sua irmã, era um escândalo entre judeus e gentios (*Antiguidades*, XX, vii, 3). Na queda da nação judaica, o reino de Herodes Agripa caiu.[12]

C. Condições morais

Shepard escreve graficamente a respeito das condições morais que cercam a vida de Cristo.

O mundo estava em um estado de degeneração moral extraordinária. Dois mil senhores em Roma tinham 1.300.000 escravos, que eram

---
[12] Henry E. Dosker, "Herod" ISBE, vol. 4, p. 1378-1383.

tratados com grande crueldade. No Império, havia 6 milhões de escravos. Os ricos viviam na mais absoluta extravagância.

A castidade e o casamento seriam a exceção, enquanto o divórcio e a imoralidade eram a regra. Os sacerdotes atacavam as massas de ignorantes. Muitos cultos sedutores exerciam uma influência degradante. A religião dos romanos não tinha poder para enfrentar a degeneração dos tempos. As filosofias dos gregos falharam. Nenhuma das filosofias poderia atender às profundas necessidades morais da época. Os imperadores eram monstros do crime. Milhares de vidas foram sacrificadas na arena para um fumegante entretenimento para o imperador e uma população sanguinária. O luxo era indescritível. O caráter horrível do vício e do crime é testemunhado pelos objetos escavados de Pompeia. Sêneca testemunhou que as crianças eram desfavorecidas e a exposição infantil era prevalente. Tácito disse que o espírito da época era "corromper e ser corrompido". Paulo dá uma imagem na epístola de Romanos de um povo que se afastou do Deus revelado na natureza e na consciência, para estabelecer para si, por vã independência, deuses semelhantes a criaturas. A partir dessa adoração de ídolos, eles avançaram para a degeneração moral e para o crime, até se perderem em um mundo de trevas e destruição. Essa era a condição moral do mundo quando Jesus veio, aquele que deveria "vencer o mundo" com seu evangelho.[13]

D. Antecedentes religiosos

Esta pesquisa retratará o ambiente religioso conflitante e complexo que existia em Israel quando Cristo veio.

1. A deterioração da religião de Israel

A descendência é um fator potente de caráter. O passado nunca pode deixar de refletir o presente; o presente nunca pode se privar das qualidades transmitidas pelo passado. Um grande homem não pode ser compreendido à parte de seu povo — deve ser considerado a partir de seu país e parentes. Jesus era um judeu, um filho de Israel. O povo de Israel não era uma nação real ou imperial, não tinha nenhuma pretensão de estar entre os impérios do mundo. Certa vez, por uma breve

---
[13] Shepard, *The Christ*, p. xv.

temporada, eles se tornaram uma grande potência. Sua história ostentava apenas dois reinados esplêndidos, um famoso pela conquista, o outro pela sabedoria; ainda assim, em cada caso, o esplendor foi manchado pela escuridão. Os grandes reis morreram, e o bom reino pereceu, dividindo-se em duas monarquias miseráveis, sempre rivais, muitas vezes em guerra, ameaçadas ou mantidas em custódia pelos grandes impérios de ambos os lados. E o povo estava tão destituído de gênio literário quanto de importância política. Não foram dotados com a faculdade de tornar uma linguagem bela e musical para sempre, de criar uma literatura que pudesse dominar o mundo por sua ciência rica e exata, filosofia sublime e profunda, poesia pura e exaltada. Eles também não eram apenas destituídos de gênio para a arte, mas possuíam o espírito ao qual a arte era alheia, uma coisa profana e odiosa. Como povo, não tiveram nada cosmopolita em seu passado, como os fenícios, que penetraram no mundo com suas invenções e comércio; como os gregos, com sua literatura; como os assírios ou romanos, com suas armas; mas eles viveram uma vida que se tornou mais estreita e exclusiva a cada dia, e se tornaram entre as nações não uma nação, mas uma seita.

 Esse povo, no entanto, teve um passado glorioso e singular. Se alguma vez existiu um povo que foi criado e destinado para uma grande obra na esfera da religião, esse foi o povo de Israel. Eles realizaram na obscuridade e em meio ao desprezo e contra dificuldades que pareciam inconquistáveis, uma obra que é, em sua própria ordem, a mais importante já realizada no mundo. Eles criaram não simplesmente uma nova religião — que nos tempos primitivos era uma façanha quase diária — mas uma ideia e personificação da religião tão absolutamente nova, mas tão verdadeira e potencialmente transcendentais que tornaram a religião uma nova força para o homem, mais agradável, mais verdadeira, e mais ética do que jamais foi concebido. Não é possível dizer aqui e agora como eles fizeram isso. Basta observar que eles foram os criadores de uma nova e peculiar concepção de Deus e do homem, da sociedade e do Estado. Dois mil anos antes da era cristã, eles haviam fugido como um bando de escravos do Egito e encontrado a liberdade no deserto. Lá, seu líder lhes deu leis que não eram suas, mas de Deus. Eles foram organizados em uma nação, tendo Deus como seu Rei, e se estabeleceram em Canaã para promover um reino divino, um estado ideal, instituído e governado por Deus. Nele tudo era sagrado, nada era profano. Os deveres comuns da vida eram assuntos ligados ao mandamento divino. A nação em seu ser coletivo deveria ser o veículo e mestra da Vontade Divina. A adoração era, enquanto individual e nacional, a homenagem do povo ao seu Rei invisível. Enquanto a nação, por meio de sua adoração e por meio de seus sacerdotes, falava com Deus, e o Senhor, por meio de seus profetas, falava à nação. Eles eram, de fato, as vozes de Deus, seus oradores, revelando suas verdades, reforçando a sua vontade. Contudo uma autoridade reconhecida não é sempre uma autoridade obedecida. A noção de religião era mais sublime do que a intenção das pessoas em apreciar ou a vontade de incorporar e atualizar adequadamente. A adoração é mais fácil do que a obediência. Os homens estão sempre mais prontos para servir ao sacerdote do que para obedecer ao profeta, e o sacerdócio floresceu em Israel enquanto a profecia declinava e morria. E assim, enquanto os profetas criaram uma literatura que incorporava uma religião não efetiva, os sacerdotes criavam uma nação, um povo devotado ao culto que administravam, aos símbolos e cerimônias que instituíram.

Havia, portanto, dois ideais em Israel, cada um a antítese expressa do outro. Um era profético; o outro, sacerdotal. O profético era uma fé ética exaltada, possuidora de uma consciência intensa e elevada da pureza absoluta de Deus e da necessidade de santidade no homem, ou a perfeita conformidade do homem com a vontade divina, à obediência que Ele exigia e aprovava. O sistema sacerdotal era um sistema elaborado, sensorial e priorizava o sacerdócio, que aspirava por regular as relações entre Deus e o homem por meio de sacrifícios, símbolos e observâncias cerimoniais. O profético chamamos de hebraísmo, já o sacerdotal, de judaísmo. O grande objetivo do primeiro era criar obediência moral tanto no homem quanto no povo, e por isso estava sempre pregando que "o Deus justo ama a justiça"; "Ele tem olhos mais puros para não contemplar a iniquidade"; "Justiça e juízo são a morada do seu trono"; Ele não pode permitir que o malfeitor fique impune ou que o benfeitor viva sem recompensa. O grande objetivo do segundo sistema era criar um povo devotado aos costumes sacerdotais, um estado constituído e conduzido de forma que os homens considerassem as leis dos sacerdotes como sendo as leis de Deus, e o desempenho de seus ritos como suprema conformidade com a vontade divina. Houve momentos em que a fé profética penetrou com seu espírito e transfigurou com seu significado o sistema sacerdotal — e nisso, em sua relação real mosaica, eles se completaram e se complementaram; mas no campo real da história e da vida, sua relação usual era de antagonismo

Apêndice: Contexto do tempo de Cristo

e conflito. O profético era, por sua própria natureza, qualificado para ser permanente e universal em todos os seus elementos esplêndidos, mas o sacerdotal foi projetado e qualificado para ser, na melhor das hipóteses, típico e provisional. O temporal, no entanto, em sua luta para se tornar eterno e universalmente válido, não permitiria que o eterno fosse cumprido. Os sacerdotes trabalharam muito tenazmente para fazer de suas sombras a substância para a substância que estava oculta pelas sombras, e foi contra esse esforço sustentado deles que os profetas tão tenazmente contenderam. Porém a fraqueza do homem ajudou os sacerdotes. O hebraísmo permaneceu como um ideal, uma fé muito sublime (muito) espiritual e ética para homens brutos e sensoriais; mas o judaísmo tornou-se uma realidade, como era facilmente possível para uma religião que traduziu a grande e severa ideia de retidão em uma noção pobre e simples de limpeza jurídica, e substituiu o fanatismo do símbolo pelo entusiasmo da humanidade.

Duas coisas precisam ser observadas aqui. (1) A contradição na história de Israel entre o ideal político, que era profético em suas qualidades mais elevadas, e a realidade. O ideal era a teocracia. O Estado era a Igreja, Deus era o rei, a política era a religião. Nossas distinções modernas eram desconhecidas; Deus penetrou em tudo e em todos os lugares, e consagrou tudo o que Ele penetrou. O indivíduo e o Estado estavam, em todos os seus modos de ser, como uma ação destinada a ser religiosa. Porém, para a realização de tal ideal, a liberdade absoluta era necessária; uma tirania, fosse nativa ou estrangeira, só poderia ser fatal para ela. Se o Estado não pudesse se desenvolver de acordo com sua própria natureza, suas instituições se cristalizariam espontaneamente — em torno de sua crença central, e ele não poderia cumprir o objetivo visto em sua própria ideia. E Israel raramente desfrutou da liberdade que seu ideal exigia. Muitas vezes seu povo tinha sido o vassalo, até mesmo o cativo de grandes impérios. Sua luta pela existência política agia de forma prejudicial em seu ideal religioso — o fazia sentir que manter a identidade nacional era cumprir sua missão religiosa. E o patriotismo evocado pelo primeiro reduziu a um particularismo miserável o universalismo generoso que viveu no segundo. Israel acreditava que os estados que eram inimigos de seu ente político, também eram inimigos de sua missão religiosa, e por isso odiava seus conquistadores com o ódio duplo do patriota vencido e do fanático desapontado. Se o estrangeiro se recusasse a poupar sua liberdade, o povo poderia se recusar a distribuir sua luz. As circunstâncias que não o permitiram realizar seu ideal político o impediram de cumprir sua missão religiosa.

(2) A contradição na vida de Israel entre o ideal religioso e a realidade. Os dois elementos na fé de Israel eram, como indicado anteriormente, o sacerdotal e o espiritual, ou o sacerdotal e o profético. Um foi incorporado nas ordenanças legais e na adoração; o outro, expresso nas Escrituras proféticas. Os profetas representam a religião de Javé, não cumprida em Israel, mas em sua verdade e pureza ideais. Os sacerdotes o representavam, não como deveria ser, mas como realmente era. Era possível ser mais fiel ao sistema sacerdotal, enquanto ser mais falso ao elemento espiritual. Onde o sacerdote era seguido mais cegamente, o profeta era desobedecido da maneira mais obstinada. A profecia negligenciada morreu, mas o sacerdócio, respeitado e reverenciado, cresceu. Enquanto tudo o que restou dos profetas foi uma literatura morta, os sacerdotes viviam e se multiplicavam, eram a alma de um sistema ativo e abrangente.[14]

Desde seus primeiros dias, Israel teve uma esperança messiânica. Geikie escreve:

Para alguns, a concepção do reino do Messias era pura e elevada. O coração de Zacarias, Isabel, Maria, Ana, Simeão e João Batista percebeu, mais ou menos, a necessidade de uma redenção da nação de sua corrupção espiritual, como a primeira necessidade. Essa concepção mais grandiosa foi se formando lentamente na mente dos mais religiosos. Antes dos dias dos macabeus, a concepção do Messias era a de um "Filho de Davi", que deveria restaurar o esplendor do trono judeu; e isso, de fato, continuou sempre a crença geral. Porém nem no livro de Daniel, nem nos escritos religiosos posteriores dos judeus antes de Cristo, o Messias é chamado assim, nem há qualquer ênfase colocada em sua origem ou local de nascimento. Daniel e todos os que escreveram depois dele pintam o Esperado como um ser celestial. Ele era o Mensageiro, o Eleito de Deus, nomeado desde a eternidade, para aparecer no tempo devido e redimir seu povo. O mundo estava confiado a Ele como seu Juiz: todos os reis e senhores pagãos estavam destinados a afundar no pó diante dele, e os ídolos a perecer totalmente, para

---

[14] Fairbairn, *Life of Christ*, p. 18-23.

que o povo santo, o escolhido de Deus, sob a liderança dele, pudesse reinar para sempre. Ele era o Filho do Homem, porém, mesmo sendo homem, tinha estado escondido desde a eternidade, no todo glorioso esplendor do céu e, de fato, não era outro senão o Filho de Deus, sentado à destra da Majestade do Pai dele. Ele era o Homem Arquetípico — o ideal da humanidade pura e celestial, em contraste com o Adão caído. Dois séculos antes de nossa era, Ele era chamado de "a Palavra de Deus", ou "a Palavra", como "Sabedoria" e, dessa forma, a encarnação da divindade.

Tais foram, com efeito, as concepções gradualmente amadurecidas do Messias — o Rei Imortal e Eterno, revestido de poder divino e, ainda assim, um homem — que havia sido elaborado desde os primeiros, bem como os mais recentes, escritos sagrados ou religiosos da nação. Poucos, no entanto, perceberam que um Rei celestial deve implicar um reino santo; que seu reinado verdadeiro deve habitar as almas purificadas dos homens. Poucos perceberam que a verdadeira preparação para sua vinda não era o orgulho vanglorioso, mas a humilhação pelo pecado.

Nos dias de Cristo, a ideia predominante dos rabinos e igualmente do povo era que o Messias seria simplesmente um grande príncipe, que fundaria um reino de esplendor incomparável. Tampouco era a ideia de sua origem celestial de alguma forma universal: quase todos imaginavam que Ele seria apenas um herói humano, que deveria conduzi-los à vitória.

Foi acordado entre os rabis que seu local de nascimento deveria ser Belém, e que Ele deveria se levantar da tribo de Judá. Acreditava-se que Ele não saberia que era o Messias até que Elias viesse, acompanhado por outros profetas, e o ungisse. Até então Ele estaria escondido, sem aparecer, e que "se os judeus se arrependessem por um dia, Ele viria". Ele foi o primeiro a aparecer na Galileia; pois, como as dez tribos sofreram primeiro, elas deveriam primeiro ser unidas. Ele deveria libertar Israel pela força das armas e subjugar o mundo sob seu jugo. "Que lindo", diz o Targum de Jerusalém, "é o Rei Messias, que nasce da casa de Judá; Ele cinge seus lombos, desce e ordena a batalha contra seus inimigos e mata seus reis e seus capitães-chefes; não há ninguém tão poderoso para estar diante dele. Ele torna as montanhas vermelhas com o sangue de seus inimigos massacrados; suas vestes, tingidas em seu sangue, são como as cascas das uvas roxas". "Os animais do campo se alimentarão da carne dos mortos por doze meses, e as aves do céu se alimentarão deles por sete anos." "o Senhor", diz o Targum, "nos vingará dos bandos de Gogue. Naquela hora o poder das nações será quebrado; elas serão como um navio de ataque destruído e cujo mastro está tão quebrado que as velas não podem mais ser colocadas nele. Então Israel dividirá os tesouros das nações entre si — um grande acervo de despojos e riquezas, de modo que, se houver um coxo ou cego entre eles, até eles terão sua parte". Os pagãos então se voltarão para o Senhor e andarão em sua luz.

O reino universal assim fundado seria um paraíso terrestre para os judeus.[15]

O conceito elevado do reino messiânico dos profetas havia se deteriorado em um conceito materialista e político, então os conceitos gloriosos de Deus dados por meio dos profetas haviam se deteriorado em um sistema de rituais externos. Fairbaim observa:

> Muitas vezes se disse que os judeus foram para o cativeiro politeístas e retornaram monoteístas; que, antes disso, nada poderia impedi-los da idolatria, depois do cativeiro, nada os tentaria a isso. Porém o fato depende inteiramente do significado dos termos para comprovar se a afirmação anterior é verdadeira. Os judeus eram monoteístas bastante acanhados, no sentido dos profetas, tanto depois quanto antes do cativeiro. Existe uma idolatria tanto do símbolo quanto da imagem. O ídolo é uma representação de Deus, o símbolo, uma representação da verdade; e no momento em que a representação se torna para o homem como a coisa representada, há reverência idólatra do sinal em vez do objeto que representa. E os judeus eram idólatras do símbolo. Seu sistema sacerdotal foi deificado. Os meios se tornaram fins, legalistas mais do que pureza ética; hortelã, erva-doce e cominho, mais do que retidão, misericórdia e verdade. O sacerdócio e o legalismo provaram ser tão fatais para a realização do ideal religioso quanto a escravidão para a realização do político.[16]

Stalker diz:

---

[15] Geikie, *Life and Words*, vol. 1, p. 80-82.
[16] Fairbairn, *Life of Christ*, p. 23.

[...] a religião infelizmente declinou. As coisas externas foram multiplicadas, mas o espírito interior desapareceu. Por mais rude e pecaminosa que fosse a velha nação às vezes, ela era capaz, em seus piores períodos, de produzir figuras religiosas majestosas, que mantinham elevado o ideal de vida e preservavam a conexão da nação com o Céu; e as vozes inspiradas dos profetas mantiveram o fluxo da verdade fresco e limpo. Porém durante quatrocentos anos nenhuma voz de profeta foi ouvida. Os registros das antigas declarações proféticas ainda foram preservados com reverência quase idólatra, mas não havia homens com a quantidade necessária de inspiração do Espírito para entender o que Ele havia escrito anteriormente.[17]

A comunidade religiosa era dividida em cinco seitas principais.

Havia dois elementos distintos nos círculos religiosos da Palestina no tempo de Cristo: os formalistas e aqueles que "esperavam o consolo de Israel". Durante um período de grande perseguição sob Antíoco Epifânio, Simão, o Sumo Sacerdote, ensinou a seu povo que a permanência da raça judaica dependia da sua separação e das obras de retidão. Durante o período de subjugação aos selêucidas, a Grande Assembleia desapareceu, sendo posteriormente substituída pelo Sinédrio. O contato com a tendência liberalizante dos gregos deu origem a duas seitas ou partidos: os fariseus ou separatistas e os saduceus.

(a) Os fariseus resistiam à influência estrangeira e eram zelosos por suas tradições. Seu zelo se degenerou mais tarde em formalismo, que colocou a lei oral no lugar do Deus vivo e das Escrituras. Esse partido era patriótico, ortodoxo e, na época de Cristo, contava com 6 mil pessoas na Palestina. Cristo encontrou a oposição desse partido porque Ele não seguiu seus métodos tradicionais de ensino e enfatizou a religião vinda do coração em vez de cerimonialismo, formalismo e justiça própria. Ele logo atacou abertamente suas regras tradicionais do sábado, discriminando entre a lei oral deles e as Escrituras.

Os escribas eram os representantes farisaicos do povo, que em todos os lugares serviam como as autoridades finais em questões de fé e prática. Eles formularam a Halaká, ou "maneira pela qual os pais caminharam", que era sua interpretação das Escrituras mais a lei oral, cobrindo todos os casos concebíveis de conduta pública ou privada.

---

[17] James Stalker, *The Life of Jesus Christ* (Nova York: Revell, n.d.), p. 32.

A Hagadá ou "Provérbios dos Escribas (rabinos)" era uma barreira em torno da lei para garantir a observância exata. Esse foi um jugo colocado sobre o pescoço do povo, muito pesado para ser alcançado. No final do século 2 (d.C.), a Halaká e a Hagadá compiladas constituíram a Mishná. Mais tarde, os Talmudes ou Comentários sobre a Mishná de Jerusalém e da Babilônia completaram a formulação das tradições. Esses escritos continham muitos germes de verdade que foram encobertos por uma série de regras formalistas e não devem ser comparados ao Novo ou Antigo Testamento. Os rabinos começaram com a observância externa, para chegar à vida interior do Espírito como uma meta; Jesus começou com a vida interior do coração regenerado para chegar à observância e às conduta externas corretas como resultado, tornando a árvore boa para que o fruto fosse bom. Os escribas cobriram as Escrituras com sua lei oral e multiplicaram as regras até esmagar o espírito.

(b) Os saduceus eram uma aristocracia sacerdotal rica que não acreditava na lei oral ou na vida futura. Eles se opuseram ao rigor farisaico e estavam prontos para obedecer à ordem estabelecida das coisas. Seu principal interesse era a política, e não a religião. Embora não fossem tão numerosos quanto os fariseus, eles ocuparam a presidência do Sinédrio. Eles não estavam preocupados em se opor a Jesus até que complicações políticas os levaram a fazer isso no final do ministério dele.

(c) Os essênios eram uma seita de comunistas que viviam principalmente em comunidades isoladas a oeste do mar Morto. Suas purificações e reverência ao sol indicavam a influência persa. Eles não iam ao templo, mas enviavam sua homenagem, liam as Escrituras e faziam sua adoração. Sacrifícios de sangue não faziam parte de sua religião, embora em muitas características eles fossem judeus. No tempo de Cristo, eram cerca de 4 mil integrantes.

(d) Os herodianos apoiavam o governo dos Herodes, sustentando que um governador estrangeiro era a melhor garantia para a proteção de vida e propriedade e, portanto, preferível. Eles eram como os fariseus quanto à fé.

(e) Os zelotes também eram como os fariseus na crença, mas insistiam na guerra contra Roma. Várias revoltas promovidas por eles, como a de Judas da Galileia, foram malsucedidas e severamente punidas. O partido enfim se dividiu em bandos de ladrões, mas não perdeu a simpatia do povo. O espírito nutrido por esse partido depois irrompeu na guerra contra os romanos, que terminou com a destruição de Jerusalém em 70 d.C.[18]

De longe, o grupo mais influente durante a vida de Cristo foi o composto pelos os fariseus. Hagner escreve:

> 1. Significado de "fariseu". A etimologia mais amplamente aceita é aquela que remonta o nome ao hebraico[...] que significa "separar". Um fariseu, de acordo com essa explicação, é um "separatista" ou uma pessoa separada. Apesar da óbvia adequação da designação "separado", não está totalmente claro em que sentido deve ser entendido. O fariseu teria se separado da casa dos asmoneus, dos gentios e suas abominações, da assimilação cultural ao seu modo de vida, ou principalmente do "povo da terra" — a grande massa de judeus que vivia com pouca preocupação com as coisas da lei? Na verdade, o fariseu vivia separado de tudo isso. [...] Alguns contestaram que o uso inicial de [fariseu][...] se referia à separação de grupos de pessoas ou coisas, alegando, em vez disso, que a "separação" referida estava na interpretação das Escrituras, pois um dos significados [...] é "dividir" ou "interpretar". Consequentemente, a sugestão é que seja o que for que "fariseu" passou a significar mais tarde, no início significava "intérprete" e se referia às habilidades exegéticas excepcionais desses homens. Isso, no entanto, parece muito menos provável do que a explicação anterior. [...]
>
> 2. Origem e história. As raízes dos fariseus podem ser rastreadas até os "hassidins" do segundo século — aqueles "homens piedosos" de Israel cuja lealdade à relação de aliança com Yahweh os impeliu a resistir à crescente pressão em direção à helenização. A revolta dos macabeus (167 a.C. e anos subsequentes) contra as políticas malucas de Antíoco Epifânio encontrou os hassidistas em total apoio à resistência. Porém com a rededicação do templo em 164 a.C. e a conquista da liberdade religiosa em 162 a.C., os hassidim, que se preocupavam principalmente com a vida religiosa, e não com a vida política do país, tornaram-se cada vez mais separados das intrigas políticas dos asmoneus. Entre as muitas seitas geradas pelos hassidistas estava a dos fariseus e, de fato, elas, talvez mais do que qualquer uma das outras seitas, podem ser consideradas como a continuação direta do hassidismo no período

---

[18] Shepard, *The Christ*, p. xii-xiii.

do NT. A referência histórica mais antiga aos fariseus é encontrada em Josefo (*Antiguidades*, XIII. V. 9), que os apresenta, juntamente com os saduceus e os essênios, como representantes de diferentes pontos de vista doutrinários mantidos na época em que sua narrativa descreve (cerca de 145 a.C.).

A próxima informação sobre a história dos fariseus também é de Josefo (*Antiguidades* XIII. X. 5). [...] Ele fala de João Hircano (filho de Simão Macabeu), que era o sumo sacerdote sob o qual a independência política foi finalmente alcançada (128 a.C.), e que também era discípulo dos fariseus. Hircano convidou os fariseus para um grande jantar e, durante as festividades, compartilhou com eles seu desejo de obter a justiça e agradar a Deus, indicando que ficaria feliz em ouvir deles qualquer coisa que o ajudasse a se aperfeiçoar. Ali concordou que ele já era um homem justo. Um certo Eleazar, no entanto, um indivíduo perverso de acordo com Josefo, sugeriu que Hircano realmente deveria desistir do sumo sacerdócio e se contentar apenas com o governo civil, uma vez que havia rumores de que a mãe de Hircano tinha sido prisioneira dos selêucidas. A implicação era de que o verdadeiro pai e, portanto, a linhagem sacerdotal de Hircano era questionável. A compreensível defesa feita por Hircano foi agravada por um saduceu chamado Jônatas, que insistia que essa era a opinião dos fariseus em geral, apesar de seus protestos ruidosos. Quando os fariseus negaram que o insulto de Eleazar deveria exigir a pena de morte, Hircano permitiu-se, por insistência de Jônatas, ser afastado dos fariseus e opor-se às suas atividades com muita hostilidade. Assim, na primeira linha de informação histórica, o início da brecha entre os fariseus e os governantes é evidente, e os governantes daí em diante tenderam a abraçar o ponto de vista saduceu. A cisão que começou ali e continuou a crescer revelou-se de grande importância, uma vez que os fariseus, segundo Josefo (*Antiguidades* XIII. X. 5), exerciam uma influência muito grande nas massas. Este fato em si é visto por muitos como a raiz da disputa entre Hircano e os fariseus.

Historicamente, está claro que diferenças mais fundamentais foram responsáveis por essa grande divisão dentro do judaísmo. A orientação política crescente da casa asmoniana, incorporada, por exemplo, na adoção do diadema real por Aristóbulo 1 (Josefo, *Antiguidades*, XIII. Xi.I; *Guerra* I. iii. 1), estava em desacordo com a orientação exclusivamente religiosa dos fariseus. Durante os reinados de Aristóbulo I e Alexandre Janeu, a brecha entre as duas facções continuou — com os fariseus desfrutando de popularidade crescente entre o povo. Quando Janeu foi derrotado pelos árabes nabateus, a população descontente aproveitou a situação e instigou uma rebelião contra Janeu que duraria quase seis anos (94-88 a.C.). Embora os fariseus não sejam especificamente mencionados no relato de Josefo (*Antiguidades*, XIII. Xiii. 5; XIV. 2; *Guerra* I. iv. 6), eles devem ter desempenhado um papel importante nessa rebelião, e teriam sido bem representados entre os oitocentos judeus crucificados como vítimas da vingança de Janeu. Josefo faz com que Janeu se refira aos fariseus em seu leito de morte (76 a.C.) e atribui seu conflito com a nação ao seu tratamento severo para com eles (Josefo, *Antiguidades*, XIII. xv. 5). Josefo afirma que Janeu também aconselhou sua esposa Alexandra sobre o poder dos fariseus entre o povo e, portanto, a encorajou, por razões muito práticas, "a ceder uma certa quantidade de poder" a eles (Josefo, *Antiguidades*, XIII xv. 5). A rainha Alexandra, cujo irmão Simon ben Shetach era o líder dos fariseus, achou esse conselho aceitável, e durante seu reinado o poder dos fariseus cresceu consideravelmente, na verdade a tal ponto que Josefo diz que eles possuíam a autoridade real, enquanto Alexandra tinha apenas o seu fardo (*Guerra* I. v. 2).

Os fariseus prosperaram sob o governo de Simão durante o tempo em que Alexandra viveu. Quando ela morreu (67 a.C.), uma luta pelo trono ocorreu entre seus dois filhos, Hircano II, o herdeiro legítimo que também possuía o apoio dos fariseus, e seu irmão mais novo, Aristóbulo II, que era apoiado pelos saduceus. Aristóbulo provou ser o mais forte dos irmãos. Hircano logo cedeu a ele, e a sorte política dos fariseus declinou. Para os fariseus, entretanto, as questões políticas eram secundárias, e a adversidade parece apenas ter tido o efeito de aprofundar e fortalecer sua força e seu compromisso religioso. Embora Hircano tenha recuperado o sumo sacerdócio, graças aos esforços do oportunista Antípatro, foi apenas às custas da soberania política. Essa divisão dentro do judaísmo, portanto, provou ser um fator importante no colapso dos asmoneus e a concomitante subserviência a Roma.

Os fariseus mantiveram sua influência sobre as massas durante todas essas vicissitudes, de modo que até mesmo Herodes, um fantoche de Roma, teve o cuidado de não os ofender indevidamente. Ele não tinha consideração por seus ensinamentos religiosos, mas estava bem ciente da ameaça que representavam para a estabilidade de seu reino. Naquela época, de acordo com Josefo, os fariseus eram "mais de 6 mil" (Josefo, *Antiguidades*, XVII. Ii. 4). Esse número, no entanto, é bastante problemático. Refere-se apenas aos membros no sentido mais amplo e não inclui muitos que também deveriam ser contados entre os fariseus. (T. W. Manson estima que até 5% da população total poderia ser contada entre os fariseus.) Eles também mantinham uma importante, embora provavelmente não controlando (apesar das reivindicações talmúdicas), representação no Sinédrio durante esse período nos tempos do NT.

Nos evangelhos, os fariseus costumam ser os principais antagonistas de Jesus. Eles são retratados como os "especialistas" religiosos da época que se encarregaram de examinar e, por fim, condenar as palavras e obras de Jesus. Várias vezes eles estão ligados aos saduceus (por exemplo, Mt 16:1) e até mesmo aos herodianos (por exemplo, Mt 12:15ss; Mc 3:6; 12:13) com quem eles não estavam de forma alguma em acordo, mas com quem eles foram capazes de se unir contra Jesus (Mt 22:34). Essas passagens sem dúvida refletem o lugar que os fariseus ocupavam no corpo governante do Sinédrio. Na verdade, a influência considerável dos fariseus aparentemente tornou conveniente para os saduceus, politicamente mais poderosos, respeitarem e, ocasionalmente, cederem à opinião dos fariseus. De acordo com Josefo, os saduceus repetidamente tiveram que se submeter, embora a contragosto, aos ditames dos fariseus "visto que, de outra forma, as massas não os tolerariam" (*Antiguidades*, XVIII. I. 4; cf. a aceitação do Sinédrio da recomendação de Gamaliel em At 5:34ss.).

A grande revolta judaica, que levou ao colapso de Jerusalém em 70 d.C., deveu sua vitalidade aos zelotes em vez de aos fariseus. Na verdade, os fariseus parecem ter se oposto, em princípio, à revolta e foram os primeiros a fazer as pazes com os romanos. De acordo com o Talmude, mesmo antes de as hostilidades serem terminadas, Johanan ben Zakkai pediu e recebeu permissão das autoridades romanas para estabelecer uma escola em Jâmnia (Jabneh). Aqui e depois, em Tiberíades, a sucessão de rabinos famosos, como Gamaliel II, Akiba, Ismael e Meir, deu continuidade ao processo de estabelecer e perpetuar a essência do judaísmo. Sem seu templo, a religião judaica foi forçada a assumir um novo caráter e, quando após a última rebelião judaica (132 d.C.), toda esperança de reconstruir o templo foi perdida, o trabalho desses homens assumiu uma nova importância. A Mishná, compilada pelo patriarca Judá (ca. 200 d.C.), que é o trabalho culminante desses estudiosos e, por sua vez, um novo começo na história da erudição judaica — é um monumento da sabedoria farisaica e um testemunho do triunfo final do farisaísmo, que daí em diante se tornou sinônimo de judaísmo.

3. Composição e organização. Em contraste com os saduceus, que vinham quase exclusivamente da aristocracia, os fariseus eram em grande parte membros da classe média. Eles tendiam a ser os homens de negócios — os mercadores e comerciantes de sua época — e isso aparentemente explica a grande quantidade de material talmúdico dedicado às complexidades do comércio. Esses eram homens seriamente preocupados em seguir a lei e que, portanto, se separaram da grande massa da população — o chamado "povo da terra" (*am ha-aretz*) — por sua estrita observância às minúcias de seu tradição jurídica. O fariseu médio não tinha educação formal na interpretação da lei e, portanto, recorria ao erudito profissional, o escriba (cuja classe era em sua maioria composta de fariseus), em questões jurídicas. Embora a maioria dos fariseus fossem leigos burgueses, parece ter havido vários sacerdotes e levitas que também eram fariseus. Sendo um número relativamente pequeno em suas próprias fileiras, mesmo assim estavam comprometidos com os ideais farisaicos, vendo neles um meio de elevar a pureza dos leigos a um nível próximo ao do sacerdócio (concebido de maneira idealista).

Os fariseus, como outros grupos separatistas (por exemplo, os essênios), organizaram-se em comunidades distintas e fechadas. A *haburá*, "comunidade", referida nos materiais talmúdicos é provavelmente uma comunidade farisaica, e o *haber*, "companheiro" ou membro da comunidade, um fariseu. Aparentemente, várias dessas comunidades sagradas existiam nos arredores de Jerusalém, onde sua concentração aumentava sua eficácia. A admissão nessas comunidades era estritamente regulamentada. O candidato deveria primeiro concordar em assumir a obediência a toda a legislação detalhada da tradição farisaica, envolvendo dízimo e especialmente pureza cerimonial e alimentar. Ele então entrava em um período de provação (a duração do qual era, de acordo com pontos de vista diferentes, tanto um mês quanto um ano) durante o qual ele era cuidadosamente observado com relação ao seu voto de obediência.

Cada comunidade era organizada sob a liderança de um escriba, que atuava como autoridade profissional na interpretação da lei, e provavelmente tinha outros escritórios também. As comunidades não apenas ofereciam oportunidade para escrutínio e encorajamento mútuos, mas também tinham reuniões programadas para adoração (geralmente na véspera do sábado). O estudo da Torá e uma refeição comunitária também faziam parte dessas reuniões. O livro pseudepígrafo conhecido como Salmos de Salomão é um documento que foi usado nas comunidades farisaicas e muito possivelmente empregado liturgicamente em seus serviços de adoração. Teria fornecido não apenas uma forte polêmica contra os saduceus e, portanto, um lembrete da razão da existência da comunidade, mas também teria expressado as esperanças da comunidade farisaica. O alcance e o impacto dos fariseus, é claro, não se limitaram a essas comunidades fechadas. Por meio das atividades da sinagoga, que servia de braço aos fariseus, especificamente no ensino da Torá e na administração da caridade pública, o farisaísmo influenciou um grande segmento da população, muitos dos quais se inclinaram para os pontos de vista dos fariseus sem assumir a responsabilidade total de adesão à comunidade.

As comunidades fechadas dos fariseus são, portanto, paralelas e estreitamente relacionadas aos grupos separatistas essênios, hoje conhecidos particularmente a partir do Documento de Damasco, e também, em menor grau, conhecidos pelo Manual de Disciplina de Qumran. Sem identificar os fariseus e os essênios, pode-se admitir prontamente que eles tinham muito em comum, tanto nos objetivos e nas metodologias quanto no meio comum que constituía a força motivadora de ambos os movimentos.

4. Ensino em relação às outras seitas. O principal distintivo do farisaísmo não é encontrado em seu zelo pela lei, pois essa era uma característica de todas as seitas religiosas entre os judeus do período do NT. Ao contrário, deve ser encontrado na importância peculiar atribuída à lei oral em contraste com a lei escrita ou Torá.

a. Lei oral. A questão básica era a autoridade da lei oral. Os fariseus aceitavam junto com a Torá, como igualmente inspirado e autorizado, todo o material explicativo e suplementar produzido e contido na tradição oral. Esse material aparentemente começou a evoluir durante o Exílio Babilônico por meio das novas circunstâncias que o fato trouxe ao povo judeu. O exílio foi visto como punição divina por causa da negligência da lei e, consequentemente, durante esse período, houve uma séria mudança na lei. A exposição detalhada da lei apareceu na forma de injunções inumeráveis e altamente específicas que foram projetadas para "construir uma cerca" ao redor da Torá escrita e assim proteger contra qualquer possível violação da Torá por ignorância ou acidente. Além disso, as novas circunstâncias do Exílio e do período pós-exílico envolveram questões não cobertas na Torá escrita; por essa razão, uma nova legislação teve de ser produzida por analogia e inferência daquilo que já existia. O conteúdo dessa lei oral continuou a evoluir e a crescer em volume ao longo dos períodos intertestamentários, NT e pós-NT, finalmente para alcançar a forma escrita na Mishná (200 d.C.). Para os fariseus, a lei oral passou a ser tão altamente reverenciada que se dizia que remontava ao próprio Moisés e ter sido transmitida oralmente ao longo dos séculos, em paralelo com a lei escrita que também derivou dela.

Josefo se refere várias vezes à perícia "na interpretação da lei pela qual os fariseus se tornaram conhecidos" (por exemplo, Josefo, *Life*, 38). Dentre as várias seitas, eles eram considerados "os intérpretes mais precisos das leis" (Josefo, *Guerra* II. viii. 14) e também eram conhecidos por sua austeridade de vida (Josefo, *Antiguidades*, XIII. I. 3). O historiador especifica ainda que foi exatamente essa obsessão com "regulamentos transmitidos por gerações anteriores e não registrados nas Leis de Moisés" (Josefo, *Antiguidades*, XIII. X. 6) que constituiu a brecha que existia entre os fariseus e os saduceus. Com isso, pode-se comparar a referência do NT à pretensão farisaica com a "tradição dos anciãos" ou a "tradição dos homens" (cf. Mt 15:1-9; Mc 7:1-23; cf. Josefo, *Antiguidades*, XIII. Xvi. 2). O NT está repleto de alusões à preocupação escrupulosa dos fariseus com as minúcias de seu legalismo: o dízimo de ervas (Mt 23:23; Lc 11:42); o uso de conspícuos filactérios e tassels (Mt 23:5); a observância cuidadosa da pureza ritual (por exemplo, Mc 7:1ss.); jejuns frequentes (Mt 9:14); distinções em juramentos (23:16ss.) etc.

A Mishná oferece uma ilustração ainda mais impressionante dessa definição precisa da lei. Aqui está uma enciclopédia virtual do legalismo farisaico que instrui o leitor com detalhes quase incríveis sobre todas as áreas concebíveis de conduta. É impossível fazer justiça a esse material tentando descrevê-lo; ninguém pode fazer melhor do que provar o conteúdo da Mishná por si mesmo. Esse material legislativo da Mishná é descrito como *Halacá* (literalmente "andar"), aquilo que prescreve, em contraste com o outro tipo básico de material na tradição oral (especialmente nos Gemaras e Midrash) conhecida como *Hagadá*, ou aquele que edifica e instrui.

Sob a direção de seus escribas, os fariseus tendiam a proliferar a *Halacá*. Essa preocupação com cada jota e til de desempenho pode dar a impressão de que os fariseus eram excessivamente rígidos e intolerantes. Que eles eram rigorosos, não pode haver dúvida, mas é interessante notar que em sua interpretação da Torá escrita eles frequentemente eram mais liberais do que os saduceus literalistas. Além disso, mesmo entre eles havia espaço para divergências. Nas últimas décadas do século I a.C. surgiram duas escolas de interpretação rivais entre os fariseus. A primeira, liderado por Shamai, era rigorosa e extremamente conservadora; a outra, liderado por Hilel, estava liberalmente inclinada e disposta a "reconciliar" as leis com as situações reais da vida. A rivalidade entre essas duas escolas é permanentemente registrada na Mishná, onde com frequência os pontos de vista divergentes são contrastados. Nos evangelhos, certas perguntas feitas a Jesus pelos fariseus parecem ter como pano de fundo, senão o motivo real, disputas entre essas duas escolas de interpretação (por exemplo, divórcio, Mt 19:3 e seguintes). Estudiosos judeus frequentemente comparam Jesus a Hilel e argumentam que em muitos aspectos ele poderia ser considerado um discípulo de Hilel. No entanto, em pelo menos um ponto — no que diz respeito aos motivos para o divórcio (Mt 19:9) — Jesus concordou com Shamai contra Hilel. Este último de fato antecipou o resumo da lei de Jesus em sua própria formulação negativa da regra de ouro: "O que você não teria feito a si mesmo, não faça a outro; esta é toda a lei, o resto é comentário" (BT *Shabbath* 31a). Nas décadas anteriores à catástrofe de 70 d.C., parece que a atitude mais severa dos shamaítas tendeu a prevalecer entre os fariseus em geral. Da reconstrução seguinte em diante, foi o ponto de vista um tanto mais gentil dos hileítas que prevaleceu. Assim, uma divisão dentro dos fariseus chegou ao fim, o que poderia ter sido desastroso para o restante da história do farisaísmo.

A lei oral dos fariseus, entretanto, é inquestionavelmente impressionante. Isso se aplica não apenas ao escopo, à complexidade da estrutura e à inventividade (para não dizer ao gênio) de sua exegese, mas também como uma expressão monumental de preocupação com a retidão. Embora se saiba que existia hipocrisia, não adianta contestar os motivos desses homens em geral. Parece haver, no entanto, algumas fraquezas inevitáveis em um sistema que se dedica à formulação de preceitos microscópicos. Questões realmente significativas são facilmente perdidas na confusão de detalhes triviais. Pior do que isso, muitas vezes o próprio ditado da lei supostamente elucidado pelas especificidades da tradição oral tende a ser vitimado e anulado pela casuística dos escribas. Estas, é claro, estão entre as principais críticas aos escribas e fariseus expressas por Jesus (veja a seguir). [...]

Apêndice: Contexto do tempo de Cristo

5. Significado do farisaísmo. Uma preocupação geral com os vícios dos fariseus, infelizmente, muitas vezes obscureceu não apenas os bons aspectos do farisaísmo, mas também seu verdadeiro caráter e significado. O farisaísmo foi admirável em sua tentativa, embora fútil, de sujeitar todas as áreas da vida à lei. Talvez mais importante do que o fracasso sombrio de seu legalismo a esse respeito foi a fonte de piedade que motivou todo o fenômeno conhecido como farisaísmo. Foi o anseio por um Israel justo e a esperança da vinda do reino messiânico que motivou esses homens. A piedade e o tom de expectativa dos Salmos farisaicos de Salomão são virtualmente indistinguíveis daquele, tão altamente honrado pelos cristãos, que aparece nas declarações poéticas de Lucas 1 e 2. Deus estava prestes a fazer uma grande obra por seu povo, e como preparação era necessário que o povo voltasse à lei. Os escribas e fariseus, por conseguinte, fizeram da lei uma influência na vida das massas como nunca havia acontecido antes. Apesar dos excessos e fracassos, na medida em que permaneceu bíblico, realizou muito. O farisaísmo era, no fundo, um movimento pela retidão, embora tragicamente abortado. Foi essa preocupação com a justiça que levou os fariseus ao legalismo com tanta paixão. Convencidos de que haviam alcançado a justiça que buscavam, os fariseus se tornaram vítimas para sua própria satisfação e, sem saber, rejeitaram sua única esperança de justiça. Esse impulso básico para a justiça, no entanto, explica o que pode ser considerado atraente e bíblico tanto sobre o judaísmo farisaico quanto rabínico. Esse judaísmo posterior está em continuidade com o farisaísmo e, como era de se esperar, exibe alguns dos mesmos vícios e virtudes. Não sem razão, G. F. Moore escreveu que "o judaísmo é o monumento dos fariseus" (II, 193). Exatamente por essa razão, porém, a disputa entre Jesus e os fariseus encontra sua contrapartida moderna naquela entre o judaísmo e o evangelho.[19]

Relacionados com os fariseus estavam os escribas. Embora estes formassem um grupo distinto, eles costumam ser reunidos nos evangelhos (cf. Mt 24:13). No entanto é necessário distinguir os dois.

A existência da lei conduz necessariamente a uma profissão cujo negócio é o estudo e o conhecimento da lei; de qualquer forma, se a lei

---
[19] D. A. Hagner, *Pharisees*, ZPEB, vol. 4, p. 745-752.

for extensa e complicada. Na época de Esdras e provavelmente por algum tempo depois, isso era principalmente assunto dos sacerdotes. Esdras era sacerdote e um erudito ([...], ṣōphēr). Era principalmente do interesse do conselho sacerdotal que a parte mais importante do Pentateuco (P) fosse escrita. Os sacerdotes eram, portanto, também em primeira instância os eruditos e os guardiões da lei; mas com o passar do tempo isso mudou. Quanto mais estimada a lei se tornava aos olhos do povo, mais seu estudo e interpretação se tornavam uma obra vitalícia, e assim se desenvolveu uma classe de estudiosos que, embora não fossem sacerdotes, devotaram-se assiduamente à lei. Estes ficaram conhecidos como escribas, ou seja, os estudantes profissionais da lei. Durante o período helenístico, os sacerdotes, especialmente os da classe alta, foram contaminados com o helenismo da época e frequentemente voltaram sua atenção para a cultura pagã, negligenciando em maior ou menor grau a lei de seus pais e provocando a oposição dos escribas. Assim, os escribas, e não os sacerdotes, eram agora os zelosos defensores da lei e, portanto, os verdadeiros mestres do povo. Na época de Cristo, essa distinção estava bem clara. Os escribas formaram uma classe sólida que exerceu influência indiscutível sobre o pensamento do povo. No NT, eles são geralmente chamados de [...] *grammateís*, isto é, "Estudantes das Escrituras", "eruditos", correspondendo ao hebraico [...] *ṣōphērim* = *homines literati*, aqueles que fazem sua profissão como estudos literários que, nesse caso, é claro, significava principalmente a lei. Além dessa designação geral, encontramos também a palavra específica [...] *nomikoí*, ou seja, "estudantes da Lei", "peritos da lei" (Mt 22:35; Lc 7:30; 10:25; 11:45,52; 14:3); e na medida em que não só conhecem a lei, mas também a ensinam, são chamados [...] *nomodidáskaloi*, "doutores da lei" (Lc 5:17; At 5:34).

De seus alunos, os rabinos exigiam honras até mesmo ultrapassando as atribuídas aos pais. "Que a honra do teu amigo limite com a honra do teu mestre, e a honra do teu mestre com o temor de Deus" (*Ăbhōth* 4:12). "A honra de teu professor deve superar a honra concedida a teu pai; pois filho e pai têm o dever de honrar o professor" (*Kerīthōth* 6:9). Em todos os lugares os rabinos exigiam a posição de primeira classe (Mt 23:6ss.; Mc 12:38ss.; Lc 11:43; 20:46). Sua túnica era igual à da nobreza. Eles usavam [...] *stolaí*, "túnicas", e essas eram a marca da classe alta.

Visto que os escribas eram peritos da lei [...], grande parte de seu tempo era ocupado no ensino e em funções judiciais, e ambas as atividades devem ser exercidas gratuitamente. O rabino Zadoque disse: "não faça do conhecimento da lei nem uma coroa para se gloriar, nem uma pá com a qual cavar". Hilel costumava dizer: "Aquele que usa a coroa [da Lei] para fins externos diminuirá". E também que, como estava escrito na lei, o juiz não deveria receber presentes ou subornos [Ex 23 8; Dt 16 19]; portanto, o Mishná diz: "Se alguém aceitar pagar para fazer o julgamento, seu julgamento é nulo e sem efeito". Os rabinos eram portanto, obrigados a ganhar a vida por outros meios. Alguns sem dúvida haviam herdado riquezas; outros praticavam o artesanato além do estudo da lei. O rabino Gamaliel II aconselhava enfaticamente a busca de um negócio além do estudo da lei. É bem conhecido que o apóstolo Paulo manteve seu artesanato mesmo depois de se tornar um pregador do evangelho (At 18:3; 20:34; 1Co 4:12; 9:6; 2Co 11:7; 1Ts 2:9; 2Ts 3:8), e o mesmo é relatado acerca de muitos rabinos. Em todos os casos, porém, a busca da lei é representada como a mais digna, e é advertido para não superestimar o valor da ocupação comum. [...] Os escribas geralmente pertenciam à classe farisaica; pois esta última não era outra senão a parte que reconhecia as interpretações ou "tradições" que os escribas, ao longo do tempo, desenvolveram do corpo da lei escrita e impuseram ao povo como regra obrigatória de vida. Visto que, entretanto, os "escribas" eram meramente "estudantes da lei", deve ter havido também escribas que faziam parte do grupo dos saduceus; pois não se deve imaginar que essa parte, que reconhecia apenas a lei escrita como vinculativa, não deveria ter tido alguns alunos oponentes na outra classe. De fato, várias passagens do NT que falam dos "escribas dos fariseus" (Mc 2:16; Lc 5:30; At 23:9) indicam que havia também "escribas dos saduceus".

Sob o governo e liderança dos escribas, tornou-se a ambição de todo israelita saber maior ou menor parte da lei. O objetivo da educação na família, na escola e na sinagoga era fazer de todo o povo um povo da lei. Até o trabalhador comum deveria saber o que estava escrito na lei; e não apenas ter conhecimento, mas também praticar. Toda a sua vida deveria ser governada de acordo com as normas da lei e, de modo geral, esse propósito foi alcançado em alto grau. Josefo afirma: "Mesmo que sejamos roubados de nossas riquezas, de nossas cidades e de nossos outros bens, a lei permanece como nossa posse para sempre. E nenhum judeu pode estar tão longe da terra de seus pais, nem temerá um comandante hostil a tal um ponto que ele não temesse sua lei mais do que seu comandante". De tal modo era a maioria dos judeus leal para com sua lei de modo que eles suportariam alegremente as mazelas da tortura e até a morte por isso. Esse estado de espírito deveu-se quase totalmente à instrução sistemática e persistente dos escribas.

O motivo subjacente a esse entusiasmo pela lei era a crença na retribuição divina no sentido jurídico mais estrito. A ideia profética de uma aliança que Deus fez com seu povo seleto foi interpretada puramente no sentido jurídico. A aliança era um contrato pelo qual ambas as partes estavam mutuamente vinculadas. As pessoas são obrigadas a observar a lei divina literal e de forma consciente; e, em troca disso, Deus tem o dever de conceder a recompensa prometida na proporção dos serviços prestados. Isso se aplica às pessoas como nação e também ao indivíduo. Serviços e recompensas devem sempre estar em relação mútua. Aquele que presta grandes serviços pode esperar da justiça de Deus que receberá grandes recompensas como sua porção, enquanto, por outro lado, toda transgressão também deve ser seguida por sua punição correspondente.

Os resultados correspondem aos motivos. Assim como os motivos principais eram superficiais, os resultados foram uma visão extremamente superficial da vida religiosa e moral. A religião foi reduzida ao formalismo legal. Toda a vida religiosa e moral foi rebaixada ao nível da lei, e isso deve necessariamente levar aos seguintes resultados: (1) O indivíduo era governado por uma norma, cuja aplicação só poderia ter resultados ruins quando aplicada neste reino. A lei tinha por objetivo regular as relações dos homens entre si de acordo com determinados padrões. Seu objeto não seria o indivíduo, mas apenas o corpo da sociedade. Na lei, o indivíduo deveria encontrar o papel adequado em sua conduta para com a sociedade como um organismo. Era uma questão de obrigação e de governo por parte da sociedade. A religião, entretanto, não seria uma questão de governo; onde fosse encontrada, era uma questão de liberdade, de escolha e de conduta. (2) Ao reduzir a prática da religião à forma de lei, todos os atos eram colocados em pé de igualdade. Os motivos não seriam mais levados em consideração, mas apenas a própria ação. (3) Disto se segue que a mais alta realização ética era a satisfação formal da lei, o que naturalmente conduzia ao literalismo financeiro. (4) Finalmente, a vida moral deveria, sob tais circunstâncias, perder sua unidade e ser dividida em múltiplos preceitos e deveres. A lei sempre ofereceria oportunidade para a casuística, e foi o desenvolvimento desse fator na orientação da vida religiosa judaica por meio dos "preceitos dos anciãos" que suscitou a repetida denúncia de Cristo acerca da obra dos escribas.[20]

Jeremias mostra a influência dos escribas.

Foi somente o conhecimento que deu seu poder aos escribas. Qualquer pessoa que desejasse ingressar na companhia de escribas por ordenação deveria seguir um curso regular de estudos por vários anos. O jovem israelita desejoso de dedicar sua vida a tal escolaridade iniciava sua educação como aluno (*Talmīd*). Muitos exemplos mostram que a instrução geralmente começava bem cedo. Josefo deixa isso claro, mesmo que deixemos de lado uma boa parte de seu autoelogio incomensurável. Desde os 14 anos o jovem já havia sido ensinado na interpretação da lei (Vita 9). Também fica claro pela história em b. Gitt. 58a Bar. e paralelos sobre R. Ishmael b. Eliseu, que já tinha um conhecimento profundo das Escrituras quando os romanos o levaram cativo ainda jovem.

O aluno estava em contato pessoal com seu professor e ouvia suas instruções. Quando aprendia a dominar todo o material tradicional e o método halakic, a ponto de ser competente para tomar decisões pessoais sobre questões de legislação religiosa e justiça penal, era um "erudito não ordenado" (*talmīd ḥākām*). Era somente quando ele atingia a idade canônica de ordenação fixada com certeza tarde demais — aos 40 anos por uma referência pós-tanaítica (b. Sot. 22b), que ele poderia, por ordenação (*semīkāh*), ser recebido na companhia dos escribas como um membro de pleno direito, um "erudito ordenado" (*ḥākām*). Doravante, ele estava autorizado a tomar suas próprias decisões em questões de legislação religiosa e ritual (b. Sanh. 5a), para atuar como juiz em processos criminais (ibid. 3a), e julgar em processos civis como um membro do tribunal ou como um indivíduo (ibid. 4b Bar.).

Ele tinha o direito de ser chamado de rabino, pois é certo que esse título já era usado por escribas na época de Jesus (Mt 23:78). Porém outros homens que não haviam cursado o ensino regular de educação para a ordenação também eram chamados de rabino, e Jesus de Nazaré é um exemplo. Isso ocorre porque o título, no início do século 1 d.C., estava passando por uma transição de seu antigo status de título de honra geral reservado exclusivamente para um escriba. Em todos os eventos, um homem que não houvesse completado a educação rabínica

---

[20] Frank E Hirsch, "Scribes," ISBE, vol. 4, p. 2704-2705.

era conhecido como μὴ μεμαθηκώς (Jo 7:15), e ele não tinha direito aos privilégios de um professor ordenado.

Apenas professores ordenados transmitiam e criavam a tradição derivada da Torá que, de acordo com o ensino farisaico que a massa do povo respeitava, era considerada igual a (Bill. I, 81f.), e de fato acima da Torá (ibid. 691ss.). Sua decisão tinha o poder de "ligar" ou "desligar" (cf. Mt 16:19; 18:18) para sempre os judeus do mundo inteiro. A tais alunos, como "acadêmicos", como portadores desse saber e autoridade, foram abertos cargos-chave na administração da justiça, no governo e na educação. As "profissões acadêmicas" então surgiram, e os escribas as praticavam junto com o ensino e a profissão civil.

Além dos principais sacerdotes e membros de famílias patrícias, o escriba era a única pessoa que podia entrar na suprema corte, o Sinédrio. O partido farisaico no Sinédrio era composto inteiramente de escribas. Esse Sinédrio, podemos concluir, não era apenas um tribunal de governo, mas principalmente de justiça. Então, o conhecimento da exegese das escrituras se tornou o fator determinante nas decisões judiciais. Acrescente-se a isso a grande influência que o grupo farisaico do Sinédrio conseguiu obter em sua atividade administrativa, e podemos avaliar a importância do privilégio dos escribas em fazerem parte do tribunal dos 71. Assim, encontramos no Sinédrio os principais escribas: Semaías (Ant. 14.172), Nicodemos (Jo 3:1; 7.50), R. Gamaliel I (At 5:34) e seu filho Simeão (Vita 190; BF 2.627). Outros escribas eram membros de tribunais; Johanan b. Zakkai (M. Sanh. V. 2) e Paulo (At 25:10-11), que serviram como juízes em processos criminais. Três outros escribas constituíram um tribunal civil em Jerusalém (M. Ket. Xiii. Iff.; b. B.K. 58b).

Quando uma comunidade se deparava com a escolha entre um leigo e um escriba para ser nomeado ao cargo de presbítero de uma comunidade, ou "governante da sinagoga", ou juiz, ela invariavelmente preferia o escriba. Isso significa que um grande número de cargos importantes até então ocupados por sacerdotes e leigos de alto escalão haviam, no primeiro século d.C., passado inteiramente, ou predominantemente, caído nas mãos de escribas.

No entanto, a razão decisiva para sua influência dominante sobre o povo ainda não havia sido declarada. O fator decisivo não foi que os escribas fossem os guardiães da tradição no domínio da legislação religiosa e, por isso, pudessem ocupar cargos importantes na sociedade, mas sim o fato, muito pouco reconhecido, de serem os guardiães de um conhecimento secreto, de uma tradição esotérica. De todos os cantos do mundo, jovens judeus iam a Jerusalém para sentar-se aos pés dos mestres cujos ensinamentos ressoavam por todo o país. Entendemos, portanto, que os escribas eram venerados, como os profetas da antiguidade, com respeito ilimitado e temor reverente, como portadores e mestres do conhecimento esotérico sagrado; suas palavras tinham autoridade soberana. As comunidades farisaicas, em especial, prestavam obediência incondicional a seus escribas, e os escribas farisaicos eram de longe os mais numerosos. Se os ensinamentos da maioria dos escribas saduceus desapareceram da tradição, a principal razão é que o papel dos saduceus terminou com a queda de Jerusalém, e a tradição que nos foi transmitida e fixada pela palavra escrita do segundo século veio exclusivamente de seus inimigos, os fariseus. Além disso, era um fato que, mesmo antes da destruição do templo, os escribas saduceus exerciam na vida pública um papel muito menos importante do que os escribas fariseus (Ant. 18.17). A lealdade dos grupos farisaicos encorajou a influência dos escribas fariseus sobre o povo.

Perceberemos muito claramente a diferença entre os dois se tivermos em mente as acusações que Jesus, segundo Lucas, dirige a cada um separadamente. Os escribas (Lc 11:46-52; 20:46; cf. 11:43-veja n. 29) são censurados por: (a) impor leis religiosas muito estritas a outras pessoas, evitando-as eles próprios; (b) construir "tumbas dos profetas" enquanto estão prontos para condenar à morte os homens enviados por Deus; (c) manter seu aprendizado em segredo e, assim, impedir o acesso do povo ao reino de Deus, sem fazer uso de seu próprio conhecimento; (d) orgulho excessivo no vestuário, nas saudações e na ordem dos assentos, especialmente no que diz respeito às sinagogas. Como vemos, essas reprovações têm uma relação geral com sua educação de escriba e seus privilégios resultantes na vida social.

As reprovações de Jesus aos fariseus, listadas em Lucas 11:39-42, 44, são de um tipo totalmente diferente. São acusações de: (a) hipocrisia no cumprimento das leis sobre pureza, embora permanecessem impuros por dentro; (b) hipocrisia no pagamento do dízimo de vegetais verdes e secos não exigidos pela lei, enquanto negligenciavam as obrigações religiosas e morais da lei. Podemos ver que essas acusações não tinham absolutamente nada a ver com uma educação teológica; eles eram nivelados com homens que levavam sua vida de acordo com as exigências das leis religiosas dos escribas fariseus.

Lucas mostra claramente, e em total acordo com referências em fontes contemporâneas, que o discurso paralelo em Mateus 23 divide-se em duas partes: a primeira (v. 1-22, 29-36) é dirigida aos escribas e a segunda (v. 23-28) aos fariseus. O próprio Mateus deixa isso claro em várias ocasiões, por exemplo, quando introduz o quinto "ai" (Mt 23:25-26) com as palavras: "Ai de vós, escribas e fariseus", e então continua (v. 26) pela única frase: "fariseu cego".

Da mesma forma, os dois primeiros capítulos do Sermão da Montanha contêm um discurso contra os escribas e outro contra os fariseus. Em Mt 5:20, os dois grupos são nomeados logo no início, sob o título de escribas; mas então vem primeiro, em 5:21-48, um discurso contra os escribas que transmitem e explicam a "tradição dos antigos"; depois, em 6:1-18, o discurso ataca os "hipócritas" (no evangelho de Mateus essa palavra significa fariseus, exceto em alguns casos). Esses versos já não se dirigem contra a tradição doutrinal, mas contra os homens que na vida cotidiana exibiam grandes obras de supererrogação (esmola, oração, jejum, cf. Lc 18:12).

Devemos, portanto, fazer uma distinção entre escribas e fariseus, e rejeitar a ideia completamente falsa de que os fariseus eram iguais aos escribas.[21]

Em segundo lugar em influência na nação e em oposição a Cristo estavam os saduceus, que eram:

> uma importante seita judaica, mais política do que religiosa, que surgiu entre a aristocracia sacerdotal do período asmoneu, mas que deixou de existir com o desaparecimento da aristocracia em 70 d.C. Os saduceus são talvez hoje mais conhecidos por sua oposição ao partido popular, os fariseus, com quem divergiam em várias questões doutrinárias e políticas.
>
> 1. Significado de "Saduceu". A derivação do nome "Saduceu" tem sido assunto de considerável discussão, mas não foi estabelecido com qualquer certeza. Se alguém pode ignorar algumas das suposições mais engenhosas (por exemplo, que deriva dos estoicos; da palavra persa para "infiel"; ou do nome hipotético de uma pessoa agora desconhecida), restam três possibilidades significativas: (1) visto que a palavra

---

[21] Joachim Jeremias, *Jerusalem in the Time of Jesus* (Filadélfia: Fortress, 1969), p. 235-236, 262.

hebraica para saduceu consiste nos mesmos três radicais que a palavra para "justiça", argumentou-se que a expressão saduceu significaria "justo". "Esse relato, no entanto, deixa sem explicação a mudança vocálica necessária. [...] Além disso, embora essa explicação de "saduceu" fosse aceita por alguns dos primeiros sacerdotes da Igreja (cf. Epifânio, Haer. 14, 2, 1), não está claro em que sentido a "justiça" poderia ser atribuída ou mesmo reivindicada pelos saduceus como sua característica distintiva. (2) Uma explicação que ganhou popularidade nos tempos modernos e é sustentada pela maioria dos estudiosos contemporâneos, remete a palavra ao substantivo próprio (Zadoque). Saduceu torna-se assim o equivalente a "zadoquita" ou "filho de Zadoque", o Zadoque [...] em questão sendo um descendente de Arão, um sacerdote líder sob o reinado de Davi (2Sm 8:17; 15:24ss), e sacerdote chefe sob o reinado de Salomão (1Rs 1:32; 2:35). A linha sacerdotal iniciada por Zadoque continuou até o exílio babilônico e foi reinstituída após o exílio na pessoa de Joshua ben-Jehozadak (Ag 1:1), chegando ao fim apenas quando o inescrupuloso Antíoco IV instalou Menelau como sumo sacerdote em 171 a.C. A linha de sacerdotes zadoquitas autênticos, no entanto, continuou até cerca de 70 d.C. no santuário rival em Leontópolis, no Egito (cf. Josefo, *Antiguidades*. XIII, 3.lss.). O próprio sacerdócio de Zadoque permaneceu altamente honrado em Israel (cf. Ez 40:45ss; 44:15ss), como é evidente no Eclesiástico (51:12, hebr.), e os escritos da Comunidade de Qumran (por exemplo, IQS 5). Visto que em Josefo e no NT os saduceus estão intimamente associados ao sumo sacerdócio, argumentou-se que o uso do nome "saduceu" foi uma tentativa de legitimar o sacerdócio de Jerusalém associando-o à linhagem de Zadoque. Porém, na realidade, o sacerdócio de Jerusalém do período asmoneu manifestamente não era de linhagem zadoquita, de modo que, por outro lado, foi sugerido que o uso de "saduceu" ou zadoquita para se referir a esse sacerdócio poderia ser depreciativo — ou seja, uma referência irônica ao vergonhoso (embora legítimo) sacerdócio da era pré-asmoneu. É claro que não é impossível que "saduceu" possa remontar a um Zadoque diferente do Zadoque sumo sacerdote. [...] (3) À luz da dificuldade de usar "zadoquita" para se referir a um sacerdócio não zadoquita, T. W. Manson rejeitou a explicação anterior da derivação de "saduceu" e sugeriu que em seu lugar a palavra aramaica/hebraica seja uma transliteração da palavra grega σύνδικοι, que significa "sindicatos", "juízes" ou "controladores fiscais". O uso de σύνδικοι remonta ao século 4 a.C., em Atenas. Surgiu durante o período romano para se referir a indivíduos com responsabilidades e autoridade bastante semelhantes às mantidas pelos saduceus em Jerusalém (ou seja, servindo em um papel de mediador entre as autoridades romanas e a comunidade local ou nacional). Assim, a palavra "síndico" também foi usada para se referir aos membros do senado judeu, o Sinédrio. Além de evitar o grande problema intrínseco à explicação anterior, Manson observa que sua teoria é mais consistente com o fato de que entre os saduceus havia muitos leigos, para quem uma designação sacerdotal (como "zadoquita") não teria sentido. Assim, a palavra é considerada por Manson como originalmente denotando os "sindicatos" ou oficiais judeus da era asmoniana, que eles próprios, entretanto, podem muito bem ter preferido a etimologia que os designava como "justos".

Vista objetivamente, a explicação de Manson parece possuir mais plausibilidade do que as duas primeiras explicações. A etimologia, no entanto, é muitas vezes notoriamente imprevisível e, portanto, é possível que facilmente, mesmo com suas respectivas dificuldades, uma das outras explicações seja realmente a correta. Parece seguro dizer que, logo depois que a palavra ganhou popularidade e seu referencial foi estabelecido, sua etimologia real se tornou sem importância (e pode até ter sido esquecida) e que possibilidades etimológicas alternativas surgiram de pronto em mente.

2. Origem e história. Nosso conhecimento sobre os saduceus é limitado às informações indiretas que Josefo fornece, complementadas pelo que pode ser aprendido no Novo Testamento e na Mishná. Infelizmente, a origem precisa dos saduceus não pode ser determinada a partir dessas fontes. A primeira menção dos saduceus por Josefo (*Antiguidades*, XIII. 5. 9) refere-se ao período de Jônatas Macabeu, sucessor de seu irmão Judas. Somos apenas informados de que nessa época existiam "três escolas de pensamento" (ou seja, fariseus, saduceus e essênios). Algo dos respectivos princípios dessas três escolas é fornecido, mas Josefo não apresenta nenhum relato de sua origem. Muito provavelmente, porém, os saduceus ou seus precursores devem ser identificados com os membros aristocráticos do antigo senado ou Sinédrio de Israel, que começou antes da revolta dos macabeus e continuou durante o período asmoneu. Josefo conta a seguir (*Antiguidades*, XIII. 10. 5) como o sumo sacerdote João Hircano (135-104 a.C.) foi persuadido a transferir sua lealdade e favor dos fariseus para os saduceus. [...] Esse é um aparente início da conexão entre os saduceus e o sumo sacerdócio que continua no período do NT. Uma aliança natural

entre os dois existia com base nos interesses políticos dos saduceus aristocráticos e na posição eminente dos príncipes asmoneus. O status privilegiado que os saduceus agora começavam a desfrutar foi, no entanto, abruptamente perdido quando Salomé Alexandra, sucedendo seu marido Janeu como monarca (76 a.C.), agiu de acordo com seu conselho e concedeu poder considerável aos fariseus, que eram tão influentes entre as massas. Quando Alexandra morreu (67 a.C.), seus dois filhos debateram sobre a sucessão. Aristóbulo II, apoiado pelos saduceus, acabou vencendo Hircano II, o oponente apoiado pelos fariseus. Porém Hircano, por instigação de Antípatro, continuou na luta pela coroa, que só foi encerrada com um apelo a Roma. Pompeu na verdade invadiu Jerusalém (63 a.C.) e instalou Hircano II como sumo sacerdote como recompensa por sua ajuda. Muito mais tarde (40 a.C.), os saduceus provavelmente apoiaram Antígono, filho de Aristóbulo II, que conseguiu destituir o sumo sacerdócio de Hircano II. "Quando Herodes, o Grande, capturou Jerusalém três anos depois, ele se vingou dos "partidários de Antígono" (Josefo, *Guerra* I. 18. 4; cf. *Antiguidades* XV. 1. 1s) que se opuseram a Hircano II, entre eles, sem dúvida, havia um grande número de saduceus. Com Herodes, o poder dos saduceus diminuiu consideravelmente (cf. Josefo, *Antiguidades*, XIV. 9. 4). Herodes diminuiu o poder do Sinédrio e do sumo sacerdócio hereditário com uma sucessão desconectada de sumos sacerdotes de sua própria escolha. (Josefo conta, no período de 197 anos de Herodes à queda de Jerusalém, nada menos que 28 sumos sacerdotes, *Antiguidades*, XX. 10. 5). Não era apenas o sumo sacerdócio como uma instituição degradada sob Herodes, mas os próprios saduceus (que permaneceram intimamente associados aos sumos sacerdotes) sofreram um declínio crescente na opinião pública. A ligação frequente dos saduceus com os boetusianos — a casa do sumo sacerdote de Boeto, nomeada por Herodes (cf. Josefo, *Antiguidades*, XIX. 6. 2) — atesta essa baixa estima dos saduceus. Quando em 6 d.C. a Judeia se tornou uma província romana, o Sinédrio, e com ele os saduceus e o sumo sacerdote, puderam exercer mais controle no governo do país, mas sempre, é claro, sob o olhar vigilante do procurador romano. Desse tempo em diante, os sumos sacerdotes eram saduceus aristocráticos, sendo que a maioria dos membros do Sinédrio eram saduceus (cf. At 4:1; 5:17; Josefo, *Antiguidades*, XX. 9. 1). Mesmo assim, os fariseus, que eram minoria no Sinédrio, eram altamente influentes naquele grupo por causa de sua popularidade com as massas. Como diz Josefo, "eles não conseguiam nada", tendo que concordar com os fariseus, "visto que, de outra forma, as massas não os tolerariam" (*Antiguidades*, XVIII. 1. 4). Com a queda de Jerusalém e o fim do segundo templo em 70 d.C., os saduceus desaparecem da história. A existência deles estava inextricavelmente ligada ao seu poder político e sacerdotal e, quando isso chegou ao fim, eles, ao contrário dos fariseus, não conseguiram sobreviver.

3. Composição e caráter. O traço determinante do partido saduceu parece não ter sido suas associações sacerdotais, como comumente se acredita, mas sim seu caráter aristocrático. Embora seja verdade que o sumo sacerdócio e os principais sacerdotes consistiam quase exclusivamente de saduceus, havia entre os sacerdotes muitos fariseus, e provavelmente fariseus até mesmo entre as classes mais altas de sacerdotes. Mais importante, entretanto, muitos saduceus eram encontrados entre a nobreza leiga que exercia importante autoridade como membros ou "anciãos" do Sinédrio. Por conseguinte, o que era comum aos saduceus não era uma posição clerical, mas uma eminência aristocrática. É natural então que o círculo saduceu fosse muito exclusivo, permanecendo fechado para a população como um todo. Josefo afirma que apenas um pequeno número de homens conhecia a doutrina dos saduceus, que estes eram "homens da mais alta posição" (*Antiguidades*, XVIII. 1.5), e que os saduceus tinham "a confiança somente dos ricos" (*Antiguidades*, XIII. 10. 6).

É uma pena que os saduceus geralmente tenham sido compreendidos apenas por meio de seu contraste com os fariseus, pois isso os levou a uma simplificação excessiva e a um mal-entendido. Assim, dicotomias fáceis tornaram-se populares, e, por exemplo, que os saduceus representavam o clero e o templo, mas os fariseus, os leigos e a sinagoga; que os saduceus eram os proponentes, e os fariseus os resistentes à helenização; que os fariseus eram a burguesia urbana, enquanto os saduceus eram os proprietários rurais; que os fariseus se preocupavam com a religião, e os saduceus, com a política. É inegável que há alguma verdade nessas várias afirmações, mas nenhum desses contrastes deve ser tomado de forma absoluta e considerada sozinha para explicar o caráter peculiar dos saduceus. Os últimos são o que são devido a uma combinação sutil de muitos fatores, em graus variáveis. Os fariseus e os saduceus se opunham claramente em certas questões, mas a diferença entre eles geralmente não era absoluta.

A composição aristocrática dos saduceus, junto com seu poder no Sinédrio e seu controle do sumo sacerdócio, tornou inevitável que seus interesses dominantes fossem de natureza política. Sua riqueza e posição, por um lado, e, por outro lado, o fato de que o poder foi delegado a eles pela ocupação romana, combinam-se para explicar o traço mais notável dos saduceus, o conservadorismo rígido, o qual, é claro, foi inevitavelmente moderado pelos ditames dos romanos. Visto que seus envolvimentos políticos eram condicionados por seus interesses adquiridos na preservação do *status quo*, segue-se que eles buscaram políticas destinadas a apaziguar as autoridades governantes de Roma. Assim, paradoxalmente, os saduceus eram vistos em consonância com as tendências helenizantes de seus predecessores, e a população os odiava por sua acomodação aos romanos, com base em conveniência particular. A principal preocupação dos saduceus em tudo isso era manter a nação pacificada e, assim, evitar problemas para os romanos e, por sua vez, para eles próprios. Na administração da justiça interna do país, os saduceus eram excepcionalmente rígidos em questões de lei e ordem. Josefo se refere ao grupo dos saduceus como sendo "mais cruel (ou 'selvagem') do que quaisquer outros judeus quando julgavam" (*Antiguidades*, XX. 1); cf. a referência aos fariseus como sendo "naturalmente lenientes em matéria de punições" em comparação com os saduceus (*Antiguidades*, XIII. 10. 6). Da mesma forma, qualquer movimento popular era uma ameaça potencial para os saduceus, especialmente qualquer um que pudesse ser considerado, em qualquer sentido, uma "revolta". Isso explica sua diligência na tentativa de suprimir o movimento cristão eliminando Jesus. Os chefes dos sacerdotes sem dúvida expressavam o ponto de vista saduceu (que aqui coincidia com o dos fariseus) quando alertam: "Se o deixarmos, todos crerão nele, e então os romanos virão e tirarão tanto o nosso lugar como a nossa nação" à qual Caifás, o sumo sacerdote, involuntariamente profético, acrescenta: "é melhor que morra um homem pelo povo, e que não pereça toda a nação" (Jo 11:48-50).

Quanto ao comportamento deles nas relações interpessoais, Josefo diz que eles eram muito inferiores aos fariseus. Enquanto os últimos eram afetuosos uns com os outros e viviam harmoniosamente, os saduceus, diz ele, são "rudes" e com seus "pares" (ὅμοιοι) são "tão rudes quanto aos alienígenas" (*Guerra* II.8.14) Isso tem sido visto por alguns em conformidade com a explicação sociológica dos saduceus como rudes, não polidos, provincianos proprietários de terras (em contraste com os urbanos fariseus). Para ter certeza, Josefo tem uma visão decididamente negativa dos saduceus (a quem ele deixou para se tornar um fariseu), mas também há algumas indicações no NT que fazem os saduceus parecerem tudo, menos refinados (cf. Mt 26:67ss; At 23:2). Josefo também representa os saduceus como inclinados à argumentação, na medida em que eles "consideram uma virtude disputar" com seus professores (*Antiguidades*, XVIII. 1. 4), e provavelmente Josefo quer dizer isso em um sentido depreciativo. Assim, os saduceus, com todas as vantagens da cultura superior que a riqueza traz, aparentemente careciam dos elementos de refinamento e decência que costumamos associar à aristocracia.

Os saduceus, então, em virtude de sua posição peculiar, preocupavam-se preeminentemente com a política e a estabilidade do Estado. Contudo, embora essas preocupações seculares fossem dominantes, não se pode negar que havia também um aspecto claramente religioso no ponto de vista saduceu. É especialmente no reino da religião que o conservadorismo dos saduceus é aparente.[22]

Como o poder estava nas mãos do Sinédrio, é necessário ver a influência e autoridade desse grupo. O termo *Sinédrio* é:

> um termo hebraico e aramaico transliterado diretamente para o português, referindo-se ao conselho de Jerusalém, que constituía a mais alta autoridade judaica na Palestina anterior ao ano 70 d.C. A palavra hebraica/aramaica é, por sua vez, uma transliteração da palavra grega συνέδριον, um substantivo construído a partir do adjetivo σύνεδρος, "sentando em conselho" (de σύν [com] + ἕδρα [assento]). A grafia ocasionalmente encontrada na palavra "Sinédrio" é o resultado de um equivocado substantivo masculino plural do hebraico. O Sinédrio, o conselho judaico da autoridade suprema que se reunia em Jerusalém, deve ser distinguido dos tribunais locais menores aos quais o nome "Sinédrio" também era regularmente aplicado. [...] A tradição rabínica, conforme registrada na Mishná (San 1:6), traça a origem do Sinédrio de volta à ordem de Deus a Moisés para reunir 70 homens escolhidos entre os anciãos de Israel (Nm 11:16). Após o exílio, é relatado que foi reorganizado por Esdras. Embora as origens precisas do Sinédrio permaneçam obscuras, é comumente argumentado que historicamente não se pode falar do Sinédrio propriamente dito até o período grego, ou seja, o período da dominação de Israel pelos ptolomeus e selêucidas.

---

[22] D. A. Hagner, "Sadducees", ZPEB, vol. 5, p. 211-214.

Apêndice: Contexto do tempo de Cristo

Existem certas antecipações ou prenúncios do Sinédrio no período imediatamente posterior o Exílio. O lugar dos anciãos em Israel foi, é claro, sempre importante. No início da história de Israel, os sacerdotes e juízes administravam justiça em casos específicos (por exemplo, Dt 19:15ss). Muito antes do exílio, Josafá, rei de Judá (872-848 a.C.), teria nomeado um tribunal em Jerusalém consistindo de "alguns dos levitas, dos sacerdotes e dos chefes de famílias israelitas para julgarem questões da lei do Senhor e resolverem pendências dos habitantes" (2Cr 19:8). Logo depois do Exílio, a importância dos anciãos (por exemplo, Esdras 5:5ss; 6:7ss; 10:8), bem como dos sacerdotes e nobres (por exemplo, Ne 2:16; 5:7; 7: 5) em liderança e julgamento são facilmente evidentes. Apesar da similaridade reconhecida, no entanto, ainda não é o Sinédrio do período do NT.

A primeira menção explícita do grupo conhecido como Sinédrio em fontes históricas é encontrada em Josefo (*Antiguidades*, XII. 138ss.), onde em seu relato de um decreto de Antíoco III (223-187 a.C.) é feita referência ao γερουσία "senado" dos judeus. Esse "senado" era composto de sacerdotes e anciãos sob a direção do sumo sacerdote, sendo constituído como um grupo organizado preocupado não apenas com questões judiciais, mas tendo a responsabilidade mais ampla de agir como o corpo governante para toda a Palestina. Era a prática dos reis helênicos para dar um grande grau de liberdade para sujeitar as nações no governo de seus assuntos internos. Isso parece ter sido verdade para a nação judaica sob os ptolomeus e selêucidas. O senado desse período também é referido nos livros dos Macabeus (por exemplo, 1Mc 12:6; 2Mc 1:10; 4:44, cf. "os anciãos do povo", 1Mc 7:33). Durante o período de independência sob a dinastia asmoniana, o poder do conselho foi um tanto reduzido, mas continuou a existir como um corpo. Os governantes monárquicos desse período precisavam do apoio da nobreza que compunha seus membros. Foi a rainha Salomé Alexandra (76-67 a.C.) quem, a conselho de seu marido moribundo, Alexander Janeu, instalou pela primeira vez um grande número de fariseus no Sinédrio, tornando os fariseus dominantes em um grupo que até então consistia inteiramente de saduceus (Josefo, *Guerra* I. 5. 2).

Após a ocupação romana de 63 a.C. o conselho continuou a existir sob a liderança do sumo sacerdote Hircano (II). Em poucos anos, porém, Gabínio, o governador romano da Síria (57-55 a.C.), reduziu muito o poder do conselho de Jerusalém dividindo a terra em cinco "sinédrios" (συνέδρια, Josefo, *Antiguidades*, XIV. 5. 4; σύνοδοι Josefo,

Guerra, 8. 5) ou conselhos administrativos. O alto conselho tornou-se assim apenas um entre os cinco, e sua jurisdição regional diminuiu consideravelmente. Essa limitação foi apenas temporária, entretanto, pois sob a direção de César, Hircano foi renomeado como "etnarca" e o conselho de Jerusalém recuperou seu status, parecendo ter novamente autoridade sobre toda a terra. De fato, em 47 a.C. há o notável acontecimento de Herodes ser convocado da Galileia para comparecer perante o Sinédrio por ter executado um certo Ezequias sem a permissão do tribunal superior. (Josefo, *Antiguidades*, XIV. 3ss. Nessa passagem, a palavra [sinédrio] real ocorre pela primeira vez em fontes históricas em referência ao concílio de Jerusalém, depois do qual sempre este uso da palavra se torna comum.) Em nome de Hircano, Herodes foi absolvido desse crime, só mais tarde — depois de ter sido feito rei dos judeus — para se vingar de forma sangrenta matou os membros desse Sinédrio (Josefo, *Antiguidades*, XIV. 9. 4; é duvidoso se a expressão "todos os membros" deve ser tomada literalmente; cf. XV. 1. 2). O Sinédrio continuou a existir sob Herodes, mas estava cheio de homens dóceis e o poder deles se tornou severamente limitado. Herodes usou o tribunal para cumprir sua vontade, mas não permitiu que o Sinédrio ou o sumo sacerdote (Herodes não era qualificado para esse cargo) interferisse em seu reinado. Com a morte de Herodes em 4 a.C. seu reino foi dividido entre seus três filhos, sendo que a parte mais importante (incluindo Judeia e Samaria) foi para Arquelau, que governou como "etnarca". Apesar do apelo do povo a Augusto por mais autogoverno (cf. Josefo, *Antiguidades*, XVII. 11. 2ss), o status e o poder do Sinédrio não sofreram nenhuma mudança particular.

No entanto, em 6 d.C., quando a Judeia se tornou província romana, o Sinédrio e seu presidente, o sumo sacerdote, receberam o controle quase exclusivo dos assuntos internos da nação, semelhante ao que tinha sob o governo dos reis helênicos. O status sagrado de Jerusalém e seus arredores foi reconhecido pelos romanos e, enquanto a ordem pública fosse mantida e as receitas fiscais fossem geradas, eles se contentavam em ver os assuntos nacionais sob o controle do Sinédrio de Jerusalém. Foi durante o período dos procuradores romanos (6-66 d.C.) que o Sinédrio passou a ter o maior poder e jurisdição de sua história, embora a autoridade judaica sempre tenha respondido, em última instância, ao governador romano. Josefo pode falar do domínio da nação como tendo sido confiado aos sumos sacerdotes desse período (*Antiguidades*, XX. 10).

Apêndice: Contexto do tempo de Cristo

Esse é o Sinédrio que encontramos nos documentos do NT. Era um grupo composto em grande parte por membros da aristocracia (os principais sacerdotes e saduceus), que sob a liderança do sumo sacerdote, exercia considerável autoridade judicial ao lidar com Jesus de Nazaré de acordo com os evangelhos, e seus discípulos de acordo com o livro de Atos. Sua área de jurisdição também parece incluir a Diáspora em algum grau (veja o pedido de Paulo de cartas do sumo sacerdote à sinagoga em Damasco, At 9:1ss).

Com a rebelião judaica, que começou em 66 d.C., a lei marcial entrou em vigor e, quando Jerusalém finalmente caiu em 70 d.C., o Sinédrio foi definitivamente dissolvido. Desse ponto em diante, a Palestina foi governada exclusivamente pela administração provincial romana ortodoxa. Quase imediatamente, ao que parece, um novo "Sinédrio" foi constituído em Jâmnia, o qual, no entanto, era marcadamente diferente de seu antecessor porque, desnecessário dizer, não tinha nenhum poder político ou de governo e estava limitado exclusivamente ao julgamento de questões religiosas. Apesar das afirmações rabínicas de que esse "Sinédrio" estava dando continuidade ao Sinédrio de períodos anteriores, é evidente que, em uma comparação, o novo Sinédrio era impotente. Considerando que o Sinédrio de Jerusalém do período dos procuradores romanos consistia em grande parte de homens aristocráticos liderados pelo sumo sacerdote, cujos decretos eram obrigatórios, sob pena de punição severa, o novo Sinédrio ou Beth Din (tribunal de justiça), como era chamado, consistia exclusivamente de eruditos rabínicos sob um presidente-erudito cujos decretos eram teóricos e possuíam apenas a autoridade garantida pelo respeito voluntário pela sabedoria erudita.

4. Composição. Embora a tradição rabínica conheça apenas um Sinédrio composto inteiramente de escribas eruditos e fariseus, historicamente sabe-se que ao longo de sua história o Sinédrio foi dominado por uma aristocracia sacerdotal. E, para falar em termos dos partidos que se desenvolveram durante a época dos asmoneus, a nobreza consistia quase sem exceção de saduceus. Os fariseus foram admitidos no Sinédrio em número considerável em dois momentos específicos de sua história: uma vez sob Salomé Alexandra (como observado anteriormente) e, posteriormente, sob Herodes, o Grande, que tomou essa medida para limitar mais efetivamente o poder da nobreza mais velha que se opôs a ele. De acordo com a Mishná (San 1:6), o número de membros do Grande Sinédrio era de 71. Isso parece refletir

com precisão a situação antes da queda de Jerusalém. (Menciona-se também um Sinédrio local menor, composto de 23 membros.) Os tribunais foram muito provavelmente modelados em número segundo o tribunal de 70 instituído por Moisés de acordo com Números 11:16ss. (Há várias indicações de que, entre os judeus, concílios de 70 eram favorecidos.) O homem extra era aparentemente o líder ou presidente do Sinédrio, que, de acordo com a evidência de Josefo e do NT, era o sumo sacerdote. A tradição rabínica, entretanto, não associa o Grande Sinédrio com o sumo sacerdote. Em vez disso, atribui a liderança do conselho a um presidente que era apenas um dos escribas do conselho. Ele foi auxiliado por um vice-presidente (ou "Pai da casa de justiça") que também era escriba. Isso quase certamente reflete a situação pós-70 d.C. e é erroneamente considerado uma descrição precisa do Sinédrio da época de Cristo.

O cargo de sumo sacerdote era, naturalmente, hereditário, embora em uma ocasião tenha sido alterado por conveniência política. Exatamente como outros membros do Sinédrio chegaram a ocupar cargos é um fato que permanece obscuro. Uma conjectura provável é que o corpo se autoperpetuava no sentido de eleger seus próprios membros. O cargo provavelmente foi dado para o resto da vida, mas, novamente, isso é incerto. Os critérios para adesão eram provavelmente idade e riqueza, embora a Mishná mencione apenas uma necessidade — que o candidato seja instruído na doutrina rabínica.

Particularmente no NT, encontramos repetidas referências a "chefes dos sacerdotes" no plural de "sumo sacerdote". Esse grupo que formava o principal componente do Sinédrio consistia de ex-sumos sacerdotes, incluindo membros das famílias sacerdotais mais importantes. Provavelmente ao lado desse grupo em prestígio estava a nobreza leiga, que como a aristocracia sacerdotal também tinha simpatia pelos saduceus, e que provavelmente eram referidos com o título de "anciãos". Outro grupo importante, um elemento de crescente importância no Sinédrio do século 1, é o dos "escribas", os estudiosos profissionais que eram especialistas em questões da lei mosaica (daí, "peritos"). Os escribas, em contraste com os outros grupos, eram fariseus. Embora fossem uma minoria no Sinédrio, eles aparentemente gozavam de considerável apoio popular. Tanto que não apenas nada poderia ser realizado sem os fariseus, mas, como Josefo indicou, os saduceus frequentemente os acompanhavam nas decisões apenas para serem tolerados pelas massas (*Antiguidades*, XVIII. 1. 4).

Apêndice: Contexto do tempo de Cristo

5. Sessão. O Sinédrio, como outros tribunais locais de acordo com a Mishná, quase certamente foi proibido de se reunir no sábado ou em dias de festa. Não se pode saber se ele poderia, em circunstâncias extremas, reunir-se legalmente em um dia de festa, como aconteceu no julgamento de Jesus, mas parece improvável. Em casos envolvendo pena de morte, a sentença não poderia ser legalmente proferida até o dia seguinte ao julgamento e, portanto, tais julgamentos também eram proibidos na véspera de um sábado ou dia de festa (San 4:1). Casos envolvendo possível pena de morte eram igualmente impedidos de ocorrer à noite (San 4:1). De acordo com Tosefta (San 7:1), as horas de reunião em dias regulares iam desde o sacrifício da manhã até o sacrifício da tarde.

Há alguma discordância sobre onde o Sinédrio realizava suas reuniões. De acordo com a Mishná, eles se reuniam nos recintos do templo ao sul do pátio do templo, no que era chamado de "Câmara de Pedra Cortada" (Mis 5:4). Josefo, no entanto, parece localizar o lugar de reunião do Sinédrio em dois pontos diferentes (cf. *Guerra* V. 4. 2; VI. 6. 3), mas isso foi explicado como se referindo a locais de reunião posteriores. O NT coloca o Sinédrio reunido no palácio do sumo sacerdote para o julgamento de Jesus, porém, as circunstâncias são excessivamente irregulares (a reunião à noite era ilegal e não poderia ter ocorrido no recinto do templo, que estaria trancado) e esse fato não pode ser tomado como normativo em nenhum sentido.

A Mishná nos fornece mais informações sobre as reuniões do Sinédrio. Os membros teriam se sentado em semicírculo para que todos pudessem se ver, enquanto na frente deles, à direita e à esquerda, dois escribas estavam posicionados, os quais mantinham um registro escrito do testemunho de absolvição ou condenação (San 4: 3). Também estavam presentes três fileiras de "discípulos dos Sábios" dentre os quais juízes adicionais poderiam ser nomeados, enquanto um membro da congregação seria escolhido para preencher a lacuna que surgisse entre os discípulos dos Sábios (San 4:4). Uma grande quantidade de informações adicionais sobre o processo real de justiça (por exemplo, casos de pena capital tinham que começar com os motivos da absolvição, e embora o testemunho em tais casos pudesse ser unânime para absolvição, não poderia ser unânime para condenação — alguém tinha que argumentar em nome do acusado, San 4:1) está disponível na Mishná, mas a questão de saber se essas informações podem ou não ser aceitas como totalmente precisas para o período de nossa preocupação permanece crucial.

6. Competência. O Sinédrio certamente tinha controle total dos assuntos religiosos da nação, conforme indica a Mishná. O tribunal superior era a autoridade suprema na interpretação da lei mosaica e, quando mediava as questões disputadas nos tribunais inferiores, seu veredito era final. Além disso, o Sinédrio também governava os assuntos civis e julgava certos casos criminais sob a autoridade do procurador romano. Os romanos ficavam muito satisfeitos em deixar que as nações súditas regulassem os assuntos internos, mas, é claro, sempre havia limites. Eles, por exemplo, teriam reservado para si o direito de intervir à vontade e, embora fosse provável que geralmente concordassem com as decisões do tribunal superior, eles não seriam obrigados a fazê-lo.

Uma das questões mais incômodas a respeito do Sinédrio era o caso de os romanos lhe terem concedido ou não o poder da pena capital. Há uma boa quantidade de evidências que parecem indicar que o Sinédrio tinha o direito de julgar casos capitais e de executar a pena capital. [...] Os dados do NT apontam claramente para a conclusão de que o Sinédrio não possuía o poder de punir capital. Parece que Jesus foi entregue aos romanos porque o crime do qual Ele estava sendo acusado era considerado merecedor de pena de morte. De qualquer forma, a afirmação de João 18:31 feita pelos judeus a Pilatos está fora de questão: "Não nos é lícito condenar ninguém à morte". [...] Pode haver pouca dúvida de que o Sinédrio em seu todo incluía alguns homens proeminentes. Além de Gamaliel, já mencionado, no conselho participavam José de Arimateia, que era um secreto discípulo de Jesus (Jo 19:38), e Nicodemos, que também foi atraído pelo Mestre. Este último mostrou uma preocupação genuína com a justiça acerca das intenções do alto conselho em relação a Jesus, quando disse aos seus companheiros: "A nossa lei condena alguém, sem primeiro ouvi-lo para saber o que ele está fazendo?" (Jo 7:50). Só se pode supor que no fiasco que serviu como julgamento de Jesus, esses membros mais ilustres do Sinédrio não estiveram presentes nessas reuniões clandestinas, ou que não temos registro de seus protestos. Ocasionalmente, foi sugerido que Saulo de Tarso era membro do Sinédrio antes de sua conversão. Os textos de Atos 8:1 e 26:10 não significam necessariamente que Saulo votou como membro do conselho. O que indica provavelmente é apenas que ele deu seu consentimento não oficialmente, pois é virtualmente impossível que Saulo em sua tenra idade pudesse ter sido um membro do augusto conselho de anciãos.[23]

2. A vida doméstica de Jesus

Do que se sabe da vida judaica é possível obter alguma compreensão da vida doméstica de Jesus durante sua infância.

Não havia luxo no lar de Jesus. Embora a oferta das duas pombinhas como oferta de purificação no templo não significasse necessariamente pobreza, a oferta indicava que a família possuía meios financeiros moderados. A casa era sem dúvida semelhante àquelas encontradas em Nazaré hoje: quadrada, construída de pedra ou tijolo, com uma única porta, poucas ou nenhuma janela, e um chão de terra ou azulejos sobre os quais tapetes eram espalhados para dormir. O piso superior plano, alcançado por uma escada no exterior, era um lugar para reunir a família e os visitantes, especialmente nas horas da noite do tempo quente de verão.

A educação de uma criança judia começava em sua casa. Em todas os lares judaicos a criança era ensinada em uma espécie de catecismo elementar, o Shemá (Dt 5:4, 9; Nm 11:13-21; 15:37-41), por sua mãe, assim que ele começava a falar. A regra de instrução religiosa minuciosa em um lar judaico era bem organizada, constituindo um elemento vital na educação da criança. O Mezuzá preso no umbral da porta, com o nome do Altíssimo na parte externa do pergaminho dobrado, que era reverentemente tocado por todos que entravam ou saíam seguidos por beijar os dedos que haviam tocado o nome, era considerado um guarda divino sobre o lar. As orações particulares e em grupo nos ritos domésticos eram impressionantes; a iluminação festiva da casa durante uma semana no meio do inverno, em comemoração à Dedicação do Templo por Judas, o Macabeu; a festa de Purim em celebração da libertação por meio de Ester; a Festa da Páscoa, em que se celebra a visita do Anjo da Morte e a saída de Israel do Egito; seguida da Festa do Dia da Expiação e da Festa dos Tabernáculos com sua estranha cabana de folhas; todas eram calculadas para impressionar a mente infantil de uma forma extraordinária. Assim, desde os tenros anos da infância, a criança estava sob a influência da religião de uma maneira muito

---

[23] D. A. Hagner, "Sanhedrin", ZPEB, vol. 5, p. 268-273.

impressionante. A responsabilidade da instrução não era somente da mãe; mas o pai era obrigado a ensinar a Torá a seu filho. Não é improvável que José possuísse rolos da lei e dos profetas. Passagens do Antigo Testamento, especialmente todo o livro de Salmos, orações curtas e frases selecionadas dos sábios teriam sido memorizadas. Podemos estar certos de que José e Maria foram diligentes em seguir esse sistema de treinamento na religião de Jeová.

A educação formal na escola da sinagoga começava aos seis anos de idade sob o Chazan, que mantinha o prédio e guardava os papéis da lei, os profetas e outros escritos sagrados. Nessa escola sinagoga havia mais instrução da lei e dos rudimentos de uma educação primária. De pernas cruzadas, as crianças sentavam-se no chão perto do professor. Essas escolas existiam em todas as sinagogas espalhadas pelo país; e a presença era obrigatória. O propósito moral e religioso era colocado como o objetivo final de toda instrução. O ofício de professor era estimado em Israel e a obra geralmente era feita com paciência, zelo e disciplina. Dos seis aos dez anos de idade, a criança estudava o Antigo Testamento como seu livro-texto principal; de 10 a 15, a Mishná ou lei tradicional; e depois dos 15, na Academia, a teologia dos Gemaras. No estudo da Bíblia, a criança começava com o livro de Levítico; então vinha o restante do Pentateuco; e depois disso os Profetas e a Hagiografia. A inferência das narrativas evangélicas de Mateus (5:18) e Lucas (16:17) é que Jesus leu as Escrituras no hebraico original, escrito em caracteres assírios quadrados. A familiaridade do Senhor com o texto tanto do hebraico quanto do grego, nos levaria a crer que sua casa em Nazaré possuía uma cópia do volume sagrado em hebraico e em grego. De qualquer forma, Ele teria acesso aos rolos da sinagoga. Jesus falava o aramaico e o grego em sua casa, que era comumente falado, especialmente nas grandes cidades da Galileia e da Judeia. A probabilidade é que Ele era mestre em todas as três línguas, visto que citações frequentes mostram seu uso das Escrituras Hebraicas, referências à Septuaginta testemunham sua familiaridade com o grego e expressões como a da cruz: "Eloí, Eloí lama Sabactâni", deixa claro seu uso comum do ramo aramaico da língua semítica, na qual Ele deve ter estudado todo o seu ensino e pregação nos dias de hoje.

Além da instrução formal da escola da sinagoga, todo pai judeu era obrigado a ensinar ao filho alguma arte honesta. Saulo de Tarso aprendeu a fazer tendas. Sabemos que Jesus aprendeu o ofício de seu pai adotivo e depois da morte de José foi chamado em Nazaré *o carpinteiro*. Ele nunca estudou nas Academias Judaicas. Apenas uma vez o encontramos na Casa do Midrash em Jerusalém, a Academia Teológica dos Doutores da Lei. Foi quando Ele compareceu à festa da Páscoa, aos doze anos.[24]

O significado da sinagoga é indicado por Geikie:

A importância da sinagoga pertence a uma data não posterior à idade dos macabeus. Surgiu a instituição, por Esdras, de leituras periódicas da lei em público. Sua história mais antiga não é conhecida, pois dificilmente podemos confiar nas tradições rabínicas de que havia centenas em Jerusalém na época do segundo templo. Porém o princípio da Sinagoga sem dúvida existia na Babilônia. Os exilados não podiam mais oferecer seus sacrifícios, pois isso só poderia ser feito no templo de Jerusalém. Por conseguinte, eles naturalmente se dirigiam na oração e erguiam as mãos, em sua solidão, a Deus nas ocasiões em que seus sacrifícios costumavam ser ofertados. Ao contrário, eles apresentavam suas orações, e profetas como Ezequiel, aos sábados, falavam-lhes de seu dever. Isso soava como se a própria lei tivesse sido quase desconhecida durante o exílio, pelo fato de Esdras convocar o povo para ouvi-la, como algo que eles haviam transgredido por ignorância de seus requisitos. A ele, aparentemente, pertence a notável honra de haver estabelecido o costume de constante leitura pública dos livros sagrados perante as congregações do povo, e de cuidar para que, como o hebraico não era mais entendido, fossem providos intérpretes para traduzir as aulas sobre as Escrituras nos cultos públicos, para o dialeto falado. Estabelecidas, primeiro, em Jerusalém, as sinagogas logo se espalharam pela terra, e mesmo além dela, onde quer que os judeus se instalassem. Elas gradualmente se tornaram a grande característica da nação, pois, embora os cultos do templo ainda fossem apreciados, a sinagoga, por sua conveniência local, sua influência suprema na fixação da opinião religiosa judaica e sua importância natural como o centro de cada comunidade, e a base de sua vida social, carregava consigo as sementes da destituição do culto estritamente local do templo. O sacerdote, doravante, tinha menor importância do que o rabino leigo, pois enquanto um conduzia a vida apenas em alguns pontos, o outro

---

[24] Shepard, *The Christ*, p. 49-50.

dirigia todos os seus movimentos. Nos dias de Cristo, havia sinagogas em todos os lugares. Só em Jerusalém, houve um aumento considerável, de acordo com o Talmude, eram não menos que 480. Tiberíades tinha 13; Damasco, 10; e outras cidades e vilas, em proporção à sua população. Porém a sinagoga principal no templo ainda permaneceu, por assim dizer, como o modelo segundo o qual todas as outras sinagogas foram organizadas.[25]

A sinagoga ocupava um lugar importante na vida religiosa da nação. Geikie observa o lugar das Escrituras na sinagoga:

> Às segundas e quintas-feiras e aos sábados, a lei passou a ser lida. Aos sábados, os cinco livros de Moisés eram divididos em 50 seções, de sete lições cada, e uma seção completa era repetida a cada sábado, de modo que a lei podia ser toda lida em um ano. No final de cada lição, e no seu início, uma coletânea era lida, e entre cada uma, o Expositor — um membro da congregação que havia sido convidado para o propósito, e que ficava na mesa ao lado do leitor enquanto a lição era lida e uma porção curta dela era entregue. Um sacerdote, se estivesse presente, recebia o primeiro convite, depois um levita, e qualquer um que parecesse conhecer a lei viria depois.[26]

E. Ambiente social

Para compreender a sociedade em que Jesus viveu, será útil considerar os assuntos que afetavam a vida diária.

1. Roupas

O tecido com o qual as roupas eram feitas é descrito da seguinte forma:

> As pessoas do Oriente Médio e dos países vizinhos gostavam muito de roupas e tecidos brilhantes, pois [...] viviam em ambientes opacos e desejavam iluminar sua existência, especialmente em ocasiões festivas.

---

[25] Geikie, *Life and Words*, vol. 1, p. 184-185.
[26] Ibid., p. 194-195.

Apêndice: Contexto do tempo de Cristo

Suas roupas eram simbólicas e expressavam seus sentimentos e emoções. Uma rua movimentada em uma cidade antiga exibia muitas cores. Jacó fez para seu filho José uma túnica de várias cores (Gn 37:3, ARIB) e Tiago descreve um homem que entrou na sinagoga com "roupas brilhantes" (Tg 2:2, 3). A maioria das roupas das pessoas comuns nos tempos bíblicos era de um branco fosco ou marrom, ou mesmo o pelo ou pele de um animal, com detalhes de cores no enfeite de cabeça, bordado ou cinto.

1. Pano de tecelagem. A menos que o material para roupas viesse de peles de animais, as mulheres da casa fiavam e teciam o pano para as roupas da família. Lã ou pelo de cabra de seus próprios rebanhos eram a principal fonte de matéria-prima. A lã ou o pelo era fiado à mão, já que não havia rodas giratórias como as usadas posteriormente. Enquanto os egípcios e babilônios tinham teares grandes, os teares das mulheres palestinas eram primitivos, lentos e pesados. É por isso que o livro de Provérbios descreve a mãe ideal como alguém que nunca estava desocupada em sua fiação ou seu tear (Pv 31:13-27). A roca e o fuso dificilmente saíam de suas mãos. Não havia agulhas de aço, apenas aquelas feitas de bronze ou lascas de osso.

2. Tipos de tecido e material. A pele de carneiro, é claro, era um dos materiais mais antigos para roupas. Os pastores e fazendeiros a usavam muito. Quando uma ovelha era tosquiada e morta para alimentação, o animal era esfolado e seu couro curtido. As mulheres então costuravam casacos pesados com a pele que ainda tinha grande parte da lã. As vestimentas externas das pessoas comuns eram frequentemente feitas de pele de carneiro ou material semelhante a um cobertor.

O pelo de cabra provinha de certas cabras com pelo comprido, que era cortado, fiado e tecido em um tecido grosso e preto (Êx 35:26; Ct 4:1; 6:5). Esse material denso era muito resistente à água e era usado em tendas e em roupas externas pesadas. O pelo de cabra era o pano dos pobres e sofredores (Hb 11:37). Os estudiosos acreditam que Paulo, um fabricante de tendas, talvez não apenas tenha feito tendas, mas também teceu o material com o pelo de cabra siliciana. Talvez Paulo tenha cortado o material em tiras e feito tendas, moldando-as de acordo com um padrão ou desenho (Êx 26:7; At 18:3).

João Batista usava uma capa de pelo de camelo. O pelo de cabra e o de camelo ficaram conhecidos como pano de saco, que era espesso e à prova d'água. Um manto feito de saco era frequentemente usado como cobertor para dormir (um antigo saco de dormir!). Era tão essencial que, se emprestado, não se poderia mantê-lo sem devolver a um homem pobre durante a noite de acordo com a lei (Êx 22:26, 27). Tornou-se uma almofada de sela ou tapete para receber os convidados. É possível que Paulo tenha pedido a Timóteo que lhe trouxesse esse casaco de pano de saco para uma prisão fria (2Tm 4:4). Escravos, rebanhos de cabras e profetas às vezes usavam essas vestes de pelo para proteger a pele. Era um protesto contra o luxo e um símbolo de tristeza e arrependimento.

A lã era o tecido mais antigo e comum dos tempos bíblicos. O valor das ovelhas está mais na lã do que na carne. A hora da tosquia era um momento de festa porque significava mais roupas para a família. A lã veio principalmente da Judeia, enquanto a Galileia produzia linho desde os primeiros tempos. Até os gregos usavam lã para se vestir, a melhor lã vinha do cordeiro. Talvez o tecido de lã mais caro tenha sido feito com a lã das ovelhas, que foi mantida limpa de sujeira e esterco. Essa lã produzia um tecido branco deslumbrante, de modo que os profetas comparavam uma pessoa pura à lã branca. A lã também foi esfregada e branqueada para obter uma cor brilhante. As mulheres que viviam no campo geralmente usavam roupas de lã branca em casa. Os padres eram proibidos de usar vestimentas de lã, o que implica que eram comumente usadas pelo povo (Ez 44:17). O povo do deserto costumava usar túnicas de lã mesmo no clima mais quente.

O linho ou linho fino era tecido com fios de linho ou cânhamo e era usado principalmente para vestimentas internas. O linho tecido na Palestina era um dos melhores do mundo, preferido até mesmo ao que vinha do Egito, que era mais grosso. As vestes reais egípcias eram de linho fino. Era o pano usado nas vestes dos ricos (Lc 16:19). O tecelão palestino podia fazer linho tão fino quanto seda, 540 fios de urdidura e 110 fios de trama por polegada. Frequentemente, era feito em um padrão chevron e pregueado. O tecido de linho era tão fino e transparente que tinha um efeito translúcido. A camisa perto do corpo era de linho fino e algodão ou lã era usada como segunda peça de roupa.

O algodão se tornou conhecido na China e na Índia muito cedo, e às vezes é mencionado pelos escritores gregos, mas o algodão não era muito cultivado no clima da Palestina. O que foi chamado de algodão era, na verdade, tecido feito de linho ou cânhamo.

A seda era reservada para as vestimentas daqueles que desejavam expressar orgulho, elegância e extravagância. A seda se tornou mais comum na Palestina durante a época romana. Era usada para embrulhar os rolos sagrados das Escrituras, e alguns estudiosos acreditam que o véu do templo era feito de algum tipo de seda. Por outro lado, os escritores sagrados usaram a seda para descrever os pecados e a extravagância dos ricos contra os pobres (Ap 18:12).

Sem dúvida, o couro foi o primeiro material usado para roupas. O "tecido" mais antigo era, na verdade, peles de animais. Deus até mesmo providenciou roupas de pele (Gn 3:21). A vestimenta sobre os ombros era usada nos primeiros dias do AT. A seda foi trazida do Oriente por mercadores viajantes, principalmente da Pérsia. O algodão veio do Extremo Oriente na época de Alexandre, o Grande.[27]

Edersheim escreve sobre as vestimentas:

Como esta é quase a única ocasião em que podemos obter um vislumbre da aparência externa e vestimenta de Cristo, pode ser adequado formar uma concepção tão precisa disso, como é proporcionado pelo conhecimento das vestes dos antigos hebreus. Os rabinos estabeleceram como regra de que os eruditos deveriam ser muito cuidadosos em suas vestes. Seria uma vergonha se um estudioso saísse com sapatos gastos; vestir roupas sujas merecia a morte; pois "a glória de Deus era o homem, e a glória do homem era a sua vestimenta". Isso se aplicava especialmente ao rabino, cuja aparência poderia, de outra forma, refletir sobre a profissão teológica. Era regra geral comer e beber abaixo (ou então de acordo com) os recursos de um homem, mas vestir-se e hospedar-se acima deles. [...]

Vestir-se em um sábado para se salvar de uma casa em chamas — na verdade não por carregar as vestes, mas por colocá-las sobrepostas sucessivamente, há não menos do que dezoito artigos que são mencionados a esse respeito. Se o significado de todos os termos pudesse ser verificado com precisão, deveríamos saber exatamente o que os judeus no segundo século, e presumivelmente antes, usavam, desde sapatos e meias nos pés até as luvas nas mãos. Infelizmente, muitas dessas designações estão em debate. Nem se deve pensar que, por

---

[27] L. M. Petersen, "Cloth," ZPEB, vol. 1, p. 892-893.

haver dezoito nomes, a vestimenta de um israelita consistia em tantas peças separadas. Vários deles se aplicam a diferentes formas ou tipos das mesmas roupas de baixo ou de cima, enquanto a lista indica seu número e variedade extremos, em vez da veste comum usada. Esta última consistia, a julgar pelas instruções dadas para se despir e vestir no banheiro, de seis, ou talvez mais geralmente, de cinco artigos: os sapatos, a cobertura para a cabeça, o Talit ou manto superior, o cinto, o Chaluq [túnica] ou a roupa interior e o Aphqarsin ou roupa de baixo. Quanto aos sapatos, um homem deveria vender seu próprio telhado de folhas por eles, embora pudesse ter que trocá-los por comida, se estivesse debilitado por causa do derramamento de sangue. Não era prática, porém, providenciar mais de um par de sapatos, e a isso pode ter remetido a injunção de Cristo aos apóstolos de não providenciarem sapatos para a sua viagem, ou então à conhecida distinção entre sapatos (Manalim) e sandálias (Sandalim). Os primeiros, às vezes feitas de material muito grosso, cobriam todo o pé e eram especialmente destinadas ao inverno ou às chuvas; enquanto as sandálias, que protegiam apenas as solas e as laterais dos pés, eram especialmente próprias para o verão.

Podemos agora ter uma ideia aproximada da aparência externa de Jesus naquela manhã de primavera em meio à multidão em Cafarnaum. Ele poderia, é possível presumir com segurança, usar as roupas comuns, embora não mais ostensivas, como as usadas pelos mestres judeus da Galileia. Seu lenço de cabeã seria provavelmente o Sudar (Sudário) enrolado em uma espécie de turbante, ou talvez o Maaphoreth, que parece ter servido como uma cobertura para a cabeça, e ter descido sobre a nuca e ombros, de certa forma como o turbante indiano. Seus pés provavelmente estavam calçados com sandálias. O Chaluq, ou mais provavelmente o Kittuua, que formava sua vestimenta interna, devia ser bem justa e descia até seus pés, uma vez que não era apenas usado por professores, mas era considerado absolutamente necessário para qualquer pessoa que publicamente lesse o "Targum" as Escrituras, ou exercesse qualquer função na Sinagoga. Como sabemos, "não tinha costura, era tecido de cima para baixo"; e isso está de acordo com a textura dessas vestimentas. Em volta da cintura seria amarrada com um cinto. Sobre essa parte interna, Ele provavelmente usaria a vestimenta externa quadrada, ou Talit, com as franjas habituais de quatro longos fios brancos com um de jacinto amarrado em cada um dos quatro cantos. Há razão para crer que três vestes quadradas eram feitas

Apêndice: Contexto do tempo de Cristo

com essas "franjas", embora, para ostentação, os fariseus as tornassem particularmente largas para chamar a atenção, assim como alargavam seus filactérios.

Uma observação adicional pode ser permitida antes de descartar esse assunto. Nossas investigações nos permitem, nesse tema, também confirmar a exatidão do quarto evangelho. Lemos que o quaterno de soldados que crucificaram Cristo repartiu as riquezas de sua pobreza, pegando cada uma parte de suas vestes, enquanto para o quinto, que, se dividido, teria de ser partido em pedaços, lançaram sorte. Essa observação incidental carrega evidências da autoria judaica do evangelho no conhecimento exato que ele exibe. As quatro peças de vestimenta a serem divididas seriam o adorno de cabeça, as sandálias ou sapatos mais caros, o cinto longo e o Talit grosso — todos quase iguais em valor. E a quinta vestimenta indivisível e, comparativamente, mais cara, "sem costura, tecida de cima para baixo", provavelmente de lã, conforme convinha à estação do ano, era a Kittuna, ou vestimenta interna. Como é estranho que aquilo que teria um valor tão inestimável para a cristandade tenha sido dividido como o pobre butim de um grupo de soldados rude e pouco apreciados.[28]

Farrar sugere a vestimenta de Jesus e de seus discípulos.

Ele não está vestido com roupas macias de bisso [linho fino] ou púrpura, como os cortesãos de Herodes, ou os luxuosos amigos do procurador Pilatos: Ele não usa o éfode branco do levita, ou as vestes extensas do Escriba. Não há, em seu braço e testa, o tefilin ou os filactérios, que os fariseus tornaram tão amplos; e embora haja em cada canto de suas vestes a franja e a fita azul que a lei prescrevia, ela não tem o tamanho ostentoso de quem desejava ostentar o escrúpulo de sua obediência. Ele está com a vestimenta comum de seu tempo e país. Ele não está com a cabeça descoberta — como os pintores geralmente o representam — pois mover-se com a cabeça descoberta sob a luz do sol da Síria é impossível, mas um keffiyeh branco, como é usado até hoje, cobre seu cabelo, preso por um aghal, ou filete, ao redor do topo da cabeça e caindo para trás sobre o pescoço e ombros. Um grande manto externo azul ou talit, puro e limpo, mas composto dos materiais mais simples, cobre todo o seu corpo e mostra apenas vislumbres ocasionais do

---

[28] Edersheim, *Life and Times,* vol. l, p. 620-626.

ketonet, uma túnica de lã sem costura de textura listrada comum, tão comum no Oriente, que é confinado por um cinto ao redor da cintura, e que veste Jesus do pescoço quase até os pés com sandálias. As vestes simples, no entanto, não escondem o Rei; e embora em sua atitude não haja nada da arrogância autoconsciente do Rabi, ainda assim, em sua nobreza natural e graça não solicitada, é imediatamente suficiente para conter toda língua rude e intimidar todo pensamento perverso.[29]

2. Casas

A palavra casa ocorre mais de 2 mil vezes na Bíblia, denotando um lugar de moradia, incluindo referências às cabanas mais rudes, ao palácio e ao Templo de Deus.

As casas mais antigas encontradas até hoje no Oriente Médio ocorrem em Hacilar, na Anatólia, a partir do 7º milênio já eram retangulares em planta, indicando a solução inicial para a estrutura do telhado, enquanto na área próxima ao Golfo Pérsico e no Egito onde os juncos eram abundantes, a forma natural era uma planta redonda, com paredes de junco entrelaçadas com o topo de juncos altos curvados em forma de cúpula para formar o telhado. Uma variação posterior foi a fileira de postes centrais formados por juncos agrupados com paredes de junco entrelaçadas em ambos os lados, com os topos dobrados para formar o telhado e presos a um poste colocado no topo dos postes centrais (Conteneua, *Everyday Life in Babylonia*, p. 26). Somente com o advento da planta retangular e o uso de postes de árvores como vigas do telhado pode ocorrer a expansão do espaço vital, pois os juncos crescem apenas até uma altura limitada e têm pouca força inerente. No Egito, a pedra era abundante, mas as casas das classes mais baixas em todas as idades, depois que o tijolo de barro foi desenvolvido ca. 3500 a.C. sempre foram construídas com tijolos. Na Mesopotâmia, a situação se inverteu: não havia pedras nativas e, portanto, as pedras tinham de ser importadas, enquanto havia argila disponível em toda parte e os tijolos de barro foram desenvolvidos ali antes do que no Egito (cf. Gn 11:3). Na Palestina, embora houvesse pedras em abundância, até o período grego, elas nunca foram usadas na construção de edifícios públicos, exceto por Salomão, Acabe e Omri. Contudo, os edifícios eram erguidos ou de entulho de pedra fixada na lama, rebocados ou

---

[29] Farrar, *Life of Christ*, vol. 1, p. 311-312.

não, ou tijolos de barro em bases de pedra e rebocadas com argila e, em alguns casos, caiadas de branco. [...] Na Mesopotâmia, uma espécie de asfalto era a argamassa, enquanto no Egito era argila fina, com os tijolos colocados quando estavam cerca de 75% secos para formar uma ligação forte entre eles.

No entanto, o uso mais antigo de tijolos de barro na forma convexa do plano foi registrado em Jericó; embora seu uso tenha ocorrido posteriormente na Mesopotâmia, não se sabe se os construtores de Jericó influenciaram os mesopotâmicos.

Após o 4º milênio a.C., casas com cômodos em torno de um pátio interno, geralmente com dois andares, foram desenvolvidas na Mesopotâmia, proporcionando uma unidade independente para realizar ocupações familiares e artesanais dentro do abrigo da habitação. Um porteiro ficava encarregado do portão que dava para a rua. Os aposentos da família ficavam no segundo andar e os animais eram alojados no primeiro andar, onde também havia quartos para armazenamento e salas de artesanato. Os quartos do segundo andar eram ligados por uma varanda de madeira com acesso por uma escada de madeira a partir do pátio.

As casas de dois andares surgiram já no 5º milênio a.C., em Hacilar, bem antes das encontradas em Ur no período III. As casas mais pobres geralmente consistiam de um cômodo, com pessoas e animais compartilhando o mesmo espaço.

As estruturas dos telhados eram formadas por troncos de árvores, ou ainda por troncos de palmeira, sobre os quais galhos menores, arbustos, juncos ou folhas de palmeira eram colocados com o objetivo de formar uma base para uma camada de argila compactada que era enrolada no lugar com rolos de pedra, algumas das quais foram encontradas em ruínas de casa. Em algumas áreas, a pedra calcária era pulverizada e espalhada sobre a argila, o que proporcionava uma superfície bem mais impermeável. Essa área, acessível por uma escada externa, tornou-se a área de estar favorita, à noite, para desfrutar da brisa refrescante (1Sm 9:25, 26; 2Sm 11:2; At 10:9). Representações de toldos demonstram tentativas de proteger o terraço durante o calor do dia. Era também um lugar onde o linho podia ser facilmente espalhado para secar (Js 2:6) e provavelmente outros produtos do campo eram também ali armazenados. Nos casos em que os telhados fossem ocupados por pessoas, deveriam ser providenciados parapeitos (AT, cercas de proteção) para evitar que pessoas caíssem (Dt 22:8).

Em relevos assírios, algumas casas são retratadas como tendo uma cúpula que servia de abrigo (lugar de conversas no verão, Jz 3:20). Na época do NT, os telhados eram triangulares e também planos; para o tipo de empena das melhores casas, as telhas formavam a cobertura. No caso do homem paralítico (Lc 5:18ss.), é incerto se o tipo de telhado seria plano ou inclinado.

Os pisos dos níveis do solo eram de argila batida e, em alguns casos, recebiam uma camada fina de gesso de cal. Os segundos pisos eram emoldurados e formados como telhados com a adição em alguns casos da cobertura de reboco de cal.

O efeito de resfriamento era obtido na Mesopotâmia, voltando-se para as casas em direção ao NE e permitindo que correntes de ar mais frio passassem pelos cômodos. No Egito, as casas foram orientadas para o norte para cortar o calor do sul. De modo geral, havia um dispositivo no telhado para desviar a brisa para dentro da casa.

As portas eram muitas vezes feitas de painéis de madeira importada do Egito e da Mesopotâmia, e as florestas da Palestina supriam adequadamente as necessidades locais. Em outros casos, eram utilizadas cortinas de tecido ou couro. Muitas casas foram escavadas da época de Davi, sem suportes no peitoril e na verga para indicar que a necessidade de portas não era urgente e revelava segurança social e política geral. Parece que Davi teria organizado as forças militares para agirem como uma força policial (J. P. Gree, *Archaeology and Bible History*, p. 62).

As janelas eram posicionadas nas paredes da frente para os pátios internos, nesse caso de tamanho maior, enquanto as que ficavam nas paredes que davam para as ruas eram provavelmente pequenas com uma grade protetora para evitar a entrada (2Rs 1:2). Na casa de Raabe, uma janela dava para o muro da cidade, lugar conveniente para observar os invasores e também para fugir, daí a pergunta que lhe foi dirigida sobre os espias (cf. Tg 2:15). Em Damasco, as janelas eram altas o suficiente acima do solo para dispensar a treliça, permitindo que os amigos de Paulo o baixassem até o chão (2Co 11:33).

Os sistemas sanitários eram colocados esporadicamente. Em muitos casos no Egito, os sistemas sanitários descarregavam os dejetos na areia fora das casas. Em cidades planejadas e fortificadas em Hubia, os drenos corriam pelas ruas e eram esvaziados do lado de fora dos portões (Badawy, *Architecture in Ancient Egypt and the Near East*; doravante BAAE). Uma casa Ugarite de ca. 1400 a.C. possuía fossas (ibid., p. 156). Nos bairros mais pobres, as sarjetas nas ruas eram mais frequentes do que as fossas. Na Mesopotâmia, em outros casos, uma abertura no chão recebia resíduos que eram conduzidos por tubos de argila para as fossas. [...]

A água era transportada para as casas e as evidências indicam que, para casas melhores, potes de água colocados nos pátios forneciam o local de armazenamento imediato.

Os móveis variavam de acordo com a situação econômica do proprietário. O cozimento era feito em uma lareira aberta, e a fumaça encontrava sua melhor saída. Um moinho de pedra de base com uma moenda era um item certo em qualquer cozinha para fornecer farinha. Os fornos eram colocados em pátios externos; os pobres usavam um forno comunitário em um local público. No Egito, a sala de estar era, em alguns casos, mobiliada com um banco em uma das paredes. Casas de classe mais elevada continham (em diferentes períodos) cadeiras, bancos, mesas e camas. Nas casas mais pobres, as esteiras colocadas no chão serviam para dormir. Arcas de vários tamanhos, algumas altamente decoradas, forneciam armazenamento fechado para alguns utensílios domésticos. Cerâmicas de vários formatos e tamanhos serviam como pratos. Tigelas e bacias de metal foram recuperadas das melhores casas. Os babilônios tinham mesas semelhantes a bandejas de pernas curtas, bem como os tipos usuais. As casas de Hacilar do 6º milênio a.C. tinham armários de parede, rebocados, além de caixas para fogo, que eram mais seguras do que as lareiras abertas.

Se houvesse espaço para armazenamento na casa, grandes potes com tampas eram colocados no chão para armazenar óleo, grãos e vinho. Outros cômodos armazenavam produtos brutos, por exemplo, artigos do campo. Quando a ocasião exigia, salas eram providenciadas para o artesanato, por exemplo, tecelagem, conforme mostrado em modelos de tumbas do Egito.

A iluminação das casas era feita utilizando-se um prato de barro contendo um pavio, colocado ou em uma borda apertada, ou em seu próprio bico, sendo este último a lâmpada ilustrada em Mateus 25:1. O combustível era azeite de oliva, mas na Mesopotâmia, geralmente o óleo cru fornecia uma luz melhor. O azeite de oliva era usado algumas vezes. Métodos para proteger ou cobrir a vela eram sugeridos (Mt 5:15). As tochas eram presas com o uso de piche em um pedaço de pau.

O aquecimento das casas variava de acordo com o clima. O Egito precisava de pouco aquecimento, que era fornecido por meios simples. Na Mesopotâmia, braseiros eram usados para cozinhar e aquecer no inverno. Na Anatólia, os restos de um palácio indicam alguns casos de lareiras móveis (BAAE, p. 133). ,havia a lareira da cozinha, ela fornecia calor para casas de um cômodo.

A decoração variava de meras paredes caiadas de branco a gesso pintado nas melhores casas, muitas vezes um lambril pintado, escuro e incolor com uma faixa superior. Os tetos em alguns casos tinham acabamento com gesso ou ripas pintadas. Em casas ricas no Egito, ouro e prata eram usados em uma base de estuque como forro em baixo relevo. Na Mesopotâmia, o gesso geralmente era elaboradamente pintado. As molduras das portas às vezes eram pintadas de vermelho e, em outros casos, lajes de pedra como lambris forneciam os únicos elementos decorativos.[30]

3. Alimentos

Suprimento de alimentos. Apesar das secas recorrentes (Gn 31:40; 2Rs 4:38; Jr 14:1, 4-6; Ag 1:11), das chuvas de granizo (Ag 2:14), outras calamidades (Am 4:6-10) e fome daí resultante (Gn 12:10; 26:1; 41:1ss; 1Rs 18:2; 2Rs 4:38), e carência periódica provocada pela devastação da guerra (2Rs 6:25), a Palestina era para os escritores bíblicos uma terra "que mana leite e mel" (Êx 3:8, 17; Nm 13:27 etc.; cf. Dt 8:8), em que o alimento podia ser comido sem se passar necessidade (8:7-9; Tg 24:13; Jz 18:10). A descrição deixada pelo fugitivo do Egito, Sinué, ca. 1920 a.C., está de acordo: "Havia figos e uvas. Existia mais vinho do que água. Abundante era seu mel, abundantes as suas azeitonas. Cada (espécie) de fruta estava em suas árvores. Havia cevada e trigo [farro]. Não havia limite para qualquer (tipo de) gado. [...] O pão era por mim usado como alimento diário, vinho como provisão cotidiana, carne cozida e aves assadas, além da provisão capturada por meus (próprios) cães. Muitos alimentos [...] eram feitos para mim, e leite em todo (tipo de cozimento)". [...]

A escassez era um sinal de um castigo de Deus enviado ao seu povo infiel (Lm 4:9, 11; Am 4:6). De acordo com a Sirácida, as necessidades básicas da vida incluíam sal, farinha de trigo, leite, mel, o

---

[30] H. G. Stigers, "House," ZPEB, vol. 3, p. 217-220.

suco da uva e óleo (Sirácida 39:26). A terra produzia uma variedade de produtos alimentícios. [...]

Alimentos para humanos. 1. Alimentos vegetais. a. Grãos de cereais. Os campos da Palestina produziam trigo (Gn 30:14; Ez 4:9 etc.); cevada (Rt 1:22; 2:23); painço (Ed 4:9) e centeio (Êx 9:32; Is 28:25; Ed 4:9).

O milho (do tipo indiano) era desconhecido no mundo bíblico. Esse termo usado em algumas versões bíblicas deve ser entendido como os grãos de cereais. Em tempos de fome, os grãos eram obtidos no Egito (Gn 41:49), onde linho, cevada, trigo e espigas eram produzidos (Êx 9:31, 32). O grão poderia ser comido quando alguém atravessava os campos (Dt 23:25; Mt 12:1ss). Um dos amigos de Eliseu trouxe grãos frescos para o profeta (2Rs 4:42-44). Quando colhidos, os grãos eram transformados em farinha e produzidos em forma de pão, que era o sustento da vida (Is 3:1). Existem mais de duzentas referências ao pão nas Escrituras. O pão costuma ser sinônimo de comida em geral. O pão às vezes era assado sobre brasas (1Rs 19:6), primeiro de um lado e depois devidamente virado para assar do outro (Os 7:8).

Uma dieta de subsistência consistia em pão e água (Gn 21:14; 1Rs 18:13; 22:27). Em tempos de fome, as crianças clamavam por pão e vinho (Lm 2:12). Pão de trigo e pão de cevada eram usados. Em vários casos, o pão era pouco usado (Jo 7:13; 2Rs 4:42) assim como bolos de cevada (Ez 4:12). Foi com cinco pães de cevada que Jesus alimentou os cinco mil (Jo 6:9, 13). Painço e milho (KJV "grãos") também podiam ser usados para fazer pão (Ez 4:9).

Os grãos poderiam ser tostados e comidos dessa forma ([...] Lv 23:14; Tg 5:11; Rt 2:14; 1Sm 17:17; 25:18; 2Sm 17:28). A dieta do trabalhador na hora do almoço poderia consistir em grãos tostados e vinho (Rt 2:14). O grão poderia ser esmagado e espalhado para secar, como foi feito no poço onde Aimaás e Jônatas estavam escondidos.

b. Amêndoas. Jacó enviou ao faraó um presente de produtos da terra que incluía pistache e amêndoas junto com bálsamo, mel, goma e mirra (Gn 43:11).

c. Vegetais. A geração que viveu do deserto queixou-se da falta de pepinos, melões, cebolas e alho que haviam comido no Egito (Nm 11:5). As gerações posteriores na Palestina sem dúvida desfrutaram de muitos desses produtos. Havia feijão, lentilha e pepino. Havia também as ervas amargas da Páscoa [...] e as plantas do jardim: hortelã, endro e cominho (Mt 23:23). Um jantar de ervas poderia ser suficiente para um homem pobre (Pv 15:17; Rm 14:2). Em momentos de necessidade, a alfarroba normalmente usada para o gado poderia ser comida.

d. Frutas. A uva produzia vinho, vinagre e passas. Uvas frescas poderiam ser chupadas ao se passar por um vinhedo (Dt 23:24). Bolos de passas eram comidos com frequência.

A azeitona era talvez consumida verde e madura como hoje, embora isso não seja especificamente declarado. As azeitonas eram batidas em óleo (Êx 27:20).

O figo [...] era comido fresco (Jr 24:1ss.) e seco. O primeiro figo da estação era uma iguaria especial (Is 28:4; Jr 24:2; Os 9:10; Mq 7:1; Na 3:12). Todo homem sob sua videira e todo homem sob sua figueira, sem nada para amedrontá-los, é considerado o estado ideal (Mq 4:4). Figos secos eram comidos nas viagens.

2. Produtos de origem animal. a. Carne. É um termo que designa alimentos em geral e não se limita apenas à carne. Para os israelitas, os animais domesticados: bois, ovelhas e cabras forneciam carne. O filhote da ovelha ou cabra era o prato preferido. Havia peixes na Galileia e no mar [...] peixes secos estavam disponíveis. [...] Quatro tipos de gafanhotos eram comidos. [...] Diversas aves poderiam ser comidas: perdizes, codornizes, pombos, rolas e pardais.

Lacticínios. Os lácteos incluíam leite de vaca, de cabra e de ovelha [...] e eram guardados em recipientes de peles. [...] O aproveitamento de carne e leite também pode ser inferido de Gn 32:15. Manteiga e queijo [...] tinham uso culinário.

O mel silvestre e o doméstico eram conhecidos. [...] Ovos [...] eram usados.

Hábitos alimentares. Postura. Os primeiros israelitas provavelmente se assentavam no chão enquanto comiam, ao mesmo tempo em que o anfitrião ficava de prontidão para servir (Gn 18:8). Isaque sentou-se para comer (27:19), assim como os filhos de Jacó (37:25), o levita e sua concubina (Jz 19:6), Saul (1Sm 20:5, 24) e Samuel (Is 9:22). As pessoas que foram alimentados pelo milagre do Senhor sentaram-se no chão (Jo 6:10). As mesas foram usadas bem cedo. Adoni-Bezeque tinha setenta reis cativos em sua mesa (Jz 1:7). "Preparas uma mesa perante mim...", canta o salmista (Sl 23:5). Nos tempos do Novo Testamento, migalhas caíam sobre os cachorros debaixo da mesa (Mt 15:27; Mc 7:28). Jesus sentou-se à mesa quando Maria o ungiu (Jo 12:2).

Os convidados do banquete de Ester reclinaram-se em sofás (Et 7:8). Reclinar-se sobre o cotovelo esquerdo era uma postura normal nos tempos do NT (Jo 13:23). É provável que os convidados tenham mergulhado a comida no prato comum. Os fariseus eram rigorosos em exigir a prévia lavagem das mãos (Mc 7:3). Uma bênção pronunciada sobre a comida também era um costume estabelecido no século primeiro.

Hora da refeição. O AT não faz referência a uma refeição antes do meio-dia; no entanto não se deve fazer muita suposição por esse silêncio. Os discípulos de Jesus comeram uma refeição matinal à beira-mar depois de uma noite de trabalho (Jo 21:12). As principais refeições eram ao meio-dia e à noite. Pedro poderia argumentar que os apóstolos não estavam bêbados às nove horas. O costume das duas refeições provavelmente remonta à Escritura: "À tardinha comereis carne, e pela manhã vos fartareis de pão" (Êx 16:12). Os corvos traziam comida para Elias pela manhã e à noite (1Rs 17:6).

No Egito havia uma refeição do meio-dia (Gn 43:16) como havia entre os trabalhadores na Palestina (Rt 2:14). Foi na hora sexta (meio-dia) que Jesus descansou no poço em Samaria enquanto seus discípulos foram comprar pão (Jo 4:6). A refeição pretendida para o meio-dia de Pedro estava sendo preparada quando os mensageiros de Cornélio chegaram (At 10:9ss) [...] Mt 22:4; Lc 11:38; 14:12. A ceia vinha depois que o trabalho era feito (Rt 3:7; Jz 19:16ss). Em alguns casos, o alimento poderia ser preparado por um servo que já havia feito seu trabalho no campo o dia todo (Lc 17:7ss.) [...] 1Co 11:20.[31]

F. Cronologia

Tem havido muito debate sobre as datas do nascimento de Cristo, o ano do início do seu ministério, a duração do ministério de Cristo, a data de sua morte. Hoehner, em um trabalho acadêmico, considera essas questões.[32] Suas descobertas podem ser resumidas da seguinte forma:

---

[31] J. P. Lewis, "Food," ZPEB, vol. 2, p. 582-587.
[32] Hoehner, *Chronological Aspects*.

Tabela cronológica da vida de Cristo

Nascimento de Cristo .... inverno 5/4 a.C.
A morte de Herodes o Grande .... março/abril 4 a.C.
Os monitores começaram a governar sobre a Judeia e Samaria ..... 6 d.C.
Cristo no templo com os Doze .... Páscoa, 29 de abril, 9
Caifás torna-se sumo sacerdote .... 18 d.C.
Pilatos chegou à Judeia .... 26 d.C.
Início do ministério de João Batista .... 29 d.C.
Início do ministério de Cristo .... verão/outono 29 d.C.
A primeira Páscoa de Cristo (Jo 2:13) .... 7 de abril de 30
João Batista aprisionado .... 30 ou 31 d.C.
Segunda Páscoa de Cristo .... 25 de abril, 31
A morte de João Batista .... 31 ou 32 d.C.
Cristo na Festa dos Tabernáculos (Jo 5:1) .... 22-28 de outubro de 31
Terceira Páscoa de Cristo (Jo 6:4) .... 13/14 de abril de 32
Cristo na Festa dos Tabernáculos (Jo 7:2, 10) .10-17 de setembro de 32
Cristo na Festa da Dedicação (Jo 10:22-39) .... 18 de dezembro de 32
Última semana de Cristo .... 28 de março a 5 de abril de 33
    Chegada a Betânia .... sábado, 28 de março
    Multidão em Betânia .... domingo, 29 de março
    Entrada triunfal .... segunda, 30 de março
    Maldição da figueira e purificação do templo .... terça, 31 de março
    A controvérsia no templo e o discurso no Olivete... quarta, 1º de abril
    Cristo comeu a Páscoa, é traído, preso e julgado ...... quinta, 2 de abril
    Cristo julgado e crucificado .... sexta, 3 de abril
    Cristo permanece na tumba .... sábado, 4 de abril
    Ressurreição de Cristo .... domingo, 5 de abril
Ascensão de Cristo (At 1) .... quinta, 14 de maio
Dia de Pentecostes (At 2) .... domingo, 24 de maio

Apêndice: Contexto do tempo de Cristo

Existem três visões sobre o dia da morte de Cristo, dando o dia variadamente como quarta, quinta e sexta-feira. Hoehner descreve essas visões:

A CRUCIFICAÇÃO NA QUARTA FEITA

Apresentação do ponto de vista. Aqueles que defendem a visão da crucificação na quarta-feira acreditam que Jesus morreu por volta do pôr do sol na quarta-feira, e Ele ressuscitou exatamente 72 horas depois. O expoente mais conhecido dessa visão dos últimos dias é Scroggie. Ele afirma que há duas razões principais que apoiam a data da crucificação na quarta-feira.

O principal argumento para essa visão é a interpretação literal de Mateus 12:40, onde Jesus afirma: "pois, como Jonas esteve três dias e três noites no ventre do grande peixe, assim estará o Filho do homem três dias e três noites no seio da terra".

O segundo fundamento para uma crucificação na quarta-feira é que, na visão da sexta-feira, há muitos eventos (Scroggie lista 20) entre a morte de Cristo às 15h e seu sepultamento às 18h. Scroggie propõe que Jesus foi enterrado na quarta-feira à noite, o corpo permaneceu na tumba durante a quinta-feira, 15 de nisã, o sábado da Páscoa, e então na sexta-feira, o dia entre os sábados, o corpo foi embalsamado.

Além desses dois argumentos principais, há também o argumento da tipologia, segundo o qual o cordeiro era escolhido em 10 de nisã. Na entrada triunfal, Cristo, o Cordeiro de Deus, teria aparecido em Jerusalém no sábado, 10 de nisã.

Assim, com a interpretação literal de Mateus 12:40, uma quantidade de tempo adequada para os muitos eventos entre a morte e o embalsamamento de Cristo, e com a tipologia corroborativa, acredita-se que a crucificação de Cristo tendo ocorrido na quarta-feira melhor satisfaz as evidências.

Crítica acerca dessa visão. Essa visão não foi amplamente aceita. Não é tão forte quanto pode parecer. Primeiro, é baseada principalmente em um versículo da Escritura, a saber, Mateus 12:40. Reconhecidamente, esse é o versículo mais difícil para aqueles que defendem a crucificação na sexta-feira. No entanto, se alguém olhar para outras passagens do Novo Testamento referindo-se à ressurreição de Cristo, ficará imediatamente óbvio que Jesus ressuscitou no terceiro dia e não no quarto (cf. Mt 16:21; 17:23; 20:19; 27:64; Lc 9:22; 18:33; 24:7, 21,

46; Jo 2:19-21; At 10:40; 1Co 15:4). Também é um fato bem conhecido que os judeus consideravam qualquer parte de um dia como um dia inteiro.

Assim, os três dias e três noites em Mateus 12:40 são uma expressão idiomática do mesmo período de tempo (veja o terceiro dia) mencionado nas passagens do Novo Testamento citadas anteriormente, em vez de um período literal de 72 horas. Haverá um exame mais detalhado das evidências do cálculo judaico ao discutir a visão de sexta-feira. Basta dizer aqui, Mateus 12:40 não é um obstáculo tão grande quanto os proponentes da visão de quarta-feira teriam para alguém dar credibilidade.

Em segundo lugar, se alguém interpretar Mateus 12:40 como se referindo a um período de 72 horas, Cristo deveria ter ressuscitado antes das 18h na noite de sábado. Ao contrário, Ele teria ressuscitado no quarto dia. Porém os cristãos celebram a ressurreição no primeiro dia da semana (At 20:7; 1Co 16:2), e não no sábado.

Terceiro ponto, é verdade que muitos eventos ocorreram entre a morte de Cristo e o sepultamento; mas a lista não é tão grande quando examinada, pois várias coisas poderiam ter sido feitas simultaneamente por diversas pessoas. Além disso, algumas coisas poderiam ter sido feitas antes de Ele realmente morrer.

Quarto, a corroboração da tipologia essa é muito fraca. Isso significa que a entrada triunfal de Jesus teria (sido) no sábado. Isso é improvável por dois motivos:(1) Considerando que Jesus estava montado em um animal, Ele estaria quebrando a lei mosaica que afirma que nem mesmo os animais deveriam trabalhar no sábado (Dt 5:14). (2) Visto que as pessoas estavam cortando os galhos das árvores (Mt 21:8; Mc 11:8), também teriam violado a lei (cf. Dt 5:14; Nm 15:32-36). Certamente, se Jesus tivesse violado o sábado e levado outros a fazê-lo, é provável que seus inimigos teriam mencionado algo sobre isso durante a Semana da Paixão.

Portanto, conclui-se que quando alguém examina todas as passagens referentes à ressurreição de Cristo, é evidente que Jesus ressuscitou no terceiro dia, e não necessariamente após 72 horas; que a ressurreição de Cristo ocorreu no domingo, e não no sábado; que os muitos eventos listados por Scroggie poderiam ter sido realizados em um curto espaço de tempo; e que é improvável que a entrada triunfal de Cristo tenha ocorrido no sábado. Por consequência, a visão da crucificação de quarta-feira não é uma solução satisfatória. Na verdade, se

Apêndice: Contexto do tempo de Cristo   827

não existisse Mateus 12:40, é improvável que a teoria da quarta-feira tivesse sido sugerida por alguém.

A CRUCIFICAÇÃO NA QUINTA-FEIRA

Apresentação do ponto de vista. Tal como acontece com a visão anterior, aqueles que defendem a data da crucificação na quinta-feira baseiam sua opinião em Mateus 12:40 [...]; os adeptos da visão da quinta-feira delineariam o calendário de eventos da seguinte forma: (1) A entrada triunfal no domingo, 10 de nisã, cumpriria a tipologia do Antigo Testamento de um cordeiro pascal escolhido, ou seja, o próprio Cristo. (2) Segunda, terça e quarta-feira Jesus apareceu em Jerusalém várias vezes e teve a última ceia na quarta-feira à noite. Isso, então, elimina a quarta-feira não mencionada na exibição tradicional da sexta-feira. (3) Quinta-feira, 14 de nisã, Cristo, o Cordeiro da Páscoa, foi morto. (4) No dia seguinte, 15 de nisã, era o primeiro dia dos pães ázimos, e esse era um dia de santa convocação em que ninguém deveria trabalhar (Lv 23:7). Portanto, conclui-se que esse dia de descanso é um sábado. Assim, quando o dia 15 de nisã caía em qualquer outro dia que não fosse o sábado semanal, era chamado de sábado da Páscoa. É o sentido visto em João 19:31, onde se lê: "era grande aquele dia de sábado" e não era o sábado semanal, mas o sábado da Páscoa. No ano em que nosso Senhor foi crucificado, o sábado da Páscoa (15 de nisã) caía na sexta-feira e o sábado semanal no dia seguinte. Além disso, os defensores apontam que o sábado da Páscoa na sexta-feira seguido imediatamente pelo sábado semanal regular é apoiado por Mateus 28:1. Alguém notará no texto grego que a forma plural da palavra "sábado" é usada e, portanto, deve ser traduzida como "no final dos sábados". (5) Cristo ressuscitou na manhã de domingo, e assim ficou na sepultura três noites inteiras e dois dias inteiros e uma parte do terceiro dia.

Crítica acerca dessa visão. Embora a crucificação na quinta-feira pareça resolver o problema de Mateus 12:40, ela também não foi amplamente aceita porque existem algumas dificuldades reais com a teoria. Primeiro, é duvidoso que alguém manteria a data da crucificação na quarta ou na quinta-feira se não fosse por Mateus 12:40. Em segundo lugar, com a data da crucificação tendo ocorrido na quinta-feira, a entrada triunfal de Cristo no domingo cumpre a tipologia do Antigo Testamento de ser o Cordeiro Pascal escolhido para a Páscoa. Nada impede, no entanto, que a entrada triunfal tenha ocorrido na segunda-feira. Isso significaria não apenas que Cristo foi apresentado como o

Cordeiro Pascal em 10 de nisã, mas também eliminaria a quarta-feira não mencionada que foi criticada contra a visão da sexta-feira por aqueles que defendem a visão da quinta-feira.

Terceiro, o argumento de que, visto que 15 de nisã é uma santa convocação na qual ninguém trabalha e, portanto, concluir que era um sábado é um *non sequitur*. Não há evidência disso em lugar nenhum. [...] Então, deixa de existir um caso real para um sábado de Páscoa que ocorresse um dia antes do sábado semanal regular.

Quarto, a visão da quinta-feira é forçada a fazer a expressão "o dia da preparação" [...] referir-se aos preparativos para a Páscoa, em vez de seu uso normal referindo-se à sexta-feira, o dia de preparação para o sábado. A visão de quinta-feira sente que João 19:14 apoia sua tese, afirmando: "era a preparação da Páscoa" e indicaria o dia antes da Páscoa, em vez de especificamente a sexta-feira. Portanto, de acordo com sua opinião, "o dia da preparação" era quinta-feira, e não sexta-feira. Isso, porém, é inaceitável por três motivos: (1) É necessário o significado não natural de [...] [preparação]. Tanto as Escrituras (Mt 27:62; Mc 5:42; Lc 23:54; Jo 19:14, 31, 42) e Josefo indicam que o dia da preparação é o dia anterior aos sábados semanais, ou seja, sexta-feira. Até Westcott, que defende a crucificação na quinta-feira, admite que o uso normal da frase se refere à sexta-feira. (2) Mc 15:42 aponta exclusivamente para "a preparação da Páscoa" como sendo sexta-feira quando afirma: "e quando a noite já havia chegado, porque era o dia da preparação, isto é, um dia antes do sábado". Ao ler Marcos, vê-se que ele está falando do sábado semanal regular e, portanto, a [preparação] se refere à sexta-feira. (3) A declaração "era a preparação da Páscoa" em João 19:14 parece fazer referência à sexta-feira da semana da Páscoa, e não ao dia antes da Páscoa. A razão para isso é que não há evidência de que o dia de preparação para a Páscoa seja um dia antes da Páscoa; enquanto há evidência para [preparação] [...] como sendo sexta-feira. Isso também é comprovado no contexto imediato, onde se afirma especificamente que os corpos devem ser retirados da cruz no dia da preparação para que não permaneçam na cruz no sábado, e eles colocaram Jesus no sepulcro no dia da "véspera do sábado dos judeus" (Jo 19:31, 42). Certamente, nesses dois versículos, [preparação] é sexta-feira, e o sábado se refere ao sábado semanal.

Portanto, em conclusão, a visão de quinta-feira tem muitos problemas para torná-la uma solução realmente válida. Por não reconhecer que a expressão três dias e três noites em Mateus 12:40 é idiomática de um período de três dias, a visão de quinta-feira deve propor teorias que têm muito mais problemas do que aquele que tenta resolver.

A CRUCIFICAÇÃO NA SEXTA-FEIRA

Apresentação do ponto de vista. Jesus predisse que morreria e ressuscitaria no terceiro dia (Mt 16:21; Mc 8:31; Lc 9:22). Quando alguém lê esses eventos nos evangelhos, fica claramente com a impressão de que Jesus ressuscitou no terceiro dia. O corpo de Jesus foi colocado no túmulo na noite do dia da preparação (sexta-feira), um dia antes do sábado (Mt 27:62; 28:1; Mc 15:42; Lc 23:54, 56; Jo 19:31, 42). As mulheres voltaram para casa e descansaram no sábado (Lc 23:56). Logo no primeiro dia da semana (domingo), elas foram ao túmulo (Mt 28:1; Mc 16:12; Lc 24:1; Jo 20:1), que estava vazio. Além disso, no mesmo dia em que ressuscitou do túmulo, Jesus caminhou com dois discípulos no caminho de Emaús (Lc 24:13), e eles lhe disseram que seu Mestre foi crucificado, acrescentando, "é já hoje o terceiro dia desde que essas coisas aconteceram" (Lc 24:21). Isso, então, aponta para a sua crucificação como tendo ocorrido na sexta-feira. Com todas essas evidências, a única conclusão plausível é que Jesus foi crucificado na sexta-feira e ressuscitou no domingo.

Essa visão também se encaixa bem com a tipologia do Antigo Testamento. Na segunda-feira, 10 de nisã, Jesus se apresentou como o Cordeiro Pascal em sua entrada triunfal. Em 14 de nisã Ele foi sacrificado como o Cordeiro Pascal (1Co 5:7), e em 16 de nisã sua ressurreição foi um tipo de oferta das primícias (1Co 15:23).

Com a leitura mais natural do Novo Testamento, poderíamos concluir então que Jesus foi crucificado na sexta-feira e ressuscitou no domingo. Esse também é o consenso comum dos Pais da Igreja e estudiosos ao longo da história da Igreja, e é a visão geralmente aceita hoje.

Crítica acerca dessa visão. O único problema que é proposto contra a visão da sexta-feira é Mateus 12:40, onde é mencionado que Ele estaria no coração da terra por três dias e três noites. [...] A referência mais frequente à ressurreição de Jesus é que ela ocorreu no terceiro dia (não o quarto dia) (Mt 16:21; 17:23; 20:19; 27:64; Lc 9:22; 18:33; 24:7, 21, 46; At 10:40; 1Co 15:4). Em João 2:19-22, onde Jesus falou de sua ressurreição, Ele declarou que seria ressuscitado em três dias, e não no quarto dia. Há quatro passagens (Mt 27:63; Mc 8:31; 9:31; 10:34) que falam da ressurreição de Cristo como ocorrendo "depois de três dias", mas isso está se referindo ao mesmo período de tempo como no "terceiro dia" pelas seguintes duas razões:(1) as três passagens de Marcos são paralelas a um ou dois dos outros evangelhos sinóticos, e em cada caso o outro sinótico não usa "depois de três dias" como Marcos faz, mas "no terceiro dia" (Mc 8:31 = Mt 16:21 / Lc 9:22; Mc 9:31 = Mt 17:23; Mc 10:34 = Mt 20:19 / Lc 18:33). Assim, as duas frases significam um período que se estende até o terceiro dia. (2) Em Mateus 27:63, onde os fariseus diante de Pilatos afirmam que Jesus havia predito que "depois de três dias ressuscitarei", os fariseus perguntaram a Pilatos se poderiam ter uma guarda de soldados para proteger o sepulcro até o terceiro dia. A frase "depois de três dias" deve ter sido equivalente ao "terceiro dia", do contrário, os fariseus teriam pedido uma guarda de soldados até o quarto dia. [...]

Conclusão

Tendo examinado as três visões diferentes, concluiu-se que o dia de sexta-feira para a crucificação é o mais aceitável. As visões de quarta e quinta-feira são basicamente construídas em um versículo, a saber, Mateus 12:40. Essas opiniões são insustentáveis porque, em primeiro lugar, a preponderância das Escrituras indicaria a crucificação de Jesus como tendo ocorrido na sexta-feira e, em segundo lugar, quando se percebe que os judeus consideravam uma parte de um dia como um dia inteiro, essas opções não existem mais. Além disso, a visão da crucificação de sexta-feira teve o apoio esmagador de estudiosos ao longo da história da igreja.[33]

O segundo problema cronológico é o ano da crucificação de Cristo. Hoehner oferece um tratamento extensivo desse problema:

Na discussão desse aspecto, várias datas para a morte de Cristo foram propostas. Eles variam de 21 a 36 d.C. [...]
Existem certas linhas de evidência da história sagrada e secular que limitam as possibilidades para a data da crucificação.

Os oficiais da crucificação

Caifás. Os Evangelhos (Mt 26:3, 57; Jo 11:49-53; 18:13-14) claramente têm Caifás como o sumo sacerdote envolvido no julgamento

---

[33] Ibid., p. 65-74.

de Jesus. Ele foi o sumo sacerdote de 18 d.C. até a Páscoa de 37 d.C. Portanto, a crucificação deve ter ocorrido em algum momento entre 18 d.C. e a Páscoa de 36 d.C., pois Caifás foi deposto na Páscoa de 37 d.C.

Pilatos. Os evangelhos (Mt 27:2-26; Mc 15:1-15; Lc 23:1-25; Jo 18:28; 19:16), bem como Atos (4:27) e uma epístola pastoral (1Tm 6:13), atestam que Jesus foi julgado pelo governador Pôncio Pilatos. O mandato de Pilatos na Judeia é delineado por Josefo. Primeiro, uma vez que seu predecessor Valerius Gratus ocupou o cargo por onze anos, todos os quais caíram durante o reinado de Tibério (14-37 d.C.), o reinado de Pilatos não poderia ter começado antes de 25 d.C. Em segundo lugar, Josefo afirma que Pilatos governou por dez anos e que Tibério morreu antes de Pilatos chegar a Roma. É mais provável que ele tenha deixado a Judeia no inverno de 36/37 d.C. Portanto, o reinado de Pilatos teria sido o período de dez anos, de 26 a 36 d.C., e a crucificação de Cristo deve ter ocorrido entre essas datas.

Conclusão. Tendo estabelecido os limites dos dois oficiais do julgamento de Cristo, a sua crucificação deve ter ocorrido em algum momento entre os anos de 26 e 36 d.C. Isso, portanto, elimina a data de 21 d.C. proposta por Eisler com base nos Atos apócrifos de Pilatos (que Eusébio não considerou fidedigno) publicado pelo imperador Maximino Trácio em 311 d.C. A teoria de Eisler destrói a cronologia de Josefo, e as evidências numismáticas apoiam a cronologia de Josefo. A visão de Eisler também destrói a cronologia da Bíblia, pois Lc 3:1-2 afirma que o início do ministério de João Batista foi no décimo quinto ano de Tibério, ou seja, 28/29 d.C. Isso significa que o ministério de João teria começado oito anos após a morte de Jesus! Assim, quaisquer emendas textuais que Eisler faça para apoiar sua teoria tornam-na imediatamente suspeita.

Assim, a crucificação dever ter ocorrido entre 26 e 36 d.C.

Tendo concluído que Jesus morreu em uma sexta-feira e em 14 de nisã, pode-se determinar em quais anos, dentro dos limites previamente estabelecidos de 26-36 d.C., 14 de nisã que caíram numa sexta-feira.

O mês judaico era um mês lunar com não menos que 29 e não mais que 30 dias. O primeiro dia do mês era determinado a partir da lua nova. Claro, a lua nova não é visível, mas um ou dois dias depois da lua nova, uma figura de foice da lua aparece com um brilho fraco. Quando duas testemunhas de confiança informaram a comissão do calendário sacerdotal, sob juramento, que tinham visto a lua nova, o dia seria declarado o primeiro do novo mês. [...]

Vários estudos foram realizados, e suas conclusões são que as únicas ocasiões possíveis em que o dia 14 de nisã caiu na sexta-feira foram nos anos de 27, 30, 33 e 36 d.C. Destes, 27 d.C. é o menos provável astronomicamente. Naquele ano, é provável que o dia 14 de nisã tenha caído na quinta-feira em vez de na sexta-feira. O ano de 30 d.C. também foi debatido, mas é razoavelmente certo que 14 de nisã caiu numa sexta-feira daquele ano.

Em conclusão, então, os cálculos dos astrônomos limitariam os anos prováveis da crucificação de Cristo na sexta-feira, 14 de nisã, aos anos 30, 33 e 36, sendo 27 d.C. uma possibilidade improvável. [...]

Tendo limitado a data da crucificação aos anos de 30, 33, 36 e possivelmente 27 d.C., agora é apropriado discutir como esses anos coincidem com o ministério de Cristo. O primeiro a ser considerado é a data de 27 d.C. [...] Lc 3:12 indica que o ministério de João Batista começou no décimo quinto ano de Tibério, que ocorreu em 28/29 d.C. O ministério de Jesus seguiu-se a ele, portanto, a data de 27 d.C. não é apenas questionável astronomicamente, mas é impossível biblicamente — se alguém levar Lucas 3:1-2 a sério. Isso é confirmado em João 2:20, onde na primeira Páscoa do ministério de Cristo, Ele fala que a construção do templo permaneceu por 46 anos. Como foi concluído em 18/17 a.C., 46 anos depois traria a data para o ano 29/30 d.C., Portanto, a data de 27 d.C. não é uma opção viável para a crucificação de Cristo.

Em segundo lugar, ao considerar o outro extremo, a data de 36 d.C., nota-se que Lc 3:1 também naufraga com essa data tardia. Não há indicação nos evangelhos de que o ministério de Jesus tenha durado seis anos. [...]

Isso deixa apenas duas datas plausíveis para a crucificação, a saber, 30 e 33 d.C. Há um grande número de estudiosos que consideram 30 d.C. como a data da crucificação de Cristo. No entanto se alguém aceitar o ministério de João começando no décimo quinto ano de Tibério, 28/29 d.C. (Lc 3:1-2), então Cristo teria tido um ministério de apenas cerca de um ano. Há aqueles que seguem Ramsay, afirmando que é preciso contar desde a época do decreto, quando Tibério tornou-se corregente com Augusto. Isso daria início ao ministério de João por volta de 25/26 d.C. e o ministério de Jesus logo depois. Essa visão é insustentável pelos dois motivos a seguir. Em primeiro lugar, não há evidência, seja em documentos históricos ou moedas, de que o reinado de Tibério tenha sido contado a partir de sua corregência. Ao contrário,

APÊNDICE: CONTEXTO DO TEMPO DE CRISTO   833

seu reinado é sempre considerado a partir do momento em que ele se tornou o único governante após a morte de Augusto em 19 de agosto de 14 d.C. Em segundo lugar, aqueles que aceitam essa teoria não estão de acordo quanto ao início da corregência. Portanto, outros estudiosos que defendem a crucificação de 30 d.C., como Blinzler, achando que se deve contar de acordo com a cronologia síria — especialmente porque Lucas nasceu na Síria, onde o primeiro ano de Tibério seria de 19 de agosto de 14 d.C. a 1º de Tishrei (setembro / outubro) e, portanto, o décimo quinto ano seria 1º de Tishrei, 27 d.C. a 1º de Tishrei de 28. O ministério de João Batista começou então, e o ministério de Cristo seguiu logo depois. No entanto alguém tem certeza de que Lucas calculava isso dessa maneira, especialmente porque ele estava escrevendo a Teófilo, um oficial romano? Parece que ele teria usado um sistema romano, calculado a partir da data de ascensão de Tibério ou do calendário juliano. Blinzler acredita que 28 d.C. como marcando o início do ministério de Cristo é confirmado por João 2:20, em que os judeus afirmam que o templo estava em construção contínua por 46 anos desde que Herodes começou a construí-lo em 20/19 a.C., mas os judeus estão falando sobre o edifício do templo [...] que foi concluído em 18/17 a.C. como tendo permanecido por 46 anos, isto é, a Páscoa de 30 d.C., em vez dos recintos do templo [...] que ainda estavam em processo de construção. Por fim, Blinzler afirma que, com esse cálculo, Cristo teve um ministério de dois anos e alguns meses. Embora João mencione em seu evangelho apenas três Páscoas (Jo 2:13; 6:4; 11:55), alguns pensam que o ministério de Cristo não precisaria durar mais do que dois anos. Essa visão, no entanto, ignora a nota de tempo em João 4:35 e não explica adequadamente a configuração cronológica para a festa não nomeada de João 5:1. Além disso, essa visão requer uma transposição dos capítulos 5 e 6 do evangelho de João. Um ministério de Cristo de três anos e alguns meses explica melhor a evidência.

Em conclusão, a crucificação de 30 d.C. não é a melhor possibilidade porque: (1) existe alguma (não grande) dificuldade astronômica; (2) existe dificuldade em encaixar Lc 3:12 na vida de Cristo, a menos que se calcule de acordo com a cronologia síria que não se tem certeza de que Lucas a estava usando; (3) ele tenta explicar João 2:20 como se referindo à reconstrução de Herodes recintos do templo quando na verdade a passagem está falando sobre o edifício do templo; e (4) limita o ministério de Cristo a um pouco mais de dois anos, o que requer uma transposição de João 5 e 6 e não explica a nota de tempo de João 4:35 ou o festa sem nome de João 5:1.

Isso deixa apenas 33 d.C. como a data mais plausível para a crucificação. Primeiro, é astronomicamente sólido. Em segundo lugar, não se limita a um sistema de datação para calcular o início do ministério de João Batista no décimo quinto ano de Tibério (Lc 3:1-2). Embora esse autor prefira datar o início do ministério de João a partir da ascensão de Tibério ou pelo calendário juliano, que resulta em 28/29 d.C., marcando o início do ministério de João, os outros sistemas podem ser utilizados dependendo de quanto tempo João ministrou antes de Jesus ter começado seu ministério. Terceiro, permite um ministério de mais de três anos começando no verão ou outono de 29 d.C. e terminando na Páscoa de 33 d.C. Quarto, explica adequadamente João 2:20 como se referindo ao edifício do templo que durou 46 anos até que fosse concluído, de modo que a Páscoa de 30 d.C. foi a primeira Páscoa de Cristo em seu ministério. Quinto, não há necessidade de transposição dos capítulos 5 e 6 do evangelho de João. [...]

Aqui, então, é o caso de 33 d.C. para a data da crucificação de nosso Senhor, mais especificamente sexta-feira, 3 de abril, 33 d.C.[34]

---

[34] Ibid., p. 95-104, 114.

Bibliografia

A. Obras gerais de referência

AHARONI, Y.; AVI-YONAH, M. *The Macmillan Bible Atlas*. Nova York: Macmillan, 1968.

BAUER, Walter. *A Greek-English Lexicon of the New Testament and Other Early Christian Literature*. Translated by William F. Arndt and Wilbur Gingrich. Chicago: University of Chicago Press, c. 1969.

GROLLENBERG, L. H., compilador. *Nelson's Atlas of the Bible*. Nova York: Thomas Nelson, 1956. Hastings, James. *Dictionary of the Bible*. 5 vols. Edinburgh: T. & T. Clark, 1902.

_____. *Dictionary of Christ and the Gospels*. 2 vols. Edinburgh: T. & T. Clark, 1906.

KRAELING, Emil G. *Rand McNally Bible Atlas*. Chicago: Rand, McNally, 1956.

ORR, James. *International Standard Bible Encyclopedia*. 5 vols. Grand Rapids: Eerdmans, 1939.

TENNEY, Merrill C., ed. *The Zondervan Pictorial Encyclopedia of the Bible*. 5 vols. Grand Rapids: Zondervan, 1975.

THAYER, Joseph Henry. *A Greek-English Lexicon of the New Testament*. Nova York: American Book, ca. 1889.

TURNER, George A. *Historical Geography of the Holy Land*. Grand Rapids: Baker, ca. 1933.

B. Material geral de contexto

ABRAHAM, I. *Studies in Pharisaism and the Gospels*. 2 vols. Cambridge: Cambridge University Press, 1917-1924.

ADAMS, J. McKee. *Biblical Backgrounds*. Nashville: Broadman, 1934.

ALAND, Kurt. *Synopsis of the Four Gospels*. Nova York: United Bible Society, 1976.

Anderson, Robert. *The Coming Prince*. Londres: Hodder and Stoughton, 1909.

Breen, A. E. *A Harmonized Exposition of the Four Gospels*. Rochester: John P. Smith, 1908.

Burton, Ernst DeWitt. *A Harmony of the Synoptic Gospels in Greek*. Chicago: University of Chicago Press, 1947.

Corswant, W. *A Dictionary of Life in Bible Times*. Nova York: Oxford University Press, 1960.

Dalman, Gustav. *Sacred Sites and Ways*. Nova York: Macmillan, 1935.

Deissman, Adolf. *Light From the Ancient East*. Grand Rapids: Baker, 1965.

Edersheim, Alfred. *In the Days of Christ; Sketches of Jewish Social Life*. Nova York: Revell, 1876.

_____. *The Temple, Its Ministry and Services*. Grand Rapids: Eerdmans, 1954.

Finegan, J. *Handbook of Biblical Chronology*. Princeton: the University Press, 1964.

_____. *Light from the Ancient East*. Oxford: The University Press, 1959.

Finkelstein, Lewis. *The Pharisees*. 2 vols. Philadelphia: Jewish Publication Society of America, 1962.

Gaebelein, Frank E., ed. *The Expositor's Bible Commentary*. vol. 1 (introductory articles). Grand Rapids: Zondervan, 1979.

Habershon, Ada R. *The Study of the Miracles*. Grand Rapids: Kregel, 1957.

_____. *The Study of the Parables*. Grand Rapids: Kregel, 1957.

Hoehner, Harold. *Chronological Aspects of the Life of Christ*. Grand Rapids: Zondervan, 1977.

_____. *Herod Antipas*. 1972. Reprint. Grand Rapids: Zondervan, 1980.

Jeremias, Joachim. *Jerusalem in the Time of Jesus*. Traduzido da terceira edição alemã (com a revisão do autor em 1967) por F. H. e C. H. Cave. Philadelphia: Fortress, 1969.

Jukes, Andrew. *The Characteristic Differences of the Four Gospels*. Londres: Pickering & Inglis, n.d.

Lightfoot, J.B. *Biblical Essays*. Londres: Macmillan, 1892.

MacDonald, John. *The Theology of the Samaritans*. Philadelphia: Westminster, 1964.

MacKnight, James. *A Harmony of the Four Gospels*. 2 vols. Grand Rapids: Baker, 1950.

Machen, J. Gresham. *The Virgin Birth of Christ*. Nova York: Harper and Brothers, 1930.

Milligan, William. *The Ascension and Heavenly Priesthood of Our Lord*. Londres: Macmillan, 1908.

_____. *The Resurrection of Our Lord*. Nova York: Macmillan, 1927. Morgan, G. Campbell. *The Crises of the Christ*. Nova York: Revell, 1936.

_____. *The Parables of the Kingdom*. Nova York: Revell, 1907.

_____. Orr, James. *The Resurrection of Jesus*. Nova York: Hodder & Stoughton, n.d. Pentecost, J. Dwight. *Things to Come*. Grand Rapids: Zondervan, 1978.

Perowne, Stewart. *The Later Herods*. Nova York; Abingdon, 1959.

_____. *The Life and Times of Herod the Great*. Londres: Hodder and Stoughton, 1956.

Ridout, S. *The Four Gospels*. Nova York: Loizeaux, n.d.

Robertson, A.T. *Harmony of the Gospels for Students of the Life of Christ*. Nova York: Harper and Brothers, 1922.

Scroggie, Graham. *A Guide to the Gospels*. Londres: Pickering & Inglis, 1948.

Sherwin-White, A. N. *Roman Society and Roman Law in the New Testament*. Oxford: The University Press, 1963.

Smith, George Adam. *Jerusalem*. 2 vols. Londres: Hodder and Stoughton, 1907.

Sparrow-Simpson, W. J. *Our Lord's Resurrection*. Grand Rapids: Zondervan, 1964.

Stevens, William, and Burton, Ernest DeWitt. *A Harmony of the Synoptic Gospels for Historical Study*. Londres: Hodder & Stoughton, 1905.

Tenney, Merrill C. *New Testament Survey*. Grand Rapids: Eerdmans, 1951.

THOMAS, Robert L., and Gundry, Stanley N. *A Harmony of the Gospels.* Chicago: Moody, 1978.

THOMPSON, W. M. *The Land and the Book.* 2 vols. Nova York: Harper and Brothers, 1880. Trench, Richard Chenevix. *Notes on the Miracles of our Lord.* Nova York: Appleton, 1853.

_____. *Notes on the Parables of Our Lord.* Nova York: Appleton, 1853.

_____. *Studies in the Gospels.* Nova York: Scribner, 1867. Walvoord, John F. *Jesus Christ Our Lord.* Chicago: Moody, 1969.

WESTCOTT, Brooks Foss. *An Introduction to the Study of the Four Gospels.* Londres: Macmillan, 1895.

WIEGAND, Albert Cassel. *A New Harmony of the Gospels: The Gospel Records of the Messages and Mission of Jesus.* Grand Rapids: Eerdmans, 1947.

WIGHT, Fred Hartley. *Manners and Customs of Bible Lands.* Chicago: Moody, 1953.

C. Vida e obras de Cristo

ANDREWS, Samuel J. *The Life of Our Lord upon the Earth.* Nova York: Scribner, 1868.

BARCLAY, William. *The Mind of Jesus.* Nova York: Harper & Brothers, 1961.

BAMHOUSE, Donald Grey. *His Own Received Him Not, But...* Nova York: Revell, 1933.

BEARE, Francis Wright. *The Earliest Records of Jesus.* Nova York: Abingdon, 1962.

BLINZLER, Josef. *The Trial of Jesus.* Translated by Isabel and Florence McHugh. Westminster, Maryland: Newman, 1959.

BROADUS, John A. *Jesus of Nazareth.* Grand Rapids: Baker, 1962.

CHEYNE, Johnston M. *The Life of Christ in Stereo.* Portland: Western Baptist Seminary Press, 1969.

COHN, Haim. *The Trial and Death of Jesus.* Nova York: Harper & Row, 1971.

CULVER, Robert Duncan. *The Life of Christ.* Grand Rapids: Baker, 1976.

EDERSHEIM, Alfred. *The Life and Times of Jesus the Messiah.* Nova York: Longmans, Green, 1912.

ELLICOTT, C. J. *Historical Lectures on the Life of Our Lord Jesus Christ.* Londres: Longmans, Green, 1896.

FABLING, Adam. *The Life of Christ.* St. Louis: Concordia, 1936.

FAIRBAIM, A. M. *Studies in the Life of Christ.* Londres: Hodder and Stoughton, 1896.

FARRAR, Frederic W. *Studies in the Life of Christ.* 2 vols. Nova York: Dutton, 1877.

_____. *The Life of Lives.* Nova York: Dodd, Mead, 1900.

FERNANDEZ, Andres. *The Life of Christ.* Translated by Paul Barrett. Westminster, Maryland: Newman, 1959.

FOSTER, R. C. *The Final Week.* Grand Rapids: Baker, 1962.

_____. *The Middle Period.* Grand Rapids: Baker, 1968.

_____. *Studies in the Life of Christ, Introduction and Early Ministry.* Grand Rapids: Baker, 1966.

GEIKIE, Cunningham. *The Life and Words of Christ.* 2 vols. Nova York: Appleton, 1893.

GUTHRIE, Donald. *Jesus the Messiah.* Grand Rapids: Zondervan, 1972.

HARRISON, Everett F. *A Short Life of Christ.* Grand Rapids: Eerdmans, 1968.

HEADLAM, Arthur C. *The Life and Teaching of Jesus the Christ.* Londres: Murray, 1927.

HOLTZMANN, Oscar. *The Life of Jesus.* Translated by J. T. Bealby and Maurice A. Canney. Londres: Adam and Charles Black, 1904.

KRUMMACHER, F. W. *The Suffering Savior.* Chicago: Moody, 1947.

LANGE, John Peter. *The Life of the Lord Jesus Christ.* Traduzido por Sophia Taylor e J. E. Ryland. 4 vols. Grand Rapids: Zondervan, 1958.

LATHAM, Henry. *Pastor Pastorum.* Cambridge: Deighton Bell, 1899.

NEANDER, Augustus. *The Life of Jesus Christ.* Traduzido por John M'Clintock e Charles E. Blurnenthal. Londres: George Bell, 1886.

Schilder, K. *Christ Crucified*. Traduzido por Henry Zylstra. Grand Rapids: Eerdmans, 1944.

_____. *Christ in His Sufferings*. Traduzido por Henry Zylstra. Grand Rapids: Eerdmans, 1945.

_____. *Christ on Trial*. Traduzido por Henry Zylstra. Grand Rapids: Eerdmans, 1945.

Shepard, J. W. *The Christ of the Gospels*. Grand Rapids: Eerdmans, 1946.

Smith, David. *The Days of His Flesh*. Nova York: Hodder and Stoughton, 1911.

Stalker, James M. *The Life of Christ*. Nova York: Revell, 1891.

_____. *The Trial and Death of Jesus Christ*, 1894. Reimpresso. Grand Rapids: Zondervan Publishing House, 1961.

Steir, Rudolf. *Words of the Lord Jesus*. Traduzido por William B. Pope. 3 vols. Nova York: N. Tibbols, 1864.

D. Comentários

Mateus

Gaebelein, A. C. *The Gospel of Matthew*. Nova York: Our Hope, 1916.

Hendricksen, William. *New Testament Commentary: Exposition of the Gospel According to Matthew*. Grand Rapids: Baker, 1973.

Lenski, R. C. H. *An Interpretation of St. Matthew's Gospel*. Minneapolis: Augsburg, 1943.

McNeile, Alan Hugh. *The Gospel According to St. Matthew*. Londres: Macmillan, 1955.

Morgan, G. Campbell. *The Gospel According to Matthew*. Westwood, N.J.: Revell, 1929.

Morrison, James. *A Practical Commentary on the Gospel According to St. Matthew*. Londres: Hamilton, Adams, 1875.

Plummer, Alfred. *An Exegetical Commentary on the Gospel According to St. Matthew*. Grand Rapids: Eerdmans, 1956.

TOUSSAINT, Stanley D. *Behold the King.* Portland: Multnomah, 1980.

Walvoord, John F. *Matthew: Thy Kingdom Come.* Chicago: Moody, 1974.

Marcos

CRANFIELD, C. E. B. *The Gospel According to St. Mark.* Cambridge: The University Press, 1963. English, E. Schuyler. *Studies in the Gospel According to Mark.* Nova York: Our Hope, 1943.

LANE, William C. *Commentary on the Gospel of Mark.* New International Commentary Series. Grand Rapids: Eerdmans, 1974.

LENSKI, R. C. H. *An Interpretation of St. Mark's Gospel.* Minneapolis: Augsburg, 1946.

MORRISON, James. *A Practical Commentary on the Gospel According to St. Mark.* Londres: Hodder and Stoughton, 1892.

SCROGGIE, W. Graham. *St. Mark.* The Study Hour Series. Nova: Harper & Brothers, n.d.

SWETE, Henry B. *The Gospel According to St. Mark.* Londres: Macmillan, 1908.

Lucas

AMDT, William F. *St. Luke.* St. Louis: Concordia, 1956.

GELDENHUYS, J. Norval. *Commentary on Luke.* The New International Commentary Series. Grand Rapids: Eerdmans, 1956.

GODET, F. *Commentary on the Gospel of St. Luke.* 2 vols. Edinburgh: T. & T. Clark, 1956.

KELLY, William. *An Exposition of the Gospel of Luke.* Londres: Pickering & Inglis, n.d.

LENSKI, R. C. H. *An Interpretation of St. Luke's Gospel.* Minneapolis: Augsburg, 1946.

MORGAN, G. Campbell. *The Gospel According to Luke.* Westwood, N.J.: Revell, 1928.

PLUMMER, Alfred. *A Critical and Exegetical Commentary on the Gospel According to St. Luke*. The International Critical Commentary. Edinburgh: T & T. Clark, 1922.

João

BARRETT, C. K. *The Gospel According to St. John*. Londres: SPCK, 1955.

GODET, F. *Commentary on the Gospel of St. John*. 2 vols. Grand Rapids: Zondervan, 1969.

HENDRICKSEN, William. *New Testament Commentary, Exposition of the Gospel According to John*. 2 vols. Grand Rapids: Baker, 1953.

LENSKI, R. C. H. *An Interpretation of St. John's Gospel*. Minneapolis: Augsburg, 1943.

MORRIS, Leon. *Gospel According to John*. The New International Commentary Series. Grand Rapids: Eerdmans, 1954.

PINK, Arthur. *The Gospel of John*. 3 vols. Swengel, Pa.: Bible Truth Depot, 1945.

RYLE, J. C. *Expository Thoughts on the Gospels, St. John*. Nova York: Robert Carter, n.d.

TENNEY, Merrill C. *John: The Gospel of Belief*. Grand Rapids: Eerdmans, 1948.

WESTCOTT, Brooke Foss. *The Gospel According to St. John*. Grand Rapids: Eerdmans, 1954.

E. Periódicos

BANKS, R. "Matthew's Understanding of the Law: Authenticity and Interpretation in Matthew 5:17-20". *Journal of Biblical Literature* 93 (1974): 226-242.

BEEBE, H. Keith. "Domestic Architecture of the New Testament". *The Biblical Archaeologist* 38 (1975): 101-104.

BROWN, S. "Secrets of the Kingdom of God, Mc 4:11". *Journal of Biblical Literature* 92 (1973): 60-74.

Bruce, A. B. "The Baptism of Jesus". *The Expositor,* quinta série, 7 (1898): 187-201.

Chadwick, G. A. "Judas Iscariot". *The Expositor,* terceira série, 10 (1889): 161-174.

Clelland, George M. "The Genealogy of Christ". *Bibliotheca Sacra* 70 (1861): 428-429.

Clowney, Edward P. "Final Temple". *Westminster Theological Journal* 35 (1973): 156-189. Dodd, C. H. "Miracles in the Gospel". *Expository Times* 44 (1932-1933): 504-509.

Fairbairn, A. M. "The Temptation of Christ". *The Expositor,* primeira série, 3 (1876): 321-342.

Flourney, Parke P. "What Frightened Pilate?" *Bibliotheca Sacra* 82 (1925): 314-320.

Frederick, William. "Did Jesus Eat the Passover?" *Bibliotheca Sacra* 68 (1911): 503-509.

Granbery, John C. "Jesus' Galilean Ministry: Period of Popularity; According to Matthew". *Biblical World* (1910): 197-203.

Haggard, Alfred Martin. "Problems of the Passion Week". *Bibliotheca Sacra* 69 (1912): 664-692.

Harrison, Everett F. "Jesus and Pilate". *Bibliotheca Sacra* 105 (1948): 307-319.

_____. "The Transfiguration". *Bibliotheca Sacra* 93 (1936): 315-330.

Hiers, R. H. "Problem of the Delay of the Parousia in Luke-Acts". *New Testament Studies* 20 (1974): 145-155.

_____. "Purification of the Temple; Preparation for the Kingdom of God". *Journal of*

Biblical Literature 90 (1971): 82-90.

Hodge, Caspar W. "What Is a Miracle?" *Princeton Theological Review* 14 (1919): 202-264.

Hodges, Zane. "The Angel at Bethesda-John 5:4", *Bibliotheca Sacra* 136 (1979): 25-39.

_____. "Blind Men at Jericho". *Bibliotheca Sacra* 122 (1965): 319-330.

_____. "Coming to the Light-Jo 3:20-21". *Bibliotheca Sacra* 135 (1978): 314-322.

_____. "Grace After Grace-Jo 1:16". *Bibliotheca Sacra* 135 (1978): 34-45.

_____. "Rivers of Living Water-John 7:37-39". *Bibliotheca Sacra* 136 (1979): 239-248.

_____. "Those Who Have Done Good-Jo 5:28-29". *Bibliotheca Sacra* 136 (1979): 158-166.

_____. "Unworthy Believers-John 2:23-25". *Bibliotheca Sacra* 135 (1978): 139-152.

_____. "Water and Spirit-Jo 3:5". *Bibliotheca Sacra* 135 (1978): 206-220.

HUTCHINGS, Samuel. "The Nature of the Resurrection Body of Christ". *Bibliotheca Sacra* 52 (1895): 708-723.

JOHNSON, S. Lewis. "The Agony of Christ". *Bibliotheca Sacra* 124 (1967): 303-313.

_____. "The Death of Christ". *Bibliotheca Sacra* 125 (1968): 10-19.

_____. "The Transfiguration of Christ". *Bibliotheca Sacra* 124 (1967): 133-143.

_____. "The Triumphal Entry of Christ". *Bibliotheca Sacra* 124 (1967): 219-229.

KINGSHURY, Jack D. "The Title, 'Son of David' in Matthew's Gospel. *Journal of Biblical Literature* 95 (1976): 591-602.

MAGOUN, H. W. "The Two Genealogies of Jesus". *Bibliotheca Sacra* 72 (1915): 34-48.

MANSON, T. W. "The Life of Jesus: A Survey of the Available Material: (4) the Gospel According to Matthew". *Bulletin of the John Rylan's Library* 29 (1945-1946): 392-428.

MERRINS, Edward M. "Did Jesus Die of a Broken Heart?". *Bibliotheca Sacra* 52 (1905): 38-53, 229-244.

NEWSHAM, Harold G. "Why Jesus Feared the Pharisees". *Expository Times* 63 (1951-1952): 67-69.

OVERSTREET, R. Larry. "Roman Law and the Trial of Christ". *Bibliotheca Sacra* 135 (1978): 324-329.

Rogers, Cleon L. "The Great Commission". *Bibliotheca Sacra* 130 (1973): 258-267.

Sabourin, L. "Divorce Clauses, Mt 5:32, 19:9." *Biblical Theology Bulletin* 2 (1972): 80-86.

_____. "The Miracles of Jesus: A Preliminary Survey". *Biblical Theological Bulletin* 1 (1971): 59-80.

_____. "The Miracles of Jesus: Jesus and the Evil Powers". *Biblical Theology Bulletin* 4 (1974): 115-175.

_____. "The Parables of the Kingdom". *Biblical Theology Bulletin* 6 (1976): 115-160.

Sanday, W. "Miracles and the Supernatural Character of the Gospels". *Expository Times* 14 (1902-1903): 62-66.

Schmidt, Nathaniel. "The Character of Christ's Last Meal". *Journal of Biblical Literature* 11 (1892): 1-21.

Shepherd, Jr., M. H. "Are Both the Synoptics and John Correct About the Date of Jesus' Death?" *Journal of Biblical Literature* 80 (1961): 123-132.

Southerland, William. "The Cause of Christ's Death". *Bibliotheca Sacra* 88 (1931): 476-485.

Stein, Robert H. "Wine Drinking in New Testament Times". *Christianity Today* 19 (1975): 9-11.

Stonehouse, Ned B. "Who Crucified Jesus?" *Westminster Theological Journal* 5 (1943): 137165.

Swete, Henry Barclay. "The Two Greatest Miracles of the Gospel History". *Expository Times* p.14 (1902-1903): 214-217.

Tenney, Merrill C. "Topics from the Gospel of John". *Bibliotheca Sacra* 132 (1975): 37-46, 145-160, 229-241, 343-357.

Toussaint, Stanley D. "Introductory and Concluding Parables of Matthew 13", *Bibliotheca Sacra* 121 (1964): 351-355.

Waetjen, Herman C. "Genealogy as the Key to the Gospel According to Matthew", *Journal of Biblical Literature* 95 (1976): 205-230.

Walker, N. "After Three Days", *Novum Testamentum* 4 (1960): 261-262.

Walvoord, John F. "Christ in His Resurrection". *Bibliotheca Sacra* 126 (1963): 99-108, 195-204, 291-299.

_____. "Christ in His Suffering and Death". *Bibliotheca Sacra* 118 (1961): 291-303.

_____. "The Earthly Life of the Incarnate Christ". *Bibliotheca Sacra* 117 (1960): 291-306.

_____. "The Humiliation of the Son of God". *Bibliotheca Sacra* 118 (1961): 99-106.

_____. "The Impeccability of Christ". *Bibliotheca Sacra* 118 (1961): 195-202.

_____. "The Ministry of Christ in His Life on Earth". *Bibliotheca Sacra* 118 (1961): 3-7.

Warfield, Benjamin B. "the Resurrection of Christ as an Historical Fact, Evidenced by Eyewitnesses". *Journal of Christian Philosophy* 3 (1883-1884): 305-318.

Wilkinson, J. "The Incident of Blood and Water in John 19:43". *Scottish Theological Journal* 28 (1975): 2149-2172.

_____. "The Physical Cause of Christ's Death". *Expository Times* 83 (1972): 104-107.

_____. "A Study of Healing in the Gospel of John", *Scottish Theological Journal* p. 20 (1967): 442-461.

Young, George Lindley. "The Cause of Our Lord's Death", *Bibliotheca Sacra* 88 (1931): 197-206.

Zenos, A. C. "The Birth and Childhood of Jesus", *Biblical World* 6 (1895): 433-443.

F. Materiais não publicados

Booth, John L. "The Purpose of Miracles". Th.D. dissertation, Dallas Theological Seminary, 1965.

Brown, Warren W. "The Pharisaic Opposition to Christ's Ministry". Th.M. thesis, Dallas Theological Seminary, 1965.

Campbell, Donald K. "Interpretation and Exposition of the Sermon on the Mount". Th.D. dissertation, Dallas Theological Seminary, 1953.

Cardy, Clare E. "God's Purpose for Israel as Presented in the Parables of Christ". Th.D. dissertation, Dallas Theological Seminary, 1956.

Cawood, John W. "An Investigation of the Jewish and Roman Trials of Jesus Christ". Th.D. dissertation, Dallas Theological Seminary, 1957.

Ellison, Stanley A. "The Hermeneutics of Parables". Th.D. dissertation, Dallas Theological Seminary, 1964.

Haik, Paul S. "The Argument of the Gospel of Luke". Th.D. dissertation, Dallas Theological Seminary, 1965.

Hoehner, Harold, "Chronology of the Apostolic Age". Th.D. dissertation, Dallas Theological Seminary, 1965.

Laney, Carl. "Selective Geographical Problems in the Life of Christ". Th.D. dissertation, Dallas Theological Seminary, 1977.

Linhart, George W. "The Pharisees". Th.D. dissertation, Dallas Theological Seminary, 1954.

MacCorkle, Douglas B. "Interpretive Problems in the Gospel of Matthew". Th.D. dissertation, Dallas Theological Seminary, 1961.

McCarthy, Ronald W. "The Millennial Significance of the Miracles of Christ". Th.M. thesis, Dallas Theological Seminary, 1961.

Madison, Leslie P. "Problems of Chronology in the Life of Christ". Th.D. dissertation, Dallas Theological Seminary, 1963.

Miller, Johnny V. "A Study in the Custom and Chronology of the Last Supper of Jesus Christ". Th.D. dissertation, Dallas Theological Seminary, 1979.

Potts, Edwin J. "The Theology of the Sadducees". Th.D. dissertation, Dallas Theological Seminary, 1957.

Staats, Carl Gary. "Jewish Domestic Customs in Relation to the Interpretation of the Gospels". Th.D. dissertation, Dallas Theological Seminary, 1971.

Sua opinião é importante para nós.
Por gentileza, envie-nos seus comentários pelo e-mail:

editorial@hagnos.com.br

Visite nosso site:

www.hagnos.com.br